W0105478

Namibia
& Botsuana

Matthew D. Firestone

Adam Karlin

ETOSHA NATIONAL PARK (S. 123)
Einer der ungewöhnlichsten Nationalparks
des Kontinents: riesige Tierherden
vor strahlend weißer Kulisse

DIE SKELETTKÜSTE (S. 168)
Eine unheimliche Küste: Nebelschwaden befeuchten hier die Sanddünen

DAMARALAND (S. 154)
Eine Basaltlandschaft mit zahlreichen
Flusstälern; in den Felsen findet
man Ritzeichnungen

SWAKOPMUND (S. 175)
Sonne, Meer und Sandboarding:
in Swakopmund kommt jeder
auf seine Kosten

**SOSSUSVLEI &
SESRIEM (S. 206)**
Die roten Dünen bei Sossusvlei
durchwandern oder durch den
Sesriem Canyon reiten

**FISH RIVER
CANYON (S. 228)**
Eine der interessanten Na-
turkulissen in ganz Afrika

ANGOLA

Tombua
Pediva
Kunene River
Epupa Falls
Calueque
Namacunde
Mucundi
Katwitwi
Nkurenkuru
Cuangar
Cuito River
Calai
Rundu
Ruacana Falls
Ruacana
Oshikango
Uutapi (Ombalantu)
Oshakati
Otjinungwa
Okongwati
Ehomba (1868 m)
Opuwo
Okahao
Ongandjera
Ondangwa
Lake Oponono
OWAMBOLAND
KAVANGO-REGION
Karakuwisa
Kano Vlei
Cabo Fria
KAOKOVELD
Schwarze Kuppen (1869 m)
Etosha Pan
Etosha NP
Mangetti
Kamanjab
Tsumeb
Maroelaboom
Purros
Sesfontein
DAMARALAND
Palmwag
Outjo
Otavi
Grootfontein
OTJOZONDJUPA
Rocky Point
Hoarib River
Terrace Bay
Khorixas
Petrified Forest
Otjiwarongo
Waterberg Plateau Park
Okakarara
Okanuwa
Torra Bay
Twyfelfontein
Burnt Mountain (1339 m)
Brandberg West
Skeleton Coast National Park
Okavarendu
Summerdown
Labora
Ugabmund
Brandberg (2573 m)
Uis
Otjosondu
Omaruru
Spitzkoppe (1728 m)
NAMIBIA
Eiseb River
Cape Cross Seal Reserve
National West Coast Recreation Area
Karibib
Okahandja
Chief Hosea Kutako International Airport
Omitara
Witvlei
Gobabis
Buitepos
Cape Cross Bay
Henties Bay
Usakos
Daan Viljoen Game Park
Seeis
Rock Bay
Welwitschia Plains
WINDHOEK
Arnhem Cave
Swakopmund
Bergland
Dorbabis
Leonardville
Walvis Bay
Khomas Hochland
Rehoboth
Aminuis
Oorwinning
Sandwich Harbour
Kuiseb Canyon
Gaub
Solitaire
Klein Aub
Kalkrand
Aranos
Naom
Conception Bay
Saukluft (1973 m)
Büllsport
Naukluft
Hardap Dam Recreation Resort & Game Park
Stampriet
Goricia
Akanous
Sand Dune Sea
Mariental
Gochas
Witbooisvlei
Hollandsbird Island
Sesriem
Sossusvlei
Maltahöhe
Voigtsgrund
Gibeon
Aurus
Asab
Twee Rivier
Namib-Naukluft Park
NamibRand NR
Duwisib Castle
Eidsemub
Lichtenfels
Katzies
Koës
North Point
Spencer Bay
Dolphin Head
Helmeringhausen
Brukkaros (1586 m)
Tses
Garinais
Neisip
ATLANTISCHER OZEAN
Bethanie
Goageb
Keetmanshoop
Gaibis
Aroab
Lüderitz Bay
Lüderitz
Kolmanskop
Aus
Seeheim
Gondwana Cañon Park
Tsaraxaibis
Davignat
Elizabeth Bay
Possession Island
DIAMOND AREA 1 & SPERRGEBIET NATIONAL PARK (Verbotene Zone)
Witputs
Fish River Canyon NP
Grünau
Karasburg
Ariams
Chamais Bay
Rosh Pinah
Ai-Ais
Warmbad
Onseepkans
Richtersveld NP
Oranjemund
Alexander Bay
Noordoewer
Goodhouse
Alexander Bay
Vioolsdrif
Cliff Point
Springbok

OKAVANGO-DELTA (S. 356)
Mit dem Einbaum durch eine
Welt aus Wasser gleiten

CHOBE RIVERFRONT (S. 351)
Vom Auto (oder Boot) aus Elefantenherden im Chobe National Park beobachten

TSODILO HILLS (S. 384)
Uralte Felszeichnungen der San
in einer geheimnisvollen Hügelwelt

VICTORIAFÄLLE (S. 259)
Am besten bei Vollmond kommen und den
faszinierenden Regenbogen bewundern

MOREMI GAME RESERVE (S. 371)
Safari in einer der schönsten
afrikanischen Landschaften

**MAKGADIKGADI PANS &
NXAI PAN
NATIONAL PARK (S. 338)**
Die alljährliche Wanderung der
Gnu- und Zebraherden miterleben

**KHAUDOM GAME
RESERVE (S. 138)**
Einsame Wildnis mit Sand-
pfaden, Buschland und
vielen Tieren

**CENTRAL KALAHARI
GAME RESERVE (S. 396)**
Echtes Überlebenstraining
im Geländewagen

ANGOLA
SAMBIA
SIMBABWE
BOTSUANA
Kalahari
SÜDAFRIKA
SÜDAFRIKA

Kariba
Lake Kariba
Bulawayo
Francistown
Gwanda
Plumtree
Matsiloje
Gaborone
PRETORIA
JOHANNESBURG
Soweto
Potchefstroom
Vryburg
Kimberley
Prieska

HÖHENANGABEN

	2000 m
	1500 m
	1200 m
	600 m
	300 m
	0

LEGENDE

FR Forest Reserve
GR Game Reserve
NP National Park
NR Nature Reserve

Hauptstraße
Landstraße
Verbindungsstraße
unbefestigte Straße

0 _____ 100 km

Unterwegs

MATTHEW D. FIRESTONE HAUPTAUTOR

Das Foto entstand unmittelbar vor einer nicht gerade eleganten Landung am Rande der Namib nicht weit von Swakopmund. Aus dem Flugzeug zu springen (S. 184) und die Reißleine zu ziehen, ist ja noch recht einfach, aber um auf den Beinen – und nicht auf dem Hintern – zu landen, braucht man schon etwas Übung.

ADAM KARLIN Hier stehe ich also nun im Moremi Game Reserve (S. 371) und warte auf den Elefanten, den das Schild mir verspricht. Tatsächlich gibt es hier im Park eine ganze Menge Elefanten. Allerdings hat mich dort keiner attackiert; genau das aber ist mir im Nxai Pan National Park passiert. Von einem ausgewachsenen Elefanten angegriffen zu werden, das gehört eindeutig zu den eher unangenehmen Urlaubserlebnissen, auf die man gut und gern verzichten kann.

Mehr über die Autoren steht auf S. 448.

Highlights

Noch gelten Namibia und Botsuana eher als Geheimtipp, doch beide Länder sind unbedingt eine Reise wert. Abwechslungsreiche Landschaften laden hier zu echten Entdeckungen ein. Die Besucher erleben ein Afrika wie aus dem Bilderbuch: weite, fast menschenleere Landstriche, Wüsten aus rotem Sand oder das gewaltige Naturschauspiel der Victoriafälle. Wer den Adrenalin-Kick sucht, kann sich im Sandboarden üben oder einfach in einigen der schönsten afrikanischen Nationalparks nach den berühmten Wildtieren Ausschau halten. Keine Frage: Rucksacktouristen ebenso wie betuchte Urlauber, die sich gern einmal verwöhnen lassen, sollten Namibia und Botsuana auf ihrer Reise-Wunschliste ganz nach oben setzen. Weitere Hinweise dazu findet man im Internet unter www.lonelyplanet.com/botswana und www.lonelyplanet.com/namibia

MANFRED GOTTSCHALK

1 VERBRANNTE ERDE

Mutterseelenallein im Sossusvlei (S. 202) ahnt man, wie ein Strandtag in der Hölle aussehen könnte. Überall juckt der Sand: in den Augen, in den Ohren, in den Schuhen, er füllt den Rucksack – und abgesehen von den letzten Tropfen in der Feldflasche ist nirgends Wasser in Sicht. Steigt man auf die nächste Düne, sieht man ringsherum nur ein endloses Nichts. Die Welt kann ganz schön ungemütlich sein!

Matthew D. Firestone, Lonely Planet Autor

CAROL POLICH

DEUTSCHLAND MITTEN IN DER WÜSTE

Namibia verblüfft seine Besucher – und das gelingt vielleicht nirgends so gut wie in der alten Kolonialstadt Lüderitz (S. 217). Die Stadt am eisigen Südatlantik und nahe der glühend heißen Namib wirkt wie ein deutsches Städtchen aus vergangenen Tagen – oder wie aus einer Zeitmaschine. Also genießt man Würstchen mit Weißbier, schaut sich die Architektur an und prüft noch einmal anhand der Karte, ob man auch wirklich in Afrika gelandet ist.

**Matthew D. Firestone,
Lonely Planet Autor**

3

HOLGER LEUE

2

ERFINDUNG DER MALEREI

Nirgendwo fühlt man sich den Wurzeln der Menschheit so nahe wie beim Betrachten der Felsmalereien (S. 384), die die Vorfahren der San in den Tsodilo Hills und am Tuli Block hinterlassen haben. Vieles steckt hinter diesen geisterhaften Bildern von Schamanen und Jägern: die ersten Versuche des Menschen, etwas für die Nachwelt festzuhalten. Die ersten Funken der Phantasie. Die Anfänge menschlicher Kreativität.

Adam Karlin, Lonely Planet Autor

ANDREW VAN SMEERDIJK

4

SAFARI IM MORGENGRAUEN

Ein paar Minuten vor Sonnenaufgang kriecht man aus dem Schlafsack, fährt in die Lederstiefel und wischt den Tau vom Fernglas. Nun ist man hellwach, und das Safari-Abenteuer kann beginnen. Die großen Raubkatzen streifen im Morgenlicht umher, und so genießt man hier, am Rande der Etosha-Pfanne (S.123), quasi einen Logenplatz beim großen Schauspiel der Natur.

Matthew D. Firestone, Lonely Planet Autor

RICHARD I'ANSON

GEFÄHRLICHE SAFARI

Vorsicht bei Fahrten rund um die Nxai Pan (S. 343)! Hier ist es so schön, dass man mitunter vergisst, in welche Seitenwege man abgebogen ist, und dann … Plötzlich hatte ich einen Elefanten aufgeschreckt, und der drohte, mich anzugreifen. Was tun? Den gleichen Weg zurückfahren, quer durchs gefährliche Elefantengelände? Oder tiefer hinein in unbekannte Abschnitte des Parks? So sehen afrikanische Abenteuer aus; die Risiken sollte man aber nicht unterschätzen.

**Adam Karlin,
Lonely Planet Autor**

6

LUKE HUNTER

5

TOSENDES WASSER

Beim Anblick der Victoriafälle (S. 259) kommen einem viele Klischees in den Sinn – etwa der Name Mosi-oa-Tunya, was ungefähr so viel wie „donnernder Dampf" bedeutet. Reist man allerdings während der Hauptregenzeit an, präsentiert sich der Wasserfall noch viel theatralischer: Eingehüllt in Plastikdecken stehe ich mitten in Gischt und Nebel und bestaune die gewaltige Kraft der herabstürzenden Wassermassen.

Matthew D. Firestone, Lonely Planet Autor

ADRIAN BAILEY

7

BLICK IN UNENDLICHE WEITEN

Nichts lässt sich auch nur annähernd mit einer Fahrt durch die Salzpfannen von Makgadikgadi (S. 338) vergleichen. Die endlose Weite und Leere dieser weißen Landschaft wirkt so unglaublich, dass man sich wie ein winziges Nichts vorkommt. Hier muss man sich immer wieder daran erinnern, dass der Mensch ja eigentlich die Welt beherrscht – denn richtig glauben mag man das an diesem Orte nicht.

Adam Karlin, Lonely Planet Autor

OKAVANGO-MEDITATIONEN

Mit dem Einbaum, dem *mokoro,* durchs Okavango-Delta zu gleiten (S. 361), ist mehr als nur entspannend: Man gerät fast in Trance dabei und könnte jederzeit einschlafen. Und zwar nicht, weil es hier so langweilig wäre, sondern weil das Boot so sanft durchs Schilf schaukelt, dass man sich fühlt wie ein Kind in der Wiege. Dann aber bemerkt man die vielen Tiere ringsum, und man staunt, wie herrlich hier Land und Wasser eine ganz neue und eigentümliche Welt erschaffen haben.

**Adam Karlin,
Lonely Planet Autor**

9

TOM COCKREM

ADRIAN BAILEY

8 FLIEGEN WIE IN ALTEN ZEITEN

Wer erinnert sich noch an die Stellen in den Indiana-Jones-Filmen, wenn der Held in ein Flugzeug kletterte und die Flugbahn dann auf einer alten Karte als rote Linie erscheint? So ähnlich fühlt man sich, wenn man in einer einmotorigen Cessna über die Naturparks von Botsuana dahinfliegt. Also: Einfach dem Piloten die Hand schütteln, und das Abenteuer kann beginnen!

Adam Karlin, Lonely Planet Autor

ADRIAN BAILE

 FAHRT DURCH DIE WILDNIS

Eine Fahrt durchs Kaokoveld (S. 162) – selbst mit voll beladenem Geländewagen und im Konvoi – ist nichts für schwache Nerven. Man klammert sich förmlich ans Lenkrad, um das Fahrzeug auf schmalen Pisten zu halten, die diese urtümliche Landschaft durchziehen. Kann man zwischendurch einmal Gas geben, sinkt die Nadel der Tankanzeige bedrohlich schnell. Gut, dass man an Reservekanister gedacht hat.

Matthew D. Firestone, Lonely Planet Autor

Inhalt

Regionalkarten

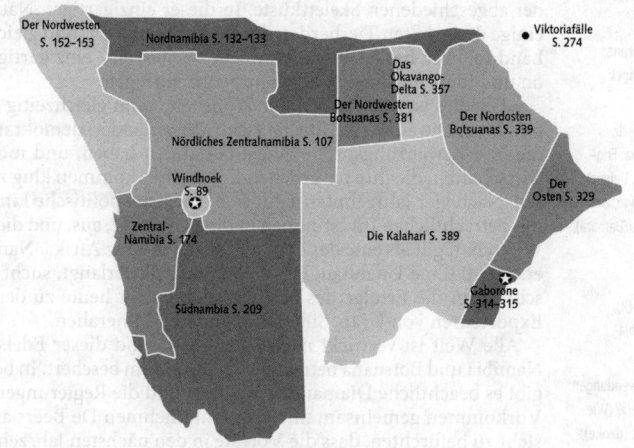

Reiseziel Namibia & Botsuana

Namibia und Botsuana zählen eher zu den ein wenig versteckten Perlen auf dem afrikanischen Kontinent: für viele Reisende noch vollkommen unbekannt und eine echte Verlockung für den unerschrockenen, abenteuerlustigen Traveller. Auf die Besucher warten die älteste rostrot getönte Wüste der Erde, echt afrikanische Landschaften mit einer reichen Tierwelt, ein unwirklich blauer Himmel über weitem Land und das Erlebnis vollkommener Stille in einer überwältigenden Einsamkeit und Leere. Denn der Fremdenverkehr hat hier wenig mit dem Bild zu tun, das manche anderen afrikanischen Länder bieten: Keine kameraschwenkenden Touristenmassen also, die in Safariwagen auf ordentlichen Wegen durch die Natur chauffiert werden. Stattdessen unternimmt man Offroad-Touren durch echte Wildnis und hebt so den eigenen Adrenalinspiegel.

Reichtum und Vielfalt der Naturlandschaften dieser beiden Länder suchen im übrigen Afrika ihresgleichen. Namibia und Botsuana nennen einige der ökologisch bedeutendsten Landstriche des Kontinents ihr eigen: die von glühender Sonne gedörrten Salzpfannen von Makgadikgadi, die roten Sanddünen der Namib, die sich wie die Wogen eines Meeres auftürmen, die smaragdgrünen Gewässer des Okavango-Deltas oder die Felsstrände entlang der abgeschiedenen Skelettküste. In dieser einzigartigen Natur haben sich einige der größten Tierherden der Welt versammelt, und gleichzeitig ist das Land so dünn besiedelt wie kaum ein zweites: eine einzigartige Kombination und ideal für ungestörte Naturbeobachtungen.

Aber dies ist nur ein Teil der Wahrheit, denn gleichzeitig sind Namibia und Botsuana auch zwei afrikanische Musterländer: demokratische Staaten, die ihre Bewährungsprobe längst bestanden haben, und moderne Volkswirtschaften, die ihre natürlichen Rohstoffvorkommen klug zu nutzen wissen. Nach vier Jahrzehnten zahlt sich eine klare politische Linie, verbunden mit beträchtlichen Investitionen in die Bergwerke, aus, und die botsuanische Wirtschaft gilt als eine der dynamischsten in ganz Afrika. Namibia hat zwar erst 1990 seine Unabhängigkeit von Südafrika erlangt, sucht aber den Anschluss an die Erfolge des Nachbarn und zählt heute zu den weltgrößten Exporteuren von Uran, Silber und anderen Mineralien.

Alle Welt ist verrückt nach Diamanten, und dieser Edelstein hat auch Namibia und Botsuana beträchtlichen Reichtum beschert. In beiden Ländern gibt es beachtliche Diamantlagerstätten, und die Regierungen beuten diese Vorkommen gemeinsam mit dem Unternehmen De Beers aus. Allerdings steht zu befürchten, dass die Vorräte in den nächsten Jahrzehnten zur Neige gehen, und so gewinnt die wachsende Tourismusindustrie zunehmend an Bedeutung. 2010 dreht sich hier alles um die Fußballweltmeisterschaft in Südafrika, und viele hoffen, dass dieses Großereignis auch dem Tourismus in den Nachbarländern einen guten Dienst erweist.

Bis heute ist es der Regierung von Botsuana gelungen, ihr Konzept eines „hochwertigen" Tourismus für eine eher kleine Gruppe, also das Gegenteil von Massentourismus, beizubehalten; nicht zuletzt deswegen gibt es hier noch so viel unberührte Natur. Allerdings wird der ökonomische Druck steigen, und so bleibt abzuwarten, wie die Entwicklung in Zukunft verlaufen wird. Nicht zu übersehen sind zumindest schon wachsende Umweltprobleme, etwa im Okavango-Delta. Die Lebensader des Deltas wird nämlich schon

KURZINFOS

Bevölkerung:
Botsuana: 1,64 Mio.;
Namibia: 2,1 Mio.

Fläche:
Botsuana: 582 000 km²;
Namibia: 825 000 km²

Auslandsvorwahl
(aus Mitteleuropa):
Botsuana: ☎ 00267;
Namibia: ☎ 00264

Hauptstädte
Botsuana: Gaborone;
Namibia: Windhoek

Sprachen:
Botsuana: Englisch,
Tswana; Namibia: Englisch, Afrikaans, Deutsch,
Ovambo, Kavango, Herero,
Khoikhoi (Nama/Damara),
San-Dialekte

Geld:
Botsuana: Pula (P);
Namibia: Namibia-
Dollar (N$)

Wichtige Redewendungen:
Botsuana Dumela? (Wie
geht's?), dankie (danke);
Namibia: Howzit? (Wie
geht's?)

Besonders berühmt:
Botsuana: Okavango-
Delta, Chobe National
Park, Kalahari; Namibia:
Namib-Wüste, Kalahari,
Etosha-Pfanne

seit 20 Jahren angezapft, weil regionale Einzelinteressen die Oberhand gewinnen. Diese künstliche Bewässerung landwirtschaftlicher Flächen könnte allerdings einen hohen ökologischen Preis fordern.

Auch Namibia hat im Laufe der Jahre einige Umweltsünden begangen. Zu nennen wäre vor allem das – allerdings gescheiterte – Staudammprojekt an den Epupafällen im Herzen des Himba-Territoriums.

Sehr profitiert hat das Land vom Wirken der US-Entwicklungshilfeorganisation Usaid (US Agency for International Development Aid), die sich vor allem der von örtlichen Gemeinschaften getragenen Schutzgebiete angenommen hat. Einer Erhebung zufolge nehmen die mehr als 30 registrierten „Conservancies" inzwischen jedes Jahr mehr als 2 Mio. US\$ ein; 1995 waren es gerade einmal 100 000 US\$. Die Hoffnung ist also durchaus berechtigt, dass die Dorfgemeinschaften dank solcher Projekte eines Tages wirklich autark werden.

Ob der South African Development Community (SADC) Erfolg beschieden ist, hängt nicht zuletzt von gut nachbarschaftlichen Beziehungen ab – und heutzutage ist nicht jedes angrenzende Land auch gleich ein guter Nachbar. Die politisch und wirtschaftlich höchst angespannte Lage in Simbabwe wirkt sich auf die gesamte Region negativ aus und beeinträchtigt auch Handel und Tourismus; Botsuana hat darunter ganz besonders zu leiden. Viele illegale Einwanderer überqueren die Grenze in Richtung Botsuana. Dieser Zustrom lässt sich längst nicht mehr kontrollieren und hat bereits Probleme im Lande geschaffen: einen Anstieg der Kriminalität zum Beispiel oder heftigen Widerstand der Bevölkerung gegen die unliebsame Konkurrenz auf dem Arbeitsmarkt. Kein Wunder, dass Botsuana zu den schärfsten Kritikern von Präsident Robert Mugabe in Afrika zählt. Ganz anders verhielt sich dagegen Namibias Präsident San Nujoma: Während seiner Amtszeit gab es kaum Themen, bei denen er nicht mit den Regierungen von Simbabwe und Südafrika einer Meinung war.

Namibias derzeitiger Präsident Hifikepunye Pohamba, der 2009 im Amt bestätigt wurde, treibt die Enteignung weißer Farmer voran, um die wirtschaftliche Spaltung des Landes zu überwinden. Kritiker betonen allerdings, mit einer Umverteilung der landwirtschaftlichen Fläche ließen sich die eigentlichen Probleme des Landes überhaupt nicht lösen. Mehr als 50 % der von Wüsten geprägten Landesfläche werden zwar in irgendeiner Form von der Landwirtschaft genutzt, wirklich profitabel ist dieser Sektor aber nicht; der Bergbau spielt eine deutlich größere Rolle. Fachleute sind ohnehin der Ansicht, das Land sollte besser die Leichtindustrie und die verarbeitende Industrie ausbauen. Allerdings fehlt es dafür an qualifizierten Facharbeitern, und am wirtschaftlichen Horizont zeichnet sich bereits drohend eine künftige Energieknappheit ab.

Und als ob all diese Herausforderungen noch nicht genug wären, müssen Namibia und Botsuana sich auch noch dem größten Problem des südlichen Afrika stellen: der Immunschwächekrankheit Aids. In den Ländern südlich der Sahara hat diese Seuche verheerende Ausmaße angenommen, und es steht zu befürchten, dass Aids all jene Aufbauleistungen wieder zunichtemacht, die den Staaten der Region nach dem Ende der Kolonialzeit gelungen sind. Längst geht es nicht mehr nur um ein Problem des Gesundheitswesens, sondern um eines der gesamten Volkswirtschaft: Der Erreger befällt die Menschen nämlich in ihrem besten und wirtschaftlich produktivsten Alter, und Maßnahmen zur Eindämmung der Krankheit drohen die Regierungen zu überfordern. Manche afrikanischen Politiker behaupten mittlerweile sogar, zunächst seien weitere ausländische Investitionen erforderlich, damit die Regierungen überhaupt in die Lage versetzt würden, das öffentliche Gesundheitswesen den Anforderungen entsprechend auszubauen.

„Mehr als 50 % der von Wüsten geprägten Landesfläche werden von der Landwirtschaft genutzt."

Namibia gilt als Land mit akzeptablen Einkünften und hat daher keinen Anspruch auf Schuldenerlass oder bestimmte internationale Hilfsmaßnahmen. Freilich ist der Eindruck ein wenig trügerisch, denn über das Vermögen des Landes verfügen gerade einmal 5 % der Bevölkerung. Die Mehrheit lebt dagegen in bitterer Armut und muss sich mit weniger als 2 US$ pro Tag begnügen. Korruption ist in der Politik weit verbreitet, und die Folgen von Aids treffen das Land hart.

Die Regierung von Botsuana hat den Kampf gegen das HIV-Virus ganz nach oben auf die Tagesordnung gesetzt. Seit 2002 bietet Botsuana sogar als erstes Land der Welt seinen Bürgern eine kostenlose Aids-Behandlung an. Außerdem bemüht die Regierung sich ernsthaft um Präventionsmaßnahmen. Was die bedrohlichen Auswirkungen von Aids betrifft, verzichtet die Regierung auf jede Form von Verharmlosung. Die Regierung hat sich sogar ganz offiziell das Ziel gesetzt, die weitere Ausbreitung von Aids bis 2016 zu stoppen. Mag sein, dass sich dieser Plan als zu ehrgeizig erweist; immerhin dürfte der offene Umgang mit dem Problem weiter führen als das Verschweigen der Krankheit, wie es das Nachbarland Südafrika unter Präsident Mbeki zu tun pflegte.

In Namibia und Botsuana wird schon bald die junge Generation vor der Aufgabe stehen, Wirtschaftswachstum und Ausbau der Sozialsysteme weiter voranzutreiben. In beiden Ländern leben sehr viele Menschen in den urbanen Zentren, und viel wird davon abhängen, ob dort genügend Arbeitsplätze entstehen. Entscheidend ist aber auch, ob es den Länder gelingt, ihre nationale Einheit zu bewahren: Diese Einheit war seit dem Eintritt in die Unabhängigkeit ein wichtiger Garant des inneren Friedens.

Bevor es losgeht

Namibia ist ein Land der Extreme – verlassenes Ödland ist ebenso prägend wie die klimatischen Gegensätze. Hinzu kommen aber auch einige der größten Nationalparks der Welt, seien es nun die Wüsten von Namib-Naukluft oder der Etosha-Nationalpark mit seiner reichen Tierwelt.

Mit seinen knapp 2 Mio. Einwohnern, die überwiegend an der östlichen Grenze leben, scheint der Binnenstaat Botsuana zu großen Teilen fast nur den Tieren zu gehören. Wer dort mit dem Auto unterwegs ist, entdeckt hinter jeder Kurve neue herrliche Landschaften, die sich bis in nahezu unendliche Weiten ausdehnen.

Namibia und Botsuana mögen wirklich noch romantisch und unverdorben sein; trotzdem braucht man reichlich Zeit und das nötige Kleingeld, um die Länder richtig kennenzulernen. Hat man genug von beidem zur Verfügung, kann man hier die afrikanischen Großtiere auf eine Weise erleben, die man nie wieder vergisst. Wer aber nur mit einer begrenzten Urlaubszeit und einem bestimmten Reisebudget rechnen muss, kann seine Reise hier trotzdem so anlegen, dass er zumindest ein paar weltberühmte Attraktionen zu sehen bekommt. Fliegt man nach Namibia, sollte man übrigens nicht vergessen, sich schon vorab einen Mietwagen reservieren zu lassen und die ersten Nachtquartiere bereits im Voraus zu buchen.

REISEZEIT
Namibia

Die weite Wüstenebene Namibias ist trocken und ausgedörrt, wobei das bergige Central Plateau (dazu gehört auch Windhoek) generell etwas kühler ist als der Rest des Landes. Bei 300 Sonnentagen im Jahr gibt es eigentlich keine „ideale" Reisezeit für Namibia – schön ist es hier immer. Die Trockenzeit (Mai–Okt.) eignet sich allerdings am besten für die Beobachtung von

Weitere Infos siehe Klimatabellen zu Namibia (S. 242).

AN ALLES GEDACHT?

- gültige Reiseversicherung (S. 247 und 411)
- falls man mit dem Auto unterwegs ist: Führerschein und Fahrzeugpapiere, außerdem eine ausreichende Kfz-Versicherung (S. 255 und 420)
- Sonnenbrille, Sonnenschutz und Hut
- ein gutes Zelt, einen warmen Schlafsack, eine Luftmatratze und eine helle Taschenlampe, sofern man vorhat, zu zelten
- eine Wasserflasche, Desinfektionstabletten und eine Reiseapotheke (s. 258)
- Insektenschutz und Malariatabletten (S. 428)
- feste Wanderschuhe und Sandalen oder Flip-Flops
- ein Fernglas und eine Kamera mit Teleobjektiv
- eine langärmlige Jacke oder ein Fleeceshirt für kalte Wüstennächte
- Universalwerkzeuge und einen Kompass
- einen Universalstöpsel für Abflüsse und einen Steckdosen-Adapter für Elektrogeräte
- Badekleidung für den Pool der Safari-Lodge
- GPS-Navigationsgerät, falls man eine Tour im Geländewagen plant
- zusätzliche Speicherkarten für die Digitalkamera

SAFARI AUF EIGENE FAUST

In Afrika auf eigene Faust unterwegs zu sein ist immer eine Herausforderung, aber eben auch ein ganz besonderes Erlebnis. Zunächst sind dabei die Wetterbedingungen zu bedenken: Heftige Regenfälle und lange, trockene Sommer haben natürlich einen Einfluss auf die Straßenverhältnisse und vor allem auf die Tierarten, die man jeweils zu Gesicht bekommt.

Ohne Führer durchs Land zu reisen ist in Namibia und Botsuana durchaus möglich (s. S. 49). Preiswerter und beliebter sind solche Touren allerdings in Namibia, denn dort bietet einem jedes gute Reisebüro Routenvorschläge und Unterkünfte für die Nacht an.

Damit die Orientierung in entgelegenen und schwer zugänglichen Landstrichen nicht verlorengeht, werden in diesem Buch GPS-Koordinaten angegeben.

Nützliche Hinweise für Autofahrer in Namibia und Botsuana enthält auch die Liste der „Top Ten" in diesem Kapitel.

Tieren: In diesen Monaten prägen klare, sonnige Tage mit Temperaturen um die 25 ºC und kalte Wüstennächte das Klima. Die Morgenstunden eignen sich am besten. Zwischen Juni und August werden die Küstenorte Swakopmund und Walvis Bay von warmen Ostwinden heimgesucht, die sich häufig zu unangenehmen Sandstürmen entwickeln.

In Namibia gibt es zwei Regenzeiten, die „kleine Regenzeit" von Oktober bis Dezember und die Hauptregenzeit zwischen Januar und April. Letztere besteht hauptsächlich aus kurzen Schauern und gelegentlichen Gewittern. In Windhoek können die Januar-Temperaturen schon einmal auf 40 ºC hochschnellen, und zwischen Dezember und März ist es im Namib-Naukluft Park und im Etosha National Park sehr heiß, sodass sogar einige Wanderpfade geschlossen werden müssen.

Nach Norden hin nehmen die Regenfälle kontinuierlich zu und erreichen mit 600 mm pro Jahr am Okavango River ihren Höhepunkt – hier herrscht ein subtropisches Klima. Zwischen Januar und März können die nordöstlichen Flüsse des Caprivizipfels über die Ufer treten, sodass einige Straßen unpassierbar oder nur schwer zu bewältigen sind.

In den Schulferien wird auch in Namibia viel im Inland umhergereist; Ferienorte wie Swakopmund sind beispielsweise über Weihnachten und Ostern komplett ausgebucht.

Botsuana

Weitere Infos siehe Klimatabellen zu Botsuana (S. 407).

Eine der besten Reisezeiten ist ganz sicher das Frühjahr (Sept.–Okt.), wenn die ersten Zugvögel in der Region haltmachen und die Pflanzen in Botsuana blühen. Allerdings sind diese Monate in weiten Teilen des Landes auch die heißesten und schwülsten des Jahres.

Die Überschwemmung des Okavango-Deltas von Ende Dezember bis in den März hinein (der Sommer in Botsuana) verwandelt die Landschaft in ein fruchtbares Paradies – leider ist dies jedoch die ungünstige Regenzeit: Lang anhaltende Regenfälle machen selbst Pfade für Geländefahrzeuge unpassierbar, und Nationalparks wie der Chobe National Park und das Moremi Game Reserve müssen mitunter teilweise geschlossen werden. Einige Lodges in und um den Okavango, in Moremi und Chobe schließen daher auch zwischen Dezember und Februar.

Im Herbst (März und April) erreicht das Hochwasser das obere Flussdelta: Die Tage sind klar, trocken und sonnig, nachts wird es jedoch recht kalt. Diese Zeit ist ideal für die Wildtierbeobachtung, da sich die Tiere jetzt kaum weit von den Wasserstellen entfernen.

In der Übergangsphase vom Herbst zum Winter (Mai–Aug.) strömt das Hochwasser weiter durch das Delta und erreicht Maun meist gegen

Ende Juni. In der Kalahari sind im Juli und August frostige Nachttemperaturen ganz normal.

Nicht vergessen sollte man die Schulferien im Land, d. h. zwei Wochen im April, einen Monat zwischen Juli und September und noch einmal zwei Monate im Dezember/Januar.

PREISE
Namibia

Namibia ist ganz geeignet für Reisende, die ein wenig aufs Geld schauen müssen: Wer campt oder in Backpacker-Hostels übernachtet, außerdem sein eigenes Essen kocht und trampt oder die örtlichen Minibusse nimmt, kommt mit nur 20 bis 40 US$ am Tag aus.

Bei einem mittleren Reisebudget – dazu gehören auch der Mietwagen und B&B oder Doppelzimmer in verschiedenen Unterkünften wie Budgethotels, Zeltlagern und Lodges – kommt man auf rund 75 bis 125 US$. Wer es luxuriöser mag, wird mit Hotelübernachtungen, Essen in Restaurants, geführten Touren und ggf. einer Fly-in-Safari auf etwa 300 US$ pro Person und Tag kommen. Dann sollte man schon vor der Abreise buchen.

Die interessantesten Regionen Namibias sind nur auf organisierten Touren oder per Mietwagen erreichbar. Doch gerade Mietwagen können für Besucher, die ein wenig knapp bei Kasse sind, ziemlich ins Gewicht fallen. Wer aber vier Leute zusammenkriegt und sich die Kosten teilt, dürfte dann halbwegs mit zusätzlichen 20 bis 50 US$ am Tag auskommen – inklusive Benzin, Kfz-Steuern und Versicherung (bei einer Tagesstrecke von rund 200 km). Vorteil beim Geländewagen: Oft gehört zum Wagen auch bereits eine Campingausstattung.

Botsuana

Reisen durch Botsuana sind wegen der staatlichen Tourismuspolitik (hohe Preise, wenige Besucher) nicht gerade preiswert. Am billigsten reist man im Land, wenn man öffentliche Verkehrsmittel nutzt, in örtlichen Lokalen isst, campt und erst vor Ort einige Touren in die Naturschutzgebiete bucht. Dabei kommt man dann mit 30 bis 50 US$ am Tag aus. Andererseits kosten günstige Safaritouren etwa 100 bis 150 US$ pro Person und Tag.

Für die meisten Individualreisenden, die mit einem mittleren Reisebudget auskommen müssen, wird der Mietwagen in aller Regel der größte Ausgabenposten bleiben: Ein Wagen mit Allradantrieb kostet etwa 100 bis 150 US$ am Tag, eine komplette Tankfüllung mit Benzin verschlingt etwa 40 bis 60 US$.

Dazu kommen noch Ausgaben für Mittelklassehotels, Restaurants und Gebühren für Campingplätze (30 US$ tgl. pro Pers.), sodass man für die Reisekasse pro Tag etwa 200 bis 250 US$ einplanen sollte.

Für rund 250 bis 400 US$ am Tag kann man eine ziemlich gute organisierte Safaritour buchen. Wer in der Nebensaison reist (Okt.–Juni) und die Kosten für einen Mietwagen mit anderen Personen, die ähnliche Interessen haben teilen kann, reduziert seine Ausgaben.

Am oberen Ende der Preisskala kann man eine All-Inclusive-Rundtour-Safari oder eine Fly-in-Safari buchen. Man zahlt dafür 400 US$ am Tag und pro Person, bekommt dafür aber auch wirklich etwas geboten. Falls Geld überhaupt keine Rolle spielt, sind in Botsuana auf der Preisskala nach oben hin kaum Grenzen gesetzt.

VERANTWORTUNGSBEWUSST REISEN

Nähere Hinweise auf die Umweltprobleme, mit denen Namibia und Botsuana zu kämpfen haben, finden sich auf den Seiten 83 und 306.

WAS KOSTET WIE VIEL IN NAMIBIA?

Dünen-Surfen 180 N$

1 l Mineralwasser 2 N$

Eine Flasche Bier 6 N$

Ein Snack 5 N$

Eine ausländische Zeitung 12 N$

Eine Nacht in einem preiswerten Hotel 90 N$

WAS KOSTET WIE VIEL IN BOTSUANA?

Eine ganztägige *mokoro*-Fahrt 500 P

Ein Armband aus Schalen vom Straußenei 35 P

Ein Stück Zuckerrohr 35 P

Eine ausländische Zeitung 10–15 P

Eine Nacht in einem preiswerten Hotel 175 P

TOP 10

NAMIBIA BOTSUANA
Gaborone

HILFS- & NATURSCHUTZPROJEKTE

1 **AfriCat** (www.africat.org) Setzt sich für die Erhaltung der namibischen Großkatzen ein; aus nächster Nähe kann man die Tiere auf der Besucherfarm in Otjiwarongo (S. 113) bewundern.

2 **Birdlife International** oder **Birdlife Botswana** (www.birdlife.org oder www.birdlife botswana.org.bw) Die Mitgliedsbeiträge werden zum Schutz der Vogelwelt in Botsuana eingesetzt. Als Mitglied kann man von den ornithologischen Kenntnisse anderer profitieren.

3 **Children in the Wilderness** (www.children inthewilderness.com) Die gemeinnützige Organisation verwendet die Spendengelder, um afrikanischen Kindern die Natur der großen Nationalparks nahezubringen. Und ganz nebenbei sollen die Kinder dabei auch Verständnis für die Belange des Naturschutzes gewinnen.

4 **Conservation International** (www.conser vation.org) Eine der angesehensten Naturschutzorganisationen der Welt kümmert sich um die am stärksten bedrohten Lebensräume.

5 **Integrated Rural Development and Nature Conservation** (www.irdnc.org.na) Die Organisation verbindet Naturschutz mit Entwicklungsprogrammen für den ländlichen Raum und einer Stärkung demokratischer Strukturen.

6 **Kalahari Conservation Society** (www.kcs.org.bw) Als Mitglied engagiert man sich für den Schutz der Kalahari und ihrer Bewohner – der Menschen wie der Tiere.

7 **Khama Rhino Sanctuary** (www.khamarhino sanctuary.com) Das kleine Schutzgebiet bietet den letzten Nashörnern in Botsuana einen sicheren Lebensraum.

8 **Raleigh International** (www.raleigh international.org) Freiwilligenprojekte für Besucher, die sich eine längere berufliche Auszeit gönnen.

9 **Save the Rhino** (www.savetherhino.org) Kämpft für die Rettung der enorm gefährdeten Nashörner.

10 **Working Group for Indigenous Minorities of Southern Africa** (WIMSA; www.san.org.za) Die Organisation unterstützt die San-Gemeinden der Region.

REISEN AUF EIGENE FAUST

1 Mit dem Mietwagen durch den **Etosha National Park** (S. 123) fahren.

2 Vom Chobe River nach **Maun** (S. 351) aufbrechen.

3 Im **Okavango Panhandle** (S. 376) bei einem San-Anbieter eine Fahrt im *mokoro* (Einbaum) arrangieren.

4 Als Höhlenforscher die **Gcwihaba (Drotsky's) Cave** (S. 382) erkunden.

5 Mit GPS durchs **Kaokoveld** (S. 162) navigieren.

6 Die Salzpfannen von **Makgadikgadi** (S. 338) ohne Führer entdecken (nur für Risikofreudige!).

7 **Spitzkoppe** (S. 154) oder **Brandberg** (S. 155) besteigen.

8 Den **Fish River Canyon** (S. 155) komplett durchwandern.

9 In die Bar- und Club-Szene von **Windhoek** (S. 102) eintauchen.

10 Dünenwandern bei **Swakopmund** (S. 180) – aber nur mit reichlich Trinkwasser!

SEHENSWERT AUF SAFARI

1 Breitmaul- und Spitzmaulnashörner
2 Löwen
3 Leoparden
4 Geparden
5 Tüpfel- und Streifenhyänen
6 Wüstenelefanten
7 Strauße
8 Südafrikanische Seebären
9 Kaffernbüffel
10 Warzenschweine

REISELEKTÜRE

Wer vergriffene und schwer auffindbare Bücher sucht, wird möglicherweise im Internet fündig. Ergiebig sind normalerweise die Kataloge von Online-Anbietern wie www.amazon.com, www.stanfords.co.uk, www.thetravelbookshop.co.uk und www.africabookcentre.com.

Africa: A Biography of the Continent (John Reader) Wer das heutige Botsuana und Namibia verstehen will, sollte den dicken Wälzer von John Reader lesen.

Cry of the Kalahari (Mark & Delia Owens) Die fesselnde Abenteuergeschichte zweier junger amerikanischer Tierforscher, die nur ein paar Klamotten zum Wechseln einpacken und dann in die Kalahari hinausziehen. Aus der Reise wird ein siebenjähriger Aufenthalt.

Histories of Namibia: Living Through the Liveration Struggle (Hrsg. von Colin Leys und Susan Brown) Ein spannender Einblick in die furchtbaren, manchmal aber auch witzigen Erlebnisse namibischer Aktivisten, die sich voller Selbstaufgabe in einen bitteren Unabhängigkeitskrieg stürzten.

Die verlorene Welt der Kalahari (Laurens van der Post) Ein Klassiker, der den traditionellen Lebensstil der San vorstellt. Die Suche des Autors nach mehr Verständnis für die Religion und Volkskunst der San setzt sich in den Nachfolgebänden *Heart of the Hunter* und *The Voice of Thunder* fort.

Ein Krokodil für Mma Ramotswe (Alexander McCall Smith) Diese zurückhaltende Detektivgeschichte (und etliche andere Romane der Serie, z. B. **Ein Kürbis für Mma Ramotse, Ein Fallschirm für Mma Ramotswe, Keine Konkurrenz für Mma Ramotswe**) spielen in Mma Ramotswes geliebtem Botsuana.

Weitere Empfehlungen:
Born of the Sun: A Namibian Novel (Joseph Diescho und Celeste Wallin)
Botswana: The Road to Independence (Peter Fawcus und Alan Tilbury)
Der Preis der Freiheit (Tsitsi Dangarembga)
Ich war ein weißer Farmer in Afrika (Ulf G. Stuberger)
On the Run (Kapoche Victor)
Place of Reeds (Caitlin Davies)
RegenWolkenZeit (Bessie Head)
Rivers of Blood, Rivers of Gold: Europe's Conflict with Tribal Peoples (Mark Cocker)
Serowe: Village of the Rain Wind (Bessie Head)
The Purple Violet of Oshaantu (Neshani Andreas)
Wenn es Krieg gibt, gehen wir in die Wüste (Henno Martin)
Whatever You Do, Don't Run (Peter Allison)
Wir Löwenkinder (Angus, Maisie und Travers McNeice)

INFOS IM INTERNET

Die Internetrecherche zu den beiden Ländern beginnt man am besten auf der **Website von Lonely Planet** (www.lonelyplanet.com). Dort gibt es aktuelle Infos und das Thorn Tree Forum, wo man Antworten auf viele Fragen erhält.

All Africa (www.allafrica.com) Eine Art „Tor zum Schwarzen Kontinent": Täglich kommen rund 1000 Artikel neu hinzu, dazu werden die Seiten von mehr als 125 Organisationen ausgewertet.

Namibian Tourism Board (www.namibiatourism.com.na) Eine gut gestaltete, benutzerfreundliche Website mit vielen Reiseinformationen zum Thema Namibia.

The Namibian (www.namibian.com.na) Aktuelle Nachrichten auf der Website der wichtigsten englischsprachigen Zeitung Namibias.

The Botswana Gazette (www.gazettebw.com) Die Website der führenden unabhängigen Tageszeitung von Botsuana.

Government of Botswana (www.gov.bw) Offizielle Homepage der Regierung mit aktuellen Nachtrichten und Links zu einzelnen Ministerien und in die Wirtschaft.

Reiserouten
KLASSISCHE ROUTEN

BOTSUANISCHE HIGHLIGHTS UND DIE VICTORIAFÄLLE

Zwei bis drei Wochen /
Von Maun zu den Victoriafällen

In **Maun** (S. 357), dem traditionellen Ausgangspunkt für alle Safaritouren in Botsuana, kann man sich mit Proviant eindecken, bevor es ins **Okavango-Delta** (S. 356) geht – mit einem schlichten Kanu oder per Charterflug. Wer aufs Geld achten muss, findet hier übrigens eine große Auswahl billiger Campingtouren – wobei es sich schon lohnt, ein paar Dollar mehr auszugeben, um in einem der schicken Safaricamps im wildreichen **Moremi Game Reserve** (S. 371) zu übernachten.

Die nächste Etappe der Buschreise ist eine Autoexpedition (Geländewagen mit Allradantrieb) durch den **Chobe National Park** (S. 345), und zwar mit Stopps in **Savuti** (S. 353), den **Linyanti Marshes** (S. 354) und an der **Chobe Riverfront** (S. 351) – die Überlandroute durch Chobe ist eine der spektakulärsten Fahrten, die das Land überhaupt bietet, und man bekommt unterwegs viele Wildtiere zu Gesicht.

In der Grenzstadt **Kasane** (S. 345) sollte man sich noch einmal mit Vorräten eindecken und fährt dann über die Grenze (nach Sambia oder Simbabwe) zu den **Victoriafällen** (S. 259): Hier kann man sein Lager in **Livingstone,**

Auf dieser Route muss man sich weitestgehend selbst versorgen und sich außerdem auf die eigenen Orientierungs- und Überlebenskünste verlassen können. Wer's nicht ganz so risikoreich mag, kann auch auf die Touranbieter in Maun zurückgreifen, die auch gerne individuelle Safaritouren zusammenstellen.

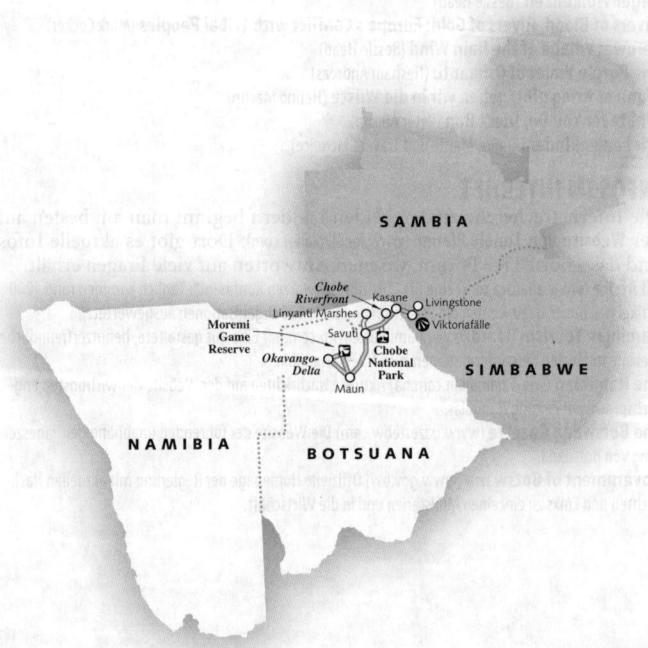

SAMBIA

Chobe Riverfront
Linyanti Marshes
Kasane
Livingstone
Moremi Game Reserve
Savuti
Viktoriafälle
Okavango-Delta
Chobe National Park
SIMBABWE
Maun

NAMIBIA

BOTSUANA

Sambia (S. 263) oder in **Victoria Falls, Simbabwe** (S. 272) aufschlagen, sollte aber beide Uferseiten des Sambesi erkunden. Wer noch ein bisschen Geld lockermachen möchte, kann unter zahllosen **Aktivitäten** (S. 260) etwas auswählen und den Adrenalinpegel in die Höhe treiben.

HIGHLIGHTS IN NAMIBIA

**Drei bis vier Wochen /
Von Windhoek bis Noordoewer**

Ehe man in die Wüste aufbricht, sollte man einige Tage in der zauberhaften Hauptstadt **Windhoek** (S. 87) verbringen, die noch immer von der deutschen Kolonialarchitektur geprägt ist. Erstes Ziel ist anschließend der **Etosha National Park** (S. 123), einer der schönsten Safariparks des gesamten Kontinents.

Von hier aus muss man dann allerdings zurück bis Windhoek fahren, um nach **Swapokmund** (S. 175) direkt an der Küste zu gelangen. Dort locken sportliche Herausforderungen, z.B. Quadbiking oder Dünensurfen. Weiter geht es dann auf der Hauptstraße nach Süden, wo eine aufregende Klettertour auf den riesigen Sicheldünen von **Sossusvlei** (S. 204) und/oder eine Wanderung durch den **Sesriem Canyon** (S. 204) echte Abenteuer versprechen.

Wer noch nicht genug hat von Canyons, sollte in südlicher Richtung bis zum **Fish River Canyon** (S. 228) weiterfahren, einem geologischen Phänomen von monumentalen Ausmaßen und zweifellos einem der heimlichen Highlights von ganz Afrika. Von dort aus ist es nicht mehr weit nach **Lüderitz** (S. 217), einer merkwürdig anachronistisch angehauchten deutschen Kolonialstadt. Ganz in der Nähe liegt die Geisterstadt **Kolmanskop** (S. 226), wo früher Diamanten gefördert wurden. Unweit davon erstreckt sich heute in unendlicher Weite der jüngste Nationalpark Namibias, das **Sperrgebiet** (S. 225), das in der deutschen Kolonie abgeriegelt war.

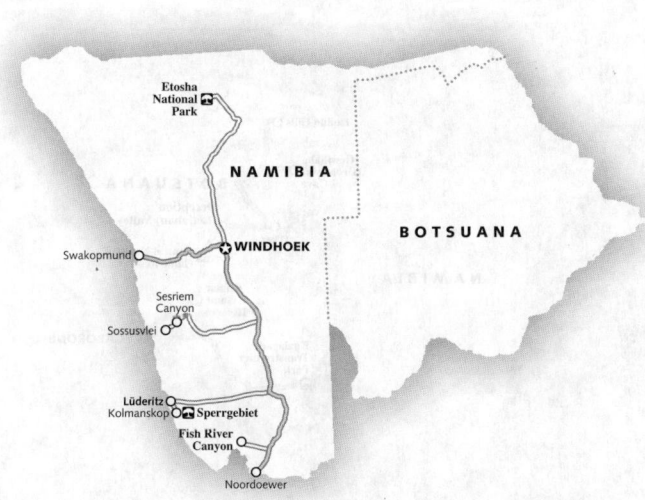

Diese unglaublich lange Strecke schlängelt sich auf mehr als 2500 km durch staubiges Bushveld und atemberaubende Schluchten: Eine gute Mischung, die viel Kultur mit todesmutigen Abenteuern verbindet – und übrigens problemlos mit einem normalen Pkw zu bewältigen ist. Daneben gibt es aber auch ganz passable, wenn auch langsame öffentliche Verkehrsverbindungen.

Die Route endet in **Noordoewer** (S. 233) an den Ufern des Oranje (Orange River), dem Ausgangspunkt für Wildwasser-Rafting durchs Canyonland. Oder man passiert die Grenze nach Südafrika und begibt sich ins kosmopolitische Kapstadt, um dort eine Woche oder wenigstens ein Wochenende lang so richtig städtisches Leben zu genießen.

UNBEKANNTE ROUTEN

GEHEIMNISVOLLE KALAHARI

Zwei bis drei Wochen /
Transfrontier Park in die Tsodilo Hills

Wer Touristengruppen meiden möchte, kann in Botsuana einsame Gegenden erkunden und direkt ins Zentrum der Kalahari reisen.

Von Johannesburg aus geht es zunächst nach Norden, bei Bokspits über die Grenze und dann in den riesigen **Kgalagadi Transfrontier Park** (S. 392). Dieser Park ist eines der wenigen Gebiete in der Kalahari, in dem sogar Wanderdünen zu sehen sind. Hauptattraktion ist aber ohne Zweifel die unberührte und fast menschenleere Natur.

Von hier aus geht es weiter Richtung Osten bis nach Gaborone und dann in einem westlichen Bogen hinauf zum Südeingang des wirklich wilden **Khutse Game Reserve** (S. 396). Von hier aus durchquert man Richtung Norden ein ziemlich abenteuerliches Gelände (nur für Fahrzeuge mit Allradantrieb) und gelangt in das benachbarte **Central Kalahari Game Reserve** (S. 396). Vor der Abreise sollte man eine oder zwei Nächte im **Deception (Letiahau) Valley** (S. 398) verbringen.

In Richtung Norden fährt man durch **D'kar** (S. 391) und kann dort San-Kunsthandwerk erstehen, bevor man weiter bis zur einsamen **Gcwihaba (Drotsky's) Cave** (S. 382) vordringt. Die Höhle ist für ihre 10 m langen Stalag-

Diese Route schafft man nur in einem Wagen mit Allradantrieb. Außerdem muss man sich auf der gesamten Reise komplett selbst versorgen und sich auf seine Orientierungs- und Survivalkünste verlassen. Ersatzweise stellen die Touranbieter in Maun gerne individuelle Safaritouren zusammen.

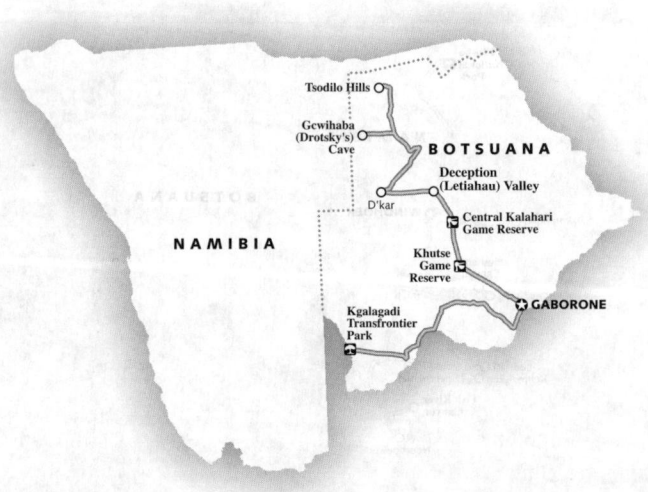

miten und Stalaktiten bekannt, aber auch für die Rundblattnasen-Fledermäuse, die dort leben.

Schließlich stößt man im entlegensten Zipfel des Landes auf die geheimnisvollen **Tsodilo Hills** (S. 384), die von den örtlichen Stammesgruppen bis heute verehrt werden – und außerdem wertvolle Felszeichnungen aufweisen.

VON CAPRIVI NACH KAOKOVELD

**Zwei bis drei Wochen /
Von Kasane nach Kaokoveld**

Viele Regionen Namibias wirken ja so, als habe man das Ende der Welt erreicht – aber einige Reiseziele dieser Tour erinnern schon fast an eine außerirdische Landschaft. Schon die Anreise stellt eine ziemliche Herausforderung dar – man braucht Mut, aber auch das nötige Kleingeld.

Wer diese Reise als durchgängige Tour unternehmen möchte, sollte am besten in **Kasane** (S. 345) in Botsuana starten: Hier kann man ein Flugzeug oder ein Boot nach **Mpalila Island** (S. 143) chartern, einer wunderschön und sehr einsam gelegenen Insel mitten im Zambezi River. Von hier aus fährt man zum **Caprivi Strip** (S. 139) in Namibia und besucht den **Mamili National Park** (S. 145), eine Art Mini-Okavango, und taucht dann ein in die raue Wildnis des **Khaudom Game Reserve** (S. 138).

Von Khaudom führt die Route weiter nach Süden durch **Grootfontein** (S. 118); dort lohnt sich ein kurzer Abstecher zum **Waterberg Plateau Park** (S. 115), der als Refugium für etliche vom Aussterben bedrohte Tierarten dient, darunter Pferdeantilopen und Breitmaulnashörner, die man mit etwas Glück auf den gut markierten Wandertrails aus sehen kann.

Nördlich von Grootfontein schlängelt sich die Straße westwärts durch das kulturelle Herz Namibias, die Region Ovambo, wo man das einsame und geheimnisumwitterte **Kaokoveld** (S. 167) erreicht; hier leben die Himba in einem der entlegensten Gebiete des Landes.

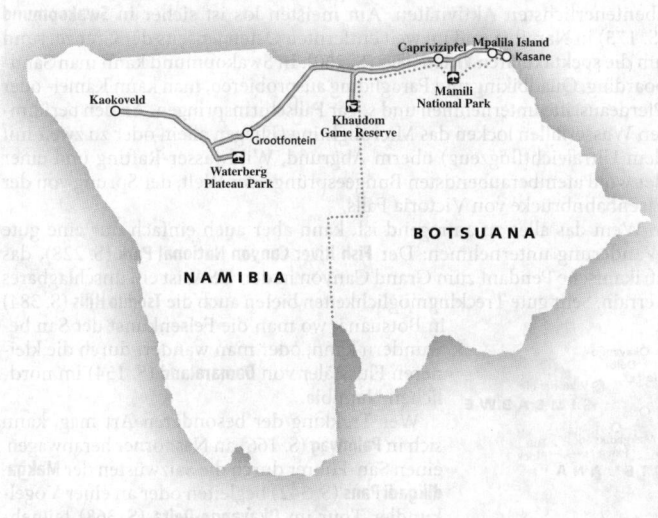

Diese Tour ist garantiert nichts für Leute mit schwachen Nerven: Man muss nämlich entweder per Flugzeug oder per Schiff bis nach Mpalila Island reisen und dort in einer (vorher reservierten) Lodge übernachten. Außerdem ist ein Wagen mit Allradantrieb ein Muss – öffentliche Verkehrsmittel kann man auf dieser Strecke komplett vergessen.

MASSGESCHNEIDERTE TOUREN

HIGHLIGHTS DER WILDNIS

Ganz oben auf der Wunschliste sollten die Schutzgebiete in Botsuana und Namibia stehen, in denen man einige der beeindruckendsten Landstriche Afrikas und eine unglaublich vielfältige Tierwelt erleben kann.

Wer auf der Suche nach klassischen Bildern afrikanischer Tierherden ist, sollte direkt in den **Etosha National Park** (S. 123) fahren oder die Grenze überqueren und nach Botsuana reisen – dort hat man dann die Qual der Wahl zwischen dem **Moremi Game Reserve** (S. 371), **Savuti** (S. 353) oder dem **Chobe National Park** (S. 345). In allen drei Parks gibt es Tiere in großer Zahl – man befindet sich mitten in einer typischen Safari-Landschaft.

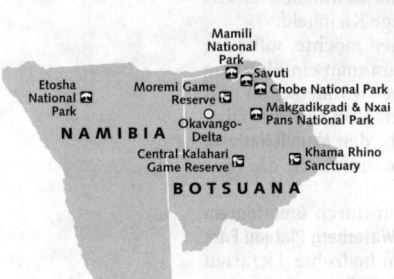

Vogelfreunde sollten im **Okavango-Delta** (S. 356) vorbeischauen; am besten im September und Oktober, wenn das Wasser dort seinen Höchststand erreicht. Hier leben Klunkerkraniche und Fischeulen. Auch der **Mamili National Park** (S. 145) im nordöstlichen Namibia ist ein fruchtbares Feuchtgebiet; hier findet man Flusspferde, Büffel und Vögel.

Etwas entlegener und einsamer ist der **Makgadikgadi & Nxai Pans National Park** (S. 338), wo man einige der größten Herden Afrikas erleben kann. Ähnlich beeindruckend sind das Deception Valley (Letiahau) im **Central Kalahari Game Reserve** (S. 396) und das **Khama Rhino Sanctuary** (S. 331) in Ost-Botsuana. Hier sollte man vor allem nach Schabrackenhyänen und Breitmaulnashörnern Ausschau halten.

NUR FÜR ADRENALIN-JUNKIES

Namibia und Botsuana bieten die perfekte, fast filmreife Kulisse für die abenteuerlichsten Aktivitäten. Am meisten los ist sicher in **Swakopmund** (S. 175) in Namibia und im weit entfernten Osten jenseits der Grenze, rund um die spektakulären **Victoriafälle** (S. 260). In Swakopmund kann man Sandboarding, Quadbiking und Paragliding ausprobieren, man kann Kamel- oder Pferdeausritte unternehmen und sogar Fallschirmspringen. An den berühmten Wasserfällen locken das Microlighting (Fliegen allein oder zu zweit mit dem Ultraleichtflugzeug) überm Abgrund, Wildwasser-Rafting und einer der wohl atemberaubendsten Bungeesprünge der Welt, der Sprung von der Eisenbahnbrücke vor Victoria Falls.

Wem das alles zu aufregend ist, kann aber auch einfach nur eine gute Wanderung unternehmen: Der **Fish River Canyon National Park** (S. 228), das afrikanische Pendant zum Grand Canyon in den USA, ist ein unschlagbares Terrain. Sehr gute Treckingmöglichkeiten bieten auch die **Tsodilo Hills** (S. 384) in Botsuana, wo man die Felsenkunst der San bewundern kann, oder man wandert durch die kleineren Flusstäler von **Damaraland** (S. 154) im nördlichen Namibia.

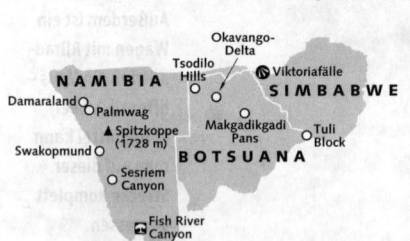

Wer Trekking der besonderen Art mag, kann sich in **Palmwag** (S. 166) an Nashörner heranwagen, einen San-Führer durch die Salzwüsten der **Makgadikgadi Pans** (S. 342) begleiten oder an einer Vogelkundler-Tour im **Okavango-Delta** (S. 368) teilnehmen, wo man sogar Aussichtsflüge über das grüne Flussdelta buchen kann.

Trotz der spektakulären Felsformationen in Namibia gibt es nur wenige Bergsteigerangebote; allerdings kann man die **Spitzkoppe** (S. 154) erklimmen, wenn man die entsprechende Kletterausrüstung dabei hat. Und ein Pferdeausritt im **Sesriem Canyon** (S. 204) oder **Tuli Block** (S. 335) ist für erfahrene Reiter ein wirklich unvergessliches Safari-Erlebnis!

VON DER WÜSTE INS FLUSSDELTA

Überlandfahrten zwischen Namibia und Botsuana sind dank der krassen Gegensätze zwischen der reinen Wüstenlandschaft und den herrlich grünen, üppigen Feuchtgebieten immer wieder ein besonderes Erlebnis.

In Namibia entdeckt man freilich die Schönheit der Landschaft oft erst, wenn man sich wirklich einlässt auf das Land: Der **Namib-Naukluft Park** (S. 197) beispielsweise wirkt wie ein Amphitheater aus Sand, in dem einzigartige Wüstensäugetiere und Insekten ums Überleben kämpfen. Noch unheimlicher ist der **Skeleton Coast National Park** (S. 170) im äußersten Nordwesten des Landes, der sich übrigens als weltweit größter Schiffsfriedhof vermarktet. Zum ersten Mal überhaupt ist mittlerweile auch das einsame, entlegene Gelände im **Sperrgebiet** (S. 225) – es heißt tatsächlich so –, eines der schönsten Wüstenökosysteme der Welt, für Besucher geöffnet.

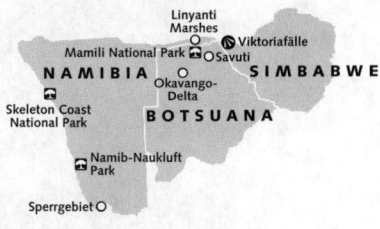

Einen Gegensatz zu der Welt aus Sand bildet etwa das **Okavango-Delta** (S. 356), das zwischen Dezember und März ein riesiges, wasserreiches Feuchtgebiet darstellt und damit ein Paradies für Vögel, Säugetiere, Insekten und Fische bildet. Weitere Wasseroasen sind die entlegenen **Linyanti Marshes** (S. 354), die Feuchtgebiete von **Savuti** (S. 353) und der **Mamili National Park** (S. 145), eine Art namibisches Mini-Okavango. Zusammengenommen bilden diese Landschaften eines der wichtigsten und artenreichsten Ökosysteme in Afrika. Von diesem nordöstlichsten Zipfel Botsuanas ist es schließlich nur noch ein kleiner Sprung über die Grenze zu einem der imposantesten Naturwunder der Erde, den **Victoriafällen** (S. 259).

OFFROAD-ABENTEUER

Wer das Glück hat, mit einem robusten eigenen Mietwagen unterwegs zu sein (und wirklich Erfahrung mit einem Allradantrieb unter Extrembedingungen hat), wird bei Offroad-Abenteuern in Botsuana und Namibia garantiert seine Grenzen austesten können. Allerdings muss man immer bedenken, dass Offroad-Fahrten in diesem Teil der Welt eher einer Expedition als einem hübschen Umweg durchs Gelände gleichen – man ist vollkommen auf sich selbst gestellt und sollte keinesfalls allein, sondern mit mindestens einem weiteren Fahrzeug aufbrechen.

Wem eine Fahrt quer durch eine 12 000 km² große Salzwüste ohne viele Orientierungspunkte als Abenteuer vorschwebt, muss nur sein GPS richtig einstellen und kann dann direkt in die **Makgadikgadi Pans** (S. 338) aufbrechen. Und um die ganze Vielfalt und Weite der zu Teil savannenartigen Kalahari zu erleben, sollte man unbedingt das **Central Kalahari Game Reserve** (S. 396) erkunden, das größte Naturschutzgebiet Afrikas, oder auch in die aprikosenfarbenen Dünengebiete und die von Kameldornbäumen übersäten Grasebenen des **Kgalagadi Transfrontier Park** (S. 392) aufbrechen.

Auf der namibischen Seite sollte man in die nordwestliche Ecke des Landes fahren und dort durch das **Kaokoveld** (S. 167) touren, eine echte Wildnis aus Wüstengebirgen und Sandwegen, die allmählich verweht werden. Eine Alternative für Mutige sind die heimtückischen, sandbedeckten Routen an der berühmten **Skelettküste** (S. 168), einer der ungemütlichsten Küstenregionen der Welt.

Nationalparks & Schutzgebiete

Berichte und Zeichnungen früherer Afrikaforscher prägten einst die Vorstellungen vom Schwarzen Kontinent. So entstand Europas „afrikanischer Traum" von einem Land mit ungezähmter Wildnis, endlosen Weiten und einer schier unerschöpflichen Flora und Fauna – sprich: einem beneidenswert großen, freien Land, in dem Mensch und Natur in Einklang miteinanderleben. Doch fast jeder Traum trügt: Im modernen Afrika gefährden Verstädterung und wachsender Tourismus auch im südlichen Teil des Kontinents die Idylle der unberührten Wildnis.

Immerhin: Die Wildnis lebt! Und nirgendwo in Afrika liegt sie so greifbar nah wie in Namibias kaum besiedelten atemberaubenden Weiten und in den spektakulären Nationalparks von Botsuana. Im benachbarten Namibia tragen unwirtliche Klima- und Umweltverhältnisse eines 500 km langen Dünenstreifens zum Erhalt seiner einzigartigen Wüstenfauna bei. Botsuana lernte aus den leidvollen Erfahrungen anderer afrikanischer Staaten und beharrt auf seiner Politik eines „bescheidenen Tourismus zu horrenden Preisen". So konnte sich das Land eine großartige Natur bewahren.

BESUCH DER NATIONALPARKS IN NAMIBIA

Trotz der extremen Klimaverhältnisse, die in weiten Teilen Namibias herrschen, gehören einige Nationalparks des Landes mit Sicherheit zu den großartigsten der Welt. Die Rangliste dieser grandiosen Schutzgebiete reicht vom **Etosha National Park** (S. 123) mit seiner faszinierenden Tierwelt bis hin zum einzigartigen **Namib-Naukluft Park** (S. 197), der riesige Dünenlandschaften, schier endlose Wüstenareale, wilde Gebirgslandschaften und eine einzigartige Flora einschließt. Im Caprivistreifen liegen einige kleinere Wildreservate. Spannend sind auch der bekannte Skeleton Coast Park und der atemberaubende **Fish River Canyon National Park** (S. 228), der zu Afrikas spektakulärsten Naturwundern zählt.

Nationalparks bzw. Schutzgebiete nehmen etwa 15 % der Staatsfläche ein. Wie in fast allen Wildparks dürfen die Besucher nur in geschlossenen Fahrzeugen durch die Schutzgebiete fahren, häufig genügt ein Auto mit Zweiradantrieb. Für den **Mamili National Park** (S. 145), das **Khaudom Game Reserve** (S. 138) und Teile des **Bwabwata National Park** (S. 139) braucht man allerdings einen ziemlich robusten Geländewagen mit hohem Bodenabstand.

Die Eintrittserlaubnis (80 N$ pro Pers. und 10 N$ pro Fahrzeug, beides pro Tag) erhalten Reisende an den Eingangstoren der Parks. Reservierungen für Campingplätze und Resorts müssen aber schon im Voraus erfolgen.

Namibia Wildlife Resorts (NWR)

Die halbprivate Gesellschaft **Namibia Wildlife Resorts** (NWR; www.nwr.com.na) betreibt eine große Zahl von Camps und Resorts in den Nationalparks. Reservierungen nimmt das zentrale Büro der NWR in Windhoek (Karte S. 92; ☎ 285 7200; www.nwr.com.na; Erkrath Building, Independence Ave) entgegen. Wenn eine Buchung im Voraus nicht möglich ist (etwa bei einer spontanen Änderung der Reisepläne), besteht eine große Chance, vor Ort noch eine Unterkunft zu finden. Doch tun Reisende in dem Fall gut daran, noch eine Ausweichlösung parat zu haben. Für Etosha oder Sossusvlei ist es nicht ratsam, ohne Buchung zu kommen, weil dort das ganze Jahr über viel los ist.

DIE SCHÖNSTEN NATIONALPARKS IN NAMIBIA

Park	Charakteristika	Aktivitäten	Beste Zeit
Etosha National Park S. 123	22 275 km²; wasserarme Savanne um eine Salzpfanne gelegen, 114 Säugetierarten	Tierbeobachtung, Vogelbeobachtung, Nachtfahrten	Mai–Sept.
Fish River Canyon National Park S. 228	161 km lang; Afrikas längster Canyon, heiße Quellen, verschiedenfarbige Gesteinsschichten	Wandern, Baden	Mai–Nov.
Khaudom Game Reserve S. 138	3840 km²; Bushveld-Landschaft, von fossilen Flusstälern durchzogen	Tierbeobachtung, Wandern, Fahrten mit dem Allrader	Juni–Okt.
Mamili National Park S. 145	320 km²; Klein-Okavango, 430 Vogelarten, Kanustrecken durch den Park	Tierbeobachtung, Kanutouren	Sept.–April
Mudumu National Park S. 143	850 km²; lebhafter Flusslebensraum, 400 Vogelarten	Tierbeobachtung, Vogelbeobachtung	Mai–Sept.
Namib-Naukluft Park S. 197	50 000 km²; Namibias größtes Schutzgebiet, Lebensraum der seltenen Hartmannzebras	Tierbeobachtung, Spazierengehen	ganzjährig
Skeleton Coast National Park S. 170	20 000 km²; Wildnis pur, ans Wüstenleben angepasste Tiere	Tierbeobachtung, Spazierengehen, Fly-in-Safaris	ganzjährig
Waterberg Plateau Park S. 115	400 km², Tafelberg, Heimat von Breit- und Spitzmaulnashörnern und seltenen Antilopen	Tierbeobachtung, Wandern	Mai–Sept.

BUCHEN

Buchungen für Campingplätze oder Resorts bestätigt NRW erst nach Bezahlung der entsprechenden Summe per Banküberweisung oder Kreditkarte. Die Zeltplatzgebühren schließen in der Regel vier Personen ein, jede weitere Person (bis zu acht Personen) kostet zusätzlich.

Für die Campingplatzbuchung will NWR Folgendes wissen:

- Die Reisepass-Nummer
- Den Namen des gewünschten Campingplatzes oder des Resorts innerhalb des Parks, bei Mehrfach- oder Alternativnennungen in der gewünschten Reihenfolge
- Die genauen Ankunfts- und Abreisedaten für den Park bzw. Campingplatz
- Die Anzahl der Besucher, mit Altersangabe und getrennt nach Erwachsenen und Kindern
- Kennzeichen und Zulassungsland des Fahrzeuges, mit dem die Fahrten innerhalb des Parks erfolgen

Im Voraus zu buchen ist ratsam und bis zu zwölf Monate vor Reiseantritt möglich. Hunde und andere Haustiere dürfen nicht mit in die Parks genommen werden.

CAMPING & RESORTS

Durchschnittlich kostet ein Platz in einem Camp zwischen 50 N$ (ein Platz in der Wildnis mit schlechter Infrastruktur) und 200 N$ in den Rest-Camps in Etosha, wo es Pools, Läden, Restaurants, Kioskläden und gepflegte Waschräume mit heißem Wasser gibt. Die Preise gelten für eine Person, doch wird für das Fahrzeug noch ein Aufpreis verlangt.

NWR bietet darüber hinaus eine Reihe anderer Unterkünfte, die auf betuchte Reisende ausgerichtet sind. So gibt es beispielsweise in Etosha Luxus-Chalets, die pro Person 900 bis 1600 N$ kosten und mit Annehmlichkeiten wie Klimaanlage und Satellitenfernsehen ausgestattet sind. Sie befinden sich in attraktiver Lage an Wasserlöchern, sodass Gäste vom eigenen Balkon aus eine phantastische Möglichkeit zur Tierbeobachtung haben.

Schließlich eröffnete NWR jüngst das super-exklusive Onkoshi Camp in Etosha an einer entlegenen Salzpfanne abseits der gängigen Touristenpfade; es bietet 5-Sterne-Überfluss und viel Privatsphäre. Doch das Privileg hier zu übernachten muss mit Tausenden von Namibia-Dollar bezahlt werden – dafür ist die Erfahrung unvergleichlich. Da die Chalets und anderen Privatunterkünfte sehr beliebt sind, lohnt es sich, eine ganze Zeit im Voraus über das zentrale Büro in Windhoek zu buchen.

Die Unterkünfte in den Nationalparks stehen am Anreisetag ab mittags zur Verfügung und müssen am Abreisetag bis 10 Uhr geräumt werden. Während der Schulferien dürfen Besucher nur drei Nächte in jedem Camp des Etosha National Parks und des Namib-Naukluft Parks bleiben, in allen anderen Camps sind zehn Übernachtungen erlaubt. Haustiere sind tabu.

Wandern

In den Nationalparks Namibias sind die Wandermöglichkeiten begrenzt und genau geregelt – es ist wichtig, im Voraus zu buchen. Es gibt einige Weitwanderwege in verschiedenen Gebieten, darunter eine viertägige Route am Waterberg Plateau, eine achttägige im Naukluft sowie eine fünftägige am Ugab River und Fish River Canyon. Die Wanderungen im Naukluft und Daan Viljoen sind auf Gruppen von drei bis zwölf Personen begrenzt, für die ungeführte Wanderung im Waterberg sind drei bis zehn Personen erlaubt; die geführten Touren im Ugab und im Waterberg werden für drei bis acht Teilnehmer angeboten und die Wanderung am Fish River ist für Gruppen von drei bis 40 Personen möglich.

Conservancies & Private Wildschutzgebiete

Conservancy heißt ein noch relativ neues Konzept, bei dem private Farmer gemeinsam mit den vor Ort lebenden Menschen öffentliches Land möglichst ressourcenschonend nutzen, sodass auch die Natur davon profitiert. Am bekanntesten ist wohl die Organisation **Namibia Community Based Tourism Trust** (NACOBTA; ☎ 061-250558; www.nacobta.com.na). Sie betreibt eine ganze Reihe von Camps und Zeltplätzen auf gemeinnützige Weise. Als Reisender kann man hier für rund 50 N$ pro Person übernachten und gleichzeitig ein umfangreiches Angebot nutzen: geführte Wanderungen, Streifzüge durchs Gelände und Fahrten zu den Dörfern. Mittlerweile leben in Namibia fast 100 000 Menschen in über 30 registrierten Conservancies.

Eine andere Form von Naturschutzgebiet stellen die privaten Wildschutzgebiete dar; davon gibt es in Namibia schon mehr als 180. Die beiden mit Abstand größten privaten Einrichtungen sind das 2000 km² große **NamibRand Nature Reserve** (S. 207), das an den Namib-Naukluft Park angrenzt, und der **Gondwana Cañon Park** (S. 232) mit einer Fläche von 1020 km²; er grenzt an den Fish River Canyon Park. Die Konzessionäre beider Reservate bieten Besuchern sowohl Unterkünfte als auch Aktivitäten an. Bei den meisten der kleineren Wildreservate handelt es sich dagegen eher um private Wild- oder Jagdfarmen, die sich in erster Linie um die Hege der einheimischen Tierwelt kümmern (statt Rinder zu halten).

BESUCH DER NATIONALPARKS IN BOTSUANA

Botsuana legt größten Wert auf Schutz und Erhaltung seiner Fauna und Flora. Daher setzt es seit langem auf einen nachhaltigen, sanften Tourismus, um die unberührte Natur des Landes zu schützen und zu erhalten. Viele Reisende mit kleiner Reisekasse fühlen sich angesichts der oftmals unerschwinglichen Preise (z. B. in den Nationalparks) ausgegrenzt. Doch die Einnahmen der Parks fließen direkt oder indirekt in die Entwicklung der örtlichen Gemeinden sowie den Natur- und Umweltschutz. Nicht zuletzt deshalb leben immerhin noch vier der Big Five – Büffel, Elefant, Leopard und Löwe – in den botsuanischen Nationalparks.

Allein die Elefantenpopulation im **Chobe National Park** (S. 345) liegt bei 60 000 Tieren. Im **Moremi Game Reserve** (S. 371) lebt eine der wenigen gesunden afrikanischen Wildhundpopulationen. Das Okavango-Delta und der Chobe River spenden in dem weitgehend von Wüste und Trockenperioden geprägten Land so viel Wasser, dass fast alle südafrikanischen Säugetierarten im Moremi Game Reserve, in Teilen des Chobe National Park und in den Linyanti-Sümpfen vorkommen. Im **Makgadikgadi & Nxai Pans National Park** (S. 338) unternehmen große Herden von Gnus, Zebras und anderen Huftieren regelmäßig ihre Wanderzüge zwischen ihren Winterrevieren im Makgadikgadi-Becken und der Nxai-Pan-Region, die im Sommer üppige Nahrungsquellen bietet.

Botsuana hat etwa 17 % seiner Landfläche offiziell zum Nationalpark oder Naturschutzgebiet erklärt und weitere 20 % zu Wildlife Management Areas (WMA sind staatlich kontrollierte Gebiete, in denen der Naturschutz Vorrang besitzt). So steht also ein beeindruckender Teil des Landes unter Naturschutz. Weite, offene Landschaften, ein paar private Safari-Lodges mit staatlicher Konzession, wenig Infrastruktur und das Fehlen städtischer Annehmlichkeiten gehören zu den charakteristischen Merkmalen der botsuanischen Schutzgebiete. Eine Ausnahme bilden der Chobe National Park und das Moremi Game Reserve, die größere Besucherzahlen aufweisen.

Department of Wildlife & National Parks (DWNP)

Alle öffentlichen Nationalparks und Reservate in Botsuana stehen unter der Verwaltung des **DWNP** (Karte S. 314–315; ☎ 318 0774; dwnp@gov.bw; Government Enclave, Khama Cres, Gaborone; ◷ Mo–Fr 7.30–12.45, 13.45–16.30 Uhr). Auch der botsuanische Teil des **Kgalagadi Transfrontier Park** (S. 392) fällt in den Zuständigkeitsbereich dieser Behörde. Die Öffnungszeiten sowie die Kosten für das Zelten und den Eintritt weichen aber von den anderen DWNP-Parks des Landes ab (s. Kasten), da das DWNP diesen grenzüberschreitenden Park gemeinsam mit seinem südafrikanischen Partner verwaltet.

Die DWNP-Parks sind vom 1. April bis 30. September von 6 bis 18.30 Uhr und vom 1. Oktober bis 31. März von 5.30 bis 19 Uhr geöffnet. Außerhalb dieser Zeiten dürfen sich Besucher ausschließlich im Camp (in dem sie eine Unterkunft bzw. einen Zeltplatz gebucht haben müssen) auf-

---

NATIONALPARK-GEBÜHREN PRO TAG IN BOTSUANA

Kinder bis sieben Jahren haben in den Nationalparks freien Eintritt.

	Staatsbürger	Ortsansässige	Ausländer	Safariteilnehmer
Erwachsener	10 P	30 P	120 P	70 P
Kind (8–17 Jahre)	5 P	15 P	60 P	35 P
Camping	5 P	20 P	30 P	
Fahrzeug <3500 kg		10 P		50 P

DIE SCHÖNSTEN NATIONALPARKS IN BOTSUANA

Park	Charakteristika	Aktivitäten	Beste Zeit
Central Kalahari Game Reserve S. 396	52 800 km²; eines der größten Schutzgebiete der Welt, Halbwüste, Savanne	Spazierengehen, Besuch von San-Dörfern	Sept.–Okt.
Chobe National Park S. 345	11 700 km²; ein Mosaik aus Savanne und Wald, große Elefantenpopulation	Tierbeobachtung, Vogelbeobachtung, Fischen	ganzjährig
Kgalagadi Transfrontier Park S. 392	38 000 km²; verläuft über die Grenze bis nach Südafrika hinein, wasserarme Savanne	Tierbeobachtung, Vogelbeobachtung	Dez.–Mai
Khutse Game Reserve S. 396	2590 km²; schließt an das Central Kalahari Game Reserve an, gleiche Merkmale	Tierbeobachtung, Spazierengehen, Besuch von San-Dörfern	Sept.–Okt
Makgadikgadi & Nxai Pans NPs S. 338	7300 km²; größte Salzpfannen der Welt, wandernde Zebras und Gnus, Flamingos	Tierbeobachtung, Trekking mit den San	März–Juli
Mokolodi Nature Reserve S. 326	30 km²; nahe der Hauptstadt, verschiedene Savannentiere, darunter Breitmaulnashörner	Tierbeobachtung, Spazierengehen	April–Nov.
Moremi Game Reserve S. 371	3800 km²; Savanne, Überschwemmungsebenen und Sümpfe, große Dichte an Tieren	Tierbeobachtung, Spazierengehen, Rundflüge, Bootsfahrten	Aug.–Dez.
Tuli Game Reserve S. 335	eine Reihe privater Schutzgebiete, einzigartige Felsformationen	Tierbeobachtung, Reiten, Spazierengehen, Nachtfahrten	Mai–Sept.

halten. Nach Einbruch der Dunkelheit ist das Fahren durch den Park wegen der Gefahr von Wegelagerern strengstens verboten!

BUCHUNG

Reservierungen für alle Camps können bis zu zwölf Monate im Voraus beim **DWNP**-Büro (Karte S. 314–315; ☎ 318 0774) in Gaborone erfolgen. Buchungen sind auch möglich beim **DWNP-Büro** in **Maun** (Karte S. 359; ☎ 686 1265; Boseja, Maun), neben dem Polizeirevier. Für den Chobe National Park nimmt das **DWNP-Büro** in **Kasane** (Karte S. 348; ☎ 625 0235) Reservierungen entgegen.

Achtung: An den Parkeingängen können Besucher keine Zutrittsgenehmigung bekommen.

Sämtliche Reservierungen (eine Ausnahme bildet manchmal der Chobe National Park), Annullierungen oder Verlängerungen müssen bei den DWNP Offices in Gaborone oder Maun persönlich oder schriftlich per Brief, Fax oder E-Mail erfolgen, per Telefon ist keine Änderung möglich. Die DWNP Offices löschen alle Reservierungen, die nicht innerhalb eines Monats per Überweisung (botsuanische Pula) oder Kreditkarte bezahlt wurden. Nach Eingang des Geldes bekommen die Reisenden per Fax, Brief oder E-Mail eine Buchungsbestätigung mit einem Aktenzeichen, das bei allen weiteren Änderungen angeben werden muss.

Da sich jede Änderung der Buchung äußerst umständlich gestaltet, sollte man seinen Reiseantritt sowie die Dauer des Aufenthaltes sorgfältig planen. Eine Rückerstattung der Kosten (abzüglich 10 % Verwaltungsgebühren) ist nur möglich, wenn die Stornierung mehr als 30 Tage vor Reiseantritt erfolgt und bringt den üblichen Bürokratismus mit sich.

Das DWNP ändert immer mal wieder die Vorschriften und Reisebedingungen, deshalb sollte man alles doppelt und dreifach überprüfen!

Bei Campingplatz-Reservierungen will das DWNP Folgendes wissen:

- Den Name des gewünschten Campingplatzes innerhalb des Parks, bei Mehrfach- oder Alternativnennungen in der gewünschten Reihenfolge.
- Die Anzahl der Übernachtungen sowie die genauen Ankunfts- und Abreisedaten (Campingplatz und Park).
- Die Anzahl der Besucher, getrennt nach Erwachsenen und Kindern.
- Kennzeichen und Zulassungsland des Fahrzeuges, mit dem die Fahrten innerhalb des Parks erfolgen.

ZELTEN

Das DWNP betreibt im Moremi Game Reserve und Chobe National Park einige komfortable Campingplätze – mit Grillplatz, Duschen (in der Regel mit kaltem Wasser) und Wasserklosetts. Die Campingplätze in den anderen DWNP-Parks und -Reservaten sind sehr einfach gehalten, meist gibt es nur einige Plumpsklos. Immerhin liegen die meisten dieser Campingplätze in einer herrlichen Umgebung.

Fast alle Campingplätze sind klein, auf manchen lassen sich nur zwei oder drei Zelte aufschlagen. Angesichts ihrer begrenzten Anzahl und ihrer großen Beliebtheit sollte man also so früh wie möglich reservieren. Ohne Reservierung für ein DWNP-Camp darf sich niemand außerhalb der Öffnungszeiten in einem DWNP-Park aufhalten! Eine Reservierung vor Ort ist nur bis 17.30 Uhr möglich – zu dieser Zeit sollten alle Besucher auf dem Campingplatz beginnen, ihre Zelte aufzustellen.

SAFARIS

Die einzigartigen Landschaften in Namibia und Botsuana versprechen ganz besondere Safari-Erlebnisse. Das Klischee vom Khakianzug tragenden Safaritouristen stimmt nur noch zum kleinen Teil, im Vordergrund stehen inzwischen Highlights wie Ballonfahrten über die Dünenkämme der Namib, fast lautlose Fahrten im *mokoro* (dem traditionellen Einbaumboot) durch die Kanäle des Okavango-Deltas, Safaris auf dem Rücken eines Kamels oder Pferdes, Jeep- und Fly-in-Safaris, Nachtfahrten durch Nationalparks usw. Daneben sind auch so „gewöhnliche" Aktivitäten wie Wandern, Fischen, Reiten oder Vogelbeobachtungen möglich.

FLY-IN-SAFARIS (FLUGSAFARIS)

Die Welt liegt garantiert jedem zu Füßen, der mit einem winzigen sechssitzigen Safari-Flieger abhebt, um zu einem abgelegenen Safari-Camp oder einer Luxus-Lodge zu fliegen. Fly-in-Safaris bieten die Chance, innerhalb kurzer Zeit eine ganze Reihe Nationalparks und Reservate kennenzulernen und einen Eindruck von der phantastischen Bandbreite der Landschaften zu bekommen.

Allerdings verführt diese Art der Fortbewegung dazu, sich zu viel in zu kurzer Zeit vorzunehmen. Die Erfahrung lehrt aber, dass weniger mehr ist. Ein Aufenthalt von mindestens drei Tagen in jedem Camp bzw. in jeder Lodge sollte eine Richtzahl sein, in dieser Zeit lassen sich die angebotenen Aktivitäten vor Ort entspannt genießen.

(Fortsetzung auf Seite 49)

TIERE & LEBENSRÄUME David Lukas

Auf den ersten Blick scheint diese Region, was Tiere betrifft, nicht allzu viel zu bieten – Botsuanas unendliche Weite ist größtenteils von Sand bedeckt, während Namibia zu den kargsten und trockensten Gebieten der Erde zählt. Doch gerade hier zieht noch eine Vielzahl von Tieren auf den Pfaden ihrer Vorfahren umher, und das in einem Ausmaß wie kaum irgendwo sonst in Afrika. Tatsächlich bieten sowohl Botsuana als auch Namibia großartige Möglichkeiten zur Tierbeobachtung, vor allem im Norden, wo Chobe und Okavango eines der artenreichsten Feuchtgebiete schaffen, in dem große Gruppen von Elefanten und Büffeln, die sich gerne suhlen, neben Wildhunden, Löwen und Leoparden leben.

1

Raubkatzen

Im Verhalten unterscheiden sich die sechs Raubkatzenarten, die es in Botsuana und Namibia gibt, gar nicht so sehr von friedlichen Hauskatzen; allerdings wiegen manche von ihnen etwa halb so viel wie ein Pferd oder können mit der Geschwindigkeit eines schnell fahrenden Autos mithalten. Da sie sehr gut hören und sehen, sind sie ausgezeichnete Jäger. Zu den überwältigendsten Szenen Afrikas gehören Großkatzen auf der Pirsch. Wer je diesen Kampf auf Leben und Tod gesehen hat, wird die Energie und die Wildheit, mit der er geführt wird, nie wieder vergessen.

4

❶ Leopard

Gewicht 30–60 kg (Weibchen), 40–90 kg (Männchen); Länge 170–300 cm Er kommt häufiger vor, als allgemein angenommen, doch der Leopard vertraut auf seine perfekte Tarnung, um sich zu verstecken. Während des Tages macht höchstens mal ein zuckender Schwanz in einem Baum auf ihn aufmerksam, doch nachts ist sein erschreckendes Knurren zu hören, das klingt, als ob Holz gesägt würde.

❷ Löwe

Gewicht 120–150 kg (Weibchen), 150–225 kg (Männchen); Länge 210–275 cm (Weibchen), 240–350 cm (Männchen) Die Löwen, die so lässig in der Sonne liegen, sind in Wahrheit Afrikas gefürchtetste Raubtiere. Mit ihren Zähnen, die mühelos Knochen und Sehnen zerkleinern können, erlegen sie Tiere von der Größe eines Giraffenbullen. Das Beutemachen im Löwenrudels übernehmen meist die Löwinnen; die Männchen vertreiben sich die Zeit mit Rivalenkämpfen.

❸ Karakal

Gewicht 8–19 kg; Länge 80–120 cm Der Karakal ist eine wunderschöne gelbbraune Katze mit langen spitzen Ohren. Dieser afrikanische Verwandte des Eurasischen Luchses besitzt hohe Hinterbeine. Sie ermöglichen es der schlanken Katze bis zu 3 m hohe Sprünge zu machen und Vögel aus der Luft zu fangen.

❹ Gepard

Gewicht 40–60 kg; Länge 200–220 cm Der Gepard ist ein Sprinter. Er kann zwar eine Geschwindigkeit von 112 km/h erreichen, doch nach 300 m geht ihm die Puste aus, und er muss eine Pause von 30 Minuten einlegen, bevor er wieder jagt. Und das ist nicht der einzige Nachteil am Weltrekordtempo – der Gepard ist so gut ans Laufen angepasst, dass es ihm an Kraft und Zähnen mangelt, um seine Beute oder seine Jungen gegen andere Raubtiere zu verteidigen.

❺ Schwarzfußkatze

Gewicht 1–2 kg; Länge 40–60 cm Dieses kleine Raubtier ist eine der kleinsten Katzen der Welt. Doch trotz der geringen Schulterhöhe von 25 cm ist die nachtaktive Katze ein gefährlicher Jäger, der bis zu 1,5 m hoch springen kann und jede Stunde fressen muss.

❻ Falbkatze

Gewicht 3–6,5 kg; Länge 65–100 cm Eine getigerte Katze, die an Feldern und Waldrändern entlangspaziert, ist vermutlich eine Falbkatze, der direkte Vorfahren unserer Hauskatzen. Falbkatzen bevorzugen Gebiete, wo es reichlich Mäuse und Ratten gibt, und so tauchen sie oft am Rand von Siedlungen auf. Typisch für das Tier ist die rötlich braune Grundfärbung des Fells und die ziemlich langen Beine.

Primaten

Während Ostafrika die evolutionäre Wiege der Primaten ist, wo mehr als 30 Arten von Affen, Menschenaffen und Halbaffen (die „primitiven" Vorfahren der modernen Primaten) entstanden, kam der Südteil Afrikas erst relativ spät ins Spiel, und so gibt es in Botsuana und Namibia nur drei verschiedene Arten. Davon ist lediglich der Bärenpavian weit verbreitet, doch ihn zu beobachten ist so faszinierend, dass das Fehlen anderer Primaten nicht ins Gewicht fällt.

❶ Südliche Grünmeerkatze

Gewicht 4–8 kg; Länge 90–140 cm Diese Affen, die in manchen Gegenden häufig vorkommen, verbringen viel Zeit am Boden. Dort halten sie sich immer dicht bei Bäumen auf, auf denen sie Schutz vor Fressfeinden finden können. Deshalb gibt es diese Art fast nur in stark bewaldeten Gebieten im nördlichen Botsuana und Namibia. Jede Meerkatzengruppe besteht aus Weibchen, die das seit Generationen angestammte Revier verteidigen, und aus Männchen, die sich wegen der Rangfolge innerhalb der Gruppe und wegen der Weibchen heftige Kämpfe liefern. Wenn sie erregt sind, nehmen ihre Geschlechtsorgane eine außergewöhnlich bläulich-scharlachrote Farbe an.

❷ Senegal-Galago

Gewicht 100–250 g; Länge 40 cm Galagos gehören zu einer Gruppe von Halbaffen, die sich in 60 Millionen Jahren nur wenig verändert haben. Sie sind für ihre Schreie bekannt, die dem Weinen eines Babys ähneln (daher auch ihr anderer Name: Buschbabys). Selbst im Dunkeln sieht der nachtaktive Senegal-Galago unglaublich scharf. Die außergewöhnlich beweglichen und akrobatischen Tiere springen zwischen den Bäumen bis zu 5 m weit und erhaschen auch fliegende Beute im Sprung. In Botsuana und Namibia kommen sie nur in dichten Wäldern an den Flüssen im Norden vor.

❸ Bärenpavian

Gewicht 12–30 kg (Weibchen, linkes Bild), 25–45 kg (Männchen, rechtes Bild); Länge 100–200 cm Bärenpaviane sind so häufig, dass sie oft gar nicht beachtet werden, doch es lohnt sich, ihnen eine Weile zuzusehen und ihr ausgeprägtes Sozialverhalten zu beobachten. Wer genau hinsieht, kann Freundschaften, Ablehnung oder Verhandlungen innerhalb der Gruppe entdecken. Die langen Schnauzen und die nackten Gesichter ermöglichen es den Tieren, durch Veränderungen des Gesichtsausdrucks deutliche Signale zu geben. Oft wirkt diese Mimik auf Menschen ein wenig übertrieben.

Wiederkäuer

Am typischsten für Afrika ist wohl die erstaunliche Vielfalt an Huftieren, zu denen sowohl Büffel als auch Giraffen und Nashörner zählen. Viele dieser Tiere leben in Gruppen, um sich vor den respekteinflößenden Raubtieren des Kontinents zu schützen – oft in Herden, die einst Hunderttausende von Tieren umfassten. Die Unterfamilie der Hörner tragenden, wiederkäuenden Huftiere heißt Bovinae (Rinderartige). In dieser Unterfamilie gibt es besonders viele Antilopenarten, von denen mehr als ein Dutzend in Botsuana und Namibia vorkommt.

❶ Kaffernbüffel

Gewicht 250–850 kg; Länge 220–420 cm Der Kaffern-büffel wirkt wie ein besonders kräftiges Rind mit extrem langen, gebogenen Hörnern. Glück-licherweise sind die Tiere meistens gutmütig, den ein wütender oder verletzter Büffel kann äußerst gefährlich werden.

❷ Kuhantilope

Gewicht 120–220 kg; Länge 190–285 cm Das lange Gesicht dieser Antilope wirkt eigenartig, doch es ermöglicht dem Tier mit dem kurzen Hals gleichzeitig Gras vom Boden zu fressen und nach Raubtieren Ausschau zu halten. Auf offe-nen Ebenen kommt die rötliche Kuhantilope häufig vor, sie ist leicht an ihren lyraförmig gebogenen Hörnern zu erkennen.

❸ Spießbock

Gewicht 180–240 kg; Länge 230 cm Diese Antilope mit den geraden, hochaufragenden Hörnern und dem kühn gemusterten Gesicht kann mo-natelang mit dem Wasser überleben, das sie aus den Pflanzen aufnimmt, die sie frisst. Wei-tere Anpassungen an ihren kargen Lebensraum sind die Fähigkeit, Temperaturen zu überleben, die andere Tiere töten würden, und ein lang-samer Stoffwechsel, sodass sie nicht viel Nah-rung braucht.

❹ Impala

Gewicht 40–80 kg; Länge 150–200 cm Die geselligen Impalas vermehren sich in großer Zahl und überlisten so die Fressfeinde, die nie alle erle-gen können. Weibliche Tiere sammeln sich in riesigen Gruppen, während die Männchen er-bittert um das Recht zur Paarung kämpfen. Wird eine Gruppe zerstreut, verteilen Impalas mit Hilfe von Sprüngen Duftstoffe, um einander wiederzufinden. Im Etosha National Park (S. 123) leben die als gefährdet eingestuften Schwarznasenimpalas.

❺ Klippspringer

Gewicht 8–18 kg; Länge 80–125 cm Der winzige Klippspringer mit seinen großen Augen scheint auf Zehenspitzen durch die Landschaft zu tip-peln. In der Sicherheit der steilen, felsigen Ausläufer der Berge von Zentral-Namibia findet er sein Zuhause. Hier haben Paare ihre ständi-gen Reviere; sie kommunizieren durch Düfte, die von einer dunklen Liddrüse produziert wer-den, und verständigen sich durch Pfiffe.

❻ Springbock

Gewicht 20–40 kg (Weibchen), 30–60 kg (Männchen); Länge 135–175 cm Da Botsuana und Namibia im Gegensatz zu Ostafrika keine weiten Grasebe-nen besitzen, leben hier nur wenige gazellen-artige Antilopen – zu diesen gehört der kleine Springbock. Die nomadische Antilope kann die nahrhaftesten Grastriebe auswählen.

❼ Gnu

Gewicht 140–290 kg; Länge 230–340 cm Am bekann-testen sind die riesigen Gnu-Herden, die durch die Serengeti ziehen. Doch die Gnus im nörd-lichen Botsuana sind relativ sesshaft und ma-chen sich nur dann auf den Weg, wenn sich durch die Jahreszeiten die Lebensbedingungen ändern. Da Gnus gern einen guten Überblick haben, sind sie auch leicht zu sehen.

Huftiere

Viele der faszinierendsten Tiere Afrikas gehören in diese Gruppe. Bis auf die Giraffe sind diese Huftiere keine Wiederkäuer und kommen in unterschiedlicheren Lebensräumen vor als die Rinderartigen. Sie leben seit Jahrmillionen in Afrika und gehören zu den erfolgreichsten Säugetieren, die je auf den Kontinent einge-wandert sind. Ohne menschliche Eingriffe regierten in Afrika Elefanten, Zebras, Flusspferde und Warzenschweine.

❶ Spitzmaulnashorn

Gewicht 700–1400 kg; Länge 350–450 cm Das Nashorn kann einem leidtun, weil es ein Horn besitzt, das wertvoller ist als Gold. Einst waren die Tiere in Afrika südlich der Sahara weit verbreitet, doch Wilderer brachten die Art an den Rand des Aussterbens. Pech ist auch, dass die Weibchen nur alle fünf Jahre Nachwuchs werfen. Der beste Platz in ganz Afrika zur Beobachtung von Nashörnern ist wohl das Okaukuejo-Wasserloch im Etosha National Park (S. 128).

❷ Bergzebra

Gewicht 230–380 kg; Länge 260–300 cm Die einzigartigen Bergzebras in Zentralnamibia unterscheiden sich von ihren in der Savanne lebenden Verwandten durch den nicht gestreiften Bauch und die rostbraune Schnauze. Die Zeichnung der Zebras ist so individuell wie ein Fingerabdruck, doch die Wissenschaft hat noch nicht herausgefunden, welche Funktion diese Muster besitzen.

❸ Afrikanischer Elefant

Gewicht 2200–3500 kg (Weibchen), 4000–6300 kg (Männchen); Rückenhöhe 2,4–3,4 m (Weibchen), 3–4 m (Männchen) Elefanten gibt es in erstaunlich großer Zahl im Chobe National Park (S. 345), wo sich bis zu 55 000 Tiere in den üppigen Feuchtgebieten versammeln. Noch interessanter sind die einzigartigen wüstenliebenden Elefanten in Namibia. Niemand, nicht einmal ein Mensch oder ein Löwe, wagt es, sich einem Elefantenbullen, der ein kostbares Wasserloch bewacht, in den Weg zu stellen.

❹ Flusspferd

Gewicht 510–3200 kg; Länge 320–400 cm Das Flusspferd ist ein eigenartiges Geschöpf. Das 3000 kg schwere Tier sieht aus wie ein schwimmender Sack auf winzigen Beinen; es verbringt viel Zeit im oder am Wasser, wo es Wasserpflanzen frisst. Friedlich? Mitnichten!

❺ Klippschliefer

Gewicht 1,8–5,5 kg; Länge 40–60 cm Es ist wirklich kaum zu glauben, aber die putzigen schwanzlosen Murmeltiere, die auf den Felsnasen von Zentralnamibia herumsitzen, haben dieselben Vorfahren wie der Elefant. Einige der Merkmale, die diese Tiere miteinander teilen, sind auf den ersten Blick nicht zu erkennen. Wenn jedoch einer der Klippschliefer gähnt, sind seine winzigen Stoßzähne zu sehen.

❻ Warzenschwein

Gewicht 45–75 kg (Weibchen), 60–150 kg (Männchen); Länge 140–200 cm Trotz ihres furchterregenden Aussehens und ihrer bedrohlichen Hauer sind nur die großen Männchen sicher vor Löwen, Geparden und Hyänen. Um sich bei einem Angriff zu schützen, rennen Warzenschweine in ihre Baue und beißen wild um sich.

❼ Giraffe

Gewicht 450–1200 kg (Weibchen), 1800–2000 kg (Männchen); Höhe 3,5–5,2 m Die bis zu 5 m große Giraffe, die all ihre Konkurrenz überragt, ist stark nach oben ausgerichtet, wo sie perfekt nach Ästen greifen und Blätter fressen kann. Nach unten zu reichen, um Wasser zu trinken, fällt ihr dagegen schwer. Giraffen sind weit ausschweifende Galoppierer.

1

Raubtiere

Es ist ein Zeichen für den ökologischen Reichtum Afrikas, dass in diesem Erdteil eine beträchtliche Zahl von Raubtierarten vorkommt. Außer den sechs Raubkatzenarten sind in Botsuana und Namibia noch eine Reihe anderer Raubtierarten heimisch, von den wendigen Mangusten bis zu den geselligen Afrikanischen Wildhunden – und alle besitzen Reißzähne. Besucher beobachten voller Bewunderung das herausragende Geschick dieser erfolgreichen Jäger. Raubtiere sind immer für eine Überraschung gut, und viele Reisende kehren mit unvergesslichen Eindrücken nach Hause zurück.

4

❶ Löffelhund

Gewicht 3–5 kg; Länge 70–100 cm Dieses nette gelb-braune Tier besitzt riesige Ohren, die es nach allen Richtungen dreht, um Geräusche von unterirdischen Futtertieren wie Termiten wahr-zunehmen. Plötzlich fängt es dann an wie wild zu graben, bis es die Beute zutage gefördert hat. Paare bleiben ein Leben lang zusammen; zur Nahrungssuche bilden sie Trupps.

❷ Tüpfelhyäne

Gewicht 40–90 kg; Länge 125–215 cm Die Tüpfelhy-äne ist eines der ungewöhnlichsten Tiere im Süden Afrikas. Die Klitoris der Weibchen, die auch die Herrschaft im Rudel haben, ähnelt einem Penis. Im Laufen weiden diese wilden Kämpfer dank ihres extrem starken Gebisses ihre Beute aus; sie kämpfen sogar mit Löwen. Wie irre kichernde Hyänen, die beim Erlegen der Beute übereinander hinwegsteigen, sind ein beunruhigender Anblick.

❸ Erdmännchen

Gewicht 0,5–1 kg; Länge 50 cm Die verschiedenen Mangustenarten des Gebietes werden wohl am besten durch die putzigen Erdmännchen re-präsentiert. Sie leben in Gruppen von bis zu 30 Tieren. Während die meisten von ihnen Nah-rung suchen oder ruhen, sitzen einige „Wäch-ter" hoch aufgerichtet und stoßen bei Gefahr schrille Warnschreie aus.

❹ Südafrikanischer Seebär

Gewicht 80 kg (Weibchen), 350 kg (Männchen); Länge 120–200 cm Mehr als 2 Millionen Seebären leben an den Küsten des südlichen Afrika; einige rie-sige Kolonien existieren an der abgelegenen Skeleton Coast (S. 168) in Namibia. Seebären sind eigentlich nicht besonders gesellig, suchen aber zur Paarungs-und Wurfzeit tradi-tionelle Sammelplätze auf, wo sie eine zeitlang dicht gedrängt leben. Es ist spannend, die tur-bulenten, lauten Kolonien zu beobachten.

❺ Afrikanischer Wildhund

Gewicht 20–35 kg; Länge 100–150 cm An der indivi-duellen, ungewöhnlich bunten Zeichnung er-kennen die Wildhunde einander, die in Rudeln von 20 bis 60 Tieren Antilopen und andere Beutetiere hetzen. Diese geselligen Hunde, die in einer komplex strukturierten Hierarchie mit genauen Regeln leben, sind ausgesprochen gute Jäger. Doch Krankheiten und Verfolgung haben sie heute an den Rand des Aussterbens gebracht. Sie sind nur noch an wenigen Stellen zu sehen, vor allem im Moremi Game Reserve (S. 371) in Botsuana.

1

Greifvögel

In Botsuana und Namibia sind rund 70 Arten von Falken, Adlern, Bussarden und Geiern beheimatet, und so besteht hier also die Möglichkeit, eine große Vielfalt an Greifvögeln zu Gesicht zu bekommen. Wer sie sehen möchte, entdeckt sie auf Bäumen sitzend, hoch oben in der Luft schwebend oder um eine Beute versammelt, doch oft sind die Schreie kleiner Vögel der erste Hinweis auf ihre Anwesenheit.

5

❶ Schreiseeadler

Länge 75 cm Der Schreiseeadler hält sich meist am Wasser auf, wo er seine Beute – Fische – jagt. Mit einer Flügelspannweite von 2 m ist dieser Verwandte des amerikanischen Wappentiers (Weißkopfseeadler) eine beeindruckende Erscheinung. Seine weithin hallenden Rufe gelten als die „Stimme Afrikas".

❷ Sekretär

Länge 100 cm In einer Region, in der es sehr viele einzigartige Vögel gibt, ragt der Sekretär weit über die Masse. Mit dem Körper eines Adlers und den Beinen eines Kranichs bringt er es auf stolze 1,3 m Höhe und läuft bis zu 20 km am Tag, um Kobras und andere Schlangen zu suchen, die er blitzschnell und sehr geschickt tötet. Dieser eigenartige graue Greifvogel ist meist zu sehen, wie er durch die Savanne schreitet.

❸ Singhabicht

Länge 55 cm Kleine Gruppen dieser schlanken grauen Greifvögel mit dem roten Schnabel und den roten Beinen sammeln sich oft unter Büschen oder an umgestürzten Bäumen. Wahrscheinlich verfolgen sie dann gerade ein kleines Raubtier wie einen Honigdachs und hoffen darauf, die Beutetiere zu erwischen, die dem Dachs entkommen.

❹ Gaukler

Länge 60 cm Der Gaukler ist ein attraktiver Schlangenadler, der seinen Namen wegen seiner oft akrobatischen Flugkunststücke trägt. In der Luft ist der Vogel leicht an seinen weißen Schwingen und den sehr kurzen Schwanzfedern zu erkennen, aus der Nähe präsentiert er ein scharlachrotes Gesicht.

❺ Ohrengeier

Länge 115 cm Sechs der acht im südlichen Afrika vorkommenden Geierarten versammeln sich in Botsuana und Namibia um Tierkadaver. Oft gelingt es ihnen, schon allein aufgrund ihrer großen Anzahl, Knochen- und Fleischstücke zu erwischen. Es ist kein schöner Anblick, wenn verschmierte Geier in Kadaver wühlen, die kein anderer Aasfresser will, aber gerade deshalb sind diese Vögel sehr nützlich. Der riesige Ohrengeier, der größte Geier, bekommt seinen Anteil, bevor seine Artgenossen eine Chance haben.

Vögel

Reisende treffen in Botsuana und Namibia auf eine erstaunliche Anzahl von Vogelarten in allen nur denkbaren Formen und Farben. Wer tagelang nur schlafende
Löwen betrachtet hat, wird die gefiederten Gesellen, die ständig in Bewegung
sind, als wohltuende Abwechslung empfinden.

❶ Zwergflamingo

Länge 100 cm Die intensiv rosa gefärbten Zwergflamingos bieten, wenn sie sich zu Zehntausenden an glitzernden Salzseen versammeln, eines der spektakulärsten Schauspiele in Afrika. Zu den Höhepunkten zählt es, wenn sie alle gemeinsam auffliegen oder gleichzeitig ihre Paarungstänze aufführen.

❷ Gabelracke

Länge 40 cm Fast jeder, der an einer Safari teilnimmt, sieht die phantastisch gefärbte Gabelracke. Sie ist mit den Eisvögeln verwandt; die schimmernden Blau-, Violett- und Grüntöne ihres Gefieders kommen bei ihren Flugkunststücken besonders gut zur Geltung.

❸ Kaptölpel

Länge 85 cm Es ist wohl schwierig, das Chaos in einer Tölpel-Brutkolonie zu übertreffen. Wenn sich diese Seevögel nicht in großer Zahl zum Brüten auf einer der Inseln vor der Küste versammeln, sind sie in Schwärmen unterwegs, um im Sturzflug zu fischen.

❹ Strauß

Länge 200–270 cm Wer das Aussehen des Straußes für urtümlich hält, liegt gar nicht so falsch. Trotz ihrer Höhe von 2,7 m und ihrem Gewicht von mindestens 130 kg können diese flugunfähigen Vögel Fressfeinden mit einer Geschwindigkeit von 70 km/h davonlaufen – oder sie legen sich flach auf den Boden, um einem Erdhaufen zu gleichen. Die meisten Strauße im südlichen Afrika sind aus Zuchten entlaufen.

❺ Brillenpinguin

Länge 60 cm Seinen Namen verdankt der Brillenpinguin dem rosafarbenen Fleck, der vom Schnabel bis zu den Augen reicht. Auffällig sind seine eselsähnlichen Schreie während der Paarungszeit (englisch heißt er deshalb *jackass*). Sein Lebensraum liegt an der Küste Namibias und auf den Inseln vor der Küste.

❻ Hammerkopf

Länge 60 cm Der Hammerkopf ist ein Verwandter des Reihers, der auf dem Kopf eine merkwürdig geformte Haube trägt, der er seinen Namen verdankt. Häufig ist er an Gewässerrändern zu sehen, wo er Frösche und Fische jagt. In der Nähe befinden sich seine kunstvollen, bis zu 2 m großen Nester.

❼ Südlicher Hornrabe

Länge 90 cm Der Südliche Hornrabe, der ein bisschen an einen Truthahn erinnert, sucht die meiste Zeit am Boden nach Insekten, Fröschen, Reptilien und Kleinsäugern, die er durch kräftige Stöße mit seinem Schnabel tötet. Auffällig sind die ungefiederten leuchtend roten Stellen am Kopf.

❽ Nama-Flughuhn

Länge 25 cm Diese widerstandsfähigen gedrungenen Wüstenvögel fliegen bis zu 20 km am Tag, um an ein Wasserloch zu kommen, wo sie sich in großer Zahl zum Trinken am Ufer versammeln. Ihre Federn besitzen die Fähigkeit, Wasser zu speichern, sodass auch ihre Jungen im Nest trinken können.

Lebensräume

Da jedes Tier nur in einem bestimmten Lebensraum vorkommt, lohnt es sich, die wichtigsten Landschaftsgebiete der Region kennenzulernen – auch um den Spaß an der Tierbeobachtung noch zu vergrößern. Zum Glück ist es nicht schwierig, die Lebensräume Botsuanas und Namibias zu unterscheiden.

❷ Feuchtgebiete

Angesichts der extremen Trockenheit Botsuanas und Namibias ist es fast eine Überraschung, dass eines der größten Binnendeltas der Welt gerade hier liegt und die als Lebensraum für Tiere bedeutendsten Sümpfe und Feuchtgebiete Afrikas umfasst. Jedes Jahr wütet der Okavango River in Namibia und überflutet rund 16 000 km² des nördlichen Botsuanas. Dann findet sich hier ein Artenreichtum, wie es ihn an kaum einem anderen Platz der Erde gibt: Die verschiedendsten Tiere, von Elefanten über Flusspferde bis zu Wasserböcken, versammeln sich hier zu Tausenden.

❶ Halbwüste & Wüste

Ein großer Teil Botsuanas und Namibias ist von einem sandigen oder felsigen wüstenhaften Ökosystem bedeckt. Wüstenartige Regionen unterscheiden sich durch die jährliche Regenmenge, die in Wüsten selten mehr als 50 mm, in Halbwüsten rund 125 bis 250 mm beträgt. Wegen des Wassermangels gibt es größere Tiere wie Zebras, Löwen oder Elefanten nur an den Wasserlöchern. Nach einem Regen füllt sich dieser Lebensraum jedoch. Während der Trockenzeit werfen viele Pflanzen ihre Blätter ab, und die Tiere ziehen auf der Suche nach Nahrung und Wasser weiter.

❸ Savanne

Die Savanne ist die klassische afrikanische Landschaft – weites Grasland mit vereinzelten Akazien und einem großen Tierreichtum –, doch leider sind Botsuana und Namibia so trocken, dass es nur wenige verstreute Flecken von Savanne gibt. Dieser Lebensraum beheimatet Herden von Zebras und Antilopen, dazu schnelle Raubtiere wie die Geparden.

(Fortetzung von Seite 32)

Für eine Fly-in-Safari müssen die Reisenden sehr tief in die Tasche greifen. Doch das Versprechen „all inklusive" versüßt den teuren Spaß – der Pauschalpreis umfasst in der Regel alle Safari-Flüge, Übernachtungen, Mahlzeiten inclusive Getränke in den Camps sowie die jeweiligen Kosten für Aktivitäten vor Ort (trotzdem das Kleingedruckte genau lesen!) All das erfordert seitens der Safari-Veranstalter eine Menge Planung, daher raten die meisten, mindestens sechs oder acht Monate im Voraus zu buchen. Den Rat sollten vor allem diejenigen beherzigen, die bei der Tourplanung mitreden möchten.

Fly-in-Safaris sind als Reisevariante beliebt, manchmal aber auch unumgänglich, z. B. in der botsuanischen Deltaregion. Manche Reiseveranstalter integrieren eine mehr oder weniger ausgedehnte Fly-in-Safari in die Reiseroute, um dem Ganzen einen besonderen Kick zu verleihen oder weil es eben die Gegebenheiten im Land erfordern. Wer z. B. das entlegene nördliche Gebiet der Skeleton Coast besuchen möchte, kann dorthin nur per Fly-in-Safari des Konzessionärs **Wilderness Safaris** (s. S. 51 f.) reisen.

GEFÜHRTE GELÄNDEWAGENSAFARIS

Viele Besucher von Namibia und Botsuana entscheiden sich für eine organisierte Geländewagen-Safari. Die zahlreichen Varianten reichen von der einfachen Form, bei der die Teilnehmer ihre Getränke, das Campingzubehör und den eigenen Schlafsack mitbringen und bei anfallenden Arbeiten mithelfen müssen bis hin zur Luxusvariante mit persönlichem Reisebegleiter.

Die Angebote am unteren Ende der Preisskala variieren gewaltig in der Qualität. Daher lohnt es sich, Erfahrungen mit anderen Reisenden auszutauschen – vor allem über gute örtliche Anbieter. Ein hilfreiche Informationsquelle ist Lonely Planet's Thorn Tree Forum (http://thorntree.lonely planet.com) oder entsprechende Chats und Reiseberichte im Internet.

Das Hauptquartier der botsuanischen Veranstalter von Geländewagensafaris ist Maun (S. 357). Die meisten in Namibia stattfindenden Safaris müssen in Windhoek (S. 87) gebucht werden. Wer zu Hause bucht, sollte mit seinem Reiseveranstalter die Route (Wünsche, Varianten usw.) so detailliert wie möglich besprechen, insbesondere wenn der Reisetermin in der Hochsaison der Schulferieneinzeit liegt (s. S. 15) und spezielle Camps und Lodges gewünscht werden.

OVERLAND-SAFARIS

Angesichts der Kosten und der komplexen Logistik entscheiden sich viele Reisende für eine Overland-Safari, die von Spezialisten wie z. B. **Africa in Focus** (www.africa-in-focus.com) oder **Dragoman** (www.dragoman.com) organisiert werden. Die meisten dieser Expeditionen schließen Namibia und Botsuana ein. Viele beginnen in Kapstadt (Südafrika) oder in Nairobi (Kenia) und führen durch verschiedene ost- und südafrikanische Länder.

Diese Overland-Safaris sorgen unter Afrikareisenden häufig für heiße Diskussionen. Die Kritik betrifft die massiven Trucks sowie die hohe Zahl der Teilnehmer und – nicht zuletzt – deren Verhalten. Das sieht dann so aus: Eine Touristenhorde fällt wie Heuschrecken über winzige Dörfer her, begafft die Bewohner und veranstaltet in den Hostels und Buschcamps mehr oder weniger ausufernde Partys. Doch einmal abgesehen von der Kritik „Ballermann in Afrika" ist die Qualität der Reise alleine schon durch die Gruppengröße (mind. 15 bis 20 Personen) eingeschränkt.

Andererseits bieten die Overland-Trucks natürlich eine super Chance, für relativ wenig Geld verschiedene afrikanische Nationalparks und Schutzgebiete kennenzulernen. Auch die bunt zusammengewürfelte Reisegruppe mit Menschen aus allen möglichen Berufen und Ländern kann viel Spaß machen. Wie auch immer: Wer sich solch einer straff organisierten Tour anschließt, wird sicher nur einen flüchtigen Eindruck von den bereisten Ländern bekommen. Das Gruppenerlebnis überwiegt.

Die klassischen Overland-Touren durch Namibia und Botsuana besuchen den Fish River Canyon, Sossusvlei, den Etosha National Park, Swakopmund, die Skeleton Coast, den Caprivistreifen, das Okavango-Delta, den Chobe National Park und die Victoria Falls in Simbabwe.

SAFARIS MIT EIGENEM FAHRZEUG

Safaris können auch auf eigene Faust mit einem eigenen oder gemieteten Wagen unternommen werden. Sie bieten gegenüber den organisierten Touren einige Vorteile: absolute Unabhängigkeit in der Wahl der Reiseziele und Zwischenhalte, aber auch bei der Auswahl der Reisebegleiter. Die Selbstfahrertouren kosten allerdings fast genauso viel wie eine preisgünstige organisierte Safari (und je nach Anspruch auch sehr schnell eine ganze Menge mehr). Die gesamte Reise (inklusive der Vorausbuchung und -bezahlung der diversen Unterkünfte) muss dabei selbst organisiert werden.

Unabhängig von den Kosten spielen Autopannen oder -unfälle, Sicherheit, Wetterbedingungen und Ortskenntnisse eine (lebens-)wichtige Rolle. Mit dem Anmieten eines Geländewagens ist es noch lange nicht getan – auf den Pisten geht es oft über Stock und Stein, das Fahren ist für Ungeübte nicht ganz einfach und Kentnisse eines Mechanikers sind notwendig. Wer es sich aber zutraut, der kann ein großartiges Abenteuer erleben.

Vor dem Start ist die Auswahl einer zuverlässigen Mietwagenfirma das Wichtigste. Der Geländewagen muss optimal ausgestattet sein (s. S. 419 & 255), vor allem für den Fall einer Autopanne. Seriöse Spezialisten, z. B. **Safari Drive** (☎ 44 1488 685055; www.safaridrive.com) oder **Sunvil Africa** (☎ 44 20 8232 9777; www.sunvil.co.uk), bieten dabei eine gewisse Sicherheit. Beide vermieten perfekt ausgerüstete Landrovers und haben erstklassige Servicestationen in Maun, Kasane, Victoria Falls und Windhoek.

Empfehlenswert sind darüber hinaus auch die Mietwagen von **Britz** (s. S. 416). Allerdings besitzt das Unternehmen keine Niederlassungen in Namibia und Botsuana.

Wichtig: Wer auf eigene Faust auf Safari in den Nordosten von Namibia oder den Norden von Botsuana reisen will, muss auf den Reisetermin achten. Von Dezember bis März herrscht Regenzeit in diesen Regionen. Das Autofahren ist dann oft ziemlich riskant, von den Pisten bleibt manchmal nicht viel mehr als Schlamm übrig.

Eine praktische Anlaufstelle für die Campingausrüstung ist die Supermarktkette Pick & Pay, die Niederlassungen in ganz Botsuana und Namibia betreibt. Dort gibt es alles zu kaufen – vom Zelt über Schlafsäcke bis hin zum Kochgeschirr und Anzündern. Spezielle Gerätschaften wie GPS (Satellitennavigationssysteme) muss jeder von zu Hause mitbringen, Spezialgeschäfte gibt es nur in Maun (Botsuana).

SAFARIVERANSTALTER VOR ORT

Die meisten Botsuana- und Namibia-Besucher buchen ihre Safari am liebsten bei einem Spezialisten, von denen es vor Ort viele gibt. Neben den an den entsprechenden Stellen des Buches genannten Veranstaltern werden hier einige der besten Safari-Anbieter in Botsuana und Namibia vorgestellt.

Audi Camp Safaris (☎ 686 0599; www.safaris-Botsuana.com) Spezialisiert auf (günstige) Safaris mit dem Geländewagen und Mokoro-Fahrten in Einbaumbooten. Die Safaris stellen Zubehör sowie Verpflegung, die Teilnehmer müssen nur Schlafsäcke und Getränke mitbringen. Die Firma betreibt das freundliche, schlichte Audi Camp (S. 253).

GANZ AUS DER NÄHE

Die Gefahr eines Angriffs durch Wildtiere ist gering und wird noch unwahrscheinlicher, wenn sich Besucher an eine Reihe von Regeln halten. Die gefährlichsten Tiere sind die „Big Five": Löwe, Leopard, Büffel, Elefant und Nashorn.

- Immer in einem Zelt schlafen und den Reißverschluss komplett schließen. Wenn sich draußen ein großes Tier bemerkbar macht, ruhig liegen bleiben, selbst wenn der ungebetene Gast das Zelt streift.

- Nie ein Zelt auf einem offenen Gelände am Flussufer aufstellen, dort laufen wahrscheinlich die Flusspferde entlang.

- Beim Campen kein frisches Obst – vor allem Orangen – im Zelt lagern, weil dadurch Elefanten angelockt werden können.

- Wer von einem einzelnen Büffel, einem Löwen (oder vor allem einer Löwin) oder einem Elefanten entdeckt wird, sollte sich langsam und ruhig zurückziehen.

- Nicht vor einem Löwen davonlaufen. Wer sich wie ein Beutetier verhält, löst beim Löwen die entsprechende Reaktion aus..

- Immer Abstand halten von einer Elefantenkuh mit Kalb und auch von einem Elefanten mit sichtbaren Verletzungen.

- Bei einer Bootsfahrt nach Flusspferden Ausschau halten und einen großen Bogen um sie machen.

- Wenn ein Flusspferd sich bedroht fühlt, strebt es zum Wasser – besser den Weg frei machen.

- Nicht in Flüssen und Wasserlöchern schwimmen, wegen der Bedrohung durch Krokodile oder Flusspferde. Beim Laufen entlang eines Flusses oder einer Küste ist immer äußerste Vorsicht geboten.

- Daran denken, dass auch Hyänen potenziell gefährlich sind, auch wenn sie im Allgemeinen nur auf mitgeführte Nahrungsmittel aus sind.

Capricorn Safaris (☎ 686 1165; www.capricornsafaris.com) Einer der größten Veranstalter in Botsuana mit Filialen in Kenia und Tansania. Der Schwerpunkt liegt auf relativ luxuriösen Safaris in allen wichtigen Nationalparks. Die Gruppen können allerdings sehr groß sein.

Desert & Delta Safaris (☎ 686 1234; www.desertdelta.co.za) Erstklassiger Veranstalter mit luxuriösen Camps und Lodges in Moremi, Chobe, Savuti und dem Okavango-Delta. Bietet bei allen Programmen einen sehr guten Service.

Kaie Tours (☎ 397 3388; www.kaietours.com) Sitz in Gaborone. Spezialisiert auf günstige Kunst- und Kunsthandwerkstouren, Wanderungen, Übernachtungen bei einheimischen Familien und Camping-Safaris durch die Kalahari mit einem San als Führer.

Kwando Safaris (☎ 686 1449; www.kwando.co.za) Einer der größten Safari-Veranstalter in Botsuana, der sich auf private Schutzgebiete spezialisiert hat. Er bietet auch Off-Road-Fahrten und Nachtfahrten an.

Masson Safaris (☎ 686 2442; www.massonsafaris.com) Familienbetrieb in Botsuana mit über 20 Jahren Erfahrung mit Geländewagen-Safaris. Bietet auch maßgeschneiderte Programme für Safaris mit Kindern.

Sanctuary Lodges (☎ 27-11 781 1497; www.sanctuarylodges.com) Besitzer ist Geoffrey Kent, dem auch Abercrombie & Kent gehört. Botsuanas Sanctuary Lodges haben alle einen hohen Standard und die gleiche anspruchsvolle Ausstattung wie A&K.

Ulinda Safari Trails (☎ 680 0244; www.ulinda.com) Wird von der Berufsjägerin Jane Bettaney geführt. Ihre umfangreichen Erfahrungen im Busch und als Naturfotografin sowie ihre leidenschaftliche Tierliebe machen sie zu einer herausragenden Tourbegleiterin.

Wild Attractions Expeditions & Safaris (☎ 686 0300; www.africansecrets.net) Betreibt die Island Safari Lodge. Ausgezeichnete Adresse für Vogelliebhaber und alle, die an einer Mokoro-Fahrt mit Einheimischen interessiert sind.

Wilderness Safaris (☎ 27-11 807 1800; www.wilderness-safaris.com) Betreibt eine beeindruckende Reihe luxuriöser Camps und Lodges u. a. in Namibia, Botsuana und Simbabwe. Unterstützt zahlreiche Naturschutz- und Gemeindeprogramme.

Wild Dog & Crazy Kudu Safaris (☎ 222636; www.wilddog-safaris.com) Der beliebte Anbieter wendet sich vor allem an Rucksackreisende und hat eine ganze Reihe von Touren durch Namibia in seinem Angebot.

Namibia

JOHNNY HAGLUND

54

Geschichte

DIE ANFÄNGE

Die namibische Geschichte reicht weit zurück in graue Vorzeit; sie ist eines der weitgehend unbekannten Kapitel im riesigen Puzzlespiel der Evolution, wo irgendwann die ersten Menschen die Bühne betraten. Die Relikte von Wohnstätten und Steinwerkzeugen des *Homo erectus* (wörtlich: aufrecht gehender Mensch) finden sich über die gesamte Region verstreut. Eine der archäologischen Fundstätten in Namibia belegt, dass hier schon vor 750 000 Jahren Frühmenschen die Vorfahren der Elefanten jagten und ihre Beute anschließend mit selbst hergestellten Steinäxten ausnahmen.

Eine interessante Informationsquelle zu Entwicklungsprojekten in Namibia ist die Website http://namibia.usaid.gov.

In der Mittleren Steinzeit, die vor etwa 20 000 Jahren endete, hatten sich die sogenannten Boskop-Menschen, mutmaßliche Vorfahren der heutigen San (s. S. 293), bereits zu einer gut organisierten Jäger- und Sammlergesellschaft weiterentwickelt. Sie waren in der Lage, das Feuer zu nutzen, ihre Werkzeuge – aus Stein, Holz und Tierknochen – wurden immer ausgefeilter, natürliche Farbstoffe wurden für die Körperbemalung verwendet.

Während der Spätsteinzeit, also etwa ab 8000 v. Chr., entwickelte sich die Töpferei, und die Menschen nutzten Felsüberhänge und -höhlen als feste Wohnstätten. Davon zeugen noch heute die Felsgravuren in Twyfelfontein (S. 157), Brandberg (S. 155) und den Tsodilo Hills (S. 384) in Botsuana.

DIE BESIEDLUNG NAMIBIAS

Archäologisch betrachtet, ist die Beziehung zwischen den späten Steinzeitmenschen und den ersten Khoisan bis heute ungeklärt. Aber höchstwahrscheinlich verhielt es sich so, dass die ersten nachweisbaren Einwohner im südwestlichen Afrika die San waren – ein Nomadenvolk, das in unterschiedlich großen Familienverbänden organisiert war und es schaffte, sein Leben der unwirtlichen Umwelt anzupassen.

Auf der hervorragenden Website der Zeitung *Namibian* kann man sich über alle brandaktuellen Themen im heutigen Namibia informieren: www.namibian.com.na.

Aus der frühen Eisenzeit, also vor etwa 2500 Jahren, stammen erste Beweise für ein Vorhandensein von Landwirtschaft auf den Hochebenen des südlichen Zentralafrika. Es handelt sich um Spuren der Bodennutzung. Unklar bleibt jedoch, ob es sich bei diesen Bauern um Khoisan gehandelt hat, die sich den schon vorher hier ansässigen Einwohnern aus Ost- und Zentralafrika anpassten. Im Laufe der folgenden Jahrhunderte drangen dann Bantu-Völker von Norden her in dieses Gebiet ein.

Die ersten „Landwirte" und Bearbeiter von Eisen waren eindeutig Bantu, die der sogenannten Gokomere-Kultur angehörten. Sie besiedelten die klimatisch gemäßigten Savannen und die höher gelegenen Flächen, das Highveld, im südöstlichen Simbabwe. Die Viehzucht wurde zu ihrem Haupterwerbszweig, und die schon vorher ansässigen San, noch immer ein Jäger- und

ZEITACHSE

Vor 30 000 v. Chr.	30 000–10 000 v. Chr.	8000 v. Chr.
Unabsichtlich hinterlässt Homo sapiens Abfälle mit gut erhaltenen Teilen prähistorischer Steinwerkzeuge. Diese geborstene Stücke zählen heute zu den ältesten Zeugnissen menschlicher Kultur auf der Welt.	Das Volk der Boskop, mutmaßlich die Vorfahren der San, entwickelt sich zu einer hoch spezialisierten Jäger- und Sammlergesellschaft und leitet eine neue Epoche der Steinzeit ein.	Technische Errungenschaften während der späten Steinzeit, vor allem die Fähigkeit zum Einsatz natürlicher Färbetechniken, ermöglichen es den Frühmenschen, Felsen und Höhlen mit komplexer Malerei auszuschmücken.

Sammlervolk, zogen sich in den Westen des Landes zurück. Die zurückbleibenden Gruppen wurden entweder versklavt oder gaben ihre ethnische Eigenständigkeit auf.

Zur gleichen Zeit gerieten die San auch durch die Khoikhoi, die Vorfahren der Nama, unter Druck, die wahrscheinlich von Süden her vordrangen. Die Stammesgruppen der Khoikhoi waren nur locker miteinander verbunden und lebten weitgehend von der Viehzucht. Um 1500 v. Chr. hatten sie die San von ihrer dominierenden Position verdrängt.

Während des 16. Jhs. drangen die Herero aus dem Sambesi-Tal in Namibia ein und eroberten den Norden und Westen des Landes. Als ehrgeizige Landwirte gerieten sie schnell mit den Khoikhoi in einen Konflikt um das beste Weideland und die besten Wasserstellen – wobei es ihnen schließlich gelang, alle anderen Volksgruppen in der Region zu unterwerfen. Ende des 19. Jhs. siedelte sich entlang der Flüsse Okavango und Kunene der Bantu-Stamm der Ovambo an.

DIE EUROPÄER KOMMEN

1486 landete der portugiesische Seefahrer Diego Cão am heutigen Cape Cross, wo er ein Steinkreuz zu Ehren seines königlichen Schutzherrn João II. errichtete. Im Jahr darauf segelte Bartolomeu Diaz noch weiter südlich und errichtete seinerseits ein Steinkreuz beim heutigen Lüderitz.

Aber erst im frühen 17. Jh. begannen holländische Seefahrer von den südafrikanischen Kapkolonien aus mit der systematischen Erkundung des wüstenhaften Küstenstreifens, hüteten sich aber davor, dort feste Stützpunkte zu errichten.

In der Folge drangen schon bald wegen der wachsenden territorialen und wirtschaftlichen Interessen der europäischen Staaten, weitere ehrgeizige Europäer ins Landesinnere vor. 1750 überquerte der holländische Elefantenjäger Jakobus Coetsee als erster den Oranjefluss (Orange River), schon bald gefolgt von Kaufleuten, Jägern und Missionaren.

So entstanden bereits im frühen 19. Jh. Missionsstationen in Bethanien, Windhoek, Rehoboth, Keetmanshoop und an anderen Orten im ganzen Land. 1844 nahm die Rheinisch-Deutsche Missionsgesellschaft ihre Tätigkeit unter den Herero auf. Noch erfolgreicher war die Arbeit der finnischen Lutheraner, die erstmals 1870 im Norden des Landes auftauchten und unter den Ovambo Missionsstationen errichteten.

Der kalte Benguelastrom macht das Meer fischreich. Entsprechend siedeln sich zahlreiche Seevögel an, dessen Ausscheidungen sich als Guano ablagern. Schon ab 1843 gewannen die Guano-Vorkommen entlang des Küstenstreifens am Rand der südlichen Namib an Bedeutung. Die guanoreichen Inseln vor der Küste wurden 1867 von den Briten besetzt, 1878 nahmen sie die gesamte Walvis Bay in ihren Besitz. Gleichzeitig hatten sie auch während der ergebnislosen Kriege zwischen den Herero und Khoisan ihre Hände im Spiel.

2001 erschien eine Neuauflage von Charles John Anderssons *Notes of Travel in South-Western Africa*, ein faszinierender Bericht über das Land aus der Sicht eines Kaufmanns aus der Mitte des 19. Jahrhunderts.

500–1500 n. Chr.	1487	1500–1600
Vom nördlichen Südafrika aus wandern die Khoikhoi ein und verdrängen die San allmählich aus ihrer dominanten Position, bis um 1500 wieder andere Volksgruppen vordringen.	Der portugiesische Entdecker Bartolomeu Diaz errichtet ein steinernes Kruzifix nahe beim heutigen Lüderitz, ehe er auf der Suche nach einem sicheren Seeweg nach Südostasien das Kap der Guten Hoffnung umrundet.	Stammesgruppen der Herero dringen in die nördlichen und westlichen Regionen des Landes ein und brechen den Widerstand der bisherigen Bewohner schon durch ihre schiere Anzahl.

GERANGEL UM SÜDAFRIKA

Das Deutsche Reich unter Kanzler Otto von Bismarck beteiligte sich erst spät am Kampf um Kolonien im südlichen Afrika. Bismarck hielt nicht viel von Kolonien, sie waren seiner Meinung nach eine reine Geldverschwendung. Berühmt geworden ist seine Äußerung: „Meine Karte Afrikas zeigt nur Europa". Aber dennoch ließ er sich in ein schlecht vorbereitetes koloniales Abenteuer hineinziehen, und zwar durch die Aktivitäten eines Bremer Kaufmannes namens Adolf Lüderitz.

Adolf Lüderitz zahlte nur 300 Gewehre und 200 £ für den Hafen und die Bucht Angra Pequena.

Schon 1881 hatte Lüderitz im nigerianischen Lagos seine erste Handelsstation errichtet. Es gelang ihm, den Nama-Häuptling Joseph Fredericks zu überreden, ihm Angra Pequena zu verkaufen, wo er anschließend eine zweite Niederlassung errichtete und mit Guano handelte, also mit dem Kot von Seevögeln, einem Düngemittel, das auch bei der Herstellung von Schießpulver verwendet wurde. Daraufhin bat er den deutschen Reichskanzler Bismarck um politische und militärische Unterstützung. Eigentlich wollte sich Bismarck aus Afrika heraushalten, doch immerhin fragte er bei den Briten in der Walvis Bay höflich nach, ob sie Interesse an dieser Angelegenheit hätten – bekam aber nie eine Antwort. Daraufhin ließ er 1884 Lüderitz kurzerhand zur deutschen Kolonie erklären.

Ein aufregender Bericht über die deutsche Kolonialpolitik im damaligen Deutsch-Südwestafrika findet sich in Mark Cockers *Rivers of Blood, Rivers of Gold: Europe's Conflict with Tribal Peoples*.

Anfangs war das Interesse des Deutschen Reiches an seiner neuen Kolonie ausgesprochen gering – von 1885 bis 1890 bestand die deutsche Kolonialverwaltung aus lediglich drei Angestellten! Die deutschen Interessen wurden stattdessen weitgehend durch eine der British East India Company ähnliche Handelsgesellschaft wahrgenommen, zu deren Aufgaben aber nicht die Durchsetzung von Gesetz und Ordnung gehörte.

Nachdem in den 1880er-Jahren erneut die Kämpfe zwischen den Herero und Nama aufflammten, entsandte das Deutsche Reich 23 Soldaten unter dem Kommando von Curt von François, um die Waffenlieferungen der Briten von der Walvis Bay aus zu unterbinden. Die ursprünglich kaum tätige deutsche Kolonialverwaltung verwandelte sich nach und nach unter dem Namen „Deutsche Schutztruppe" in eine Militärverwaltung, die im ganzen Land Forts baute, um den wachsenden Widerstand der einheimischen Bevölkerung zu brechen.

Zu diesem Zeitpunkt war Namibia de facto zu einem Protektorat geworden, das den Namen Deutsch-Südwestafrika trug. Die ersten deutschen Bauern und Handwerker kamen 1892 ins Land und siedelten auf enteignetem Land im zentralen Hochland.

Den Plantagebesitzern und Viehzüchtern folgten Kaufleute und weitere Siedler. Ende der 1890er-Jahre legten die Deutschen gemeinsam mit den Briten (Betschuanaland) und Portugiesen (Angola) die Grenzen des heutigen Namibia fest, einschließlich des Caprivizipfels. Dieser 450 km lange Landstreifen – benannt nach dem preußischen General Caprivi – sollte für Deutsch-Südwestafrika eine Verbindung zum Sambesi darstellen.

1750	1828	19. Jahrhundert
Der holländische Elefantenjäger Jacobus Coetsee überquert als erster Europäer den Oranjefluss; ihm folgen Händler, Jäger und Missionare.	Die Fusion der Rheinischen Missionsgesellschaft führt zur Gründung der ersten deutschen Missionsstationen in Südafrika, von wo aus die Missionierung in Namibia beginnt.	Die Guanofelder entlang der Küste erscheinen dem deutschen Kaufmann Adolf Lüderitz wirtschaftlich interessant, weshalb er die deutsche Regierung um Protektion bittet.

STURM GEERNTET

In der Zwischenzeit hatte Zacharias Lewala, ein schwarzer Arbeiter aus Südafrika, bei Grasplats östlich von Lüderitz die ersten Diamanten gefunden. Obwohl der Diamant-Tycoon De Beers die Vorkommen als zu gering einschätzte, um sich dort zu engagieren, strömten Prospektoren ins Land, um Claims abzustecken. Deshalb erklärte die deutsche Kolonialverwaltung das gesamte Gebiet zwischen Lüderitz und Oranjefluss 1910 zum „Sperrgebiet", schickte die Prospektoren wieder nach Hause und übertrug sämtliche Schürfrechte an die Deutsche Diamantengesellschaft, die ihren Sitz in Berlin hatte.

Aber trotz all der Gräueltaten, die das Deutsche Reich unter der einheimischen Bevölkerung anrichtete, gelang es nicht, die Diamantenvorkommen profitabel auszubeuten.

Der Beginn des Ersten Weltkriegs bedeutete schließlich das Ende der deutschen Kolonien in Südwestafrika. Erreicht hatte das Deutsche Reich bis dahin nur die fast vollständige Liquidierung der Herero, außerdem hatten sie das gesamte Land der Herero und Khoikhoi annektiert. Etwas mehr Glück hatten die Ovambo im Norden: Sie schafften es, sich der deutschen Kolonialherrschaft zu entziehen. Der europäische Kolonialismus überrannte sie erst später durch Portugal.

1914, zu Beginn des Ersten Weltkriegs, machte Großbritannien auf die südafrikanische Regierung Druck, in Südnamibia einzudringen. Unter dem Befehl von Premierminister Louis Botha und seinem General Jan Smuts drangen südafrikanische Truppen in nordwestlicher Richtung vor und verjagten die ohnehin schon stark dezimierte deutsche Schutztruppe. 1915 kapitulierten die Soldaten dann bei Khorab, und eine Woche später bereits begann Südafrika mit dem Aufbau einer eigenen Kolonialverwaltung in Windhoek.

Um 1920 waren viele deutsche Farmen schon an Afrikaans sprechende Farmer verkauft, und die deutschen Diamantminen im Süden des Landes hatte man an die südafrikanische Consolidated Diamond Mines (CDM) übergeben, aus der später die Namdeb Diamond Corporation Limited (Namdeb) hervorging.

SÜDAFRIKANISCHE BESATZUNG

Im Vertrag von Versailles wurde das Deutsche Reich 1919 dazu gezwungen, auf sämtliche kolonialen Ansprüche zu verzichten. Im Jahr darauf verlieh der neu gegründete Völkerbund Südafrika das Mandat, Namibia als Teil seines Staatsgebietes zu verwalten.

Nach Ende des Zweiten Weltkriegs wurde dieses Mandat von der UNO verlängert. Aber Südafrika hatte ganz andere Interessen, es wollte das ganze ehemalige Deutsch-Südwestafrika annektieren und zum festen Bestandteil seines Staatsgebietes machen. Deshalb entschloss sich die südafrikanische Regierung, die Mandatsbedingungen einfach zu ignorieren und die südaf-

Henno Martins Wenn *es Krieg gibt, gehen wir in die Wüste* ist ein Namibia-Klassiker, in dem die Abenteuer von zwei deutschen Geologen beschrieben werden, die während des Zweiten Weltkriegs in die Wüste Namib geflüchtet waren.

1884	1884–1915	1892–1905
Bismarck lädt andere führende europäischen Mächte zur Berliner Konferenz ein. Damit beginnt ganz offiziell das Gerangel um Afrika. Deutschland schwingt sich auf Wunsch des Kaisers zur Kolonialmacht auf.	Bismarck erklärt das heutige Namibia zum „Deutschen Schutzgebiet Südwestafrika", also zur deutschen Kolonie; das Gebiet ist anderthalbmal so groß wie das Deutsche Reich.	Die „Deutsche Schutztruppe" unterdrückt gnadenlos Aufstände gegen die Kolonialherrschaft: 65 000 Herero und 10 000 Nama werden ermordet, mehr als 15 000 ergreifen die Flucht.

DUNKLE ZEITEN

Seitdem das Deutsche Reich die Bestandsaufnahme der namibischen Naturschätze abgeschlossen hat, ist eigentlich bis heute schwer nachvollziehbar, wie die Deutschen das wirtschaftliche Potenzial des Landes so sehr unterschätzen konnten. Zugegeben: Ihre neue Kolonie war ein weitgehend wasserloses, wüstenhaftes Land, in dem es so gut wie kein Verkehrsnetz, eine kaum entwickelte Landwirtschaft, weitgehend unerforschte Bodenschätze und nur eine spärliche, aber widerborstige Bevölkerung gab – die Herero und Nama. Angesichts dessen bot sich anscheinend der deutschen Kolonialverwaltung nur eine Option an: dem Vorbild der Herero zu folgen und eine halbnomadische Viehwirtschaft zu unterstützen. Aber dabei stellte sich das Problem, dass das dafür geeignete fruchtbare Land entweder den Herero oder den Nama gehörte.

1904 versuchte der oberste Herero-Häuptling, seine „Kollegen" bei den Nama, Ovambo und Baster für den gemeinsamen Kampf gegen das deutsche Kolonialregime zu gewinnen – eine fast unlösbare Aufgabe, weil die verschiedenen Stämme untereinander tief verfeindet waren. Obwohl die Deutsche Schutztruppe schon bis nach Windhoek zurückgedrängt worden war, gelang es ihr unter dem Befehl des rücksichtslosen Generals von Trotha, durch rechtzeitig angeforderte Verstärkungstruppen die Truppen der Herero am Waterberg zu stellen.

Am 11. August 1904 kam es dort zur Entscheidungsschlacht. Obwohl die Kampfbedingungen für sie an diesem Tag günstig waren, zogen sich die Herero zurück bis in die menschenfeindliche Omaheke-Wüste. Von Trotha nutzte diese unverhoffte Gelegenheit, um seine Truppen nachsetzen zu lassen. Innerhalb von nur vier Wochen wurden dabei 65 000 Herero (von etwa 100 000) getötet oder starben wegen Hitze, Durst und Erschöpfung. Dieser Völkermord hörte erst auf, als die deutschen Soldaten selbst wegen Erschöpfung oder Typhus kaum noch handlungsfähig waren. Aber zu diesem Zeitpunkt waren schon fast 80 % der Herero-Bevölkerung ausgelöscht.

rikanische Verfassung entsprechend zu ändern. Der Internationale Gerichtshof in Den Haag erklärte daraufhin, Südafrika habe die zugestandenen Kompetenzen überschritten. Die UNO rief in der Folge ein Komitee für Südwestafrika ins Leben, das die ursprünglichen Mandatsregelungen wieder in Kraft setzen sollte. 1956 beschloss die UNO eine zeitliche Begrenzung der Kontrolle Südafrikas über Namibia.

Davon unbeeindruckt, verstärkte Südafrika seine Aktivitäten in Namibia, schon ab 1949 durften Namibier für das südafrikanische Parlament in Pretoria kandidieren. Der Großteil des fruchtbaren Farmlandes im Norden Namibias wurde unter 6000 weißen Farmern aufgeteilt, nur der Rest wurde in neu definierte *homelands* für die schwarze Bevölkerung aufgesplittet. Als Begründung wurde vorgegeben, man wolle dadurch die wirtschaftliche Entwicklung in den ländlichen Gebieten der schwarzen Bevölkerung fördern. In Wirklichkeit war es eine bequeme Methode, um der weißen Minderheit das beste Land für ihre Farmen und Viehzuchtbetriebe zuzuschanzen.

Ergebnis dieser dreisten Politik war die Entstehung einer Art Demarkationslinie zwischen dem vorwiegend von Weißen bewirtschafteten Land in

1910	1915–1919	1920
Das diamantenreiche Gebiet zwischen Lüderitz und dem Oranjefluss wird abgeschottet und heißt fortan „Sperrgebiet".	Nach der militärischen Niederlage gegen südafrikanische Truppen bei Tsumeb im Jahr 1915 verliert Deutschland die Kontrolle über seine Kolonie, was 1919 im Vertrag von Versailles auch offiziell bestätigt wird.	Der Völkerbund erklärt das ehemalige Deutsch-Südwestafrika zum südafrikanischen Protektorat, verweigert Südafrika aber das Recht, es als seine Provinz zu behandeln.

Seit den 1990er-Jahren kämpfen heutige Herero-Führer darum, dass sich die deutsche Bundesregierung für die damaligen Verbrechen offiziell entschuldigt; damit einher gehen Forderungen nach finanzieller Entschädigung .

Erst 2004 nach langem Hickhack und zum 100. Jahrestag der Schlacht am Waterberg, überbrachte die damalige Entwicklungshilfeministerin Heidemarie Wieczorek-Zeul eine Entschuldigung der Bundesregierung. 2005 erklärte sich Deutschland zu einer Entschädigungszahlung von 28 Mio. US$ bereit – zahlbar über zehn Jahre.

Auch andere Probleme aus der Vergangenheit sind heute weiterhin ungelöst. Die fast nur aus Ovambo bestehende namibische Regierung beharrt darauf, dass die Kompensationszahlungen an sie zu erfolgen haben, statt wie von den Herero gefordert direkt an die Herero zu gehen. Die Regierung beruft sich dabei auf ihre offizielle Politik des Anti-Tribalismus.

Dem hält der Vorsitzende der Namibian National Society for Human Rights entgegen: „Schließlich hatte nicht das ganze Land unter dem Völkermord zu leiden. Deshalb ist es lächerlich, den Herero nicht den Gesamtbetrag zukommen zu lassen."

Was zunächst nur als eine Art Zwischenfall in der deutschen Kolonialgeschichte erscheinen mag, war für die Herero in Wirklichkeit eine Katastrophe. Laut demografischen Hochrechnungen läge heute ohne das damalige Massaker die Gesamtbevölkerung der Herero bei etwa 1,8 Mio. Menschen, womit sie in Namibia die eindeutig dominierende Bevölkerungsgruppe wären – allerdings hat das ganze viel irreales Wunschdenken in sich. Tatsächlich jedoch befinden sich die Herero heute mit nur etwa 120 000 Menschen gegenüber den Ovambo eindeutig in der Minderheit. Für die Herero ist das eine bittere Pille, wie aus den Worten ihres Häuptlings Kuaima Riruako hervorgeht: „Eigentlich müssten wir heute die Herren des Landes sein, aber wir sind es nicht." Offenbar sind die alten Stammesrivalitäten noch immer wirksam.

Süd- und Zentralnamibia und den zwar wasserreichen, aber weniger fruchtbaren Stammesgebieten im Norden des Landes. Sie bestand auch nach Erringung der Unabhängigkeit weiter und existiert als kennzeichnende Abgrenzung real noch immer.

DIE SWAPO

Auch während der 1950er-Jahre weigerte sich Südafrika trotz wachsenden Drucks der UNO, seinen Klammergriff um Namibia zu lockern. Die Kompromisslosigkeit hatte zwei Gründe: Zum einen fürchtete Südafrika, einen weiteren „feindlichen" Nachbarn vor seiner Haustür zu haben, zum anderen bestand die berechtigte Angst, die hohen Einnahmen aus den reichen Erzvorkommen Namibias zu verlieren.

Zwangsarbeit war das Schicksal der meisten Namibier seit der deutschen Kolonialzeit – sie war einer der Hauptgründe für die sich häufenden Massendemonstrationen und nationalistischen Strömungen Ende der 1950er-Jahre. Eine der damals entstehenden politischen Parteien war der von „Sam" Nujoma und H. A. Toivo ya Toivo gegründete Owamboland People´s Congress.

1949	1959	1966
Südafrika lässt weiße Abgeordnete in Südwestafrika zu und zwingt damit den Internationalen Gerichtshof zu einer offiziellen Untersuchung dieser Maßnahme.	Nach mehreren Aufforderungen an Südafrika, Südwestafrika zu verlassen, wird der Owamboland People's Congress gegründet, aus dem die South-West Africa People's Organisation (Swapo) hervorgeht.	Die Swapo nimmt ihren langjährigen Guerillakampf gegen die südafrikanischen Besatzer auf. Ihr Führer ist der spätere Präsident Namibias, Sam Nujoma.

1959 wurde der Name abgeändert in Owamboland People's Organization. Nujomo bekam die Möglichkeit, in der UNO-Vollversammlung zum Thema der südafrikanischen Besatzung zu reden. 1960 kam es dann zur Gründung der South-West African People's Organization (Swapo) mit Sitz in Dar es-Salaam (Tansania).

1966 trug die Swapo ihr Anliegen dem Internationalen Gerichtshof in Den Haag vor. Zwar bestätigte dieser Südafrika das „Recht", Namibia weiterhin zu verwalten, aber im gleichen Jahr beschloss die UNO-Vollversammlung eine zeitliche Begrenzung des Mandats und die Einrichtung eines Council for Southwest Africa, der anschließend das Land verwalten sollte. 1973 wurde das Gremium in Council for Namibia umbenannt.

Als Reaktion darauf rief die Swapo am 26. August 1966 im nordnamibischen Ongulumbashe zum bewaffneten Widerstand auf. Seither ist dieser Tag unter dem Namen „Heroes´ Day" namibischer Feiertag. Im Jahr darauf wurde Toivo ya Toivo des Terrorismus angeklagt und bis 1984 in Südafrika inhaftiert. Nujoma lebte während dieser Zeit im Exil in Tansania und entging der Verfolgung. 1972 erklärte die UNO endlich die Besetzung Namibias durch Südafrika für illegal, forderte den Rückzug Südafrikas und erkannte die Swapo als legitime Vertretung des namibischen Volkes an.

1975 erkämpfte sich Angola unter Führung der Befreiungsbewegung MPLA mit kubanischer Unterstützung seine Unabhängigkeit von Portugal. Kaum an der Macht, gewährte die neue angolanische Regierung den Swapo-Kämpfern Stützpunkte im südlichen Angola, damit sie ihren Unabhängigkeitskampf für Namibia weiterführen konnten.

Daraufhin sah sich Südafrika veranlasst, in Zusammenarbeit mit der prowestlich orientierten Unita von Jonas Savimbi erneut militärisch in Angola einzudringen. Dies wiederum veranlasste Kuba, Truppenverbände nach Angola zu entsenden, um die MPLA zu unterstützen. Auch wenn die militärische Intervention Südafrikas scheiterte (1976 musste es seine Truppen wieder abziehen), gab es auch weiter blindwütige und blutige Interventionen seitens Südafrikas bis in die 1980er-Jahre hinein.

Letztendlich waren es aber nicht nur der Guerillakrieg der Swapo und die internationalen Sanktionen gegen Südafrika, die das dortige Apartheid-Regime an den Verhandlungstisch zwangen. Alle Beteiligten waren nach all den Jahren kriegsmüde, und die südafrikanische Wirtschaft litt unter den internationalen Wirtschaftssanktionen. Der Krieg kostete Südafrika pro Jahr mindestens 250 Mio. US$, die allgemeine Wehrpflicht musste immer stärker ausgeweitet werden. Der Anteil der Rohstoffexporte am südafrikanischen BIP war inzwischen von 80 % 1984 auf nur noch 27 % gesunken.

UNABHÄNGIGKEIT

Im Dezember 1988 einigten sich die Swapo, Südafrika, Angola und Kuba auf den Abzug der kubanischen Truppen aus Angola und – im Gegenzug

Ein wichtiger Beitrag zur Literatur über den namibischen Unabhängigkeitskampf ist John Massons Biografie des berühmten Widerstandskämpfers Jakob Marengo.

To Free Namibia: The Life of the First President of Namibia ist Sam Nujomas Bericht über den Unabhängigkeitskampf in Namibia und seine eigene Rolle als „Vater der Nation".

1972	**1975**	**1989**
Die UNO-Vollversammlung erklärt die südafrikanische Okkupation Südwestafrikas für illegal und fordert die Freilassung der in Südafrika inhaftierten Swapo-Führer.	Angola erringt seine Unabhängigkeit unter Führung der von Kuba unterstützten MPLA; bald operiert die Swapo von angolanischem Boden aus.	Als eines der jüngsten Länder Afrikas erklärt Namibia am 1. April seine Unabhängigkeit. Vorausgegangen waren Friedensverhandlungen zwischen Kuba, Angola, Südafrika und der Swapo.

DAS ARMUTSPROBLEM

2006 traten insgesamt 18 Enteignungsverfügungen gegenüber weißen Farmbesitzern in Kraft, weil die Regierung sich durch den staatlichen Ankauf von 9 Mio. ha Land erhoffte 250 000 bis dahin landlose Bauern wieder ansiedeln zu können.

Diese Zwangsmaßnahmen kamen keineswegs unerwartet. Denn mehr als 15 Jahre lang hatte die Regierung eine Politik des „williger Verkäufer, williger Käufer" verfolgt, bei der alle Verkaufswilligen Kompensationszahlungen erhielten. Auf diese Weise wurden nach Angaben der Namibia Agricultural Union (NAU) etwa 600 von Weißen betriebene Farmen seit der Unabhängigkeit in Landsitz der schwarzen Bevölkerung umgewandelt, der es ursprünglich ja auch gehörte – zumindest hinsichtlich der Nutzungsrechte. Heute macht das fast die Hälfte des nutzbaren Acker- und Farmlandes aus. Aber laut Präsident Pohamba ist das nicht ausreichend. Er hat 2006 darauf hingewiesen, dass diesbezüglich die Zeit davonläuft, „weil ansonsten Friede und Stabilität in unserem Land erheblich gestört sein werden und dann eine Rebellion der landlosen Bauern nicht auszuschließen ist." Das sind vieldeutige Worte aus dem Mund des Nachfolgers von Nujoma, einem engen Freund von Robert Mugabe, dem umstrittenen Präsidenten Simbabwes.

Im gleichen Jahr erregte der namibische Landwirtschaftminister Isak Katali während eines Staatsbesuchs in Simbabwe Aufsehen, als er erklärte, er sei tief beeindruckt von der dortigen „erfolgreichen Landreform". Eine spätere Äußerung – „Seine Würde zu bewahren, ist wichtiger als ein voller Magen" – veranlasste die Zeitung Namibian zu einer besorgten Aufforderung an die Regierung, derartige politische Rhetorik zu unterlassen und stattdessen die wirtschaftliche Entwicklung im eigenen Land zu fördern.

Skeptiker erklären, dass die bisherigen wirtschaftlichen Erfolge der Bodenreform sich in Grenzen halten. Zwar unterstützen viele Namibier prinzipiell eine solche Reform. Allerdings ist der trockene Boden des Landes kaum geeignet für ein System kleiner Farmen in den Händen armer Bauern, die weder wirtschaftlich noch technisch zu einer effektiven Kultivierung dieser Böden in der Lage sind. Das eigentliche soziale Problem, so der Einwand, sei deshalb nicht die Landverteilung, sondern die Unfähigkeit der Regierung, Arbeitsplätze für die Mehrheit der Namibier zu schaffen.

Wie auch immer das Problem gelagert ist – fest steht, dass die meisten Namibier sich über das wirtschaftliche und soziale Chaos im benachbarten Simbabwe, wo die Inflationsrate inzwischen astronomische Höhen erreicht hat, nicht gerade freuen. Der Namibian kommentiert dies mit dem Satz: „Wir eifern ihnen zu unserem eigenen Schaden nach."

– der südafrikanischen Truppen aus Namibia. Im Abkommen wurde auch festgelegt, dass der Übergang zur Unabhängigkeit Namibias offiziell am 1. April 1989 beginnen und im November mit den ersten freien Wahlen unter UNO-Aufsicht fortgesetzt werden solle. Obwohl es anschließend eine Zeitlang noch zu internen Streitigkeiten wegen dieses Abkommens innerhalb der Swapo kam (die den Friedensprozess gefährdeten), konnte der Zeitplan eingehalten werden. Sam Nujoma kehrte aus seinem Exil in Tansania zurück. In den Wahlen errang dann die Swapo zwar fast zwei Drittel der Wählerstimmen, konnte aber nicht die vorgesehene neue Verfassung alleine kon-

1990	1994	1999
Unter Aufsicht der Vereinten Nationen finden Wahlen auf der Grundlage des allgemeinen Wahlrechts statt, und Sam Nujoma kehrt nach 30 Jahren im Exil nach Namibia zurück und wird erster Staatspräsident.	Ein umfassendes Wiederaufbauprogramm führt zu vier relativ stabilen Jahren und verhilft Präsident Sam Nujoma und seiner Swapo zu einer eindrucksvollen Wiederwahl.	Nujoma wird vielen Einwänden zum Trotz zum dritten Mal zum Präsidenten gewählt. Diese Amtszeit ist aber nur kurz, weil wegen Kämpfen mit Separatisten im Caprivizipfel der Ausnahmezustand verhängt wird.

Bei den ersten freien Wahlen im November 1989 gingen 710 000 Namibier zu den Urnen – das waren erstaunliche 97 % Wahlbeteiligung.

zipieren und durchsetzen. Das Wahlergebnis beruhigte auch alle diejenigen, die befürchtet hatten, die ethnischen Minderheiten des Landes könnten im demokratischen Prozess an den Rand gedrückt werden.

Nach anschließenden Verhandlungen zwischen der Konstituierenden Versammlung (der späteren Nationalversammlung) und Beratern aus den USA, der UdSSR, Frankreich und der BRD wurde ein Verfassungsentwurf ausgearbeitet. Er beinhaltete ein beeindruckendes Grundgesetz, die Verpflichtung zu einem Mehrparteiensystem und die Begrenzung der Präsidentschaft auf maximal zwei Wahlperioden, also zehn Jahre. Die Verfassung trat im Februar 1990 in Kraft, Sam Nujoma legte seinen Amtseid als erster Präsident des neugeborenen Staates ab.

NACH DER UNABHÄNGIGKEIT

In den ersten, noch von Optimismus geprägten Jahren des neuen Staates konzentrierte sich die Innenpolitik unter Nujoma und seiner Swapo auf die nationale Wiederversöhnung, um zumindest einige der Wunden zu heilen, die 25 Jahre bewaffneter Kampf hinterlassen hatten. Die neu gewählte Regierung verabschiedete auch ein Wiederaufbauprogramm, das auf einem gemischten Wirtschaftssystem unter Einbeziehung des der privaten Abschnitte basierte.

Die gemäßigte Politik und die daraus resultierende Stabilität führten zunächst zu guten Ergebnissen, was bei den nächsten Wahlen 1994 zu einem 68%-Erdrutschsieg der Swapo über die oppositionelle DTA ("Turnhallen-Allianz") führte. Noch deutlicher, mit 78 % der Wählerstimmen, siegte die Swapo erneut bei den Wahlen 1999 – obwohl Präsident Nujoma für Beunruhigung sorgte, weil er vorher eine Verfassungsänderung durchgesetzt hatte, um seine Amtszeit um weitere fünf Jahre zu verlängern.

Ein weiteres Problem wurden Unruhen im sogenannten Caprivizipfel. Am 2. August 1999 versuchten dortige Rebelleneinheiten, Katima Mulilo zu besetzen. Sie standen unter dem Befehl von Mishake Mujongo, einem ehemaligen Vizepräsidenten der Swapo und inzwischen Anführer des Lori-Minderheit, die schon länger um ihre staatliche Unabhängigkeit in der Region Caprivi kämpfte. Aber die schlecht ausgebildeten Kämpfer Mujongos scheiterten. Schon nach wenigen Stunden wurde ihr Aufstand von den Streitkräften der NDF (National Defence Force) niedergeschlagen.

Dadurch gestärkt, schickte Nujoma noch im gleichen Jahr NDF-Truppen nach Angola, um die dortige MPLA im Bürgerkrieg gegen die UNITA-Rebellen um Savimbi zu unterstützen. Die Entscheidung bedeutete für die Menschen im Caprivizipfel jahrelang Unruhe, weil sich dort von Angola aus Krieg und Gesetzlosigkeit ausbreiteten. Die Entführung und Ermordung einer französischen Touristenfamilie im Caprivizipfel sorgte auch in der Weltpresse für Schlagzeilen und ließ die Touristenzahlen jäh absacken.

2004	2006	2009
Deutschland ist bereit, sich für die Ermordung Zehntausender Herero und Nama während der Kolonialzeit zu entschuldigen, schließt finanzielle Entschädigungen allerdings aus.	Dem Beispiel im benachbarten Simbabwe folgend, beginnt die namibische Regierung mit der Enteignung weißer Farmer als Teil einer heftig umstrittenen Bodenreform.	Im Alter von 77 Jahren schließt Sam Nujoma an der Universität von Namibia sein Geologie-Studium ab und erklärt, dass die riesigen Mineralvorkommen des Landes noch längst nicht erschöpft sind.

Weitere Nachrichten über bewaffnete Kämpfe, Landminendetonationen und Angriffe auf Zivilisten führten zu einer Massenflucht aus der Ziele verknüpfenden Region und schreckten weitere Touristen ab. Erst 2002 kam es zu einem Waffenstillstand.

2004 wartete die Weltöffentlichkeit gespannt darauf, ob Nujoma es wagen würde, erneut für die Präsidentschaft zu kandidieren. Ganz Namibia war erleichtert, als er seinen Rückzug zugunsten seines designierten Nachfolgers Pohamba erklärte.

Ähnlich wie Nujoma, war auch Pohamba ein ehemaliger Swapo- Mitstreiter und kam mit fast 77 % der Wählerstimmen an die Macht. Nach seiner Wahl gab er das Landwirtschaftsministerium ab, von dem aus er schon vorher versucht hatte, Namibias Hauptprobleme zu lösen: die Enteignung der weißen Farmer (s. Kasten S. 61). Weitere Themen sind die damit zusammenhängende Armut im Land, die grassierende Aids-Epidemie und der wieder aufgeflammte Kampf um nationale Unabhängigkeit der Fwe und Subia im Caprivizipfel. An der Lösung dieser Probleme wird er als Namibias Präsident gemessen werden.

IM RAMPENLICHT

In jüngster Zeit hat Namibia sogar Schlagzeilen in der Boulevardpresse gemacht. Und zwar, weil Brad Pitt und Angelina Jolie in diesem Land 2006 ihre Tochter Shiloh Nouvel zur Welt brachten. Die namibische Regierung war natürlich höchst erfreut über den anschließenden Medienrummel, der dem Tourismus nützlich war. Kritiker sprechen allerdings missmutig von einem „Promi-Kolonialismus".

Namibia war außerdem einer der Schauplätze im Genesis-Projekt des berühmten Fotografen Sebastião Salgado, der im Rahmen dieser Arbeit unbekannte Landstriche des Planeten dokumentieren wollte. Salgado ist weit in die Wüste Namib vorgedrungen und hat dort eindrucksvolle Fotos geschossen und das Wesen des Landes wie keiner vor ihm in Bilder gebannt.

Auch im neuen Jahrtausend profitiert Namibia erheblich von der Ausbeutung und dem Export seiner mineralischen Ressourcen. Dank seiner Diamant-, Uran- und anderer Erzvorkommen konnte das Land 2007 den ersten Handelsbilanzüberschuss seit der Unabhängigkeit verbuchen. Verglichen mit anderen Staaten des südlichen Afrika erwirtschaftet Namibia ein erstaunlich hohes Bruttosozialprodukt pro Kopf, allerdings bei extrem ungleicher Wohlstandsverteilung.

Nach wie vor bestimmt zwar die Swapo das politische Geschehen im Land, doch immerhin ist Namibia eine der wenigen funktionierenden Demokratien auf dem Kontinent, sehr zur Freude der Weltbank übrigens. Das haben die Wahlen im November 2009 erneut bestätigt. Im November 2009 errang die Swapo eine Parlamentsmehrheit von 74 %. Gleichzeitig wurde Präsident Pohama für eine zweite Amtszeit wiedergewählt.

2006 wurden die Dreharbeiten für einen Film über Sam Nujoma eingestellt, weil Schauspieler und die Crew kein Geld erhalten hatten. Nur die Filmstars Danny Glover und Carl Lumbly (als junger Nujoma) waren bereit, ohne Gage weiterzuarbeiten.

Kultur

MENTALITÄT

Auf nationaler Ebene kämpft Namibia noch immer um seine kohärente Identität und die Geschichte lastet schwer auf den Generationen, die während des Kampfs um die Unabhängigkeit heranwuchsen. Die Folge ist nun leider, dass zwischen den verschiedenen gesellschaftlichen und ethnischen Gruppen beträchtliche Spannungen bestehen.

Die große Mehrheit der Besucher wird in Namibia zwar überaus herzlich und auch mit Neugier aufgenommen, aber der eine oder andere sieht sich durchaus auch unerfreulichem Rassismus oder gar unverhohlener Feindseligkeit ausgesetzt. Dies beschränkt sich nicht allein auf die Beziehungen zwischen Schwarzen und Weißen, sondern kann Reisende aller ethnischen Gruppierungen betreffen, denn die ethnische Vielfalt ist in Namibia enorm groß. Wer sich mit Namibias komplexer und oft auch turbulenter Vergangenheit vertraut gemacht hat, müsste dann aber potenziell schwierigen oder peinlichen Situationen gewachsen sein. Und natürlich ist es hilfreich, sich an die Grundregeln der Etikette zu halten, sich also beispielsweise angemessen zu kleiden, freundlich zu grüßen und auch ein paar Worte in einer der Landessprachen zu lernen.

Gesellschaftlich verfügen die Namibier dank ihrer Clanstruktur über ein felsenfestes Gemeinschaftsgefühl. An Mitglieder seines eigenen Clans kann man sich in Zeiten der Not also stets wenden. Im Gegenzug ist Mitglied eines Stammes natürlich auch verpflichtet, einem anderen beizustehen. Das kann bedeuten, einem Hungrigen etwas zu essen zu geben, sich um Kranke zu kümmern oder sogar ein Kind, das zur Waise wurde, zu adoptieren. In den Genuss dieser allumfassenden Hilfsbereitschaft kommen jedoch auch Fremde. Und so ist es nicht ungewöhnlich, wenn ein Reisender gefragt wird, ob er spontan an einem Fußballspiel oder an einem Essen mit der Familie teilnehmen möchte.

Eine derart integrative Sozialstruktur bedeutet auch, dass der traditionelle Kern der Familie stark erweitert ist. Viele Familien in Namibia zählen unzählige Tanten und Onkel mit zur Familie, ja sie werden sogar mit „Mutter" oder „Vater" angeredet, während Cousins und Geschwister mitunter austauschbar sind.

In einigen ländlichen Gegenden haben manche Männer Dutzende von Kindern, die sie mitunter nicht einmal kennen. Dieses fließende System hat es den Familien ermöglicht, irgendwie mit der verheerenden Krise zurande zu kommen, die durch HIV/Aids entstanden ist – weitere Informationen siehe Kasten S. 73.

LEBENSSTIL

Insgesamt gesehen sind die Namibier konservative, gottesfürchtige Menschen – schätzungsweise 80 % bis 90 % des Landes bekennt sich zum Christentum; und somit ist dezente Kleidung wichtig. Zu diesem äußeren Rahmen gehört es auch, bei seinem Benehmen Bescheidenheit an den Tag zu legen und sich Älteren und gesellschaftlich höher Gestellten gegenüber respektvoll zu verhalten, seinen religiösen und gesellschaftlichen Verpflichtungen nachzukommen und wesentliche familiäre Pflichten zu erfüllen.

Auch Bildung spielt eine große Rolle und deshalb ist die Motivation der Namibier hoch, eine gute Ausbildung zu bekommen. Doch das gestaltet sich nicht für alle so einfach. Für Familien, die in abgelegenen Ecken in ländlichen Gebieten wohnen, bedeutet dies oft, dass sie ihre noch ziemlich kleinen

Wenn jemand ein Geschenk bekommt, gebietet es die Höflichkeit, es mit beiden Händen entgegenzunehmen und gegebenenfalls auch noch eine leichte Verbeugung anzudeuten. Handelt es sich bei dem Geschenk nur um eine Kleinigkeit, nimmt man es mit der rechten Hand entgegen und berührt mit der linken Hand seinen rechten Ellbogen.

BEGRÜSSUNGEN

Begrüßungen sind in Namibia fast schon eine Kunstform für sich; eine typische Begrüßung innerhalb dieser Zeremonie verläuft (auf Englisch) wie folgt: *Did you get up well? Yes. Are you fine? Yes. Did you get up well? Yes. Are you fine? Yes.*

Dies ist aber nur ein Beispiel für einen recht kurzen Wortwechsel; Begrüßungen können sich ganz erheblich in die Länge ziehen und aus wiederholten Nachfragen nach der Gesundheit, der Ernte und der Familie bestehen. Wenn man als Besucher in Eile ist, braucht man dann eine schier unendliche Geduld.

Es ist jedoch absolut wichtig, auch wirklich jeden zu grüßen, den man trifft – und zwar egal, ob bei einer rein zufälligen Begegnung in einem Tante-Emma-Laden oder bei einem wichtigen Erstkontakt mit einem Geschäftspartner. Wer andere nicht angemessen grüßt, gilt als extrem unhöflich – sicher einer der häufigsten Fehler, den Auswärtige begehen.

Deshalb sollte jeder die Worte für „hallo" und „auf Wiedersehen" lernen und sie auch möglichst oft verwenden. Wer Zeit und Lust hat, kann seinen Wortschatz noch erweitern und sich mit längeren und komplizierteren Sätzen versuchen. Einen Überblick über die vielen Regionaldialekte in Namibia vermittelt das Kapitel „Sprache", S. 423.

Wem eine Fremdsprache nicht flott über die Lippen kommt, gibt seinem Gegenüber einfach die Hand – auch so wird das Eis gebrochen. Das Händeschütteln besteht in Afrika aus drei Phasen: dem normalen, wie im Westen üblichen Handschlag, gefolgt von einem Verschränken der leicht gebogenen Finger, während man sich an der Spitze der nach oben weisenden Daumen berührt. Daraufhin schüttelt man sich noch einmal wie gewohnt die Hand.

Kinder weit weg zur Schule schicken müssen, wo sie dann in Wohnheimen leben. Lesen und schreiben können in Namibia aber immerhin stolze 85 % der Bevölkerung.

Die meisten Namibier in ländlichen Gebieten wohnen noch in Homesteads und führen ein Leben, wie es auf dem Dorf typisch ist. Die Dorfgemeinschaften beruhen auf Familien- und Clanstrukturen, an deren Spitze jeweils ein gewählter *elenga* (Oberhaupt) steht. Dieser *elenga* ist für alles verantwortlich, was im Dorf passiert – vom Beilegen von Streitigkeiten bis hin zu Entscheidungen, wie das Land der Gemeinde verwaltet werden soll.

Für die breite Masse der Namibier ist das Leben ein sehr harter Kampf (s. Kasten S. 66). Die Arbeitslosigkeit ist hoch und die Wirtschaft hängt weiterhin vom Bergbau ab und nicht so sehr vom Fischfang und der fischverarbeitenden Industrie. In den letzten Jahren hat im ganzen Land der Tourismus einen beachtlichen Aufschwung genommen, wobei diese Industrie größtenteils noch immer in den Händen weißer Namibier liegt.

WIRTSCHAFT

Die Wirtschaft Namibias wird vom Abbau und der Weiterverarbeitung von Mineralien für den Export bestimmt. Auch wenn der Bergbau nur 8 % des Bruttosozialprodukts erbringt, sichert er über die Hälfte des Devisengeschafts. Die großen alluvialen Diamantvorkommen Namibias stehen in dem beneidenswerten Ruf, weltweit zu den besten Ressourcen an Qualitätsedelsteinen zu gehören. Das Land gilt jedoch auch als bedeutender Produzent von Uran, Blei, Zink, Zinn, Silber und Wolfram.

Das Bruttosozialprodukt von 5500 US$ pro Kopf ist für afrikanische Verhältnisse zwar hoch, allerdings verschleiert die Statistik das Ungleichgewicht zwischen den Bevölkerungsgruppen. Tatsache ist, dass rund 5 % der Bevölkerung drei Viertel der Wirtschaft kontrollieren, und der UN-Entwicklungsbericht über das Entwicklungsprogramm 2005 zeigte auf, dass 55 % der Bevölkerung von 2 US$ pro Tag leben. Das Endergebnis ist, dass die Menschen weiterhin ihre Dorfgemeinschaften verlassen, um in die großen

Die Website www.arasa.info ist ein Zusammenschluss von 14 nichtstaatlichen Organisationen, die in allen Ländern der Southern African Development Community (SADC) tätig sind und sich für einen auf den Menschenrechten basierenden Umgang mit HIV und Aids einsetzen.

Städte zu ziehen, ein Trend, der letztendlich auf Kosten des tradierten Lebensstils und der Kultur geht.

Zudem sind im Bergbau nur rund 3 % der Bevölkerung angestellt, während etwa die Hälfte der Menschen von der Subsistenzwirtschaft abhängig ist, um für ihren Lebensunterhalt zu sorgen. Namibia importiert in der Tat etwa 50 % seines Bedarfs an Korn, und in Dürrejahren stellt Nahrungsmittelknappheit ein gravierendes Problem in ländlichen Gebieten dar. Auch wenn die Fischindustrie ein bedeutender Wirtschaftsfaktor ist, wird der Fang in der Regel für den Export weiterverarbeitet.

Die Regierung erklärte Englisch zwar zur Amtssprache, die Mehrheit der Bevölkerung spricht jedoch Afrikaans, ein Erbe der südafrikanischen Besatzungszeit.

Die Wirtschaft von Namibia ist eng mit der erfolgreichen Wirtschaftsmacht Südafrika verbunden, und der Namibische Dollar ist eins zu eins an den Südafrikanischen Rand gekoppelt. Im Jahr 2007 schaffte der Haushaltsetat von Namibia aufgrund von Zahlungen der Southern African Customs Union (SACU) erstmals seit der Unabhängigkeit ein Plus.

Bei Drucklegung dieses Reiseführers war es allerdings offensichtlich, dass die weltweite Rezession auch für die Wirtschaft Namibias eine starke Gefahr bedeutet. Steigende Kosten für den Abbau von Mineralien und die Weiterverarbeitung von Fisch schmälerten das Profit aus lukrativen Exporten, ganz zu schweigen von den weltweit rückläufigen Preisen trotz großer Nachfrage auf dem Sektor Edelmetalle.

BEVÖLKERUNG

Dem CIA World Factbook zufolge, wurde die Bevölkerung von Namibia 2009 auf 2 108 000 Personen geschätzt; die jährliche Wachstumsrate lag bei 0,95 %. Diese Zahlen berücksichtigen die Auswirkungen der enorm hohen Sterblichkeit aufgrund von Aids – seit 1996 in Namibia die Haupttodesursache. Mit etwa zwei Personen pro Quadratkilometer weist Namibia mit die geringste Bevölkerungsdichte Afrikas auf.

ARGUMENTE FÜR EINEN MINDESTLOHN *Ian Ketcheson*

Eine Kassiererin in einem Import-/Export-Laden in Oshikango verdient rund 75 US$ im Monat. (Das sind die Läden, in denen alles vom Kühlschrank bis zum Motorrad gegen US-Dollar zu haben ist.) Die 75 US$ sind nicht ungewöhnlich; auch im Dienstleistungsbereich verdienen Angestellte in etwa so viel, während Arbeiter (u. a. in der Landwirtschaft) sich mit weniger begnügen müssen.

Eine typische Kassiererin aus Oshikango steht morgens früh auf und legt die Kilometer zu ihrem Arbeitsplatz zu Fuß zurück – die Fahrt in die Stadt würde pro Strecke einen Dollar kosten, die Hälfte ihres Gehaltes ginge also schon für den Hin- und Rückweg drauf. Die Kassiererin nimmt sich etwas zu essen und zu trinken von zu Hause mit, denn eine Cola kostet 0,75 US$, und für das einfachste Mittagessen müsste sie wenigstens 2 US$ auf den Tisch legen.

Würde sie eine Nacht in einem Motel in Oshikango verbringen, müsste sie sogar ihr Gehalt aus drei Wochen investieren; eine Tankfüllung Benzin hat den Gegenwert von sechs Arbeitswochen, und für einen gebrauchten Lkw müsste sie sogar ihr gesamtes Gehalt 15 Jahre lang zurücklegen. In dieser Zeit würde sie Motorräder (Preis 5000 US$) und Kühlschränke (500 US$) zum Preis eigener Jahreseinkommen an wohlhabende Angolaner verkaufen.

Die Wirtschaft Namibias ruht ähnlich wie die südafrikanische Wirtschaft zur Zeit der Apartheid auf den Schultern billiger Arbeitskräfte. Die Kluft zwischen Arm und Reich ist deshalb sehr tief. Vieles hat sich in den Jahren seit der Unabhängigkeit geändert, aber die ungleiche Verteilung des Wohlstands ist in der freien Marktwirtschaft geblieben.

Während der Recherchen zu diesem Reiseführer war in Namibia ein Mindestlohn nicht gesetzlich festgeschrieben. Die Folge ist, dass im Bergbau, in der Baubranche sowie in der Landwirtschaft weiterhin aufgrund von allgemeinem Lohndumping eine sehr niedrige Bezahlung an der Tagesordnung ist. Einige Wirtschaftswissenschaftler kritisieren dies als extrem ärgerlich, wenn nicht gar als Ausbeutung. Ein Problem, das auch dem „Westen" nicht mehr fremd ist.

Die Bevölkerung von Namibia setzt sich aus zwölf bedeutenden ethnischen Gruppen zusammen. Die meisten Menschen kommen aus dem Stamm der Owambo (50 %), die anderen ethnischen Gruppen machen nur jeweils einen geringfügigen Prozentsatz der Bevölkerung aus: Kavango (9 %), Herero/Himba (7 %), Damara (7 %), Caprivianer (4 %), Nama (5 %), Buren und Deutsche (6 %), Baster (6,5 %), San (1 %) und Tswana (0,5 %).

Wie fast alle Nationen der Sub-Sahara-Region, so kämpft auch Namibia darum, der HIV/Aids-Epidemie Einhalt zu gebieten, die die durchschnittliche Lebenserwartung sowie das Bevölkerungswachstum enorm gefährdet. Dem CIA World Factbook zufolge ist die Lebenserwartung in Namibia auf 51 Jahre gesunken, wobei andere Schätzungen sogar von nur 43 Lebensjahren ausgehen. Im Jahr 2007 waren 15,3 % der Bevölkerung HIV-positiv, und man nimmt an, dass bis 2021 ein Drittel der Kinder in Namibia im Alter von unter 15 Jahren Waisen sein könnten.

Namibia ist zwar eines der am wenigsten dicht besiedelten Länder, doch dafür sorgt die Vermischung verschiedener ethnischer Gruppierungen für eine enorme gesellschaftliche und kulturelle Vielfalt. Die indigenen Völker Namibias, die Khoisan, bewohnen die Region seit Menschengedenken. Sie setzen sich aus den San, Sammlern und Jägern, sowie den Nama, Viehhirten, zusammen. Ihnen folgten später die bantusprachigen Viehhirten. Die ersten Europäer kamen schließlich im 17. Jh. in das Land.

San

Informationen zum Volk der San siehe S. 293.

Ovambo

Die Ovambo, ein relativ lockerer Stammesverbund, waren schon immer stark genug, um Eindringlinge von außen abzuschrecken, darunter die Sklavenhändler vergangener Zeiten und die Deutschen, die im 19. Jh. hier eindrangen. Die Ovambo waren, historisch betrachtet, eine aggressive Kultur, weshalb sie beim Kampf um die Unabhängigkeit dann auch eine führende Rolle übernahmen. Sie stellen zudem die größte ethnische Gruppe in Namibia dar – rund 50 % der Bevölkerung – und einen Großteil der Mitglieder der Regierungspartei, der South West Africa People's Organisation (Swapo).

Die Ovambo lebten traditionell im Norden des Landes und gliedern sich in zwölf verschiedene Gruppierungen. Vier davon nehmen die Region Kunene im südlichen Angola ein, während die anderen acht in Namibia zu Hause sind. Am zahlreichsten ist die Gruppe der Kwanyama, die 35 % der Ovambo-Bevölkerung Namibias ausmacht und in der Regierung das Sagen hat. Alle Gruppen gehören dem lutherischen Glauben an.

In jüngster Zeit sind viele Ovambo gen Süden nach Windhoek oder in größere Städte im Norden emigriert, um sich dort in qualifizierten Berufen, als Handwerkskünstler und Arbeiter ihren Lebensunterhalt zu verdienen. Sie haben im Lauf der Jahre von Seiten der Regierung beträchtliche Vergünstigungen erhalten und zählen – mit Ausnahme der weißen Namibier europäischer Abstammung – zu den erfolgreichsten Stämmen.

Ausführliche Artikel zu den Themen Wirtschaft, Gesundheit und Politik in Namibia und seinen Nachbarländern finden sich unter www.osisa.org.

Kavango

Die Kavango gingen aus dem Stamm der Wambo in Ostafrika hervor, der sich am Kwando River in Angola niederließ, bevor er Ende des 18. Jhs. an den Nordrand des Okavango weiterzog. Seit Ausbruch des Bürgerkriegs in Angola in den 1970er-Jahren sind viele Kavango noch weiter nach Süden emigriert, wobei sie die einheimische namibische Bevölkerung schluckten und so zur zweitgrößten ethnischen Gruppe avancierten. Sie unterteilen sich in fünf verschiedene Untergruppen: die Mbukushu, die Sambiyu, die Kwangari, die Mbunza und die Geiriku.

Die Kavango sind für ihre qualitativ überaus hochwertigen Schnitzereien berühmt. Wie andere Gruppen in Nordnamibia wandern auch die Kavango in großen Zahlen gen Süden auf der Suche nach Arbeit auf den Farmen, im Bergbau und rund um die Städte.

Herero/Himba

Namibias 100 000 Herero leben in verschiedenen Regionen des Landes und teilen sich in mehrere Untergruppen. Zur größten Gruppe zählen die Tjimba und Ndamuranda in Kaokoveld, die Maherero rund um Okahandja sowie die Zeraua, die sich auf Omaruru konzentrieren. Die Himba des Kaokoveld sind ebenfalls eine Untergruppe der Herero (s. Kasten S. 58/59). Und dies gilt auch für die Mbandero, die das zu Kolonialzeiten als Herero-Land ausgewiesene Gebiet rund um Gobabis im Osten Namibias einnehmen.

Die Herero gehörten ursprünglich den frühen Bantu-Einwanderern an, die von Zentralafrika in Richtung Süden zogen. Sie kamen in der Mitte des

---

JENSEITS VON KLISCHEES: AUS DER PERSPEKTIVE EINES REISENDEN *Ian Ketcheson*

Es ist schwierig, über die Himba etwas zu schreiben, ohne dass es sich wie ein Klischee oder ein Artikel von National Geographic anhört. Die Himba sind ein häufiges Fotoobjekt in vielen Reisehandbüchern und Hochglanzbildbänden. Sie werden oft als eine Art Urvolk dargestellt, das seit Jahrtausenden unberührt von äußeren Einflüssen lebt. Ihr Brauch, sich rötliche Ockerfarbe auf den Körper zu schmieren, und ihre nicht gerade dezente Kleidung in Form von Miniröcken und Lendenschurzen haben sie zur Attraktion bei Touristen gemacht, die gern in entlegene Ecken Afrikas reisen, um einen Blick auf das „ursprüngliche" Afrika zu werfen.

Diese Stereotypen scheinen auf den ersten Blick auch absolut zutreffend zu sein, die Realität gestaltet sich hingegen erheblich komplexer. Die Himba leben in dieser Region Namibias nämlich erst seit etwa 200 Jahren. Nachdem sie bei diversen ethnischen Auseinandersetzungen im 18. und 19. Jh. immer den Kürzeren gezogen hatten, gelang dieser Volksgruppe Ende des 19. Jhs. schließlich ein gewisser Erfolg auf dem Schlachtfeld. Sie stahlen ein paar Rinder und Ziegen und machten sich dann in die entlegene Nordwestecke des Landes davon, wo sie schließlich halbwegs ihre Ruhe und ihren Frieden hatten – zumindest solange, bis in den 1990er-Jahren die Touristen auftauchten.

Die Kleidung der Himba kann lediglich als ein Zeichen gesehen werden, dass den christlichen Missionaren bei ihrer Kolonialisierung kein Erfolg beschieden war. Mit zu den obersten Prioritäten der Missionare in ganz Namibia (und darüber hinaus) gehörte, die Einwohner zu überzeugen, dass man als „zivilisierter Mensch" zuerst einmal unbequeme und teure Kleidung anziehen musste, die noch dazu für Afrika viel zu warm war. Wenn die Leute diese „anständigen" Klamotten dann hatten, mussten sie sich nur noch einen „echten" – sprich christlichen – Namen zulegen, der Polygamie abschwören und ewig lange Messen über sich ergehen lassen. Der nächste Halt war dann der Himmel.

Auch wenn die Himba gemeinhin als Opfer der modernen Zivilisation dargestellt werden, haben sich ihre Führer doch als recht fähig erwiesen, mit ihrer Umwelt zurechtzukommen. Ende der 1990er-Jahre forcierte die Regierung Namibias ihre Pläne, an den Epupa Falls einen Staudamm zu bauen, um so die Abhängigkeit des Landes vom Stromimport zu verringern. Dem Plan zufolge wären weite Teile des Himba-Landes geflutet worden, was natürlich eine Bedrohung ihres Lebensstils bedeutet hätte.

Häuptling Kapika, der Himba-Führer in der angrenzenden Region, rief daraufhin mit Hilfe von renommierten Rechtsanwälten eine Kampagne gegen dieses Vorhaben ins Leben. Auf einer Veranstaltung, zu der auch hochkarätiger Besuch aus Europa kam, sprach er mit ausländischen Investoren, führenden Wirtschaftsleuten und Umweltaktivisten. Häuptling Kapika gelang es dann recht erfolgreich, sich samt seinem Anliegen so in Szene zu setzen, dass er Unterstützung beim Kampf gegen die Regierung bekam. In den letzten Jahren sind Anträge, den Staudamm zu bauen, immer wieder durchgefallen. Es ist unwahrscheinlich, dass die Regierung dieses Thema in naher Zukunft noch einmal aufs Tablett bringen wird.

16. Jhs. ins heutige Namibia. Nachdem sie sich 200 Jahre im Kaokoveld aufgehalten hatten, wanderten sie weiter gen Süden, um sich im Swakop Valley und auf dem Zentralplateau anzusiedeln. Bis zur Kolonialzeit blieben sie halbnomadische Viehhirten in diesem relativ fruchtbaren Grasland und hüteten ihre Rinder und Schafe.

Blutige Zusammenstöße mit den nach Norden ziehenden Nama, aber auch mit deutschen Kolonialtruppen und Siedlern, führten Ende des 19. Jhs. zu einem Aufstand, der dann mit der verheerenden Schlacht am Waterberg im August 1904 (s. S. 58) endete. Die Folge war, dass 80 % der Herero-Bevölkerung des Landes ausgelöscht war. Die schockierten und demoralisierten Überlebenden wurden über das ganze Land verstreut. Viele flohen ins benachbarte Botsuana, wo sie sich ansiedelten und von Subsistenzwirtschaft lebten. Mittlerweile haben sie es allerdings zu Wohlstand gebracht und zählen zu den reichsten Viehhirten des Landes.

Die typische Tracht der Herero-Frauen geht auf die deutschen Missionen des wilhelminischen Zeitalters zurück. Sie besteht aus einem riesigen Reifrock, der über diversen Unterröcken getragen wird, dazu ein Hut in der Form eines Horns oder Kopfschmuck. Wer zufällig an dem Wochenende in Okahandja ist, das dem 23. August am nächsten liegt, kann zuschauen, wie Tausende von Hereros in makelloser Tracht zusammenkommen, um am Maherero Day (s. S. 237) ihre gefallenen Häuptlinge zu ehren.

Damara

Die Ähnlichkeit der Damara mit einigen westafrikanischen Bantu hat einige Anthropologen zu der Annahme veranlasst, dass sie zu den ersten Völkern gehörten, die vom Norden nach Namibia einwanderten. Möglicherweise waren frühe Handelsbeziehungen mit den Nama und San der Grund, weshalb die Damara Khoisan als Lingua franca annahmen.

Bekannt ist, dass vor den 1870er-Jahren die Damara einen Großteil von Zentralnamibia besetzen, und zwar von Rehoboth in Richtung Westen bis zu den Flüssen Swakop und Kuiseb sowie in Richtung Norden bis zu den heutigen Städten Outjo und Khorixas. Als die Herero und Nama ihr Territorium allmählich bis ins traditionelle Damara-Land ausdehnten, wurden viele Damara umgesiedelt, getötet oder gefangen genommen und auch versklavt. Die Feindschaft zwischen den beiden Stämmen hatte zur Folge, dass die Damara während der Kolonialzeit die Deutschen gegen die Herero unterstützten. Als Gegenleistung erhielten die Damara ein größeres Gebiet, das nun die Südhälfte der Provinz Kunene umfasst.

Mit Ankunft der ersten Europäer in der Region wurden die Damara als halbnomadische Viehhirten beschrieben, die in kleinerem Umfang auch im Bergbau, in der Verhüttung sowie im Handel tätig waren. Während der Kolonialzeit wurden sie dann allerdings sesshaft und widmeten sich Ackerbau und Viehzucht. In den 1960er-Jahren erwarb die südafrikanische Regierung aus dem Besitz der Europäer für die Damara über 4,5 Mio. ha Land, das heutige (desolate) Damaraland.

Allerdings brachte das Land den Damara nicht sonderlich viel. Der Boden ist in dieser Region generell schlecht, ein Großteil des Lands gehört den Gemeinden und es fehlen die guten Viehweiden, wie sie z. B. in Zentral- und Südnamibia vorherrschen. Heutzutage arbeiten die meisten von Namibias 80 000 Damara in urbanen Gebieten und auf den Farmen der Europäer; nur etwa ein Viertel wohnt noch im Damaraland.

Namibier europäischer Abstammung

Bis 1884, als die Deutschen einen Handelsposten in der Lüderitz Bay gründeten, gab es in Namibia keinerlei Siedler aus Europa. Ende der 1890er-

Jahre war Namibia dann eine deutsche Kolonie, und es kamen immer mehr Siedler. Zur gleichen Zeit zogen die Buren (weiße Südafrikaner holländischer Herkunft) vom Kap in Richtung Norden, und heute ist Afrikaans die Umgangssprache im Land. Ihre Zahl stieg beständig, nachdem Namibia infolge des Zweiten Weltkriegs unter die Kontrolle Südafrikas geraten war.

Gegenwärtig gibt es an die 85 000 weiße Namibier, von denen die meisten holländischer Herkunft sind. Sie konzentrieren sich in den Städten in Zentral- und Südnamibia und sind vorrangig in der Viehwirtschaft, im Handel, in der Produktion sowie in der Verwaltung tätig. Zudem liegt die Tourismusindustrie fast ausschließlich in den Händen weißer Namibier.

Caprivianer

Im äußersten Nordosten, an den fruchtbaren Flussufern des Sambesi und Kwando, leben 80 000 Caprivianer, die sich aus fünf Hauptstämmen zusammensetzen: den Lozi, Mafwe, Subia, Yei sowie den Mbukushu. Die meisten Caprivianer verdienen ihren Lebensunterhalt mit Fischfang, Landwirtschaft und Viehzucht, und sie sitzen an einer Touristenroute.

Bis ins späte 19. Jh. hinein unterstand der Caprivizipfel den Lozi-Königen. Heute hat sich Rotse als Lingua franca der verschiedenen Stämme etabliert, eine Spielart der Lozi-Sprache, wie sie noch in einigen Teilen Sambias und Angolas gesprochen wird.

Nama

Die Nama – ihre Sprache ähnelt der von den San in Botsuana und Südafrika – sind eine weitere zu den Khoisan gehörende Gruppe und zählen zu den ältesten indigenen Völkern Namibias.

Die Ursprünge der Nama liegen am südlichen Kap. Während der ersten Zeit der europäischen Besiedlung wurden sie jedoch entweder ausgerottet oder von den kolonialen Farmern weiter in Richtung Norden vertrieben. Sie siedelten sich dann schließlich in Namaqualand am Oranje an, wo sie als halbnomadische Hirten bis zur Mitte des 19. Jhs. lebten. Ihr Führer Jan Jonker Afrikaner brachte sie dann in die Gegend des heutigen Windhoek.

Auf dem Zentralplateau von Namibia gerieten sie in Konflikt mit den Herero, die dieses Gebiet besetzt hatten. Die beiden Gruppen fochten diverse blutige Kriege aus. Schließlich erzwang die deutsche Regierung einen Frieden zwischen den Völkerschaften, indem sie den beiden Gruppen voneinander getrennte Reservate zuwies.

Heute leben in Namibia rund 60 000 Nama; sie siedeln in einer Region, die zur Kolonialzeit Namaqualand hieß und sich von Mariental in Richtung Süden bis nach Keetmanshoop erstreckt. Die Nama sind vor allem für ihre traditionelle Musik bekannt, für Legenden, Sprichwörter und Lobgedichte, die seit Generationen überliefert werden und die Grundlage der heutigen Kultur darstellen.

Topnaar

Die Topnaar (oder: Aonin) sind, genau genommen, ein Zweig der Nama und nehmen vor allem den Westen der zentralen Namibischen Wüste ein, d. h. sie leben in der Walvis Bay und Umgebung.

Im Gegensatz zu den Nama, denen ihr Land gemeinschaftlich gehörte, vererbten die Topnaar ihren Familienbesitz unsozialistisch von einer Generation zur nächsten weiter.

Heute stellen die Topnaar zweifelsohne die größte Randgruppe in Namibia dar. In alten Zeiten waren sie von der *Nara-Melone* abhängig sowie von der Jagd. Heute beschränkt sich ihr Jagdrevier auf den Namib-Naukluft Park. Die Topnaar, die noch in der Wüste leben, bestreiten ihren Lebensunterhalt

Die weibliche Hauptfigur in Wilbur Smiths superspannendem Roman *Glühender Himmel* (1987) erleidet an der Skelettküste Schiffbruch und überlebt, indem sie sich dem traditionellen Lebensstil eines San-Paares anpasst.

bis heute mit dem Anbau von *Nara*-Melonen, die nur wenig bewässert werden müssen, sowie mit Viehzucht, vor allem Ziegen.

Die meisten Topnaar zogen jedoch an die Walvis Bay und siedelten sich in der Township Narraville an; von dort pendeln sie nun in die Fischfabriken zur Arbeit. Andere leben nicht weit von den Slums entfernt. In der Topnaar-Gemeinde südöstlich der Walvis Bay wurden eine Grundschule und ein Wohnheim eingerichtet, allerdings kommt nur eine Minderheit der dortigen Schüler aus der Topnaar-Gemeinde.

Farbige

Nachdem Deutsch-Südwestafrika (wie Namibia früher hieß) nach dem Zweiten Weltkrieg unter die Kontrolle Südafrikas gekommen war, führte die südafrikanische Regierung allmählich die Rassengesetze der Apartheid ein. Somit war ab den 1950er-Jahren das Zusammenleben von Paaren unterschiedlicher Rasse gesetzeswidrig, Eheschließungen waren jedoch gestattet. Burische und deutsche Farmer im ganzen Land heirateten also weiterhin Damara- und Herero-Frauen, ein paar Jahre später wurden allerdings auch diese Ehen untersagt.

Die Kinder, die aus diesen Verbindungen hervorgegangen waren, befanden sich in einer unguten Situation, denn sie wurden von den schwarzen wie auch weißen Gemeinschaften abgelehnt und als Bastarde gebrandmarkt. Heute leben in Namibia rund 52 000 Farbige, und zwar vor allem in Windhoek, Keetmanshoop und Lüderitz.

Baster

Die Baster sind von den Farbigen zu unterscheiden, sind aber ebenfalls aus gemischtrassigen Verbindungen hervorgegangen, und zwar vor allem zwischen Nama und holländischen Farmern in der Kap-Kolonie. Nachdem sie Ende der 1860er-Jahre durch burische Siedler am Kap verdrängt worden waren, zogen sie gen Norden an den Oranjefluss (Orange River) und gründeten 1871 die Siedlung Rehoboth. Sie etablierten ihr eigenes Regierungssystem mit einem Führer *(Kaptein)* und einem gesetzgebenden Rat *(Volksraad)*. Da die Baster in der Kolonialzeit die Deutschen unterstützt hatten, bekamen sie als Gegenleistung diverse Privilegien, und auch ihrer Landrechte wurden anerkannt.

Die meisten der 35 000 Baster von Namibia leben bis heute in der Umgebung von Rehoboth und pflegen entweder einen urbanen Lebensstil oder widmen sich der Viehzucht.

Tswana

Die 8000 in Namibia lebenden Tswana stellen die kleinste ethnische Gruppe des Landes. Sie sind mit den Tswana in Südafrika und Botsuana verwandt, den Batswana (s. S. 291), und wohnen überwiegend in den östlichen Regionen des Landes um Aminuis und Epukiro.

RELIGION

80 bis 90 % aller Namibier bekennen sich zum Christentum, die meisten von ihnen gehören der evangelisch-lutherischen Kirche an. Als Folge portugiesischer Missionarstätigkeit und der Einflüsse aus Angola gibt es allerdings auch eine nicht unbedeutende römisch-katholische Minderheit, vor allem im Zentrum und im Norden.

Die Mehrzahl der Nichtchristen in Namibia – dies sind vor allem Himba, San und einige Herero – lebt im Norden und bleibt weiterhin im animistischen Glauben verwurzelt. Im Mittelpunkt ihrer Glaubenspraxis steht die Verehrung der Ahnen; viele sind davon überzeugt, dass die verstorbenen

Ahnen eine Verbindung mit den Lebenden aufnehmen und als Boten zwischen ihren Nachkommen und den Göttern fungieren.

FRAUEN IN NAMIBIA

Offene, unzensierte Meinungen zum Auf und Ab in der Politik, aber auch einige hervorragende Buchrezensionen bietet die Website www.africa-confidential.com.

In einer Kultur, in der die Macht des Mannes schon zum Mythos stilisiert wird, verwundert es nicht, dass es um die Rechte der Frauen nicht sonderlich gut bestellt ist. Selbst heute ist es nicht ungewöhnlich, dass Männer mehrere Sexualpartnerinnen haben. Und noch bis vor Kurzem konnten Frauen mit Kindern, die von ihren Männern verlassen wurden, kaum Regressansprüche geltend machen. Seit der Unabhängigkeit bemüht sich die Regierung Namibias um die Verbesserung der Rechte der Frauen. Dazu wurde die Rechtsprechung geändert, wie etwa das Gesetz zur Gleichstellung von Ehepartnern (1996), das Männern und Frauen gleiche Eigentumsrechte zusichert und den Frauen das Sorgerecht für die Kinder einräumt.

Allerdings gesteht die Regierung durchaus ein, dass eine Gleichstellung von Mann und Frau sich weniger durch die Verabschiedung von Gesetzen als vielmehr durch eine Änderung in der Mentalität der Menschen erreichen lässt. Das zeigt auch die Erhebung über häusliche Gewalt aus dem Jahr 2000. 25 % der für diese Studie in Lüderitz, Karasburg und Keetmanshoop befragten Frauen erklärten, von ihren Ehemännern misshandelt oder vergewaltigt worden zu sein. Gewalt gegen Frauen ist nicht zuletzt eine Folge der sozialen Probleme, zu denen Armut, Alkoholismus und die Folgen von Dauerarbeitslosigkeit zählen. Namibia hat zwar seit einigen Jahren im internationalen Vergleich eines der umfassendsten Gesetze zum Schutz vor Vergewaltigungen, doch wie sich diese Regeln im Alltag bewähren, bleibt abzuwarten.

Allen Schwierigkeiten zum Trotz spielen Frauen im dörflichen und gesellschaftlichen Leben Namibias eine wichtige Rolle, und auch am Kampf um die Unabhängigkeit ihres Landes hatten sie ihren Anteil (s. *Histories of Namibia*, S. 19). Innerhalb des Hauses kommt ihnen traditionell die zentrale Stellung zu: Sie führen den Haushalt, erziehen die Kinder, kümmern sich um die Familienmitglieder und tragen einen Teil zum Familieneinkommen bei. Seit der katastrophalen Ausbreitung von Aids ist diese Bürde nur noch schwerer geworden.

KUNST & KULTUR

Das Land ist karg, die Bevölkerung war schon immer arm und lebte weit verstreut – kein Wunder, dass man vergeblich nach Zeugnissen großer Kunst und Architektur sucht. Dafür gibt es in Namibia jedoch neben den vielen Naturdenkmälern eine reiche kunsthandwerkliche Tradition – mit Schnitzereien, Flechtarbeiten, handgeknüpften Teppichen, Perlstickereien und Webarbeiten. Wer solche Erzeugnisse sucht, findet die beste Auswahl im Namibia Crafts Centre (S. 103) in Windhoek und im Handwerksdorf *(craft village)* Penduka (S. 103) beim Goreangab-Damm, der sich etwa 10 km außerhalb von Windhoek befindet.

Literatur

Nach Jahrhunderten der Unterdrückung und Isolation, einem Leben in Armut und ohne Bildungseinrichtungen ist es kaum verwunderlich, dass eine schriftlich fixierte namibische Literatur in der Zeit vor der Unabhängigkeit nicht existierte (allerdings gab es eine Tradition der mündlichen Überlieferung). Aus dieser Epoche stammen lediglich ein paar deutsche Romane und Kolonialerzählungen, darunter *Peter Moors Fahrt nach Südwest* (1905) aus der Feder des Bestseller-Autors Gustav Frenssen; daneben existieren einige Schriften in Afrikaans. Das bekannteste Werk aus der Zeit vor der Unabhängigkeit ist aber sicherlich *Wenn es Krieg gibt, gehen wir in die*

Wüste von Henno Martin. Der Autor war Geologe und beschreibt, wie er zusammen mit seinem Freund Hermann Korn während des Zweiten Weltkriegs zwei Jahre in der Namib verbrachte, um nicht interniert zu werden.

Eine authentische einheimische Literatur begann erst mit dem Kampf um die Unabhängigkeit. Einer der bedeutendsten zeitgenössischen Autoren Namibias ist Joseph Dieschbo (geb. 1955), dessen Erstlingsroman *Born of the Sun* 1988 veröffentlicht wurde, als Dieschbo gerade in den USA lebte. Bis heute gilt dieses erfrischend unprätentiöse Werk als bedeutendster Beitrag zur Literatur des Landes. Nicht ungewöhnlich für ein afrikanisches Werk, ist der Roman stark autobiografisch geprägt und behandelt Kindheit und Jugend der Hauptfigur in einem Stammesdorf, den Schritt ins Erwachsenenleben und den ersten Kontakt mit dem Christentum. Dann folgen ein Lebens- und Arbeitsweg durch die südafrikanischen Bergwerke und schließlich das Erwachen eines politischen Bewusstseins. Dieschos zweiter Roman, *Troubled Waters* (1993), erzählt die Geschichte eines weißen Südafrikaners, der im Rahmen eines Militäreinsatzes nach Namibia kommt und dort eine andere politische Sichtweise kennenlernt.

Einen ganz neuen und immer wichtiger werdenden Zweig in der namibischen Literatur stellen die Beiträge von Schriftstellerinnen dar. Autorinnen erzählen vor allem von ihren Erfahrungen im Unabhängigkeitskrieg und im Exil, aber auch von der sozialen Lage nach der Unabhängigkeit. Den Arbeiten von Ellen Namhila (*The Price of Freedom*; 1998), Kaleni Hiyalwa

Die Website www. africa resource.com ist ein Bildungsportal mit einer tollen Kulturrubrik, die sich mit wissenschaftlichen Zeitschriften, Dichtung, Kunst, Essays und Ausstellungen, aber auch mit interessanten Forschungsergebnissen beschäftigt.

ÜBERLEBEN LERNEN *Ian Ketcheson*

Bevor meine Frau, meine Tochter und ich in die Kleinstadt Odibo im Norden Namibias zogen, glaubten wir, alles über die Auswirkungen von Aids in diesem Land zu wissen.

Worauf wir nicht vorbereitet sein konnten, waren die Beerdigungen. Wir lebten direkt neben einer großen anglikanischen Kirche, einem imposanten weißen Bau, in dem sich jeden Sonntag über tausend Menschen zu Marathon-Messen von mehr als vier Stunden versammelten. An allen anderen Tagen zogen ständig die Beerdigungsprozessionen an unserer Tür vorbei und führten uns deutlich vor Augen, wie schrecklich sich diese Seuche unmittelbar auf die Gemeinde auswirkte. Eine ehemalige Krankenschwester erzählte uns, die Anzahl der Beisetzungen habe sich in den letzten zehn Jahren verfünffacht – 1992 seien es nur 37 gewesen, 2003 schon 177.

Gleichzeitig wurde die Krankheit zum öffentlichen Tabu, sodass Betroffene oft gar nicht über ihre Situation sprechen können. Wie in vielen afrikanischen Ländern wird die Existenz von Aids schlicht geleugnet, oder man schweigt darüber. Das hat mit Angst, Scham und mangelndem Wissen über die Erkrankung zu tun. Trotz der ungeheuren Verbreitung von Aids in Namibia gaben zwei Drittel der im Rahmen einer Studie befragten Frauen in der Regiong Ohangwena an, sie würden einer HIV-positiven Person keine Lebensmittel abkaufen.

Trotz dieser Schwierigkeiten haben sich Tausende von Freiwilligen und Sozialarbeitern gefunden, die gegen die Tabuisierung kämpfen und den Erkrankten helfen. In unserer kleinen Gemeinde gab es mehrere solcher Projekte, darunter das Anglican Home-Based Care Project (das Freiwillige, die Schwerkranke besuchen, mit dem Nötigsten ausstattet); außerdem gibt es Omwene Tu Talulula (OTTA; der Name bedeutet „überleben lernen"), eine Vereinigung HIV-positiver Aktivisten, die in Schulen, Kirchen und in Gemeindeversammlungen auftreten und für einen offenen Umgang mit der Krankheit und ein Ende der Diskriminierung werben.

Für viele Menschen ist der Zugang zu Aids-Medikamenten in den letzten Jahren leichter geworden, doch die Bedrohung ist geblieben. Viele Bewohner der Region Ohangwena im Norden können die weite Reise in ein Krankenhaus gar nicht unternehmen. Oft haben die Menschen nicht einmal genug zu essen, um die Medizin vorschriftsgemäß zur Mahlzeit einzunehmen. Zu meiner Verwunderung hinterließen Mitarbeiter des Anglican Home-Based Care Project, die ich begleiten durfte, bei ihren Besuchern häufig ein Brot: Für viele Kranke war das dann nämlich die einzige Mahlzeit des Tages – und die Voraussetzung dafür, dass sie die Medizin überhaupt vertrugen.

(*Meekulu's Children*; 2000) sowie Neshani Andreas (*The Purple Violet of Oshaantu*; 2001) verdanken viele Leser deshalb wichtige Einblicke in die namibische Gesellschaft nach dem Ende der Kolonialzeit bzw. der Verwaltung als Treuhandgebiet.

Das Sister-Namibia-Kollektiv hat 1994 eine Lyrik- und Kurzgeschichtenanthologie unter dem Titel *A New Initiation Song* herausgebracht. Unter sieben Rubriken finden sich Beiträge zu Themenfeldern wie Mädchen, Körperlichkeit oder heterosexuelle und lesbische Liebe. Die Gedichte von Liz Frank und Elizabeth !Khaxas zählen wohl zu den besten des Bandes. *Uerieta* von Jane Katjavivi ist eine herausragende Kurzgeschichte, die vom allmählichen Vertrautwerden einer weißen Frau mit dem afrikanischen Lebensstil handelt; lesenswert ist auch *When the Rains Came* von Marialena van Tonder, die Geschichte eines Farmerehepaars, das mit knapper Not eine Dürre überlebt. Eine der Autorinnen, Marjorie Orford, hat bereits einen eigenen Band vorgelegt: *Coming on Strong* (1996).

Deutschsprachige Leser dürften sich für die Werke von Giselher Hoffmann (geb. 1958) interessieren, der seine Stoffe aus der Geschichte und Gegenwart Namibias bezieht. Sein erster Roman, *Im Bunde der Dritte* (1984), handelt von Wilddieben. In *Die Erstgeborenen* (1991) erzählt Hoffmann aus der Perspektive einer San-Gruppe, die sich mit deutschen Siedlern auseinandersetzen muss. *Die schweigenden Feuer* (1994) behandelt den Konflikt zwischen Nama und Herero gegen Ende des 19. Jhs. Auch der Einfluss der modernen westlichen Zivilisation auf die indigenen Kulturen rückt ins Blickfeld.

Einen interessanten Einblick in die Literatur Namibias vermittelt Dorian Haarhoffs *The Wild South-West* (1991). Er spürt der Dynamik der Kolonialliteratur nach und umreißt die literarische Reaktion auf Seiten der indigenen Bevölkerung.

Kino

Seit 2002 fördert die Namibian Film Commission die einheimische Filmproduktion und setzt sich dafür ein, dass das Land auch als Filmlocation genutzt wird. Noch im gleichen Jahr wurde in Namibia der wenig bekannte Film *Jenseits aller Grenzen* über die Hungersnot in Äthiopien 1984 gedreht. Kaum jemand hätte allerdings geahnt, welchen Stellenwert einmal die Tatsache hätte, dass Filmstar Angelina Jolie 2006 nach Namibia zurückkam, um hier ihre Tochter zur Welt zu bringen. Aber allen Ernstes: Das jährlich abgehaltene **Wild Cinema Festival** (www.wildcinema.org) gewinnt immer mehr an Bedeutung und lockt jeden Herbst Scharen von Cineasten in die Kinos.

Im Jahr 2006 machte ein weiteres wichtiges Filmprojekt von sich reden. *Where Others Wavered* („Wo andere zögerten") erzählt die Geschichte des ersten namibischen Präsidenten Sam Nujoma, der darum kämpfte, das Land in die Unabhängigkeit zu führen.

Eric Vallis Film *The Trail* (2006) fängt die Schönheit der Landschaft ein, thematisiert aber auch die in Verruf geratene Diamantindustrie (die in Konfliktgebieten schürft und illegal mit den Edelsteinen handelt). Erzählt wird die Geschichte eines Geologen, der von Diamantenräubern als Geisel genommen wird.

Mit Charles Burnett als Regisseur und Hollywoodgrößen wie Danny Glover und Carl Lumbly (Sam Nujoma) in der Besetzungsliste hätte dieser Film sicher ein spannendes Kinoerlebnis garantiert, wäre die Produktion 2006 nicht eingestellt worden, nachdem das Team ohne Bezahlung auf und davon gegangen war; Kritiker von Nujoma verurteilten den als poltisches Dogma gedachten Film allerdings als eitles Unterfangen und reinen Personenkult.

Musik

Die ersten Musiker des Landes waren die San; ihre Musik imitierte vermutlich Tierlaute und begleitete Tänzer und Geschichtenerzähler. Auch die etwas ausgefeiltere Musik der frühen Nama untermalte Tänze; gespielt wurde auf Trommeln, Flöten und einfachen Saiteninstrumenten. Als die Bantu in die Region einwanderten, übernahmen sie einige dieser Instrumente und fügten Marimbas, Kürbisrasseln und Trompeten aus Tierhörnern hinzu. Trommeln, Marimbas und Rasseln sind auch heute noch sehr beliebt, und nicht selten sieht man Tänzer, die einen Gürtel mit leeren Getränkedosen voller Kiesel um den Bauch tragen und so für die rhythmische Untermalung ihrer eigenen Tanzschritte sorgen.

Bereichert wurde die Musik des Landes durch einen wichtigen Import aus Europa: den Chorgesang. Schon die Missionare der Kolonialzeit gründeten in den Dörfern Chöre, und bis heute treffen sich Schul- und Kirchenchöre regelmäßig zum gemeinsamen Singen. Die bekanntesten Chöre Namibias sind der Cantare Audire Choir und der **Mascato Coastal Youth Choir** (www.mascatoyouthchoir.com), der nationale Jugendchor. Natürlich brachten die deutschen Siedler auch ihre Blaskapellen mit, die bis heute zum Oktoberfest in der Hauptstadt Windhoek (s. S. 96) und zu anderen mehr oder weniger deutsch geprägten Festen aufspielen.

Architektur

Die meisten Leute, die Namibia besuchen, richten ihr Augenmerk auf die Naturwunder dieses Landes. Es gibt hier aber auch eine überraschende Fülle von architektonischen Wundern zu bestaunen. Über ein Jahrhundert später zeugen diverse Kolonialgebäude im Historismus der wilhelminischen Zeit noch von der deutschen Besetzung Namibias.

Wenn auch Windhoek mit aus dem Boden gestampften Betongebäuden modernisiert wurde, wie sie für die meisten Städte Afrikas typisch sind, finden sich doch noch ein paar – sozusagen – „unbehauene Diamanten". Über der Stadt ragt die evangelische deutsche Christuskirche im neugotischen Stil auf; sie wurde aus dem Sandstein der Region errichtet.

Ein weiteres bemerkenswertes Bauwerk ist die Alte Feste, die mit der Gründung Windhuks zusammenhängt. Sie wurde 1890 von Curt von Francois und seinen Leuten erbaut und von der deutschen Armee als Kaserne genutzt. Dieses älteste erhaltene Gebäude der Stadt dient heute jedoch einem erheblich friedlicheren Zweck, nämlich als Nationalmuseum. Wer die glänzenden Juwelen in Namibias architektonischer Krone kennenlernen möchte, muss allerdings an die Küste fahren. Hier befinden sich eingeklemmt zwischen dem eiskalten Wasser des Südatlantiks und der namibischen Wüste in Swakopmund und Lüderitz die schon surrealen Relikte aus der Kolonialzeit.

Wer durch die Straßen der beiden Städte spaziert, könnte meinen, dass er sich in einem kleinen Dorf in Bayern befindet – ein verzeihlicher Irrtum. Irgendwie scheinen Zeit und Geschichte die beiden Orte vergessen zu haben, und so präsentieren sich Swakopmund und Lüderitz nun mit einer schönen Stilmischung aus Deutschem Reich und Art Nouveau, was vor der Kulisse der aufragenden Dünen und des tosenden Meeres umso bizarrer anmutet.

KUNSTFESTIVALS

Die 2001 formulierte Kulturpolitik der Regierung setzt auf „Einheit in der Vielfalt" und zielt auf ein respektvolles Miteinander der verschiedenen Völker des Landes. Das Programm dahinter wendet sich vor allem an junge Leute; vieles ist mittlerweile in den Schulunterricht eingegangen.

Aus diesem politischen Grund fördert die Regierung beispielsweise das /AE//Gams Arts Festival, das im Oktober in Windhoek stattfindet. Hier treten Musiker, Tänzer, Chöre und Dichter aus der Region auf und nehmen an diversen Wettbewerben teil. Auch ein Verkauf von Lebensmitteln gehört zum Festivalprogramm.

Die Bank Windhoek, ein Geldinstitut mit einer erstaunlichen Bandbreite in Sachen Kultur, beteiligt sich am gesellschaftlichen Betrieb. 2003, als die Bank sich ein neues Markenimage zulegte, beschloss sie, auch ein eigenes Kunstfestival zu sponsern. Seitdem ist das Bank Windhoek Arts Festival zur größten Veranstaltung dieser Art im ganzen Land avanciert; das Programm läuft von März bis September. Wer mehr zu den einzelnen Events, Veranstaltungsorten oder auch zum Ticketkauf wissen möchte, informiert sich unter www.bankwind hoekarts.com.na.

Tanz

Jede Volksgruppe in Namibia hat ihre eigenen Tänze, doch die meisten eint ein gemeinsames Band.

Zuerst einmal sollen alle Tänze in gewissem Maße gesellschaftliche Werte zum Ausdruck bringen. Dann reflektieren viele Tänze auch die Umgebung, in der sie aufgeführt werden. Und nicht zuletzt spiegelt afrikanischer Tanz reine Bewegungsfreude wieder.

Die Tänze der Ju/hoansi !Kung (einer San-Gruppe im Nordosten Namibias) ahmen gern die Tiere nach, auf die dieses Volk Jagd macht, oder integrieren Elemente, die für ihr Leben irgendwie von Bedeutung sind. So wird beispielsweise beim Melonentanz eine *tsama*-Melone zu einem bestimmten Rhythmus in die Luft geworfen und wieder aufgefangen.

Der Himba-Tanz *ondjongo* muss von einem Viehbesitzer aufgeführt werden. Dabei geht es darum, Fürsorge und Besitz zum Ausdruck zu bringen.

Tänze spielen auch bei bestimmten Ritualen eine Rolle, so zum Beispiel bei Übergangsritualen, politischen Ereignissen und Versammlungen oder spirituellen Zeremonien. Den *tcòcmà*, einen Initiationstanz von Männern der Ju/hoansil, dürfen Frauen beispielsweise nicht einmal ansehen. In der Region Kavango und Caprivi werden von traditionellen Heilern Tänze aufgeführt, bei denen sie in beiden Händen Rasseln halten, die sie ununterbrochen schütteln.

Die meisten festlichen Tänze, wie etwa der lebhafte *epera* und *dipera* aus Kavango, enthalten Darbietungsmuster für Männer und Frauen, werden jedoch in separaten Reihen getanzt, sodass die Geschlechter getrennt bleiben.

Bildende Künste

Die Mehrzahl der etablierten Maler und Fotografen im Land stammt aus Europa. Die Künstler beschäftigen sich vor allem mit den Farben der afrikanischen Landschaft, ihrem zauberhaften Licht, der Tierwelt und – in jüngster Zeit – mit den verschiedenen Völkern. Bekannt sind u. a. François de Necker, Axel Eriksson, Fritz Krampe und Adolph Jentsch. Werke der Landschaftsmaler Carl Ossman und Ernst Vollbehr hängen in einigen deutschen Museen. Viele Arbeiten der genannten Künstler befinden sich auch im Land selbst, und zwar ganz überwiegend in der National Art Gallery (S. 95) in Windhoek; dort werden einheimische und international bekannte Künstler ausgestellt.

Namibische Künstler afrikanischer Herkunft haben sich auf dreidimensionale Objekte spezialisiert und ihren eigenen Stil entwickelt. Typisch für die Township-Kunst sind vor allem Skulpturen aus Altmaterial, z. B. aus Getränkedosen, verzinktem Draht und Pappmaché. Aus diesem alltäglichen Material entstehen Werke, die nüchterne Themen auf sehr expressive, farbige Weise behandeln.

Diese Kunstrichtung wurde während der Apartheidjahre in den Townships von Südafrika geboren. In den letzten zehn Jahren ist daraus eine populäre Kunstform entstanden; vielversprechende Vertreter sind Tembo Masala und Joseph Madisia – auf ihre Namen sollte man achten.

Eine Gruppe von Künstlern – darunter Joseph Madesia und François Necker – bemüht sich um die Hebung des Niveaus in den Bildenden Künsten. Zu diesem Zweck riefen die Beteiligten 1994 den **Tulipamwe International Artists' Workshop** (www.artshost.org/tulipamwe) ins Leben.

Seither wurden überall in Namibia Workshops veranstaltet, bei denen Künstler aus Namibia, aus dem restlichen Afrika und dem nichtafrikanischen Ausland miteinander ins Gespräch gekommen sind.

ESSEN & TRINKEN
Grundnahrungsmittel & Spezialitäten

Traditionelles namibisches Essen besteht aus ein paar Grundnahrungsmitteln. Am häufigsten ist dabei wohl *oshifima*, eine teigartige Paste aus Hirse, die gern zu einem Eintopf mit Gemüse und Fleisch verzehrt wird. Weitere gängige Gerichte sind *oshiwambo*, eine recht leckere Kombination aus Spinat und Rindfleisch, sowie *mealie pap*, ein schon sehr einfacher Maisbrei.

Als Ausländer findet man derartige Speisen allerdings kaum einmal auf der Speisekarte. Die meisten Restaurants in Namibia bieten europäische Küche an, und zwar hauptsächlich italienische und französische Speisen, dazu eine Fülle von Fischgerichten und Meeresfrüchten. Derartige lukullische Genüsse beschränken sich jedoch auf Städte wie Windhoek, Swakopmund und Lüderitz; andernorts kommt man als Reisender nicht darum herum, sich möglichst rasch mit Pizzerias und Imbisslokalen anzufreunden.

Und egal, was auf dem Schild über der Tür geschrieben steht, die meisten Speisekarten sind auf Fleisch ausgerichtet, und Vegetarier können sich schon glücklich schätzen, wenn sie ein paar fleischlose Beilagen finden. Der Grund dafür liegt auf der Hand: Namibia besteht aus weiter Wüste und das Land importiert einen Großteil seines frischen Obsts und Gemüses aus Südafrika. In Namibia selbst gedeihen zahlreiche köstliche Kürbissorten wie der Gartenkürbis oder der Butternusskürbis. Während der Saison sind die Orangen aus Namibia sehr lecker. In der Region Kavango werden Papayas mit einem Schuss Zitronen- oder Limettensaft serviert.

Vor allem in den *Konditoreien* Namibias lässt sich der deutsche Einfluss allerdings nicht leugnen. Hier kann man sich Apfelstrudel, Sachertorte, Schwarzwälder Kirschtorte und zig andere Kuchen schmecken lassen. Diverse Cafés in Windhoek und Swakopmund sind schon die reinsten Institutionen. Probieren sollte man auch die von den Buren heimisch gemachten klebrig-süßen *koeksesters* (kleine Krapfen, die vor Honig nur so triefen) und *melktart* (Milchtorte).

Zu einem warmen Frühstück gehören Speck und *boerewors* (Bauernwürstchen). Und über etwas arg Seltsames sollte man sich nicht wundern: Curry-Nieren zu den üblichen Eiern. Rindfleisch in verschiedenster Form findet sich hin und wieder auch noch auf dem Frühstückstisch.

Zum Abendessen gibt es Fleischgerichte – in der Regel Rindfleisch oder Wild. Für ein Rinderfiletsteak oder ein Kudokotelett sind gerade einmal 75 N$ zu berappen. An Fisch und Meeresfrüchten stehen Kingklip, Kabeljau und verschiedene Krustentiere am häufigsten auf der Speisekarte. Diese Gerichte sind in ganz Namibia erhältlich. Sie schmecken jedoch am besten in Restaurants der gehobeneren Klasse in Windhoek, Swakopmund und Lüderitz, wo in der Regel alles fangfrisch auf den Teller kommt.

Getränke

In den ländlichen Gebieten der Ovambo treffen sich die Leute in winzigen Bars und trinken dort einheimische Getränke wie *oshikundu* (ein Bier aus Mahango oder Hirse), *mataku* (Wein aus Wassermelonen), *tambo* (fermentierte Hirse und Zucker) oder *mushokolo* (ein Bier aus landestypischen Getreidesorten) und *walende*, ein Getränk, das aus der Frucht der Makalanipalme gewonnen wird und ähnlich wie Wodka schmeckt. Alle hier aufgeführten Getränke – mit Ausnahme von *walende* – werden morgens gebraut und noch am gleichen Tag konsumiert. Und sie sind preiswert: Man zahlt weniger als 0,25 US$ pro Glas.

Wem der Sinn eher nach Gewohntem steht, der findet überall in Namibia eine große Auswahl vor Ort gebrauter Lagerbiere. Am beliebtesten ist das leichte und erfrischende Windhoek Lager, die gleiche Brauerei vertreibt aber

Mais oder Sorghum sind die Grundbestandteile fast jeder afrikanischen Mahlzeit. Man nimmt sich in der Regel beides mit der rechten Hand aus einem Gemeinschaftstopf, rollt die Masse zu Kugeln und tunkt sie in eine Soße.

Das Windhoek Lager wird nach dem deutschen Reinheitsgebot aus dem Jahr 1516 gebraut, demzufolge Bier ausschließlich Gerste, Hopfen und Wasser enthalten darf.

auch Tafel Lager, daneben ein etwas strengeres und leicht bitteres Export-Bier und das kräftige Windhoek Special. Windhoek Light und DAS-Pilsener werden sogar als Softdrinks angeboten (manche nennen DAS ein „Frühstücksbier"!), und im Winter liefern die Brauereien in Namibia einen 7 % starken „Urbock" aus. Auch Biere aus Südafrika, z. B. Lion, Castle oder Black Label, sind überall erhältlich.

Bier ist zwar das Lieblingsgetränk der meisten Namibier, doch wird hier auch Wein gekeltert – in der Kristall-Kellerei 3 km östlich von Omaruru. Erzeugt werden hier ein Cabernet (der beste Wein), ein Colombard (auch recht gut), ein Kaktusschnaps (hat es in sich) und Grappa (nicht zu verachten). Zum Getränk gibt es eine Zebra-Frikadelle.

Selbstverständlich sind hier ansonsten auch die Weine aus Südafrika zu bekommen. Am besten sind der Cabernet und verschiedene Pinot-Weine aus der Region Stellenbosch in der Provinz Western Cape. Eine gute Flasche Wein kostet zwischen 75 und 150 N$.

Natur & Umwelt

GEOGRAFIE

Namibia ist das trockenste Land südlich der Sahara. Hier liegt die älteste Wüste der Welt – eine ausgedörrte Landschaft aus verbranntem, schwarzrotem Basalt, der sich vor 130 Mio. Jahren als Lavastrom über die Erde im Südwesten des afrikanischen Kontinents ergoss. Wachsen und gedeihen kann in dieser gnadenlosen Umgebung kaum etwas. Einige wenige Tiere und Pflanzen haben sich an die lebensfeindlichen Bedingungen angepasst – sie sind ein schönes Beispiel für den Einfallsreichtum der Natur.

Namibias Landschaften sind trotz der großen Trockenheit sehr vielfältig. Insgesamt lassen sich fünf Großlandschaften unterscheiden: die Wüste Namib und die Küstenebenen im Süden und im Landesinneren, das nach Osten hin abfallende Hochplateau mit den abgeflachten Kuppen der Inselberge, die Sandwüste Kalahari an der Grenze zu Botsuana und Südafrika und die bewaldeten Bushveld-Regionen Kavango sowie Caprivizipfel. Am berühmtesten sind die verbrannten Dünen der geisterhaften und faszinierenden Skelettküste.

Die Wüste Namib erstreckt sich entlang der gesamten Atlantikküste. Einige Flüsse durchziehen die Wüste, sie entspringen auf dem Hochplateau, führen aber nur episodisch Wasser. Flüsse wie der Tsauchab mündeten früher in den Atlantik, versickern aber nun in Lehmpfannen (Vleis) mitten in der Namib. Andere Flüsse führen nur während der sommerlichen Regenzeit Wasser, waren aber früher riesige Ströme, die eindrucksvolle Canyons geschaffen haben. Berühmteste Beispiele sind der Fish River Canyon und der Kuiseb Canyon, in dem die deutschen Geologen Henno Martin und Hermann Korn im Zweiten Weltkrieg um ihr Überleben in der Wüste kämpften, um nicht inhaftiert zu werden (s. S. 72).

Im Kontrast zum blassblauen Himmel und zu den endlosen kargen Flächen in weiten Teilen des Landes wirken die Regionen Kavango und Caprivi wie gut bewässerte Paradiese. Sie grenzen im Norden an Angola und werden von vier großen, ganzjährig Wasser führenden Flüssen eingefasst: Kunene, Okavango, Kwando (auch Mashi, Linyanti oder Chobe genannt) und Sambesi.

TIERWELT

Wer Großwild sehen möchte, hat in Namibia nur drei herausragende Gebiete zur Auswahl: Kaokoland, wo sich Wüstenelefanten und Nashörner auf ihrem Weg entlang der Flussläufe zur Skeleton Coast verfolgen lassen; Khaudom, wo Beobachter auf die letzten Afrikanischen Wildhunde treffen können; Etosha National Park, einer der spektakulärsten Wildtierparks der Welt, wo Wasserstellen locken.

Weiter südlich erstreckt sich der Namib-Naukluft Park über stattliche 6% der namibischen Landesfläche. Vieles davon ist wüstenartig, weshalb große Säugetiere nur selten anzutreffen sind, darunter Hartmann-Zebras, Springböcke und Gemsen. Für Liebhaber der „kleinen" Tierwelt ist die Namibwüste eine wahre Fundgrube: Auf den Sanddünen gibt es Gray-Lerchen, Dünen-Lerchen, Eidechsen und Käfer zu entdecken. In den weitverstreuten Felsplateaus nisten langschnäbelige Lerchen und Singvögel aus der Gruppe der Grasmücken, die als „rockrunner" im Gestein umherklettern.

An der rauen namibischen Küste ist kaum Großwild zu erwarten. Allerdings leben hier Ohrrobben in großen Kolonien von Seerobben, die ständig umkreist werden von Hyänen und Schakalen. An der Küste sammeln sich

---

Mit einer Länge von 161 km und einer Tiefe von 550 m ist der Fish River Canyon der zweitgrößte der Erde nach dem Grand Canyon in Arizona. Er gehört zu den meistbesuchten geologischen Wundern Afrikas.

Die Temperaturen in der Namib-Wüste können bis zu 70 °C erreichen. Tiere und Pflanzen speichern Nebel an ihrem Körper oder in ihren Blättern, um sich die lebensnotwendige Feuchtigkeit zu verschaffen.

Tipps für das Feuermachen, für unangenehme Begegnungen mit gefährlichen Tieren und für das Auffinden von Essbarem im Buschland finden sich in *An Explorer's Handbook* von Christina Dodwell.

auch große Scharen von Watvögeln, darunter Sanderlinge, Steinwälzer und Regenpfeifer. Und im Flachwasser tummeln sich Delphine.

2009 eröffnete die namibische Regierung den 16 000 Quadratkilometer großen Sperrgebiet-National Park, der den vom Aussterben bedrohten Desert-Rain-Fröschen *(Breviceps macrops)* mit seinen dramatischen Felsformationen und aufgegebenen Diamantenminen eine neue Heimat bietet. Hier trifft man auf eine fast magische Landschaft mit glänzenden Salzpfannen und safranfarbenen Sanddünen.

Eine Auflistung aller namibischen Nationalparks und deren Highlights findet sich auf S. 28.

Säugetiere

Namibias größtes und bekanntestes Wildreservat ist der Etosha National Park (s. S. 123). Der Name bedeutet „Ort der Luftspiegelungen" und bezieht sich auf die beeindruckende Salzpfanne, durch die sein Zentrum verkrustet wirkt. Während der Trockenzeit sieht man große Herden von Elefanten, Zebras, Antilopen, Giraffen und sogar die seltenen Spitzmaulnashörner am Rand der grell-weiß schimmernden Salzpfanne. Die besten Chancen, die scheuen Hyänenhunde oder Afrikanische Wildhunde zu Gesicht zu bekommen, hat man im Khaudom Game Reserve (S. 138). Neben dem Etosha National Park im Norden hat Namibia noch weitere Nationalparks ausgewiesen: Bwabwata National Park (S. 139), Mudumu National Park (S. 143) und Mamili National Park (S. 145).

Aber Namibias Tierwelt beschränkt sich nicht auf die Nationalparks. Im Damaraland (S. 154) im Nordwesten des Landes leben viele Antilopen und andere Huftiere, das aride Land ist aber auch Heimat von Wüstennashörnern, Wüstenelefanten und weiteren, an die harten Lebensbedingungen angepassten Tieren. Wüstenelefanten etwa sind ausgemergelte Hungergestalten, die gerade mal 2,5 m groß werden.

Wer durch die Naukluft und die anderen Wüstengebirge des Landes wandert, wird womöglich auf die seltenen Bergzebras treffen. Entlang der Küste lassen sich Brillenpinguine, Flamingos, südafrikanische Pelzrobben und vielleicht sogar eine der legendären Braunen Hyänen (Strandwölfe) beobachten. Letztere haben ihren Namen von ihrer Gewohnheit, ganz allein durch die Ödnis zu streifen.

Weitergehende Informationen über die namibische Tierwelt bietet das Kapitel über Tiere (S. 33) und *Watching Wildlife Southern Africa* aus dem Lonely Planet Verlag.

Reptilien

Auf dem trockenen Boden Namibias leben über 70 Schlangenarten, darunter drei Arten von Speikobras. Afrikanische Puffottern, die in trockenen und sandigen Flussbetten leben, sind für den Menschen am gefährlichsten. Die Gehörnte Puffotter und die Sandschlangen kommen in den Schotterebenen der Namib vor, die Zwergpuffotter lebt in den Dünen. Zu den Giftschlangen zählen außerdem der schlanke grüne Baumschnüffler, die Grüne und die Schwarze Mamba, die gefährliche Zebraschlange und die Boomslang („Baumschlange" auf Afrikaans). Das schlanke, 2 m lange Tier kommt in verschiedenen Farbvarianten vor und hat oft schwarze Zeichnungen auf der Haut.

Eidechsen sind in Namibia allgegenwärtig. Die größte Art ist der Nilwaran, ein gutmütiges Tier, das über 2 m lang werden kann. Es schwimmt und liegt tagsüber unbeweglich vor Wasserhöhlen herum, als träume es davon, ein Krokodil zu werden ... Ein kleineres Exemplar ist der Savanna Leguaan, der die *kopjes* (kleine Hügel) und Trockengebiete bevorzugt. Überall im Land trifft man auf Geckos und Chamäleons.

Namibia ist ein ausgesprochen fotogenes Land. Wer sich einige fotografische Erinnerungen mit nach Hause nehmen möchte, sollte sich unbedingt Amy Shoeman's *The Skeleton Coast* kaufen – herrliche Fotos und ausgezeichnete Texte.

Die Hyänen in der Namib-Wüste gelten als einzigartig, weil sie nur Kap-Pelzrobben jagen. Nähere Informationen dazu bietet die Website www.strand wolf.org.za.

In der Namib leben ebenfalls viele Eidechsen, darunter große pflanzen-
fressende Arten wie der *Angolosaurus skoogi*, und die Sandechse (*Aprosau-
ra achietae*), die mühelos im Sand schwimmt und taucht. Der seltsame
Wüstengecko mit seinen riesigen Augen bewohnt hohe Dünen, auch viele
Chamäleonarten sind hier heimisch.

In den feuchten Sumpfgebieten und Flüssen im Norden des Landes lebt
Namibias Star unter den Reptilien, das Nilkrokodil. Mit 5 bis 6 m Länge ist
es eines der größten Krokodilarten überhaupt. Sein Ruf als „Menschenfres-
ser" rührt wahrscheinlich daher, dass es in der Nähe menschlicher Siedlungen lebt. In der Vergangenheit gab es Bedenken, das Tier werde zu stark
gejagt. Inzwischen steigt aber der Bestand wieder. Gefahren gehen eher von
der Umweltverschmutzung und von Fischnetzen aus, in denen sich die
Krokodile ungewollt verfangen.

Insekten & Spinnen

Obwohl es in Namibia nicht so viel Insekten wie in den tropischen Ländern
Zentralafrikas gibt, summen, kriechen, krabbeln und fliegen dort doch ein
paar interessante Arten herum. Dazu gehören über 500 farbenprächtige
Schmetterlingsarten – wie etwa der Kleine Monarch und der Zitrus-Schwal-
benschwanz – und jede Menge Nachtfalter.

Interessant sind auch die großen, aber schwer auszumachenden, bizarr
lang gestreckten Gespenstheuschrecken und die ebenfalls großen (und erschreckend behaarten) Baboon-Spider. Sie sind das südafrikanische Pendant
zur Tarantel. Überall zu finden ist auch der Shongololo (Tausendfüßler), der
bis zu 30 cm lang werden kann.

In der Namib leben viele schöne Spinnenarten. Die einer Tarantel ähnliche „white lady of the dunes" ist ein weißes, haariges Ding, das magisch vom
Licht angezogen wird. Auch die seltene Sonnenspinne ist in der Namib
anzutreffen. Durch das durchsichtige Außenskelett ist ihr Kreislaufsystem
erkennbar. Die Sanddünen sind außerdem für die vielen dort lebenden
Tenebrionidkäfer oder Tok-Tokkie-Käfer bekannt.

Insekten wie Ameisen, Heuschrecken und Wanzen landen oft als Snacks
in Bratpfannen. Für Touristen eher ein kulinarisches Abenteuer, ist diese
Kost wegen ihres Proteingehalts für die Einheimischen ein wichtiger Bestandteil der Ernährung.

Vögel

Namibias Landschaft ist zu karg und unwirtlich, um viele verschiedene
Vogelarten anzuziehen. Eine Ausnahme bildet der immergrüne Caprivizipfel, der an das Okavango-Delta grenzt. Dort findet man im Mahango Game
Reserve (S. 139) die gleiche Vielzahl exotischer Vögel wie in Botsuana, darunter die farbenprächtige Gabelracke, die Afrikanische Zwerggans (eigentlich eine Entenart), den Weißstirnspint, Karminspint und Smaragdspint.
Vogelliebhaber können sich auf weitere typische Arten der Feuchtgebiete
freuen, darunter Blaustirn-Blatthühnchen, Schlangenhalsvögel, Ibisse, Störche, Reiher, Würger, Eisvögel, Silberreiher, Purpurreiher und Grünreiher.
Auch Greifvögel sind hier zu finden, unter anderem die Bindenfischeule,
Habichte, verschiedene Geierarten, Gaukler und Schreiseeadler.

Mit einem ähnlich reichen Vorkommen an Vogelarten punkten die Wild-
fowl Reserves an der Küste: Rosapelikane, Flamingos, Kormorane und
Hunderte anderer Watvögel sind dort zu finden. Weiter südlich, rund um
Walvis Bay und Lüderitz, teilen sich Flamingos und Brillenpinguine den
Küstenstreifen.

Da Namibia günstig auf ihrer Wanderroute liegt, machen dort viele
Zugvögel Halt, vor allem Greifvögel, die zwischen September und Oktober

Fast 90% der südafrikani-
schen Flamingos – das
sind etwa 160 000 Vögel
– überwintern in der
Walvis Bay.

Das beste Buch über die
Vogelwelt im südlichen
Afrika ist Kenneth
Newman's *Birds of
Southern Africa*; alle
Vogelarten sind hier in
Farbe oder in Schwarz-
weiß abgebildet.

ankommen und bis April im Land bleiben. In den Schluchten und Flussbetten, die sich durch die Namib ziehen, leben neun Greifvogelarten, außerdem der Wiedehopf, der ungewöhnliche Maskenbülbül und der kleine Rostschwanzschmätzer.

In den Wüstengebieten ist auch der faszinierende Siedelweber zu sehen. Er baut riesige Nester in Bäumen, sie sind von der Größe her mit einem zehnstöckigen Mietswohnhaus vergleichbar. In Zentralnamibia leben auch endemische Vogelarten wie das Namaflughuhn, das seinen Jungen Wasser im durchnässten Brustgefieder reicht.

Fische

Die Gewässer vor Namibias Küste gehören zu den fischreichsten weltweit. Das liegt vor allem an dem kühlen Benguelastrom, der von der Antarktis Richtung Norden fließt. Er führt besonders viel Plankton mit sich – Nahrung für Sardellen, Sardinen, Makrelen und andere Fische. Die Rechte zur Hochseefischerei sind allerdings stark beschränkt – viele Einheimische kritisieren diese Gesetzgebung, die es fremden Nationen wie Spanien oder Russland erlaubt, vor der Küste kommerziell zu fischen. Inzwischen hat Namibia eine 200 Seemeilen große Schutzzone eingerichtet, die ausschließlich namibischen Fischern vorbehalten ist und die internationale Wettbewerbsfähigkeit der lokalen Fischindustrie fördern soll.

PFLANZEN

Buschland und Sukkulentenarten wie die Euphorbien prägen das trockene Namibia; einige, etwa dickblättrige Crassula, sind auch als Zimmerpflanzen bekannt. An der Küste rund um Swakopmund liegen die größten und artenreichsten Flechtenfelder der Welt. Während der Trockenzeiten ruhen sie, sobald aber ausreichend Feuchtigkeit vorhanden ist, „erblühen" sie zu einem farbenprächtigen Flechtenmeer (s. S. 396). Die seltsamen Doppelwesen leben in einer Symbiose aus Alge und Pilz.

Den Großteil des Landes bedeckt Trockensavanne, dort wachsen nur noch einige vereinzelt stehende Bäume, vorherrschend sind Büsche und Grasarten wie *Stipagrostis*, *Eragrostis* und *Aristida*. Im Süden durchziehen kurzlebige Wasserläufe das Grasland, die Ufer säumen Tamarisken, Büffelhornakazien und Kameldornbäume. Wahrzeichen Südnamibias ist der blühende *kokerboom* (Köcherbaum), eine Aloeart, die nur hier wächst.

In den sandigen Ebenen im Südosten des Landes stößt man auf den Rosinenbusch (Sternbusch/Grewia), zwischen den struppigen Bäumen wächst der Kameldornbaum. Grün blühende *Aloe viridiflora* und Kampferbüsche bedecken die Hänge.

The Namib von Mary Seely
ist ein hervorragendes
Handbuch über die Wüste
und ihre Flora und Fauna.
Die Autorin ist Direktorin
des Desert Research Unit.

Die östlichen Randgebieten des Namib-Naukluft Parks bestehen zum größten Teil aus Dornbuschsavanne. Auch einige seltene Aloearten wie die *Aloe karasbergensis* und die *Aloe sladeniana* sind hier zu finden. In den Schotterebenen östlich der Skelettküste stößt man auf die seltene Weltwitschia (*Welwitschia mirabilis*), ein extrem langsam wachsendes „lebendes Fossil", das über 1000 Jahre alt werden kann (s. S. 182). Sie seiht mit zwei riemenförmig verlängerten Blättern ganz unscheinbar aus, ist aber ein Unikat.

In Gebieten mit höheren Niederschlägen geht die typische Grassavanne in lichte Akazienwälder über. Den Etosha National Park prägen wegen dieses Übergangs auch zwei Landschaften: die Baumsavanne im Osten und die Dornbuschsavanne im Westen. Im regenreichen Caprivizipfel und in der Region Kavango trifft man auf dichte Mopane-Laubwälder. In den Flussgebieten ist die Vegetation der Feuchtgebiete sowie Grasland und Akazien – zu finden. In der Region rund um Katima Mulilo wächst Trockenwald mit Zambezi-Teak, Ahnenbäumen und Copal sowie anderen Hartholzarten.

BEDROHTE TIERARTEN

Die Zahl der Seelöwen ist besonders aus zwei Gründen drastisch zurückgegangen: Durch Überfischung verhungerten viele Tiere, zum anderen traten zwischen 1993 und 1994 sogenannte *red tides* an der Skelettküste auf: Riesige Algenteppiche sorgten nach dem Absterben für einen tödlichen Sauerstoffmangel im Wasser. Auch aus wirtschaftlichen Gründen wurden Seelöwen gejagt. Der Bestand von Wüstennashörnern, Wüstenelefanten und anderen Tierarten ist durch Wilderei erheblich gesunken; der Wüstenlöwe, der einst an der Skelettküste umherstreifte, gilt inzwischen als ausgestorben.

Auch für andere Löwen in Namibia ist das Überleben schwierig. Von 700 Exemplaren (1980) ist die Zahl auf nicht mehr als 400 Tiere gesunken. Davon leben fast 85 % im Etosha National Park und im Khaudom Game Reserve. Ein Problem bilden die durchlässigen Zäune des Nationalparks: Wenn Löwen erst einmal außerhalb der Schutzgebiete auftauchen, ist es nur eine Frage der Zeit, bis ein Farmer sie aus Angst um seine Herde abschießt.

Der Schutz anderer Vogel- und Pflanzenarten, wie z. B. der Flechten, Welwitschias, der einer Zwergseeschwalbe ähnlichen Damara-Seeschwalben (S. 187), der hellsandfarbenen Kapgeier und zahlreicher weniger bekannter Arten in früher abgelegenen Regionen ist in der Vergangenheit zweifellos vernachlässigt worden. Aber die Tatsache, dass diese Lebewesen nun vom Aussterben bedroht sind, wird Reiseveranstaltern und Touristen immer bewusster, und das gibt neue Hoffnung für ihr Überleben.

UMWELTPROBLEME

Mit einer vergleichsweise niedrigen Bevölkerungszahl und einer großen Staatsfläche ist Namibia ökologisch gesehen in einer deutlich besseren Situation als die meisten anderen afrikanischen Länder. Trotzdem müssen viele Probleme gelöst werden. Zu den Schlüsselthemen gehören ein staatlicher Wassermanagementplan und die Sicherung der Wasserqualität, die uneinheitliche Bevölkerungsdichte, ein gesamtstaatlicher Verwaltungsplan zum Schutz der Natur, die polizeiliche Kontrolle von Trophäenjägern, die Haltung von Farmern und Dorfbewohnern gegenüber dem Großwild, geeignete Naturschutzmaßnahmen und ein moderner, d.h. ökologisch verträglicher Tourismus.

Die drohende Energiekrise

In den letzten Jahren hat sich die Energiekrise in Namibia bedrohlich verschärft. Seit 2006 steht NamPower an vorderster Front einer Energiesparkampagne, und der Windhoek City Council ist auf den fahrenden Zug aufgesprungen, indem er die Namibier aufforderte, ihre gasbefeuerten Wasserboiler abzuschalten. Aber selbst diese Aktionen und Maßnahmen können die Probleme nur ansatzweise lösen, zumal Namibia fast 45 % der benötigten Energie aus Südafrika importieren muss. Obwohl die Versorgungsprobleme vor allem für Touristen noch nicht auf der Hand liegen, sollte sich jeder darüber ständig im Klaren sein und versuchen, den Energieverbrauch zu reduzieren, z. B. durch Licht abschalten, weniger duschen und sparsamen Gebrauch von Airconditioning.

So wird inzwischen ernsthaft über Maßnahmen zum Ausgleich der befürchteten sinkenden Liefermengen aus dem Nachbarland diskutiert: Dammbauten an den Epupa- und Popafällen, ein Wasserkraftwerk am Kunene und – der wohl katastrophalste Vorschlag – der Bau einer Wasserpipeline, die Wasser direkt vom Okavango nach Windhoek transportieren soll. Zuletzt waren alle genannten Projekte entweder auf unbestimmte Zeit verschoben worden oder werden gerade eingehenden Prüfungen unterzogen. Als Mitglied der Okavango River Basin Commission (OKACOM) arbeitet Na-

Nur noch 5% des Sperrgebiets werden bergbaulich genutzt, aber die Ausbeute beträgt dennoch fast ein Drittel des ganzen Landes.

mibia außerdem zusammen mit den Nachbarländern Angola und Botsuana an einem tragfähigen Plan zur Nutzung des Wassers aus dem Okavangobecken (s. S. 307).

Das alles löst aber nicht die akute Energiekrise. 2006 verärgerte die Regierung viele, als sie die Idee eines Atomkraftwerks bei der Roessing-Uranmine aufbrachte. Der Staatssekretär im Ministerium für Bergbau und Energie, Joseph Iita, beeilte sich zu versichern, dass es sich nur um eine Idee handele, die aber nicht völlig abwegig sei angesichts der riesigen Uranvorräte des Landes.

Das genannte Ministerium unterstützt aber auch ein neues Forschungsprojekt, das den Einsatz erneuerbarer Energien untersucht (Namibia Renewable Energy Programme). Dabei geht es vor allem um Solarenergie als Teil von Nambias „Vision 2030"; Windenergie ist zurzeit noch nicht in der Diskussion.

Jagd

Wie in Botsuana ist Jagen auch in Namibia legal, auch wenn die Jagd strengen Regeln unterliegt und man eine Lizenz dafür kaufen muss. Das Ministry of the Environment and Tourism und die Namibia Professional Hunting Association (NAPHA) regeln die Jagd, aus der das Land 5 % seiner Einnahmen durch Wildtiere bezieht.

Die namibische Regierung sieht ihre Jagdgesetze als Maßnahme zur Regulierung des Wildbestandes und damit als Beitrag zum Naturschutz. Viele ausländische Jäger sind bereit, stattliche Summen zu zahlen, um große Jagdtrophäen nach Hause mitzunehmen (ein Leopard bringt zum Beispiel mindestens 2500 US$ ein, ein Elefant ein Vielfaches davon). Häufig beklagen Farmer und Viehzüchter die Zerstörung durch frei umherlaufendes Großwild auf ihrem Farmgelände. Ein möglicher Lösungsansatz ist eine Entschädigungszahlung, die es den Farmern und Viehzüchtern leichter macht, Wildtiere auf ihrem Besitz zu dulden. Weitere Strategien zielen darauf ab, die Jäger zum Abschuss eher alter Tiere zu ermutigen, klare Bedingungen für die Trophäenjagd festzulegen und die Abschussquoten an die jeweilige Größe der Tierpopulation zu koppeln.

Außerdem gibt es inzwischen einige private Jagdfarmen. Sie stocken durch Zulieferer – vor allem aus Südafrika –ständig den Bestand an freilebenden Wildtieren auf ihrem Gelände auf.

Die Website www.met.gov.na gibt Auskunft über die Projekte des Ministry of Environment and Tourism.

Keulung

In der ganzen Region sind die Parkranger besorgt wegen der wachsenden Elefanten-Populationen. Um das Problem zu lösen, werden ganze Herden in andere Gebiete verbracht oder sterilisiert. Die einzige Alternative zu diesen Maßnahmen besteht darin, Herden zu töten – keine erstrebenswerte Lösung, aber sie zeigt die Größe des Problems auf. In den westlichen Ländern plädieren viele Menschen dafür, die Herden zu erhalten, sei es aus Mitleid mit den Tieren oder aus irgendwie „ästhetischen" Gründen. Die Menschen in Namibia dagegen argumentierten damit, dass das Populationswachstum langfristig wirtschaftlich verträglich sein müsse – für die einheimische Bevölkerung und für das ganze Land.

Diese Angelegenheit wird zwischen den Vertretern der Nationalparkverwaltung und den Verfechtern eines bedingungslosen Tierschutzes heiß diskutiert. Zu den Letzteren gehört auch der International Fund for Animal Welfare (IFAW), der die Keulung der Tiere als grausam, unethisch und wissenschaftlich unhaltbar anprangert.

Der IFAW kritisierte die Luftaufnahmen von den Elefantenherden als zu ungenau. Das Wachstum der Herden sei nicht hinreichend untersucht

worden. Außerdem seien diesseits und jenseits der grenzüberschreitenden
Nationalparks teilweise andere Lösungen als gezieltes Töten gar nicht erst
in Betracht gezogen worden.

Diskutiert wird auch darüber, ob kontrollierte Elfenbeinverkäufe angesichts der enormen Elefantenpopulation im südlichen Afrika nicht wieder
zugelassen werden sollten. Manche vertreten die Ansicht, bisher müssten
Länder mit großen Schutzgebieten die Kosten für andere tragen, die unfähig
sind, ihre eigenen Tierbestände zu schützen. Man wird sehen, zu welchen
Resultaten diese Diskussionen noch führen.

Umweltbewusst reisen

Namibia ist eines der beliebtesten Reiseziele in ganz Afrika, vor allem wegen
seiner vielfältigen faszinierenden Landschaften. Eine der großen Herausforderungen auch für Urlauber ist allerdings der Schutz der Umwelt. Jeder trägt
die Verantwortung dafür und hat die Pflicht, sich verantwortungsvoll im
Land zu bewegen. Glücklicherweise sind in letzter Zeit mehr und mehr
ökotouristische Initiativen in Namibia entstanden. Die wichtigsten Adressen
finden sich unten im Kasten.

Die aufblühende Tourismusindustrie hat Namibia zu beträchtlichem
wirtschaftlichem Erfolg verholfen, aber das wirtschaftliche Wachstum blieb
nicht ohne große biologische und kulturelle Auswirkungen. In den letzten
Jahren sind deshalb unter dem Begriff *sustainable tourism* diverse Anstrengungen unternommen worden, um ein Gleichgewicht zwischen Tourismus
und Umwelt zu schaffen.

Eines der wichtigsten Ziele des Sustainable Tourism ist der Schutz der
lokalen Gemeinschaften. Der kulturelle Kollaps einer Region durch den
Tourismus ist nicht rückgängig zu machen, aber wenigstens können Touristen durch ihr Verhalten einiges zur Erhaltung der Gemeinschaften beitragen. Wer Namibia besucht, sollte sich bemühen, mit den Bewohnern in
Kontakt zu kommen, um etwas über ihre Lebensweise zu erfahren. Ein
deutlich sichtbares Interesse kann die Einheimischen davon überzeugen,
dass ihre traditionellen Sitten und Bräuche geschätzt werden, auch wenn
sich die Welt ständig in Richtung Gleichförmigkeit verändert.

Zweifelos trägt der Tourismus maßgeblich zum wirtschaftlichen Wachstum des Landes bei. Ob ein Urlaub per Anhalter oder ein Aufenthalt in einem
5-Sterne-Hotel – jeder Reisende sollte immer im Kopf behalten, dass sich

> Wer Interesse hat an
> kommunal betriebenem
> Tourismus, sollte die Web-
> site der Namibia's Nature
> Foundation (www.nnf.org.
> na) besuchen. Die Organi-
> sation bemüht sich um
> eine umweltverträgliche
> Entwicklung und nach-
> haltige Nutzung der natür-
> lichen Ressourcen.

NATURSCHUTZORGANISATIONEN

Wer sich ernsthaft für ein bestimmtes ökologisches Thema interessiert, kann sich an eine der folgenden
Organisationen wenden. Sie bieten allerdings (wenn nicht anders vermerkt) weder touristische Informationen noch organisierte Touren.

AfriCat Foundation (www.africat.org) Die Nonprofit-Organisation beschäftigt sich mit der Erforschung und Aus-
wilderung von Großkatzen. Sie betreibt auch ein Ausbildungszentrum und eine spezielle Tierklinik (s. S. 114)

BirdLife International (www.birdlife.org) BirdLife International beteiligt sich aktiv an Naturschutzprojekten, wie
z. B. dem Bau von Beobachtungsposten, und organisiert Vogelbeobachtungen.

Cheetah Conservation Fund (CCF; www.cheetah.org) In diesem Zentrum für die Erforschung von Schimpansen
können sich Interessierte zur ehrenamtlichen Mitarbeit anmelden.

Integrated Rural Development and Nature Conservation (IRDNC; www.irdnc.org.na) Die Organisation
versucht, das Leben der Landbevölkerung zu verbessern, indem sie deren wirtschaftliche Tätigkeitsfelder ausdehnt. Dazu
gehören auch Tierschutz und -pflege. Die Arbeitszentren liegen in den Regionen Kunene und Caprivi Strip.

Save the Rhino Trust (SRT; www.savetherhino.org) Seit Anfang der 1980er-Jahre kämpft der SRT unermüdlich auf
kommunaler Basis um die Erhaltung der Nashörner. Es besteht die Hoffnung, dass es bis 2030 wieder eine große Nashorn-
population geben wird. Weitere Details siehe S. 159.

die Mehrheit der Menschheit eine Reise in ein anderes Land gar nicht leisten kann. Geld in einem örtlichen Laden oder bei einem Händler auszugeben, wenn sich die Gelegenheit ergibt, ist eine gute Gelegenheit, die Menschen vor Ort ein wenig zu unterstützen.

Zu den einfachsten Dinge, die Besucher tun können, bevor sie ihre Reise nach Namibia antreten, gehört, sich einfach umfassend über die Probleme des Landes zu informieren. Der nächste Schritt vor Ort kann dann die Unterstützung von Umweltgruppen sein, die sich langfristig für den Schutz von lokalen Gemeinschaften einsetzen.

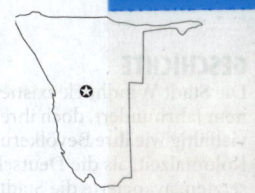

Windhoek

Verglichen mit afrikanischen Megacitys wie Johannesburg, Nairobi, Kairo und Lagos wirkt Windhoek eher wie ein überdimensionales Dorf und nicht wie eine Hauptstadt. Aufgrund seiner relativ geringen Einwohnerzahl, aber auch weil sich das Zentrum so kompakt und erstaunlich fußgängerfreundlich präsentiert, vermittelt Windhoek eine entspannte, relativ stresslose Atmosphäre und gibt sich durch und durch kosmopolitisch. Auf den Straßen sind die verschiedensten Volksgruppen zu sehen – Owambo, Kavango, Herero, Damara und Caprivianer, aber auch Nama, San, Farbige, Buren und Europäer. Sie alle tragen zum optimistischen Gepräge der Stadt bei und repräsentieren den gesamten afrikanischen Kontinent.

Beeinflusst vom deutschen Kolonialerbe herrscht eine farbenfrohe und einfallsreiche Architektur vor. Bis heute haben sich einige Straßen erhalten, in denen der Kolonialstil nach wie vor in voller Pracht erstrahlt. Die neobarocken Türme der Kathedrale, aber auch die irgendwie deplaziert wirkenden deutschen Burgen, setzen in der Skyline Akzente und ergänzen die Hochhäuser aus Stahl und Glas – das Resultat des rasanten Wachstums von Namibia. Und wirklich ist Windhoek eine wirtschaftlich gesehen extrem gut gestellte Stadt, die in krassem Gegensatz zum desolaten Hinterland steht, dem eigentlichen Trumpf des Landes in Sachen Tourismus.

Da hinter der Stadtgrenze so unendlich viel offene Landschaft wartet, betrachten die meisten Besucher Windhoek nur als Sprungbrett für ihre Weiterreise. Wer sich einige Tage in dieser Stadt aufhält, sollte jedoch die Gelegenheit nutzen und sich einen Einblick in das Leben einer der komplexesten und jüngsten Nationen der Welt zu verschaffen. Von schicken Bars und exklusiven Restaurants, die die Vorstädte im Osten sprenkeln, bis hin zu lebhaften Märkten und den unsicheren Straßen der schwarzen Townships ist Windhoek der Ort, wo Arm und Reich gleichermaßen das Gesicht des modernen Namibia prägen und dem Land Kontur verleihen.

HIGHLIGHTS

- Die bescheidene Sammlung an **Kolonialgebäuden** (S. 91) und die informativen **Museen** (S. 94) in Windhoek erkunden
- Die **Post Street Mall** (S. 91) hinunterschlendern, wo sich während des Einkaufs von allerlei Andenken auch die Gibeon-Meteoriten bestaunen lassen
- Sich in einem der edlen **Restaurants** (S. 101) der Stadt ein leckeres Essen schmecken lassen, vor dem Aufbruch in den Busch – oder natürlich auch nach dem großen Buschabenteuer
- In den angesagten **Bars und Clubs** (S. 102) der Stadt den kühlen Bierchen und heißen Rhythmen frönen
- Durch den **Daan Viljoen Game Park** (S. 95) fahren oder wandern, einen wirklich beeindruckenden Safaripark gleich am Stadtrand

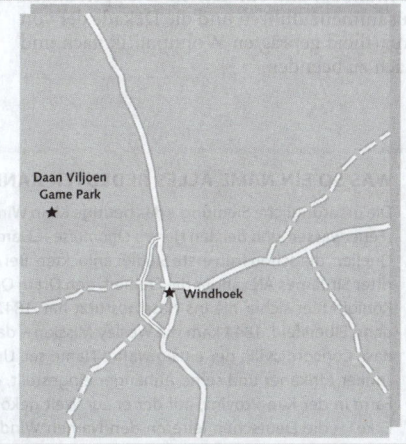

Daan Viljoen Game Park ★

★ Windhoek

■ VORWAHL: 06 | ■ EINWOHNER: 250 000 | ■ HÖHE: 1660 m

GESCHICHTE

Die Stadt Windhoek existiert erst seit gut einem Jahrhundert, doch ihre Geschichte ist so vielfältig wie ihre Bevölkerung. Während der Kolonialzeit, als die Deutschen das Land besetzten, avancierte die Stadt zur Zentrale der deutschen Schutztruppe, die sich angeblich für den Frieden zwischen den kriegführenden Herero und Nama einsetzte und im Gegenzug das neu gewonnene Land der deutschen Besatzung unterstellte. Mehr als zehn Jahre lang fungierte Windhoek (Windhuk) zur Zeit der Jahrhundertwende als Verwaltungshauptstadt von Deutsch-Südwestafrika.

Als im Jahr 1902 eine Schmalspureisenbahn gebaut wurde, um Windhoek mit Swakopmund an der Küste zu verbinden, erlebte die Stadt einen plötzlichen Aufschwung. Damals entwickelte sich Windhoek nach und nach zum Geschäfts-, Handels- und Verwaltungszentrum des Landes, obwohl die moderne Stadt offiziell erst 1965 gegründet wurde. Unter der Verwaltung von Südafrika führte die Rassentrennung dann zu der unglücklichen Aufteilung in arme schwarze und reiche weiße Vorstädte, wie sie jetzt noch bestehen.

Heute sind in Windhoek alle Ministerien und Ämter der namibischen Regierung zu Hause, außerdem auch die meisten Handelskonzerne des Landes. Zudem hat ein Wachstumsschub unlängst zum Bau von Wohnhäusern für die mittleren Einkommensschichten im Westen und Südosten der Stadt geführt. Aufgrund dieser Entwicklung bemüht sich Windhoek, alle ethnischen Gruppierungen zusammenzuführen und die Dekade der von Apartheid geprägten Wohnpolitik nach und nach zu beenden.

ORIENTIERUNG

Windhoek, das sich über mehrere niedrige Hügel erstreckt, erfreut sich einer trockenen, sauberen Luft und eines gesunden Hochlandklimas. Für die deutschen Kolonisten bedeuteten die erhöhte Lage der Stadt und die frischen Temperaturen ein angenehmes Wohnen ohne Angst vor Malaria.

Die Innenstadt von Windhoek wird von der Independence Avenue in zwei Teile geteilt; hier befinden sich die meisten Ämter und Geschäfte. Das Einkaufsviertel konzentriert sich auf die Post Street, eine Fußgängerzone, auf das Gustav Voigts Centre gleich in der Nähe sowie auf das Wernhill Park Centre und die Levinson Arcade. Der Zoo Park neben der Hauptstraße kann mit einer Rasenfläche und schattigen Plätzchen aufwarten, die zu einer Mittagspause einladen.

Im Norden der Independence Avenue schließen sich die Ausläufer von Windhoeks nördlichem Industriegebiet an. Im Westen und Nordwesten befinden sich die dicht besiedelten Townships Khomasdal und Katutura, die sich langsam in recht nette Viertel verwandeln, wobei an manchen Ecken aber noch immer schlimme Armut herrscht. In den anderen Richtungen erstrecken sich Vororte der Mittel- und Oberschicht wie Klein Windhoek und Eros Park. Auf den Hügeln rund um die Stadt gelegen, bieten sie eine herrliche Aussicht.

Unmittelbar hinter der Stadtgrenze beginnt die Wildnis. Rund 45 km östlich liegt der Hosea Kutako International Airport, mitten im Busch. Gleich westlich befindet sich der Daan Viljoen Game Park, in dem Wildtiere im Schatten der Hauptstadt umherstreifen.

WAS SO EIN NAME ALLES BEDEUTEN KANN

Die ursprüngliche Siedlung – das heutige Klein Windhoek – hieß früher bei den Nama /AE//Gams oder „Feuerwasser" und bei den Herero Otjomuise – „Dampfplatz". Beide Namen beziehen sich auf die heißen Quellen, die schon früh erste Siedler anlockten. Bei einem Besuch 1836 nahm sich der britische Glücksritter Sir James Alexander die Freiheit, den Ort in Queen Adelaide's Bath umzutaufen, obwohl sich die Königin hier sicher nie ins Nass gestürzt hat. 1842 nannten zwei deutsche Missionare die Siedlung dann Elbersfeld. 1844 kam die Wesley Mission – das Konkurrenzunternehmen also – zu dem Schluss, dass Concordiaville der einzig wahre Name sei. Unterdessen hatten sich 1840 der Nama-Führer Jan Jonker Afrikaner und seine Anhänger eingestellt, die den Ort dann Winterhoek nannten – nach der Farm in der Kap-Provinz, auf der er zur Welt gekommen war. Der heutige Name bedeutet „windige Ecke" – die Deutschen leiteten den Namen Windhuk, in Afrikaans-Schreibweise Windhoek – wohl offensichtlich von Winterhoek ab.

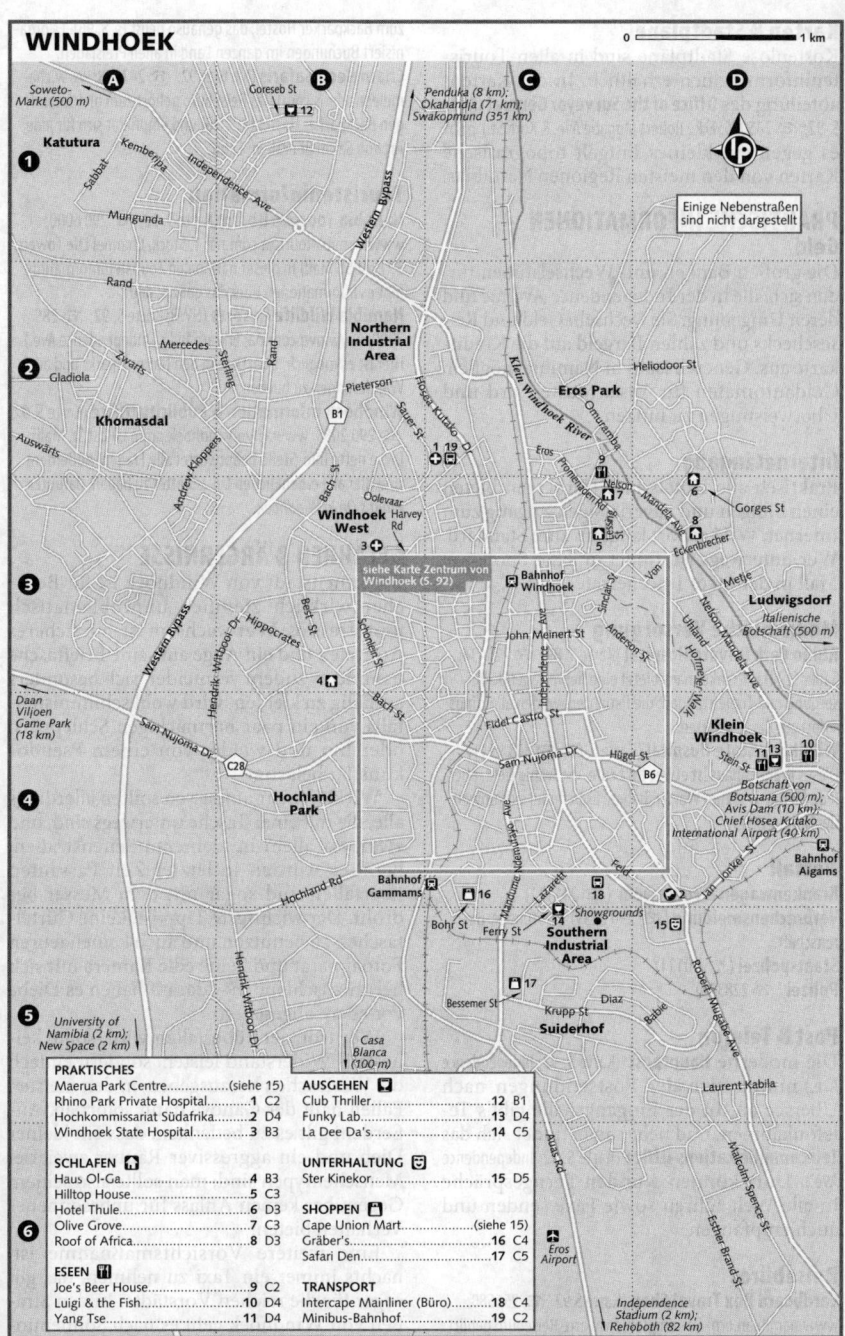

WINDHOEK

0 ————————— 1 km

Einige Nebenstraßen
sind nicht dargestellt

PRAKTISCHES		AUSGEHEN	
Maerua Park Centre.................(siehe 15)		Club Thriller.................................**12** B1	
Rhino Park Private Hospital...........**1** C2		Funky Lab....................................**13** D4	
Hochkommissariat Südafrika.........**2** D4		La Dee Da's.................................**14** C5	
Windhoek State Hospital...............**3** B3			
		UNTERHALTUNG	
SCHLAFEN		Ster Kinekor...............................**15** D5	
Haus Ol-Ga.................................**4** B3			
Hilltop House..............................**5** C3		SHOPPEN	
Hotel Thule.................................**6** D3		Cape Union Mart.....................(siehe 15)	
Olive Grove.................................**7** C3		Gräber's.....................................**16** C4	
Roof of Africa............................**8** D3		Safari Den..................................**17** C5	
ESSEN		TRANSPORT	
Joe's Beer House.........................**9** C2		Intercape Mainliner (Büro)..........**18** C4	
Luigi & the Fish.........................**10** D4		Minibus-Bahnhof.......................**19** C2	
Yang Tse...................................**11** D4			

WINDHOEK

Karten & Stadtpläne

Kostenlose Stadtpläne sind in allen Touristeninformationen erhältlich. In der Kartenabteilung des **Office of the Surveyor General** (Karte S. 92; ☎ 245055; Ecke Robert Mugabe Ave. & Korn St.) gibt es gegen ein kleines Entgelt topografische Karten von den meisten Regionen Namibias.

PRAKTISCHE INFORMATIONEN
Geld

Die großen Banken und Wechselstuben finden sich alle in der Independence Avenue und deren Umgebung. Sie wechseln Geld und Reiseschecks und zahlen Bargeld auf die Kreditkarte aus. Generell ist es in Namibia möglich, Geldautomaten für Visa, MasterCard und Überweisungen zu nutzen.

Internetzugang

Praktisch alle Hotels und Herbergen bieten einen billigen und zuverlässigen Zugang zum Internet; WiFi gehört langsam zum Standard. Wer unterwegs ist, findet in jeder Shopping Mall in der Stadt Internetcafés.

Medizinische Versorgung

Rhino Park Private Hospital (Karte S. 89; ☎ 225434; Sauer St.) Das Krankenhaus bietet eine hervorragende Versorgung und Topleistungen; die Patienten werden allerdings sofort zur Kasse gebeten.
Windhoek State Hospital (Karte S. 89; ☎ 303 9111) Dieses Krankenhaus ist etwas für Leute, die wenig Geld, aber jede Menge Zeit zum Warten haben. Es befindet sich unweit der Harvey Road.

Notfall

Krankenwagen & Feuerwehr (☎ 211111)
Verbrechensmeldung (☎ 290 2239) 24-Stunden-Bereitschaft.
Staatspolizei (☎ 10111)
Polizei (☎ 228328)

Post & Telefon

Die moderne **Hauptpost** (Karte S. 92; Independence Ave.) nimmt sich der Postsendungen nach Übersee an. In der Eingangshalle gibt's Telefonkabinen, und nebenan befindet sich das **Telecommunications Office** (Karte S. 92; Independence Ave.). Dort können Kunden Ferngespräche in alle Welt führen sowie Faxe senden und auch empfangen.

Reisebüros

Cardboard Box Travel Shop (Karte S.92; ☎ 256580; www.namibian.org) Das empfehlenswerte Reisebüro gehört

zum Backpacker Hostel, das genauso heißt (s. S. 96). Es organisiert Buchungen im ganzen Land in allen Preislagen.
Chameleon Safaris (Karte S. 92; ☎ 247668; www.chameleonsafaris.com) Das Reisebüro gehört zum gleichnamigen Backpacker Hostel (s. S. 96) und empfiehlt sich für jede Art von Safari überall im Land.

Touristeninformation

Namibia Tourism Board (Karte S. 92; ☎ 290 6000; www.namibiatourism.com.na; 1. Stock, Channel Life Towers, 39 Post St. Mall) In dieser nationalen Touristeninformation gibt es Informationen über das ganze Land.
Namibia Wildlife Resorts (NWR; Karte S. 92; ☎ 285 7200; www.nwr.com.na; Erkrath Bldg., Independence Ave.) Hier ist es möglich, Quartiere in den Nationalparks und auch Wanderungen zu buchen.
Windhoek Information & Publicity Office (Karte S. 92; ☎ 290 2058; www.cityofwindhoek.org.na; Post St. Mall) Diese nette Info-Stelle beantwortet alle Fragen. Außerdem sind hier alle erdenklichen Lokalblätter zu haben, darunter *What's On in Windhoek*.

GEFAHREN & ÄRGERNISSE

Die Innenstadt von Windhoek ist für Besucher wirklich ziemlich unproblematisch und stresslos. Wer wachsam ist, ein sicheres Auftreten und ein Auge auf seine Brieftasche hat und es zudem vermeidet, sich besonders auffällig zu kleiden, wird wohl schlimmstenfalls von ein paar hartnäckigen Schleppern oder hin und wieder von einem Pseudokünstler belästigt.

Wirklich sehr aufpassen sollten allerdings alle, die mit einer Tasche unterwegs sind, und zwar vor allem in kleineren Seitenstraßen, denn es wurden in letzter Zeit Passanten überfallen und sogar mit dem Messer bedroht. Der wichtigste Tipp ist, keine Gürteltaschen zu benutzen und auch keinen teuren Fotoapparat und keine edle Kamera mit sich herumzuschleppen – darauf haben es Diebe vor allem abgesehen.

Wer trotzdem überfallen wird, sollte keinesfalls Widerstand leisten, sondern einfach die Wertsachen herausgeben; in den meisten Fällen haut der Ganove dann sofort ab. Außerdem gilt es zu bedenken, dass ein kleiner Dieb und ein aggressiver Räuber zweierlei Menschentypen sind; man sollte also seinem Gegenüber keinen Anlass für unbesonnenes Verhalten bieten.

Eine weitere Vorsichtsmaßnahme ist, nachts immer ein Taxi zu nehmen, das gilt sogar für die reichen Vorstädte. In den Straßen von Windhoek geht es nach Sonnenuntergang sehr ruhig zu, und das bedeutet leider, dass ausländische Touristen für Kriminelle ein leichtes Opfer abgeben.

Das häufigste Ärgernis, mit dem Reisende konfrontiert werden, ist Diebstahl – in den meisten Fällen in den Budgethotels und Hostels der Stadt. Als Faustregel für Gäste gilt: den Hotelsafe nutzen und Wertsachen nie offen im Zimmer herumliegen lassen.

Wer mit dem Auto unterwegs ist, sollte möglichst nicht an Straßenrand parken und natürlich auch nie Wertgegenstände offen im Wagen liegen lassen, denn Gelegenheit macht Diebe. Tagsüber ist der praktischste und sicherste Parkplatz die Tiefgarage unter dem Wernhill Park Centre (Karte S. 92). Zum Übernachten am besten ein Quartier mit bewachten Parkplätzen suchen.

Die schwarze Township Katutura und die von Industrie geprägten Vorstädte Goreangab, Wanaheda und Hakahana im Nordwesten sind nicht so gefährlich wie ihre Pendants in Südafrika und tagsüber halbwegs sicher. Wer diesen sehr lebendigen Vierteln einen Besuch abstatten möchte, sollte das jedoch besser in Begleitung eines Einheimischen tun oder an einer organisierten Tour teilnehmen (s. Kasten S. 96).

SEHENSWERTES
Post Street Mall & Gibeon Meteoritenausstellung

Das pulsierende Herz des Einkaufsviertels von Windhoek ist die farbenfrohe **Post Street Mall** (Karte S. 92), eine Fußgängerzone, in der Straßenhändler Andenken, Kunstgegenstände, Kleidung und so ziemlich alles, was für Touristen irgendwie von Interesse ist, feilbieten. Einkaufsmuffel können sich hier in eines der Cafés mit Tischen im Freien setzen, einen Espresso schlürfen und dabei das bunte Leben beobachten, vielleicht auch ein oder zwei Fleischpasteten einwerfen, um sich dann gestärkt wieder unters Volk zu mischen.

An verschiedenen Stellen in der Fußgängerzone sind **Meteoriten** des Gibeon-Meteoritenschauers ausgestellt – über 21 t wiegen die extraterrestrischen Gesteinsbrocken, die in vorgeschichtlicher Zeit rund um die Stadt Gibeon in Südnamibia niedergingen. Weitere Informationen siehe Kasten S. 213.

Zoo Park

Dieser **Park** (Karte S. 92; ☼ Sonnenaufgang–Sonnenuntergang) diente bis 1962 als Zoo, ist heute je-

doch vor allem in der Mittagspause bei Büroangestellten beliebt oder auch als Picknickplatz. In der Steinzeit vor 5000 Jahren wurde hier noch Jagd auf Elefanten gemacht, wovon die Relikte zweier Elefanten und diverse Quarzwerkzeuge, die hier Anfang der 1960er-Jahre gefunden worden waren, Zeugnis ablegen. Dieses prähistorischen Ereignisses gedenkt die **Elefantensäule**, ein Werk der namibischen Bildhauerin Dörthe Berner.

Ein recht anachronistisches Pendant zur Elefantensäule ist das **Kriegerdenkmal,** das ein furchterregender goldener Reichsadler über einen Obelisken krönt. Es wurde 1897 zum Gedenken an die Soldaten der deutschen Schutztruppe errichtet, die in den Nama-Kriegen (1893/94) ums Leben kamen.

Christuskirche

Windhoeks bekannteste Sehenswürdigkeit und irgendwie das inoffizielle Wahrzeichen der Stadt ist die deutsch-lutherische **Kirche** (Karte S. 92; Fidel Castro St.). Sie steht auf einer Verkehrsinsel und beherrscht das Stadtzentrum. Das ungewöhnliche Gebäude wurde 1907 aus Sandstein von der 20 km entfernten Guche-Ganus-Farm erbaut. Der Entwurf des Architekten Gottlieb Redecker ist eine Mischung aus Neugotik und Jugendstil, die die Kirche zum Abbild eines Lebkuchenhauses macht – zum Reinbeißen eben. Der Altaraufsatz zeigt die Auferstehung des *Lazarus*, eine Kopie des berühmten Werks von Rubens. Wer sich den Kirchenraum genauer anschauen möchte, kann sich während der Geschäftszeiten in der nahen Kirchenverwaltung in der Peter Müller-Street den Schlüssel geben lassen.

Tintenpalast

Das ehemalige Verwaltungszentrum von Deutsch-Südwest-Afrika hat heute eine neue Funktion: Es ist das **Parlamentsgebäude** (Karte S. 92; ☎ 288 2583; www.parliament.gov.na; Eintritt frei; ☼ Führungen Mo–Fr 9–11 & 15–16 Uhr) von Namibia. Der Name des Gebäudes passt bestens zur hier beheimateten Bürokratie und erinnert an die viele Tinte, die von der Regierung für all den Papierkram verbraucht wird.

Das Bauwerk ist vor allem bemerkenswert, weil es aus verschiedenen einheimischen Materialien besteht. Die umliegenden Gärten wurden in den 1930er-Jahren angelegt, darunter ein Olivenhain und eine Grünfläche, auf der nun Bowling gespielt wird. Vor dem Gebäude lohnt ein Blick auf das erste Denk-

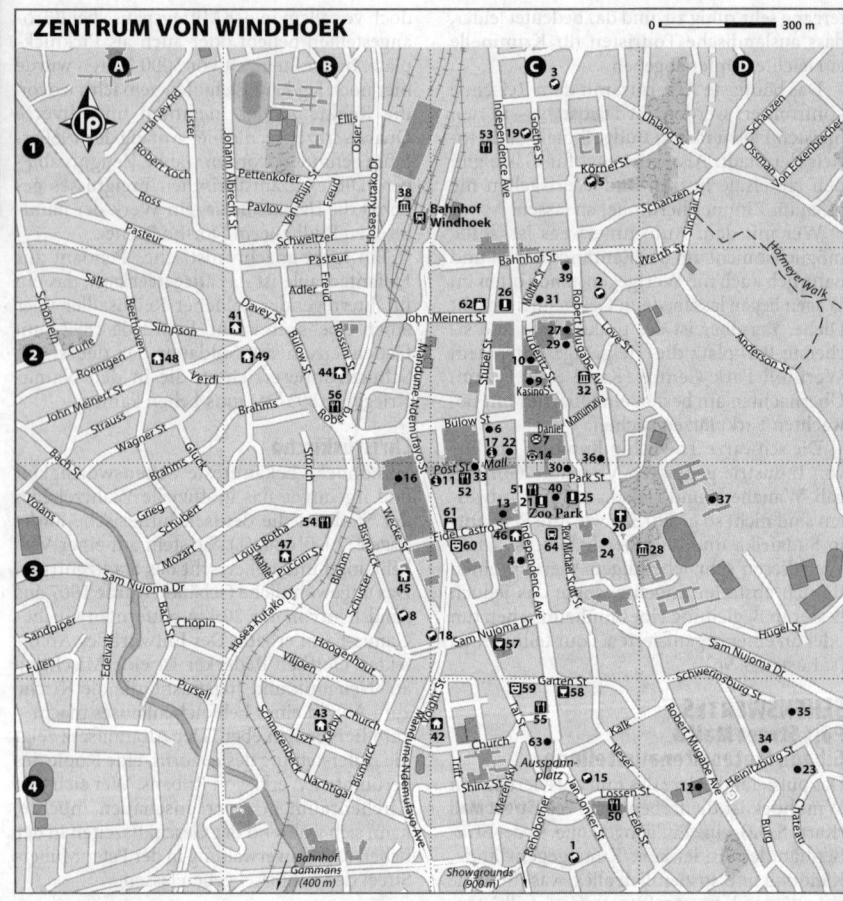

ZENTRUM VON WINDHOEK

mal Namibias seit der Unabhängigkeit: eine Bronzestatue des Herero-Häuptlings Hosea Kutako, der für seinen vehementen Widerstand gegen die südafrikanische Herrschaft bekannt war.

Hofmeyer Walk

Dieser **Spazierweg** (Karte S. 89) führt durch das Klein Windhoek Valley. Er beginnt an der Sinclair Street und verläuft gen Süden durch Buschland, um dann dort zu enden, wo aus der Orban Street die Anderson Street wird. Der gemütliche Gang dauert etwa eine Stunde und präsentiert immer wieder einen herrlichen Panoramablick auf die Stadt. Außerdem bietet sich hier Gelegenheit, die für die Vegetation auf den Hügeln typischen Aloen

aus nächster Nähe zu betrachten. Diese dickblättrigen Lilien sind im Winter am schönsten, wenn Pollen und Nektar ihrer leuchtend roten Blüten Nektar- und Mausvögel, aber auch drosselgroße Bülbüls, anlocken.

Aber Achtung: Es wurden auf diesem Weg immer wieder Leute ausgeraubt; Spaziergänger sollten deshalb nicht alleine gehen und möglichst auch keine Wertsachen mitnehmen.

State House

Wo jetzt das **State House** (Karte S. 92; Robert Mugabe Ave.), steht, befand sich früher die Residenz des deutschen Kolonialgouverneurs; das Anwesen wurde 1958 geschleift. Bald danach entstand das gegenwärtige Gebäude, das allerdings eine zweite Kolonialmacht einnahm – Südafrika. Nach der Unabhängigkeit wurde das State House schließlich Namibia zurückgegeben und fungiert nun als offizielle Residenz des namibischen Staatspräsidenten. Vom Originalgebäude ist lediglich ein Stück der alten Gartenmauer erhalten.

Gathemann's Complex
In der Independence Avenue befinden sich drei Kolonialgebäude, die von dem berühmten Architekten Willi Sander entworfen wurden. Das südlichste, das Kronprinz Hotel, wurde 1902 errichtet und später dem Gathemann House (heute ein Gourmet-Restaurant) angeschlossen, einem Privatunternehmen. Das schönste der drei Gebäude ist aber sicher das Erkrath Building. Es wurde 1910 als Privat- und Geschäftshaus erbaut und dient heute als Zentrale der Namibian Wildlife Resorts (S. 95).

Turnhalle
Die **Turnhalle** (Karte S. 92; Bahnhof St.) wurde 1909 errichtet und als Trainingsraum für den Windhoek Gymnastic Club genutzt. Die Halle wurde 1975 modernisiert und in ein Konferenzzentrum umgewandelt. Am 1. September 1975 tagte hier die erste Constitutional Conference on Independence for South West Africa; diese verfassungsgebende Versammlung wurde dann kurz und bündig als „Turnhallenkonferenz" (Turnhalle Constitutional Conference) bezeichnet. In den 1980er-Jahren fanden in diesem Gebäude diverse Gipfeltreffen und Debatten statt, die Namibias Weg in die Unabhängigkeit vorbereiteten. Leider wurde die Turnhalle 2007 durch einen Brand zerstört, und somit ist ihre künftige Rolle bei den diversen Staatsgeschäften fraglich.

Old Magistrates' Court
Das alte **Gerichtsgebäude** (Karte S. 92; Ecke Lüderitz & Park St.; ☻ Mo–Fr 8–13 & 14–17, Sa 8–13 Uhr) wurde 1888/89 für den Staatsarchitekten Carl Ludwig errichtet, jedoch nie von ihm genutzt und deshalb dann als Magistratsgericht verwendet. Es lohnt ein Blick auf die Veranda an der Südseite; hier konnten sich diejenigen, die auf ihre Verhandlung warten mussten, in den

Schatten setzen. Das Gebäude hat nun eine neue Funktion – als Konservatorium.

Kaiserliche Realschule

Die erste deutsche **Grundschule** (Karte S. 92; Robert Mugabe Ave.) in Windhoek wurde 1908 errichtet und ein Jahr später mit einer Klassenstärke von 74 Schülern eröffnet. Beachtenswert ist das seltsame Türmchen mit Holzrippen; es war zur Belüftung gedacht, denn die europäischen Kinder waren die afrikanische Hitze nicht gewohnt. In dem Gebäude wurden später dann das erste deutsche Gymnasium und eine englische Mittelschule untergebracht; heute befindet sich dort das Verwaltungszentrum des Nationalmuseums von Namibia.

Burgen

Es ist kaum zu glauben, aber Windhoek kann mit sage und schreibe drei heimatseligen Burgen aufwarten, die an die deutsche Kolonialzeit erinnern. Von der Robert Mugabe Avenue ein Stück bergauf liegen die **Schwerinsburg** (1913; Karte S. 92), heute ein Privathaus, die **Sanderburg** (1917; Karte S. 92), die Residenz des italienischen Botschafters, und die **Heinitzburg** (1914; Karte S. 92), in der heute ein schönes Hotel und ein Restaurant untergebracht sind.

Oode Voorpost

Das elegante klassizistische **Gebäude** (1902; Karte S. 92; John Meinert St.) beherbergte zur Kolonialzeit die Landvermessungsbehörde. Heute ist es eher für die bronzene **Kudu-Statue** (Ecke Independence Ave. & John Meinert St.) gleich in der Nähe berühmt; sie ehrt die vielen Kudus, eine Antilopenart, die 1896 an der Rinderpest starben – nur in Namibia!

Museen

NATIONAL MUSEUM OF NAMIBIA

Die weiß getünchten Wehrmauern der Alten Feste, dem ältesten in Windhoek erhalten Gebäude, stammen aus den frühen 1890er-Jahren und dienten ursprünglich als Hauptquartier der deutschen Schutztruppe. Heute beherbergt das Haus die historische Abteilung des **Nationalmuseums von Namibia** (Karte S. 92; ☎ 293 4437; Robert Mugabe Ave.; Eintritt frei; ☻ Mo–Fr 9–18, Sa & So 15–18 Uhr); zu sehen sind Erinnerungsstücke und Fotos aus der Kolonialzeit, aber auch indigene Artefakte. Hervorragend ist auch die Ausstellung über die Unabhängigkeit Namibias, die die Kämpfe dieses jungen Landes in einem erläuternden Zusammenhang darstellt.

Vor dem Museum lohnt ein Blick auf die etwas willkürliche Sammlung von Eisenbahnmotoren und Waggons, die allesamt zu einer der ersten Schmalspurbahnen des Landes gehörten. Diese Ausstellung im Freien wird von einer Bronzestatue dominiert: Das **Reiterdenkmal** ehrt die Soldaten der Schutztruppe, die während der Herero-Nama-Kriege von 1904 bis 1908 ums Leben kamen. Geschichtsfreaks finden es vielleicht interessant, dass das Denkmal am 27. Januar 1912 enthüllt wurde – dem Geburtstag Wilhelms II.

OWELA MUSEUM & NATIONAL THEATER OF NAMIBIA

Die andere Hälfte des Nationalmuseums von Namibia befindet sich rund 600 m vom Hauptgebäude entfernt: das **Owela Museum** (Karte S. 92; State Museum; ☎ 293 4358; Robert Mugabe Ave. 4; Eintritt frei ☻ Mo–Fr 9–18, Sa & So 15–18 Uhr). Zu bestaunen sind Exponate zu Namibias Natur- und Kulturgeschichte.

Praktisch gleich nebenan befindet sich das **Nationaltheater von Namibia** (Karte S. 92; ☎ 237966; Robert Mugabe Ave. 12). Es wurde 1960 von der Arts Association of Namibia errichtet und ist seitdem eines der bedeutendsten Kulturzentren von Windhoek.

TRANS-NAMIB TRANSPORT MUSEUM

Der schöne Bahnhof im wilhelminischen Stil befindet sich in der Bahnhofstraße. Er wurde von den Deuschen 1912 erbaut und 1929 von der Verwaltung Südafrikas erweitert. Gegenüber der Zufahrt steht die säuberlich geputzte deutsche Dampflok „Armer alter Hannes", die 1899 nach Swakopmund verschifft und für die Fahrt durch die Wüste nach Windhoek zusammengebaut worden war. Im Obergeschoss des Bahnhofs befindet sich das kleine, aber sehenswerte **Trans-Namib Transportmuseum** (Karte S. 92; ☎ 298 2186; Eintritt 5 N$; ☻ Mo–Fr 9–12 & 14–16 Uhr), das einen interessanten Einblick in die Geschichte des Transportwesens in Namibia vermittelt; Schwerpunkt der Ausstellung ist die Eisenbahn.

An der Einfahrt zum Parkplatz steht das **Owambo Campaign Memorial;** es wurde 1919 errichtet, um an den britisch-südafrikanischen Feldzug von 1917 gegen den Häuptling Mandume der Kwanyama Owambo zu erinnern. Der Häuptling war den Kolonialmächten hoffnungslos unterlegen und beging, nachdem ihm die Munition ausgegangen war, lieber Selbstmord, als sich zu ergeben.

NATIONAL ART GALLERY
Die **Nationalgalerie** (Karte S. 92; ☎ 240930; Ecke Robert Mugabe Ave. & John Meinert St.; Eintritt frei; ⏰ Mo–Fr 8–17, Sa bis 13 Uhr) präsentiert in einer Dauerausstellung Werke, die sich mit der Geschichte und dem Naturerbe des Landes befassen.

Rund um Windhoek
DAAN VILJOEN GAME PARK
Dieser herrliche **Wildpark** (Karte S. 95; pro Pers./Fahrzeug 40/10 N$; ⏰ Besucher Sonnenaufgang bis 18 Uhr) liegt im Khomas-Hochland, rund 18 km westlich von Windhoek; während der Recherchen zu diesem Reiseführer wurde er leider zwischen zwei Besitzern hin- und hergeschoben. Der Wildpark unterstand früher den Namibian Wildlife Resorts (NWR), ist heute jedoch in Privathand und nimmt keine Übernachtungsgäste auf. Es geht allerdings das Gerücht, dass die längst fälligen Renovierungsarbeiten bald durchgeführt werden sollen und damit zu rechnen ist, dass Campingplatz und Resort in den nächsten Jahren irgendwann wieder ihre Tore öffnen.

Da hier keine gefährlichen Tiere wie z. B. Raubkatzen leben, besteht die Möglichkeit, nach Herzenslust in den herrlichen Wüstenhügeln herumzustreifen und dabei eine Fülle von Tieren zu bestaunen, darunter Gemsböcke, Kudus, Bergzebras, Springböcke, Kuhantilopen, Warzenschweine und Elenantilopen. Der Daan Viljoen ist auch für seine vielen Vögel bekannt – über 200 Arten wurden verzeichnet, darunter die seltenen Mangrovenreiher und Dominikanerwitwen.

Die Hügel im Daan Viljoen sind mit Dornbusch bestanden, was eine hervorragende Tierbeobachtung gewährleistet. Drei Wanderwege wurden eingerichtet: Der 3 km lange **Wag-'n-Bietjie Trail** beginnt am Büro des Parks und folgt dann einem ausgetrockneten Flussbett bis zum Stengel Dam. Der **Rooibos Trail**, ein Rundweg von 9 km Länge, führt über Hügel und Bergkämme und bietet einen tollen Blick auf Windhoek in der Ferne. Der 34 km lange **Sweet-Thorn Trail** umrundet die östlichen Ausläufer des Reservats.

Wer den 18 km von der Stadt entfernten Daan Viljoen Wildpark besuchen möchte, nimmt westlich von Windhoek die C28; der Daan Viljoen ist dann vom Bosua Pass Highway aus gut ausgeschildert.

AVIS DAM
Wer gerne Vögel beobachtet und beschaulich am Wasser entlangwandert, kommt am Avis Dam, einem Stausee, ein Stück östlich von Windhoek an der Straße zum Flughafen auf seine Kosten. Außerdem präsentiert sich hier der tollste Sonnenuntergang der ganzen Stadt. Ein fahrbarer Untersatz ist allerdings schon nötig – und am besten auch ein bisschen nette Gesellschaft – damit sich dieser Abstecher lohnt. Jedenfalls unternehmen Einheimische gern einen Ausflug zum Avis Dam, Touristen lassen sich dagegen nur selten blicken.

AKTIVITÄTEN
Wichtige Sportveranstaltungen wie Rugby, Fußball, Korbball und Leichtathletik finden im Independence Stadium (Karte S. 89), rund 2 km südlich der Stadt an der B1, statt. Lokalzeitungen und Flyer informieren über die Veranstaltungen.

FESTIVALS & EVENTS
Bank Windhoek Arts Festival Größtes Kunstfestival des Landes mit Veranstaltungen von März bis September (s. Kasten S. 75).

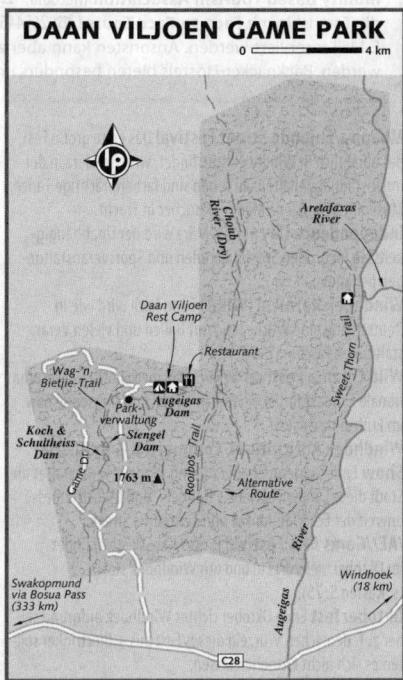

DAAN VILJOEN GAME PARK

0 — 4 km

Aretafaxas River

Chuib River (Dry)

Daan Viljoen Rest Camp

Restaurant

Wag-'n Bietjie-Trail

Park-verwaltung

Koch & Schultheiss Dam

Augeigas Dam

Stengel Dam

1763 m ▲

Game Drive

Rooibos Trail

Sweet-Thorn Trail

Alternative Route

Swakopmund via Bosua Pass (333 km)

Augeigas River

Windhoek (18 km)

C28

KATUTURA – EIN FESTER PLATZ?

1912, zur Zeit des südafrikanischen Mandats – und auch der Apartheid – legte der Stadtrat von Windhoek zwei Areale fest, in denen sich die in der Stadt arbeiteten Schwarzafrikaner ansiedeln durften: die sogenannte Main Location westlich vom Stadtzentrum sowie Klein Windhoek im Osten. Im Jahr darauf wurden viele Leute in diese Gebiete umgesiedelt; beide Areale entwickelten sich schnell und planlos zu einer Siedlung. Anfang der 1930er-Jahre wurden in der Main Location endlich Straßen angelegt und das Viertel in Regionen aufgeteilt. Jede Sektion innerhalb einer Region wurde einer ethnischen Gruppe zugesprochen und auch nach ihr benannt, also Herero, Nama, Ovambo, Damara, später bekamen die Sektionen nur noch seelenlose Nummern.

In den 1950er-Jahren beschloss der Stadtrat mit Unterstützung der südafrikanischen Regierung (die Namibia als ihre Provinz betrachtete), Klein Windhoek „zurückzunehmen" und alle Bewohner in einer einzigen Siedlung im Nordwesten der Stadt unterzubringen. Gegen diese Maßnahme erhob sich jedoch starker Widerstand, sodass Anfang Dezember 1959 eine Gruppe von Herero-Frauen einen Protestmarsch samt Boykott gegen den Stadtrat initiierten. Am 10. Dezember eskalierten die Unruhen in massiven Konfrontationen mit der Polizei. Elf Tote und 44 Schwerverletzte waren die traurige Bilanz. Die rund 4000 Anwohner der Main Location gaben daraufhin aus Angst nach und zogen in die neue Siedlung, die schließlich den Namen „Katutura" erhielt. Auf Herero bedeutet das so viel wie „wir haben keinen festen Platz", kann aber auch mit „Ort, wo wir nicht wohnen wollen" übersetzt werden.

Heute im unabhängigen Namibia hat sich Katutura zu einer pulsierenden Vorstadt von Windhoek entwickelt – Namibias Soweto –, in der Armut und Überfluss aufeinanderprallen. Die Stadtverwaltung hat die städtische Wasser-, Strom- und Telefonversorgung auf die meisten Gegenden Katuturas ausgedehnt und zudem den bunten und immer umtriebigen Soweto Markt (außerhalb der Karte S. 89) ins Leben gerufen, auf dem die Händler alles feilbieten, was man sich nur vorstellen kann. Im Gegensatz zu seinen Pendants in Südafrika ist Katutura tagsüber relativ sicher – Voraussetzung dafür ist allerdings ein vertrauenswürdiger Einheimischer, der dann als Führer fungiert. Die **Namibia Community Based Tourism Association** (Nacobta; ☎ 250558; www.nacobta.com.na) sponsert Exkursionen in die Township mit **Face-to-Face Tours** (☎ 265446; www.face2face.co.za); sie können telefonisch oder per E-Mail reserviert werden. Ansonsten kann aber auch einfach über die jeweilige Unterkunft gebucht werden. Backpacker-Hostels bieten besonders interessante Touren an.

Mbapira/Enjando Street Festival Das erste große Fest, das alljährlich in Windhoek stattfindet, wird im März in der Innenstadt abgehalten. Zu sehen sind farbenprächtige Tänze, Musikanten und jede Menge Besucher in Tracht.

Independence Day Am 21. März wird der Unabhängigkeitstag im großen Stil mit Paraden und Sportveranstaltungen begangen.

Windhoek Karnival (WIKA) Ende April wird wie in Deutschland eine Woche lang mit Bällen und vielen Veranstaltungen Fasching gefeiert.

Wild Cinema Festival (www.wildcinema.org) Das internationale Filmfest findet alljährlich gegen Frühlingsende bzw. im Frühsommer statt.

Windhoek Agricultural, Commercial & Industrial Show Ende September oder Anfang Oktober veranstaltet die Stadt diese Landwirtschafts-, Handels- und Industriemesse unweit der Ecke Jan Jonker und Centaurus Street.

/AE//Gams Arts Festival Dieses Kunstfestival findet im Oktober vielerorts in und um Windhoek statt (s. Kasten S. 75).

Oktoberfest Ende Oktober richtet Windhoek aufgrund seiner z. T. deutschen Wurzeln dieses Fest aus – Biertrinker sollten es sich nicht entgehen lassen.

SCHLAFEN

Ob sich jemand in einem Billigbett langmachen möchte oder lieber eine lauschige Nacht in einer alten Burg verbringen will, in Windhoek herrscht kein Mangel an passenden Quartieren. Verglichen mit dem übrigen Land sind die Preise in der Hauptstadt im Schnitt relativ hoch, aber dafür gibt es an der Qualität nichts auszusetzen. Aber Achtung: Weil die Stadt ja nun nicht besonders groß ist, sind natürlich auch die Kapazitäten begrenzt. Aus diesem Grund empfiehlt es sich, lang im Voraus zu buchen, und zwar vor allem in der Hochsaison, während der Ferienzeit und am Wochenende.

Budgetunterkünfte

Cardboard Box Backpackers (Karte S. 92; ☎ 228994; www.cardboardbox.com.na; Johann Albrecht St. 15; Camping pro Platz 40 N$, B 80 N$, Zi. ab 220 N$; 🖳 🖭) „Die Box" ist schon seit Jahren der Hit und hat sich in Windhoek einen Namen als die wildeste Backpacker-Bleibe überhaupt gemacht. Das

Hostel gruppiert sich um einen verträumten Pool an einer bestens bestückten Bar. Den meisten Backpackern fällt es sehr schwer, diese Oase des erschwinglichen Luxus wieder zu verlassen, aber irgendwie scheint das dann doch keinen zu kümmern. Wer noch einen Motivationskick braucht: Das Stadtzentrum lässt sich in ein paar Minuten zu Fuß erreichen, und im hervorragenden Travel Shop im Areal gibt's objektive Infos und Hilfe bei der weiteren Reiseplanung.

Chameleon Backpackers Lodge & Guesthouse (Karte S. 92; ☎ 244347; www.chameleonbackpackers.com; Voight St. 5–7; Camping pro Platz 50 N$, B ab 90 N$, Zi. ab 325 N$; 🖳 🛎) Diese Lodge macht der Cardboard Box ernsthaft Konkurrenz, ist allerdings um das Wohl etwas ruhigerer Gäste bemüht. Geboten werden luxuriöse Zimmer mit Bad in afrikanischem Schick sowie blitzsaubere Schlafsäle zu Billigpreisen. Natürlich ist das Chameleon im Grunde eine Backpacker-Bleibe, und somit ist klar, dass es in der Bar hoch hergeht. Im zugehörigen Safari-Center werden mit die preiswertesten Touren in ganz Namibia angeboten. Und nun noch das Beste zum Schluss: Gäste können hier auch noch ihr Ökogewissen beruhigen, denn die Duschen werden mit Sonnenenergie beheizt, alles wird recycelt, und ein Komposthaufen ist auch noch vorhanden.

Haus Ol-Ga (Karte S. 89; ☎ 235853; Bach St. 91; EZ/DZ 300/400 N$) Der Name dieses auf deutsche Gäste ausgerichteten Quartiers leitet sich von den beiden Besitzern Gesa Oldach und Erno Gauerke ab. Die zwei legen sich jedenfalls mächtig ins Zeug, um hier in Namibia die deutsche Gastfreundschaft zu pflegen. Das Haus Ol-Ga im Westen von Windhoek verfügt über eine nette ruhige Gartenatmosphäre. Hier ist richtig, wer eine Bleibe mit familiärem Flair sucht.

Mittelklassehotels

Puccini House (Karte S. 92; ☎ 236355; www.puccini-namibia.com; Puccini St. 4 & 6; EZ/DZ/3BZ 385/450/630 N$, EZ/DZ ohne Bad 215/360 N$; 🖳 🛎) Diese Backpacker-Unterkunft hat ihre Räumllichkeiten so nah an der Innenstadt wie keine andere sonst. Sie befindet sich praktisch am Wernhill Park Centre, weist mit nur 14 Zimmern eine persönliche Atmosphäre auf, und auch das Management zeigt sich herzlich. Das Beste am Aufenthalt hier ist die tolle Speisekarte mit Hausmannskost, aber es gibt auch Grillplätze (*braai*) und sogar Holzofen-Pizza.

Rivendell Guest House (Karte S. 92; ☎ 250006; www.rivendell.com; Beethoven St. 40; EZ/DZ 345/460 N$, EZ/DZ mit Gemeinschaftsbad ab 265/340 N$; 🖳 🛎) Dieses lockere Gästehaus in der grünen Vorstadt liegt in Fußweite vom Stadtzentrum. Das Rivendell bietet sich als ruhigere Alternative zu anderen Backpacker-Bleiben an. Die hellen, luftigen Zimmer gehen auf einen beschaulichen Garten und einen Pool hinaus – alles in völlig entspannter und lässiger Stimmung.

Guesthouse Tamboti (Karte S. 92; ☎ 235515; www.guesthouse-tamboti.com; Kerby St. 9; EZ/DZ ab 350/495 N$; 🌐 🖳 🛎) Das reizende Gästehaus unter deutscher Leitung liegt auf einem kleinen Hügel über dem Stadtzentrum. Das Tamboti ist sehr nett und leger. Die Gäste können sich an der Bar bedienen und dann mit einem kalten Bierchen auf der Terrasse am Pool abschalten. Das Gästehaus zählt zu den halbwegs erschwinglichen Quartieren im mittleren Preissegment. Obwohl es geräumige, schön möblierte Zimmer bietet, kostet alles halb so viel wie in anderen vergleichbaren Häusern.

Hotel-Pension Handke (Karte S. 92; ☎ 234904; www.natron.net/handke/main.html; Rossini St. 3; EZ/DZ/3BZ 435/595/735 N$) Dieses anheimelnde Quartier in Windhoek-West wird von Mutter und Sohn gemanagt. Die Gäste kommen sich hier eher wie Freunde der Familie vor. Es macht Spaß, im gepflegten Garten endlich einmal ausgiebig zu lesen oder mit den netten Besitzern den ganzen Tag zu verplaudern.

Hotel-Pension Steiner (Karte S. 92; ☎ 222898; www.natron.net/tour; Wecke St. 11; EZ/DZ ab 450/685 N$; 🛎) Obwohl diese Hotel-Pension ganz ideal nur ein paar Minuten von der Independence Avenue in der Innenstadt entfernt liegt, ist von der Hektik der Stadt hier nichts zu spüren. Die einfachen, aber gemütlichen Zimmer gehen auf eine Bar mit Strohdach und einen Pool hinaus, wo man sich von seinen Streifzügen durch die Straßen von Windhoek schnell wieder erholt.

Casa Blanca (außerhalb der Karte S. 89; ☎ 249623; www.casablanca hotelnamibia,com; Fritsche St. 52; EZ/DZ ab 540/740 N$; 🛎) Das spanisch-maurisch inspirierte „weiße Haus" erinnert mit seinen schmiedeeisernen Gittern, den Terrakotta-Fliesen und makellosen Gärten mit Unmengen Blumen eher an eine Burg. Das Boutique-Hotel bietet anspruchsvolleren Gästen ein Stück europäischen Schick in der friedlichen Vorstadt Pioneer's Park.

Olive Grove (Karte S. 89; ☎ 234971; www.olive grove-namibia.com; Promenaden Rd. 20; EZ/DZ Standard

HANNAH NAOMI KIM

Die koreanisch-amerikanische Künstlerin lebt und arbeitet in Windhoek. Bei einer Flasche kaltem Lagerbier aus einer einheimischen Brauerei teilte sie uns ihre Gedanken zum Gesinnungswandel, der mit einer neuen Generation in Namibia einhergeht, mit.

Worin bestand das eigentliche Ziel Ihrer Fulbright-Untersuchung? Mich hat die einzigartige Geschichte Namibias schon immer fasziniert, vor allem die Tatsache, dass das Land praktisch zweimal kolonialisiert wurde – zuerst von den Deutschen und später dann von Südafrika – und erst vor relativ kurzer Zeit seine Unabhängigkeit erlangt hat. Als Künstlerin fand ich es interessant, die visuelle Kultur zu studieren, die aus dieser post-kolonialen Identität hervorging, und zu beobachten, wie die Namibier sich im Kontext ihrer Geschichte sehen. Und natürlich wollte ich mich als Künstlerin von der dramatischen Wüstenlandschaft Namibias inspirieren lassen.

Warum haben Sie sich für Windhoek als Standort entschieden? Ganz einfach, weil Windhoek ein Mikrokosmos der Welt ist. Weite Teile des Landes bestehen aus hohen Dünen und zerklüfteten Küsten, aber Windhoek ist eine erstaunlich moderne und kosmopolitische Stadt. Außerdem ist sie nicht nur die einwohnerreichste Stadt in einem der am wenigsten besiedelten Länder der Welt, sondern auch die Heimat einer zunehmend globalen Bevölkerung, die in Sachen Weltgeschehen und Politik voll auf dem Laufenden ist. Gleichzeitig befinden sich in den Außenbezirken der Hauptstadt Elendsviertel, in denen die Menschen tagtäglich ums Überleben kämpfen. Aber gerade dieser auffällige Gegensatz macht umso deutlicher, wie unterschiedlich der Reichtum auf der Welt verteilt ist.

Was haben Sie bei Ihren Untersuchungen herausgefunden? Durch eine Bilderserie, einer Kombination aus Archivbildern und privaten Fotos, habe ich versucht, die derzeitige Identität Namibias auszuloten, indem ich die unterschiedlichen Lebensstile einander gegenübergestellt habe. Herausgefunden habe ich dann, dass es junge Menschen in einem relativ jungen Land schon recht schwer haben. So ist beispielsweise die junge Generation politisch von den ehemaligen Freiheitskämpfern, die sich gegen Deutsche und später gegen die Südafrikaner zur Wehr setzten, meilenweit entfernt. Die Einführung des Englischen als Amtssprache hat eine Art kulturelle Fassade geschaffen; auch wenn es sich dabei um eine einende Kraft handelt, ist das Ergebnis doch, dass viele junge Leute vor allem daran interessiert sind, globalen Trends dieser beliebten Kultur zu folgen. Sie sehen also, dass eine riesige Kluft zwischen den Generationen besteht, die diese Komplexität noch verstärkt. Außerdem wurde mir klar, dass die gegenwärtige Realität Namibias meine ursprünglichen Ziele bei diesem Projekt verdrängt.

595/695 N$, Luxus 795/925 N$, Suite ab 1350 U$; 🐾) Das Boutique-Hotel in Klein-Windhoek setzt auf erlesene Eleganz. Geboten werden zehn individuell gestaltete Zimmer und zwei Suiten mit edler Bettwäsche, handgeschnitzten Möbeln und allgemein geschmackvollem Ambiente. Gäste, die sich gern verwöhnen lassen möchten, können eine Massage genießen oder sich ihre Hände in einer kalten Nacht am knisternden Feuer wärmen.

Roof of Africa (Karte S. 89; 🕿 254708; www.roofofafrica.com; Nelson Mandela Ave. 124-126; EZ/DZ Standard 595/795 N$, Deluxe 695/895 N$, Luxus 895/1095 N$; 🐾 💻 🐾) Das Roof of Africa hat als bescheidene Backpacker-Lodge angefangen, ist nun aber erwachsen geworden und stolz auf sein neues Image als Nobel-Hotel mit Konferenzzentrum. Von diesem angenehmen Quartier aus sind es gerade einmal 30 Minuten zu Fuß bis ins Stadtzentrum. Das Roof of Africa gibt sich betont rustikal wie ein Heustadel, bietet jedoch Zimmer mit tollem Design und unter-

schiedlichem Luxus in verschiedenen Preislagen. Angesprochen fühlen sich hier lässige Reisende, die eine ruhige Bleibe nicht weit von der Stadt zu schätzen wissen.

Hilltop House (Karte S. 89; 🕿 249116; www.thehilltophouse.com; Lessing St. 12; Zi. pro Pers. ab 625 N$; 🐾) Das winzige Gästehaus, ein historisches bayerisches Anwesen, steht an einem Hügel und hat viel Charakter. Die stimmungsvollen Zimmer reflektieren die Geschichte des Hauses – ein ehemaliges Atelier. Sie liegen an einer schattigen Veranda mit Panoramablick auf das Tal von Klein-Windhoek.

Spitzenklassehotels

Villa Verdi (Karte S. 92; 🕿 221994; www.leadinglodges.com/villaverdi.htm; Verdi St. 4; EZ/DZ Standard 670/1080 N$, Luxus 815/1340 N$; 🐾 💻 🐾) Diese Nobelherberge, eine einzigartige Mischung aus Mittelmeer und Afrika, bietet phantasievoll ausgestattete Zimmer mit Originalgemälden und künstlerischem Touch. Die Villa Verdi vollführt ei-

hat. In dem gegenwärtigen Klima gewinnt das Land an Schwung, denn junge Namibier stellen sich der Herausforderung, auf der Bühne der Welt ihre eigene Identität auszuprägen und sich von ihren kolonialen Wurzeln zu entfernen.

In welcher Hinsicht wird Ihr künstlerisches Schaffen von Namibia inspiriert? Namibia ist für Maler das reinste Paradies. Die Landschaften hier sind voll von satten Farben, aber wichtiger ist vielleicht noch, dass so viel freier Raum vorhanden ist, um diese Farbe auch aufnehmen zu können. Wenn ich an die Landschaft Namibias denke, stelle ich mir immer einen unendlichen Horizont vor, in dem Momente starker Lichtintensität Akzente setzen. Aber Namibia ist nicht nur eine karge, öde Wildnis. Der Komplexität wohnt eine Schönheit inne, die durch das Aufeinanderprallen von modernen Identitätskonzepten vor der Kulisse uralter Landschaften entsteht.

Welcher Aspekt Ihres Aufenthalts in Namibia war für Sie besonders prägend? Meine Identität als koreanisch-amerikanische Künstlerin zu finden war für mich bei weitem der prägendste Aspekt meines Aufenthalts hier, und zwar vor allem, weil die Namibier über ein so starkes Bewusstsein in Zusammenhang mit Rassenfragen verfügen. Die Tatsache, dass der Kolonialismus erst in jüngster Zeit demontiert wurde, bedeutet, dass in diesem Land noch Reste von Rassenspannungen vorhanden sind. Aber ich glaube sehr wohl, dass die Aussöhnung zwischen den Rassen aufgrund des Generationenwechsels schließlich gelingen wird. Bei der jüngeren Generation findet sich mehr Rassenverständnis, und der Einzelne ist eher bereit, Leuten, die anders sind, unvoreingenommen zu begegnen. Für die ältere Generation ist es dagegen erheblich schwieriger, die Ungerechtigkeiten der Apartheid zu vergeben und zu vergessen.

Dann glauben Sie also, dass für die Zukunft Hoffnung besteht? Absolut. Wenn ich junge Namibier in ein Gespräch verwickle, dann sehen sie mich nicht als ein weibliches Wesen mit einem asiatischen Gesicht, und es wundert sie auch überhaupt nicht, dass ich Englisch wie meine Muttersprache benutze. Wie schon erwähnt, handelt es bei diesen jungen Leuten um einen Teil der Bevölkerung, der beim Heranwachsen übers Satelliten-Fernsehen Beyonce, 50 Cent und andere Stars gesehen hat; und diese Leute wissen dann, dass man eine multiple Ethnie und eine multiple Identität haben kann. Somit besteht Hoffnung, dass der Generationenwechsel schließlich zu einer Aussöhnung der Rassen führen wird – ich bin optimistisch, dass sich diese Jugendbewegung im ganzen Land verbreitet und der entstehenden Nation neue Visionen bringt.

Die koreanisch-amerikanische Künstlerin lebte und arbeitete als Fulbright-Stipendiatin in Windhoek.

nen Spagat zwischen Mittelklasse- und Spitzenklassehotel, kann aber in Sachen Stil und Luxus locker mit den großen Namen mithalten. Dennoch sind die Zimmer hier erschwinglicher und auf Gäste ausgerichtet, die Boutique-Hotels schätzen; Reisegruppen verschlägt es kaum einmal in die Villa.

Hotel Thule (Karte S. 89; ☎ 371950; www.thule-namibia.com; Gorges St. 1; EZ/DZ ab 935/1380 N$; ✗ ▢ ⊛) Das Hotel thront oben auf einem Hügel in Eros Park, ein Viertel, das so etwa als Beverly Hills von Windhoek durchgeht. Das Thule bietet von allen Quartieren in Windhoek den tollsten Panoramablick. Die Zimmer haben einen Tick europäische Eleganz, außerdem gibt es hier noch ein Restaurant, das bereits prämiert wurde, und eine umlaufende Bar, wo die Gäste bei Sonnenuntergang ihren Cocktail genießen können, während in der Stadt langsam die Lichter angehen.

Kalahari Sands Hotel & Casino (Karte S. 92; ☎ 222300; www.suninternational.com; Gustav Voigts Centre,

Independence Ave. 129; Zi. ab 1850 N$; ✗ ▢ ⊛) Dieses internationale 4-Sterne-Hotel in einem Hochhaus im Herzen der Stadt wissen vor allem Geschäftsleute zu schätzen. Alle 187 Zimmer sind rundum mit edlen Möbeln und erstklassigen Annehmlichkeiten ausgestattet. Die Gäste können auch das zugehörige Casino, das Fitnesscenter, die Sauna, den Pool auf dem Dach und die zahllosen Bars und Restaurants nutzen. Wer im Voraus übers Internet bucht, kommt in den Genuss der zahlreichen Sondertarife.

Hotel Heinitzburg (Karte S. 92; ☎ 249597; www.heinitzburg.com; Heinitzburg St. 22; EZ/DZ ab 150/230 €; ✗) Dieses Hotel ist das nobelste B&B in ganz Windhoek. Es befindet sich in der Heinitzburg, die der Graf von Schwerin 1914 für seine Verlobte Margarethe von Heinitz in Auftrag gab. Das Hotel gehört zur renommierten Relais & Chateaux-Gruppe und ist unter den Nobelherbergen mit Abstand die persönlichste Unterkunft der Stadt. Die Zim-

ZUM ESSEN INS JOE'S

Joe's Beer House (Karte S. 89; ☎ 232457; Green Market Sq., Nelson Mandela Ave. 160; Biere 10−30 N$, Hauptgerichte 50−100 N$; ☾ 17 Uhr−spät) ist in Windhoek schon eine Institution und ein Muss für jeden Besucher aus dem Ausland. Hier kann man − vielleicht mit kleinen Schuldgefühlen − die Filets all jener Tiere essen, die man zuvor auf der Safari beobachtet hat. Die Rede ist von riesigen Zebra-Lendenstücken, Strauss-Kebap, Springbock-Pfeffersteak, Oryx-Medallions, Krokodil von der Warmhalteplatte und der Spezialität des Hauses: mariniertes Kudu-Ragout. Dem Namen des Lokals macht Joe natürlich auch alle Ehre, denn es gibt Unmengen Biersorten aus Namibia und Deutschland. Außerdem können die Gäste darauf zählen, hier bis in die frühen Morgenstunden fröhlich zu feiern. Klar, touristisch ist das Lokal schon, aber das tut dem Spaß keinen Abbruch, und zwar vor allem, wenn sich die Gäste an einem warmen Sommerabend in einer nachgebildeten afrikanischen Hütte ein paar kalte Biere genehmigen. Reservierung empfohlen.

mer wurden fürs 21. Jh. mit Satelliten-TV und Klimaanlage aufgepeppt, doch die eigentliche Attraktion ist der noble Speisesaal mit hervorragender Gourmet-Küche und einem riesigen Weinkeller.

ESSEN

Die multikulturelle Hauptstadt von Namibia bietet eine erstaunliche Bandbreite an Restaurants, und das Beste vom Besten kann hier locker mit Restaurants in jeder kulinarischen Hochburg der Welt mithalten. Reisende, die sich zum ersten Mal in Windhoek aufhalten, sind jedenfalls immer angenehm überrascht von der nach internationalen Maßstäben hervorragenden Qualität, die dieses abwechslungsreiche Gastronomiegewerbe aufwarten kann. Wer schon mal hier ist, sollte also auch den Gaumenfreuden frönen und dafür womöglich ein bisschen tiefer in die Tasche greifen. Am Freitag- und Samstagabend empfiehlt es sich sehr, einen Tisch zu reservieren, denn dann sind lange Schlangen vor den wirklich guten Restaurants keine Seltenheit.

Günstig

Windhoek ist für Selbstversorger das reinste Paradies, denn hier finden sich Geschäfte wie **Pick & Pay** (Karte S. 92; Wernhill Park Centre) und **Checkers** (Karte S. 92; Gustav Voigts Centre).

Die Namibier sind mitlerweile so sehr in Fastfood verliebt, dass es fast peinlich ist. Deshalb gibt's an jeder Ecke Burger-Lokale, so auch KFC, Nando's Chicken, Spur und Wimpy's. Ein anständiges Essen kostet in Windhoek meist mehr als zu Hause, aber Fastfood ist noch immer eine schnelle, einfache Lösung und vergleichsweise preiswert.

King Pies (Karte S. 92; ☎ 248978; Levinson Arcade; Pasteten 10−15 N$) Wer schnell was zwischen die

Zähne braucht, kriegt in dieser beliebten namibischen Kette alle erdenklichen Arten von Pasteten mit Fleisch und Gemüse.

Sardinia's Pizzeria (Karte S. 92; ☎ 225600; Independence Ave. 39; Gerichte 20−50 N$) In diesem energiegeladenen Restaurant gibts anständige Stücke Pizza und andere traditionelle italienische Gerichte, außerdem starken Kaffee und zuckersüßes Eis.

Café Zoo (Karte S. 92; ☎ 223479; Zoo Park, Independence Av.; Kaffee 10−15 N$, kleinere Mahlzeiten 25−50 N$) Das illustre Windhoeker Café gehört zu den vielen, die es mittlerweile auf eine fast hundertjährige Geschichte bringen. Das Lokal befindet sich im Schutz eines gigantischen Gummibaums am Rand des Zoo Park und ist einfach super, um einen Cappuccino oder deutschen Filterkaffee zu trinken und auch noch einen Happen zu essen.

Yang Tse (Karte S. 89; ☎ 234779;/AE//Gams Shopping Centre, Sam Nujoma Dr. 351; Hauptgerichte 30−60 N$) Dieses billige Chinalokal bietet eine ganze Palette von traditionellen Gerichten vom Festland, aber auch westlichere Speisen. Es ist somit eine nette Abwechslung für Leute, die das in Namibia übliche Essen langsam nicht mehr sehen können.

Mittelteuer

Gourmet (Karte S. 92; ☎ 232360; Kaiserkrone Centre, Post St. Mall; Hauptgerichte 40−80 N$) Dieses Bistro im Freien versteckt sich in einem eher unscheinbaren Hof an der Post Street Mall und kann mit der wohl reichhaltigsten Speisekarte aufwarten, die es je im südlichen Afrika gab. Das Lokal folgt dem Trend, Gourmetzutaten zu verwenden, um damit eine Mischung aus namibischen, deutschen, französischen und italienischen Gerichten zuzubereiten − alles ebenso innovativ wie köstlich.

Taal (Karte S. 92; ☎ 221958; Independence Ave 416; Hauptgerichte 45–85 N$) Indisches Essen hat in Namibia vielleicht nicht so viele Anhänger wie in Südafrika mit seiner indischen Bevölkerungsgruppe, aber das Taal könnte diese Einstellung revolutionieren. Auf der Speisekarte steht die ganze Vielzahl an Gerichten des Subkontinents, und so bringt das Lokal die wirklich notwendige Würze und Schärfe in die Restaurantszene von Windhoek.

Restaurant Africa (☎ 247178; Alte Fest, Robert Mugabe Ave; Hauptgerichte ab 45–90 N$) Das panafrikanische Restaurant gehört mit zur Alten Feste, dem ältesten Gemäuer von Windhoek, in dem sich derzeit das Nationalmuseum von Namibia befindet. Nach dem Besuch der Ausstellung dort meldet sich sicher der Hunger, und dann hat man hier am Büfeet und vom Barbecue die Qual der Wahl unter einer ganzen Latte an Gerichten aus Afrika, darunter auch das Lieblingsessen der Einheimischen: kurz angebratene Mopane-Raupen!

Abyssinia (Karte S. 92; ☎ 254891; Lossen St; Hauptgerichte 50–90 N$) Dieses Restaurant hat seinen Namen von dem alten Königreich, aus dem sich das heutige Äthiopien entwickelte. An Gaumenfreunden gibt's hier lockeres *injera* (Fladenbrot aus Sauerteig) und natürlich Fleischgerichte und Gemüseeintöpfe – alles hausgemacht. Wer es sich auf den Kissen auf dem Boden gemütlich gemacht hat, kann auch den starken Kaffee aus Äthiopien kosten, für den das Land in aller Welt so berühmt ist.

Luigi & the Fish (Karte S. 89; ☎ 256399; Sam Nujoma Dr. 320; Hauptgerichte 50–100 N$) Das Lokal ist schon eine Institution in Windhoek und hat sich – na, wer hätte das geahnt! – auf Fisch spezialisiert. Auf den Tisch kommen die für Namibia typischen Fische wie Seehecht, Butterfisch, Muscheln oder Krustentiere, aber natürlich auch Fleisch, Pizza, Wildgerichte und vegetarische Speisen. Der große Komplex mit mehreren Biergärten und lebhaften Speiselokalen garantiert eine herzliche, familiäre Atmosphäre und einen schönen Abend, den man nicht so schnell vergisst.

La Marmite (Karte S. 92; ☎ 248022; Independence Ave.; Hauptgerichte 60–120 N$) Das schicke, aber dennoch bescheidene westafrikanische Speiselokal hat wahre Kohorten von begeisterten Anhängern und ist mit Recht seit langem so beliebt. Hier können Gäste die wunderbare Küche Nord- und Westafrikas probieren, darunter Gerichte aus Algerien, dem Senegal, der Elfenbeinküste, aus Kamerun und Nigeria.

Alle werden mit einer Raffinesse zubereitet, die der besten französischen Haute Cuisine wahrlich in nichts nachsteht.

nice (Karte S. 92; ☎ 300710; Ecke Mozart St. & Hosea Kutako Dr.; Hauptgerichte 65–110 N$) Das namibische Institute of Culinary Education – kurz „nice" – betreibt dieses „lebendige Klassenzimmer", in dem künftige Küchenchefs ihre Kochkünste erproben. Das Restaurant mit Tischen drinnen und draußen hat eher etwas von einer schicken Galerie. Auf der Speisekarte stehen immer wieder andere Köstlichkeiten, die Sushi- und Weinbar hingegen bietet bewährte Dauerbrenner.

Teuer

Restaurant Gathemann (Karte S. 92; ☎ 223853; Independence Ave. 179; Hauptgerichte 95–220 N$) Das Restaurant in einem bemerkenswerten Kolonialgebäude (s. S. 92) geht auf die Independence Avenue hinaus. Serviert wird namibische Gourmet-Küche vom Feinsten – alles mit den einzigartigen Zutaten des Landes zubereitet. Von Kalahari-Trüffeln (s. S. 189) und Owamboland-Gemüse bis zu zartem Wild und Austern an der Walvis Bay – das Restaurant Gathemann ist ein einzigartiges Lokal, das auch den Respekt des verwöhntesten Gaumens verdient.

Leo's (Karte S. 92; ☎ 249597; www.heinitzburg.com; Heinitzburg St. 22; Hauptgerichte 175–300 N$) Das Leo's ist zweifellos die feinste Adresse in Windhoek. Es nimmt sich seine noble Lage in der Heinitzburg zu Herzen und heißt seine Gäste im Bankettsaal willkommen, in dem einst schon Blaublütige, wie der Graf von Schwerin, speisten. Das förmliche Ambiente mit edlem Porzellan und funkelnden Kristallgläsern ist fast so extravagant wie das Essen. Hier gibt es Gerichte von allen Kontinenten, aus dem Wasser und vom Land.

AUSGEHEN

Die Szenekneipen wechseln nach unbekannten Regeln ständig, aber einige beliebte Lokale gibt es dann doch, um sich ein paar Drinks zu genehmigen und sogar ein bisschen zu tanzen. Neben den unten aufgeführten Adressen verwandeln sich auch die meisten Restaurants spät am Abend in Kneipen. Besonders touristenfreundlich sind Joe's Beer House (s. Kasten S. 100) und Luigi & the Fish (s. links). Das Nachtleben von Windhoek ist locker und in der Regel unproblematisch, aber Gäste sollten trotzdem zu den einzelnen Lokalen mit dem Taxi fahren – und zurück ins Hotel natürlich auch wieder.

Club Thriller (Karte S. 89; Goreseb St, Katutura; Eintritt unterschiedl.; ☎ 23 Uhr–spät) Der Club befindet sich in einem ruppigen Viertel, aber nachdem die Gäste am Eingang auf Waffen gefilzt worden sind, ist die Atmosphäre drinnen dann beschwingt und relativ sicher – es dudelt übrigens westliche und afrikanische Musik. Trotzdem sollten Wertsachen und Schmuck besser zu Hause bleiben. Touristen müssen sich auch darauf einstellen, von Einheimischen um Bier und sogar Bargeld angegangen zu werden. Frauen, die alleine reisen, fühlen sich hier allerdings in der Regel nicht sonderlich wohl.

El Cubano (Karte S. 92; ☎ 291 7192; Ecke Sam Nujoma Dr. & Tal St.; ☎ 17.30 Uhr–spät) Die beliebte Lounge bietet einen Touch von Havanna und ist besonders bei Fans von edlen Zigarren und meisterhaft zubereiteten Mojitos (Rum mit Limette und Minzezweigchen) der Hit.

Funky Lab (Karte S. 89; ☎ 271946;/AE//Gams Shopping Centre; ☒ So–Do 16 Uhr–spät, Fr & Sa 14 Uhr–spät) Dieser überaus populäre Club ist das heißeste Tanzlokal von Windhoek und der Renner bei allen, die nach ein paar Takten Discomusik lechzen.

La Dee Da's (Karte S. 89; ☎ 081 2434 432; Ferry St., Southern Industrial Area; Eintritt unterschiedl. ☒ Do–Sa 22.30–4 Uhr) Noch ein Aushängeschild in der Clubszene von Windhoek; hier können Gäste zu *kizomba*, einer schnellen portugiesisch-afrikanischen Musikrichtung aus Angola, abtanzen, aber auch zu Hip-Hop, Rave, traditioneller afrikanischer Musik und kommerziellem Pop – und das alles bei Spezialeffekten und mit großer Lautstärke.

Wine Bar (Karte S. 92; ☎ 226514; Garten St. 3; ☒ 5.30–23 Uhr) Diese Bar ist in der Kneipenszene relativ neu, hat sich aber flott zu einem der angesagtesten Nightspots entwickelt. Sie befindet sich in einem historischen Gebäude in einer ruhigen Seitenstraße. Ein dicker Pluspunkt hier ist das Weinangebot – so ziemlich die beste Auswahl in der ganzen Stadt. Dazu gibt's noch Tapas und alle möglichen Snacks sowie schöne Sonnenuntergänge.

UNTERHALTUNG

Wem der Sinn nach einem Theaterabend oder einem Hollywood-Film steht, kommt in Windhoek auf seine Kosten.

National Theatre of Namibia (Karte S. 92; ☎ 237 966; www.namibiatheatre.org; Robert Mugabe St.) Das Nationaltheater befindet sich südlich der National Art Gallery. Hier werden Theaterstücke aufgeführt, allerdings in unregelmäßigen Abständen. Informationen sind in der Freitagsausgabe des *Namibian* zu finden.

New Space (außerhalb der Karte S. 89; ☎ 206 3111; University of Namibia Complex) Im New Space, sonst ein Freizeit-Club mit Musik, werden manchmal Theaterstücke gezeigt.

Ster Kinekor (Karte S. 89; ☎ 249267; Maerua Park Centre) Das Kino unweit der Robert Mugabe Avenue bietet neuere Filme an; dienstags kostet die Eintrittskarte immer bloß die Hälfte.

Warehouse Theatre (Karte S. 92; ☎ 225059; Old South-West Brewery Bldg., Tal St. 48; Eintrittspreise unterschiedl.) In diesem tollen Club gibt's Livemusik aus Afrika und Europa, aber auch Theater.

Windhoek Conservatorium (Karte S. 92; ☎ 293 3111; Fidel Castro St.) Im Konservatorium, das die musikalische Ausbildung pflegt, finden gelegentlich Konzerte mit klassischer Musik statt. Die Darstellertruppe „Theatre in the Park" zeigt zweimal monatlich Open-Air-Shows und fördert auch das Kindertheater sowie afrikanische Filme. Das neueste Programm gibt es im Windhoek Information & Publicity Office (S. 90).

EINEN RIECHER FÜR EDELSTEINE

Der 2003 verstorbene ehemalige Besitzer des House of Gems, Sid Pieters, war Namibias bedeutendster Edelsteinexperte. 1974 entdeckte Pieters an der namibischen Küste 45 Jeremejevit-Kristalle. Dieser meerblaue Turmalin enthält Boron und gilt als der seltenste Edelstein der Welt. Namibia war bislang erst der zweite Fundort, der erste Turmalin wurde Mitte des 19. Jhs. in Sibirien entdeckt. Zu Pieters' Funden gehörte auch der nach ihm benannte wunderschöne gestreifte „Krokydolith Pietersit" aus der Gegend von Outjo im nördlichen Zentralnamibia. Pietersit ist eine herrliche Variante von Jaspis mit Einschüssen von Asbestfasern und sicher eines der schönsten und ungewöhnlichsten Minerale der Welt. So mancher meint, dass er über besondere energie- und bewusstseinsfördernde Qualitäten verfügt. Verfechter der New Age-Theorien behaupten hingegen, er berge „die Schlüssel zum Himmelreich". Wer den Stein lang genug anschaut, kommt vielleicht zu dem gleichen Schluss.

SHOPPEN

Das Kunsthandwerk, das in der Post Street Mall verkauft wird, stammt größtenteils aus den Nachbarländern, aber die Auswahl an Holzschnitzereien, Körben und anderen afrikanischen Souvenirs ist dennoch beeindruckend Wer nicht zu viel Geld ausgeben will, muss knallhart feilschen – aber immer schön cool bleiben und vor allem nett lächeln! Am Ende siegt die Höflichkeit. Für hochwertigere Artikel siehe die nachfolgende Liste.

Windhoek verfügt über eine gute, lebendige Shoppingmall-Kultur. Einkaufszentren finden sich in der ganzen Stadt, aber auch in den Vororten. Die meisten Geschäfte sind typisch südafrikanisch und bieten hochwertige Waren zu einem Bruchteil des in der Heimat üblichen Preises. Der Soweto Market (s. S. 96) in Katutura hat eher etwas von einem traditionellen afrikanischen Markt und sollte deshalb lieber in Begleitung eines Einheimischen oder im Rahmen einer organisierten Tour besucht werden.

Namibia Crafts Centre (Karte S. 92; ☎ 222236; 40 Tal St.; ⊙ Mo–Fr 9–17.30, Sa bis 13 Uhr) Das Geschäft ist eine wahre Fundgrube an namibisch geprägten Sachen: Lederartikel, Korbwaren, Töpferei, Handarbeiten, handbemalte Textilien und andere Materialien – und der Künstler sowie die Herkunft eines jeden Stücks ist zudem noch dokumentiert. Die zugehörige Snackbar ist für ihren Kaffee und die gesunden Snacks bekannt.

House of Gems (Karte S. 92; ☎ 225202; scrap@ iafrica. com.na; Stübel St. 131) Wer Mineralien und Edelsteine kaufen möchte, ist in dem renommiertesten Geschäft in Windhoek genau richtig; es fertigt Halsketten nach Wunsch. Weitere Informationen siehe Kasten S. 102.

Penduka (außerhalb der Karte S. 89; ☎ 257210; www. penduka.com) Penduka bedeutet „aufwachen". Die Organisation betreibt ein nicht-gewinnorientiertes Handarbeitsprojekt von Frauen am Goreangab Dam, einem Stausee 8 km nordwestlich der Innenstadt. Erhältlich sind hier Handarbeiten, Körbe, Schnitzereien und Stoffe zu angemessenen Preisen; der Erlös kommt allein den Herstellern zugute. Wer hinfahren möchte, nimmt den Western Bypass in Richtung Norden und biegt links ab in die Monte Cristo Road ab, dann links in die Otjomuise Road, rechts in die Eveline Street und erneut rechts in die Green Mountain Dam Road. Von hier den Schilder zum Goreangab Dam/Penduka folgen.

Campingausrüstung

Cymot Greensport (Karte S. 92; ☎ 234131; Mandume Ndemufayo St. 60) ist gut für hochwertige Camping-, Fahrrad- und Autoausrüstung, und das gilt auch für **Cape Union Mart** (Karte S. 89; Maerua Park Centre). Ausrüstung für Expeditionen mit dem Geländewagen verkauft **Safari Den** (Karte S. 89; ☎ 231931; Bessemer St. 20), Interessierte können es aber auch bei **Gräber's** (Karte S. 89; ☎ 222732; Bohr St.) im südlichen Industriegebiet probieren.

AN- & WEITERREISE
Flugzeug

Der Chief Hosea Kutako International Airport befindet sich rund 40 km östlich vom Stadtzentrum; über ihn werden die meisten internationalen Flüge nach/von Windhoek abgewickelt. **Air Namibia** (☎ 299 6333; www.air namibia.com) bietet täglich Flüge von Windhoek nach Kapstadt und Johannesburg an sowie zwei Flüge pro Woche von und nach Frankfurt/Main. Mehrere internationale Fluglinien unterhalten Verbindungen von/nach Maun (Botsuana) und zu den Victoriafällen in Simbabwe. Weitere Informationen siehe S. 249.

Der Eros Airport gleich südlich vom Stadtzentrum wickelt die meisten Inlandsflüge von und nach Windhoek ab. Air Namibia bietet gelegentlich Flüge von/nach Katima Mulilo, Lüderitz, Ondangwa, Rundu, Swakopmund/ Walvis Bay und Tsumeb.

Wer in Windhoek ins Taxi steigt, sollte sich vorher vergewissern, dass der Taxifahrer auch versteht, zu welchem Flughafen er fahren soll: Kutako oder Eros?

Weitere Fluglinien, die von/nach Windhoek fliegen:

British Airways (☎ 248528; www.ba.com)
Lufthansa Airlines (☎ 226662; www.lufthansa.com)
South African Airways (☎ 237670; www.flysaa.com)
TAAG Angola (www.taag.com.br)

Alle diese Fluglinien haben eine Niederlassung im Chief Hosea Kutako International Airport, es ist jedoch einfacher, seine Tickets online zu buchen.

Bus

Vom Hauptbusbahnhof (Karte S. 92; Ecke Fidel Castro & Rev Michael Scott St.) aus verkehrt der **Intercape Mainliner** (www.intercape.co.za) von/nach Kapstadt, Johannesburg, zu den Victoriafällen und nach Swakopmund mit diversen Zwischenstopps. Fahrkarten sind über die Unterkunft erhält-

MIT DEM FAHRRAD ÜBER DEN ELEPHANT HIGHWAY Mara Vorhees

Als ich mir die Möglichkeit, mit dem Fahrrad durch Botsuana und Namibia zu strampeln, durch den Kopf gehen ließ, befragte ich zuerst einmal meinen Lonely Planet-Reiseführer: „Wer kein erfahrener Radfahrer und für extreme Bedingungen nicht ausgerüstet ist, sollte sich Ideen wie ein Abenteuer mit dem Fahrrad besser aus dem Kopf schlagen." Das Buch betonte die Handicaps: wie irre die die Sonne herunterbrennt, wie wenig Wasser es gibt und wie weit die Entfernungen sind. „Wer hier Rad fährt, kann gleich Selbstmord begehen", schloss ich messerscharf. Worauf hatte ich mich da nur eingelassen?

Die Tatsache, dass ich bei einer organisierten Tour mitfahren würde, beruhigte mich etwas. Die **Tour d'Afrique** (TDA; www.tourdafrique.com) ist eine Expedition über 11 800 km, die von Kairo nach Kapstadt führt und sich in acht Streckenabschnitte gliedert. Als Mitglied des Lonely Planet-Teams sollte ich das vorletzte Teilstück – den Elephant Highway – von den Victoria Falls nach Windhoek bestreiten.

Somit musste ich mich zum Glück nicht um so lästige Details wie Trinkwasser kümmern. Namibia und vor allem Botsuana sind dünn besiedelte Länder. Selbst auf den wichtigsten Highways fuhren wir stundenlang dahin, ohne an einem Zeichen der Zivilisation vorbeizukommen. Wir verbrachten jede zweite Nacht in einem Buschcamp, wo wir ohne jegliche Infrastruktur in der Wildnis schliefen, vom Transport-Truck einmal abgesehen. Und man sollte im Hinterkopf behalten, dass wir in der Wüste waren. Ohne ein Versorgungsfahrzeug hätten die Biker mindestens für zwei Tage Wasser und Nahrungsmittel herumkutschieren müssen.

Der andere Aspekt des Klimas – die Hitze – beunruhigte mich nicht so sehr, denn die Tour fand im April statt. Wie sich herausstellte, sind in Südafrika die Bedingungen zum Radfahren im Herbst so ziemlich ideal. Wir fuhren immer bei Sonnenaufgang los, um die frische Morgenluft zu nutzen. Ich brauchte anfangs immer eine Jacke, allerdings nicht lange. Gegen Mittag wurde es heiß. Aber natürlich hatten die wirklich schnellen Biker mittags unser jeweiliges Ziel längst erreicht. Da ich zu den langsamen zählte, musste ich einige heiße Nachmittage durchstehen, aber die Temperaturen kletterten eigentlich selten über 30°C.

Die Sonne ist brutal, da besteht kein Zweifel, und das Auftragen der Sonnencreme war ein Ritual, das jeden Morgen stattfand und alle paar Stunden auf der Straße wiederholt wurde. Einige Biker trugen unter ihren Trikots langärmelige, leichte Sachen, um ihre Arme vor der Sonne zu schützen. Aber jeden-

lich, beim Intercape Mainliner Office (Karte S. 89) oder über das Internet. Da diese Strecken sehr beliebt sind, empfiehlt sich eine rechtzeitige Reservierung. Genauere Informationen zu den Fahrpreisen, s. unter den verschiedenen Destinationen.

Lokale *combis* (Minibusse) starten sobald sie voll sind an der Rhino Park-Tankstelle und fahren die meisten Städte und Ortschafte Namibias an. Diese Strecken decken jedoch nicht alle Touristendestinationen ab, die oft weitab der Städte liegen. Dennoch sind die Combis ein angenehmes Transportmittel, für alle Reisende, die die kleineren Städte und Ortschaften Namibias besuchen möchten. Außerdem macht es Spaß, sich die Ärmel hochzukrempeln und mit den Einheimischen in einen solchen Bus zu steigen. Auto & Motorrad Windhoek ist praktisch die wichtigste Kreuzung in Namibia. An diesem Punkt treffen sich nämlich die Hauptroute von Norden nach Süden (die B1) und mehrere Strecken von Osten nach Westen (B2 und B6). Alle

Zufahrtstraßen zur Hauptstadt sind wirklich überaus malerisch und führen durch herrliche Wüstenhügel. Die Straßen sind sehr gut ausgeschildert. Wer von Nord- nach Südnamibia unterwegs ist, kann den Western Bypass, eine Umgehungsstraße, nehmen und muss dann nicht durch das Stadtzentrum fahren.

Trampen

Aufgrund seiner Lage und der Verkehrsanbindung bereitet das Trampen von/nach Windhoek weniger Probleme als andernorts in Namibia. Weitere Informationen zum Thema Trampen in diesem Land siehe S. 257.

Zug

Der Bahnhof von Windhoek verfügt über ein **Buchungsbüro** (☎ 2982 175; ☾ Mo–Fr 7.30–16 Uhr), in dem es möglich ist, Plätze in den öffentlichen Zügen des Landes zu reservieren. Es gibt diverse Strecken, darunter Nachtzüge nach Keetmanshoop, Tsumeb und Swakopmund. Die Fahrpläne sind allerdings unzuverlässig

falls bestand keine Möglichkeit, der „Bikerbräune" zu entgehen, die sich unterhalb der Chamois-Shorts ausbreitete.

Ich kam also mit der Hitze und dem wenigen Wasser zurecht, aber was war mit den Entfernungen? Mit 1576 km ist der Elephant Highway eine der längsten Teilstrecken der Tour – und mit Sicherheit weiter, als ich je mit dem Rad gefahren war. Die gute Nachricht ist, dass die Landschaft meist flach ist und die Straßen asphaltiert sind. Die schlechte Nachricht lautet, dass es ganz schön eintönig ist, sechs bis acht Stunden pro Tag in die Pedale zu treten. Wie kann man sich also vorbereiten? Man sollte auf seinen Körper achten: durch ein anständiges Training, bei dem jede Menge Kilometer gefressen werden. Und man sollte auf seinen Geisteszustand achten und einen iPod mitnehmen.

Von den desolaten Landschaften abgesehen, gibt's am Elephant Highway viel zu sehen. *Elefanten* beispielsweise. Ja, wirklich! Sie lassen sich häufig an der Hauptstraße nördlich und westlich von Nata blicken. Ich war total begeistert, als ich an einer Herde entlangfuhr, die sich an einem Wasserloch versammelt hatte, und dann – später – versperrte mir so ein Riese den Weg. Weniger begeistert war ich dann, als ich am Straßenrand ein Gerippe sah – oder roch.

Für den Fall, dass es jemanden interessiert: Die Höchstgeschwindigkeit eines Elefanten liegt bei 40 km/h, wenn er aufgeregt oder in Alarmbereitschaft ist. Zum Glückkönnen die fünf Tonnen schweren Dickhäuter diese Geschwindigkeit nur ein paar Sekunden beibehalten. Wer also kräftig in die Pedale tritt, kann ihnen schon noch entkommen.

In dieser Gegend gibt es aber noch mehr wilde Tiere, die allerdings von der Straße aus schwieriger zu sehen sind. Man halte nach Giraffen, Warzenschweinen, mehreren Antilopenarten, Echsen und Unmengen Vögeln Ausschau.

Somit ist also eines klar: Wer gern Wildtiere beobachtet, sollte einige Zeit im Sattel einplanen. Man kann sein Fahrrad aber auch in Maun (S. 357) parken und an einer Exkursion zum Okavango-Delta (S. 356) teilnehmen. Wer ein paar Nächte in einer der Lodges zwischen Nata und Maun verbringt, kann die Makgadikgadi Pans (S. 338) erkunden. Oder man tauscht sein Rad in Kasane (S. 345) gegen ein Boot aus und schippert über den Zambezi River. In den Nationalparks ist das Radfahren verboten, und zwar aus gutem Grund: Kein Biker will schließlich Essen auf Rädern abgeben.

Die Autorin Mara Vorhees war eine von 16 Lonely Planet Bikern, die 2009 an der Tour d'Afrique teilnahmen. Sie bewältigte den 1546 km langen Elephant Highway.

und die Fahrzeiten beträchtlich. Da die Busverbindungen erheblich praktischer sind, entscheiden sich die wenigsten Backpacker für den Zug.

UNTERWEGS VOR ORT

Die Stadtbusse wurden zugunsten von preiswerten Gemeinschaftstaxis und Minibussen ausrangiert. Kollektivtaxis fahren am Taxistand am Wernhill Park Centre ab und verkehren auf festen Routen nach Khomasdal und Katutura. Liegt das Fahrtziel an dieser Strecke, kostet die Fahrt rund 5 bis 10 N$. Wer am Hauptbusbahnhof ein Taxi nimmt oder ein Funktaxi ruft, bezahlt, was das Taxameter anzeigt; oder der Preis wird nach der Anzahl der Kilometer berechnet. Es besteht jedoch auch die Möglichkeit, einen Festpreis auszuhandeln. Innerhalb der Innenstadt sind etwa 25 bis 50 N$ lockerzumachen.

Wer im Hosea Kutako International Airport ankommt, nimmt eines der Taxis, die vor dem Ankunftsbereich warten. Die Fahrt in die Stadt dauert lang, der Fahrpreis kann sich deshalb auf 250 bis 300 N$ belaufen. Zum Eros Airport kommt die Fahrt mit rund 30 bis 50 N$ erheblich günstiger. Fahrgäste sollten in jedem Fall hart verhandeln.

Nördliches Zentralnamibia

NÖRDLICHES ZENTRALNAMIBIA

Morgengrauen im Etosha-Nationalpark: Nur durchs Wagenfenster von der flirrend weißen Ebene getrennt, eine Thermoskanne mit Kaffee in der Hand und die Kameras schussbereit, erlebt der Besucher Begegnungen mit wilden Tieren, wie sie wohl nur an wenigen anderen Orten möglich sind. Im südlichen Randbereich des Nationalparks versammeln sich unzählige Vertreter der afrikanischen Tierwelt an künstlich angelegten Wasserstellen und natürlich sprudelnden Quellen. Es genügt, einen Tag an einem einzigen Wasserloch auszuharren, und man wird mit buchstäblich Tausenden Wildsichtungen belohnt. Dieser Tatsache verdankt Etosha zu Recht den Ruf, eines der weltbesten Reservate für die Beobachtung von Großsäugern zu sein.

Anders als in den meisten anderen afrikanischen Wildparks dürfen alle Schotterstraßen in Etosha von Individualreisenden mit einem normalen Pkw befahren werden. Mietwagenfahrern steht eine eindrucksvolle Safari bevor, die sie ihr Leben lang nicht vergessen werden. Zuhause der Familie und Freunden zu berichten, wie schnell der Guide ein Löwenrudel gesichtet hat, das kann jeder. Aber wie viele Reisende sind schon auf Kopfhöhe mit einer Herde Zebras am Rand einer Salzpfanne entlanggeprescht?

Als Kronjuwel in der reich gefüllten Schatztruhe der namibischen Nationalparks ist Etosha das wichtigste Ziel einer Rundfahrt durch das nördliche Zentralnamibia. Die Region bietet aber auch eine Vielzahl weiterer, reizvoller Gelegenheiten für Wanderungen und Entdeckungen, und mit ziemlicher Sicherheit sind hier kaum Touristen zu sehen. Wer Zeit hat, sollte auch den anderen Sehenswürdigkeiten Beachtung schenken: majestätischen Hochplateaus, kunstvoll bemalten Höhlen, schwergewichtigen Meteoriten und Fußspuren von Dinosauriern.

HIGHLIGHTS

- Mit dem eigenen Wagen durch den **Etosha-Nationalpark** (S. 123) fahren, der zu den weltbesten Plätzen für die Wildbeobachtung zählt

- Eine Wanderung aufs **Waterberg Plateau** (S. 115) – Lohn ist ein atemberaubender Fernblick

- Höhlenforschung in der **Phillips Cave** (S. 111) im Erongo-Gebirge (Erongoberg)

- Ein Besuch bei einem der größten **Meteoriten** der Welt (S. 119), nahe der Stadt Grootfontein

- Dinosaurier oder zumindest deren **Spuren** (S. 113) verfolgen – auf der Farm Otjihaenamparero nahe Kalkfeld

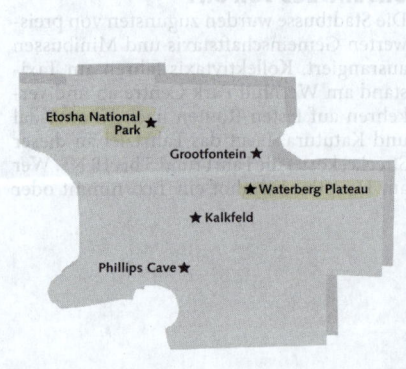

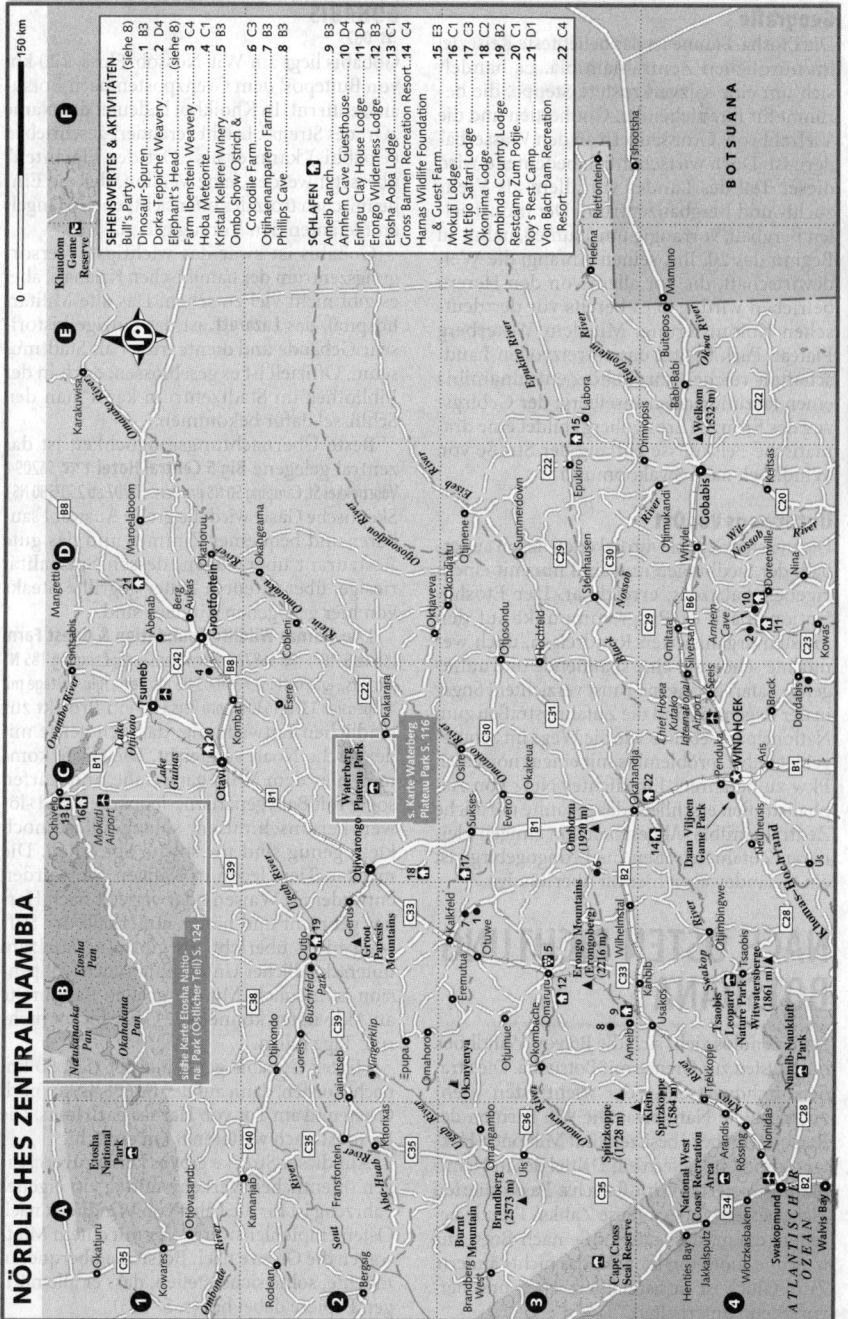

NÖRDLICHES ZENTRALNAMIBIA

SEHENSWERTES & AKTIVITÄTEN

Bull's Party................................(siehe 8)	
Dinosaur-Spuren............................**1** B3	
Dorka Teppiche Weaverv....................**2** D4	
Elephant's Head...........................(siehe 8)	
Farm Ibenstein Weaverv....................**3** C4	
Hoba Meteorite............................**4** C1	
Kristall Kellerei Winery..................**5** B3	
Ombo Show Ostrich &	
Crocodile Farm...........................**6** C3	
Otjihaenamparero Farm....................**7** B3	
Phillips Cave............................**8** B3	

SCHLAFEN

Ameib Ranch..............................**9** B3	
Arnhem Cave Guesthouse...................**10** D4	
Eningu Clay House Lodge..................**11** D4	
Erongo Wilderness Lodge..................**12** B3	
Etosha Aoba Lodge........................**13** C1	
Gross Barmen Recreation Resort...........**14** C4	
Harnas Wildlife Foundation	
& Guest Farm............................**15** E3	
Mokuti Lodge.............................**16** C1	
Mt Etjo Safari Lodge.....................**17** C3	
Okonjima Lodge...........................**18** C2	
Ombinda Country Lodge....................**19** B2	
Restcamp Zum Potjie......................**20** C1	
Roy's Rest Camp..........................**21** D1	
Von Bach Dam Recreation	
Resort..................................**22** C4	

Geografie

Die Etosha-Pfanne ist das beliebteste Reiseziel im nördlichen Zentralnamibia. Es handelt sich um eine salzverkrustete Steppe, die berühmt für ihre ziehenden Gnuherden und die Vielzahl von Großsäugern an den Wasserbädern ist. Doch wirtschaftlich bedeutend wird dieser Teil des Landes vor allem als Viehzucht- und Bergbauzentrum. Der industriellen Bergbau, vorrangig um Tsumeb, nahm zu Beginn des 20. Jhs. seinen Anfang; die Weidewirtschaft, die vor allem von den Herero betrieben wird, gab es aber bereits vor der deutschen Kolonisierung. Mit dem Waterberg Plateau Park besitzt das an reizvollen Landschaften reiche, nördliche Zentralnamibia einen faszinierenden Inselberg; der Gebirgszug des Erongo (Erongoberg) bildet eine dramatische Felskulisse entlang der Straße von Windhoek nach Swakopmund.

Unterwegs vor Ort

Die meisten Sehenswürdigkeiten liegen außerhalb der Siedlungen und sind nur mit einem eigenen Fahrzeug erreichbar. Der Etosha-Nationalpark ist Programmpunkt auf den meisten organisierten Rundreisen, doch wer möchte schon auf eine spannende und aufregende Safari auf eigene Faust verzichten! Sogar in der Regenzeit sind die Zufahrtsstraßen zum Nationalpark, ebenso wie die Wege im Schutzgebiet selbst, problemlos mit einem normalen Pkw zu befahren. Ein dichtes Netz von Asphaltstraßen erschließt das gesamte nördliche Zentralnamibia. Abgesehen von einigen kleineren Zufahrtsstraßen ins Erongogebirge ist ein Geländewagen hier oft überflüssig.

NACH OSTEN RICHTUNG BOTSUANA

Schier endlos zieht sich die B6 von Windhoek nach Osten zur Grenze mit Botsuana. Die Straße durchquert eines der wichtigsten Viehzuchtgebiete Namibias. Die 970 Farmen der Region Omaheke besitzen fünf Millionen Hektar Grund und liefern ein Drittel des in Namibia produzierten Rindfleischs. Passionierten Fleischessern mögen diese Zahlen Freude bereiten; daran, dass die Straße nach Botsuana lang und monoton ist, wird das nichts ändern. Zum Glück ist sie asphaltiert, eben und hervorragend unterhalten.

GOBABIS

☎ 062

Gobabis liegt am Wit-Nossob-Fluss, 120 km von Buitepos, dem Grenzposten nach Botsuana, entfernt. In Khoikhoi bedeutet der Name „Ort des Streits". Leicht verändert geschrieben (Goabbis) kann er als „Ort der Elefanten" übersetzt werden, eine Version, der die Einheimischen trotz des offensichtlichen Mangels an Elefanten den Vorzug geben.

Gobabis ist zwar das wichtigste Versorgungszentrum der namibischen Kalahari, aber es gibt nicht viel zu sehen. Das alte Militärhospital, das Lazarett, ist das einzige historische Gebäude und diente früher als Stadtmuseum. Offiziell ist es geschlossen, doch in der Bibliothek im Stadtzentrum kann man den Schlüssel dafür bekommen.

Beste Übernachtungsmöglichkeit ist das zentral gelegene Big 5 Central Hotel (☎ 562094; Voortrekker St; Camping 50 N$ pro Pers., EZ/DZ ab 250/380 N$). Skeptische Gäste wird die große Auswahl sauberer und bequemer Zimmer und das gute Restaurant überzeugen, dessen Spezialität riesige, über offenem Feuer gegrillte Steaks von hier gezogenen Rindern sind.

Die Harnas Wildlife Foundation & Guest Farm (Karte S. 107; ☎ 568788; www.harnas.de; Camping 185 N$ pro Pers., Iglu/Cottage 485/605 N$ pro Pers., Iglu/Cottage mit Vollpension 1330/1630 N$ pro Pers.) ist ein Projekt zur ländlichen Entwicklung, das sich gerne mit der Arche Noah vergleicht. Die Gäste kommen hier dem Wild ganz nahe und dürfen sogar mit Babygeparden, -leoparden und -löwen herumschmusen, solange diese noch klein genug sind für solche Spielchen. Die meisten Tiere leben in Käfigen. Sie wurden entweder als Waisen oder verletzt nach Harnas gebracht und hätten außerhalb der Stiftung nicht überlebt. Es gibt eine Vielzahl unterschiedlicher Unterkünfte; auch Vollpension ist möglich. Mit der großen Bandbreite an Aktivitäten können die Gäste locker mehrere Tage füllen.

Hinter Gobabis gehts auf der C22 50 km nach Norden, dann auf der D1668 42 km nach Osten und am Tor von Harnas nach links. Die Farm ist nach weiteren 8 km erreicht.

Auf dieser Strecke gibt es keine zuverlässigen öffentlichen Verkehrsmittel; ein eigenes Fahrzeug ist für die Fahrt von Windhoek nach Osten empfehlenswert. Wer mit einem Mietwagen die Grenze nach Botsuana überqueren möchte, sollte sicherstellen, dass er alle nötigen Papiere dabei hat (s. S. 413).

NÖRDLICHES ZENTRALNAMIBIA

BUITEPOS

Buitepos ist eine Wüstenei am Grenzübergang von Namibia und Botsuana und besteht aus kaum mehr als einer Tankstelle sowie der Zoll- und Polizeistation. Die Grenze ist von 8 bis 18 Uhr geöffnet, sollte aber möglichst früh passiert werden, denn die Fahrt nach Ghanzi, der nächsten größeren Siedlung am Trans Kalahari Highway, ist lang.

Wer zu spät in Buitepos ankommt, findet Unterkunft im **East Gate Service Station & Rest Camp** (☎ 560405; Trans-Kalahari Hwy; Camping 90 N$ pro Pers., Hütten ohne Bad 145 N$ pro Pers., 2-Personen-Bungalows 520 N$; 🔀). Wie eine Fata Morgana erhebt es sich über der Wüste. Allzu kleinlich sollte man nicht sein, dann wird man sich hier durchaus wohlfühlen.

Auf botsuanischer Seite führt die Straße weiter bis Ghanzi (s. S. 388).

NACH NORDEN UND ETOSHA

Die bestens unterhaltene B1 erschließt von Windhoek nach Norden sowohl die Region um Outjo als auch das sogenannte Mais- oder Kupferdreieck zwischen Otavi, Tsumeb und Grootfontein. Jede Stadt für sich ist sehenswert, zusammen dienen sie als Ausgangspunkt für Touren in den Etosha-Nationalpark. Auch wenn das Safarifieber einen möglichst schnell nach Norden treibt, lohnt es sich, anzuhalten und sich etwas Zeit für den Besuch der ungewöhnlichen Attraktionen dieses relativ wenig touristischen Teils des nördlichen Zentralnamibia zu nehmen; eine davon ist die Thermabad Gross Barmen.

OKAHANDJA & UMGEBUNG

☎ 062

Okahandja ist Verwaltungsort des Volks der Herero. Die Herero kamen Anfang des 19. Jhs. aus dem heutigen Botsuana in das ursprünglich von Nama beanspruchte Gebiet und lösten damit eine Reihe von kriegerischen Auseinandersetzungen aus. Ab Mitte des 19. bis Anfang des 20. Jhs. fungierte die Stadt als von Deutschen geführte Mission und koloniales Verwaltungszentrum.

Einige Bauten aus dieser Zeit sind in der Stadtmitte erhalten. Neben seiner historischen Bedeutung dient Okahandja als wichtigste Versorgungsstation und Verkehrsknotenpunkt

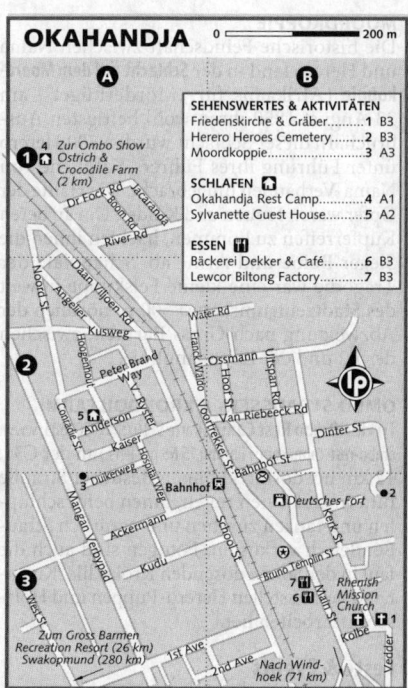

zwischen Windhoek, Swakopmund und dem Norden. Auch mehrere Erholungsgebiete sind von hier aus gut zu erreichen.

Sehenswertes

FRIEDHÖFE

Auf dem Friedhof der 1876 errichteten **Friedenskirche** (Church of Peace; Kerk St; 🔀 Sonnenauf- bis -untergang) und ihr gegenüber finden sich die Gräber mehrerer historischer Persönlichkeiten: Darunter sind das Herero-Oberhaupt Willem Maherero, der Nama-Anführer Jan Jonker Afrikaner, der in Südwestafrika als Persönlichkeit bekannt wurde, und Hosea Kutako, der „Vater der namibischen Unabhängigkeit". Als erster Politiker beantragte er in der UN Sanktionen gegen die südafrikanische Besetzung Namibias.

Östlich der Kerk St sind auf dem **Herero Heroes Cemetery** zahlreiche Kriegshelden der Herero beigesetzt. Hier beginnt die alljährliche Prozession der Red Flag Herero zu Ehren ihrer verstorbenen Oberhäupter und, im Geiste der Versöhnung mit den Nama (in der älteren Literatur meist als Hottentotten bezeichnet), auch zu Ehren von Jan Jonker Afrikaner.

NÖRDLICHES ZENTRALNAMIBIA

MOORDKOPPIE

Die historische Feindschaft zwischen Nama und Herero fand in der **Schlacht auf dem Moordkoppie** (Afrikaans für „Mörderhügel") am 23 August 1850 ihren wohl heftigsten Ausbruch. In dieser Schlacht wurden 700 Herero unter Führung ihres Führers Katjihene von Nama-Verbänden umgebracht. Die Hälfte der Opfer waren Frauen und Kinder. Um an deren Kupferreifen zu kommen, hackten ihnen die Sieger Beine und Arme ab. Schauplatz der Tragödie war eine kleine Felskuppe unweit des Stadtzentrums, etwa 500 m nördlich der Abzweigung nach Gross Barmen, zwischen der B2 und der Eisenbahnlinie.

OMBO STRAUSSEN- & KROKODILFARM

In der **Ombo Rest Camp** (Karte S. 107; ☎ 502003; www.ombo-rest-camp.com; Führung 15 N$ pro Pers.) an der C31, 12 km nordöstlich können Besucher Strauße füttern, auf ihnen reiten, ihnen beim schlüpfen und tanzen zusehen und natürlich Straußenfleisch verkosten. Fotogen sind auch die faul in der Sonne dösenden Krokodile. Kunsthandwerker stellen Herero-Puppen und Holzschnitzarbeiten her.

Feste & Events

Am Wochenende, das dem 26 August am nächsten ist, wird der **Maherero Day** gefeiert. Die Herero der Red Flag-Fraktion versammeln sich in traditioneller Kleidung, um ihrer in den Kriegen mit Nama und Deutschen gefallenen Anführer zu gedenken.

Ein ähnliches Fest begehen die Mbanderu bzw. Green Flag Herero am Wochenende um den 11. Juni.

Schlafen & Essen
IN DER STADT

King's Higway Restcamp (☎ 504086; Voortrekker St; Camping 50 N$ pro Pers., Rondavels (Rundhütten) ab 150 N$ pro Pers.). Das geschützte Camp ist mit modernen Waschräumen, einer Gemeinschaftsküche, Braai-(Grill)-Plätzen und einigen einfachen Rondavels mit Gemeinschaftsduschen ausgestattet. Es liegt am nördlichen Stadtausgang gegenüber der Tankstelle.

Sylvanette Guest House (☎ 501213; www.sylvanette.com; Anderson St; EZ/DZ ab 390/600 N$; ▨ ▣ ▣) Mittelpunkt des gemütlichen, kleinen Pension in einem ruhigen, grünen Vorort ist ein erfrischender Swimmingpool, umgeben von verschiedensten Topfpflanzen. Die preiswerten Zimmer sind passend zu Namibias Wildreichtum mit üppigen Tierdrucken dekoriert. Erstaunlich ist das starke WiFi-Signal!

Bäckerei Dekker & Café (☎ 501962; Main St; Mahlzeiten & Snacks 20-45 N$) Die deutsche Bäckerei mit Café serviert üppiges Frühstück, getoastete Sandwiches, gesunde Snacks, Kuchen, leichte Mittagsgerichte und Nachspeisen.

Lewcor Biltong Factory (Main St) Freunde des *Biltong* (Trockenfleisch) werden es lieben! Vor allem die köstlichen *chilli bites*, die mit der scharfen, aus Portugal bzw. Angola stammende Pfeffersauce *peri-peri* gewürzt sind, schmecken herrlich!

IN DER UMGEBUNG

Gross Barmen Hot Springs Resort (Karte S. 107; ☎ 501091; www.nwr.com.na; 10 N$ pro Person, Camping 50 N$ pro Stellplatz, 80 N$ pro Pers., 2-/4-Bett-Chalets 450/600 N$) Die ehemalige Missionsstation Gross Barmen 26 km südwestlich von Okahandja ist Namibias beliebtestes Thermalbad. Die Herero nannten den Ort Otikango „schwache Felsquelle". Rund um die natürlichen, mineralhaltigen Quellen wurden in jüngerer Zeit diverse Freizeiteinrichtungen wie Tennisplätze, Pools mit warmen Quellwasser sowie Bar und Restaurant unter freiem Himmel errichtet, sodass die Anlage insgesamt wie eine Mischung aus Oase und Kurklinik wirkt. Mit Glück bekommt man auch ohne Reservierung Unterkunft; besser ist es, vorab bei Namibia Wildlife Resorts (NWR) in Windhoek zu buchen (s. S. 90).

Von Bach Dam Recreation Resort (Karte S. 107; ☎ 501475; www.nwr.com.na; 10 N$ pro Fahrzeug, Camping 50 N$ pro Stellplatz, 80 N$ pro Pers.) Das südlich von Okahandja an der B1 gelegene Ressort wird vergleichsweise weniger frequentiert und bietet dank guter Regenzeiten in den vergangenen Jahren hervorragende Angelbedingungen, die sich natürlich auch schnell ändern können. Wer nicht angelt, kann picknicken, Vögel beobachten oder Buschwanderungen unternehmen. Auch hier gilt: eine Reservierung bei NWR in Windhoek (s. S. 90) ist angeraten. Die Angelgenehmigung gab es zum Zeitpunkt der Recherche am Zugangstor zu kaufen; das kann sich aber mittlerweile geändert haben.

An- & Weiterreise
BUS

Mehrere Busse des **Intercape Mainliner** (www.intercape.co.za) verkehren wöchentlich zwischen Windhoek und Okahandja; die Fahrt dauert eine Stunde und kostet ab 150 N$. Platzreservierungen sollten zeitig vorgenommen werden, denn die Busse fahren weiter nach Victoria Falls und sind schnell ausgebucht.

Auch Minibusse befahren die Strecke ziemlich regelmäßig und häufig. Die Strecke von Windhoek nach Okahandja sollte nicht mehr als 75 N$ kosten. Da Okahandja auch als kleineres Drehkreuz für den öffentlichen Nahverkehr fungiert, gibt es verschiedene Minibusverbindungen in die Umgebung, deren Preise sich zwischen 30 und 50 N$ bewegen.

AUTO
Okahandja liegt 70 km nördlich von Windhoek an der B1, der Hauptverbindung zwischen dem Norden und Süden des Landes.

ZUG
Züge der **Trans-Namib** (☎ 061-298 2175) verkehren Montag und Mittwoch zwischen Windhoek und Okahandja (Preise ab 75 N$); allerdings sind die Abfahrten auf den frühen Morgen und späten Abend beschränkt und deshalb für die meisten Reisenden unbequem.

ERONGO-GEBIRGE (ERONGOBERG)
☎ 064

Das vulkanische Erongo-Gebirge, Afrikaans „Erongoberg", erhebt sich nördlich von Karibib und Usakos als bis zu 2216 m hohes Massiv. Nachdem die ursprüngliche vulkanische Aktivität vor etwa 150 Millionen Jahren endete, brach der Vulkan in seine Magmakammer ein, sodass das Becken mit langsam abkühlender Lava füllte. Das Ergebnis ist dieses harte, granitähnliche Kernstück, das der Erosion widerstand, während die umliegenden Felsschichten abgetragen wurden. Viel später lebten Volksgruppen der San (s. S.293) in prähistorischer Zeit in dem Gebirge. Ihre reiche Hinterlassenschaft sind Höhlenmalereien und Felsgravuren, die der Verwitterung erstaunlich gut widerstanden haben.

Sehenswertes
Berühmt ist das Erongo-Massiv für seine Höhlen- und Felsmalereien, beispielsweise in der 50 m tiefen **Phillips Cave** (Karte S. 107; Permit für Tagesbesucher 30 N$). Diese 3 km abseits der Straße gelegene Höhle birgt die Malerei des berühmten, buckligen weißen Elefanten. Den Elefanten überlagerte eine Elenantilope mit Höcker, möglicherweise ein Eland; umgeben ist das Motiv von tanzenden Straußen und

Giraffen. Die Felsbilder auf dem Gelände der Ameib-Farm wurden durch das Buch *Phillips Cave* des Prähistorikers Abbé Breuil bekannt. Seine Thesen über einen mediterranen Ursprung der Bilder stehen heute nicht mehr in der Diskussion. Tagesbesucher erreichen die prähistorischen Stätten über die Ameib Ranch (s. unten).

Ein Wall scheinbar aufeinandergestapelter Felsbrocken rahmt Ameibs Picknickplatz ein; eine Formation, die bekannte Bull's Party, ähnelt tatsächlich einer Versammlung schwatzender Rinder. Auch die einem Elefantenkopf gleichende Gesteinsgruppe und der Felsen, der aussieht wie eine traditionell gekleidete Herero-Frau mit zwei Kindern, werden häufig fotografiert.

Schlafen
Ameib Ranch (Karte S. 107; ☎ 530803; www.natron.net/tour/ameib; Camping 70 N$ pro Pers., Halb-/Vollpension ab 500 N$ pro Pers.; ⌖) Die Ranch am „Grünen Hügel" zu Füßen der Erongo-Berge wurde 1864 als Station der Rheinischen Mission gegründet und fungiert heute als Gästefarm und Campingplatz. Die Zimmer befinden sich im historischen Farmhaus neben einem hübsch gestalteten Pool. Ebenfalls zur Anlage gehören eine Lapa, ein kreisförmiger Bereich mit Feuerstelle, an dem die Gäste zusammenkommen, sowie der gut unterhaltene Campingplatz. Phillips Cave liegt im Konzessionsgebiet der Ameib Ranch, die die Genehmigung für deren Besuch ausstellt sowie geführte Wanderungen und Tagesausflüge organisiert.

Erongo Wilderness Lodge (Karte S. 107; ☎ 570537; www.erongowilderness.com; Zelt-Bungalows mit Vollpension ab 1350 N$ pro Pers.; ⌖ ▢ ⌖) In diesem sehr gelobten Schutzgebiet schaffen spektakuläre Gebirgslandschaft, Wild- und Vogelreichtum sowie eine den Bedingungen der Umwelt sensibel angepasste Architektur eine der bemerkenswertesten Lodges von Namibia. Übernachtungsmöglichkeit bieten 10 Zelt-Bungalows, die auf Holzpfählen zwischen turmhohe Granitfelsen gesetzt wurden. Gäste haben die Wahl zwischen Entspannung am Feuer in der Hauptlodge und verschiedenen Aktivitäten, die im Vollpensionspreis inbegriffen sind. Dazu zählen Wandern, Birding und Pirschfahrten zur Wildbeobachtung. Die Lodge erreicht man von Omaruru aus auf der D2315 nach Westen. Sie zweigt 1 km südlich der Stadt von der Straße nach Karibib ab und erreicht die Lodge nach 10 km.

NÖRDLICHES ZENTRALNAMIBIA

An- & Weiterreise

Nördlich von Ameib führt die D1935 um die Erongoberge herum, bevor sie Richtung Norden ins Damaraland weiterführt. Man kann auch alternativ östlich Richtung Omaruru über die D1937 fahren, die die Erongoberge fast vollständig umrundet. Mit Geländewagen befahrbare Stichstraßen führen ins Herz der Berglandschaft, in der herrliche Buschwanderungen möglich sind.

OMARURU

☎ 064

Die aride und staubige Umgebung verleiht der am schattigen Flussbett des Omaruru gelegenen, gleichnamigen Stadt richtiges Outback-Flair. Der Herero-Name „Bittere Dickmilch" leitet sich von dem Geschmack der Milch ab, die Kühe geben, wenn sie Bitterbusch gefressen haben. In Trockenzeiten bleibt diese zähe Pflanze noch lange grün und wohlschmeckend, wenn andere Pflanzen längst ihr Aroma verloren haben.

Omaruru wurde 1870 als Handelsniederlassung und Missionsstation gegründet. Hier wurden das Neue Testament und die Texte der Liturgie ins Herero übersetzt. Die zahlreichen historischen Zeugnisse lohnen einen Stadtrundgang vor der Weiterfahrt nach Swakopmund oder Otjiwarongo.

Sehenswertes

FRANKE-TURM

Im Januar 1904 wurde Omaruru Schauplatz eines Herero-Aufstandes unter Häuptling Manassa gegen die dort stationierten deutschen Soldaten. Hauptmann Victor Franke, der gerade Aufstände in Südnamibia unterdrücken sollte, bat Gouverneur Leutwein um die Erlaubnis, Richtung Norden zu ziehen und die belagerte Stadt zu befreien. Nach einem 400 km langen Gewaltritt, den die Soldaten in nur fünf Tagen schafften, erreichte Franke Omaruru und schlug mit seinen Männern den Angriff der Herero erfolgreich nieder.

Für seine Tat wurde Franke mit den höchsten militärischen Ehrungen Deutschlands ausgezeichnet. 1908 errichteten die dankbaren deutschen Einwohner von Omaruru einen Beobachtungsturm, den sie ihm zu Ehren Franke-Turm nannten. 1963 wurde der Turm unter Denkmalschutz gestellt. Eine Gedenktafel erinnert an das historische Ereignis, von oben bietet sich ein schöner Blick über die Stadt. In der Regel ist der Turm verschlossen,

den Schlüssel händigen aber die Mitarbeiter des Central Hotels aus.

KRISTALL KELLEREI

Namibias einziges **Weingut** (Karte S. 107; ☎ 570083; ☾ Mo–Fr 10–22, Sa 9–14 Uhr) baut rote und weiße Trauben an, aus denen Cabernet, Colombard, Blanc de Noir, Schaumweine und Grappa hergestellt werden. Außerdem wird aus Kaktusfeigen der berühmte Kaktusschnaps gewonnen (er ist etwas wirklich Besonderes!). Mittags kann man kleine Gerichte bestellen – Käse- und kalte Fleischplatten, Salate und Schnitzel –, während man Wein und anderes verkostet; auf Voranmeldung gibt es auch ein Abendessen. Das Weingut liegt 4 km östlich der Stadt an der D2328.

RHEINISCHE MISSIONSSTATION & MUSEUM

Die **Rheinische Missionsstation & Museum** (Wilhelm Zeraua St.; Eintritt frei) wurde 1872 von Gottlieb Viehe gegründet und beherbergt nun das Stadtmuseum. Zu sehen sind Haushalts- und Landwirtschaftsgeräte aus dem 19. Jh., ein alter Getränkespender und viele historische Fotos. Gegenüber liegt der Friedhof, auf dem der Herero-Anführer Wilhelm Zeraua und einige der ersten deutschen Siedler beerdigt liegen. Den Schlüssel für das Museum hat das Central Hotel.

Festivals & Events

Jedes Jahr veranstalten an dem Wochenende, das dem 10. Oktober am nächsten liegt, die White Flag Herero eine Prozession vom Vorort Ozonde zum Friedhof gegenüber der Missionsstation. Dort liegt ihr Häuptling Wilhelm Zeraua beerdigt, er starb bei der Niederlage in den Kämpfen zwischen Deutschen und Herero.

Schlafen & Essen

Omaruru Rest Camp (☎ 570516; Camping 50 N$ pro Pers., Rondavels ab 150 N$ pro Pers.; ☐) Das städtische Rastlager am Stadtrand bietet Campingmöglichkeiten in einfachen Rundhütten und auf Stellplätzen; es gibt ausreichend warmes Wasser und einen funktionierenden Internetzugang. Sports Bar und -Restaurant sind ziemlich beliebt und werden von den verschiedensten Leuten aus der Umgebung besucht.

Central Hotel Omaruru (☎ 570030; Wilhelm Zeraua St; EZ/DZ ab 190/440 N$; ☒ ☟) Dank der kürzlich erfolgten Renovierung die beste Unterkunft in Omaruru: Die Zimmer des historischen

Kolonialbaus sind günstig und modern ausgestattet. Im Speisesaal essen sowohl Hotelgäste wie Besucher; die Küche setzt auf namibische Standards und beliebte europäische sowie internationale Rezepte.

Omaruru Souvenirs & Kaffestube (☎ 570230; Wilhelm Zeraua St; Gerichte 20–55 N$) Das hübsche Café residiert in einem Haus von 1907. Hier bekommen die Gäste aromatischen Kaffee und deutsche Backwaren. Im luftigen Biergarten schmeckt ein kaltes Pint Hansa-Bier zu rustikalem Essen aus dem Pub.

An- & Weiterreise

Mit dem eigenen Fahrzeug kommt man auf der asphaltierten C33 durch Omaruru. Sie ist die schnellste Verbindung zwischen Swakopmund und Etosha.

KALKFELD

☎ 067

Vor rund 200 Millionen Jahren war Namibia von einem flachen Meer bedeckt, das allmählich austrocknete und im Laufe der Zeit durch Schlamm und angewehten Sand aufgefüllt wurde. In der Nähe der winzigen Stadt Kalkfeld sind in den so entstandenen Schichten aus Sandstein auf 25 Meter Länge die Beweise für den Spaziergang eines Dinosauriers erhalten. Vor etwa 170 Millionen Jahren hat ein dreizehiger, auf den Hinterbeinen laufender Dinosaurier seine Spuren im damals weichen Lehm hinterlassen. Wie alle Reptilien war er ein Vorläufer der heutigen Vögel.

Die **Dinosaurierfußspuren** (Karte S. 107) befinden sich 29 km außerhalb von Kalkfeld auf der Farm Otjihaenamparero (Karte S. 107), nicht weit von der D2414. Zwar wurde der Ort 1951 zum Nationalmonument erklärt, doch Individualbesucher benötigen die Genehmigung des Farmers. Weitere, kleinere Spuren finden sich auf dem Gelände der Mt Etjo Safari Lodge (s. unten) und sind ohne Einschränkung zu besichtigen.

In Kalkfeld selbst gibt es keine Unterkunft. Eine gute Adresse ist die nahe **Mt Etjo Safari Lodge** (Karte S. 107; ☎ 304464; www.mount-etjo.com; Camping 550 N$ pro Stellplatz für 4 Personen, DZ/Suite mit Halbpension 1300/3200 N$; 🅧 🅟 🅡), die mitten in einem privaten Naturschutzgebiet liegt. „Mt Etjo" bedeutet Fluchtpunkt und bezieht sich auf den unweit von hier gelegenen Tafelberg. Im April 1989 kam der Lodge eine besondere historische Rolle zu: Hier wurde das Mt Etjo Peace Agreement unterzeichnet, das den Befreiungskampf der South West African People's Organization (Swapo) beendete und die Bedingungen für die namibische Unabhängigkeit im März des folgenden Jahres festschrieb (s. S. 57). Unabhängig von der geschichtlichen Bedeutung ist Mt Etjo der beste Standort für Reisende, die verlässlich Dinosaurierspuren zu sehen bekommen möchten. Sie befinden sich am Rand der nach ihnen benannten Dinosaur Campsite. Einfache, etwas teurere Unterkunft bietet die Hauptlodge mit ihrer landschaftlich herrlichen Umgebung. Kostspielig, dafür aber exklusiv ist der Campingplatz ein paar Kilometer vom Haupthaus, wo jeder Stellplatz mit Dusche/WC ausgestattet ist. Die Lodge ist 35 km von Kalkfeld entfernt und auf der D2414 sowie den D2483 erreichbar. Die Route ist mit farbenfrohen Tafeln ausgeschildert.

Die Ansiedlung Kalkfeld liegt abseits der C33 etwa auf halbem Weg zwischen Omaruru und Otjiwarongo.

OTJIWARONGO

☎ 067

1891 schlossen deutsche Missionare und der Herero-Führer Kambazembi einen Vertrag, der die Errichtung einer Rheinischen Missionsstation vorsah. 1904 stieß eine deutsche Garnison zu den Missionaren. Als offizielles Gründungsjahr der Stadt gilt 1906: Damals erreichte die Schmalspurbahn vom 380 km südwestlich gelegenen Swakopmund zu den Minen von Otavi und Tsumeb die Siedlung. Noch heute erinnert eine historische Lokomotive stolz an die geschichtliche Bedeutung.

Sehenswertes

LOKOMOTIVE NR. 41

Die Lokomotive Nr. 41 am Bahnhof wurde 1912 von der Firma Henschel aus Kassel gebaut und dann nach Namibia gebracht. Sie sollte Erz von den Minen in Tsumeb zum Hafen Swakopmund befördern. 1960 wurde die 0,6 m Schmalspur durch die breitere 1,067 m Normalspur ersetzt und die Lokomotive aus dem Dienst genommen.

KROKODIL-RANCH

In Otjiwarongo eröffnete Namibias erste **Krokodil-Ranch** (☎ 302121; Ecke Zingel & Hospital Sts; Eintritt 20 N$; 🕙 Mo–Fr 9–16, Sa & So 11–14 Uhr). Hier wird Krokodilleder für den Export produziert; Besucher haben die Möglichkeit, hoch quali-

NÖRDLICHES
ZENTRALNAMIBIA

tative Gürtel, Taschen, Schuhe und sogar Jacken zu günstigen Preisen zu kaufen. Ein kleines Café serviert leichte Gerichte und Krokodilschnitzel.

Schlafen

Die von Windhoek, Swakopmund, Outjo und dem Maisdreieck kommenden Straßen treffen in Otjiwarongo aufeinander, dem Zentrum für Landwirtschaft und Viehzucht in der Region. Der Name bedeutet in Herero „Angenehmer Ort", und dieser Bezeichnung wird Otjiwarongo besonders im September und Oktober gerecht, wenn die leuchtenden Farben der blühenden Jacaranda und Bougainvillea die Stadt erfüllen, denn dann ist Frühling und auch ringsum steht das Land in voller Blüte.

Out of Africa Town Lodge (☎ 303397; www.out-of-afrika.com; Long St; EZ/DZ 270/350 N$; 🖳 🖭) Die hübsche, weiß getünchte Lodge im Kolonialstil eignet sich bestens für einen Übernachtungsaufenthalt auf dem Weg nach Etosha, wenn man zu spät losgekommen ist. Die geräumigen Zimmer haben ihren kolonialen Stil bewahrt und sind dank Renovierung dennoch auf der Höhe der Zeit.

C'est Si Bon Hotel (☎ 301240; Swembad St; EZ/DZ 670/885 N$; 🖳 🖭) Dieses charmante Hotel macht seinem aus dem Französischen entliehenen Namen alle Ehre: „es ist so gut". Namibisches Design und europäisches Dekor finden harmonisch zueinander. Ein paar Bahnen im Pool, ein Cappuccino auf der Sonnenterrasse und ein Glas Wein an der Bar überzeugen jeden Gast, dass es hier tatsächlich so ist wie in den Chanson: *c'est si bon.*

Okonjima Lodge (Karte S. 107; ☎ 304563; www.okonjima.com; Neben-/Hauptsaison ab 990/2000 N$ pro Pers. mit Vollpension) Der Platz der Paviane beherbergt die AfriCat Foundation, die ein Rehabilitationszentrum für Geparde und Leoparden finanziert und sich als Zufluchtsort für verwaiste oder problematische Löwen, Geparde und andere Raubkatzen versteht. Neben Aktivitäten wie Wandern, Vogelbeobachtung und Pirschfahrten können die Gäste auch an Touren zum Aufspüren von Geparden und Leoparden teilnehmen. Unterkunft bieten verschiedene Chalets, Luxussafarizelte und Zimmer, die auf dem Gelände des Schutzgebiets verstreut sind. Nach Okonjima zweigt die D2515 49 km südlich von Otjiwarongo nach Westen ab; nach 15 km fährt man auf der Farmstraße nach links; 10 km weiter ist die Farm erreicht.

An- & Weiterreise

Busse des Intercape Mainliner zwischen Windhoek und Victoria Falls passieren Otjiwarongo; Minibusse zwischen Windhoek und Nordnamibia halten an der Engen-Tankstelle. Auch alle Züge zwischen Tsumeb und Windhoek oder Walvis Bay (über Swakopmund) halten in der Stadt.

OUTJO

☎ 067

Outjo wurde 1880 von dem Händler Tom Lambert gegründet. Es diente also nie als Missionsstation, wenngleich es Mitte der 1890er-Jahre eine kurze, ereignislose Phase als deutsche Garnisonsstadt absolvierte. Heute ist Outjos Umgebung von Zitruspflanzungen und Weideland geprägt; Viehzucht ist der wichtigste Wirtschaftsfaktor. Für Reisende ist Outjo der letzte größere Stopp vor Okaukuejo, dem westlichen Zugang zum Etosha-Nationalpark, wo auch die Nationalparkverwaltung ihren Sitz hat.

Sehenswertes

NAULILA MONUMENT

Das Denkmal erinnert an deutsche Soldaten und Offiziere, die am 19. Oktober 1914 bei Fort Naulila am Kunene in Angola von Portugiesen niedergeschossen wurden, als sie einen Nichtangriffspakt aushandeln wollten. Gedacht wird auch der Soldaten, die im gleichen Jahr am 18. Dezember starben, als sie unter Major Franke die Verluste der Deutschen rächen sollten.

MUSEUM FRANKE-HAUS

Das ursprünglich Kliphuis oder Steinhaus genannte **Franke-Haus** (Eintritt frei; 🕓 Mo–Fr 10–12.30 & 3–5 Uhr) zählt zu den ältesten Gebäuden von Outjo. Major von Estorff ließ es im Jahr 1899 als Haus für sich und die ihm nachfolgenden deutschen Befehlshaber errichten. Später diente es auch Major Franke als Wohnsitz. Posthum erhielt es seinen Namen, auch wenn sich das Museum heute eher der politischen und der Naturgeschichte widmet.

WINDMÜHLENTURM

Outjos 9,5 m hoher Windmühlenturm wurde 1900 errichtet, um die deutschen Soldaten, ihre Pferde und das Kolonialkrankenhaus mit frischem Wasser zu versorgen. Das Windrad steht direkt östlich von Outjo an der C39.

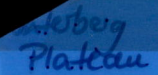

Schlafen & Essen

Etosha Garden Hotel (☎ 313130; www.etosha-garden-hotel.com; EZ/DZ 390/660 N$; ✖ ☎) Nur wenige Schritte vom Zentrum entfernt verwöhnt diese Oase unter österreichischer Leitung ihre Gäste mit Zimmern voller afrikanischem Schnickschnack, üppigem Grün und einem glasklaren Pool. Die Speisekarte listet eine Vielzahl phantasievoller Gerichte wie Zebrasteaks mit Heidelbeeren in Rotweinsauce oder Kudubraten mit roten Äpfeln, Kraut, Kroketten und Birnen.

Ombinda Country Lodge (Karte S. 107; ☎ 313181; ombinda@ovt.namib.com; Camping 90 N$ pro Pers., EZ/DZ ab 455/785 N$; ✖ ☎ ☎) Jacaranda-Ranken umrahmen die 1 km südlich von Outjo gelegene Lodge. Die traditionellen, strohgedeckten Chalets sind komfortabel mit Satelliten-TV und Klimaanlage ausgestattet. Auch der Campingplatz nebenan ist gut unterhalten; wer hier zeltet hat freien Zugang zu allen Einrichtungen der Lodge, inklusive dem Pool.

Outjo Cafe-Bäckerei (☎ 313055; leichte Gerichte 35–55 N$) Café und Bäckerei mit deutschem Flair sind eine Institution in Outjo und ein obligatorischer Stopp für deutsche Reisegruppen auf dem Weg nach Etosha. Berühmt ist die Brot- und Kuchenauswahl; auch leichte Gerichte wie Hühnchen, Schnitzel und Hamburger schmecken lecker.

An- & Weiterreise

Minibusse starten am OK Supermark in Outjo zu zahlreichen Städten und Orten im nördlichen Zentralnamibia. Es gibt leider keine öffentlichen Verkehrsverbindungen zu den Zugangstoren von Etosha bei Okaukuejo und Anderson Gate. Selbstfahrer erreichen diese nach Norden auf der Asphaltstraße. Man sollte unbedingt die Geschwindigkeit drosseln, denn beidseits der Straße ist oft Wild unterwegs. Eine Kollision mit einem Warzenschwein oder gar einem Impala könnte die geplante Safari abrupt beenden.

WATERBERG PLATEAU NATIONAL PARK

Der Waterberg Plateau Nationalpark erstreckt sich über ein 50 km langes und 16 km breites Plateau aus Sandstein, das sich 150 m über die Wüstenebene erhebt. Regenwasser wird vom Sandstein aufgesogen und sickert durch die Gesteinsschichten, bis es auf nach Südwesten gerichteten Tonstein trifft. Dieser leitet es als Quellwasser am Fuß des Berges an die Oberfläche – daher auch sein Name.

In dieser von senkrechten Felswänden begrenzten „verlorenen Welt" nährt eine Vielzahl von Wasserlöchern üppig grüne Bäume und seltene Wildtiere. Neben den überall vorkommenden afrikanischen Pflanzenfressern leben im Park seltene und vom Aussterben bedrohte Arten wie die großen Rappen- und Pferdeantilopen, die beide nach hinten gekämmte Hörner tragen – die Rappenantilope ist viel dunkler Gefärbt. Dazu kommen noch Breit- und Spitzmaulnashörner und sogar Hyänenhunde.

Geschichte

Touristen schätzen den Waterberg als Nationalpark mit guten Möglichkeiten der Wildbeobachtung. Doch das Plateau hat auch in der namibischen Geschichte eine wichtige Rolle gespielt.

1873 wurde am Waterberg eine Rheinische Missionsstation gegründet und 1880 in den Kriegen zwischen Nama und Herero wieder zerstört. 1904 fand hier die entscheidende Schlacht zwischen den deutschen Schutztruppen und dem Herero-Widerstand statt. Überlegene Bewaffnung und Kommunikationsmöglichkeiten sicherten den Deutschen, die mit einer handvoll Männer gegen eine riesige Übermacht kämpften, den Sieg; die überlebenden Herero waren gezwungen, nach Osten in die Kalahari zu fliehen. Den finalen Todesstoß versetzten den Flüchtenden deutsche Soldaten, die vorausgeschickt worden waren. Sie hatten die wenigen Wasserstellen besetzt und verweigerten den Herero den Zugang.

Information

Der **Waterberg Plateau Nationalpark** (80 N$ pro Pers. und Tag, 10 N$ pro Fahrzeug, Pirschfahrten 450 N$ pro Pers.) kann mit dem eigenen Fahrzeug angefahren werden. Das Plateau ist nur für Wanderer oder Teilnehmer der offiziellen, von NWR veranstalteten Wildbeobachtungsfahrten zugänglich. Also nicht für Mountainbiker.

Die Safaris in einem offenen, von Parkrangern gelenkten Fahrzeug starten um 7 und 15 Uhr am Waterberg Resort; eine vorherige Reservierung beim NWR-Büro in Windhoek (s. S. 90) ist erforderlich.

Abgesehen von den Wanderwegen rund um das Waterberg Resort müssen alle, geführte wie ungeführte Wanderungen auf dem Waterberg rechtzeitig in Voraus gebucht werden. Nähere Informationen zu den Touren siehe unter Aktivitäten weiter unten.

NÖRDLICHES ZENTRALNAMIBIA

NÖRDLICHES ZENTRALNAMIBIA

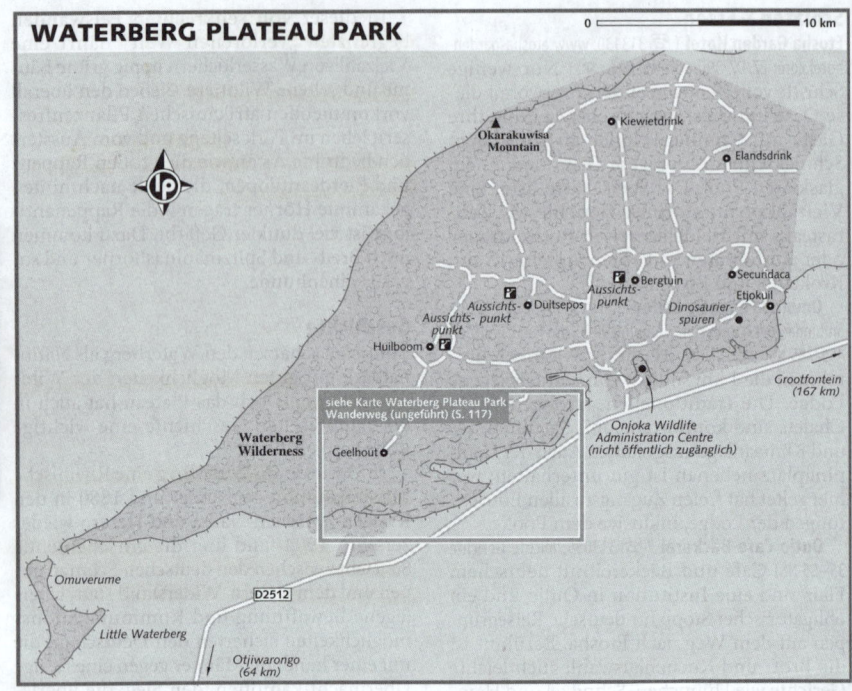

Aktivitäten

WANDERN

Ungeführter Waterberg-Wanderweg

Die viertägige, unbegleitete Wanderung führt auf 42 km in Form einer Acht über das Plateau. Start ist von April bis November jeweils Mittwoch, 9 Uhr; die Gebühren betragen 50 N$ pro Pers.. Gruppen müssen aus mindestens 3 und höchstens 10 Personen bestehen. Reservierung bei NWR in Windhoek (s. S. 90).

Die Wanderer übernachten in einfachen Unterständen und benötigen kein Zelt. Alles andere – Essen, Schlafsack, Taschenlampe (Batterien!) – muss mitgeführt werden. Trinkwasser gibt es an den Unterständen, aber das Wasser für unterwegs muss man ebenfalls tragen. Mit etwa drei bis vier Liter pro Tag sollte man rechnen, besonders in den heißen Sommermonaten.

Die erste Etappe beginnt am Besucherzentrum, dem Waterberg Resort, und führt 13 km am Felsabbruch entlang bis zum Unterstand von Otjozongombe. Die Etappe für den zweiten Tag zum Unterstand von Otjomapenda ist nur 7 km lang und dauert 3 Stunden.

Am dritten Tag geht es dann 8 km zurück nach Otjomapenda, wo man die Nacht verbringt. Am vierten und letzten Tag der Tour kehren die Wanderer nach 14 km zum Besucherzentrum zurück.

Waterberg Wilderness Trail

Zwischen April und November startet der viertägige, geführte Waterberg Wilderness Trail, und zwar jeden zweiten, dritten und vierten Donnerstag im Monat. Die zugelassenen Gruppen von sechs bis acht Personen werden von bewaffneten Rangern begleitet. Abmarsch ist Donnerstag 14 Uhr am Besucherzentrum; Rückkehr am frühen Sonntag Nachmittag. Die Kosten betragen 100 N$ pro Pers.; eine Vorausbuchung bei NWR in Windhoek (s. S. 90) ist erforderlich. Der Routenverlauf ist nicht festgelegt, sondern der Laune des Führers überlassen. Übernachtet wird in einfachen Hütten; Essen und Schlafsack muss jeder Teilnehmer mit sich führen.

Wanderwege im Ressort

Rund um das von rosafarbenem Sandstein eingerahmte Rastlager sind neun kurze Wan-

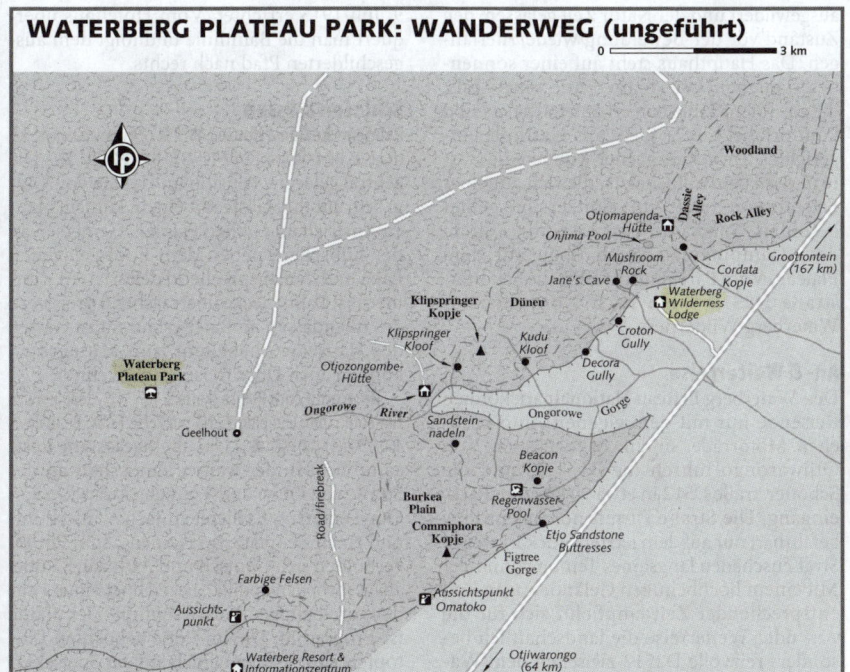

WATERBERG PLATEAU PARK: WANDERWEG (ungeführt)

0 — 3 km

Map labels:
Woodland
Otjomapenda Hütte
Onjima Pool
Dassie Alley
Rock Alley
Mushroom Rock
Jane's Cave
Cordata Kopje
Grootfontein (167 km)
Klipspringer Kopje
Dünen
Waterberg Wilderness Lodge
Klipspringer Kloof
Kudu Kloof
Croton Gully
Waterberg Plateau Park
Otjozongombe Hütte
Decora Gully
Ongorowe River
Sandsteinnadeln
Ongorowe Gorge
Geelhout
Beacon Kopje
Burkea Plain
Regenwasser Pool
Commiphora Kopje
Etjo Sandstone Buttresses
Figtree Gorge
Farbige Felsen
Aussichtspunkt
Aussichtspunkt Omatoko
Road/firebreak
Waterberg Resort & Informationszentrum
Otjiwarongo (64 km)

derwege ausgewiesen. Einer davon führt zum Mountain View auf den Plateaurand hinauf. Man kann hier wunderbar einen Tag mit Wandern verbringen, sollte aber ein Auge auf die Schlangen haben, die auf Felsen und oft sogar auf dem Pfad ein Sonnenbad nehmen. Für diese Wanderungen ist keine Reservierung nötig.

Schlafen

Das **Waterberg Resort** muss vorab bei NWR in Windhoek (s. S. 90) reserviert werden. Die **Waterberg Wilderness Lodge** ist in Privatbesitz und nimmt auch unangemeldete Gäste auf. Da sie beliebt ist, empfiehlt sich die Reservierung dennoch.

Waterberg Resort (Camping 100 N$ pro Stellplatz, EZ/DZ 650/1000 N$, EZ/DZ in Busch-Bungalows ab 800/1300 N$) Das Waterberg Resort und die entsprechenden Einrichtungen in Etosha gehören zur Classic Collection von NWR, die in den letzten Jahren von großen Investitionen und einer kompletten Umgestaltung profitiert haben. Am Waterberg können Camper ihr Zelt auf zahlreichen, tadellos unterhaltenen Stellplätzen mit Stromanschluss aufbauen, die um

Sanitäranlagen mit heißem Wasser, Grill-Plätze und Picknicktische angeordnet sind. Wer im Busch das Bedürfnis nach Luxus hat, wird vom geschmackvollen Design in den neu errichteten Luxuschalets angetan sein. Camper bekommen im Laden Feuerholz, alkoholische Getränke, Grundnahrungsmittel und andere Vorräte. Wer nicht selbst grillt, genießt ein zartes Oryxsteak im Restaurant und spült es mit einem Glas südafrikanischen Pinotage an der Bar hinunter. Nur eine Warnung: Überall in Waterberg lauern schlaue Paviane. Das Zelt sollte stets gut verschlossen, die Türen versperrt sein. Und keinesfalls lässt man Essen herumliegen.

Waterberg Wilderness Lodge (☎ 687018; www.waterberg-wilderness.com; Camping 120 N$, EZ/DZ mit Halbpension ab 1070/2100 N$; ✷ ▭ ☎) Die Lodge ist deutlich teurer als das Waterberg Resort, aber sie ist Teil eines riesigen, privaten Konzessionsgebiets innerhalb des Nationalparks und bietet eine herrliche, anspruchsvolle Alternative, wenn man etwas Geld übrig hat. Familie Rust hat ihren Grundbesitz, der ursprünglich als Rinderfarm geführt wurde, in mühevoller Arbeit renaturisiert, hat Tiere

NÖRDLICHES ZENTRALNAMIBIA

ausgewildert und der Natur Zeit gelassen, den Zustand vor der Beweidung wiederzuerlangen. Das Haupthaus steht auf einer sonnenbeschienenen Wiese am Ende eines Tals; die aus rotem Sandstein erbauten Chalets sind komfortabel mit Möbeln aus Hartholz eingerichtet. Zurückgezogener wohnen die Gäste in der Handvoll Chalets, die sich auf einer Felsterrasse tiefer im Konzessionsgebiet befinden. Sparsame errichten ihr Zelt in dem Campingplatz hoch oben auf dem Plateau. Vom Parkeingang führt die Schotterstraße D2512 8 km nach Nordosten bis Waterberg Wilderness.

An- & Weiterreise

Den Waterberg Plateau Nationalpark können Reisende nur mit dem eigenen Auto besuchen. Motorräder sind nicht zugelassen. Von Otjiwarongo führen die B1, C22 und die Schotterstraße D512 in etwa 90 km zum Parkeingang. Die Straße ist mit normalem Pkw befahrbar; nur auf dem letzten Stück ist wegen Straßenschäden langsames Tempo vonnöten. Mit einem hochbeinigen Geländewagen und entsprechender Zeit empfiehlt sich für die An- oder Weiterreise die landschaftlich besonders reizvolle D2512 zwischen dem Waterberg und Grootfontein.

OTAVI
☎ 067

Zwischen Otjiwarongo und Tsumeb passiert die B1 den „Ort des Wassers", Otavi, in der Nähe des gleichnamigen Gebirges. Die Stadt war ursprünglich deutscher Garnisonsstandort. Dank einer Quelle konnte das umliegende Land bewässert und Weizen angepflanzt werden. Der Aufschwung kam ab 1906: Otavi wurde Zentrum des Kupferabbaus und erhielt eine Schmalspurbahnverbindung mit Swakopmund. 1991 entdeckten französische und amerikanische Paläontologen in der Region den Kieferknochen eines prähistorischen, affenähnlichen Lebewesens, das hier unter dem Namen Otavi Ape (*Otavipithecus namibiensis*) bekanntwurde. Der Fund steuerte neue Erkenntnisse über den Verbleib unseres prähistorischen Missing Link bei.

Sehenswertes

Das **Khorab Memorial** 2 km nördlich von Otavi wurde 1920 im Gedenken an die Kapitulation der deutschen Truppen vor der südafrikanischen Armee unter General Louis Botha am

9. Juli 1915 errichtet. Vom Hotel aus überquert man die Bahnlinie und folgt dem ausgeschilderten Pfad nach rechts.

Schlafen & Essen

Palmenecke Guest House (☎ 234199; www.palmenecke. co.za; 96 Hertzog Ave; EZ/DZ 195/350 N$; ✗ ☐ ☂) Die zentral gelegene Pension im Herzen von Otavi begrüßt ihre Gäste mit einem kühlen, blauen Anstrich und hohen Palmen. Gemessen an der hübschen, neben dem Pool gelegenen Lapa und den ansprechend dekorierten Zimmern ist Palmenecke überraschend preiswert; das Abendessen im Bar-Restaurant ist Gästen des Hauses vorbehalten; zum Mittagessen können auch Durchreisende einkehren.

Restcamp Zum Potjie (Karte S. 107; ☎ 234300; www. zumpotjie.com; Camping 95 N$ pro Pers., EZ/DZ Bungalows 460/790 N$; ✗ ☐ ☂) Das alteingesessene Restcamp liegt in der weiten Landschaft an der Straße von Otavi und Tsumeb, etwa 8 km von Otavi entfernt. Es bietet einfache Unterkunft und einen Zeltplatz. Im Namen „Zum Potjie" verbinden sich Deutsch und Afrikaans; Potje, ausgesprochen „poiki", bezeichnet einen runden, dreibeinigen Gusseisentopf. Der Name ist Programm: Die im Potjie gekochten Eintopfgerichte stehen täglich auf der Speisekarte und sind der Höhepunkt des Aufenthalts.

An- & Weiterreise

Alle Minibusse zwischen Windhoek und Tsumeb oder Oshakati passieren Otavi.

GROOTFONTEIN
☎ 067

Grootfontein (Afrikaans für „Große Quelle") hat sein Kolonialflair bewahrt, wirkt gediegen und respektabel. Die Straßen säumen Häuser aus dem hier vorkommenden Kalkstein, und im Herbst blühen die Jacaranda-Alleen. Als Ausgangspunkt für Touren in den Khaudom Wildpark (S. 138) und zu den San-Dörfern in Otjozondjupa (S. 146) ist Grootfontein die letzte, wirklich bedeutende Stadt bevor es hinausgeht in tiefen Busch. Vor der Weiterfahrt sollte hier der Tank gefüllt und die Vorräte ergänzt werden. Wenn Zeit bleibt lohnt ein Abstecher zum nahen Hoba-Meteoriten (S. 118), einem schwergewichtigen Brocken außerirdischen Weltraumgesteins.

Geschichte

Die namensgebende Quelle zog schon früh Reisende in die Gegend um Grootfontein.

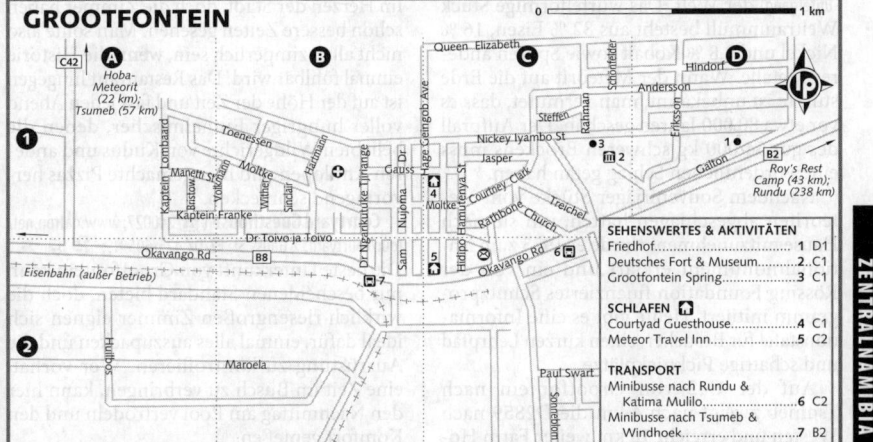

NÖRDLICHES ZENTRALNAMIBIA

1885 gründeten die Dorsland Trekker (Afrikaans für Durstland) hier die Republik Upingtonia, der nur eine kurze Existenz beschieden war. Bereits 1887 war die Siedlung verfallen, doch sechs Jahre danach wurde Grootfontein Sitz der deutschen South West Africa Company, die den großen Mineralienreichtum der Region ausbeutete.

Mit Hilfe der einheimischen Bevölkerung errichtete die deutsche Schutztruppe 1896 ein Fort und Grootfontein wurde zur stark befestigten Garnisonsstadt. Das Fort, der nahe gelegene Kolonialfriedhof und die Quelle, der die Stadt ihre Existenz verdankt, sind heute noch wichtige Wahrzeichen.

Sehenswertes
GROOTFONTEIN SPRING
Die Herero kannten dieses Gebiet als „Otjiwanda tjongue" oder „Leopardengipfel", aber der aktuelle Name (Afrikaans: Große Quelle bzw. Großer Brunnen) geht auf die gleichbedeutende Bezeichnung der Nama „Gei-aus" zurück. Die dauerhaft fließende Wasserquelle zog beide Völker und viele Tiere seit Tausenden von Jahren an und machte den Ort schon ab den 1860er-Jahren zu einer Station für europäische Jäger.

Später ließen sich in der Gegend die ersten europäischen Siedler nieder. 1885 fanden 40 Burenfamilien (Dorsland Trekker) aus Angola hier eine neue Heimat, nachdem die Portugiesen das Landesinnere besetzt hatten. Ihr Führer Will Jordan hatte dafür dem Ndonga-Häuptling Kambonde Land abgekauft.

Die Quelle und ein schattiger Park befinden sich in der Nähe des Schwimmbads am östlichen Stadtrand.

DEUTSCHES FORT & MUSEUM
Die 1896 errichtete Festung wurde Anfang des 20. Jhs. mehrmals vergrößert; 1922 erhielt sie einen großen Anbau aus Kalkstein. Später diente sie als Internat und wurde 1968 dem Verfall überlassen.

Erst im letzten Moment bewahrte man das Fort auf öffentlichen Druck hin vor der Zerstörung. Es wurde 1974 restauriert als **Alte Feste Museum** (Eintritt frei; ☺ Mo–Fr 9–12.30 & 14 bis 16.30 Uhr) wiedereröffnet. Ausstellungen beleuchten den Mineralienreichtum der Region, widmen sich frühen Handwerkstechniken und der Kolonialgeschichte. Zu den Exponaten zählen verschiedene Gesteine, Haushaltsgegenstände, historische Fotoapparate und Schreibmaschinen, eine wiederaufgebaute Zimmerei sowie eine Schmiede.

FRIEDHOF
Auf dem städtischen **Friedhof** an der Okavango Rd befinden sich Gräber von Soldaten der Schutztruppe, die um die Wende zum 20. Jh. bei Kämpfen mit lokalen Volksgruppen ums Leben gekommen sind.

RUND UM GROOTFONTEIN
Hoba-Meteorit
1920 entdeckte der Jäger Jacobus Brits in der Nähe der Farm Hoba einen der größten **Meteoriten** (Karte S. 107; Eintritt N$10; ☺ Sonnenauf- bis

-untergang) der Welt. Das würfelförmige Stück Weltraummüll besteht aus 82 % Eisen, 16 % Nickel und 0,8 % Kobalt sowie Spuren anderer Metalle. Wann der Meteorit auf die Erde stürzte ist unbekannt; man vermutet, dass es vor etwa 80 000 Jahren geschah. Der Aufprall des gut 54 000 kg schweren Brockens muss einen ordentlichen Schlag getan haben.

Nachdem Souvenirjäger Stücke vom Meteoriten abgeschlagen hatten, um sie nach Hause mitzunehmen, wurde er 1955 zum Nationalmonument erklärt und ein von der Rössing Foundation finanziertes Schutzprogramm initiiert. Heute gibt es eine Informationstafel für Besucher, einen kurzen Lehrpfad und schattige Picknickplätze.

Auf der C42 von Grootfontein nach Tsumeb zweigt nach 4 km die D2859 nach Westen und erreicht 18 km weiter Farm Hoba; von dort zeigen die Wegweiser wohin es zum Meteoriten geht.

Schlafen & Essen

Roy's Rest Camp (Karte S. 107; ☎ 240302; Camping 100 N$, EZ/DZ 550/920 N$; ☱) Diese empfehlenswerte Unterkunft wirkt wie aus einem Märchen gestiegen: reetgedeckte Bungalows stehen friedlich unter hohen Bäumen und sind mit selbst gebauten, herrlich rustikalen Holzmöbeln eingerichtet. Gäste können auf einem 3 km und einem 5 km langen Rundkurs wandern, mountainbiken oder mehrtägige, von San geführte Wanderungen mit Übernachtung in freier Natur unternehmen. Roy's befindet sich an der Straße nach Rundu, 43 km außerhalb von Grootfontein, und bietet sich auch als angenehmer Zwischenstopp auf dem Weg nach Tsumkwe an (S. 148).

Meteor Travel Inn (☎ 242078; EZ/DZ ab 250/400 N$; ☱) Das alt eingesessene Hotel liegt angenehm im Herzen der Stadt, doch die Zimmer haben schon bessere Zeiten gesehen. Man sollte also nicht allzu zimperlich sein, wenn die Historie einmal fühlbar wird. Das Restaurant hingegen ist auf der Höhe der Zeit und fast jeden Abend voller hungriger Einheimischer, denen die beliebten Wildgerichte von Kudus und anderen Antilopen und hausgemachte Pizzas hervorragend schmecken.

Courtyard Guesthouse (☎ 240027; www.natron.net/tour/courtyard; 2 Gauss St; EZ/DZ 425/605 N$; ☱ ☐ ☱) Die beste Unterkunft von Grootfontein kann nur bescheidenen Standard bieten, doch die wirklich riesengroßen Zimmer eignen sich ideal dafür, einmal alles auszupacken und die Ausrüstung zu kontrollieren. Wer vorhat, eine Zeit im Busch zu verbringen, kann hier den Nachmittag am Pool vertrödeln und den Komfort genießen.

An- & Weiterreise

Minibusse fahren häufig zwischen Grootfontein und Tsumeb, Rundu, Katima Mulilo und Windhoek. Sie starten von den inoffiziellen Haltestellen am Stadtein- und -ausgang an der Okavango Rd, wie in Afrika üblich, sobald alle Plätze besetzt sind. Auch der Intercape Mainliner zwischen Windhoek und Victoria Falls hält in Grootfontein.

Die Weiterfahrt nach Tsumkwe ist nur mit einem eigenen Fahrzeug möglich. Bei gedrosseltem Tempo lässt sich die Schotterstraße in die Stadt auch mit einem Pkw befahren. Die Dörfer der Region Otjozondjupa sind nur mit einem hochrädrigen Fahrzeug mit guten Stoßdämpfern erreichbar, in der Regenzeit womöglich nur mit einem Geländewagen. Für die Tour durch den Khaudom sind ein robuster Geländewagen und Fahren im gut ausgerüsteten Konvoi vorgeschrieben.

RED LINE

Zwischen Grootfontein und Rundu sowie Tsumeb und Ondangwa kreuzen die B8 und die B1 die sogenannte „Red Line". Diese „Rote Linie" soll die Bewegung der Tiere von Nord nach Süd verhindern und dadurch helfen, die Verbreitung der Maul- und Klauenseuche und der Rinderpest einzudämmen. Es gibt eine Art Checkpoint, an dem die Tiere auf Krankheiten hin untersucht werden. Der Schutz gilt den großen kommerziellen Rinderfarmen im Süden des Landes. Tiere, die nördlich der Linie aufgezogen werden, dürfen nicht in den Süden verkauft oder nach Europa oder Amerika exportiert werden.

Das Ergebnis: Die Rote Linie bildet gleichzeitig eine Grenze zwischen dem entwickelten und dem unterentwickelten Namibia. Im trockenen Bushveld südlich der Linie liegen riesige Farmen, auf denen ausschließlich Rinder gezüchtet werden. Nördlich des Kontrollpunktes trifft man auf dichtes Buschwerk, Baobabbäume, Mopanegestrüpp und kleine *kraals* (Farmen). Dort kämpft ein Großteil der Bevölkerung darum, das Lebensnotwendige zu erwirtschaften.

NÖRDLICHES
ZENTRALNAMIBIA

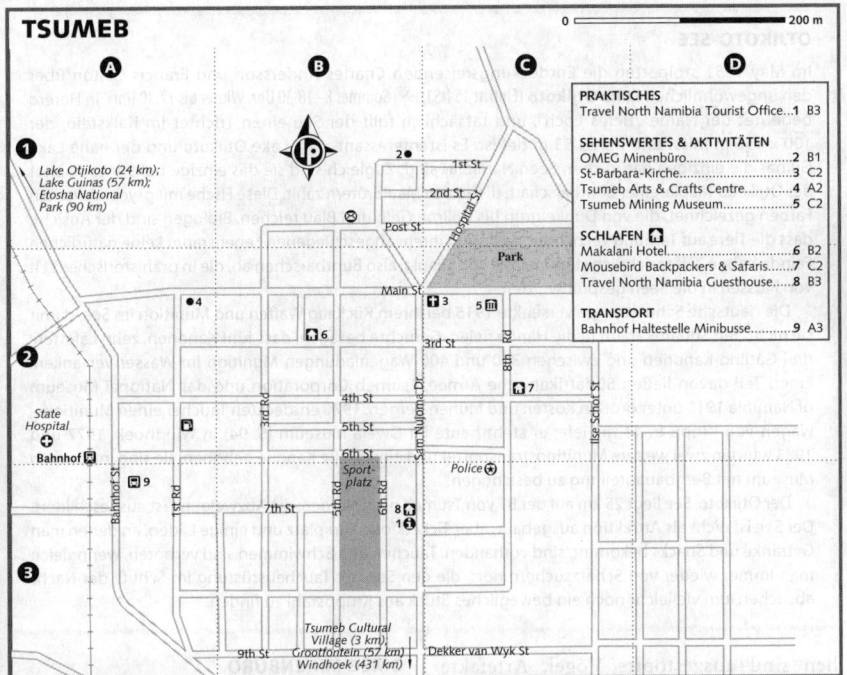

TSUMEB

PRAKTISCHES
Travel North Namibia Tourist Office...1 B3

SEHENSWERTES & AKTIVITÄTEN
OMEG Minenbüro............................2 B1
St-Barbara-Kirche............................3 C2
Tsumeb Arts & Crafts Centre............4 A2
Tsumeb Mining Museum...................5 C2

SCHLAFEN
Makalani Hotel................................6 B2
Mousebird Backpackers & Safaris......7 C2
Travel North Namibia Guesthouse......8 B3

TRANSPORT
Bahnhof Haltestelle Minibusse...........9 A3

0 ————————— 200 m

Lake Otjikoto (24 km);
Lake Guinas (57 km);
Etosha National
Park (90 km)

State
Hospital
Bahnhof

1st St
2nd St
Post St
Park
Main St
3rd St
4th St
5th St
6th St
Sportplatz
Police
7th St
Tsumeb Cultural
Village (3 km);
Grootfontein (57 km);
Windhoek (431 km)
9th St   Dekker van Wyk St

TSUMEB

☎ 067

Der Name der Stadt am Scheitelpunkt des Maisdreiecks ist aus der Verbindung des San-Begriffs *tsoumsoub* (in lockerer Erde graben) und dem Herero-Wort *otjisume* (Ort der Frösche) abgeleitet. Es bedarf etwas Phantasie, die zweite Benennung zu verstehen, denn Tsumeb ist nicht gerade für ein reiches Vorkommen von Fröschen und Kröten bekannt. Doch die von Mineralien gebildeten, roten, braunen, grünen und grauen Streifen im Gestein sehen aus wie getrockneter Laich, der aus einem Teich auf die Felsen geschleudert wurde. Folglich sind Frösche wie Grabwerkzeuge Bestandteil des Stadtwappens.

Der Wohlstand der Bergbaustadt basiert auf dem Vorkommen von 185 Mineralien, darunter zehn, die es nur hier gibt. Kupfererz und eine enorme Vielzahl anderer Metalle und Minerale wie Blei, Silber, Germanium und Cadmium wurden durch einen Vulkanschlot an die Oberfläche transportiert. Dies und die Tatsache, dass hier Afrikas produktivste und weltweit fünftgrößte Bleimine arbeitet, macht die Stadt zu einem metallurgi-

schen und mineralogischen Weltwunder. Gesteine aus Tsumeb finden sich in Museen auf der ganzen Welt, und auch Tsumebs Stadtmuseum präsentiert eine eindrucksvolle Sammlung, in der die mineralogische Bandbreite der Region ebenso wie die Geschichte repräsentiert ist.

Auskunft

Travel North Namibia Tourist Office (☎ 220728; travelnn@tsu.namib.com; 1551 Sam Nujoma) Das freundliche Infobüro besitzt Material über das ganze Land, bucht Unterkünfte, organisiert Transport, Mietwagen und Touren nach Etosha und bietet Internetzugang.

Sehenswertes & Aktivitäten
TSUMEB MINING MUSEUM

Das **Museum** (Ecke Main St. & 8th Rd.; Eintritt 15 N$; ☼ Mo–Fr 9–12, 15–18 Uhr, Sa 15–18 Uhr) dokumentiert die Geschichte der Stadt. Es liegt in einem Kolonialgebäude von 1915, das einst als Schule und als Krankenhaus für die deutschen Truppen gedient hat. Neben Vitrinen mit seltenen Mineralien liefert die Ausstellung Informationen über den Bergbau und präsentiert entsprechende Maschinen. Außerdem zu se-

OTJIKOTO-SEE

Im May 1851 stolperten die Entdeckungsreisenden Charles Andersson und Francis Galton über den ungewöhnlichen **Lake Otjikoto** (Eintritt 15 N$1; ☉ Sommer 8–18.30 Uhr, Winter bis 17.30 Uhr). In Herero bedeutet der Name „Tiefes Loch", und tatsächlich füllt der See einen Trichter im Kalkstein, der 100 x 150 m misst und bis zu 55 m tief ist. Es ist interessant, dass Lake Otjikoto und der nahe Lake Guinas die einzigen natürlichen Seen Namibias sind. Zugleich sind sie das einzige bekannte Habitat des Otjikoto Tilapia, einer Buntbarschart, die zu den Maulbrütern zählt. Diese Fische mit psychedelischen Farben gezeichnet, die von Dunkelgrün bis Hellrot, Gelb und Blau reichen. Biologen sind der Ansicht, dass die Tiere auf Tarnung verzichten, weil sie in ihrem abgeschiedenen Lebensraum keine natürlichen Feinde haben. Offensichtlich stammen sie von Tilapia, also Buntbarschen ab, die in prähistorischer Zeit von Flüssen in die Seen gespült wurden.

Die deutsche Schutztruppe versenkte 1915 bei ihrem Rückzug Waffen und Munition im See, damit sie nicht den Südafrikanern in die Hände fielen. Gerüchte besagen, dass fünf Kanonen, zehn Lafetten, drei Gatling-Kanonen und zwischen 300 und 400 Wagenladungen Munition im Wasser versanken. Einen Teil davon ließen Südafrikanische Armee, Tsumeb Corporation und das National Museum of Namibia 1916 unter großen Kosten und Mühen bergen. 1970 entdeckten Taucher einen Munitionswagen von Krupp in 41 m Tiefe; er steht heute im Owela Museum (S. 94) in Windhoek. 1977 und 1983 wurden zwei weitere Munitionstransporter und eine große Kanone gehoben; sie sind im Tsumeb Museum mit Bergbauabteilung zu besichtigen.

Der Otjikoto-See liegt 25 km auf der B1 von Tsumeb nach Norden; die Abzweigung ist ausgeschildert. Der See ist nicht als Attraktion ausgebaut, aber Ticketkiosk, Parkplatz und einige Läden, an denen man Getränke und Snacks bekommt, sind vorhanden. Tauchen und Schwimmen sind verboten, wenngleich man immer wieder von Schatzsuchern hört, die den See mit Tauchausrüstung im Schutz der Nacht absuchen, um vielleicht noch ein bewegliches Stück aus Kruppstahl zu finden.

hen sind ausgestopfte Vögel, Artefakte der Himba und Herero und Waffen, die aus dem Lake Otjikoto geborgen wurden (s. Kasten unten). Ergänzt wird das alles durch eine Sammlung von Militärgerät, das die Deutschen hier zurückließen, bevor sie sich 1915 den Truppen der Südafrikaner ergaben.

TSUMEB ARTS & CRAFTS CENTRE

In diesem **Kunsthandwerkszentrum** (☎ 220257; 18 Main St.; ☉ Mo–Fr 8.30–13, 14.30–17.30, Sa 8.30 bis 13 Uhr) kann man nicht nur Holzarbeiten der Bewohner des Caprivizipfels, Kunstwerke der San, Korbwaren der Ovambo, europäischnamibische Lederwaren, Webarbeiten aus Karakulwolle und anderes traditionelles Kunsthandwerk kaufen, sondern auch den Handwerkern bei ihrer Arbeit zusehen.

ST.-BARBARA-KIRCHE

Tsumebs römisch-katholische **Kirche** (Ecke Main St. & Sam Nujoma) ist unübersehbar. Sie wurde 1914 der heiligen Barbara, Patronin der Bergleute, geweiht. Es gibt ein paar schöne Wandgemälde aus der Kolonialzeit und einen seltsamen Turm mit Krüppelwalmdach, der das Ganze eher wie ein städtisches Gebäude als wie eine Kirche aussehen lässt.

OMEG MINENBÜRO

Wegen seines hoch aufragenden Turms wird das **OMEG Minenbüro** (Gebäude der Otavi Minen und Eisenbahn Gesellschaft; 1st St.) oft irrtümlich für eine Kirche gehalten.

Er erinnert auf jeden Fall stärker an eine Kirche als die St.-Barbara-Kirche. Das eindrucksvollste Gebäude wurde – kaum vorstellbar – 1907 gebaut.

TSUMEB CULTURAL VILLAGE

Das **Freilichtmuseum** (☎ 220787; Eintritt 10 N$; ☉ Mo–Fr 8.30–13, Sa 14.30–17.30 Uhr) liegt 3 km außerhalb der Stadt an der Straße nach Grootfontein. Es bietet einen guten Einblick in die Geschichte, die Lebensweise und Kultur der meisten namibischen Völker. Auch deren traditionelle Hütten sind dort zu sehen.

LAKE GUINAS

Der südwestlich des Lake Otjikoto gelegene Lake Guinas wird zur Bewässerung des Farmlandes genutzt. Er weist geologische Ähnlichkeiten mit seinem Gegenstück auf, ist jedoch kleiner, doppelt so tief und weniger touristisch – allerdings auch schwerer zugänglich. Auf der B1 geht es von Tsumeb 27 km nach Nordwesten und dann auf der D3043 nach

Südwesten. Nach 20 km zweigt die D3031 nach Südosten ab und erreicht den See nach weiteren 5 km.

Schlafen & Essen

Mousebird Backpackers & Safaris (☎ 221777; www.mousebird.com; 533 4th St; Camping 125 N$ pro Pers., B 185 N$, EZ/DZ ab 390/420 N$; 🖥) Tsumebs beliebte Backpackerunterkunft bleibt auch weiterhin ihren Wurzeln treu und offeriert preiswerte Übernachtungsmöglichkeiten, ohne dabei auf Persönlichkeit oder Charakter zu verzichten. Die einfach und farbenfroh eingerichteten Zimmer machen gute Laune. Die Besitzer helfen Gästen ohne eigenes Fahrzeug bei der Buchung von Campingsafaris nach Etosha oder zu anderen Zielen.

Travel North Namibia Guesthouse (☎ 220728; http://natron.net/tnn/index.htm; Sam Nujoma Dr; EZ/DZ 350/480 N$; 🖥 😺) Das Ehepaar Regina und Johann betreibt neben seinem Infobüro diese preiswerte Pension. Sie ist ideal für jeden, der sparen muss. Neben luftigen Zimmern mit Dusche/WC können Gäste hier auch Safaris durch den Norden Namibias buchen.

Makalani Hotel (☎ 221051; www.makalanihotel.com; 3rd St; EZ/DZ ab 420/610 N$ 😺 🖥 🍽) Das teurere Makalani Hotel verbreitet im Stadtzentrum karibische Gefühle: schattige Palmen wiegen sich über stillem (Pool-)Wasser und leuchtenden Farbtönen in Gelb, Blau und Rot. Im sonnendurchfluteten Biergarten lassen sich die Gäste ein eiskaltes Windhoek Lager schmecken; das elegante Restaurant unter der Lapa (eine Art Reetdach) gilt als die beste Speiseadresse der Stadt.

An- & Weiterreise

BUS

Mehrmals pro Woche absolvieren Busse des **Intercape Mainliner** (www.intercape.co.za) die sechs Stunden dauernde Tour zwischen Windhoek und dem Travel North Infobüro. Fahrkarten sollten vorab online reserviert werden, (Preise ab 350 N$), weil diese Linie nach Victoria Falls weiterfährt und durch Touristen, die die Wasserfälle sehen wollen, schnell ausgebucht ist.

Auch Combis befahren häufig und regelmäßig die B1 von Nord nach Süd bzw. umgekehrt; die Strecke Windhoek-Tsumeb sollte nicht mehr als 200 N$ kosten. Startpunkt ist die Minibushaltestelle in der Stadt.

Die Weiterreise nach Etosha ist nur mit dem eigenen Fahrzeug oder im Rahmen einer organisierten Safari möglich.

AUTO

Tsumeb liegt eine bequeme Tagesetappe von Windhoek entfernt. Es ist Ausgangspunkt für Fahrten nach Namutoni und dem Von Lindequist Gate im Etosha Nationalpark. Die Straße ist bis zum Parktor asphaltiert; man sollte dennoch umsichtig fahren, denn häufig ist Wild entlang der Straße unterwegs.

ZUG

Züge der **Trans-Namib** (☎ 061-298 2175) verkehren jeweils montags und mittwochs zwischen Windhoek und Tsumeb (Preis ab 175 N$). Da sie sehr früh morgens und spät abends abfahren, sind sie für die meisten Reisenden eine eher unbequeme Alternative.

ETOSHA NATIONAL PARK

☎ 067

Der rund 20 000 km² große Etosha-Nationalpark zählt zu den weltweit besten Orten für die Wildbeobachtung. Seinen Namen, der übersetzt „Großer weißer Platz des trockenen Wassers" bedeutet, verdankt er dem riesigen, grünlich weißen Etosha-Pfanne. Diese sehr große, flache Salzwüste von rund 5000 km² verwandelt sich nach Regenfällen für ein paar Tage im Jahr in eine flache Lagune, in der Flamingos mit ihrem Seihschnabel das Wasser nach Salzkrebschen durchfiltern und Pelikane die Fische mit dem Schnabelkescher fangen. Das umliegende Busch- und Grasland ist Lebensraum einer vielfältigen Tierwelt. Obwohl die Landschaft karg wirkt, bietet sie 114 Säugetier- und 340 Vogelarten, 16 verschiedenen Reptilien- und Amphibienarten, einer Fischspezies und zahllosen Insekten eine Heimat.

Anders als in vielen anderen afrikanischen Nationalparks, in denen man Tage damit zubringen kann, das Wild in den weiten Ebenen aufzustöbern, besteht Etoshas Charme darin, dass die Tiere zu den Besuchern kommen. Autofahrer brauchen hier nur Eines zu tun: an einem der vielen Wasserlöcher zu parken, mit angehaltenem Atem zu warten und die Tierprozession zu beobachten, die vor dem Auto vorbeizieht: Löwen, Elefanten, Springböcke, einfach alle! Und das nicht in Zweiergruppen sondern zu Hunderten. Dank der ausgefeilten Infrastruktur aus Zeltplätzen und Busch-Chalets können Besucher im Nationalpark übernachten und die Wildbeobachtung auch nachts bei Kunstlicht fortsetzen.

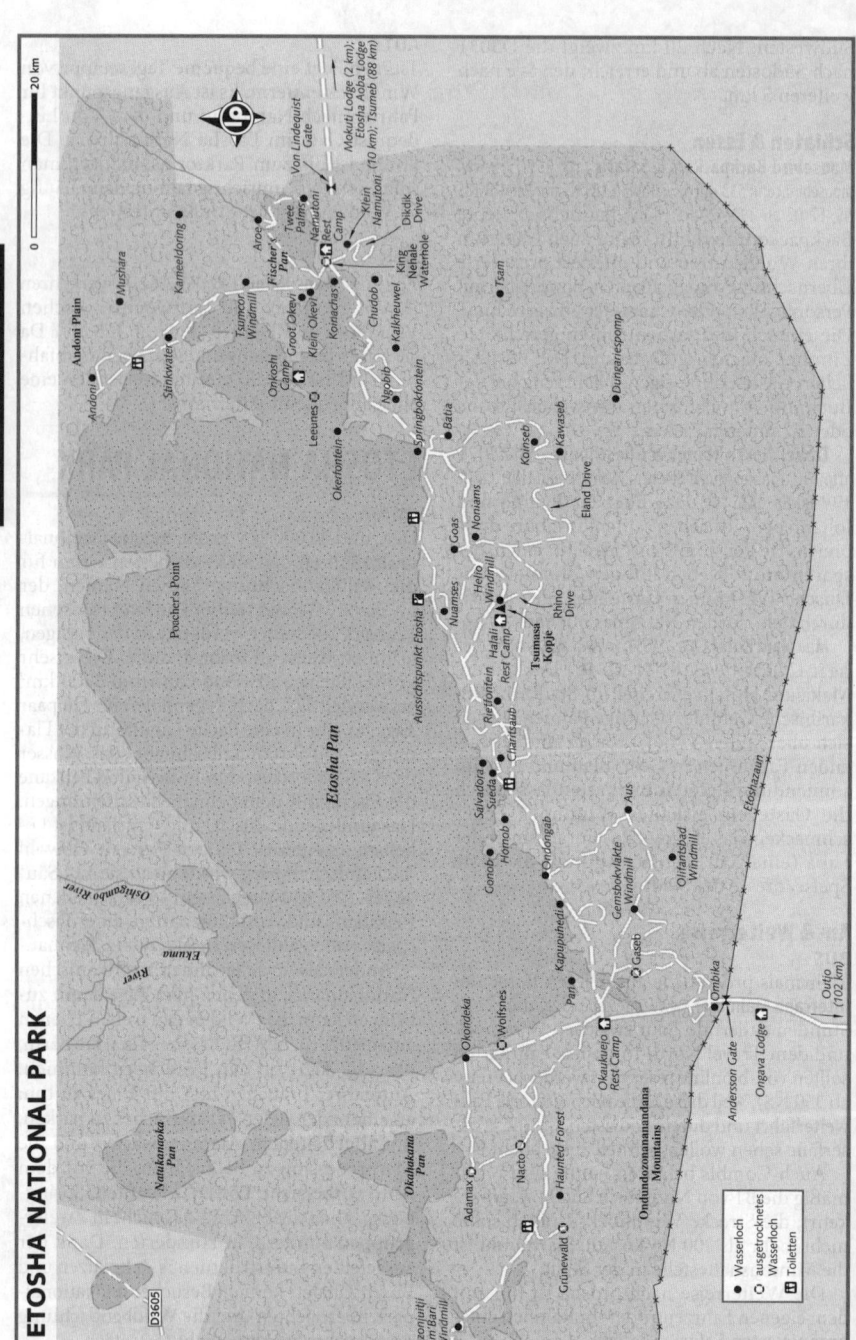

ETOSHA NATIONAL PARK

0 ———— 20 km

Mokuti Lodge (2 km);
Etosha Aoba Lodge
(10 km); Tsumeb (88 km)

Von Lindequist
Gate

Twee
Palms
Namutoni
Rest Camp
Aroe
Klein
Namutoni
Dikdik
Drive
Mushara
Fischer's
Pan
King
Nehale
Waterhole
Kameeldoring
Tsumcor
Windmill
Chudob
Kalkheuwel
Tsam
Onkoshi
Camp
Groot Okevi
Klein Okevi
Kontachas
Stinkwater
Andoni
Plain
Andoni
Ngobib
Springbokfontein
Batia
Dungariespomp
Leeunes
Okerfontein
Goas
Noniams
Kawaseb
Kalrseb
Eland Drive
Poacher's Point
Aussichtspunkt Etosha
Nuamses
Helio
Windmill
Rhino
Drive
Tsumasa
Kopje
Rietfontein
Halali
Rest Camp
Ghandaub
Etoshazaun
Salvadora
Sueda
Aus
Homob
Ondongab
Gemsbokvlakte
Windmill
Olifantsbad
Windmill
Conob
Kapupuhedi
Pan
Gaseb
Ekuma
River
Oshigambo River
Okondeka
Wolfsnes
Okaukuejo
Rest Camp
Outjo
(102 km)
Anderson Gate
Ombika
Ongava Lodge
Natukanaoka
Pan
Okakubako
Pan
Adamax
Nacto
Haunted Forest
Grünewald
Ondundozonananandana
Mountains
Ozonjuitji
m'Bari
Windmill
D3605

Etosha Pan

Wasserloch
ausgetrocknetes
Wasserloch
Toiletten

GESCHICHTE

Die Händler und Forscher John Andersson und Francis Galton entdeckten 1851 als erste Europäer die Etosha-Pfanne. Ihnen folgte 1876 ein amerikanischer Händler, McKeirnan, der schrieb: „Selbst wenn die Tiere aller Menagerien der Welt frei umherliefen – es wäre kein Vergleich zu dem Schauspiel, das ich heute gesehen habe."

Dennoch begannen sich Touristen und Naturschützer erst Anfang des 20. Jhs. für Etosha zu interessieren. Damals machte sich der Gouverneur von Deutsch-Südwestafrika, Dr. von Lindequist, Sorge um die abnehmende Zahl bestimmter Tierarten. Er gründete deshalb ein 99,526 km² großes Reservat, das die gesamte Etosha-Pfanne einschloss. Damals war das Gebiet noch nicht umzäunt, die Tiere konnten ihren normalen Wanderrouten folgen. In den kommenden Jahren wurden die Grenzen des Reservats jedoch immer wieder verändert (vor allem durch die Ausgliederung von Homelands); 1970 legte man den Etosha National Park endgültig auf seine heute Größe fest.

ORIENTIERUNG & PRAKTISCHE INFORMATIONEN

Nur die östlichen zwei Drittel von Etosha sind öffentlich zugänglich, während das westliche Drittel Tourenveranstaltern vorbehalten ist. Die drei Hauptzugangstore zu Etosha sind das Von Lindequist Gate (Namutoni) westlich von Tsumeb, King Nehale Gate südöstlich von Ondangwa und Andersson Gate (Okaukuejo) nördlich von Outjo.

Besucher sollten möglichst über das Von Lindequist oder das Andersson Gate in den Nationalpark fahren, da das King Nehale Gate häufig geschlossen ist. Am Tor erhalten sie einen Permit (eine Art Aufenthaltsgenehmigung) zum Preis von 80 N$ pro Pers. und 10 N$ pro Fahrzeug und Tag. Diese Genehmigungen oder Permits müssen im reservierten Restcamp vorgezeigt werden; dort werden auch evtl. ausstehende Unterkunftsgebühren beglichen.

Die Übernachtung wird normalerweise über NWR in Windhoek (s. S. 90) reserviert und bezahlt; in Ausnahmefällen ist es möglich, Unterkunft direkt an den Gates zu reservieren. Da der Nationalpark an den Wochenenden und vor allem in der Trockenzeit stets gut besucht ist, sollte man wenn möglich immer im Voraus reservieren.

In Etosha sind auch Tagesbesucher zugelassen, aber es ist nahezu unmöglich, in weniger als zwei, drei Tagen viel zu sehen. Die meisten Besucher verbringen mehrere Nächte in einem der drei Restcamps: Namutoni, Halali und Okaukuejo liegen jeweils etwa 70 km voneinander entfernt. Da jedes einen eigenen Charakter hat, ist es empfehlenswert, in möglichst allen dreien zu nächtigen, wenn die Zeit es zulässt.

Die Hauptcamps sind das ganze Jahr über geöffnet und verfügen über Restaurants, Bars, Läden, Schwimmbad, Picknickplätze, Tankstellen, Kiosks sowie beleuchtete Wasserstellen. Die ganze Nacht über kommt Wild an diese Wasserlöcher zum Trinken. Das kürzlich errichtete Superluxuscamp bei Onkoshi ist ziemlich exklusiv und sicherlich besuchenswert, wenn man ausreichend Geld zum Verschleudern hat.

Wer zur Übernachtung in einem der Rest Camps angemeldet ist, muss dort vor Sonnenuntergang erscheinen und kann erst nach Sonnenaufgang wieder aufbrechen; die genauen Zeiten sind an den Eingängen ausgehängt. Wer nach Torschluss anreist, kann zwar durch kräftiges Hupen einen Angestellten dazu bringen, das Tor kurz zu öffnen. Mit einer ordentlichen Standpauke, einem Vermerk auf dem Parkausweis und eventuell sogar einem Bußgeldbescheid muss man auf jeden Fall rechnen.

Im Park gilt eine Höchstgeschwindigkeit von 60 km/h. Das schützt das Wild und beugt zu großer Staubentwicklung vor. Ausrüstung, die Staub nicht verträgt, sollte in Plastikbeuteln verpackt werden. Gegen geringe Gebühr kann man das Auto in den Restcamps waschen lassen.

Alle Straßen im Ostteil des Nationalparks sind mit einem normalen Pkw befahrbar; die Sicht auf das Wild ist allerdings vom höher gelegenen Platz in einem hochrädrigen Auto besser. Die Straße von Namutoni nach Okaukuejo führt mit eindrucksvollen Panoramen auf der wüstenhaften Ebene am Rand der Etosha-Pfanne entlang. Auf die Salzpfanne zu fahren ist verboten, aber ein Netz von Schotterstraßen mäandriert durch die angrenzenden Savannen und Mopanewälder. Eine Stichstraße führt zum Aussichtspunkt Etosha Lookout mitten in der Salzwüste.

Die beste Zeit für Wildbeobachtungsfahrten sind die Morgendämmerung und der späte Abend; allerdings dürfen Besucher die

LEITFADEN FÜR DIE ERFOLGREICHE TIERBEOBACHTUNG

Wer zum ersten Mal an einer Pirschfahrt in Afrika teilnimmt, ist immer wieder aufs Neue davon beeindruckt, dass der professionelle Führer Tiere in der Wildnis so schnell erkennt und bestimmen kann. Bei einem kurzen Besuch wird es sicher nicht gelingen, eine genau so gute Beobachtungsgabe zu entwickeln, aber ein paar Tricks helfen auch Laien, Tiere schneller zu entdecken.

▪ **Tageszeit** Die Bewegungen und das Verhalten der Tiere hängen ganz wesentlich von der Tageszeit ab. Die Morgen- und Abenddämmerung ist für viele Säugetiere und Vogelarten die angenehmste Zeit des Tages. Auch Besucher genießen dann die angenehm kühlen Temperaturen und das gute Licht zum Fotografieren. Obwohl es mittags in der Regel zu heiß für irgendwelche Aktivitäten ist, kommen gerade dann manche Antilopen zur Wasserstelle. Sie fühlen sich zu dieser Zeit weniger bedroht, wohl auch, weil Raubtiere und Reptilien deutlich zu sehen sind.

▪ **Wetter** Es lohnt sich, sich genau über die Wetterverhältnisse zu informieren. Wenn starker Wind weht, gehen Pflanzenfresser und Vögel oft in Deckung, in geschützten Bereichen sind sie dann am ehesten zu finden. Nach Sommergewittern sind Insektenkolonien oft ganz hektisch und aktiv, Frösche tauchen auf, gefolgt von Tieren, die rasche Beute wittern. An bedeckten oder kühlen Tage sind vor allem die in der Dämmerung aktiven Beutetiere länger als üblich unterwegs. Extrem kalte Winternächte zwingen manchmal nachtaktive Tiere dazu, noch bis zur Morgendämmerung nach Nahrung zu suchen.

▪ **Wasser** Die meisten Tiere trinken täglich, sofern Wasser zur Verfügung steht. Wasserstellen sind also ein guter Platz, um dort einige Zeit zu verbringen und auf Tiere zu warten, vor allem in der Trockenzeit. Raubtiere und sehr große Pflanzenfresser trinken eher früh am Tag oder in der Dämmerung, während Antilopen vom frühen Morgen bis zur Mittagszeit an den Wasserlöchern auftauchen. An der Küste sammeln sich bei ablaufender Flut in der Regel viele Watvögel und Tiere, die im Schlick nach Nahrung suchen (z. B. Krabben).

▪ **Nahrungsquellen** Wer weiß, was die verschiedenen Tiere fressen, kann besser entscheiden, wo er auf sie warten will. Eine blühende Aloe mag zunächst nicht besonders interessant erscheinen, sie ist aber eine bevorzugte Nahrungsquelle von vielen Nektarvögeln. Obstbäume ziehen Affen an, während Herden von Pflanzenfressern mit Jungtieren ein Festmahl für Beutetiere bilden.

▪ **Lebensraum** Ganz wichtig ist die Kenntnis des Lebensraumes. Genauso wichtig ist es aber, zu wissen, wo man ein Tier in der Savanne suchen muss. Die Tiere bevorzugen bestimmte Plätze, um Schutz zu suchen – kleine Furchen, Bäume, Höhlen und erhöhte Punkte in den Ebenen. Viele Beutetiere nutzen offenes Grasland, suchen aber auch Deckung, je nach Größe zum Beispiel hinter großen Bäumen, im Dickicht oder sogar hinter Grasbüscheln. Übergangszonen, in denen ein Lebensraum in den anderen übergeht, können besonders interessant sein, weil dort die Bewohner aus beiden Bereichen aufeinander treffen.

▪ **Spuren und Zeichen** Auch wenn die Tiere selbst nicht sofort zu sehen sind, deuten doch viele Zeichen auf ihre Anwesenheit hin. Spuren (Fährten), Kot, Gewölle, Nester, Kratzspuren und Duftmarken liefern gute Informationen über die Tiere und können sogar dabei helfen, einzelne Exemplare ausfindig zu machen. Auch auf Pisten sind meistens interessante Spuren zu finden. Fußstapfen von Elefanten erkennt man sofort, auch die Fährten der anderen großen Beutetiere sind ziemlich offensichtlich. Viele Wildkatzen und Wildhunde nutzen die Pisten, um zu jagen. Wer auf die Stelle achtet, wo die Spuren von der Straße wegführen, wird vielleicht ein Tier auf der Pirsch oder im nahen schattigen Busch entdecken.

▪ **Ausrüstung** Unverzichtbar ist ein gutes Fernglas. Es hilft nicht nur bei der Entdeckung, sondern auch bei der genauen Bestimmung (besonders wichtig bei Vogelbeobachtungen) einer Art. Ein Fernglas ist gerade bei den Tieren, denen man nicht zu nahe kommen will, eine gute Hilfe, ihr Verhalten zu studieren. Bestimmungsbücher im Taschenbuchformat und ein Karte mit der Verbreitung der verschiedenen Tierarten sind weitere wichtige Utensilien.

Und eines ist sicher: Auch wenn viele Besucher an organisierten Safaris teilnehmen – die dort gemachten Erlebnisse sind nicht mit denen vergleichbar, die man im eigenen Fahrzeug in den Schutzgebieten hat. Aber einige Menschen ziehen nun mal das Gruppengefühl vor.

Camps nach Einbruch der Dunkelheit nicht verlassen. Selbstfahrer sollten unbedingt im Morgengrauen aufstehen, denn die Tiere sind zu dieser Zeit besonders aktiv. Geführte nächtliche Pirschfahrten können in jedem Camp gebucht werden (600 N$ pro Pers.). Auf diesen Touren sieht man mit Glück Löwen auf der Jagd und verschiedene nachtaktive Arten. In jedem der Camps liegt ein Gästebuch auf, in dem aktuelle Wildsichtungen in der Umgebung verzeichnet sind.

Wandern, Fahrrad- und Motorradfahren oder Trampen sind in Etosha verboten; offene Ladeflächen müssen abgedeckt werden. Das Verlassen des Fahrzeugs außerhalb der Restcamps ist, abgesehen zum Aufsuchen der ausgewiesenen Toilettenhäuschen, untersagt. Die Tiere flüchten, wenn jemand aussteigt.

AKTIVITÄTEN
Wildbeobachtung

Der in Etosha vorherrschende Vegetationstyp ist Mopane; er säumt die Salzpfanne und stellt 80% der Pflanzen. Daneben wachsen auch Schirmakazien und andere von äsenden Tieren geschätzte Bäume. Zwischen Dezember und März kleidet sich das karge Buschland in ein hübsches, grünes Gewand.

Je nach Jahreszeit lassen sich Elefanten, Giraffen, Steppenzebras, Springböcke, Kuhantilopen, Streifengnus, Oryxantilopen, Elantilopen, Kudus, Pferdeantilopen, Strauße, Schakale, Hyänen, Löwen und sogar Geparde und Leoparden beobachten. Zu den bedrohten Tierarten zählen Schwarznasenimpala und Spitzmaulnashorn.

Wo sich das Wild konzentriert, ist von der Ökologie der Umgebung abhängig. Oliphantsbad in der Nähe von Okaukuejo ist, wie der afrikaanse Name sagt, beliebt bei Elefanten. Dagegen sind Nashörner nirgendwo

besser zu beobachten, als am beleuchteten Wasserloch von Okaukuejo. Als Faustregel gilt: Je weiter nach Osten, desto mehr Gnus, Kudus und Impalas gesellen sich zu den Oryxantilopen, Springböcken und Steinböckchen. Das Gebiet um Namutoni empfängt jährlich 443 mm Regen (im Vergleich: Okaukuejo 412 mm) und gilt als bester Ort für Begegnungen mit Schwarznasenimpalas und Afrikas kleinster Antilopenart, dem Damara Dik-Dik. Auch zahllose kleinere Tiere leben in Etosha, darunter Fuchs- und Schlankmangusten, Honigdachse und Warane.

In der trockenen Winterzeit hält sich das Wild um die Wasserlöcher auf. In den heißen, regenreicheren Sommermonaten verteilen sich die Tiere im Busch, wo sie geschützt den Tag verbringen. Nachmittags lohnt es auch in der Trockenzeit, unter den Bäumen nach Wild Ausschau zu halten; vor allem Löwenrudel faulenzen gerne im Schatten. Im Sommer kann es bis zu 44 °C heiß werden, was im Auto eingesperrt nicht unbedingt ein Vergnügen ist. Doch in dieser Zeit bekommen die Tiere ihre Jungen, und mit Glück können Besucher dann ein Zebrafohlen oder einen zerbrechlich wirkenden, neugeborenen Springbock sehen.

Häufige Vertreter der ebenfalls reichen Vogelwelt sind der Südliche Gelbschnabeltoko und die 15 kg schwere Riesentrappe, die sich meist am Boden aufhält und wegen ihres Gewichts nur selten fliegt. Auch Strauße, Gackeltrappen, Marabus, Weißrückengeier und viele kleinere Vogelarten sind in Etosha zu Hause.

SCHLAFEN & ESSEN
Im Nationalpark

Die Unterkunft in allen hier aufgeführten Camps von NWR muss vorausgebucht wer-

---

WAS HEISST HIER „GAME"?

Das englische Wort *game* stammt aus dem Sprachschatz der Jäger. Ursprünglich war damit nur der Nervenkitzel während der Jagd gemeint, aber nach und nach ging der Begriff auf die Beute selbst über. Das Wort *game* wird im südlichen Afrika auch dann verwendet, wenn eigentlich von *wildlife* die Rede sein müsste. Gemeint sind damit aber nicht die armen Tiere, die gleich abgeschossen werden sollen, sondern das freilebende Großwild. *Game-viewing* ist die gebräuchliche einheimische Bezeichnung für Tierbeobachtungen, die meist im Rahmen eines *game drive* stattfinden. Gemeint ist damit eine Pirschfahrt im Fahrzeug und mit Führer. *Big Game* meint natürlich die *Big Five* (also Löwe, Leopard, Kaffernbüffel, Breitmaulnashorn und Elefant), während unter *general game* alles subsumiert wird, was Pflanzen frisst – vom Kronenducker bis zur Giraffe. Die Jäger bezeichnen die Pflanzenfresser allgemein als *Big Game* oder *Plains Game*.

den. Gelegentlich kann man auch an den Zugangstoren reservieren, aber es ist sicherer, die Buchung lange vor dem geplanten Besuch im NWR-Büro in Windhoek vorzunehmen (s. S. 90).

Okaukuejo Rest Camp (Camping 200 N$ pro Stellplatz und zusätzlich 100 N$ pro Pers., EZ/DZ ab 800/1300 N$, Chalets ab 900/1500 N$, Luxuschalets 1600 N$ pro Pers.; 🏊 😵) Das „o-ka-kui-yo" ausgesprochene Rastlager ist Standort der Etosha Research Station, Sitz der Nationalparkverwaltung und Etoshas größtes Besucherzentrum. Das Wasserloch von Okaukuejo gilt als bester Ort für die Beobachtung von Nashörnern, die vor allem zwischen 20 und 22 Uhr zum Trinken kommen. Zebras, Gnus, Schakale und Elefanten lassen sich nahezu zu jeder Tageszeit blicken. Ein beliebtes Fotomotiv ist der rauschhafte Sonnenuntergang, und zwar vom Steinturm aufgenommen, dem Wahrzeichen Okaukuejos. Von oben reicht der Blick über die Ebene zu den entfernten Ondundozonananandana-Bergen, was so viel bedeutet wie „Verlorener Schäfer" und nach einem Bier leichter auszusprechen ist als nüchtern. Okaukuejos Campingplatz ist häufig recht voll; der hervorragenden Ausstattung mit Waschmaschinen, Braii-Plätzen sowie Duschen und WC mit Warmwasser tut der Ansturm jedoch keinen Abbruch. Die Unterkünfte für Selbstversorger zählen zu den angenehmsten im Nationalpark, abgesehen natürlich von Onkoshi (s. S. 129). Neben den älteren, aber jüngst neu möblierten Zimmern gibt es freistehende Chalets. Wer sich etwas Besonderes leisten möchte, der miete eines der phantastischen, zweistöckigen Luxuschalets mit möbliertem Balkon. Von den Balkonen aus fällt der Blick direkt auf das Wasserloch und das dort zum Trinken anstehende Wild.

Halali Rest Camp (Camping 200 N$ pro Stellplatz, zusätzlich 100 N$ pro Pers., EZ/DZ ab 800/1300 N$, Chalets ab 900/1500 N$; 😵 🏊) Halali liegt etwa in der Mitte des Nationalparks und schmiegt sich zwischen Dolomithügel, die in dieser Landschaft ungewöhnlich sind. Der Name leitet sich von der deutschen Bezeichnung des traditionellen Hornsignals ab, mit dem die Jagd beendet wird. Deshalb ziert ein Horn auch Halalis Wappen. Der kurze Tsumasa-Wanderweg führt auf den dem Camp nächstgelegenen Hügel, Tsumasa Kopje, von wo aus herrliche Panoramafotos des Nationalparks möglich sind. Halalis Highlight ist das nachts beleuchtete Wasserloch, das rund 10 Minuten zu Fuß

vom Camp entfernt liegt. Eingerahmt von einem baumbestandenen Tal, in dem riesige Felsbrocken herumliegen, hat es zwar nicht die große Bandbreite zu bieten wie Okakuejo. Doch der Platz ist hübsch, und bei einem Glas Wein kann man hier ruhig sitzen und den Busch nach Nashörnern und Löwen absuchen, die am späten Abend zum Trinken kommen. Wie in Okaukuejo ist der Campingplatz gut unterhalten; hinzu kommen luxuriös ausgestattete Chalets, in denen die Gäste mitten im afrikanischen Busch wunderbar entspannt schlafen können.

Namutoni Rest Camp (Camping 200 N$ pro Stellplatz, zusätzlich 100 N$ pro Pers., EZ/DZ ab 1400/1800 N$, Chalets ab 2000/3000 N$; 😵 🏊) Wahrzeichen des östlichsten Camps von Etosha ist das blendend weiße, deutsche Fort. Das Relikt der Kolonialära wirft einen irrealen Schatten über das Rastlager. Ursprünglich ein Vorposten deutscher Truppen wurde es 1899 verstärkt, um einen Aufstand der Ovambo niederzuschlagen. In der Schlacht von Namutoni, am 28 Januar 1904, versuchten sieben deutsche Soldaten vergeblich, das Fort gegen 500 Ovambo-Kämpfer zu verteidigen. Zwei Jahre danach wurde der beschädigte Bau repariert und als Polizeistation genutzt. 1956 erhielt das Fort seine ursprüngliche Form zurück und eröffnete zwei Jahre später als Touristenunterkunft. In den letzten Jahren wurde Namutoni gründlich renoviert und dient nun als eine der elegantesten Übernachtungsmöglichkeiten im Nationalpark.

Auch wenn man nicht hier übernachtet, sollten Besucher den phantastischen Blick vom Turm und der Festungsmauer auf sich wirken lassen. Da sich zum Sonnenuntergang eine Menge von Menschen hier oben versammelt, empfiehlt es sich, früh zu kommen, um einen guten Platz zu ergattern.

Jeden Abend wird die Flagge von Namibia eingeholt und mit einem zeremoniellen Hornblasen der Sonnenuntergang angekündigt. Morgens holt ein ähnliches Ritual die Gäste aus dem Schlaf. Neben dem Fort entspringt eine hübsche Karstquelle. Schilfinseln rahmen das beleuchtete King-Nehale-Wasserloch ein, in dem, bevorzugt zu nachtschlafender Zeit, extrem laute Frösche lärmen. Die aufgestellten Bänke laden zum Lunch oder zu einem Blick über die stille Wasserlandschaft ein, doch erstaunlicherweise kommen nur wenige durstige Tiere zum Trinken hierher. Wie in Okaukuejo und Halali ist auch

NÖRDLICHES ZENTRALNAMIBIA

Namutonis Campingplatz in tadellosem Zustand; dazu kommen ein paar Luxuschalets am Rand des Buschs.

Onkoshi Camp (EZ/DZ inkl. Aktivitäten, Eintritt & Transfer von Namutoni ab 5500/9000 N$; ✿ ⬛ ⬛) Das funkelnagelneue Etosha-Camp Onkoshi, die strahlende Krone der Premier Collection von NWR, ist purer Luxus und erfordert einen prallgefüllten Geldbeutel. Nach der Ankunft in Namutoni werden die Gäste zu einer abgelegenen Halbinsel am Rand der Salzpfanne gefahren, wo sie eines der 15 mit Reet gedeckten Luxuszelte beziehen, die erhöht auf hölzernen Plattformen in herrlicher landschaftlicher Lage abseits aller Touristenrouten errichtet wurden. Schweres Massivholz, filigraner Bambus, kunstvolle Metallbeschläge, fein gearbeitete Möbel, Originalgemälde und elegantes Porzellan verleihen den Chalets eine umwerfend opulente Atmosphäre. Die Verlockung, seine Tage in diesem königlichen Ambiente mit Nichtstun zu verbringen ist groß; doch Etoshas beste Guides entführen die Gäste zu individuellen Pirschfahrten, und die mehrgängigen Abendessen im Kerzenschein mag ebenfalls niemand missen.

Außerhalb des Nationalparks

Von den unzähligen Luxuslodges am Rande des Nationalparks sind hier nur einige aufgeführt. Für alle gilt: Eine Vorausbuchung ist unbedingt erforderlich, und man erreicht sie nur mit dem eigenen Fahrzeug oder per gemietetem Flugzeug. Die angegebenen Preise gelten für die Hochsaison und schließen Vollpension und Pirschfahrten ein. Nach Voranmeldung kann auch ein Transfer von Windhoek organisiert werden.

Etosha Aoba Lodge (Karte S. 107; ☎ 229100; www.etosha-aoba-lodge.com; EZ/DZ ab 895/1390 N$; ✿ ⬛ ⬛) Die Lodge auf 70 km² großem Konzessionsgebiet, 10 km östlich des Lindequist Gate, liegt ruhig in einem Wald aus Tambotibäumen.

Die zehn Hütten fügen sich harmonisch in die Landschaft am Ufer eines Trockenflussbettes. Obwohl die Hauptlodge zum lockeren Beisammensein mit anderen Gästen nach einem langen Safaritag geradezu einlädt, ist die Atmosphäre friedlich und entspannt. Im Restaurant wird Gourmetküche zelebriert; es gibt Kuduterrine mit Kalaharitrüffel oder Zebrasteaks mit in der Umgebung gesammelten Waldpilzen.

Mokuti Lodge (Karte S. 107; ☎ 229084; www.namibsunhotels.com.na; EZ/DZ ab 965/1375 N$; ✿ ⬛ ⬛) Die große Lodge mit mehr als 100 Zimmern, Pools und Tennisplätzen liegt nur 2 km vom Von Lindequist Gate entfernt. Dank der flachen Hotelbauten kommt trotz der Größe die Illusion von Intimität auf. Man legt Wert auf eine informelle, entspannte Atmosphäre, weshalb sich hier vor allem Familien mit Kindern wohlfühlen. Im angeschlossenen Reptilienpark sind einheimische Schlangen zu sehen, die rund um das Anwesen gefangen wurden – eine beruhigende Vorstellung!

Ongava Lodge (Karte S. 124; ☎ 061-274500; www.wilderness-safaris.com; ab 2530 N$ pro Pers.; ✿ ⬛ ⬛) In der exklusivsten Luxuslodge in der Region um Etosha residiert man in einem privaten Wildschutzgebiet in der Nähe des Andersson Gate. Auf dem Gelände leben mehrere Löwenrudel, einige Breit- und Spitzmaulnashörner sowie die üblichen Herdentiere. Ongava besteht aus zwei Einheiten: Die Hauptlodge Ongava Lodge versammelt eine Reihe von schicken Chalets im Safaristil um ein kleines Wasserloch. Die sechs im ostafrikanischen Kolonialstil gehaltenen Zelte des Ongava Tented Camp stehen etwas tiefer im Busch.

AN- & WEITERREISE

Es gibt keine öffentlichen Verkehrverbindungen rund um und in den Park; der Besuch ist nur mit dem eigenen Fahrzeug oder im Rahmen einer organisierten Tour möglich.

Nordnamibia

Windhoek ist Namibias Hauptstadt, doch der nördliche Teil des Landes ist die am dichtesten besiedelte Region und das kulturelle Herzstück. Hier lebt das Volk der Ovambo, zu dem auch Namibias erster Präsident Sam Nujoma gehört. Der Norden diente der South West African People's Organization (Swapo) als Basis im namibischen Unabhängigkeitskrieg. Von 1966 bis 1988 wurde auf nordnamibischem Boden ein blutiger Guerillakrieg gekämpft, doch inzwischen sind Frieden und Ruhe zurückgekehrt. Die meisten Ovambo leben heute von der Subsistenzwirtschaft. Sie bauen Feldfrüchte an und halten Rinder und Ziegen.

Nordnamibias Umrisse und Identität sind auch durch den Caprivizipfel definiert: Die Volksgruppen der Mafwe, Subia, Bayei und Mbukushu nutzen die weiten Flussniederungen für ausgedehnte Plantagen und fangen große Mengen Fisch. Rund um die traditionellen Dörfer gibt es mehrere Nationalparks, in denen nach Jahrzehnten von Krieg und Auseinandersetzungen nun endlich wieder Wildtiere umherziehen. Zum Zeitpunkt der Unabhängigkeit waren die Schutzgebiete buchstäblich durch Wilderei entvölkert. Nach Jahren progressiven Wildmanagements stehen die Nationalparks dank ihres Tierreichtums wieder auf der Landkarte der Safariveranstalter.

Die San, die früher abfällig Buschleute genannt wurden und in der gesamten Region und im größten Teil des südlichen Afrika nomadisierten, sind heute weitgehend auf das östliche Otjozondjupa beschränkt. Von Generation zu Generation war die alte Kalaharikultur gezwungen, sich mit tiefgreifenden Veränderungen des Lebensstils auseinander zu setzen. Heute sind die San leider nicht mehr in der Lage, wie ihre Vorfahren als Jäger und Sammler zu überleben. Doch immer noch eröffnet der Besuch bei diesen Gemeinschaften den Blick auf eine Existenz, wie sie früher wohl die gesamte Menschheit geführt hat.

HIGHLIGHTS

▪ Von den heutigen San in **Otjozondjupa** (S. 145) über das Leben in der Vergangenheit lernen

▪ Die Wildschutzgebiete des **Caprivizipfels** (S. 139) erforschen, solange sie noch unberührt sind

▪ Die Geschicklichkeit im Off-Road-Fahren bei einer Expedition durch die abgelegenen **Khaudom Game Reserve** (S. 138) auf die Probe be stellen

▪ Im Luxus einer der Lodges auf der wildreichen **Mpalila Island** (S. 143) schwelgen

▪ Damit angeben, (fast) in Angola gewesen zu sein, nachdem man die Grenze bei **Ruacana Falls** (S. 135) halb überquert hat

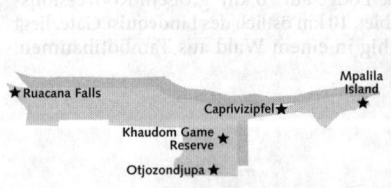

★Ruacana Falls

Caprivizipfel★

Mpalila Island ★

Khaudom Game Reserve ★

Otjozondjupa ★

Geografie

Nordnamibia wird das Land der Flüsse genannt: Zu Angola hin begrenzen es Kunene und Okavango; im Osten bilden der Sambesi und das Flusssystem von Kwando/Mashe/Linyanti/Chobe die Grenze. Die sanft hügelige Region Kavango im Nordosten ist vom Okavango geprägt. Östlich von Kavango beginnt der schmale Caprivizipfel: Seine flache, monotone Landschaft ist dicht mit Mopane- und Blutfruchtbäumen bewachsen. Die Region Otjozondjupa verläuft entlang der Grenze zu Botsuana und ist ein wilder, nur dünn besiedelter Streifen Buschland mit verstreuten San-Dörfern.

Unterwegs vor Ort

Ovamboland ist ein bedeutendes Siedlungsgebiet und besitzt deshalb ein relativ gutes Netz von Minibusverbindungen (Kombis). Da hier viele Menschen leben, ist auch Trampen recht einfach. Die C46 und die B1 sind asphaltiert und gut unterhalten.

Abseits der beiden Hauptachsen ist der Straßenzustand eher schlecht, sodass man gelegentlich, vor allem nach Regenfällen, einen Geländewagen braucht. Treibstoff gibt es in Oshakati, Ondangwa, Oshikango und Uutapi (Ombalantu).

Die Strecke durch den Caprivizipfel in Richtung Victoria Falls befahren Busse des Intercape Mainliner, die zwischen Livingstone in Sambia und Windhoek verkehren. Da die Route durchgängig asphaltiert ist, genügt ein normaler Pkw. Der Besuch der Nationalparks ist allerdings nur mit einem hochrädrigen Fahrzeug durchführbar, möglichst mit einem Geländewagen.

Auch Tsumkwe in Otjozondjupa ist mit normalem Pkw erreichbar. Für den Besuch der San-Dörfer in der Umgebung wird allerdings ein robusteres Fahrzeug benötigt. Wer die Khaudom Game Reserve durchqueren möchte, braucht einen komplett ausgestatteten Geländewagen und sollte auf jeden Fall nur im Konvoi mit anderen fahren.

DER NORDEN

Die Verwaltungsregionen Omusati, Oshana, Ohangwena und Otjikoto sind Heimat der Ovambo, Namibias größter Bevölkerungsgruppe. Es gibt in diesem Teil Namibias nur wenige touristische Attraktionen. Ovamboland ist von einer bodenständigen und wohlhabenden ländlichen Gesellschaft geprägt, deren Mitglieder sehr geschäftstüchtig sind. Hier können Reisende hochwertige Korbwaren und Flechtarbeiten kaufen. Das Dekor ist einfach und anmutig: Meistens besteht es aus braunem, geometrischem Muster auf blassgelbem Grund.

ONDANGWA
☎ 065

Zahlreiche Lagerhäuser prägen die zweitgrößte Stadt von Ovamboland. In ihnen werden die Waren, Lebensmittel und Geräte, für die über 6000 winzigen Cuca Shops gestapelt, die die ländliche Bevölkerung versorgen. Diese kleinen Läden sind nach einer angolanischen Biersorte benannt, das sie früher einmal verkauft haben. Neben der Funktion als Bevölkerungs- und Versorgungszentrum ist Ondangwa auch ein kleinerer Verkehrsknotenpunkt, von dem aus Kombis zu anderen Orten und Städten Nordnamibias starten.

Sights

Als Hauptattraktion der Gegend gilt zurecht der **Lake Oponono**, ein riesiges Feuchtgebiet, das von den Oshanas (unterirdische Flusskanäle) bewässert wird. Nach einer sehr regenreichen Saison zieht das Seeufer viele verschiedene Vogelarten an, u. a. Sattelstörche, Kronenkraniche, Flamingos und Pelikane. Der Anfang des Sees liegt 27 km südlich von Ondangwa.

Ebenfalls einen Besuch wert ist das **Nakambale House** (Eintritt 5 N$; ☻ Mo–Fr 8–13 & 14–17, Sa 8–13, So 12–17 Uhr), das Ende 1870 von dem finnischen Missionar Martti Rauttanen gebaut wurde, und das das älteste Gebäude in Namibias Norden sein soll. Heute beherbergt es ein kleines Museum über die Geschichte und Kultur der Ovambo. Nakambale ist ein Teil des Olukonda-Dorfes, das 6 km südöstlich von Ondangwa an der D3606 liegt.

Schlafen & Essen

Nakambale Campsite (Karte S. 132–133; ☎ 245668; www.nacobta.com.na; Camping 50 N$, Hütten 100 N$ pro Pers.) Gäste haben hier die Gelegenheit in einer einfachen Hütte zu übernachten, wie sie in früheren Zeit ein Oberhaupt der Ovambo oder eine seiner Frauen besaß. Nakambale ist Mitglied von Nacobta, einer Vereinigung verschiedener Organisationen, die den wachsenden, von den Dorfgemeinschaften getragenen

NORDNAMIBIA

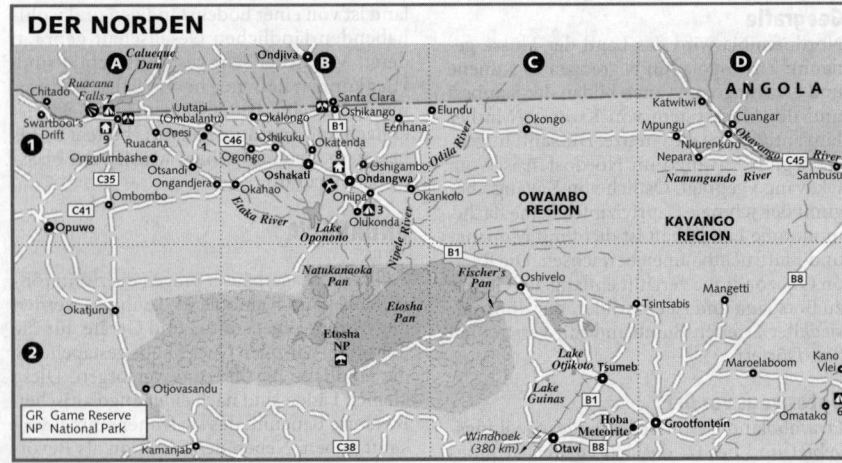

DER NORDEN

GR Game Reserve
NP National Park

NORDNAMIBIA

Tourismus fördern. Das Camp liegt 6 km südöstlich von Ondangwa an der D3606 am Rande des Dorfs Olukonda.

Protea Hotel Ondangwa (Karte S. 132–133; ☎ 241900; www.proteahotlels.com; EZ/DZ ab 730/915 N$; ✕ ⊠) Die Zimmer des eleganten Geschäftshotels sind hell und geschmackvoll mit Kunst und modernen Möbeln eingerichtet. Im angeschlossenen Restaurant Chatters wird gute kontinentaleuropäische Küche serviert. In der Lobby findet der Gast ein kleines Café und einen Imbiss.

An- & Weiterreise

FLUGZEUG

Tägliche Flüge der Air Namibia vom Eros Airport in Windhoek. Da die Landebahn in Oshakati Privatflugzeugen vorbehalten ist, dient Ondangwa als wichtigster Knotenpunkt für Flugreisende im Norden.

BUS

Die B1 wird regelmäßig und häufig von Kombis befahren; die Strecke von Windhoek nach Ondangwa sollte nicht mehr als 150 N$ kosten. Von Ondangwa aus bedienen Kombis auf einem komplexen Streckennetz die Siedlungszentren im Norden; der Fahrpreis beträgt meist höchstens 30 N$ pro Fahrt.

AUTO

Die B1 ist zwischen Windhoek und Ondangwa, sowie bis nach Oshakati vollständig asphaltiert, also für Normalfahrzeuge sehr gut geeignet.

Der Oshikango-Grenzübergang nach Santa Clara in Angola, 60 km nördlich von Ondangwa, ist geöffnet und hat ständigen grenzüberschreitenden Lastwagenverkehr. Untertags ist es möglich, die Grenze zu überqueren,

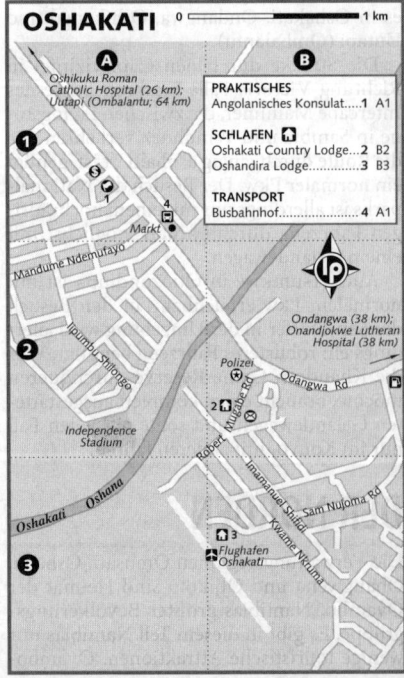

OSHAKATI   0 _____ 1 km

PRAKTISCHES
Angolanisches Konsulat.....1 A1

SCHLAFEN
Oshakati Country Lodge...2 B2
Oshandira Lodge..............3 B3

TRANSPORT
Busbahnhof....................4 A1

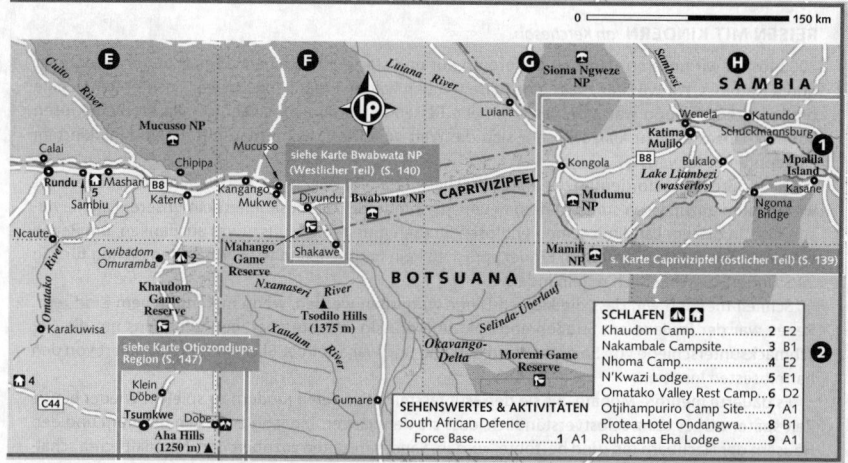

SCHLAFEN
Khaudom Camp.................................2	E2
Nakambale Campsite.....................3	B1
Nhoma Camp..................................4	E2
N'Kwazi Lodge...............................5	E1
Omatako Valley Rest Camp.......6	D2
Otjihampuriro Camp Site..........7	A1
Protea Hotel Ondangwa............8	B1
Ruhacana Eha Lodge 9	A1

SEHENSWERTES & AKTIVITÄTEN
South African Defence	
Force Base................................1	A1

um sich einmal kurz umzuschauen. Wer über Nacht bleiben oder weiter nach Norden reisen möchte, benötigt allerdings ein Auslandsvisum für Angola.

ZUG

Die **Trans-Namib** (☎ 061-298 2175) unterhält eine neue Fernverbindung zwischen Windhoek und Ondangwa; die Preise bewegen sich um 110 N$. Die Nachtzüge starten in Windhoek freitags um 17.30 Uhr und kehren am Sonntag um 13 Uhr von Ondangwa zurück.

OSHAKATI

☎ 065

Die Hauptstadt der Ovambo ist ein für Touristen eher uninteressanter Wirtschaftsknotenpunkt, der aus kaum mehr als einem Streifen gesichtsloser Stadtviertel beiderseits der Hauptstraße besteht. Eine Stunde Zeit für den Besuch des großen überdachten Marktes, auf dem es von Kleidung über Körbe, Mopaneraupen bis zu frisch gebrautem *tambo*-Bier alles gibt, sollte man sich nehmen.

Wer hier aus welchen Gründen auch immer übernachten will, findet in der **Oshandira Lodge** (☎ 220443; oshandira@iway.na; EZ/DZ 425/695 N$; 🛏) nahe am Flughafen einfache, geräumige Zimmer rund um einen hübsch angelegten Pool und ein reetgedecktes Restaurant.

Etwas komfortabler ist die **Oshakati Country Lodge** (☎ 222380; countrylodge@mweb.com; Robert Mugabe Rd; EZ/DZ 695/1010 N$; 🅿 🖥 🛏), in der vor allem Regierungsvertreter auf Besuch im Norden sowie Geschäftsleute absteigen. Gäste, die auf modernen Komfort nicht verzichten können, sind hier bestens untergebracht.

Vom Busbahnhof unweit des Marktes gibt es häufige Minibusverbindungen zu Zielen im Norden.

UUTAPI (OMBALANTU) & UMGEBUNG

☎ 065

Rund um Uutapi, das auch Ombalantu genannt wird und an der C46 zwischen Oshakati und Ruacana liegt, finden sich mehrere tief verehrte Stätten des nationalen Erbes. Wer mit dem eigenen Fahrzeug in der Region unterwegs ist, sollte auf jeden Fall einen kurzen Besuch einplanen.

Uutapis bekannteste Sehenswürdigkeit ist die ehemalige Militärbasis der **South African Defence Force (SADF)** (Karte S. 132–333) im Schatten eines mächtigen Baobabs. Die lokale Bevölkerung kennt den Baum *omukwa*. Früher wurde darin das Vieh vor Angreifern versteckt, und später diente er als Wachtturm, von dem aus man Eindringlinge in den Hinterhalt lockte. Bei der südafrikanischen Armee klappte das allerdings nicht. Diese nutzte den Baobab dann in verschiedenen Funktionen, u. a. als Kapelle und Café.

Zum Fort gehts an der Polizeistation, etwa 350 m südlich der Total-Tankstelle, nach links und auf einem kaum erkennbaren, grasbewachsenen Pfad zwischen verfallenen Gebäuden auf den weithin sichtbaren Baobab zu.

Ein weiteres berühmtes Ziel ist die Stadt **Ongulumbashe**, die als Geburtsort des modernen Namibia gilt. Am 26. August 1966 wur-

REISEN MIT KINDERN *Ian Ketcheson*

2003 lösten wir unseren Haushalt in Toronto auf und starteten zu einem 15-monatigen Abenteuer durch Namibia. Wir wussten, dass eine Reise um den halben Erdball mit unserer Tochter Renée eine große Unternehmung war. Aber als erfahrene Reisende würden wir sicherlich alle Probleme lösen können. Uns war nicht klar, wie sehr sich die Welt verändert, wenn man mit einem Kleinkind im Schlepptau unterwegs ist.

Die größte Herausforderung der ersten Wochen in Namibia war nicht, sich den fremden Lebensgewohnheiten anzupassen sondern dem neuen Rhythmus, der das zusammensein unserer Familie bestimmte: In diesem Land mit seinen endlosen Straßen mussten wir uns etwas ausdenken, um Renée bei Laune zu halten; die meisten Kinder sprachen kein Englisch, und wir verbrachten oft Tag für Tag 24 Stunden ausschließlich miteinander.

Schnell merkten wir, dass die kleinen Dinge zu großen werden, wenn man mit einem Kind reist. Renée war der Paviane am Straßenrand bald überdrüssig, machte aber viel Aufhebens um die Geschmacksunterschiede von Sojasauce und Ketchup und war aus ihrer Blickrichtung fasziniert von den harmlosesten Insekten.

Es dauerte mehrere Monate, bis sie den Mut fasste, mit anderen Kindern zu spielen. Wieder einige Zeit später war es ganz selbstverständlich, dass sie den ganzen Tag lang zwischen unserem und den Häusern der Nachbarn hin- und hertobte, vorgab, Sandmahlzeiten zuzubereiten, Marulafrüchte schälte oder mit ihren neuen Freunden Völkerball und andere Spiele spielte. Dabei lernte sie mehr neue Wörter kennen als meine Frau und ich zusammen. Das alles gipfelte in einem großartigen Moment: Sie erklärte unseren Nachbarn in fließendem Oshikwanyama, dass sie nach Oshikango gehen wolle, um ein Huhn zu kaufen.

Namibia ist ein Land grandioser, weiter Landschaften. In manchen Regionen kann man Hunderte von Kilometern auf einer Straße fahren, die nur ein oder zwei Kurven hat. Unsere Rettung auf diesen Fahrten waren Musik- und Hörbuch-Kassetten. Renée machte es sich mit einer Handvoll Kinderkassetten, die unendlich wiederholt wurden, auf der Rückbank gemütlich.

Da wir so viel herumfuhren, war Sicherheit unsere höchste Priorität: Wer mit Kindern durch Namibia reist, sollte seinen eigenen Kindersitz dabei haben und damit rechnen, dass die meisten Fahrer so etwas noch nie in ihr Fahrzeug eingebaut haben. Keinesfalls sollte man nach Einbruch der Dunkelheit unterwegs sein, nie eine nervenaufreibende Taxifahrt von einer Stadt in die nächste riskieren und unbedingt das gedränge der Minibusse meiden.

Auch in den Wildparks interessierten uns nun andere Dinge, nachdem wir sie durch die Augen eines Kindes sahen und erlebten. Ständig gab es Diskussionen darüber, warum man mit Löwen nicht schmusen kann, und wir sangen wunderbare Lieder von Elefanten, die mit Hilfe von Erdnussbutter aus dem Busch gelockt wurden. Die meiste Zeit in Etosha (S. 123) war Renée spätestens am frühen Nachmittag so erschöpft, dass sie beim Beobachten von Zebras und Elefanten oft einfach einschlief. Die Aussicht auf ein Eis und eine Runde im Pool des Camps machte sie aber sofort wieder wach.

Eltern sollten darauf vorbereitet sein, dass es in Namibia nur wenige kinderfreundliche Aktivitäten gibt. Sie sollten sich deshalb ein paar Überraschungen ausdenken und auf jeden Fall eigenes Unterhaltungsprogramm dabei haben. Renée ließ geduldig lange Fahrten über sich ergehen, wenn man sie mit einem kurzen Fußballspiel an einem staubigen Halteplatz oder einem Picknick in einem trockenen Flussbett belohnte.

Wir achteten stets darauf, dass ihre Menagerie aus unzerstörbaren Fisher-Price-Figuren, Sandspielzeug und Malbüchern griffbereit war. Und obwohl Spielsachen in Namibia nicht billig sind, machten wir vor jeder Reise nach Oshakati oder Windhoek einen Abstecher zum Game- oder Pick & Pay-Kaufhaus und kauften ein neues Malbuch oder weiteres Sandspielzeug.

Wenn wir heute an unsere Zeit in Namibia denken, sind wir froh, dass so viele Erinnerung in meinem Blog festgehalten sind. Auch Reisende, die ihren eigenen Computer nicht dabeihaben, sollten wenigstens ab und an eine oder zwei Stunden im Internetcafé verbringen und ihre Gedanken und Erinnerungen dort eingeben. Die Großeltern werden das dankbar annehmen, und man selbst wird sich noch lange nach der Rückkehr nach Hause darüber freuen.

Der Kanadier Ian Ketcheson lebte mit Frau und seiner kleinen Tochter
zwei Jahre im Dorf Odibo.

den die ersten Schüsse des namibischen Unabhängigkeitskrieges von dieser Stelle im Busch abgefeuert. Hier konnte auch die namibische Befreiungsarmee ihren ersten Sieg über die südafrikanischen Truppen verbuchen, die beschuldigt wurden, potenzielle Guerillaaktivitäten im Keim zu ersticken und zu unterdrücken. Die gegenseite konnte argumenitieren, dass Freischärlertätigkeit gegen das Kriegsrecht ist. Auf dem Platz sind immer noch einige rekonstruierte Bunker und das „Nadel-Monument" zu sehen, welches den Ort der Schlacht markiert. Eine Abbildung an der anderen Seite ehrt das Pistolet-Pulemyot Shpagina (PPSh), ein russisches Maschinengewehr, das in dem Kampf eine große Rolle spielte.

Von Uutapi aus geht es Richtung Süden auf der D3612 in das Dorf Otsandi (Tsandi). Am östlichen Ende des Dorfes biegt der Weg Richtung Westen auf einen unbeschilderten Pfad ab und führt nach 20 km nach Ongulumbashe. Vorsicht: Das ist eine politisch heikle Gegend, und für einen Besuch dieses Ortes ist eine Erlaubnis von dem SWAPO-Büro in Uutapi erforderlich.

Mit entsprechend heftigen patriotischen Gefühlen lohnt auch ein Besuch in **Ongandjera**, wo der ehemalige Präsident Sam Nujoma am 12. Mai 1929 geboren wurde. Der rosafarbene Kraal, in dem er seine Kindheit verbrachte, ist heute ein Pilgerort. An der einem Baum aufgehängten, auffälligen blaurot-günen Swapo-Fahne ist er unschwer zu erkennen. Ein Blick ist nur aus der Ferne gestattet, denn der Kraal ist Privatbesitz und nicht öffentlich zugänglich.

Ongandjera liegt an der D3612, 52 km südöstlich von Uutapi in der Nähe von Okahao. Man kann es auch auf der C41 von Oshakati aus anfahren.

RUACANA
☎ 065

Ruacana leitet sich von den Herero-Wörtern *orua hakahana* ab, was so viel bedeutet wie „die Schnellen". Diese winzige Stadt am Kunene wurde als Firmensitz für das 320-Megawatt starke unterirdische Wasserkraftwerk errichtet, das mittlerweile über die Hälfte des Strombedarfs in Namibia deckt. Hier teilt sich der Kunene in mehrere Kanäle auf, bevor er 85 m über einen mächtigen Steilhang stürzt und sich seinen Weg durch eine 2 km lange Schlucht bahnt, die er selbst ausgehöhlt hat.

Sehenswertes
Die **Ruacana Falls** waren einst ein richtiges Naturwunder. Doch durch den Calueque-Damm in Angola, 20 km stromaufwärts, und das NamPower's-Kraftwerk in Ruacana hat sich das alles geändert. Das bisschen Wasser, das es hinter die erste Stauanlage schafft, wird von einem Einlaufwehr, 1 km oberhalb der Wasserfälle, abgefangen und in das Wasserkraftwerk geleitet, um die Turbinen anzutreiben. Bei den seltenen Gelegenheiten, wenn wieder einmal Wasser im Überfluss vorhanden ist, erlangt Ruacana seine alte Pracht. In sehr regnerischen Jahren ist es keine Übertreibung, einen Vergleich zu den Victoriafälllen zu ziehen.

Wer erst einmal den Wasserfall rauschen hört, wird sich bestimmt für einen kurzen Abstecher entscheiden (zumal sich vielleicht keine eine Stelle findet, in derman Angola näher liegt).

15 km westlich von Ruacana weisen die Schilder in Richtung Grenze im Norden den Weg zu den Wasserfällen. Um die Schlucht zu besichtigen, müssen Besucher kurzfristig Namibia verlassen und einen speziellen Antrag ausfüllen. Vom namibischen Grenzübergang aus geht es nach links bis ans Ende der Straße (auf der rechten Seite befindet sich der baufällige angolanische Grenzübergang). Dort liegen die Ruinen des alten Kraftwerks, das von den namibischen Freiheitskämpfern zerstört wurde. Die Gebäude weisen noch Beschädigungen durch Minenwerfer und Gewehrfeuer auf, was in starkem Kontrast zu der sonst so friedlichen Landschaft steht.

Schlafen
Otjihampuriro Camp Site (Karte S. 132–133; ☎ 270120; www.nacombta.com.an; Camping 50 N\$ pro Pers.) Der von der Dorfgemeinschaft geführte Campingplatz liegt am Fluss und bietet seinen Gästen ausreichend Schatten und Privatsphäre. Es gibt Braii-Plätze zum Grillen, Duschen mit Warmwasser und umweltfreundliche Plumpsklos. Gegen geringe Gebühr organisiert die Dorfgemeinschaft Ausflüge zu den Ruacanafällen oder andere Himba-Dörfern.

Ruhacana Eha Lodge (Karte S. 132–133; ☎ 271500; www.ruacanaehalodge.com.na; Springbom Ave; Camping 55 N\$ pro Pers., Hütte 180 N\$ pro Pers., EZ/DZ 630/860 N\$; ❽ ▣ ▣) Die komfortable Lodge hat Unterkünfte für jeden Geldbeutel: das Angebot reicht von gepflegten Stellplätzen über rustikale, A-förmige Hütten bis zu blitzblanken

---

HILFE FÜR KINDER

Die **N'Kwazi Lodge** (Karte S. 132–133; ☎ 255467; nkwazi@iafrica.na; Camping 110 N$ pro Pers., EZ/DZ 520/590 N$), 20 km von Rundus Zentrum entfernt am Ufer des Okavango gelegen ist ein ruhiges und preiswertes Refugium am Fluss. Die Anlage schmiegt sich unauffällig in die Galeriewälder, und die Zimmer sind geschmackvoll und mit persönlicher Note, z. B. mit kleinen, handgeschnitzten Masken auf den Betten dekoriert. Die Besitzer der Lodge, Valerie und Weynand Peyper, setzen sich sehr für verantwortungsbewusstes Reisen ein und haben mit einer einheimischen Schule Partnerschaft geschlossen. Allerdings sind weniger als 20 Lehrer für mehr als 550 Schüler verantwortlich, von denen die meisten nicht über die Grundschule hinauskommen werden. Entweder können sich ihre Eltern die minimalen Schulgebühren nicht leisten oder die Kinder werden zur Feldarbeit benötigt. Die Peypers begannen 2002 damit, Touristen die Schule zu zeigen, von denen dann viele nach Hause zurückkehrten und in ihren Heimatländern Spendenprojekte auf die Beine stellten.

Seit Beginn dieser Partnerschaft konnte sich die Schule eine Wasserpumpe für Trinkwasser anschaffen und ein Essensprogramm für hungernde Schulkinder ins Leben rufen. Ein Besuch ist wirklich lohnenswert und bietet die Chance, einen Einblick in eine namibische Schule zu bekommen, mit den Lehrern zu reden und beliebig viele Fotos zu machen. Niemand verlangt oder erwartet eine Spende, aber nach diesem Besuch haben viele das Bedürfnis, ein bisschen (oder auch viel) zu helfen.

Zimmern. Mit ihrem üppigen Garten und dem erfrischenden Badetümpel gleicht die Eha Lodge einer Oase mitten in Ruacana.

An- & Weiterreise

Nicht weit von Ruacana kreuzen die Straßen von Opuwo, aus dem Ovamboland und die schwere, nur mit Geländewagen befahrbare Piste am Kunene entlang nach Swartbooi's Drift (S. 164).

Die Entfernungsangaben entlang der C46 vermischen Ruacana-Stadt und das 15 km entfernte Kraftwerk. Beide sind als „Ruacana" ausgeschildert – man sollte sich dadurch nicht verwirren lassen.

Die rund um die Uhr geöffnete BP-Tankstelle ist die letzte Tankmöglichkeit für Reisende, die nach Westen an den Atlantik fahren; hier starten und enden die Minibusverbindungen von und nach Oshakati und Ondangwa; der Fahrpreis beträgt normalerweise etwa 30 N$.

Namibier können die Grenze zu Angola ohne große Formalitäten passieren; Reisende aus anderen Ländern benötigen für die Einreise nach Angola ein Visum.

KAVANGO

Der Okavango, der Unterlauf des Cubango, und sein breites Flusstal beherrschen die dicht bewaldete und sanft hügelige Region Kavango. Fruchtbare Erde und fischreiche Gewässer ernähren große Gemeinschaften von Mbu-

kushu, Sambiyu und Capriviianern. Die Volksgruppen sind berühmt für die hohe Qualität ihrer Schnitzarbeiten. Aus leichtem *dolfhout* (Dolfholz), einer Hartholzart, fertigen sie Tierfiguren, Masken, hölzerne Bierkrüge, Gehstöcke und Kästchen, die schöne Souvenirs abgeben. Außerhalb des Khaudom gibt es nur wenig Wild, doch das Schutzgebiet stellt eine ernsthafte Konkurrenz für Etosha um den Titel des besten Ziels zur Tierbeobachtung in Namibia dar.

Rundu ist ein angenehmer Übernachtungsstopp auf der langen Fahrt von und in den Caprivizipfel. Hier sorgt die beschwingte Sprachmelodie des Portugiesischen für einen netten Kontrast zu den anglophoneren Teilen des Landes.

In Sambiu, 30 km entlang des Okavango von Rundu nach Osten, befindet sich ein **Römisch-katholisches Missionsmuseum** (☎ 251111; Eintritt frei; ☿ nach Voranmeldung). Die Ausstellung zeigt Kunsthandwerk und Schnitzarbeiten aus Angola und der Provinz Kavango. Der Besuch sollte telefonisch angemeldet werden, man kann aber tagsüber auch einfach vorbeifahren und darauf setzen, dass man Glück hat und eingelassen wird.

RUNDU

☎ 066

Rundu ist ein tropisch-schwüler Vorposten am Hochufer über dem Okavango und das wichtigste Handelszentrum der stetig wachsenden angolanischen Volksgruppe in Namibia. Obwohl die Stadt Touristen nichts Besonderes bieten kann, ist sie Sitz mehrerer herrlich gelegener Lodges. Dort können die Gäste am Flussufer faulenzen und dabei Flusspferde und Krokodile beobachten, die im Grunde auch nichts anderes tun als zu ruhen und zu verdauen.

Der große, überdachte **Markt** zählt sicherlich zu den am besten sortierten Handelsplätzen ganz Afrikas. Zwischen Juli und September werden die Papayas frisch vom Baum verkauft. Auf dem **Khemo Open Market** (☎ tgl.) sind Grundnahrungsmittel und Kunsthandwerk aus dem Kavango im Angebot.

Schlafen & Essen

Die Lodges in Rundu und Umgebung organisieren eine Vielzahl von Aktivitäten wie Sundowner-Bootsfahrten zum Sonnenuntergang, Canoeing, Fischen, Reiten und Tagesausflüge nach Angola, für die man vorab ein Visum besorgen muss.

Selbstversorger können ihre Vorräte im recht gut sortierten Spar-Supermarkt im Stadtzentrum aufstocken.

Sarasungu River Lodge (☎ 255161; www.sarasunguriverlodge.com; Camping 70 N$ pro Pers., EZ/DZ/3BZ

445/620/830 N$; ▣) Die jüngste Lodge in der Umgebung von Rundu liegt ruhig und abgeschieden abgeschieden 4 km vom Zentrum entfernt am Fluss. Attraktive, riedgedeckte Chalets gruppieren sich um den malerisch angelegten Pool.

Hakusembe Lodge (☎ 257010; www.natron.net/hakusembe; Camping 80 N$ pro Pers., Chalets mit HP ab 880 N$ pro Pers.; ▣ ▣) Das verschwiegene Refugium liegt inmitten üppig grüner Gärten am Flussufer. Die acht Luxuschalets, eines davon als Hausboot auf dem Fluss, sind mit Safarimotiven und Möbeln aus einheimischer Herstellung eingerichtet Die Zufahrt zur Lodge Hakusembe zweigt nach 17 km auf der Nkurenkuru Rd nach Norden zum Flussufer ab (2 km).

Ozzy's Beer House (☎ 256723; Mahlzeiten 35-60 N$) Ozzy's ist ein bei Durchreisenden beliebter Zwischenstopp; die Karte listet eine Reihe von Kalorienbomben für hungrige Fahrer. Wer in Rundu übernachtet, kann sich dazu ein eiskaltes, frisch gezapftes Bier gönnen.

An- & Abreise
BUS
Mehrmals die Woche absolvieren Busse des **Intercape Mainliner** (www.intercape.co.za) die sieben Stunden dauernde Fahrt zwischen Windhoek und Rundu (Tarife ab 365 N$). Da diese Linie nach Victoria Falls weiterfährt und schnell ausgebucht ist, sollte man die Fahrkarte lange im Voraus reservieren.

Es gibt häufige Minibusverbindungen zwischen Windhoek und Rundu; der Fahrpreis sollte nicht mehr als 200 N$ betragen. Von Rundu aus fächert das Streckennetz zu verschiedenen Orten und Städten im Norden auf. Tickets kosten weniger als 30 N$ pro Fahrt. Busse und Minibusse starten und halten an der Shell-Tankstelle.

AUTO & MOTORRAD
Auf der Straße von und nach Grootfontein ist wegen der vielen Fußgänger, Tiere und Schlaglöcher besondere Aufmerksamkeit erforderlich. Die Fahrt im Militärkonvoi durch den Caprivizipfel ist nicht mehr vorgeschrieben. Seit dem Ende des angolanischen Bürgerkriegs 2002 gilt die Route auch für Selbstfahrer als sicher.

FÄHRE
Auf Anforderung können sich Reisende mit der Ruderbootsfähre von Rundu nach Calai in Angola übersetzen lassen.

NORDNAMIBIA

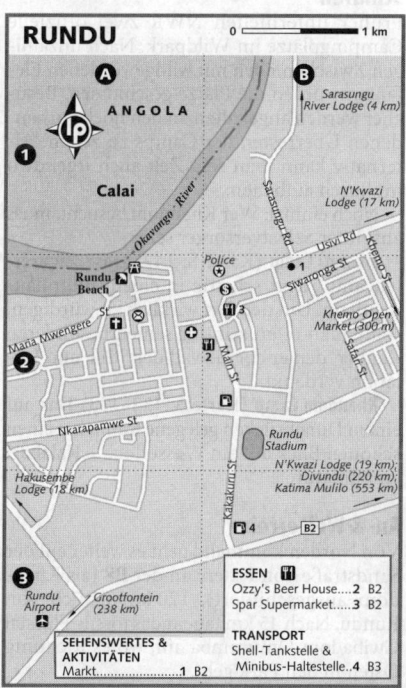

RUNDU   0 _____ 1 km

ANGOLA

Calai

Sarasungu River Lodge (4 km)

N'Kwazi Lodge (17 km)

Rundu Beach

Police

Okavango River

Sarasungu Rd

Usivi Rd

Siwaronga St

Main St

Mbunza St

Safari Rd

Khemo Open Market (300 m)

Mana Mwengere St

Nkarapamwe St

Rundu Stadium

N'Kwazi Lodge (19 km);
Divundu (220 km);
Katima Mulilo (553 km)

Katukamu Rd

Hakusembe Lodge (18 km)

Rundu Airport

Grootfontein (238 km)

B2

SEHENSWERTES & AKTIVITÄTEN
Markt.............................1 B2

ESSEN 🍴
Ozzy's Beer House.....2 B2
Spar Supermarket.....3 B2

TRANSPORT
Shell-Tankstelle &
Minibus-Haltestelle..4 B3

NORDNAMIBIA

KHAUDOM GAME RESERVE

☎ 066

Die Fahrt durch das bislang kaum erschlossene, 384 000 Hektar große Khaudom Game Reserve ist ein intensives Wildniserlebnis, das garantiert niemanden enttäuschen wird. Die Sandpisten schlängeln sich durch jungfräulichen Busch und überqueren die *omiramba*. Diese fossilen Flusstäler verlaufen parallel zu den nach Ost-West ausgerichteten Kalaharidünen. Da es im Khaudom keinerlei Wegweiser gibt, müssen Fahrer mit GPS-Koordinaten und topografischen Karten navigieren. Nur wenige Touristen lassen sich auf diese Herausforderung jenseits der sicheren Grenzen von Etosha ein.

Und das genau ist der Grund, warum der Khaudom-Wildpark so besuchenswert ist. Er ist eines der wichtigsten Wildschutzgebiete von Namibia; hier lebt eine der beiden unter Artenschutz stehenden Löwenpopulationen des Landes und er ist der einzige Wildpark Namibias, in dem Afrikanische Wildhunde (auch Hyänenhunde genannt) gesichtet werden können. Eine große Zahl von Elefanten, Zebras, Giraffen, Gnus, Kudus, Oryx- und Halbmondantilopen durchstreift die Wildnis, und mit ziemlicher Sicherheit bekommt man Herden von Pferdeantilopen zu Gesicht. Passionierte Birder können 320 verschiedene Vogelarten, darunter Sommergäste wie Störche, Rallen, Rohrdommeln, Pirole, Adler und Falken identifizieren.

Ein weiterer Vorteil ist, dass Reisende im Khaudom das Fahrzeug überall verlassen dürfen, was in den meisten anderen namibischen Wildreservaten weitgehend verboten ist. Wer dieses Privileg umsichtig nutzt, kann beispielsweise den schlammigen Rand der Wasserlöcher nach Raubtierspuren absuchen; frische Abdrücke zeigen, dass es sich lohnt, hier etwas Zeit zu investieren. Dabei ist extreme Vorsicht geboten! Im Khaudom sollte man sich weitaus mehr als in anderen Teilen Namibias der Tatsache bewusst sein, dass man sich mitten in der Wildnis befindet, und keinesfalls alleine herumlaufen.

Orientierung & Information

Reisende, die das Reservat mit dem eigenen Geländewagen befahren wollen, müssen alles Nötige dabeihaben; Treibstoff und Lebensmittel sind nur in den Orten des Caprivizipfels erhältlich. Im Wildpark gibt es zwar Wasser, aber dieses muss vor dem Trinken abgekocht oder chemisch gereinigt werden. Zur Mindestausrüstung gehören ein GPS-Navigationsgerät, eine genaue topografische Karte und ein Kompass. Erforderlich sind auch gesunder Menschenverstand und ausreichend Sicherheit und Erfahrung im Umgang mit einem Geländewagen.

Die Pisten sind fast alle sandig, und nach Regenfällen verwandelt sich der Sand in glitschigen Schlamm. Deshalb schreiben Namibia Wildlife Resorts (NWR) vor, dass Reisegruppen aus einem Konvoi von mindestens zwei komplett ausgerüsteten Geländewagen bestehen müssen, die genug Nahrung, Wasser und Treibstoff dabeihaben, um mindestens drei Tage zu überleben. Wohnmobile, Anhänger und Motorräder sind nicht zugelassen.

Die beste Zeit für die Wildbeobachtung ist Juni bis Oktober. Die Herden halten sich dann in der Nähe der Wasserlöcher und entlang der *omiramba*-Flusstäler auf. Zwischen November und April kommen Vogelbeobachter auf ihre Kosten; allerdings müssen sie in dieser Zeit mit einer anstrengenden Plackerei auf den Schlammpisten rechnen.

Schlafen

Früher unterhielten NWR zwei offizielle Campingplätze im Wildpark. Nach unzähligen Zwischenfällen mit wildgewordenen Elefanten wurden die Plätze geschlossen. Besucher werden angehalten, in den noch vorhandenen Überresten der Camps zu zelten. Alternativ kann man sein Zelt auch irgendwo im Busch aufbauen.

Noch einmal: Wer Khaudom besucht, muss absoluter Selbstversorger sein.

Sikereti Camp (Karte S. 147) Das „Zigarettencamp" liegt schattig in einem Blutpflaumenhain. Um den Ort wirklich zu würdigen, sollte man offen sein für seinen besonderen Zauber, den er der Gewalt der Stille und Isolation verdankt.

Khaudom Camp (Karte S. 132–133) Das auf einem Dünenrücken gelegene Camp hat einen schönen Blick auf ein Wasserloch – Kalahari en miniature!

An- & Weiterreise

Von Norden kommend geht es weiter auf der Sandstraße von Katere an der B8 (als Khaudom ausgeschildert), 120 km östlich von Rundu. Nach 45 km taucht das fossile Flusstal Cwibadom Omuramba auf, wo es Richtung Osten in den Park geht.

Von Süden kommend ist das Sikereti Camp über Tsumkwe zu erreichen.

Von Tsumkwe aus sind es noch 20 km nach Groote Döbe und von dort weitere 15 km zur Dorslandboom-Umgehung (s. Karte S. 147). 25 km nördlich liegt dann das Sikereti Camp.

DER CAPRIVIZIPFEL

Laubwälder aus Mopane- und Blutfruchtbäumen prägen den Caprivizipfel, Namibias nordöstliches, schmales Anhängsel. Fossile, parallel zueinander verlaufende Dünen, *shonas*, sind Zeugen vergangener Epochen mit trockenerem Klima.

Den meisten Reisenden dient der Caprivi als einfachste Anfahrtsroute zwischen Namibias Kernland und Victoria Falls sowie dem Chobe National Park in Botsuana. Wer genügend Zeit und noch Geduld hat, kann hier von den touristischen Hauptwegen abweichen und verborgene Juwele wie besispielsweise die Nationalparks Mudumu, Mamili und Bwabwata erkunden.

BWABWATA NATIONAL PARK
☎ 066

Das Schutzgebiet wurde bereits 1999 eingerichtet und erst vor kurzem zum Nationalpark erklärt. In Bwabwata sollen sich die lokalen Wildbestände erholen. Vor dem Waffenstillstand 2002 in Angola gab es in dieser Region so gut wie keine Besucher; der Tierbestand war durch blindwütige Wilderei, die der andauernde Konflikt nur noch anstachelte, buchstäblich ausgerottet. Nun herrscht wieder Frieden, und wie durch ein Wunder ist das Wild zurückgekehrt. Auch der Tourismus läuft an.

Wer hier ein Schutzgebiet wie das touristisch erschlossene Etosha erwartet, wird bitterlich enttäuscht werden. Nur wenn man die Hauptrouten verlässt, kann man in der immer noch kaum erschlossenen Region phantastische Entdeckungen machen.

Orientierung

Bwabwata besteht aus fünf Hauptzonen: dem Gebiet um Divundu, dem Dreieck West-Caprivi, dem Mahango Wildreservat, Popa Falls und dem nun im Nationalpark aufgegangenen

NORDNAMIBIA

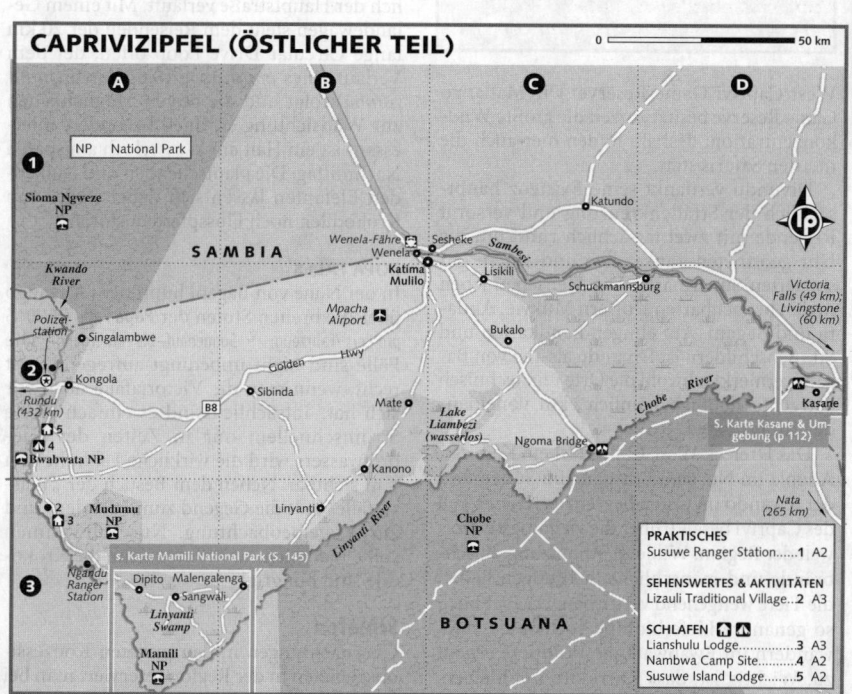

CAPRIVIZIPFEL (ÖSTLICHER TEIL)   0 ————————— 50 km

NP   National Park

Sioma Ngweze NP

Katundo

SAMBIA

Kwando River

Wenela-Fähre   Sesheke
Wenela   Sambesi

Katima Mulilo   Lisikili

Polizei-station   Singalambwe

Mpacha Airport

Bukalo

Schuckmannsburg

Victoria Falls (49 km); Livingstone (60 km)

Golden Hwy

Rundu (432 km)   Kongola

B8   Sibinda

Mate

Lake Liambezi (wasserlos)

Chobe River

Kasane

S. Karte Kasane & Umgebung (p 112)

Bwabwata NP

Ngoma Bridge

Kanono

Mudumu NP   Linyanti   Linyanti River

Chobe NP

Nata (265 km)

Ngundu Ranger Station

s. Karte Mamili National Park (S. 145)

Dipito Malengalenga
Sangwali

Linyanti Swamp

Mamili NP

BOTSUANA

PRAKTISCHES
Susuwe Ranger Station......1 A2

SEHENSWERTES & AKTIVITÄTEN
Lizauli Traditional Village...2 A3

SCHLAFEN
Lianshulu Lodge...............3 A3
Nambwa Camp Site.........4 A2
Susuwe Island Lodge........5 A2

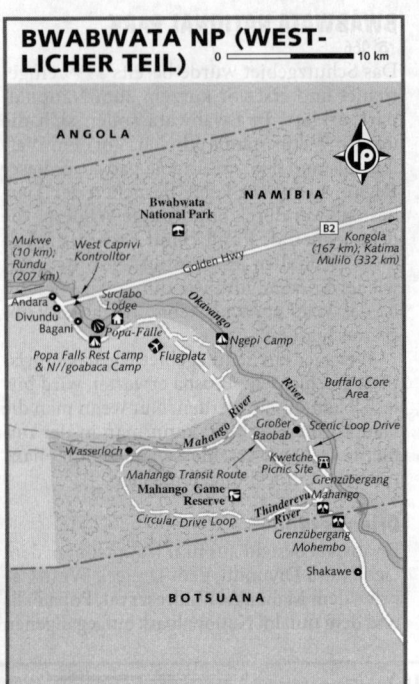

BWABWATA NP (WESTLICHER TEIL)

0 ———— 10 km

ANGOLA

NAMIBIA

Bwabwata National Park

B2   Kongola
(167 km); Katima
Mulilo (332 km)

Mukwe (10 km); Rundu (207 km)

West Caprivi Kontrolltor

Golden Hwy

Suclabo Lodge

Andara Divundu Bagani

Popa-Fälle

Popa Falls Rest Camp & N//goabana Camp

Flugplatz

Ngepi Camp

Okavango

River

Buffalo Core Area

Wasserloch

Mahango River

Großer Baobab

Scenic Loop Drive

Mahango Transit Route

Mahango Game Reserve

Kwetche Picnic Site

Grenzübergang Mahango

Circular Drive Loop

Thindereye River

Grenzübergang Mohembo

Shakawe

BOTSUANA

West Caprivi Game Reserve. Die Mahango Game Reserve besitzt zurzeit die größte Wildkonzentration; deshalb finden hier auch die meisten Safaris statt.

Divundu verdankt seine Existenz hauptsächlich der Straßenkreuzung und versorgt Reisende mit zwei tatsächlich rund um die Uhr geöffneten Tankstellen und einem gut sortierten Supermarkt. Die Menschen leben in den benachbarten Dörfern Mukwe, Andara und Bagani. Auf einigen Landkarten und Straßenschildern ist Divundu als Teil von Bagani vermerkt, obwohl die Orte rein technisch betrachtet deutlich, nämlich 2 km, voneinander entfernt sind.

Das Dreieck West-Caprivi ist ein Keil, den Angola im Norden, Botsuana im Süden und der Kwando im Osten begrenzen. Dieser Teil des Caprivi besaß früher die vielfältigste Tierwelt der Region. Wilderei, Abholzung, Buschbrände und menschliche Siedlungen haben die Tiere weitgehend vertrieben. Da aber noch so genannte Lieferbiotope vorhanden sind, wandern im Bwabwata die Wildtiere erneut zu. Wichtig ist, dass Korridore frei bleiben.

Wer das Dreieck bereisen möchte, folgt der Straße entlang des Westufers des Kwando unweit von Kongola.

Der Golden Highway von Rundu nach Katima Mulilo durchquert die ehemalige West Caprivi Game Reserve. Früher ein Paradies mit großen Elefantenherden diente es jahrzehntelang als Vorratskammer für Wilderer und einheimische Jäger. Heute ist hier kaum noch ein Tier zu sehen.

Sehenswertes

MAHANGO GAME RESERVE

Der kleine, aber sehr vielseitige, 25 000 Hektar große **Park** (40/10 N$ pro Pers./Fahrzeug; ☺ Sonnenauf- bis -untergang) liegt in einem breiten Flusstal nördlich der Grenze zu Botsuana und westlich des Okavango. Vor allem in der Trockenzeit konzentrieren sich hier in großer Zahl durstige Elefanten und Wildherden. Wie im Khaudom dürfen Besucher ihr Fahrzeug verlassen, sollten dabei aber stets vorsichtig sein.

Mit einem normalen Pkw kann man den Park auf der Mahango-Transitroute durchqueren oder dem Scenic Loop Drive folgen, der jenseits des Kwetche-Picknickplatzes östlich der Hauptstraße verläuft. Mit einem Geländewagen steht dem Reisenden der 20 km lange Circular Drive Loop offen, der dem Verlauf eines *omuramba* (Singular für *omiramba*) folgt und die besten Möglichkeiten zur Wildsichtung eröffnet. Besonders interessant ist ein Halt am Wasserloch am späten Nachmittag: Die plantschenden und trinkenden Elefanten lassen sich dabei weder von Krokodilen noch Flusspferden stören.

POPA FALLS

In der Nähe von Bagani hüpft der Okavango über die breiten Stufen der **Popa Falls** (40/10 N$ pro Pers./Fahrzeug; ☺ Sonnenauf- bis -untergang). Die Fälle sind nicht unbedingt aufregend, erst recht, wenn man die Victoriafälle noch vor sich hat. Tatsächlich sind es einfach große Stromschnellen; nur in Zeiten des Niedrigwassers wird die wirkliche Fallhöhe von 4 m sichtbar. Neben dem Besuch der „Wasserfälle" lädt die Gegend zum Wandern und zur Vogelbeobachtung. Nur Schwimmen sollte man nicht unbedingt, denn die Krokodile sind hungrig!

Schlafen

Übernachtungen in den privaten Konzessionsgebieten in der Region reserviert man bei

NORDNAMIBIA

der jeweiligen Einrichtung. Der Campingplatz bei Popa Falls wird von NWR betrieben und muss im Hauptbüro in Windhoek (s. S. 90) vorausgebucht werden.

WESTLICHER TEIL

Ngepi Camp (Karte S. 140; ☎ 259903; www.ngepicamp. com; Camping 50 N$ pro Pers., Busch-/Baumhütte 300/430 N$ pro Pers.) Reisende schwärmen von diesem Camp, und sie haben Recht: Ngepi ist wohl eine der besten Lodges für Backpacker in ganz Namibia. Die Gäste haben die Möglichkeit, in einem „Käfig" im Okavango zu schwimmen, der die Krokodile in sicherem Abstand hält, und den Abend in der einladenden Busch-Bar zu verbringen. Geschlafen wird entweder in einer Busch- oder Baumhütte, oder man stellt sein Zelt am Ufer des Flusses auf und lässt sich von den entspannenden Geräuschen der Hippos in einen erholsamen Schlaf wiegen. Ngepi ist kein Luxuscamp; die Duschen sind einfachst, und es gibt kein Fernsehen. Doch gerade das macht den besonderen Charme aus. Im Angebot ist eine Reihe von preiswerten Exkursionen, so Fahrten ins Mahango Reservat, Kanutrips, Bootsfahrten mit Sundowner-Drink und Ausflüge mit dem *mokoro*, dem traditionellen Einbaum, ins Okavango Panhandle (S. 376).

Das Camp liegt 4 km abseits der Hauptstraße; die sandige Zufahrtspiste kann normalen Pkw mit geringer Bodenfreiheit Probleme bereiten. Wer in Divundu abgeholt werden möchte, kann das telefonisch bei der Lodge organisieren.

Popa Falls Rest Camp (Karte S. 140; Camping 50 N$ pro Pers., EZ/DZ-Hütten 350/500 N$) Jüngst renoviert hat sich dieses ehemals einfache Restcamp in eine anziehende Unterkunft am Fluss verwandelt. Alles Notwendige können die Gäste im angeschlossenen, kleinen Laden kaufen, und Selbstversorgern steht eine Feldküche zur Verfügung. Ausgestattet ist das Camp mit Warmwasserduschen, Sitztoiletten mit Wasserspülung und Braai-Plätzen, wo mitgebrachtes Fleisch gegrillt werden kann.

N//goabaca Camp (Karte S. 140; www.nacobta.com.na; Camping 50 N$ pro Pers., EZ/DZ-Hütten 350/500 N$) Der schattige, von der Dorfgemeinschaft geführte Campingplatz liegt am Okavango gegenüber dem Popa Falls Rest Camp. Das hier ausgegebene Geld kommt den Kxao-(San)-Gemeinschaften zugute. Spurenleser führen auf Anfrage Gäste auf Wildbeobachtungswanderungen durch den Busch.

ÖSTLICHER TEIL

Auch am östlichen Ende des Parks gibt es mehrere Übernachtungsmöglichkeiten (s. auch S. 144).

Nambwa Camp Site (Karte S. 139; Camping 50 N$ pro Perso.) Nambwa liegt 14 km südlich von Kongola und besitzt keinerlei Infrastruktur. Der einzige offizielle Campingplatz im Nationalpark ermöglicht den Zugang zur der von Altwasser gebildeten, wildreichen Lagune 5 km weiter südlich. Buchung und Permit (eine Art Aufenthaltsgenehmigung) sind bei der Rangerstation bei Susuwe am Westufer des Flusses zu erledigen. Die Station befindet sich etwa 4 km nördlich von Kongola und ist nur mit Geländewagen erreichbar. Auch die Piste zum Camp ist ausschließlich Geländewagen vorbehalten und führt am Westufer des Kwando nach Süden.

Susuwe Island Lodge (Karte S. 139; ☎ in Südafrika 27–11 706 7207; www.islandsinafrica.com; Neben-/Hochsaison ab 2480/3220 N$ pro Pers.; ✶ ▢ ▢) Die elegante Safarilodge liegt auf einer abgeschiedenen Insel im Kvando, umgeben von unterschiedlichen Landschaftsräumen wie Savannen, Busch und Feuchtgebieten. Sechs schicke, reetgedeckte und in Erdtönen gehaltene, gemauerte Chalets bieten Unterkunft. Zur Ausstattung gehören eine Lounge am offenen Feuer, ein Bar-Restaurant, das auch Gourmets zufriedenstellt, individuelle Badetümpel und ein Aussichtsdeck, vor dem sich die ganze Schönheit der Umgebung ausbreitet. Susuwe erreicht man nur mit dem Flugzeug oder dem Geländewagen, eine Reservierung ist Pflicht.

An- & Weiterreise

Die asphaltierte Straße von Rundu nach Katima Mulilo kann problemlos mit normalem Pkw befahren werden; das gilt auch für die Schotterstraße zwischen Divundu und Mohembo an der Grenze zu Botsuana. Für die Durchquerung des Nationalparks sind keine Gebühren zu entrichten; für die Rundfahrt hingegen wird Eintritt erhoben.

KATIMA MULILO

☎ 066

Die Stadt liegt am äußersten Ende des Caprivizipfel und mit 1200 km so weit von Windhoek entfernt, wie man in Namibia überhaupt nur fahren kann. Früher war Katima Mulilo ein Dorf, durch dessen Straßen die Elefanten trotteten; heute ist, abgesehen von den Krokodilen und Flusspferden im Sambesi, von

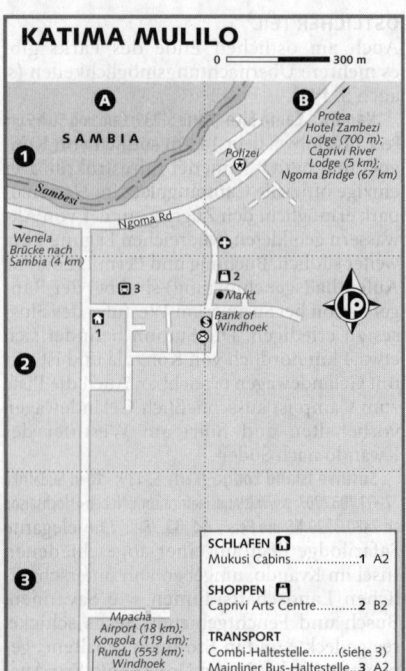

KATIMA MULILO

0 ⊏══════ 300 m

A

SAMBIA

B
Protea
Hotel Zambezi
Lodge (700 m);
Caprivi River
Lodge (5 km);
Ngoma Bridge (67 km)

Polizei

1

Sambesi

Ngoma Rd

Wenela
Brücke nach
Sambia (4 km)

☷ 3

☷ 2
● Markt

Bank of
Windhoek

2

3

Mpacha
Airport (18 km);
Kongola (119 km);
Rundu (553 km);
Windhoek
(1253 km)

SCHLAFEN
Mukusi Cabins.................1 A2

SHOPPEN
Caprivi Arts Centre..........2 B2

TRANSPORT
Combi-Haltestelle........(siehe 3)
Mainliner Bus-Haltestelle..3 A2

Wild nichts mehr zu sehen. Katima ist eine lebhafte Grenzstadt und ein mittelgroßer Warenumschlagplatz.

Schlafen & Essen

Mukusi Cabins (☎ 253255; Engen-Tankstelle; Camping 50 N$, EZ/DZ ab 300/350 N$; ☒) Die Oase hinter der Tankstelle hat zwar nicht den Vorteil, am Fluss zu liegen, wie viele andere Unterkünfte in der Region, aber sie besitzt ein breites Angebot an verschiedenen Unterkunftsmöglichkeiten. Es fängt an mit einfachen Zimmern mit Ventilator und geht bis hin zu kleinen, aber komfortablen Hütten mit Klimaanlage. Im hübschen Bar-Restaurant kommen Gerichte wie Calamari, Schlange oder Kingklip auf den Tisch, und es gibt die üblichen Steak- und Hühnchenstandards.

Caprivi River Lodge (☎ 253300; www.caprivi river lodge.info; Camping 50 N$ pro Pers.; EZ 305-800 N$, DZ 445-1075 N$; ☒ ☒) Die vielseitige Lodge bietet Unterkunft für jeden Geldbeutel: Reisende haben die Wahl zwischen einer Wiese mit Zeltplätzen und rustikalen Chalets mit Gemeinschaftsduschen oder komfortableren Holzhäuschen mit eigenem Bad/WC. Aktive

Gäste können Kajak- oder Bootfahren, Angeln oder an Wildbeobachtungsfahrten in verschiedenen Parks des Caprivi teilnehmen. Die Lodge liegt an der Ngoma Rd, etwa 5 km außerhalb der Stadt.

Protea Hotel Zambezi Lodge (☎ 253149; http://namibweb.com/zambezilodge.htm; Camping 50 N$ pro Pers., EZ/DZ ab 650/955 N$; ☒ ▣ ☒) Highlight dieser zauberhaften Lodge am Ufer des Sambesi ist die schwimmende Bar mit Blick auf Hippos und Krokodile. Der zum Hotel gehörige Campingplatz ist von einem blühenden Garten umgeben. Die gut ausgestatteten, modernen Zimmer haben kleine Veranden mit herrlichem Panoramablick.

Shoppen

Caprivi Arts Centre (☺ 8-17.30 Uhr) Der Laden der Caprivi Art & Cultural Association empfiehlt sich all denjenigen, die lokales Kunsthandwerk suchen. Hier gibts aus Holz geschnitzte Flusspferde und Elefanten, Körbe, Holzlöffel, Küchenutensilien sowie traditionelle Dolche und Speere.

An- & Weiterreise

Reisende mit eigenem Fahrzeug erreichen über den **Grenzübergang Ngoma Bridge** (☺ 7 bis 18 Uhr) innerhalb weniger Stunden den Chobe National Park und Kasane in Botsuana sowie Victoria Falls (Simbabwe). Auf der Transitstrecke durch den Chobe National Park ist keine Gebühr für Nationalparkeintritt zu entrichten.

Die neue, 1 km lange Brücke **Wenela bridge** (☺ 7-18 Uhr) überspannt den Sambesi zwischen Katima Mulilo und Wenela und eröffnet den einfachen Zugang zu Livingstone und anderen Zielen in Sambia. Die Straße ist bis Livingstone und zu den Wasserfällen nun durchgängig asphaltiert und selbst in der Regenzeit mit normalem Pkw befahrbar.

FLUGZEUG

Air Namibia fliegt mehrmals pro Woche zwischen Eros Airport in Windhoek und dem Mpacha Airport, 18 km südwestlich von Katima Mulilo.

BUS & MINIBUS

Busse des **Intercape Mainliner** (www.intercape.co.za) unternehmen mehrmals pro Woche die 17 Stunden dauernde Fahrt zwischen Windhoek und Katima Mulilo. Tickets (Preise ab 350 N$) sollten zeitig in Voraus reserviert

NORDNAMIBIA

werden, weil die Busse nach Victoria Falls weiterfahren und schnell ausgebucht sind.

Kombis (Minibusse) sind recht häufig zwischen Windhoek und Katima unterwegs; der Fahrpreis sollte 225 N$ nicht übersteigen. Von Katima aus gibt es zahlreiche Verbindungen zu Orten und Städten im Norden; pro Fahrt werden maximal 30 N$ berechnet.

AUTO
Der asphaltierte Golden Highway zwischen Katima Mulilo und Rundu ist offen für normale Pkw.

TRAMPEN
Die besten Standorte für Tramper zwischen Katima Mulilo und Rundu sind die beiden Tankstellen in Divundu und Kongola. Die Chance, das jedes von Rundu oder Katima Mulilo nach Ost bzw. West fahrende Fahrzeug die gesamte Strecke absolviert, ist groß.

MPALILA ISLAND
☎ 066

Mpalila (Impalilia) Island ist ein Keil zwischen den Flüssen Chobe und Sambesi und bildet Namibias äußersten Grenzpunkt am Vierländereck Simbabwe, Botsuana, Namibia und Sambia. Auf der Insel, vom Chobe National Park aus einfach per Boot zu erreichen, haben sich ein paar exklusive Lodges eingerichtet, deren wohlhabende Gäste auf der Suche nach luxuriöser Einsamkeit sind.

Die Unterkunft auf der Insel muss in Voraus gebucht werden. Jede Lodge offeriert ihren Gästen eine große Bandbreite von Aktivitäten wie Flussfahrten auf dem Chobe, geführte Pirschfahrten, Angelausflüge, Wanderungen über das Eiland und Touren mit dem *mokoro*-Einbaumboot. In den Preisen sind Vollpension und Transfer inbegriffen.

Malerisch liegt die **Impalila Island Lodge** (Karte S. 348; ☎ in Südafrika 27–11 706 7207; www.islandsinafrica.com; Neben-/Hauptsaison 350/550 US$ pro Pers.; 🔀 🖭) oberhalb der Mombova-Stromschnellen. Das elegante Refugium besteht aus acht Luxuschalets, die auf Stelzen am Ufer errichtet wurden. Mittelpunkt der Lodge sind zwei uralte Baobabs oder Affenbrotbäume, die sich majestätisch über die Anlage erheben.

Berühmtestes Haus auf der Insel ist die **Chobe Savannah Lodge** (Karte S. 351; ☎ 686 1243; www. desertdelta.com; Neben-/Hauptsaison 375/650 US$ pro Pers.; 🔀 🖭) mit spektakulärem Panoramablick auf die wildreichen Puku Flats. Jedes der ge-schmackvoll eingerichteten Zimmer besitzt eine eigene Veranda, von der aus die Gäste die Tiere im Pyjama beobachten können, ohne sich extra umziehen zu müssen.

Mpalila Island ist per Flugzeug oder Boot von Kasane (Botsuana) aus zu erreichen. Üblicherweise organisierte die Lodge den Transfer für ihre Gäste.

MUDUMU NATIONAL PARK
☎ 066

Der Mudumu-Nationalpark hat eine dramatische Geschichte von Umweltzerstörung und Vernachlässigung hinter sich. Dem großen Einsatz von Grant Burton und Marie Holstensen von der Lianshulo Lodge (s. S. 144) ist zu danken, dass das Schutzgebiet nun wieder auf der touristischen Karte fungiert. Die beiden besitzen ein riesengroßes, privates Konzessionsgebiet innerhalb des Nationalparks. In enger Zusammenarbeit mit lokalen Dorfgemeinschaften und dem Ministerium für Umwelt und Tourismus (MET) gelang es ihnen, Artenschutz, nachhaltige Landnutzung und wirtschaftliche Entwicklung im Caprivi miteinander zu verknüpfen.

Mudumu gehörte früher zu den eindrucksvollsten Wildgebieten von Namibia, doch Ende der 1980er-Jahre hatte sich der Park zu einem inoffiziellen Jagdgebiet entwickelt, in dem keine Regeln mehr galten. In weniger als zehn Jahren dezimierten Trophäenjäger den Tierbestand so stark, dass sich das MET gezwungen sah, Mudumu in einem letzten Rettungsversuch zum Nationalpark zu erklären. Allmählich kehrt das Wild zurück, aber es wird noch Jahre kluger Politik und gemeinschaftlichen Handelns bedürfen, bis Mudumu seine einstige Attraktivität wiedergefunden hat. Jeder Besucher des Nationalparks unterstützt dieses ehrgeizigen Projekt.

Ziel ist es, die lokalen Wirtschaftsstrukturen zu stärken und zugleich den verlorenen Wildreichtum von Mudumu wiederherzustellen.

Sehenswertes
Die Eigentümer der Lianshulu Lodge, das MET, private Förderer und die Dorfgemeinschaft von Lizauli haben in einem Joint Venture das **Lizauli Traditional Village** (Karte S. 139; 20 N$ pro Pers. 🕑 Mo–Sa 9–17 Uhr) gegründet. Besucher erleben hier, wie die Caprivianer traditionell leben und bekommen einen Einblick in Ernährungsgewohnheiten, Fischfang- und

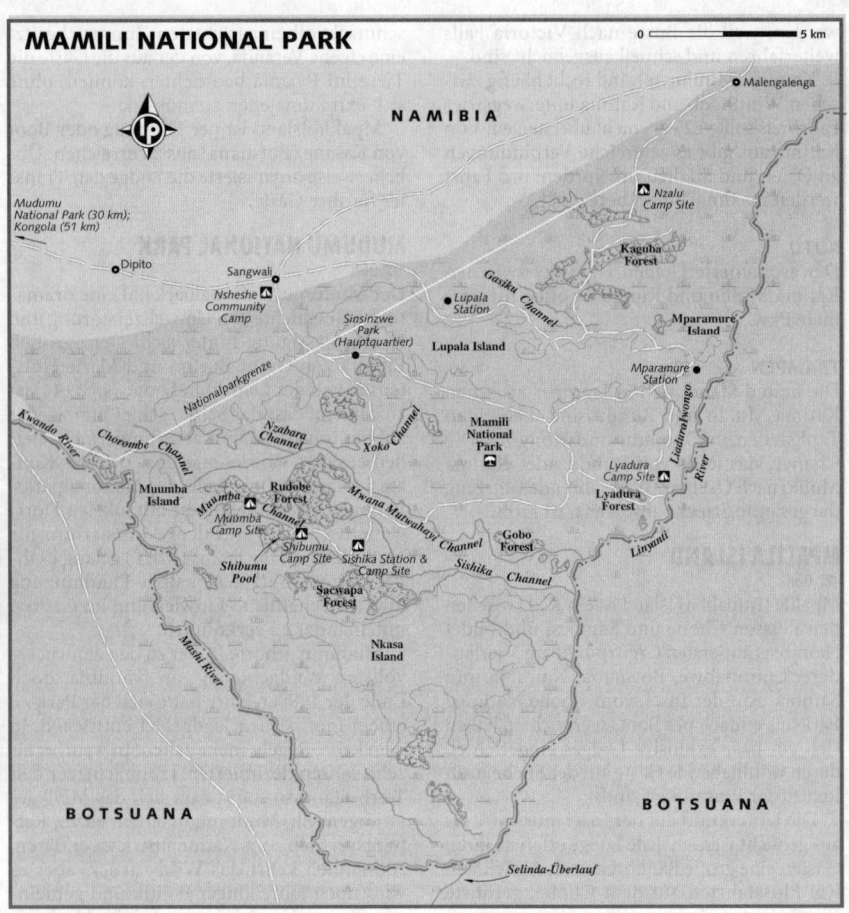

MAMILI NATIONAL PARK

0 — 5 km

Malengalenga

NAMIBIA

Mudumu
National Park (30 km);
Kongola (51 km)

Dipito

Sangwali

Nsheshe
Community
Camp

Nzalu
Camp Site

Kaguba
Forest

Gasiku Channel

Lupala
Station

Mparamure
Island

Sinsinzwe
Park
(Hauptquartier)

Lupala Island

Mparamure
Station

Nationalparkgrenze

Kwando River

Chorombe Channel

Nzabara
Channel

Xoko Channel

Mamili
National
Park

Luduraduongo River

Lyadura
Camp Site

Lyadura
Forest

Muumba
Island

Muumba
Channel

Rudobe
Forest

Mwana Mutwakuzi Channel

Linyanti

Muumba
Camp Site

Shibumu
Camp Site

Sishika Station &
Camp Site

Gobo
Forest

Shibumu
Pool

Sishika Channel

Sacwapa
Forest

Nkasa
Island

Mashi River

BOTSUANA

BOTSUANA

Selinda-Überlauf

NORDNAMIBIA

Ackerbautechniken, die Dorfverwaltung, Musik und Spiele sowie traditionelle Heilmittel, Korb- und Werkzeugherstellung. Nach dem geführten Rundgang können die Besucher entspannt und ohne Kaufdruck preiswertes lokales Kunsthandwerk erwerben.

Das oben erwähnte Konsortium bildet auch Wildführer aus Lizauli und anderen Dörfern aus. Außerdem ist es dafür zuständig, die Dorfgemeinschaften für den Artenschutz und gegen die Wilderei zu sensibilisieren. Das wichtigste jedoch ist, dass hier ein Forum geschaffen wurde, in dem die Einheimischen mit Touristen kommunizieren können und sowohl wirtschaftlich wie kulturell von der Einhaltung der strengen Regeln zum Umweltschutz profitieren.

Schlafen

Lianshulu Lodge (Karte S. 139; ☎ in Südafrika 27–11 257 5111; Zi. ab 3299 N$ pro Pers.; ☷) Lianshulus Mittelpunkt bildet ein eindrucksvoller Bar- und Restaurantbereich mit weitem Blick über das umliegende Sumpfland, und die Zimmer der Lodge zählen zu den wohl am schönsten gelegenen in Namibia. Gegen Mittag halten sich Warane in der Umgebung auf, und zum Abendessen kommen die Hippos aus dem Fluss, um an Land zu grasen. Am späten Abend hüllt ein magischer Sumpfchor zirpender Insekten die Lodge ein, und das eindringliche „tink-tink" der Riedfrösche gibt den Takt vor, während die Gäste in einem der exklusiven, freistehenden Chalets einschlafen. Unter den vielen angebotenen Ausflügen erfreut sich die Flussfahrt besonderer Beliebtheit. Dabei können große Elefantenherden und Nestkolonien von Karminspinten (eine Bienenfresserart) gesichtet werden.

An- & Abreise

Von Kongola geht es auf der D3511 rund 40 km nach Süden und dann auf einer beschilderten Piste nach Westen bis Lianshulu.

MAMILI NATIONAL PARK

In guten Regenjahren verwandelt sich dieser nur selten besuchte, ursprüngliche **Nationalpark** (40/10 N$ pro Pers./Fahrzeug) in Namibias Äquivalent zu Botsuanas Okavangodelta. Seine bewaldeten und von Schilf- und Papyrussümpfen gesäumten Inseln gelten als Namibias bester Spot für die Vogelbeobachtung mit über 430 nachgewiesenen Arten. Auch hier hat die Wilderei ihren Tribut gefordert. Dennoch ist die Vielfalt an vorrangig semiaquatischen Spezies wie Flusspferden, Krokodilen, Pukus, Roten Litschiantilopen, Sitatungas und Fischottern nach wie vor eindrucksvoll.

Die beste Zeit für die Vogelbeobachtung ist Dezember bis März, wenngleich der Nationalpark dann zu weiten Teilen überschwemmt und nicht zugänglich ist. Ideal für die Wildbeobachtung ist die Zeit zwischen Juni und August; die besten Sichtungen bieten die Inseln Nkasa und Lupala.

Im Nationalpark gibt es einige Wildniscamps, die nicht unterhalten werden; Reisende müssen alles, was sie benötigen, inklusive Wasser, mit sich führen und auf extrem harten Pistenzustand eingestellt sein. Normalerweise kassiert ein Ranger die Parkgebühren am Eingang; danach aber ist man ganz auf sich gestellt. Fahren im Konvoi ist unbedingt angeraten, und selbstverständlich ist ein hochrädriger Geländewagen Pflicht. Man rechne mit extrem tiefem Schlamm!

Der Nationalpark ist auf nur mit Geländewagen befahrbaren Pisten entweder vom Malengalenga im Nordosten oder vom Dorf Sangwali nördlich davon zu erreichen.

OTJOZONDJUPA

Otjozondjupa wird gemeinhin als Buschmannland bezeichnet. Der abfällige Name hat bislang allen Versuchen widerstanden, ihn aus dem Sprachgebrauch zu tilgen. Otjozondjupas

weitgehend flache Buschlandschaft begrenzt die Kalahariwüste und ist Teil des traditionellen Schweifgebiets der Ju/hoansi, einer Untergruppe der San. Sie gehören zu den Ureinwohnern des südlichen Afrika. Da weltweit das Interesse an den Kulturvölkern der Kalahari gestiegen ist, hat sich auch der Tourismus in der Region verstärkt. Allerdings sollten Besucher nicht damit rechnen, hier auf autarke Jäger-Sammler-Gemeinschaften zu treffen. Die gibt es leider nicht mehr.

Viele empfinden die Begegnung mit der harten Realität der modernen Ju/hoansi San-Gesellschaft als ernüchternde und enttäuschende Erfahrung. In der gesamten Region ist das Jagen verboten. Die meisten Gemeinschaften haben ihre Sammlertätigkeit nach essbaren Pflanzenteilen nahezu aufgegeben und ernähren sich von billiger, kalorienreicher Kost wie *pap* (Maisbrei) und Reis, die sie in großen Mengen in den Läden kaufen. Doch wenn es gelingt, über die erschütternde Realität der wirtschaftlichen Lage der San hinwegzusehen, bietet sich die Chance, in Kontakt mit den modernen Nachkommen jener Menschen aufzunehmen, die möglicherweise unserer aller Vorfahren waren.

GESCHICHTE

Mit dem Sammelbegriff San werden traditionell lebende Volksgruppen von Jägern und Sammlern im subsaharischen Afrika bezeichnet, deren Sprache zur Familie der Khoisan-Sprachen gehört. Archäologische Funde belegen, dass San-Gemeinschaften bereits vor 20 000 Jahren in Namibia lebten und sich mit Felsbildern verewigten.

Um das Jahr 1000 drängtenvon Norden her einwandernde Bantuvölker die San in unfruchtbarere Gebiete wie die Kalahari ab. Anthropologen haben im Erbgut der San den „genetischen Adam der Menschheit" identifiziert. Alle Menschen können demnach ihre Abstammung letztendlich auf diese Bevölkerungsgruppe zurückführen.

San leben in sechs Ländern südlich der Sahara; Namibia besitzt mit etwa 33 000 Mitgliedern die zweitgrößte Gemeinschaft. Die San nomadisierten ursprünglich in einem sehr großen *n!oresi*, wie sie das Land nennen, in dem ihr Herz ruht. Kontrolliert wurde ihr Lebensraum aber von der South African Defence Force (SADF), die ihn als Militärbasis im namibischen Unabhängigkeitskampf nutzte. Auf den Status von Flüchtlingen zurück-

DIE SCHATTEN DER VERGANGENHEIT

Wie es zu dem seltsam geformten Caprivizipfel kam, hat seine eigene Geschichte: 1890 beanspruchte Deutschland das von den Briten verwaltete Sansibar für sich. Großbritannien widersetzte sich natürlich, und kurze Zeit später wurde die Kongo-Konferenz einberufen, um den Konflikt beizulegen. Die Briten behielten Sansibar, Deutschland aber erhielt Helgoland einen schmalen Landstreifen des von Briten verwalteten Protektorats Betschuanaland, des heutigen Botsuana. Benannt wurde der Caprivizipfel nach dem damaligen deutschen Reichskanzler General Graf Georg Leo von Caprivi di Caprara di Montecuccoli. Der Landstreifen war für das Deutsche Reich von großer Bedeutung, eröffnete er ihm doch den Zugang zum Sambesi.

Deutschlands Motivation für dieses Tauschgeschäft war der Plan, letzten Endes ein Kolonialreich zu schaffen, das von der südatlantischen Küste bis Tanganyika (heute Tansania) am Indischen Ozean reichen sollte. Zu ihrem Pech wurden die Deutschen durch die britische Kolonisierung von Rhodesien ein Stück flussaufwärts von Victoria Falls gestoppt; die Wasserfälle hatten sich ohnehin als unüberwindbare Barriere für die Schifffahrt auf dem Sambesi erwiesen.

Es ist interessant, dass die deutsche Vereinnahmung des Caprivizipfels als Teil von Deutsch-Südwestafrika international kaum beachtet wurde. Es sollte fast 20 Jahre dauern, bis die ersten Bewohner des Caprivi merkten, dass sie unter deutscher Herrschaft lebten. 1908 schickte die deutsche Regierung schließlich einen gewissen Hauptmann Streitwolf in den Norden, um die lokalen Autoritäten zu überwachen. Die Lozi reagierten darauf, indem sie den gesamten Viehbestand, auch jener anderer Volksgruppen, zusammentrieben und mit den Tieren die Region verließen. Die Rinder wurden schließlich ihren Eigentümern zurückgegeben, aber die meisten Lozi zogen es vor, in Sambia oder Angola zu bleiben und sich nicht der deutschen Herrschaft zu unterwerfen.

Am 4. August 1914 erklärte England Deutschland den Krieg. Nur einen Monat später wurde der deutsche Verwaltungssitz in Schuckmannsburg von den Engländern von ihrer Basis in Sesheke aus angegriffen und von der Polizei beschlagnahmt. Es wird erzählt, dass der deutsche Gouverneur Von Frankenberg gerade den englischen Verwalter von Nord-Rhodesien (heutiges Sambia) zu Gast hatte, als ein Diener eine Nachricht der britischen Behörden in Livingstone überbrachte. Nachdem der Verwalter die Nachricht gelesen hatte, erklärte er kurzerhand seinen Gastgeber zum Kriegsgefangenen, wodurch Schuckmannsburg in britische Hände fiel. Ob die Geschichte, die nach Verrat klingt, nun wahr ist oder nicht, die Belagerung von Schuckmannsburg war die erste alliierte Besetzung feindlichen Territoriums im Ersten Weltkrieg.

geworfen, zogen viele San auf der Suche nach Arbeit in Städte wie Tsumkwe.

Einige konnten sich als ungelernte Farmarbeiter verdingen, andere arbeiteten als Spurenleser für die SADF, die in Nordnamibia und Angola gegen die Swapo kämpfte. Die große Mehrheit litt unter deprimierender Untätigkeit, die zu Veränderungen in der Gemeinschaft führte. Krankheiten, Prostitution, Alkoholismus, häusliche Gewalt, Mangelernährung und andere gesellschaftliche Fehlentwicklungen waren die Folge.

Nach der namibischen Unabhängigkeit schrumpfte das Territorium der San von zuvor 70 000 km² auf weniger als 10 000 km². Die meisten ihrer Wasserlöcher wurden von anderen in Besitz genommen – möglicherweise die Rache für die Zusammenarbeit der San mit den SADF. Am Ende stand den San zu wenig Land zur Verfügung, um ihr traditionelles Leben weiterzuführen; Armut und Vertreibung, die bereits vorher ein Problem waren, nahmen zu.

Zum Glück engagierte sich eine Reihe einflussreicher Westler, von Akademikern über Journalisten und Entwicklungshelfer bis hin zu Kulturforschern, seit Langem als Anwalt für die Rechte der Ureinwohner des südlichen Afrika. In Nordnamibia richtete der amerikanische Dokumentarfilmer John Marshall zusammen mit seiner britischen Kollegin Claire Marshall Ende der 1980er-Jahre die Nyae Nyae Conservancy ein. Die Ju/hoansi San sollten in ihr angestammtes Gebiet zurückkehren. Leider litt das Projekt unter ideologischen Auseinandersetzungen über verschiedenen Themen, u. a. darüber, wie viel Tourismus man in der Region zulassen sollte.

Die Ergebnisse sind zwiespältig: Die Verschärfung der Gesetze zum Artenschutz und besonders die Einrichtung des Khaudom Nationalpark hatten negative Auswirkungen

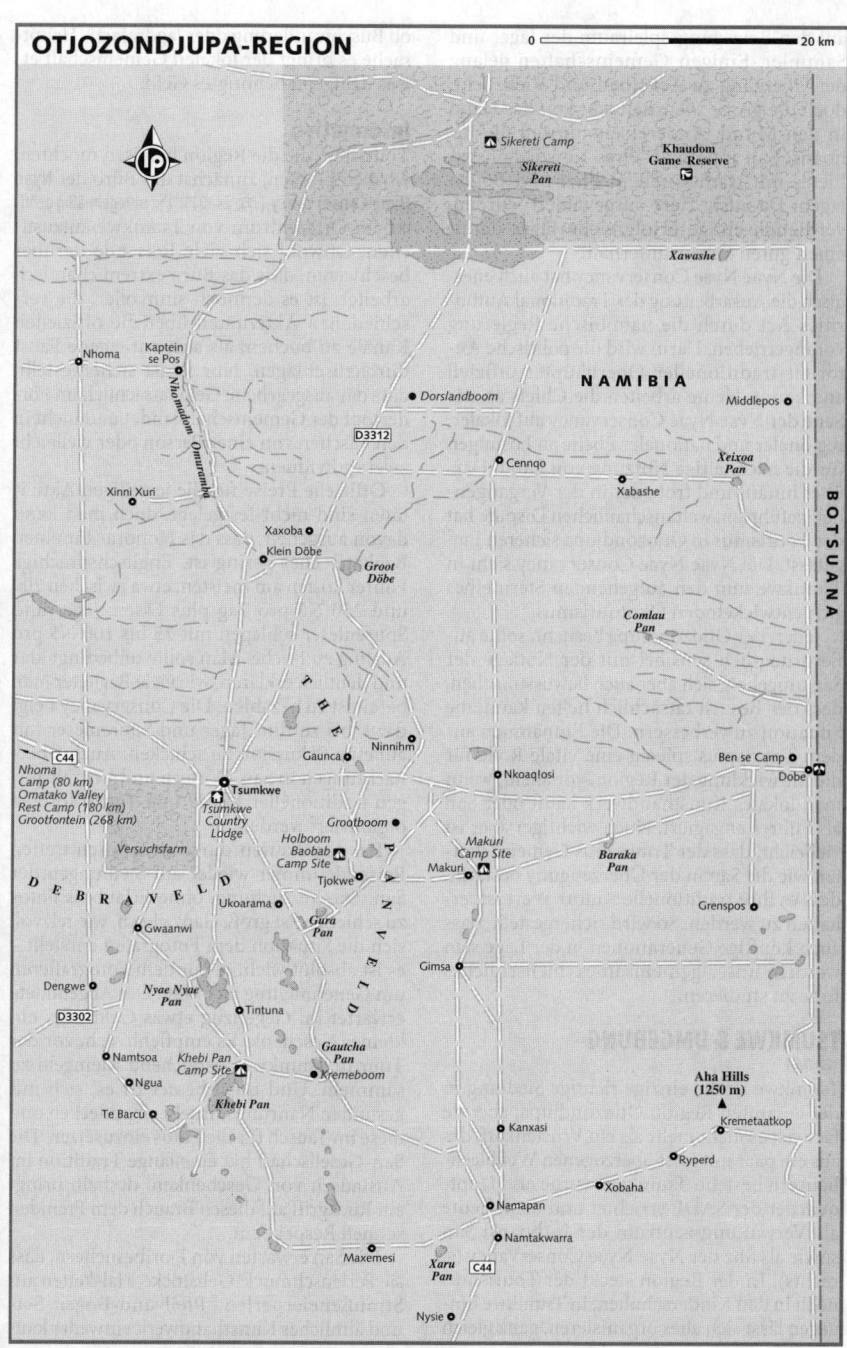

OTJOZONDJUPA-REGION

0 _____ 20 km

Sikereti Camp

Sikereti Pan

Khaudom Game Reserve

Xawashe

Nhoma

Kaptein se Pos

Nhaundom Omuramba

NAMIBIA

Dorslandboom

Middlepos

D3312

Cennqo

Xeixoa Pan

Xinni Xuri

Xabashe

Xaxoba

Klein Döbe

Groot Döbe

Comlau Pan

B O T S U A N A

NORDNAMIBIA

THE

Gaunca

Ninnihm

Nkoaqlosi

Ben se Camp

Dobe

C44
Nhoma
Camp (80 km)
Omatako Valley
Rest Camp (180 km)
Grootfontein (268 km)

Tsumkwe

Tsumkwe Country Lodge

Grootboom

Makuri Camp Site

Baraka Pan

Versuchsfarm

Holboom Baobab Camp Site

Makuri

Tjokwe

P A N V E L D

D E B R A V E L D

Ukoarama

Gura Pan

Grenspos

Gwaanwi

Gimsa

Dengwe

Nyae Nyue Pan

Tintuna

D3302

Namtsoa

Khebi Pan Camp Site

Gautcha Pan

Kremeboom

Aha Hills
(1250 m)

Ngua

Kremetaatkop

Te Barcu

Khebi Pan

Kanxasi

Ryperd

Xobaha

Namapan

Namtakwarra

Maxemesi

Xaru Pan

C44

Nysie

auf den Bewegungsspielraum der Jäger und Sammler. Einigen Gemeinschaften gelang der Übergang zu Ackerbau und Viehzucht; doch die große Mehrheit lebt von der Hand in den Mund. Andererseits dürfen die Ju/hoansi San innerhalb ihres Konzessionsgebietes mit traditionellem Pfeil und Bogen jagen. Da auch Tiere ausgewildert wurden, verdienen einige erfolgreiche Jäger damit einen guten Lebensunterhalt.

Die Nyae Nyae Conservancy hat auch energisch die Ausarbeitung des Traditional Authorities Act durch die namibische Regierung vorangetrieben. Darin wird die politische Autorität traditioneller Oberhäupter offiziell anerkannt. Heute arbeiten die Chiefs an der Seite der Nyae Nyae Conservancy auf lokaler, regionaler und nationaler Ebene an Lösungen für die nachhaltige Nutzung von Land. Darüber hinaus und trotz der in der Vergangenheit geführten, weltanschaulichen Dispute hat der Tourismus in Otjozondjupa sicheren Fuß gefasst. Die Nyae Nyae Conservancy sieht in Tsumkwe nun den aufgehenden Stern eines sich entwickelnden Ökotourismus.

Jeder, der Otjozondjupa besucht, sollte außerordentlich sensibel mit der Notlage der San umgehen, sich aber auch bewusstmachen, dass der Besuch tatsächlich helfen kann, die Situation zu verbessern. Die Einnahmen aus dem Tourismus spielen eine vitale Rolle für die Entwicklung der Region, vor allem, wenn man lokales Kunsthandwerk kauft oder San als Führer engagiert. Noch wichtiger aber ist vielleicht, dass der Tourismus Gemeinschaften wie die San in der Überzeugung bestärkt, dass es ihre traditionelle Kultur Wert ist, erhalten zu werden. So wird sichergestellt, dass auch künftige Generationen in der Lage sein werden, unser gemeinsames, menschliches Erbe zu studieren.

TSUMKWE & UMGEBUNG
☎ 064

Tsumkwe ist die einzige richtige Siedlung in der gesamten Region Otjozondjupa, aber de facto ist es nicht mehr als ein Wüstenkaff, das aus ein paar mit Rost überzogenen Wellblechhäusern besteht. Tsumkwe wurde als Hauptquartier der SADF errichtet und dient heute als Verwaltungszentrum der Ju/hoansi San sowie als Sitz der Nyae Nyae Conservancy (s. rechts). In der Region steckt der Tourismus noch in den Kinderschuhen; in Tsumkwe hingegen lässt sich alles organisieren, ganz gleich

ob Buschwanderung oder Jagdsafari – Hauptsache es bringt der lokalen Gemeinschaft etwas dringend benötigtes Geld.

Information
Touristen, die die Region bereisen möchten, wird empfohlen, zunächst das Büro der **Nyae Nyae Conservancy** (☎ 244011; ☽ unregelmäßig geöffnet) im Ortszentrum von Tsumkwe aufzusuchen. Obwohl sich viele Reisende darüber beschweren, dass das Büro extrem chaotisch arbeitet, ist es dennoch sinnvoller, die verschiedenen Aktivitäten über die offiziellen Kanäle zu buchen, als sich auf eigene Faust durchzuschlagen. Nur so ist sichergestellt, dass das ausgegebene Geld tatsächlich im Fördertopf der Gemeinschaft landet und nicht in den Taschen von einer Person oder vielleicht zwei Individuen.

Offizielle Preise für die jeweiligen Aktivitäten sind nicht festgelegt, doch man kann davon ausgehen, dass das Honorar für einen Begleiter eher gering ist. Englischsprachige Führer kosten am meisten, etwa zwischen 200 und 250 N$ pro Tag plus Essen. Jäger und Spurenleser schlagen mit 75 bis 100 N$ pro Ausflug zu Buche. Man sollte unbedingt klar und deutlich erklären, wie viele Begleiter man bereit ist zu bezahlen. Die Conservancy neigt dazu, bis zu fünf Jäger und Spurenleser mit auf eine Exkursion zu schicken. Auch Übernachtungen in San-Dörfern und Vorführungen traditioneller Musik und Tänze können organisiert werden.

Bei den Touren durch den Busch treffen Reisende immer wieder auf Siedlungen der San. Die Versuchung, ohne Erlaubnis Fotos zu schießen, ist groß. Ganz gleich, wie reizvoll sich die Situation dem Fotografen darstellt – es ist absolut wichtig, vor dem Fotografieren um Genehmigung zu bitten. Der Abgebildete erwartet im Gegenzug etwas Geld oder ein kleines Geschenk. Es empfiehlt sich, vor der Tour in Tsumkwe ausreichend Kleingeld zu sammeln. Und noch besser ist es, sich mit gesunden Nahrungsmitteln einzudecken und diese im Tausch für die Fotos einzusetzen. Die San-Gesellschaft hat eine lange Tradition im Austausch von Geschenken, deshalb bringt ein Rückgriff auf diesen Brauch dem Fremden schnell Respekt ein.

Die San erwarten von Dorfbesuchern, dass sie Perlenschmuck, Gehstöcke, Halsketten aus Straußeneierperlen, Pfeil-und-Bogen-Sets und ähnliches Kunsthandwerk entweder kaufen oder eintauschen. Vor allem das Tauschen entpuppt sich als unterhaltsame Praxis, die unbedingt gefördert werden sollte. T-Shirts, Schuhe, Hosen, Schirmmützen und andere nützliche Gegenstände sind beliebt. Einige San bitten auch um Tabak oder Zucker. Ob man dem Wunsch nach diesen gesundheitsschädlichen Handelswaren genügt, sei jedem selbst überlassen. Wichtig ist, fair zu handeln, nicht übermäßig viel zu zahlen und die Würde der Gastgeber zu bewahren, indem man dem Bedürfnis widersteht, einfach so Geschenke zu verteilen.

Sehenswertes
BESUCH IN DÖRFERN
Es gibt unzählige stereotype Bilder von den San, angefangen bei irreführenden Darstellungen aus Hollywood bis zu der Vorstellung von Primitiven, die im Busch leben oder einer „fünften" Rasse.. Dabei ist die Gesellschaft der San außerordentlich komplex. Vor dem Besuch eines San-Dorfes ist es deshalb empfehlenswert, über ihr faszinierendes und vielfältiges Kulturerbe zu lesen. So informiert sich alles Erlebte im kulturellen Kontext einordnen, und der Besucher ist in der Lage, sich intensiver auf die Gastgeber einzulassen. Einen schnellen Überblick über die Kultur der San bieten die Ausführungen auf S. 293.

Jahrzehnte ethnologischer Forschung haben unglaubliche Einblicke in die Gesellschaften von Jägern und Sammlern eröffnet. Im Falle der San sorgte die Erkenntnis für Aufsehen, dass die traditionellen Gemeinschaften nicht hierarchisch, sondern absolut egalitär organisiert waren. Das Verwandtschaftssystem und die Zugehörigkeit zu einer Volksgruppe schufen den Zusammenhalt. Da die Gruppen keinen Überfluss an Nahrung besaßen, konnten sich institutionalisierte Führer und Beamte nicht etablieren.

Die Ältesten hatten Einfluss auf die Schweifgemeinschaft, doch den deutlichsten Unterschied im gesellschaftlichen Status bestimmte das Geschlecht. Männer versorgten ihre Familien durch die Jagd auf Wild; Frauen ergänzten den Speiseplan durch das Sammeln von Wildfrüchten, wildem Gemüse und Nüssen. In seiner berühmten Betrachtung im *Leviathan* beurteilte Thomas Hobbes im 17. Jh. diese Lebensführung als „einsam, armselig, widerwärtig, vertiert und kurz". Jüngste ethnografische Forschungen haben hingegen ergeben, dass Jäger und Sammler weniger arbeiten und mehr Freizeit genießen als Angehörige von Industriegesellschaften.

An einer Exkursion teilzunehmen, bei der die San vorführen, wie sie jagen und sammeln, ist Höhepunkt jeden Besuchs in der Otjozondjupa-Region. Bis heute benützen die San nahezu die gleichen traditionellen Jagdwaffen: die Männer tragen Bogen und Pfeile mit vergifteten Spitzen, die Frauen besitzen einen Grabstock und eine Steinschleuder. Früher folgten die Männer mehrere Tage lang den Spuren einer Herde; deshalb ist kaum zu erwarten, dass man an einem Nachmittag gleich Großwild stellt. Doch es ist faszinierend, die Fährtenleser bei ihrer Arbeit zu beobachten, und auf Spuren oder gar ein oder zwei Antilopen wird man auf jeden Fall treffen.

Beim Sammeln graben die San essbare Wurzeln und Knollen aus, ernten Wildfrüchte, Nüsse und sogar Heilpflanzen. Zum Abschluss der Tour präsentieren die Frauen ihren Gästen stolz Buschkartoffeln, die über Holzkohlenfeuer geröstet sehr delikat schmecken. Auch die Früchte des Baobab sind überraschend süß und würzig. Und proteinreiche Nüsse sorgen für einen exotischen und zugleich reichhaltigen Wüstengenuss.

RUND UM TSUMKWE
Neben dem Besuch der Dörfer bietet sich in der Umgebung von Tsumkwe die Möglichkeit, eine Reihe von Naturattraktionen anzufahren, die allerdings nur mit einem Geländewagen erreichbar sind.

IM LAND DER SALZPFANNEN
Östlich von Tsumkwe bilden eine Reihe phosphatreicher Salz-Ton-Pfannen einen Bogen. Nach der Regenzeit verwandeln sich die größten von ihnen, **Nyae Nyae**, **Khebi** und **Gautcha** (alle am südlichen Ende des Bogens), in riesige Feuchtgebiete. Diese nur kurzzeitig vorhandenen Wasserreservoirs locken umherziehende Wasservögel und Unmengen von Flamingos an – und sie dienen als Brutplatz für Enten, Sporngänse, Kraniche, Rallen, Silber- und Purpurreiher. Hinzu kommen hier noch Krickenten, Wasserläufer und weitere Zugvögel, die, aus hochnordischen Gebieten kommend, überwintern.

DIE BAOBABS
In der trockenen, kargen Landschaft um Tsumkwe herum gedeihen mehrere riesige Baobabs (Affenbrotbäume), von denen einige

gewaltig groß gewachsen sind. Der sogenannte **Grootboom** (großer Baum) ist einer der größten mit einem Umfang von über 30 m. Ein Baum von historischer Bedeutung ist der **Dorslandboom**, der von den Dorslandtrekkers besucht wurde, die 1891 auf ihrem Weg nach Angola hier vorbeikamen und ihre Namen in den Baum ritzten. Ein weiterer erwähnenswerter Baum ist der gewaltige **Holboom** (hohler Baum), der den Busch in der Nähe des Dorfes Tjokwe dominiert.

AHA HILLS

In Richtung der Grenze zu Botsuana wird die flache Landschaft nur von den **Aha Hills** unterbrochen. Gemessen an der nahezu konturlosen Landschaft, die sie umgibt, liegt die Vermutung nahe, dass diese Kalksteinhügel ihren Namen von dem ersten Reisenden erhielten, der hier vorbeikam und ein erstauntes „Aha" äußerte. Tatsächlich stammt der Name aber wohl von dem bellenden Rufgeräusch der hier endemischen Gecko-Art.

Die Region ist übersät von unerforschten Höhlen und Karsttrichtern, die nur mit sehr guter Höhlenerfahrung begangen werden sollten. Die Berge sind auch von Botsuana aus zugänglich (s. S. 383). Es besteht ein geöffneter Grenzübergang zwischen Tsumkwe (der Ort liegt allerdings 30 km westlich der Grenze) und Dobe.

Schlafen & Essen

In der Tsumkwe Country Lodge gibt es ein Restaurant, und der Tsumkwe Winkel im Stadtzentrum verkauft einige Lebensmittel. Selbstversorger sollten ihre Vorräte aufstocken, bevor sie hierher fahren.

Nyae Nyae Conservancy Camp Sites (Camping ab 50 N$ pro Pers.) Die Nyae Nyae Conservancy unterhält mehrere Zeltplätze. Beliebt sind Holboom Baobab bei Tjokwe südöstlich von Tsumkwe, das ein paar Kilometer weiter östlich gelegene Makuri und Khebi Pan weit draußen im Buschland südlich von Tsumkwe. Manchmal kann man in einem nahen Dorf Wasser bekommen, doch es empfiehlt sich, alles, was nötig ist, dabeizuhaben und völlig autark zu sein. Keinesfalls sollte ein Feuer in der Nähe eines Baobabs entzündet werden; es beschädigt die Wurzeln.

Omatako Valley Rest Camp (Karte S. 132–133; ☎ 255977; www.nacobta.com.na; Camping 50 N$ pro Pers.)

Das von einer Dorfgemeinschaft betriebene Camp liegt außerhalb des Schutzgebietes an der Kreuzung von C44 Und D3306. Es ist neuzeitlich ökologisch mit Solarstrom, Wasserpumpwälzpumpepe sowie Duschen mit Warmwasser ausgestattet und wird von San aus der Umgebung betreut. Touren zur Jagd und zum Sammeln sowie Vorführungen traditioneller Musik sind im Angebot.

Tsumkwe Country Lodge (☎ 061-37475; www. namibialodges.com/tsumkwe.html; Camping 115 N$, EZ/DZ ab 720/1040 N$; ✉ ▯ 🐾) Die einzige Touristenlodge in Tsumkwe bekam 2008 neue Eigentümer und gehört nun zur höherpreisigen Vereinigung „Country Lodge". Zum Zeitpunkt der Recherche plante das Unternehmen, im Busch eine Reihe luxuriöser Buschcamps einzurichten. Bis es soweit ist, können die Gäste die Lodge als Standort nutzen und von ihr aus organisierte Ausflüge in die umliegenden Dörfer unternehmen.

Nhoma Camp (☎ 273 4606; www.tsumkwel.iway.na/ NhomaCamp.htm; Halb-/Vollpension 1199/2399 N$ pro Pers.; 🐾) Arno und Estelle waren die früheren Besitzer der Tsumkwe Country Lodge. Sie leben seit Jahren in der Region und werden von den Gemeinschaften der San respektiert. Ihr jüngstes Projekt ist ein Luxuszeltcamp, das herrlich zwischen einem fossilen Flusstal (einem *omuramba*) und üppig grünem Wald mit Teakähnlichen Bäumen angelegt ist. Hauptattraktion ist natürlich die wunderbaren Touren zu den San-Dörfern. Das Camp liegt 280 km östlich von Grootfontein und 80 km westlich von Tsumkwe an der C44.

An- & Weiterreise

Abgesehen von der C44, die auch mit normalem Pkw befahren werden kann, gibt es keine asphaltierten Straßen in der Region. Treibstoff erhält man ab und zu bei der Tsumkwe Country Lodge, aber es ist sicherer, ein paar Reservekanister mitzunehmen. Für Touren durchs Buschland um Tsumkwe sollte man unbedingt einen Führer mit Ortskenntnis engagieren und im Konvoi fahren.

Den Grenzübergang Dobe nach Botsuana kann man nur mit Geländewagen und ausreichend Reservebenzin passieren, das bis zu den Tankstellen in Maun oder Etsha 6 reicht. Beide können nur auf schwieriger Sandpiste / Gefahr des Steckenbleibens) durchs nordwestliche Botsuana angefahren werden.

Namibias Nordwesten

Für Off-Road-Fans und eingefleischte Survivalspezialisten ist das menschenleere Nordwestnamibia ein Abenteuerspielplatz. Raue, nur mit Geländewagen befahrbare Pisten erschließen die atemberaubendsten Landschaften, die man sich nur vorstellen kann. An der Skelettküste, die zu den bekanntesten Landstrichen Namibias gehört, akzentuieren rostende Schiffswracks scheinbar endlose, nebelverhangene Strände, die eingerahmt sind von Wanderdünen. Reisende können die selbstgewählte Einsamkeit in vollen Zügen genießen. Nur die Sorge darüber, ob das Fahrzeug diese Fahrt unbeschädigt überstehen wird, stört etwas.

Bei aller kargen Pracht – die Küste kann mit dem Kaokoveld nicht konkurrieren: Es ist eine Fotografen-Traumlandschaft mit weiten Panoramen und einsamen Wüstenpisten, in der kaum jemals ein Mensch das Fotomotiv ruiniert. Hintereinander gestaffelte Riegel wüstenhafter Bergzüge prägen die Region, die zu den am wenigsten entwickelten des Landes zählt und Namibia im Urzustand repräsentiert. Für die Himba ist das Kaokoveld das Land ihrer Vorväter. Die Volksgruppe besitzt eine reiche Kultur und hat ihre auffällige Erscheinung und Kleidung bewahrt. Wie Generationen vor ihnen, reiben Himbafrauen ihren Körper mit einer Paste aus Ocker, Butter und Kräutern ein, die in der Wüstensonne rostrot strahlt.

Zu guter Letzt das Damaraland: Das Brandbergmassiv mit Namibias höchstem Berg und Twyfelfontein sind Fundstellen von Felsmalereien und Felsgravuren, die zu den schönsten des südlichen Afrika zählen. Beide Stätten sind Fenster in die Vergangenheit und helfen dabei zu verstehen, was unsere gemeinsamen Vorfahren antrieb, die vor Tausenden von Jahren durch Afrikas Savannen zogen.

HIGHLIGHTS

- Aug' in Aug' mit den Himba, einer der faszinierendsten Volksgruppen von Namibia, in **Opuwo** (S. 162)
- Prähistorische Felsbilder bewundern am **Brandberg** (S. 155) und in **Twyfelfontein** (S. 157)
- Abseits ausgetretener Pfade und Asphaltstraßen an die **Skelettküste** (S. 168) und durchs **Kaokoveld** (S. 162)
- Sich vom Anblick (und Gestank) der riesigen Robbenkolonie an **Cape Cross** (S. 168) bannen lassen
- Namibias Wahrzeichen, die mächtige **Spitzkoppe** (S. 154) besteigen

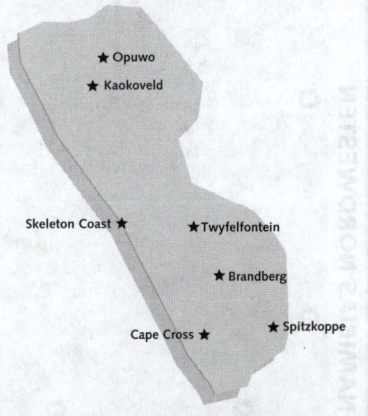

NAMIBIAS NORDWESTEN

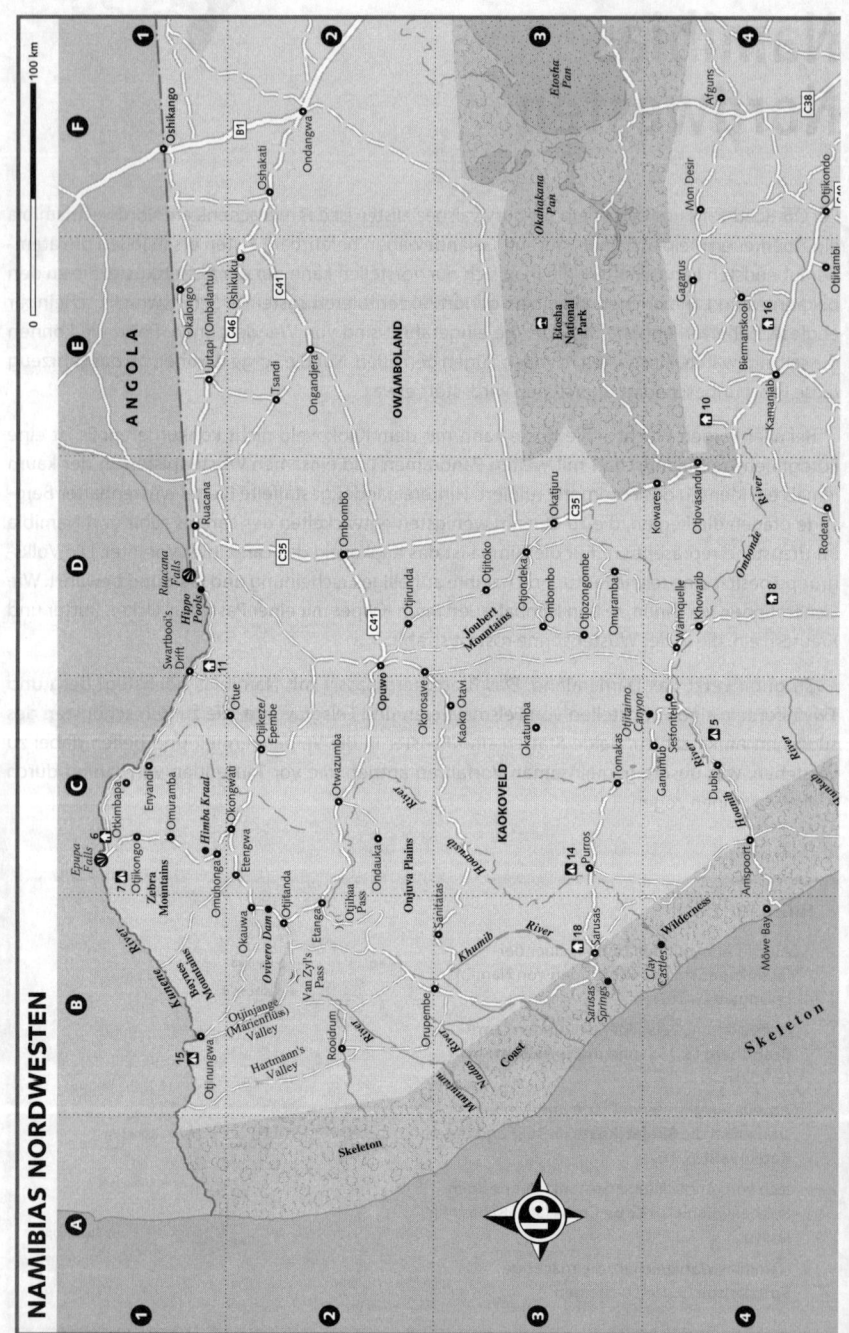

NAMIBIAS NORDWESTEN

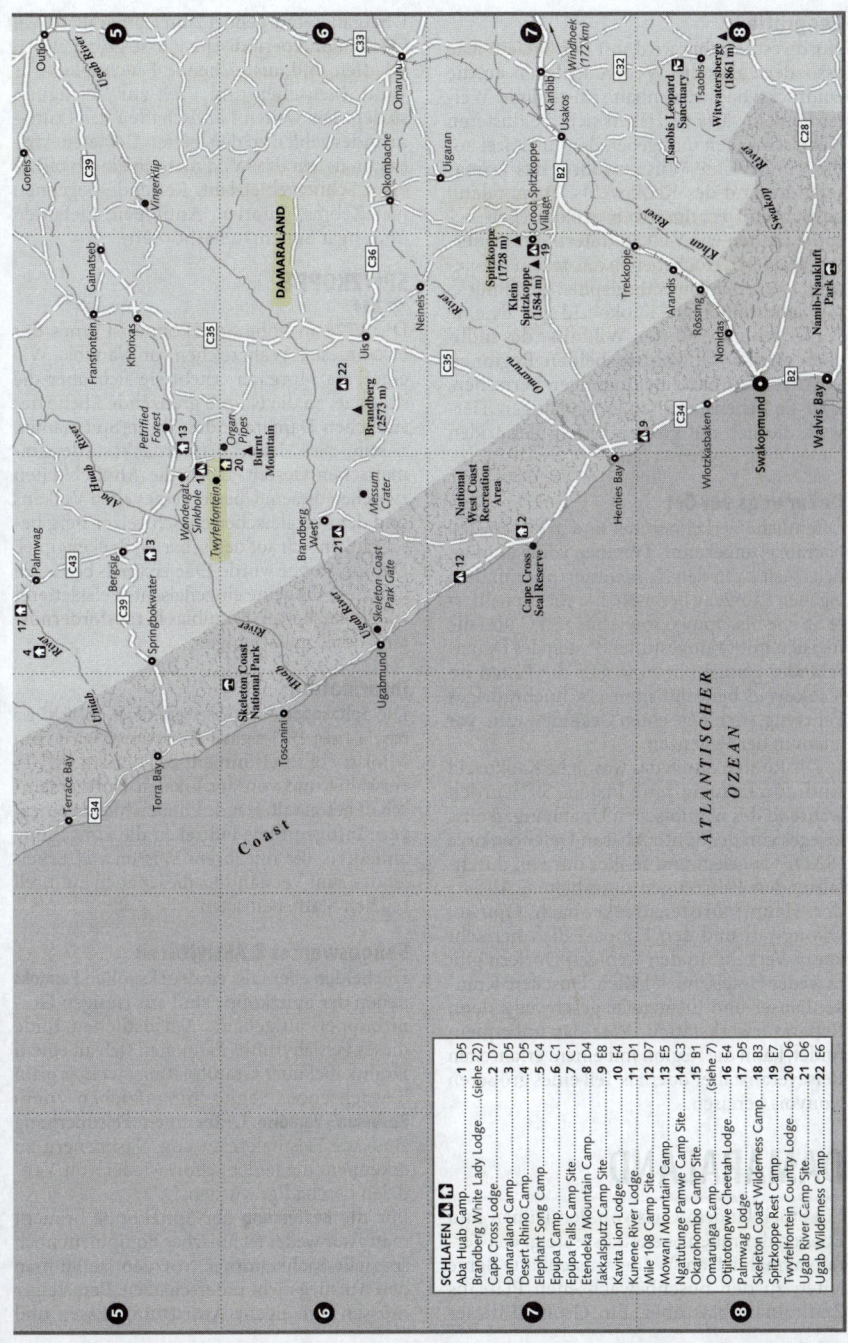

SCHLAFEN 🛏️

Geografie

Nordwestnamibia wird mit der Skelettküste assoziiert. Eiskalte Wellen schlagen an die eindrucksvolle, wüstenhafte Küstenlinie. Weiter landeinwärts verziehen sich die düsteren Nebelschwaden und geben den Blick frei auf die wundersame Wüstenwildnis des Damaralandes und des Kaokovelds. Damaraland besticht mit einzigartigen geologischen Besonderheiten wie Vulkankratern, versteinerten Wäldern, Hochebenen aus rotem Felsgestein sowie mit von Petroglyphen geschmückten Sandsteintafeln. Kaokoveld gilt als eine der letzten unberührten Wildnisse des südlichen Afrika. Obwohl in beiden Regionen unvorstellbar harte Bedingungen herrschen, sind sie Lebensraum einer vielfältigen Tierwelt, die sich mit großem Erfolg der ariden Umgebung angepasst hat.

Unterwegs vor Ort

Öffentliche Verkehrsmittel sind in diesem Teil Namibias unbekannt, Trampen völlig unmöglich. Man kann den Nordwesten nur mit dem eigenen Fahrzeug bereisen. Für die asphaltierte Straße bis Opuwo sowie alle mit C und die meisten mit D eingestuften Pisten des Damaralandes genügt ein Pkw. Für die Pisten im Kaokoveld benötigt man ein hochrädriges Fahrzeug, für einige einen Geländewagen, vor allem in der Regenzeit.

Die Routen durch das westliche Kaokoveld sind durchgängig raue Pisten. Sie wurden während des namibischen Unabhängigkeitskrieges von der South African Defence Force (SADF) angelegt und seither nur von durchfahrenden Fahrzeugen unterhalten. Abseits der Haupttouristenstrecke nach Opuwo, Okongwati und den Epupa-Fällen herrscht kaum Verkehr. In den wenigen Dörfern gibt es weder Hotels, noch Läden, Duschen, Krankenhäuser und Ersatzteile, geschweige denn Reparaturwerkstätten. Wer das unbequem findet, kann die Region mit einem erfahrenen Reiseveranstalter oder als Teil eines größeren Konvois bereisen.

DAMARALAND

Ein Stück landeinwärts von den Dünen und Ebenen der rauen Skelettküste steigt das Terrain allmählich an. Wilde, wüstenhafte Berge leiten zu den buschbewachsenen Plateaus Zentralnamibias über. Ein Großteil dieser Übergangszone gehört zum Damaraland, wo Quellen und periodische Flüsse grüne Oasen schaffen und ausreichende Feuchtigkeit für Wild, Menschen und Vieh zur Verfügung stellen. Die weiten Landschaften des Damaralandes zählen zu den letzten Gebieten Afrikas, in denen das Wild nicht in einem offiziellen Schutzgebiet lebt. Reisende begegnen hier Zebras, Giraffen, Antilopen, Elefanten und sogar Spitzmaulnashörnern.

SPITZKOPPE

☎ 064

Die 1728 m hohe Spitzkoppe ist eines der bekanntesten Wahrzeichen von Namibia. Wie eine Fata Morgana erhebt sie sich über die staubige, an die Namib grenzende Ebene des südlichen Damaralandes. Ihren Spitznamen namibisches Matterhorn verdankt sie der dramatischen Gestalt. Doch die Ähnlichkeiten zwischen diesem Überrest eines alten Vulkans und dem vergletscherten Schweizer Berg beschränken sich auf den scharfen Zackengipfel. Die Spitzkoppe wurde 1946 erstmals bestiegen und zieht bis heute eingefleischte Felskletterer an, die versuchen, Namibias herausforderndsten Gipfel zu bezwingen.

Information

Die **Spitzkoppe** (Groot Spitzkoppe village; 50/10 N$ pro Pers./Fahrzeug; ☽ Sonnenauf- bis -untergang) wird vom Ministry of Environment & Tourism (MET) verwaltet und von der lokalen Dorfgemeinschaft betreut. Reisende können hier zu einem vernünftigen Preis Führer in die Umgebung anheuern, die mit ihrem Wissen viel Erhellendes zum Verständnis dieser auch kulturell reichen Stätte beitragen.

Sehenswertes & Aktivitäten

Die beiden ebenfalls eindrucksvollen **Pondoks** neben der Spitzkoppe sind aus riesigen Granitkuppen aufgebaut. Am östlichen Ende dieses Felslabyrinths kann man sich an einem Drahtkabel über Granitplatten zu einer grün bewachsenen Senke hinaufziehen, dem **Bushman's Paradise**. Unter einem Felsüberhang sind alte Felsmalereien von Nashörnern zu erkennen, die leider schon wieder von Vandalen beschädigt wurden.

Für die **Besteigung** der Spitzkoppe braucht man zwar weder technisches Equipment noch spezielle Sachkenntnis, trotzdem sollte man den Aufstieg nicht unterschätzen. Bergsteiger müssen ihre eigene Ausrüstung, Essen und

NAMIBIAS NORDWESTEN

Wasser mitbringen, Unerfahrene sollten sich möglichst einer größeren Gruppe anschließen. Vorab sollte man sich an Ort und Stelle genau über die Verhältnisse erkundigen und andere Reisende oder Einheimische über sein Vorhaben informieren. Tagsüber kann es extrem heiß werden, nachts und in der Höhe dafür umso kälter – deshalb unbedingt an entsprechende Kleidung denken!

Schlafen & Essen

Spitzkoppe Rest Camp (☎ 530879; www.nacobta.com. na; Groot Spitzkoppe Village; Zelten pro Pers. 35 N$, Bungalows pro Pers. 100 N$) Der exzellente Zeltplatz unter Gemeindeleitung hat ein paar Stellplätze, die verstreut am Fuße der Spitzkoppe liegen. Die meisten befinden sich in verwunschenen Felshöhlen und geben einem das Gefühl, der einzige Mensch auf der Welt zu sein. Im Eingangsbereich liegen eine Rezeption, umweltfreundliche Waschkabinen und Grillplätze. An einem kleinen Stand werden Handarbeiten und Minerale aus der Region verkauft, für Hungrige öffnen eine Bar und ein Restaurant. Der Erlös des Camps kommt dem angrenzenden Village of Groot Spitzkoppe zugute.

An- & Weiterreise

Während der trockenen Monate ist der Berg auch mit einem normalen Wagen erreichbar. Von der B2 biegt man Richtung Nordwesten auf die D1918 Richtung Henties Bay ab, nach 1 km biegt man auf die D1930 Richtung Norden ab. Nach 27 km (dabei geht es am Berg vorbei) führt die D3716 nach Südwesten und zum Groot Spitzkoppe Village. Im Dorf Richtung Westen zum Zeltplatz abbiegen.

BRANDBERG

Der Brandberg verdankt seinen Namen dem Sonnenuntergang auf seiner Westseite: In der glühendroten Abendsonne sieht der Granitberg tatsächlich aus wie in loderndes Feuer gegossen. Sein Gipfel Königstein ist mit 2573 m die höchste Erhebung Namibias, besser bekannt ist der Berg aber für seine Petroglyphen (Felsgravuren).

1918 erblickte der deutsche Vermessungsingenieur Reinhard Maack im Trockenflussbett des Tsisab bzw. Leopard Rivier als erster Europäer Felsbilder, die heute als schönste Zeugnisse prähistorischen Kunstschaffens auf dem afrikanischen Kontinent gelten.

Sehenswertes
TSISAB-SCHLUCHT

Die bekannteste Figur in der Schlucht ist die **White Lady** in Maack's Shelter. Die Figur, die gar nicht unbedingt eine Dame sein muss (da gibt es ganz verschiedene Deutungen), ist etwa 40 cm groß und Teil eines größeren Gemäldes, das eine skurrile Jagdszene zeigt. In der einen Hand hält die Dame eine Art Blume oder Feder, in der anderen Pfeil und Bogen. Herausragend ist das Gemälde auf jeden Fall, denn die Haare der „Lady" sind glatt und hell – also völlig unafrikanisch – und ihr Körper ist von der Brust abwärts weiß bemalt.

1948 wurde das Gemälde erstmals begutachtet. Abbé Henri Breuil nahm an, dass es

NAMIBIAS NORDWESTEN

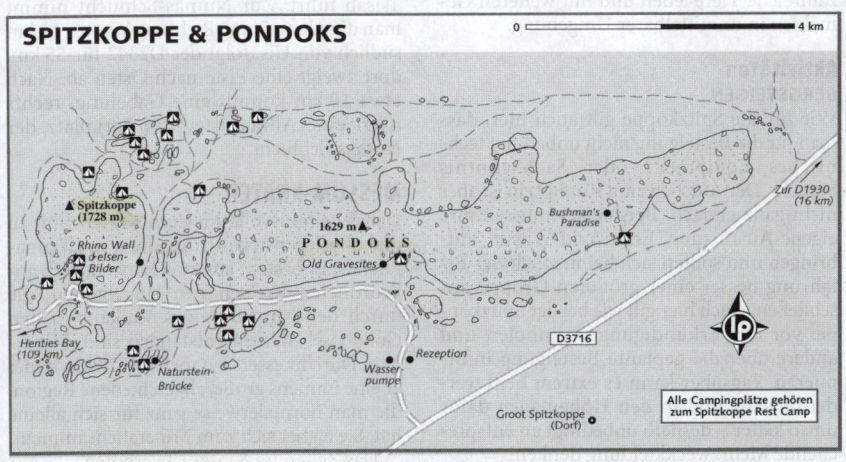

SPITZKOPPE & PONDOKS

0 — 4 km

▲ Spitzkoppe
(1728 m)

1629 m ▲
P O N D O K S

Rhino Wall
-Felsen-
Bilder

Old Gravesites

Bushman's
Paradise

Zur D1930
(16 km)

Henties Bay
(109 km)

Naturstein-
Brücke

Wasser-
pumpe

Rezeption

D3716

Groot Spitzkoppe
(Dorf)

Alle Campingplätze gehören
zum Spitzkoppe Rest Camp

ägyptischen oder kretischen Ursprungs sei, ausgehend von ähnlich alten Kunstwerken, die er ums Mittelmeer herum gesehen hatte. Diese Annahme wurde aber verworfen, heutige Wissenschaftler gehen davon aus, dass die White Lady eigentlich einen San-Jungen darstellt, der während des Initiationsritus mit weißem Lehm bemalt wurde.

Vom Parkplatz führt eine gut ausgeschilderte schöne Wanderstrecke 45 Minuten bergauf zu Maack's Shelter. Auf dem Weg sind mit etwas Glück Paviane oder sogar Klippspringer (zierliche in den Wänden kletternde Antilopen) und – noch seltener – Bergzebras zu sehen. Ganz wichtig ist es, hier ausreichend Wasser dabei zu haben! Weiter oben in der Schlucht liegen in Verstecken und Felsvorsprüngen noch weitere alte Gemälde. Je höher man klettert, desto schwerer zugänglich wird das Gelände, stellenweise führt die Strecke über hausgroße Felsbrocken hinweg.

NUMAS RAVINE

Die Numas-Schlucht auf der Westseite des Brandbergs ist eine weitere Schatzkiste voll historischer Gemälde. Ohne Führer wird aus der Jagd nach alter Kunst allerdings oft nur ein netter Spaziergang durch die dramatische Schlucht. Die meisten Reisenden suchen nach dem Felsen gegenüber dem südlichen Flussufer, auf dem eine Schlange, eine Giraffe und eine Antilope abgebildet sind. Zu Fuß sind es rund 30 Minuten durch die Schlucht bergauf. Nach weiteren 30 Minuten ist eine Süßwasserquelle erreicht – eine wahre Oase in der zahlreiche Tiere leben und mit weiteren Gemälden in unmittelbarer Umgebung.

Aktivitäten
BERGSTEIGEN

Wie für die Spitzkoppe gilt auch hier, dass man für die Besteigung nicht unbedingt technisches Equipment oder Sachkenntnis braucht. Der Aufstieg zum Königstein ist aber nicht ganz einfach. Bergsteiger müssen ihre eigene Ausrüstung, Essen und Wasser mitbringen und sollten sich bei mangelnder Erfahrung besser einer größeren Gruppe anschließen. Auch hier gilt wie bei der Spitzkoppe: vor Ort Erkundigungen einholen und andere über die geplante Besteigung informieren. Tagsüber kann es extrem heiß werden, nachts und in den Höhenlagen dafür umso kälter – deshalb unbedingt an entsprechende Mehrzweckkleidung denken!

Schlafen

Sowohl am Beginn der Numas- wie der Tsisab-Schlucht gibt es einen inoffiziellen Campingplatz; beide haben weder Wasser noch sonstige Ausstattung.

Ugab Wilderness Camp (www.nacobta.com.na; Camping 35 N$ pro Pers., Bungalows 100 N$ pro Pers.) Der Platz gehört ebenfalls zu Nacobta, einem Zusammenschluss verschiedener Organisationen, die den wachsenden, von lokalen Gemeinschaften getragenen Tourismus unterstützen. Die Ausstattung für das Übernachten ist sehr einfach, das Camp aber gut geführt und eine ideale Basis, um geführte Wanderungen oder Klettertouren am Brandberg zu organisieren. Die Abzweigung zum Camp ist an der D2359 ausgeschildert.

Brandberg White Lady Lodge (☎ 684004; www.brandbergwllodge.com; Camping 50 N$, Bungalows/Chalets ab 300/450 N$) Die jüngst eröffnete Brandberg White Lady Lodge avancierte schnell zu einem der beliebtesten Standorte in der Region und bietet jedem Reisenden die passende Unterkunft. Camper bauen ihr Zelt im Flusstal auf und profitieren dabei von der sehr guten Ausstattung. Reisende, die Wert auf komfortables Ambiente legen, wählen zwischen rustikalen Bungalows und Chalets mit unverputzten Natursteinwänden und Panoramaterrasse.

An- & Weiterreise

Um von Uis zur Tsisab-Schlucht zu kommen, fährt man 15 km Richtung Norden über die D2369 und biegt dann nach Westen auf die D2359 ab, die nach 26 km zum Parkplatz von Tsisab führt. Zur Numas-Schlucht nimmt man die Abzweigung Richtung Westen 14 km südlich von Uis, folgt der D2342 für 55 km, dort zweigt eine Piste nach Osten ab. Nach etwa 10 km kommt eine Gabelung, rechts führt eine Allradpiste zum Parkplatz der Numas-Schlucht.

MESSUM-KRATER

Der geheimnisvolle Messum-Krater zählt zu den abgelegensten Attraktionen des Damaralands. Er besteht aus zwei konzentrisch angeordneten Kreisen von Hügelketten, die durch den Einsturz eines Vulkans in den Goboboseb-Bergen entstanden sind. Mit einem Durchmesser von mehr als 20 km bildet er eine immens große, abgeschiedene Region, die man normalerweise ganz für sich alleine hat. Sie eignet sich zum Mineraliensammeln.

Das Zelten im Krater ist verboten.

Twyfelfontein

FLECHTENFELDER

Flechten sind weder Pflanzen noch Tiere, sondern bestehen aus zwei Komponenten – einer Alge und einem Pilz. Sie sind vielleicht das beste Beispiel für eine perfekte Symbiose zweier lebender Organismen, das die Natur zu bieten hat. Der Pilzteil entzieht der Luft Feuchtigkeit, während die Alge Chlorophyll enthält, das Zucker und Stärke produziert und für eine kohlehydrathaltige Energiezufuhr sorgt. Sowohl die Algen als auch die Pilze sind Kryptogamen mit Sporen, d. h. ihnen fehlen die notwendigen Geschlechtsorgane, um Blüten und Samen hervorzubringen und sich wie Pflanzen zu vermehren.

Flechten kommen in zahlreichen Varianten vor, es gibt z. B. Krustenflechten, die orange, schwarze, braune oder blass grüne Ringe auf Felsen bilden, und ästig wachsende Laubflechten. In den Kiesebenen der Namib befindet sich das weltweit größte Laubflechtenfeld, das dem lockeren Boden in dieser spärlich bewachsenen Gegend Halt verleiht. Die Felder bestehen meist aus unbeweglichen grauen Flechten, freiliegenden schwarzen Flechten und den selteneren orangefarbenen Flechten, die erstaunlich buschig sind und bis zu 10 cm hoch werden können.

Tagsüber ähneln die Flechtenfelder einem knochentrockenen Buschdickicht. Sobald aber nachts dichte Nebelschwaden aufziehen, entfalten sich die düsteren grau-schwarzen Felder und „erblühen" in Blau, Grün und Orange. Der Pilz absorbiert das Wasser, er ist der eigentliche Vegetationskörper der Flechte und sorgt mit seinem Wurzelsystem für Festigkeit. Sobald die Morgensonne hervorblinzelt, kommt auch die Alge zum Zuge und nutzt Wassertropfen, Licht und Kohlendioxid, um mittels Photosynthese Kohlehydrate für sich selbst und den Pilz zu gewinnen.

Flechtenfelder sieht man z. B. südlich vom Messum Crater, vereinzelt auch entlang der Salzstraße zwischen Swakopmund (S. 175) und Terrace Bay und in der Nähe des Startpunkts zum Welwitschia Drive (S. 181) östlich von Swakopmund. Bitte immer daran denken, dass Flechten extrem empfindlich sind, nur sehr langsam wachsen und bereits durch die kleinste Unachtsamkeit, etwa eine weggeworfene Zigarette, zerstört werden können. In diesem Fall vergehen 40 bis 50 Jahre, bis die Flechte sich ansatzweise wieder erholt hat. Man sollte niemals gedankenlos abseits der Piste fahren und im Busch immer auf vorgegebenen Strecken bleiben.

Die beste der drei existierenden Zufahrten zum Messum-Krater ist die D2342 entlang des Messum Riviers westlich des Brandbergs. Das Verlassen der Pisten ist strengstens verboten, vor allem entlang der Route über die ökologisch hochsensible, mit Flechten bewachsene Ebene der National West Coast Recreation Area (s. Kasten oben). Für das Befahren dieses Gebietes sollte man die entsprechenden topografischen Karten dabeihaben, die im Büro des Landesvermessungsamtes in Windhoek (s. S. 90) erhältlich sind.

TWYFELFONTEIN & UMGEBUNG

☎ 067

Twyfelfontein (Zweifelsquelle) liegt am oberen Ende des grasbewachsenen Aba Huab Valley und ist eine der ausgedehntesten Felskunstgalerien auf dem afrikanischen Kontinent. Der frühere Name der Wasserquelle lautete Ui-//Ais (von Felsen umgeben). Der europäische Siedler D. Levin gab ihr 1947 ihren heutigen Namen, weil die Quelle täglich nur einen Kubikmeter Wasser lieferte und damit nicht ergiebig genug schien, um das Überleben der Siedler zu sichern.

Vor sehr langer Zeit lockte die ganzjährig sprudelnde Quelle wahrscheinlich zahlreiche Tiere und damit auch Jäger an, die in den umliegenden Bergen ihre Spuren hinterlassen haben. Dort sind vor allem Gravuren zu sehen, die Tiere, Tierspuren und geometrische Formen zeigen, überraschenderweise werden aber nur wenige Menschen abgebildet. Viele Tiere sind heute gar nicht mehr in der Gegend zu finden, z. B. Elefanten, Nashörner, Giraffen und Löwen. Die Ritzzeichnung eines Seelöwen lässt auf Kontakt mit der über 100 km entfernten Küste schließen. Bis zum heutigen Tag wurden über 2500 Einzelgravuren entdeckt. Berühmt ist die Darstellung der Tanzenden Kudus, ein Fabelwesen, das an eine Antilope erinnert und kultischen Zwecken dient. Twyfelfontein wurde schon 1952 zum Nationalmonument erhoben, aber erst 1986, mit der Erklärung Twyfelfonteins zum Naturreservat durch das MET, formal unter Schutz gestellt. In dieser Zeit waren viele Felsbilder von Vandalen zerstört, einige sogar komplett entfernt worden.

In den vergangenen Jahren wurden hier aufwendige Restaurierungsarbeiten geleistet, und diese erfreuliche Entwicklung blieb auch in der internationalen Gemeinschaft nicht unbemerkt. 2007 erhielt Twyfelfontein den Weltkulturerbestatus der Unesco und war damit die erste so ausgezeichnete Stätte nationaler Denkmäler in Namibia.

Sehenswertes
FELSGRAVUREN
Die meisten **Felsgravuren** (50 N$ pro Pers.; ☽ Sonnenauf- bis -untergang) von Twyfelfontein sind rund 6000 Jahre alt und stammen damit aus der Jungsteinzeit. Angefertigt wurden sie wahrscheinlich von Jägern der San, die sie durch die harte oberste Schicht in den hier anstehenden Sandstein ritzten. Mit der Zeit schloss sich diese Schicht wieder über den Gravuren und schützte sie so vor Erosion. Anhand von Farbunterschieden und dem Stand der Verwitterung unterscheiden die Forscher mindestens sechs verschiedene Phasen. Einige Felsbilder sind eindeutig das Werk von Nachahmungskünstlern und stammen wohl aus dem 19. Jh. Man kann die Felsbilder nur mit einem Führer besichtigen und sollte dabei bedenken, dass das Trinkgeld sein einziges Einkommen darstellt.

RUND UM TWYFELFONTEIN
Verbrannter Berg & Orgelpfeifen
Südöstlich von Twyfelfontein erhebt sich ein öder, 12 km langer Vulkankamm, zu dessen Füßen der **Verbrannte Berg** liegt – ein vulkanischer Ausläufer, der aussieht, als sei ein verheerendes Feuer über ihn hinweg gefegt. In diesem gespenstischen Panorama gedeiht so gut wie gar nichts.

Der Verbrannte Berg liegt neben der D3254, 3 km südlich der Abfahrt nach Twyfelfontein. Von der Straße führt ein Pfad zu einer kleinen Schlucht, in der auf etwa 100 m ungewöhnliche, 4 m hohe Doleritsäulen (grobkörniger Basalt) wie **Orgelpfeifen** aufgereiht stehen.

Versteinerter Wald
Der **Versteinerte Wald** (50 N$; ☽ Sonnenauf- bis -untergang) ist ein Areal offenen Buschlands, auf dem bis zu 34 m lange, versteinerte Baumstämme herumliegen, die einen Umfang von bis zu 6 m erreichen und schätzungsweise etwa 260 Mio. Jahre alt sind. Die ursprünglichen Bäume gehörten zu einer prähistorischen Pflanzenart von Nacktsamern (wissenschaftl.: *Gymnospermae*), zu denen man auch die noch heute existierenden Koniferen,

Palmfarne und die Welwitschias zählt. Da die Stämme weder Wurzel- noch Astrelikte aufweisen, wird angenommen, dass eine Flut sie hier angeschwemmt hat.

Etwa 50 Bäume sind deutlich erkennbar; einige sind halb unter Sandstein begraben, andere perfekt mit Rinde und Jahresringen versteinert. Da die Souvenirjäger die Stätte heimsuchten, wurde sie 1950 zum Nationalmonument erklärt. Heute ist selbst das Mitnehmen eines winzigen Bruchstücks versteinerten Holzes verboten.

Der Versteinerte Wald ist als „Versteende Woud" rund 40 km westlich von Khorixas an der C39 ausgeschildert.

Wondergat
Das Wondergat 10 km nördlich von Twyfelfontein ist ein sehr tiefer **Einsturztrichter,** durch den ein schwindelerregender Blick in die unterirdische Welt möglich ist. Die Zufahrt zweigt 4 km nördlich der Kreuzung mit der D2612 von der D3254 nach Westen ab. Nach weiteren 500 m ist das Wondergat erreicht.

Schlafen & Essen
Das **Aba Huab Camp** (☎ 697981; www.nacobta.com.na; Camping 50 N$ pro Pers., A-Unterstand ab 300 N$) Der beliebte, von der lokalen Gemeinschaft geführte Zeltplatz liegt unmittelbar nördlich der Abzweigung nach Twyfelfontein hübsch am Trockenflussbett des Aba Huab. Reisende, die keine Lust haben, ein Zelt aufzustellen, finden Unterkunft in den zu beiden Seiten offenen, A-förmigen Unterständen. Schlafsack und Isomatte muss jeder selbst mitbringen. Die auch von Einheimischen frequentierte, lebhafte Bar bringt Leben in die Bude. Nach Voranmeldung werden Mahlzeiten für die Besucher zubereitet.

Twyfelfontein Country Lodge (☎ 374750; www. namibialodges.com; EZ/DZ ab 1150/1730 N$; ✄ ▯ ☎) Das jenseits des Hügels von Twyfelfontein gelegene architektonische Schmuckstück ist zwischen roten Fels gebettet. Beim Betreten passieren die Gäste historische Felsgravuren und einen Pool, in den ein Wüstenwasserfall plätschert. Die Zimmer sind schick eingerichtet, der Speisesaal ist riesig und luftig. Im Angebot sind interessante Ausflüge durchs Damaraland. Die Lodge ist von Twyfelfontein aus gut ausgeschildert und leicht zu finden.

Mowani Mountain Camp (☎ 232009; www.mowani. com; Luxuszelte inkl. Vollpension ab 2600 N$ pro Pers.; ▯ ☎) Fast nichts bereitet den Gast auf den Anblick

---

SAVE THE RHINO TRUST

Der **Save the Rhino Trust** (SRT; http://savetherhinotrust.org) wird von einer Gruppe engagierter Leute gemanagt, die mit ihren Aktivitäten die Wilderei bekämpfen. Seit ihrer Gründung arbeitet die Stiftung eng mit der namibischen Regierung und der lokalen Bevölkerung zusammen. Ziel ist, die Nashörner zu schützen, die Größe der Population zu überwachen und den Einheimischen ein aus Artenschutz und Tourismusprojekten resultierendes Einkommen zu verschaffen.

SRT sitzt in Damaraland, einer kaum besiedelten Region ohne nennenswerte Ressourcen oder Arbeitsplätze. SRT hat sich deshalb zum Ziel gesetzt, die Einheimischen in die Projekte zur Erhaltung der Natur mit einzubinden, in der Hoffnung, dass auch sie von der Erhaltung der Tierarten profitieren. Dieser Punkt ist besonders wichtig, weil Damaraland kein offizielles Schutzgebiet ist und demnach keine staatliche Unterstützung erhält. Bis heute ist es SRT gelungen, die weltweit einzige freilebende Population von Spitzmaulnashörnern zu schützen und den Bestand sogar auszuweiten. Die internationale Weltnaturschutzvereinigung International Union for Conservation of Nature (IUCN) erklärte diese Population zu der am schnellsten wachsenden Afrikas.

Obwohl die Organisation bei der Bestanderhaltung der Nashörner sehr erfolgreich war, steht SRT immer noch vor großen Herausforderungen, z. B. der zunehmenden Nachfrage nach bewässerbarem Farmland. SRT glaubt, dass die Zukunft des Nashorns von einer effizienten Lösung dieses Problems abhängt und dass es Ziel der Regierungspolitik sein muss, den Bestand der Nashörner auch im Rest des Landes in Parks, Reservaten und auf Privatgrund zu sichern. Eine aktuelle Erhebung hat ergeben, dass es SRT bereits gelungen ist, eine Population von 1130 Nashörnern zu erhalten – bei einer jährlichen Zuwachsrate von 5 %.

Besucher, die sich auf die Spur von Spitzmaulnashörnern begeben möchten, können dies im exklusiven **Desert Rhino Camp** (☎ 061-225178; www.wilderness-safaris.com; ab 650 US$ pro Pers.) tun, das SRT und Wilderness Safaris gemeinsam betreiben. Die Gäste wohnen in acht im ostafrikanischen Stil errichteten Segeltuchzelten mit Toilette; das Warmwasser für die Dusche kommt aus dem Eimer. Die Tarife schließen alle Mahlzeiten, Pirschfahrten und Exkursionen auf den Spuren der Nashörner ein. Eine Vorausbuchung ist erforderlich, der Transfer mit Geländewagen oder per Flugzeug kann organisiert werden.

---

dieser wunderschönen Lodge vor – sie liegt versteckt zwischen riesigen Felsbrocken. Die überkuppelten Bauten scheinen wie Pilze aus Stein mit der Landschaft zu verschmelzen, und man sieht sie tatsächlich erst, wenn man direkt davor steht. Die Hauptgebäude werden durch ein geniales, natürliches Lüftungssystem gekühlt. Die Zelte stehen abseits zwischen den Felsen verstreut. Das Bergcamp liegt 5 km nördlich der Abzweigung von der D2612 nach Twyfelfontein.

An- & Weiterreise

In der Region gibt es keine öffentlichen Verkehrsmittel und nur wenig Verkehr. Anfahrt: 73 km westlich von Khorixas geht es von der C39 nach Süden auf die D3254. 15 km weiter weist ein Schild nach rechts nach Twyfelfontein. Von dort sind es noch 5 km bis zu den Felsbildern.

KAMANJAB

☎ 067

Das winzige, von reizvollen Felsformationen umgebene Kamanjab dient als kleiner Markt-

ort für das nördliche Damaraland. Auf der Fahrt vom Damaraland ins Kaokoveld bietet es sich als angenehmer Zwischenhalt an. In der landschaftlich schönen Umgebung haben sich zwei traumhafte Lodges dem Schutz der namibischen Raubkatzen verschrieben.

Schlafen & Essen

Oase Guest House (☎ 330032; EZ/DZ 420/650 N$; ☒) Die hübsche Pension im Zentrum von Kamanjab verwöhnt ihre Gäste mit warmen, behaglichen Zimmern. Das angeschlossene Bar-Restaurant mit seinem herzlichen Personal ist Mittelpunkt des städtischen Nachtlebens. Auch als Nicht-Pensionsgast sollte man auf ein kühles Bier und ein Kudu- oder Gemsbocksteak einkehren. Die Eigentümer können Touren zu nahen Himbadörfern und Felsbildgalerien organisieren.

Otjitotongwe Cheetah Lodge (☎ 687056; EZ/DZ inkl Vollpension 960/1760 N$; ☒) Die Eigentümer von Otjitotongwe, Tollie und Roeleen Nel, sind vernarrt in Geparden; zahme Geparde streifen frei um das Haus herum, und für ihre wilden Artgenossen, die jeden Nachmittag gefüttert werden, gibt es ein 40 Hektar großes Gehege. Begonnen hat dieses Projekt damit, dass die Nels mehrere wilde Geparde, die ihr Vieh rissen, mit Fallen einfingen. Eigentlich wollten sie die Tiere im Etosha-Nationalpark (s. S. 123) aussetzen, doch die Regierung stand diesem Plan ablehnend gegenüber. Daraufhin ließen die Nels die Geparde wieder frei und behielten nur einen Wurf Junge, die in Gefangenschaft geboren worden waren. Seither haben die Nels weitere Geparde aufgenommen. Mit der Wildfarm möchten sie das Bewusstsein für die Notlage der bedrohten Raubtiere schärfen. Otjitotongwe liegt 24 km südlich von Kamanjab an der C40.

Kavita Lion Lodge (☎ 330224; EZ/DZ inkl. Vollpension 1090/1340 N$; 🐾) Die Lodge von Uwe und Tammy Hoth grenzt an den Etosha-Nationalpark und ist Sitz der Afri-Leo Foundation. Die gemeinnützige Organisation arbeitet zusammen mit dem MET und anderen Nichtregierungsorganisationen (NGOs) daran, das langfristige Überleben von Löwen in Namibia zu sichern. Neben ihrem öffentlichen Eintreten versorgen die Hoths verletzte und, wie Psychologen sagen würden, „verhaltensauffällige" Löwen. Sie organisieren geführte Wildniswanderungen und Pirschfahrten durch ihr privates Schutzgebiet sowie Ausflüge nach Etosha und ins Kaokoveld. Unterkunft bieten reizvolle, reetgedeckte Chalets rund um die Hauptlodge, wo sich ein eleganter Speisesaal und die Bar befinden. Kavita liegt 34 km nördlich von Kamanjab an der C 35.

An- & Weiterreise

Die gute Straße nach Norden in Richtung Ruacana kann mit einem normalen Pkw befahren werden. Jenseits der Red Line (s. Kasten S. 120) ist dennoch umsichtiges Fahren erforderlich. Der nördlich von Etosha verlaufende Veterinärzaun markiert die Grenze zwischen kommerziellen Viehzuchtgebieten und der Region mit Viehhaltung in Subsistenzwirtschaft.

PALMWAG

Palmwag ist ein wildreiches Gebiet inmitten karger, roter Hügel und Ebenen, das von einer bizarren Landschaft einheitlich großer Felsblöcke umgeben ist. Wie es zu diesem Phänomen kam, bleibt der Phantasie überlassen. In der Region sind mehrere Luxuslodges und der Save the Rhino Trust (SRT; s. Kasten S. 159) beheimatet.

Schlafen

Jede der hier aufgeführten Lodges muss vorab gebucht werden; in den Preisen sind alle Mahlzeiten und Aktivitäten enthalten. Transfer mit dem Geländewagen oder Anreise per Flugzeug können organisiert werden.

Palmwag Lodge (☎ 064-404459; www.palmwag.com. na; Camping 80 N$ pro Pers., EZ/DZ inkl. Vollpension ab 1100/1500 N$; 🐾) Die älteste und günstigste Übernachtungsmöglichkeit in der Palmwag-Region befindet sich auf privatem Konzessionsgebiet, das an das Uniab Rivier angrenzt. Auf dem Gelände stehen Gästen mehrere sehr schöne Wanderwege zur Verfügung. Vom Wasserloch für die Menschen (Pool) öffnet sich ein unverstellter Blick auf das von Palmen gesäumte Gegenstück für die Elefanten. Gelegentlich schauen sogar kurzsichtige Spitzmaulnashörner vorbei.

Etendeka Mountain Camp (☎ 061-226979; www. natron.net/tour/logufa; Zi. Ab 330 US$ pro Pers.; 🐾) Das Zeltcamp in den Ausläufern der Grootberg Mountains führen die Umweltexperten Barbara und Dennis Liebenberg. Etendekas Schwerpunkt ist Naturschutz, nicht Luxus, und die meisten Gäste verlassen das Camp mit einem tieferen Verständnis für das besondere Ökosystem des Damaralandes. Ein Teil des Übernachtungspreises geht an die lokale Gemeinschaft, die damit angeregt werden soll, sich für den Naturschutz in der Region zu engagieren.

Damaraland Camp (☎ 061-225178; www.wilderness-safaris.com; Zi. ab 420 US$ pro Pers.; 🐾) Der mit Solarenergie versorgte, wüstenhafte Außenposten ist eine Luxusoase inmitten einer wirklich harschen, außerirdisch erscheinenden Landschaft, von der der Blick endlos weit über karge Gebirgskegel schweift. Gäste können sich in komplett mit Bad/WC eingerichteten Luxuszelten ganz und gar ihren Fantasien vom Ende der Welt hingeben. Zwischendurch sorgt ein Sprung in den originellen Pool, der sich in eine Felsschlucht aus erstarrten Lavaströmen schmiegt, für Erfrischung. Damaraland Camp engagiert sich sehr für die lokalen Dorfgemeinschaften und steckt seine Erträge in die Förderung der Region.

An- & Weiterreise

Palmwag liegt an der D3706, 157 km von Khorixas und 105 km von Sesfontein entfernt. Von Süden kommend überquert man 1 km südlich der Palmwag Lodge die Red Line (s. Kasten S. 120).

SESFONTEIN

Damaralands nördlichster Außenposten erinnert an eine abgelegene Oase mitten in der Sahara und ist fast ganz vom Kaokoveld eingerahmt. Die von den namengebenden sechs Quellen versorgte Siedlung wurde 1896 nach dem Ausbruch der Rinderpest als militärischer Vorposten gegründet. 1901 wurde eine Kaserne errichtet, und vier Jahre später ein Fort, das Viehseuchen, Waffenschmuggel und Wilderei unterbinden sollte. 1909 scheint das Fort überflüssig geworden zu sein; schließlich requirierte die Polizei das Gebäude und nutzte es bis zum Ausbruch des ersten Weltkriegs. 1987 ließ die Damara Administration (die Regionalregierung) das Fort restaurieren und zu einer komfortablen Lodge umbauen. Bis heute ist sie eine der ungewöhnlichsten Unterkünfte in Namibia. Abenteurer, die von unberührter Natur träumen, können den beeindruckenden **Otjitaimo Canyon** durchwandern, er liegt etwa 10 km nördlich der Hauptstraße an der Westseite einer Bergkette, die sich östlich von Sesfontein von Norden nach Süden zieht. Zu Fuß gleicht die Wanderung einer Expedition, wer davor aber nicht zurückschreckt, besorgt sich beim Office of the Surveyor General in Windhoek (S. 90) die entsprechenden topografischen Karten, packt ordentlich Wasser ein (mindestens 4 l pro Pers. und Tag) und darf sich auf ein einzigartiges Abenteuer mit tollem Panorama in völliger Einsamkeit freuen. Wer schon immer davon geträumt hat, die Nacht in einer Kolonialfestung mitten in der Wüste zu verbringen, ist im **Fort Sesfontein** (☎ 065-275534; www.fort-sesfontein.com; Zi. 780 N$ pro Pers.; ⊠) richtig. Zusammen mit den anderen 63 Gästen kann man hier alle Lawrence von Arabien-Fantasien ausleben! Die Zimmer sind sehr einfach, haben aber eine faszinierende Atmosphäre, und das gute Restaurant serviert deutschstämmige Gerichte – was sonst!

Die gute Schotterstraße von Palmwag nach Sesfontein macht nur dann Probleme, wenn das Hoanib Rivier Wasser führt. Die Schotterstraße von Sesfontein nach Opuwo kann ebenfalls mit jedem Fahrzeug befahren werden, es sei denn, es hat geregnet.

DAS KAOKOVELD

Das Kaokoveld wird häufig als eine der letzten Wildnisse im südlichen Afrika beschrieben. Straßen gibt es kaum, und das Netz sandiger

Pisten wurde vor Jahrzehnten von den SADF angelegt. Um in dieser menschenfeindlichen, ariden Wildnis zu überleben, waren die Wildtiere gezwungen, sich auf wunderbare Weise anzupassen. So hat der hochgefährdete Wüstenelefant ganz dünne Beine entwickelt, die bestens für lange Wanderungen auf der Suche nach Wasser geeignet sind. Abgesehen vom Wild ist das Kaokoveld auch Heimat der Himba. Die nomadisierenden Viehhirten sind bekannt dafür, dass sie ihren Körper mit einer traditionellen Paste aus Ockerpulver, Butter und Kräutern einreiben, die sie vor der Sonne schützt und die Haut rötlich macht.

OPUWO
☎ 065

Opuwo bedeutet in der Sprache der Herero „Das Ende" – ein passender Name für diese staubige Ansammlung von aus grauem Beton errichteten Gewerbebauten, die ein Ring traditioneller Rondavels (runder Lehmbauten) und Hütten umschließt. Entgegen dem ersten, meist nicht gerade positiven Eindruck, bildet ein Besuch in Opuwo tatsächlich einen der Höhepunkte einer Namibiareise, besonders,

NAMIBIAS NORDWESTEN

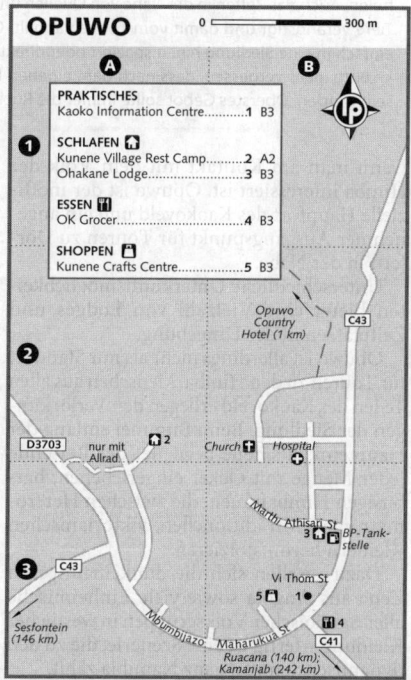

OPUWO   0 ——— 300 m

PRAKTISCHES
Kaoko Information Centre..........1 B3

SCHLAFEN
Kunene Village Rest Camp..........2 A2
Ohakane Lodge..........3 B3

ESSEN
OK Grocer..........4 B3

SHOPPEN
Kunene Crafts Centre..........5 B3

Opuwo Country Hotel (1 km)

C43

D3703   nur mit Allrad

Church   Hospital

Marthy Athisah St   BP-Tankstelle

Vi Thom St

C43

Moyumbilazo   Maharukua St

Sesfontein (146 km)

Ruacana (140 km); Kamanjab (242 km)

C41

UNTERWEGS IM KAOKOVELD

Selbst die Unerschrockenen sollten sich sehr sorgfältig auf eine solche Extrem-Tour mit dem Geländewagen vorbereiten. Für die Fahrt auf der Piste von Sesfontein nach Opuwo oder von Ruacana über Opuwo zu den Epupa Falls braucht man ein robustes Allradfahrzeug, reichlich Zeit und Vorräte – vor allem ausreichend Essen und Wasser für die gesamte Reise (plus Reserve). Außerdem ist es sinnvoll, einen Führer mitzunehmen, der sich in der Region auskennt, und eine Kolonne aus mindestens zwei Fahrzeugen zu bilden. Für jeden Wagen sollte man mehrere Ersatzreifen mitführen, außerdem einen Montierhebel, sprich: ein griffiges Achskreuz, gutes Reifenflickzeug, ein paar Ersatzteile und vor allem doppelt so viel Benzin, wie die Entfernungen einen glauben lassen. Zur Orientierung eignet sich ein Kompass, noch besser ist aber ein GPS-Navigationssystem. Gute Dienste leisten auch die entsprechenden topografischen Karten der Region.

Wegen der schlechten Beschaffenheit mancher Pisten kommt man unter Umständen nur mit 5 km/h voran – wenn es geregnet hat, kann der Wagen im Schlamm stecken bleiben. Für die Fahrt zwischen Opuwo und den Epupa Falls sollte man einen Tag kalkulieren, aber mehrere Tage für die Strecke von Opuwo zum Hartmann's Valley und zum Otjinjange (Marienfluss) Valley. Wichtig: Der Van Zyl's Pass kann nur von Osten nach Westen überquert werden. Alternativ biegt man nördlich von Orupembe auf die Straße nach Rooidrum ab (und fährt über den Otjihaa Pass).

Beim Campen im Kaokoveld sollte man Natur und Menschen mit Respekt begegnen. Auch wenn es noch so einladend ist: auf keinen Fall sein Zelt im schattigen Flussbett aufstellen! Die Flussbetten sind oft wichtige Korridore für große Tiere, außerdem kann urplötzlich eine reißende Sturzflut durch das Bett tosen – auch wenn kein Wölkchen am Himmel zu sehen ist. Mit Rücksicht auf die empfindliche Landschaft und Pflanzenwelt bitte auf den vorgegebenen Spuren bleiben: Im trockenen Klima können die durch Offroadfahrer verursachten Schäden noch über Jahrhunderte sichtbar bleiben.

Da die natürlichen Wasserressourcen für die Einheimischen lebenswichtig sind, bitte nicht in saubere Bäche, Quellen oder Wasserlöcher springen, um sich und sein Equipment vom Schmutz zu befreien. Auch das Zelten in der Nähe von Quellen und Wasserlöchern sollte man vermeiden, weil es die Tiere verängstigt und damit vom Trinken abhält. Generell gilt: Erst um Erlaubnis fragen, bevor man einfach in eine Siedlung hineinspaziert oder direkt neben dem Dorf sein Zelt aufbaut.

Bitte nicht vergessen, dass nach dem eigenen Besuch andere Reisende im Kaokoveld unterwegs sein werden. Oberstes Gebot sollte immer die Rücksicht auf die hiesige Natur und Kultur sein!

---

wenn man am Kontakt mit dem Volk der Himba interessiert ist. Opuwo ist der inoffizielle Hauptort des Kaokoveld und ein angenehmer Ausgangspunkt für Touren zu Dörfern in der Nähe.

Unterschiedliche Unterkunftsmöglichkeiten bietet eine Vielzahl von Lodges und Zeltplätzen in der Umgebung.

Opuwo ist allerdings mehr als nur Standort für Touren zu den Himba. Menschen aus allen Teilen des Kaokoveld erliegen den Verlockungen der Siedlung. Beim Bummel entlang der Haupteinkaufsmeile begegnet der Reisende jeder Menge mit Ocker eingeriebenen, barbusigen Himbafrauen, die zwischen Hereromatronen in traditionellen, viktorianischen Kleidern herumstolzieren.

Dazu gesellen sich die dunkelhäutigeren Zena aus Angola sowie viele Einheimische aller namibischer Volksgruppen in westlicher Kleidung – fertig ist die Szenerie, die zu den dynamischsten von ganz Namibia zählt.

Information

Kaoko Information Centre (☎ 273420; ⊙ 8–18 Uhr)
KK und Kemuu heißen die beiden netten jungen Männer im Informationszentrum, das sich in einer wirklich winzigen, gelben Baracke versteckt. Sie haben viele nützliche Informationen für die Fahrt durchs Kaokoveld und können den Besuch in Himbadörfern arrangieren.

Sehenswertes & Aktivitäten
BESUCH IN HIMBA-DÖRFERN

Auch Reisende, die vor ihrem Besuch in Namibia noch nie von den Himba gehört haben, werden schnell von ihnen fasziniert sein. Die eng mit den Herero verwandte Volksgruppe zählt kaum mehr als 50 000 Menschen und führt, im Gegensatz zu ihren sesshaften Vettern, das seit Generationen überlieferte Leben von Halbnomaden.

Berühmt sind vor allem die Frauen. Sie reiben ihre Haut mit einer duftenden Paste aus Ocker, Butter und Wildkräutern ein und verleihen ihr so einen rostbraunen

Ton. Die Paste schützt die Haut vor der Sonne und vor Insekten.

Doch damit nicht genug. Sie behandeln mit ihr auch die zu Zöpfchen geflochtenen Haare, die deshalb aussehen wie Dreadlocks. Der westlichen Kleidung ziehen sie die traditionelle vor: sie gehen mit nacktem Oberkörper und tragen kaum mehr als einen gefälteten Lederrock.

Wie die Massai in Kenia und Tansania halten die Himba Rinderherden sowie Ziegen und Schafe. Doch anders als die afrikanischen Savannen gehört die Heimat der Himba zu den extremsten Lebensräumen der Erde. Überleben können sie nur dank starker Bindungen innerhalb der Gemeinschaft. Zugleich ist es dem harschen Klima und der daraus resultierenden Abgeschlossenheit gegenüber äußeren Einflüssen zu danken, dass die Himba Jahrhunderte lang ihr kulturelles Erbe erhalten konnten.

In den 1980er- und frühen 1990er-Jahren waren die Himba durch Krieg und Dürren ernsthaft bedroht. Dennoch gelang in den letzten Jahren eine erstaunliche Renaissance ihrer Kultur. Heute besitzt die Volksgruppe die Kontrolle über ihre Heimatregion und übt auf nationaler Ebene politischen Einfluss aus. Genauere Informationen hierzu finden sich im Kastentext S. 165.

In Folge der jüngst erfolgten Asphaltierung der Straße bis Opuwo (jedoch nicht bis zur angolanischen Grenze!) und der Eröffnung des Opuwo Country Hotels durch den namibischen Präsidenten persönlich boomt der Tourismus im Himbaland. Ach so fotogene Schnappschüsse von Himbafrauen schmücken so gut wie jeden namibischen Tourismusprospekt. Und nahezu jeden Tag wuseln Busladungen von Touristen durch die staubigen Straßen der Siedlung.

Nicht alles ist positiv. Früher posierten die auf dem Land lebenden Halbnomaden geduldig als Fotomodelle, doch heute trifft man häufig auf traditionell gekleidete Himba, die Touristen Fotos von sich gegen Bezahlung anbieten. Natürlich ist die Entscheidung darüber jedem selbst überlassen, aber Reisende sollten sich bewusst machen, dass die Förderung dieser Art von Handel die Menschen ihrem traditionellen Lebensstil noch mehr entfremdet und der Geldwirtschaft unterwirft, die Jahrhunderte alten Wertvorstellungen und der Solidarität in der Gemeinschaft entgegensteht.

Eine sinnvolle Alternative ist es, Grundnahrungsmittel gegen Fotos zu tauschen. Obwohl Regen nur schwer vorhersehbar ist, pflanzen die Himba in guten Zeiten Mais an und ergänzen damit ihre hauptsächlich auf Fleisch und Milch basierende Ernährung. *Pap* (Maisbrei) wird von ihnen sehr geschätzt, ebenso Reis, Brot, Kartoffeln und andere stärkehaltige Lebensmittel.

Zucker, Softdrinks oder andere Süßigkeiten sollte man nicht tauschen, denn die meisten Himba werden nie in ihrem Leben einem Zahnarzt begegnen.

Auf Himba trifft man überall in Opuwo – sie spazieren die Straßen entlang, kaufen in den Geschäften ein und stellen sich sogar im Supermarkt in die Schlange. Ganz gleich wie groß die Versuchung ist, sollte man darauf verzichten, bei diesen Begegnungen einen schnellen Schnappschuss zu machen. Niemand mag es, wenn ohne Zustimmung mit einer Kamera vor seinem Gesicht herumgefuchtelt wird.

Wer freie Bahn für seinen Fotoapparat haben möchte, kann bei einem Besuch in einem Dorf erstaunliche Aufnahmen machen, wenn er sich entsprechend rücksichtsvoll verhält. Voraussetzung ist natürlich ein Führer, der sowohl Englisch als auch Himba spricht.

Es gibt verschiedene Möglichkeiten, ein Dorf zu besuchen: Entweder im Rahmen einer von der gebuchten Unterkunft angebotenen Tour oder organisiert durch das Kaoko Information Centre (s. S. 162).

Man kann natürlich in Opuwo auch einen in eigener Regie arbeitenden Führer engagieren.

Vor dem Dorfbesuch ist es sinnvoll, etwas Zeit in den Kauf von Geschenken zu investieren. Wer Lebensmittel mitbringt, kann sich des herzlichen Willkommens durch die Dorfbewohner sicher sein, und sie werden auch das Fotografieren bereitwilliger akzeptieren. Bevor man das Dorf verlässt, erwarten die Menschen, dass man bei den Kunsthandwerkern kleine Armreifen und Anhänger oder anderen Schmuck kauft.

Zu guter Letzt sollten sich Besucher nicht scheuen, mit Hilfe des Übersetzers Fragen zu stellen und mit den Himba ins Gespräch zu kommen, anstatt sie nur zu fotografieren. Respekt und Bewunderung bestätigen den Himba in ihrer Vorstellung, dass ihre Traditionen und ihr Lebensstil es wert sind, bewahrt zu werden.

Weiterführende, sehr hilfreiche Informationen über das Volk der Himba finden sich im Kastentext auf S. 165.

Schlafen & Essen

Selbstversorger finden alles Nötige im OK-Supermarkt.

Kunene Village Rest Camp (☎ 273043; www.nacobta.com.na; Camping 40 N$ pro Pers., EZ/DZ-Hütten 140/170 N$) Das ansprechende, von der Dorfgemeinschaft geführte Restcamp ist mit gut unterhaltenen Stellplätzen und reetgedeckten Hütten sowie Gemeinschaftsduschen und –WC ausgestattet.

Die Abzweigung von der Straße in Richtung Sesfontein ist am staatlichen Hausbauprojekt am Stadtrand ausgeschildert; es geht über eine Schotterpiste, zuerst nach Etange und dann anschließend weitere 2 km zum Restcamp.

Ohakane Lodge (☎ 273031; www.natron.net/tour/ohakane/lodgee.html; EZ/DZ 450/800 N$; ✉ ⚐ ⚑) Die alteingesessene und zentral gelegene Lodge an der Hauptstraße von Opuwo ist vor allem bei Reisegruppen beliebt. Die recht durchschnittlichen, aber modernen Zimmer sind in Ordnung, doch wer etwas Geld übrig hat, sollte es besser in einen Bungalow des Opuwo Country Hotel investieren.

Opuwo Country Hotel (☎ 061-374750; www.namibialodges.com/opuwo.html; Camping 125 N$ pro Pers., EZ/DZ 1234/1748 N$; ✉ ⚐ ⚑) Das auf einem Hügel gelegene Opuwo Country Hotel ist weit und breit die wohl repräsentativste Unterkunft in der Region.

Der riesige, reetgedeckte Bau, angeblich der größte seiner Art in Namibia, thront protzig-elegant über der Siedlung. Übernachtet wird in einer Handvoll exklusiver Bungalows mit Blick über das Tal auf die Ausläufer der angolanischen Berge. Die meisten Gäste, die gerne im Haus bleiben, verbringen ihre Zeit allerdings mit einem entspannten Bad im Pool, der so angelegt ist, dass er scheinbar mit dem Horizont verschmilzt.

Wer sich keinen Bungalow leisten kann, baut sein Zelt auf dem abgeschiedenen Campingplatz auf und hat so Zugang zu allen Einrichtungen des Hotels, also auch zur bestens ausgestatteten Weinbar und zum wirklich königlichen Speisesaal. Die Zufahrt zum Hotel ist nicht ganz leicht zu finden, obwohl überall in der Stadt Hinweisschilder stehen.

Shoppen

Kunene Crafts Centre (☎ 273209; ☽ Mo–Fr 8–17, Sa 9–13 Uhr) Der in fröhlichen Farben gestrichene Laden in Opuwo ist Teil eines Selbsthilfeprojektes für die lokale Bevölkerung. Hier wird Handwerkskunst in Kommission verkauft. Dazu gehören alle Arten von Himbaschmuck: Schneckenmuschelanhänger, Armbänder, Brustschmuck und sogar der typische Kopfschmuck einer Himba-Braut. Außerdem gibt es an besagter Stelle eine Auswahl Originalschmuckstücke, bestickte Kissen, Himba- und Herero-Puppen, Trommeln verschiedener Größe und Holzschnitzereien.

An- & Weiterreise

Dank der hervorragend asphaltierten C41 von Outjo nach Opuwo ist das Land der Himba ebenso mit normalem Pkw zugänglich. Auch wenn die Versuchung, auf dieser langen und menschenleeren Schnellstraße zu rasen, groß ist, sollte man spätestens nördlich des Veterinärzauns den Fuß vom Gaspedal nehmen, weil häufig ganze Rinderherden die Straße queren. Reisende, die tiefer ins Kaokoveld hineinfahren möchten, finden in Opuwo die letzte Tankstelle vor Kamanjab, Ruacana oder Sesfontein.

SWARTBOOI'S DRIFT
☎ 065

Ab Ruacana führt eine holprige Piste Richtung Westen am Kunene River entlang nach Swartbooi's Drift, wo ein Denkmal an die Dorsland Trekkers erinnert, die hier auf ihrem Weg nach Angola vorbeikamen. Die Stadt ist ein guter Ausgangspunkt für eine Fahrt zu den Epupa Falls oder einer Wildwasserfahrt auf dem Grenzfluss Kunene mit seinen beeindruckenden Schluchten.

Die Kunene River Lodge organisiert Halb-, Ganz- und Mehrtagestouren zum **Rafting** auf dem Kunene für mindestens vier Teilnehmer. Die Touren kosten ab 380 N$ pro Person, beginnen an den Ondarusu-Stromschnellen (Grad IV) und enden an den Epupa-Fällen.

Die außerordentlich freundliche **Kunene River Lodge** (☎ 274300; www.kuneneriverlodge.com; Camping 80 N$ pro Pers., EZ/DZ-Chalets 370/930 N$, Bungalows 660/1100 N$; ⚑), liegt rund 5 km östlich von Swartbooi's Drift und empfiehlt sich als idyllischer Zwischenstopp am Fluss. Hohe Bäume beschatten den Zeltplatz, während die reetgedeckten Chalets und Bungalows vom ange-

QUEEN ELIZABETH

Queen Elizabeth ist eine Himba-Frau, die in der Stadt als unabhängige Reiseleiterin arbeitet. Wer mit ihr ein Himba-Dorf besuchen möchte, kann sie unter ☎ 081 213 8326 anrufen oder am OK-Supermarkt am Ortseingang von Opuwo nach ihr Ausschau halten.

Was essen die Himba gerne?

Da wir viele verschiedene Tiere halten, gibt es in den Dörfern stets ausreichend Fleisch und Milch. Unsere Wasservorräte verdanken wir dem Regen, und wenn es nicht regnet, können wir nichts anbauen. Dieses Jahr hatte wir viel Regen. Ist es nicht toll, wie viel Mais nun wächst! Dieser Speicher wurde aus Sand, Kuhdung und Mopaneholz erbaut, genauso wie unsere Häuser. Hier wird der Mais getrocknet und als Nahrung sowie für die neue Saat aufbewahrt. Mit Steinen mahlen wir die Körner zu Maismehl, das mit Wildkräutern gewürzt und gekocht wird. Am liebsten essen wir natürlich Fleisch, aber wenn wir Hunger bekommen, füllt auch Mais den Bauch.

Welche Glaubensvorstellungen sind den Himba wichtig?

Besonders wichtig ist das Heilige Feuer in der Mitte des Dorfes. Unser Oberhaupt hütet das Heilige Feuer und spricht durch die Flamme mit den Ahnen. Brautpaare beten am Heiligen Feuer für ein gutes Leben. Wird ein Kind geboren, bitten die Eltern das Feuer um einen passenden Namen für das Baby. Ausgerechnet heute ist ein ganz besonderer Tag: Eine Kuh hat Zwillingskälbchen geworfen, was großes Glück verheißt. Deshalb werden wir heute Abend das Heilige Feuer entfachen und zu Ehren der Kälbchen eine Zeremonie abhalten. Rinder haben für unser Volk eine besondere Bedeutung. Im Alter von elf Jahren entfernen wir bei den Kindern die vier Schneidezähne aus dem Unterkiefer – eine verdammt schmerzhafte Prozedur! Aber weil wir Rinder bewundern, wollen wir eine ähnliche Mundform haben. Unsere Jungen werden beschnitten, was sie natürlich nicht mögen! Ein paar Tage lang können sie nicht gehen. Um eine Infektion zu verhindern, wird die Wunde mit Mopaneblättern eingerieben.

Welches Geheimnis steckt hinter eurer Schönheit?

Wir Himba-Frauen sind stolz auf unsere Schönheit. Nach wie vor reiben wir unseren Körper mit Ockerpulver ein, das wir an einigen geheim gehaltenen Stellen finden. Das beste Pulver kommt allerdings aus Angola! Nie im Leben gehen wir unter die Dusche! Wir verrühren das Pulver mit Butter aus Kuhmilch und einem besonderen Duftstoff, den wir aus Kräutern gewinnen und der uns einen angenehmen Geruch verleiht. Auch die Farbe spielt eine wichtige Rolle. Der Körper soll die gleiche Farbe haben wie unsere rote Erde, aus der alles Leben entsteht. Was wir noch mögen sind üppige Frisuren: Wir frisieren uns mit Öl und Ocker, doch das ist nicht immer üppig genug. Auf dem Markt gibt es Extensions zu kaufen, die wir dann mit unserem eigenen Haar verflechten.

Und wie sieht es mit Schmuck aus?

Unser Schmuck besteht aus Perlen, Draht und Kaurimuscheln. Zum Beispiel diese Fußringe: Ein Ring bedeutet, dass die Frau kein oder nur ein Kind hat, zwei, dass es zwei oder mehrere sind. Die Fußringe schützen uns auch vor Schlangenbissen, wenn wir draußen im Busch unterwegs sind. Wenn eine Mädchen ihre erste Menstruation bekommt, feiern wir ein großes Fest, und das Mädchen zieht sich in eine spezielle Menstruationshütte zurück. Wir fertigen eine besondere Kopfbedeckung für sie an, manchmal auch einen aus Lammleder gearbeiteten Rock. Sie darf nun anstelle von Plastikgürteln welche aus Metall tragen. Wie eine Frau angezogen und geschmückt ist, sagt viel über sie aus!

Die Himba-Frau Queen Elizabeth wurde in einem kleinen Dorf in der Nähe von Opuwo geboren.

nehmen Garten profitieren. Die Gäste können Kanus, Mountainbikes und Angeln ausleihen oder an Vogelbeobachtungstouren, Trips mit dem Quadbike und Kreuzfahrten zum Sundowner teilnehmen.

73 km nordwestlich von Opuwo führt bei Otjikeze/Epembe eine Abzweigung nach Osten auf die D3701, die 60 km weiter Swartbooi's Drift erreicht. Diese einfachste Zugangsroute ist auch für normale Pkw geeignet. Die von Ruacana am Fluss entlangführende Piste ist extrem rau, lässt sich in der Trockenzeit aber durchaus mit einem hochrädrigen Pkw, der nicht gleich aufsitzt, bewältigen. Die Weiterfahrt auf der 93 km langen, ebenfalls den Kunene säumenden Piste, führt entlang der zauberhaften „namibischen Riviera" zu den Epupa-Fällen und ist so schwierig, dass sie selbst mit einem Geländewagen mehrere Tage dauern kann.

NAMIBIAS NORDWESTEN

EPUPA-FÄLLE

Epupa bedeutet in der Sprache der Herero „Fallendes Wasser". Hier fächert sich der Kunene über eine weite Flussniederung mit Galeriewäldern auf und überwindet in einer 500 m breiten Folge paralleler Felsstufen sowie auf 1,5 km Länge einen Höhenunterschied von 60 m. Die mit 37 m höchste Stufe bildet praktisch die Epupa-Fälle. Der Fluss stürzt hier in eine dunkle, schmale Schlucht, über die sich meist ein Regenbogen spannt. Ein spektakulärer Anblick, vor allem wenn der Kunene zwischen April und Mai seinen höchsten Wasserstand erreicht.

Man sollte annehmen, dass diese abgelegene Ecke des Kaokovelds nicht auf den Haupttouristenrouten liegt. Dennoch zählen die Epupa-Fälle zu den beliebtesten Anlaufpunkten für Overlandgruppen die organisierte Rundreisen und sind deshalb häufig sehr überlaufen. Für Reisende, die in der Region unterwegs sind, lohnt sich der Abstecher für einen Blick auf die Fälle dennoch. Allein der Anblick von so viel Wasser mitten im ariden Kaokoveld ist schier unglaublich.

Sehenswertes & Aktivitäten

Bei Niedrigwasser verwandeln sich die **Becken** oberhalb der Epupa-Fälle in herrliche Jacuzzis. Die Strudel und Stromschnellen schützen vor Krokodilen, aber man sollte sich unbedingt an den Felsen fest- und von der Abbruchkante fernhalten: Sobald man in die Strömung gerät, wird man unweigerlich mit hinuntergerissen. Alle paar Jahre ertrinken einige bedauernswerte Einheimische und Touristen im Fluss, und es ist schwierig genug, zumindest ihre Leichen zu bergen. Kinder sollten hier keinesfalls ins Wasser gehen.

Westlich der Fälle gibt es am Fluss wunderschöne **Wandermöglichkeiten** und jede Menge Berge, von deren Gipfeln sich phantastische Panoramablicke über den Fluss und tief hinein nach Angola eröffnen. Begeisterte Wanderer können die Strecke entlang der „namibischen Riviera" von Swartbooi's Drift zu den Epupa-Fällen (93 km, fünf Tage) oder von Ruacana zu den Epupa-Fällen (150 km, acht Tage) in Angriff nehmen. Die Route führt meist nahe am Wasser entlang, aber man sollte mit zahlreichen Krokodilen und selbst im Winter mit drückender, dehydrierender Hitze rechnen. Wer die Wanderung um Vollmond herum unternimmt, kann der Hitze entgehen, indem er nachts wandert.

Wie bei den meisten Abenteueraktivitäten im Kaokoveld müssen Wanderer alles, was sie benötigen, mit sich führen. Es gibt kein Sicherheitsnetz, das sie bei Problemen auffangen könnte. Die Lebensmittelvorräte sollten so berechnet sein, dass auch Wartezeiten auf eine Mitfahrgelegenheit zurück zum Ausgangspunkt überbrückt werden können. Es versteht sich von selbst, dass man jede Gelegenheit nutzen sollte, andere über die beabsichtigte Tour und den Wegverlauf zu informieren, bevor man sichohne Begleitung in den Busch aufmacht.

Schlafen

Epupa Falls Camp Site (☎ 695 1065; www.nacobta.com.na; Camping 50 N$ pro Pers.) Das von der Dorfgemeinschaft geführte Restcamp mit Warmwasserduschen und Wassertoiletten ausgestattet und liegt angenehm direkt an den Wasserfällen. Leider steigen hier besonders gern Overlandgruppen ab, sodass es häufig überlaufen und sehr laut ist. Für Leute, die Gesellschaft lieben, ist es ohne Frage der ideale Übernachtungsort.

Omarunga Camp (☎ 064-403096; www.natron.net/omarunga-camp/main.html; Camping 80 N$, EZ/DZ-Zelte inkl. Halbpension 935/1610 N$) Das von Deutschen geführte Camp verdankt seine Existenz der Genehmigung eines lokalen Oberhaupts. Der gut unterhaltene Campingplatz verfügt über moderne Sanitäranlagen, außerdem gibt es einige Luxuszelte. Der Platz ist sehr hübsch und eine wesentlich ruhigere Alternative zum Camp der Dorfgemeinschaft, kann jedoch dem etwas teureren Epupa Camp nicht das Wasser reichen.

Epupa Camp (☎ 061-232740; www.epupa.com.na; EZ/DZ inkl. Vollpension 1499/1999 N$; ☎) Das ehemalige Ingenieurscamp eines nun zurückgestellten Projekts für ein Wasserkraftwerk liegt 800 m stromaufwärts von den Fällen. Umgebaut präsentiert es sich als wunderschöne Übernachtungsmöglichkeit in einem Wald hoher Baobabs. Die 12 Luxuszelte sind bis in den letzten Winkel mit Kunsthandwerk dekoriert. Zu den angebotenen Aktivitäten zählen Besuche von Himbadörfern, Sundowner-Wanderungen, Vogelbeobachtungstouren und Ausflüge zu Fundstellen von Felsbildkunst.

An- & Weiterreise

Die Piste nach Okongwati ist ziemlich rau, aber mit hochrädrigen Pkw befahrbar. Nur mit Geländewagen ist die extrem schlechte,

93 km lange Piste von Swartbooi's Drift zu bewältigen. Da die Fahrt mehrere Tage dauern kann, empfiehlt sich die schnellere Variante über Otjiveze/Epembe.

DAS NORDWESTLICHE KAOKOVELD

Westlich der Epupa Falls zeigt sich das Kaokoveld von seiner schönsten Seite: scharfe, zerklüftete Wüstengipfel, weite Landschaften, spärliche Buschvegetation, an die Wüstenbedingungen angepasste Tiere, nomadisierende Himba-Gruppen und ihre winzigen Ansiedlungen mit bienenstockartigen Hütten machen eine Reise in den Nordwesten zu einem unvergesslichen Erlebnis. Die Region grenzt an die Skeleton Coast Wilderness Area (s. S. 172) und wurde inzwischen zur Kaokoveld Conservation Area erklärt.

Sehenswert

VAN ZYL'S PASS

Der wunderschöne aber atemberaubend steile und fahrtechnisch anspruchsvolle Van Zyl's Pass bildet den dramatischen Übergang vom Kaokoveld zu der weiten, grasbewachsenen Ebene des Otjijange Valley (Marienflusstal). Die 13 km lange, kurvenreiche Strecke ist nicht für Gespanne geeignet und kann nur von Ost nach West befahren werden. Die Rückfahrt erfolgt über den Otjihaa-Pass oder über Purros.

OTJINJANGE- & HARTMANN-TAL

Für die Erkundung des wilden, verwunschenen Otjinjange-Tals, des Tals des Marienflusses, sowie des Hartmanntals sollte man sich Zeit nehmen. Die beiden weiten, sandigen und grasbewachsenen Ebenen senken sich sanft hinunter zum Kunene. In beiden Tälern ist wildes Campen verboten.

Schlafen

Abgesehen von Otjinjange- (Marienfluss-) und Hartmanntal dürfen Reisende überall im Nordwesten des Kaokoveld wild zelten (nähere Informationen im Kastentext S. 162).

Okarohombo Camp Site (www.nacobta.com.na; Camping 50 N$ pro Pers.) Der von der Dorfgemeinschaft geführte Zeltplatz für Selbstversorger liegt am Ausgang des Otjinjange-Tals. Außer Plumpsklos und einem Wasserhahn gibt es keine Infrastruktur.

Ngatutunge Pamwe Camp Site (www.nacobta.com.na; Camping 50 N$ pro Pers.; 🏊) Auch dieses Camp ist gemeinschaftlich geführt und liegt am Ho-

arusib Rivier in Purros. Erstaunlicherweise gibt es hier warme Duschen, Toiletten mit Wasserspülung, nett ausgestattete Bungalows, eine Gemeinschaftsküche und, man staune noch mehr, einen Pool. Hier lassen sich Führer für Besuche in Himbadörfern engagieren und wüstenangepasste Tiere beobachten.

Elephant Song Camp (☎ 064-403829; www.nacobta.com.na; Camping 50 N$ pro Pers.) Ein weiteres Gemeinschaftscamp: Elephant Song liegt auf dem Konzessionsgebiet von Palmwag, rund 25 km raue Kilometer entlang des Hoanib Rivier von Sesfontein entfernt. Jeder, der sich gerne im Busch aufhält und den phantastischen Blick ebenso schätzt wie Wandern, Vogelbeobachtung und Begegnungen mit den seltenen Wüstenelefanten, wird sich hier wohlfühlen.

An- & Weiterreise

Von Okongwati führt eine Straße nach Westen durch Etengwa zum Van Zyl's Pass oder zum Otjihaa Pass. Von Okauwa (hier dient eine alte, verfallene Windmühle als Orientierungspunkt) zur Straßengabelung in Otjitanda (dem Kraal eines Himba-Häuptlings) ist die Piste extrem holprig und nur sehr langsam befahrbar – unterwegs kann man beim schönen Ovivero Dam haltmachen und ins Wasser des Stausees springen.

Ab Otjitanda fährt man entweder nach Westen über den Van Zyl's Pass (der nur von Osten nach Westen überquert werden kann!) ins Otjinjange Valley (Marienfluss) und Hartmann's Valley oder nach Süden über den nicht weniger schönen, aber leichter befahrbaren Otjihaa Pass nach Orupembe.

Ins Otjinjange Valley und Hartmann's Valley kommt man auch ohne die Überquerung des Van Zyl's Pass, wenn man in der Mitte der Onjuva-Ebene an der T-Kreuzung (12 km nördlich von Orupembe) Richtung Norden abbiegt. An der T-Kreuzung in Rooidrum (Rote Tonne) kann man sich für eines der beiden Täler entscheiden.

Nach Otjinjange (Marienfluss) geht es rechts ab, zum Hartmann's Valley links. Westlich dieser Kreuzung (17 km hinter Rooidrum) biegt eine verhältnismäßig gute Straße Richtung Süden ab und führt nach Orupembe und Purros (vorausgesetzt, der Hoarusib River führt gerade kein Wasser) und weiter bis nach Sesfontein.

Alternativ kann man ab Opuwo über die D3703 nach Westen fahren und erreicht nach 105 km Etanga; 19 km hinter Etanga kommt man an eine Kreuzung, die durch ein Stein-schild mit weißen Vögeln markiert wird. An dieser Stelle geht es Richtung Norden nach Otjitanda (27 km entfernt) oder Richtung Süden zum Otjihaa Pass und nach Orupembe.

DIE SKELETTKÜSTE

Diese tückische Küstenlinie ist eine nebelver-hangene Region mit felsigen und sandigen Untiefen. Ihren abschreckenden Namen ver-dankt sie der Tatsache, dass sie Jahrhunderte lang als Friedhof für gestrandete Schiffe und deren Besatzungen diente. Die ersten portu-giesischen Seefahrer nannten sie *As Areias do Inferno*, Sande der Hölle, denn sobald ein Schiff strandete, war das Schicksal der Crew besiegelt. Das Naturschutzgebiet beginnt knapp nördlich von Swakopmund und reicht bis zum Kunene. Rund 2 Millionen Hektar von Sanddünen und Schotterebenen bilden eines der lebensfeindlichsten, wasserlosen Gebiete der Erde.

NATIONAL WEST COAST RECREATION AREA

Die National West Coast Recreation Area (Nationales Erholungsgebiet Westküste) ist ein 200 km langer und 25 km breiter Küsten-streifen, der sich von Swakopmund bis zum Ugab River erstreckt und das südliche Ende der Skeleton Coast bildet. Die Gegend ist be-sonders bei südafrikanischen Anglern beliebt, die es auf Salzwasserfische wie Galjoens, Steinbrassen, Kabeljau und Blacktail abgese-hen haben und die meist durch Brandungsfi-schen aus dem Meer geholt werden.

Zwischen Swakopmund und dem Ugab River stehen mehrere Hundert Betonbauten, die jeweils etwa 200 m voneinander entfernt liegen. Sie sehen zwar aus wie Küstenbunker, die feindliche Angriffe vom Meer abwehren sollen, sind aber in Wirklichkeit nur Toilet-tenhäuschen für Fischer und Camper.

Henties Bay
☎ 064

Bei Henties Bay, 80 km nördlich von Swakop-mund, mündet der verhältnismäßig berechen-bare Omaruru Rivier, in dessen Trockenfluss-bett ein origineller Golfplatz liegt, in den Atlantik. Benannt ist der Ort nach Hentie van der Merwe, der die hier sprudelnde Quelle 1929 entdeckte. Heute besteht Henties Bay

hauptsächlich aus Ferienhäusern und Läden mit Nachschub für die Angler, die an der Küs-te aufgereiht ihrem Hobby nachgehen.

9 km südlich von Henties Bay präsentiert sich die **Jakkalsputz Camp Site** (30 N$ pro Pers.), als trostlos kahles Stück Strand, das unbeschirmt Wind, Sand und Gischt ausgesetzt ist. Nichtsdestotrotz ist es wohl einer der unge-wöhnlichsten Orte auf der Erde, um ein Zelt legitim aufzustellen.

Das **De Duine Country Hotel** (☎ 061-374750; www. namibialodges.com; EZ/DZ ab 485/700 N$; ✉ 🗐), ist das komfortabelste Hotel in Henties Bay und be-sitzt trotz seiner Lage am Strand – kaum vor-stellbar – kein einziges Zimmer mit Meerblick. Die Zimmer des Anwesens, das im deutschen Kolonialstil errichtet wurde, weisen auf einen Garten mit Pool. Das auf Fisch (was sonst?) spezialisierte Restaurant serviert Mittag- und Abendessen; an der Rezeption können Gäste Angelausflüge, Panoramaflüge und Touren entlang der Küste buchen.

Die mit einem Belag aus Sand und Salz befestigte C34 beginnt in Swakopmund und endet 70 km nördlich von Terrace Bay. Sie erschließt die National West Coast Recreation Area und die südliche Hälfte des National-parks Skelettküste. Diesen passiert auch die Schotterstraße C39 von Khorixas nach Torra Bay. Henties Bay liegt an der Kreuzung der küstennahen Salzstraße und der C35, die landeinwärts ins Damaraland führt.

Motorradfahrer sind im Nationalpark Ske-lettküste nicht zugelassen. Für die Durchque-rung der Region bedarf es keiner Genehmi-gung. Die Salzstraße von Swakopmund kann das ganze Jahr über mit Pkw befahren werden. Treibstoff gibt es nur am Zeltplatz bei Mile 108 (S. 170) und in Swakopmund.

Cape Cross Seal Reserve

Das **Reservat** (45 N$ pro Pers.; ⏰ 10–17 Uhr) ist die bekannteste Kolonie von Südafrikanischen Pelzrobben (Seebären) an der namibischen Küste. Die Tiere ernähren sich von den hohen Fischbeständen im kalten Benguelastrom und sind dabei riesig und fett geworden. Der An-blick von mehr als 100 000 Robben, die sich am Strand sonnen oder in der Brandung her-umtollen, ist unvergesslich, wird aber durch den alles beherrschenden Gestank unzähliger Lagen überriechender Robbenexkremente beeinträchtigt. Es ist unbedingt empfehlens-wert, die Nase mit einem Taschentuch oder einem Schal zu schützen.

SKELETTE AN DER KÜSTE

Jeder kennt die Bilder von rostigen Schiffswracks an der lebensfeindlichen Skeleton Coast – doch die berüchtigtsten Schiffswracks sind schon vor langer Zeit verschwunden. Die starken Stürme und der dichte Nebel haben starke Erosionskräfte, deshalb sind von den zahllosen Schiffen, die während der Blütezeit des Handels an Land gespült wurden, heute nur noch vereinzelt Spuren zu finden. Die wenigen verbliebenen Kähne liegen zudem oft in abgeschiedenen und unzugänglichen Gebieten. Neuere Havarien kommen selten vor.

Ein Beispiel dafür ist die *Dunedin Star,* die 1942 direkt südlich der Grenze zu Angola absichtlich auf Grund gefahren wurde, nachdem sie ein paar Felsen gerammt hatte. Das Schiff war auf dem Weg von England über das Kap der Guten Hoffnung zur Kriegszone im Mittleren Osten und hatte mehr als 100 Passagiere, die Militärbesatzung und Fracht an Bord.

Als zwei Tage später ein Rettungsschiff eintraf, erwies es sich als unmöglich, die Schiffbrüchigen vom Strand wegzubringen. Zunächst versuchte die Rettungsmannschaft, die Gestrandeten mit Hilfe eines Seils durch die Brandung auf ihr Schiff zu holen. Als der Sog stärker wurde, lief das Schiff aber auf Felsen und strandete neben der Dunedin Star. Ein Rettungsflugzeug, das am Strand neben den Schiffbrüchigen zur Landung gebracht werden konnte, war mittlerweile ebenfalls im Sand versunken. Letzten Endes konnten alle Passagiere gerettet werden, und zwar mit Hilfe einer Kolonne aus Lastwagen, die von Land heranfuhren. Für die Durchquerung des über 1000 km langen Wüstengebietes brauchten die Trucks über zwei Wochen.

Weiter südlich an der Skeleton Coast liegen – fast ebenso schwer zugänglich – einige weitere intakte Schiffswracks. 1909 lief im Süden von Walvis Bay die *Eduard Bohlen* auf Grund, die mit Ausrüstung beladen auf dem Weg zu den Diamantenfeldern im Süden war. Im Laufe des letzten Jahrhunderts hat sich die Küste so stark verändert, dass das Schiffswrack mittlerweile in einer Düne fast 1 km von der Küste entfernt liegt.

200 km weiter südlich und direkt nördlich der verlassenen Minenstadt Saddle Hill liegt in der malerischen Spencer Bay das eindrucksvolle Wrack der *Otavi*. Das Frachtschiff strandete 1945 bei einem heftigen Sturm und thront nun in dramatischer Lage auf dem Dolphin's Head, dem höchsten Punkt an der Küste zwischen dem Tafelberg in Kapstadt und der Grenze zu Angola. In der Spencer Bay wurde 1972 auch das Schicksal des koreanischen Frachters *Tong Taw* besiegelt, der im Moment zu den besterhaltenen Wracks an der ganzen Skeleton Coast gehört.

GESCHICHTE

Das Kreuzkap, Cape Cross, ist zwar in erster Linie wegen der Robben berühmt, hat aber eine lange und interessante Geschichte. 1486 ließ der portugiesische Entdeckungsreisende Diogo Cão, der als erster Europäer seinen Fuß auf namibischen Boden setzte, ein zwei Meter hohes und 360 Kilo schweres *padrão* (eine Reverenz an den portugiesischen König) zu Ehren von König João II von Portugal am Kreuzkap aufstellen. 1893 entfernte der deutsche Seefahrer Becker, Kapitän der *Falke,* das Kreuz und brachte es nach Deutschland. Ein Jahr später gab Kaiser Wilhelm II. den Befehl, eine Kopie anzufertigen, auf der neben der portugiesischen und lateinischen Originalinschrift ein deutscher Gedenkspruch eingemeißelt wurde. Dieses Kreuz steht bis heute am Kap, daneben ein weiteres, aus Doleritgestein gearbeitetes, das 1980 dort aufgestellt wurde, wo sich Cãos Originalkreuz befand.

ORIENTIERUNG & INFORMATION

Ein aus mehreren Betonterrassen dem „Kreuz des Südens" nachgebildetes Denkmal neben den Kreuzen informiert über die Geschichte der Region. Das Kreuz des Südens war das Sternbild, an dem sich Diogo Cão bei seiner Entdeckungsreise orientierte.

Nicht weit entfernt gibt es eine Snackbar, wenngleich wohl jedem der Appetit vergeht, sobald er den ersten Schwall von Robbengestank wahrgenommen hat.

Haustiere und Motorräder sind nicht zugelassen. Besucher dürfen die niedrige Mauer zwischen der Aussichtsplattform und den Felsen, auf denen sich die Robben in der Sonne aalen, nicht überqueren.

SCHLAFEN

Cape Cross Lodge (☎ 064-694012; www.capecross.org; Standard-/Luxuszi. inkl. Halbpension ab 750/935 N$ pro Pers.; ✷ 🖳) Die eigenwillige aber irgendwie auch ansprechende Architektur soll eine Mischung aus kapholländischem Stil und Fischerdorf darstellen. Die Lodge ist tatsächlich sehr schön konzipiert und gut abgeschirmt vom Geblöke der Robbenkolonie. Die besseren Zimmer besitzen großzügige Terrassen mit Blick über die Küste. Wirklich schlechte Zimmer gibt es in dieser rundum angenehmen Lodge, die praktisch am offiziellen Zugangstor zum Reservat liegt, ohnehin nicht.

AN- & WEITERREISE
Cape Cross befindet sich 46 km nördlich von Henties Bay und ist auf der Salzstraße entlang der Küste erreichbar.

SKELETON COAST NATIONAL PARK
110 km nördlich von Cape Cross passiert die Salzstraße bei Ugabmund das Zugangstor zum Nationalpark Skelettküste. Der britische Journalist Nigel Tisdall schrieb darüber: „Wenn die Hölle ein Wappen besitzt, sieht es wahrscheinlich aus wie der Eingang zum namibischen Skeleton Coast Park". Wenn Nebelschwaden darüber ziehen und der Wind den Sand voranpeitscht, wird jeder Reisende dieser Einschätzung zustimmen.

Obwohl dieser Küstenabschnitt so berühmt ist, wagen sich nur erstaunlich wenige Touristen von Cape Cross nach Norden. Ein Grund sind die außerordentlich strengen Verhaltensregeln, die Namibian Wildlife Resorts (NWR) für Individualreisende im Nationalpark erlassen haben, um das extrem sensible Ökosystem zu schützen.

Die Zugangsbeschränkungen mögen den einen oder anderen abschrecken; die Genehmigung ist aber problemlos zu bekommen, wenn man bereit ist zu planen. Etwas Spontaneität müssen Reisende für den Zutritt zum Park opfern, doch die Magie der Skelettküste wiegt all diese Umstände auf.

Orientierung & Information
Individualreisende dürfen die südliche Hälfte des Skelettküstenparks bis zum Hoanib Rivier besuchen, benötigen dafür aber ein Permit, das mit 80 N$ pro Person und 10 N$ pro Fahrzeug zu Buche schlägt. Genehmigungen sind beim Büro der NWR in Windhoek (S. 90) erhältlich. Übernachten kann man nur in Terrace Bay und Torra Bay; letzteres Camp ist nur Dezember und Januar geöffnet. Beide Restcamps müssen bei NWR zusammen mit dem Permit (eine Art Aufenthaltsgenehmigung) gebucht werden. Um eines der beiden Camps zu erreichen, müssen Reisende das Tor bei Ugabmund vor 15 Uhr, das bei Springbokwater vor 17 Uhr passieren.

Tagesbesucher sind im Nationalpark nicht zugelassen, doch eine Durchfahrtsgenehmigung von Ugabmund nach Springbokwater oder umgekehrt ist an den Zugangstoren erhältlich. Transitreisende müssen den Eingang spätestens um 13 Uhr passieren und den Nationalpark am gleichen Tag spätestens um 15 Uhr verlassen. Die Durchfahrtsgenehmigung gilt nicht für einen Besuch in Torra Bay oder Terrace Bay.

Aktivitäten
Der 50 km lange **Ugab Rivier Wanderweg** kann zwischen April und Oktober jeden zweiten und vierten Dienstag im Monat von Gruppen zwischen sechs und acht Wanderern begangen werden. Die Tour startet um 9 Uhr in Ugabmund und endet am Donnerstag Nachmittag. Die meisten Wanderer verbringen Montagnacht auf der **Mile 108 Camp Site** (30 N$ pro Pers.) 40 km südlich von Ugabmund. Von dort können sie den Ausgangspunkt rechtzeitig am nächsten Morgen erreichen. Die Tour kostet 200 N$ pro Person und muss bei NWR gebucht werden. Benötigte Nahrungsmittel und Campingausrüstung bringt jeder selbst mit. Der Weg führt zunächst über die Küstenebene, klettert dann hügelan und erschließt in zwei weite Schleifen mit Flechten bewachsene Landschaften (*lichen fields*) und passiert Höhlen, Quellen und ungewöhnliche geologische Formationen.

Schlafen
Jede Unterkunft mit Ausnahme der Ugab Rivier Camp Site muss bei NWR vorausgebucht werden.

Ugab River Camp Site (www.rhino-trust.org.na; Camping 50 N$ pro Pers.) Der außerhalb des Nationalparks Skelettküste gelegene Campingplatz untersteht dem Save the Rhino Trust (s. Kasten S. 159) und befindet sich inmitten einer einsamen Landschaft voller Magie. Besucher schwärmen davon in höchsten Tönen. Die Region bietet mit die beste Gelegenheit, in Namibia Spitzmaulnashörner zu beobachten. Auch mehrtägige Wildnistouren auf den Spuren der Nashörner können organisiert werden – allerdings muss man sie im Voraus buchen und Nahrungsmittel, Wasser und Campingausrüstung selbst mitbringen. Die Zufahrtsstraße D2303 biegt 67 nördlich von Cape

SÜDAFRIKANISCHE SEEBÄREN

In südafrikanischen Gewässern tummeln sich sieben verschiedene Robbenarten. Abgesehen von einigen wenigen Herumstreunern von antarktischen oder subantarktischen Inseln, gehören die Festlandsbewohner zur Spezies des Südafrikanischen Seebärs, allgemein auch Pelzrobbe genannt. Die extrem gemeinschaftsliebende Riesenpopulation lebt in nur etwa 25 Kolonien. Nur wenige wie Cape Cross an der namibischen Westküste zählen mehr als 100 000 Mitglieder.

Obwohl sie die Gemeinschaft suchen, gelten Südafrikanische Seebären nicht unbedingt als besonders gesellig. Das Leben in einer Kolonie ermöglicht es ihnen, Jungen aufzuziehen und Gefahren durch Raubtiere wie Braune Hyänen (Strandwölfe) gering zu halten. Ansonsten führen die Robben an Land eher das Leben von Einzelgängern, die unentwegt um den von ihnen beanspruchten, kleinen Platz streiten. Abgesehen von den Jungen, die auf krippenähnlichen „Spielplätzen" miteinander herumtollen, hat jede andere Interaktion in der Kolonie feindseligen Charakter und bietet so einen ungewöhnlichen Anschauungsunterricht in Sozialverhalten.

Unter ihren gröberen Grannenhaaren sind Südafrikanische Seebären von einer dicken Fellschicht geschützt, die dank eingeschlossener Luftblasen trocken bleibt und so vor Kälte isoliert. So sind die Tiere in der Lage, trotz der langen Zeit, die sie in eisigem Wasser zubringen, die Körpertemperatur konstant bei 37 °C zu halten.

Männliche Südafrikanische Seebären wiegen im Durchschnitt unter 200 kg. In der Brunftzeit setzen sie eine besonders dicke Fettschicht an und pumpen sich so auf bis zu 360 und mehr Kilo auf. Weibchen sind deutlich kleiner, wiegen im Schnitt 75 kg und werfen Ende November/Anfang Dezember ein einziges, blauäugiges Junges. Mehr als 90% der Robbenbabys in einer Kolonie werden innerhalb eines Monats geboren.

Spätestens eine Stunde nach der Geburt beginnen die Jungen zu saugen. Schon nach kurzer Zeit werden sie in Gemeinschaftskrippen unter Obhut von „Tanten" zurückgelassen, während sich die Mütter auf die Futtersuche begeben. Bei der Rückkehr in die Kolonie erkennen die Mütter ihr Junges an einer Mischung aus Geruch und Ruf.

Im Alter von vier oder fünf Monaten wechseln die Jungen das Fell; die Farbe verändert sich von Dunkelgrau zu Olivbraun. Die Sterberaten in der Kolonie sind hoch: Bis zu einem Viertel der Jungen überlebt das erste Jahr nicht. Die meisten sterben in der ersten Woche nach der Geburt. Braune Hyänen und Schabrackenschakale sind für 25% der Todesfälle verantwortlich. Überlebende Junge bleiben bis zu einem Jahr bei ihrer Mutter.

Südafrikanische Seebären fressen täglich acht Prozent ihres Körpergewichts; die Kolonien an der Westküste des südlichen Afrikas holen pro Jahr eine Million Tonnen Fisch und Meeresgetier (hauptsächlich Schwarm- und Tintenfische) aus dem Meer, das sind etwa 300 000 Tonnen mehr, als die namibische und südafrikanische Fischindustrie zusammengenommen verarbeitet.

Cross nach Osten ab; von dort sind es dann noch 76 km bis zum Camp.

Torra Bay Camping Ground (50 N$ pro Pers.; Dez. & Jan.) Der Campingplatz öffnet nur zu den namibischen Schulferien und wird von Barchan-Dünen wie aus dem Bilderbuch eingerahmt. Die sichelförmigen Dünen bilden den südlichen Ausläufer eines riesigen Sandmeeres, das sich bis zum Curoca-Fluss in Angola erstreckt. Treibstoff, Wasser, Feuerholz und Grundnahrungsmittel sind erhältlich; essen gehen kann man im Restaurant von Terrace Bay. Torra Bay befindet sich 215 km nördlich von Cape Cross.

Terrace Bay Resort (EZ/DZ 950/1400 N$, 8-Personen-Strandchalets 3200 N$) Das ganzjährig geöffnete Ressort ist eine luxuriöse Alternative zum Zelten in Torra Bay. In der Umgebung des Restcamps lassen sich Schabrackenschakale und Braune Hyänen beobachten. Die Landschaft mit der kargen Küstenvegetation und den sanften Dünenbergen zeigt die Skelettküste von ihrer faszinierendsten Seite. In Terrace Bay gibt es Restaurant, Laden und Tankstelle; es liegt 49 km nördlich von Torra Bay.

An- & Weiterreise

Der Skeleton Coast National Park ist auf der Salzstraße von Swakopmund zu erreichen, die 70 km nördlich von Terrace Bay endet. Einen weiteren Zugang bildet die Schotterstraße C39 von Khorixas nach Torra Bay. Motorräder sind nicht zugelassen. Tramper sollten sich auf harsche Landschaft, kalte Meereswinde, Nebel, Sandstürme und spärlich fließenden Verkehr einstellen.

SKELETON COAST WILDERNESS

Die Skeleton Coast Wilderness erstreckt sich zwischen dem Hoanib und dem Kunene River und bildet das nördliche Drittel der Skeleton Coast. Dieser Küstenabschnitt gehört zu den entlegensten Gegenden Namibias, dafür erlebt man die Skeleton Coast nirgendwo sonst so ursprünglich wie hier. Das gesamte Gebiet ist privates Konzessionsgelände, deshalb muss ein stolzer Eintrittspreis gezahlt werden. Die Anreise ist nur per Charterflug möglich, die einzige Unterkunft ist das außergewöhnliche Skeleton Coast Wilderness Camp.

Geschichte

In den frühen 1960er-Jahren brachte der Windhoeker Anwalt Louw Schoemann die ersten Geschäftsleute in die Gegend und beteiligte sich an einem Konsortium zur Errichtung eines Hafens in Möwe Bay, dem südlichen Ende des heutigen Skeleton Coast Wilderness. 1969 stellte die südafrikanische Regierung das Projekt aber ein und erklärte die Region 1971 zum Schutzgebiet. Als die Regierung fünf Jahre später beschloss, den Tourismus in beschränktem Maße zuzulassen, wurde die Konzession versteigert – Schoemann war der einzige Bieter.

Während der nächsten 18 Jahre veranstaltete seine Firma, Skeleton Coast Fly-In Safaris, Touren für kleine Gruppen und hatte sich bereits dem Ökotourismus verschrieben, lange bevor dieses Wort in aller Munde war. Leider verstarb Louw Schoemann 1993, nachdem er die Konzession verloren hatte, aber seine Familie führte seine Firma fort. Im Moment liegt die Konzession bei Wilderness Safaris Namibia.

Sehenswertes & Aktivitäten

Die abgelegene Region hat unbeschreibliche Naturwunder zu bieten. Eines davon sind

z.B. die **Barchandünen** der nördlichen Skeleton Coast. Sie haben eine herausragende Eigenschaft: sie grollen. Wer das nicht glaubt, sollte sich auf die Leeseite setzen, die Füße in den Sand eingraben und langsam die Düne hinunterrutschen. Wer eine heftige Vibration verspürt und ein Grollen wie aus einem viermotorigen Transportflugzeug vernimmt, braucht nicht suchend in den Himmel zu starren – für dieses akustische Phänomen ist einzig und alleine der Sand verantwortlich. Man vermutet, dass das Grollen entsteht, wenn Luft aus Luftkammern zwischen den elektrisch aufgeladenen Partikeln an die Oberfläche entweicht. Das Geräusch ist vor allem am späten Nachmittag zu hören, wenn die Luftkammern zwischen den Sandpartikeln aufgrund der Wärme am weitesten ausgedehnt sind.

Schlafen

Skeleton Coast Wilderness Camp (☎ 061-274500; www.wilderness-safaris.com; 4-/5-Tagestouren ab 2500/3000 US$ pro Pers.) Wenn das Reisebudget solche Ausgaben zulässt, dann lohnt sich der Besuch unbedingt. Das exklusive Luxusresort in der Nähe der Sarusas-Quellen ist das abgeschiedenste aller Camps von Wilderness Safaris. Die Gäste beobachten Wüstenelefanten am Hoarusib Rivier, gehen zum Angeln ans Meer, erklettern Dünen, wandern durch die Clay Castles und genießen absolute Einsamkeit. Die Tarife sind flexibel und schließen grundsätzlich Unterkunft, Fluganreise von Windhoek, alle Mahlzeiten, Getränke und Aktivitäten ein. Eine Reservierung ist notwendig.

An- & Weiterreise

Die Skeleton Coast Wilderness Area ist für Privatfahrzeuge gesperrt. Nur Fly-In-Gäste von Wilderness Safaris sind zugelassen. Die Flugroute führt in einer Richtung über das Kaokoveld und auf dem Gegenflug entlang der Skelettküste – die Ausblicke sind so phantastisch, dass man für ausreichend Speicherplatz auf der Digitalkamera sorgen sollte.

Zentral-Namibia

Zentral-Namibia ist geprägt durch die Namib-Wüste, eine karge und verlassene Landschaft aus wellenförmigen, aprikosenfarbenen Dünen, durchsetzt von trockenen, vom Wind ausgeblasenen Talkesseln. Tatsächlich hat der Nama-Begriff „Namib", der dem ganzen Land zu seinem Namen verholfen hat, die ziemlich prosaische Bedeutung „große trockene Ebene". Nirgendwo ist das zutreffender als in Sossusvlei, Namibias bekanntestem Sandstreifen, wo sich ungeheure, über 300 m hohe Dünen über die darunterliegenden Schichten erheben. Die Kamera kann diese Motive festhalten, die sich als Sinnbild für Namibia im Bewusstsein so vieler von der Wüste gefesselter Reisender fest verankert haben.

Obgleich es nur schwerlich vorstellbar ist, dass die Zivilisation in einer solchen schroffen und gnadenlosen Umgebung aufblühen kann, beheimatet Zentral-Nambia die zwei großen Städte Walvis Bay und Swakopmund, die ursprünglich als Hafenorte während der Kolonialzeit errichtet worden waren. Walvis Bay zählt zu den wichtigsten maritimen Zentren und Fischereihäfen im ganzen Südatlantik. Direkt am Rand der Stadt befinden sich äußerst wichtige Feuchtgebiete, die der größten Flamingo-Kolonie des Landes Nahrung bieten.

Swakopmund hingegen empfängt Besucher mit seinem phantastischen Flair aus der deutschen Kolonialzeit und sichert einen anhaltenden Adrenalinausstoß durch die ganze Bandbreite von Extremsportarten. Angefangen von Quadbiking auf dem Gipfel einer hoch aufragenden Küstendüne bis zum Sprung aus einem Flugzeug aus 3000 m Höhe mit einem Fallschirm auf dem Rücken: In Swakop, wie die Einheimischen den Ort liebevoll nennen, kann jeder testen, wo seine Grenzen liegen. Hier kann jeder außer Rand und Band geraten in dieser überwältigend schönen, natürlichen Umgebung, so andersartig als die übrigen Naturlandschaften auf dem Planeten Erde.

HIGHLIGHTS

- Den Sonnenaufgang von der Spitze der feuerfarbenen Dünen bei **Sossusvlei** aus genießen (S. 202)

- Sich in **Swakopmund**, der Extremsport-Hauptstadt Namibias (S. 183), einen Adrenalinstoß holen

- Einige der größten Flamingokolonien Afrikas in der Nähe von **Walvis Bay** (S. 192) beobachten

- Sein Durchhaltevermögen auf entlegenen Wanderwegen durch die abgeschiedenen **Naukluft-Berge** testen (S. 199)

- Die Beharrlichkeit der uralten und doch langsam immer weiter wachsenden Welwitschia-Pflanzen entlang des **Welwitschia Drive** bewundern (S. 181)

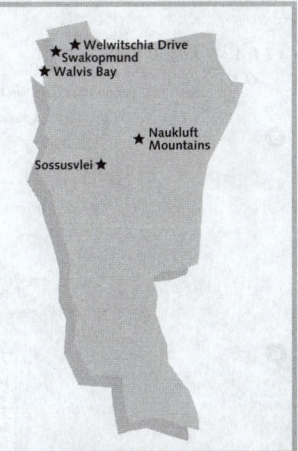

★ Welwitschia Drive
Swakopmund
★ Walvis Bay

★ Naukluft Mountains

Sossusvlei ★

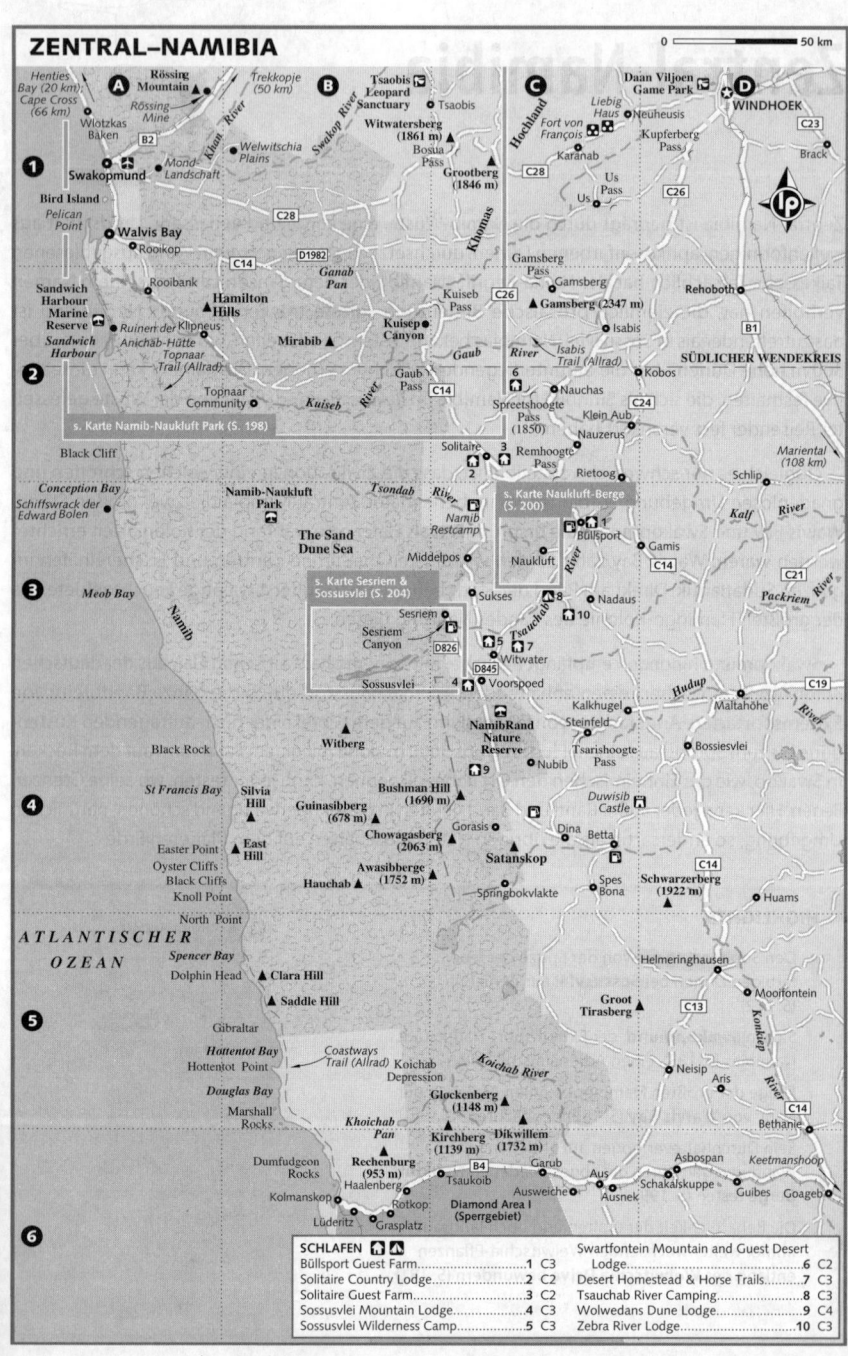

ZENTRAL–NAMIBIA

0 _____ 50 km

Geografie

Die Namib-Wüste zählt zu den ältesten und trockensten Wüsten der Welt. Wie die Atacama-Wüste in Nordchile ist sie das Ergebnis einer kalten Meeresströmung, in diesem Falle des Benguelastroms, der von der Antarktis aus Richtung Norden fließt. Er bindet die Feuchtigkeit der Luft, die unmittelbar am Wasser kondensiert und deswegen nicht mehr ans Land gelangt. Manche Reisende versetzt die üppige Vegetation der Kalahari in Erstaunen, bisweilen ruft sie sogar etwas Enttäuschung hervor. Zu dieser Reaktion wird es bei den hoch aufragenden Sanddünen der Namib-Wüste gewiss nicht kommen. Der größte Teil der Fläche zwischen Walvis Bay und Lüderitz ist von enormen, geradlinigen Dünen überzogen, die sich von der See ins Binnenland zu den Schotterebenen ziehen, die gelegentlich von isolierten Bergketten unterbrochen sind.

Unterwegs vor Ort

Wer ein Privatfahrzeug zur Verfügung hat, kann in Swakopmund auf eine Vielzahl von Beförderungsmöglichkeiten zurückgreifen, und Sossusvlei wird praktisch auf jeder organisierten Tour in Namibia besucht. Wie in den übrigen Regionen des Landes auch benötigt man eigentlich seine eigenen vier Räder, um die gesamte Ausdehnung der Wüste angemessen würdigen zu können.

Geteerte Straßen verbinden Windhoek mit Swakopmund und führen südlich nach Sesriem, Ausgangspunkt für Sossusvlei. Mit einem Zweiradantrieb ist es möglich, sich einige Kilometer außerhalb von Sossusvlei zu begeben, das letzte Stück lässt sich jedoch nur mit einem Geländewagen befahren (hier gibt es auch Taxis). Ansonsten ist Zweiradantrieb für den größten Teil der Region, abgesehen von einigen kleineren, Geländewagen vorbehaltenen Straßen in und um den Namib-Naukluft-Park, ausreichend.

DIE NÖRDLICHEN ABSCHNITTE

Von Windhoek aus erstreckt sich die Khomas-Hochland-Bergkette westwärts und bildet eine landschaftlich reizvolle Übergangszone zwischen dem hohen Zentralplateau und den Namib-Ebenen. Auf dem Weg nach Swakopmund und Walvis Bay ermöglicht diese ansprechende Geländeform ein wirklich angenehmes Fahren, die eigentlichen Höhepunkte erwarten die Besucher freilich an der Küste. Kurz nachdem die Straße flacher zu werden beginnt und linear zu den umgebenden Schotterebenen verläuft, tauchen auf der linken Seite dunkelorange schimmernde Dünen auf und erstmals steigt die salzige Meeresluft des nahe gelegenen Atlantiks in die Nase: Swakopmund ist erreicht.

SWAKOPMUND
☎ 064

Oft heißt es, Swakop (so die umgangssprachliche Abkürzung) sei deutscher als Deutschland selbst – auf jeden Fall trifft man hier auf eine kuriose Mischung aus deutsch-namibischen Einwohnern und deutschen Touristen, die sich in der rundum gemütlichen Stadt fast wie zu Hause fühlen. Die Strandpromenaden, Fachwerkhäuser und Gebäude im Kolonialstil lassen einen beinahe glauben, man wäre nur kurz an die Nord- oder Ostsee gereist, wären da nicht die Palmen und der vom Winde verwehte Sand der Namib.

Swakop ist Namibias beliebtester Ferienort, er zieht Surfer, Angler und Strandliebhaber aus dem gesamten südlichen Afrika an. In neuerer Zeit jedoch hat sich Swakopmund als namibische Hauptstadt der Extremsportarten neu erfunden und zieht Zeitgenossen an, die auf Nervenkitzel stehen. Ob man nun mit einem eingefetteten Snowboard die Dünen hinuntergleitet oder Lust darauf verspürt, sich als Fallschirmspringer mutig aus einer Cessna in die Tiefe zu stürzen: An Mutproben herrscht in Swakop wahrlich kein Mangel.

Geschichte

Kleine Gruppen der Nama-Ethnie gab es im Mündungsgebiet des Swakop-River seit jeher, die ersten ständigen Bewohner waren indes Deutsche, die erst 1892 dort eintrafen. Da das benachbarte Walvis Bay von der unter britischer Kontrolle stehenden Kap-Kolonie 1878 annektiert worden war, blieb Swakopmund der einzige Hafen Deutsch-Südwestafrikas und gelangte folglich zu einer größeren Bedeutung, als dies die armseligen Hafenbedingungen eigentlich rechtfertigten. Erste Passagiere wurden an Bord kleiner Boote an Land gebracht, aber nach Fertigstellung des Piers wurden sie von den Schiffen aus in korbähnlichen Käfigen an Land gehievt.

ZENTRAL-NAMIBIA

ZENTRAL-NAMIBIA

SWAKOPMUND

0 _____ 500 m

PRAKTISCHES
Bank of Windhoek............(siehe 14)
Bismarck Medical Centre.........1 A3
Bureau de Change..............2 C4
CNA Bookshop................3 C4
Die Muschel Book & Art Shop....4 C4
First National Bank..........(siehe 14)
Hauptpost....................5 B2
Namib-i......................6 C4
Namibia Wildlife Resorts
  Office....................(siehe 35)
Swakopmunder Buchhandlung....7 C4
Commercial Bank...............8 C4
Swakopmunder i-Café.........(siehe 28)

SEHENSWERTES & AKTIVITÄTEN
Afrikanischer Freidhof.........9 C1
Alte Gefängnis...............10 B3
Alte Kaserne................11 B2
Altes Amtsgericht.............12 B2
Bahnhof....................13 A3
Charly's Desert Tours..........14 C4
Deutsche-Afrika Bank Building...15 B2
Franziskaner Krankenhaus.....16 B2
Deutsche Evangelisch-Lutherische
  Kirche...................17 A4
Hansa-Brauerei..............18 B3
Hohenzollernhaus............19 A3
Kaiserliches Bezirksgericht
  (State House)............20 A2
Kristall Galerie.............21 B2
Leuchtturm.................22 A2
Litfass-Säule...............23 B2
Living Desert Snake Park.....24 C3
Marine Memorial.............25 B2
Mole......................26 A4
National Marine Aquarium.....27 A4
Alter Deutscher Friedhof......28 D4
Alte Deutsche Schule.........29 B2
OMEG Haus.................30 C3
Outback Orange.............31 B3
Pleasure Flights............32 C4
Prinzessin-Rupprecht-Heim....(siehe 35)
Swakopmund Military
  Museum..................34 A2
Swakopmund-Museum.........35 A3
Woermannhaus..............41 A3

SCHLAFEN
Alte Brücke Rest Camp.......36 A4
Brigadoon Bed & Breakfast....37 B1
Cooke's House.............38 B2
Desert Sky Backpackers......39 B3
Duendin Star...............40 C2
Dunes Lodge..............41 A3

Gull's Cry..................42 A4
Hansa Hotel................43 C3
Hotel Europa Hof............44 A3
Hotel Pension Rapmund.....45 A3
Prinzessin Rupprecht
  Residenz................(siehe 33)
Sam's Giardino Hotel.........46 D3
Schweizerhaus Hotel.........(siehe 51)
Secret Garden Guesthouse....47 A3
Swakop Lodge..............48 B3
Swakopmund Hotel &
  Entertainment Centre......(siehe 12)
Swakopmund Rest Camp......49 B4
Villa Wiese.................50 C2

ESSEN
Cafe Anton.................51 A2
Cape to Cairo Restaurant.....(siehe 48)
Grapevine..................52 B3
Hansa Hotel Restaurant......(siehe 43)
Il Tulipano.................53 B2
Kücki's Pub................54 B3
Lighthouse Pub & Cafe.......55 A2
Model/Pick & Pay
  Supermarket..............56 C4
Napolitana.................57 B3
Out of Africa Coffee Shop.....58 C3
Swakopmund Brauhaus.......59 C4
Swakopmund Cafe...........60 C3
Tug......................61 A3

AUSGEHEN
Captain's Tavern Pub.........(siehe 12)
Cool Bananas...............62 C3
Fagin's Antiques............(siehe 48)
Rafter's Action Pub..........63 B3

SHOPPEN
Cobwebs..................64 C4
Karakulia Craft Centre........65 C1
Peter's Antiques............66 B3
Street Stalls...............(siehe 51)

TRANSPORT
Intercape Mainliner Bus Stop...67 B3

Swakopmund
Apsaragus Farm (15 km);
Camel Farm (12 km);
Okakambe Trails (12 km);
Rössing Mine (55 km);
Trekkopje (112 km);
Windhoek (363 km)

Knobloch St · Nördring · Salt-minen (7 km) · Schlachter St · Schlosser St · Kraal St · Mondesa Township (2 km) · Garnison St · Bahnhof St · Daniel Tiongaero St · Leutwein St · Lüderitz St · Windhoeker St · Südring · Nonidas St · Sam Nujoma Ave · Bahnhof · Otavi St · Nathaniel Maxuilili St · Amalia St · Hendrick Witbooi St · Tobias Hainyeko St · Libertina · Bismarck St · Lazarett St · Strand St · Am Zoll St · Arnold Shad Promenade · Palm Beach · Nieer St · Ludwig Koch St

Seagull B&B (500 m); Beach Lodge B&B (1 km); Sea Breeze Guesthouse (4,5 km)

Swakop River (100 m); Langstrand (24 km); Walvis Bay (35 km)

SFC Sports Club

Zur Vergrößerung · Hendrick Witbooi St · Daniel Tiongaero St · Sam Nujoma Ave · Tobias Hainyeko St

0 ___ 50 m

Alternative Space (300 m)

Das erste Gebäude war die Alte Kaserne, deren Bau im September 1892 begann. Ein Jahr darauf beherbergte sie 120 Angehörige der kaiserlichen Schutztruppe. Bald darauf trafen auch gewöhnliche Siedler ein und schlugen dort Wurzeln. Die ersten Gebäude für die Zivilbevölkerung wurden in Deutschland vorgefertigt und dann per Schiff dorthin transportiert. Offiziell wurde Swakopmund 1909 zur Stadt erklärt.

Der Hafen entwickelte sich zum führenden Stützpunkt für den Handel in Deutsch-Südwest und zog Behörden und Transportgesellschaften an. Während des Ersten Weltkriegs wurde die Kolonie von Südafrika besetzt und der Hafen versandete, während der maritime Betrieb in das nahe gelegene Walvis Bay verlagert wurde. Seltsamerweise verwandelte gerade dies Swakopmund schließlich in einen Ferienort. Heute präsentiert sich die Stadt bereits auf den ersten Blick in allem angenehmer als Walvis Bay, das wie eine Industriestadt aussieht.

Praktische Informationen

Dank der milden Temperaturen und des geringen Niederschlags erfreut sich Swakopmund einer großartigen Klimastatistik (25 °C im Sommer und 15 °C im Winter), die Sache hat nur einen Haken: Wenn der Wind aus östlicher Richtung weht, wird die Stadt regelrecht mit einem Sandstrahl bearbeitet, und im Winter erzeugen die Nebelbänke vom Meer einen unablässigen Nieselregen und lassen eine unvorstellbar düstere Atmosphäre entstehen. Naturfreunde können sich aber mit der Vorstellung trösten, dass dieser Nebel bis zu 50 km weiter landeinwärts zieht und den Pflanzen und Tieren in der Wüste lebensnotwendige Feuchtigkeit in Form kondensierter Tropfen spendet.

BUCHLÄDEN

CNA Bookshop (Hendrick Witbooi St.) Populäre Taschenbücher.

Die Muschel Book & Art Shop (☎ 402874; Hendrick Witbooi St.) Esoterische Schriften über Kunst und lokale Geschichte.

Swakopmunder Buchhandlung (☎ 402613; Sam Nujoma Av.) Bietet eine große Auswahl an Literatur verschiedener Gattungen.

GELD

Bureau de Change (Sam Nujoma Av.; ☽ täglich 7–19 Uhr) Die praktischste Art, um Geld in der Landeswährung zu

erhalten. Für das Einlösen von Reisechecks wird keine Gebühr erhoben – allerdings ist der Beleg über den Erwerb der Schecks erforderlich.

INTERNETZUGANG

Swakopmunder I-café (Tobias Hainyeko St. & Sam Nujoma Av.; pro Std. 10 N$; ☽ Mo–Sa 7–22, So 10–22 Uhr)

MEDIZINISCHE VERSORGUNG

Bismarck Medical Centre (☎ 405000; Bismarck St.) Wer einen Untersuchungstermin benötigt, sollte sich an dieses sehr empfehlenswerte Zentrum wenden.

NOTFALL

Notarzt (☎ 405731)

Feuerwehr (☎ tagsüber 402411, außerhalb der Dienstzeiten 405544).

Polizei (☎ 10111)

POST

Hauptpostamt (Garnison St.) Verkauft auch Telefonkarten und bietet Faxdienst an.

TOURISTENINFORMATION

Namib-i (☎ 404827; www.natron.net/tour/swakop/infoe.htm; Sam Nujoma Av., PO Box 829; ☽ Mo–Fr 8–13 & 14–17, Sa 9–12 & 15.30–17.30 Uhr, So 9.30–12 & 15.30-17 Uhr) Ein hilfreiches Informationszentrum, in dem auch Aktivitäten und Touren gebucht werden können.

Namibia Wildlife Resorts office (NWR; ☎ 204172; www.nwr.com.na; Woermannhaus, Bismarck St.; ☽ Mo–Fr 8–13 & 14–17 Uhr) Ebenso wie das große NWR-Büro in Windhoek (s. S. 90), verkauft dieses Büro Genehmigungen für den Besuch des Namib-Naukluft-Parks und der Skelettküste sowie für alle anderen NWR-Einrichtungen im Land.

Gefahren & Ärgernisse

Auch wenn die mit Palmen gesäumten Straßen und die kühle Seebrise eine entspannende Wirkung haben, sollten Reisende auch in Swakopmund auf der Hut sein. Leider befindet sich auch dort die Kleinkriminalität im Aufschwung. Wer ein Privatfahrzeug hat, sollte es nicht allzu lang unbeaufsichtigt lassen. Am besten einen zentralen Standort wählen, das Fahrzeug abschließen und keine sichtbaren Besitzgegenstände tagsüber dort zurücklassen.

Nachts sollte sichergestellt werden, dass das Auto auf einem bewachten Parkplatz steht und nicht etwa auf der Straße. Wer ein Hotel oder eine andere Unterkunft sucht, sollte sich vergewissern, dass die Sicherheitsvorkehrungen (also etwa Schutzzaun oder Wächter) dem nötigen Standard entsprechen. Obwohl Swa-

ZENTRAL-NAMIBIA

kopmund allgemein nachts als sicher gilt, bleiben Touristen besser in einer Gruppe zusammen und nehmen, wann immer möglich, ein Taxi für Fahrten von und zur Unterkunft sowie zu den Kneipen.

Sehenswertes

HISTORISCHE GEBÄUDE

Swakopmund besitzt eine große Zahl historischer Gebäude, die der deutschen Bautradition entsprechen. Weitere Informationen über die städtischen Kolonialgebäude finden sich in dem Werk *Swakopmund – A Chronicle of the Town's People, Places and Progress,* das im Swakopmund-Museum und in den städtischen Buchläden erhältlich ist.

Woermannhaus

Von der Küste aus gesehen, überragt das herrliche, im deutschen Stil errichtete Woermannhaus an der Bismarck Street die umgebenden Gebäude. 1905 als Hauptsitz der Damara & Namaqua Trading Company errichtet, wurde es vier Jahr später von der Woermann & Brock Trading Company übernommen, auf die der gegenwärtige Name zurückgeht. In den 1920er-Jahren wurde das Gebäude als Schlafsaal einer Schule genutzt, später diente es als Herberge für Handelsmatrosen. Schließlich verfiel es, wurde dann aber zum Nationaldenkmal erhoben und 1976 renoviert.

Viele Jahre lang war der herausragende Damara Tower (einstmals ein Wasserturm) ein Orientierungspunkt für Schiffe auf See und für Kaufleute, die mit Ochsenkarren aus dem Landesinneren anreisten. Heute bietet er ein großartiges Panorama und beherbergt das Swakopmund Military Museum (Eintritt 10 N$; Mo & Di, Do Sa 10 12 & Mo Do 15 18 Uhr) Wer die Eintrittsgebühr bezahlt hat, kann in der Bücherei den Schlüssel entgegennehmen.

Anlegesteg (Jetty)

Das Bedürfnis nach einem guten Landungsplatz für Waren und Passagiere veranlasste die Gründer von Swakopmund 1905 zum Bau des originellen Holzpiers. In den Folgejahren wurde er durch den Seegang sehr in Mitleidenschaft gezogen und zudem noch vom Holzwurm beschädigt. 1911 begannen die Arbeiten an einem 500 m langen Landungssteg aus Eisen. Als die südafrikanischen Truppen Swakopmund besetzt hatten, wurde der Hafen überflüssig (Südafrika kontrollierte bereits Walvis Bay). Man entfernte 1916 den alten Holzsteg und überließ den unvollendeten eisernen Landungssteg den Elementen. Er wurde 1985 aus Sicherheitsgründen gesperrt, aber im Folgejahr brachte ein öffentlicher Spendenaufruf 250 000 Rand ein, um den Steg zu restaurieren. Nun ist er für die Allgemeinheit wieder zugänglich, leidet allerdings erneut unter Vernachlässigung.

Die Mole

Die vom Regierungsbaumeister Friedrich Wilhelm Ortloff 1899 entworfene Ufermauer, besser bekannt als Mole , sollte den dürftigen Hafen von Swakopmund aufwerten und einen Anlegeplatz für große Frachtschiffe schaffen. Allerdings war Ortloff mit dem Benguelastrom nicht vertraut, der entlang der Küste nach Norden verläuft und Sandladungen aus den südlichen Wüsten mit sich führt. In nicht einmal fünf Jahren war der Hafeneingang durch eine angeschüttete Sandbank verstopft, und zwei Jahre darauf hatte der Sand den gesamten Hafen erobert. Dabei entstand der heute Palm Beach genannte Abschnitt. Die Mole dient gegenwärtig als Anlegeplatz für Vergnügungsboote.

Altes Amtsgericht

Dieses Giebelgebäude an der Ecke Garnison- und Bahnhofstraße wurde 1908 als Privatschule errichtet. Als das Geld ausging, übernahm die Regierung das Projekt und nutzte es als Amtsgericht. In den 1960er-Jahren war es der Schulschlafsaal, und heute beherbergt es städtische Büros. Damit auch wirklich niemand an seiner Identität Zweifel hegen kann, zieren die Worte „Altes Amtsgericht" deutlich sichtbar die Vorderseite.

Kaiserliches Bezirksgericht (State House)

Dieses ziemlich stattliche Gebäude an der Daniel Tjongarero Street wurde 1902 errichtet und diente als Bezirksgericht. Es wurde 1905 erweitert und erhielt 1945 einen Turm Nach dem Zweiten Weltkrieg wandelte man es in die offizielle Ferienresidenz des Gebietsverwalters um. Dieser Tradition verhaftet, dient das Gebäude nun als offizielle Residenz des Staatspräsidenten in Swakopmund.

Bahnhof

1901 ließ die Kaiserliche Eisenbahn-Verwaltung den schmucken Bahnhof für die Zugverbindung zwischen Swakopmund und Windhoek errichten. 1910 wurde die Zugstrecke stillgelegt und das Gebäude zum Hauptbahnhof der Schmalspureisenbahn für den Minenverkehr zwischen Swakopmund und Otavi im Nordwesten umgewandelt. Seit 1972 steht der Bahnhof unter Denkmalschutz, heute befindet sich darin das Swakopmund Hotel mit Casino (s. S. 189).

Marine Memorial

Häufig besser bekannt unter seinem deutschen Namen Marine-Denkmal war dieses Mahnmal 1907 von der Kieler Marineinfanterie in Auftrag gegeben worden. Geschaffen wurde es von dem Bildhauer Albert Moritz Wolff. Es befindet sich in der Daniel Tjongarero Street und erinnert an das erste deutsche Marineexpeditionskorps, das daran mitwirkte, die Herero-Aufstände von 1904 niederzuschlagen. Als nationales historisches Denkmal wird es weiterhin erhalten bleiben. Man darf allerdings neugierig sein, wie lange es noch dauern wird, bis die Herero ein eigenes Denkmal errichten.

Historische Friedhöfe

Es lohnt sich, kurz über die historischen Friedhöfe neben dem Swakop River zu streifen. Der peinlich gepflegte alte deutsche Friedhof geht auf die Kolonialzeit zurück, und die Grabsteine, deren Umrandung von ansässigen Familien weiterhin gärtnerisch betreut werden, erzählen zahllose Geschichten. Der sich anschließende afrikanische Friedhof steht dem deutschen Gegenstück an phantastischen Geschichten in nichts nach.

Prinzessin Rupprecht Heim

Das einstöckige Gebäude an der Lazarett Street entstand 1902 als Lazarett. 1914 wurde es den Frauen des Bayerischen Roten Kreuzes übergeben, die das Lazarett nach dem bayerischen Kronprinzen Rupprecht benannten und mit dem vorangestellten Titel Prinzessin auf dessen Gemahlin Marie Gabrielle Herzogin von Bayern anspielten. Hier in diesem Bauwerk sollten Genesende der heilsamen und anregenden Wirkung der Meeresluft ausgesetzt werden. Heute dient das Gebäude als Hotel (s. S. 187).

Altes Gefängnis (Old Prison)

Dieser 1909 entstandene beeindruckende Bau an der Nordring Street wurde als Gefängnis konstruiert, aber wer das nicht weiß, würde darauf schwören, dass es sich entweder um

einen frühere Bahnhof oder sogar ein Kurhotel handelt. Das Hauptgebäude diente dazu, das Wachpersonal unterzubringen, während die Häftlinge – wie könnte es anders sein – in weit weniger prächtige Seitentrakte verbannt wurden.

Hohenzollernhaus

Das eindrucksvolle Gebäude mit an den Barock angelehnten Stilelementen befindet sich in der Libertine Street und wurde 1906 als Hotel errichtet. Auf dem Dachfirst thront Atlas mit einer Weltkugel aus Fiberglas, die die vorherige, nicht ganz ungefährliche Zementkugel ersetzt hat.

Litfass-Säule

1855 kam der Berliner Drucker Litfass auf die Idee, an Straßenecken in deutschen Städten Werbesäulen mit Pickelhaube zu errichten, was zu einem Merkmal wurde. Auch für die Einwohner des frühen Swakopmund standen sie als beliebtes Informations- und Werbemedium da. Das verbliebene Exemplar befindet sich an der Ecke Daniel Tjongarero Street und Nathaniel Maxulili Street.

OMEG-Haus

Da die Schmalspurbahn vom Landesinneren bis an die Küste fuhr, hatte die kolonialzeitliche Otavi Minen- und Eisenbahn-Gesellschaft (OMEG), unter deren Leitung die reichen Otavi- und Tsumeb-Mienen standen, auch ein Büro in Swakopmund, das in der Sam Nujoma Avenue zu finden ist.

Gebäude der Deutschen Afrika Bank

Dieses ansehnliche neoklassizistische Gebäude an der Ecke Woermann und Tobias Hainyeko Streets wurde 1909 als Filiale der Deutschen Afrika Bank fertiggestellt. Heute dient es als Zweigstelle der Bank of Windhoek.

Leuchtturm

Der funktionsfähige, 1902 errichtete Leuchtturm an der Sand Street zählt zu den liebenswerten Wahrzeichen von Swakopmund. Ursprünglich betrug seine Höhe 11 m, 1910 wurde er um 10 Meter aufgestockt.

Franziskanerspital

Das 1907 fertiggestellte Krankenhaus an der Daniel Tjongarero Street hieß ursprünglich Sankt Antonius-Spital und war ohne Unterbrechung bis 1987 in Betrieb.

ZENTRAL-NAMIBIA

Evangelisch-Lutherische Kirche

Diese im Stil des Neubarock gestaltete Kirche an der Daniel Tjongarero Avenue war 1906 für die damals wachsende Gemeinde von Dr. Heinrich Vedde errichtet worden. Noch heute finden regelmässig Gottesdienste statt.

Ehemalige deutsche Schule

Das barock wirkende, 1912 errichtete Gebäude an der Post Street war das Ergebnis eines Wettbewerbs, den der deutsche Architekt Emil Krause für sich entscheiden konnte.

MUSEEN & GALERIEN
Swakopmund-Museum

Wenn ein durchdringender Wind weht, begibt man sich am besten ins **Swakopmund-Museum** (☎ 402046, museum@mweb.com.na; Strand St.; Erw./Stud. 18/12 N$; ⏰ 10–12.30 & 15–17.30 Uhr) am Fuße des Leuchtturms, wo einiges über die Stadtgeschichte zu erfahren ist. Das Museum liegt dort, wo früher die Hafenlagerhalle stand, die 1914 durch einen Volltreffer aus einem britischen Kriegsschiff zerstört wurde. Es gibt Exponate zur Geschichte und Ethnologie Namibias, außerdem finden sich Informationen über die hiesige Flora und Fauna. Besonders gelungen ist die Ausstellung über die !Naramelone (s. S. 203), eine Frucht, die dem Volk der Khoi Khoi das Überleben in der Namib ermöglichte. Auch die Innenräume eines rekonstruierten Kolonialhauses sind hier zu sehen, ebenso wie Emil Kiewittands Apotheke und eine informative Ausstellung über die Rössing-Miene. Militärfreaks werden sich über die erdrückend wirkenden Uniformen des Camel Corps und die sogenannten Shell-Möbel freuen. Die selbst gemachten Einrichtungsgegenstände wurden so genannt, weil sie während der Depression in den 1930er-Jahren aus Benzin- und Paraffinöldosen hergestellt wurden).

National Marine Aquarium

Das **Aquarium** (Strand St.; Eintritt 30 N$; ⏰ Di–Sa 10–18, So 11–17 Uhr, Mo geschl., außer an Feiertagen) liegt am Wasser und bietet eine gute Einführung in die kühle Unterwasserwelt des Südatlantiks. Am beeindruckendsten ist der Tunnel durch das größte Aquarium. Von dort aus können Besucher aus nächster Nähe anmutige Rochen, zahnbewehrte Haie (deren Zähne man buchstäblich zählen kann) und andere Unterwassertierchen betrachten, die auf keiner typisch namibischen Meeresfrüchteplatte fehlen.

Kristall-Galerie

In der architektonisch ausgefeilten **Kristall-Galerie** (☎ 406080; www.kristallgalerie.com; Bahnhof St.; Eintritt 20 N$; ⏰ Mo–Sa 9–17 Uhr) sind einige der unglaublichsten Kristalle der Erde zu bestaunen. Darunter befindet sich auch der größte Quarzkristall, der jemals gefunden wurde. Im Laden direkt nebenan werden schöne Mineralsteine, Kristallschmuck und bezaubernde Teller, Tassen und Weinkelche verkauft, die aus hiesigem Gestein gefertigt wurden.

Living Desert Snake Park

In diesem **Park** (☎ 405100; Sam Nujoma Av.; Eintritt 15 N$; ⏰ Mo–Fr 8.30–17 Uhr, Sa–So 8.30–15 Uhr) lebt eine Auswahl verschiedenster Reptilien und Gliedertiere. Die Besitzerin weiß einfach alles, was man schon immer über Schlangen, Skorpione, Spinnen und andere etwas unheimliche Kreaturen erfahren wollte.

STRÄNDE & DÜNEN

Swakopmund ist Namibias wichtigstes Seebad, aber selbst im Sommer wird das Wasser nie wärmer als etwa 15 °C (es darf nicht vergessen werden, dass der Benguelastrom von der Antarktis Richtung Norden fließt). Wer im Meer baden will, tut das am besten im Schutz der Mole.

In der Lagune beim Swakop-Mündungsgebiet lassen sich Enten, Flamingos, Pelikane, Kormorane, Seemöwen, Watvögel und andere gefiederte Bewohner beobachten. Begeisterte Spaziergänger und Strandgutsammler können nördlich der Stadt auf den verlassenen Stränden bis zur Skelettküste hin Kilometer um Kilometer zu Fuß zurücklegen. Die besten Surf-Bedingungen bietet der Nordstrand (Thick Lip) nahe Vineta Point.

Eine faszinierende Kurzwanderung führt über den Swakop zu den großen Dünenfeldern südlich der Stadt. Die Dünenformationen und die einzigartige Vegetation endemischer Pflanzen machen diese Exkursion zu einem besonderen Erlebnis.

Hansa-Brauerei

Liebhaber des Gerstensaftes sollten der **Hansa-Brauerei** (☎ 405021, Rhode Allee 9; Eintritt frei) einen Besuch abstatten, wird doch hier das beliebteste Bier in Swakopmund gebraut. Kostenlose Führungen, die auch assoziierte Gelegenheit bieten, das Produkt zu kosten, finden dienstags und donnerstags statt; bitte im Voraus reservieren.

DIE DAMPFLOCK MARTIN LUTHER

In der Wüste 4 km östlich von Swakopmund stand jahrelang eine völlig verlassene Dampflok. Die 14 000 kg schwere Maschine wurde 1896 aus dem heute sachsen-anhaltinischen Halberstadt nach Walvis Bay transportiert, wo sie die Ochsenkarren ersetzen sollte, auf denen die Lasten von Swakopmund ins Landesinnere transportiert wurden. Die Inbetriebnahme der Lok wurde aber durch den Ausbruch der Nama-Herero-Kriege verzögert, und der Erbauer der Lok kehrte in der Zwischenzeit nach Deutschland zurück, ohne das Geheimnis gelüftet zu haben, wie das gute Stück eigentlich funktionieren sollte.

Ein Goldsucher aus den USA brachte die Lok schließlich zum Laufen, aber sie schluckte enorme Mengen des hier so ungemein wertvollen Wassers. Für ihre erste Reise von Walvis Bay nach Swakopmund benötigte sie drei Monate. Später überstand sie gerade noch einige Kurzfahrten, bevor sie östlich der Stadt ihren Geist aufgab.

Offensichtlich erleichterte diese besondere Technologie nichts und niemandem das Leben, und so gab man die Lok auf und taufte sie auf den Namen *Martin Luther* in Anspielung auf die berühmten Worte des großen Reformators auf dem Reichstag zu Worms (1521): „Hier stehe ich, ich kann nicht anders, Gott helfe mir."

Obwohl die *Martin Luther* 1975 in Teilen wiederhergestellt und gleichzeitig zu einem Nationaldenkmal erklärt wurde, litt sie weiterhin unter den Wetterunbilden von Wind und Nebelschwaden. Als Studenten des Namibischen Bergbau- und Technologieinstituts die Lokomotive restaurierten, gaben sie ihr glücklicherweise die alte Größe zurück. Gleichzeitig bauten sie eine Schutzhülle, die die Martin Luther noch mindestens ein Jahrhundert lang erhalten soll.

RUND UM SWAKOPMUND
Welwitschia Drive

Dieser lohnenswerte Ausflug mit dem Fahrzeug oder im Rahmen einer organisierten Tour empfiehlt sich für alle, die eine der ungewöhnlichsten Wüstenpflanzen, die Welwitschia (s. Kasten S. 182), kennenlernen möchten. Das Gewächs ist vor allem in den Welwitschia-Ebenen östlich von Swakopmund, nahe des Zusammenflusses von Khan und Swakop, zu finden. Dort ist die Welwitischia die vorherrschende Pflanzenart.

Zusätzlich zu diesem grünen Wunder, beherbergt der Welwitschia Drive zudem graue und schwarze **Flechtenfelder** (s. S. 157), die ein herrliches Beispiel abgeben für Pflanzen-Tier-Symbiosen. Durch die Benetzung mit Nebeltröpfchen blühen diese Felder auf. Herrscht beim Besuch gerade einmal kein Nebel vor, so genügt es, einige Wassertropfen über die Flechten zu spritzen, um den zauberhaften Vorgang zu beobachten.

Ein weiterer lohnenswerter Zwischenstopp ist der **Baaiweg (Bay Rd.)**, der Ochsenwagenpfad, der früher benutzt wurde, um Nachschub von der Küste ins Zentrum zu schaffen. Der Pfad ist nach wie vor sichtbar, weil die Flechten dort um nur ein Millimeter jährlich nachgewachsen sind. Die Fahrspuren sind noch immer zu sehen.

Weiter östlich befindet sich die **Moon Landscape** (Karte S. 198), die einen Rundblick über die Hügel und Täler bietet, die der Swakop in die Landschaft gegraben hat. Von dort aus ist ein schneller Abstecher zur 12 km weiter nördlich liegenden Farm und Oase **Goanikontes** (Karte S. 198) aus dem Jahr 1848 möglich. Der Ort liegt am Swakop inmitten sagenhafter Wüstenberge und eignet sich hervorragend als Picknickplatz.

Wer die Hauptschleife Richtung Osten weiter verfolgt, stößt auf noch mehr Anzeichen menschlicher Einwirkungen in Form eines **Zeltplatzes (Campsite)**, den südafrikanische Soldaten 1915 einige Tage lang benutzt hatten. Die Spuren ihrer Anwesenheit möglichst gering zu halten, gehörte ganz offensichtlich nicht zu ihrem Hauptanliegen.

Einige Kilometer hinter dem südafrikanischen Truppenlagerplatz verläuft die Straße nach Norden. Kurz danach ist ein markanter schwarzer **Dolerit-Gang** zu sehen, der einen Bergkamm teilt. Er entstand, als flüssiges vulkanisches Material auf dem Weg nach oben durch einen Riss im darüberliegenden Granit austrat und erkaltete.

Wer sein Zelt aufschlagen möchte, steuert die **Welwitschia Campsite** (Karte S. 198; Zeltplatz 50 N$ plus 10 N$ pro Pers.) an. Sie liegt in der Nähe des Swakop, der hier die Welwitschia Plains-Umleitung durchquert. Bis zu achtköpfige Gruppen finden Platz. Die NWR-Büros in Windhoek (S. 90) oder Swakopmund (S. 177) nehmen Buchungen entgegen.

ZENTRAL-NAMIBIA

WELWITSCHIA MIRABILIS

Zu Namibias zahlreichen botanischen Wundern gehört auch die *Welwitschia mirabilis*. Sie kommt ausschließlich in der Kiesebene der nördlichen Namib-Wüste vom Kuiseb River bis in den Süden Angolas vor und ist vermutlich die merkwürdigste Pflanze von allen. Erstmals von Europäern gesichtet wurde sie wohl 1859, als der österreichische Arzt und Botaniker Friedrich Welwitsch östlich von Swakopmund über ein besonders großes Exemplar stolperte. Er wollte sie zunächst *Tumboa* taufen, nach der einheimischen Bezeichnung für die Pflanze. Seine Entdeckung galt Fachleuten aber als so bedeutend, dass Welwitsch sich schließlich dazu entschloss, dem Gewächs ganz bescheiden seinen eigenen Namen zu verleihen. Seit Kkurzem existiert auch eine Bezeichnung auf Afrikaans: *tweeblaarkanniedood* oder „Zwei-Blätter-können-nicht-sterben", womit die Langlebigkeit der Pflanze mit den beiden fort und fort wachsenden Blattriemen wohl am deutlichsten ausgedrückt wird.

Welwitschien sind zwar die hässlichen Entlein der Pflanzenwelt, dafür aber in ihrer rauen Umwelt erstaunlich überlebensfähig. Früher hieß es, die Pflanze hätte Pfahlwurzeln, mit denen sie durch Kanäle im Boden das Grundwasser in 100 m Tiefe erreichen könne. In Wahrheit ist die Wurzel maximal 3 m lang, und heute weiß man, dass die Pflanze zwar einen kleinen Teil des Wassers aus unterirdischen Quellen gewinnt, den Großteil aber aus kondensiertem Nebel. In den Poren der Blätter sammelt sich die Feuchtigkeit, und die lang ausgezogenen Blattspreiten bewässern ihre eigene Wurzel, indem sie die Tröpfchen meterweit in den Sand ableiten.

Trotz ihres zerzausten Äußeren besitzen Welwitschias eigentlich nur zwei lange, zähe Blätter, die auf gegenüberliegenden Seiten aus dem korkartigen Stamm wachsen. Im Laufe der Jahre färbt die Sonne die Blätter dunkler, und der Wind verwandelt sie in zerfetzte Streifen, bis die Pflanze einem vertrockneten Riesenkopfsalat der Sorte Frisée ähnelt.

Welwitschien gelten als Untergruppe der Nacktsamer und sind tatsächlich mit Nadelbäumen verwandt, obwohl sie auch Gemeinsamkeiten mit Blütenpflanzen und Bärlapp aufweisen. Die weiblichen Pflanzen tragen die größeren, grün-gelben bis braunen Zapfen, in denen sich die Blütenstände befinden, die männlichen Pflanzen erkennt man an den kleineren, lachsfarbenen Zapfen. Welwitschias gehören zu den zweihäusigen (diözischen) Pflanzenarten: unter den Indivuen gibt es männliche und weibliche Pflanzen, was z. B. auch bei der Eibe der Fall ist. Wie die Blüten bestäubt werden, konnte allerdings noch nicht eindeutig geklärt werden. Es wird vermutet, dass die großen klebrigen Pollen von Insekten, insbesondere von Wespen, weitergetragen werden.

Welwitschias wachsen sehr langsam, und die größten Exemplare, deren zottelige Blätter bis zu 2 m breit werden können, sollen schon über 2000 Jahre alt sein! Die meisten mittelgroßen Pflanzen haben aber wohl weniger als 1000 Jahre auf dem Buckel. Erst wenn sie mindestens 20 Jahre alt sind, beginnen sie zu blühen. Ihre Langlebigkeit verdanken sie wahrscheinlich der Tatsache, dass einige ihrer Bestandteile für weidende Tiere ungenießbar sind, obwohl Spitzmaulnashörnern nachgesagt wird, eine Schwäche für die seltsame Pflanze entwickelt zu haben.

Der häufigste Bewohner der Welwitschia ist der gelb-schwarze Käfer *Probergrothius sexpunctatis*, der sich vom Nektar der Pflanze ernährt. Da das Paarungsspiel des Käfers fast ausschließlich Rücken an Rücken stattfindet, wird er gemeinhin auch als „Push-me-pull-you-Bug" bezeichnet.

Der Welwitschia Drive, der von der Bosua Pass Straße östlich von Swakopmund abbiegt, liegt innerhalb des Namib-Naukluft-Parks. Von Swakopmund aus kann die Spazierfahrt als Tagesausflug in zwei Stunden unternommen werden. Besucher sollten sich jedoch mehr Zeit nehmen, um diese Landschaft, die aus einer anderen Welt zu sein scheint, eindringlich zu erfahren.

Salzförderanlagen bei Swakopmund

Als Familie Klein hier 1933 mit der Salzförderung begann, dachte man, das Gebiet sei nicht mehr als eine tiefe, salzhaltige Senke entlang der Wüstenküste, die bald erschöpft sein würde. Aber als die Förderung in den **salt works** (Karte S. 198; ☎ 402611; ☽ Mo-Fr, vorher unbedingt anmelden) über zwei Jahrzehnte lang ertragreich war, fiel die Entscheidung, eine Reihe von flachen Verdunstungspfannen auszuschachten, um dort die Mineralien rund ums Natriumchlorid zu konzentrieren und zu fördern. Nun wird zeitwei aus dem Meer Wasser in die Pfannen gepumpt, und die an der Küste vorherrschende Brise beschleunigt die Verdunstung auf ideale Weise.

Während eines Zeitraumes von 12 bis 18 Monaten wird durch mehrere Pfannen Wasser hindurchgeleitet. Die auf Wasserbasis beruhenden Mineralien werden durch Verdunstung verdichtet, und schließlich entstehen Natriumchloridkristalle sowie andere Salze. Dank der Vielzahl an jodhaltigen Algen in der mineralischen Brühe, die in den verschiedenen Stadien entsteht, nimmt jeder Teich eine andere Färbung an, so gibt es streusalz- purpurfarbene, rote, orangefarbene, gelbe und sogar grünliche Nuancen. Von oben betrachtet sehen die Flächen wie farbig schillernde Buntglasfenster aus.

Dank der geschützten Umgebung bieten die Teiche Lebensraum für kleine Fische, aber auch für Vögel, darunter Flamingos, Säbelschnabler, Wasserläufer sowie andere Limikolen, Krickenten, Seetaucher, Möwen, Kormorane und Seeschwalben. Familie Klein hat mittlerweile den Ort als ein privates Vogelreservat eintragen und zudem eine große hölzerne Plattform als künstliche Insel errichten lassen. Sie wird von Kormoranen als Brutplatz genutzt. Nach der Brutsaison werden Räumer auf die Plattform entsendet, um die Guano-Ablagerungen einzusammeln.

Rössing Mine

Diese **Mine** (außerhalb der Karte S. 198; ☎ 402046), 55 km östlich von Swakopmund ist weltweit die größte Uranmine im Tagebau. Uran war dort erstmals in den 1920er-Jahren von Peter Louw entdeckt worden. Aber seine Bemühungen, die Mine zu entwickeln, scheiterten schnell. 1965 wurde die Förderkonzession dem Unternehmen Rio Tinto-Zinc übertragen. Umfangreichen Untersuchungen zufolge war die Lagerstätte mit uranhaltigem Gestein drei Kilometer lang und einen Kilometer breit. In den 1970er-Jahren kam die Eisenerzförderung hinzu. Sie erreichte ihre volle Kapazität jedoch erst nach acht Jahren. Der gegenwärtige Umfang der Förderarbeiten schwankt. Bei völliger Auslastung produziert die Mine pro Woche eine Million Tonnen Erz.

Rössing beschäftigt 2500 Angestellte und ist gegenwärtig einer der Wirtschaftsgrößen von Swakopmund. Die angeschlossene Rössing-Stiftung unterhält in Arandis, nordöstlich des Bergwerks, ein Bildungs- und Fortbildungszentrum sowie medizinische Einrichtungen und Wohnungen für die Arbeitskräfte in Swakopmund. Das Unternehmen hat versprochen, dass die spätere Stilllegung des Betriebs eine umfangreiche Sanierung des Bodens nach sich ziehen werde. Man sollte jedoch erst auf das Umweltengagement des Unternehmens setzen, wenn auf Worte auch konkrete Taten folgen.

Die **Mine Tours,** dreistündige Minenbesichtigungen (pro Pers. 50 N$), beginnen um 10 Uhr am ersten und dritten Freitag jedes Monats am Treffpunkt Cafe Anton. Sie müssen zuvor im Swakopmund Museum gebucht werden. Es ist auch möglich, über eines der Tourismusunternehmen auf S. 186 einen Besuch des Bergwerks zu arrangieren.

Trekkopje

Der **Militärfriedhof** Trekkopje liegt 112 km nordöstlich von Swakopmund an der B2. Nachdem Swakopmund von südafrikanischen Streitkräften besetzt worden war, zogen sich die Deutschen im Januar 1915 zurück und schnitten die Versorgung der Stadt ab, indem sie die Otavi- und State- Eisenbahnlinien beschädigten. Die Südafrikaner hatten indessen bereits damit begonnen, die Schmalspurstrecke durch eine Normalspurstrecke zu ersetzen, und in Trekkopje stieß ihre Mannschaft mit den deutschen Truppen zusammen. Als die Deutschen am 26. April 1915 die feindlichen Lager angriffen, verteidigten sich die Südafrikaner mit Gewehren, die sie auf gepanzerte Fahrzeuge montiert hatten und gewannen so das Gefecht mit Leichtigkeit. An diesen schicksalhaften Kampf erinnert der Friedhof von Trekkopje, der nördlich der Eisenbahnline beim alten Bahnhof liegt.

Spargelfarm Swakopmund

Wer meint, dass eine **Spargelfarm** (außerhalb der Karte S. 176; ☎ 405134; Eintritt frei; ⏰ Mo–Fr 9–16 Uhr) keine Touristenattraktion sein kann, wird an diesem Ort eines Besseren belehrt. Das köstliche grüne Gold, wie die manchmal grünen Stangen gerne genannt werden, wächst in der wildesten Wüste und lockt zu einem Kurzbesuch mit kleiner Kostprobe. Die Farm ist zu erreichen über die Winhoek Road, der man 11 km aus der Stadt hinaus folgt. Dann in El Jada abbiegen und noch weitere vier Kilometer bis zum Ziel fahren.

Aktivitäten

Nachdem die Stadt sich jahrelang darum bemüht hatte, die trockene Variante von Victoria Falls zu werden, hat Swakopmund sich mittlerweile zu einer der Topadressen für Extremsportfreaks im südlichen Afrika entwickelt. Es ist zwar nicht gerade preiswert, seine Urlaubstage mit Adrenalin-Aktivitäten anzufüllen, dafür gibt es aber auch nur sehr wenige Orte auf der Welt, an denen man nach Herzenslust riesige Sanddünen heraufklettern und herunterrutschen oder sogar aus der Luft betrachten kann.

Die meisten örtlichen Reiseveranstalter unterhalten in der Stadt kein Büro, und das bedeutet, dass sämtliche Unternehmungen entweder über die Unterkunft oder das Touristeninformationszentrum Namib-i (s. S. 177) organisiert werden müssen.

Eine weitere Möglichkeit ist, bei Outback Orange (s. rechts) vorbeizuschauen. Obgleich das Unternehmen auf Quadbiking spezialisiert ist, werden die freundlichen Mitarbeiter für Ratsuchende, die Anderes suchen, gerne einige Reisebüros anrufen.

SANDBOARDEN

Wenn man sich bei **Alter Action** (☎ 402737; im Liegen/im Stehen 340/550 N$) zum Sandboarden anmeldet, beschleunigt man damit nicht nur seinen Herzschlag, sondern schont auch noch den Geldbeutel (dies ist mit Abstand der günstigste Anbieter in der Stadt). Wer schon ein bisschen Erfahrung auf dem Snowboard oder Surfbrett mitbringt, sollte sich unbedingt für die Abfahrt im Stehen entscheiden. Dafür bekommt man ein Snowboard, Handschuhe, eine Schutzbrille und genug Politur, um geschmeidig die Dünen hinunter zu sausen. Natürlich erreicht man nicht die gleiche Geschwindigkeit wie auf einem schneebedeckten Berghang, aber die Erfahrung ist trotzdem unvergleichlich – und der Kontakt mit Sand ist definitiv weniger schmerzhaft als ein Sturz auf hartem Eis.

Bei der Abfahrt im Liegen (auf einem eingefetteten Stück Sperrholz) muss man nicht ganz so beweglich sein, es macht aber genauso viel Spaß. Das Highlight ist eine Schussfahrt mit 80 km/h von einem 120 m hohen Sandberg, die am Ende der Strecke von einem ordentlichen Sprung gekrönt wird. Der Aufstieg auf die Dünen ist allerdings eine ziemliche Plackerei, deshalb sollte man gesund und fit sein. Die Boardingtour beginnt morgens und dauert etwa vier Stunden. Im Preis enthalten sind Equipmentverleih, Hin- und Rückfahrt zu/von den Dünen, Einweisung, Mittagessen und ein Bier oder nichtalkoholisches Getränk zum Abschluss.

QUADBIKING

Outback Orange (Karte S. 176; ☎ 400 968; www.outback-orange.com; Nathaniel Maxulili St. 42; 1-stündiger/2-stündiger Trip 250/395 N$) bietet mit seinen Quadbike-Touren (alle Fahrzeuge mit Vierradantrieb ausgestattet) durch das ausgedehnte Dünenfeld des Swakop puren Nervenkitzel an.

Wer sich nach Art von *Star Wars* in einen Geschwindigkeitsrausch versetzen will, indem er durch die Wüsten von Tatooine rast, ist hier richtig aufgehoben. In zwei Stunden legen die Fahrer über 60 km zurück. Dabei gleiten sie über zahlreiche Dünen, während der Blick über Sand und Meer schweift. Dieses Angebot richtet sich definitiv nicht an Zartbesaitete, da die Fahrer mit diesen Geschossen beachtliche Geschwindigkeiten erreichen können. Zudem gibt es auf diesem Trip viele Haarnadelkurven und senkrecht abfallende Strecken, die es zu bewältigen gilt.

Outback Orange ist empfehlenswert, weil sich sein Personal durch Sicherheits- und Umweltbewusstsein auszeichnet. Auch wenn Quadbiking niemals eine ökologisch verträgliche Sportart werden wird, beschränkt man sich bei Outback Orange wenigstens auf zuvor festgelegte Routen und das bedeutet, dass nicht ständig neue Sandgebiete aufgewühlt werden. Zudem liegen die Schotterebenen außerhalb der Routen. Dies stellt sicher, dass die hochgradig gefährdete Damaraseeschwalbe weiterhin überleben kann (S. 187). Die Tourenleiter schneiden außerdem die Trips auf die Fähigkeiten der Teilnehmer zu. Erfahrene Quadbiker dürfen Fahrzeuge mit Schaltgetriebe fahren, während Neulinge Modelle mit automatischer Schaltung erhalten. Wer alles richtig machen möchte, fragt vorher einen der Verantwortlichen, ob er von einer der wirklich hohen Dünen hinunterrasen darf.

FALLSCHIRMSPRINGEN

Ground Rush Adventures (☎ 402841; www.skydiveswakop.com.na; Tandemsprung 1900 N$; Handycam/professionelles Video 450/850 N$) Dieser Sport verspricht sowieso schon den ultimativen Kick, aber durch die außergewöhnliche Dünenlandschaft und die Ozeankulisse wird der freie Flug mit Fallschirm in Swakopmund noch angenehmer. Das Team kann eine einwandfreie Sicherheitsstatistik vorlegen und trägt Sorge dafür, dass auch der aufgeregteste Teilnehmer entspannt aus dem in einer Höhe von 3000 m fliegenden Flugzeug springt und dabei 30 Sekunden lang bei einer Geschwindigkeit von 220 km/h frei

ZENTRAL-NAMIBIA

fällt. Wer dennoch Bedenken hat, den Sprung zu wagen, sollte sich einfach klar machen, dass der Tandemspringer schon seit Jahr und Tag die Reißleine seines Fallschirms zieht und Meister in seinem Fach ist. Im Preis für den Fallschirmflug ist zudem ein 25-minütiger Rundflug in einer winzigen Cessna inbegriffen. Dabei bietet sich ein atemberaubender Blick auf die Küste zwischen Swakop und Walvis Bay im Süden. Vielleicht sollte noch darauf hingewiesen werden, dass oftmals der Steigflug der beängstigendste Teil des Fluges ist, vor allem für Zeitgenossen mit Höhen und Flugangst. Andererseits kann diese Erfahrung den Sprung danach vielleicht etwas leichter machen.

Wer diese Eskapade in luftiger Höhe verewigt haben möchte, dem stehen zwei Möglichkeiten offen. Einerseits verfügt der Tandem-Fallschirmspringer über eine angeschnallte Handycam, andererseits kann ein Profifotograf den Sprung begleiten und den gesamten Sinkflug filmisch festhalten. Auf jeden Fall ist es empfehlenswert, sich vor dem Start mit einem leichten Frühstück zu begnügen.

PANORAMAFLÜGE

Pleasure Flights (Karte S. 176; ☎ 404500; www.pleasureflights.com.na; Sam Nujoma Av.; variabler Preis) zählt in Namibia zu den seriösesten Anbietern von Panoramaflügen mit leichten Flugzeugen und ist auf diesem Gebiet schon seit über 15 Jahren aktiv. Da der überwiegende Teil der südatlantischen Küste vom Land aus unzugänglich ist, bieten Höhenflüge eine großartige Möglichkeit, die wilde, für den größten Teil der Region so typische Natur zu bewundern. Mehrere eigens dafür festgelegte Routen stehen zur Auswahl, sie umfassen eine ganze Reihe von Destinationen, darunter die Salt Works, Sandwich Harbour, Welwitschia Drive, die Brandberg Mountains, Sossusvlei, die Skelettküste und weitere Orte.

Die Preise beginnen bei 750 bis 800 N$ pro Teilnehmer für einen einstündigen Rundflug. Sie hängen sowohl von der Länge des Fluges und der Anzahl der Passagiere als auch von den stark schwankenden Flugbenzinpreisen ab. Im Allgemeinen erhalten Flugpassagiere einen besseren Gegenwert für ihr Geld, wenn es ihnen gelingt, eine große Gruppe zusammenzustellen und wenn sie sich für einen längeren Flug entscheiden. Auf jeden Fall verhilft das Chartern einer Privatmaschine zu einem Erlebnis der besonderen Art, das den höheren Geldbetrag durchaus wert ist. Nur wenige Plätze auf der Erde können es schließlich mit der Schönheit und Erhabenheit Zentralnamibias aufnehmen.

REITEN

Okakambe Trails (☎ 402799; www.okakambe.iway.na; 12 km östlich von Swakopmund auf der D1901; variable Preise) In der Sprache der Herero und Oshivambo bedeutet Okakambe Pferd. Das Unternehmen hat sich auf Reiten und Trekking durch die Wüste konzentriert. Die deutsche Besitzerin kümmert sich sehr liebevoll um ihre Pferde. Besucher können sicher sein, dass sie wohlgenährt sind, gestriegelt und gut versorgt werden. Die Preise für einen einstündigen Solo-Austritt entlang des Swakop zur Moon Landscape beginnen bei 450 N$. Bei größeren Gruppen und längeren Ausritten winken Rabatte. Reiter mit mehr Erfahrung können an mehrtägigen Treks mit Vollpension teilnehmen. Und auch Ausritte im Mondschein und Trips entlang der Küste und durch die Dünen werden angeboten.

KAMELAUSRITTE

Sich einmal auf die Spuren des legendären *Lawrence of Arabia* zu begeben, wer hätte das nicht schon einmal geträumt? Dieser Wunsch wird auf der **Camel Farm** (Karte S. 198; ☎ 400363; ☸ 14–17 Uhr) erfüllt. Sie liegt in der Nähe der Okakambe Trails. Auf dem Rücken eines Dromedars die Wüste zu erkunden ist ein ganz besonderes Erlebnis. Dabei besteht auch die Chance, dieses merkwürdige, fremde Tier näher kennenzulernen. Bisweilen gebärden sich die Kamele etwas ungehobelt und manchmal können sie auch richtig gemein werden. Und auch die Geschwindigkeit, die Kamele erreichen können, sollten die Reiter nicht unterschätzen. In vollem, schlingerndem Galopp können diese Grazien, die nicht umsonst Wüstenschiffe genannt werden, enorme Distanzen zurücklegen.

KAJAKABENTEUER & MEERESSAFARIS

Jeder, der gerne als Kapitän im Einer auf das offene Meer hinausfährt, findet auf S. 195 Informationen über weitere Unternehmungen im benachbarten Walvis Bay.

Geführte Touren

Wer Swakopmund mit einem öffentlichen Verkehrsmittel erreicht und nicht über ein Privatauto verfügt, sollte die Buchung einer

Tour über eines der unten aufgeführten Reiseunternehmen in Betracht ziehen. Das Zentrum von Swakop ist kompakt und kann leicht zu Fuß erkundet werden. Allerdings müssen Besucher, die das Gebiet wirklich näher kennenlernen möchten, ihre Erkundungen über die Stadtgrenzen hinaus ausdehnen.

Die Preise hängen von der Gruppengröße und der Länge der Tour ab. Wer ein gutes Preisleistungsverhältnis haben möchte, sollte sich mit anderen Interessierten zusammentun und einige Ziele kombinieren, um so einen längeren Ausflug zusammenzustellen.

Zu den empfehlenswerten Touren gehören u. a. die Fahrt zu einem Sundowner auf den Dünen der Cape Cross-Seehundkolonie (S. 168), Edelstein-Touren in der Rössing Mine, der Welwitschia Drive, die Walvis Bay Laguna (s. S. 194); und verschiedene Destinationen in der Namib und den Naukluft Mountains (s. S.197).

Zu den bekanntesten Reiseunternehmen zählen **Charly's Desert Tours** (Karte S. 176; ☎ 404341; www.charlysdeserttours.com; Sam Nujoma Ave), **Namib Tours and Safaris** (☎ 404072; www.namibia-tours-safaris. com) und **Turnstone Tours** (☎ 403123; www.turnstonetours.com). Abgesehen von Charly´s haben die Reiseunternehmen auf der Liste in diesem Abschnitt keine Hauptbüros, sodass Absprachen am besten über die jeweilige Unterkunft getroffen werden.

Bei Interesse an einem Besuch der ehemaligen Township Mondesa ist **Hata-Angu Cultural Tours** (☎ 461118; www.culturalactivities.in.na) genau die richtige Adresse. Das Unternehmen bietet eine Vielzahl verschiedener Exkursionen an und erlaubt so einen Einblick in den Alltag der Swakopmunder, die sich nicht auf der Sonnenseite des Lebens befinden.

Schlafen

Swakopmund besitzt einige Hotels und Hostels, die sehr gut ausgestattet sind, sowie mehrere Gästehäuser und B&Bs. Außerdem gibt es eine Handvoll attraktiver Hotels der Mittel und der gehobenen Klasse, die ihr Geld wirklich wert sind.

Da es in Swakopmund recht kühl ist, fehlt in den meisten Hotels eine Klimaanlage. Man wird sie gar nicht vermissen, wenn erst einmal der Meereswind durch den Raum zieht. Im Gegensatz dazu gehört ein Heizgerät in den Wintermonaten, wenn entlang der Küste die Temperaturen in Negativwerte fallen, zu den notwendigen Einrichtungen.

Während der Schulferien im Dezember und Januar sind die Unterkünfte auch in Namibia schon vorzeitig ausgebucht, daher also so früh wie möglich buchen.

BUDGETUNTERKÜNFTE
Camping
Gull's Cry (☎ 461591; Camping pro Pers. 150 N$) Dieser Campingplatz befindet sich direkt auf dem Sandstrand, durch schöne Tamarisken vom Wind geschützt. Gäste gelangen von dort bequem in das Stadtzentrum, allerdings verfügt der Platz nur über eine einfach Ausstattung. Bisweilen ist er stark belegt, und dann kann es laut werden.

Alte Brücke Rest Camp (☎ 404918; www.altebrucke. com; Strand St.; 6-Personen-Zeltplatz 200 N$, EZ/DZ-Chalets ab 535/680 N$) Diese vornehmere Version des Gull´s Cry besitzt geräumige Campingflächen mit privaten Barbecue-Öfen (*braai*) und Steckdosen sowie voll ausgestattete Chalets mit modernen Küchen, Badezimmern, Fernsehraum und privaten Innenhöfen. Der Campingplatz zeichnet sich aus durch seine attraktive Lage auf der Ebene an der Mündung des Swakop River.

Hostels, Hotels & Lodges
Desert Sky Backpackers (☎ 402339; dsbackpackers@ swakop.com; Lazarett St. 35; Zeltplatz pro Pers. 50 N$, Bett 60 N$, Zi. pro Pers. 160 N$; 🖳) Dieser zentral gelegene Treffpunkt für Backpacker ist ein hervorragender Ort, um in Swakopmund vor Anker zu gehen. Die Lounge ist einfach und gemütlich, während die Picknicktische im Freien der ideale Ort für ein kühles Bier und heiße Gespräche sind. Das freundliche Personal bietet alles, was von einer gut bestückten Backpacker-Unterkunft zu erwarten ist: Kücheneinrichtung, Gepäckschränke, Internetzugang und Wäscherei. Den ganzen Tag über gibt es Gratiskaffee, wem der Sinn nach härteren Sachen steht, wählt eines der nahe gelegenen Pubs.

Cooke's House (☎ 462837; Daniel Tjongarero St. 32; EZ/DZ 160/240 N$) In einem 1910 errichteten Gebäude untergebracht, ist diese Pension mit drei Zimmern eine ausgezeichnete Wahl für jene Besucher, die darauf Wert legen, von den sympathischen Besitzern persönlich betreut zu werden. Darryl and Hannelore sind stolz darauf, eine Unterkunft mit viel Charakter zu erschwinglichen Preisen anzubieten.

Swakopmund Rest Camp (☎ 410 4333; www.swa kopmund-restcamp.com; Swakop St.; 2-/4-Bett-Zi. zwischen

DIE DAMARASEESCHWALBE IN NÖTEN

Rund 90 % der weltweiten Population der kleinen Damaraseeschwalben, von denen heute weniger als 2000 Brutpaare existieren, sind an den offenen Stränden und Sandbuchten der namibischen Küste von Südafrika bis Angola heimisch. Erwachsene Damaraseeschwalben, die einen grauen Rücken und graue Flügel sowie einen schwarzen Kopf und eine weiße Brust haben, sind nur 22 cm lang. In ihrem Erscheinungsbild gleichen sie eher Landschwalben als Seeschwalben.

Die Vögel nisten auf Schotterflächen in der Namib, in sicherer Entfernung zu Schakalen, Hyänen und anderen Raubtieren. Allerdings sind sie wegen ihrer geringen Größe nicht in der Lage, Nahrung über weite Entfernungen zu transportieren. Folglich müssen sie stets in der Nähe einer Futterquelle bleiben. Sie bevorzugen auf ihrer Speisekarte Garnelen und Fischlarven.

Droht ein Angriff oder eine andere Störung, versuchen die Damaraseeschwalben, den Angreifer abzulenken, indem sie kreischend auffliegen. Da das Nest in aller Regel ausreichend gut getarnt ist, also nicht so schnell entdeckt werden kann, ist das ein wirkungsvolles Verhalten. Wenn jedoch der Brutplatz in irgendeiner Weise gestört wird, gibt das Elterntier das Nest auf und überlässt das Ei oder das Jungtier seinem Schicksal. Im Folgejahr sucht es nach einem neuen Nistplatz, dabei muss das Tier jedoch meistens erkennen, dass sich dort bereits andere Arten einquartiert haben, denen der Vogel lieber aus dem Weg geht.

Seit einiger Zeit ist ein alarmierender Rückgang der Damaraseeschwalbenbestände entlang der namibischen Küste zu beobachten. Diese Entwicklung ist vor allem auf die ausufernden, unkontrollierten Geländefahrten abseits der Straße entlang der Küstenlinie zwischen Swakopmund und Terrace Bay zurückzuführen.

Die von Off-Road-Fahrern ausgehende Bedrohung wird weiter verschärft durch den Umstand, dass die Damaraseeschwalbe für gewöhnlich pro Jahr lediglich ein Küken aufzieht. In den vergangenen Jahren gab es bei dieser Schwalbenart wenig Bruterfolge. Hält dieser Zustand an, könnte die Vogelart bereits in wenigen Jahren ausgestorben sein.

Auch wenn das größte Risiko für die Damaraseeschwalben weiterhin von der Straße abweichende Autofahrer sind, fordert auch die Zunahme der touristischen Aktivitäten in den Dünen ihren Tribut. Ein Weg, die negativen Auswirkungen auf die Umwelt zu reduzieren, ist die Maßnahme, dass sich die Tourismusunternehmen nur in ausgewiesenen und abgegrenzten Gebieten betätigen. Wer bei einem Reiseveranstalter bucht, sollte sich über dessen Umweltschutzstrategien informieren. Die in diesem Führer aufgelisteten Gesellschaften zählen zu den seriösesten Tourismusanbietern der Stadt.

175 und 200 N$, Wohnung ab 320 N$) Dieses städtische Feriendorf besteht aus einfachen und ordentlich in die Wüste gestellten Hütten. Dazu zählt auch eine Handvoll voneinander getrennter Appartements mit einfachen Kochmöglichkeiten für einen Imbiss. Der Ort bietet weit weniger Geselligkeit als etwa die Backpacker-Unterkünfte, da er vornehmlich Fischer und deren Familien beherbergt. Die Preise hingegen sind korrekt.

Seagull B&B (☎ 405278; www.seagullbandb.com.na; Strand St. North 60; EZ/DZ ab 240/300 N$) Dieses Budget-B&B wird von einem freundlichen Briten geführt und besitzt eine Vielzahl von Zimmern für Reisende mit unterschiedlich gefüllten Portemonnaies. Von der Neser Street aus führt ein kurzer Fußmarsch in Richtung Norden zu diesem B&B, das zu den erschwinglichsten dieser Art in Swakopmund zählt und eine deutlich persönlichere Note aufweist als etliche größere Backpacker-Unterkünfte.

Dunes Lodge (☎ 463139; www.dunes.com.na; Lazarett St. 12; Zeltplatz pro Pers. 50 N$, Bett 110 N$, Zi. ab 300 N$; 🖳 🖭) Dieser Ort ist eine vornehmere Backpacker-Unterkunft mit einer ganzen Reihe von noblen Extras, u. a. ein Hallenbad und Billardtische. Auch traditionelle Backpacker-Einrichtungen, wie etwa Gemeinschaftsküche, Internet, Fernsehraum und Wäscheservice, dürfen nicht fehlen. Sowohl die Schlafräume als auch die Privatzimmer sind in hellen Farben gestaltet und befinden sich in unmittelbarer Nähe zum Meer.

Prinzessin Rupprecht Residenz (☎ 412540; www.prinzrupp.com.na; Lazarett St. 15; EZ/DZ ab 290/570 N$) Im früheren deutschen Lazarett untergebracht, vermittelt diese Pension eine gewisse Vorstellung von den vielbeschworenen guten alten Zeiten. Die Innenausstattung ist überwiegend erhalten geblieben. Wer durch die Gänge des ehemaligen Krankenhauses wandelt, fühlt sich um ein Jahrhundert zurückversetzt.

ZENTRAL-NAMIBIA

Alternative Space (☎ 402713; nam0352@mweb.com. na; Dr Alfons Weber St. 46; EZ/DZ ab 300/400 N$; 🖳) Am Rand der Wüste, 800 m östlich von der Stadt, befindet sich diese erfreulich alternative Budget-Pension unter Leitung von Frenus und Sybille Rorich. Zu den wesentlichen Attraktionen zählt die schlossähnliche Architektur, flächendeckend angebrachte Kunst und die in einigen Fällen aus wiederverwertetem Industrieschrott geschaffenen Möbel eines Schweißkünstlers. Der Haken ist dabei, dass nur „Freunde von Frenus und Sybille" willkommen sind, obschon die beiden großartige Leute und sehr gastfreundlich sind. Dünenkarren (für Gäste gratis) versprechen Nervenkitzel, vor allen auf den benachbarten Dünen. Als Platz für Partys kommt dieser Ort allerdings definitiv nicht infrage.

Villa Wiese (☎ 407105; www.villawiese.com; Ecke Bahnhof & Windhoeker Sts.; Bett 110 N$, EZ/DZ 330/385 N$; 🖳) Villa Wiese ist ein freundliches und abgedrehtes Gästehaus auf einem historischen Landsitz aus der Kolonialzeit. Die Villa besitzt gewölbte Decken, Stilmöbel und Steingärten. Villa Wiese zieht eine recht buntscheckige Mischung aus Overlander-Touristen, Backpackers und Individualreisenden an und dient als leicht anspruchsvollere Alternative zu anderen Budget-Optionen in der Stadt. Koloniale Atmosphäre herrscht auch im benachbarten Dunedin Star, und auch die Preise beider Häuser sind vergleichbar.

Swakop Lodge (☎ 402030; Nathaniel Maxuilili St. 14; Bett 135 N$, EZ/DZ ab 415/600 N$; 🖳) Dieser auf Backpacker ausgerichtete Ort gilt als Epizentrum für Action in Swakopmund, vor allem weil dort die meisten Extremsportaktivitäten starten und enden. Jeden Abend werden die entsprechenden Videos vorgeführt. Das Hotel ist ausgesprochen beliebt, vor allem bei Lastwagenfahrern. Man kann daher seinen Kopf darauf verwetten, dass in der angeschlossenen Bar (s. Trinken, S. 191) die ganze Nacht über Betrieb herrscht.

Mittelklassehotels

Sea Breeze Guesthouse (☎ 463348; www.seabreeze.com. na; Turmalin St.; pro Pers. 260 N$; 🖳) Das sehr erschwingliche Gästehaus befindet sich rund 4,5 km nördlich direkt am Strand und eignet sich hervorragend für Ruhesuchende. Die italienischen Besitzer verfügen über ein unglaubliches gestalterisches Geschick. Wer das Gebäude betritt, merkt das sofort. Am besten zunächst einige Zimmer besichtigen, denn

einige haben ein traumhaften Meerblick, der im Preis inbegriffen ist.

Hotel Pension Rapmund (☎ 402035; www.hotel pensionrapmund.com; Bismarck St. 6–8; EZ/DZ 420/615 N$) Diese seit Langem bestehende Pension mit Blick auf die Parkpromenade befindet sich in neuem Besitz. Einige umfangreiche Renovierungen haben dem Haus gutgetan. Die hellen und luftigen Räume sind üppig mit Holz geschmückt sowie mit afrikanischen und von Deutschland inspirierten Verzierungen versehen. Die attraktive Unterkunft ist typisch für Swakopmund.

Schweizerhaus Hotel (☎ 400331; www.schweizer haus.net; Bismarck St. 1; EZ/DZ ab 510/850 N$; 🖳) Obwohl das zum Wahrzeichen gewordene Cafe Anton (s. S. 190) besser bekannt ist als das Hotel selbst, in dem sich das Cafe befindet, zählt das Schweizerhaus Hotel ebenfalls zur Spitze. Aus gemütlichen Standardzimmern bietet sich ein atemberaubender Blick auf den Strand und den benachbarten Leuchtturm, der den Himmel bestrahlt, wenn dicke Nebelschwaden sich vom Meer her nähern.

Secret Garden Guesthouse (☎ 404037; www.natron. net/tour/secretgarden; Bismarck St. 36; Zi. pro Pers. 450 N$; 🖳) Der „geheime Garten" dieses Gästehauses ist ein üppiger, mit Palmen bestandener Innenhof in der Gebäudemitte – eine wahrhaftige Oase, in der Ruhesuchende fündig werden. Wer sich nach einem dezenten und ruhigen Hotel sehnt, ist hier gut aufgehoben. Auch der Strand ist nur wenige hundert Meter entfernt.

Brigadoon Bed & Breakfast (☎ 406064; www. brigadoonswakopmund.com; Ludwig Koch St. 16; EZ/DZ 555/745 N$; 🐾) Unter schottischer Verwaltung stehend, besitzt dieses B&B einen hübschen Garten gegenüber von Palm Beach. Es besteht aus Ferienhäuschen im viktorianischen Stil mit richtigen Originalmöbeln aus dieser Epoche. Moderner wirkt das Hauptgebäude mit geheiztem Hallenbad als Trostpflaster für die entfallenden Schwimmrunden im viel zu kalten Wasser des Atlantik.

Hotel Europa Hof (☎ 405061; www.europahof.com; Bismarck St. 39; EZ/DZ 610/915 N$; 🐾) Der Europa Hof gleicht einem echten bayrischen Bauernhaus und wirkt insgesamt sehr kontinentaleuropäisch. Es gibt farbenfrohe Blumenkästen, einen stilechten Biergarten und europäische Flaggen, die im Wind flattern. Die Zimmer entsprechen im Großen und Ganzen dem Standardniveau und wirken im Vergleich zur übrigen Anlage etwas trist. Da die Tarife jedoch angemessen sind, darf das Hotel rundherum als preiswert eingestuft werden.

Beach Lodge (☎ 400933; www.beachlodge.com.na; Stint St.; EZ/DZ ab 640/870 N$; 🖳) Die einem Schiff nachgebildete Unterkunft liegt direkt am Sandstrand, etwa 1 km nördlich der Stadt. Gäste können von dort aus das Meer durch das eigene Bullauge bewundern. In Größe und Ausstattung unterscheiden sich die Zimmer, manche haben an der Fensterseite Badewannen und funktionierende offene Kamine, die wertvolle Dienste leisten, wenn sich der kalte Nebel übers Land legt, dann fühlen sich die Gäste am prasselnden Feuer wohl.

Spitzenkassehotels

Sam's Giardino Hotel (☎ 403210; www.giardino.com.na; Lazarett St. 89; EZ/DZ ab 900/1150 N$; 🖳) Mit seiner Mischung aus Schweizer und italienischer Gastfreundlichkeit und Architektur ist Sam's Giardino Hotel ein Stück Europa mitten in der Wüste. Stark im Vordergrund stehen gediegene Weine und edle Zigarren, im Rosengarten können Besucher mit einer Bernhardinerdame namens Ornelia flirten. Die anspruchsvolle, jedoch entspannte Atmosphäre erlaubt einen Aufenthalt in einem durchweg ungezwungenen Luxus.

Hansa Hotel (☎ 400311; www.hansahotel.com.na; Hendrick Witbooi St. 3; EZ/DZ ab 1230/1730 N$; 🖳) Swakopmunds traditionsreichstes Hotel der gehobenen Klasse preist sich selbst als „Luxus in der Wüste" an und ist sehr stolz auf die Tatsache, dass hier Berühmtheiten wie Aristoteles Onassis, Sir Laurens van der Post, Oliver Reed, Eartha Kitt und Ernest Borgnine ihr müdes Haupt gebettet haben. Die Zimmer sind individuell dekoriert, haben hohe Decken und Panoramafenster. Der Höhepunkt jedoch ist fraglos der klassische Speisesaal mit feinem Porzellan, Kristall-Stielgläsern und Kellnern, die mit weißen Handschuhen servieren.

Swakopmund Hotel & Entertainment Centre (☎ 400800; www.legacyhotels.co.za; Bahnhof St. außerhalb der Karte; EZ/DZ ab 1599/2399 N$; ⚜ 🖳) Das nach Art von Las Vegas gestaltete Hotel, das auch einen Unterhaltungskomplex besitzt, befindet sich in der Hülle des historischen Bahnhofs und bietet ein Kasino, ein Kino, mehrere Restaurants, ein großes Schwimmbecken, ein Konferenzzentrum, einen Gymnastiksaal und einen Wellnessbereich. Dazu gehört eine opulente Außendekoration, bestehend aus Palmen und Brunnen. geprägt von Las Vegas sind die Zimmer verschwenderisch gestaltet.

ESSEN

Die deutschen Einflüsse machen sich in den Swakopmunder Restaurants durchaus bemerkbar. Aber auch an Meeresfrüchten regionaler Herkunft und traditionellen namibischen Lieblingsgerichten herrscht kein Mangel. Inzwischen steht fest, dass die städtische Gastronomie internationales Niveau erreicht hat. Die Einwohner von Windhoek mögen das vielleicht anders sehen, aber Swakopmund könnte sich mit Leichtigkeit um den Titel der kulinarischen Hauptstadt Nambias bewerben. Also am besten so oft auswärts speisen gehen, wie es die Finanzen zulassen.

GÜNSTIG

Wer sich selbst verpflegen möchte, kauft seine Vorräte am besten im gut ausgestatteten Model/Pick & Pay-Supermarkt an der Sam Nujoma Avenue an der Ecke Hendrick Witbooi Street. Alle im Abschnitt Übernachten erwähnten Unterkünfte für Backpacker sind mit eigenen Küchen ausgestattet.

Out of Africa Coffee Shop (☎ 404752; 13 Daniel Tjongarero St.; Snacks & Coffee 15–35 N$) Hier lautet das Motto: „Das Leben ist zu kurz, um schlechten Kaffee zu trinken", und das wird in diesem Lokal ernst genommen. Morgens werden die

---

KALAHARI-TRÜFFEL

Ein Mangel an Feinschmeckerspezialitäten herrscht auf dem Speisezettel in Swakop gewiss nicht, gehört doch zu den ausgesprochen himmlischen Köstlichkeiten der hoch gelobte Kalahari-Trüffel. Als einigermaßen entfernte Vetter des wohlbekannten Europäischen Trüffel ist der Kalahari Trüffel eine *terfeziaceae*, also ein Wüstentrüffel, der nur in trocknen und halbtrocknen Gebieten in Afrika und dem Nahen Osten vorkommt. In der Kalahari können die Trüffel mehrere Zentimeter groß und bis zu 300 g schwer werden. Obschon im Geschmack nicht annähernd so köstlich wie der weiße und schwarze Trüffel aus Italien und Frankreich, sind Kalahari-Trüffel viel verbreiteter und folglich sehr viel günstiger. In dünne Scheiben geschnitten, in Olivenöl gedünstet und mit einer dünnen Scheibe Straußensteak serviert, sind sie einfach delikat.

Gäste mit dem besten Kaffee Namibias be-grüßt, darunter Espresso, Cappucino, Latte macchiato und koffeinfreie Spezialitäten. Serviert werden sie in französischen Tassen und in Begleitung von frisch gebackenen Muffins und anderen köstlichen Kleinigkeiten.

Swakopmund Cafe (☎ 402333; Tobias Hainyeko St. 5; kleine Gerichte 35–55 N$) Die Swakopmunder lieben ihre Cafés und von einem zum anderen zu wechseln ist hier die normalste Sache der Welt. In diesem ausgezeichneten Bistro gibt es phantastische Frühstücksvariationen, aber auch Mittagessen und Abendessen, einschließlich einer Vielzahl von Salaten und Crepes sowie Gyros, Steaks und Spezialitäten mit Meeresfrüchten.

Cafe Anton (☎ 402419; Bismarck St. 1; kleine Gerichte 35–65 N$) Diese höchst beliebte Institution im Hotel Schweizerhaus kredenzt hervorragenden Kaffee, Apfelstrudel, Gugelhupf, Mohnkuchen, Linzertorte und weitere deutsch-österreichische Spezialitäten. Nachmittags können die Gäste ihren Imbiss auch draußen in der Sonne genießen.

MITTELTEUER & TEUER

Napolitana (☎ 402773; Nathaniel Maxuilili St. 33; Hauptgerichte 50–85 N$) Das anheimelnde und romantische italienische Bistro hat sich auf Feinschmecker-Pizza und -Pasta spezialisiert, auch deftige Fleisch- und Fischgerichte werden serviert. Die Portionen sind großzügig bemessen und sämtliche Zutaten kommen frisch auf den Tisch. Nach einem bewegungsreichen Tagesprogramm gibt es nichts Köstlicheres als eine dampfende Pastete, um wieder zu Kräften für den Feierabend zu kommen.

Swakopmund Brauhaus (☎ 402214; Sam Nujoma Av. 22; Hauptgerichte 60–90 N$) Dieses herausragende Restaurant mit eigener Kleinbrauerei bietet das Brauhaus eine in Swakopmund besonders geschätzte Spezialität an, nämlich nach authentischem Rezept gebrautes deutsches Bier. Dazu passt am besten ein Teller mit gemischten Würsten, Sauerkraut, eine Scheibe Brot und ein kräftiger Klacks scharfer Senf.

Cape to Cairo Restaurant (☎ 463160; Nathaniel Maxuilili St. 7; Hauptgerichte 60–95 N$) Dieses beliebte Touristenrestaurant serviert eine große Bandbreite an Gerichten aus ganz Afrika. Als Spezialität gilt dort ein Wildgericht, das als Filet, gegartes Fleisch und als Burger auf den Tisch kommt. Aber auch Vegetarier müssen nicht darben: Sie können zwischen Chappatis, Ratatouille und anderen fleischlosen Köstlichkeiten wählen.

Kücki's Pub (☎ 402407; Tobias Hainyeko St.; Gerichte 60–100 N$) Als weitere Swakopmunder Einrichtung ist Kücki's schon seit Jahrzehnten in der städtischen Bar- und Restaurantszene tätig. Die für Kneipen und Pubs übliche Speisen sowie Hausmannskost dominieren den Menüzettel, aber das tut dem Lokal keinen Abbruch, wird doch alles meisterhaft zubereitet und in einer warmen und angenehmen Atmosphäre serviert.

Lighthouse Pub & Cafe (☎ 400894; Palm Beach; Hauptgerichte 60–110 US$) Schon der perfekte Ausblick auf den Strand und die wilde Brandung entspricht dem namibischen Postkartenidyll. Dort kommen Anhänger von gediegenem Seafood ganz besonders auf ihre Kosten. Alles, was die Fischer gerade dem Meer abringen konnten, findet sich auf der Speisekarte wieder, von Kingklip über Hummer bis Kabeljau und Kalamari.

Tug (☎ 402356; Hauptgerichte 75–125 US$) Im gestrandeten Schlepper *Danie Hugo* nahe der Mole untergebracht, zählt der Tug zu den obligatorischen Orten für ein Dinner in Swakopmund. Er gehört zu den stimmungsvollen Restaurants der gehobenen Klasse für Fleisch und Meeresfrüchte, empfiehlt sich aber auch dann, wenn es nur ein Sundowner sein soll. Da die Adresse außerordentlich beliebt und das Restaurant klein ist, empfiehlt sich eine frühzeitige Buchung.

TEUER

Grapevine (☎ 404770; Libertine St.; Hauptgerichte 80–155 N$) Ganz wie es der Name schon zum Audruck bringt, liegt der Schwerpunkt in diesem gehobenen Bistro auf der gekelterten Traube. Die Gäste können dort in aller Ruhe aus einer gewaltigen Weinkarte ihre Lieblingstropfen auswählen. Wer diesen Schritt bewältigt hat, fragt einfach den Kellner, welches Gericht am besten dazu passt – und der Rest des Abends ist gerettet.

Il Tulipano (☎ 400122; Daniel Tjongarero St. 37; Hauptgerichte 95–165 N$) Die italienische Küche erfreut sich weltweit großer Beliebtheit, aber wenn ein Italiener sie in Il Tulipano zelebriert, ist das nochmals etwas ganz anderes. Hier kann man tatsächlich das einzig Wahre erwarten, nämlich aus Hartweizengrieß hergestellte Teigwaren, leichte und flockige Risotti, wohlriechende Lamm- und Kalbsgerichte, abgerundet durch frisch gebackenes Brot, sorgfältig ausgesuchte Weine, starken Kaffee und süße Desserts.

Hansa Hotel Restaurant (☎ 400311; www.hansa hotel.com.na; Hendrick Witbooi St. 3; Hauptgerichte 95 bis 215 N$) Wohl gibt es einige verdienstvolle Newcomer, die innerhalb der ständig wachsenden Feinschmeckerszene von Swakopmund ihr Territorium abstecken. Allerdings ist es für sie nicht gerade leicht, ein neues Kapitel aufzuschlagen, wenn so legendäre Einrichtungen wie das Hansa Hotel mitmischen. Im größten Speisesaal dieses klassischen Hotels aus der Kolonialzeit können sich die Gäste in außergewöhnliche kulinarische Erlebniswelten begeben, etwa mit Straußensteaks, abgerundet durch Kalahari-Trüffel, Oryx-Antilopen-Medaillons an Waldbeerensauce und Seeteufel mit Speckscheiben umwickelt und getränkt in zerlassener Kräuterbutter.

Ausgehen & Unterhaltung

Wer sich den Tag über sportlichen Aktivitäten gewidmet hat, wird abends kaum noch einen größeren Wunsch haben, als sich bei einem Glas zu entspannen. Partys werden in Swakopmund ohnehin großgeschrieben und an Bars herrscht kein Mangel. Als Ergänzung zu den aufgelisteten Adressen kann man auch im Tug und im Lighthouse (s. S. 190) bei Sonnenuntergang seine Happy-Hour-Drinks zu sich nehmen.

Fagin's Pub (Hendrick Witbooi St.) Dieses ausgesprochen beliebte und legere Pub erinnert an eine Raststätte für US-Trucker, witziges Servicepersonal, Stammkunden und abendliche Videovorführungen über die überstandenen Extremsportausflüge mit inbegriffen.

Cool Bananas (Nathaniel Maxuilili St. 14) In der Swakop-Lodge untergebracht, wird diese Bar gerne von den Fernlastfahrern angesteuert. Wenn sie ihr Gefährt abgestellt haben, herrscht dort bald qualvolle Enge, und die Zechgelage dauern dann schon mal bis in den frühen Morgen hinein.

Rafter's Action Pub (Ecke Tobias Hainyeko & Woermann Sts.) Wie bei Rafter's kann man auch an diesem Ort Gift darauf nehmen, dass die Musik dröhnt, die Stroboskope blitzen und jeder auf der Tanzfläche zeigen will, wessen er fähig ist, egal zu welcher Nachtzeit.

Captain's Tavern Pub (Bahnhof St. 2) Diese Taverne der gehobenen Kategorie zieht anspruchsvolle Gäste aus dem Swakopmund Hotel & Entertainment Centre an. Bisweilen wird Livemusik geboten.

Shoppen

Vom Café Anton auf der Bismarck Street führt eine Treppe zu den Straßenständen am Ufer, wo Handarbeit, meist von Frauen aus Simbabwe, verkauft wird.

Karakulia Craft Centre (☎ 461415; 3 Knobloch St.) In der örtlichen Teppichfabrik werden wunderschöne original afrikanische Teppiche, Vorleger und Wandteppiche aus Karakulwolle hergestellt. Im Rahmen einer Besichtigungstour kann man beim Spinnen, Bleichen und Weben zuschauen.

Cobwebs (☎ 404024; brigadon@iafrica.com.na; 10 Tobias Hainyeko St.) In dieser Kunsthandlung werden afrikanische Masken, Handarbeiten und andere traditionelle Arbeiten verkauft.

Peter's Antiques (☎ /Fax 405624, 24 Tobias Hainyeko St.) Eine wahre Ali-Baba-Höhle voller Schätze: Dazu zählen Gegenstände aus der Kolonialzeit, historische Literatur, westafrikanische Kunst, deutsche Relikte aus der Kolonialzeit, westafrikanische Fetische und andere Kunstwerke aus allen Ecken des Kontinents.

An- & Weiterreise

AUTO
Swakopmund liegt ungefähr 400 km westlich von Windhoek an der B2, Hauptautobahn des Landes in ost-westlicher Richtung.

BUS
Es gibt mehrmals wöchentlich Verbindungen zwischen Windhoek und Swakopmund (180 N$, 5 Std.) mit dem **Intercape Mainliner** (www.intercape.co.za). Tickets können im Voraus problemlos online gebucht werden.

Das Unternehmen **Town Hopper** (www.namibia shuttle.com) betreibt private Shuttle-Busse zwischen Windhoek und Swakopmund (220 N$) und holt Passagiere direkt im Hotel ihrem Aufenthaltsort ab.

Combis genannte Minibusse bedienen diese Strecke ebenfalls ziemlich regelmäßig. Dabei sollte eine Fahrt zwischen Windhoek und Swakopmund nicht mehr als 100 N$ kosten. Swakopmund hat sich zu einem kleineren Verkehrszentrum entwickelt, von dem aus verschiedene regionale Ziele angesteuert werden, darunter auch Walvis Bay per Combi. Die Fahrpreise bewegen sich im Schnitt zwischen 15 und 30 N$.

FLUGZEUG
Air Namibia (☎ 405123; www.airnamibia.com.na) bietet wöchentlich mehrere Flüge zwischen dem

Eros Airport in Windhoek und Walvis Bay (s. S. 197) an. Von dort aus können Reisende problemlos per Bus oder Taxi nach Swakopmund gelangen.

TRAMPEN

Diese Fortbewegungart stößt zwischen Swakopmund und Windhoek oder Walvis Bay auf keinerlei Schwierigkeiten. Wer zum Namib-Naukluft-Park oder zur Skelettküste unterwegs ist, muss sich jedoch auf harte Prüfungen gefasst machen. Trampern drohen Hitzeschläge, Strahlsand und Unterkühlung und das bisweilen an einem einzigen Tag.

ZUG

Trans-Namib (☎ 061-2982175) Die Tag und Nacht verkehrenden Züge (ab 75 N$) sind nicht sonderlich bequem und auch nicht besonders beliebt, da das Reisen per Bus problemloser ist. Auf S. 258 gibt es Informationen über den vornehmen *Desert Express* „rail cruise" nach und von Windhoek.

WALVIS BAY

☎ 064 / Einwohner 65 000

Walvis Bay liegt 30 km südlich von Swakopmund und ist der einzige richtige Hafen zwischen Lüderitz und Luanda (Angola). Der natürliche Hafen wird durch die Lagunenspitze Pelican Point gebildet, einen natürlichen Wellenbrecher, der die Stadt vor der starken Meeresbrandung abschirmt.

Aufgrund der strategisch günstigen Lage wurde Walvis Bay während der Kolonialzeit abwechselnd von Briten und Südafrikanern belagert. Seit 1992 befindet sich die Stadt aber fest in namibischer Hand, und nach Windhoek ist Walvis Bay die zweitgrößte Stadt des Landes. Heute besitzt Walvis Bay einen Ankerplatz für Tankschiffe, ein Trockendock, Containerterminals sowie eine lukrative Salzfabrik und Fischverarbeitungsanlagen.

Die Briten hatten sich Walvis Bay – im Gegensatz zu Swakopmund – schon lange angeeignet, bevor die deutschen Kolonisten es in die Hände bekommen konnten. Die Folge davon ist, dass Walvis Bay architektonisch langweiliger ist und der Stadt das altehrwürdige Flair ihres nördlichen Nachbarn fehlt. Dafür gibt es in der näheren Umgebung von Walvis Bay ein paar einzigartige Naturschauspiele zu bewundern, z. B. eine der größten Flamingokolonien im gesamten südlichen Afrika (s. S. 274).

Geschichte

Obwohl Walvis Bay schon 1795 von den Briten beansprucht wurde, annektierten die Engländer es formal erst 1878, als diese nämlich merkten, dass auch die Deutschen ein Auge auf den Hafen in der geschützten Atlantikbucht geworfen hatten. 1910 gaben die Briten ihre Stellung in Walvis Bay auf, das daraufhin Teil der Südafrikanischen Union wurde.

Infolge der deutschen Niederlage im Ersten Weltkrieg erhielt Südafrika von der UN das Mandat zur Verwaltung Südwestafrikas und der Enklave Walvis Bay. Das Mandat wurde aufrechterhalten, bis Südafrika 1977 eigenmächtig beschloss, Walvis Bay der eigenen Kapprovinz zu unterstellen. Die UN war über diese nicht autorisierte Entscheidung alles andere als erfreut und bestand darauf, dass die Enklave unverzüglich an das Mandatsgebiet zurückgegeben würde. Die Südafrikaner weigerten sich aber standhaft, dieser Forderung Folge zu leisten.

Als Namibia 1990 unabhängig wurde, meldeten die Namibier ihre Rechte an Walvis Bay an. Da die Stadt viele Vorzüge besaß – z. B. den natürlichen Hafen, die einträglichen Salzfabriken (die jährlich 40 000 t produzierten, also etwa 90 % des südafrikanischen Salzes), die Guano-Anlagen und die gewinnträchtige Fischerei – wurde die Übernahme von Walvis Bay (Walvisbaai) für Namibia zu einer wichtigen Angelegenheit.

Nachdem das Ende der weißen Herrschaft in Südafrika abzusehen war, vereinbarten die beiden Länder 1992, dass Südafrika seine Grenzposten zurückziehen und die Enklave gemeinsam mit Namibia verwalten sollte. Schließlich gab Südafrika nach, da es mit zunehmenden Schwierigkeiten im eigenen Land und der ersten demokratischen Wahl zu kämpfen hatte, und zur Mitternacht des 28. Februars 1994 wurde zum ersten Mal die namibische Flagge über Walvis Bay gehisst.

Orientierung

Walvis Bay ist gitterförmig angelegt. Im Prinzip ist alles ganz einfach: Die „Streets" (von der 1st bis zur 15th) verlaufen von Nordosten nach Südwesten und die „Roads" (von der 1st bis zur 18th) von Nordwesten nach Südosten. Allerdings ist die Nummerierung der Streets nicht durchgängig, weil einige Straßen u. a. nach Vorsitzenden der Swapo (Südwestafrikanische Volksorganisation) umbenannt wurden. Nördlich der Stadt liegen entlang der

ZENTRAL-NAMIBIA

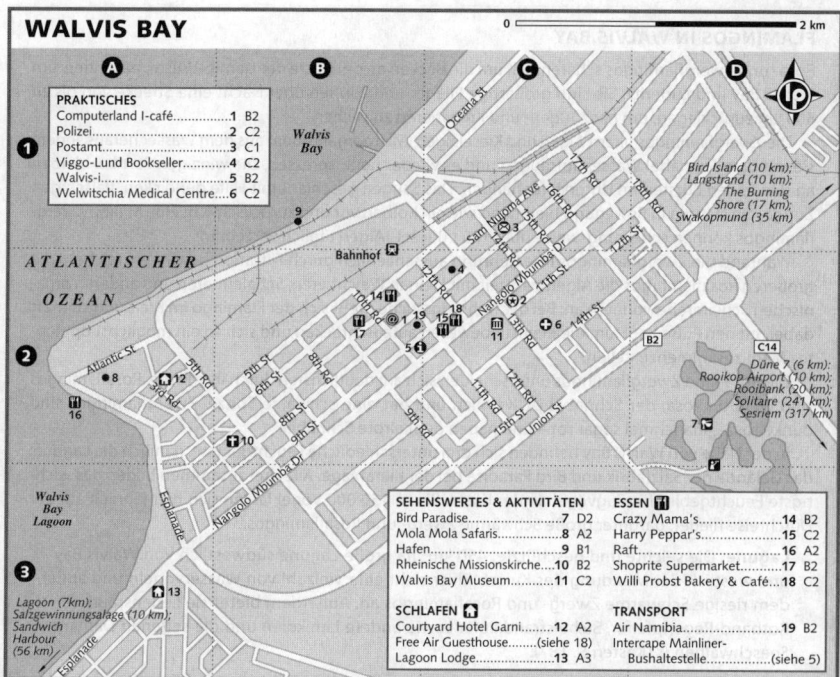

WALVIS BAY

0 ————— 2 km

PRAKTISCHES
Computerland I-café...........1 B2
Polizei...................................2 C2
Postamt................................3 C1
Viggo-Lund Bookseller.......4 C2
Walvis-i................................5 B2
Welwitschia Medical Centre...6 C2

Walvis Bay

ATLANTISCHER

OZEAN

Bahnhof

Bird Island (10 km);
Langstrand (10 km);
The Burning
Shore (17 km);
Swakopmund (35 km)

Düne 7 (6 km);
Rooikop Airport (10 km);
Rooibank (20 km);
Solitaire (241 km);
Sesriem (317 km)

*Walvis
Bay
Lagoon*

Lagoon (7km);
Salzgewinnungsalage (10 km);
Sandwich
Harbour
(56 km)

SEHENSWERTES & AKTIVITÄTEN	ESSEN
Bird Paradise.....................7 D2	Crazy Mama's.....................14 B2
Mola Mola Safaris.............8 A2	Harry Peppar's...................15 C2
Hafen.................................9 B1	Raft....................................16 A2
Rheinische Missionskirche...10 B2	Shoprite Supermarket........17 B2
Walvis Bay Museum..........11 C2	Willi Probst Bakery & Café...18 C2

SCHLAFEN	TRANSPORT
Courtyard Hotel Garni........12 A2	Air Namibia........................19 B2
Free Air Guesthouse.......(siehe 18)	Intercape Mainliner-
Lagoon Lodge...................13 A3	Bushaltestelle...............(siehe 5)

Küste die kleinen Feriensiedlungen Dolfyn-
park und Langstrand.

Auskunft

Computerland I-café (Sam Nujoma Av.; pro Std. 20 N$)
Internetzugang.

Polizei (☎ 10111; Ecke 11th St. & 13th Rd.)

Postamt (Sam Nujoma Av.) Telefon- und Faxdienste.

Viggo-Lund Bookseller (Sam Nujoma Av.) Hält eine kleine Auswahl an populären Romanen bereit.

Walvis-i (☎ 209170; Shop 6, Hickory Creek Spur Bldg.,
Nangolo Mbumba Dr.; ☺ Mo–Fr 9–17, Sa 9–13 Uhr) Informationen für Touristen.

Welwitschia Medical Centre (13th Rd.; ☺ 24 Std.) Ein
großer Komplex für medizinische Einrichtungen.

Sehenswertes

DÜNE 7

Auf der kargen Fläche abseits der C14, 6 km
von der Stadt entfernt, erhebt sich eine der
weltweit größten die Düne 7 (Karte S. 198),
die bei den Einheimischen als Ski- und Sand-
boardpiste beliebt ist. Der Picknickplatz ver-
sinkt zwar mittlerweile ziemlich im Sand,
dafür spenden Palmen auf der windgeschützten Seite der Düne kühlen Schatten.

Wer es den Einheimischen gleich tun will,
kann für etwa 30 N$ bei einer Tankstelle ein
„Dünenboard" (ein flexibles Stück Sperrholz)
und ein Glas mit Politur erwerben. Eine äußerst günstige Alternative zu den organisierten Sandboarding-Trips in Swakopmund –
und natürlich reizvoll, weil man alles selbst
bestimmt.

RHEINISCHE MISSIONSKIRCHE

Walvis Bays ältestes erhaltenes Gebäude, die
Rheinische Missionskirche (5th Rd.), wurde 1880 in
Hamburg vorgefertigt und im darauffolgen-
den Jahr an Ort und Stelle eingeweiht. Da sich
in der Hafengegend die Industrieanlagen immer weiter ausgebreitet hatten, wurde sie
Mitte des 20. Jhs. an ihren jetzigen Standort
versetzt, wo sie bis 1966 als Kirche diente.

ROOIBANK

Rooibank liegt 20 km von der Stadt entfernt
am südöstlichen Zipfel der früheren Enklave
Walvis Bay und verdankt seinen Namen „rote Bank" einer Formation aus rotem Granit
am nördlichen Ufer des Kuiseb River. Die Gegend ist besser bekannt als eine der ersten

ZENTRAL-NAMIBIA

FLAMINGOS IN WALVIS BAY

Rosa- und Zwergflamingos scharen sich um die Becken an der Küste der Namib-Wüste, besonders um Walvis Bay und Lüderitz. Sie sind großartige Flieger und können über Nacht eine Strecke von bis zu 500 km zurücklegen, um nach Algen- und Krebstieren zu suchen.

Die Zwergflamingos filtern Algen und Kieselalgen (Mikroorganismen) aus dem Wasser heraus, indem sie mit dem Schnabel Wasser aufsaugen und es wieder herauspressen. Die winzigen Partikel bleiben an den feinen Borsten im Unterkiefer hängen. Das Saugen geschieht mit Hilfe der dicken, fleischigen Zunge, die ständig in Bewegung bleibt und wie ein Kolben vor und zurückschießt. Eine Million Zwergflamingos können schätzungsweise über 180 t (Kiesel-)Algen täglich verzehren.

Während die Zwergflamingos ihre Nahrung ausschließlich durch Filtration gewinnen, reichern die größeren Rosaflamingos die Algenmahlzeit mit kleinen Weichtieren, Schalentieren und anderen organischen Schlammbewohnern an. Bei der Nahrungssuche dreht sich der Flamingo im Kreis und stampft dabei mit den Füßen auf, um die Kleinstlebewesen aufzuschrecken und sich so ein möglichst opulentes Mahl zusammenzustellen.

Die Rosa- und Zwergflamingos unterscheiden sich am deutlichsten durch ihre Farbe. Rosaflamingos sind weiß bis rosa, der Schnabel ist weißlich und hat eine schwarze Spitze. Zwergflamingos sind dunkelrosa – manchmal sogar rot – und haben dunkelrote Schnäbel.

In der Nähe von Walvis Bay befinden sich drei unterschiedliche Feuchtgebiete, nämlich die Lagune, das Gelände der Salzfabrik und Bird Paradise bei der Kläranlage. Alle drei zusammen bilden das wichtigste Feuchtgebiet für Zugvögel an der Küste. Bis zu 150 000 Vögel lassen sich hier jährlich auf der Durchreise nieder, darunter große Schwärme Zwerg- und Rosaflamingos.

- **Lagune:** Die seichte und geschützte, 450 km² ha große Lagune südwestlich von Walvis Bay und westlich der Mündung des Kuiseb River zieht eine Vielzahl von Wasservögeln und außerdem riesige Schwärme Zwerg- und Rosaflamingos an. Außerdem bietet sie Lebensraum für Rotband-Regenpfeifer, Sichelstrandläufer sowie andere Limikolen und die seltenen Damara-Seeschwalben (s. Kasten S. 187).

- **Salzgewinnungsanlage:** Südwestlich der Lagune liegt ein 3500 ha großer Salzpfannenkomplex, der zurzeit mehr als 90 % des südafrikanischen Salzbedarfs deckt. Ähnlich wie die Anlage in Swakopmund filtern diese Pfannen durch Verdunstung Salz aus dem Meerwasser. Außerdem dienen sie als wichtige Nahrungsquelle für Krabben und Fischlarven.

- **Bird Paradise:** Direkt östlich der Stadt an der C14 befindet sich bei der städtischen Kläranlage dieses Naturschutzgebiet mit einigen seichten, künstlich angelegten Becken, die von Schilf gesäumt werden. Dort stochern die Vögel im Schlamm. Ein Turm und ein kurzer Naturwanderweg bieten großartige Möglichkeiten zur Vogelbeobachtung.

Siedlungen der Topnaar-Khoi Khoi. Zur ungewöhnlichen Vegetation gehören der Talerbusch, eine Sukkulente, und der !Narabusch, eine blattlose Pflanze, an der die stacheligen !Naramelonen (s. Kasten S. 203) wachsen, die immer noch ein wichtiges Nahrungsmittel der Topnaar, Verwandten der Nama, darstellen.

EISENBAHN

Im Winter werden die Bahnverbindungen zwischen Swakopmund und Walvis Bay immer wieder durch Sandverwehungen unterbrochen. Der Sand bedeckt dann die Schienen und höhlt zugleich die Bahntrasse und das Gleisbett aus. Das Problem ist allerdings nicht neu – 5 km östlich der Stadt sieht man an der C14 einen Sandhügel, unter dem ein ganzer

Streckenabschnitt der Schmalspurbahn aus dem letzten Jahrhundert begraben ist. Vor dem Bahnhof befinden sich die Überreste der *Hope,* einer altertümlich anmutenden Lokomotive, die die Schmalspurstrecke früher befahren hat. Beide wurden aufgegeben, nachdem die Strecke immer wieder unter 10 m hohen Sandbergen verschwand. Heute ist die *Hope* ein Nationaldenkmal und steht vor dem Bahnhof auf der 6th Street.

MUSEUM VON WALVIS BAY

Das **Museum** (Nangolo Mbumba Dr.; Eintritt frei; ☉ Mo–Fr 9–12.30 & 15–16.30 Uhr) der Stadt befindet sich in der Bücherei. Der Schwerpunkt der Sammlung liegt auf der Geschichte und der Bedeutung von Walvis Bay für die Seefahrt, aber es gibt auch archäologische Ausstellungen, eine Mineralsammlung und naturkundliche Ausstellungen über die Namib-Wüste und die Atlantikküste.

BIRD ISLAND
Entlang der Swakopmund Road, 10 km nördlich von Walvis Bay, lohnt sich ein Blick auf die hölzernen Meeresplattformen, die als Bird Island bekannt sind (Karte S. 198). Sie wurden errichtet als Schlaf- und Nistplatz für Seevögel und als Quelle für Guano, der als Bio-Dünger zum Einsatz kommt. Jährlich werden hier rund 1000 Tonnen davon gewonnen, und den fischig-trahigen Geruch, der von der Insel ausgeht, wird wahrhaftig keiner jemals mehr vergessen.

HAFEN
Wer bei dem für Öffentlichkeitsarbeit zuständigen Beamten von **Portnet** (☎ 208320) oder der Bahnpolizei neben dem Bahnhof am Ende der 13th Road eine Erlaubnis einholt, kann den Fischereihafen und den Handelshafen besichtigen. Dort befindet sich der schwere Maschinenpark, der das namibische Import-Export-Geschäft am Laufen hält. Besucher müssen den Pass vorweisen.

RUND UM WALVIS BAY
Sandwich Harbour
Dieser Ort (Karte S. 198), 56 km südlich von Walvis Bay, diente früher als kommerzieller Fischerei- und Handelshafen. Historiker gehen davon aus, dass der Name von dem englischen Walfänger *Sandwich* abgeleitet wurde. Sein Kapitän zeichnete die erste Karte von dieser Küstenlinie. Andere meinen, der Name könne auch die Verballhornung des deutschen Wortes *Sandfisch* sein. Es handelt sich dabei um eine dort häufig anzutreffende Haifischart. Wie immer es auch sei, gegenwärtig ist der Hafen vollständig von der Wildnis überwuchert, menschliche Besiedlung gibt es in Sandwich Harbour nicht mehr.

Während kaum jemand den Besuch eines so abgelegenen Ortes erwägen würde, betrachten Geländewagenfans einen Abstecher zur Geisterstadt und Sandwich Bay als echte Mutprobe für ihre Off-Road-Fahrkünste. Wer sich dieser Herausforderung gewachsen fühlt, dem steht der **Topnaar 4WD Trail** von Walvis Bay durch das Sandmeer bis Sandwich Harbour, Conception Bay und dem legendären Schiffswrack der *Edward Bolen* bereit.

Alle, die mit einem stabilen Hochrad-Geländewagen ausgestattet sind, folgen der linken Abzweigung fünf Kilometer südlich von Walvis Bay. An der Straßengabelung bei den Salzgewinnungsanlagen hält man sich erneut links und durchquert das sumpfige Kuiseb-Delta. Nach 15 km ist der Namib-Naukluft Park erreicht. Dort am Tor muss eine Eintrittsgebühr bezahlt werden.

Für die verbleibenden 20 km bis Sandwich Harbour gibt es zwei Routen: entweder direkt am Sandstrand entlang (nur bei Ebbe möglich) oder nach dem Kontrollposten links und dann den Fahrspuren folgen, die weiter ins Landesinnere führen. Durch Dünenbewegungen können jedoch mühsam zu durchquerende Tiefsandstreifen entstanden sein. Diese Bewegungen können die Route auch vollständig verändert haben. Eine Schaufel, ein Abschleppseil und einige Bretter sollten für den Fall, dass das Fahrzeug stecken bleibt, stets mitgeführt werden.

Und noch ein letzter Punkt: Selbst diejenigen, die bereits eine längere Zeit im namibischen Hinterland verbracht haben, sollten die Schwierigkeiten dieser Route nicht unterschätzen. Nicht wenige abgehärtete Geländewagen-Veteranen in Swakop und Walvis würden sich diese Route ohne Konvoi nicht zutrauen. Wagemutige sollten sich deren Ratschläge zu Herzen nehmen und und die Sicherheit erhöhen, indem sie in einer größeren Gruppe fahren.

Weniger Abenteuerlustige wenden sich an Reiseunternehmen in Swakopmund (S. 177) and Mola Mola in Walvis Bay (s. unten), die entsprechende Tagesausflüge arrangieren.

Aktivitäten
KAJAKTRIPS
Von der ausgesprochen liebenswürdigen Jeanne Mientjes geleitet, bietet **Eco-Marine Kayak Tours** (☎ 203144; www.emkayak.iway.na; 3 Std. ab 495 N$) Meeres-Kajaktrips in den wunderschönen Feuchtgebieten von Walvis Bay an. Es gibt allerdings kein Hauptbüro, Buchungen sind jedoch möglich per Telefon oder über die jeweilige Unterkunft.

MEERESSAFARI
Mola Mola Safaris (☎ 205511; www.mola-namibia.com; Ecke Esplanade & Atlantic St.; variable Preise) Dieses Unternehmen bietet ausgesprochen flexibel gestaltete Bootsausflüge in den Küstengebieten bei Walvis Bay und Swakopmund an. Dabei

lassen sich Meeresdelphine, Robben und zahllose Vogelarten beobachten. Die Preise hängen von der Gruppengröße und der Dauer des Ausflugs ab. Mola Mola bietet darüberhinaus eine Vielzahl von Landsafaris an, darunter geführte Ausflüge mit Geländewagen nach Sandwich Harbour und weiteren Sehenswürdigkeiten.

Schlafen

Übernachtungsmöglichkeiten gibt es entweder im Stadtzentrum oder am Langstrand (Long Beach), 10 km nördlich von Walvis Bay an der Straße nach Swakopmund. Obwohl es in Walvis zahlreiche empfehlenswerte Unterkünfte gibt, ziehen es die meisten Reisenden vor, in Swakopmund zu übernachten und Walvis Bay nur im Rahmen eines Tagesausfluges zu besuchen.

The Courtyard Hotel Garni (☎ 206252; 16 3rd Rd.; EZ/DZ ab 600/680 N$; ⊠ ⌨) Dank regelmäßiger Renovierungen zählt das Courtyard zu den besseren Hotels in Walvis und das sogar noch zu erschwinglichen Preisen. Elegante Zimmer mit polierten Parkettböden umgeben zwei gepflegte Höfe, auch ein beheiztes Hallenbad und eine Sauna stehen zur Verfügung.

Free Air Guesthouse (☎ 202247; www.namibia-walvisbay-guesthouse.com; Ecke 12th Rd. & 9th St.; EZ/DZ ab 655/919 N$; ⌨) Diese Adresse ist eine willkommene Ergänzung der Hotelszene in Walvis Bay. Das Gästehaus befindet sich in einem optisch attraktiven Gebäude mit scharf geschnittenen Konturen und sanften Oberflächen. Die minimalistisch gestalteten Räume mit sorgsam ausgewähltem Designerambiente sind bequem und wirken beruhigend. Dieses Gefühl stellt sich auch ein im Patio, wo die Gäste bei einem Cappuccino die anrollenden Meereswellen betrachten können.

Lagoon Lodge (☎ 200850; www.lagoonlodge.com.na; Nangolo Mbumba Dr. 2; EZ/DZ 710/1060 N$; ⌨) Diese von Franzosen geführte Pension besitzt einen prächtigen Standort nahe der Lagune und hat individuell dekorierte Räume mit Privatterrassen zum Strand und zum Meer hin. Der Innenhof erstrahlt in reichhaltigen Pastelltönen. Das verleiht dem Ort an der Veranda des Schwimmbeckens ein definitiv karibisches Ausssehen und lässt auch die entsprechende Stimmung aufkommen.

The Burning Shore (☎ 207568; www.burningshore. na; EZ/DZ ab 895/1380 N$; ⌨ ⌨) Diese einst kaum bekannte Ferienanlage südlich von Walvis Bay am Langstrand (Long Beach) bekam ordent-

lich Publicity, nachdem dort 2006 Angelina Jolie und Brad Pitt bei ihrer Überraschungsreise nach Namibia abgestiegen waren. Inzwischen haben sich die Gemüter aber etwas beruhigt, und die Burning Shore ist wieder ein abgeschiedener Ort, wo Reisende die Schönheit und die Ruhe der Dünenlandschaft und des Ozeans genießen können. Die Räume sind luxuriös, aber nicht abgehoben, und das verleiht dem ganzen Ort eine entspannte Eleganz und kühle Raffinesse.

Essen

Zusätzlich zur nachfolgenden Liste gibt es auch im benachbarten Swakopmund viele Möglichkeiten für ein Abendessen. Das Angebot an Restaurants ist dort viel größer.

Willi Probst Bakery & Café (☎ 202744; Ecke 12th Rd. & 9th St.; kleine Gerichte 15–35 N$) Wer sich nach Deutschland (oder nach Swakopmund) sehnt, tröstet sich am besten mit der deftigen deutschen Küche, auf die sich Probst verlegt hat: Schweinefleisch, Frikadellen, Schnitzel und ähnliche Spezialitäten.

Harry Peppar's (☎ 203131; Ecke 11th Rd. & Nangolo Mbumba Dr.; Pizzen 40–55 N$) Harry fabriziert alle möglichen einfallsreichen Pizzen mit dicker Kruste. Wer es gerne bequem hat, der lässt sich seine ausgefallenen Kreationen direkt ins Hotel liefern.

Crazy Mama's (☎ 207364; Ecke Sam Nujoma Av. & 11th Rd.; Hauptgerichte 45–65 N$) Dieses kuriose kleine Bistro, auf einen gewaltigen behauenen Baum hin zentriert, erhält von den Reisenden Bestnoten für die angenehme Stimmung, den freundlichen Service und die ständig sich ändernde Speisekarte mit Köstlichkeiten aus aller Herren Länder.

The Raft (☎ 204877; Esplanade; Hauptgerichte 75 bis 125 N$) Dieses Wahrzeichen von Walvis Bay steht küstennah auf Stelzen. Enten, Kormorane, Pelikane und Flamingos lassen sich dort von der ersten Reihe aus beobachten. Das Partnerrestaurant ist das Tug in Swakopmund und folglich dürfen Gäste hier ein ähnliches Angebot von qualitativ hochwertigen Fleischspeisen und Meeresfrüchten in Verbindung mit spektakulären Sonnenuntergängen und Ozeanblicken erwarten.

An- & Weiterreise

BUS & COMBI

Alle Busse und Combis nach Walvis Bay gehen über Swakopmund. Weitere Informationen sind auf S. 191 zu finden.

FLUGZEUG

Air Namibia (☎ 203102; www.airnamibia.com.na) verbindet mehrmals wöchentlich den Eros-Flughafen in Windhoek mit dem Rooikop in Walvis Bay, der 10 km südlich der Stadt an der C14 liegt.

TRAMPEN

Trampen ist zwischen Walvis Bay und Swakopmund unkompliziert, weil die Autofahrer um die schlechten Verbindungen wissen und gern anhalten. Allerdings sind die Wetterbedingungen für Reisende in den Namib-Naukluft Park oder zur Skelettküste bisweilen rau. Mehr Informationen über das Trampen auf S. 257.

NAMIB-NAUKLUFT PARK

Die gegenwärtigen Grenzen des Namib-Naukluft Parks, der zu den größten Nationalparks der Welt zählt, wurden 1978 gezogen. Zur Gründung des Nationalparks wurden der Namib Desert Park und der Naukluft Mountain Zebra Park mit einigen Teilen des Diamond Area 1 und Teilen des umliegenden Landes in Staatsbesitz vereinigt. Heute umfasst er mehr als 23 000 km² trockener und halbtrockener Naturfläche und schützt verschiedene Gebiete mit großer ökologischer Bedeutung, die in der Namib und im Naukluft liegen. Dazu zählen Sossuslvei, Sandwich Harbour und die Welwitschia Drive. Der Namib-Naukluft Park grenzt an das NamibRand Nature Reserve an, im südlichen Afrika die größte Landfläche in Privathand. Sie bildet einen gewaltigen Korridor für Wildtiere und ihre saisonalen Wanderbewegungen.

Weitere Berichte über den Welwitschia Drive und Sandwich Harbour gibt es auf S. 181 und S. 195.

NAMIB-ABSCHNITT

Obwohl die meisten Menschen die Namib einzig und allein mit Sossuslvei in Verbindung bringen, erstreckt sich die Wüste über den größten Teil Zentralnamibias. Sie ist geprägt durch vielfältige geologische Formationen. Die extremen Temperaturen und Umweltbedingungen machen ein Geländefahrzeug sowie gutes Fahrgeschick nötig, um die Namib-Wüste zu erforschen. Dort gibt es ein überraschend gut ausgebautes Netzwerk an Campingplätzen, auch was die Sicherheitslage

verlässlicher macht. Hier in dieser Region gilt in besonderem Maße die alte Erkenntnis, dass der Weg das Ziel ist.

Sehenswertes

KUISEB CANYON

Am Gamsberg-Pass, westlich vom Khomas-Hochland, liegt der Kuiseb Canyon mit dem Kuiseb River, der die meiste Zeit des Jahres nicht viel mehr als ein sandiges Flussbett ist. In der Regenzeit führt er zwei oder drei Wochen lang Wasser, das aber nur bis nach Gobabeb fließt, wo es schon wieder im Sand versickert. In Rooibank (S. 193) wird Trinkwasser für Walvis Bay aus der unterirdischen Quelle heraufgepumpt.

Hier im Kuiseb Canyon hielten sich die berühmten Geologen Henno Martin und Hermann Korn während des Zweiten Weltkriegs jahrelang versteckt, wie Martin in seinem Buch *Wenn es Krieg gibt, gehen wir in die Wüste* berichtet.

Heute sind die Hochlagen des Canyons unbewohnt, es gibt aber ein paar verstreute Ansiedlungen der Topnaar-Khoi Khoi in der Nähe des nördlichen Flussufers, dort, wo das Tal des Kuiseb sich verbreitert.

HAMILTON HILLS

Die Kalksteinberge südlich vom Vogelfederberg-Campingplatz, bekannt als Hamilton Hills, erheben sich 600 m über die umliegende Wüstenebene. Die Berge sind wie geschaffen für fabelhaft schöne Wüstenwanderungen, und dank der feuchten Nebelluft gedeiht hier eine erstaunliche Vielfalt an blühenden Sukkulenten (Dickblattgewächsen) und anderen botanischen Wundern.

Schlafen

Der Namib-Naukluft Park besitzt acht exklusive Camps, einige davon bieten Zelt- und Stellplätze, die jedoch weit auseinander liegen. Zu den Plätzen gehören Tische, Toiletten und Braai-Anlagen, es gibt allerdings keine Duschmöglichkeiten. Zum Kochen und Waschen können Besucher das leicht salzige Brackwasser benutzen, es ist aber nicht zum Trinken geeignet. Deshalb sollte man unbedingt genug Wasser mitbringen. Die Plätze müssen vorab gebucht werden, und zwar über die Namibia Wildlife Resorts (NWR) in Windhoek (S. 90) oder in Swakopmund (S. 177). Die Kosten betragen 100 US$ pro Platz plus 50 N$ pro Person, außerdem wer-

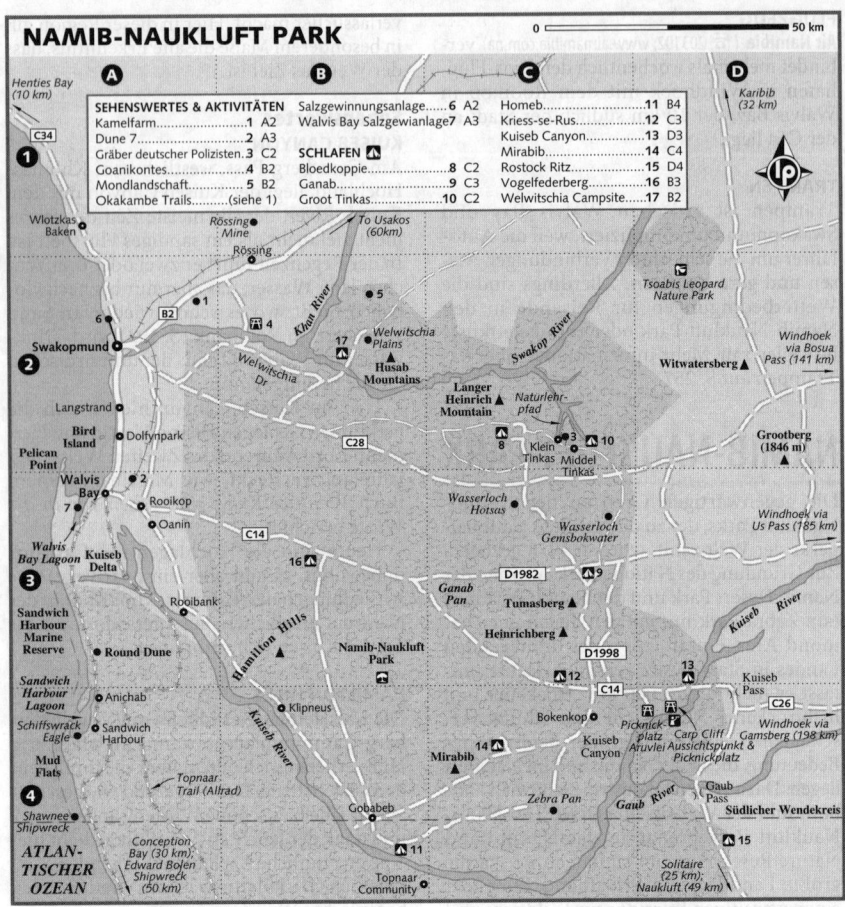

NAMIB-NAUKLUFT PARK

0   50 km

SEHENSWERTES & AKTIVITÄTEN	Salzgewinnungsanlage......6 A2	Homeb............11 B4
Kamelfarm......................1 A2	Walvis Bay Salzgewianlage7 A3	Kriess-se-Rus.........12 C3
Dune 7.........................2 A3		Kuiseb Canyon..........13 D3
Gräber deutscher Polizisten.3 C2	SCHLAFEN	Mirabib.............14 C4
Goanikontes...................4 B2	Bloedkoppie.................8 C2	Rostock Ritz.........15 D4
Mondlandschaft...............5 B2	Ganab.........................9 C3	Vogelfederberg........16 B3
Okakambe Trails..........(siehe 1)	Groot Tinkas................10 C2	Welwitschia Campsite.....17 B2

---

den beim Ausstellen der Genehmigung für den Park Gebühren fällig.

Bloedkoppie (Blood Hill), was übersetzt so viel bedeutet wie Blutberg, verfügt über einige der schönsten und beliebtesten Plätze im Park. Von Swakopmund aus gesehen liegen sie 55 km nordöstlich der C28, ein ausgeschilderter Weg führt dorthin. Zu den nördlichen Plätzen können Besucher auch mit einem Auto mit Zweiradantrieb vordringen, dort herrscht jedoch tendenziell mehr Andrang.

Die südlichen Plätze sind ruhiger und abgeschiedener, dafür sind sie nur mit einem Fahrzeug mit Allradantrieb erreichbar. Die Umgebung bietet sich für schöne Spaziergänge an, und in Klein Tinkas, 5 km östlich von Bloedkoppie, sind die Ruinen einer Polizeiwache aus der Kolonialzeit und die Grabsteine zweier deutscher Polizisten von 1895 zu sehen.

Groot Tinkas kann nur per Allradantrieb erreicht werden, deshalb ist hier nie viel los. Der Platz liegt wunderschön unterhalb eines schattigen Felsens, und rundherum lässt es sich herrlich durch die Natur wandern. Während der Regenzeit zieht das brackige Seichtwasser am nahe gelegenen Stausee viele Vögel an, die nach Nahrung suchen.

Vogelfederberg ist ein kleiner Campingplatz 2 km südlich der C14 und eine gute Übernachtungsmöglichkeit nur 51 km von Walvis Bay entfernt. Er erfreut sich als Picknickplatz oder als Ausgangspunkt für eine kurze Wanderung großer Beliebtheit. Es lohnt sich, die kleinen Seen auf der Hügelspitze in Augen-

ZENTRAL-NAMIBIA

schein zu nehmen, denn darin leben Salzwassergarnelen, die nur dann schlüpfen, wenn diese Becken mit Regenwasser gefüllt sind. Den einzigen Schatten spendet ein kleiner Felsvorsprung, dort gibt es zwei Picknicktische und Grillplätze.

Ganab, auf Deutsch Kameldornakazie, ist ein staubiger, ungeschützter Platz neben einem seichten Flussbett in der Kiesebene. Akazien bieten Schatten, und in der Nähe laben sich Antilopen an der Tränke eines alten wassergefüllten Bohrlochs.

Kriess-se-Rus ist ist ein eher gewöhnlicher Campingplatz in einem ausgetrockneten Flussbett in der Kiesebene, 107 km östlich von Walvis Bay am Gamsberg-Pass. Der Platz ist zwar schattig, aber nicht besonders ansprechend und deshalb eher nur als Zwischenstopp auf dem Weg von Windhoek nach Walvis Bay zu empfehlen.

Kuiseb Canyon ist ein schattiger Platz am Kuiseb River an der C 14 und bietet sich bei einem Ausflug von Windhoek nach Walvis Bay für einen Zwischenstopp an. Zwar ist die Landschaft einigermaßen malerisch, aber Staub und Lärm, der von den vorbeifahrenden Fahrzeugen erzeugt wird, schmälern seine Attraktivität im Vergleich zu anderen Camps. Es gibt die Möglichkeit, angenehme Kurzwanderungen im Canyon zu unternehmen. Allerdings besteht die Gefahr, dass der Ort bei schweren Regenfällen in den Bergen von einer Sturzwelle überschwemmt wird. Im Sommer sollten Besucher stets ein Auge auf die Wetterverhältnisse haben.

Mirabib ist ein angenehmer Ort. Hier können zwei Gruppen auf getrennten Plätzen untergebracht werden. Der Platz liegt angenehm schattig unter einem Felsvorsprung an einer großen Granitwand. Es gibt Hinweise darauf, dass hier vor 9000 Jahren bereits die Nomaden Schutz gesucht haben. Und auch spätere nomadisierende Hirten haben sich im 4. oder 5. Jh. wohl schon in diesem Gebiet aufgehalten.

Homeb hat Platz für mehrere Gruppen und befindet sich in Panoramalage ein Stück flussaufwärts vom bestzugänglichen Dünengebiet im Namib-Nauluft Park. Die Bewohner des nahe gelegenen Topnaar-Khoikhoi-Dorfes bohren Brunnen in das Flussbett des Kuiseb, um an das Grundwasser zu gelangen. Eines ihrer Hauptnahrungsmittel ist die !Naramelone (s. S. 203), die sich über ihre lange Pfahlwurzel mit Grundwasser versorgt. Das verborgene Wasser ermöglicht auch einigen Bäumen das Überleben, z. B. der Kameldornakazie und dem Ebenholzbaum.

An- & Weiterreise

Die Haupttransit-Routen C28, C14, D1982 und D1998 sind allesamt für Fahrzeuge mit Zweiradantrieb geeignet. Wer jedoch kleine Straßen befahren möchte, benötigt eine Parkerlaubnis (40 N$ pro Tag plus 10 N$ pro Fahrzeug). Diese ist entweder bei einem der Parkeingänge erhältlich oder kann vorab über NWR erworben werden. Einige der kleinen Straßen können zwar mit Hochrad-Zweiradantrieb bewältigt werden, dennoch empfiehlt sich auf jeden Fall ein Geländewagen.

NAUKLUFTBERGE
☎ 063 / 1973 m

Die Naukluftberge ragen steil aus den Kiesebenen der Zentralnamib auf. Tiefe Schluchten, Höhlen und Quellen durchziehen den Gebirgsstock aus Dolomitgestein. Durch das Massiv winden sich die Flüsse Tsondab, Tsams und Tsauchab, und deren relativer Wasserreichtum schafft einen idealen Lebensraum für die Bergzebras, Kudus, Leoparden, Springböcke und Klippspringer, die es hier in den Bergen gibt. Neben Wildbeobachtung eignet sich der Naukluft für anspruchsvolle Treks, mit denen man sich diese weitgehend unzugängliche Gegend erschließen kann.

Geschichte

In den frühen 1890er-Jahren waren die Naukluftberge Schauplatz eines heftigen Kampfes zwischen den deutschen Kolonialtruppen und den Nama. Im Januar 1893 planten Soldaten der deutschen Schutztruppe für die Vertreibung der Nama aus ihrer Siedlung in Hoornkrans drei Tage ein. Da sie das Gebiet aber nicht kannten und keinerlei Erfahrung im Guerillakrieg besaßen, dauerte der Kampf schließlich Monate und forderte auf beiden Seiten große Verluste. Schließlich unterbreiteten die Nama das Angebot, die deutsche Herrschaft anzuerkennen, wenn sie dafür ihr Land und ihre Waffen behalten durften. Die Deutschen erklärten sich damit einverstanden, und der Kampf war beendet.

Praktische Informationen

Die meisten Besucher kommen in die Naukluftberge, um auf dem Waterkloof Trail oder dem Olive Trail zu wandern. Diese We-

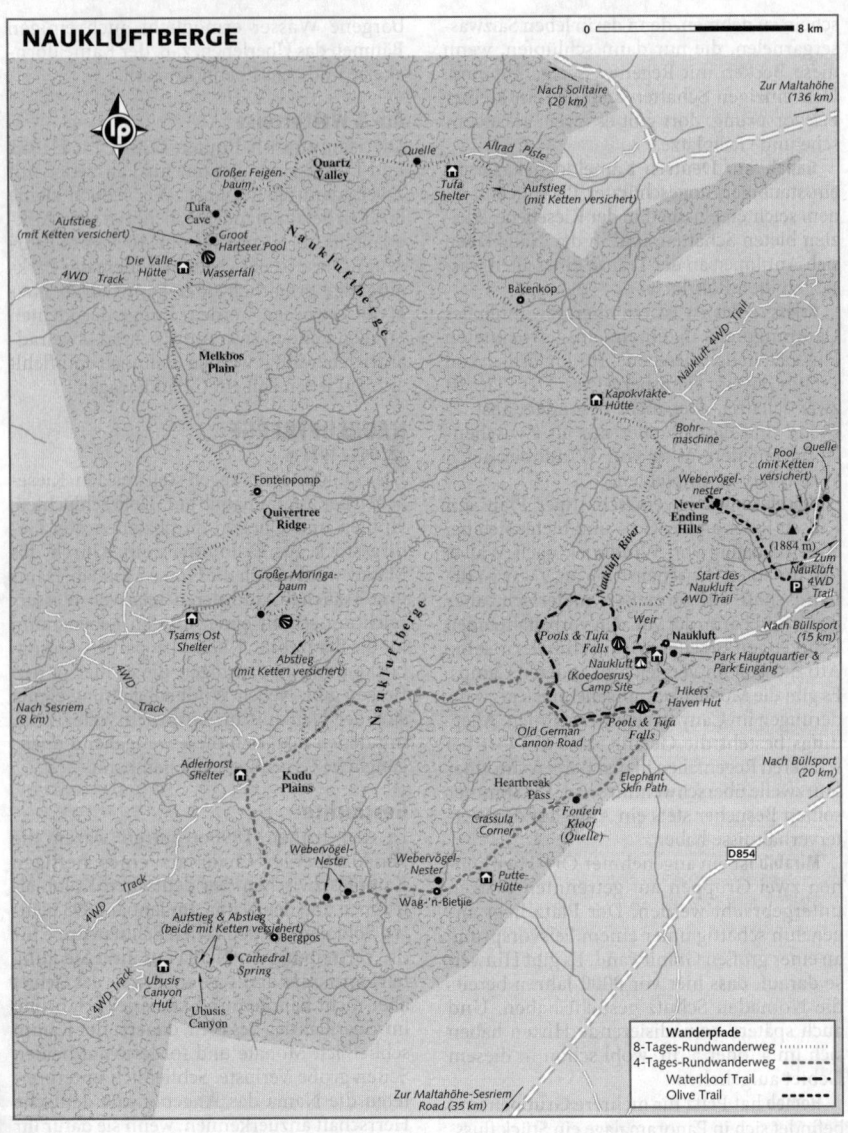

NAUKLUFTBERGE

0 ___ 8 km

Nach Solitaire (20 km)
Zur Maltahöhe (136 km)

Quelle
Allrad Piste

Großer Feigenbaum
Quartz Valley
Tufa Shelter
Aufstieg (mit Ketten versichert)

Tufa Cave
Aufstieg (mit Ketten versichert)
Groot Hartseer Pool
Die Valle Hütte
4WD Track
Wasserfall

Bakenköp

Naukluft 4WD Trail

Melkbos Plain

Kapokvlakte Hütte

Bohr-maschine

Fonteinpomp
Pool (mit Ketten versichert)
Quelle

Quivertree Ridge
Webervögel-nester
Never Ending Hills
(1884 m)
Zum Naukluft 4WD Trail

Großer Moringa-baum
Naukluft River
Start des Naukluft 4WD Trail

Tsams Ost Shelter
Abstieg (mit Ketten versichert)
Weir
Pools & Tufa Falls
Naukluft
Nach Büllsport (15 km)
Park Hauptquartier & Park Eingang

4WD Track
Naukluftberge
Naukluft (Koedoesrus) Camp Site
Hikers' Haven Hut

Nach Sesriem (8 km)
4WD Track

Adlerhorst Shelter
Kudu Plains
Old German Cannon Road
Pools & Tufa Falls
Elephant Skin Path
Nach Büllsport (20 km)

Heartbreak Pass
Crassula Corner
Fontein Kloof (Quelle)
D854

Webervögel-Nester
Webervögel-Nester
Putte-Hütte

4WD Track
Wag-'n-Bietjie

Aufstieg & Abstieg (beide mit Ketten versichert)
Bergpos

Cathedral Spring

Ubusis Canyon Hut
Ubusis Canyon

Zur Maltahöhe-Sesriem Road (35 km)

Wanderpfade	
8-Tages-Rundwanderweg	········
4-Tages-Rundwanderweg	- - - -
Waterkloof Trail	— —
Olive Trail	- - - -

ZENTRAL-NAMIBIA

ge stehen auch Tagesausflüglern offen, die meisten Wanderer bleiben aber über Nacht auf dem Campingplatz Koedoesrus, der aber im Voraus gebucht werden muss.

Außerdem gibt es einen Vier- und einen Acht-Tage-Rundwanderweg; für beide gelten bestimmte Einschränkungen. Aufgrund der drückenden Hitze im Sommer und der mit-

unter sehr starken Regenfälle sind die Wege lediglich vom 1. März bis zum ersten Freitag im Oktober geöffnet. Offiziell können die Wanderungen nur in den ersten drei Wochen eines Monats, jeweils am Dienstag, Donnerstag und Samstag begonnen werden. Im Preis von 100 N$ pro Person ist die Unterkunft im ehemaligen Farmhaus Hikers' Haven jeweils

in der Nacht vor und nach der Tour mitein-
geschlossen, außerdem können die Wanderer
in den einfachen Hütten am Wanderweg und
in der Ubusis-Canyon-Hütte übernachten.
Zusätzlich zahlt man 50 N$ pro Person und
pro Tag und weitere 10 N$ pro Tag für jedes
Auto, das geparkt wird. Die Gruppen müssen
aus drei bis zwölf Leute bestehen.

Wegen des heißen, trockenen Klimas und
weil die natürlichen Wasserquellen knapp
sind, sollte man mindestens 3 bis 4 l Wasser
pro Person und Tag mitbringen und auch die
Notfallapotheke nicht vergessen.

Sehenswertes & Aktivitäten
WATERKLOOF TRAIL
Dieser schöne, 17 km lange Rundweg verläuft
entgegen dem Uhrzeigersinn und kann in
etwa sieben Stunden komplett bewältigt werden. Er beginnt beim Campingplatz Koedoesrus (Naukluft), 2 km westlich vom Hauptbüro des Parks. Der Weg folgt dem Lauf des
Naukluft River, vorbei an einem Fischwehr
mit vielen Fröschen (nicht verpassen: den
unglaublichen Schilfrohr-Tunnel!) sowie einigen Wasserlöchern und Tümpeln, deren
Wasser sich sowohl zum Trinken als auch
zum Schwimmen eignet.

Etwa 1 km hinter dem letzten Wasserloch
biegt der Weg nach Westen ab. Er folgt nun
nicht länger dem Naukluft River und führt zu
einer *kloof* (enge Felsschlucht oder Klamm)
hinauf. Von dort bis zur Markierung der halben Strecke verläuft der Weg über ein zunehmend offenes Hochplateau.

Kurz nach der Markierung auf halbem Wege steigt der Trail steil zu einem breiten Bergkamm von 1910 m Höhe an, der den höchsten
Punkt der Strecke bildet. Hier wird man mit
einer sagenhaften Aussicht über die Wüste
belohnt, bevor der lange, steile Abstieg ins
Gororosib-Tal beginnt. Der Weg führt an
mehreren Tümpeln voller Schilf und an einem
beeindruckenden Wasserfall vorbei, dann
trifft er wieder auf den Naukluft River. Hier
macht die Route einen Linksknick und folgt
dem Geländewagen-Trail bis zurück zum
Hauptbüro des Namib-Naukluft Park.

OLIVE TRAIL
Der 11 km lange Olive Trail, der seinen Namen den wild wachsenden Oliven verdankt,
beginnt beim Parkplatz, 4 km nordöstlich
vom Hauptbüro des Parks. Der Weg verläuft

im Uhrzeigersinn über eine Strecke in Form
eines Dreiecks und dauert normalerweise vier
bis fünf Stunden.

Die Wanderung beginnt mit einem steilen
Aufstieg auf das Plateau und bietet dabei schöne Ausblicke hinab ins Nauklufttal. Dann
biegt der Weg scharf Richtung Osten ab und
führt bergab durch ein enges Flusstal, das zunehmend breiter und steiler wird und einige
wohlgeformte U-Biegungen macht. Ein Stück
weiter wird der Weg durch ein Wasserloch
versperrt, und die Wanderer kommen hier
nur weiter, indem sie mit Hilfe von fest ver-
ankerten Ketten eine Bergwand überwinden.
Auf diesem Stück ist die Landschaft besonders
beeindruckend. Kurz bevor der Weg endet,
trifft er auf die Strecke für Geländewagen,
dann biegt er scharf nach Süden ab und führt
direkt auf den Parkplatz.

VIER- & ACHT-TAGE-RUNDWANDERWEGE
Die beiden großen Rundwanderwege durch
das Massiv können in vier oder acht Tagen
zurückgelegt werden. Viele halten die
Naukluftberge für einen Art magischen Ort,
sein Charme ist aber weniger offensichtlich
als der des Fish River Canyon im südlichen
Namibia. Ohne Frage gibt es hier einige spektakuläre Sehenswürdigkeiten, wie den Zebra
Highway, den Ubusis Canyon und das Die
Valley (neben dem Wasserfall nach dem Fels
mit dem Profil eines Hengstes Ausschau halten!). Einige Tage lang führt der Weg aber nur
über eine offene Ebene oder durch nervtötend
steinige Flussbette, wo man nichts Interssan-
tes sieht und kaum vorankommt.

Der 60 km lange viertägige Rundweg ist im
Grunde genommen nur das erste Drittel der
120 km langen Acht-Tage-Strecke zuzüglich
eines Abstechers von 22 km querfeldein über
das Plateau und zurück zum Hauptbüro des
Parks. Er trifft dort mit dem Waterkloof Trail
zusammen, wo sich die Markierung der halben Strecke befindet, und folgt ihm ab da bis
zum Hauptbüro.

Alternativ kann man die Vier-Tage-Strecke
auch bei der Hütte Tsams Ost beenden, also
auf der Hälfte der Acht-Tage-Strecke; von
dort aus führt eine Straße auf die Sesriem-
Solitaire Road. In diesem Fall sollte man natürlich dort sein Auto abstellen, bevor man
vom Hauptbüro aufbricht. Wichtig: Wanderer können nur mit einer speziellen Genehmigung der Naukluft-Ranger den Rundweg
bei Tsams Ost beginnen.

ZENTRAL-NAMIBIA

Diese einfachen Wanderungen sind durch weiße Trittsiegel mit Fußstapfen gekennzeichnet (außer die Streckenabschnitte, die sich mit dem Waterkloof Trail überschneiden, der mit gelben Fußabdrücken markiert ist). Es ist meistens heiß und trocken, und Wasser gibt es in der Regel nur an den Hütten, in denen man übernachten kann (bei der Putte-Hütte befindet sich in 400 m Entfernung eine Wasserpumpe).

Wer den Acht-Tage-Marsch auf sieben Tage verkürzen möchte, kann sich Ubusis Canyon sparen, indem er bei Bergpos nach Norden abbiegt und die zweite Nacht in der Adlerhorst-Hütte verbringt. Extrem gestählte Wanderer können den siebten und achten Tag auch einfach zusammenlegen.

An vier Stellen – beim Ubusis Canyon, oberhalb von Tsams Ost, Die Valley und direkt hinter der Tufa-Hütte – müssen Wanderer es mit ausgetrockneten Wasserfällen aufnehmen, durch mit Geröll zugeschüttete Schluchten kraxeln und mit Hilfe von Ketten steile Kalktuff-Formationen überwinden. Einigen Leuten ist das zu viel, man sollte sich also vorher gut überlegen, ob man sich derartigen Abenteuern gewachsen fühlt.

NAUKLUFT 4WD TRAIL

Begeisterte Off-Road-Fahrer können ihr Gefährt auf der neuen, 73 km langen Strecke für Fahrzeuge mit Allradantrieb im Naukluft-Park testen. Die Rundfahrt an der nordöstlichen Ecke des Naukluftgebiets beginnt dort, wo auch der Olive Trail startet. Die Fahrt kostet 220 N$ pro Auto und zusätzlich 50 N$ pro Person und Tag, im Preis ist die Übernachtung in einer der A-förmigen Steinhütten an der 28-km-Markierung eingeschlossen. Es gibt dort Gemeinschaftstoiletten, -duschen und Grillstellen. Bis zu vier Wagen/16 Personen dürfen hier gleichzeitig unterkommen. Buchungen über Namibia Wildlife Resorts (NWR) in Windhoek (S. 90).

Schlafen

Abgesehen von den inoffiziellen Campingplätzen entlang der Trails gibt es einige Unterkunftsmöglichkeiten, die außerhalb des Parks liegen.

Tsauchab River Camping (Karte S. 174; ☎ 293416; www.natron.net/tsauchab, pro Zeltplatz 100 N$ plus 70 N$ pro Pers., EZ/DZ-Chalet 640/1060 N$) Eingefleischte Wanderer oder auch Naturliebhaber sind hier genau richtig. Die Campingplätze liegen neben dem Flussbett des Tsauchab einer davon befindet sich sogar in einem riesigen ausgehöhlten Baumstamm, und alle haben eine eigene Dusche, ein Spülbecken und einen Grillplatz. Vom Hauptplatz aus führt ein 11 km langer Wanderweg auf den Aloekop-Hügel hinauf. Neben einer Quelle 11 km vom Hauptplatz entfernt, befindet sich jene nur mit dem Geländewagen zu erreichende Stelle, wo der wunderbare, 21 km lange Mountain Zebra Hiking Trail beginnt.

Büllsport Guest Farm (Karte S. 174; ☎ 693371; www.natron.net/tour/buellspt; EZ/DZ mit Halbpension 660/990 N$) Die schön gelegene Farm gehört Ernst und Johanna Sauber und liegt inmitten einer Landschaft von herber Schönheit unterhalb des Naukluft-Massivs. Dort finden sich die Überreste einer Polizeiwache aus der Kolonialzeit, der Bogenfels und viele Bergzebras. Ein Highlight ist die Exkursion im Geländewagen hoch auf das Plateau und der Abstieg in die Schlucht, vorbei an mehreren idyllischen Naturschwimmbecken.

Zebra River Lodge (Karte S. 174; ☎ 693265; www.zebrariver.com; EZ/DZ mit Vollpension 850/1580 N$) In einer bezaubernden Landschaft in den Tsaris-Bergen liegt dieser private „Grand Canyon" von Rob und Marianne Field. Die wundervolle Gegend mit Wüstenbergen, Hochebenen, Tälern und natürlichen Quellen ist durch ein Netz von Wanderwegen und Tracks für Geländewagen erschlossen. Wer ganz langsam im ersten und zweiten Gang fährt, kommt sogar mit einem Zweiradantrieb ans Ziel.

An- & Weiterreise

Der Naukluft-Park ist am besten zu erreichen über die C24 aus Richtung Rehoboth und die D1206 aus Richtung Rietoog; Tankstellen gibt es in Büllsport und Rietoog. Vom 103 km entfernten Sesriem aus führt die kürzeste Strecke über die ausgefahrene D854 zum Park.

SESRIEM & SOSSUSVLEI

☎ 063

Obwohl Sossusvlei in Namibia die Touristenattraktion schlechthin ist, wirkt es trotzdem recht abgeschieden. Eine Wanderung durch die Dünen im 32 000 km² großen Sandmeer, das einen Großteil Westnamibias bedeckt, ist eine bedrückende Angelegenheit. Die Dünen mit einer Höhe von bis zu 325 m sind Teil eines der ältesten und trockensten Ökosysteme der Welt. Und doch ändert sich die Landschaft hier fortwährend: Die Form

!NARAMELONEN

Historisch gesehen verdanken die Menschen der Namib ihr Überleben dort einer außergewöhnlichen, dornigen Pflanze, der !Naramelone. Friedrich Welwitsch, auf den auch der Name der Welwitschiapflanze zurückgeht, lieferte die erste systematische Beschreibung der Melone.

Obwohl der !Narabusch in der Wüste wächst, ist er eine Wüstenpflanze, denn ihm fehlt die Fähigkeit, Wasserverlust durch Transpiration zu vermeiden. Er muss sich daher über eine lange Pfahlwurzel mit Feuchtigkeit aus dem Grundwasser versorgen. !Naramelonen eignen sich deshalb ausgezeichnet zur Kontrolle des Grundwasserspiegels: Ist die Pflanze gesund, so gilt das auch für den Wasservorrat! Da die Melone keine Blätter hat, ist sie vor weidenden Tieren weitgehend geschützt, nur Strauße knabbern ihre zarten Triebe ab.

Wie bei der Welwitschia befinden sich die männlichen und weiblichen Geschlechtsorgane bei den !Naramelonen jeweils auf unterschiedlichen Pflanzen. Die männlichen Pflanzen blühen das ganze Jahr über, dafür bringen die weiblichen jeden Sommer die 15 cm großen Melonen hervor, die von Schakalen, Insekten, aber natürlich auch von den Menschen geschätzt werden. Dem Volk der Topnaar-Khoi Khoi dient die Melone auch heute noch als Hauptnahrungsmittel, außerdem wird sie mittlerweile in der Gegend verkauft. Jedes Jahr zur Erntezeit errichten die Topnaar Camps um das Kuiseb-Delta herum und ernten die Früchte. Die Melonen können zwar auch roh gegessen werden, die meisten trocknen sie aber lieber, um sie später zu verwerten. Viele Früchte werden aber auch verpackt und zu den Märkten in der Stadt gebracht.

der Dünen wird immer wieder vom Wind verändert, und die Farben wechseln je nach Lichteinfall. Am glänzendsten wirken sie direkt nach Sonnenaufgang. Das Eingangstor nach Sossusvlei ist Sesriem (sechs Riemen), denn genau sechs Lederriemen eines Ochsenkarrens mussten von den niederländischen Pionieren zusammengefügt werden, um mit Eimern an das Grundwasser der benachbarten Schlucht zu gelangen. Obgleich Sesriem gegenwärtig einen kleinen Wachstumsschub erlebt, bleibt der Ort weiterhin ein einsamer und weit verstreuter Außenposten, in dem es kaum mehr gibt als eine Tankstelle und eine Handvoll Hotels und Pensionen.

Praktische Informationen

Sesriem Canyon und Sossusvlei sind ganzjährig von Sonnenauf- bis Sonnenuntergang geöffnet. Wer den Sonnenaufgang über Sossusvlei sehen möchte, muss im Park bleiben, entweder im Sesriem Camp Site oder in der Sossus Dune Lodge. Von beiden Plätzen aus darf man rund 15 Minuten, bevor das allgemeine Publikum durch die Haupteingänge eingelassen wird, nach Sossusvlei starten. Wer sich damit zufrieden gibt, lediglich das Morgenlicht zu genießen – ein recht kurzes Vergnügen – kann entweder in Sesriem oder Solitaire bleiben und einfach den Park betreten, wenn die Sonne aufgeht. Sämtliche Besucher müssen sich beim Parkbüro eine Eintrittserlaubnis besorgen (s. S. 27).

Sehenswertes & Aktivitäten
SOSSUSVLEI

Sossusvlei, eine große Salzpfanne, liegt inmitten roter Sanddünen, die sich bis 200 m über das Tal und mehr als 300 m über die darunter liegenden Schichten erheben. Sie füllt sich nur sehr selten mit Wasser, aber wenn der Tsauchab River Wasser führt und genug Kraft gesammelt hat, um durch die ausgedörrten Ebenen bis zum Sandmeer vorzudringen, ist die Gegend schlagartig wie verwandelt. Der vertrocknete Boden verschwindet in einem blau-grünen See, der von Pflanzen umgeben ist und viele Wasservögel anlockt, aber auch Spießböcke und Strauße, die sich im Sand sehr wohlfühlen und vielleicht sogar den Kopf hineinstecken.

Dieser Sand entstand vermutlich vor etwa 3 bis 5 Mio. Jahren in der Kalahari. Er wurde den Oranje (Orange River) hinunter ins offene Meer geschwemmt, von dort mit dem Benguelastrom Richtung Norden gespült und lagerte sich schließlich an der Küste ab. Um eine Vorstellung von der Größe des Sandmeers zu bekommen, erklimmt man am besten eine Düne. Wen dabei ein Déjà-vu-Erlebnis überkommt, braucht sich nicht zu wundern – Sossusvlei tauchte weltweit in zahlreichen Filmen und Werbespots auf, und fast jeden Bericht über Namibia schmückt ein Bild von Sossusvlei.

Am Endpunkt der 65 km langen, für Zweiradantrieb ausgelegten Straße von Sesriem

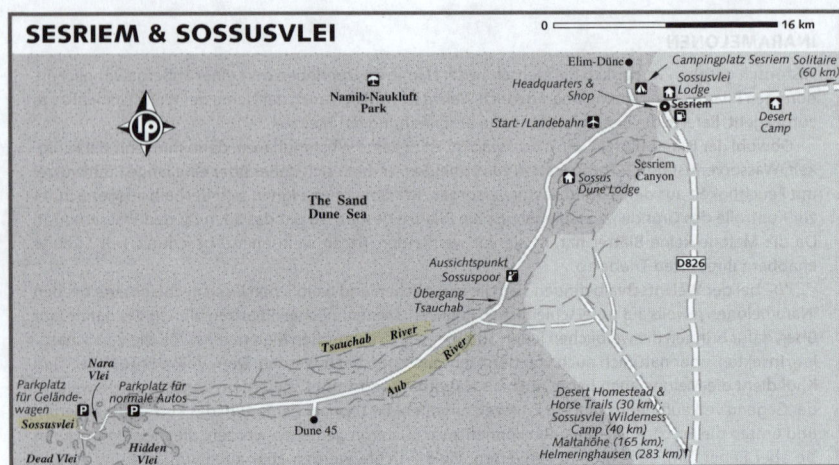

SESRIEM & SOSSUSVLEI

befindet sich der Parkplatz. Nur Geländewagen können die verbleibenden 4 km in die Sossusvlei-Pfanne hineinfahren. Besucher mit kleineren Fahrzeugen stellen ihr Auto auf dem Parkplatz ab, laufen, trampen oder nehmen den Shuttle-Bus (150 N$ hin und zurück), um die verbleibende Strecke hinter sich zu bringen. Wer gerne zu Fuß geht, und das ist in der Tat der beste Weg, um die Wüstenszenerie auf sich wirken zu lassen, sollte rund 90 Minuten einplanen und ausreichend Trinkwasser mitnehmen, um der Wüstenhitze Paroli bieten zu können.

SESRIEM CANYON
4 km südlich vom Hauptbüro in Sesriem beginnt der 1 km lange und 30 m tiefe Sesriem Canyon. Er verdankt seine Entstehung dem Tsauchab River, der sich in die 15 Mio. Jahre alten Ablagerungen aus Sand und Kies hineingefressen hat. Es gibt zwei schöne Wanderrouten: Eine führt flussaufwärts bis zum Brackwasserpool am oberen Ende des Flusses, die andere 2,5 km flussabwärts zum unteren Ende. Nicht verpassen: Die Felsformation, die Ähnlichkeit mit einer in Stein gehauenen ägyptischen Sphinx hat, auf der Nordseite an der Mündung des Canyons.

DÜNE 45
Die Düne 45 ist die bestzugängliche der großen roten Dünen an der Straße nach Sossusvlei und verdankt ihren Namen einfach der Tatsache, dass sie 45 km von Sesriem entfernt liegt. Sie erhebt sich mehr als 150 m über die

Ebene und wird von mehreren abgestorbenen knochig wirkenden Bäumen flankiert, die ein beliebtes Fotomotiv darstellen.

ELIM-DÜNE
Die beliebte rote Düne 5 km nördlich vom Campingplatz in Sesriem erreicht man im Pkw mit Zweiradantrieb, oder man unternimmt vor- oder nachmittags einen hübschen Spaziergang dorthin.

HIDDEN VLEI
Der 4 km lange Marsch vom Parkplatz zum Hidden Vlei, einer trockenen Salzpfanne inmitten einsamer Dünen, ist äußerst lohnenswert. Tote Bäume werfen lange Schatten über die kahlen Sandhänge. Die Straße ist mit weißen Pfosten markiert. Am spannendsten ist die Wanderung am Nachmittag, dann ist hier mit großer Wahrscheinlichkeit sonst keine Menschenseele unterwegs.

DEAD VLEI
Der holprige, 6 km lange Rückweg von Sossusvlei zum Dead Vlei ist besonders bei Reisenden beliebt, denen Sossusvlei zu touristisch geworden ist. Trotz des Namens ist Dead Vlei ein bezaubernder Ort mit dem Leben der Wüste und genauso beeindruckend wie sein berühmterer Nachbar.

Schlafen
In den weiter unten aufgeführten Lodges muss unbedingt im Voraus gebucht werden. Das

Sossusvlei &
Namib

DIE DÜNEN DER NAMIB

Die Dünen der Namib erstrecken sich im Süden vom Orange bis zum Kuiseb River und im Norden von Torra Bay im Skeleton Coast Park bis zum Curoca River in Angola. Sie bestehen aus buntem Quarzsand in den unterschiedlichsten Farbtönen – von cremefarben bis orange und rot oder violett.

Im Gegensatz zu den alten Dünen der Kalahari sind die der Namib dynamisch: Sie werden durch den Wind bewegt und verändern ständig ihre Form. Der obere Teil der Düne in Wanderrichtung ist als *slipface* bekannt, weil der Sand vom Dünenkamm auf dieser Seite hinunterrutscht. Hier lagern auch zahlreiche abgestorbene Pflanzen- und Tierreste, die den Lebewesen in den Dünen ein karges Mahl bieten, deshalb konzentriert sich das Leben in der Wüste vor allem an diesen Stellen.

Hier eine Liste der häufigsten Dünenarten der Namib:

- **Parabolische Dünen** Entlang des östlichen Gebiets des Dünenmeeres (einschließlich der Dünenregion rund um Sossusvlei) werden die Dünen als parabolisch oder multizyklisch eingestuft. Sie sind das Ergebnis unterschiedlicher Windformen. Parabolische Dünen sind in der Namib-Wüste die stabilsten Dünen, weswegen sie zu den am stärksten mit Vegetation überzogenen Dünen zählen.

- **Transversale Dünen** Die langen geradlinigen Dünen entlang der Küste südlich von Walvis Bay (S. 192) zählen zu den transversalen Dünen, die im rechten Winkel zu den vorherrschenden Südwestwinden liegen. Die Folge davon ist, dass ihre Hangbereiche nach Norden und Nordosten ausgerichtet sind.

- **Seifdünen** Beim Homeb-Campingplatz im Namib-Naukluft Park (S. 197) befinden sich die markant geradlinigen Seifdünen, enorme, in alle Richtungen orientierte Sandriffel. Bis zu 100 m hoch, liegen sie räumlich rund einen Kilometer voneinander getrennt und erscheinen deutlich auf Satellitenfotos. Seifdünen werden von saisonalen Winden geformt. Während der vorherrschenden sommerlichen Südwinde liegen die Hangflächen auf der nordöstlichen Seite. Im Winter bläst der Wind in die entgegengesetzte Richtung und sorgt so dafür, dass Hangflächen auf den südwestlichen Seiten entstehen.

- **Sterndünen** In Gegenden, in denen einzelne Dünen dem Wind aus allen Richtungen ausgesetzt sind, entstehen Sterndünen. Sie haben mehrere Ecken und sehen von oben betrachtet wie Sterne aus.

- **Sicheldünen** Diese Dünenform herrscht am nördlichen Ende der Skelettküste (S. 168) und südlich von Lüderitz vor. Sicheldünen sind die mobilsten Dünen, da sie durch Winde aus einer Richtung geschaffen werden. Wenn sie wandern, nehmen sie einen halbmondförmigen Umriss an, dabei zeigen die Spitzen des Halbmondes in die Wanderrichtung. In der Tat sind es Sicheldünen, die langsam die Geisterstadt Kolmanskop bei Lüderitz verschlingen.

- **Hügeldünen** gruppieren sich gewöhnlich um eine Wasserquelle herum und sind kleiner als andere Dünenarten. Sie werden gebildet, wenn sich Sand z. B. um ein Grasbüschel herum aufhäuft und von den Wurzeln der Pflanze an Ort und Stelle gehalten wird. Hügeldünen sind meistens weniger als 3 m hoch.

gilt vor allem für die Hochsaison, für Schulferien und für das Wochenende.

Sesriem Camp Site (Karte S. 204; Zeltplatz 300 N$ plus 150 N$ pro Pers.) Abgesehen von der gehobenen Sossus Dune Lodge ist dies die einzige Übernachtungsmöglichkeit innerhalb des Parks. Wer dort die Nacht verbringt, ist garantiert rechtzeitig zum Sonnenaufgang in Sossusvlei. Da der Ort sehr beliebt ist, müssen bereits vorab im NWR-Büro in Windhoek (S. 90) Plätze reserviert werden. Selbst dann ist es unbedingt notwendig, vor Sonnenuntergang einzutreffen, weil ansonsten die bis dahin nicht belegten Plätze an andere Interessenten vergeben werden. Wer in Windhoek keinen Platz buchen konnte, kann immerhin bei dieser nächtlichen Lotterie auf sein Glück hoffen. Es gibt einen kleinen Laden, der kleine Snacks und kalte Getränke verkauft, für Musik und Alkohol sorgt in der Nacht die Bar.

Desert Camp (Karte S. 204; ☎ 683205; www.desertcamp.com; EZ/DZ ab 730/900 N$; 🖵) Als Gegenstück zur Sossusvlei Lodge zielt dieses 3 km außerhalb des Parks liegende Camp auf Reisende mit mittlerem Budget ab, die den Komfort einer Lodge wünschen, ohne allzu viel Geld dafür auszugeben. Die Unterkunft besteht aus 20 Leinwandzelten im ostafrikanischen Stil mit eigenem Bad, eigenen Küchen und einer Grillanlage, die vom zentralen Aufenthaltsbereich aus angefacht wird. Und das Beste kommt noch: Wer seine Bestellung für das Abendessen beim Empfang abgibt, erhält abends Wildbretsteaks, gemischte Salate und andere Köstlichkeiten.

The Desert Homestead & Horse Trails (Karte S. 174; ☎ 293243; www.deserthomestead-namibia.com; EZ/DZ ab 825/1325 N$; 🐎) Die von Lesern empfohlene Lodge, etwa 30 km südöstlich von Sesriem, hat sich auf individuelle Pferdeausritte durch den Namib-Naukluft Park konzentriert. Wer für einen Sundowner schwärmt oder eher einen nächtlichen Ritt durch die Wüste vorzieht, findet hier professionelle Angestellte und außergewöhnliche Pferde, die diese Wünsche bestimmt erfüllen. Selbst Besucher, die dem Reitsport nichts abgewinnen können, kommen in dieser Lodge auf ihre Kosten, erinnert sie doch an eine traditionelle namibische Heimstätte. Und die landestypische Küche, für die dort angebaute Zutaten verwendet werden, darf man einfach nicht links liegenlassen.

Sossusvlei Lodge (Karte S. 204; ☎ 293223; www.sossusveilodge.com; EZ/DZ ab 1915/2550 N$; 🐎) Dieser eigenartige Platz sieht so aus, als ob eine Horde zankender Kinder einen Haufen bunter Bauklötze umgekippt hätte. Entweder man liebt sie, oder man hasst sie, Charakter hat die Lodge auf jeden Fall. Übernachtet wird in Chalets mit Selbstversorgung, die alle mit einer privaten Verandas ausgestattet sind. Auch ein Schwimmbecken ist vorhanden. Weiterhin erwartet die Gäste ein Restaurant mit Bar und ein Observatorium für den Südhimmel. Auch wenn die Unterkunft recht teuer ist, sie liegt außerhalb des Parks, und so gelingt es nicht, von dort aus rechtzeitig zum Sonnenaufgang in Sossusvlei einzutreffen.

Sossus Dune Lodge (Karte S. 204; ☎ 061-2857200; www.nwr.com.na/sossus_dune_lodge.html; EZ/DZ 600/835 US$, mit Vollpension ab 2300/3600 N$; 🐎) Für wen das liebe Geld kein Thema ist, der sollte seine Spendierhöschen anlegen und sich in dieser brandneuen und ausgesprochen exklusiven Lodge einquartieren. Sie wird vom NWR verwaltet und gehört zu den zwei Immobilien innerhalb des Parks. Vollständig aus lokal verfügbaren Materialien errichtet, besteht die Unterkunft aus erhabenen Bungalows entlang einer gekrümmt verlaufenden Promenade und ist auf die stillen Wüstenebenen hin ausgerichtet. Am Morgen verlassen die Gäste das luxuriöse schmale Doppelbett und genehmigen sich ein leichtes Frühstück mit Filterkaffee und frischen Früchten, um dann zu den ersten Menschen zu gehören, die das morgendliche Lichtspektakel über Sossusvlei beobachten können.

An- & Weiterreise

Von der C14 aus führt eine ausgeschilderte Abzweigung nach Sesriem, Benzin ist in der Stadt erhältlich. Es gibt keinen öffentlichen Verkehr in den Park, allerdings können die Hotels Touren arrangieren, wenn kein eigenes Fahrzeug vorhanden ist.

Obwohl die Straße, die vom Park zum Parkplatz für Fahrzeuge mit Zweiradantrieb führt, 2006 geteert worden ist, bleibt die Höchstgeschwindigkeit auf 60 km/Stunde beschränkt. Auch wenn die Straße zu schnelleren Geschwindigkeiten verleitet, sollten Fahrer äußerste Vorsicht walten lassen, denn es gibt die Gefahr von Wildwechsel durch Oryxantilopen und Springböcke.

SOLITAIRE & UMGEBUNG

Solitaire ist wirklich so einsam wie sein Name bereits andeutet und umfasst nur ein paar Gebäude. Der Ort liegt 80 km nördlich von Sesriem an der A46. Eigentlich ist Solitaire nur ein kleiner Flecken in der Wüste, und doch gibt es hier mehrere Unterkunftsmöglichkeiten auf Farmen und in Lodges, die sich alle als Ausgangspunkt für Ausflüge nach Sossusvlei anbieten.

Schlafen & Essen

Solitaire Guest Farm (Karte S. 174; ☎ 062-572024; www.solitaireguestfarm.com; Zeltplatz 70 N$, Zi. pro Pers. 430 N$; 🐎) Die einladende Gästefarm 6 km östlich von Solitaire an der C14 ist eine friedliche Oase zwischen der Namib-Ebene und dem Naukluft-Gebirge. Die Farm zeichnet sich durch helle Zimmer, ländliche Küche und eine schöne Umgebung aus.

Solitaire Country Lodge (Karte S. 174; ☎ 061-256598; www.namibialodges.com; Zeltplatz pro Pers. 100 N$, EZ/DZ ab 465/665 N$; 🐎 🖳) Dank dieses noblen Gebäudes unter Leitung der Country Lodge Group ist das winzig kleine Solitaire wieder auf die touristische Landkarte zurückgekehrt. Obwohl erst ein paar Jahre alt, ist das Anwe-

ZENTRAL-NAMIBIA

sen so entworfen worden, dass es an eine Farm aus der Kolonialzeit erinnert, allerdings mit einem großen Swimmingpool im Hinterhof.

Swartfontein Mountain and Desert Guest Lodge (Karte S. 174; ☎ 062-572004; EZ/DZ mit Halbpension 650/1150 N$; ⊠) Die Gästefarm unter italienischer Leitung liegt hoch auf dem Scheitel des 1850 m hohen Spreetshoogte-Pass im 8100 ha großen Namib-Spreetshoogte Private Nature Reserve. Die Lodge besteht aus einem Farmhaus, das ein deutscher Kolonialsoldat 1900 errichtete. Die elegante Architektur ist aber durch und durch italienisch. Die Unterkunft besticht nicht nur durch ihre einzigartige Lage, sondern veranstaltet auch Pasta-Abende, geführte Wanderungen und Autosafaris durch das Reservat.

Rostock Ritz (Karte S. 198; ☎ 064-403622; kuecki@ mweb.com.na; EZ/DZ-Chalets 1069/1669 N$; ⊠) Die einzigartige Unterkunft wurde vom Besitzer des Kücki's Pub in Swakopmund eröffnet und ist bekannt für ihre bizarren Wassergärten und die kühlen, höhlenartigen Chalets mit kuppelförmigem Zementdach. Das Personal kann verschiedene Aktivitäten organisieren, darunter Wanderungen, einen Besuch der nahe gelegenen heißen Quellen und natürlich den obligatorischen Trip nach Sossusvlei. Das Ritz liegt östlich der C14, südlich der Kreuzung mit der C26.

An- & Weiterreise

Solitaire ist mit Sesriem durch die nicht geteerte C19 verbunden, Benzin gibt es in der Stadt.

NAMIBRAND NATURE RESERVE

Das NamibRand Nature Reserve grenzt an den Namib-Naukluft Park und ist der größte Privatbesitz im südlichen Afrika. Das Gebiet, das durch die Zusammenlegung von mehreren ehemaligen Farmen entstand ist, schützt eine über 200 000 ha umfassende Dünenlandschaft, Wüstengrasland und wilde, abgeschiedene Bergketten.

Zurzeit gibt es im Reservat mehrere Konzessionäre,die in einer der beeindruckensten und farbenprächtigsten Gegenden Namibias Erlebnistouren anbieten. Hier leben beeindruckend viele Wildtiere, darunter große Herden oder kleinere Trupps von Spießböcken, Springböcken und Zebras sowie Kudus, Klippspringer, Tüpfelhyänen, Schakale, Kapfüchse und Löffelhunde, Falbkatzen, Karakale und Ginsterkatzen.

Der Zugang mit Privatfahrzeugen wird begrenzt, um das heikle Gleichgewicht des Schutzgebietes zu bewahren. Die Preise für die Unterkunft sind sehr hoch; damit versucht man, den Touristenstrom gering zu halten. Folglich muss im Voraus gebucht werden, und zwar über alle unten aufgelisteten Pensionen. Danach kann ein Transfer mit einem Geländewagen oder ein Charterflug dorthin arrangiert werden.

Schlafen

Wolwedans Dune Lodge (Karte S. 174; ☎ 061-230616; www.wolwedans.com; Chalet pro Pers. mit Halbpension und verschiedenen Aktivitäten ab 2855 N$; ⊠ ⊠) Als eine der erschwinglicheren Lodges in Namib-Rand bietet der Wolfstanz, so die deutsche Übersetzung, architektonisch herausragende Holzchalets, die verstreut inmitten roter Sanddünen auf Stelzen stehen. Der Service ist ohne Fehl und Tadel und das Ambiente überwältigend elegant, was bei diesen Preisen aber auch durchaus erwartet werden darf. Zu den angebotenen Aktivitäten zählen Ausflugsfahrten in die Dünen und geführte Safaritouren.

Sossusvlei Wilderness Camp (Karte S. 174; ☎ 061-274500; www.wilderness-safaris.com; Chalet pro Pers. mit Vollpension und verschiedenen Aktivitäten ab 4600 N$; ⊠) Dieses feine Etablissement, das zum Wilderness Camp gehört, steht in einem gebirgigen, 7000 ha umfassenden Schutzgebiet mit großen Herden von Wild- und Raubtieren. Die Gäste residieren in exquisiten strohgedeckten Bungalows aus Stein und Holz, eingebettet in Felszungen, was eine maximale Privatsphäre sichert. Jeder Bungalow besitzt zudem – vor neugierigen Augen gut geschützt – einen privaten Swimmingpool.

Sossusvlei Mountain Lodge (Karte S. 174; ☎ in Johannesburg 27-11-809 4300; www.andbeyond.com; Chalet pro Pers. mit Halbpension und verschiedenen Aktivitäten ab 4995 N$; ⊠ ⊠) Die schicke Unterkunft erscheint regelmäßig im Condé Nast Traveller als eine der Top-Locations der Welt. Zum Anwesen gehören zehn Chalets, die mit Steinen aus einem örtlichen Steinbruch erbaut wurden und sich harmonisch in die Landschaft einfügen. Die Inneneinrichtung ist wahrhaft luxuriös und bietet reichlich Annehmlichkeiten wie z. B. einen eigenen Kamin, ein Marmorbad und Innenhöfe, die mit Leinwand überspannt sind. Bemerkenswert ist weiterhin die dort untergebrachte Sternwarte, die ein leistungsstarkes Teleskop vorweisen kann.Hochgestochen in der Wüste!

Südnamibia

Auf den Reiseplänen nimmt der Etosha-Nationalpark im Norden des Landes meist den ersten Platz ein. Doch auch der Süden hat einiges zu bieten. Südnambias Wüsten glitzern in der Sonne, und zwar buchstäblich, denn in ihnen verbergen sich Millionen Karat Diamanten. Als die Deutschen als Erste begannen, diesen Schatz zu heben, bekam der größte Teil der Region den wortwörtlich zu nehmenden Namen Sperrgebiet (Forbidden Area). 2008 wurde es als zugleich jüngster Nationalpark des Landes anerkannt. Nach einem Jahrhundert ist dieses Gebiet mit seiner biologischen Vielfalt zum ersten Mal für die Öffentlichkeit zumindest teilweise zugänglich.

Während der Sperrgebiet-Nationalpark Schlagzeilen machte, ist Lüderitz schon lange ein beliebtes Reiseziel. Die Hafenstadt wirkt wie ein surreales Relikt aus der deutschen Kolonialzeit. Dem 21. Jh. hat sie sich bisher weitgehend verweigert. Vielmehr klammert sie sich an ihre europäischen Wurzeln und verblüfft Reisende mit einer traditionellen deutschen Architektur vor einer Kulisse aus glühend heißem Sand und tiefblauer See. Weiter im ausgetrockneten Landesinneren zeugt Duwisib Castle – eine Art Burg in europäischem Stil und völlig fehl am Platz – von der Landnahme und Besatzung durch die Deutschen.

Südnamibia ist auch ein wahres Paradies für alle, die Outdooraktivitäten und Abenteuersportarten lieben. Für Wanderer bedeutet der Fish River Canyon eine besondere Herausforderung. Mit bis zu 550 Meter tiefen Schluchten zählt er zu den größten Canyons der Welt und den spektakulärsten Highlights des afrikanischen Kontinents. Wildwasserrafter fasziniert der Orange River – der Grenzfluss zwischen Namibia und Südafrika – mit seinen reißenden Stromschnellen. Er windet sich durch eine imposante kahle Landschaft.

HIGHLIGHTS

- Fahrt in den **Sperrgebiet National Park** (S. 225) zur Geisterstadt Kolmanskop, die der Wüstensand langsam unter sich begräbt

- In der Hafenstadt **Lüderitz** (S. 217) fangfrische Langusten sowie deutsches Sauerkraut und Fassbier genießen

- Wanderung durch den **Fish River Canyon National Park** (S. 229), eines der größten Naturwunder Afrikas

- Besuch des skurrilen **Duwisib Castle** (S. 214)

- Fahrt mit dem Kanu, Kajak oder Schlauchboot durch die Biegungen des **Oranje** (**Orange River**; S. 233)

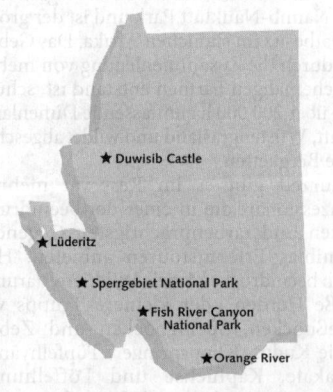

★ Duwisib Castle

★ Lüderitz

★ Sperrgebiet National Park

★ Fish River Canyon National Park

★ Orange River

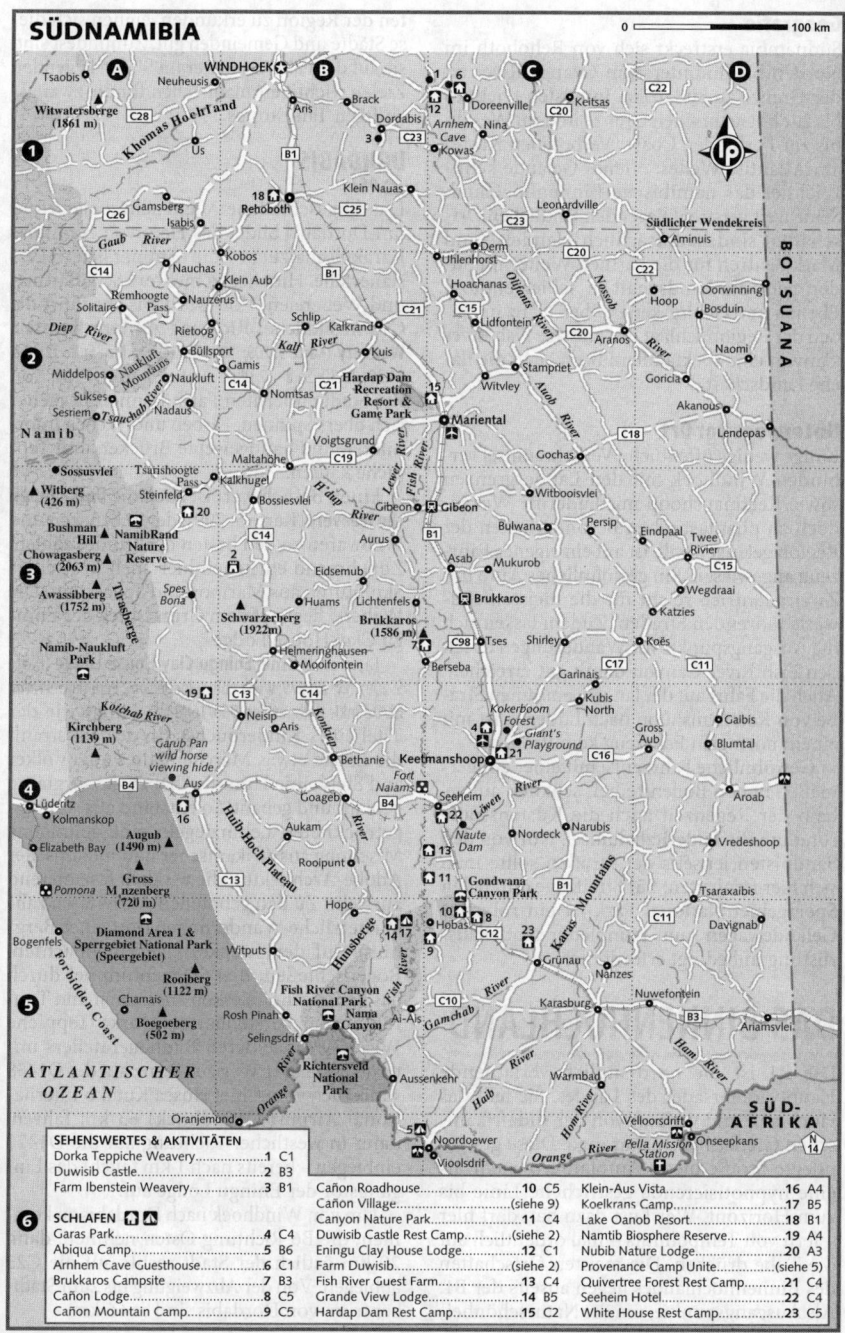

SÜDNAMIBIA

0 — 100 km

SEHENSWERTES & AKTIVITÄTEN
Dorka Teppiche Weavery.....................1 C1
Duwisib Castle...............................2 B3
Farm Ibenstein Weavery......................3 B1

SCHLAFEN
Garas Park.................................4 C4
Abiqua Camp...............................5 B6
Arnhem Cave Guesthouse.....................6 C1
Brukkaros Campsite..........................7 B3
Cañon Lodge...............................8 C5
Cañon Mountain Camp........................9 C5

Cañon Roadhouse...........................10 C5
Cañon Village...........................(siehe 9)
Canyon Nature Park.........................11 C4
Duwisib Castle Rest Camp................(siehe 2)
Eningu Clay House Lodge.....................12 C1
Farm Duwisib............................(siehe 2)
Fish River Guest Farm......................13 C4
Grande View Lodge.........................14 B5
Hardap Dam Rest Camp.......................15 C2

Klein-Aus Vista...........................16 A4
Koelkrans Camp............................17 B5
Lake Oanob Resort.........................18 B1
Namtib Biosphere Reserve...................19 A4
Nubib Nature Lodge.........................20 A3
Provenance Camp Unite...................(siehe 5)
Quivertree Forest Rest Camp.................21 C4
Seeheim Hotel.............................22 C4
White House Rest Camp......................23 C5

SÜDNAMIBIA

Geografie

Südnambia erstreckt sich von Rehoboth im Norden bis hinunter zum Orange River an der Grenze zu Südafrika. Im Osten reicht es bis zur botsuanischen Grenze und im Westen bis zur Forbidden Coast (Verbotenen Küste) am Atlantik. Weites, offenes Gelände kennzeichnet das namibische Binnenhochland. Seine weit verstreut liegenden ländlichen Ortschaften sind hauptsächlich Handels- und Marktzentren für die Farmer. Weiter im Süden geht die Landschaft in schier endlose Ebenen und Gebirgsketten über. Ganz im Süden der Region schlägt der massive Fish River Canyon eine spektakuläre Bresche in die flache Landschaft.

Unterwegs vor Ort

Einige wenige öffentliche Verkehrsmittel verbinden Windhoek mit den Landesgrenzen sowie Keetmanshoop mit Lüderitz. Wer jedoch zu phantastischen Besonderheiten der Region gelangen will, ist auf ein eigenes Fahrzeug angewiesen. Ein gewöhnliches Auto mit Zweiradantrieb reicht für die meisten südwärts führenden Straßen. Zudem lassen sich die Ausgangspunkte für Wanderungen durch den Fish River Canyon damit gut erreichen. Auch die Fahrt auf der langen, einsamen Straße von Keetmanshoop nach Lüderitz ist mit einem normalen Fahrzeug kein Problem.

Gewöhnliche Fahrzeuge mit einer einigermaßen hohen Bodenfreiheit schaffen außerhalb der Regenzeit auch die Küstenstraße rund um die Lüderitzhalbinsel. Nur von den Sandpisten jenseits der Straßen sollte man sich hier fernhalten. Für Streifzüge durch den Sperrgebiet National Park ist ein robuster Geländewagen samt kompletter Notfallausrüstung unbedingt erforderlich.

DAS BINNENHOCHLAND

Die B1 ist die nord-südlich verlaufende Hauptverkehrsader des Landes. Sie teilt das Hochland und verläuft von der südafrikanischen Grenze bis Otjiwarongo. Diese gut gepflegte Straße bietet Autofahrern mehr als eine hypnotisierende gestrichelte Linie bis zum Horizont. Wer Lust dazu hat, darf hier – fern von Tempolimits – mal ordentlich auf die Tube drücken. Die meisten Ortschaften des Binnenhochlandes liegen abseits der B1. Als Ausgangspunkte, um die Naturschönheiten der Region zu erkunden, eignen sich diese Städte und Gemeinden gut. Zumindest sind sie auf der Fahrt zu weiter im Süden liegenden Zielen wichtige Anlaufstellen für die zwangsläufigen Tankstopps.

DORDABIS

☎ 062

Das abgeschiedene Viehzuchtgebiet rund um Dordabis bildet das Herz von Namibias Karakulschafzucht – die Lämmer liefern Persianerfälle. Hier liegen mehrere Schaffarmen und Webereien. Von Dordabis aus führt die C15 in südlicher Richtung zur **Farm Ibenstein Weavery** (Karte S. 209; ☎ 573524; 🕑 Mo–Fr 8–12.30 & 14.30–17.30, Sa 8–12 Uhr). Auf der nur 4 km von der Stadt entfernten Farm können Besucher sich übers Spinnen, Färben und Weben informieren und handgewebte Brücken und Teppiche kaufen.

Einen Besuch wert ist auch die **Dorka Teppiche Weavery** (Karte S. 209), deren Brücken und Webwaren zu den besten des Landes zählen. Zunehmend entstehen hier auch in Ateliers Skulpturen aus Marmor und Speckstein. Die Weberei liegt auf dem Grundstück der Eningu Clay House Lodge.

Ja, der Name **Eningu Clay House Lodge** (Karte S. 209; ☎ 226979; www.eningulodge.com; Peperkorrel Farm; EZ/DZ inkl. Halbpension 960/1680 N$) klingt wie der Titel eines Kinderbuches. In der Tat strahlt die Lodge etwas Märchenhaftes aus. Volker und Stephanie Hümmer haben sie sorgfältig geplant und gebaut. So entstand aus sonnengetrockneten Lehmziegeln eine gelungene Mischung aus afrikanischer und indianischer Adobe-Architektur, die wirklich faszinierend aussieht. Zu den gebotenen Aktivitäten zählen herrliche Wanderungen (mit einer Berghütte auf der Strecke), Tiere beobachten, Bogenschießen, den Sternenhimmel durch das hauseigene Teleskop anschauen und Touren zu der benachbarten Dorka Teppiche Weavery sowie deren Bildhauerateliers unternehmen. Der Weg zur Farm: auf der D1458 südöstlich vom Chief Hosea Kutako International Airport (Windhoek) 63 km fahren, dann in westlicher Richtung auf die D1471 einbiegen – bereits nach 1 km taucht das Eingangstor der Eningu Lodge auf.

Um nach Windhoek nach Dordabis zu kommen, die B6 Richtung Osten nehmen, dann 20 km östlich der Stadt rechts auf die C23 abbiegen. Von der Abzweigung bis zum Stadtzentrum von Dordabis sind es 66 km.

ARNHEM CAVE

Mit 4,5 km Länge ist die Arnhem Cave das längste Höhlensystem Namibias. Gebildet hat sich die Höhle in einer Schicht aus Kalk und Dolomitgestein, die zwischen Gesteinsfaltungen aus Quarzit und Schiefer eingelagert ist. Kurz nachdem der Farmer D. N. Bekker die Höhle 1930 entdeckte, begann der Abbau des gewinnbringenden Fledermausguano, der damals als Düngemittel verwendet wurde.

Die **Höhlenführungen** (1-/2-stündig inkl. Ausrüstung 120/145 N$) bringen die Besucher in die absolute Dunkelheit. Kein einziger Sonnenstrahl dringt in die Höhle. Da sie trocken ist, haben sich nur wenige Stalagmiten oder Stalaktiten gebildet. Doch immerhin sind sechs Feldermausarten zu sehen: die Riesen-Rundblattnase, Gewöhnliche Rundblattnase, Langfußfledermaus, Geoffroys Hufeisennase (Wüstenhufeisennase) und die Ägyptische Schlitznase. In dem Höhlensystem lebt auch eine ganze Reihe von Insekten, Würmern, Spinnen, Asseln, Spitzmäusen und Garnelen. Das große Finale nach dem Verlassen der Tiefen bildet der unbeschreibliche erste Blick in das blaustichig wirkende Tageslicht.

Vom **Arnhem Cave Guesthouse** (Karte S. 209; ☎ 581885; arnhem@mweb.com.na; Camping pro Pers. 105 N$, Chalet für 2 Pers. 690 N$) lässt sich die Arnhem Cave zu Fuß innerhalb einer Stunde erreichen. Beide, Gästehaus wie Höhle, liegen auf dem gleichen Farmgelände. Tagesausflügler können hier eine geführte Höhlenwanderung buchen, während Übernachtungsgäste obendrein ein ländliches Refugium in der Nähe der Hauptstadt genießen.

Der Weg zum Gästehaus: 3 km östlich vom Chief Hosea Kutako International Airport auf die D1458 fahren, dann nach 66 km Richtung Nordosten auf die D1506 abbiegen und der Straße 11 km bis zur T-Kreuzung folgen. Hier geht's weiter auf der nach Süden verlaufenden D180, an der nach 6 km das Gästehaus in Sicht kommt.

REHOBOTH
☎ 062

Rehoboth liegt 85 km südlich von Windhoek und nur einen Steinwurf vom südlichen Wendekreis entfernt. Das Schild, das diesen Breitenkreis markiert, ist ein Foto wert – deshalb schnell mal rechts ranfahren und auf den Auslöser drücken.

Rehoboth wurde ursprünglich 1844 als deutsche Missionsstation gegründet und 1864 aufgegeben. Ein Jahrzehnt kamen die Baster, Nachkommen aus Mischehen zwischen Khoikhoi und frühen weißen Siedlern, unter der Führung von Hermanus van Wyk aus der nördlichen Kapregion nach Rehoboth und erweckten den Ort zu neuem Leben.

Das **Stadtmuseum** (☎ 522954; Eintritt 5 N$; ◐ Mo–Fr 10–12 & 14–16 Uhr, Sa 10–12 Uhr) erzählt die Geschichte der Rehoboth-Baster, die bei den früheren Völkerkundlern als „Rehobother Bastarde" bekannt waren. In dem Gebäude wohnte 1903 der erste koloniale Postmeister.

Um sich von den Reisestrapazen zu erholen, bietet sich das entspannende **Lake Oanob Resort** (Karte S. 209; ☎ 522370; www.oanob.com.na; Zeltplatz 85–95 N$, EZ/DZ 640/840 N$, 6-B-Bungalows 1750 N$; 🏊) an. Der Urlaubsort befindet sich gleich westlich der Stadt am Oanob Dam. Seine Lage an einem atemberaubenden, stillen See mit springenden Fischen und einer Vielzahl von Wasservögeln überrascht. Inmitten des trockenen, wüstenhaften Hochlandes erwartet wohl kaum jemand solch eine idyllische Oase. Zu den Vorzügen des Resorts zählen ein schattiger Campingplatz, eine Bar und ein Restaurant, jeweils mit Strohdach. Außerdem gibt es einige wunderschöne, aus Stein gebaute Bungalows für Selbstversorger. Die Häuschen stehen am Seeufer.

Die **Intercape-Mainliner-Busse** (www.intercape. co.za) und der Zug, der zwischen Windhoek und Keetmanshoop verkehrt, halten mehrmals in der Woche in Rehoboth. Die Fahrpreise für die Fahrt von Windhoek nach Rehoboth beginnen bei 270 N$, die Fahrtdauer beträgt etwa eine Stunde.

HOACHANAS
☎ 063

Wer über ein eigenes Fahrzeug verfügt, sollte einen Abstecher in die kleine Siedlung Hoachanas machen. Sie liegt 50 km östlich von Kalkrand an der C21. Dort befindet sich die **Farm Jena**, das Zentrum des Frauenprojekts „Anin" („viele Vögel" in der Sprache der Nama). Dieses Projekt ermöglicht Namafrauen die Herstellung von herrlichen, farbenfroh bestickten Textilien wie Kleidung, Bettwäsche, Kissenbezüge, Tischwäsche und vieles andere aus Baumwoll- und Leinenstoffen. Zum Verkauf werden die Produkte an Läden in ganz Namibia geliefert. Für Besucher ohne Auto arrangiert **Anin** (☎ 061-235509) in Windhoek eine Besichtigung der Farm, und Einkauf ohne Zwischenhandel ist möglich.

SÜDNAMIBIA

MARIENTAL

☎ 063

Das kleine Verwaltungs- und Wirtschaftszentrum Mariental liegt am Hardap Dam. Dieser Stausee speist ein ausgedehntes Bewässerungssystem, das sowohl den Anbau von Zitrusfrüchten als auch die Zucht von Straußen ermöglicht. Die meisten Autoreisenden halten in Mariental jedoch nur zum Tanken, bevor sie Richtung Westen nach Sesriem und Sossusvlei (S. 202) weiterfahren.

Wer über Nacht bleiben will, findet in dem alteingesessenen **Mariental Hotel** (☎ 242466; Marie Brandt St.; EZ/DZ 300/400 N$; ❄) vornehme Zimmer mit modernem Komfort. Auch der Speisesaal ist ansprechend gestaltet.

Die **Intercape-Mainliner-Busse** (www.intercape. co.za) und der Zug, der zwischen Windhoek und Keetmanshoop verkehrt, halten mehrmals in der Woche in Mariental.

HARDAP DAM RECREATION RESORT & GAME RESERVE

☎ 063

Das **Erholungsgebiet** (Eintritt pro Pers. 40 N$, pro Fahrzeug 10 N$; ☀ Sonnenaufgang–18 Uhr) erstreckt sich 15 km nordwestlich von Mariental. Es umfasst einen 25 000 ha großen Wildpark, durch den sich 80 km Schotterstraßen und dem Namen des Parks zugrunde liegenden 15 km Rundwanderwege ziehen. Das Nama-Wort „Hardap" bedeutet „Brustwarze" und bezieht sich auf die kegelförmigen, von warzenförmigem Doloritgestein gekrönten Hügel, die in der ganzen Gegend verstreut liegen.

Der Eintritt schließt die Nutzung des Pools und der Picknickplätze östlich vom See ein. Zwischen Sonnenauf- und -untergang kann sich jeder im gesamten Schutzgebiet frei bewegen. Camping ist jedoch nur im Hardap Dam Rest Camp erlaubt. Wichtig: Das Schwimmen im Stausee ist verboten!

Die meisten Reisenden kommen wegen des **Blue Lake**, der das trockene Hochebene durchbricht. Anglern bietet der See Karpfen, Schlammfische und Barben. Zahlreiche Wasservögel bevölkern den See, darunter Flamingos, Pelikane, Löffler, Goliathreiher; in der Luft kreisen Fischadler.

Das **Hardap Dam Rest Camp** (Karte S. 209; Zeltplatz 50 N$, EZ/DZ/4BZ/Chalet 450/600/1200/1600 N$; ❄) bietet verschiedene Unterkünfte, einen Laden, ein Restaurant, ein Kiosk und einen Swimmingpool. Vom Restaurant und dem hoch gelegenen Pool aus reicht die faszinierende Aussicht weit über den See. Für die Buchungen der Unterkünfte ist das Büro der Namibia Wildlife Resorts (NWR) in Windhoek (S. 90) zuständig.

Das Resort lässt sich nur mit einem eigenen Fahrzeug erreichen: 15 km nördlich von Mariental die ausgeschilderte Abfahrt von der B1 nehmen und der Straße 6 km bis zum Eingangstor folgen.

BRUKKAROS

Mit seinem 2 km breiten Krater beherrscht der erloschene Vulkan (1586 m) die Skyline zwischen Mariental und Keetmanshoop. Er entstand vor etwa 80 Mio. Jahren und erhebt sich etwa 650 m über dem Hochland. Vom Parkplatz aus läuft man 3,5 km zu Fuß bis zum südlichen Kraterrand. Unterwegs liegen einige sehenswerte, in das Vulkangestein eingebettete **Quarzformationen**.

Wer nicht in die außerirdisch wirkende **Kratersohle** absteigen will, kann links auf dem südlichen Kraterrand bis zu einem verlassenen Forschungszentrum zur Untersuchung der Sonnenflecken laufen. Wissenschaftler des Smithsonian Institute (USA) haben es in den 1930er-Jahren aufgebaut.

Brukkaros Campsite (Karte S. 209; ☎ in Windhoek 061-255977; www.nacobta.com.na; Zeltplatz pro Pers. 35 N$) wird von der Namibia Community Based Tourism Association (Nacobta) verwaltet. Der einfache Campingplatz verfügt über Toiletten und eine „Buschdusche". Ausreichend Trinkwasser muss allerdings jeder selber mitbringen. Die Hälfte der Zeltplätze ist förmlich aus dem Vulkan herausgemeißelt und bietet einen wirklich atemberaubenden Blick über das Tal.

Der Brukkaros erhebt sich 35 km westlich von Tses in der Nähe der B1. Der Anfahrtsweg: der C98 in westlicher Richtung 40 km folgen und etwa 1 km östlich von Berseba in nördlicher Richtung auf die D3904 abbiegen. Nach 8 km kommt der Parkplatz des Campingplatzes. Wichtig: Die höher gelegenen Zeltplätze sind nur mit einem Geländewagen zu erreichen.

KEETMANSHOOP

☎ 063

Bei Keetmanshoop (*kayt*-mahns-*hoo*-up) kreuzen sich die wichtigsten Straßen von Südnambia. Doch für die meisten Reisenden besitzt die Umgebung der Stadt die größte Anziehungskraft. Rund um Keetmanshoop

---

STEINE, DIE VOM HIMMEL FIELEN

Ein Meteorit ist ein Festkörper aus dem All, der den Aufprall auf die Erde heil übersteht. Von den schätzungsweise 500 jährlich herabfallenden Meteoriten lassen sich aber immer nur sehr wenige auffinden. In grauer Vorzeit krachten im Süden von Namibia in einem einzigen Meteoritenschauer mehr als 21 t außerirdische Gesteinsbrocken mit 90 % Eisenanteil nieder. So viele große Meteoriten erreichen nur äußerst selten die Erdoberfläche.

Auf einem 2500 km² großen Gebiet rund um die frühere Rheinische Missionsstation von Gibeon (60 km südlich von Mariental) fand man mindestens 77 Meteoriten. Der größte mit einem Gewicht von 650 kg wird im Cape Town Museum in Südafrika gezeigt, andere Stücke sind nun in Museen in aller Welt zu sehen, u. a. in Anchorage in Alaska. Kurz nach der Entdeckung des Meteoritenfeldes nahm die Stadt Windhoek zwischen 1911 und 1913 insgesamt 33 Brocken in Verwahrung. Im Verlauf der Jahre waren sie im Zoo Park und in der Alten Feste zu besichtigen; heute schmückt der größte Teil davon die Post Street Mall (s. S. 90).

---

wachsen zahllose **Kokerbooms** (Köcherbäume). Der Kokerboom gehört zur Gattung der Aloen (Liliengewächse) und kann eine Höhe von 10 m erreichen. Den Namen verdankt er seinen leichten Ästen, aus denen die Jäger der San früher Köcher für ihre Pfeile herstellten. Sie schabten das schwammige Mark aus den Ästen, sodass eine stabile Röhre entstand.

In der Stadt gibt ein paar Beispiele der deutschen Kolonialarchitektur, darunter das **Kaiserliche Postamt** (Ecke 5th Ave. & Fenschel St.) von 1910 sowie die Missionskirche der Rheinischen Mission von 1895, heute das **Stadtmuseum** (☎ 221256; Ecke Kaiser St. & 7th Ave.; Eintritt frei; ⌚ Mo–Fr 7.30–12.30 & 14.30–16.30 Uhr). Das Museum dokumentiert mit alten Fotos, landwirtschaftlichen Geräten, einem Fuhrwerk und einem Modell einer Namabehausung die Geschichte der Stadt.

Etwa 25 km nördlich der Stadt erstreckt sich der **Garas Park** (Karte S. 209; ☎ 223217; morkel@ namibnet.com; Zelten pro Pers. 35 N$, pro Fahrzeug 5 N$, Tageseintritt pro Pers. 10 N$, pro Fahrzeug 5 N$). In dem Park wachsen große Bestände des *Kokerbooms*. Zahlreiche Wander- und Fahrwege führen durch eine phantastische Landschaft aus Felsbrocken, Felsformationen und skurrilen Skulpturen, die aus Schrottteilen und anderem Gerümpel zusammengesetzt sind.

Etwa 14 km östlich der Stadt liegt das **Quivertree Forest Rest Camp** (Karte S. 209; ☎ 222835; www.quivertreeforest.com; Zelten pro Pers. 80 N$, EZ/2B-/3B-/4B-Bungalows 330/465/555/800 N$, Tageseintritt pro Pers. 50 N$). Auf dem Gelände wächst Namibias größter Köcherbaumbestand – womit das Camp voller Stolz wirbt. Alle oben genannten Preise schließen die Nutzung der Picknickplätze ein, ebenso wie den Eintritt zum Giant's Playground (Spielplatz der Riesen), eines

bizarren natürlichen Felsengartens, der nur 5 km entfernt liegt.

Die **Pension Gessert** (☎ 223892; www.natron.net/gessert/main.html; 138 13th St.; EZ/DZ 250/350 N$; ⌂) in dem ruhigen Stadtteil Westdene bringt mit ihren gemütlichen Zimmern, einem bezaubernden Garten mit Swimmingpool und seiner ländlichen Kost erschöpfte Reisende wieder auf die Beine.

An- & Weiterreise

BUS

Die **Intercape-Mainliner-Busse** (www.intercape.co.za) verkehren mehrmals in der Woche zwischen Windhoek und Keetmanshoop (ab 288 N$; 7 Std.). Reisende sollten sich ihren Platz im Voraus sichern, denn die Busse fahren weiter nach Kapstadt (Südafrika) und sind daher schnell ausgebucht.

Minibusse pendeln einigermaßen regelmäßig auf der B1. Eine Fahrt von Windhoek nach Keetmanshoop sollte nicht mehr als 100 N$ kosten. Weniger regelmäßig fahren die privat betriebenen Minibusse von Keetmanshoop in die Township von Lüderitz; der Fahrpreis beträgt um die 175 N$.

ZUG

Ein Nachtzug von **Trans-Namib** (☎ 061-2982175) verkehrt täglich zwischen Windhoek und Keetmanshoop (ab 90 N$).

NAUTE DAM

Rund um den riesigen Stausee am Löwen River soll ein neues Erholungsgebiet entstehen. Entsprechende Investitionen sind jedoch bisher wenig bis gar nicht erfolgt. Trotzdem ist der Naute Dam ein wunderschöner Platz. Niedrige Hügel mit flachen Gipfeln umgeben den Stausee, der unzählige Wasservögel an-lockt. Campen ist erlaubt, auch wenn es keinerlei offizielle Campingplätze gibt. Hier ist jeder auf sich gestellt. Der Anfahrtsweg: von Keetmanshoop 30 km auf der B4 in westlicher Richtung fahren, dann auf die südwärts verlaufende D545 abbiegen.

SEEHEIM

Wer sich auf die lange, einsame Autotour südwestwärts Richtung Lüderitz begibt, kann 48 km südwestlich von Keetmanshoop in Seeheim einen erholsamen Übernachtungsstopp einlegen. Die kleine Ortschaft, ehemals ein Eisenbahnknotenpunkt, hat bis auf ein paar Tankstellen und einige kleine Läden nicht viel zu bieten. Doch nur 13 km westlich von Seeheim liegt an der B4 die Farm Naiams. Dort weist ein Schild auf den 15-minütigen Fußweg zu den Überresten des **deutschen Forts** hin.. Der militärische Stützpunkt wurde 1906 errichtet, um deutsche Reisende und Warenlieferungen nach Lüderitz vor den Angriffen der Namas zu schützen.

Das historische **Seeheim Hotel** (Karte S. 209; ☎ 250503; Zelten pro Pers. 60 N$, Standard-/Premiumzimmer pro Pers. 200/400 N$) bietet Unterkünfte verschiedener Kategorien. Seine alte Bar hat viel Atmosphäre. Einige der Zimmer sind mit Stilmöbeln eingerichtet.

Die geteerte B4 verbindet Keetmanshoop mit Lüderitz. Für die Tour auf dieser Fernstraße ist ein eigenes Fahrzeug erforderlich.

BETHANIE
☎ 063

Bethanie verdankt seine Entstehung der London Missionary Society, die 1814 hier eine Missionsstation (eine der ältesten von Namibia) errichtete. Doch als erster Missionar kam kein Engländer, sondern der deutsche Geistliche Heinrich Schmelen (der nach England geflüchtet war, um dem deutschen Militärdienst zu umgehen). Nach sieben Jahren gab Schmelen die Missionsstation auf, weil sich die Probleme mit den hier lebenden Stämmen häuften. Zwar versuchte er später mehrfach, die Station wiederzubeleben, doch die Dürre vereitelte sein Vorhaben immer wieder.

Schmelens ursprüngliche Missionsstation von 1814, das **Schmelen-Haus**, bestand aus einem einstöckigen Häuschen. Als der Missionar 1828 Bethanie verließ, brannte es bis auf die Grundmauern nieder. Hans Knudsen, der erste Missionar der Rheinischen Mission, ließ

es 1842 wieder aufbauen. Heute steht das Haus auf dem Land der evangelisch-lutherischen Kirche (Evangelical Lutheran Church) und beherbergt ein Museum, in dem unzählige alte Fotoaufnahmen die Geschichte der Mission dokumentieren. Wenn das Museum geschlossen ist, hängt ein Zettel an der Tür und darauf steht geschrieben, wo die Besucher den Schlüssel abholen können.

Auch ein Blick auf das 1883 errichtete **Joseph-Fredericks-Haus**, das Wohnhaus von Kapitän Joseph Fredericks, lohnt sich. Der Nama-Häuptling unterzeichnete am 1. Mai 1883 den Vertrag, mit dem Adolf Lüderitz die Angra Pequeña samt Hinterland (später Lüderitzbucht und Stadt Lüderitz) erwarb. Im Oktober 1884 unterschrieben Fredericks und der deutsche Generalkonsul Dr. Gustav Nachtigal eine Vereinbarung, die es erst ermöglichte, das gesamte Territorium im Binnenhochland unter deutschen Schutz zu stellen.

Das **Bethanie Hotel** (☎ 283071; Zelten pro Pers. 25 N$, EZ/DZ 300/500 N$) ist die einzige Unterkunft in der Stadt. Seine mehr als hundertjährige Geschichte verleiht dem Hotel einen ganz eigenen Charakter. Das Gebäude ist rund um einen gemütlichen Speisesaal gebaut.

Auf der B4 ist die Abzweigung nach Bethanie – 140 km westlich von Keetmanshoop – ausgeschildert.

DUWISIB CASTLE
☎ 063

Etwa 70 km südlich von Maltahöhe prangt mitten in der öden Wüste ein kurioses Gebilde, das einer europäischen mittelalterlichen Burg sehr ähnelt: das 1909 erbaute **Duwisip Castle** (Karte S. 209; Eintritt 60 N$; ☼ 8–13 & 14–17 Uhr). Der Bauherr, der Artillerieoffizier Baron Hansheinrich von Wolf, beauftragte nach den Kämpfen zwischen Nama und Deutschen den Architekten Wilhelm Sander mit der Planung eines Bauwerks, in dem sich seine Verbindung zum deutschen Militär widerspiegelt. In der Zeit heiratete der Baron Jayta Humphreys, die Stieftochter des amerikanischen Generalkonsuls in Dresden, und beschloss, sich auf Dauer in Deutsch-Südwestafrika niederzulassen.

Die Mauersteine für das Schloss kamen zwar aus nahe gelegenen Steinbrüchen, viele andere Materialien wurden aber aus Deutschland importiert. Von Lüderitz aus mussten 20 beladene Ochsenkarren 330 km weit quer durch die Wüste zur Baustelle ziehen. Unter anderem aus Irland, Dänemark und Schweden reisten Kunsthandwerker und Steinmetze an. Das Ergebnis war ein U-förmiges, trutzburgartiges Schloss mit 22 Räumen – alle gut gesichert und mit Familienporträts und militärischem Krimskrams ausgestattet. Statt normaler Fenster ließ der Baron Schießscharten einbauen – ein Beispiel für seine offensichtliche aggressive Sicherheitsmanie.

Doch wie das Leben so spielt, brach der Erste Weltkrieg aus. 1916 meldete sich der Baron in Deutschland zum Kriegsdienst und fiel bereits zwei Wochen später in Frankreich während der Schlacht an der Somme. Seine Frau kehrte nie wieder nach Namibia zurück. Manche Leute behaupten, dass die Nachkommen der Pferde aus dem Gestüt des Barons noch heute durch die Wüste streifen (s. S. 217). In den späten 1970er-Jahren ging Duwisib Castle samt dem 50 ha großen Grundstück in den Besitz des Staates über und wird heute von der NWR verwaltet.

Schlafen

Duwisib Castle Rest Camp (Karte S. 209; Zelt-/Stellplatz 50 N$) Der nette Campingplatz nimmt eine Ecke des Schlossgrundstücks ein. Im benachbarten Kiosk gibt's Snacks, Kaffee und kalte Getränke. Für die Buchungen ist das Büro der Namibia Wildlife Resorts (NWR) in Windhoek (S. 79) zuständig.

Farm Duwisib (Karte S. 209; ☎ 223994; www.farmduwisib.com; Zi. pro Pers. ohne/mit 2 Mahlzeiten 390/440 N$) Nur 300 m vom Schloss entfernt bietet diese freundliche Farm rustikale Zimmer für zwei bis vier Personen. Die Gäste können sich selbst versorgen oder für einen kleinen Aufpreis ein gutes Frühstück und eine herzhafte Mahlzeit genießen. Ein Stück weiter den Hügel hinauf liegt eine sehenswerte historische Werkstatt eines Hufschmieds.

An- & Weiterreise

Zum Duwisib Castle fahren keinerlei öffentliche Verkehrsmittel. Wer mit dem Auto in Helmeringhausen startet, fährt 62 km auf der C14, biegt dann in nordwestlicher Richtung auf die D831 ab. Nach 27 km geht's westlich auf die D826 –nach weiteren 15 km kommt das Schloss in Sicht.

MALTAHÖHE

☎ 063

Die Ortschaft Maltahöhe liegt inmitten eines Viehzuchtgebiets. Auf der Strecke zwischen dem Naukluft Park und Lüderitz bildet es

eine angenehme Zwischenstation vor der Winterreise. In seiner näheren Umgebung gibt es in zunehmender Anzahl Gästefarmen und private Rest Camps.

Direkt in dem Städtchen können Reisende im **Hotel Maltahöhe** (☎ 293013; B 60 N$, EZ/DZ 400/450 N$) übernachten. Für die Qualität seiner Unterkünfte hat das Hotel schon mehrere nationale Preise gewonnen. Für knapp kalkulierende Budgetreisende betreibt das Hotel eine blitzblanke Schlafbaracke. Ebenfalls vorhanden sind eine Bar und ein Restaurant, das europäische Kost anbietet.

Ungefähr auf halber Strecke zwischen Maltahöhe und Sesriem liegt das **Nubib Nature Camp** (Karte S. 209; ☎ 683007; www.nublodge.iway.na; EZ/DZ 520/910 N$). Ein überaus freundliches Ehepaar betreibt dieses ausgezeichnete, abgeschiedene Buschcamp. Auf der Speisekarte steht deftige afrikanische Hausmannskost. Wer die angefutterten Kalorien schnell wieder verbrennen will, nimmt einfach an einer der angebotenen Naturwanderungen teil.

HELMERINGHAUSEN

☎ 063

Helmeringhausen ist nicht viel mehr als ein Gehöft, ein Hotel und eine Tankstelle. Highlight ist das eigentümliche **Agricutural Museum** (☎ 283083; Main St.; Eintritt frei; ☺ auf Anfrage), das die Helmeringhausen Farming Association 1984 eingerichtet hat. Das landwirtschaftliche Museum zeigt verschiedene interessante alte Möbel und landwirtschaftliche Geräte. Sehenswert ist auch das antiquierte Feuerwehrlöschfahrzeug.

Das **Helmeringhausen Hotel** (☎ 233083; EZ/DZ 450/760 N$; ☺) ist ein überraschend schickes Hotel mit klassisch-eleganten Zimmern. Sein Restaurant und seine Bar sind sehr beliebt. Das Essen schmeckt hervorragend, das Bier ist kalt und der Weinkeller gut gefüllt. Wer hier allerdings Wildgerichte verspeist, fühlt sich angesichts der vielen „anklagenden" Jagdtrophäen, die von den Wänden blicken, vielleicht nicht so wohl in seiner Haut.

Helmeringhausen liegt 130 km südlich von Maltahöhe an der C14.

DIE SÜDKÜSTE

Das Sperrgebiet (Forbidden Area) nimmt die Südküste von Namibia ein. Hier befinden sich die höchst lukrativen und streng gesicherten

Diamantminen des Landes. Wer sich möglichen Ärger ersparen wollte, machte in den vergangenen Jahren einen Bogen um dieses Gebiet. Durch die 2008 erfolgte Deklaration zum Sperrgebiet National Park könnte sich das Gebiet zu einer Touristenattraktion entwickeln. Obwohl nun große Teile des Parks für die Öffentlichkeit zugänglich sind, lohnt es sich, auch ein paar Tage in Lüderitz zu verbringen. Die von der Architektur der deutschen Kolonialzeit geprägte Stadt liegt zwischen Meer und Dünen – alles in allem ein Ort wie aus einer anderen Welt.

AUS
☎ 063

Als die deutschen Schutztruppen infolge des Beginns der 1. Weltkriegs 1915 vor den Truppen der südafrikanischen Union kapitulierten, entstand in Aus eines der beiden Internierungslager für deutsche Militärangehörige. Hochrangige deutsche Militärs kamen in das im Norden gelegene Internierungslager Okahandja, während die Unteroffiziere in Aus landeten. Als sich das Lager Aus innerhalb kurzer Zeit mit 1500 Gefangenen und 600 Mitgliedern der südafrikanischen Wachmannschaften füllte, fanden die Gefangenen nur noch in zerschlissenen Zelten Schutz vor der Unbill von Wind und Wetter.

Doch die einfallsreichen Lagerinsassen stellten kurzerhand Ziegelsteine her und bauten sich daraus stabile Unterkünfte. Den Überschuss an Ziegelsteinen verscherbelten sie sogar für 10 Shilling pro 1000 Stück an ihre Bewacher. Architektonische Meisterleistungen brachten die Internierten natürlich nicht zustande, doch die mit aufgeschnittenen Konservenbüchsen gedeckten Häuser schützten sie erfolgreich vor den Naturgewalten. Die Gefangenen errichteten sich auch Latrinen und mit Holz beheizbare Herde.

Nach Beginn der Verhandlungen zum Versailler Vertrag wurde das Lager Aus aufgelöst und im Mai 1919 endgültig geschlossen. Heute erinnern nur ein paar rekonstruierte Ziegelsteinhäuser und eine nationale Gedenktafel an diese Episode. Das ehemalige Lager liegt 4 km östlich der Stadt rechts von der dorthin führenden Schotterstraße.

Außer dem Gefangenenlager hat Aus zwei empfehlenswerte Gästefarmen zu bieten. Dort können Reisende die Seele baumeln lassen und sich der einsamen Schönheit der Wanderdünen hingeben.

Schlafen

Klein-Aus Vista (Karte S. 209; ☎ 258021; www.namibhorses.com; Zelten 75 N$, Hütte 125 N$, Zi./Chalet pro Pers. inkl. Mahlzeiten 495/725 N$; ✗ 🖵) Die 10 000 ha große Ranch 3 km westlich von Aus bietet ein wahres Wanderparadies. Das Highlight ist eine viertägige Trekkingtour durch eine märchenhafte wilde Landschaft. Die Mahlzeiten nehmen die Gäste im Haupthaus ein, wo sich auch mehrere Zimmer befinden. Eine einfache Alternative sind die Schlafplätze in der Geister Schlucht Cabin, einer Schutzhütte, die in einem paradiesischen Tal liegt. Eine komfortable Ausstattung haben die acht Eagle's Nest Chalets, die direkt in die Felsen gebaut sind. Neben traumhaften Wanderungen bringen noch andere Aktivitäten viel Abwechslung, das sind vor allem Reiten oder Jeeptouren durch das ausgedehnte, zur Ranch gehörige Wüstengelände.

Namtib Biosphere Reserve (Karte S. 209; ☎ 683055; www.namtib.net; EZ/DZ inkl. Vollpension 600/1030 N$) Das private Biosphärenreservat liegt in den traumhaft schönen Tirasbergen, die atemberaubende Ausblicke auf das Dünenmeer der Namib gewähren. In einem engen Tal betreibt der umweltbewusste Besitzer des Schutzgebietes eine sich selbst versorgende Farm. Ein Aufenthalt von ein, zwei Tagen lohnt sich, um die Fülle der Naturschönheiten und die Weite der menschenleeren Landschaft zu genießen. Der Weg von Aus zur Farm: auf der C13 nordwärts 55 km fahren, dann in westlicher Richtung auf die D707 abbiegen. Nach weiteren 48 km kommt die 12 km lange Farmzufahrt, die direkt zur Lodge führt.

An- & Weiterreise

Aus liegt 125 km östlich von Lüderitz an der B4. In dieser Region benötigen Reisende ein eigenes Fahrzeug.

STRASSE ZWISCHEN AUS UND LÜDERITZ

Wer bis Aus kommt, sollte auch weiter nach Lüderitz fahren. Die Straße bis zur Lüderitzbucht durchquert die einsamen Weiten der südlichen Namib, die sich stark von den nordwärts anschließenden Schotterebenen unterscheidet. In einem Nebel aus aufgewirbeltem Sand und Staub ragen die markanten pastellfarbenen Höhenzüge Awasib und Uri-Hauchab aus den Ebenen heraus – ein hypnotisierender, ätherischer Anblick. Beim Übernachten noch verstärkt durch die Sterne.

WÜSTENPFERDE

In der Wüste westlich von Aus leben einige an das Wüstenleben angepasste verwilderte Pferde. Woher diese weltweit einzigartigen Tiere kommen, weiß niemand so genau. Daher ranken sich verschiedene Theorien um ihre Herkunft: Manche halten sie für Nachkommen der Kavalleriepferde, die von der deutschen Schutztruppe während der südafrikanischen Invasion 1915 zurückgelassen wurden. Andere meinen, dass Nama, die über den Orange River gen Norden gezogen sind, die Vorfahren der Wüstenpferde mitgebracht hätten. Eine andere Theorie besagt, die Pferdeahnen seien Überlebende eines Schiffes, das auf der Fahrt von Europa nach Australien Schiffbruch erlitten hätte. Und die vierte These besagt, die Tiere stammten dem Gestüt von Baron Hansheinrich von Wolf, des hippophilen ersten Besitzers von Schloss Duwisib (s. S. 214).

Über die mögliche Abstammung von Rassepferden täuscht das knochig-hagere, verwilderte Erscheinungsbild der Tiere hinweg, doch es beruht wohl auf der Anpassung der Pferde an die extremen Lebensbedingungen. Die Wüstenpferde leben im Schutz des Sperrgebiets Diamond Area 1. In regenreichen Jahren legten sie an Gewicht zu und vermehren sich bis auf mehrere hundert Tiere. Wasser finden die Tiere nur in der von einem künstlichen Bohrloch gespeisten Garub Pan.

Ohne die Fürsorge einiger Menschen wären die Wüstenpferde wahrscheinlich schon lange ausgestorben. Angeführt von Jan Coetzer, dem Sicherheitsoffizier der Consolidated Diamond Mines (CDM), erkannten ein paar Leute die Einzigartigkeit dieser Pferde und sorgten für die Einrichtung und die Pflege des Bohrloches in der Garub Pan. Das namibische Ministerium für Umwelt und Tourismus trug sich sogar einmal mit dem Gedanken, die Pferde zu zähmen, um sie für Patrouillen im Etosha National Park einzusetzen – der Vorschlag wurde aber wieder fallengelassen. In der Behörde gab es auch Überlegungen, die Pferde auszurotten, da sie möglicherweise der Wüstenlandschaft und den Oryxantilopen schaden könnten. Der hohe touristische Wert der Wüstenpferde hat jedoch inzwischen alle Gegenargumente vom Tisch gefegt.

Auch die Biologen interessieren sich für die namibischen Wildpferde. Sie stellten fest, dass die Tiere eine geringere Harnmenge als Hauspferde abgeben und kleiner sind als ihre vermutlichen Vorfahren. Außerdem kommen sie bis zu fünf Tage ohne Wasser aus. Diese Anpassungen geben Wissenschaftlern wertvolle Einblicke in die Fähigkeit von Tieren, sich an veränderte Klimabedingungen anzupassen.

10 km hinter Aus sieht man mit etwas Glück die Wüstenpferde (s. Kasten oben). Etwa 20 km westlich von Aus steht ein Schild mit der Aufschrift „Feral Horses". Es weist den 1,5 km langen Weg Richtung Norden zur Garub Pan, wo ein künstlich angelegtes Wasserloch für die Pferde angelegt wurde.

Falls der Wind weht – was er eigentlich meistens tut –, kann ein Barchan (eine Sicheldüne) auf den letzten 10 km vor Lüderitz die Straße blockieren. Die charakteristische Wanderdüne bringt die Reisenden unter Umständen in ziemliche Schwierigkeiten, vor allem bei Nebel und dann, wenn sich der Sand sehr hoch auf der Straße anhäuft. Dann sollte man an etwas Schönes denken und auf das Räumfahrzeug warten. Generell gilt: Die Geschwindigkeitsbegrenzungen beachten und nach Möglichkeit nicht in der Nacht fahren.

LÜDERITZ

☎ 063

Vor der Fahrt nachLüderitz sollten Reisende die Landkarte studieren und sich bewusstmachen, dass die Stadt zwischen der öden Wüste Namib und der windgepeitschten Südatlantikküste liegt. Als ob die einzigartige geografische Lage von Lüderitz nicht schon beeindruckend genug wäre, setzt die Stadt mit ihrer surrealen deutschen Jugendstilarchitektur noch eins obendrauf. Mit ihren Kirchen, Bäckereien und Cafés erinnern die vom 21. Jh. noch kaum berührte Stadt an eine bayrische Kleinstadt. Die Bewohner sind stolz auf ihr einzigartiges Erbe. Auf Reisende wartet eine freundliche Begrüßung und mitunter auch ein kaltes Willkommensbier.

Lüderitz ist lange nicht so wohlhabend wie sein ebenfalls von der deutschen Vergangenheit geprägte „Rivale" Swakopmund (s. S. 175), das Seebad an der zentralnamibischen Südatlantikküste. Im Lauf der Jahrzehnte haben die relativ abgeschiedene Lage, schlechte Verkehrsverbindungen und eine ums Überleben kämpfende Wirtschaft Lüderitz schwer gebeutelt. Die Stadt wirkt, als sei die Zeit stehengeblieben. Doch gerade der Mangel an Modernität und das beharrliche

Weiterwursteln verleihen der Stadt ihren unwiderstehlichen Charme. Hinzukommt natürlich die unberührte Natur in der Umgebung der Stadt, wo Südnamibia sein charakteristisches Gesicht zeigt. An der felsigen Küste der Lüderitzhalbinsel leben Flamingo- und Pinguinkolonien. Der benachbarte Sperrgebiet-Nationalpark umfasst Namibias wohl wildeste und unberührteste Landschaft.

Geschichte

Im April 1883 erwirbt Heinrich Vogelsang im Auftrag des Bremer Kaufmanns Adolf Lüderitz von Nama-Häuptling Joseph Fredericks die Angra Pequeña (Kleine Bucht) sowie deren Hinterland in einem Radius von 8 km. Im gleichen Jahr erscheint Lüderitz persönlich in Angra Pequeña. Kurz darauf erklärte Otto von Bismarck, Kanzler des Deutschen Reichs und ein Gegner von Kolonien, auf Anraten von Adolf Lüderitz Südwest-Afrika zum deutschen Protektorat. Nach den Diamantfunden von 1908 erfolgte die offizielle Gründung der Stadt Lüderitz, die dank der wertvollen Funde zu raschem Wohlstand kam.

Zweifellos geht die Geschichte des Diamantenabbaus mit der Stadtgeschichte von Lüderitz einher. Entlang des Orange River in Südafrika und beim Abbau von Guano auf den Inseln vor der Küste wurden bereits 1866 Diamanten gefunden. Dass vielleicht auch die Wüste dieses kristallklare Mineral in sich birgt, kam offenbar niemandem in den Sinn. Doch 1908 fand der Bahnarbeiter Zacharias Lewala an der Bahnlinie in der Nähe des Bahnpostens Grasplatz einen glänzenden Stein. Er übergab ihn seinem Chef August Stauch, der ihn sofort untersuchen ließ. Als ein Geologe feststellte, dass es sich tatsächlich um einen Diamanten handelte, besorgte sich Stauch von der Deutschen Kolonialen Gesellschaft eine Genehmigung für die Diamantsuche und gründete die Deutsche Diamanten-Gesellschaft, um das unverhoffte Glück gleich beim Schopf zu packen.

In den darauffolgenden Jahren kamen scharenweise Diamantsucher nach Lüderitz, in der Hoffnung, die im Sand verborgenen Schätze zu heben. Die Stadt entwickelte sich zum Versorgungszentrum und ihre Einwohnerzahl stieg rasant an. Im September 1908 geriet jedoch das Diamantenfieber außer Kontrolle. Um die Situation in den Griff zu bekommen, erklärte die deutsche Kolonialregierung den betroffenen Landstrich zum Sperrgebiet. Die „Verbotene Zone" reichte vom 26. südlichen Breitengrad südwärts bis zur Mündung des Orange River und 100 km weit landeinwärts. Die Diamantsuche auf eigene Faust wurde streng verboten, und wer bereits einen Claim abgesteckt hatte, musste eine Minengesellschaft gründen.

Ab Februar 1909 überwachte eine extra dafür geschaffene Behörde alle Diamantenverkäufe inklusive der Preise. Nach dem Ersten Weltkrieg brach der Diamantmarkt weltweit zusammen. Dies versetzte Ernst Oppenheimer von der Anglo-American Corporation 1920 in die Lage, die Minengesellschaft von Stauch sowie acht weitere Minen aufzukaufen. Daraus entstanden die Consolidated Diamond Mines (CDM), die „De Beers Südafrika" verwaltete und ihren Hauptsitz in Kolmanskop (S. 226) hatte.

1928 wurden ertragreiche Diamantfelder rund um die Mündung des Orange Rivers entdeckt. 1944 beschloss CDM, sämtliche betrieblichen Aktivitäten in die speziell dafür errichtete Stadt Oranjemund (S. 227) zu verlagern. 1956 verließen die letzten Bewohner Kolmanskop, seither erobern sich die Sanddünen die Stadt wieder zurück.

1994 gingen die CDM in die Namdeb Diamond Corporation Limited (kurz: Namdeb) über, die zu gleichen Teilen der namibischen Regierung und der De Beers Group gehört. Die De Beers Group, mit Sitzen u. a. in Johannesburg und London, nimmt als die weltweit einflussreichste Diamantminen- und -handelsgesellschaft seit ihrem Bestehen eine Monopolstellung in der Diamantenbranche ein.

Lüderitz profitiert noch heute von den Diamantfunden. Zu seinen wirtschaftlichen Standbeinen zählen jedoch inzwischen auch der Langustenfang, die Verwertung von Tang und Seegras für die Kosmetikindustrie sowie die noch experimentell betriebenen Austern-, Muschel- und Garnelenfarmen.

Praktische Informationen

Einige Banken auf der zentralen Bismarck Street tauschen Bargeld um und lösen Reiseschecks ein.

Extreme Communications I-café (☎ 204256; Waterfront Complex; Std. 20 N$; ⏰ Mo–Fr 8–17, Sa 9–13 Uhr) Bietet einen zuverlässigen Internetzugang.

Lüderitz Safaris & Tours (☎ 202719; ludsaf@africa online.com.na; Bismarck St.; ⏰ Mo–Fr 8–13 & 14–17, Sa 8–12, So 8.30– 10 Uhr) Bietet Reisenden zuverlässige Informationen und besorgt Besuchsgenehmigungen für die Geis-

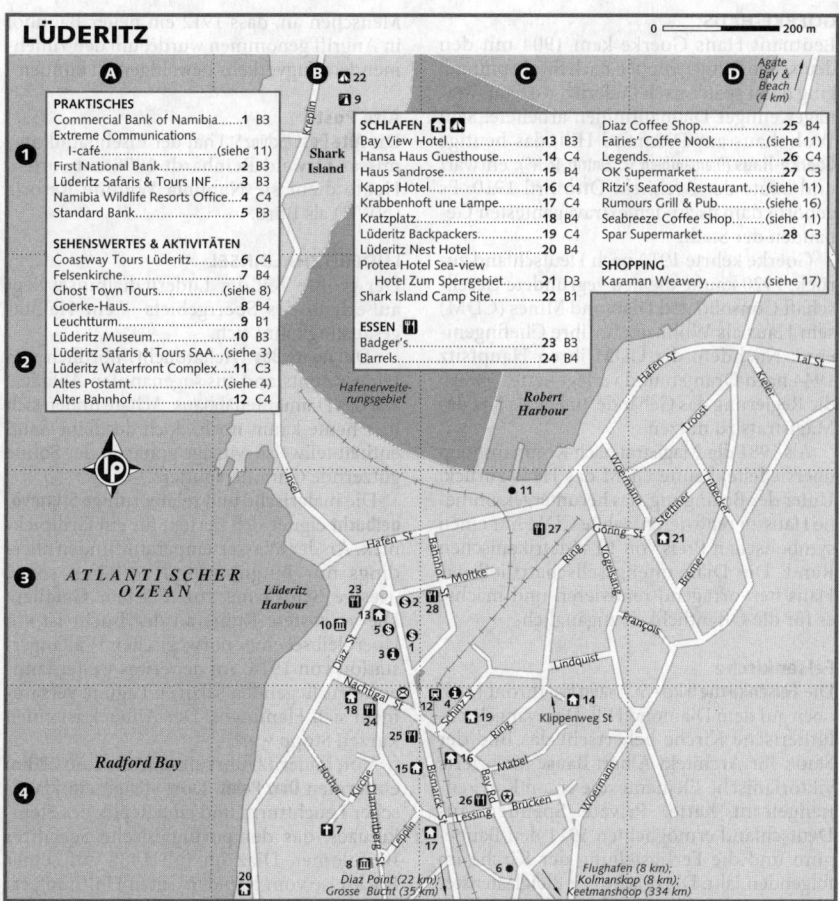

LÜDERITZ

0 _____ 200 m

Agate Bay & Beach (4 km)

PRAKTISCHES
Commercial Bank of Namibia.......1 B3
Extreme Communications
I-café...............................(siehe 11)
First National Bank.....................2 B3
Lüderitz Safaris & Tours INF.......3 B3
Namibia Wildlife Resorts Office....4 C4
Standard Bank............................5 B3

SEHENSWERTES & AKTIVITÄTEN
Coastway Tours Lüderitz............6 C4
Felsenkirche...............................7 B4
Ghost Town Tours................(siehe 8)
Goerke-Haus...............................8 B4
Leuchtturm.................................9 B1
Lüderitz Museum.......................10 B3
Lüderitz Safaris & Tours SAA...(siehe 3)
Lüderitz Waterfront Complex....11 C3
Altes Postamt......................(siehe 4)
Alter Bahnhof...........................12 C4

SCHLAFEN
Bay View Hotel.........................13 B3
Hansa Haus Guesthouse...........14 C4
Haus Sandrose..........................15 B4
Kapps Hotel...............................16 B3
Krabbenhoft une Lampe...........17 C4
Kratzplatz.................................18 B4
Lüderitz Backpackers.................19 C4
Lüderitz Nest Hotel...................20 B4
Protea Hotel Sea-view
  Hotel Zum Sperrgebiet.........21 D3
Shark Island Camp Site.............22 B1

ESSEN
Badger's...................................23 B3
Barrels.....................................24 B4

Diaz Coffee Shop......................25 B4
Fairies' Coffee Nook..............(siehe 11)
Legends....................................26 C4
OK Supermarket.......................27 C3
Ritzi's Seafood Restaurant.....(siehe 11)
Rumours Grill & Pub.............(siehe 16)
Seabreeze Coffee Shop........(siehe 11)
Spar Supermarket.....................28 C3

SHOPPING
Karaman Weavery................(siehe 17)

Shark Island

ATLANTISCHER OZEAN

Lüderitz Harbour

Hafenerweiterungsgebiet

Robert Harbour

Radford Bay

Flughafen (8 km);
Kolmanskop (8 km);
Keetmanshoop (334 km)

Diaz Point (22 km);
Grosse Bucht (35 km)

Klippenweg St

---

terstadt Kolmanskop (S. 226). Reserviert Plätze auf dem Segelschoner *Sedina* – er segelt an der Lüderitzhalbinsel entlang zum Schutzgebiet der Südafrikanischen Seebären (eine Art aus der Familie der Ohrenrobben) am Diaz Point sowie zur Halifax Island, wo eine Pinguinkolonie lebt. Verkauft Kuriositäten, Bücher, Briefmarken und Telefonkarten.

Namibia Wildlife Resorts Office (NWR; ☎ 202752; Schinz St.; ☽ Mo–Fr 7.30–13 & 14–16 Uhr) Das Regionalbüro ist eine hilfreiche Anlaufstelle, wenn es um Nationalparks geht.

Gefahren
Reisende sollten dem „Sperrgebiet" unbedingt fernbleiben, es sei denn sie nehmen an einer der geführten Touren teil. Trotz der Deklarierung zum Nationalpark, ist der Zutritt zu einem großen Teil des Gebiets immer

noch streng verboten. Die B4 bildet die nördliche Grenze des Sperrgebiets, sie reicht Richtung Osten fast bis Aus. An der Demarkationslinie patrouillieren rabiate Gesellen, deren Auftrag darin besteht jeden Grenzverletzer zu vertreiben (oder ihm vielleicht sogar noch Schlimmeres anzutun).

Sehenswertes
RUNDGANG DURCH LÜDERITZ
Lüderitz ist geradezu voll gestopft mit Architektur aus der Kolonialzeit. In jedem Winkel der Stadt gibt es etwas Interessantes zu sehen. Die meisten Gebäude sind in einer Mischung aus wilhelminischem Historismus und späterem deutschem Jugendstil gebaut – ein verblüffender Anblick im heutigen Namibia.

GOERKE-HAUS

Leutnant Hans Goerke kam 1904 mit den deutschen Schutztruppen nach Swakopmund, ging dann später nach Lüderitz, wo er als Manager einiger Diamantminen arbeitete. Sein Wohnhaus am Diamond Hill, das heutige **Goerke-Haus** (Diamantberg St.; Eintritt 16 N$), entwarf und baute der Architekt Otto Ertl 1910. Es gehörte damals zu den extravagantesten Gebäuden der Stadt.

Goerke kehrte 1912 nach Deutschland zurück. 1920 kaufte die neu gegründete Gesellschaft Consolidated Diamond Mines (CDM) sein Haus als Wohnsitz für ihre Chefingenieure. Nachdem die CDM ihren Hauptsitz 1944 nach Oranjemund verlegt hatte, erwarb die Regierung das Gebäude, um es als Sitz des Magistrats zu nutzen.

Als 1981 der Magistrat nach Keetmanshoop übersiedelte, kaufte CDM das Haus zurück. Unter der Bedingung, das heruntergekommene Haus zu renovieren, zahlte CDM nur einen symbolischen Preis von 10 südafrikanischen Rand. Die Diamantengesellschaft ließ das Haus hervorragend renovieren und machte es für die Öffentlichkeit zugänglich.

Felsenkirche

Die **Felsenkirche** (Kirche St.; Eintritt frei) thront hoch oben auf dem Diamond Hill. Die evangelisch-lutherische Kirche beherrscht das Bild der Stadt. Ihr Architekt Albert Bause integrierte viktorianische Elemente, die er am Kap kennengelernt hatte. Private Spenden aus Deutschland ermöglichten 1911 den Baubeginn und die Fertigstellung der Kirche im folgenden Jahr. Die prächtigen Bleiglasfenster über dem Altar (die Chorfenster) stiftete Kaiser Wilhelm II, während seine Gemahlin die Bibel beisteuerte.

Lüderitz Museum

Das **Museum** (☎ 202582; Diaz St.; Eintritt 10 N$; ◷ Mo–Fr 15.30–17 Uhr) informiert über die Stadtgeschichte, die regionale Tier- und Pflanzenwelt sowie über die hiesigen Ureinwohner und die Diamantenindustrie. Mit einem Telefonanruf lässt sich ein Besichtigungstermin außerhalb der offiziellen Öffnungszeiten arrangieren.

Alter Bahnhof

Lüderitz' erster **Bahnhof** (Ecke Bahnhof St. & Bismarck St.) wurde 1907 gleichzeitig mit der Bahnlinie fertiggestellt. Doch die Diamantfunde lockten so viele mit achnellem Glück liebäugelnde

Menschen an, dass 1912 ein neuer Bahnhof in Angriff genommen wurde, um den zunehmenden Zugverkehr bewältigen zu können.

Alte Post

Die **Alte Post** (Schinz St.) hat der Eisenbahnkommissar Oswald Reinhardt 1908 entworfen. Heute dient sie Namibia Wildlife Resorts (NWR) als Büro.

LÜDERITZHALBINSEL

Der größte Teil der Lüderitzhalbinsel liegt außerhalb des Sperrgebiets – ein Halbtagesausflug lohnt sich.

Die **Agate Bay** (Achatbucht) nördlich von Lüderitz entstand aus sogenannten Abfallerzen des Diamantenabbaus. Achate finden sich hier heute kaum noch, doch der feine Sand enthält teilweise winzige graue, in der Sonne glitzernde Glimmersplitter.

Die malerische und relativ ruhige **Sturmvogelbucht** eignet sich perfekt für ein Grillpicknick. An der Wassertemperatur finden allerdings nur Pinguine und Seebären sowie 'riesige Schwärme von Fischen Gefallen. Die verrostete Ruine an der Bucht ist ein Überbleibsel einer norwegischen Walfängerstation von 1914. An der etwas weiter landeinwärts liegenden salzigen Lagune versammeln sich Flamingos. Der Anblick ist einen kurzen Stopp wert.

Von Lüderitz führt eine Straße zum 22 km entfernten **Diaz Point**. Dort stehen ein klassischer Leuchtturm und eine Replik des Steinkreuzes, das der portugiesische Seefahrer Bartolomeu Diaz im Juli 1488 auf seiner Rückreise vom Kap der Guten Hoffnung errichtet hat. Teile des Originalkreuzes landeten irgendwann in Lissabon, Berlin und Kapstadt. Vom Diaz Point aus lässt sich eine nahe gelegene Robbenkolonie beobachten. Auch Kormorane, Flamingos, Reiher und andere Stelzvögel und manchmal sogar eine Delfinschule sind zu sehen.

In Küstennähe, nicht weit vom Diaz Point entfernt, liegt **Halifax Island**. Dort ist Namibias bekannteste Brillenpinguinkolonie zu Hause. Die Vögel leben in Kolonien auf den Felseninselchen vor der Atlantikküste. Mit dem Fernglas lässt sich häufig beobachten, wie sie sich scharenweise am Strand versammeln.

Die **Große Bucht** mit ihrem wilden, malerischen Strand erstreckt sich am südlichen Ende der Lüderitzhalbinsel. Schwärme von Flamingos suchen hier in den Gezeitentümpeln nach Nahrung. Am Strand liegt ein kleines, pittoreskes Schiffswrack.

Ein paar Kilometer die Küste hinauf steht am Meer ein kleiner Felsenbogen: **Klein Bogenfels**. Es ist ein hübscher Platz für ein Picknick, sofern nicht gerade der Wind in Sturmstärke heult und Sand ins Essen weht.

Aktivitäten

Spannend ist die Suche nach Sandrosen, die auch Wüsten- oder Gipsrosen genannt werden. Die hübschen orangebräunlichen Kristallgebilde aus Calciumsulfat der Formel $Ca So_4 + H_2O$ (besser bekannt als Gips) entstehen, wenn die Feuchtigkeit an der Oberfläche so schnell verdunstet, dass Grundwasser durch Kapillarkräfte nach oben gesogen wird. Dabei kristallisieren die Mineralien des Wassers zusammen mit dem Sand zu blättrigen oder blütenähnlichen Formen aus.

Schürfgenehmigungen erteilt das Büro von Namibia Wildlife Resorts in Lüderitz. Jeder darf nur zwei Stunden unter Aufsicht eines Beamten des Ministry of Environment & Tourism (MET) buddeln und drei Sandrosen bzw. ein Gesamtgewicht von 1,5 kg mitnehmen. Die „Schatzgräber" dürfen lediglich ihre Hände oder leichte Werkzeuge einsetzen, um eine Sandrose freizulegen – schweres Gerät würde andere, noch intakte Exemplare zerstören. Bei Transport und Lagerung müssen Sandrosen weich gebettet werden, halten dann aber ewig.

Geführte Touren

Für jede geführte Tour ins Sperrgebiet – mit Ausnahme des Ausflug zur Geisterstadt Kolmanskop – müssen die Tourveranstalter für jeden einzelnen Teilnehmer eine Menge Formulare ausfüllen, um alle Genehmigungen zu besorgen. Das dauert mindestens fünf Tage, die jeder im Voraus einkalkulieren sollte.

Coastway Tours Lüderitz (☎ 202002; www.coastways. com.na) Der hoch angesehene Tourveranstalter organisiert mehrtägige geführte Geländewagentouren, die tief ins Sperrgebiet führen. Proviant muss jeder selber mitnehmen.

Lüderitz Safaris & Tours (☎ 202719; ludsaf@africaonline.com.na; Bismarck St.; ⏰ Mo–Fr 8–13 & 14–17, Sa 8–12, So 8.30–10 Uhr) Beliebtes Reisebüro, das Ausflüge zur Geisterstadt und zu anderen Zielen in der Umgebung anbietet. Außerdem gibt es Bootsfahrten.

Ghost Town Tours (☎ 204033; www.ghosttowntours. com; Goerke Haus) Veranstaltet Tagestouren zu den Geisterstädten in Kolmanskop, Elizabeth Bay und zu anderen sehenswerten Plätzen im Sperrgebiet.

Schlafen
BUDGETUNTERKÜNFTE

Shark Island Camp Site (Tageseintritt 40 N$, Zelt-/Stellplatz 50 N$, pro Pers. 20 N$, 6-B-Bungalow 450 N$, Leuchtturm 850 N$) Die Lage ist traumhaft, nur der ständige Wind stört ein wenig. Ein breiter Damm verbindet Shark Island mit der Stadt – dank eines Landgewinnungsprojekts wurde aus der Insel eine Landzunge. Auf einem zentralen Felsen steht das Highlight: ein historischer Leuchtturm. Er bietet zwei Schlafzimmer, ein Wohnzimmer und eine Küche – perfekt für Selbstversorger. Die Buchung der Unterkünfte muss in der Regel über Namibia Wildlife Resorts (NWR) in Windhoek (s. S. 90) oder in Lüderitz (s. S. 219) erfolgen. Falls auf dem Campingplatz oder in den Bungalows noch freie Plätze vorhanden sind, können diese auch am Eingang gebucht werden.

Lüderitz Backpackers (☎ 202000; www.namibweb. com/backpackers.htm; 7 Schinz St.; Zelt-/Stellplatz 115 N$, B/DZ 145/365 N$) Eine Villa aus der Kolonialzeit beherbergt die einzige Unterkunft für Rucksackreisende. Hier stimmt die Atmosphäre und das freundliche Personal unterstützt die Gäste so weit wie möglich bei der weiteren Reiseplanung. Mit Gemeinschaftsküche, Grillstelle, TV-Lounge und Möglichkeiten zum Wäschewaschen ist das Haus auf die Bedürfnisse von Rucksackreisenden mit Lust auf Gruppenerlebnis eingestellt.

Krabbenhöft und Lampe (☎ 202674; info@klguest house.com; 25 Bismarck St.; EZ/DZ ab 150/250 N$) Zu den ungewöhnlichen Unterkünften der Stadt zählt diese umgebaute Teppichfabrik. Die überaus schlichten Zimmer sowie die Appartements für Selbstversorger liegen über einer Weberei (der Karaman Weavery; s. Shoppen). Eine Unterkunft mit dem Charme der absoluten Einfachheit und des Anderssein.

Hansa Haus Guesthouse (☎ 203581; mcloud@ africaonline.com.na; Klippenweg St.; EZ/DZ ab 200/400 N$) Mit seiner königsblauen Fassade beeindruckt das 1909 erbaute herrschaftliche Haus. In einer ruhigen Umgebung steht es auf einem Hügel mit atemberaubender Aussicht aufs Meer. Die Zimmer mit hohen Decken und riesigen Fenstern ergänzen perfekt die authentische koloniale Architektur.

MITTELKLASSEHOTELS

Kapps Hotel (☎ 202345; pmk@mweb.com.na; Bay Rd.; Zi. pro Pers. ab 225 N$) Das Kapps, Baujahr 1907, ist das älteste Hotel der Stadt. Bei der kürzlich erfolgten Modernisierung ist es hervorragend

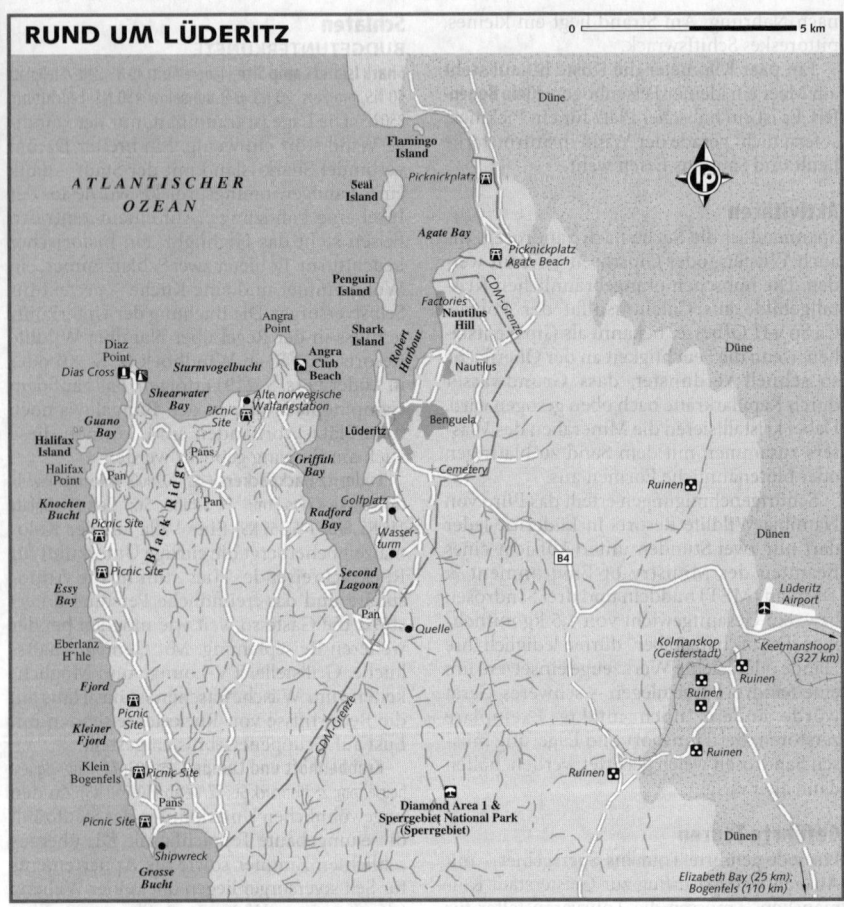

RUND UM LÜDERITZ

0 — 5 km

ATLANTISCHER OZEAN

---

gelungen, das historische Ambiente zu erhalten. Das angebaute Restaurant Rumour's Grill eignet sich bestens für ein kühles Bier nach einer langen Fahrt oder einen kräftigen Schlummertrunk.

Bay View Hotel (☎ 202288; www.luderitzhotels.com; Diaz St.; Zi. pro Pers. ab 340 N$; 🏊) Das historische Anwesen gehört einer Lüderitzer Familie und zählt zu den alteingesessenen Hotels der Stadt. Die überraschend preiswerten, luftigen Zimmer, reihen sich um einen Innenhof mit Swimmingpool. Es hat auch eine Bar sowie ein Fischrestaurant, dessen Spezialität hiesige Austern sind.

Kratzplatz (☎ 202458; kratzmr@iway.na; 5 Nachtigal St.; EZ/DZ ab 350/450 N$) In einer umgebauten Kirche mit Deckengewölben bietet das zentrale

gelegene B&B verschiedene gemütliche Zimmer. Das angeschlossene Barrels Restaurant mit lebhaftem Biergarten serviert deutsche Küche, die nicht nur Gäste des Hauses, sondern auch Leute aus der ganzen Umgebung anlockt. (Der Name sollte übrigens niemanden erschrecken: Die Herberge wird einfach vom Ehepaar Kratz betrieben.)

Haus Sandrose (☎ 202630; www.haussandrose.com; 15 Bismarck St.; EZ/DZ ab 350/480 N$, FZ ab 900 N$) Das Haus inmitten eines windgeschützten Gartens bietet nur drei einzigartig ausgestattete Zimmer mit einem individuellen Service wie sonst nirgendwo in der Stadt. Wer sich lieber als „Gast bei lieben Freunden" fühlt, statt in ein anonymes Gesicht an einer Hotelrezeption zu blicken, hat hier eine reizvolle Alternative.

WAS GIBT ES IN LÜDERITZ ZU ESSEN?

Können Sie mir ein gutes Bier empfehlen? Selbstverständlich! In Namibia wird eines der besten Biere Afrikas gebraut: das Windhoek Lager. Das dürfen Sie sich nicht entgehen lassen. Es wird nach dem Reinheitsgebot von 1516 gebraut. Kennen Sie diese traditionelle Verordnung? Sie schreibt vor, dass Bier nur Gerste, Hopfen und Wasser enthalten darf. Angeblich bekommt man von solch einem Bier keinen Kater, wenn man einen über den Durst getrunken hat.

Na dann, ein Windhoek, bitte. Haben Sie irgendeine Spezialität, die als Vorspeise dazu passt? Heute stehen fangfrische Austern aus der Lüderitzbucht auf der Speisekarte. Falls Ihnen Austern nicht schmecken, kann ich Ihnen unseren *Crayfish Cocktail* (Langustencocktail) empfehlen. Wir sind noch in der Langustensaison, gerade letztes Wochenende hat die Stadt das Crayfish Festival gefeiert. Gut sind auch die fangfrischen Garnelen, die an der ganzen namibischen Küste vorkommen. Wir servieren sie gegrillt oder in Weißwein gedünstet auf frischem gemischtem Salat.

Crayfish Cocktail klingt lecker. Und was empfehlen Sie mir als Hauptgericht? Wir bieten eine große Auswahl an namibischen Gerichten, servieren aber auch Gerichte der deutschen Küche – auf unser deutsches Erbe sind wir hier in Lüderitz ziemlich stolz. Eine regionale Spezialität ist der Kingklip, ein Schlangenfisch. Wir braten ihn fangfrisch in Butter und Zitrone und servieren ihn mit grob gemahlenem Pfeffer und frischer Petersilie bestreut. Wenn Sie ein deutsches Gericht möchten – und großen Hunger haben, empfehle ich Ihnen unser Eisbein mit Sauerkraut und Kartoffelbrei. Das Eisbein ist so groß, dass Sie gut und gern eine Stunde brauchen, um das ganze Fleisch und Fett von dem Knochen zu lösen und aufzuessen.

Ich nehme das Eisbein. Vielleicht bleibt ja noch Platz für ein Dessert. Wenn Sie das Eisbein tatsächlich schaffen, rate ich Ihnen zu einem Underberg als Nachtisch. Wir haben aber auch einen köstlichen Apfelstrudel. Doch warten Sie erst mal ab, bis Sie das Eisbein gegessen haben.

Anmerkung des Autors: Das Fleisch des Eisbeins habe ich geschafft, nur die Schwarte mit der dicken Fettschicht war einfach zu viel für einen Menschen mit normalem Appetit. An einen Apfelstrudel war gar nicht zu denken. Also kam der Underberg als Verdauungshilfe zum Zug. Das Essen lag mir allerdings noch am nächsten Morgen im Magen.

Sue hieß die Bedienung, die mich bei der Auswahl meines Essens beriet.
Sie lebt von Geburt an in Lüderitz und kennt sich in der Gastronomie der Stadt gut aus.

SPITZENKLASSEHOTELS

Lüderitz Nest Hotel (☎ 204000; www.nesthotel.com; 820 Diaz St.; Zi. pro Pers. ab 580 N$; ❷ ❶) Lüderitz' ältestes Nobelhotel mit eigenem Strand nimmt eine ganze Landzunge im Südwesten der Stadt ein. Die modern gestylten Zimmer liegen alle auf der Meerseite. Zu den Annehmlichkeiten zählen Pool, Sauna, terrassenförmige Bar und mehrere Gourmet-Restaurants.

Protea Hotel Sea-view Hotel Zum Sperrgebiet (☎ 203411; www.seaview-luederitz.com; Ecke Woermann & Göring St.; EZ/DZ ab 705/1123 N$; ❷ ❶) In einem vom kolonialen Erbe geprägten Stadtbild fällt das Protea Hotel aus dem Rahmen. Stahl, Glas und eine beeindruckende Balkonfassade verleihen dem modernen Gebäude seinen Charakter. Die meisten der nur 22 Zimmer haben einen Balkon mit Meerblick.

Essen & Ausgehen

Mehrere Restaurants servieren Gerichte aus fangfrischen Fischen und Meeresfrüchten. Auf vielen Speisekarten stehen deutsche Spezialitäten wie etwa Bratwurst und Eisbein. Selbstversorger finden in den Supermärkten und bei den kleinen Fischhändlern der Stadt die Zutaten für ihre Mahlzeiten. Nach Sonnenuntergang ist in Lüderitz nicht mehr viel los, doch alle unten aufgeführten Restaurants eignen sich auch, um den Tag bei einem Bier oder einem Drink ausklingen zu lassen.

Diaz Coffee Shop (☎ 203147; Ecke Bismarck & Nachtigal St.; Snacks & Gerichte 10–30 N$) In einem Ambiente, das an traditionelle deutsche Cafés erinnert, wird hier starker Kaffee und süßer Kuchen serviert.

Seabreeze Coffee Shop (☎ 245615; Waterfront Complex; Snacks & Gerichte 10–30 N$) Die herrliche Aussicht auf den Atlantischen Ozean verführt dazu, in diesem Café direkt am Hafen länger zu bleiben als geplant.

Badger's (☎ 202855; Diaz St.; Gerichte 20–45 N$) Eine lebendige Atmosphäre, kaltes Bier und kleine heiße Gerichte zeichnen das Badger's aus. Mit anderen Gästen in Kontakt zu kommen, fällt hier nicht schwer.

DIAMANTENFIEBER
Geologie

Der Diamant ist das bekannteste Allotrop (Modifikation) des Kohlenstoffs. Er zeichnet sich aus durch extreme Härte (er ist das härteste aller Minerale) sowie durch eine hohe Lichtbrechung (bricht weißes Licht in die Spektralfarben). In der Industrie spielt er z. B. als Schleif-, Schneid- und Bohrmittel eine bedeutende Rolle, da nur ein anderer Diamant ihn ritzen kann. Zu Schmuckzwecken verwendet, erhält er durch den Schliff einen brillanten Glanz. Die Diamantminen fördern jährlich etwa 130 Mio. Karat (26 000 kg), was einem Marktwert von 9 Mrd. US$ entspricht.

Diamanten entstehen, wenn Kohlenstoff über lange Zeit extremem Druck und sehr hohen Temperaturen ausgesetzt ist und sich infolgedessen ein Kristallisationsprozess in Gang setzt. Die entsprechenden Bedingungen (von der Produktion synthetischer Diamanten einmal abgesehen) herrschen nur nahe der Erdkruste an einer Tiefe von mindestens 150 km. Sobald der Kohlenstoff kristallisiert, vergrößert sich ein Diamant solange, wie Druck und Temperatur in ausreichendem Maß ihre Wirkung ausüben können. Schmelzen aus dem tiefsten Erdinneren, die das diamanthaltige Material (im verfestigten Zustand Kimberlit genannt) an die Erdoberfläche befördern, setzen dem Größenwachstum der Diamanten jedoch natürliche Grenzen. Während vorzeitlicher vulkanischer Aktivitäten trieb kimberlitisches Magma durch sogenannte Pipes (senkrechte Gesteinsschlote vulkanischen Ursprungs) bis zur Erdoberfläche hinauf.

Seit dem frühen 20. Jh. beurteilen Experten den Wert und die Schönheit eines Diamanten bzw. Brillants (und anderer Edelsteine) weltweit anhand der vier „ Cs": Carat (Karat), Clarity (Reinheit), Color (Farbe) und Cut (Schliff).

Karat gibt das Gewicht eines Edelsteins an. Ein Karat entspricht 0,2 g (200 mg). Wie bei allen anderen Edelsteinen steigt der Wert eines Diamanten mit seinem Gewicht. Je höher das Gewicht, desto seltener ist der Edelstein, wobei große Diamanten besonders selten vorkommen.

Die Reinheit bezieht sich auf die Menge der in einem Edelstein vorhandenen Fremdkörper, die als Einschlüsse bezeichnet werden. Je kleiner die Einschlüsse, desto wertvoller ist der Stein. Nur etwa 20 % der abgebauten Diamanten weisen genügend Reinheit auf, um als Schmuckbrillanten in den Verkauf kommen zu können.

Die Farbe hängt ebenfalls mit der Qualität eines Diamanten zusammen. Ein perfekter Diamant ist absolut farblos. Doch die meisten Diamanten zeigen aufgrund von chemischen Unreinheiten und

---

Rumours Grill & Pub (☎ 202655; Bismarck St.; Gerichte 25–55 N$; ☾ Mittag- & Abendessen) Die Kombination aus quirliger Sportbar und Biergarten im bayrischen Stil existiert schon seit Jahrzehnten und ist in Lüderitz eine Institution.

Barrels (☎ 202458; 5 Natchtigal St.; Gerichte 35–75 N$) Im Barrels geht's immer sehr fröhlich zu. Ab und zu steigert Livemusik noch die Stimmung. Seine wechselnden Tagegerichte zeichnen sich durch frischen Fisch und deutsche Spezialitäten aus.

Legends (☎ 203110; Bay Rd.; Gerichte 45–85 N$) In dem Restaurant herrscht praktisch immer eine ruhige, entspannte Atmosphäre. Auf der Speisekarte stehen Fisch und Meeresfrüchte, Gegrilltes, Pizzas, Burger und sogar ein paar vegetarische Gerichte.

Ritzi's Seafood Restaurant (☎ 202818; Waterfront; Gerichte 85–215 N$) Für Fisch und vor allem für Meeresfrüchte ist das Restaurant die beste Adresse der Stadt. Seine tolle Lage im neuen Hafenviertel ermöglicht, beim Essen den traumhaften Sonnenuntergang mit turbulentem Abendrot zu beobachten.

Shoppen

Karaman Weavery (☎ 202272; 25 Bismarck St.) Die Werkstatt hat sich auf hochwertige regionale Webteppiche und gewebte Stoffe sowie Kleidungsstücke in pastelligen Wüstenfarben spezialisiert. Die namibische Flora und Fauna liefern die Vorlage für die bevorzugten Muster. Die Weberei führt auch individuelle Aufträge aus und liefert ihre Produkte in alle Länder der Welt.

An- & Weiterreise
AUTO & MOTORRAD

Die asphaltierte B4 verbindet Keetmanshoop mit Lüderitz. Die Hafenstadt und ihre Umgebung (s. S. 220) sind es wert, die 334-km-Fahrt auf sich zu nehmen.

strukturellen Defekten eine erkennbare Färbung, deren Grad ihren Wert mindert oder steigen lässt. Gelbe Diamanten sind wesentlich weniger wertvoll als z. B. rosafarbene oder blaue.
Der Schliff beschreibt die Qualität der handwerklichen Arbeit und die Form, in die der Stein beim Schleifen gebracht wird.

Internationaler Handel

Der internationale Handel mit Diamanten unterscheidet sich extrem vom Handel mit wertvollen Metallen wie Gold oder Platin, da es bei diesen kostbaren Steinen nicht um Bedarfsartikel geht. Demzufolge können ein paar wenige Schlüsselfiguren den Preis künstlich hochtreiben, zumal ein Sekundärmarkt so gut wie nicht existiert. Sowohl der Großhandel als auch die Schleifereien beschränken sich traditionell auf wenige Orte, allen voran New York, Antwerpen, London, Tel Aviv und Amsterdam, auch wenn sich inzwischen einige Diamantenzentren in China, Indien und Thailand etabliert haben.

Seit seiner Gründung 1888 hält De Beers eine Monopolstellung bei den Diamantminen und allen Vertriebskanälen von Diamanten in Edelsteinqualität. Vor noch nicht langer Zeit unterlagen 80 % der Rohdiamanten der Kontrolle der De Beers Group; der Prozentsatz hat sich in den letzten Jahren allerdings auf 50 % verringert. Dennoch nutzt de Beers seine Marktführerschaft konsequent in Form von strikter Preiskontrolle und Direktvermarktung der Diamanten an bevorzugte Abnehmer auf dem Weltmarkt (die De Beers *sightholders* nennt).

Nach dem Erwerb durch die *sightholders* kommen die Diamanten zum Schleifen und Polieren an die wenigen vorhergehend genannten Orte, um sie für den Verkauf an einer der 24 Diamantbörsen vorzubereiten. Selbst hier – im letzten Schritt – greift De Beers' enges Kontrollnetz noch, denn die Einzelhändler dürfen an diesen Börsen für den Verkauf an Endkunden bzw. die Schmuckherstellung nur verhältnismäßig kleine Diamantmengen erwerben.

Seit geraumer Zeit steht die Diamantenindustrie unter politischen Beschuss. Das Stichwort sind die sogenannten „Blutdiamanten". Als Reaktion auf die zunehmende öffentliche Kritik kam 2002 das Kimberley-Abkommen zustande, das den Handel mit „Blutdiamanten" auf dem internationalen Markt unterbinden soll. Als Hauptinstrument dient die Herkunftszertifizierung der Diamantenexporte des jeweiligen Ursprungslandes. Die Zertifizierung soll verhindern, dass Diamanten zur Finanzierung von Verbrechen oder revolutionären Gruppen verwendet werden.

BUS
Zwischen Lüderitz und Keetmanshoop verkehren privat betriebene Minibusse. Die Fahrt kostet durchschnittlich 175 N$. Es gibt weder einen festgelegten Fahrplan noch eine offizielle Haltestelle – der Halt erfolgt auf Anfrage. In Lüderitz starten die Minibusse in der Bismarck Street am Südrand der Stadt.

FLUGZEUG
Air Namibia fliegt mehrmals in der Woche zwischen Windhoek und Lüderitz, einmal wöchentlich nach/von Swakopmund und zweimal in der Woche von/nach Walvis Bay. Der Flughafen liegt 8 km südöstlich der Stadt bei Kolmanskop.

SPERRGEBIET NATIONAL PARK
Nachdem das Sperrgebiet seit fast ein Jahrhundert für die Öffentlichkeit nicht zugänglich war, erklärte die namibische Regierung das Gelände 2008 offiziell zum Nationalpark. Das weltweit als Fundort von Namibias exklusiven Diamanten bekannte Sperrgebiet (Forbidden Area) ist dabei, sich zum Juwel der namibischen Schutzgebiete zu entwickeln. Geographisch betrachtet nimmt der Park den nördlichen Zipfel des Succulent Karoo Biome ein. Er umfasst ein 26 000 km2 großes Areal mit Dünen- und Berglandschaften, die auf den ersten Blick extrem kahl wirken. Doch der Schein trügt, denn das Gebiet zählt zu den 25 weltweit herausragenden Lebensräumen mit einer außergewöhnlichen Biodiversität (biologischen Vielfalt).

Das Sperrgebiet umfasste ursprünglich zwei private Konzessionen: Diamond Area 1 und Diamond Area 2. In Letzterer liegen die Geisterstadt Kolmanskop und Elizabeth Bay, die beide schon seit längerem für Besucher zugänglich sind. Seit 2004 dürfen Wissenschaftler und Naturschutzexperten Area 1 aufsu-

SÜDNAMIBIA

chen. Aufgrund der Sicherheitsbedenken der Diamantindustrie wird jedoch jeder Zutritt sorgfältig kontrolliert.

2009 kündigte das namibische Ministry of Environment & Tourism (MET; Ministerium für Umwelt und Tourismus) an, Area 1, aus dem sich die Förderung verlagert, stärker für den Tourismus zu erschließen. Bis tatsächlich alle Reisebeschränkungen gefallen sind, werden wahrscheinlich noch ein paar Jahre vergehen. Immerhin ist es eine verlockende Aussicht, irgendwann zu den ersten Reisenden zu gehören, die diese Zone durchstreifen.

Orientierung & praktische Informationen

Die „verbotene Zone" entstand 1908 nach den ersten Diamantfunden in der Nähe von Lüderitz. Obwohl sich der Diamantabbau hauptsächlich in Küstennähe abspielte, sperrten die Diamantgesellschaften aus Sicherheitsgründen einen breiten Landstrich von Südnamibia ab und nur einige Straßen bleiben frei.

Aufgrund Diamantenabbaukonzessionen war das Sperrgebiet fast ein Jahrhundert für das breite Publikum nicht zugänglich, noch nicht einmal Wissenschaftler durften das Gelände in Augenschein nehmen. Die strikten Zugangsbeschränkungen trugen dazu bei, dass die Natur in großen Teilen des Gebietes unberührt blieb. De Beers Centenary, ein Partner des Unternehmens De Beers Consolidated Diamond Mines, kontrolliert nach wie vor das gesamte Gebiet, bis das MET (das namibische Ministerium für Umwelt und Tourismus) einen Managementplan für den Park erstellt hat.

Rund die Hälfte des Parks besteht aus Wüste, auf 30 % der Fläche erstreckt sich Grassavanne. Den Rest nehmen Granitberge, Felsen und „Mondlandschaften" ein. Obwohl das Gebiet noch kaum erforscht ist, haben Botaniker bereits 776 Pflanzenarten entdeckt, von den 230 endemisch sind, also nur in dem Park vorkommen. Zur Tierwelt des Parks zählen der Gemsbok (Südafrikanischer Spießbock/ *Oryx gazella*), die Schabrackenhyäne und so seltene, gefährdete Amphibienarten wie *Breviceps macrops* (*desert rain frog*, eine Art aus der Gattung der Kurzkopffrösche). Die Vogelwelt weist Wüsten- und Küstenarten auf, wie z. B. die Rotdünenlerche, den Alariogirlitz und den Afrikanischen Austernfischer.

Das Gebiet wurde als besonders schützenswert in den **Succulent Karoo Ecosystem Plan** (SKEP; www.skep.org) aufgenommen. SKEP ist ein gemeinsames Projekt von Namibia und Südafrika, das alle Interessengruppen der Region – von den Ministerien bis zur örtlichen Bevölkerung – unter einem Dach vereint. Das Programm wird vom **Critical Ecosystem Partnership Fund** (CEPF; www.cepf.net) unterstützt, der als Koordinator vor Ort auftritt.

Beteiligt ist auch die **Namibian Nature Foundation** (NNF; www.nnf.org.na), die eventuell die Planung des Parks übernehmen soll. Einer ihrer Schwerpunkte werden dann Initiativen sein, die sicherstellen, dass auch Einheimische von dem Park profitieren. Von der touristischen Erschließung des Sperrgebietes erhofft man sich wirtschaftliche Impulse für Lüderitz, das aufgrund seiner Nähe als Hauptausgangspunkt für Parkbesuche dienen wird.

Geführte Touren

Bis sich beim neuen Nationalpark die strengen Zutrittsbeschränkungen lockern, sollte jeder im eigenen Interesse die Sperrgebietsgrenzen strikt beachten. Die bis an die Zähne bewaffneten Bewacher des Sperrgebiets langweilen sich mit juckenden Fingern – niemand sollte sich berufen fühlen, diesen Gesellen Abwechslung zu verschaffen.

Einige zugelassene Tourveranstalter (s. S. 221) bieten jedoch Fahrten zu ausgesuchten Zielen im Sperrgebiet an.

Sehenswertes

GEISTERSTADT KOLMANSKOP

Der beliebte Ausflug von Lüderitz zur Geisterstadt Kolmanskop ist relativ einfach zu organisieren, denn die Namdeb erlaubt den Besuch der Stadt. Ihren Namen verdankt die Stadt dem Afrikaaner Jani Kolman, dessen Ochsenkarren auf seinem schon früh erfolgten Treck an dieser Stelle im Sand stecken blieb. Kolmanskop wurde als Sitz der Hauptverwaltung der Consolidated Diamond Mines (CDM) errichtet und ausgebaut.

Es gab sogar in der Hochphase um 1910 ein Casino, eine Bowlingbahn und ein Theater mit bester Akustik. Seine Blütezeit endete jedoch mit dem Niedergang des Diamanthandels nach dem Ersten Weltkrieg und durch die Entdeckung weitaus reicherer Diamantvorkommen bei Oranjemund. 1956 war Kolmanskop vollkommen verwaist und blieb dem Wüstensand überlassen. Später wurden nur einige Häuser als Touristenattraktion restauriert. Der gespenstische Anblick der baufälligen, weitgehend unter den Dünen begrabenen Gebäude lässt sich nicht beschreiben.

Besucher können auf eigene Faust nach Kolmanskop fahren, brauchen also nicht unbedingt an einer geführten Tour teilzunehmen. Allerdings müssen sie sich vorher im Büro der NWR oder bei einem örtlichen Tourveranstalter eine Genehmigung besorgen, die 40 N$ kostet. Die Erlaubnis in Kolmanskop zu fotografieren kostet zusätzlich 125 N$. Im Preis der Zutrittsgenehmigung ist eine Führung in Deutsch oder Englisch enthalten. Die Führungen beginnen am Museum in Kolmanskop: Montag bis Samstag um 9.30 Uhr und 11 Uhr, sonntags und an gesetzlichen Feiertagen um 10 Uhr.

Als Ergänzung zur Führung lohnt sich ein Besuch des Museums, das über die Geschichte des Diamantenabbaus in Namibia informiert.

ELIZABETH BAY

Als die CDM 1986 den nördlichen Teil des Sperrgebietes erneut untersuchte, entdeckte man reiche Diamantenvorkommen rund um Elizabeth Bay (die Ortschaft liegt 30 km südlich von Kolmanskop). Schon damals ließ sich absehen, dass der Abbau der schätzungsweise 2,5 Mio. Karat nicht länger als zehn Jahre dauern wird. Dennoch richtete die CDM einen Minenbetrieb im großen Stil ein. Das Unternehmen baute jedoch keine Wohnstätten, sondern ließ täglich alle Arbeiter von Lüderitz an ihren rund 45 km entfernten Arbeitsplatz transportieren.

Die Halbtagestour nach Elizabeth Bay muss bei einem Tourveranstalter in Lüderitz gebucht werden. Sie schließt den Besuch von Kolmanskop und der Robbenkolonie am Atlas Bay Cape ein.

BOGENFELS

Nach einem Drittel der Strecke von Lüderitz nach Oranjemund entlang der „verbotenen Küste" ist der 55 m hohe Felsenbogen, erreicht. Er trägt den bezeichnenden Namen Bogenfels. Erst seit einigen Jahren besteht die Möglichkeit, dieses Naturdenkmal zu besichtigen. Die angebotenen Touren führen nicht nur zum Bogenfels, sondern umfassen auch die Geisterstadt Pomona, das Märchental, die Bogenfels-Geisterstadt und eine große Höhle in der Nähe vom Bogenfels. Die Tour muss ebenfalls bei einem Tourveranstalter in Lüderitz gebucht werden.

Schlafen

Innerhalb des Nationalparks existieren noch keinerlei Unterkünfte für Besucher und Campen ist streng verboten. Entsprechende Einrichtungen werden sicherlich in den nächsten Jahren geschaffen. Bis dahin bietet eine Unterkunft in Lüderitz (s. S. 221) den besten Ausgangspunkt für Parkbesuche.

An- & Weiterreise

Das Sperrgebiet in einem privaten Fahrzeug zu befahren, ist nach wie vor streng untersagt. Die bislang einzige Ausnahme bleibt die Fahrt nach Kolmanskop – sofern ein robuster Geländewagen zur Verfügung steht und die erforderliche Genehmigung vorliegt.

ORANJEMUND

☎ 063

Das Städtchen Oranjemund an der Mündung des Orange (Oranje) River, dem Grenzfluss zur Republik Südafrika, verdankt seine Existenz den Diamanten. Die üppigen Diamantvorkommen in der Gegend veranlassten die CDM 1944, ihren Hauptsitz von Kolmanskop an die Flussmündung zu verlagern. Mit seinen weniger als 10 000 Einwohnern zeigt der Ort heute das typische Erscheinungsbild einer Minenstadt mit allen Versorgungs- und Verwaltungseinrichtungen für die Arbeitskräfte und ihre Familien. Das Ganze ist aber eine abgeriegelte Welt für sich. Trotz der Wüste ringsum unterhält die Namdeb Diamond Corporation Limited (Namdeb) einen Golfplatz und eine große, sattgrüne Parklandschaft.

Alle Besucher von Oranjemund benötigen eine Genehmigung von der Namdeb (☎ in Windhoek 061-204 3333; www.debeersgroup.com/namdeb). Jeder muss den Antrag mindestens einen Monat im Voraus stellen und eine Art polizeiliches Führungszeugnis einreichen. Die Zutrittsgenehmigung bekommen normalerweise nur diejenigen, die etwas Geschäftliches in der Stadt zu erledigen haben – auf Touristen legt niemand wirklich Wert.

Die superstrengen Sicherheitsbestimmungen in Oranjemund verbieten sogar, kaputte Arbeitsgeräte aus der Stadt zu schaffen, weil jemand damit Diamanten hinausschmuggeln könnte. Doch selbst solche Maßnahmen verhindern nicht, dass eine stattliche Menge an Diamanten gestohlen werden und auf dem illegalen Markt landen. Die Diebe wenden raffinierte Methoden an: So werden Brieftauben eingesetzt, Steine im Müll versteckt, lange Tunnel gegraben.

Die Straße nach Oranjemund verläuft jenseits der Grenze über Alexander Bay in Südafrika und führt über eine Brücke.

DER TIEFE SÜDEN

Namibias Südspitze liegt eingebettet in dem Winkel, den Südafrikas abgeschiedene Regionen Namaqualand und Kalahari bilden. Ganz gleich, aus welcher Richtung man anreist, erweckt die kahle Landschaft ein Gefühl der Trostlosigkeit und Isolation. Während der Fahrt auf der Fernstraße reicht die Wüste in allen Himmelsrichtungen bis zum Horizont. Umso größer ist die Überraschung, wenn plötzlich der Fish River Canyon auftaucht. Dieser riesige Einschnitt quer durch die Wüstenlandschaft gehört mit seinen Schluchten und Umlaufbergen zu Namibias beeindruckendsten geologischen Formationen. In jedem Winter lockt der Canyon Scharen von Wanderern an, die sich auf mehrtägigen Trekkingtouren seinen riesigen Ausmaßen stellen.

GRÜNAU
☎ 063

Viele von Südafrika kommende Reisende steuern Grünau an, denn hier befindet sich die erste Tankstelle nördlich der südafrikanischen Grenze. Außerdem bietet der Ort erschöpften Fahrern auf dem Weg von Kapstadt nach Windhoek (oder umgekehrt) eine sinnvolle Verschnaufpause.

Ausgezeichnet und ein beliebtes B&B ist das **White House Rest Camp** (Karte S. 209; ☎ 262061; Zelt-/Stellplatz 30 N$, Zi. pro Pers. 150 N$). In einem wunderschönen, strahlend weißen Haus bieten Dolf und Kinna de Wet preisgünstige Unterkünfte für Selbstversorger. Die Architektur des 1912 erbauten und hervorragend renovierten Farmhauses ist spektakulär. Küchenherde stehen zur Verfügung, auf Anfrage kochen die Gastgeber ihren Gästen aber auch Mahlzeiten oder bereiten ihnen Lunchpakete für ein Picknick. Der Anfahrtsweg: 11 km auf der B1 Richtung Keetmanshoop fahren, dann an dem White-House-Hinweisschild auf den in westlicher Richtung verlaufenden Weg einbiegen. Nach weiteren 4 km ist das Farmhaus erreicht.

Grünau liegt 144 km nordwestlich des Grenzübergangs Vellorsdrift an der C10 und 142 km nördlich vom Grenzübergang Noordoewer an der B1.

FISH RIVER CANYON NATIONAL PARK
☎ 063

Nirgendwo in Afrika findet sich etwas, was sich mit dem Fish River Canyon vergleichen lässt. Das klingt dick aufgetragen, doch die Zahlen lügen nicht: Der Canyon ist 160 km lang, in der Breite hat er eine Ausdehnung von bis zu 27 km. Die grandiose Schlucht erreicht eine Tiefe von 550 m. Allein schon die blanken Zahlen beeindrucken, doch das wahre, atemberaubende Ausmaß dieses gigantischen Canyons begreift man eigentlich erst vor Ort. Wer sich selbst einen Eindruck verschaffen will, kann beispielsweise an einer der angebotenen fünftägigen Trekkingtouren teilnehmen. Die gewaltige Wanderung geht über die halbe Länge des Canyons und stellt extrem hohe Ansprüche an die physischen und psychischen Kräfte der Teilnehmer. Als Belohnung winkt das stolze Gefühl, eine der größten Naturwunder von Namibia, nein, von ganz Afrika hautnah erlebt zu haben.

Geschichte

Eine Legende der San erzählt, die starken Biegungen des Canyons seien entstanden, als sich eine verzweifelt schlängelnde Schlange, *Koutein Kooru*, vor Jägern in die Wüste flüchtete. Die geologische Entstehungsgeschichte klingt allerdings etwas komplizierter:

Der Fish River, der 110 km südlich des Canyons in den Orange River mündet, grub seinen Canyon vor Urzeiten. Genau genommen besteht der Canyon aus zwei ineinanderliegenden Canyons, die sich auf unterschiedliche Weise geformt haben. Die ursprünglichen Sedimentschichten aus Schiefer, Sandstein und losem vulkanischem Material rund um den heutigen Fish River Canyon bauten sich vermutlich vor fast 2 Mrd. Jahren auf. Hitze und Druck verwandelten sie später in härteres Gestein, wie z. B. Gneis. Vor knapp 1 Mrd. Jahren drangen durch Brüche im bestehenden Gestein vulkanische Materialien ein, die abkühlten und die Doloritformationen bildeten, die nun im inneren Canyon herausragen.

Die Oberfläche erodierte zu einem flachen Becken mit seichtem Wasser, das sich wahrscheinlich mit ausgewaschenem Sediment der Umgebung füllte – also mit Resten von Sandstein, Konglomerat, Quarzit, Kalkstein und

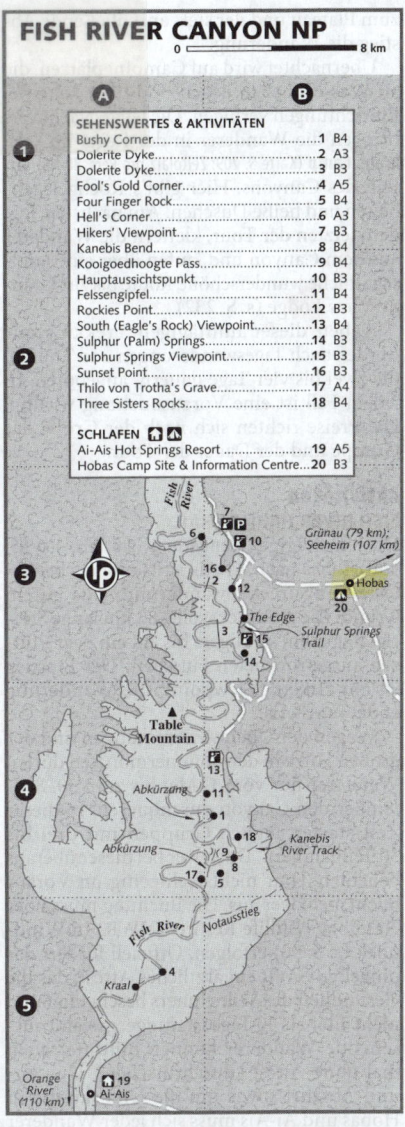

FISH RIVER CANYON NP

0 ———————— 8 km

Schiefer. Vor etwa 500 Mio. Jahren führten tektonische Aktivitäten zu Verwerfungen und einer Neigung der Gesteinsschichten um 45°. Die daraus zwangsweise entstehende weite Kluft in der Erdkruste bildete einen großen Canyon: den heutigen äußeren Canyon. Seine Sohle, die erste Ebene der abgestuften Gesteinsschichten, zeigt sich ungefähr 170 m

unterhalb des östlichen Canyonrandes und 380 m unterhalb des Westrandes.

Durch das neu entstandene Gebiet floss ein Wasserlauf, der heute Fish River heißt. Der Fluss bahnte sich durch die Talsohle grub sich ein und wusch schließlich den 270 m tiefen inneren Canyon aus.

Praktische Informationen

Der Hauptzugänge zum Fish River Canyon liegen bei Hobas, in der Nähe vom Nordende des Parks, und bei Ai-Ais unweit des Südendes des Parks. NWR verwaltet beide Zugänge sowie die Unterkünfte, die Reisende im NWR-Office in Windhoek im Voraus buchen müssen (s. S. 90). Sowohl in Hobas als auch in Ai-Ais kostet der Eintritt pro Tag 80 N$ pro Person und 10 N$ pro Fahrzeug.

Am **Hobas Information Centre** (Karte S. 229; 7.30–12, 14–17 Uhr) am Nordende des Parks liegt auch der Check-Point für alle, die sich auf die fünftägige Canyon-Wanderung begeben wollen. Außer abgepackten Snacks und kalten Getränken gibt es dort allerdings nichts zu kaufen.

Wasser führt der Fish River in der Regel zwischen März und April. Zu Beginn der Touristensaison (von April bis Juni) tröpfelt er oft nur als Rinnsal vor sich hin, mitten im Winter bleiben schließlich nur noch ein paar Pfützen im Flussbett übrig.

Seit 2001 ein schlecht vorbereiteter Wanderer im Canyon den Tod fand, verbietet die NWR Tageswanderern den Abstieg in den Fish River Canyon. In der kühleren Jahreszeit dürfen Wanderer manchmal mit einer speziellen, im Hobas Information Centre erhältlichen Genehmigung vom Hikers' Viewpoint aus in den Canyon hinabsteigen. Kürzere Wanderungen sind in dem privaten Canyon Nature Park möglich.

Sehenswertes
HOBAS

Von Hobas führt eine Schotterstraße zum 10 km entfernten **Hikers' Viewpoint** (Karte S. 229; am Start des Wanderweges). Dort gibt es Picknicktische, Grillplätze und Toiletten – und eine gute Aussicht auf den nördlichen Teil des Canyons. Der **Main Viewpoint** (Karte S. 229) ein paar Kilometer weiter südlich bietet den schönsten und wohl am häufigsten fotografierten Ausblick auf den Canyon. Beide Aussichtspunkte bieten jeweils Panoramaansicht auf die scharfe Flussbiegung, die Hell's Corner (Teufelsecke) genannt wird.

AI-AIS

Die **Hot Springs** (Karte S. 229; pro Pers. 15 N$; 9 bis 21 Uhr), die heißen Thermalquellen von Ai-Ais (in der Sprache der Nama „brennendes Wasser"), befinden sich unterhalb der hoch aufragenden Felsspitzen am südlichen Ende des Fish River Canyon National Park. Obwohl die San diese 60 °C heißen Quellen sicher seit Tausenden von Jahren kennen, beanspruchen die Nama ihre „Entdeckung" für sich. Eine Legende behauptet, ein Schafhirte der Nama habe das „brennende Wasser" bei der Suche nach einem verirrten Schaf gefunden. Die Quellen, die Chlorid, Fluorid und Schwefel enthalten, sollen rheumatische Krankheiten und nervöse Störungen lindern. Röhren leiten das heiße Wasser in verschiedene Bäder, Jacuzzis und in den Swimmingpool im Freien.

Eine angenehme Abwechslung bietet die kurze Kletterei auf die Felsspitze, die am gegenüberliegenden Ufer aufragt. (Der Weg ist nicht markiert!) Von dort aus reicht der Blick über Ai-Ais zum Four Finger Rock, der sich in der Ferne im Norden erhebt. Die gesamte Wanderung dauert ungefähr zwei Stunden.

In Ai-Ais mangelt es nicht an Annehmlichkeiten wie Shop, Restaurant, Tankstelle, Tennisplatz, Swimmingpool, Spa und Mineralbädern aller Art.

Im Sommer droht allerdings Überschwemmungsgefahr. Die Fluten nach den starken Regenfällen von 1972 und 2000 haben in Ai-Ais große Zerstörungen angerichtet.

CANYON NATURE PARK

Der **Canyon Nature Park** (Karte S. 209; ☎ 683005; www.canyonnaturepark.com) ist ein privater Naturpark. Er liegt außerhalb des Fish River Canyon National Park in dem Winkel, den der Löwen Canyon und der Fish River Canyon bilden. Dort sind einige beeindruckende geologische Besonderheiten zu sehen. Den Park kann jeder besuchen, ohne das NWR-Büro in Windhoek zu kontaktieren, da er nicht zu dessen Zuständigkeitsbereich gehört.

Von April bis Oktober können Wanderer an einer Trekkingtour auf dem **Löwenfish Hiking Trail** teilnehmen. Die 85 km lange Tour dauert fünf Tage, beginnt am Löwen Canyon und führt einige Tage am Fish River Canyon entlang. Dabei unterbrechen mehrere Aufstiege über die malerischen Klippen bis hinauf

zum Plateau und der stets anschließende Abstieg die Wanderung.

Übernachtet wird auf Campingplätzen, die an Wasserquellen liegen und über keinerlei Einrichtungen verfügen. Die letzte Nacht verbringen die Wanderer in der Regel im **Koelkrans Camp** (Karte S. 209; Zeltplatz pro Pers. 80 N$) am Fuß des Canyons. Hier gibt's Kochgelegenheiten und heiße Duschen. Am nächsten Tag, dem letzten der Tour, klettern die Wanderer aus dem Canyon und laufen über eine landschaftliche wunderschöne Route bis zur Grande View Lodge (s. S. 232).

Neben dieser fünftägigen Trekkingtour werden auch Tageswanderungen und Touren, die zwei bis vier Tage dauern, angeboten. In jedem Fall ist eine Vorausbuchung wichtig. Die Preise richten sich nach der Größe der Gruppe und der Dauer der Tour.

Aktivitäten

FISH RIVER HIKING TRAIL

Die fünftägige **Wanderung** (pro Pers. 100 N$) von Hobas nach Ai-Ais ist Namibias beliebteste Langstreckenwanderung. Aus gutem Grund: Die eindrucksvolle, 85 km lange Strecke folgt dem sandigen, bis auf ein paar Pfützen ausgetrockneten Flussbett. Der Einstieg ist am Hikers' Viewpoint, die Wanderung endet in Ai-Ais.

Wegen der Überschwemmungen und der großen Hitze in den Sommermonaten dürfen Wanderer nur vom 1. Mai bis zum 30. September den Canyon durchqueren. In dieser Zeit starten täglich Gruppen mit drei bis 30 Teilnehmern. Doch wer bei dieser überaus beliebten Tour nicht rechtzeitig im Voraus bucht, geht leer aus. Die Buchung muss über Namibia Wildlife Resorts (NWR) in Windhoek (s. S. 90) erfolgen. Offiziell fordert das pingelige NWR ein ärztliches Attest, das die Gesundheit des Teilnehmers bescheinigt und nicht älter als 40 Tage ist. Junge, gestählt aussehende Wanderer können mitunter auch mal ohne Attest „durchrutschen". Um An- und Abfahrt sowie um die Unterkünfte in Hobas und Ai-Ais muss sich jeder Wanderer selber kümmern.

Dank der normalerweise warmen, trockenen Witterung muss niemand zwangsläufig ein Zelt mitschleppen. Doch auf Schlafsack, ausreichend Nahrung und Wasser kann keiner verzichten. Jeder sollte sich in Hobas über die aktuelle Trinkwassersituation im Canyon informieren! Im August und September gibt

WANDERUNG DURCH DEN FISH RIVER CANYON

Die Anfahrt von Hobas bis zum 10 km entfernten **Hikers' Viewpoint**, wo die Canyon-Wanderung beginnt, müssen die Wanderer selbst organisieren. Beim malerischen Aussichtspunkt am Canyonrand beginnt der steile Abstieg zum Fluss. Unten liegen sandige Zeltplätze neben kühlen, grünen Becken.

Die Karte zeigt die Strecke, die dicht am Flussufer verläuft. Der Weg kann sich aber von Jahr zu Jahr ändern, da die Vegetation und die Sandablagerungen sich alljährlich durch die Höhe des Wasserspiegels im Vorjahr ändern. Der einfachste Wanderweg folgt den Windungen des Flusses, dort verlaufen auch die Pfade der Tiere auf trockenem und nicht sandigem Terrain. Auf diese Weise lassen sich auch schlüpfrige Steine und große Felsbrocken umgehen.

Nach einer anstrengenden 13 km langen Wanderung durch den rauen Sand und die Felsbrocken des Ostufers taucht **Sulphur Springs Viewpoint** auf, der erste Zwischenstopp an der Hauptroute und zugleich die erste Gelegenheit, den Canyon zu verlassen.

Wer bereits sehr erschöpft ist und keine Kräfte mehr hat, sollte hier die Schlucht verlassen. Wer sich noch zutraut, weitere und wesentlich leichter zu gehende 2 km zu laufen, kommt zu den **Sulphur Springs** (Schwefelquellen). Dort wartet ein Camp, wo jeder am nächsten Morgen überlegen kann, ob er sich fit genug zum Weiterwandern fühlt.

An den Sulphur Springs – oder besser bekannt als **Palm Springs** – wartet ein kleines Paradies: ein ausgezeichneter Campingplatz mit schwefelhaltigen Thermalquellen. Pro Sekunde schießen 30 l Wasser (das 57 °C warm ist) aus dem Boden, das Wasser enthält nicht nur Schwefel, sondern auch Chlorid und Fluorid – eine Wohltat für die strapazierten Muskeln!

Die Legende erzählt, dass sich während des Zweiten Weltkrieges zwei deutsche Gefangene zwischen den Schwefelquellen versteckt hielten, um der Internierung zu entgehen. Der eine litt an Asthma, der andere an Hautkrebs – die Heilkraft der Thermalquellen ließ beide wieder gesund werden. Die schönen Palmen an den Sulphur Springs sollen von den Kernen der Datteln stammen, die den beiden Deutschen als Nahrung dienten und deren Kerne sie hier ausspuckten.

Den nächsten Abschnitt der Wanderung „pflastern" vor allem tiefer Sand, Kies und grober Schotter. Die direkteste Route an der Innenseite der Flusswindungen erfordert ein mehrmaliges Durchqueren des Flusses. Der **Table Mountain** (Tafelberg) thront 15 km oberhalb der Sulphur Springs. Nach weiteren 15 km kommt der erste kurze (und abkürzende) Canyoneinschnitt am **Bushy Corner**, einem Gebiet mit viel dichtem Dornengestrüpp. An der nächsten Flussbiegung liegt flussaufwärts nahe der Felsformation **Three Sisters** ein längerer Einschnitt hinter der **Kanebis Bend**, der zum **Kooigoedhoogte Pass** führt. Von oben bietet sich ein zauberhafter Blick auf den **Four Finger Rock** – ein beeindruckender turmartiger Felsen mit vier dicken Spitzen (die eher an nach oben gekehrte Zitzen eines Kuheuters erinnern als an Finger).

Nach einem erneuten Abstieg landen die Wanderer am Westufer des Flusses, wo die Kletterei über einen anderen abkürzenden Einschnitt beginnt und sich – was vielleicht angenehmer ist – nasse Füße holen. Alternativ kann man auch die Flussbiegungen auslaufen. Am südlichen Ende dieses Passes liegt ebenfalls am Westufer das **Grab** von Leutnant Thilo von Trotha, der hier 1905 während eines Kampfes zwischen den Deutschen und den Nama den Tod fand.

Der letzte Abschnitt ist 25 km lang und verläuft auf einen recht bequemen, aber sandig-steinigen Weg nach Ai-Ais. Er ist an einem langen Tag zu schaffen. Südlich vom Trotha-Grab weitet sich der Canyon und wird trockner. Wichtig: Am Ende des Winters findet man auf den letzten 15 km der Tour kein Wasser: Jeder Wanderer muss deshalb ausreichend Trinkwasser mit sich führen!

es mitunter auf den letzten 15 km der Wanderung keinen einzigen Tropfen Wasser. Um diese heiße, sandige Strecke zu bewältigen, braucht jeder mehrere 2-Liter-Flaschen mit Wasser! In den großen, leichten Plastikflaschen lässt sich der Wasservorrat ganz gut transportieren.

Genauere Informationen über die Wanderroute siehe Kasten oben.

Schlafen

Unterkünfte, die innerhalb des Fish River Canyon National Park liegen, müssen über das NRW-Büro in Windhoek (s. S. 90) gebucht werden.

Hobas Camp Site (Karte S. 229; Zeltplatz pro Pers. 50 N$ & 20 N$; 🌐) Diese hübsche, schattige Campingplatz liegt am Nordende des Parks, etwa 10 km von den Hauptaussichtspunkten entfernt. Er hat saubere sanitäre Anlagen, einen Kiosk und einen Swimmingpool. Restaurant und Tankstelle sind nicht vorhanden. Buchung über NRW!

Ai-Ais Hot Springs Resort (Karte S. 229; Zeltplatz pro Pers. 50 N$ & 20 N$, Apt. ab 600 N$; ☎) Alle Gäste können die Einrichtungen des Resorts, inklusive der sanitären Anlagen und des Thermalbads, nutzen. Außerdem vorhanden: Möglichkeiten zum Wäschewaschen, Grillplatz, Snackbar und ein kleiner Lebensmittelladen. Alle Appartements haben ein eigenes Bad und eine Kochgelegenheit. Buchung über NRW!

Fish River Guest Farm (Karte S. 209; ☎ 683005; http://www.canyonnaturepark.com/accommeast.htm; Zi. mit Gemeinschaftsbad pro Pers. ab 250 N$) Das historische Farmhaus liegt abseits der C12 am Ostrand des privaten Canyon Nature Park. Es eignet sich bestens für Wanderer, die sich selbst versorgen. Von der Farm aus lassen sich auf privaten Wanderwegen Touren unterschiedlichster Schwierigkeitsgrade unternehmen.

Grande View Lodge (Karte S. 209; ☎ 683005; www.canyonnaturepark.com; Zi. pro Pers. ab 1550 N$; ⊠ ☎) Grande View ist die luxuriöseste Lodge der Region. Im eigenen, aus Stein gebauten Chalet können sich die Gäste wunderbar entspannen, bevor sie sich zum Abendessen und Dämmerschoppen im Speisesaal versammeln. Die Lodge liegt an der D463 am Westrand des Canyon Nature Park.

An- & Weiterreise

Weder nach Hobas noch nach Ai-Ais fahren öffentliche Verkehrsmittel. Das eigene Fahrzeug ist hier ein Muss.

GONDWANA CAÑON PARK

Der 100 000 ha große Gondwana Cañon Park entstand 1996 aus einem Zusammenschluss mehrerer Schaffarmen. Damals wurden umgehend alle Zäune entfernt, um das Land nordöstlich vom Fish River Canyon so schnell wie möglich der Natur zurückzugeben. In dieser herrlichen, abgeschiedenen Region von Namibia versammeln sich an den Wasserlöchern nun wieder wild lebende Tiere. Im Zuge dieses Naturschutzprojektes kam es auch zur Eingliederung des früheren Augurabies-Steenbok Nature Reserve, einem Schutzgebiet, das ursprünglich eingerichtet wurde, um Arten wie Hartmann's Bergzebra, Steenbok (Steinböckchen), Gemsbok (Spießbock oder Oryxantilope) und Klipbok (Klippspringer), besonders zu schützen.

Praktische Informationen

Die Finanzierung des Parks erfolgt über eine Abgabe, die alle vier Cañon-Lodges leisten. Sie beträgt 5 % der Übernachtungspreise. Die Buchung für diese Unterkünfte sollte über das parkeigene **Reservationszentrum** (☎ 061-230066; www.gondwana-canyon-park.com) erfolgen.

Alle diese Lodges bieten eine ganze Reihe von Freizeitaktivitäten, angefangen von Ausflügen im Geländewagen über geführte Wanderungen und Reittouren bis hin zu traumhaften Rundflügen.

Schlafen

Cañon Roadhouse (Karte S. 209; ☎ 061-230066; www.gondwana-canyon-park.com/cr.htm; EZ/DZ ab 620/990 N$, Zeltplatz pro Pers. 85 N$; ☎) Für diese herrliche Unterkunft hat möglicherweise ein Bilderbuch-Roadhouse auf der wildesten Strecke der Route 66 Modell gestanden. Ein altes Motorrad dient als Tisch für das Buffet. Die Jalousien bestehen aus gebrauchten Luftfiltern, bei den Barhockern kamen die Luftfilter alter Lastkraftwagen zu neuen Ehren.

Cañon Mountain Camp (Karte S. 209; ☎ 061-230066; www.gondwana-canyon-park.com/c_m_c.htm; Zi. mit ab 295 N$) Mehr in Richtung Budgetunterkunft geht das abgeschiedene Bergcamp. Es liegt hoch oben inmitten von Bergen aus Basaltgestein. Selbstversorger finden hier eine voll eingerichtete Küche, Grillplätze und Gemeinschaftsräume vor.

Cañon Village (Karte S. 209; ☎ 061-230066; www.gondwana-canyon-park.com/c_v.htm; EZ/DZ ab 995/1590 N$; ⊠ ☎) Die Inspiration für diese ländliche Idylle am Rand des Fish River Canyon National Park lieferte wohl eines der kapholländischen Dörfer vergangener Zeiten. Im Schatten einer Felswand stehen komfortable Chalets. Das Zentrum bildet ein strohgedecktes Restaurant, dessen Küche traditionelle afrikanische Spezialtäten, darunter Wildgerichte, und Vegetarisches aus frischen regionalen Produkten zubereitet.

Cañon Lodge (Karte S. 209; ☎ 061-230066; www.gondwana-canyon-park.com/cl.htm; EZ/DZ ab 995/1590 N$; ⊠ ☎) Dieses Refugium in den Bergen gehört zu Namibias faszinierendsten Unterkünften. Seine roten Backsteinbungalows integrieren sich harmonisch in die von Felsbrocken übersäte Umgebung. Das Restaurant in einem Farmhaus von 1908 ist mit historischen landwirtschaftlichen Geräten dekoriert. Rund um das Haus erstrecken sich Gartenanlagen, in denen die Pflanzen nur so wuchern.

An- & Weiterreise

Der Gondwana Cañon Park ist mit Privatfahrzeugen über die C37 zu erreichen.

NOORDOEWER

☎ 063

Noordoewer liegt am Orange (Oranje) River, der in den Drakensbergen in Natal (Südafrika) entspringt. Der Fluss bildet über weite Strecken die Grenze zwischen Namibia und Südafrika. Seinen Namen verdankt er keineswegs der Schlammfarbe seines Wassers, sondern Prinz Wilhelm V. von Oranien, dem Statthalter der Niederlande in den späten 1770er-Jahren. Ihre Funktion als Grenzübergang prägt natürlich die Stadt, doch eignet sie sich auch hervorragend als Ausgangspunkt für Kanu- und Raftingtouren auf dem Oranje (Orange River).

Aktivitäten

FLUSSFAHRTEN

Kanu- und Raftingtouren dauern inklusive der zwischendrin erfolgenden Unterbrechungen in der Regel drei bis sechs Tage. Die beliebte Tour von Noordoewer in nördlicher Richtung nach Aussenkehr ist ungefährlich – die Stromschnellen gehen nicht über den Schwierigkeitsgrad II hinaus. Aufregend schön auf dieser Strecke ist jedenfalls die wilde Canyonlandschaft. Alternative Touren: von Aussenkehr bis zur Mündung des Fish River, von der Fish-River-Mündung bis zum Nama Canyon (der einige schwierigere Stromschneller hat) und vom Nama Canyon bis Selingsdrif.

Amanzi Trails (☎ in Südafrika 27-21-559 1573; www.amanzitrails.co.za) Das gut eingeführte südafrikanische Unternehmen hat seinen Sitz im Abiqua Camp (s. rechts. Es ist auf 4- bis 5-tägige Kanutouren auf dem Orange River spe-

zialisiert (pro Pers. 1950/2250 N$). Für Leute mit Erfahrung organisiert es kürzere ungeführte Ausflüge und längere Exkursionen.

Felix Unite (☎ in Südafrika 27-21-670-1300; www.felixunite.com) Der südafrikanische Tourveranstalter hat ebenfalls einen sehr guten Ruf. Er ist spezialisiert auf 4- bis 6-tägige Kanu- und Raftingtouren auf dem Orange River (pro Pers. 2200/2450 N$). Diese Touren lassen sich kombinieren mit längeren Ausflügen rund um das Western Cape (Westkap) von Südafrika.

Schlafen

Abiqua Camp (Karte S. 209; ☎ 297255; www.amanzitrails.co.za/abiqua_river_camp/abiqua_camp.html ; Zeltplatz pro Pers. 55 N$, EZ/DZ/BZ in Chalets 300/355/410 N$) Das freundliche Camp hat eine gute Lage am Flussufer gegenüber einiger interessanter Sedimentsformationen. Von der 15 km entfernten B1 ist es über die Orange River Road zu erreichen. Hier starten auch die Touren des Veranstalters Amanzi Trails. Vor ihrem Aufbruch zur Kanutour können die Tourteilnehmer im Camp ihren Proviant auffüllen, eine warme Mahlzeit genießen und sich noch bequem eine Nacht ausruhen.

Camp Provenance (Karte S. 209; ☎ in Südafrika 27-21-670-1300; www.felixunite.com; Zeltplatz pro Pers. 70 N$, 2-Pers.-Dauerzelt 350 N$, 2-B-Hütte 650 N$) Das Flusscamp im schicken Safaristil liegt 10 km westlich von Noordoewer. Hier beginnen die Touren des Veranstalters Felix Unite. Puristen können ihr Zelt auf einer Wiese aufschlagen. Wer Komfort schätzt, kann in einem Dauerzelt oder einem Chalet Kräfte für die bevorstehende Paddeltour sammeln.

An- & Weiterreise

Noordoewer liegt an der B1. Es ist der Grenzübergang nach Südafrika und nur mit einem eigenen Fahrzeug zu erreichen.

Allgemeine Informationen

AKTIVITÄTEN

Dank seiner großartigen und oft überwältigenden Landschaften bietet Namibia einen fotogenen und faszinierenden Hintergrund für unzählige Aktivitäten im Freien.

Das Spektrum reicht von traditionellen Wanderungen und Geländewagenfahrten bis hin zu so ausgefallenen Unternehmungen wie Sandboarding in den hohen Dünen der Atlantikküste, Quadbiken, Paragliden, Ballonfahren und Kamelreiten. Die meisten dieser Freizeitaktivitäten können problemlos vor Ort organisiert werden und sind auch nicht übermäßig teuer. Die einzelnen Regionalkapitel informieren über das jeweilige Freizeitangebot.

Allradstrecken

Traditionellerweise beschränken sich Allradfahrten auf die rauen Pisten durch das Kaokoveld, Damaraland und Bushmanland. In der letzten Zeit wurden aber weitere Allradstrecken im ganzen Land angelegt.

Wer eine solche Route fahren will, zahlt eine Tagesgebühr, muss pro Tag eine gewisse Strecke zurücklegen und auf festgelegten Zeltplätzen übernachten. Buchung einige Wochen im Voraus über die **Namibian Wildlife Resorts** (NWR; www.nwr.com.na), weitere Details siehe S. 90.

Zu den populärsten Strecken zählt der Isabis 4WD Trail im Namib Desert Park (S. 202), der Naukluft 4WD Trail in den Naukluftbergen (S. 202) und der Topnaar 4WD Trail (S. 195). Die Hauptrouten werden im jeweiligen Kapitel beschrieben.

Fischen

Nach Namibia kommen zahlreiche Angler aus dem ganzen südlichen Afrika und das zu Recht: Der nährstoffreiche kalte Benguelastrom an der Skeleton Coast bringt Kabeljau, Steenbras, Galjoen, Blacktail und Bronzehai und viele andere Arten in die Nähe der Küste, sodass sich ein ideales Revier für Angler besteht. Beliebte Fischgründe sind die Strände nördlich von Swakopmund, aber auch einsame Stellen weiter nördlich.

In den Stauseen, vor allem im Hardap Dam (S. 202) und Von Bach Dam (S. 110), lassen sich Buntbarsche, Karpfen, Barben, Meeräschen und Welse angeln. Fliegenfischer fahren dagegen zu den Fischgründen in Chobe und zum Sambesi River in der Caprivi-Region; hier lassen sich Welse, Streifenbrassen, Hechte und Afrikas berühmter Tigerfisch, der bis zu 9 kg schwer werden kann, aus dem Wasser ziehen.

Kanu fahren & Raften

Am Oranje (Orange River) im Süden des Landes werden die Kanu- und Rafting-Touren immer beliebter. Verschiedene Anbieter in Noordoewer (S. 233) organisieren zu einem guten Preis Fahrten durch die spektakulären Canyons des Oranje entlang der Grenze zu Südafrika.

Atemberaubende Wildwasserfahrten auf dem Kunene River bietet – neben anderen teureren Veranstaltern – auch die preiswerte Kunene River Lodge in Swartbooi's Drift (S. 164) an.

Klettern

Anhänger des Klettersports treffen sich an den roten Felsen des Damaralands, vor allem an der Spitzkoppe und dem Brandberg. Die Sportler müssen ihre eigene Ausrüstung mitbringen, da es vor Ort keinen Verleih von Ausrüstung gibt, und selbst für Fahrgelegenheiten sorgen. Unerfahrene sollten sich unbedingt vor Ort beraten lassen, denn das Klettern in der Wüstenhitze ist nicht ganz ungefährlich. Eine Grundregel ist, niemals alleine loszuklettern. Mehr Informationen zu den Kletterstellen stehen auf S. 154.

Sandboarden

Immer mehr in Mode kommt Sandboarding, das in Swakopmund und Walvis Bay auf vorgegebenen Pisten möglich ist. Wer es versuchen möchte, hat die Wahl zwischen einer schlittenähnlichen Variante, bei der man auf einem Brett liegt und mit hoher Geschwindigkeit die Dünen hinabdüst, oder der stehenden Variante, bei der man auf einem Snowboard den Hang in flottem hinunter schießt (s. S. 184).

Wandern

Wandern gehört für Besucher zu den Highlights in Namibia, immer mehr private Farmen richten interessante Wanderwege für ihre Gäste ein.

Auch verschiedene Nationalparks bieten spektakuläre Streckenwanderungen an. Mehrtägige Wanderungen sind auf dem Waterberg Plateau (S. 116) möglich, interessant sind aber auch die vier oder achttägigen Wanderungen in den Naukluftbergen (S. 202), am Ugab River (S. 170), im Daan Viljoen Game Park (S. 94 oder im Fish River Canyon (S. 230). Zum Leidwesen vieler Interessierter darf täglich nur eine begrenzte Zahl an Wanderern starten – wer also unbedingt einen Platz ergattern möchte, sollte so früh wie möglich buchen.

Wandergruppen auf den Wegen der Nationalparks müssen mindestens drei, dürfen aber nicht mehr als zehn Personen umfassen. Jeder Wanderer muss ein ärztliches Fitnessattest vorlegen (Formulare gibt es beim Büro des NWR in Windhoek, S. 90), das maximal 40 Tage vor dem Starttermin ausgestellt worden sein darf. Wer jung und gesund aussieht, geht auf den meisten Trails auch so durch, mit Ausnahme der sehr anspruchsvollen 85 km langen Wanderung im Fish River Canyon. NWR kann auch Ärzte empfehlen, aber wie

---

PRAKTISCH & KONKRET

■ In Namibia gilt das metrische System für Maße und Gewichte.

■ Stecker haben drei runde Stifte; die Stromspannung beträgt 220 oder 240 V, 50 Hz. Bei Bedarf kann vor Ort ein Adapter gekauft werden.

■ Obwohl in Namibia angeblich Pressefreiheit herrscht, berichtet keine namibische Zeitung über internationale Ereignisse oder nimmt eine oppositionelle Haltung zu politischen Themen ein. Immerhin gibt es mehrere Zeitungen, von denen wohl die *Namibian* und der *Windhoek Advertiser* am besten sind. Auch der *Windhoek Observer*, der am Samstag erscheint, ist gut. Die beiden wichtigsten Zeitungen in deutscher Sprache sind die *Allgemeine Zeitung* und die *Namibia Nachrichten*.

■ Die Namibian Broadcasting Corporation (NBC) betreibt rund ein Dutzend Radiostationen, die auf verschiedenen Wellenlängen in neun Sprachen senden. Die zwei wichtigsten Stationen in Windhoek sind Radio Energy (100 FM) und Radio Kudu (103,5 FM); als bester Sender mit Popmusik gilt Radio Wave auf 96,7 FM in Windhoek.

■ Die NBC sendet von der Regierung geprüfte Fernsehprogramme in Englisch und Afrikaans. Jeden Abend um 22 Uhr kommen die Nachrichten. In den meisten Spitzenklassehotels und -Lodges besteht auch Zugang zum satellitengestützten DSTV, das NBC und eine Mischung von Kabelkanälen bringt: MNET (ein südafrikanisches Spielfilm- und Unterhaltungsprogramm), CNN, ESPN, MTV, BBC World, Sky, Supersport, SABC, SATV, NatGeo, Disney und Discovery usw.

gesagt: Häufig verzichtet das Büro auch einfach darauf.

Viele, die gewöhnt sind, einfach den Rucksack aufzusetzen und loszuziehen, werden sich über die Zugangsbeschränkung ärgern. Sie wurde aber zum Schutz der Umwelt vor allzu intensivem Tourismus erlassen und stellt sicher, dass jede Gruppe unterwegs für sich alleine ist. Im Prinzip sollte keine Gruppe einer anderen begegnen.

ALLEINREISENDE

Verglichen mit Botsuana ist Namibia ein großartiges Ziel für Alleinreisende, auch dank der großen Auswahl an ausgezeichneten Hostels und preisgünstigen Unterkünften. Häuser wie Cardboard Box Backpackers (S. 96), Chameleon Backpackers Lodge & Guesthouse (S. 97) und Desert Sky Backpackers (S. 187) bieten nicht nur ein gutes Bett für die Nacht, sondern sind auch ideale Orte zum Erfahrungsaustausch mit anderen Reisenden. Die meisten Hotels und Lodges bieten einen fairen Preis für Einzelzimmer, doch auch hier steigen die Preise deutlich in der Hochsaison wie etwa den Schulferien.

Ein Nachteil des Alleinreisens in Namibia ist die Einsamkeit – die Strecken sind lang und es fehlt der Beifahrer zum Unterhalten. Die Preise für Safaris oder organisierte Aktivitäten können hoch sein.

Wer einen Wagen mieten will, sollte schauen, dass er sich mit anderen zusammentut.

BOTSCHAFTEN & KONSULATE
Namibische Botschaften & Hochkommissariate

Namibia hat diplomatische Vertretungen in Deutschland und Österreich, für die Schweiz ist die Botschaft in Brüssel zuständig. Hinsichtlich Visa sind die Konsulate in der Regel bessere Ansprechpartner als die Botschaften (falls es beides an einem Ort gibt). Viele Länder brauchen kein Visum für einen Namibiabesuch; siehe S. 248.

Angola (☎ 02-227535; 95 Rua dos Coqueiros No 37, Luanda)
Botsuana (☎ 267-390 2181; Debswana House, Gaborone)
Deutschland (☎ 49-30 254 0950; Wichmannstraße 5, Berlin)
Frankreich (☎ 01 44 17 32 65; 80 Ave Foch; Square de l'Ave Foch, Paris)
Österreich (☎ 431-402 9370; Strozzigasse 1014, Wien)
Südafrika (☎ 012-481 9100; 702 Church St, Arcadia, Pretoria)

Sambia (☎ 01-26 04 07; 30A Mutenda Rd, Lusaka)
Simbabwe (☎ 04-88 58 41; Lot 1 of 7A, Borrowdale Estates, 69 Borrowdale Rd, Harare)

Botschaften & Konsulate in Namibia

Seit der namibischen Unabhängigkeit haben viele Länder Botschaften in Namibia eröffnet. Alle im Folgenden genannten Botschaften befinden sich in Windhoek (☎ Vorwahl 0 61), sie haben nur an Werktagen geöffnet.

Botschaften sind von Haus aus nicht dazu verpflichtet, Reisenden bei Schwierigkeiten zu helfen, vor allem dann nicht, wenn der Einzelne seine Lage selbst verschuldet hat! Jeder ist verpflichtet, die Gesetze des Landes einzuhalten.

Angola (Karte S. 92; ☎ 227535; 3 Dr. Agostino Neto St; ⏰ 9–13 Uhr)
Botsuana (außerhalb der Karte S. 89; ☎ 221941; 101 Klein Windhoek; ⏰ 8–12.30 Uhr)
Deutschland (Karte S. 92; ☎ 273100; 6. Stock, Sanlam Centre, 154 Independence Ave; ⏰ 9–12 Uhr)
Österreich (Honorarkonsulat; ☎ 375652; Teinert Straße 2; ⏰ Di, Do 10–12 Uhr).
Südafrika (Karte S. 89; ☎ 205 7111; RSA House, Ecke Jan Jonker St & Nelson Mandela Dr, Klein Windhoek; ⏰ 8.15–12.15 Uhr)
Sambia (Karte S. 92; ☎ 237610; Ecke Sam Nujoma Dr & Mandume Ndemufeyo Ave; ⏰ 8–13 Uhr, 14–16 Uhr)
Schweiz (Generalkonsulat; ☎ 00264/81/1279388; P.O.Box 9298, Eros)
Simbabwe (Karte S. 92; ☎ 228134; Gamsberg Bldg, Ecke Independence Ave & Grimm St; ⏰ 9–12.30 & 14–15 Uhr)

ERMÄSSIGUNGEN

Es gibt in Namibia kein allgemeingültiges Ermäßigungssystem. Ein Jugendherbergsausweis nützt hier nur wenig, ein internationaler Studentenausweis bringt 15 % Ermäßigung für Fahrten mit den Bussen von Intercape Mainliner und gelegentlich einen vergünstigten Eintritt in einem Museum.

Senioren über 60 Jahren (die sich ausweisen können) erhalten ebenfalls 15 % Ermäßigung für die Busse von Intercape Mainliner und Preisnachlässe bei Inlandsflügen von Air Namibia.

ESSEN

Im Allgemeinen sollten sich Reisende für weniger als 10 US$ satt essen können. Eine normale Mahlzeit im europäischen Maßstab kostet zwischen 10 US$ und 20 US$, selbst eine opulentere Mahlzeit schlägt kaum mit mehr als 20 US$ bis 35 US$ zu Buche.

Getränke

Supermärkte verkaufen keinen Alkohol; es gibt ihn in speziellen *drankwinkel* (Getränkeläden), die in der Regel montags bis freitags von 8 bis 18 Uhr und samstags von 8.30 bis 13 Uhr geöffnet sind.

FEIERTAGE

Banken, Behörden und die meisten Läden sind an den folgenden Feiertagen geschlossen. Fällt einer der nachfolgend aufgeführten Feiertage auf einen Sonntag, ist der Folgetag ein Feiertag.

Neujahr 1. Januar
Karfreitag März oder April
Ostersonntag März oder April
Ostermontag März oder April
Independence Day (Unabhängigkeitstag) 21. März
Himmelfahrt April oder Mai
Tag der Arbeit 1. Mai
Cassinga Day 4. Mai
Africa Day 25. Mai
Heroes' Day (Heldentag) 26. August
Menschenrechtstag 10. Dezember
1. Weihnachtsfeiertag 25. Dezember
Family/Boxing Day (Familientag) 26. Dezember

FESTIVALS & EVENTS

Namibia hat nur eine überraschend kleine Zahl an regionalen Festivals und Events zu bieten.

Mbapira/Enjando Street Festival Das größte Straßenfest wird im März gefeiert. Die Menschen tragen ihre farbenfrohe traditionelle Kleidung und füllen die Straßen mit Leben.

Windhoek Karnival (WIKA) 1953 führte eine kleine Gruppe von deutschen Immigranten den Windhoek Karnival im April ein. Heute gehört er zu den Highlights des kulturellen Jahres – Höhepunkt ist der Royal Ball.

Wild Cinema Festival (www.wildcinema.org) Das im Mai stattfindende Filmfestival belebt die Festivalszene erst seit kurzem. In verschiedenen Kinos der Stadt zeigen einheimische und südafrikanische Regisseure ihre Werke.

Maherero Day Eines der größten Feste Namibias wird am Wochenende vor oder nach dem 26. August gefeiert. Die Red-Flag-Herero versammeln sich in traditioneller Kleidung in Okahandja zu einer Gedenkfeier für ihre Häuptlinge, die beim Aufstand gegen die Deutschen getötet wurden. Ähnliche Feiern veranstalten die Green-Flag-Herero (Wochenende um den 11. Juni) in Okahandja und die White-Flag-Herero (Wochenende um den 10. Oktober) in Omaruru.

Küska (Küste) Karnival Ein weiterer deutsch geprägter Karneval findet Ende August/Anfang September in Swakopmund statt. In diesem Buch wird er allerdings nicht empfohlen, da mehrere farbige Reisende die rassistische Atmosphäre beklagt haben.

/AE//Gams Arts Festival Zu Windhoeks wichtigstem Kunstfestival kommen im Oktober Gruppen von Tänzern, Musiker, Dichter und Schauspieler, die um verschiedene Preise kämpfen.

Oktoberfest Windhoek feiert sein eigenes Oktoberfest – und schwelgt dann in Essen, Trinken und Frohsinn.

FOTOS & VIDEO

Manche Namibier lassen sich gern fotografieren, andere jedoch nicht. Deshalb ist es immer wichtig, zunächst die Erlaubnis des Fotografierten einzuholen und gegebenenfalls auch seine ablehnende Haltung zu respektieren.

Namibische Beamte reagieren nicht ganz so empfindlich auf Kameras wie ihre Kollegen in vielen anderen afrikanischen Ländern, doch auch hier gilt, dass Grenzanlagen, Flughäfen, Telekommunikations- oder militärische Einrichtungen zunächst einmal tabu sind. Wer dennoch fotografieren will, sollte vorher das uniformierte Personal um Erlaubnis fragen.

Das digitale Zeitalter ist überall angebrochen, wer aber dennoch mit einer analogen Kamera fotografieren will, sollte ausreichend Papier- und Diafilme mitnehmen. Speicherkarten für Digitalkameras bekommt man überall in Windhoek und Swakopmund; in vielen Internet-Cafés lassen sich die Bilder auf eine CD brennen. Die Preise für diese Dienstleistungen sind sehr günstig.

Mehr Informationen zum Fotografieren in Afrika findet man im Buch *Travel Photography* von Lonely Planet.

FRAUEN UNTERWEGS

Im Großen und Ganzen ist Namibia ein sicheres Ziel für Frauen, nur selten hört man Klagen über irgendwelche Belästigungen. Doch die namibische Gesellschaft ist immer noch sehr konservativ. Viele Bars lassen nur Männer zu (entweder aus Überzeugung oder aus Gewohnheit). Doch selbst in den Lokalen, in denen Frauen Zutritt haben, fühlen sich viele Frauen in einer Gruppe oder mit einem männlichen Begleiter wohler.

Als Frau von einem Einheimischen einen Drink anzunehmen, gilt im Allgemeinen als Aufforderung.

Die Gefahr eines sexuellen Übergriffs ist in Namibia nicht größer als in Europa, doch auch in Namibia sollten Frauen nicht allein in Parks oder Nebenstraßen unterwegs sein, schon gar nicht nach Einbruch der Dunkelheit. Allein zu trampen empfiehlt sich ebenfalls nicht, vor allem nicht bei Nacht und in dünn besiedelten Gegenden.

In Windhoek und in anderen städtischen Gebieten ist das Tragen von Shorts und ärmellosen Kleidern bzw. Shirts in Ordnung. Auf dem Land sollte man allerdings knielange Kleider, locker fallende Hosen und T-Shirts bzw. Blusen mit Ärmeln anziehen. Im Poolbereich einer Ferienanlage, in der sich vor allem Ausländer aufhalten, kann freizügige Badekleidung getragen werden – wer allerdings in Hotels von Einheimischen nächtigt, sollte darauf verzichten.

FREIWILLIGENARBEIT

Namibia ist sehr aktiv im sogenannten „community-based tourism". Die größte Organisation im Land ist **NACOBTA** (Namibia Community Based Tourism Association; ☎ 061-250558; www.nacobta.com.na), die auch verschiedene Campingplätze betreibt.

Wegen der Visabestimmungen und der knappen Budgets der Organisationen ist die Zahl der Arbeitsstellen für Freiwillige beschränkt. Organisationen, die entsprechende Stellen anbieten, müssen lange vor dem gewünschten Termin kontaktiert werden, da die Plätze sehr gefragt sind. Viele Organisationen suchen Freiwillige mit einer ganz speziellen Ausbildung.

Die bekanntesten Organisationen, die Freiwilligenarbeit anbieten, sind der Save the Rhino Trust, die AfriCat Foundation und der Cheetah Conservation Fund. Auch Projekte wie Integrated Rural Development and Nature Conservation bieten ab und zu Stellen für Freiwillige an. Details zu diesen Organisationen s. S. 304.

Weitere internationale Organisationen, die Freiwillige in Namibia benötigen, sind die Jugendprojekte **Raleigh International** (www.raleighinternational.org) und **Project Trust** (www.projecttrust.org.uk) in Großbritannien und **World Teach** (www.worldteach.org) in den USA.

Eine sehr nützliche Organisation, die man sogar von zu Hause aus unterstützen kann, ist das **Namibian Connection Youth Network** (www.namibia connection.org). Wer will, kann sich hier registrieren lassen und im Anschluss jungen Namibiern per E-Mail beratend zur Seite stehen.

GEFAHREN & ÄRGERNISSE

Namibia ist eines der sichersten Länder Afrikas. Das Land ist groß, aber nur dünn besiedelt, selbst die Hauptstadt gleicht eher einem Provinzstädtchen als einer richtigen Hauptstadt.

Leider nimmt die Kriminalitätsrate in den größeren Städten (vor allem in Windhoek) zu, aber wer die generell geltenden Vorsichtsmaßnahmen einhält, wird keine Probleme bekommen.

Betrügereien

Die schlimmsten Betrüger in Namibia sind die scheinbar harmlosen Palmnuss-Verkäufer, denen man an manchen Tankstellen begegnen kann. Es beginnt damit, dass einige junge Männer kommen und nach dem Namen des Reisenden fragen. Ohne dass dieser es merkt, schnitzen sie seinen Namen in eine Palmnuss und bieten sie ihm dann für bis zu 70 N$ an. Sie hoffen natürlich, dass der Reisende sich im Gegenzug verpflichtet fühlt, ihre Mühe zu belohnen. Wer wirklich eine Nuss mit seinem Namen haben will, bekommt sie in jedem Souvenirshop für etwa 20 N$.

Sehr selten passiert es, dass parkende Autofahrer durch einen Mann abgelenkt werden, während ein Zweiter die Taschen vom Rücksitz stiehlt. Eine einfache Vorsichtsmaßnahme sollte man immer berücksichtigen: immer alle Autotüren sorgfältig verschließen und sich im Verkehr nicht ablenken lassen.

Diebstahl

Diebstahl kommt in Namibia eher selten vor, doch in Windhoek, Swakopmund, Tsumeb und Grootfontein haben sich zuletzt die Zahl kleiner Diebstähle und Überfälle gehäuft. Generell sollte man keine Wertgegenstände offen zur Schau tragen, sie aber auch nicht im Auto liegen lassen.

Nachts sollte man besser nicht draußen herumlaufen. Auch bei einem Stadtbummel sollte auf teuren Schmuck, wertvolle Uhren oder Kameras verzichtet werden.

Die meisten Hotels bieten einen Safe oder einen anderen sicheren Aufbewahrungsort für Wertsachen an – das gilt aber nicht für alle günstigen Übernachtungsmöglichkeiten!

Vollgepackte Autos sollten in Windhoek oder Swakopmund generell nur auf einem bewachten oder privaten Parkplatz abgestellt werden.

Auch Diebstähle auf Campingplätzen in der Nähe von Siedlungen sind schon vorgekommen. Das Zelt zu verschließen, mag manchen Dieb abschrecken, ist aber keine Gewähr, dass nichts passiert.

Insekten & Schlangen

Auf wirklich gefährliche Insekten trifft man nur im äußersten Nordwesten des Landes und in den Feuchtgebieten des Kunene, Okavango und Kwando. Dort ist auch Malaria weit verbreitet, eine Prophylaxe ist notwendig. Eine weitere Krankheit, die in Wassernähe häufig auftritt, ist die Bilharziose, deren Überträger – Saugwürmer – meist in stehendem oder langsam fließendem Wasser leben.

Am aggressivsten ist die Tse-Tse-Fliege im östlichen Caprivizipfel, dort sind die Tiere vor allem während der Abenddämmerung recht aktiv (s. S. 430).

Schlangenbisse und Stiche von Skorpionen sind eine weitere mögliche Gefahr. Schlangen und Skorpione lieben felsige Schlupflöcher. Wer in Canyons oder generell in felsigem Gelände zeltet oder wandert, sollte seinen Schlafsack immer wegpacken, wenn er nicht gebraucht wird und seine Schuhe morgens vor dem Anziehen ausschütteln. Barfuß zu laufen oder eine Hand in ein Erdloch oder einen Felsen zu stecken, ist sträflicher Leichtsinn. Auch die Kleidung sollte man vor dem Anziehen einmal ausschütteln. Schlangen beißen nur, wenn sie sich bedroht fühlen oder wenn sie getreten werden!

Weitere Information zu diesen und anderen Gesundheitsgefahren stehen im Kapitel Gesundheit (S. 424).

Sperrgebiet

Auf der Fahrt nach Lüderitz sollte man sich von Osten kommend immer vom Sperrgebiet, der verbotenen Diamantenzone, fernhalten. Stark bewaffnete Patrouillen können bei Verstößen sehr unangenehm werden! Das Sperrgebiet beginnt unmittelbar südlich der A4 nach Lüderitz–Keetmanshoop und zieht sich bis westlich von Aus, ab dort verläuft die Grenze südwärts zum Oranje. Auch wenn sich die Restriktionen allmählich lockern, weil das Gebiet in einen Nationalpark umgewandelt werden soll, gilt nach wie vor die Regel, dass man ausreichend Abstand zu den Grenzen halten soll.

Vegetation

Zu den gefährlichen Pflanzen zählen die Euphorbien. Ihre trockenen Äste sollten niemals zum Feuermachen verwendet werden, da sie beim Verbrennen ein giftiges Toxin freisetzen. Beim Inhalieren des Rauchs oder beim Essen, das auf vergiftetem Feuer gebraten wird, kann man ernsthaft zu Schaden kommen. Wer unsicher ist, ob Äste zu dieser Pflanzenfamilie gehören, sollte sie lieber liegen lassen. Die Verwalter der Campingplätze achten sehr darauf, entsprechende Pflanzen rund um die Stellplätze und Feuerstellen zu entfernen, sodass dort eigentlich nichts passieren sollte. Am sichersten geht man, wenn man sich im Laden ein Bündel Feuerholz kauft. Wer im Busch zeltet, sollte sich vorab über die Pflanze und ihre Standorte informieren. Es gibt verschiedene Unterarten. Bilder von ihnen findet man sowohl im Internet als auch in den Touristeninformationen in Windhoek.

GELD

Die nationale Währung ist der namibische Dollar (N$). Er ist in 100 Cents unterteilt und an den südafrikanischen Rand gekoppelt. Auch der Rand gilt in Namibia als Währung und wird 1:1 umgerechnet. Das führt zu einiger Verwirrung, da drei verschiedene Arten von Münzen und Banknoten im Umlauf sind: alte südafrikanische, neue südafrikanische und namibische. Im Buch sind alle Preise in namibischen Dollar und gelegentlich auch in US-Dollar angegeben.

Die namibischen Dollarscheine, die alle ein Porträt des Nama-Führers Hendrik Witbooi tragen, gibt es zu 10 N$, 20 N$, 50 N$, 100 N$ und 200 N$, die Münzen zu 5, 10, 20 und 50 Cent sowie 1 N$ und 5 N$.

Banken und Wechselstuben tauschen Geld. Die Banken haben im Allgemeinen die besten Kurse; Reiseschecks werden wiederum zu einem besseren Kurs als Bargeld eingetauscht. Beim Geldwechsel bekommen Reisende je nach Wunsch südafrikanische Rands oder namibische Dollar ausgezahlt.

Wer Geld nach dem Reiseaufenthalt außerhalb Namibias zurücktauschen will, tut sich mit den südafrikanischen Rands leichter als mit der namibischen Währung.

Reiseschecks können auch gegen US-Dollar eingetauscht werden – wenn das entsprechende Bargeld vorhanden ist –, doch diesen Service lassen sich die Banken teuer bezahlen. Es gibt keinen Schwarzmarkt, also Finger weg von allen, die auf der Straße phantastische Kurse anbieten.

Auf der Umschlaginnenseite stehen die Wechselkurse, im Internet findet man sie unter www.xe.com. Seite 17 gibt einen Überblick über die allgemeinen Kosten, die vielleicht bei der Planung des Reisebudgets hilfreich sein können.

Bargeld

Banken und Wechselstuben in Windhoek and Swakopmund akzeptieren die meisten gängigen Währungen, doch außerhalb dieser beiden touristischen Zentren gibt es Schwierigkeiten mit anderen Währungen als US-Dollar, Euro und südafrikanischem Rand. Die gängigste ausländische Währung ist der US-Dollar.

Geldautomaten

Geldautomaten mit dem entsprechenden Logos akzeptieren Kreditkarten, auch an den Schaltern vieler Banken ist es möglich, damit Geld abzuheben. Visa und MasterCard sind am weitesten verbreitet. Geldautomaten gibt es bei allen größeren Bankfilialen in Namibia, sie bieten die einfachste Möglichkeit, unterwegs an Bargeld zu kommen.

Kreditkarten

Die meisten Läden, Restaurants und Hotels akzeptieren Kreditkarten, außerdem besteht die Möglichkeit, mit Kreditkarten an Geldautomaten Geld zu ziehen. Die dafür fälligen Gebühren erfragt man am besten vorab bei der eigenen Bank.

An den Schaltern der meisten großen Banken lässt sich mit der Kreditkarte Geld abzuheben. Die Prozedur (einschließlich von längeren Wartezeiten) dauert aber oft bis zu zwei Stunden.

Wichtig ist es, immer die Notfallnummer dabei zu haben, um im Falle eines Diebstahls die Kreditkarte sperren zu lassen.

Reiseschecks

Die meisten Banken und Wechselstuben lösen Reiseschecks ein. American Express (Amex), Thomas Cook und Visa sind die gängigsten Karten.

Reiseschecks in US-Dollar oder Euro lassen sich am einfachsten einlösen. Da die Gebühren pro Scheck anfallen, empfehlen sich größere Stückelungen. Beim Einlösen von Reiseschecks muss grundsätzlich der Reisepass vorgelegt werden.

Trinkgeld

Trinkgeld ist zwar überall willkommen, doch erwartet wird es nur in gehobenen Touristenlokalen, wo 10 bis 15 % Trinkgeld gegeben wird. Einige Restaurants berechnen zusätzlich den Service.

Taxifahrer bekommen in der Regel kein Trinkgeld, doch an Tankstellen ist es schon üblich, dem Angestellten, der die Windschutzscheibe säubert und/oder Öl und Wasser prüft, 2 N$ in die Hand zu drücken. In Nationalparks und Schutzgebieten gilt indes ein offizielles Trinkgeldverbot.

In den Safari Lodges ist es üblich, den persönlichen Führern direkt ein Trinkgeld zu geben (falls sie es verdienen) und ein Trinkgeld an der Rezeption zu lassen, das unter dem Personal aufgeteilt wird.

INTERNETZUGANG

Der Internetzugang funktioniert in Namibia relativ zuverlässig. In den meisten Städten gibt es zumindest ein Internetcafé mit Zugang zu den wichtigsten Providern. Die Stunde online kostet 15 und 20 N$. Auch zunehmend mehr Hostels und Hotels in größeren Städten und sogar einige Luxus-Lodges bieten Internetzugang.

Die vergleichsweise hohen Kosten des Internets – ein Jahr Internetzugang kostet mehr als das durchschnittliche Jahreseinkommen eines Namibiers – begrenzen allerdings die Verbreitung in ländlichen Gebieten.

Wer mit einem Notebook reist, findet in manchen Spitzenklassehotels einen Anschluss im Zimmer, und auch WLAN-Hotspots erfreuen sich zunehmender Beliebtheit. Wer auf seinen Laptop verzichten kann, sollte ihn allerdings besser zu Hause lassen, denn viele Laptops leiden unter der sandigen und staubigen Luft.

KARTEN & STADTPLÄNE

Einen guten Gesamtüberblick über die komplette Region bietet die Michelin-Karte Central and South Africa (Nr. 746) im Maßstab 1:4 000 000, sie zeigt aber für Namibia nicht genügend Details. Detaillierter sind die Karten des Verlags Reise Know-How (1:250 000) und des Verlags Freytag & Berndt (1:200 000).

Die Shell Roadmap – Namibia eignet sich am besten für abgelegene Strecken und hat einen guten Stadtplan von Windhoek. Dafür wird der Caprivistreifen aber nur mit einem kleinen Einklinker gezeigt. Shell gibt auch die Kaokoland–Kunene Region Tourist Map heraus, auf der die meisten wichtigen Strecken im Nordwesten verzeichnet sind. Buchhandlungen und Touristeninformationen verkaufen sie für einen recht kleinen Betrag. BP Namibia veröffentlicht eine Karte im Maßstab 1:2 500 000, einschließlich Stadtplänen für die wichtigsten Städte (z. B.: Oshakati, Ondangwa und Otjiwarongo).

Für den durchschnittlichen Reisenden (der nicht selbst auf Safari gehen möchte) sind diese Satellitenkarten mit GPS-Koordinaten aber viel zu detailliert. Ihm sollte eigentlich die *Republic of Namibia Tourist Road Map* des Ministry of Environment & Tourism (MET) reichen. Die Karte führt wichtige Straßen und Sehenswürdigkeiten auf und wird kostenlos bei Touristeninformationen, Hotels und Reisebüros verteilt. Auf der Kartenrückseite finden sich genaue Stadtpläne von Windhoek, Swakopmund und Walvis Bay.

Am besten lassen sich Karten an Tankstellen kaufen, eine weitere gute Adresse sind die regionalen Buchhandlungen.

KINDER

Viele Eltern halten Afrika für zu gefährlich, um mit Kindern dorthin zu reisen, doch in Wirklichkeit ist Namibia ein sehr familienfreundliches Land. Dank des trockenen Klimas und einer guten medizinischen Versorgung sind die gesundheitlichen Risiken gering. Es gibt eine ganze Reihe preiswerter Unterkünfte und eine ausgezeichnete Infrastruktur mit gepflegten Straßen. Viele Einheimische behandeln ausländische Familien mit Kindern zuvorkommend, ihre Begeisterung für Kinder erleichtert oftmals die Kommunikation.

Problematisch ist eher das Reisen mit kleinen Kindern unter fünf Jahren, nicht zuletzt, weil es heiß ist und oft weite Entfernungen zurückgelegt werden müssen. Eltern sollten sich auch fragen, was kleine Kinder von so einer Reise haben – umso mehr, als sie selbst einen großen Teil der Zeit damit verbringen werden, für die Sicherheit und das Wohlbefinden ihrer Sprösslinge zu sorgen.

Brigitte Barta gibt in ihrem Lonely-Planet-Buch *Travel with Children* wertvolle allgemeine Ratschläge. Aufschlussreich ist auch der Erfahrungsbericht von Ian Ketcheson, der zwei Jahre mit seiner Frau und seiner kleinen Tochter in Namibia gelebt hat (s. Kasten S. 134).

Praktisch & Konkret

Es gibt zwar nur wenige Einrichtungen, die sich mit ihrem Angebot speziell an Kinder richten, doch das Essen und die Unterkünfte in Namibia entsprechen durchaus europäischen Maßstäben. Mehrbettzimmer und Chalets kosten meist nicht viel mehr als ein Doppelzimmer; sie sind in der Regel mit einem Doppelbett und zwei einzelnen Betten ausgestattet. Meist lassen sich auch problemlos (gegen einen kleinen Aufpreis) ein oder zwei Betten mehr in ein normales Doppelzimmer stellen.

Zelten kann zwar aufregend sein, aber ein Elternteil wird möglicherweise damit beschäftigt sein, darauf aufzupassen, dass die Kinder nicht unbeaufsichtigt herumspazieren oder Lagerfeuern zu nahe kommen. Beim Schutz vor Moskitos sollte man speziell für Kinder geeignete Mittel kaufen. Ganz wichtig ist, dass Kinder immer feste, geschlossene Schuhe tragen, um vor Dornen, Bienen- und Skorpionstichen geschützt zu sein.

Wer mit Kindern reist, sollte ein Auto mieten, um nicht Stunden in öffentlichen Verkehrsmitteln zubringen zu müssen. Funktionierende Sicherheitsgurte sind selten (selbst in Taxis) und Unfälle häufig. Sollte der Autovermieter keinen Kindersitz vermieten, sollte man ihn von zu Hause mitzubringen. Gegen die Langeweile bei großen Entfernungen unterwegs helfen Spielzeug, Bücher und Hörspielkassetten, die man von zu Hause mitgebracht hat.

Babynahrung in Gläschen, Milchpulver, Wegwerfwindeln und Ähnliches gibt es in den meisten großen Supermärkten.

Sehenswertes & Aktivitäten

Das Reisen im Camper und das Übernachten auf dem Campingplatz oder im Luxuszelt einer Lodge finden auch Kinder spannend; Attraktionen wie die Tierwelt des Etosha National Park (S. 123) oder die riesigen Dünen von Sossusvlei (S. 202) sind etwas für die ganze Familie.

Längere Safaris sind dagegen eher etwas für größere Kinder. Kleinere haben keine Geduld, stundenlang im Auto zu sitzen und Tiere zu beobachten, deshalb sollten Eltern immer wieder mit Picknicks und Pausen am Pool für Unterbrechungen sorgen. In Windhoek sorgt der Zoo (S. 91) für Abwechslung im Programm.

Für ältere Kinder gibt es zahlreiche Aktivitäten. Swakopmund (S. 175) ist dabei besonders interessant, denn hier kann man Reiten, Sandboarden, Ballonfahren und Paragliden.

Viele werden auch mit Begeisterung in den interessanten Felsformationen herumkraxeln, die es überall in Namibia gibt. Die Atlantik-küste ist das ideale Terrain für Strandgut-sammler, spannend sind auch die Dünen von Lüderitz, Sossusvlei, Swakopmund und viele weitere Stellen an der Küste.

KLIMATABELLEN

Namibias unterschiedliche Klimate entsprechen grob der geografischen Gliederung. Im Allgemeinen ist es auf dem bergigen und semi-ariden Zentralplateau (einschließlich Windhoek) etwas kühler als im restlichen Land. In der winterlichen „Trockenzeit" (Mai–Okt.) gibt es klare, sonnige Tage mit einer Durchschnittstemperatur von 25 °C und kalte Nächte. In dieser Zeit ist das Gebiet der Kalahari im östlichen Namibia meist heißer als das Zentralplateau. Im Sommer (Nov.–April) können die Tagestemperaturen in Windhoek auf über 40 °C klettern, in der Nacht aber unter den Gefrierpunkt fallen.

Der meiste Niederschlag fällt im subtropischen Nordosten, am Okavango erreicht die Regenmenge mehr als 600 mm jährlich. Daher sind Owamboland, Kavango und Caprivi feuchter als der Rest des Landes. Von Januar bis März können die Flüsse im Nordosten über die Ufer treten und Straßen schwer befahrbar oder sogar unpassierbar machen. In den nördlichen und zentralen Landesteilen fällt zwischen Oktober und Dezember nur wenig Regen, die meisten Stürme treten im Zeitraum von Januar bis April auf.

Weiter im Süden im Übergang vom semi-ariden Binnenhochland zur ariden Namib-Wüste ist das Klima heiß und trocken. Es regnet nur spärliche 15 mm pro Jahr, die Temperaturen am Boden können atemberaubende 70 °C erreichen.

ÖFFNUNGSZEITEN

Die meisten Geschäfte öffnen Montag bis Freitag von 8 bzw. 9 bis 13 und von 15 bis 17 Uhr. Im Winter, wenn die Dunkelheit früher einbricht, schließen einige Läden dagegen schon um 8 Uhr auf und gegen 16 Uhr wieder zu. Die Mittagspause wird fast überall eingehalten. In den Städten haben die meisten Läden auch am Samstag von 9 bis 12.30 Uhr geöffnet.

Auch Banken, Behörden und Touristeninformationen halten sich an diese Zeiten. Postämter haben montags bis freitags von 8.30 bis

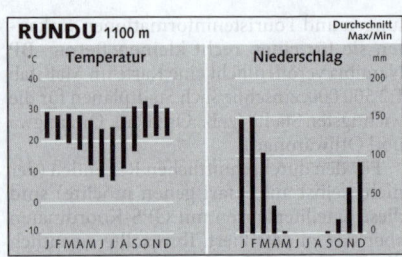

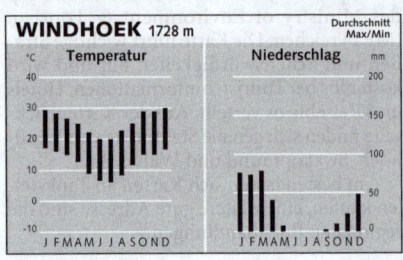

16.30 Uhr und samstags von 8.30 bis 11 Uhr ihre Schalterstunden. Es gibt nur wenige Tankstellen, die rund um die Uhr geöffnet haben, sie liegen meist an den viel befahrenen Schnellstraßen. In entlegenen Gegenden kann es auch am Sonntag schwierig werden, Benzin zu bekommen.

Die Öffnungszeiten der Restaurants unterscheiden sich je nach Art des Lokals – in der Regel haben Cafés und Snackbars den ganzen Tag offen und schließen am frühen Abend. Teure Restaurants bedienen ihre Gäste von etwa 10.30 bis 23 Uhr, schließen aber meist am Nachmittag für einige Stunden. Einfache Bars öffnen etwa um 17 Uhr und bleiben bis gegen Mitternacht geöffnet, Nachtclubs lassen ihre Gäste ab 21 Uhr (oder 22 Uhr) ein und schließen um 5 Uhr morgens.

Öffnungszeiten werden im Buch nur dann angegeben, wenn sie deutlich von der Regel abweichen.

POST

Der nationale Postdienst funktioniert generell sehr langsam. Es kann Wochen dauern, bis ein Brief von Lüderitz z. B. in Katima Mulilo ankommt. Die Luftpost funktioniert dagegen deutlich besser.

Postkarten nach Europa kosten rund 2,50 N$; ein Luftpostbrief nach Europa kostet nur ein paar Cents mehr. Die Beförderung kann bis zu zwei Wochen dauern.

Postlagernde Sendungen schickt man am sichersten nach Windhoek (Adresse: Poste Restante, GPO, Windhoek, Namibia), der Abholer muss sich mit einem Passfoto ausweisen.

Alle Postämter verkaufen schöne Briefmarken, die auch unter Sammlern begehrt sind.

RECHTSFRAGEN

In Namibia sind alle Drogen illegal, die Strafen sehr streng und die Gefängnisse sind höchst unangenehm. Deshalb auf keinen Fall Drogen über die Grenze schmuggeln oder im Land kaufen!

Die Polizei darf Fallen stellen, so können Polizisten etwa als Rauschgifthändler auftreten, um Kriminelle zu überführen!

Das Alter für einvernehmlichen Geschlechtsverkehr liegt bei Mädchen bei zwölf Jahren und bei Jungen gerade mal bei sieben Jahren. Doch kann Sex mit einem Mädchen unter 16 Jahren trotz allem strafrechtlich verfolgt werden. Das Heiratsalter für Mädchen liegt bei 15, für Jungen bei 18 Jahren, in beiden Fällen bedarf es der Zustimmung der Eltern.

Vertreter von Polizei und Militär sowie Veterinäre sind im Allgemeinen sehr höflich. Im Gegenzug sollten auch Reisende geduldig und höflich sein, wenn sie mit ihnen in Kontakt kommen.

Die landesweite Notrufnummer der Polizei ist die ☎ 10111.

REISENDE MIT BEHINDERUNG

Es gibt im ganzen Land nur wenige spezielle Einrichtungen; all diejenigen, die in ihrer Beweglichkeit eingeschränkt sind, haben es in Namibia schwer. Doch eine Reise ist möglich, selbst Rollstuhlfahrer können mit Begleitung das Land bereisen.

Namibia bietet gegenüber anderen Ländern der Dritten Welt eine Reihe von Vorteilen: Fußwege und öffentliche Bereiche sind oft geteert, viele Gebäude (einschließlich der Safari-Lodges und der Hütten in den Nationalparks) sind ebenerdig gebaut, das Mieten von Autos ist einfach und Mietwagen dürfen auch ins benachbarte Ausland mitgenommen werden. Auf Inlands- und Regionalflügen bieten die Fluggesellschaften und deren Mitarbeiter in der Regel ihre Hilfe an.

Immer mehr Safari-Anbieter – einschließlich der preiswerten – versuchen, sich auch auf Reisende mit ganz speziellen Bedürfnissen einzustellen.

SCHWULE & LESBEN

Wie in vielen afrikanischen Ländern ist auch in Namibia Homosexualität illegal und nach dem Gesetz ein Verbrechen. Durch die starke Stellung des Christentums in Namibia herrscht auch hier eine sehr konservative Einstellung. Insofern sollten gleichgeschlechtliche Paare ihre Gefühle nicht öffentlich zur Schau stellen, da die Reaktion auf Schwule und Lesben von gesellschaftlicher Ausgrenzung bis hin zu körperlichen Angriffen reichen kann.

1996 initiierte Namibias Präsident Sam Nujoma eine öffentliche Kampagne gegen Homosexuelle und empfahl, dass alle ausländischen Schwulen und Lesben deportiert werden bzw. ihnen die Einreise verboten werden sollte. Ein Minister bezeichnete Homosexualität „als eine Verhaltensstörung, die der afrikanischen Kultur fremd ist".

Als Reaktion entstand das **Rainbow Project** (☎ 061-230710; trp@mweb.com.na; PO Box 26122, Windhoek), um der zunehmenden Gewalt gegen Schwule und Lesben im Land etwas entgegen zu setzen. Das Projekt rief leidenschaftliche Debatten hervor, konnte aber letztlich beachtliche Erfolge verzeichnen, sodass die Organisation heute offen und ohne große Anfeindungen in Windhoek arbeiten kann.

Namibische Lesben (und die Interessen von anderen Frauen) vertritt **Sister Namibia** (☎ 061-230618; sister@iafrica.com.na; 163 Nelson Mandela Ave., Eros, PO Box 40092, Windhoek).

SHOPPEN

Zu den preiswerten Souvenirs aus Namibia zählen Kitsch und billige Batik-Kunst, aber auch die herrlichen Korbflechtereien der Ovambo und die kunstvollen Schnitzereien der Kavango. Vieles, was in der Post Street Mall in Windhoek verkauft wird, sind billige Importe aus Simbabwe. Am Highway zwischen Rundu und Grootfontein gibt es Stände, die lokales Kunsthandwerk verkaufen, das Spektrum reicht von Körben und einfachen Tonkrügen bis hin zu schön gewebten Matten und Flugzeugen aus Holz (eine Spezialität der Kavango).

In Rundu und anderen Gegenden des Nordostens werden die typischen kunsthandwerklichen Arbeiten der San angeboten – Pfeil und Bogen, Perlen aus Straußeneierschalen und Ledertäschchen. Die ganze Palette des Kunsthandwerks können Reisende im Namibia Crafts Centre (S. 103) in Windhoek in aller Ruhe begutachten (und natürlich auch kaufen).

Die Pastellfarben der Wüste spiegeln sich in vielen Werken einheimischer Künstler, die vor allem in Galerien in Windhoek und Swakopmund ausstellen. Aus der Wolle der Karakulschafe werden schöne Teppiche, Wandbehänge und anderen Wolltextilien hergestellt. Die besten Läden für Webarbeiten findet man in Dordabis, Swakopmund und Lüderitz.

Windhoek ist das Zentrum der Lederindustrie. Wer daran interessiert ist, findet alles von Gürteln und Handtaschen bis hin zu maßgeschneiderten Lederjacken. Aber Achtung: Niemals Waren aus Krokodilleder oder dem Leder anderer geschützter Tierarten kaufen! So werden z. B. die *Swakopmunders* aus Kuduleder gefertigt. Einige Läden haben die bequemen Schuhe deshalb aus ihrem Sortiment genommen.

Mineralien und Edelsteine werden gerne gekauft, entweder als Rohlinge oder geschnitten und poliert als Schmucksteine oder Figuren. Malachit, Amethyst, Chalcedon, Aquamarin, Turmalin, Jaspis und Rosenquarz zählen zu den schönsten Steinen. Die besten Juweliere arbeiten in Windhoek und Swakopmund, das größte Renommee besitzt das House of Gems in Windhoek (S. 103).

Wer an einem Gegenstand interessiert ist, der exotisch aussieht oder ein Artefakt sein könnte, sollte sich genau nach dessen Herkunft erkundigen. Für Antiquitäten wird von den Behörden eine Ausfuhr-/Einfuhrbescheinigung verlangt, der entsprechende Händler muss eine offizielle Lizenz zum Verkauf von Antiquitäten besitzen.

Es ist streng verboten, Souvenirs zu kaufen, die von geschützten Arten stammen – darunter fallen Geparden, Leoparden, Elefanten und ganz besonders Nashörner. In Windhoek und andernorts werden immer wieder Elfenbeinarbeiten angeboten.

Aber Achtung: Legal sind nur Stücke, die entsprechend gekennzeichnet sind. Verkäufer müssen den Nachweis erbringen, dass das Elfenbein aus namibischen Nationalparks stammt und die Tiere aus ökologischen Gründen gezielt erschossen wurden.

Handeln

Gehandelt wird nur dann, wenn ein Hersteller oder Künstler seine kunsthandwerklichen Arbeiten oder Kunstwerke persönlich verkauft. In entlegenen Gegenden des Landes entsprechen die Preise in der Regel auch dem tatsächlichen Marktwert. Ausnahmen sind die kunsthandwerklichen Objekte, die aus Simbabwe importiert und dann auf großen Kunsthandwerksmärkten zu überhöhten Preisen verkauft werden. Dort sollte man ruhig handeln.

TELEFON

Das namibische Festnetz wird von **Telecom Namibia** (www.telecom.na) betrieben und funktioniert sehr gut. Alle Festnetznummern beginnen mit einer dreistelligen Regionalvorwahl (area code). Wie überall in Afrika hat auch in Namibia das Handy seinen Siegeszug angetreten, vor allem in Form von Prepaidkarten-Handys.

Internationale Anrufe sind relativ teuer. So kostet z. B. ein Anruf nach Europa pro Minute mindestens 20 N\$, dafür sind die Anrufe in die afrikanischen Nachbarländer deutlich billiger.

Neben den steigenden Zahlen an WLAN-Hotspots wird auch das kostenlose Internettelefonieren über Skype eine immer weiter verbreitete (und günstigere) Alternative.

Inlandsgespräche sind nicht sehr teuer; wie überall ist aber der Anruf über das Handy etwa doppelt so teuer. Es gibt nur ein dünnes Telefonbuch für das ganze Land, in dem sowohl die Privat- als auch die Geschäftsnummern stehen, auch in den Gelben Seiten sind alle Adressen des Landes zusammengefasst.

Handys

MTC (www.mtc.com.na) ist der einzige Handy-Provider in Namibia und arbeitet mit der GSM-900/1800-Frequenz, die mit europäischen Handys kompatibel ist. Das Funknetz erstreckt sich etwa von Ariamsvlei an der Südgrenze bis Oshikango und Ruacana im äußersten Norden. Außerhalb der größeren Städte ist die Verbindung meistens sehr schwach.

MTC verkauft eine Prepaid-Karte namens Tango, die seit ihrer Einführung der Renner in Namibia geworden ist. Nach dem Bezahlen einer SIM-Karten-Gebühr kann man sich für diese Nummer in vielen Läden im Land Prepaid-Karten kaufen.

In allen größeren Städten des Landes lassen sich auch Handys kaufen, am Ende des Namibia-Aufenthaltes bekommt man dafür 750–900 N\$ beim Wiederverkauf.

Viele namibische Handynummern beginnen mit einer 081, danach folgt eine siebenstellige Telefonnummer.

Telefonkarten

Postämter verkaufen Telefonkarten der Telecom Namibia zu 20 N$, 50 N$ und 100 N$. Es gibt sie auch in den meisten Läden und einer Reihe von Hotels. Telefonzellen finden sich in den meisten Postämtern und über das Stadtgebiet verteilt.

Telefonnummern

Wer aus dem Ausland in Namibia anruft, wählt nach der 00 die Ländervorwahl ☎ 264, dann die Ortsvorwahl (ohne die Null) und schließlich die Nummer des Teilnehmers. Um aus Namibia ins Ausland zu telefonieren, wählen Anrufer die ☎ 00, dann die Länder- und Ortsvorwahl (ohne Null) plus die individuelle Nummer des Teilnehmers.

Wer innerhalb des Landes ein Ferngespräch führen will, wählt zuerst die jeweils dreistellige Ortsvorwahl einschließlich der Null und dann die sechs- oder siebenstellige Teilnehmernummer.

In manchen ländlichen Gegenden müssen Gespräche noch handvermittelt werden (nach dem Wählen der Ortsvorwahl meldet sich die Vermittlung).

TOURISTENINFORMATIONEN
Lokale Touristeninformationen

Die Touristeninformationen im Land haben alle einen ziemlich hohen Standard, die Mitarbeiter sprechen gut Englisch, Deutsch und Afrikaans.

Namibias nationale Touristeninformation – **Namibia Tourism** (☎ 061-220640, 284 2360; www.namibiatourism.com.na; Independence Ave, Private Bag 13346) – hat ihr Büro in Windhoek, dort findet man auch das lokale Büro **Windhoek Information & Publicity Office** (☎ 061-290 2058; Post St Mall), das vor allem mit Informationen über die Hauptstadt weiterhilft.

Ebenfalls in Windhoek befindet sich das Büro von **Namibia Wildlife Resorts** (Karte S. 92; ☎ 061-285 7200; www.nwr.com.na; Erkrath Bldg, Independence Ave). Hier erhält man alle notwendigen Information über die Nationalparks und kann die Reservierungen für die NWR-Zeltplätze vornehmen.

Weitere nützliche Informationen über die NWR siehe Kapitel Nationalparks & Schutzgebiete, S. 27.

Weitere hilfreiche Büros sind **Lüderitzbucht Safaris & Tours** (S. 219) in Lüderitz, **Namib-i** (S. 177) in Swakopmund und **Travel North** (S. 121) in Tsumeb.

Touristeninformationen im Ausland

Das Ministry of the Environment and Tourism unterhält eine ganze Reihe von Fremdenverkehrsbüros im Ausland, die freundlichen Mitarbeiter arbeiten professionell und bemühen sich sehr darum, Namibia als Urlaubsland zu bewerben.

Deutschland (☎ 069-133 7360; Schillerstraße 42, 60313 Frankfurt am Main)

Südafrika Johannesburg (☎ 011-785 4626; 1 Orchard Lane, Rivonia, Johannesburg); Kapstadt (☎ 021-422 3298; Erdgeschoss, The Pinnacle, Burg St, Kapstadt)

UNTERKUNFT

Die Unterkünfte in Namibia gehören zu den preiswertesten und gepflegtesten im südlichen Afrika und bieten etwas für jeden Geschmack: Hotels, Campingplätze, Wohnmobilplätze, Gästefarmen, Backpacker-Hostels, B&Bs, Pensionen und auch Luxus-Safari-Lodges. Viele Häuser werden regelmäßig durch die Hospitality Association of Namibia (HAN) kontrolliert und nach einem Sternesystem bewertet.

Hotels mit Restaurants erhalten zusätzlich eine Y-Wertung: YY bedeutet, dass nur eine Restaurant-Lizenz vorliegt, YYY bedeutet, dass auch Alkohol ausgeschenkt werden darf. Das namibische Fremdenverkehrsbüro (s. S. 90) gibt zwei sehr umfassende kostenlose Hotel-Broschüren heraus: *Southern Africa: Where to Stay, Welcome to Namibia – Tourist Accommodation & Info Guide* und den *Namibia B&B Guide*. Daneben veröffentlicht HAN auch eine Karte, in der die Lage der meisten Lodges und Gästefarmen verzeichnet ist.

Bei vielen der preisgünstigen Unterkünfte schließt der Preis kein Frühstück mit ein. In B&Bs, Pensionen, auf Farmen und in Safari-Lodges ist das Frühstück meist im Zimmerpreis mit inbegriffen, sie bieten auch die Alternativen Halbpension oder Vollpension. Die Vollpension schließt zusätzlich zum Frühstück und Abendessen auch ein Mittagessen ein – entweder in Form eines Menüs oder eines Büffets.

In diesem Buch sind die Unterkünfte in die Kategorien Budgetunterkünfte, Mittel- und Spitzenklassehotels unterteilt. Im Allgemeinen liegt der Preis für ein Doppelzimmer in

UNTERKÜNFTE ONLINE BUCHEN

Weitere Informationen und Kommentare zu Unterkünften von Lonely-Planet-Autoren finden sich beim Online-Buchungsdienst auf der Website www.lonelyplanet.com. Hier gibt es Insider-Auskünfte über die besten Plätze zum Übernachten. Die Besprechungen sind ausführlich und unabhängig. Und das Allerbeste: Es besteht die Möglichkeit, gleich online zu buchen.

einer Budgetunterkunft unter 65 US$; kann aber auch nur 12 US$ für ein Bett in einem Schlafsaal betragen. Die Preise für Mittelklassehotels liegen zwischen 65 und 130 US$, alle teureren Zimmer bieten dann den Komfort, den man von zu Hause her gewöhnt ist. Viele B&Bs kosten zwischen 65 US$ und 130 US$, sie sind bequeme und gastfreundliche Unterkünfte.

In Windhoek und Swakopmund und in den Spitzen-Safari-Lodges zahlen Gäste pro Nacht mehr als 1350 N$, teilweise sogar erheblich mehr. Obwohl die meisten Spitzenklasseunterkünfte ihre Preise in US$ angeben, kann dort auch in einheimischer Währung bezahlt werden.

Die meisten Häuser bieten spezielle Preise für Einheimische. Für Kinder besteht nur selten eine Preisermäßigung, allerdings bieten eine Reihe von Lodges besondere Familienzimmer an.

Während die meisten Budget- und Mittelklasseunterkünfte einen Standardzimmerpreis haben, ändern sich bei den Spitzenklassehotels die Preise je nach Haupt- oder Nebensaison. Die Hochsaison dauert von Mai bis Oktober, während die Nebensaison mit der eher regenreichen Zeit zwischen Januar und April zusammenfällt. Bei Lodges sind deshalb mitunter zwei Preise angegeben.

Wer in einer Top-Lodge bucht, muss seine Buchung häufig mit einer Kreditkartennummer bestätigen; doch für die Mehrzahl der Unterkünfte ist dies nicht nötig.

B&Bs

Bed-& Breakfast-Unterkünfte schießen im ganzen Land wie Pilze aus dem Boden. Da es sich um Privathäuser handelt, erlebt man hinsichtlich Standard, Atmosphäre und Gastfreundschaft große Unterschiede. In einigen B&Bs, zum Beispiel in Swakopmund und

Windhoek, haben Leser leider unerfreulichen Rassismus beklagt. Hinzu kommt, dass einige B&Bs inzwischen nicht einmal mehr ein Frühstück servieren. Wer auf Nummer sicher gehen will, fragt gleich bei der Buchung danach. Von solchen schwarzen Schafen jedoch einmal abgesehen sind B&Bs aber nach wie vor eine nette Unterkunft und für manch einen Reisenden eines der Highlights einer Reise durch das Land.

Adressen findet man reichlich im *Namibia B&B Guide* oder über die **B&B Association of Namibia** (www.accommodation-association.com), die eine Liste von Selbstversorger-Wohnungen und -Farmen führt.

Campingplätze

Namibia ist ein Paradies für Camper – überall im Land findet man einen Campingplatz ganz in der Nähe. Manche sind nur ein Streifen Land mit einfachsten sanitären Einrichtungen (oder nicht einmal das), andere gut ausgestattete Plätze verfügen über Einrichtungen mit Duschkabinen mit fließend heißem und kaltem Wasser.

In vielen Nationalparks verwaltet **Namibia Wildlife Resorts** (NWR; www.nwr.com.na) die Campingplätze; sie müssen in deren Büros in Windhoek, Swakopmund und Khorixas im Voraus gebucht werden. Weitere Informationen stehen auf S. 26. Alle Plätze sind gut gepflegt, viele bieten auch Unterkünfte in Bungalows.

Auch die nicht gewinnorientierte Organisation **NACOBTA** (Namibia Community Based Tourism Association; ☎ 061-250558; www.nacobta.com.na; PO Box 86099, Windhoek) hat gepflegte und recht preisgünstige Campingplätze überall im Land eingerichtet.

Wer auf privatem Land zelten will, braucht die Genehmigung des Besitzers. Auf Gemeindeland gebietet es die Höflichkeit, beim Oberhaupt der nächstgelegenen Gemeinde/Ortschaft nachzufragen – es sei denn, der Platz liegt so weit entfernt von jeglicher menschlicher Siedlung, dass man ohnehin nicht bemerkt werden würde.

In den meisten Städten gibt es Campingplätze, die mit Bungalows und Rondavels (Rundhütten), einem Pool, einem Restaurant und einem Laden ausgestattet sind. Die Preise gelten normalerweise pro Platz und für maximal acht Personen sowie zwei Fahrzeugen pro Stellplatz. Ein weiteres Fahrzeug kostet dann einen Aufpreis.

In ländlichen Gegenden und entlang der Haupttouristenrouten findet man zusätzlich gut ausgestattete private Plätze, die sich als gute Alternative anbieten.

Gästefarmen

Aufenthalte auf Gästefarmen sind eine typisch namibische Einrichtung. Urlauber bekommen so die Möglichkeit, auf einer der typischen, riesigen Privatfarmen eine Nacht zu verbringen. Der Farmaufenthalt bietet einen eindrucksvollen Einblick in den ländlichen Lebensstil der weißen Farmer. Aber auch hier findet man wie bei den B&Bs große Unterschiede hinsichtlich der Gastfreundschaft, der Qualität der Zimmer und der Sanitäreinrichtungen. Um es nochmals zu betonen: Die Qualität steht und fällt mit dem persönlichen Service. Eine Nacht in einem rustikalen Zimmer auf einem der riesigen Anwesen inmitten des endlos erscheinenden Buschlandes ist eine einzigartige Erfahrung.

Was die Aufenthalte zusätzlich interessant macht, ist die Tatsache, dass viele Farmer einen Teil ihres Farmlandes als Tierreservat abgetrennt haben und ihren Gästen dadurch hervorragende Möglichkeiten zur Tierbeobachtung und zum Fotografieren bieten können. Da liegt es nahe, dass einige auch mit der Möglichkeit eines Abschusses werben – wer also keine Lust auf abendliches Jägerlatein und Trophäenvergleich beim Dinner hat, sollte sich im Vorfeld erkundigen.

Bei allen Farmaufenthalten ist eine Reservierung zwingend notwendig.

Hostels

In Windhoek, Swakopmund, Lüderitz und anderen Orten findet man private Hostels, die günstige Übernachtungen in Schlafsälen mit Gemeinschaftsbädern und Kochmöglichkeiten anbieten. Viele haben eine schöne Atmosphäre und sind vor allem bei Rucksackreisenden sehr begehrt. Im Durchschnitt zahlt man in Hostels für eine Nacht um die 85 N$ pro Person. Einige bieten sogar Doppelzimmer für 200–350 N$.

Hotels

Hotels in Namibia gleichen Hotels anderswo; sie reichen von heruntergekommenen alten Hotels bis zu ausgesprochen luxuriösen Häusern. Doch nur selten gibt es schmutzige oder unsichere Hotels in Namibia. Das liegt an dem relativ strengen Klassifizierungssystem, das von der kleinen Pension bis zum 4-Sterne-Hotel alles beurteilt.

1-Sterne-Hotels müssen ein bestimmtes Verhältnis von Zimmern mit eigenem bzw. Gemeinschaftsbad haben. Sie sind einfach, gehören meist Einheimischen und bieten saubere, bequeme Unterkünfte mit einwandfreien Betten und Handtüchern. Die Preise liegen bei 300 bis 400 N$ für ein Doppelzimmer (inklusive Frühstück). In der Regel haben die Hotels einen kleinen Speisesaal und eine Bar, doch nur wenige bieten Extras wie eine Klimaanlage.

Hotels mit zwei oder drei Sternen sind im Allgemeinen bequemer und dienen oft einheimischen Geschäftsleuten als Unterkunft. Die Preise beginnen bei etwa 450 N$ für ein Doppelzimmer und erreichen bei den eleganteren Häusern 900 N$.

Es gibt nicht viele 4-Sterne-Hotels vergleichbar denen in Europa, dafür aber Lodges der Spitzenklasse, die das Niveau erreichen. Um in diese Kategorie zu fallen, muss ein Hotel ein architektonisch ansprechendes Gebäude mit Klimaanlage sein, einen Salon und einen Reinigungsdienst haben und verschiedene andere Dienstleistungen für Geschäftsleute anbieten.

Safari Lodges

In den letzten fünf Jahren wurden immer mehr Luxus-Safari-Lodges im Land eröffnet, die den kolonialen Luxus bieten, den man bisher eher mit Lodges in Botsuana verbunden hat. Zu den besten Anbietern zählt **Gondwana Desert Collection** (www.gondwana-desert-collection.com).

Viele dieser Lodges liegen auf großen Privatfarmen oder in Konzessionsgebieten. Einige sind auch familienfreundlich und bieten Standardmahlzeiten oder Selbstversorgermöglichkeiten. Generell lässt sich sagen, dass die namibischen Lodges bezahlbar als vergleichbare Unterkünfte in Botsuana oder den Victoria-Falls sind, allerdings immer noch teurer als Lodges in Südafrika.

VERSICHERUNG

Ein Abschluß einer Reiseversicherung, die Diebstahl, Verlust und Krankheit abdeckt, lohnt sich sicherlich. „Gefährliche Aktivitäten" sind bei manchen Versicherungen ausgeschlossen, dazu können auch Sportarten wie Tauchen, Motorradfahren und sogar Wanderungen zählen. Wer also in diesem

Sinne „riskante" Aktivitäten plant, sollte eine möglichst umfassende Versicherung wählen und auf jeden Fall das Kleingedruckte vor der Unterzeichnung genau lesen.

Es gibt Versicherungen, die den konsultierten Arzt oder das aufgesuchte Krankenhaus direkt bezahlen und andere, bei denen der Reisende das Geld zunächst vorstrecken muss und es später ersetzt bekommt. Im zweiten Fall ist es wichtig, alle Belege aufzubewahren. Bei manchen Versicherungen muss per R-Gespräch in der Heimat abgeklärt werden, wie das Problem gelöst werden soll. Generell sollte immer ein Rücktransport ins Heimatland in der Police eingeschlossen sein.

Weitere Details zur Krankenversicherung finden sich im Kapitel Gesundheit (S. 424) und zur Kfz-Versicherung im Kapitel Verkehrsmittel & -wege (S. 249).

Eine weltweit gültige Reiseversicherung kann auch über www.lonelyplanet.com/travel_services abgeschlossen werden. Sie kann jederzeit gekauft, erweitert und online abgeschlossen werden – auch dann, wenn man schon unterwegs ist.

VISA

Alle Reisenden benötigen einen gültigen Reisepass, der nach dem geplanten Ausreisetermin aus Namibia noch weiterhin sechs Monate Gültigkeit besitzt. Ab und zu wird auch nach einem Rück- oder Weiterfahrtticket für Flugzeug, Bus oder Bahn gefragt. Reisende aus den Ländern der EU und der Schweiz brauchen für eine Urlaubsreise nach Namibia bislang noch kein Visum.

ZEIT

In den namibischen Sommermonaten (Nov.–April) ist Namibia der Mitteleuropäischen Zeit (MEZ) eine Stunde voraus. Im namibischen Winter (April–Aug.) liegt Namibia eine Stunde hinter der MEZ. Im September und Oktober entspricht die Zeit durch das unterschiedliche Datum der Zeitumstellung der Mitteleuropäischen Zeit.

ZOLL

Die meisten Waren aus anderen Ländern der Südafrikanischen Zollunion (Botsuana, Südafrika, Lesotho und Swasiland) dürfen zollfrei eingeführt werden. Aus Drittländern können Reisende 400 Zigaretten oder 250 g Tabak, 2 l Wein, 1 l Spirituosen und 250 ml Eau de Cologne zollfrei einführen. Wer unter 18 Jahren ist, darf weder Tabak noch Alkoholika importieren. Geld kann in unbegrenzter Höhe eingeführt werden, allerdings muss bei der Ein- bzw. Ausreise ein Formular ausgefüllt werden, in dem unter anderem die Frage gestellt wird, wie viel der Reisende voraussichtlich ausgeben will bzw. ausgegeben hat.

Für Feuerwaffen ist eine zeitlich begrenzte Importgenehmigung erforderlich, die Waffen müssen bei der Einreise deklariert werden. Eingeführte Autos dürfen nicht in Namibia verkauft werden, ansonsten fällt Zoll an. Heimtiere brauchen ein Gesundheitszeugnis und alle erforderlichen tiermedizinischen Unterlagen.

Achtung: Heimtiere sind in den Nationalparks und Schutzgebieten grundsätzlich nicht zugelassen.

Namibia Verkehrsmittel & -wege

AN- & WEITERREISE

Wer nicht gerade auf dem Landweg von Botsuana oder Südafrika einreist, wird in der Regel nach Namibia fliegen – die bequemste Form der Anreise. Allerdings ist das Land keine wichtige internationale Verkehrsdrehscheibe und liegt an keiner der großen internationalen Flugrouten.

Zur Zeit der Recherche für diese Auflage hatte die Gesellschaft Air Namibia angekündigt, ihre Direktflüge von London Gatwick nach Windhoek einzustellen. Die Flüge zwischen Frankfurt und Windhoek sollen aber vorerst beibehalten werden. Johannesburg und Kapstadt sind deshalb wichtige Umsteigeflughäfen für die Anreise nach Namibia. Sie werden von zahlreichen Fluggesellschaften wie British Airways und South African Airways (zu bezahlbaren Preisen) angeflogen.

Nur ganz wenige Abenteuerlustige reisen über Land von Europa bis in den Süden Afrikas. Da es bei der Route unvermeidbar ist, durch Kriegsgebiet zu fahren, sollte ein solches Unternehmen nur nach einer sehr gründlichen Planung und Vorbereitung in Angriff genommen werden.

EINREISE

Die Einreise nach Namibia gestaltet sich in der Regel sehr einfach und absolut problemlos. Bürger der meisten Staaten brauchen noch nicht einmal ein Visum. Dies gilt auch für Deutsche, Österreicher und Schweizer (s. S. 248).

Auch beim Grenzübertritt auf dem Landweg bestehen keine Probleme. Die Autopapiere sollten jedoch unbedingt vollständig, inklusive Nachweise über eine bestehende Kfz-Versicherung (s. S. 255), für die Kontrolle an der Staatsgrenze bereitliegen.

Pass

Alle Reisenden, die Namibia besuchen, benötigen einen Pass, der noch mindestens sechs Monate gültig ist.

Es empfiehlt sich, darauf zu achten, dass noch einige freie Seiten für stempelfreudige Zollbeamte vorhanden sind, vor allem bei Ausflügen nach Simbabwe oder Sambia zu den Victoriafällen. Theoretisch besteht auch die Pflicht, ein Rückflug- oder

---

DIE DINGE ÄNDERN SICH ...

Alle Informationen in diesem Kapitel sind anfällig für Veränderungen: Die Preise für internationale Flüge wechseln täglich, Straßen können neu eröffnet oder geschlossen werden, die Fahrpläne ändern sich, Angebote kommen und gehen, Einreise- und Visabestimmungen werden verändert. Fluglinien und Regierungen scheinen ein Vergnügen daran zu finden, Preisstrukturen und Regulierungen so kompliziert wie möglich abzufassen. Deshalb können alle Angaben nur Richtwerte sein. Jeder Einzelne sollte sich direkt mit der Fluggesellschaft oder dem Reisebüro in Verbindung setzen, um dort nachzufragen, wie sich ein Preis zusammensetzt. Die Reiseindustrie ist ein Moloch, auch hier gibt es schwarze Schafe.

Generell gilt die Empfehlung, bei möglichst vielen Fluglinien und Reisebüros die Preise zu vergleichen und erst dann sein hart verdientes Geld für ein Ticket auszugeben. Alle Angaben in diesem Buch können nicht die eigene, sorgfältige und vor allem tagesaktuelle Recherche ersetzen!

Weiterflugticket als Beweis für die geplante Ausreise mitzuführen.

FLUGZEUG

Viele Flugzeuge aus dem Ausland landen auf Windhoeks **Chief Hosea Kutako International Airport** (WDH; ☎ 061-299 6602; www.airports.com.na). Er befindet sich 42 km östlich der Hauptstadt. Flugzeuge aus den Nachbarländern landen teilweise auch auf Windhoeks innerstädtischem **Eros Airport** (ERS; ☎ 061-299 6500), obwohl dort vor allem nationale Flüge abgefertigt werden. Auch Leichtflugzeuge nutzen ihn.

Die staatliche Fluglinie ist Air Namibia, die innerhalb Südafrikas auf verschiedenen Strecken fliegt, aber auch Langstreckenflüge nach Frankfurt anbietet. Flugreservierungen lassen sich am besten online oder telefonisch abwickeln.

Flughäfen & Fluglinien

Den wichtigsten Flughafen in Windhoek fliegen internationale Fluggesellschaften aus Großbritannien, Deutschland, Südafrika, Simbabwe und Sambia an. Viele Reisende nehmen Johannesburg oder Kapstadt in Südafrika als Zwischenstation, weil beide von einer ganzen Reihe in- und ausländischer Fluglinien angeflogen werden.

FLUGLINIEN NACH & VON NAMIBIA

Air Namibia (☎ 299 6000; www.airnamibia.com.na)
British Airways (☎ 248528; www.ba.com)
Lufthansa (☎ 238205; www.lufthansa.com)
South African Airways (☎ 237670; www.flysaa.com)
TAAG Angola (☎ 226625; www.taag.com.br)

Tickets

Da Namibia nur von relativ wenigen internationalen Fluglinien angeflogen wird, sind die Tickets für Direktflüge entsprechend teuer. Aus diesem Grund reisen die meisten Besucher mit günstigen Tickets nach Johannesburg und nehmen von dort einen Anschlussflug nach Windhoek. Hin- und Rückflugtickets von Johannesburg nach Windhoek sind in der Regel für ein paar hundert Euro zu bekommen – vor allem dann, wenn man den Anschlussflug gleich zusammen mit dem Hauptflug bucht. Die Flughafensteuer ist bei internationalen Flügen im Flugpreis enthalten.

Afrika

Rennies Travel (www.renniestravel.com) und **STA Travel** (www.statravel.co.za) haben überall im südlichen Afrika Büros. Auf den Homepages finden sich die Adressen der Filialen.

BOTSUANA

Air Namibia bietet mehrere Flüge zwischen Windhoek und Maun an. Diese sehr beliebte Route wird nur von kleinen Flugzeugen geflogen und ist oft schnell ausgebucht, entsprechend frühzeitig sollte man seine Tickets kaufen.

SÜDAFRIKA

South African Airways bietet täglich Flüge von Kapstadt und Johannesburg nach Windhoek an. Johannesburg ist das südafrikanische Drehkreuz für Flüge in andere afrikanische Städte.

SIMBABWE & SAMBIA

Air Namibia fliegt nicht länger nach Harare, aber nach wie vor mehrmals in der Woche zu den Victoria Falls in Simbabwe. Auch hier handelt es sich um eine sehr beliebte Strecke. Da nur kleine Flugzeuge unterwegs sind, muss frühzeitig gebucht werden. Wer nach Sambia reisen will, muss via Johannesburg fliegen, von dort gibt es Anschlussflüge nach Lusaka und Livingstone.

Europa

Air Namibia bietet Nonstopp-Flüge von Frankfurt am Main nach Windhoek an.

STA Travel (Deuschland www.statravel.de, Österreich www.statravel.at, Schweiz www.statravel.ch), das größte Reisebüro für Studenten und junge Reisende, hat in allen wichtigen europäischen Ländern Filialen bzw. Partner-Reisebüros. Auf der Website von STA findet man die gewünschten Adressen in der Nähe des Wohnortes.

Weitere empfehlenswerte Reisebüros:

DEUTSCHLAND

Expedia (01805 007 146; www.expedia.de)
Kilroy Travel Group (www.kilroygroups.com)
Lastminute (☎ 01805 284 366; www.lastminute.de)
McFlight (☎ 01805 116 6200; www.mcflight.de)
Travel Overland (☎ 01805 276 370; www.travel-overland.de)

AUF DEM LANDWEG

Dank der Zollunion des südlichen Afrika lässt sich eine Fahrt durch Namibia, Botsuana, Südafrika und Swasiland ohne Schwierigkeiten bewerkstelligen. Um weiter nördlich vorzudringen, benötigen Reisende ein *carnet de passage*, dessen Beschaffung mit ziemlich viel Aufwand verbunden sein kann.

Wer mit einem Mietwagen nach Namibia fährt, muss, um die Grenze überqueren zu dürfen, eine Erlaubnis der Mietwagenfirma vorweisen. Weitere hilfreiche Informationen zur Mitna S. 254.

Grenzübergänge

Namibia hat ein ziemlich gutes Straßennetz, das eine einfache Einreise per Auto aus den Nachbarländern erlaubt. Die Hauptgrenzübergänge sind:
Angola: Oshikango, Ruacana, Rundu
Botsuana: Buitepos, Mahango und Mpalila Island
Südafrika: Noordoewer, Ariamsvlei
Sambia: Katima Mulilo

Alle Grenzübergänge sind täglich geöffnet, die wichtigsten Übergänge von Südafrika aus (Noordoewer und Ariamsvlei) sogar rund um die Uhr. Andere Grenzposten lassen in der Regel von 9 bis 17 Uhr Reisende passieren. Die Posten an kleineren Übergängen schließen während der Mittagspause von 12.30 bis 13.45 Uhr.

Es empfiehlt sich immer, so früh wie möglich zur Grenze zu kommen, damit mögliche Verzögerungen keine Probleme bei der Weiterreise bereiten.

Zwischen Alexander Bay und Oranjemund (6 bis 22 Uhr) besteht kein Publikumsverkehr ohne eine Genehmigung der Diamantenfirma CDM.

Weitere Informationen zu den Öffnungszeiten bietet die Webseite www.namibweb.com/border.htm.

ANGOLA

Um von Angola aus nach Namibia einzureisen, ist eine Genehmigung von angolanischer Seite nötig. In Ruacana Falls dürfen Reisende, um die Fälle zu besuchen, das Grenzgebiet vorübergehend auch ohne Visum betreten. Allerdings müssen sie sich unbedingt in ein Zollregister eintragen (s. S. 136).

BOTSUANA

Der meistgenutzte Grenzübergang liegt bei Buitepos/Mamuno, zwischen Windhoek und Ghanzi, obwohl auch der Übergang bei Mohembo/Mahango oft genutzt wird. Die einzige weitere Möglichkeit besteht an der Ngoma Bridge über den Chobe River.

Den Übergang von Mpalila Island/Kasane dürfen ausschließlich Gäste nutzen, die bei einer der teuren Lodges auf der Insel gebucht haben.

Autofahrer, die bei Mahango über die Grenze kommen, brauchen eine Erlaubnis für das Mahango Game Reserve in Popa Falls. Wer im Transitverkehr nur durchfährt, muss nichts zahlen. Für Besucher kostet es 3 US$ pro Person und Tag und zusätzliche 3 US$ für das Auto (eine Rundfahrt in diesem Gebiet ist auch ohne Allradantrieb möglich).

SAMBIA

Eine neue, kilometerlange **Brücke** (7–18 Uhr) spannt sich zwischen Katima Mulilo und Weneans über den Sambesi und bietet eine bequeme Fahrt nach Livingstone und zu anderen Destinationen in Sambia. Wer zu den Victoria Falls reisen will, fährt nun auf einer durchgehend asphaltierten Straße nach Livingstone. Die Straße ist auch während der Regenzeit mit normalen Autos befahrbar.

SIMBABWE

Es gibt keinen direkten Grenzübergang zwischen Namibia und Simbabwe. Um dorthin zu gelangen, müssen Reisende ab der Ngoma Bridge die Transitstrecke durch den Chobe National Park im nördlichen Botsuana bis Kasane/Kazungula nehmen und von dort aus dann weiter nach Victoria Falls fahren.

Auto & Motorrad

Ein Grenzübertritt mit dem eigenen Fahrzeug oder einem Mietwagen ist generell kein Problem, wenn man die notwendigen Papiere zusammen hat: Die Fahrzeugpapiere beim eigenen Wagen bzw. die Unterlagen der Mietwagenfirma mit der Bestätigung, dass man das Fahrzeug über die Grenze mitnehmen darf, sowie die Versicherungsunterlagen.

Namibia verlangt von allen im Ausland registrierten Fahrzeugen bei der Einreise eine Straßensteuer, die sogenannte Cross-Border Charge (CBC). Sie wird nicht von Motorrädern verlangt.

Alle Fahrzeuge, in denen weniger als 25 Passagiere mitfahren, müssen bei der Einreise 70 N$ bezahlen. Die Bestätigung über den gezahlten Betrag muss man unbedingt aufheben, da er bei Straßenkontrollen von der Polizei verlangt wird. Wer die Bestätigung nicht vozeigen kann, muss mit empfindlichen Bußgeldern rechnen.

NAMIBIA
VERKEHRSMITTEL & -WEGE

KLIMAWANDEL & REISEN

Der Klimawandel stellt eine ernste Bedrohung für unsere Ökosysteme dar. Zu diesem Problem tragen Flugreisen immer stärker bei. Lonely Planet sieht im Reisen grundsätzlich einen Gewinn, ist sich aber der Tatsache bewusst, dass jeder seinen Teil dazu beitragen muss, um die globale Erwärmung zu verringern.

Fliegen & Klimawandel

Fast jede Art der motorisierten Fortbewegung erzeugt CO2 (die Hauptursache für die globale Erwärmung), doch Flugzeuge sind mit Abstand die schlimmsten Klimakiller – nicht nur wegen der großen Entfernungen und der entsprechend großen CO2-Mengen, sondern auch weil sie diese Treibhausgase direkt in hohen Schichten der Atmosphäre freisetzen. Die Zahlen sind erschreckend: Zwei Personen, die von Europa in die USA und wieder zurück fliegen, erhöhen den Treibhauseffekt in demselben Maße wie ein durchschnittlicher Haushalt in einem ganzen Jahr.

Emissionsausgleich

Die englische Website www.climatecare.org und die deutsche Internetseite www.atmosfair.de bieten sogenannte CO2-Rechner. Damit kann jeder ermitteln, wie viel Treibhausgase seine Reise produziert. Das Programm errechnet den zum Ausgleich erforderlichen Betrag, mit dem der Reisende nachhaltige Projekte zur Reduzierung der globalen Erwärmung unterstützen kann, beispielsweise Projekte in Indien, Honduras, Kasachstan und Uganda.

Lonely Planet unterstützt gemeinsam mit Rough Guides und anderen Partnern aus der Reisebranche das CO2-Ausgleichs-Programm von climatecare.org. Alle Reisen von Mitarbeitern und Autoren von Lonely Planet werden ausgeglichen.

Weitere Informationen gibt's auf www.lonelyplanet.com.

Siehe auch die Informationen über das Fahren im Land. Vor der Abreise sollte man immer mit dem Automobilclub klären, ob man alle notwendigen Papiere für die Fahrt mit dem eigenen Auto in Namibia hat.

SÜDAFRIKA

Von Südafrika nach Namibia gibt es gute asphaltierte Straßen, entweder von Kapstadt aus (1490 km) im Süden über den Grenzübergang Noordoewer oder von Johannesburg aus (1970 km) im Osten über Nakop.

Mieten eines Autos

Vermutlich ist es günstiger, ein Auto in Südafrika zu mieten als in Namibia. Alle großen internationalen Mietwagenfirmen verfügen über Niederlassungen in ganz Südafrika.

Auch die wichtigen regionalen Anbieter wie **Around About Cars** (☎ 0860 422 4022; www.aroundaboutcars.com), **Britz** (☎ 27-011 396 1860; www.britz.co.za) und **Buffalo Campers** (☎ 27-11 704 1300; www.buffalo.co.za), die einen Wagen mit Allradantrieb für etwa 100 US$ pro Tag (inklusive Versicherung, Freikilometer und einer Campingausstattung) anbieten, sollten Interessenten nicht unbeachtet lassen.

Das preisgünstigste Angebot für einen Wagen mit Zweiradantrieb liegt nach den gemachten Vergleichen vermutlich bei etwa 40 US$ pro Tag und für einen Vierradantrieb bei 85 US$ pro Tag.

Kauf eines Gebrauchtwagens in Südafrika

Wer einen längeren Aufenthalt in Namibia plant (die Aufenthaltsdauer sollte dabei drei Monate oder länger betragen), für den kann es interessant sein, in Südafrika einen Gebrauchtwagen zu kaufen. Für Gebrauchtwagen, die in Kapstadt gekauft wurden, bekommt man allerdings weniger als für Fahrzeuge aus Johannesburg. Das liegt daran, dass in Kapstadt ein sehr viel größeres Risiko besteht, dass ein Fahrzeug durch die Lage der Stadt am Meer und die salzige Luft Rostschäden hat. Aus diesem Grund erzielt man für in Johannesburg registrierte Fahrzeuge in Kapstadt höhere Verkaufspreise.

Wer einen Gebrauchtwagen kaufen möchte, sollte zuerst einmal in den Zeitungen in Johannesburg schauen. Gebrauchtwagenhändler sprechen zwar kaum über die Tatsache, doch sie sind oft bereit, ein von ihnen gekauftes Auto nach drei Monaten um etwa 60 % des Verkaufspreises wieder zurück zu nehmen – falls sich das Auto noch in gutem Zustand befindet.

Überprüfen Sie unbedingt die Fahrzeugpapiere des vorhergehenden Halters. Eine Bescheinigung der Verkehrssicherheit (meist vorhanden, wenn ein Auto bei einem Gebrauchtwagenhändler gekauft wird) und eine Bestätigung der Polizei, dass das Auto nicht gestohlen ist (auch meist vorhanden), sollten mit übergeben werden.

Nach dem Kauf muss das Auto bei einer Motor Vehicle Registration Division in einer Großstadt angemeldet werden. Es empfiehlt sich, vor dem Kauf ein Verkehrssicherheitstest durch einen Automobilclub (100 bis 300 R, auch ohne Mitgliedschaft möglich) durchführen zu lassen.

Als ganz grobe Faustregel beim Kauf gilt, dass ein Auto in südafrikanischen Rand den Gegenwert von 4000 bis 6000 US$ kostet. Für einen Landrover mit Allradantrieb oder ein vergleichbares Modell legt ein Käufer zum Beispiel etwa 8000 bis 10 000 US$ hin.

Bus

Es gibt nur einen wichtigen Anbieter, der Busverbindungen zwischen Namibia, Botsuana und Südafrika im Programm hat. Intercape Mainliner fährt die Strecken von Windhoek nach Johannesburg und Kapstadt (Südafrika). Außerdem bietet er Verbindungen nach Nordosten zu den Viktoriafällen und zwischen den größeren Städten innerhalb Namibias.

BOTSUANA

Montags und freitags gibt es einen sehr praktischen Shuttlebus-Service von Windhoek über Ghanzi nach Maun; der Shuttlebus fährt über das Audi Camp (s. S. 363). Davon abgesehen gibt es nur wenige (und selten fahrende) öffentliche Busse zwischen beiden Ländern. Der Trans-Kalahari Highway von Windhoek nach Botsuana – er führt über Gobabis –, quert die Grenze bei Buitepos/Mamuno. Leider dürfen die Fahrgäste des Intercape Mainliner zwischen Windhoek und den Victoria Falls nicht in Botsuana aussteigen.

SÜDAFRIKA

Busse von **Intercape Mainliner** (☎ Südafrika 27-21 380 4400; www.intercape.co.za) verkehren zwischen Windhoek und Kapstadt. Studenten und Senioren erhalten 15 % Ermäßigung auf den Fahrpreis. Bustickets können einfach über das Telefon oder Internet gebucht werden.

SAMBIA

Die Busse von **Intercape Mainliner** (☎ in South Africa 27-21 380 4400; www.intercape.co.za) verkehren zwischen Windhoek und Livingstone.

SIMBABWE

Zur Zeit der Recherche bestand die einzige öffentliche Verbindung zwischen Namibia und Simbabwe im wöchentlich fahrenden Bus von **Intercape Mainliner** (☎ Südafrika 27-21 380 4400; www.intercape.co.za), der zwischen der namibischen Hauptstadt und den Victoria Falls unterwegs ist.

Zug

Die einzige noch vorhandene intakte Zugverbindung geht von Keetmanshoop nach Upington, Südafrika (90 N$, 12½ Std., 2-mal wöchentlich). Der Zug fährt jeweils mittwochs und samstags um 9 Uhr in Keetmanshoop ab sowie sonntags und donnerstags um 5 Uhr in Upington. In Namibia haben diese Züge Anschluss nach Windhoek (75 N$, 11 Std., Sonntag bis Freitag einmal täglich). In Südafrika haben sie Anschluss an Züge nach und von Jo'burg und Kapstadt.

UNTERWEGS VOR ORT

Im dünn besiedelten Namibia sind die Entfernungen zwischen den Städten oft groß. Doch Namibia besitzt eine ausgezeichnete Infrastruktur. Es gibt asphaltierte Straßen und meist auch gut gewartete Kies – oder sogar Salzpisten zu entlegeneren Zielen. Bei einer so geringen Bevölkerungsdichte verwundert es nicht, dass die öffentlichen Verkehrsmittel zu wünschen übriglassen. Busse bedienen zwar die wichtigsten Städte, doch fahren sie Sehenswürdigkeiten direkt nicht an. Reisende in Namibia sollten sich am besten ein Auto mieten.

AUTO

Am leichtesten kommen Reisende in Namibia im eigenen Auto beziehungsweise mit einem Mitwagen voran. Es gibt ein ausgezeichnetes Netz asphaltierter Straßen von der südafrikanischen Grenze in Noordoewer bis Ngoma Bridge an der Grenze zu Botsuana und Ruacana im Nordwesten. Ebenso gute Straßen verbinden die Hauptstrecken von Norden nach Süden mit Buitepos, Lüderitz, Swakopmund und Walvis Bay. Andere Städte und

Sehenswürdigkeiten sind über gute Kiespisten zu erreichen.

Die meisten mit C bezeichneten Verkehrswege befinden sich in gutem Zustand und können von allen Fahrzeugen befahren werden. Mit D gekennzeichnete Straßen sind zwar ein wenig rauer, aber meist (nicht immer) mit einem Auto mit gewöhnlichem Antrieb zu befahren. Im Kaokoveld dagegen lassen sich die meisten D-Straßen nur mit Allradantrieb bewältigen.

Fast alle großen Autovermietungen verfügen über Büros an den Flughäfen. Ideal ist es, ein Auto für die Dauer des gesamten Urlaubs zu mieten, doch wer aufs Geld schauen muss, kann sich kürzere Mietzeiten entweder von Windhoek oder Swakopmund aus überlegen. Für eine Vierergruppe ist das Mieten eines Autos preisgünstiger, als an einer organisierten Tour teilzunehmen. Siehe dazu auch den Kasten auf S. 420.

Automobilclubs

Die **Automobile Association of Namibia** (Karte S. 92; AAN; ☎ 061-224201; Fax 222446; 15 Carl List House, Independence Ave; PO Box 61; Windhoek) gehört zur internationalen AA. Sie bietet detaillierte Straßeninformationen und verkauft auch Straßenkarten an Reisende, die die Mitgliedschaft bei einem heimatlichen Automobilclub vorweisen können.

Führerschein

Bis zu 90 Tage dürfen Ausländer in Namibia mit ihrem heimischen Führerschein fahren, und auch die meisten Autovermietungen (allerdings nicht alle – vorher informieren) akzeptieren einen solchen.

Falls er allerdings nicht in Englisch ausgestellt ist, empfiehlt es sich, sich vor der Ankunft in Namibia einen internationalen Führerschein zuzulegen.

Benzin & Ersatzteile

Das Netz an Tankstellen im ganzen Land ist gut. Auch viele kleinere Orte verfügen über eine eigene Tankstelle. In der Regel bekommt man dort Diesel und bleifreies Normalbenzin (95 Oktan) sowie Super (97 Oktan, verbleit). Ein Liter kostet rund 10 N$, die Preise variieren aber und steigen, je abgelegener ein Ort ist. Auch wenn einige Tankstellen rund um die Uhr geöffnet haben, beschränken sich die meisten auf Öffnungszeiten zwischen 7 und 19 Uhr.

Bei allen Tankstellen füllen Angestellte den Tank, sie erwarten für ihren Dienst (der oft noch das Putzen der Windschutzscheiben einschließt) ein kleines Trinkgeld von einigen namibischen Dollar.

Zu den wichtigsten Vorsichtsmaßnahmen zählt, nie an einer Tanstelle vorbeizufahren, ohne den Tank aufzufüllen! Generell sollte man außerdem einen 100-Liter-Ersatzkanister dabei haben – vor allem dann, wenn es in abgelegene Landesteile geht. In Namibia kommt es immer wieder vor, dass Tankstellen nicht beliefert werden, auch deshalb ist es grob fahrlässig, seinen Tank leer zu fahren und auf die nächste Tankstelle zu hoffen.

In vielen Städten lassen sich Ersatzteile kaufen – aber nicht zuverlässig. Wer vorhat, Allradpisten zu fahren, der sollte auf jeden Fall folgende Ersatzteile im Fahrzeug mitführen: zwei Paar Ersatzreifen, Starthilfekabel, Abschleppseil und -kabel, einige Liter Öl, Schraubenschlüssel und einen kompletten Werkzeugkasten. Eine weitere Rolle Klebeband schadet auch nicht.

Mietwagen sollten mit einem funktionierenden Wagenheber (den man auch bedienen können sollte!) und einem Ersatzreifen ausgestattet sein. Eine weiter Vorsichtsmaßnahme ist die regelmäßige Überprüfung der Ersatzreifen: Wenn die nicht ausreichend aufgepumpt sind, hat man im Ernstfall ein wirkliches Problem.

Mietwagen

Für einen Kompaktwagen mit unbegrenzter Kilometerzahl muss man mit 40–60 US$ pro Tag rechnen (je länger die Mietdauer ist, desto günstiger werden die Tarife). Ein Allradwagen für Fahrten auch in abgelegenere Landesteile kostet allerdings mindestens 85 bis 100 US$ pro Tag.

Viele Mietwagenfirmen rechnen die Versicherung und die unbegrenzten Kilometer schon in ihre Standardpreise ein, einige verlangen aber eine Mindestmietzeit, bevor sie eine unbegrenzte Kilometerzahl gewähren. Einige internationale Mietwagenfirmen wie Avis und Budget verlangen scheinbar günstige Tagestarife, gewähren aber nur maximal 200 Freikilometer pro Tag. Viele Firmen verlangen eine Kaution von 1000 N$ und vermieten nur an Fahrer über 23 Jahren (andere auch schon ab 21 Jahren).

Es ist günstiger, einen Mietwagen in Südafrika zu mieten und damit nach Namibia zu fahren. Wenn der Autovermieter die Reisepläne kennt, kann er die notwenigen Papiere für den Grenzübertritt vorab vorbereiten. Autofahrer mit ausländischen Kennzeichen zahlen an der Grenze eine Straßensteuer in Höhe von 70 N$. Die Mehrzahl der großen Mietwagenfirmen in Windhoek erlaubt die Fahrt in die Nachbarländer Südafrika, Botsuana und Simbabwe. Es empfiehlt sich aber, die Reiseroute vorab mit der Mietwagenfirma abzusprechen, damit die Mitarbeiter die nötigen Papiere vorbereiten können. Unerwünscht sind Fahrten mit Mietfahrzeugen nach Sambia, verboten sind Fahrten in alle anderen afrikanischen Länder.

Natürlich sollten Interessenten immer die Papiere gründlich durchsehen und das Fahrzeug prüfen, bevor sie es akzeptieren. Mietwagenfirmen in Namibia haben aufgrund der allgemeinen Risiken beim Fahren auf den Kiespisten des Landes sehr hohe Selbstbeteiligungen (Tipps zum Fahren s. S. 420). Wer Zweifel am Zustand des Wagens hat, sollte keinesfalls Kompromisse eingehen.

Am besten gehen Interessenten wohl zu einer der großen Mietwagenfirmen, die unten aufgeführt sind. Informationen über das Mieten eines Autos in Südafrika und die anschließende Einreise damit nach Namibia finden sich auf Seite 252.

Avis (www.avis.com) Büros in Windhoek, Swakopmund, Tsumeb und Walvis Bay sowie am Flughafen.

Budget (www.budget.co.za) Eine weitere große Mietwagenfirma mit Büros in Windhoek und Walvis Bay sowie am Flughafen.

Imperial (www.imperialcarrental.co.za) Büros in Windhoek, Swakopmund, Tsumeb, Lüderitz, Walvis Bay und an beiden Flughäfen: Hosea Kutako und Eros.

Triple Three Car Hire (www.333.com.na) Eine konkurrenzfähige lokale Mietwagenfirma mit Büros in Swakopmund und Walvis Bay.

Für Folgendes fallen zusätzliche Kosten an: Gebühr für Abgabe oder Abholung des Autos am Hotel (anstatt am Büro der Mietwagenfirma), Gebühr für zusätzliche/n Fahrer, eine Reinigungsgebühr – die bis zu 50 US$ (!) betragen kann – und eventuell eine „Servicegebühr". Reisende sollten immer viel Zeit für die Abgabe eines gemieteten Wagens einkalkulieren, damit das Auto gründlich auf eventuelle Schäden durchgesehen werden kann. Dann sollten die Angestellten der Mietwagenfirma die Schlussrechnung ausstellen, bevor der Kunde das Büro verlässt.

Es empfiehlt sich, den Mietwagen mit einer goldenen Kreditkarte zu bezahlen, da diese bei etwaigen Problemen einen gewissen Schutz bietet und auch die Kosten einer möglichen Kollision mit einem anderen Fahrzeug abdecken.

Versicherung

Eine Versicherung ist zwar nicht vorgeschrieben, doch sollten Reisende keinesfalls darauf verzichten und hierbei an der verkehrten Stelle sparen.

Unabhängig davon, bei welcher Firma ein Wagen gemietet wird, sollte auf jeden Fall abgeklärt werden, was im Preis inbegriffen ist (unbegrenzte Kilometer, Steuer, Versicherung etc.) und welche Verpflichtungen eingegangen werden müssen. Die meisten Versicherungen vor Ort schließen Schäden an der Windschutzscheibe und an den Reifen aus.

Eine Haftpflichtversicherung ist das mindeste. Aber es empfiehlt sich auch eine Vollkaskoversicherung, die für einen Wagen mit gewöhnlichem Antrieb etwa 20 US$ und für einen mit Allradantrieb etwa 40 US$ pro Tag kostet.

Der Selbstbehalt beträgt dann bei einem 2WD etwa 1500 US$ und bei einem 4WD etwa 3000 US$. Für eine kurze Zeit kann sich eine Super-Vollkaskoversicherung lohnen, die absolut alles abdeckt, aber dafür auch ihren Preis hat.

Autokauf

Für alle, die nicht gleich mehrere Jahre in Namibia verbringen wollen, lohnt sich der Kauf eines Autos im Land nicht. Zum Autokauf sollten Interessenten nach Südafrika fahren (s. S. 252).

Risiken auf der Straße

Außer dem phantastischen Netz an asphaltierten Straßen gibt es in Namibia alles von guten Kiespisten bis hin zu schlecht unterhaltenen Hauptstraßen, Farmstraßen, Sand- und Salzpisten und schwierigen Strecken, die nur für Wagen mit Allradantrieb befahrbar sind. Diese Bedingungen erfordern spezielle Fahrtechniken, eine entsprechende Vorbereitung des Autos, etwas Übung und jede Menge Vorsicht. Ausführlichere Tipps zum Verhalten unter den schwierigsten Bedingungen s. S. 420.

Um Swakopmund und Lüderitz gilt es auch, auf Sand auf der Straße zu achten. Denn dieser macht die Straße rutschig und kann ein zu schnell fahrendes Fahrzeug leicht zum Umstürzen bringen. Ein weiteres Risiko stellt der Morgennebel an der Skeleton Coast dar. Also auch hier sollte man im eigenen Sicherheitsinteresse die vorgeschriebene Geschwindigkeit einhalten!

Verkehrsregeln

Wer in Namibia Auto fahren will, muss wenigstens 21 Jahre alt sein. Wie in den meisten anderen Ländern des südlichen Afrika herrscht auch hier Linksverkehr. Die Geschwindigkeitsbeschränkung liegt bei 120 km/h auf asphaltierten Straßen außerhalb von Wohngebieten, bei 80 km/h auf Kiespisten und 40 km/h in allen Nationalparks und Schutzgebieten. In Städten und Dörfern sollte man eine Geschwindigkeit von 60 km/h unbedingt einhalten, selbst wenn es zusätzlich keine entsprechenden Schilder gibt.

Die Verkehrspolizei auf den Schnellstraßen setzt Radar ein und verhängt gern Bußgelder für zu schnelles Fahren (etwa 70N$, plus 10 N$ für jede weitere 10 km/h zu viel). Es ist nicht erlaubt, während der Fahrt auf dem Autodach zu sitzen.

Auf den Vordersitzen muss der Sicherheitsgurt grundsätzlich angelegt werden, auf den Rücksitzen jedoch nicht. Trinken und Fahren ist nicht erlaubt, und die Versicherung zahlt nicht, wenn ein betrunkener Fahrer in einen Unfall verwickelt ist. Auch Fahren ohne Führerschein gilt in Namibia als schweres Vergehen. Es gilt eine Blutalkoholgrenze von 0,8 Promille.

Fahrer müssen einen Unfall mit Personenschaden binnen 48 Stunden den Behörden melden. Wenn nur geringer Schaden an den Fahrzeugen und kein Personenschaden entstanden ist – und wenn alle am Unfall Beteiligten darin übereinstimmen –, reicht es, Namen und Adresse auszutauschen und die Angelegenheit später über die Versicherung zu regeln.

Theoretisch sind die Besitzer dafür verantwortlich, ihr Vieh von der Straße fernzuhalten, doch in der Praxis spazieren die Tiere dorthin, wo sie gerade wollen. Wer mit dem Auto ein Haustier erwischt, hat die Mühe (neben dem möglichen Schaden), den Besitzer ausfindig zu machen, und zusätzlich den Ärger mit den Behörden, wenn ein Schadensersatzanspruch gestellt wird.

Auch wilde Tiere können eine Gefahr darstellen, vor allem an Schnellstraßen. Es empfiehlt sich, umsichtig zu fahren und die Geschwindigkeit den Bedingungen der Strecke anzupassen. Nach Einbruch der Dunkelheit besteht eine weit größere Gefahr, mit einem wilden Tier oder einem Haustier zu kollidieren. Nachtfahrten sind deshalb nicht zu empfehlen.

BUS

Namibias Busnetz ist nicht sehr ausgedehnt. Luxusbusse beschränken sich auf die Fahrzeuge von **Intercape Mainliner** (☎ 061-227847; www. intercape.co.za), die regelmäßig von Windhoek nach Swakopmund, Walvis Bay, Grootfontein, Rundu und Katima Mulilo unterwegs sind. Die Fahrgäste dürfen nur zwei Gepäckstücke (max. 30 kg) mitnehmen. Im Preis enthalten sind Mahlzeiten an Bord. Die jeweiligen Tarife werden in den entsprechenden Kapiteln genannt.

Es gibt außerdem lokale Minibusse, die immer dann starten, wenn sie voll sind und auf den Hauptstrecken des Landes fahren. Von Windhoekss Tankstelle Rhino Park steuern Busse in Dutzend Zielorte im Land an; weitere Details finden sich in den Abschnitten „An- & Weiterreise" der Regionalkapitel.

In Windhoek sorgen einige preiswerte Lokalbusse für den Transport in die Vororte. Sie spielen aber eine deutlich geringere Rolle als die bequemeren Gemeinschaftstaxis.

FAHRRAD

Namibia ist ein Wüstenland und eher ungeeignet für einen Urlaub mit dem Fahrrad: Die Entfernungen sind riesig, der Horizont weit, das Klima sehr heiß und trocken. Selbst auf den Hauptstrecken kann Trinkwasser ein Problem werden, denn auch dort sind die Entfernungen zwischen den Orten sehr groß. Dazu kommt noch das Problem der intensiven Sonneneinstrahlung. Die hohe UV-Einstrahlung schadet der Gesundheit. Wen das immer noch nicht abschreckt, der sollte wissen, dass in allen Nationalparks Fahrräder verboten sind.

Natürlich sind viele Namibier mit dem Rad unterwegs. Das Radfahren in kleineren oder größeren Städten ist auch nicht so problematisch wie die Fahrten über Land. Auf Pisten steigt die Gefahr, sich durch Dornen einen platten Reifen zu holen. An vielbefahrenen Strecken findet man mit etwas Glück einen kleinen Reparaturladen, der einen solchen Schaden beheben kann.

FLUGZEUG

Air Namibia verfügt über ein ausgedehntes Netz an Inlandsflügen, die alle vom Eros Airport (s. S. 250) starten. Es gibt regelmäßige Flüge nach Tsumeb, Rundu und Katima Mulilo, Lüderitz und Alexander Bay (Südafrika) sowie Swakopmund und Oshakati/Ondangwa. Passagiere dürfen 20 kg Gepäck mitführen, jedes weitere Kilogramm kostet ca. 20 N$ Aufpreis. Weitere Informationen zu den Büros von Air Namibia vor Ort liefert die Webseite www.airnamibia.com.na.

Charterflüge

Charterflüge stellen oft den besten – und manchmal den einzigen – Zugang zu entlegenen Lodges dar. In den letzten Jahren konnte man schnell mal einen Charterflug buchen, doch in jüngster Zeit organisierte sich das Geschäft besser. So ist es heute nahezu unmöglich, einen Charterflug ohne zugehörigen Package mit einer Safari zu bekommen.

Einige Firmen bieten Rundflüge an, die das Vergnügen bieten, Namibias dramatische Dünenlandschaften von oben zu sehen. Pleasure Flights (s. S. 185) in Swakopmund gehört zu den Firmen, die interessante Flüge längs der Skeleton Coast und über den Fish River Canyon anbieten.

Den besten Preis bekommen Gruppen von fünf Personen.

MOTOTRRAD

Ein Namibiaurlaub mit dem Motorrad ist extrem beliebt, vor allem wegen des einzigartigen Angebots an Off-Road-Pisten. In Namibia ist es allerdings sehr schwer, Leihmotorräder zu bekommen. Die im Buch genannten Autovermieter haben aber in der Regel einige Fahrzeuge in ihrer Flotte. In den Nationalparks sind Motorräder verboten, die einzige Ausnahme sind die Hauptverbindungsstraßen durch den Namib-Naukluft Park.

NAHVERKEHR

Der Nahverkehr in Namibia orientiert sich an den Bedürfnissen der Einheimischen und beschränkt sich auf die Hauptstraßen zwischen den Bevölkerungszentren. Er ist zwar preiswert und zuverlässig, doch bringt er den Touristen nur wenig, da die Sehenswürdigkeiten Namibias abseits der Hauptwege liegen.

Taxi

Der Standardpreis für ein Sammeltaxi in Windhoek, einschließlich Fahrten nach Khomasdal und Katutura, liegt bei etwa 10 N$. Doch diese Sammeltaxis fungieren ähnlich wie Busse auf vorgegebenen Fahrstrecken. Reisende müssen also wissen, welches sie nehmen müssen.

Einzeltaxis, vor allem bei vorheriger telefonischer Bestellung, kosten zwischen 20 und 50 N$.

Nur in Windhoek gibt es ausreichend Taxis – kein anderer Ort ist groß genug, um ein solches Unternehmen rentabel erscheinen zu lassen. Weitere Informationen stehen auf S. 105.

TRAMPEN

Trampen ist in Namibia zwar möglich, doch in Nationalparks verboten. Es kann durchaus vorkommen, dass sehr lange Wartezeiten in Kauf zu nehmen sind, denn selbst auf den wichtigsten Straßen gibt es nur relativ wenig Verkehr.

Auf der anderen Seite kann es sehr wohl möglich sein, dass ein Auto einen Anhalter gut und gerne 1000 km weit mitnimmt. Lkw-Fahrer rechnen in der Regel damit, dafür bezahlt zu werden. Deshalb empfiehlt es sich, vor der Fahrt einen Preis auszumachen.

Üblich sind 15 N$ pro 100 km. Angebote von Anfragen nach Mitfahrgelegenheiten finden sich täglich bei Cardboard Box Backpackers (s. S. 96) und Chameleon City Lodge (s. S. 97) in Windhoek. Im Büro des Namibia Wildlife Resort, ebenfalls in Windhoek (s. S. 90), gibt es auch ein Schwarzes Brett für Angebote von und Anfragen nach Mitfahrgelegenheiten.

In keinem Land auf dem gesamten Globus kann Trampen als ganz sicher gelten. Wer trampt, muss wissen, dass er ein kleines, aber möglicherweise schwerwiegendes Risiko eingeht. Daher sollte man immer zu zweit reisen und nach Möglichkeit jemanden über seine Pläne informieren.

ZUG

Trans-Namib Railways (☎ 061-2982032; www.transnamib.com.na) verbindet einige größere Städte. Die Züge sind allerdings extrem langsam unterwegs. Ein Leser verglich ihr Tempo in süffisantem Ton mit dem eines „motorisierten Eselskarren". In den namibischen Zügen werden Passagiere und Güter transportiert, die

Züge halten an jeder Station, entsprechend unbeliebt ist dieses Transportmittel bei Touristen und die Strecken sind nur selten ausgebucht.

Die wichtigste Verkehrsdrehscheibe im Zugverkehr ist Windhoek, von hier fahren Züge Richtung Süden nach Keetmanshoop und weiter nach Upington (Südafrika). Richtung Norden gibt es Bahnverbindungen nach Tsumeb, Richtung Westen nach Swakopmund und Richtung Osten nach Gobabis. In den Zügen findet man Economy- und 1. Klasse-Sitze. Viele Züge fahren aber über Nacht – ohne Schlafwagen. Sitzplätze können entweder an den Bahnhöfen oder über das Buchungsbüro in Windhoek (S. 104) gebucht werden: Die Tickets müssen am Tag der Abreise vor 16 Uhr abgeholt werden.

Touristenzüge

Es gibt zwei Touristenzüge, die mit gehobenen Charterfahrten die glanzvollen Jahre des Bahnverkehrs wieder aufleben lassen wollen. Der relativ bequeme **Desert Express** (☎ 061-298 2600; www.desertexpress.com.na) bietet zweimal wöchentlich eine beliebte Nachtfahrt zwischen Windhoek und Swakopmund (Einzel-/Dop-

pelabteil ab 2700/5100 N$) in beide Richtungen an. Die Schlafwagenkabinen mit eigenem Bett und Sitzen sind beheizt und haben Klimaanlage, außerdem große Panoramafenster für den Blick in die vorbeiziehenden afrikanische Landschaft. Außerdem wird eine spezielle Sieben-Tages-Reise (Einzel-/Doppelkabine ab 9500/25 000 N$) angeboten, die Fahrt führt nach Swakopmund und in den Etosha National Park und schließt Tiersafaris, Busch-Picknicks und lange landschaftlich reizvolle Bahnfahrten ein.

Der **Shongololo Dune Express** (☎ in South Africa 27-21-556 0372; www.shongololo.com), der zwischen Kapstadt und Tsumeb via Aus, Mariental, Swakopmund und Otjiwarongo unterwegs ist, bietet 16-tägige Fahrten zu Namibias größten Sehenswürdigkeiten an. All-inclusive-Fahrten kosten je nach Kabinentyp 37 000–46 500 N$, egal für welche Klasse man sich entscheidet: Der Shongololo zählt zu den luxuriösesten Zügen der Welt und lässt sich ohne weiteres mit einem Fünf-Sterne-Hotel auf Rädern vergleichen! Die Gäste werden hervorragend verpflegt, schlafen in Leinenbettwäsche, genießen heiße Duschen und die allgegenwärtige Bahnnostalgie.

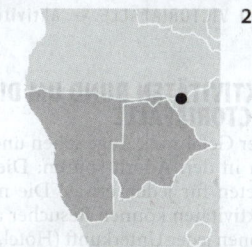

Victoriafälle

Die Victoriafälle gehören zu den größten, schönsten und majestätischsten Wasserfällen der Welt. Sie sind eines der sieben von der Natur geschaffenen Weltwunder und ein von der Unesco anerkanntes Weltnaturerbe. Eine Reise ins südliche Afrika ist ohne einen Besuch der Wasserfälle nicht vollständig. Bemerkenswert sind nicht nur die durchschnittlich 1 Mio. Liter Wasser, die jede Sekunde über eine Breite von 1,7 km 108 m tief mit tosendem Gebrüll in die Sambesischlucht stürzen. Es ist auch ihre einzigartige natürliche, noch weitgehend unverbaute Umgebung, die die Victoriafälle so besonders machen.

Wagemutige können mit einem Bungee-Seil gesichert in die Schlucht springen, sich vom Sprühnebel der Wasserfälle durchnässen lassen oder durch die Stromschnellen raften. Beschaulicher geht es dagegen auf einer gemütlichen Schiffsreise auf dem Sambesi zu. Ob einen die faszinierende Tierwelt anzieht oder man dem Leben einen Adrenalinkick verpassen möchte; dieser Ort ist besonders, außergewöhnlich und gleichzeitig ursprünglich. Die Victoriafälle sollte man nicht nur betrachten, sondern mit allen Sinnen erleben. Sie gehören mit Sicherheit zu den Orten, die man einmal im Leben sehen sollte.

In dieser Region gibt es eine Trocken- und eine Regenzeit. Zur Regenzeit herrscht Hochwasser, denn dann führen die Fälle mehr Wasser. In der Trockenzeit, also bei Niedrigwasser, lassen sich die Wasserfälle ohne den berühmten Sprühnebel bewundern. Aber die Fälle sind im Grunde zu jeder Jahreszeit spektakulär. Freunde des Raftings sollten zur Trockenzeit hierher kommen, denn dann liegen die Felsen frei und das Ganze ist besonders aufregend. Das Wetter ist nie zu heiß oder zu kalt und viele Aktivitäten sind das ganze Jahr über möglich. Hochsaison ist von Juni bis August und im Dezember, aber auch der April hat seine Reize. Die Victoriafälle werden von Simbabwe und Sambia geteilt und sind ein ganz eigener Ort. Deshalb ist ihnen in diesem Buch ein eigenes Kapitel gewidmet, obwohl weder Namibia noch Botsuana Anteil daran haben.

HIGHLIGHTS

- Die Victoriafälle von der **sambischen** (S. 263) oder **simbabwischen** (S. 271) Seite aus bewundern

- Die Fälle bei Vollmond besuchen und den schillernden **Mondregenbogen** (S. 271) auf sich wirken lassen.

- Im **Royal Livingstone Hotel** (S. 267) einen Cocktail auf der Terrasse über dem Rand der Wasserfälle genießen

- Im **Terrace** Restaurant des eleganten Victoria Falls Hotel den „High Tea" einnehmen

- Der Adrenalinsucht beim Bungee-jumping, bei Rundflügen mit Ultraleichtfliegern, White-Water-Rafting, im Jetboot oder beim Gorge Swing in der Batoka-Schlucht frönen.

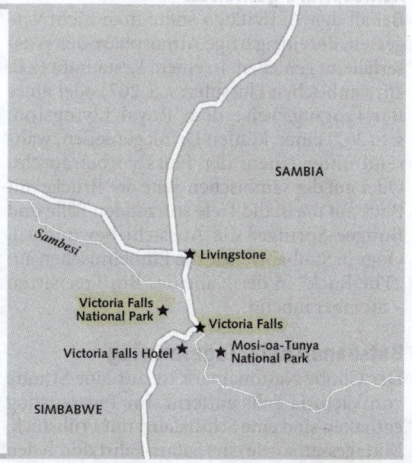

AKTIVITÄTEN RUND UM DIE VICTORIAFÄLLE

Der Gefahr ins Auge sehen und das Adrenalin in den Adern spüren: Die Victoriafälle bieten für jeden etwas! Die nachfolgenden Aktivitäten können Besucher an den Rezeptionen jeder Unterkunft (Hotel, Hostel, Camp etc.) buchen. Die Preise für diese Unternehmungen sind, egal ob von Livingstone (Sambia) oder von Victoria Falls (Simbabwe) aus gestartet wird, etwa gleich hoch. Schon bei der Buchung sollten Interessierte nachfragen, ob zusätzliche Kosten wie Eintrittsgebühren für Nationalparks oder Visumgebühren anfallen. Alle Veranstalter bieten auch Pauschalangebote an und für etwa 125 US$ kann man alle Adrenalinkicks ausprobieren. Die Veranstalter bieten meist auch Fotos und Videos der Ausflüge an (35 US$ für Videos, 15 US$ für Fotos, 45 US$ für beides). Die hier angegebenen Preise sind Orientierungswerte.

Abseilen

Sich in den Canyon abseilen, den der Sambesi in der malerischen Batoka Gorge in den Fels gegraben hat, und über tiefe Schluchten schweben. Halbtags-/Ganztagsausflüge für 80/100 US$.

Angeln

Für alle, die davon träumen, den gewaltigen Sambesi-Tigerfisch zu fangen, gibt es für etwa 90 US$ eine Halbtagstour inklusive Angelausrüstung und Köder.

Atmosphäre genießen

Bei all den Aktivitäten sollte man nicht vergessen, die einzigartige Atmosphäre der Wasserfälle zu genießen. In einem Restaurant (z.B. am sambischen Flussufer; s. S. 267) oder einer Bar (vorzugsweise dem Royal Livingston, s. S. 267) einen kühlen Drink genießen, während unter einem der Fluss vorbeirauscht. Oder auf der sambischen Seite der Brücke mit Blick auf die in die Tiefe stürzenden Fälle und Bungee-Springer die Aussicht bewundern. Oder in Simbabwe wie die Einheimischen auf „The Rock" in der Nähe des Big Tree sitzen – atemberaubend!

Botsuana/Chobe Tagesausflug

Der Chobe Nationalpark ist nur eine Stunde von Victoria Falls entfernt. Im Tagesausflug enthalten sind eine Schiffsfahrt mit Frühstück, Mittagessen sowie eine Safari-Fahrt durch den Chobe Nationalpark, wo man Löwen, Elefanten, Wildhunde, Geparden, Büffel und viele Antilopen sehen kann. Rückkehr nach Victoria Falls gegen 17 Uhr. Der Preis beträgt 150 US$ pro Person.

Bungee-Jumping

Für 105 US$ können Tollkühne den dritthöchsten Bungee-Sprung der Welt machen (111 m); ein Tandemsprung kostet 130 US$. Es gibt zwei Absprungstellen.

Dampflok-Ausflug

Es gibt eine ganze Bandbreite von Ausflügen mit der Dampflok: vom Royal Tea Run zur Victoria Falls Bridge bis zum beliebten *Out of Africa*-Buschfrühstück oder mit der Dampflok in den Sonnenuntergang fahren (nur für gebuchte Gruppen von mind. 25 Personen; Kosten etwa 95 US$).

Elefantensafaris

Bei einer Safari auf dem Rücken eines Elefanten durch die atemberaubende Landschaft eines Nationalparks oder Naturschutzgebiets werden Afrikaträume wahr. Siehe auch Kasten auf S. 263.

Flying Fox

An einer Seilrutsche für nur 25 US$ über die Batoka Gorge hinwegschweben.

Golf

Zwischen Golfrunden auf makellosen Fairways Safari-Trips genießen. Das ist in Simbabwe im Elephant Hills Hotel und in Sambia im Livingstone Royal Golf & Country Club möglich. Eine 9-Loch-Runde kostet 10 US$ (Ausrüstung 10 US$) eine 18-Loch-Runde 20 US$ (Ausrüstung 20 US$). Für den Caddie sind 5 US$ zu bezahlen.

Gorge Slide

Wie beim Flying Fox an einer Seilrutsche über die Batoka Gorge schweben. Aber hier gleitet man nicht horizontal, sondern auf der einen Seite in die Schlucht hinab und auf der anderen Seite wieder hinauf (Single/Tandem 35/45 US$) – ein Erlebnis zur Pulsbeschleunigung für Anfänger.

Gorge Swing

Die perfekte Alternative für alle, die gerne einen Bungee-Sprung wagen würden, aber schließlich nicht den Mut dafür aufbringen.

Man schwingt an einem starken Gummiseil befestigt in die Botaka Gorge.

Hubschrauberrundflüge

Den „Flight of the Angels" (Flug der Engel) gibt es in zwei Varianten: zum einen als 15-minütigen Rundflug über die Fälle (115 US$, wobei die Parkgebühren nicht enthalten sind) oder zum anderen als 30-minütigen Flug (260 US$) über die Fälle sowie den Zambezi National Park.

Hwange-Tagestour

Ein Tagesausflug in den Hwange National Park mit einer der höchsten Elefantenpopulationen der Welt kostet etwa 250 US$.

Jetboote

Mit dem Jetboot mitten hinein in die Wasserwirbel! Dieser haarsträubende Trip kostet 90 US$ und ist mit einer Seilbahnfahrt in die Batoka Gorge verbunden.

Kanu & Kajak

Halb-/Ganztagsausflüge entlang des Sambesi sind ab 60/75 US$ zu haben. Ausflüge mit Übernachtung kosten 150 US$, Dreitagestouren gibt es zum Preis von etwa 300 US$.

Nashorn-Safaris

Diese und andere Naturwanderungen finden auf der sambischen Seite im Masi-oa-Tunya National Park statt. Wie bei allen Safaris möchten wir auch hier darauf hinweisen, dass, auch wenn die Führer ihr bestes tun, nie garantiert werden kann, dass man die jeweiligen Tiere auch zu sehen bekommt. Auch Nashörner legen auf der Nahrungssuche weite Strecken zurück. Die Wanderungen kosten für Gruppen bis zu acht Personen 85 US$ pro Person. Die von Bwaato Adventures organisierten Touren können online unter www.zambiatourism.com oder über Hotels und Hostels gebucht werden.

Quadbiking

Die spektakuläre Landschaft rund um Livingstone, Sambia, und die Batoka Gorge auf geländegängigen Quadbikes erkunden. Auf den von qualifizierten Führern begleiteten Fahrten kann jeder in seinem eigenen Tempo fahren. Ausflüge variieren von kürzeren Touren in Batoka bis zu längeren Ausflügen in den afrikanischen Busch. Eine einstündige Spritztour kostet 60 US$.

Rafting

Fahrten bei Hochwasser durch die Rapids (Stromschnellen) mit den Nummern 11 bis 18 (oder auch bis 23) sind verhältnismäßig unkompliziert und können zwischen dem 1. Juli und dem 15. August unternommen werden; in Jahren mit viel Regen teilweise schon ab Mitte Mai. Wildere Fahrten bei Niedrigwasser sind etwa ab dem 15. August bis Ende Dezember möglich, wenn man von der simbabwischen Seite aus kommend die 22 km von Rapid 4 bis 18 (oder 23) oder von der sambischen Seite aus von Rapid 1 bis 18 (oder 23) fährt. Halb-/Ganztagstrips kosten etwa 110/125 US$ und Ausflüge mit Übernachtung ca. 165 US$. Auch längere Fahrten den Fluss entlang sind möglich.

Reiten

Bei einem Ausritt entlang des Sambesi können die Reiter auch wilde Tiere beobachten. Zwei-/Drei-Stunden Ausritte kosten etwa 45/60 US$, Halbtags-/Ganztagsausritte etwa 85/160 US$.

Riverboarding

Wie wär's damit, auf einem Boogie Board liegend die Stromschnellen hinterzurasen? Wasserfallsurfen, wie man es auch nennt, kann man einen halben oder ganzen Tag lang ab 135/150 US$. Die beste Zeit ist von Februar bis Juni.

Rundflüge mit Starrflüglern

Egal, ob man mit einer modernen Cessna oder einer altmodischen Tiger Moth über die Fälle fliegt, der Blick von oben auf den Sprühnebel ist unvergesslich. Je nach Flugzeugtyp und geflogener Strecke variieren die Preise von 80 US$ bis 160 US$.

Safari bei Nacht

Diese Safari im Zambezi National Park ist nur auf der simbabwischen Seite möglich, dauert die ganze Nacht und kostet 90 US$.

Safaris

Auf einer geführten Safari im Mosi-oa-Tunya Game Park, Sambia, eines der wenigen Breitmaulnashörner sehen. Safarifahrten kosten etwa 50 US$. Oder vielleicht lieber eine Fluss-Safari auf dem Sambesi? Die Bandbreite der Angebote reicht von gesitteten Ausflügen auf der *African Queen* bis zu ausufernden „All-You-Can-Drink" Sauftouren bis zum Sonnenuntergang – alle zwischen 30 und 60 US$. Vom Schiff lassen sich jede Menge wilde Tiere beobachten, auch wenn sich manche Passagiere offensichtlich mehr für die kostenlosen Getränke interessieren.

Safari-Trips & Wanderungen

Morgens oder abends im Geländewagen oder zu Fuß eine geführte Safari in einem Nationalpark unternehmen und dabei die afrikanische Landschaft im sanften Morgen- oder Abendlicht genießen. Die Kosten belaufen sich ab 50 US$ pro Person im Geländewagen und 70 US$ für Safari-Wanderungen. Diese Preise gelten nur für Buchungen von Gruppen; Einzelpersonen müssen handeln.

Shoppen ohne Ende

Es gibt lebhaft bunte Märkte zum Einkauf von Andenken, Geschenken, Kleidung und Lebensmittel. Sie liegen in Victoria Falls und auf der sambischen Seite der Brücke gleich hinter der Einwanderungsbehörde, nahe dem Eingang zum Nationalpark und den Fällen.

Sprung in die Schlucht

Mit den Füßen voran von der Victoria Falls Bridge springen. Freier Fall für vier Sekunden, aber man hängt aufrecht schwingend im Seil, das verhindert geplatzte Äderchen in den Augen. Tandemsprünge sind ebenfalls möglich. Neben der Absprungstelle von der Brücke gibt es noch eine weitere an der Schlucht. Kosten etwa 75 US$.

Tontaubenschießen

Die Schießanlagen sind nur 3 km von den Victoriafällen entfernt. Die Sessions finden unter Anleitung mit internationalem Standard statt und sind für Anfänger und Könner geeignet. Geschossen wird morgens, mittags und nachmittags. Beim Nachmittagsunterricht ist ein Abendessen in einem Boma mit herrlichem Ausblick auf den afrikanischen Busch enthalten. Ab 55 US$.

Traditioneller Tanz

Wunderbar als Zuschauersport oder für 40 US$ selbst mittanzen.

Trommeln

Gemeinsames Trommeln am Lagerfeuer unter dem südafrikanischen Himmel. Eine einstündige Session, gefolgt von einem traditionellen Essen, kostet 25 US$.

> **SAMBESI: HOCH- & NIEDRIGWASSER**
>
> Während der Regenzeit (März bis Mai) ist das Wasservolumen des Sambesi bis zu zehnmal höher, während es in der Trockenzeit bis auf 4 % des Spitzenwerts sinken kann.

Ultraleichtflieger

Die motorisierten Hängegleiter bieten die beste Aussicht. Der Pilot schießt mit einer an der Tragfläche befestigten Kamera in der Luft Fotos von den Passagieren. Flüge über die Fälle (15 Min.) kosten 104 US$, über die Fälle und den Zambezi National Park (30 Min.) 185 US$.

Victoria Falls Tour

Den besten Blick auf die Fälle bietet die simbabwische Seite. Die Tore des Nationalparks sind von 6 bis 18 Uhr geöffnet. (Eintritt 20 US$, Reisepass erforderlich). Im April sollten Besucher gleich am Eingang einen Regenmantel und einen Schirm ausleihen; ansonsten kann man auch gleich im Badeanzug gehen, da man vollständig durchnässt wird! Der Weg, den manchmal freche Affen und scheue Warzenschweine kreuzen, führt oben an der Schlucht entlang und die besten Aussichtspunkte sind ausgeschildert. Man gelangt auf diesem Weg aber nicht auf die Brücke.

Vogelbeobachtung

Bei einem Spaziergang die faszinierende Vogelwelt beobachten, die rund um die Victoriafälle zu Hause ist. Etwa 70 US$.

Wandern

Geführte Wanderungen durch den Zambezi National Park (Zimbabwe) oder Mosi-oa-Tunya National Park (Sambia) sind für 50 US$ pro Tag im Angebot. Mit Übernachtung im Zelt werden 10 US$ pro Nacht fällig.

REISE- & ABENTEUERANBIETER

Fast 99% aller Buchungen für die Aktivitäten rund um die Wasserfälle werden durch die Lodges, Hotels oder Hostels vorgenommen. Die Preise hierfür sind im Wesentlichen überall gleich und bei einer Buchung in der Unterkunft ist der Transfer enthalten.

Man kann auch direkt zu den Tourveranstaltern gehen. Zu empfehlen sind **Wild Horizons** (☎ 44571; www.wildhorizons.co.za) mit

Sambia

Livingstone

EINTRITTSGEBÜHREN FÜR DIE NATIONALPARKS

Die Eintrittsgebühr kann an den Eingängen zu den Nationalparks und in den Büros innerhalb der Parks bezahlt werden.

- 10 US$ für den Victoria Falls Nationalpark von der sambischen Seite
- 20 US$ für ausländische Bewohner Simbabwes
- 15 US$ für regionale Bewohner Simbabwes
- US$ für den Victoria Falls Nationalpark von der simbabwischen Seite

---

einem Büro in Victoria Falls, **African Horizons** (☎ 323432; www.adventure-africa.com) in Livingstone, oder **Safari Par Excellence** (☎ in Sambia 326629, 421190, 011205306; www.safpar.com), die Aktivitäten auf beiden Seiten anbieten.

Unabhängige Beratung gibts bei **Backpackers Bazaar** (Karte S. 274 ☎ 013-45828; bazaar@mweb.co.zw; ☽ Mo–Fr 8–17, Sa & So 8–16 Uhr) in einer Seitenstraße des Parkway in Victoria Falls.

SAMBIA

Während Simbabwe darum kämpft seine Wirtschaft wieder in Schwung zu bringen, ist die Lage in Sambia eher stabil. Die 73 Volksstämme des Landes leben friedlich nebeneinander und die Währung (der Kwacha) wird immer stärker. Der jüngste Umschwung der Touristen auf die sambische Seite der Victoriafälle aufgrund der Unruhen in Simbabwe hat einen Bauboom ausgelöst. Ansässige Geschäftsleute sind auf die Tourismuswelle aufgesprungen und das an die Sambesi angrenzende Gebiet wird mit rasanter Geschwindigkeit und hoffentlich geschmackvoll zu einem der exklusivsten Reiseziele im südlichen Afrika ausgebaut.

LIVINGSTONE
☎ 0213

Das historische Livingstone wurde nach seinem europäischen Entdecker benannt und entstand im Jahr 1904 nach dem Bau der Victoria Falls Bridge. Für den Rest des 20. Jhs. war Livingstone eine ruhige Provinzhauptstadt. Doch während der politischen und wirtschaftlichen Unruhen in Simbabwe mauserte es sich schnell zum touristischen Zent-

rum. Historische Gebäude in der Innenstadt wurden endlich renoviert, neue Bauprojekte entstanden und Pläne für einen Ausbau der Verkehrsverbindungen wurden entwickelt.

Heute entscheiden sich die meisten Besucher der Victoriafälle für Livingstone als Ausgangspunkt für ihre Besichtigungen. In der Stadt gibt es nicht viel zu sehen aber für Backpacker ist jede Menge geboten. Die Grenzstadt ist ca. 6 km von den Fällen entfernt und bietet ausgezeichnete (sprich günstige und gut organisierte) Hostels mit Internetanschluss und der ganzen Aktivitätsskala sowie Restaurants und Bars für jeden Geschmack und jeden Geldbeutel – vom Backpacker bis zum Hochzeitsreisenden.

Geschichte

Auch wenn einige Forscher und Künstler die Gegend nach ihrer „Entdeckung" bereisten, wurden die Victoriafälle vor dem Bau von Cecil Rhodes Eisenbahnstrecke im Jahre 1905 von den Europäern kaum beachtet. Während der britischen Kolonialherrschaft und in den frühen Jahren der sambischen und simbabwischen Unabhängigkeit entwickelten sich die Fälle zu einem der beliebtesten Reiseziele im südlichen Afrika. In den späten 1960er-Jahren jedoch führten der Guerillakrieg in Simbabwe und das Misstrauen gegenüber Fremden in der Regierungszeit des sambischen Präsidenten Kenneth Kaunda zum Zusammenbruch des Tourismus.

Die nächste Tourismuswelle rollte in den 1980er-Jahren in Form von Adrenalinsüchtigen an, die scharenweise in die Region pilger-

---

BEGEGNUNG MIT TIEREN: LÖWENBABYS & CO.

Es gibt neben der Beobachtung auch einige Veranstaltungen bei denen man sich fragen sollte, was für das Wohlergehen der Tiere getan wird. Was geschieht etwa mit den kleinen Löwenbabys oder den jungen Elefanten, wenn sie älter werden? Bei guten Veranstaltern werden z. B. Elefanten artgerecht eingesetzt, indem Spaziergänge mit den Dickhäutern angeboten werden, anstatt dass man auf ihnen reitet. Auf diese Weise können Besucher einiges über Elefanten lernen. Außerdem wird der Wunsch vieler Touristen nach Kontakt zu den Tieren erfüllt, was ohnehin ein außergewöhnliches Privileg ist.

VICTORIAFÄLLE

VISUM

Um die Grenze von Simbabwe nach Sambia oder umgekehrt zu überqueren, benötigt man ein Visum. Dieses wird für die meisten Nationalitäten direkt an den Grenzposten ausgestellt.

- Tagesvisum: 20 US$ für 24 Std.
- Einfache Einreise: 50 US$
- Doppelte oder mehrfache Einreise: 80 US$
- Mehrfacheinreise: auf Antrag

ten. Victoria Falls (S. 272) in Simbabwe vermarktete sich als Extremsportzentrum und auch das verträumte Livingstone bekam etwas von dem gewaltigen Besucherstrom ab. Gegen Ende des 20. Jhs. zogen die Victoriafälle jährlich über eine Viertelmillion Besucher an, und auf beiden Seiten der Fälle blickte man einer glänzenden Zukunft entgegen.

Aber im Lauf von wenigen Jahren brachten die Unruhen innerhalb der Bevölkerung, die Präsident Robert Mugabes umstrittenes Landreformprogramm auslösten, den Tourismus in Victoria Falls zum Stillstand. Zwar wurden Touristen nicht in die politischen Konflikte einbezogen, aber die Hyperinflation der Währung, der Mangel an Gütern und Dienstleistungen und das Fehlen wichtiger Wirtschaftsgüter, wie etwa Benzin, hatten auf die Touristen eine abschreckende Wirkung.

Auf der sambischen Seite der Fälle dagegen floriert das Geschäft. Nachdem man jahrelang im Schatten von Victoria Falls stand, profitiert Livingston heute von Simbabwes Niedergang. In der ganzen Stadt und entlang des Sambesi schießen neue Hotels, Restaurants und Einkaufszentren wie Pilze aus dem Boden. Und dank verbesserter Flug- und Busverbindungen kommen die Besucherscharen ohne Probleme zu ihrem Reiseziel. Auch wenn Simbabwe noch immer unter politischen Spannungen leidet, so werden die Legalisierung des US-Dollars als Zahlungsmittel und andere Maßnahmen zur Ankurbelung der Wirtschaft zweifellos auch Auswirkungen auf Livingstone haben.

Orientierung

Livingstone (Maramba) ist eine kleine afrikanische Stadt, die sich als Touristenzentrum neu definiert. Die Stadt zentriert sich rund um die Hauptstraße, der Mosi-oa-Tunya Rd.

Mosi-oa-Tunya kann mit „donnernder Rauch" übersetzt werden und beschreibt, wie die Wasserfälle von Livingstone aus gesehen auf den Betrachter wirken. Das Stadtzentrum liegt 11 km vom Eingang zu den Fällen entfernt. Mehrere Hotels und Geschäfte liegen direkt an den Ufern des Sambesi, aber das Hauptgeschehen spielt sich in einiger Entfernung zum Flussufer ab.

Praktische Informationen

Barclays Bank (Ecke Mosi-oa-Tunya Rd & Akapelwa St) Akzeptiert die gängigen Reiseschecks, gibt die üblichen Barkredite auf Visa- und Mastercards und tauscht Geld um.
Cyber Post (216 Mosi-oa-Tunya Rd; Std. 4 US$) Bietet unter anderem internationale Telefongespräche und Faxe. Alle Hostels verfügen heute über WLAN oder zumindest über Internetzugang.
Livingstone General Hospital (☎ 321475; Akapelwa St) Medizinische Versorgung
Polizei (☎ 320116; Maramba Rd)
Post (Mosi-oa-Tunya Rd) Aufbewahrung postlagernder Sendungen und Faxservice.
Standard Chartered Bank (Mosi-oa-Tunya Rd) Akzeptiert die gängigen Reiseschecks, gibt die üblichen Barkredite auf Visa- und Mastercards und tauscht Geld um
Tourist Centre (☎ 321404; Mosi-oa-Tunya Rd; ◷ Mo–Fr 8–13 & 14–17, Sa 8–12 Uhr) Mäßig hilfreich; es gibt ein paar Prospekte und Karten aber in den Hostels bekommt man alle notwendigen Informationen.

Gefahren & Ärgernisse

Es ist nicht ratsam, von der Stadt aus zu Fuß zu den Fällen zu gehen, da es auf dieser Strecke mehrere Raubüberfälle gegeben hat – sogar auf Radfahrer. Es ist ohnehin ein langer und nicht besonders interessanter Weg. Ein blaues Taxi kostet 10 US$.

Sehenswertes

Eine der Topattraktionen ist **Livingstone Island** (Karte S. 270–271). Die Insel liegt mitten im Sambesi und man kann buchstäblich die Beine über den Abgrund baumeln lassen. Eine Bootsfahrt zur Insel kostet etwa 45 US$ und kann in jedem Hotel oder Hostel gebucht werden.

African Culture, Language and Meals Experiences (☎ 323432; www.adventure-africa.com; 559 Makambo Rd). Ein „Hauch von Afrika" in Ngoma Zanga mit gemeinschaftlichem Essen, Gesang, Trommeln und Tanz, der im Fawlty Towers gebucht werden kann. Es lohnt sich!
Mukuni Village (Eintritt 3 US$; ◷ Sonnenauf-Sonnenuntergang) ist ein „traditionelles" Leva-Dorf, das

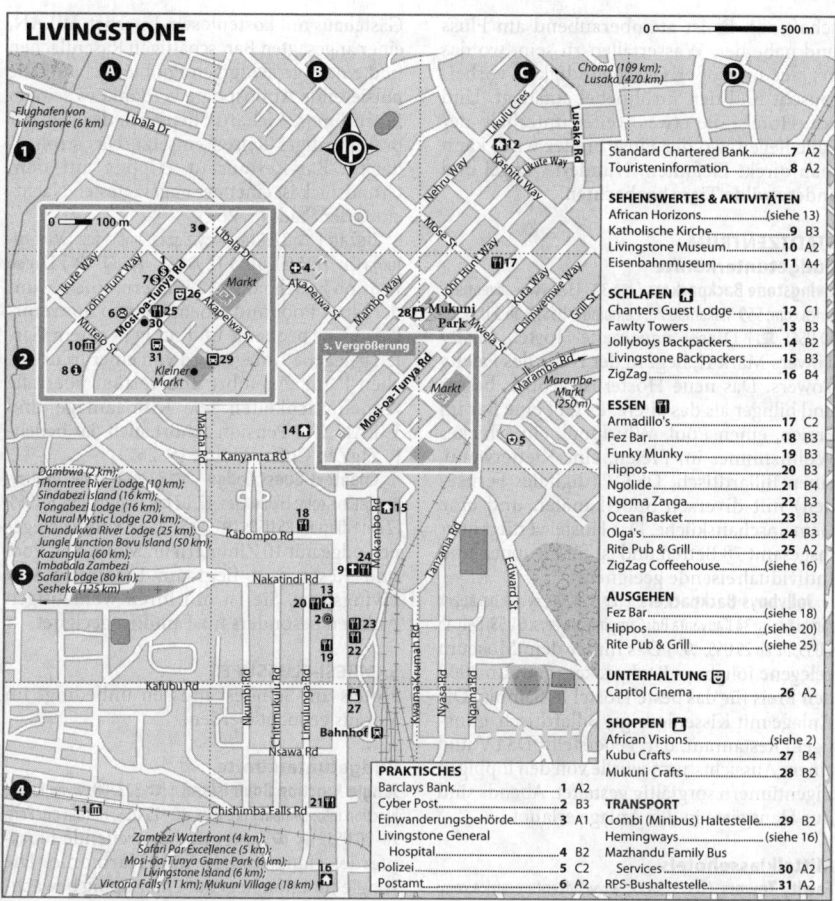

LIVINGSTONE

| Standard Chartered Bank | 7 | A2 |
| Touristeninformation | 8 | A2 |

SEHENSWERTES & AKTIVITÄTEN

African Horizons	(siehe 13)	
Katholische Kirche	9	B3
Livingstone Museum	10	A2
Eisenbahnmuseum	11	A4

SCHLAFEN

Chanters Guest Lodge	12	C1
Fawlty Towers	13	B3
Jollyboys Backpackers	14	B2
Livingstone Backpackers	15	B3
ZigZag	16	B4

ESSEN

Armadillo's	17	C2
Fez Bar	18	B3
Funky Munky	19	B3
Hippos	20	B3
Ngolide	21	B4
Ngoma Zanga	22	B3
Ocean Basket	23	B3
Olga's	24	B3
Rite Pub & Grill	25	A2
ZigZag Coffeehouse	(siehe 16)	

AUSGEHEN

Fez Bar	(siehe 18)	
Hippos	(siehe 20)	
Rite Pub & Grill	(siehe 25)	

UNTERHALTUNG

| Capitol Cinema | 26 | A2 |

SHOPPEN

African Visions	(siehe 2)	
Kubu Crafts	27	B4
Mukuni Crafts	28	B2

TRANSPORT

Combi (Minibus) Haltestelle	29	B2
Hemingways	(siehe 16)	
Mazhandu Family Bus Services	30	A2
RPS-Bushaltestelle	31	A2

PRAKTISCHES

Barclays Bank	1	A2
Cyber Post	2	B3
Einwanderungsbehörde	3	A1
Livingstone General Hospital	4	B2
Polizei	5	C2
Postamt	6	A2

geführte Touristengruppen empfängt. Das Dorf ist manchmal regelrecht von Besuchern überschwemmt, aber immerhin werden mit den Eintrittsgeldern Projekte der Dorfgemeinschaft finanziert.

Das **Capitol Cinema** (Mosi-oa-Tunya Rd), in der Nähe der Jollyboys, ist auf den Geschmack der Touristen ausgerichtet. Zum Zeitpunkt der Recherche für dieses Buch, fand ein James Bond Festival statt. Es werden auch Fußballspiele übertragen.

Das imposante **Livingstone Museum** (Mosi-oa-Tunya Rd; Erw. 2 US$; 9–16.30 Uhr) hat fünf Abteilungen: Archäologie, Geschichte, Ethnografie, Naturgeschichte und Kunst. Zu den Besonderheiten gehören u. a. tonganische Ritualartefakte, das Modell eines afrikanischen Dorfs

in Originalgröße und eine Sammlung von David Livingstone Memorabilien sowie historische Karten aus dem Jahr 1690.

Das **Eisenbahnmuseum** (Chishimba Falls Rd; Eintritt 5 US$; 8.30–16.30 Uhr) verfügt über eine nette, aber etwas zusammengewürfelte Sammlung von Waggons und Lokomotiven und Eisenbahn-Utensilien. Der Besuch ist eher etwas für Eisenbahnfreaks.

Schlafen

Unterkünfte gibt es auf der sambischen Seite der Fälle in Livingstone und am Sambesi. Wer in der Stadt übernachtet, hat den Vorteil, dass alle Bars und Restaurants zu Fuß erreichbar sind. Dagegen warten die Quartiere am Ufer des Sambesi mit einer wunderschönen Land-

VICTORIAFÄLLE

schaft auf. Es ist atemberaubend am Fluss und nahe den Wasserfällen zu sein, wo das Wasser in großer Geschwindigkeit vorbeirauscht und der Sprühnebel aufsteigt. Und von Hotels, die etwas weiter unterhalb der Fälle liegen, wo der Fluss breiter wird, kann man direkt Elefanten, Hunderte Vögel und andere wilde Tiere beobachten.

STADTZENTRUM
Budgetunterkünfte
Livingstone Backpackers (☎ 323432; www.adventure-africa.com; 559 Makambo Rd; Camping 3 US$, B ab 5 US$, DZ 20 US$; 🖳) Dieses nagelneue Hostel, Fawlty Towers Mark II, liegt in der Nähe des Fawlty Towers. Das neue Hostel ist größer, besser und billiger als das ältere. Es gibt eine Bar im Freien, einen Pool, Whirlpool, ein schickes Wohnzimmer im Freien, eine Kletterwand, einen Billardtisch, DSTV (digitales Fernsehen) mit diversen Sportkanälen und eine Gemeinschaftsküche. Das Hostel verfügt über insgesamt 78 Betten und ist für Gruppen und Individualreisende geeignet.

Jollyboys Backpackers (☎ 324229; www.backpackzambia.com; 34 Kanyanta Rd; Camping pro Pers. 6 US$, Bett ab 6 US$, DZ ab 25 US$; 🖳) Das hinter dem Museum gelegene Jollyboys Backpackers gewann 2008 den Preis für das beste Hostel in Sambia. Die Anlage mit Kissenlounge, Billardtisch, günstigem Restaurant, Bar, Feuerstelle, DSTV und einem Aussichtsturm wurde von den flippigen Eigentümern sorgfältig gestaltet. Abends sind nur Hausgäste in der Anlage erlaubt.

Mittelklassehotels
Fawlty Towers (☎ 323432; www.adventure-africa.com; 216 Mosi-oa-Tunya Rd; EZ/DZ Halbpension 25/45 US$; 🖳 🖳) Diese Backpacker Institution wurde zu einem

Gästehaus mit kostenlosem Internet, WLAN, einer angesagten Bar, schattigen Rasenflächen und einem großzügigen Pool umgebaut. Die pulsierende Atmosphäre verdankt es seinem Eigentümer, Richard Sheppard, der sich für preisgünstiges Reisen einsetzt. Das strohgedeckte Bar-Restaurant Hippos auf dem Grundstück ist einer der angesagtesten Nachtclubs der Stadt (S. 267).

ZigZag (☎ 322814; www.zigzagzambia.com; Mosi-oa-Tunya Rd; EZ/DZ 45/70 US$, FZ 90 US$; 🅿 🖳 🖳) Diese Pension besteht aus 12 Zimmern, einem wunderbaren Pool und einem kleinen Souvenirladen. Die bequeme und ruhig in einem Garten gelegene Anlage wird von einer freundlichen Familie geführt und verfügt über alle Annehmlichkeiten wie Klimaanlage und WLAN. Zur Pension gehört auch das beliebte ZigZag Coffee House (S. 267).

Chanters Guest Lodge (☎ 323412; www.chanters-livingstone.com; Likulu Cres; EZ/DZ mit Frühstück 55/65 US$, FZ mit Frühstück 85 US$; 🅿 🖳) Diese ruhig gelegene Lodge mit 10 Zimmern im Motel-Stil, Pool und Restaurant liegt am Stadtrand von Livingstone. Sie ist mit ihren weitläufigen Anlagen besonders für Familien geeignet.

SAMBESI-FLUSSUFER
Hotels am Sambesi müssen unbedingt im Voraus gebucht werden.

Budgetunterkünfte
Jungle Junction Bovu Island (☎ 323708; www.junglejunction.info; Camping pro Pers. 10–15 US$, Hütten pro Pers. 20–30 US$; 🅿 🖳) Frei umherstreifende Flusspferde, Hängematten und Harmonie. Die Jungle Junction liegt auf einer üppig bewachsenen Insel mitten im Sambesi und zieht Reisende an, die einfach nur unter den Palmen

---

SAMBIA VON SIMBABWE AUS BESUCHEN (ODER ANDERSHERUM)

Von Victoria Falls kann man entweder zu Fuß, mit dem Taxi oder einem kostenlosen Hotelbus zum simbabwischen Grenzposten gelangen. Von dort geht es dann zu Fuß 1,3 km über die Victoria-Falls-Brücke. Auf halbem Weg über die Brücke kann man dem halsbrecherischen Treiben der Bungee-Springer zusehen. Kurz hinter der Brücke befindet sich der Grenzübergang zu Sambia und 100 m dahinter liegt der Eingang zum Mosi-oa-Tunya National Park.

Für die Fahrt ins 11 km entfernte Livingstone sollten Besucher besser ein blaues Taxi (10 US$) nehmen. Auf der Strecke gab es schon mehrere Raubüberfälle.

Die meisten Reisebüros und Hotels in Victoria Falls und Livingstone verlangen etwa 25 US$ für Minibus-Transfers zwischen den zwei Städten. Besucher, die nur eine Tagtour nach Sambia unternehmen, also am selben Tag wieder nach Simbabwe zurückkommen wollen, sollten die simbabwischen Grenzbeamten bei der Ausreise entsprechend informieren, weil anderenfalls bei der Rückkehr ein neues Visum erworben werden muss.

faulenzen oder angeln gehen möchten. Mahlzeiten sind für 7–12 US$ erhältlich.

Mittelklassehotels

Alle Preise enthalten Vollpension und Transfer von Livingstone.

Zambezi Waterfront (☎ 320606; www.safpar.com; Camping pro Pers. 10 US$, feststehende Zelte für 1/2 Pers. 30/20 US$, EZ/DZ mit Frühstück pro Pers. ab 125/110 US$, FZ 200 US$; P ⚫ 🕭) Man hat die Wahl zwischen komfortablen Zelten, gewöhnlichen Hütten und Chalets am Fluss sowie Luxuszimmern und Familiensuiten. Zur Anlage gehört ein großer Biergarten am Sambesi.

Natural Mystic Lodge (☎ 324436; www.naturalmystic lodge.com; EZ/DZ ab 85/95 US$; P 🕭) Auch wenn die Atmosphäre im Natural Mystic nicht ganz so luxuriös wie in anderen Lodges der gehobenen Preisklasse ist, findet man auch hier Ruhe und Entspannung. Die Lodge liegt 20 km von Livingston und 30 km von den Victoriafällen entfernt.

Spitzenklassehotels

Chundukwa River Lodge (☎ 327452; chundukwa@ zamnet.zm; Camping pro Pers. 10 US$, Hütten pro Pers. 125 US$; P 🕭) Die einfache, rustikale Lodge besteht aus strohgedeckten Hütten, die direkt am Wasser stehen. Man kann vom Zimmer aus Elefanten und Nilpferde sehen. Es gibt einen kühlen Pool direkt am Flussufer und leckeres sambisches Essen.

Imbabala Zambezi Safari Lodge (☎ in Südafrika 27 11 921 0225; pro Pers. ab 157 US$) Die 80 km westlich von Victoria Falls gelegene Lodge liegt im Ufergebiet des Sambesi, dort wo Simbabwe, Botsuana und Sambia zusammentreffen. Von der Lodge aus lassen sich ausgezeichnet Vögel und wilde Tiere, manchmal sogar Elefanten beobachten. Die Lodge liegt am Rand der Chobe Forest Reserve, der für seinen großen Elefantenbestand berühmt ist.

Thorntree River Lodge (☎ 324480; www.safpar.com/ thorntree.htm; Chalets pro Pers. 250 US$; P ⚫ 🕭) Die Thorntree River Lodge liegt innerhalb der Grenzen des Mosi-oa-Tunya National Park. Von den rustikalen Chalets aus hat man einen herrlichen Blick auf die Elefanten, die am Sambesi herumtollen.

Zambezi Sun (Karte S. 270–271; ☎ 321122; www. sunint.co.za; EZ/DZ ab 275/300 US$; P ⚫ 🕭) Dieser große Komplex mit Restaurants, Bars und Kasino, liegt am nächsten zu den Wasserfällen. Die Anlage hat marokkanische Stilelemente und soll an eine nordafrikanische Festung mit kubanischen Bauformen erinnern. Es gibt einen großen Kinderspielplatz.

Royal Livingstone (Karte S. 270–271; ☎ 321122; www.sunint.co.za; EZ/DZ ab 415/450 US$; P ⚫ 🕭) Sehr elegante Unterkunft im Kolonialstil mit gepflegten Rasenflächen, die zum Fluss führen. Das Hotel verströmt eine Atmosphäre von Luxus und dem Glanz vergangener Zeiten und eignet sich wunderbar für die Flitterwochen.

Tongabezi Lodge (☎ 323235; www.tongabezi.com; Cottages/Häuser ab 430/530 US$ pro Pers.; P ⚫ 🕭) Hier findet man luxuriöse Cottages und offene „Häuser", deren Konstruktion lebendige Bäume einschließt und die zum Flussufer hin offen sind. Das Abendessen kann auf Wunsch in intimer Zweisamkeit genossen werden. Die Gäste können einen Abend auf der nahe gelegenen Sindabezi Insel verbringen (pro Pers. und Nacht 350 US$). Die Anlage wurde von der *Sunday Times* zum besten abgelegenen Hotel der Welt gewählt.

Essen & Ausgehen

In Livingstone gibt es mehrere gute touristenorientierte Restaurants, zu denen auch viele neu eröffnete Lokale gehören.

Royal Livingstone (Karte S. 270–271; ☎ 321122; www. sunint.co.za; Cocktails 4 US$) Erfrischende Drinks auf der außergewöhnlichen Terrasse über dem Wasser am Rand der Fälle.

Funky Munky (216 Mosi-oa-Tunya Rd; Snacks & Hauptgerichte 5 US$) Dieses ruhige Bistro ist ein beliebter Backpacker-Treffpunkt. In gemütlicher Atmosphäre werden Salate, Baguettes und Pizzen serviert.

ZigZag Coffee House (Mosi-oa-Tunya Rd; Hauptgerichte 5 US$) Hier gibt es seine große Auswahl an Gerichten von Tacos bis Tandoori, und auch für einen Kaffee oder Milchshake ist das ZigZag klasse.

Olga's (Ecke Mosi-oa-Tunya & Nakatindi Rds; Hauptgerichte 5–10 US$) Das neue Lokal gegenüber Fawlty Towers und hinter der katholischen Kirche ist für seine guten Pizzen bekannt.

Armadillo's (Mosi-oa-Tunya Rd; Hauptgerichte 5–10 US$) Dieses neue und gemütliche Lokal im Stadtzentrum bietet internationale und einheimische Küche. Spezialität des Chefs sind leckere Fischgerichte. Auf Anfrage auch Catering für große Gruppen.

Ngolide (Mosi-oa-Tunya Rd; Hauptgerichte 5–10 US$) Sehr beliebtes indisches Tandoori Restaurant, in dem auch sehr scharf gewürztes Hühnchen serviert wird – deshalb kommen Einheimi-

VICTORIAFÄLLE

DER MANN, DER MYTHOS, DIE LEGENDE

David Livingstone gehört zu den wenigen europäischen Entdeckern, die die Afrikaner heute noch verehren. Seine legendären Heldentaten auf dem schwarzen Kontinent entstammen zwar teilweise dem Reich der Fiktion, aber seine Lebensaufgabe, dem Sklavenhandel ein Ende zu setzen, war durchaus real (und letztendlich sehr erfolgreich).

Livingstone wurde am 19. März 1813 in die ländliche Armut Südschottlands hineingeboren und arbeitete schon mit zehn Jahren in der örtlichen Baumwollspinnerei. Seine eigentliche Liebe galt jedoch den Klassikern.

Nachdem er an der University of Glasgow Griechisch, Medizin und Theologie studiert hatte, arbeitete er mehrere Jahre in London, bevor er 1840 zum Missionar berufen wurde. Im Jahr darauf kam Livingstone in Betschuanaland (heute Botsuana) an, reiste auf der Suche nach Konvertiten ins Landesinnere und setzte sich für das Ende des Sklavenhandels ein.

Schon 1842 drang er als einer der ersten Europäer zu den nördlichen Ausläufern der Kalahari vor. In den darauffolgenden Jahren erkundete Livingstone das Innere Afrikas mit der Absicht, Handelswege zu erschließen und Missionsstationen einzurichten. 1854 entdeckte er einen Weg zur Atlantikküste und kam im heutigen Luanda an. Seine berühmteste Entdeckung machte er jedoch 1855, als er während seiner heroischen Bootsreise den Sambesi hinab zum ersten Mal die faszinierenden, rauschenden Victoria Falls erblickte.

Livingstone kehrte als Nationalheld nach Großbritannien zurück und schilderte seine Reisen in dem 1857 erschienenen Band *Zum Sambesi und quer durchs südliche Afrika 1849–1856*. Sein viel zitiertes Leitmotto lautete „Christentum, Handel und Zivilisation", und er hielt diese Agenda nur dann für erfüllbar, wenn es gelänge, den Sambesi zu lenken und letztlich zu kontrollieren.

1858 kehrte Livingstone als Leiter der Sambesi Expedition zurück, eines von der britischen Regierung finanzierten Unternehmens zur Erkundung der Bodenschätze in der Region. Zu seinem Pech endete die Expedition, als sich ein bisher unerforschter Abschnitt des Sambesi als nicht schiffbar erwies. Für die britische Presse war die Expedition gescheitert und als die Regierung 1864 beschloss, die Gesandtschaft zurückzurufen, musste auch Livingstone nach Hause fahren.

1866 reiste er ein weiteres Mal nach Afrika, diesmal nach Sansibar, mit dem Ziel die Quelle des Nils zu finden. Obwohl der britische Entdecker John Hanning Speke 1858 am Ufer des Victoriasees angelangt war, herrschte ein Streit zwischen den Gelehrten über die Richtigkeit seiner Entdeckung (tatsächlich entspringt der Nil in den Bergen von Ruanda und Burundi aus drei Quellflüssen, auf halbem Weg zwischen Tanganjika- und Victoriasee).

Trotz angegriffener Gesundheit kam Livingstone 1869 am Tanganjikasee an, auch wenn ihn einige seiner Gefolgsleute unterwegs im Stich ließen. Das war ein gefundenes Fressen für die Presse, vor allem in Großbritannien, und die wildesten Gerüchte um Livingstones körperliche und geistige Gesundheit machten die Runde. Da immer rätselhafter wurde, wo er sich überhaupt aufhielt, kamen Verantwortliche der US-Zeitung *New York Herald* auf die äußerst publikumswirksame Idee, den Journalisten Henry Morton Stanley auf die Suche nach Livingstone zu schicken.

Glaubt man Stanleys veröffentlichtem Bericht, so hat der Journalist den Direktor des Blatts einmal gefragt, wie viel Geld er denn für die Expedition zur Verfügung habe. Die Antwort war einfach und wurde berühmt: „Nehmen Sie jetzt 1000 £, und wenn Sie das durchgebracht haben, nehmen Sie weitere 1000 £, und wenn das ausgegeben ist, nehmen Sie nochmals 1000 £, und wenn davon nichts mehr übrig ist, nehmen Sie weitere 1000 £, und so weiter – aber finden Sie Livingstone!" Er reiste nach Sansibar, machte sich mit beinahe 200 Trägern auf den Weg und fand den Gesuchten endlich am 10. November 1871 in Udschidschi, in der Nähe des Tanganjikasees. Obwohl Livingstone wahrscheinlich der einzige Europäer in der ganzen Region war, begrüßte ihn Stanley mit dem berühmten Satz „Dr. Livingstone, nehme ich an?"

Stanley beschwor ihn, Afrika zu verlassen aber Livingstone war fest entschlossen, die Quelle des Nils zu finden. Livingston drang so tief ins Innere Afrikas vor, wie kein anderer Europäer vor ihm. Am 1. Mai 1873 starb Livingston in der Nähe des Bangweulasees im heutigen Sambia, zu Tode geschwächt von Malaria und Ruhr. Sein Leichnam wurde nach England überführt und heute liegt er in der Westminster Abbey in London begraben.

sche wie Touristen gerne hierher. Gruppen sind willkommen, und man kann das Essen auch Mitnehmen.

Ocean Basket (82 Mosi-oa-Tunya Rd; Hauptgerichte 5–10 US$) Spezialität dieses beliebten südafrikanischen Restaurants ist – wer hätte das gedacht – Fisch. Klar, Sambia ist und bleibt ein Land ohne Zugang zum Meer, aber Auswahl und Qualität sind sehr gut.

Fez Bar (Kabompo Rd; Hauptgerichte 6 US$) Die marrokanisch eingerichtete Bar serviert den ganzen Tag über leckere und vielseitige Gerichte. Aber erst nach Sonnenuntergang gehts hier so richtig zur Sache.

Hippos (Limulunga Rd; Hauptgerichte 6 US$) Das laute, neu renovierte Bar-Restaurant hinter dem Fawlty Towers liegt in einem zweistöckigen, strohgedeckten Gebäude.

Rite Pub & Grill (Mosi-oa-Tunya Rd; Hauptgerichte 7 US$) Das zentral gelegene Pub wird von Touristen und Einheimischen gleichermaßen frequentiert und bietet leckere Kneipenkost in einem kitschigen Wildwestambiente.

Ngoma Zanga (Mosi-oa-Tunya Rd; Mahlzeit 25 US$) In diesem Restaurant darf man entspannt Tourist sein. Die vergleichsweise teure aber ausgezeichnete afrikanische Küche wird in einem „traditionellen" Rahmen mit Vorführungen während des Essens serviert.

Shoppen

African Visions (216 Mosi-oa-Tunya Rd) Dieser entzückende Laden in der Nähe des Livingstone Adventure Centre führt hochwertige Stoffe und Handwerkserzeugnisse aus ganz Schwarzafrika.

Kubu Crafts (Mosi-oa-Tunya Rd) Bei Kubu gibt's eine große Auswahl an tollen Souvenirs. Im Gartencafé lassen sich die Einkäufe bei einer Tasse Tee oder Kaffee begutachten.

Mukuni Crafts (Mosi-oa-Tunya Rd) An den Souvenirständen in der südlichen Ecke dieses Parks kann man sich umschauen, ohne allzu sehr von Verkäufern belästigt zu werden.

An- & Weiterreise
AUTO & MOTORRAD

Wer ein gemietetes Auto oder Motorrad fährt, sollte wissen, dass nur wenige Firmen ihre Fahrzeuge in Sambia versichern.

BUS & COMBI (MINIBUS)
Inland

RPS (Mutelo St) fährt zweimal täglich nach Lusaka (65 380 K bis 84 060 K), 7 Std.). **CR Carriers**

(Ecke Mosi-oa-Tunya Rd & Akapelwa St) fährt viermal täglich nach Lusaka (65 380 K bis 84 060 K, 7 Std.). Busse nach Sheseke (32 690 K, 5 Std.) fahren gegen 10 Uhr vom Busbahnhof Mingongo neben der katholischen Kirche im Dorf Dambwa ab, etwa 3 km westlich vom Ortszentrum. Direktbusse in das sambische Regionalzentrum Mongu (51 370 K, 9 Std.) starten um Mitternacht am Maramba Markt, aber es ist bequemer, morgens einen Bus nach Sheseke zu nehmen und von dort aus nach Mongu weiterzufahren (23 350 K, 4 Std.).

Combis (Minibusse) zur botsuanischen Grenze in Kazungula (18 680 K, 1 Std.) verkehren ab Dambwa, 3 km westlich vom Ortszentrum (auf der Nakatindi Road).

International

Informationen zum Reisen nach Botsuana und zur sambisch-botsuanischen Grenze in Kazungula siehe S. 417. Hinweise zum Reisen nach Namibia und zur sambisch-namibischen Grenze in Katima Mulilo siehe S. 251. Näheres zur Einreise nach Simbabwe über die Victoria Falls Bridge auf S. 264.

FAHRRAD

Die wenigen Kilometer nach Simbabwe und zurück kann man auch mit dem Fahrrad fahren. Allerdings sind schon Radfahrer auf dem Weg zur bzw. von der sambischen Grenze und zu den Fällen ausgeraubt worden. Aus Sicherheitsgründen sollte daher auf solche Radtouren verzichtet werden.

FLUGZEUG

Proflight Zambia (☎ 0211-271032; www.proflightzambia.com) verbindet Livingstone mit Zielen in Sambia, Botsuana und Namibia. **South African Airways** (www.flysaa.com) und **British Airways** (www.britishairways.com) fliegen täglich nach Johannesburg und das günstigste Ticket kostet etwa 450 US$ (hin & zurück).

TRAMPEN

Mit etwas Geduld kann man von Kazungula, Botsuana, und Katima Mulilo, Namibia aus ziemlich problemlos nach Livingstone trampen. In allen drei Städten sind Tankstellen die besten Ausgangspunkte. Warnungen zum Trampen auf S. 423 und S. 257.

ZUG

Der *Zambezi Express* fährt dienstags, donnerstags und sonntags um 19 Uhr von Livingsto-

VICTORIAFÄLLE & MOSI-OA-TUNYA NATIONAL PARKS

ne über Choma nach Lusaka (4/5/7/8 US$ für Economy/Standard/erste Klasse/Schlafwagen, 15 Std.). Reservierungen am **Bahnhof** (☎ 320001), der von der Mosi-oa-Tunya Road ausgeschildert ist.

Unterwegs vor Ort

AUTO & MOTORRAD

Wer in Sambia ein Auto mieten möchte, sollte sich bei **Hemingways** (☎ 320996, 323097; www.hemingwayszambia.com) in Livingstone erkundigen. Dort werden z. B. auch voll ausgerüstete, neue Toyota Hi-Lux Camper vermietet.

COMBI & TAXI

Entlang der Mosi-oa-Tunya Road fahren regelmäßig Combis zu den Victoriafällen und zur sambischen Grenze (0,50 US$, 15 Min.). Die Fahrt in einem blauen Taxi kostet wesentlich mehr, nämlich 10 US$.

VOM/ZUM FLUGHAFEN

Livingstone Airport liegt 6 km nordwestlich der Stadt und ist mit dem Taxi gut erreichbar (10 US$ pro Strecke).

MOSI-OA-TUNYA NATIONAL PARK

Sambias kleinster Nationalpark liegt 11 km von Livingstone entfernt und ist in zwei Bereiche aufgeteilt: die Victoria Falls World Heritage National Monument Site und den Mosi-oa-Tunya Game Park. Der Weltnaturerbe-Bereich widmet sich den Victoriafällen selbst, der Game-Bereich wurde für die Wildtiere geschaffen

Victoria Falls World Heritage National Monument Site

Der Eingang zum **Park** (Eintritt 10 US$, ☽ 6–18 Uhr) befindet sich direkt vor dem sambischen Grenzposten. Vom Eingang führt ein Weg zum Besucherinformationszentrum, wo es ein paar schlichte Schaukästen über Fauna, Geologie und Kultur der Gegend sowie Souvenirstände in Hülle und Fülle gibt.

Vom Informationszentrum führt ein Netzwerk von Wegen durch dichte Vegetation zu verschiedenen Aussichtspunkten. Es gibt einen Weg stromaufwärts, der nicht abgezäunt ist (es stehen keine Warnschilder, also Achtung!). Von dort aus kann man den Sambesi durch Felsen und kleine Inseln herum auf den Rand der Fälle zufließen sehen.

Wer einen wirklich erstklassigen Blick auf das **Eastern Cataract** haben möchte, wage den haarsträubenden (und haarbefeuchtenden) Gang über die **Hängebrücke**. Der Weg führt durch wirbelnde Nebelschwaden hindurch zu einem steilen Strebepfeiler, der **Knife Edge**. Wenn das Wasser niedrig oder der Wind günstig ist, kommt man in den Genuss eines herrlichen Blicks auf die Fälle und den gähnenden Abgrund. Wenn nicht, sieht (und spürt) man leider nur den Sprühnebel. Bei schlechter Sicht sollten Besucher vielleicht besser dem steilen Pfad hinunter zum Ufer des großen Sambesi folgen und dort den riesigen natürlichen Whirlpool namens **Boiling Pot** betrachten.

Genau wie sein Gegenstück auf der simbabwischen Seite öffnet der Park bei Voll-

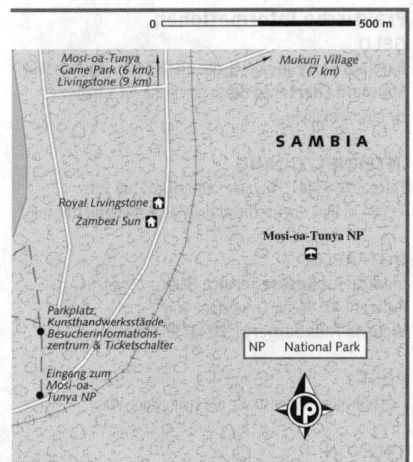

mond (sowie kurz davor und danach) abends noch einmal, damit Besucher den unglaublichen **Mondregenbogen** (*lunar rainbow*) bewundern können. Der Eintritt kostet 10 US$ extra, und die Uhrzeit variiert – am besten erkundigt man sich bei seiner Unterkunft.

Mosi-oa-Tunya Game Park
Von den Fällen aus stromaufwärts und nur 3 km südwestlich von Livingstone liegt dieses kleine **Schutzgebiet für Wildtiere** (Eintritt pro Pers. 10 US$; ⊙ 6–18 Uhr), das mit einer erstaunlichen Anzahl von Tieren, wie z.B. Nashörnern, Zebras, Giraffen, Büffeln, Elefanten und Antilopen aufwarten kann.

An- & Weiterreise
Die sambische Seite der Victoriafälle liegt 11 km südlich von Livingstone und verläuft entlang der Hauptstraße zur simbabwischen Grenze. Vom Busbahnhof an der Senanga Road in Livingstone aus pendeln auf der Strecke jede Menge Minibusse und Sammeltaxen. Da es auf dieser Strecke schon einige Raubüberfälle gegeben hat, ist es oft am besten, ein Taxi zu nehmen.

SIMBABWE

Obwohl Simbabwe lange Zeit der beliebtere Ausgangspunkt für den Besuch der Victoriafälle war, überlegen sich Touristen heute zweimal, ob sie die Grenze passieren. Zugegeben, es gibt Grund genug zur Beunruhigung,

zumal die Medienberichte über Treibstoffrationierung, Hyperinflation, die um sich greifende Landreform, erzwungene Umsiedlungen und Nahrungsmittelknappheit nicht abreißen. Zum Zeitpunkt der Recherche für dieses Buch landete Simbabwe im US-Magazin *Foreign Policy* auf Platz zwei (nach Somalia) der Top Ten der gescheiterten Staaten („failed states").

Die Simbabwer hoffen, dass es irgendwann wieder besser wird, zumal auch nur schwer vorstellbar ist, dass es noch schlechter werden könnte. Während sich die Realität alles andere als ermutigend zeigt, muss aber auch gesagt werden, dass die Victoriafälle nicht mit Mogadischu verglichen werden können und Besucher bleiben bei Simbabwes inneren Konflikten immer noch außen vor.

Trotz des drohenden Zusammenbruchs des Nationalstaats blieb Simbabwe immer ein Ziel für ein paar unerschrockene Reisende. Für die dem Luxus frönenden Jetsetter ging das Licht in den von Generatoren betriebenen 5-Sterne-Lodges nie aus und der importierte Wein floss immer in Strömen. Und auch auf Rucksackreisende, die ihren Reiseerlebnissen Wahrhaftigkeit verleihen wollten, hatte Simbabwe immer eine unbestreitbare Anziehungskraft.

Es ist auf jeden Fall ratsam, die Situation in Simbabwe vor einem Besuch von Victoria Falls genau zu verfolgen. Zum Zeitpunkt der Recherchen für dieses Buch gab es Grund zur Hoffnung, dass das Schlimmste überstanden und die Stadt im Großen und Ganzen sicher ist. Auch wenn zugegebenermaßen mit der Legalisierung des US-Dollars als Zahlungsmittel ein Teil der Bevölkerung in bitter erdrückende Armut getrieben wurde, so gibt es zumindest wieder Lebensmittel in den Geschäften und Benzin an den Tankstellen. Obwohl noch nicht absehbar ist, ob der neu gewählte Premierminister Morgan Tsvangirai auch weiterhin die Macht mit Präsident Robert Mugabe teilen kann, so scheint die Koalitionsregierung auf jeden Fall der richtige Schritt in der simbabwischen Politik zu sein.

Auch wenn einem der Bummel durch die Straßen von Victoria Falls mitunter viel Empathie abverlangt, sollte man bedenken, dass sich die Einheimischen mühsam durchschlagen, indem sie sich an die wenigen Touristen halten, die noch kommen. Wenn der Frieden anhält sollten Besucher ihre Ängste zerstreuen, sich mit US Dollars eindecken und nach Simbabwe einreisen – auch wenn es nur für einen Nachmittag ist. Ein herzlicher Empfang ist garantiert.

VICTORIA FALLS ☎ 013

Im Gegensatz zu Livingstone wurde Victoria Falls (oder einfach „Vic Falls") schon beim Bau an die Bedürfnisse des Tourismus angepasst. Die Stadt liegt direkt bei den Fällen und an den asphaltierten Straßen reihen sich Hotels, Bars, Restaurants und Märkte mit Kunsthandwerk aneinander.

Heute wirkt Victoria Falls wie ein Ferienort außerhalb der Saison. Die Nebensaison war lang und tragisch, aber sie ist nicht mehr gerechtfertigt. Die simbabwische Seite ist ein sicherer, ruhiger und voll funktionsfähiger Ferienort.

Vic Falls liegt im Vergleich zum Rest von Simbabwe recht abgelegen und blieb im Wesentlichen von den gewalttätigen Unruhen im Land verschont. Und dank der Straßenverbindungen von und nach Sambia, Namibia und Botsuana waren die Lodges und Hotels auch in den schweren Zeiten gut versorgt. Die Dollarisierung fand in Vic Falls schon vor Jahren statt und inzwischen werden hier Sim-Dollar als Souvenir verkauft! Und tatsächlich, es stimmt, es gab einen Geldschein über 100 Billionen Sim-Dollar.

Die Menschen der Stadt lieben ihre Heimat und sind sehr gastfreundlich, was aber nicht bedeutet, dass hier auch immer paradiesisch zugeht. Besucher werden manchmal auch von Schleppern angesprochen.

Einfallsreiche Anbieter, die überzeugt sind, dass Tourismus der wirtschaftliche Anker Simbabwes ist oder wenigstens sein könnte, haben eine Kampagne namens www.gotovictoriafalls.com ins Leben gerufen.

Dabei sind auch das Wohl der Gemeinschaft und soziale Verantwortung in den Plänen enthalten. Die vom Fremdenverkehr abhängigen Bewohner von Victoria Falls sind sich der Notwendigkeit von Sicherheit, Qualität und Stabilität bewusst und tun ihr bestes, damit Besucher positive Erinnerungen an dieses wunderschöne Reiseziel mitnehmen. Und sie wissen, wie schnell Mundpropaganda geht

Orientierung

Vic Falls wurde so angelegt, dass alles zu Fuß erreichbar ist – das Stadtzentrum ist nur gut 1 km vom Eingang des Victoria Falls National Park entfernt, Simbabwes gegenstück zum sambischen Mosi-oa-Tunya National Park.

Praktische Informationen

GELD
Barclays Bank (in einer Nebenstraße des Livingstone Way)
Standard Chartered Bank (in einer Nebenstraße des Livingstone Way)

INTERNETZUGANG
Telco (☎ 43441; Phumula Centre;1 US$ pro Std.; ☺ 8–18 Uhr) Überraschend zuverlässiger Internetzugang.

NOTFÄLLE
Medical Air Rescue Service (MARS; ☎ 44764)
Polizei (☎ 44206; Livingstone Way)
Victoria Falls Surgery (☎ 43356; West Dr)

POST
Post (in einer Nebenstraße des Livingstone Way)

TELEFON
Telefonate ins Ausland können von Callshops oder Reisebüros in der oberen Etage der Soper's Arcade geführt werden. Für Gespräche nach Livingstone einfach ☎ 8 vor der Rufnummer wählen.

TOURISTENINFORMATION
Zimbabwe Tourism Authority (☎ 44376; zta@vicfalls. ztazim.co.zw; 258 Adam Stander Dr; ☺ Mo–Fr 8–16.30 Uhr). Es gibt ein paar Broschüren zum Mitnehmen und es können landesweit Unterkünfte gebucht werden.

Gefahren & Ärgernisse
Raubüberfälle sind in Victoria Falls kein großes Problem mehr. Dafür streunen in der Morgen- und Abenddämmerung wilde Tiere wie Löwen, Elefanten und Warzenschweine durch die Straßen abseits des Stadtzentrums. Daher sollte man sich um diese Uhrzeit ein Taxi nehmen. Ansonsten kann man relativ sicher zu den Fällen und zurück zu Fuß zu gehen, man sollte sich dabei aber an die ausgewiesenen Touristenzonen halten.

Sehenswertes & Aktivitäten
Der Zambezi Drive führt vom Eingang der Fälle nach Norden zum **Big Tree**, einem großen Affenbrotbaum mit einem Umfang von 20 m und historischer Bedeutung. Dies war der wichtige Handelsplatz für Simbabwer und Sambier, die vor dem Bau der Brücke mit dem Kanu über den Fluss kamen.

Etwas weiter entfernt führt ein breiter Pfad zum Fluss und zu einem Platz, der **The Rock** genannt wird. Dort sind die wild tosenden

Fluten am Rand der Fälle recht gut zu sehen. Ortskundige Führer können einen hierher und zu **The Lookout**, 8 km außerhalb der Stadt führen, wo man den „donnernden Rauch" hören kann.

Das **Falls Craft Village** (☎ 44309; Adam Stander Dr; ⊙ 8–17 Uhr) ist ein reichlich touristischer Nachbau eines traditionellen simbabwischen Dorfes. Souvenirs ab 20 US$. Es ist möglich, Handwerkern bei der Arbeit zuzusehen, einen *nganga* (Wahrsager) aufzusuchen und eindrucksvolle Pole-Dancing-Vorführungen anzuschauen (die mit denen in westlichen Striplokalen, außer dem Namen, allerdings wenig gemein haben).

In der **Crocodile Ranch and Wildlife Nature Sanctuary** (☎ 40509-11; Parkway; Eintritt mit Führung 10 US$; ⊙ 8–17 Uhr) gibt es viele Krokodile, Löwen und Leoparden.

Das eindrucksvolle **Victoria Falls Aquarium** (Livingstone Way; Eintritt 5 US$; ⊙ 9.30–17.30 Uhr) ist wohl das größte Süßwasseraquarium in Afrika. Der Besuch lohnt sich wegen der phantastischen und schillernden Einblicke in das Unterwasserleben des Sambesi.

Das **Elephant's Walk Museum** (Elephant's Walk Shopping Village, in einer Seitenstraße des Adam Stander Dr; Eintritt frei; ⊙ 8–17 Uhr) zeigt eine kleine, aber durchaus feine Privatsammlung rund um das kulturelle Erbe lokaler Volksgruppen.

Im **Zambezi Nature Sanctuary** (☎ 44604; Parkway; Eintritt mit Führung 5 US$; ⊙ 8–17 Uhr) sind vor allem Krokodile, Löwen und Leoparden zu sehen. Es werden informative Videos gezeigt, und es gibt ein Museum, ein Vogelhaus und eine Insektensammlung. Besonders sehenswert ist die Löwen- und Krokodilfütterung, die gegen 16 Uhr stattfindet.

Schlafen

In Simbabwe gibt es zwar sowohl Budgetunterkünfte als auch Mittelklassehotels, aber im Großen und Ganzen sind Übernachtungen in Simbabwe teuer.

BUDGETUNTERKÜNFTE & MITTELKLASSEHOTELS

Victoria Falls Backpackers (☎ 42209,; 357 Gibson Rd; Camping pro Pers. 4 US$, B 8 US$, EZ/DZ mit Gemeinschaftsbad 10/20 US$; P ⌨ ☎) Diese Backpacker-Unterkunft liegt zwar etwas weiter außerhalb der Stadt als die anderen hier genannten Unterkünfte, ist für Individual- und Rucksackreisende aber einfach klasse.

Shoestrings Backpackers (☎ 40167; 12 West Dr; Camping pro Pers. 6 US$, B 9 US$, DZ 35 US$; P ☎) Shoestrings ist ein beliebter Fernfahrertreff, aber die entspannte Atmosphäre zieht auch eine Menge Individualreisende an – und Fernfahrer schätzen kräftige Mahlzeiten.

Victoria Falls Restcamp & Lodges (☎ 40509-11; www.vicfallsrestcamp.com; Ecke Parkway & West Drs; Camping 10 US$, B 11 US$, EZ/DZ mit Gemeinschaftsbad 25/34 US$, feststehende Kuppelzelte US$60, EZ/DZ Cottages mit Bad 67 US$; P ☎) Die Anlage wird von den Inhabern des opulenten Ilala Lodge Hotels geführt. Es gibt einen wunderbaren Pool und das Restaurant In-Da-Belly (siehe weiter unten). Die Zimmer sind sehr sauber und die Besucher können alle Aktivitäten rund um die Fälle

---

SIM ODER SAM?

Die Victoriafälle erstrecken sich über die Grenze zwischen Simbabwe und Sambia und sind von beiden Ländern aus gut erreichbar. Für die meisten stellt sich die große Frage: Besuche ich die Fälle vom simbabwischen Victoria Falls oder vom sambischen Livingstone aus? Die Antwort ist einfach: am besten beides und wenn möglich, auch mit Aufenthalt in beiden Städten.

Die simbabwischen Seite ist weiter weg von den Fällen, bietet aber einen besseren Panoramablick. Auf der sambischen Seite dagegen steht man fast auf den Fällen, muss dafür aber eine eingeschränkte Perspektive in Kauf nehmen. Während der Eintritt auf der sambischen Seite günstiger ist, sind auf der simbabwische Seite weniger Touristen, und es ist ruhiger.

Victoria Falls wurde eigens für den Tourismus gebaut; alles ist prima zu Fuß erreichbar und die Stadt liegt direkt am Eingang zu den Fällen. „Vic Falls" hat das unverwechselbare Flair einer afrikanischen Stadt im Busch.

Livingstone ist eine reizvolle Stadt mit ungezwungener Atmosphäre und einer stolzen, historisch angehauchten Ausstrahlung. Livingstone wirkt authentischer als Vic Falls, vielleicht deshalb, weil es homogener gewachsen ist und weil die Einheimischen ihren Lebensunterhalt nicht nur durch den Tourismus verdienen. Obwohl Livingstone recht weitläufig ist und 11 km von den Fällen entfernt liegt, ist die Stadt das ganze Jahr über voll von Touristen.

VICTORIAFÄLLE

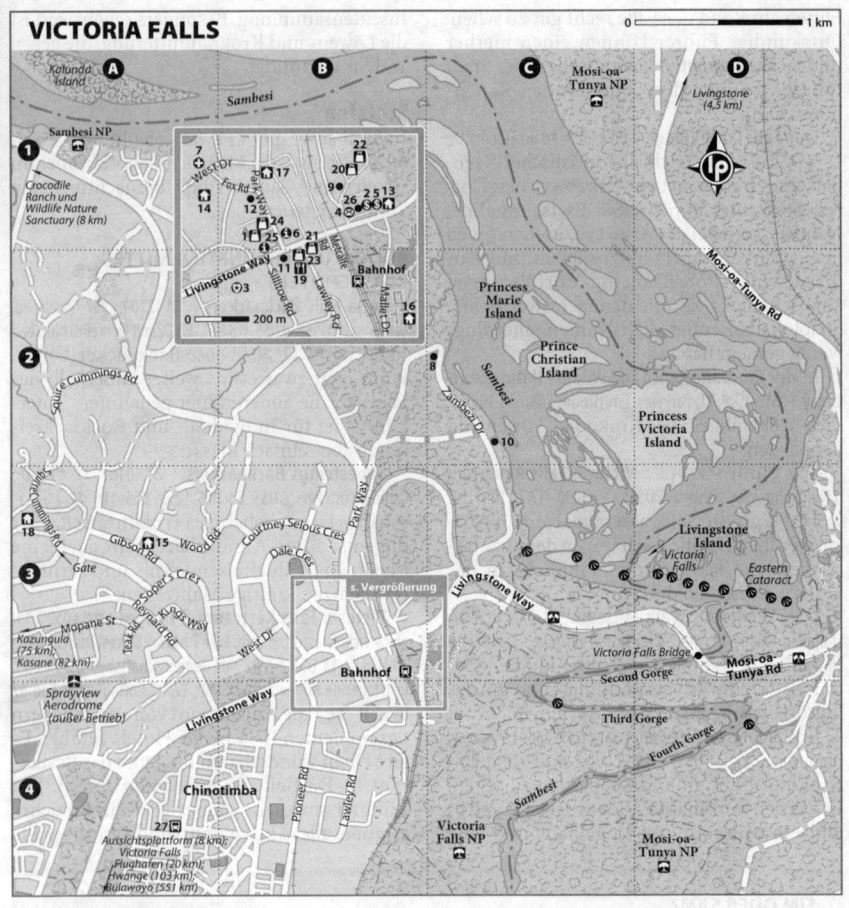

buchen. Hier findet man alles unter einem Dach vereint.

SPITZENKLASSEHOTELS

Victoria Falls Safari Lodge (☎ 43201; www.vfsl.com; Squire Cummings Rd; EZ/EZ mit Frühstück ab 315/395 US$; P ⊠ ⊠) Sollten Afrikareisende auf ihrer Tour nur Victoria Falls besuchen, dann bringt diese Unterkunft die Erlebniswelt Afrikas unter einem Dach zusammen: die Lodge liegt in einem Nationalpark und neben den Ausflügen zu den Fällen und zum Fluss gibt es das Buscherlebnis eines Zeltcamps mit Wasserloch. Dorthin kommen bei Sonnenuntergang die Wildtiere um zu trinken, während man selber einen Dämmerschoppen oder die erstklassige Küche genießt.

Victoria Falls Hotel (☎ 44751; Mallet Dr; EZ/DZ mit Frühstück ab 216/232 US$; P ⊠ ⊠) Das historische Hotel (das älteste in Simbabwe) hat eine elegante und kultivierte Ausstrahlung und besticht durch seine malerische Lage mit Blick auf die Schlucht und die Brücke. Auch wenn die Fälle selbst nicht direkt sichtbar sind, so ist der Sprühnebel deutlich wahrnehmbar. Außerdem ist der „High Tea" eine städtische Institution.

Ilala Lodge (☎ 44737; www.ilalalodge.com; 411 Livingstone Way; EZ/DZ mit Frühstück ab 256/320 US$; P ⊠ ⊠) Dieses wahrlich großartige Hotel liegt nur 300 m vom Haupteingang der Victoriafälle entfernt. Gewehre, Jagdtrophäen und Ölgemälde zieren dieses Relikt aus der Kolonialzeit. Von den klassisch eingerichteten Zimmern blicken die Hotelgäste auf gepflegte Rasenflächen und angelegte Gärten.

Matetsi Water Lodge (☎ 04 731295; www.andbeyond.com; pro Pers. 435 US$; ⚛) Diese Anlage liegt 30 km von den Fällen entfernt am Ufer des Sambesi und bietet luxuriöse simbabwische Gastlichkeit. Jeder der äußerst luxuriösen Bungalows verfügt über einen eigenen Pool. Auf der Website sind immer wieder Spezialangebote zu finden.

Essen

In-Da-Belly Restaurant (☎ 332077; Victoria Falls Restcamp & Lodges; Gerichte 5–8 US$) Das In-Da-Belly (eine Anspielung auf Ndebele, eine der beiden großen simbabwischen Volksgruppen) bietet gute Bistroküche von der Theke zum Tisch.

Mama Africa (☎ 41725; Gerichte 5–8 US$) Das ganzjährig geöffnete Touri-Restaurant hinter dem Landela Centre ist auf landestypische Gerichte, Steaks und Wild, wie Kudu und andere Antilopen spezialisiert.

River Cafe (☎ 42994; Landela Centre) Hier gibt es eine gute Auswahl an Kaffeehausgerichten. Im Einkaufszentrum kann man nach Kuriositäten stöbern.

Terrace (Victoria Falls Hotel, Mallet Dr; Gerichte US$20) Das Terrace des stattlichen Victoria Falls Hotel besticht durch den Blick auf die Hotelgärten, die Victoria Falls Bridge und das koloniale Ambiente. Gäste sollten sich nicht den berühmten „High Tea" entgehen lassen.

Boma (☎ 43201; Victoria Falls Safari Lodge, Squire Cummings Rd; Buffet 40 US$) Im Boma darf man entspannt Tourist sein. Wer will, kann beim Trommeln einen Hauch von Afrika erleben oder sich von einem Medizinmann die ungewisse Zukunft vorhersagen lassen.

Ausgehen & Unterhaltung

Leider ist vom Nachtleben in Vic Falls nicht mehr viel übrig, aber an der Bar im **Shoestrings Backpackers** (☎ 40167; 12 West Dr; Getränke ab 3 US$) ist immer was los. Hier trifft man die ortskundigen Führer außer Dienst und erhält so manchen Tipp.

Shoppen

Im **Craft Market** (Adam Stander Dr) gibt es alle möglichen und unmöglichen Souvenirs. Dagegen werden im nahe gelegene Elephant Walk Shopping Village Komplex hauptsächlich exklusive Kunstgegenstände angeboten. Die Kunstgewerbler schlagen sich mühsam mit dem Verkauf ihrer Waren an Touristen durch, was einen Einkauf aus vielen Gründen recht-

---

WEITERFÜHRENDE LEKTÜRE

Möchten Sie mehr über die Victoriafälle wissen? Wir empfehlen die folgenden Bücher und Webseiten:

- *Exploring Victoria Falls* von Prof. Lee Berger und Brett Hilton-Barber
- *Mosi-oa-Tunya: Handbook to the Victoria Falls Region* by DW Phillipson
- www.wildzambezi.com
- www.gotovictoriafalls.com
- www.africaalbidatourism.com
- www.africanencounter.com
- www.zctf.mweb.co.zw – Zimbabwe Conservation Task Force
- www.zimbabwe-art.com – Zimbabwe Conservation Art Programme

VICTORIAFÄLLE

DER MÄCHTIGE SAMBESI

Der Sambesi, einer der größten Flüsse Afrikas, entspringt in der nordwestlichsten Ecke Sambias. Aus einer Höhe von 1500 m über dem Meeresspiegel fließt er durch sechs Länder, bevor er nach einer 2574 km langen Reise in den Indischen Ozean mündet. Der Fluss ist der größte Süßwasserzufluss des Indischen Ozeans. Der Sambesi hat ein Einzugsgebiet von über 1 570 000 Quadratkilometern und ist die Lebensader vieler Menschen und Tiere, die an seinen Ufern leben.

---

fertigt. Afrikanische Souvenirs bestehen oft aus wieder verwerteten Gegenständen und machen im heimischen Wohnzimmer als Trash Art viel her.

Das Phumula Centre ist eine kleine Mall mit Geschäften, Supermärkten und kleinen Restaurants für Einheimische sowie, natürlich, Touristen.

An- & Weiterreise
AUTO & MOTORRAD
Wer ein gemietetes Auto oder Motorrad fährt benötigt eine schriftliche Genehmigung der Verleihfirma, auf der die Einreise nach Simbabwe erlaubt wird.

BUS & MINIBUS
Minibusse oder Combis sind nicht länger empfehlenswert. Sie befinden sich oft in einem sehr schlechten technischen Zustand und sind regelmäßig in Unfälle verwickelt, bei denen Passagiere verletzt werden und auch ums Leben kommen.

Informationen zum Reisen nach Botsuana und zum Grenzübergang zwischen Simbabwe und Botsuana in Kazungula stehen auf S. 417. Hinweise zum Reisen nach Namibia finden sich auf S. 253. Informationen zum Grenzübergang nach Sambia über die Victoria Falls Bridge gibt es auf S. 264.

FAHRRAD
Die Strecke zur sambischen Grenze eignet sich zwar zum Radeln, aber es wurden immer wieder Radfahrer auf dem Weg dorthin und zu den Fällen ausgeraubt.

FLUGZEUG
Auf www.flightsite.co.za, kann man unter allen Fluggesellschaften, inklusive der Billig-

flieger, nach den günstigsten Flügen (und Autovermietungen) suchen und selbst buchen. **South African Airways** (☎ 011-808678; www. flysaa.com) und **British Airways** (www.britishairways.com) fliegen täglich für etwa 320 US$ (hin & zurück) nach Johannesburg. **Air Namibia** (www.airnamibia.com) fliegt für etwa 530 US$ (hin & zurück) nach Windhoek.

TRAMPEN
Mit etwas Geduld kann man zwischen Victoria Falls und Kazungula, Botsuana problemlos trampen. In beiden Städten stellt man sich am besten an die Tankstelle. Siehe auch S. 423.

ZUG
Der *Mosi-oa-Tunya*-Zug fährt täglich um 18.30 Uhr von Victoria Falls nach Bulawayo, Zimbabwe (4/3/1 US$ erster/zweiter Klasse/Economy), 12 Std.). Reservierungen können im **Ticket Office** (☎ 44391; ☉ Mo–Fr 7–12 & 14–16 Uhr, Sa & So 7–10 Uhr) im Bahnhofsgebäude vorgenommen werden.

Unterwegs vor Ort
AUTO & MOTORRAD
Zum Zeitpunkt der Recherchen für dieses Buch gab es ausreichend Benzin an den Tankstellen. Da sich die Situation aber jederzeit wieder ändern kann sollten Reisende die Situation auch bereits während der Vorbereitungen zum Besuch von Simbabwe verfolgen.

FLUGZEUG
Der Victoria Falls Flughafen liegt 20 km südöstlich der Stadt und ist mit dem Taxi gut erreichbar (20 US$ pro Strecke).

TAXI
Fahrten im Stadtgebiet kosten um die 5 US$, nach Sonnenuntergang etwas mehr. Taxameter gibt es nicht – stattdessen ist Verhandlungsgeschick angesagt. Die dürftig ausgestatteten Taxis sind obendrein meist recht heruntergekommen, aber sie erfüllen ihren Zweck und bringen einen von A nach B.

VICTORIA FALLS NATIONAL PARK
Der Eingang zum **Nationalpark** (Karte S. 270–271; Eintritt 20 US$, ☉ 6–18 Uhr) liegt direkt vor dem simbabwischen Grenzposten. Der Eintrittspreis kann nur in US-Dollar bezahlt werden. Einer der dramatischsten Orte ist der westlichste Punkt, der **Cataract View**.

Ein anderer Weg führt zum treffend benannten **Danger Point**. Dort jagt ein nicht abgezäunter Steilhang von 100 m auch Hartgesottenen einen Schauer über den Rücken. Folgt man von hier einem Seitenweg, wird man mit einem Blick auf die **Victoria Falls Bridge** belohnt.

Genau wie sein Gegenstück auf der sambischen Seite öffnet der Park an Vollmondabenden (und kurz davor und danach) noch einmal, damit Besucher den wunderbaren **Mondregenbogen** sehen können.Er ist weiß mit höchstens abgeschwächten Spektralfarben.

Der Eintritt kostet 10 US$ extra und die genaue Uhrzeit variiert – genauere Informationen hierzu halten die Rezeptionen der meisten Unterkünfte bereit.

ZAMBEZI NATIONAL PARK

Das Gebiet dieses **Nationalparks** (Karte S. 274; Eintritt 10 US$; ☯ 6–18.30 Uhr) umfasst den artenreichen Mopane-Wald und Savanne sowie die Landschaft rund 40 km entlang des Sambesiufers. Der Park ist besonders bekannt für seine Rappenantilopen-Herden und bietet auch Löwen, Giraffen und Elefanten einen Lebensraum. Der Parkeingang liegt nur 5 km nordwestlich des Stadtzentrums und ist mit dem Auto gut erreichbar. Wer keinen fahrbaren Untersatz (oder kein Benzin mehr) hat, kann an Jeep-Safaris, geführten Wanderungen oder auch Angelausflügen teilnehmen. Diese Unternehmungen werden von Veranstaltern auf beiden Seiten der Grenze angeboten.

Botsuana

DOUG MCKINLAY

280

Geschichte

Botsuanas Geschichte ist weitaus mehr als nur eine Fußnote in der Geschichte der benachbarten Giganten Südafrika, Simbabwe und Angola. Die weiten Halbwüsten der Kalahari, die ca. 80 % des Landes bedecken, und das faszinierende, von zahlreichen Wasserläufen durchzogene Okavango-Delta spielen seit Jahrtausenden eine entscheidende Rolle in der Kultur dieser Region. Außerdem hat die Geschichte Botsuanas der gesamten Entwicklung in Afrika zahlreiche Impulse gegeben. Wie anderswo auch auf dem Kontinent sind Reiche entstanden und untergegangen, ist das Land erobert und sind seine Einwohner unterdrückt worden, aber die Batswana haben es immer wieder geschickt verstanden, ihr politisches Schicksal so zu lenken, dass sich ihr Land zu einem der stabilsten und fortschrittlichsten Staaten auf dem gesamten Kontinent entwickeln konnte.

Es handelt sich zwar eigentlich um ein Schullehrbuch, aber trotzdem ist *History of Botswana* von T. Tlou und A. Campbell auch für Erwachsene eine hervorragende Einführung in die Geschichte Botsuanas – von der Steinzeit bis zum Ende des 20. Jhs.

UR- & FRÜHGESCHICHTE

Wer Botsuana wirklich verstehen möchte, sollte einen Blick auf die Zeitachse des Landes werfen. Die frühesten Wanderungen der Menschheit fanden in den Savannen im Süden und Osten Afrikas statt. Diese Menschen entwickelten einfache Werkzeuge, lernten ein Feuer zu entfachen und lebten als Jäger und Sammler in den weiten Ebenen.

Je nach Jahreszeit wanderten sie durch die ausgedehnten Feuchtgebiete, die einst den Norden des Landes bedeckten.

Im Laufe der Steinzeit, die vor 20 000 Jahren endete, hatten sich die Boskop, die größte Menschengruppe im südlichen Afrika, zu einer gut organisierten Jäger- und Sammlergesellschaft entwickelt. Sie gelten als die Vorfahren der heutigen San (s. S. 293).

Archäologische Funde und Felsmalereien in den Tsodilo Hills (s. S. 384) belegen, dass diese Jäger und Sammler ab ca. 17 000 v. Chr. in Hütten und Höhlen in der ganzen Region lebten. Die Tempera-Felsmalereien, in denen sie ihre natürliche Lebensumwelt darstellten, zeugen von künstlerischem Geschick. Nach und nach lösten Knochen-, Holz- und schließlich Eisengeräte die unhandlichen Steinwerkzeuge ab. Mit besseren Werkzeugen und Waffen konnte man besser verarbeiten und jagen, wodurch mehr Zeit blieb für weitere Entwicklungen, für Schönheitspflege und für neue künstlerische Betätigungen wie etwa die Töpferei.

Beliebte Themen der Felsmalerei sind die Rollen von Mann und Frau, Jagdszenen und Naturmedizin. Zu Letzterer zählen auch Trancetänze und spirituelle Heilungen durch San-Lebenskraft, *nxum* genannt.

Diese Fortschritte führten dazu, dass viele dieser Jäger und Sammler sich Ackerbau und Viehzucht zuwandten, etwa auf dem Weideland am Okavango-Delta und bei den Seen von Makgadikgadi. Manche von ihnen wanderten später nach Westen nach Zentralnamibia, und 70 v. Chr. hatten einige sogar das Kap der Guten Hoffnung erreicht.

ZEITACHSE

17 000 v. Chr.	380–20 v. Chr.	420 n. Chr.
Belege für eine frühe Khoisan-Siedlung aus dieser Zeit gibt es in den Tsodilo Hills; einige alte Felsmalereien sind immer noch erhalten.	Beginn eines steinzeitlichen Ackerbaus. Entlang des oberen Sambesi weichen steinzeitliche Werkzeuge neuen Werkzeugen aus Eisen.	Aus dieser Zeit datieren die Überreste von bienenkorbähnlichen strohgedeckten Häusern der Eisenzeit. Die meisten dieser Häuser gab es in der Gegend um Melopolele.

DIE BESIEDLUNG BOTSUANAS

Anhand von Tongefäßscherben aus der Frühzeit waren Archäologen und Anthropologen in der Lage, die einzelnen Schritte der komplexen, kreuz und quer verlaufenden Wanderungen unterschiedlicher Stammesgruppen in den Süden Afrikas nachzuvollziehen. Von 200 bis 500 n. Chr. drangen Bantu sprechende Bauern aus dem Norden und Osten auch in den Süden vor. Das Verhältnis zwischen den San und den Bantu-Völkern scheint zunächst sehr freundlich gewesen zu sein. Die beiden Gruppen vermischten sich problemlos, trieben Handel und heirateten untereinander.

Schließlich gab es ja auch viel, was sie voneinander lernen konnten. Die Bauern brachten neue politische Systeme und bessere landwirtschaftliche und metallverarbeitende Techniken ein. In den Tswapong-Hügeln bei Palapye haben Forscher Relikte eines frühzeitlichen Eisenschmelzofens gefunden, die sich bis in das Jahr 190 n. Chr. zurückdatieren lassen. Eine der ersten und mächtigsten Bantu-Gruppen, die sich in der Region niederließen, waren die Sotho-Tswana, die aus drei verschiedenen Untergruppierungen bestanden: den aus dem Norden stammenden Basotho (bzw. Pedi), die sich im Transvaal in Südafrika ansiedelten, den aus Lesotho im Süden kommenden Basotho und den Basotho (bzw. Batswana) aus dem Westen, die in den Norden nach Botsuana wanderten.

Um ca. 600 n. Chr. breiteten sich die Zhizo, Neuankömmlinge aus Simbabwe, entlang der nördlichen Grenze der Kalahari und des Gebiets um Sowa (Sua) Pan aus. Sie brachten fortschrittlichere Kenntnisse in Bergbau, Viehzucht und Töpferei mit. Um etwa 1000 n. Chr. kam eine weitere Zhizo-Gruppe (die Toutswe) hinzu und siedelte sich bei Palapye an.

Die Toutswe waren erfolgreiche Viehzüchter, lebten in großen Krals (umzäunte Viehhöfe), einer Hauptstadt und zahlreichen auf Hügeln gelegenen Dörfern. Sie gingen bis in den Westen der Kalahari auf die Jagd und trieben im Osten bis zum Limpopo River Handel. Allerdings wurden die Toutswe trotz ihrer scheinbaren Macht und ihres Reichtums irgendwann zwischen 1250 und 1300 von ihren mit großen Goldvorkommen gesegneten Nachbarn, den Mapungubwe, besiegt. Diese wiederum gerieten unter die Herrschaft von Groß-Simbabwe, einem der legendärsten alten Königreiche Afrikas. Zwischen dem 13. und dem 15. Jh. verleibte sich Groß-Simbabwe zahlreiche Stammesfürstentümer im Nordwesten Botsuanas ein. Die Region gehörte auch mehrere Jahrhunderte später noch zum Gebiet von ursprünglich aus Simbabwe stammenden Dynastien, vor allem zu denen der Torwa bzw. der Rozwi.

Das einzige Volk, das eine weitere bedeutende Wanderungsbewegung nach Botsuana unternahm, waren die Herero Ende des 19. Jhs. Als sie sich in Namibia der Landnahme und später offenen Aggression seitens der Deutschen ausgesetzt sahen, flohen sie ostwärts und ließen sich im äußersten Nordwesten Botsuanas nieder (s. Kasten S. 58–59).

Die drei bedeutendsten Diamantminen Botsuanas – Orapa, Letlhakane und Jwaneng – tragen einen Anteil von 22 % zum Diamanten-Weltmarkt bei.

600–1300	1200–1400	1300–1500
Im Umland von Serowe entwickelt sich eine florierende Landwirtschaft. Die Herrscher dieser Zeit haben ihren Sitz auf dem Toutswe Hill. Die hier ansässigen Völker betreiben einen regen Handel mit dem Volk von Limpopo im Osten.	Die Sotho etablieren sich als dominierende Macht, ausgehend von der Region, die dem heutigen Transvaal entspricht. Von dort aus dehnen sie ihren Einflussbereich bis ins heutige Botsuana aus.	Zum neuentstandenen Staat Großsimbabwe gehören viele Stammesgebiete im nordöstlichen Botsuana, die vor allem vom Goldhandel leben. Vom 13. bis 15. Jh. kontrolliert Simbabwe die lukrativen Goldstraßen.

AUFSTIEG DER TSWANA

Die vielleicht bedeutendste Entwicklung in der langen Geschichte Botsuanas war die Entstehung der drei Hauptzweige des Tswana-Stammes im 14. Jh. Es handelte sich dabei um einen typischen Fall von Familienfehde, aufgrund der sich drei Brüder – Kwena, Ngwaketse und Ngwato – von ihrem Vater, Häuptling Malope, lossagten, um in Molepolole, Kanye und Serowe jeweils eine eigene Gefolgschaft um sich zu scharen. Hauptgründe für diese Aufsplitterung waren die zunehmende Dürre und die steigende Zahl an Stammesmitgliedern, die sich auf der Suche nach neuen Weiden und Ackerland räumlich ausbreiteten.

Der Ngwato-Clan spaltete sich Ende des 18. Jhs. weiter auf, und zwar nach einem Streit zwischen Häuptling Khama I. und seinem Bruder Tawana. Dieser kehrte Serowe schließlich den Rücken und gründete in der Gegend um Maun sein eigenes Stammesfürstentum. Die vier heutigen großen Batswana-Gruppierungen – die Batawana, Bakwena, Bangwaketse und Bangwato (s. S. 292) – sind infolge dieser Zersplitterung entstanden.

DIFAQANE

Als sich die Völker über den ganzen Süden Afrikas ausdehnten und ihre Handelsgebiete festlegten, kam es erstmals zu Problemen bei der Aufteilung des Landes. Um 1700 waren die Dörfer längst nicht mehr kleine, offene Orte, sondern befestigte Siedlungen auf strategisch günstigen Hügeln. Die aggressive Stimmung wurde durch den zunehmenden Handel mit Elfenbein, Vieh und Sklaven noch weiter angeheizt. Mächtige Stämme kämpften um die Kontrolle über diese lukrativen Ressourcen.

Der bekannteste Angreifer war der Zulu-Kriegsherr Shaka, der neue Häuptling des Zulu-Stammes. Von seinem Lager in Natal aus führte er eine ganze Reihe brutaler Eroberungszüge mit dem Ziel, alle Stämme und Siedlungen, auf die er traf, zu erobern oder zu zerstören. Um 1830 hatte er sich die Gebiete der Bakwena und Bangwato angeeignet, und den Überlebenden blieb nur die *difaqane* (wörtlich übersetzt „die Verstreuung" bzw. der Exodus). Der Nachfolger Shakas, der genauso unbarmherzige Ndebele-Feldherr Mzilikazi, entsandte seine Truppen in die Dörfer Botsuanas und zwang die Bewohner zur Flucht bis nach Ghanzi und Tshane inmitten der Kalahari. Seine Krieger unterwarfen auch die Bangwaketse, die daraufhin in die Wüste flohen und sich schließlich bei Letlhakeng niederließen.

Die Tswana-Staaten Ngwaketse, Kwena und Ngwato erholten sich erst in den 1840er-Jahren wieder, als die verheerenden Auswirkungen der *difaqane* nachgelassen hatten. Um in Zukunft stärker zu sein, schlossen sie sich unter der Führung von König Segkoma I. zu einem lockeren Bund zusammen. Dieser Zusammenschluss blieb aber in Gebiete mit eigenen Häuptlingen unterteilt, die dann wiederum dem König (in Form von Arbeit oder Vieh) Tribut zollten. Sie konkurrierten miteinander beim Handel mit Elfenbein

Die treibende Kraft bei der Missionierungsarbeit im frühen 19. Jh. war Robert Moffat, der die Bibel ins Tswana übersetzen ließ.

Eine hervoragende Darstellung der dramatischen „Entdeckung" Botsuanas findet man in *Zum Sambesi und quer durchs südliche Afrika 1849–1856* von David Livingstone, damals wie heute ein Bestseller. Ebenfalls lesenswert ist die Biografie *The Livingstones at Kolobeng* von Janet Wagner Parsons.

ab 1450	1500–1600	frühes 18. Jh.
Das Königreich Butua, dessen Regierungssitz bei Bulawayo im heutigen Simbabwe liegt, beherrscht den Handel mit Salz und Jagdhunden im Gebiet rund um die Makgadikgadi Pans.	Die wichtigsten Tswana-Dynastien aus dem zentralen Sotho zerstreiten sich und errichten jeweils eigene Reiche bei Molepolole, Kanye und Serowe. Diese Spaltung liegt den heutigen Sotho-Sprachgruppen zugrunde.	Yeyi-Bauern und Fischer wandern ins Okavango-Delta ein und vermischen sich mit den dort ansässigen Khoikhoi und San. Völkerwanderungen vom oberen Chobe zum Okovango finden während des gesamten 18. Jhs. statt.

und Straußenfedern, der auf neuen Routen mit der Kap-Kolonie im Süden betrieben wurde. Diese Handelswege brachten auch die ersten christlichen Missionare nach Botsuana und ermöglichten es den Buren, die sich aus Holland kommend ab 1652 im Kapland niedergelassen hatten, ihr Vordringen in Richtung Norden fortzusetzen.

BUREN & BRITEN

Während Mzilikazi den Batswana verheerende Verluste zufügte und die Missionare die Überlebenden zum Übertritt zum Christentum zu bewegen versuchten, fühlten sich die Buren von ihren britischen Nachbarn am Kap unter Druck gesetzt. Also begannen 1836 rund 20 000 Buren den Großen Treck über den Vaal River in das Territorium der Batswana und Zulu.

Die Buren riefen dort ihren eigenen Freistaat aus und übernahmen damit die Macht im Transvaal – ein Schritt, dem die Briten im Rahmen der Sand River Convention von 1852 zustimmten. Letztlich gerieten die Batswana damit unter die Herrschaft der sogenannten Südafrikanischen Republik, was zu Aufständen und deren brutaler Unterdrückung führte. Nach vielen Toten und starken Gebietsverlusten baten die Batswana-Häuptlinge die britische Regierung um Schutz vor den Buren.

Großbritannien hatte allerdings im Süden Afrikas schon alle Hände voll zu tun und war nicht unbedingt erpicht darauf, ein Land mit unsicheren Profitaussichten zu unterstützen. Stattdessen bot es sich als Schlichter bei dem Streit an. Allerdings waren 1877 die Spannungen zwischen Briten und Buren derart gewachsen, dass die Briten schließlich den Transvaal annektierten – und damit den 1. Burenkrieg auslösten. Der Krieg dauerte bis zur Pretoria-Konvention von 1881, gemäß der sich die Briten aus dem Transvaal zurückzogen, während die Buren im Gegenzug dafür ihre Gefolgschaft gegenüber der Britischen Krone bekundeten.

Nun, da ihnen die Briten nicht mehr im Wege standen, zogen die Buren wieder nordwärts in Batswana-Gebiete. 1882 konnten die Buren die Städte Taung und Mafikeng einnehmen, die sie zu den Republiken Stellaland und Goshen ausriefen. Sie wären wahrscheinlich noch weiter vorgerückt, wäre es nicht zur Annexion Südwestafrikas (des heutigen Namibias) durch die Deutschen in den 1890er-Jahren gekommen.

Die Briten sahen sich mit der Möglichkeit einer Kalahari-übergreifenden Allianz zwischen den Deutschen und den Buren konfrontiert, die das Ende ihres Traumes von einer Expansion in das an Bodenschätzen reiche Rhodesien (Simbabwe) bedeutet hätte. Also begannen sie, sich ernsthaft mit der Bitte der Batswana um Schutz zu beschäftigen. 1885 erklärten sie das Land ihrer Tswana-Verbündeten zum Protektorat, das zur britischen Kronkolonie Betschuanaland proklamiert wurde. Der nördliche Teil des ehemaligen Betschuanalands heißt jetzt Botsuana, der Süden gehört zur Republik Südafrika.

In Building of a Nation: A History of Botswana from 1800 to 1910 *von J. Ramsay, B. Morton und T. Mgadla findet sich eine exzellente Darstellung der Kolonialgeschichte des Landes.*

Seretse Khama: 1921–1980 *von N. Parsons, W. Henderson und T. Tlou ist eine hervorragend geschriebene Biografie des ersten Präsidenten von Botsuana.*

1700–1750	1800–1840	frühes 19. Jh.
In diesem Zeitraum wird im süd-östlichen Botsuana das Reich der Ngwaketse errichtet. Um 1750 entwickelt es sich zur Militärmacht und kontrolliert die Kupferminen von Kanye.	Aggressive Zulu- und Ndebele-Stämme greifen Batswana-Dörfer an. Im Verlauf der *difaqane* (Zwangsumsiedlung) werden die Menschen über das ganze Land zerstreut; es ist eine der größten Völkerwanderungen in der Geschichte des südlichen Afrika.	Über neugebaute Straßen gelangen Buren und Missionare aus der Kapkolonie ins Land. David Livingstone bekehrt den Kwena-König Sechele (1829–92) zum Christentum.

CECIL JOHN RHODES

Die Expansion der Briten im Süden Afrikas geschah mit Hilfe einer Privatgesellschaft unter der Federführung der British South Africa Company (BSAC). Sie gehörte dem millionenschweren Geschäftsmann Cecil John Rhodes, einer schillernden Persönlichkeit die den Imperialismus ablehnte.

1889 hatte Rhodes bereits seine Finger beim Diamantenbergbau in Kimberley (Südafrika) im Spiel gehabt. Er war überzeugt, dass andere afrikanische Länder, die über ähnliche Bodenschätze verfügten, nur darauf warteten, ausgebeutet zu werden. Er wollte dies mittels Landkonzessionen tun, die Unternehmen privat erwerben konnten, um neues Land für die Krone zu besiedeln. Rhodes nutzte das System in betrügerischer Absicht aus und erwarb mit juristischen Tricks große Landstriche von Stammeshäuptlingen. Die Briten drückten ein Auge zu, da sie hofften, das ganze Betschuanaland-Protektorat an die BSAC abgeben und sich so die Kosten für die Kolonialadministration sparen zu können.

Schließlich segelten die drei Batswana-Häuptlinge, Bathoen, Khama III. und Sebele, die die Auswirkungen von Rhodes' Vorhaben erkannten, in Begleitung des ihnen wohlgesonnenen Missionars WC Willoughby nach England, um das Britische Parlament persönlich darum zu bitten, die Regierungskontrolle über Betschuanaland aufrechtzuhalten. Statt zu handeln, riet Kolonialminister Joseph Chamberlain den Häuptlingen dazu, direkt mit Rhodes Kontakt aufzunehmen und die Sache untereinander zu regeln.

Natürlich rückte Rhodes keinen Deut von seiner Position ab, sodass die Delegation schließlich an die London Missionary Society (LMS) herantrat, die wiederum die britische Öffentlichkeit von dem Thema in Kenntnis setzte. Aus Furcht, die BSAC könne Alkohol in Betschuanaland erlauben, unterstützten die LMS und andere christliche Gruppen den strenggläubigen Christen Khama und seine Begleiter. Die britische Öffentlichkeit war generell der Ansicht, es sei Sache der Krone und nicht Aufgabe des umstrittenen Rhodes, das Empire zu verwalten. Der öffentliche Druck wurde so groß, dass die Regierung gezwungen war, den Häuptlingen nachzugeben. Chamberlain willigte ein, die britische Verwaltung von Betschuanaland fortzusetzen, und gestand der BSAC nur einen kleinen Landstrich im Südosten (heute bekannt als Tuli-Block) für den Bau einer Eisenbahn nach Rhodesien zu.

KOLONIALZEIT

1899 beschloss Großbritannien, es sei an der Zeit, die Staaten im Süden Afrikas zu vereinigen, und erklärte Transvaal den Krieg. Die Buren wurden 1902 besiegt. 1910 wurde die Südafrikanische Union gegründet.

Durch den Verkauf von Vieh, Zugochsen und Getreide an Europäer, die auf der Suche nach Land und Bodenschätzen in den Norden vordrangen, genoss Betschuanaland zunächst ein gewisses Maß an wirtschaftlicher Unabhängigkeit. Allerdings zerstörten der Bau der Eisenbahn durch Betschu-

Jamestown Blues von Caitlin Davies spielt in der ärmlichen Salzminenstadt Jamestown; geschrieben ist es aus der Sicht einer jungen Motswana-Frau.

1885	**1895**	**1950**
Die Kolonie Deutsch-Südwestafrika (das heutige Namibia) droht, sich über die Kalahari auszudehnen. Deshalb erklären die Briten sich zur Protektoratsmacht über die mit ihnen verbündeten Tswana-Stämme.	Drei Batswana-Häuptlinge vereiteln die Versuche Londons, Botsuana an Cecil Rhodes zu übergeben, und werden dafür als Helden gefeiert. Dies ist die Geburtsstunde eines Tswana-Nationalismus.	Die britische Regierung setzt Seretse Kahma als Ngwato-Häuptling ab und schickt ihn für sechs Jahre ins Exil, und zwar auf Wunsch der südafrikanischen Regierung, der seine Heirat mit einer Engländerin missfällt.

analand bis nach Rhodesien und ein verheerender Ausbruch der Maul- und Klauen-Seuche in den 1890er-Jahren den Durchgangshandel. Diese wirtschaftliche Verwundbarkeit, mehrere Dürren und der Druck, genug Geld für Steuerzahlungen an die Briten zu verdienen, veranlasste viele Batswana, nach Südafrika zu gehen und sich auf die Suche nach Arbeit auf Farmen und in Minen zu machen. Bis zu 25 % der männlichen Bevölkerung Botsuanas lebte zeitweise außer Landes. Dies förderte den Zusammenbruch der traditionellen Ackerbautechniken und untergrub die Macht der Häuptlinge.

Die britische Regierung betrachtete das Protektorat weiterhin als Provisorium, das irgendwann an Rhodesien, Vorläufer von Sambia und Simbabwe oder die neue Union von Südafrika übergehen sollte. Dementsprechend blieben Investitionen und der Aufbau der Verwaltung in Betschuanaland auf ein äußerstes Minimum beschränkt. Selbst als in den 1930er-Jahren Schritte unternommen wurden, die Verwaltung zu reformieren und landwirtschaftliche und bergbautechnische Entwicklungen einzuleiten, wurden diese angestrebten Verbesserungen unter den führenden Tswana-Häuptlingen mit der Begründung heiß diskutiert, dass dies die Kontrolle durch die Kolonialherren nur noch weiter erhöhen würde.

Deshalb war das Territorium auch weiterhin in acht überwiegend selbstverwaltete „Stammes"-Reservate und fünf weißen Farmern gehörende Gebiete aufgeteilt, wobei das restliche Land der „Krone" (d. h. dem Staat) zuerkannt wurde. Dementsprechend blieb Mafikeng, das sich außerhalb der Protektoratsgrenzen in Südafrika befand, auch bis 1964 administrative Hauptstadt von Betschuanaland.

UNABHÄNGIGKEIT

Wie sehr die Briten damals die Interessen Botsuanas denen Südafrikas unterordneten, wurde 1950 deutlich. Als sie Seretse Khama als Häuptling der Ngwato absetzten und ihn für sechs Jahre des Landes verbannten, entfachten sie in Großbritannien und im ganzen Empire eine politische Kontroverse. Dies geschah, wie inzwischen veröffentlichte Geheimdokumente zeigen, um die Regierung Südafrikas zu beschwichtigen, die sich nicht damit abfinden konnte, dass Khama zu einer Zeit, als die Rassentrennung in Südafrika gerade verschärft wurde, ausgerechnet eine Britin heiratete.

Dies alles trug zur zunehmenden Politisierung der Bevölkerung bei. So entstanden in den 1950er- und 1960er-Jahren in Botsuana politische Parteien, die sich für die Unabhängigkeit aussprachen. Nach dem Sharpeville-Massaker von 1960, bei dem die Polizei in einem Ort bei Johannesburg 69 Schwarze erschossen hatte, verschärfte sich die Lage. Jetzt taten sich die südafrikanischen Flüchtlinge Motsamai Mpho vom African National Congress (ANC) und Philip Matante, ein Prediger aus Johannesburg, mit KT Motsete, einem Lehrer aus Malawi, zusammen, um die Bechuanaland People's Party (BPP) zu gründen. Ihr vorrangiges Ziel war die Unabhängigkeit.

Botswana: The Road to Independence von P. Fawcus und A. Tilbury bietet eine fundierte Darstellung der neueren Geschichte des Landes. Die britischen Autoren waren während der Kolonialzeit in der Verwaltung des Landes tätig.

2004 hat die Organisation Transparency International ihren Jahresbericht über Korruption unter Politikern und Staatlichen Angestellten in insgesamt 145 Ländern veröffentlicht. Darin erscheint Botsuana als das am wenigsten korrupte Land in Afrika.

1960	1965/1966	1967–1971
Gründung der Betschuanaland People's Party (BPP); im Jahr darauf wird eine gesetzgebende Versammlung einberufen. 1962 entsteht die Bechuanaland Democratic Party (später Botswana Democratic Party, BDP) unter Führung von Seretse Khama.	Betschuanaland erhält seine Selbstverwaltung. Ein Jahr später folgt die völlige Unabhängigkeit; aus Bechuanaland wird die Republik Botsuana mit Seretse Khama als erstem Präsidenten.	Jahrelang bleibt Botsuana finanziell abhängig von Großbritannien. Erst mit den Diamantenfunden in Orapa beginnt eine eigenständige wirtschaftliche Entwicklung.

WIE SIEHT DIE ZUKUNFT AUS?

1970 Botsuana zählte Botsuana mit einem alarmierend niedrigen Pro-Kopf-Bruttoinlandsprodukt von unter 200 US$ (160 Euro) noch zu den ärmsten Ländern der Welt. Es gab kaum Bildungseinrichtungen, weniger als 2 % der Bevölkerung hatte die Grundschule besucht, und nicht einmal 100 Studenten hatten sich an der Universität eingeschrieben. Im ganzen Land existierte nur eine einzige, 12 km lange gepflasterte Straße. Es ist daher nicht weiter verwunderlich, dass der Staat keine Rolle in der Politik der Region bzw. des Kontinents spielte.

Dann gewann Botsuana 1967 gewissermaßen den Jackpot, als in Orapa Diamanten entdeckt wurden. Später kamen zwei weitere großen Minen in Letlhakane (1977) und Jwaneng (1982) hinzu, wodurch Botsuana zum weltweit führenden Produzenten von Edelsteinen wurde. Dies verwandelte den Staat von einem armen Land ohne politische Bedeutung zu einem wichtigen regionalen Machtfaktor, der in der Lage war, die Southern African Development Community (SADC) zu gründen, die die unterschiedlichen Volkswirtschaften der Region koordinieren sollte.

Obwohl der Diamantenboom ja erst seit etwa 35 Jahren andauert, sind aber bereits die Schattenseiten zu erkennen. Die Regierung wird ein Debakel erleben, falls es ihr nicht gelingt, zusätzlich andere Einnahmequellen zu erschließen. Sie steckt nämlich in großen Schwierigkeiten angesichts einer sehr einseitig ausgerichteten Wirtschaft und bemüht sich um eine Ansiedlung von produzierendem Gewerbe, Leichtindustrie, Textilindustrie und lebensmittelverarbeitenden Betrieben. Der aufblühende Tourismus ist zwar ebenfalls ein wichtiger Wirtschaftszweig, er muss aber so gestaltet werden, dass er die Umwelt und das gesellschaftliche Leben nicht negativ beeinflusst.

Da noch immer 30 % der Bevölkerung unterhalb der Armutsgrenze leben und sich die sozialistische Botswana National Front (BNF) und die Botswana Congress Party (BCP) zunehmender Beliebtheit erfreuen, ist die Zukunft des Landes eigentlich heute weitaus unsicherer als jemals zuvor in den vergangenen 40 Jahren. Und es kommt noch eine sehr hohe Aids-Rate als Damoklesschwert hinzu.

1962 gründeten Seretse Khama und der aus Kanye stammende Farmer Ketumile „Quett" Masire die gemäßigte Bechuanaland Democratic Party (BDP). Die BDP entwarf einen Terminplan für die Unabhängigkeit, bei dem sie auf die Unterstützung von Häuptlingen wie Bathoen II. von den Bangwaketse und konservative Batswana baute. Die BDP forderte zudem die Verlegung der Hauptstadt nach Botsuana (d. h. statt Mafikeng, nun Gaborone) und eine neue rassenneutrale Verfassung.

Die Briten stimmten dem Plan der BDP für die gewaltlose Machtübergabe dankbar zu, und so wurde Khama 1965 bei den ersten landesweiten Wahlen zum Präsidenten bestimmt. Am 30. September 1966 erhielt das Land – das nun Republik Botsuana hieß – die volle Unabhängigkeit.

Klug steuerte Seretse Khama Botsuana durch die ersten 14 Jahre der Unabhängigkeit. Er sicherte weißen Farmern das ständige Eigentumsrecht über ihr Land zu und nahm eine strikt neutrale Haltung gegenüber Südafrika und Rhodesien ein (zumindest bis gegen Ende seiner Präsidentschaft). Der Grund dafür war natürlich Botsuanas wirtschaftliche Abhängigkeit vom

Die Adresse der offiziellen Website der Regierung von Botsuana lautet www.gov.bw. Dort gibt es Links zu den einzelnen Ministerien, und man erfährt alles Wissenswerte über die Verfassung, den Staatshaushalt und sonstige Themen.

1974–1990	2002	2008
Botsuana wird zu einem „Frontstaat" beim Kampf um Mehrheitsregierungen in Simbabwe, Namibia und Südafrika. Das Land nimmt viele politische Flüchtlinge aus Südafrika auf.	Als einziges Land der Welt ermöglicht Botsuana seinen HIV-infizierten Staatsbürgern kostenlosen Zugang zu entsprechenden Medikamenten. Dennoch bleibt die Aids-Gefahr im Land nach wie vor groß.	Ian Khama, Sohn des „Gründervaters" Seretse Khama, übernimmt die Präsidentschaft.

Giganten im Süden. Trotzdem weigerte sich Khama, mit Südafrika Botschafter auszutauschen, und sprach sich bei offiziellen Anlässen im Ausland gegen die Apartheid aus.

GEGENWART

Sir Seretse Khama starb 1980 (kurz nach der Unabhängigkeit Simbabwes), aber seine Botswana Democratic Party (BDP) – ehemals Bechuanaland Democratic Party – verfügt auch weiterhin über eine große Mehrheit im Parlament Botsuanas. Sir Ketumile „Quett" Masire, der nach Khama von 1980 bis 1998 als Präsident fungierte, folgte dem Weg seines Vorgängers und setzte die pro-westliche Politik behutsam fort.

In den vergangenen 40 Jahren hat die BDP den Diamantenboom des Landes geschickt zu steuern verstanden. Die Einnahmen aus dem Diamantenabbau wurden in die Infrastruktur, in das Bildungs- und Gesundheitswesen investiert. Die Privatwirtschaft durfte wachsen, und Investitionen aus dem Ausland waren willkommen. Von 1966 bis 2005 expandierte Botsuanas Wirtschaft mehr als jede andere Volkswirtschaft auf der Welt.

Am 1. April 2008 übertrug Festus Mogae sein Amt an den Vizepräsidenten Ian Khama, den Sohn von Seretse Khama, was auf heftige Kritik stieß, weil Khama ja noch nicht demokratisch gewählt war. Seit er im Amt ist, geht Khama massiv gegen das Problem der Trunksucht vor und bemühte sich, die Sperrstunden in Bars vorzuverlegen (was teilweise gewaltsam durchgesetzt wurde). Außerdem verhalf er als ehemaliger Befehlshaber der Botswana Defence Force einstigen Kameraden zu einflussreichen Posten im Regierungs- und Verwaltungsapparat, die zuvor nur von zivilen Mitarbeitern besetzt waren. So ernannte er beispielsweise 2009 einen ehemaligen Polizeioffizier zum Direktor des staatlichen Fernsehsenders BTV, was den Unmut vieler Journalisten weckte, die eine Einschränkung der Pressefreiheit befürchteten. Davon unbeirrt, hat Khama sich im Oktober 2009 einer regulären Wahl gestellt und wurde mit deutlicher Mehrheit im Amt bestätigt.

Aufgrund schwindender Diamantvorkommen bleibt das Land allerdings wirtschaftlich in einer unbefriedigenden Situation (s. Kasten links). In vielen Zeitungen wird deshalb beklagt, dass die Wirtschaft allzu einseitig ausgerichtet wurde. Zwar ist die Arbeitslosigkeit inzwischen von 40 % (2004) auf respektable 7,5 % abgesunken, aber noch immer leben etwa 30 % der Bevölkerung unterhalb der Armutsgrenze. Die gesamte Wirtschaft befindet sich in einer prekären Lage: Laut Reuters ist im ersten Quartal des Jahres 2009 das Bruttoinlandsprodukt um 20,3 % gesunken. Eine junge Generation von gut ausgebildeten Botsuanern versucht mittlerweile dem traditionellen Landleben zu entkommen, sodass Regierung und Gesellschaft vor großen Herausforderungen stehen.

Kultur

MENTALITÄT

Viele Batswana sind stolz, konservativ, einfallsreich und gleichzeitig zurückhaltend; sie fühlen sich als Nation und halten große Stücke auf ihr Land und ihre Regierung. Eine solch positive Haltung ist im postkolonialen Afrika durchaus keine Selbstverständlichkeit. Sie ergibt sich vielmehr aus der Geschichte dieses Landes: Die Batswana haben es schon immer verstanden, mit einer gewissen Cleverness die schlimmsten Hindernisse zu umschiffen – so sind ihnen die Auswüchse des Kolonialismus einigermaßen erspart geblieben. Ihr gesundes Selbstvertrauen ist also durchaus begründet und erklärt ihre positive Grundhaltung. Das Vertrauen in eine gerechte Regierung und der Fortschrittsglaube haben allerdings auch eine ökonomische Grundlage: den unglaublichen Diamantenreichtum des Landes. Dieser Reichtum hat die Investitionen ins Bildungs- und Gesundheitswesen und in die Infrastruktur überhaupt erst möglich gemacht.

Es gibt zwar in Botsuana nicht weniger als 26 Volksgruppen, aber rund 60 % der Bevölkerung rechnen sich zu den Tswana – und das garantiert klare und stabile Mehrheitsverhältnisse. Die Regierung hat sich seit der Unabhängigkeit des Landes erfolgreich darum bemüht, ein Gefühl der nationalen Einheit zu vermitteln. Im Unterschied zu den Namibiern fühlen sich die Bürger des Landes zuallererst als Botsuaner (Batswana) – unabhängig von ihrer Volkszügehörigkeit. Und fast alle Batswana sprechen untereinander Tswana, eine einheimische Sprache – sie sind also nicht auf Afrikaans oder Englisch angewiesen.

Die Website www.afrol.com hält viele hervorragende Artikel über Kultur und Gesellschaft in Afrika bereit. Man kann das Material leicht nach Ländern sortieren; auch das Archiv mit älteren Beiträgen ist lohnend.

Das Bildungswesen trägt viel zu diesem Gefühl nationaler Identität bei; die Regierung weist stolz darauf hin, dass 30 % des Landeshaushalts in die Bildung fließen – das ist der höchste Pro-Kopf-Anteil weltweit. Wer durch das Land reist, wird von der Anzahl und Qualität der Schulen in Botsuana beeindruckt sein und verblüfft feststellen, wie intensiv sich die Eltern um die Ausbildung ihrer Kinder bemühen. Dementsprechend liegt die Rate der Lesefähigkeit in Botsuana bei beeindruckenden 74,4 % (der Vergleichswert in anderen südafrikanischen Staaten liegt bei 58,5 %). Viele Einwohner sind bestens informiert und politisch engagiert.

Natürlich ist auch hier nicht alles Gold, was glänzt: Die Batswana erkennen sehr wohl, dass selbst große Diamantvorkommen nicht unerschöpflich sind, doch mit der weiteren Entwicklung alternativer Wirtschaftszweige tun sie sich immer noch schwer. Kritiker werfen den Menschen außerdem vor, dass sie ihren Wohlstand nicht immer klug investieren. Viele gönnen sich zunächst einmal schöne Autos, mit denen sie dann zu den Einkaufszentren in Gaborone fahren. Der Konflikt zwischen westlichem Konsumdenken und traditioneller Kultur ist sicher nicht nur für Botsuana typisch, das Problem ist hier aber vielen immerhin durchaus bewusst.

LEBENSART

Die traditionelle Kultur wirkt wie ein soziales Band, das die Gesellschaft zusammenhält. Respekt gegenüber den Älteren, feste religiöse Überzeugungen, althergebrachte Geschlechterrollen und die zentrale Funktion des Kgotla – eines speziellen Versammlungsplatzes, den es in jedem Dorf gibt und wo alle Arten von Beschwerden vorgetragen werden können: dies alles gehört zu einem wohlgeordneten gesellschaftlichen Gefüge, das sich an einigen festen Regeln orientiert. Das klingt nach einem hohen Maß an sozialem Verantwortungsgefühl; trotzdem haben die Batswana eine sehr lockere und

ETIKETTE

In Botsuana gibt es selbstverständlich eine Menge Benimm-Regeln, aber man erwartet von ausländischen Gästen nicht, dass sie alle Regeln kennen und befolgen. Gesunder Menschenverstand wird aber überall vorausgesetzt: Wer Shorts und T-Shirts in der Kirche trägt, macht sich mit diesem Verhalten nicht unbedingt viele Freunde. Überhaupt beträgt man sich beim Zusammentreffen mit Einheimischen eigentlich am besten immer höflich und zurückhaltend. So sollte man aus der Art und Weise, wie Tänzer in botsuanischen Clubs vor Touristen auftreten, keine falschen Schlüsse ziehen: Der exzessive Austausch von Zärtlichkeiten zwischen Partnern, seien sie nun verheiratet oder nicht, wird in der Öffentlichkeit nicht gern gesehen. Selbst händchenhaltende Paare sind ein äußerst seltener Anblick. Andererseits haben Batswana, die in Dorfgemeinschaften aufwachsen und die Fahrt in überfüllten Fahrzeugen gewohnt sind, nicht das gleiche Gefühl für körperliche Nähe oder Distanz wie ihre westlichen Besucher. Wenn also ein Batswana im eng besetzten Bus seinem Sitznachbarn die Hand auf den Oberschenkel legt, denkt er sich vermutlich überhaupt nichts dabei.

Die Kultur ist sehr hierarchisch geprägt, und es ist unüblich, dass Kinder ihren Eltern Fragen stellen oder ihnen sogar Widerworte geben. Ähnliches gilt für das Verhältnis zwischen Vorgesetzten und Untergebenen im Berufsleben. Nebenbei bemerkt: In diesem Detail steckt eigentlich ein Fehler in der Figur der Mma Ramotswe in den Kriminalromanen der *No. 1 Ladies Detective Agency*. Diese Befragungen stellen zwar ein hübsches erzählerisches Element dar, sie verstoßen aber oft gegen die soziale Ordnung, die den Kern der Landeskultur ausmacht. Deshalb ist für viele Rechtsfälle auch immer noch die traditionelle Dorfversammlung zuständig, die *kgotla*.

Nicht vergessen: Motswana nennt sich der einzelne Bürger; im Plural spricht man dagegen vom Volk der Batswana. Ihre Sprache heißt Tswana.

---

entspannte Haltung dem Leben gegenüber, denn die emotionale Geborgenheit, die die Großfamilie bietet, wirkt wie ein sicheres Netz. Je stärker die Anforderungen des modernen Lebens spürbar werden, desto wichtiger wird diese familiäre Basis: Viele Männer und Frauen finden in den Städten attraktivere Arbeitsplätze und lassen häufig ihre Kinder zurück, die dann von anderen, meist älteren Mitgliedern der Familie betreut werden.

Historisch gesehen waren die Batswana Bauern und Viehhalter. Rinder – und in geringerer Anzahl auch Schafe und Ziegen – sind bis heute ein wichtiges Statussymbol und das Maß aller Dinge. Dörfer entstanden rund um Wasserstellen und entwickelten sich zu größeren Siedlungen, die unter der Leitung von *kgosi* (Häuptlingen) standen.

Das dörfliche Leben in Botsuana beeindruckt durch seine klaren Strukturen: Jede Familie hat einen Anspruch auf die Nutzung des Landes. Die traditionellen Wohnungen sind auf Gemeinschaft hin angelegt: Es gibt Plätze, an denen man zusammen die Mahlzeiten einnimmt, und separate Schlafhütten, manchmal für mehrere Mitglieder einer Familie. Der Kgotla ist die wichtigste Einrichtung in jedem Ort, denn hier werden soziale Fragen und Rechtsstreitigkeiten erörtert und entschieden.

Heute verschwinden die Lehmziegelbauten allmählich, aus Dörfern werden moderne Städte – trotzdem haben die überkommenen Strukturen überlebt, und das Alltagsleben ist immer noch sehr von der Gemeinschaft geprägt. Die Familie ist den Menschen am wichtigsten; bei aller Geschäftigkeit geht es dort aber immer noch recht entspannt und gemächlich zu. Auch in Büros und Läden verbringen die Menschen viel Zeit damit, einander zu begrüßen, miteinander zu plaudern und sich nach dem Befinden des anderen zu erkundigen. Vielleicht hat dieses Gemeinschaftsgefühl dazu beigetragen, dass Botsuana wie eine Insel des Friedens inmitten eines krisengeschüttelten Kontinents wirkt.

Ähnlich wie in Namibia ist das richtige Begrüßen in Botsuana außerordentlich wichtig. Wer seinen Gesprächspartner mit einem freundlichen

Beim Besuch einer ländlichen Siedlung ist es ratsam, sich beim Dorfältesten vorzustellen und ihn um Erlaubnis zu bitten, falls man irgendwo zelten möchte. Frauen sollten auf dezente Kleidung achten, vor allem in Dörfern und in Gegenwart des Ältesten.

Unter www.thevoicebw.
com erfährt man, was in
der Szene von Botsuana
gerade angesagt oder
schon wieder aus der
Mode ist.

„Dumela" und einem nachfolgenden „rra" (für Männer) oder „mma" (für Frauen) begrüßt, erhält mit Sicherheit eine ausführlichere Antwort. Beide Hände zu schütteln (die linke Hand liegt auf dem rechten Ellbogen) ist besser, als dem anderen nach westlicher Art nur eine Hand zu reichen. Auch wenn man jemandem Geld gibt, liegt die linke Hand am besten auf dem Ellbogen.

Weitere Hinweise auf richtiges Grüßen siehe Kasten S. 65.

WIRTSCHAFT

Im Verzeichnis wirtschaftlich unterentwickelter Länder, das leider so viele Einträge aus Afrika enthält, stellt Botsuana eine rühmliche Ausnahme dar. Botsuana ist nämlich bekannt für seine kompetente Regierungspolitik und die geringe Korruption: Auf dem von Transparency International veröffentlichten Korruptions-Index steht Botsuana in der Gruppe der afrikanischen Staaten regelmäßig ganz weit unten. Diese Bewertung hat ausländisches Kapital ins Land gelockt – und trägt zum verbreiteten Optimismus bei. Dabei spielt keine Rolle, dass die meisten Batswana immer noch in ländlichen Gebieten leben und vollständig von Ernteerträgen und Viehhaltung abhängen – obwohl nur 0,7 % der Landesfläche wirklich kultivierbar sind.

Wer ein paar Brocken
Tswana lernen möchte,
greift am besten zu zwei
englischen Büchern: First
Steps in Spoken Setswana
oder Setswana-English
Phrasebook.

Die meisten Menschen messen den Grad ihres persönlichen Erfolges immer noch an der Größe des eigenen Viehbestands; das Fleisch ist allerdings meistens für den Export bestimmt. Der wichtigste Industriezweig des Landes ist nach wie vor die Diamantgewinnung.

Seit den frühen 1980er-Jahren ist Botsuana der größte Diamantexporteur der Welt; hier wird rund ein Viertel des Diamantvorkommens der Erde zutage gefördert. Jwaneng ist die diamantreichste einzelne Mine auf Erden; die Edelsteine werden hier seit 1982 abgebaut. Mit Ausnahme der Mine von Lerala, die 2008 ihren Betrieb aufgenommen hat, liegt die gesamte Diamantindustrie des Landes in den Händen von Debswana, einem Joint-Venture-Unternehmen, an dem die Regierung von Botsuana und das südafrikanische Unternehmen De Beers beteiligt sind. Die mit den Diamanten erwirtschafteten Gewinne hat die Regierung einigermaßen gerecht der vergleichsweise kleinen Landesbevölkerung zukommen lassen – ein Musterbeispiel für einen vernünftigen Umgang mit Ressourcen und kluges Reinvestieren von Kapital, das in Afrika seinesgleichen sucht. Kein Wunder also, dass sich die Hauptverwaltung der Südafrikanischen Entwicklungsgemeinschaft SADC, an der 14 Staaten beteiligt sind, in Gaborone niedergelassen hat.

Bodenschätze allein garantieren indes noch keine dauerhafte wirtschaftliche Stärke, und so steht das Land eigentlich ständig vor der Frage, wie die Wirtschaft sich in Zukunft weiterentwickeln könnte. Neben Finanzdienstleistungen trägt vor allem der Tourismussektor zur weiteren Entfaltung des Wirtschaftswachstums bei. Natürlich kann Botsuana sich in diesem Bereich noch nicht mit dem Renommee und den Hotelkapazitäten der großen Tourismusländer Kenia und Südafrika messen, doch das Land arbeitet daran, den Rückstand auf die Mitbewerber zu verringern. Und da so große Teile des Staatsgebietes landwirtschaftlich überhaupt nicht nutzbar und äußerst dünn besiedelt sind, hat man hier auch weniger Probleme damit, große Areale als Schutzgebiete auszuweisen.

Der statistische Durchschnitts-Motswana verfügt über ein Pro-Kopf-Jahreseinkommen von 14 300 US\$. In Namibia liegt das Einkommen nur bei 5200 US\$, in Sambia bei 1400 US\$, und in Simbabwe hat der Einzelne sogar nur bescheidene 200 US\$ zur Verfügung. Was die Lebensqualität in Botsuana angeht, sprechen diese Zahlen eigentlich für sich. Natürlich ist die Frage der künftigen Wirtschaftsentwicklung und der Entwicklung neuer Branchen durchaus wichtig, vergleicht man Botsuana aber mit den Nachbarländern, wird die Diskussion über die Erhaltung des Wohlstands doch auf einer sehr komfortablen Grundlage geführt.

BEVÖLKERUNG

2009 ergab eine Schätzung der Bevölkerung knapp zwei Millionen Einwohner, wobei schon berücksichtigt wurde, dass Botsuana unter einer der höchsten Aids-Infektionsraten weltweit zu leiden hat. Seit Anfang der 1990er-Jahre ist die Geburtenrate deshalb von 3,5 % auf ca. 2,3 % gesunken, und eine Zeitlang war der Bevölkerungszuwachs sogar negativ – 2006 lag er bei –0,04 %. Mittlerweile beträgt der Zuwachs allerdings wieder 1,9 %. Glaubt man den amtlichen Zahlen, ist die Lebenserwartung von 49 Jahren zu Beginn der Unabhängigkeit (1966) auf 70 Jahre Mitte der 1990er-Jahre gestiegen. Aufgrund dieser Entwicklung dürfte man normalerweise vermuten, dass die Lebenserwartung heute bei rund 74 Jahren liegen müsste, also auf gleicher Höhe etwa mit den USA. In Wirklichkeit beträgt die Lebenserwartung heute aber nur noch 62 Jahre, und auch das ist schon ein erstaunlicher Erfolg, denn 2006 war diese Zahl auf 33 Jahre gesunken. Die positive Entwicklung lässt sich wohl auf den vernünftigen Umgang der Regierung mit der Aids-Problematik zurückführen: auf den Einsatz von Aids-Medikamenten, die Verteilung von Kondomen und die Durchführung von Aufklärungskampagnen.

Botsuanas Hinwendung zu einem europäisch geprägten Regierungssystem und einer kapitalistischen Wirtschaft hat eine Landflucht ausgelöst; große Teile der Bevölkerung sind auf der Suche nach Arbeitsplätzen in die Städte gezogen. Botsuana zählt heute zu den am stärksten urban geprägten Ländern der Welt; fast 60 % der Bevölkerung leben in städtischen Ballungsgebieten, vor allem im Osten des Landes. Wie überall in Afrika ist die Bevölkerung relativ jung – das Durchschnittsalter liegt bei nur 21,7 Jahren.

DIE MENSCHEN IN BOTSUANA

Alle Bewohner des Landes, unabhängig von Hautfarbe, Herkunft und Stammeszugehörigkeit, nennen sich Batswana (Plural) bzw. Motswana (Singular).

BILDUNG: MENSCHENRECHT ODER PRIVILEG?

Die Briten kümmerten sich wenig um die Bildung der einheimischen Bevölkerung von Botsuana. Als die britische Kolonie 1966 in die Unabhängigkeit entlassen wurde, gab es im ganzen Land nur einige wenige weiterführende Schulen, und die Analphabetenrate lag bei 85 %.

Bildung war also ein dringendes Bedürfnis, aber wie sollte ein so armes und unterentwickeltes Land diese Aufgabe bewältigen? Zum Glück wurden reiche Diamantvorkommen entdeckt, und die Regierung investierte diese unerwarteten Einnahmen in den 1970er-Jahren in den Aufbau eines gegliederten Schulsystems. Schon 1981 nahmen 84 % der Kinder im Primarschulalter am Unterricht teil, weiterführende Bildungsgänge wurden ebenfalls eingerichtet. 1987 schaffte die Regierung sogar das Schulgeld ab, um noch mehr Kindern eine Schulbildung zu ermöglichen.

Allerdings scheinen die Diamantvorkommen allmählich erschöpft zu sein, und so wurden nach heftigen Debatten im Januar 2006 wieder Gebühren eingeführt, die zumindest einen Teil der Unterrichtskosten decken. Rund 5 % dieser Kosten tragen also nun wieder die Eltern – das sind 194 Pula pro Kind in der Sekundarstufe und 452 Pula in der Senior Secondary School.

Die Beträge erscheinen moderat, und doch können viele Menschen sich den Schulbesuch ihrer Kinder nun nicht mehr leisten. Die Opposition wies darauf hin, dass beinahe ein Drittel der Bevölkerung immer noch unterhalb der Armutsgrenze lebt.

Der damalige Bildungsminister Jacob Nkate beharrte aber darauf, dass er angesichts schwindender Einnahmen keine andere Wahl habe. Am Konzept der Bildung für alle hält er jedoch unverändert fest. Gegenwärtig erprobt man eine Kompromisslösung, wonach zumindest den Ärmsten der Armen im Land das Schulgeld erlassen wird.

In der Amtssprache Tswana beginnt der Name einer Stammesgruppe immer mit der Vorsilbe „ba" – das bedeutet: „das Volk von". Demzufolge heißen die Herero auf Tswana Baherero, die Kgalagadi sind Bakgalagadi – und so weiter. Die acht wichtigsten Volksgruppen des Landes sind im House of Chiefs vertreten, der zweiten gesetzgebenden Kammer.

Batswana

Botsuana bedeutet „Land der Tswana", und rund 60 % der Bevölkerung rechnen sich den Tswana zu. Deren Herkunft ist leicht festzustellen (s. S. 281): Als Bauern mit eigenem Land besaßen die Tswana klar abgegrenzte Gebiete. Die Bangwato siedelten vor allem im Bereich um Serowe, die Bakwena in und um Molepolole und die Bangwaketse bei Kanye. Eine Aufspaltung der Bangwato führte schließlich zur Bildung einer vierten Gruppe, der Batawana, die vor allem in der Nähe von Maun im Nordwesten leben.

Bakalanga

Die zweitgrößte Volksgruppe in Botsuana ist die der Bakalanga. Auch die Bakalanga waren einflussreiche Landbesitzer. Sie führen ihre Herkunft auf das Reich von Rozwi zurück, jene Kultur, die einst auch Groß-Simbabwe hervorgebracht hat. In den Wirren der Kolonialzeit teilten die Bakalanga sich in zwei Gruppen auf; 75 % leben heute in Westsimbabwe. In Botsuana wohnen die meisten von ihnen, wenn auch nicht alle, in der Gegend rund um Francistown.

Herero

Die Begrüßungsformeln *dumela rra* (gegenüber einem Mann) oder *dumela mma* (gegenüber eine Frau) gelten als Komplimente, und man sollte reichlich Gebrauch davon machen.

Die Herero stammten ursprünglich vermutlich aus Ost- oder Zentralafrika. Im frühen 16. Jh. überschritten sie den Okavango und wanderten in den Nordosten Namibias ein. 1884 annektierte Deutschland Südwestafrika (das heutige Namibia) und verdrängte die Herero systematisch von ihrem Weideland. Es kam zu jahrelangen Konflikten, die schließlich in einem regelrechten Völkermord an den Herero gipfelten. Die Überlebenden Herero flohen über die Grenze nach Botsuana (s. Kasten S. 58–59).

Die Flüchtlinge siedelten im Land der Batawana. Anfangs wurden sie unterdrückt, im Laufe der Zeit erhielten sie dann aber ihre Freiheit zurück und durften eigene Herden halten. Heute zählen die Herero zu den wohlhabendsten Viehhirten des Landes.

Basubiya

Bei den Basubiya, Wayeyi und Mbukushu handelt es sich um Stämme, die vornehmlich an den Flüssen Chobe und Linyanti und im Gebiet des Okavango siedeln. Ihre Geschichte und ihre Wanderungen sind ein Musterbeispiel für Aufstieg und Verfall von Macht und Einfluss. Lange Zeit besaßen die Basubiya die größte Macht; nach kleineren Streitigkeiten vertrieben sie die Wayeyi vom Chobe zum Okavango (so lautet zumindest die Überlieferung). Die Basubiya betrieben Landwirtschaft und konnten sich gegen das näherrückende Reich von Lozi (auf dem Gebiet des heutigen Sambia) nicht mehr zur Wehr setzen; dieses Reich fand dann 1865 selbst sein Ende. Die Basubiya leben immer noch am Chobe.

Wayeyi (Bayei)

Die Wayeyi stammten ursprünglich aus den gleichen Gebieten in Namibia und Angola wie die Mbukushu. Mitte des 18. Jhs. zogen sie vom Chobe ins südlich gelegene Okavango-Delta, um den Konflikten mit den Basubiya auszuweichen. Sie ließen sich zunächst am Ngami-See nieder und verteilten sich anschließend über das Deltagebiet. Zur gleichen Zeit drangen damals die Bangwato (eine Abspaltung von den Batswana) nach Norden vor und gerieten in Kontakt mit den Wayeyi. Im Laufe der Zeit spielten die Neuankömmlinge sich dann gelegentlich als Herren auf, weshalb viele Wayeyi bis heute nicht gut auf die Bangwato zu sprechen sind.

1948 und 1962 unternahmen die Wayeyi zwei erfolglose Versuche, sich aus dem Herrschaftsbereich der Batswana zu befreien. 1995 gingen sie dieses Ziel ein wenig geschickter an und gründeten die Kamanakao Association, als deren Zweck Schutz und Fortentwicklung der Sprache und Kultur der Wayeyi bestimmt wurden. Anschließend besannen sie sich auf ihr altes System der Häuptlinge bzw. Dorfältesten, und am 24. April 1999 wählten die Wayeyi Calvin Diile Kamanakao zu ihrem Chief Kamanakao I. und forderten dessen Aufnahme in das House of Chiefs. Nachdem die Regierung diesen Vorschlag 2001 zurückgewiesen hatte, brachten die Wayeyi ihr Anliegen vor den Obersten Gerichtshof, der dann auch urteilte, dass Oberhäupter, die von ihren eigenen Stämmen oder Völkern gewählt wurden, ins House of Chiefs einzulassen seien. 2008 nahm der damalige Präsident Festus Mogae daher Shikati Fish Matepe Ozoo in dieses Gremium auf. Mittlerweile hat der Hohe Flüchtlingskommissar der Vereinten Nationen allerdings darauf hingewiesen, dass die meisten Kinder der Wayeyi ihre Muttersprache nicht mehr beherrschen, sodass die Anerkennung als eigene ethnische Gruppe in Zukunft fraglich werden könnte.

Über eine der aufregendsten Liebesgeschichten, die gleichzeitig zum politischen Skandal wurde, informiert Seretse and Ruth: Botswana's Love Story *von Wilf und Trish Mbanga.*

Mbukushu (oder Hambukushu)

Die Mbukushu, die heute in Ngamiland rund um das Okavango-Delta ansässig sind, kamen eigentlich als Flüchtlinge aus dem Caprivistreifen im nordöstlichen Namibia hierher. Ende des 18. Jhs. wurden sie nämlich von den Truppen des Lozi-Reiches unter Chief Ngombela aus ihrer Heimat vertrieben. Die Mbukushu zogen zunächst ins südöstliche Angola, etwa nördlich des heutigen Andara (Namibia). Dort begegneten sie portugiesischen und afrikanischen Händlern, die den Stammesoberhäuptern Männer abkauften, die sie dann ihrerseits als Sklaven weiterverkauften. Um diesem Schicksal zu entgehen, flohen viele Mbukushu an den Okavango, wo sie sich mit den Batawana mischten. Heute leben viele von ihnen in den Dörfern Shakawe und Sepopa und deren Umgebung.

San

Die Vorfahren der San hatten einst fast ganz Afrika besiedelt. Mit Sicherheit lebten sie schon vor 30 000 Jahren in der Kalahari und in den Tsodilo-Hügeln; das lässt sich aus archäologischen Funden schließen. Einige Sprachwissenschaftler schreiben ihnen sogar die „Erfindung" der Sprache zu. Im Unterschied zu den meisten anderen Ländern Afrikas, wo die San – ehemals „Buschmänner" genannt – schon vor langer Zeit verschwunden sind oder in anderen Völkerschaften aufgingen, konnten sich San-Gemeinschaften in Namibia und Botsuana bis heute halten: insgesamt allerdings kaum mehr als 100 000 Menschen, wobei Mischlinge schon mitgezählt sein dürften. Davon leben ca. 60 % in Botsuana (dort stellen die !Kung, G//ana, G/wi und !xo die größten Gruppen) und 35 % in Namibia (die Naro, !Xukwe, Hei// kom und Ju/hoansi). Die restlichen 5 % sind über Südafrika, Angola, Simbabwe und Sambia verstreut.

Über das Leben in einem Batswana-Dorf erfährt man einiges in Beassie Heads Serowe: Village of the Rain and Wind. *Mehrere Werke der Autorin sind auch in deutscher Übersetzung erhältlich.*

VERGANGENE ZEITEN

Die San lebten traditionell als nomadische Sammler und Jäger; sie zogen in kleinen Familienverbänden von etwa 25 bis 35 Angehörigen durch klar begrenzte Landstriche. Es gab keine Oberhäupter und keinerlei Hierarchie unter ihnen, und alle Entscheidungen mussten durch Zustimmung der

Sippe herbeigeführt werden. Da sie kein Vieh hielten, keine landwirtschaftlichen Produkte anbauten und auch kaum über Eigentum verfügten, waren die San außerordentlich mobil. Alles, was sie für ihren unmittelbaren Lebensunterhalt benötigten, trugen sie bei sich.

Diese enorme Beweglichkeit ermöglichte es den San anfangs, sich jeder „Eroberung" und Kontrolle zu entziehen. Als aber mächtige Volksstämme mit großen Viehherden, die zudem Ackerbau trieben, in die Gebiete der San eindrangen, waren Landstreitigkeiten unausweichlich. Denn die nomadische Lebensweise der San – manche ihrer Territorien erstreckten sich über mehr als 1000 km^2 – passte in keiner Weise mehr zur Welt der sesshaften Bauern, und erbittert ausgetragene Konflikte waren die Folge. Verschärft und beschleunigt wurde diese Krise noch durch die Ankunft der europäischen Kolonisatoren Mitte des 17. Jhs. Die Buren verfolgten anfangs zunächst eine Politik der gnadenlosen Ausrottung der einheimischen Bevölkerung; im Verlauf von 200 Jahren töteten sie rund 200 000 Menschen.

Nach solchen schwerwiegenden Konflikten um ihr Land und nach Jahren einer modernen Politik, bei der dem Schutz der Wildbestände der Vorrang eingeräumt wurde, fühlen sich die San zunehmend enteignet und entrechtet. Und da ihre sozialen Strukturen sehr locker sind, fällt es ihnen schwer, den notwendigen Widerstand zu organisieren und ihre Ansprüche so wirkungsvoll in der Öffentlichkeit zu vertreten, wie andere Gruppen dies erfolgreich getan haben.

KAMPF UMS CKGR

Heutzutage leben die meisten San in sehr verarmten Verhältnissen. Viele arbeiten für ein geringes Entgelt auf großen Farmen und wohnen in schmutzigen, von Zuwendungen abhängigen Siedlungen an Wasserstellen und Bohrlöchern in Westbotsuana und im Nordosten Namibias. Alkoholismus ist dort zum weitverbreiteten Problem geworden. Auf politischer Ebene wird darüber heftig darüber debattiert, welche Stellung den San in der modernen afrikanischen Gesellschaft eigentlich noch zukommen könnte.

Fast alle San in Botsuana und Namibia wurden von den Regierungen bereits aus dem angestammten Land ihrer Ahnen vertrieben und in neu errichteten Dörfern wie New Xade in der Kalahari angesiedelt. Für die gegenwärtige Regierung von Botsuana ist das ein besonders heikles Thema, denn 2006 hat der UN-Ausschuss gegen Rassendiskriminierung diese Zwangsumsiedlung bereits scharf verurteilt. Die Regierung hält argumentativ dagegen, alle ergriffenen Maßnahmen dienten ausschließlich dem Wohlergehen der San (s. dazu auch die amtliche Website www.gov.bw). Die mantraartig wiederholten magischen Worte lauten in dem Zusammenhang immer „Entwicklung", „Bildung" und „Modernisierung". Das Problem dabei ist nur, dass viele San sich einer solchen verordneten Modernisierung entschieden widersetzen und das Land ihrer Väter und ihre Traditionen nicht dafür aufgeben wollen.

In diesem Zusammenhang hat der Oberste Gerichtshof von Südafrika 2003 ein wegweisendes Urteil zugunsten der Richtsveld-Bewohner gesprochen (das ist eine den San verwandte Volksgruppe in der südafrikanischen Provinz Nordkap). Das Gericht hat in seinem Urteil erstmals den gemeinschaftlichen Landbesitz der Ureinwohner und ihr Recht über die Bodenschätze in ihrem Territorium anerkannt. Das Urteil könnte weitreichende Folgen für Länder wie Botsuana haben, die dem gleichen Rechtssystem verpflichtet sind.

Die Organisation First People of the Kalahari (FPK) zog ebenfalls gegen die Umsiedlungspraxis der Regierung vor Gericht; rund 1000 San hatten den Prozess unterstützt. Noch während des laufenden Verfahrens versuch-

Die Bezeichnung „Basarwa" für die San gilt als abwertend. Wörtlich bedeutet sie „Menschen mit Stöcken".

Noch 1910 baten die Farmer von Grootfontein (Namibia) die örtliche Verwaltung darum, die San als vogelvrei zu klassifizieren – denn dann durfte man sie das ganze Jahr über abschießen.

ten viele San, wieder zurück in ihre alte Heimat im Central Kalahari Game Reserve (CKGR) zu ziehen, sie wurden aber erneut aus dem Naturschutzgebiet vertrieben. Im Dezember 2006 urteilte der Oberste Gerichtshof dann, dass die Vertreibung der San „gesetzwidrig und verfassungswidrig" sei. Ein mit dem Fall beschäftigter Richter erklärte sogar, den San die Jagd in ihrem eigenen Land zu verbieten sei gleichbedeutend mit der Verhängung der Todesstrafe durch Verhungern.

AUSBLICK IN DIE ZUKUNFT

Die Zukunft der San bleibt trotzdem weiter ungewiss. Denn ein großes Dilemma Afrikas im 21. Jh. steckt hinter der Frage, wie man die alten Kulturen und Traditionen erhalten will, wenn man sich gleichzeitig der Moderne zuwendet.

Vorbilder und vergleichbare Fälle aus der Weltgeschichte, etwa das Schicksal der nordamerikanischen Indianer, der Innu in Kanada oder der Aborigines in Australien, sind leider wenig ermutigend. Doch immerhin werden Proteste, die Minderheitenvertretern wie der **WIMSA** (Working Group for Indigenous Minorities of Southern Africa; www.san.org.za) in den Medien vortragen, international immer deutlicher wahrgenommen und diskutiert.

Der aufkommende Tourismus hilft den San durchaus, denn in vielen Lodges in Ghanzi und in der Kalahari arbeiten San als Fremdenführer und Fährtensucher. Sicherlich berechtigt ist aber auch der Hinweis, dass das Überleben dieser Gruppe im 21. Jh. nicht nur von internationaler Unterstützung abhängen darf, sondern dass die Anerkennung seitens der Regierung in Gaborone unerlässlich ist.

RELIGION

Der anglikanische Priester John Mbiti erklärte einmal, alle Afrikaner seien von Grund auf religiös. Das gilt auch für Botsuana: Die Gesellschaft ist sehr stark von einer Spiritualität getragen, die teils christlich ist, teils aber auch im überkommenen afrikanischen Glauben wurzelt. Für die meisten Batswana ist Religion ein ganz wichtiger Teil ihres Lebens – sie gibt der Gesellschaft ihren Halt und setzt das Leben des Einzelnen in Bezug zu einer höheren Ordnung.

Bei den ursprünglichen Stammesreligionen handelte es sich eher um kultische Handlungen, die mit der Ahnenverehrung zu tun hatten. Die Batswana huldigten Modimo, einem höchsten Wesen, das die Welt erschaffen hat und die Ahnen repräsentierte. Andere ethnische Gruppen überliefern teilweise etwas unterschiedliche kosmologische Sichtweisen, doch die Mehrzahl der Religionen im Land kennt ein allmächtiges Wesen (bei den San ist das beispielsweise N!odima, bei den Herero Ndjambi), und es gibt Rituale zur Besänftigung der Ahnen, die nach dem Glauben der Menschen aktiv am Alltagsleben der Nachkommen teilnehmen.

Im Lauf des 19. Jhs. kamen christliche Missionare ins Land; ihre völlig neuartigen Lehren traten an die Stelle der einheimischen Gebräuche. Die Missionare richteten die ersten Schulen ein und trugen damit zur Verbreitung der christlichen Botschaft bei.

Heute bekennen sich rund 30 % der Batswana zum Christentum (die meisten sind katholisch oder anglikanisch). Etwa 60 % praktizieren die Afrikanische Religion – die ist vereinfacht dargestellt eine Mischung aus den Ritualen der heimischen Ahnenverehrung und Elementen der christlichen Liturgie. Diese Glaubensrichtung verteilt sich auf verschiedene Kirchen, darunter die Heilende Kirche von Botsuana, die Zionist Christian Church und die Apostolic Faith Mission. Ihre Anhänger hat die Afrikanische Religion vor allem im ländlichen Raum.

Wer Einblicke in die Welt der San gewinnen möchte, folgt am besten dem Jäger !Nqate in Craig and Damon Fosters Film *The Great Dance*. Bei diesem faszinierenden Filmprojekt waren Angehörige der San-Gemeinschaft an jedem Schritt der Produktion beteiligt – bei der Aufnahme ebenso wie beim Schneiden.

Keine Ahnung von afrikanischen Religionen? Dann hilft einem Chidi Isizohs religiöse Homepage www.afrikaworld.net/afrel auf die Sprünge – mit Wissenswertem über Hochzeiten, Musik und Mythologie.

FRAUEN IN BOTSUANA

Botsuana gilt als bewundernswert friedliches afrikanisches Land, doch Gewalt gegenüber Frauen ist dort erschreckenderweise immer noch an der Tagesordnung. In einer Befragung durch die **Women's International League for Peace and Freedom** (www.peacewomen.org) erklärten 86 % Gewalt gegenüber Frauen zu einem gesellschaftlichen Problem, und 88 % sahen diese Gewalt sogar noch auf dem Vormarsch. Für mehr als 60 % bestand diese Gewalt vor allem aus Schlägen und Körperverletzung; 47 % nannten Vergewaltigungen. Jede dritte Befragte kannte zumindest eine Frau, die wegen Gewalttaten von Zuhause geflohen war.

Wer seine Frau schlägt, verweist oft zur „Entschuldigung" auf die traditionelle Kultur, die es den Männern nun einmal gestatte, ihre Frauen zu „züchtigen". Monica Tabengwa, Direktorin des Metlhaetsile Women's Information Centre, erklärte dazu: „Die meisten Frauen erwarten einfach, dass sie geschlagen werden, und die meisten Männer halten es für ihre Pflicht, ihre Frauen zu schlagen."

Hinzu kommt, dass Vergewaltigungen zwar auch in Botsuana gesetzlich verboten sind, Vergewaltigung in der Ehe aber tabu bleibt. Auf Vergewaltigung stehen 10 Jahre Gefängnis; daraus werden 15 Jahre plus körperliche Züchtigung, wenn der Täter HIV-positiv ist, und sogar 20 Jahre, wenn der Täter zum Zeitpunkt der Vergewaltigung von dieser gefährlichen Erkrankung wusste.

Frauen, die nach alter Sitte geheiratet werden, gelten als rechtlich minderwertig. Laut Auskunft des **Social Institutions and Gender Index** (http://genderindex. org) dürfen sie ohne Zustimmung ihres Mannes kein Eigentum – mit Ausnahme von Land – erwerben, sie können keine Bankgeschäfte tätigen und keine rechtlich bindenden Verträge abschließen. Viele Frauen lehnen diese traditionelle Form der Ehe daher mittlerweile ab.

Mädchen haben zwar auf dem Papier einige Rechte, sie lernen jedoch vor allem, dass es nicht toleriert wird, wenn sie offen Themen ansprechen, die in den Bereich der Sexualität fallen. Müttern wurde schon immer beigebracht, „Familiengeheimnisse" um jeden Preis zu bewahren – sodass Missbrauch kaum aufgedeckt werden kann. Auch wird davon berichtet, dass sich zunehmend ältere Männer die „Gunst" jüngerer Frauen durch wirtschaftliche Absicherung oder akademische „Hilfestellungen" erkaufen. Frauenorganisationen schätzen, dass eine von fünf Schülerinnen oder Studentinnen von einem ihrer Lehrer bereits zu einem erotischen Abenteuer aufgefordert wurde, und etwa die Hälfte von ihnen dürfte auf diesen Vorschlag eingegangen sein. Erschreckend, dass offenbar 14 % dieser Fälle sich bereits in Primarschulen ereignen sollen.

In einer Rede zum Welt-Aids-Tag 2005 machte Präsident Mogae ein wirtschaftliches Ungleichgewicht, fehlende Rechte sowie Ungleichheit und Gewalt zwischen den Geschlechtern für die ansteigende Rate der Aids-Infektionen bei 15- bis 19-jährigen Mädchen verantwortlich. Der Präsident appellierte eindringlich an jeden Batswana, moralisch und verantwortungsvoll zu handeln und diesem Missbrauch ein Ende zu setzen.

KUNST & KULTUR

Die ersten Künstler des Landes stammten aus dem Volk der San; sie zeichneten die Welt, in der sie lebten, an die Felswände rund um ihre Behausungen. Außerdem waren sie handwerklich geschickt: Sie stellten Werkzeuge, Musikinstrumente und andere Gegenstände aus Holz, Leder und aus den Schalen von Straußeneiern her. Dieser künstlerische Zug bei der Gestaltung einfachster Gebrauchsgegenstände – Tassen, Stoffe, Körbe oder Werkzeuge – gehört zum wichtigsten kulturellen Erbe Botsuanas (und ganz Afrikas).

Seit 1998 ist Botsuana auf dem UN-Entwicklungsindex in Sachen Lebensqualität um sage und schreibe 35 Plätze nach vorn gerückt. 2005 stand das Land auf Platz 131 (von 177 bewerteten Ländern).

Über die Haltung Botsuanas in kontrovers diskutierten Menschenrechtsfragen informiert die Webseite der Anwaltsvereinigung Ditshwanelo (www.ditshwanelo. org.bw).

AIDS: DIE GEISSEL DES SÜDLICHEN AFRIKA

Im südlichen Afrika leben zwar nur ungefähr 11 % der Weltbevölkerung, doch zählt man hier 67 % aller HIV-Infektionen weltweit. 24 der am schlimmsten von der Seuche heimgesuchten Länder befinden sich in Afrika, und Botsuana nimmt darunter sogar den zweiten Platz ein. Laut Aussagen von UNAIDS und der Weltgesundheitsorganisation sind fast 24 % aller Batswana HIV-positiv; mehr als die Hälfte davon sind Frauen.

Botsuana ist fast schon ein Symbol für die furchtbare Bedrohung, die das Aids-Virus auch für die wirtschaftliche Entwicklung Afrikas im 21. Jh. darstellt. Das Land ist reich mit Diamantvorkommen gesegnet; seit der Unabhängigkeit ist die Wirtschaft deshalb enorm gewachsen, und viele Tausend Batswana erarbeiten sich mittlerweile ein Einkommen, das sich am Niveau von Industriestaaten messen lässt. Trotz allem aber fallen jährlich 11 000 Menschen dem Virus zum Opfer. 2001 warnte der damalige Präsident Festus Mogae sogar, sein Volk stehe vor der Ausrottung, sollte die Ausbreitung der Krankheit sich nicht aufhalten lassen.

Besonders bedrohlich am Aids-Virus ist der Umstand, dass es Afrika und Botsuana mit jedem Tag ärmer macht – denn die Krankheit befällt die Menschen in ihren besten und produktivsten Jahren. Aktuellen Gutachten zufolge könnte die Wirtschaft im südlichen Afrika bis 2010 sogar um 17 % an Wertschöpfung einbüssen.

Eine Lösung gibt es zwar bis heute nicht, doch Botsuana hat immerhin Schritte eingeleitet, um die Entwicklung zu bremsen – und hat damit etwas im südlichen Afrika Einzigartiges geleistet. 2001 führte Botsuana als erstes afrikanisches Land eine landesweite Aidstherapie durch, und bis heute ist Botsuana eines der wenigen Länder, die allen erkrankten Bürgern eine kostenlose Behandlung anbietet. Zudem hat die Regierung sich das ehrgeizige Ziel gesetzt, die weitere Ausbreitung der Seuche bis 2016 in den Griff zu bekommen.

Diese Gesundheitspolitik trägt bereits erste Früchte. Die statistische Lebenserwartung, die schon auf dramatische 33 Jahre abgesunken war, liegt bereits wieder bei 62 Jahren. 2008 schätzte UNAIDS, die medizinische Versorgung mit Aids-Medikamenten habe 91 780 Personen erreicht, und die Rate der Weitergabe des Virus von Müttern an ihre Kinder, die vorher zwischen 20 und 40 % gelegen hatte, sei auf 4 bis 6 % gesunken. Überall in Gaborone sieht man verschiedener Plakate, die auf die Gefahren der Aids-Übertragung aufmerksam machen.

Für Entwarnungen ist es aber noch viel zu früh. Mitarbeiter medizinischer Hilfsdienste in Gaborone haben während der Recherchen für dieses Buch berichtet, die Ausgabe von Aids-Medikamenten führe mitunter schon wieder zu einem Gefühl falscher Sicherheit, und manche verzichteten deshalb bereits wieder auf die gebotenen Vorsichtsmaßnahmen. Eine Gefahr stellt auch das berufsbedingte Pendeln zwischen Stadt und Land dar, denn auf diese Weise wird der Erreger von einer Region zur anderen getragen.

Weitere Informationen über die Auswirkungen von Aids auf die Länder des südlichen Afrika findet man auf den Websites www.unaids.org, www.avert.org und www.who.int.

Die heutige Kunstszene des Landes beschränkt sich freilich nicht ausschließlich aufs reine Kunsthandwerk; es gibt hier zunehmend auch sehr talentierte Maler und Bildhauer.

Architektur

Die traditionelle Bauweise ist schön und kompakt und fügt sich in die Landschaft. Ein typisches Dorf war groß und dicht besiedelt; es bestand aus Hunderten runder Lehmziegelhäuser (*ntlo* oder *rondavel*), das Dach war mit *motshikiri*, einem speziellen Schilf, gedeckt.

Der Rohstoff für die Ziegel stammt im Idealfall aus dem betonartigen Baumaterial der Termitenbauten, das mit Erde und Kuhdung vermischt wird. Außen wird häufig eine Farbe aufgetragen; sie besteht ebenfalls aus Kuhdung, in den farbige Erde eingerührt wird. Die Farbe wird dann von Hand auf die Wand des Hauses aufgetragen, das phantasievolle Design nennt sich Lekgapho.

Auch das Eindecken der Dächer ist eine recht komplizierte Angelegenheit. Die Dachsparren aus sehr solidem Holz werden durch biegsame Zweige miteinander verbunden und dann dicht mit einem speziellen Gras bedeckt. Das Ganze wird dann mit einer Mischung aus Öl und Asche bestrichen, um Termiten fernzuhalten. Ein gut gedecktes Dach hält 5 bis 15 Jahre, eine Rundhütte kann 30 Jahre oder älter werden.

Heutzutage entscheiden sich allerdings die meisten Bauherren für Zement als modernes Baumaterial für ihre Häuser; die traditionelle Bauweise mit ihrem überaus farbenfrohen Dekor wird also möglicherweise allmählich aussterben. Einige sehr schöne Beispiele dieser alten Baukunst sind in dem – englischsprachigen – Buch *Decorated Homes in Botswana* von Sandy und Elinah Grant festgehalten und beschrieben.

Vor Ort ist die heimische Architektur besonders in Mochudi (s. S. 323) bei Gaborone zu besichtigen.

Traditionelle Kunst & Kunsthandwerk

Berühmt ist Botsuana vor allem für die Korbwaren, die im Nordwesten des Okavango-Deltas von den Frauen der Wayeyi und Mbukushu hergestellt werden. Wie so viele afrikanische Gebrauchsgegenstände dienen sie einem praktischen Zweck und beeindrucken gleichzeitig durch ihre raffinierte Gestaltung und das phantasievolle Design – bestimmte Muster heißen z. B. „Tränen der Giraffe" oder „Flug der Schwalben".

Im feuchten Deltagebiet dienen diese Körbe als wasserdichte Behältnisse für Getreide; das Gewebe ist so eng geflochten, dass einige sogar als Bierkrüge benutzt werden. Als Material werden die Blätter der Fächerpalme verwendet; farbige Körbe wurden zu diesem Zweck in natürliche pflanzliche Farbstoffe getaucht. Das Flechten der Gefäße verlangt höchste Kunstfertigkeit und stellt eine fundamental wichtige Einnahmequelle für viele Familien auf dem Lande dar.

Korbwaren kauft man am besten bei der Shorobe Baskets Cooperative (S. 368) in Shorobe, hochwertiges Kunsthandwerk bei Botswanacraft (S. 321) in Gaborone. Ansonsten sollte man Kunsthandwerk normalerweise immer dort erwerben, wo es auch hergestellt wurde – die Preise sind günstiger, und man kann sicher sein, dass das Geld auch wirklich im Ort bei den Erzeugern bleibt.

Außerdem lohnend: traditionelles Kunsthandwerk der San, z. B. Schmuck aus den Schalen von Straußeneiern. Eine gute Adresse für diese Artikel ist der Contemporary San Art Gallery & Craft Shop (S. 391) in D'kar. Wer in der Nähe von Gaborone vorbeikommt, sollte den berühmten Webern von Oodi (s. Kasten S. 325) einen Besuch abstatten.

Über Literatur, Musik und Tanz in Botsuana informieren die Kunst- und Kulturrezensionen der Zeitung *Mmegi*, die Lifestyle-Beilage des *Botswana Guardian* und die Rubrik „Read, Listen & Watch" in der *Botswana Gazette*.

Tanz

In der traditionsbewussten Stammesgesellschaft kommt dem Tanz eine große Bedeutung zu; er drückt auf symbolische Weise soziale Werte aus und markiert den Übergang von einem Lebensabschnitt in den anderen. Tanz ist darüber hinaus ein wichtiger Bestandteil der traditionellen Medizin und gehört zum Ahnenkult – Tanz ist das Medium, um mit der spirituellen Welt in Kontakt zu treten. In einer fernsehfreien Gesellschaft ist Tanz natürlich immer auch ein guter Anlass für ein Fest.

In der populären Reiseliteratur und in Filmen sind die Tänze der San am besten dokumentiert (s. S. 19). Ihre traditionellen Tänze sind vielschichtig: Beim Tanzen dankte man den Göttern für eine erfolgreiche Jagd oder genügend Regen, durch Tanz heilte man Kranke oder feierte die Aufnahme eines jungen Mädchens in den Kreis der Frauen. Beim Tanzen verwendeten die San verzierte Tanzstäbe, Fliegenwedel aus den Schwänzen von Gnus oder

Lederrasseln, die mit kleinen Steinchen oder Stücken aus Straußeneierschalen gefüllt waren.

Zu den besonders interessanten Tänzen gehört der *ndazula*, ein Regentanz, mit dem man den Göttern für eine reiche Ernte dankte. Bekannt ist auch der *borankana*, ein Tanz aus dem Süden des Landes, der aber heute überall verbreitet ist. Man sieht ihn bei Tanz- und Musikwettbewerben und bei Schüleraufführungen. *Borankana* bedeutet „traditionelle Unterhaltung"; dazu gehören die einzigartigen *setlhako*- und *sephumuso*-Rhythmen, die auch in die Musik von Künstlern wie Nick Nkosanah Ndaba Eingang gefunden haben.

Die meisten Gäste erleben traditionelle Tänze nur in eigens für Besucher arrangierten Fassungen in Luxus-Safaricamps. Authentischer sind die Tänze, die man beim Maitisong Festival (s. Kasten S. 317) zu sehen bekommt; Botsuanas größtes Kulturfestival findet Ende März in Gaborone statt.

Literatur

Das erste Buch, das in Tswana veröffentlicht wurde, war 1857 eine Übersetzung der Bibel; kurz darauf folgte der englische Klassiker religiöser Erbauungsliteratur, *The Pilgrims Progress (Pilgerreise)* von John Bunyan. Das erste bedeutende eigenständige literarische Werk des Landes war *Mhudi* (1930) aus der Feder von Sol Plaatje. Plaatje und sein Zeitgenosse LD Raditladi, Verfasser von Dramen und Liebesgedichten, übersetzten zudem die Werke Shakespeares in ihre Muttersprache.

Doch dies ist Ausnahme; Literatur aus Botsuana, die im 19. Jh. internationale Bekanntheit erlangte, bestand ansonsten aus abenteuerlichen Reiseberichten wie *The Lion Hunter of South Africa* (1856) von Roualeyn Gordon Cumming – dem Urbild der modernen Safariliteratur. Die *Missionary Travels (Zum Sambesi und quer durchs südliche Afrika)* von David Livingstone waren ebenfalls ein Bestseller – und wurden seit ihrem ersten Erscheinen 1857 immer wieder neu aufgelegt.

Die berühmteste moderne Autorin Botsuanas ist die in Südafrika geborene Bessie Head (1937–86), die ihre Heimat allerdings wegen des Apartheidsystems verließ und sich im Dorf Serowe niederließ. Viele ihrer Werke spielen in Serowe; Head schildert die Härten und die Schönheit des dörflichen Lebens in Afrika und die Landschaften ihrer Wahlheimat Botsuana. Zu ihren bekanntesten Werken zählen *Serowe – Village of the Rain Wind, When Rain Clouds Gather (RegenWolkenZeit), Maru (Maru), A Question of Power (Die Farbe der Macht), The Cardinals, A Bewitched Crossroad* und *The Collector of Treasures (Die Schatzsammlerin)*, eine Sammlung von interessanten Kurzgeschichten.

Seit den 1980er-Jahren lässt sich ein neuer Trend, eine Art Renaissance der Tswana-Literatur beobachten. Dazu haben nicht zuletzt die viel gelesenen englischen Ausgaben von Romanen wie *Love on the Rocks* (1983) von Andrew Sesinyi oder Gaele Sobott-Mogwes Kurzgeschichten *Colour Me Blue* (1995) beigetragen.

Auch *Jamestown Blues* (1997) and *Place of Reeds (Wie Schilf im Wind;* 2005) von Caitlin Davies vermitteln Einblicke in das heutige Alltagsleben in Botsuana; die Autorin war mit einem Motsuana verheiratet und lebte zwölf Jahre lang im Land. *Jamestown Blues* schildert das Leben einer Fremden aus der Perspektive eines jungen Motsuana-Mädchens. In *Place of Reeds* berichtet Caitlin Davies autobiografisch über ihr eigenes Leben als Motsuana-Ehefrau und Mutter.

Ebenfalls lesenswert sind zwei Bücher des Amerikaners Norman Rush: *Whites (Weiße oder Allein in Afrika;* 1992) ist eine Sammlung von Kurzgeschichten über das Leben in der Fremde, das preisgekrönte *Mating (Die*

Der in Simbabwe geborene Alexander McCall Smith hat in seinen bekannten Kriminalromanen – der erste davon war *The No. 1 Ladies' Detective Agency* – auch den Alltag in Botsuana festgehalten. Mehr dazu findet man unter www.mccallsmith.com. Viele dieser Romane sind auch auf Deutsch erschienen.

Eine sehr umfassende Übersicht über die afrikanische Literatur – auch über Raritäten und schwer auffindbare Romane von örtlich begrenzter Bedeutung – findet sich unter www.africabookcentre.com.

Maßnahme; 1993) erzählt lebendig vom Leben zweier Amerikaner im Botsuana der 1980er-Jahre.

Unity Dow, die erste Richterin am Obersten Gerichtshof von Botsuana, hat mittlerweile vier Bücher veröffentlicht, die sich mit sozialen Problemen des Landes befassen. In deutscher Übersetzung erschienen ist *Die Beichte.*

DICHTUNG

Wie viele afrikanische Kulturen besitzt auch Botsuana zahlreiche mündlich überlieferte Dichtungen, und ein großer Teil des literarischen Kanons, darunter uralte Mythen und Lyrik, liegt nicht in Übersetzungen vor. Eines der wenigen greifbaren Bücher in englischer Sprache ist *Bayeyi & Hambukushu: Tales from the Okavango,* herausgegeben von Thomas J. Larson; darin findet man Gedichte und Erzählungen aus der mündlich überlieferten Tradition der Okavango-Region.

Einer der wenigen Batswana-Dramatiker, dessen Stücke auch in Botsuana gespielt werden, ist Albert GTK Malikongwa; von ihm stammen z. B. *The Smell of Cowdung* und *Chief Mengwe IV.*

Der bekannteste Dichter des Landes ist sicherlich Barolong Seboni; er war bereits einmal *poet-in-residence* im schottischen Edinburgh. Seboni hat mehrere Lyrikbände veröffentlicht, darunter *Love Songs* (1994) und *Windsongs of the Kgalagadi* (1995), in denen auch die überlieferten Mythen und die Geschichte des Landes verarbeitet sind. Er arbeitet als Dozent am English Department der University of Botswana; 2004 wurde er beim achten **Poetry Africa Festival** (www.cca.ukzn.ac.za) begeistert gefeiert.

Es gibt auch in Botsuana eine engagierte Dichtung, die aktuelle Themen behandelt. *The Silent Bomb* von Billy Mosedame (1968–2004) will beispielsweise das Bewusstsein für die Aidsgefahr schärfen. Der Autor starb im Februar 2004 selbst an den Folgen einer HIV-Infektion.

Musik

Musik gehört wie der Tanz zu den ältesten Künsten Afrikas. Musikalische Ausdrucksformen kannten schon die frühen San-Gesellschaften; schon damals saßen die Männer um ihre Feuerstellen und spielten die Mbira und einfache Saiteninstrumente.

Die Musikszene von heute ist ungeheuer vielschichtig; alte und neuere Stilrichtungen verschmelzen zu großartigen neuen Mischformen. Bleibt da die alte Kultur nicht auf der Strecke, fragt man sich unweigerlich. Vielleicht; aber diese Musik hat viele neue Hörer gewonnen, denn sie ist außerordentlich reich und hat eine große Varianz.

Jazz, Reggae, Gospel und Hip-Hop sind derzeit die beliebtesten Richtungen – im Radio, aber auch in den Nachtclubs und Bars mit Livemusik hört man praktisch nichts anderes. Daneben gibt es noch Bojazz, wie die umgangssprachliche Bezeichnung für „Botswana Jazz" lautet. Star dieser Richtung ist Nick Nkosanah Ndaba, der kürzlich mit *Dawn of Bojazz* das erste Bojazz-Album vorgelegt hat, das in Botsuana produziert wurde.

Auch Ras Baxton mit seinem *tswana reggae* ist im ganzen Land sehr populär; trotzdem verdient er, wie viele andere Künstler aus Botsuana, seinen Lebensunterhalt in Südafrika. Überall im Land bekannt ist Banjo Mosele. Im Kapitel über Okavango (s. Kasten S. 360) findet sich ein Interview mit dem vielleicht bedeutendsten Gitarristen des Landes, Bonjour Keipidile.

Zu den eigenwilligen Fusion-Sounds gehört *gumba-gumba,* eine Mischung aus Zulu- und Tswana-Musik mit einer Prise klassischem Jazz; der Name leitet sich von einem Township-Slangwort für „Party" ab. Alfredo Mos hat den *rumba kwasa* kreiert, den kaum ein noch so begabter Fremder imitieren kann. Einer der erfolgreichsten Künstler Botsuanas ist im Moment der *kwasa-kwasa*-König Franco; beliebt und gerne gehört sind auch The Wizards, Vee und Jeff Matheatau.

Größter Beliebtheit erfreut sich die spezielle Botsuana-Version des Hip-Hop, wie sie von den Wizards aufgeführt wird, die Elemente des Ragga und R&B einmischen. Für Hip-Hop gibt es sogar eine eigene Fernsehsendung *(Strictly Hip Hop)*, die jeden Mittwochabend läuft und von Draztik und Slim moderiert wird, den Mitbegründern des südafrikanischen Labels Unreleased Records. Normalerweise sind talentierte Batswana-Musiker gezwungen, ihr Glück in Südafrika zu suchen, doch zum Zeitpunkt der Recherche für dieses Buch traten einige begabte Musiker immer noch in ihrer Heimat auf, darunter Kast, Scar, Vee and Stagga Don Dada. Auch Kwaito Music, eine Richtung aus den Townships von Südafrika, bei der Hip-Hop, House und viele andere Musikstile miteinander verschmolzen werden, ist in Botsuana ziemlich populär.

Welche Talente das Land hervorbringt, ist gut in der beliebten Casting-show *My African Dream* zu erkennen, der botsuanischen Variante von Talentwettbewerben wie *Pop Idol* bzw. *Deutschland sucht den Superstar*. Das ganze Land verfolgt diese Sendung mit Begeisterung, und viele Jugendliche in Gaborone träumen schon von der großen Pop-Karriere.

Außerdem finden in der winterlichen Trockenzeit alle paar Wochen in und um Gaborone Jazzfestivals statt, z.B. am hübschen Gaborone Dam (S. 326) und im riesigen National Stadium (S. 317). Diese Events sind schöne Erlebnisse, und sie sind preiswert und sicher. Näheres dazu findet man in den englischsprachigen Zeitungen vor Ort.

Cassetten und CDs mit traditioneller Musik der San findet man in D'kar (S. 391) und in Kunsthandwerksläden in Gaborone (S. 321).

> Dem *rumba kwasa* kann man sich kaum noch entziehen, wenn man sich die DVD mit dem Titel *Alfredo Mos* besorgt. Darauf zu sehen sind sechs Videomitschnitte seiner Konzerte und Studioaufnahmen.

ESSEN & TRINKEN
Grundnahrungsmittel & Spezialitäten

Die meisten Mahlzeiten in Botsuana kommen heute nicht ohne *mabele* (Sorghumhirse) oder *bogobe* (ein Sorghum-Brei) aus. Allerdings setzt sich inzwischen die *mealie pap* oder auch einfach nur *pap* genannte Maisbrei mehr und mehr durch. Er bietet gewissermaßen die Grundlage für eine Reihe von Fleisch- und Gemüsesaucen wie *seswaa* (mit Ziegen- oder Lamm-fleisch), *morogo* (mit wildem Spinat) oder *leputshe* (wilder Kürbis). Zum Frühstück schmeckt *pathata* (eine Art englischer Muffin) oder *megunya*, auch als Fettkuchen bekannt. Fettkuchen sind kleine frittierte Teigbällchen, Doughnuts vergleichbar, aber ohne das Loch in der Mitte – und in den verschiedensten Geschmacksrichtungen.

Noch ungewöhnlicher sind die Nahrungsmittel der San, die in der Kalahari gedeihen. Dort gibt es beispielsweise die Wüstenpflanze Morama, deren Schoten essbare Bohnen enthalten. Außerdem speichern die Knollen dieser Pflanze große Mengen Wasser. Weitere Spezialitäten der Wüste sind die Marulafrucht, wilde Pflaumen, Beeren, Tsama-Melonen, wilde Gurken und Honig. In der Kalahari wächst sogar ein essbarer Pilz *(Grewia flava)*, der mit der europäischen Trüffel verwandt ist und mittlerweile unter dem Namen „Kalahari-Trüffel"gehandelt wird.

Es ist allerdings eher unwahrscheinlich, dass Reisende irgendeines dieser Gerichte auf den Teller bekommen; allenfalls in einigen Luxus-Safari-Lodges werden gelegentlich Variationen typischer Fleisch- und Gemüsege-richte zubereitet. Ansonsten speist der Gast international – was mitunter eine bewundernswerte Leistung darstellt, wenn man bedenkt, unter wie schwierigen Umständen die Zutaten in entfernte Gegenden transportiert werden müssen. Viele Hotels bieten Büfetts an, und dazu gehört meistens auch eine gute Auswahl an frischem Obst und Gemüse. Und in den größeren Städten kann der Reisende sogar das ein oder andere indische oder chinesische Restaurant entdecken.

Und dann gibt es da noch die Mopane-Würmer oder -Raupen. Diese fetten Raupen werden von den Mopane-Bäumen „geerntet" und anschließend gebraten – sie schmecken gut und sind sehr eiweißhaltig. Im Haupteinkaufszentrum in Gaborone werden die Raupen angeboten; ansonsten sind sie auch in Francistown sehr verbreitet.

Getränke

Zu den auch für Europäer recht annehmbaren heimischen Biersorten zählen Castle Lager (eine Lizenz aus Südafrika), St. Louis Special Light und Lion Lager. Hervorragend sind auch das Windhoek Lager aus Namibia und Zambezi Lager aus Simbabwe.

Natürlich gibt es auch eine ganze Reihe traditioneller Getränke. Häufig selbst gebraut wird *bojalwa*, ein preiswertes Bier aus Sorghum, das in Chibuku auch kommerziell produziert wird. Ein anderes bekanntes Getränk wird aus fermentierter Marulafrucht hergestellt. Das leichte und bekömmliche *mageu* wird aus *mealies* oder *sorghum mash* gewonnen. *Madila* aus angedickter saurer Milch gibt eine gute Soße ab oder wird pur getrunken (bzw. gegessen).

Kopfschmerzen und Übelkeit bzw. Arthritis werden mit Mosukujane-Tee bzw. Lengane-Tee bekämpft. Beide Sorten schmecken ein wenig streng, aber die Einheimischen schwören auf die medizinische Wirksamkeit.

Natur & Umwelt

GEOGRAFIE

Vor ungefähr 100 Mio. Jahren zerbrach der Superkontinent Gondwana. Als die Landmasse auseinandergerissen wurde, stiegen die Ränder des afrikanischen Kontinents auf und formten die Gebirgszüge von Süd- und Zentralafrika. Über Jahrtausende hinweg wirkten Wasser und Wind auf diese Hochländer ein und trugen ihren feinen Staub ins Innere des Landes zum Kalaharibecken. Die mit 2,5 Mio. km² größte zusammenhängende Sandfläche der Welt erstreckt sich vom nördlichen Südafrika bis nach Namibia und Angola im Osten und nach Sambia und Simbabwe im Westen, wobei die Kalahari aber eine Halbwüste ist.

Botsuana stellt gleich mehrere Weltrekorde auf: Das Land besitzt das größte Netzwerk aus Nationalparks und privaten Schutzgebieten, die weltweit größte Elefantenpopulation, die größte Zebrawanderung, das größte Binnendelta und das größte von Salzpfannen bedeckte Areal weltweit.

In der Mitte jenes Beckens liegt Botsuana, das geografische Herz Schwarzafrikas, das sich über 1100 km von Norden nach Süden und 960 km von Osten nach Westen ausdehnt. Mit 582 000 km² Landesfläche entspricht das im Vergleich der Fläche von Frankreich. Botsuana ist überall von Land umgeben. Der Limpopo und der Molopo bilden im Süden und Südosten die Grenze zu Südafrika, im Nordosten grenzt das Land an Simbabwe und im Norden und Westen an Namibia.

Über 85 % des Landes, darunter auch die Regionen in der Mitte und im Südwesten, bestehen aus der Kalahari. Die wandernden Sanddünen der ursprünglichen Wüste befinden sich weit im Südwesten. Fast das gesamte Land ist flach und besteht aus buschbedeckter Savanne mit vereinzelten „Kopjes" oder sogenannten „Inselbergen" wie der Otse Hill (1489 m). In den niedrigeren Lagen im Nordosten befinden sich die weiten Salzwüsten der Makgadikgadi Pans, einst ein riesiger See und heute der größte Salzpfannenkomplex (über 12 000 km²) der Erde.

Inmitten dieses riesigen Trockengebietes beherbergt Botsuana einen natürlichen Schatz von immenser Bedeutung: das spektakuläre Okavango-Delta, das sich von Angola aus ins Land hineinschlängelt und ein einzigartiges Wasserparadies von 16 000 km² mit gewundenen Kanälen und Inseln bildet. Es ist das größte Inseldelta der Welt, und Umweltschützer bemühten sich darum, es zum Weltnaturerbe der Unesco erklären zu lassen, was schließlich auch im Jahre 2005 konkret geschah.

Nicht minder beeindruckend sind die kleineren Flussläufe des Linyanti, Kwando und Selinda entlang der nördlichen Grenze zu Namibia.

TIERE

Den Unterschied zwischen dem Scheinangriff eines Elefanten und einer ernsthaften Attacke erkennt man beim Blick auf die Ohren. Bei einem Scheinangriff spreizt das Tier die Ohren vom Kopf ab und trompetet laut. Handelt es sich um einen echten Angriff, liegen die Ohren eng am Körper, und der Elefant senkt den Kopf.

Botsuana ist ein einzigartiges Reiseziel in Afrika: eine ungewöhnliche Kombination aus Wüste und Delta, deren Feuchtgebiete im Winter sehr viele wilde Tiere und im Sommer eine schillernde Anzahl von Vögeln anlocken. Das Land ist wild, unberührt und weit ausgedehnt. Fast 40 % der Fläche, darunter auch fast das gesamte nördliche Drittel, sind in irgendeiner Form geschützt, und die Nationalparks und Reservate bilden ein Paradies für etwa 85 Säugetierarten und für die unglaubliche Zahl von über 1075 verschiedenen Vogelarten.

Einen Überblick über alle Nationalparks in Botsuana bietet das Kapitel „Nationalparks & Schutzgebiete" auf S. 27.

Säugetiere

Die meisten Besucher kommen nach Botsuana, um unzählige Tiere in ihrer natürlichen Umgebung an den unberührtesten Flecken Afrikas zu erleben. Die Big Five – also Löwe, Leopard, Elefant, Kaffernbüffel und Nashorn –

NATURSCHUTZVERBÄNDE

Jeder, der sich ernsthaft für ökologische Fragen interessiert, kann sich mit den hier genannten Organisationen in Verbindung setzen. Keine dieser Einrichtungen gibt allerdings wirkliche Touristeninformationen heraus oder organisiert geführte Touren (sofern nichts anderes erwähnt ist).

- **BirdLife Botswana** (☎ Gaborone 319 0540; www.birdlifebotswana.org.bw) BirdLife International betreut Vogelschutzprojekte, z.B. den Bau von Beobachtungsstationen. Die Organisation führt auch vogelkundliche Reisen durch.
- **Kalahari Conservation Society** (KCS; ☎ 397 4557; www.kcs.org.bw) Eine Nichtregierungsorganisation (NGO), gegründet von Präsident Masire; Ziel ist der Erhalt der heimischen Tierwelt. Weitere Hinweise siehe Kasten S. 395.
- **Khama Rhino Sanctuary Trust** (☎ 463 0713; www.khamarhinosanctuary.com) Stiftungszweck ist es, in einem Schutzgebiet (s. S. 331) die stark bedrohten Nashornbestände zu erhalten. Die Stiftung bemüht sich aber auch um Umwelterziehung und die Schaffung von Einkommensmöglichkeiten für Dorfgemeinschaften.
- **Mokolodi International Volunteer Program** (☎ 316 1955; www.mokolodi.com) Eines der wenigen Schutzgebiete in Botsuana, das den Einsatz von freiwilligen Helfern – im Büro wie im Außeneinsatz – möglich macht. Eine Vereinbarung vor der Reise ist allerdings zwingend erforderlich. Weitere Infos siehe S. 326.
- **World Conservation Union** (IUCN; www.iucn.org) Die IUCN (International Union for the Conservation of Nature and Natural Resources) ist der größte Umweltschutzverband der Welt; darin sind mehr als 181 Länder vertreten, denen die Bewahrung der natürlichen Umwelt ein Anliegen ist. Es gibt eine Zweigstelle in Botsuana (☎ 397 1584; www.iucnbot.bw).

Kiefer und Magen einer Tüpfelhyäne sind ungeheuer robust. Das Tier kann eine mittelgroße Antilope komplett verspeisen – mit Haut und Haaren, Knochen, Hufen und Hörnern.

sowie eine Reihe im Grunde genommen genauso eindrucksvoller Tiere wie Antilopen, Giraffen, Zebras, Gnus, Wasser- und Riedböcke sowie Nilpferde können in den zwei größten Parks in Botsuana, dem Chobe National Park (S. 345) und dem Moremi Game Reserve (S. 371), in Freiheit auf freier Wildbahn bewundert werden.

Genauere Details über die wildlebenden Tiere Botsuanas finden sich auf S. 41 oder im Lonely Planet Band *Watching Wildlife Southern Africa*. Auch in diesem Reiseführer sind immer wieder Infokästchen über Pflanzen und Tiere sowie Tipps für die besten Tierbeobachtungen zu finden.

Reptilien

Botsuanas Trockengebiete sind die Heimat von über 150 Reptilienarten. Darunter befinden sich 72 verschiedene Schlangenarten, wie z. B. die giftige Speikobra, die Uräusschlange und die Schwarze Mamba. Obwohl etwa 80 % der Schlangen in Botsuana nicht giftig sind, sollten sich Besucher vor der tödlichen Puffotter vorsehen, die sehr viel häufiger vorkommt als Kobras und Mambas. Baumschlangen oder sogenannte Boomslangs, die sehr flink sind, kommen ebenfalls im gesamten Delta vor.

Eidechsen gibt es überall. Die größten davon sind die Warane, gutmütige Kreaturen, die über 2 m lang werden können. Kleinere Gattungen wie die Savannenwarane sind auf Hügeln und in trockeneren Gebieten zu finden. In großer Anzahl vertreten sind auch Reptilien wie zum Beispiel Geckos, Chamäleons und Schildechsen.

Obwohl die Nilkrokodile überall im südlichen Afrika bedroht sind, ist das Okavango-Delta nach wie vor voll von ihnen. Bei der Durchquerung der Kanäle in einem *Mokoro* (traditionelles Einbaumkanu) sind sie eher zu hören als zu sehen, nämlich durch ein klatschendes Fluchtgeräusch beim Abtauchen. Frösche in jeder vorstellbaren Form, Größe und Farbe sind da schon angenehmere Zeitgenossen der heimischen Tierwelt. Sie hüpfen vom

Schilf in das *Mokoro* und wieder zurück und beglücken oder stören einen in der Nacht mit ihrem Gesang im gesamten Flussdelta.

Insekten & Spinnen

In Botsuana leben ungefähr 8000 Insekten- und Spinnenarten. Die buntesten Schmetterlinge gibt es entlang der Okavango Panhandle (der nordwestliche Auswuchs des Deltas), unter ihnen der Afrikanische Monarch und der Gelbe Schwalbenschwanz. Andere Insekten von Bedeutung sind die Gespenstheuschrecke, die perfekt getarnt im Schilf des Okavango-Deltas sitzt, die riesige, unheimliche, aber harmlose Knopfspinne und die Sackspinne, die zwar harmlos aussieht, aber giftig ist (selten tödlich) und hauptsächlich in ländlichen Gegenden vorkommt. Im Delta leben auch Grashüpfer, Mopane-Würmer, Heuschrecken sowie Mücken und Tsetsefliegen in zunehmender und möglicherweise gefährlicher Menge.

Skorpione sind in der Kalahari nicht ungewöhnlich, und obwohl ihr Stachel nicht tödlich ist, kann er doch schmerzhaft sein.

Vögel

Botsuana ist nicht nur die Heimat großer Wildtiere, sondern auch ein Paradies für Vögel. Zwischen September und März, wenn das Delta von Wasser durchflutet ist, kann man eine Vielzahl von Vögeln per Fernglas beobachten. Zu den 550 verschiedenen Vogelarten in Botsuana gehören der im Delta bekannte Afrikanische Scherenschnabel, der vom Aussterben bedrohte Klunkerkranich, der Glockenreiher, das Blaustirn-Blatthühnchen, der Bienenfresser, die Gabelracke, die Weißbauch-Zwerggans und die scheue Binden- oder Pel-Fischeule. Auch in der Trockenzeit sind viele Vogelarten unterwegs.

In dieser Zeit kann man Vögel sogar leichter beobachten, da sie sich in großer Individuenzahl um die wenigen noch übrig gebliebenen Wasserquellen scharen.

Die meisten Vögel Botsuanas halten sich im Norden des Landes im Okavango-Delta (s. Kasten S. 375), an den Ufern des Chobe (S. 351), im Nata Sanctuary (S. 338), im Tuli Block (S. 355) und am Limpopo auf. Aber auch die Nationalparks Makgadikgadi und Nxai Pans (S. 343) gleichen zu bestimmten Zeiten des Jahres einem Meer aus rosafarbenen Flamingos und Heerscharen von Zugvögeln.

Botsuanas Vögel werden allerdings durch Überweidung, Urbanisierung und Insektizide – vor allem zur Bekämpfung der Tsetsefliege – bedroht. Diese werden eingesetzt, um die gefährlichen Tsetsefliegen zu bekämpfen, die das Flussdelta manchmal heimsuchen.

Bedrohte Arten

Dank der Flüsse Okavango und Chobe leben im Moremi Game Reserve und im Chobe National Park, insbesondere im entlegenen Feuchtgebiet von Linyanti, eigentlich sämtliche Arten, die auch im übrigen südlichen Afrika heimisch sind. Dazu zählen auch so seltene Tiere wie der Puku (ein Wasserbock), der Letschwe, der Bergriedbock und der Sumpfbock oder Sitatunga. Selten zu sehen, aber in Botsuana immerhin noch häufiger als in den Nachbarländern sind Wildhunde, Schuppentiere und Erdferkel.

Zu den in ihrem Bestand bedrohten Vögeln zählen der Klunkerkranich, der Braunmantel-Scherenschnabel und der Kapgeier. Kapgeier haben schon seit längerem im Mannyelanong Game Reserve (s. S. 327) in Otse ein Rückzugsgebiet gefunden.

Nashörner trifft man eigentlich nur noch im Mokolodi Nature Reserve (S. 326) bei Gaborone an, außerdem noch im Khama Rhino Sanctuary

> Nützlich und erschreckend ist ein Blick auf die Rote Liste der bedrohten Arten auf der Homepage der World Conservation Union: www.redlist.org.

VERANTWORTUNGSVOLL REISEN

Der Tourismus erwirtschaftet in Botsuana 12 % des Bruttoinlandsprodukts. Das ist natürlich sehr begrüßenswert, denn die Eintrittsgelder der Nationalparks und Schutzgebiete tragen zur Bewahrung der Umwelt und der Tierbestände bei, und Tausende Batswana verdienen in der Tourismusbranche ihren Lebensunterhalt. Natürlich gibt es bei dieser Entwicklung auch Schattenseiten: Die Schaffung großer Nationalparks und Schutzgebiete schränkt die Möglichkeiten der dörflichen Gemeinschaften ein, und das führt natürlich immer wieder zu Konflikten.

Wer dazu beitragen möchte, die negativen Auswirkungen so gering wie möglich zu halten, sollte Folgendes versuchen:

- Hotels meiden, die Wasser verschwenden (Wasserverschwendung erkennt man z.B. an großen, penibel gepflegten Rasenflächen).

- Einheimische Unternehmen fördern, indem man z.B. Hotels bevorzugt, die Batswanern gehören, indem man einheimische Führer engagiert und Souvenirs kauft, die vor Ort gefertigt wurden.

- Herausfinden, ob ein Anbieter wirklich „ökologisch" arbeitet oder das nur vorgibt.

- Stets in angemessener Kleidung herumlaufen und Kindern kein Geld und keine Geschenke geben. Wer wirklich helfen möchte, sollte lieber für anerkannte Einrichtungen, z.B. Schulen oder Krankenhäuser, spenden.

Diese Richtlinien entsprechen den Empfehlungen von **Tourism Concern** (www.tourismconcern.org.uk). Gute Hinweise erhält man auch bei **Action for Southern Africa** (www.actsa.org), **Tourism Futures** (www.tourism-futures.org) und **Planeta** (www.planeta.com). Diese Organisationen setzen sich für den Erhalt der kulturellen Vielfalt ein.

(S. 331) in der Nähe von Serowe. Im Moremi Game Reserve waren die Nashörner schon vollständig verschwunden, wurden aber mittlerweile wieder erfolgreich angesiedelt.

Pflanzen

Common Wildflowers of the Okavango Delta und *Trees & Shrubs of the Okavango Delta* sind zwei Bücher von Veronica Roodt. Sie enthalten ausführliche Beschreibungen und nützliche Zeichnungen. Roodt hat mehrere Jahre im Schutzgebiet Moremi gelebt.

Das Okavango-Delta ist reich an Uferpflanzen wie Sumpfgräsern, Seerosen, Schilf und Papyrus.

Die Inseln bieten mit zahlreichen Palmen, Akazien, Ahnenbäumen und Leberwurstbäumen eine vielfältige Vegetation. Das andere Extrem ist die Kalahari mit ihren verschiedenen Savannenarten wie z. B. der Buschsavanne mit Dornenbäumen, der Grassavanne und der trockenen Strauchsavanne im Südwesten.

In Botsuana sind über 2500 Pflanzen- und 650 Baumarten registriert. Die einzigen Laubwälder des Landes liegen im Norden, wo sechs Waldreservate gewerbliche Nutzholzbestände sowie Mongonga- und Marula-Bäume schützen. Ebenfalls in Botsuana verbreitet sind die Motlopi-Bäume mit ihren essbaren Wurzeln und die Kameldornbäume, die nicht nur einigen Tierarten als Nahrungsquelle dienen.

Auch die San nutzen diese Bäume als Quelle für Feuerholz und für medizinische Zwecke.

UMWELTPROBLEME

Aufgrund seiner relativ großen Fläche und der geringen Bevölkerungsdichte ist Botsuana die sauberste und unberührteste Region Afrikas. Obwohl das Land im Vergleich zu Staaten im restlichen Afrika nicht so gravierend unter Umweltproblemen wie Veródung, Entwaldung und Urbanisierung leidet, sind seine herrlichen wüstenähnlichen Gebiete, weiten Sümpfe, großen Binnendeltas und Savannen doch zunehmend von größeren Umwelt- und Naturschutzproblemen betroffen.

Das Zaun-Dilemma

Wer sich schon einmal an einer tierärztlichen Kontrollstation aufgehalten oder das östliche Okavango-Delta besucht hat, wird mit dem 3000 km langen und 1,5 m hohen Veterinärzaun vertraut sein, der offiziell „Veterinary Cordon Fence" heißt. Es handelt sich nicht nur um einen einfachen Zaun, sondern um eine Reihe massiver Stahlbarrieren, die mitten durch einige von Botsuanas wildesten Landschaften verlaufen. Die Zäune wurden im Jahr 1954 erstmals errichtet, um wilde Büffelherden von freilaufendem Nutzvieh fernzuhalten – eine Vorsichtsmaßnahme gegen die Verbreitung der Maul- und Klauenseuche.

Das Hauptproblem ist, dass viele Zäune die wilden Tiere daran hindern, auf uralten Wanderrouten zu ihren Wasserstellen zu gelangen. Die riesigen Bereiche, die Botsuana zu Naturschutzgebieten erklärt hat, stellen keine unabhängigen Ökosysteme dar. Das Ergebnis ist, dass sich der Gnubestand in Botsuana in den letzten 20 Jahren um 99 % verringert hat und dass alle übrig gebliebenen Büffel und Zebras nördlich der Zäune festsitzen. Die schlimmste Katastrophe ereignete sich während der Dürre 1983, als der Kuke-Zaun Herden von Gnus den Weg zu den Okavango-Wassern versperrte, was für 65 000 Tiere den Tod bedeutete.

Durch den 80 km langen nördlichen Veterinärzaun im Norden des Okavango-Deltas wurde ein riesiges Gebiet, das reich an bis jetzt noch ungeschützten Wildtieren ist, für die landwirtschaftlich betriebene Viehzucht geöffnet. Safari-Veranstalter wollten den Zaun so weit nördlich wie möglich ziehen lassen, um den jahreszeitlich überfluteten Selinda Spillway zu schützen; die an Viehzucht Interessierten waren dafür, ihn so weit südlich wie möglich zu errichten, um das neu gewonnene Weideland auszudehnen; und Einheimische lehnten den Zaun generell ab, da sie befürchteten, er würde für sie selbst und die Tiere eine Grenze darstellen. Die Regierung schlug sich auf die Seite der Viehzüchter, und so gab der Zaun 20 % des Okavango-Deltas für die kommerzielle Viehzucht frei.

2003 entbrannte erneut eine Debatte über den Vorschlag, einen neuen Zaun um die Makgadikgadi Pans zu errichten. Wenn der Zaun fertig ist, wird er 480 km lang sein und hoffentlich dazu beitragen, den „Raubtier-Vieh-Konflikt" entlang des Boteti beizulegen. Bei Vollendung des westlichen Abschnittes bemängelte die **Environmental Investigation Agency** (EIA; www.eia-international.org) jedoch, dass bei der Errichtung des Zaunes die flächenmäßigen Vorgaben des DWNP (Department of Wildlife and National Parks) nicht eingehalten worden waren. Als Ergebnis davon liegt ein Großteil des Boteti jetzt außerhalb des Parks, und die Tiere im Park werden vom Fluss abgeschnitten.

Die negativen Auswirkungen wurden umgehend spürbar, als Anfang 2005 etwa 300 Zebras bei dem Versuch, den Fluss zu erreichen, elendig zugrunde gingen. Teile des Zauns am Okavango-Delta wurden überdies bereits von Elefanten zerstört.

Durch die Flaute in der Rinderzuchtindustrie und die zunehmende Bedeutung des Tourismus in Botsuana wird sich die Regierung Zeit dafür nehmen müssen, über die Auswirkungen der Zäune auf die immer wertvoller werdenden Wildtiere nachzudenken.

Bedrohungen für das Delta

Obwohl das Okavango-Delta nicht nur hinsichtlich seiner Artenvielfalt ein wahres Paradies ist, sondern auch noch das größte Ramsar-Gebiet auf der Erde darstellt, erhält es unzureichenden internationalen Schutz. Und das, obwohl im Jahre 2005 der Forderung vieler prominenter Umweltschützer stattgegeben wurde, es zum Weltnaturerbe zu erklären. Ohne ausreichenden

The Safari Companion von Richard Estes präsentiert alles Wissenswerte über das Verhalten der Tiere: von der Paarung und der Aufzucht der Jungen bis zu aggressiven Drohgebärden und Revierkämpfen.

Wer etwas über das Leben mit Elefanten erfahren möchte, informiert sich am besten auf der Website www.livingwithelephants. org. Die gemeinnützige Organisation macht u.a. afrikanische Kinder mit dem Leben in der Nähe der großen Säugetiere vertraut.

Wie macht man ein richtiges Feuer, wie vermeidet man gefährliche Begegnungen mit Tieren, und wie findet man in der Wildnis etwas zu essen? Auskunft gibt *An Explorer's Handbook* von Christina Dodwell (deutsch: *Globetrotter-Handbuch. Überlebenstips für Abenteurer*).

Conservation International (www.conservation.org) ist eine Organisation, die sich weltweit für die sogenannten „Hotsports der Artenvielfalt" einsetzt; dazu zählt auch das Okavango-Delta.

Schutz dürfte die Zukunft des Deltas eher düster aussehen, und viele Umweltschützer betrachten es als hochgradig gefährdet.

Die Ökosysteme der Feuchtgebiete sind die biologisch produktivsten der Erde, doch ihre Anzahl sinkt weltweit in bedrohlichem Tempo und Ausmaß. Das hängt zu einem Teil mit der Klimaveränderung und zum anderen mit Misswirtschaft und nicht aufzuhaltender Entwicklung zusammen. Ein Expertenteam der DWNP und des BirdLife Botsuana ist schon zu dem erschreckenden Ergebnis gekommen, dass das Delta flächenmäßig schrumpft. Der Kubango, der im Hochland von Angola entspringt, führt weniger Wasser und flutet das Okavango-Delta im Vergleich zu früheren Zeiten für eine kürzere Zeitspanne des Jahres.

Weitere massive Bedrohungen sind die fortgeschrittene Überweidung, die Verschlechterung des Bodens, das kommerzielle Netzfischen und illegales Feuerlegen. Außerdem treten in Angola nach dem Ende des Bürgerkriegs ungeplante Entwicklungen in Form von Neubesiedlungen auf, und die Nachfrage nach neuer und effizienter Wassergewinnung für den Bergbau, den Hausgebrauch und den Tourismus steigt. Die größte Sorge bereiten jedoch die Pläne, dem Okavango Wasser zu entziehen, um den wachsenden Bedürfnissen Namibias nachzukommen. Ein solcher Vorschlag tauchte erstmals 1997 auf. Er zielt auf den Bau einer 1250 km langen Pipeline vom Okavango nach Windhoek, der Hauptstadt Namibias. Der Vorschlag wird immer wieder einmal diskutiert und anschließend zu den Akten gelegt, umgesetzt ist bisher noch nichts.

1994 unterzeichneten Botsuana, Namibia und Angola die Okavango River Basin Commission (Okacom), die zur Erhaltung des Deltas beitragen soll. Obwohl die Kommission sehr klare und strenge Richtlinien hat, kommt deren praktische Umsetzung nur langsam voran. Die Entwicklung in Richtung umweltverträgliche Politik, an deren Ende eventuell ein Vertrag stehen könnte, machte nur sehr schleppende Fortschritte. Da in Angola, wo 95 % des Wassers seinen Ursprung hat, seit ungefähr 30 Jahren zum ersten Mal wieder Frieden herrscht, dürfen zukünftig sinnvolle Erfolge erwartet werden. 2003 wurde eine neue Initiative unter dem Namen **Sharing Water** (www.n-h-i.org) gestartet, um – bevor es zu spät ist – einen grenzüberschreitenden Konsens zu ermöglichen.

Jagd

Mitte 2001 erließ die Regierung von Botsuana ein generelles Jagdverbot für Löwen und Geparden. Grund dafür war die Tatsache, dass das natürliche Geschlechterverhältnis in den Beständen dieser Großkatzen aus dem Gleichgewicht geraten war. Die Bewohner der Dörfer reagierten auf den Erlass nicht unbedingt mit Begeisterung; sie fürchteten, dieses Verbot könnte ihnen den Schutz ihrer Viehherden noch weiter erschweren. Auch die Jäger protestierten lautstark. Einer der größten internationalen Jagdverbände versicherte sich sogar der Unterstützung von US-Präsident George W. Bush beim Versuch, die Regierung Botsuana umzustimmen.

Pech für die Großkatzen von Botsuana: Die Bankkonten westlicher Großwildjäger und der Einfluss amerikanischer Präsidenten gaben im Ringen mit den Naturschützern den Ausschlag, und 2005 wurde die – immerhin begrenzte – Jagd auf Löwen in Chobe und in der Kalahari wieder gestattet. Allerdings war Präsident Ian Khama wohl nie so recht überzeugt davon, dass man die Großkatzen seines Landes am wirksamsten dadurch schützt, dass man sie von wohlhabenden westlichen Jagdliebhabern abschießen lässt. Während der Recherchen für dieses Buch gab es in der Regierung Überlegungen, die Jagd in der Nähe von Schutzgebieten und Nationalparks wieder zu verbieten. Natürlich brachen die Jäger gleich wieder in lautes Geschrei aus, und so bleibt abzuwarten, wie die künftigen Regelungen zumn Schutz und Erhalt der Tiere aussehen werden.

Falls die Jagd in der einen oder anderen Form zulässig bleibt, dürfte sie immerhin ziemlich streng reguliert werden (und sie ist teuer; die Genehmigung zur Löwenjagd kostete schon vor dem Verbot fast 20 000 US$). Will man lebende oder tote Tiere oder eine Trophäe ausführen, benötigt man dazu eine offizielle Genehmigung oder den Nachweis aus einem Laden, der eine entsprechende Lizenz besitzt. Dies gilt auch für Souvenirs wie Straußeneier, Federn, beschnitzte Knochen oder Zähne von Tieren.

Wer von der freien Wildnis träumt, für den ist vielleicht *Wir Löwenkinder* genau das Richtige. Die Autoren Angus, Maisie und Travers McNeice sind tatsächlich in der Natur aufgewachsen.

Wildern

Wilderei ist in Botsuana nicht sehr verbreitet, da sie gegenüber den Möglichkeiten der legalen Wirtschaft zu einem riskanten und illegalen Unterfangen und damit unnötig und unattraktiv wird. Auch der Transport von Fellen und Stoßzähnen aus abgelegenen Gebieten in Botsuana zu Häfen, die Hunderte von Kilometern entfernt in einem anderen Land liegen, ist nahezu unmöglich. Haupthindernis sind die gut besetzten Grenzen, die von der Botswana Defence Force (BDF) überwacht werden.

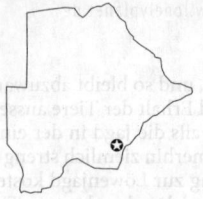

Gaborone

Für Gaborone, die kleine Hauptstadt von Botsuana, haben die eigenen Einwohner schon nicht sonderlich viel übrig, ganz zu schweigen von den Touristen. Ein Motswana, der in „Gabs" geboren wurde und auch dort aufgewachsen ist, nennt auf die Frage nach seiner Herkunft oft den Namen des Dorfes, aus dem seine Familie kam, oder auch eine Viehstation, die er noch nie gesehen hat. Bei einem derartigen Mangel an Selbstbewusstsein ist es dann auch nicht besonders verwunderlich, dass die meisten Reisenden Gaborone bestenfalls noch als Durchgangsstation betrachten.

Aber nun einmal ganz ehrlich gesagt: Die meisten Touristen kommen bekanntlich wegen der Flora und Fauna nach Botsuana, nicht wegen des Nachtlebens. Doch genau das spielt sich nun eben in Gaborone ab, und außerdem ist die Stadt der Dreh- und Angelpunkt des ganzen Landes. Die Hauptstadt mag zwar wie ein Dorf anmuten, das irgendwie aus allen Nähten platzt, aber von Bedeutung ist sie dennoch. Hierher lockt es einen Farmer, der sein Glück machen will, hier werden Studenten zu Führungspersönlichkeiten der Nation ausgebildet, und hier wird die offizielle politische und wirtschaftliche Marschrichtung des Landes festgelegt. Eine Motswana betrachtet Gaborone vielleicht nicht als ihr traditionelles Zuhause, aber sicher als die Stadt, in der über ihre Zukunft und die ihrer Nation entschieden wird.

Die relativ vielen Neuzuwanderer aus den USA und Europa, kurz und bündig Expats genannt, die gesellschaftliche Oberschicht und eine erstaunlich vielfältige Bevölkerung aus schwarzen, weißen, indischen und ethnisch gemischten Afrikanern – plus immer mehr Chinesen – haben Gaborone zu einem demografisch interessanteren Schmelztiegel gemacht, als die meisten erwarten würden. Die Einkaufszentren, Kinos und Restaurants bieten jedenfalls für alle, die nach etwas Urbanität lechzen, eine nette Abwechslung vom Staub und vom Delta. Und wer sich hier aufhält, wird feststellen, dass die Identität Gaborones ständig neu geschaffen wird – was im Übrigen auch für die ganze Nation gilt, die schließlich von hier aus regiert wird.

HIGHLIGHTS

- Nicht weit von der Hauptstadt entfernt im **Mokolodi Nature Reserve** (S. 326) die Elefanten beobachten

- Im **Gaborone Game Reserve** (S. 313) auf Safari gehen, ohne überhaupt die Stadt verlassen zu müssen

- Im **Maitisong Cultural Centre** (S. 317), einer Kooperative in Oodi, modernen afrikanischen Tanz und europäische Theaterstücke aus dem Mittelalter anschauen

- Im **Thapong Visual Arts Centre** (S. 321) Gemälde von einheimischen Künstlern kaufen

- In dem von einer Lehmmauer umgebenen Dorf **Mochudi** (S. 323) eines der besten Museen Botswanas besuchen

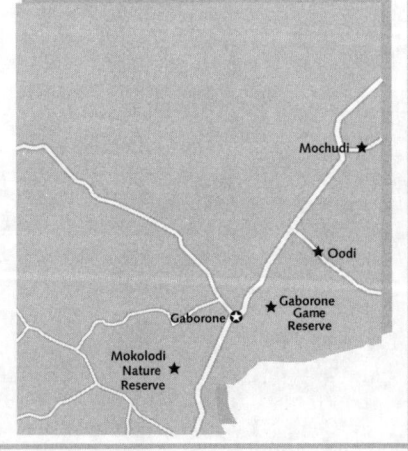

- EINWOHNER: 186 007
- HÖHE: 900 M

GESCHICHTE

Archäologische Funde lassen vermuten, dass die Ufer des Notwane River schon mindestens seit der Mittleren Steinzeit ständig besiedelt sind. Die erste moderne Siedlung, Moshaweng, wurde allerdings erst Ende der 1880er-Jahre von Häuptling Gaborone vom Tlokwa-Clan gegründet. Die ersten Forscher und Missionare aus Europa nannten diese Ansiedlung dementsprechend dann Gaborone's Village, was zwangsläufig zu „Gaborones" verkürzt wurde; ganz interessant ist, dass das „s" am Wortende bis 1968 beibehalten wurde.

Im Jahr 1895 nutzte der Diamantenkönig Cecil Rhodes Gaborone als Basis, um seinen erfolglosen Aufstand gegen die Buren zu initiieren, die die Goldminen bei Johannesburg kontrollierten. Cecile Rhodes wurde deshalb anschließend gezwungen, von seinem Posten als Premierminister der Kapkolonie zurückzutreten. Der Aufstand war dann jedoch einer der Auslöser für den zweiten Burenkrieg von 1899–1902.

1897 führte die Bahnlinie von Südafrika nach Rhodesien (heute Simbabwe) 4 km westlich am Dorf vorbei, und schon bald tauchte direkt an der Bahnlinie eine weitere winzige Siedlung auf, Gaborone's Station. Bis 1966 wohnten im Großraum Gaborone bereits knapp 4000 Menschen. Wegen der günstigen Lage nahe der Bahnlinie und der guten Wasserversorgung wurde der Ort dann zur Hauptstadt des unabhängigen Botsuana erklärt.

Die jüngste Geschichte von Gaborone handelt hauptsächlich vom Zuzug in die Hauptstadt, wobei die wirtschaftlichen Wirren in Simbabwe zu weiteren – illegalen – Einwanderungswellen geführt haben. Nähere Informationen zu diesem strittigen Thema siehe Kasten S. 312.

ORIENTIERUNG

Gaborone dehnt sich immer weiter aus, und so werden die Viertel weiter draußen dann einfach als „Phasen" oder „Erweiterungen" bezeichnet – auch wenn das nicht gerade romantisch klingt! Da ein eindeutiges Stadtzentrum fehlt, befinden sich viele Geschäfte, Restaurants und Büros in der Nähe der großen Einkaufszentren in den Vorstädten, die überall in der Stadt für pulsierendes Leben sorgen. Die Mall – auch Main Mall genannt – ist das Geschäftszentrum von Gaborone und bietet eine Handvoll Läden, Restaurants, Banken und Internetshops. Fast alle Ministerien,

Ämter und mehrere Botschaften liegen westlich der Mall in und um den State House sowie den Embassy Drive. Die verschiedenen Shopping-Malls außerhalb des Stadtzentrums sind mit einem Combi (Minibus) bequem und problemlos zu erreichen.

PRAKTISCHE INFORMATIONEN
Bibliotheken

Alliance Française (☎ 355 3982; Embassy Dr.; Di & Do ☿ 14–16.30 Uhr)

Botswana National Reference Library (☎ 358 0788; 3. Stock, Commerce House, Botswana Rd.) Diese Bibliothek neben dem Debswana House ist ideal für Backpacker, die mehr über Botsuana und die Großregion in Erfahrung bringen wollen.

British Council (☎ 355 3603; The Mall; ☿ Di–So)

Gaborone Public Library (☎ 355 3664; Civic Centre, Independence Ave.) Gegenüber vom östlichen Ende der Mall.

University of Botswana (☎ 355 2450; Mobutu Dr.) Hier finden sich jede Menge Bücher und Zeitschriften, die sich mit Landesthemen beschäftigen.

US Embassy Library (☎ 355 3982; Embassy Dr.; Di & Do ☿ 14–16.30 Uhr)

Buchläden

Botshalo Books (Game City Mall) Von Expats wegen der breiten Auswahl an Titeln empfohlen.

Botswana Book Centre (The Mall) Hier gibt es Zeitungen und Zeitschriften, Reise- und Naturführer, Unterhaltungsliteratur und Romane.

Exclusive Books (Riverwalk Mall) Das von Lesern empfohlene Buchgeschäft bietet eine breite Auswahl an Belletristik, Sachbüchern und Reiseführern.

J&B Books (Broadhurst Mall) Das Geschäft befindet sich über Woolworths; erhältlich sind neue und gebrauchte englische Bücher.

Kingston's Bookshop (Broadhurst Mall) Geboten wird hier eine prima Auswahl an Romanen, Postkarten sowie Büchern und Landkarten zu Botsuana und der Region.

Geld

Die größeren Filialen der Standard Chartered und Barclays Bank verfügen über Schalter zum Umtausch von Geld in die Landeswährung und Geldautomaten. Außerdem bieten sie Barvorschuss. In einer eigenen Wechselstuben in der Stadt ist der Wechselkurs besser als in den Banken, dafür nehmen sie aber dann auch bis zu 2,75 % Kommission.

Barclays Bank (☎ 355 3411; Khama Cres.)

Edcom Bureau de Change (☎ 361 1123) in der Nähe des Hauptstadtbahnhofs

Prosper Bureau de Change African Mall (☎ 360 0478) Broadhurst Mall (☎ 390 5358; Kagiso Centre)

GRENZÜBERTRITT

Aufgrund der politischen und wirtschaftlichen Instabilität, die Simbabwe in den letzten Jahren erfasst hat, nimmt die Zahl an illegalen Einwanderern, die auf der Suche nach Arbeit die Grenze nach Botsuana überqueren, ständig zu. Nach Angaben der Einwanderungsbehörde von Botsuana sowie des Auswärtigen Amtes hat sich die Zahl an Flüchtlingen aus Simbabwe in einem einzigen Jahr von 25 000 auf 60 000 (Stand: 2005/06) erhöht; aktuellere Zahlen sind nicht verfügbar, aber die Problematik hat sich mit Sicherheit nicht erübrigt. Jedenfalls steigt nach politischen Unruhen in Simbabwe die Zahl der Flüchtlinge, die über die Grenze nach Botsuana kommen, in der Regel an. Auf die Frage, warum sie ihr Land verlassen, geben die meisten an, dass der Mangel an Möglichkeiten, in der Heimat eine feste Arbeitsstelle zu finden, sie ins Ausland treibt. Auch wenn die Mehrheit der Batswana durchaus Verständnis für die Zwangslage der Simbabwer hat und sie gern als „fleißig und clever" bezeichnet, lässt sich doch eine gewisse Spannung nicht leugnen.

Es wird gern argumentiert, dass die Wirtschaft von Botsuana sich stark auf diese Wanderarbeiter stützt. Schätzungen zufolge ist einer von 15 Einwohnern in Francistown (S. 331), einer Stadt nahe der Grenze nach Simbabwe, ein illegaler Immigrant – was aufgrund der Nähe natürlich nicht verwundert. In Gaborone würden jedenfalls diverse Wirtschaftszweige ohne diese Wanderarbeiter gar nicht funktionieren, so z. B. das private Transportwesen, Landwirtschaft und Viehzucht, Hauswirtschaft sowie Leichtindustrie. Arbeitgeber nutzen die Migranten als billige Arbeitskräfte. Zudem sind die meisten Simbabwer gut ausgebildet und stellen ihre Chefs mit ihrer Leistung zufrieden.

Dennoch tragen die von den Lohnkosten her billigen Migranten natürlich zur Arbeitslosigkeit bei, und viele Batswana sind den Kampf um die Arbeitsplätze schlichtweg leid. Doch auch Furcht spielt bei den Vorurteilen gegen Wanderarbeiter eine wichtige Rolle. Obwohl Botsuana zweifellos das sicherste Land der afrikanischen Sub-Sahara-Region ist, steigt die Kriminalitätsrate kontinuierlich an, was die Presse wie auch die Leute auf der Straße gern den Simbabwern in die Schuhe schieben. Die Zunahme der Kriminalität in Botsuana ist jedoch ein überaus komplexes Thema, das sich nicht allein den Simbabwern anlasten lässt. Auch wenn illegale Einwanderung ganz eindeutig ein wichtiger Faktor ist, so gilt es auch, das immer krassere wirtschaftliche Ungleichgewicht zu berücksichtigen.

In einem Zeitungsartikel des *Mmegi* vom Februar 2009 behaupteten Einwanderer aus Simbabwe, dass sie einfach nach Hause zurückgeschickt wurden, obwohl laut Reisedokumenten noch eine Aufenthaltsgenehmigung bestand; andere ließen verlauten, von den Behörden Prügel bezogen zu haben. Am Eingang zur Einwanderungsbehörde hat sich deshalb inzwischen ein neuer Berufszweig etabliert: Einwanderungsberater, die redegewandt behaupten, die Leute durch die Bürokratie lavieren zu können. Aber oft sind derartige Aussagen die reinste Bauernfängerei.

Doch auch der lukrative Tourismus in Botsuana ist durch die Einwanderer aus Simbabwe bedroht. Im Jahr 2000 galt Simbabwe als eines der touristischsten Zielen im südlichen Afrika. Die Stadt Victoria Falls (S. 272) verzeichnete mit die meisten Besucher auf dem ganzen Kontinent. Botsuana profitierte von diesem Tourismus in Simbabwe, denn es war früher absolut problemlos, die Grenze zu überqueren, und auch auf die öffentlichen Verkehrsmittel war Verlass. Heute ist in Simbabwe jedoch kaum mehr Tourismus vorhanden, und man befürchtet, dass der Zusammenbruch des Landes auch das Aus für die Tourismusindustrie in den Nachbarstaaten bedeuten könnte.

SAA City Center (☎ 355 2021; Gaborone Hardware Bldg., The Mall) Die botsuanische Repräsentanz von American Express

Standard Chartered Bank (☎ 355 2911; The Mall)

Western Union (☎ 367 1490; Gaborone Hardware Bldg., The Mall)

Internetzugang

Immer mehr Hotels bieten inzwischen Internetzugang über WLAN oder per Kabel.

Aim Internet (Botswana Rd.; pro Std. 3 US$) Neben dem Cresta President Hotel.

Sakeng Internet Access Point (The Mall; pro Std. 3 US$) Im Gebäude von Gaborone Hardware.

Medizinische Versorgung

Gaborone Hospital Dental Clinic (☎ 395 3777; Segoditshane Way) Die medizinische Klinik gehört mit zum Gaborone Private Hospital.

Gaborone Private Hospital (☎ 300 1999; Segoditshane Way) Bei einer ernstlichen Erkrankung sollten Reisende dieses relativ moderne, aber teure Krankenhaus gegenüber der Broadhurst Mall aufsuchen, die beste medizinische Einrichtung der Stadt.

Princess Marina Hospital (☎ 355 3221; Notwane Rd.)
Das Krankenhaus ist für Standardbehandlungen und Notfälle eingerichtet, aber ansonsten nicht die erste Wahl.

Notfall
Krankenwagen (☎ 997)
Polizeizentrale (☎ 355 1161; Botswana Rd.)
Feuerwehr (☎ 998)
Polizei (☎ 999)

Post
Neben der **Hauptpost** (The Mall) findet sich noch ein Postamt gegenüber vom Einkaufszentrum Broadhurst Mall.

Touristeninformation
Botswana Tourism Board (☎ 391 3111; www. botswanatourism.co.bw; Fairgrounds Office Park, Block B, Erdgeschoss; ⏰ Mo–Fr 7.30–12.30 & 13.45–16.30 Uhr) Diese modernisierte Touristeninformation befindet sich im Fairgrounds Office Park, ein kleines Stück südlich der Main Mall, und ist wirklich hilfreich. Außerdem gibt es noch einen Infokiosk in der Lobby des Cresta President Hotel (s. S. 318).
Department of Wildlife & National Parks (DWNP; ☎ 318 0774; dwnp@gov.net; Government Enclave, Khama Cres; ⏰ Reservierungen Mo–Fr 7.30–12.45 & 13.45 bis 16.30 Uhr) Eines der beiden Reservierungsbüros für Unterkünfte (das andere ist in Maun; s. S. 358) in allen Nationalparks und Reservaten, die DWNP unterstehen.
Garcin Safaris (☎ 393 8190; www.garcinsafaris.com) Wer in Gabs ein oder zwei Tage verbringen muss, ist gut beraten, sich mit der hier ansässigen Gaborone-Expertin Marilyn Garcin in Verbindung zu setzen. Sie bietet hervorragende Stadtführungen an. Außerdem ist sie gern beim Organisieren der Weiterreise in andere Landesteile behilflich.

GEFAHREN & ÄRGERNISSE
Für eine Stadt in Afrika ist Gabs sicher, aber ein zweites Singapur ist es nun auch wieder nicht. Es passieren hier durchaus Verbrechen, vor allem Raubüberfälle auf Passanten. Wer nachts unterwegs ist, sollte deshalb mit dem Taxi fahren – vor allem Frauen und Alleinreisende. Zuverlässig sind die von den Hotels empfohlenen Fahrer. In jedem Fall ist es ratsam, die Telefonnummer aufzubewahren, denn so mancher wurde schon in einem nicht registrierten Taxi ausgeraubt. In der Main Mall ist ein Spaziergang tagsüber völlig problemlos, und auch bei Dunkelheit ist dieses Viertel noch am sichersten, aber natürlich passiert auch hier hin und wieder etwas. Um manche Gegenden sollten Touristen lieber einen großen Bogen machen, z. B. um den Tsholofelo Park unmittelbar südlich vom Ga-

borone Private Hospital. Auch öffentliche Grünanlagen sollte man möglichst meiden, denn sie stellen nicht nur ein Verkehrshindernis dar, sondern sind auch das bevorzugte Revier von Gaunern, die dort arglose Passanten überfallen. Da die Einheimischen nicht gern zu Fuß unterwegs sind, bieten Grünanlagen eine günstige Gelegenheit, Auswärtige auszurauben.

Die Verkehrssituation nimmt in Gabs von Jahr zu Jahr unerfreulichere Züge an, denn immer mehr Einheimische kaufen sich ein Auto, um damit herumzukutschieren – oft zum ersten Mal in ihrem Leben. Besonders vorsichtig sollten Passanten jeweils am letzten Wochenende eines Monats sein, denn dann war Zahltag, und viele setzen sich betrunken ans Steuer – mit fatalen Folgen.

SEHENSWERTES
Gaborone hat mehr zu bieten, als dieses Ballungsgebiet auf den ersten Blick vermuten lässt. Die Mischung aus motiviertem Botschaftspersonal, Angestellten von Organisationen und ambitionierten Einheimischen bürgt für einen recht gut gefüllten Veranstaltungskalender mit einem Schwerpunkt auf Kunst und Kultur und allem was dazugehört. Wer sich eine Weile hier aufhält, sollte nach den **Cowboys von Gaborone** Ausschau halten, einer schon arg surrealen, kultverdächtigen Subkultur; gemeint sind einheimische Männer mit Cowboyhosen und -hüten, die Heavy-Metal-Musik hören und auf ihren Pferden durch die Stadt reiten.

Gaborone Game Reserve
Dieses **Reservat** (☎ 318 4492; pro Pers./Fahrzeug 0,25/0,50 US$; ⏰ 6.30–18.30 Uhr) wurde 1988 von der Kalahari Conservation Society ins Leben gerufen, um den Einwohnern von Gaborone Gelegenheit zu geben, die Wildtiere in ihrem natürlichen Lebensraum zu sehen und zudem mühelos dort hinzukommen. Auch wenn das Reservat bloß 5 km^2 groß ist, steht es in puncto Besucherzahlen im Land an dritter Stelle. Hier leben Weißschwanzgnus, Oryx-, Elenantilopen und Impalas sowie Schakale, Strauße und Warzenschweine. Es gibt eine abgeschlossene Sektion mit einem Nashornpaar, das nur von bestimmten Wegen aus zu sehen ist. Die Vogelwelt ist besonders imponierend. Von den Beobachtungspunkten aus kann man Nashornvögel und Kingfisher, eine tropische Eisvögel, sehen. Das Reservat verfügt auch

GABORONE

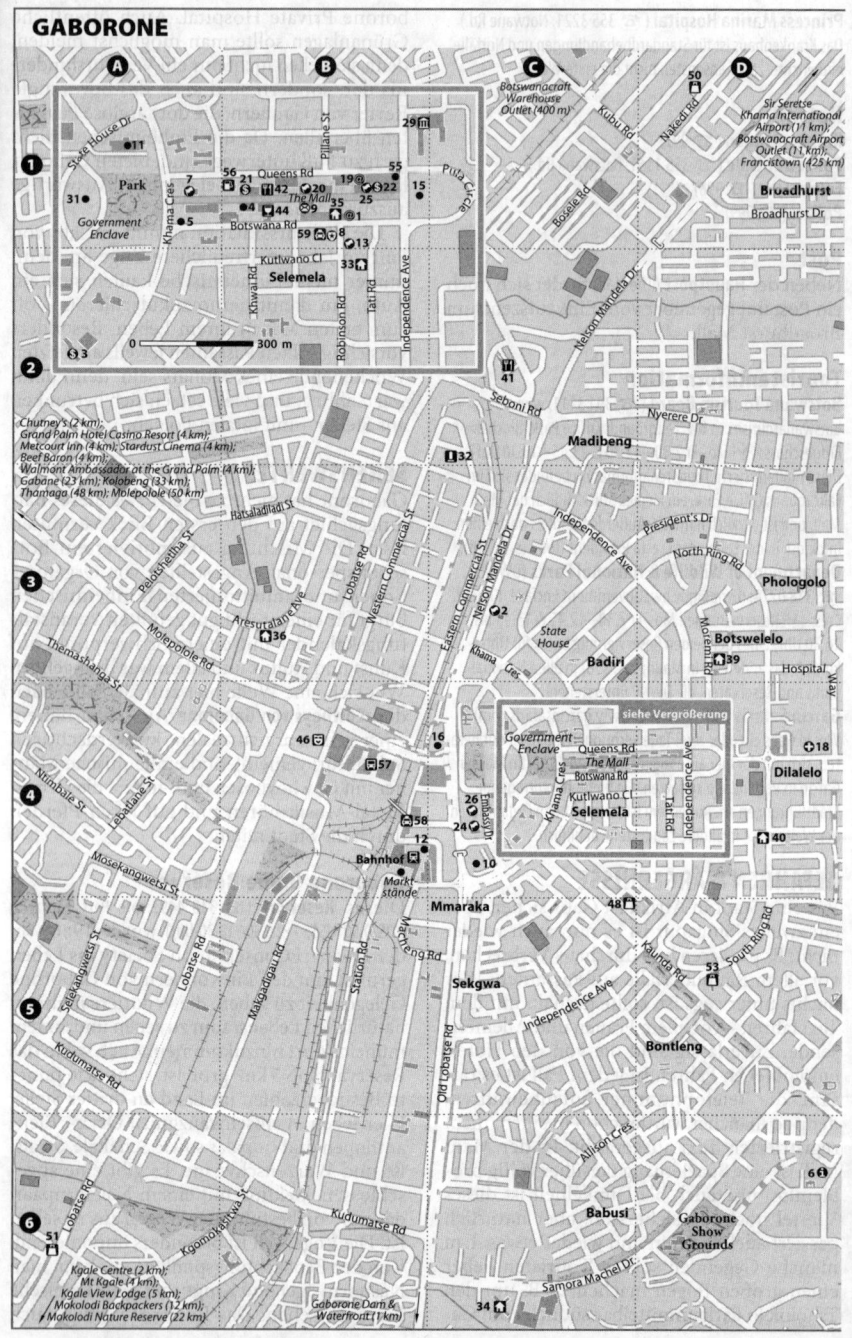

GABORONE

Park

Government
Enclave

Queens Rd

The Mall

Botswana Rd

Kutlwano Cl

Selemela

Robinson Rd

Tati Rd

Independence Ave

Pilane St

Pula Circle

0   300 m

Botswanacraft
Warehouse
Outlet (400 m)

Kubu Rd

Naledi Rd

Sir Seretse
Khama International
Airport (11 km);
Botswanacraft Airport
Outlet (11 km);
Francistown (425 km)

Broadhurst

Broadhurst Dr

Boseja Rd

Nelson Mandela Dr

Seboni Rd

Nyerere Dr

Madibeng

Independence Ave

President's Dr

North Ring Rd

Phol_ogolo

Chutney's (2 km);
Grand Palm Hotel Casino Resort (4 km);
Metcourt Inn (4 km); Stardust Cinema (4 km);
Beef Baron (4 km);
Walmont Ambassador at the Grand Palm (4 km);
Gabane (23 km); Kolobeng (33 km);
Thamaga (48 km); Molepolole (50 km)

Ratsaladladi St

Lobase Rd

Western Commercial St

Eastern Commercial St

Nelson Mandela Dr

Khama Cres

State
House

Badiri

Moremi Rd

Botswelelo

Hospital

Peloletheetha St

Aresutalane Ave

Molepolole Rd

Themashanga St

Ntimbaile St

Lebatlane St

Mosekangwetsi St

Selekangwetsi St

Kudumatse Rd

Lobase Rd

Matlogadigau Rd

Station Rd

Macleng Rd

Bahnhof

Markt-
stände

Mmaraka

Embassy Dr

Selemela

Government
Enclave

Queens Rd

The Mall

Botswana Rd

Kutlwano Cl

Khama Cres

Tati Rd

Independence Ave

siehe Vergrößerung

Dilalelo

Sekgwa

Independence Ave

Kaunda Rd

South Ring Rd

Bontleng

Old Lobase Rd

Allison Cres

Lobase Rd

Kgomokasitwa St

Kudumatse Rd

Babusi

**Gaborone
Show
Grounds**

Samora Machel Dr

Gaborone Dam &
Waterfront (1 km)

Kgale Centre (2 km);
Mt Kgale (4 km);
Kgale View Lodge (5 km);
Mokolodi Backpackers (12 km);
Mokolodi Nature Reserve (22 km)

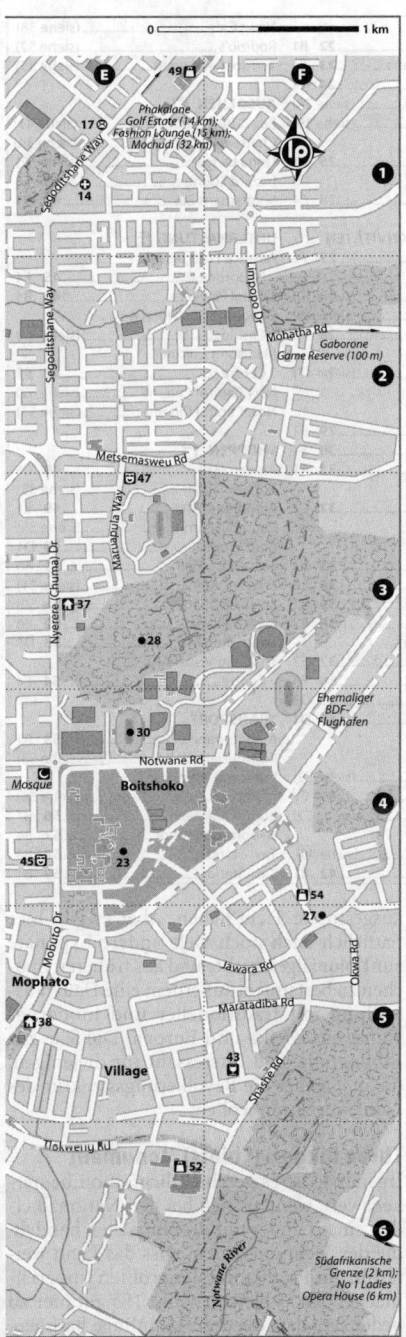

über ein paar Picknickplätze, einen geschützten Ort zur Wildbeobachtung und ein kleines, aber informatives Besucherzentrum.

Alle Straßen im Reservat sind mit einem normalen Pkw befahrbar; Autosafaris werden wegen der geringen Größe nicht angeboten. Das Reservat befindet sich rund 1 km östlich von der Broadhurst Mall; Zufahrt über den Limpopo Drive.

Regierungsviertel

Am westlichen Ende der Main Mall befindet sich ein Torbogen mit der Flagge von Botsuana, hinter dem sich ein Areal mit schlichten Ziegelgebäuden befindet. Wer hier herumspaziert, sieht verschiedene Türen, die Eingänge für Sprecher und Häuptlinge, und stellt überrascht fest, dass er sich nicht in einem noblen Schulhof befindet, sondern im **Parlament** von Botsuana. Führungen werden zwar keine angeboten, und Besucher können auch keinen Debatten beiwohnen, aber es ist echt cool, einfach so im Hauptregierungsgebäude eine Runde zu drehen. Beachtenswert auf jeden Fall auch die großen, hypermodernen Bauten in der Umgebung; sie haben etwas von Raumschiffen, die jeden Moment in die Atmosphäre von Gaborone geschossen werden könnten. Es handelt sich dabei um diverse Ministerien, die mit den Geldern aus einem der stabilsten Wirtschaftssysteme Afrikas errichtet wurden.

Botanischer Garten

Mit etwas Liebe und viel Arbeit könnte dieser **Botanische Garten** (☎ 397 3860; 17991 Okwa Rd.; Eintritt frei; ☻ 7.30–18 Uhr) einmal eine tolle Sehenswürdigkeit abgeben. Momentan ist hier bloß ein Stück Buschland abgetrennt, das allerdings zugegebenermaßen süße Affen beherbergt. Einige Bäume und Pflanzen wurden hier bereits mit Hinweisschildern versehen, aber eine Art Wegweiser zu den einzelnen Attraktionen des Gartens gab es bei Drucklegung dieses Reiseführers nicht. In dem Areal befindet sich auch das schöne Hotelgebäude aus der Kolonialzeit (das im Inneren jedoch eher gähnende Leere präsentiert), in dem Cecil Rhodes 1895 den – gescheiterten – Jameson-Aufstand plante.

Diamond Trading Company

Hier kommt man sich reicher vor als Donald Trump am Zahltag! In diesem **Handelsgebäude** (☎ 364 9000; Diamond Park) erfahren Besucher so

ziemlich alles, was in Sachen Diamantenindustrie in Botsuana wissenswert ist.

Wer etwas Zeit hat und sich von der
Bürokratie nicht abschrecken lässt, kann hier
an einer Führung teilnehmen. Schließlich ist
es ja durchaus prickelnd, einmal einige Steine
im Wert von mehreren Millionen Dollar in
der Hand zu halten.

Nationalmuseum, Baudenkmäler & Kunstgalerie

Wer nicht mit allzu hohen Erwartungen startet, wird vermutlich seinen Spaß an dem kleinen, aber abwechslungsreichen **Nationalmuseum** (☎ 397 4616; 331 Independence Ave.; Eintritt frei;
🕑 Di–Fr 9–18, Sa & So bis 17 Uhr) haben. Jedenfalls
lässt sich hier prima ein Nachmittag totschla-
gen, insbesondere für die, die ein Faible für

ausgestopfte Tiere haben. Aber es gibt hier
natürlich auch noch viele andere Exponate
zur Kolonialgeschichte und aus früheren Epochen zu bestaunen, außerdem eine Dauerausstellung mit traditioneller und moderner
Kunst aus Afrika und Europa. Die Säle zur
Ethnografie sind interessant für diejenigen,
die mehr über die Bevölkerungsstruktur des
Landes erfahren wollen.

Three Dikgosi (Chiefs) Monument

Irgendwie ist es geschichtlich schon bemerkenswert, wenn es sich bei den Nationalhel-
den eines Landes um drei Burschen handelt,
die der Meinung waren, dass das Land weiterhin ein Protektorat der größten Imperial-
macht Afrikas bleiben sollte. (Es gilt hier zu
bedenken, dass die drei Häuptlinge Bathoen,

Khama II. und Sebele einen nicht unwichtigen Beitrag dazu leisteten, Botsuana der Britischen Krone zu unterstellen. Dadurch verhinderten sie gleichzeitig, dass das Land unter die Herrschaft von Cecil Rhodes geriet, was sicherlich eine erheblich größere Ausbeutung nach sich gezogen hätte.)

Den drei Häuptlingen oder Chiefs wird nun mit diesem großen, imposanten, aber etwas ungünstig platzierten **Denkmal** (☎ 367 4616; zwischen der Eastern und Western Commercial St.; Eintritt frei; ☼ Di–Fr 9–18, Sa & So bis 17 Uhr) im Schatten eines Bürokomplexes gedacht. Zu sehen sind Reliefs der Nationaltugenden, darunter „Botshabelo" (Zuflucht), „Bogaka" (Heldentum), „Boitshoko" (Durchhaltevermögen), „Mikarabelo" (globale Verantwortung) und „Boipuso" (Unabhängigkeit).

AKTIVITÄTEN

Die beste Informationsquelle, was wo geboten wird, ist der kostenlose *Botswana Advertiser,* der jeden Freitag erscheint. Außerdem gibt es vor dem Nationalmuseum ein Schwarzes Brett mit Informationen, was im Lauf der Woche alles so los ist.

Fitnesscenter

Wer mal richtig schwitzen möchte, schaut einfach im **Energym** (☎ 316 1501; Broadhurst Mall) vorbei. Hier kann sich jeder auch ohne Mitgliedschaft zu unterschiedlichen Tarifen sportlich austoben.

Fußball

Im **National Stadium** (☎ 392 3090; Notwane Rd.; Eintrittskarten ab 1 US$) werden die Spiele der botsuanischen Super League ausgetragen, und gelegentlich findet auch mal eine internationale Begegnung statt. Die normalen Spiele

werden samstags und sonntags jeweils ab 16 Uhr ausgetragen.

Golf

Der tollste Golfplatz der Stadt befindet sich etwas außerhalb. Ungefähr 14 km nördlich verbirgt sich der **Phakalane Golf Estate** (außerhalb der Karte S. 314–315; ☎ 360 4000; Golf Dr., Phakalane) in einem irgendwie deplazierten Ambiente mit Wald und spleenigen Häusern. Die Greenfee für 18 Löcher beträgt 140 P. Der **Gaborone Golf Course** liegt rund 2 km südlich der Stadt. Für eine Gastmitgliedschaft sind 10 US$ pro Tag zu berappen; die Gebühr schließt die Nutzung des Pools, der Bars und Restaurants mit ein. Die Greenfee für 9/18 Löcher kostet zusätzliche 3/6 US$; die Ausrüstung kann auch gemietet werden.

FESTIVALS & EVENTS

Feiertage wie der **Sir Seretse Khama Day**, der **President's Day** und der **Botsuana/Independence Day** (s. S. 403) sind in der Hauptstadt immer ein willkommener Anlass zum Feiern. Einzelheiten werden in den englischsprachigen Zeitungen bekanntgegeben sowie innerhalb der Kolumne „What's On" in der Broschüre *Botswana Advertiser.*

Gaborone richtet aber auch diverse Feste und Veranstaltungen aus:

Maitsong-Festival (März/April) Nähere Informationen zum Festival siehe Kasten unten.

Traditional Dance Competition (Ende März) Volkstanzwettbewerb.

Industry & Technology Fair (Mai) Diese Industrie- und Technikmesse für das südliche Afrika findet in den Gaborone Show Grounds statt.

International Trade Fair (August) Die Internationale Handelsmesse wird ebenfalls in den Gaborone Show Grounds abgehalten.

DAS MAITISONG-FESTIVAL

Das Maitisong-Festival wurde 1987 ins Leben gerufen und gilt als das größte Ereignis im Bereich der darstellenden Künste in Botsuana. Es findet jedes Jahr von Mitte März bis Anfang April statt und dauert sieben Tage. Das Festival bietet ein Open-Air-Programm mit Musik, Theater und Tanz auf mehreren Bühnen in der ganzen Hauptstadt. Außerdem finden im **Maitisong Cultural Centre** (☎ 397 1809; Maruapula Way; ☼ Vorverkauf Mo–Fr 8–18 Uhr) sowie im Memorable Order of Tin Hats (MOTH) Veranstaltungen statt; zu den Highlights gehören Topkünstler aus ganz Afrika.

Das Veranstaltungsprogramm ist in der Regel einen Monat vor Festivalbeginn in den Shopping Malls und in den Einkaufszentren erhältlich. Die Veranstaltungen im Freien sind unentgeltlich, ansonsten kosten die Eintrittskarten 25 bis 150 P. Es wird zudem für 400 P ein Festivalpass angeboten, der Zutritt zu sämtlichen Veranstaltungen gewährt.

GABORONE

SCHLAFEN

Gaborone hat sich vor allem auf Geschäfts-
reisende und einheimische Gäste eingestellt,
aber es gibt auch einige hübsche, saubere Lodges, meist Familienbetriebe. Wer ein paar
Scheine mehr lockermachen will, findet in
Gabs auch jede Menge Luxushotels.

Wem kein eigenes Auto zur Verfügung
steht, sollte seine Unterkunft für die erste
Nacht im Voraus buchen oder zumindest das
Quartier vom Flughafen, Busterminal oder
Bahnhof aus anrufen. Da die Hotels über die
ganze Stadt verstreut sind, wird es kostspielig,
mit dem Taxi die passende Bleibe zu suchen.

Budgetunterkünfte

Mokolodi Backpackers (außerhalb der Karte S. 314–315;
☎ 7411 1165; www.backpackers.co.bw; Camping 75 P, B/
Chalet 120/325 P; 🖥) Hier sind Leute mit schma-
lem Geldbeutel richtig, Selbstfahrer und
Durchreisende. Jedenfalls hat dieses Quartier
als einziges in Gaborone ein echtes Backpa-
ckerfeeling. Es befindet sich rund 10 km von
der Stadt entfernt. Geboten werden hübsche
Hütten und gute Zeltplätze, und auch das
Preis-Leistungsverhältnis der Mehrbettzimmer ist in Ordnung.

Tindi Lodge (☎ 395 3648; 487 South Ring Rd.; Zi. mit/
ohne Bad 240/230 P) Diese nette Lodge, ein Familienbetrieb, ist ein bisschen heruntergekom-
men, aber die Zimmer sind gemütlich genug,
um sich hier nachts aufs Ohr zu hauen.

Brackendene Lodge (☎ 391 2886; Tati Rd.; Zi. ab
290 P; 🞨 🖥) Das Brackendene zählt zu den besseren Hotels in der Stadt. Die Zimmer sind
einfach, aber groß und verfügen über TV und
Klimaanlage; in der Lobby gibt's zudem zuverlässigen Internetzugang (und mit etwas
Glück auch bald auf den Zimmern). Ein weiterer Pluspunkt: Die Lodge befindet sich in
Laufweite zur Mall.

Ditshane Lodge (☎ 316 3737; 18576 Aresutalane Ave.;
EZ/DZ 300/350 P; 🞨 🖥) Einen nachhaltigen Eindruck hinterlässt die Lodge zwar sicher nicht,
aber wer sich einfach mal gut ausschlafen
möchte, bekommt hier ein anständiges Preis-
Leistungsverhältnis, und TV und einen sicheren Parkplatz. Einen Tick Hüttenromantik
gibt's obendrein.

Kgale View Lodge (außerhalb der Karte S. 314–315;
☎ 312 1755; Phase 4, Plot 222258; Zi. ab 400 P) Das empfehlenswerte B&B mit nettem Service und
herzlicher Atmosphäre bietet gemütliche
Zimmer. Jedenfalls kommen die Gäste immer
gern wieder, und deshalb ist die Lodge auch

schnell ausgebucht. Unbedingt vorher anfra-
gen, ob noch etwas frei ist.

Mittel- & Spitzenklassehotels

Alle unten aufgeführten Unterkünfte bieten
Zimmer mit Bad, Kabel-TV und Klimaanlage.
Das Frühstück ist nicht im Preis inbegriffen.

Metcourt Inn (außerhalb der Karte S. 314–315;
☎ 391 2999, 363 7777; www.metcourt.com; EZ/DZ 465/
535 P; 🞨) Der reizende kleine 3-Sterne-Gasthof
befindet sich im Komplex des Grand Palm
Hotels. Er besitzt den Charakter einer typischen Unterkunft für Geschäftsleute, was
nach einem Aufenthalt im Buschland aber
vielleicht gar nicht so übel ist.

Motheo Apartments (☎ 318 1587; motheo@info.bw;
Moremi Rd., off Independence Ave.; Apt. 396–786 P;
🞨 🖥 🖩) Die Anlage bietet eine breite Auswahl an Apartments für Selbstversorger; sie
sind eine nette Alternative zu den großen
Hotelanlagen im Stil von Bürokomplexen, die
in Gaborone weit verbreitet sind. Die Wohn-
einheiten haben Internet, DSTV und andere
moderne Annehmlichkeiten und sind allesamt für Selbstversorger gedacht.

Cresta Lodge (☎ 397 5375; www.cresta-hospitality.
com; Samora Machel Dr.; Zi. ab 900 P; 🞨 🖩) Die Lodge
in einer schönen Grünanlage liegt 2 km vom
Stadtzentrum entfernt und ist eine gute Wahl
für Gäste, die sich in beschaulicher Umgebung
in diesem 3-Sterne-Hotel einmal richtig ausschlafen wollen.

Cresta President Hotel (☎ 395 3631; www.cresta
-hospitality.co.bw; The Mall; Zi. ab 908 P; 🞨 🖥 🖩) Das
erste Luxushotel der Stadt liegt mitten in der
Mall, was die hohen Preise wohl rechtfertigt.
Das Haus ist modern, der Service zuvorkommend, ansonsten werden keine tollen Überraschungen geboten – aber vielleicht ist das
ja schon Überraschung genug.

Gaborone Sun Hotel & Casino (☎ 355 1111; www.
suninternational.com; Chuma Dr.; DZ Standard/Luxus 115/
140 US$; 🞨 🖩) Früher war das Sun für sein
hochgestochenes Ambiente bekannt, aber
irgendwie kann das Hotel nun mit seinen Ri-
valen im oberen Preissegment nicht mehr
mithalten. Das Sun ist dennoch gar nicht so
übel, denn die Gäste kommen in den Genuss
diverser Restaurants und können das Casino,
den Pool und den Golfplatz nutzen. Die Bar
ist am Abend bei Expats beliebt.

Walmont Ambassador at the Grand Palm (außerhalb
der Karte S. 314–315; ☎ 363 7777; www.walmont.com;
Molepolole Rd.; DZ ab 1267 P; 🞨 🖩) Das moderne
Hochglanzhotel liegt 4 km westlich vom

Stadtzentrum in einer von Las Vegas inspirierten Ministadt mit Restaurants, Bars, einem Casino, einem Kino sowie einem Wellnesscenter. Das alles hat natürlich seinen Preis, aber dafür werden die Gäste auch wirklich verwöhnt.

Mondior Summit (☎ 319 0600; www.mondior.com; Ecke Mobuto Dr & Maratadiba Rd.; EZ/DZ 1312/1922 P; ⊠ ☐ ☎) Das Mondior ist wohl die beste Adresse der Stadt und verfügt über allen Schnickschnack, den man sich nur wünschen kann, plus afrikanischen Schick – große exklusive Zimmer, die in warmen Farbtönen gehalten sind. Es gibt jeden erdenklichen Service, und alles ist modern und edel.

ESSEN

Wer billig essen will, dem sei gesagt, dass Gabs eine große Vorliebe für afrikanisches und westliches Fastfood zeigt. In der Nähe des Busbahnhofs gibt es Dutzende von Ständen, wo man sich einen Teller mit traditionellen Speisen wie Mealie Pap oder Eintöpfe munden lassen kann; mittags gibt's auch an der Mall diverse Stände.

Selbstversorger finden in den Supermärkten der Einkaufszentren ein breites Angebot, aber mit einem großen Markt kann die Stadt leider nicht aufwarten.

Günstig

Equatorial Cafe (Riverwalk Mall; Hauptgerichte ab 20 P) Hier kommt der beste Espresso der Stadt auf den Tisch, aber auch die Smoothies, Falafeln und Gourmet-Sandwiches können sich sehenlassen. Und es gibt sogar richtige Bagels!

King's Takeaway (The Mall; Mahlzeiten 20–40 P) In diesem bei Einheimischen total angesagten Lokal lassen sich hungrige Angestellte die preiswerten Burger, Pommes und sonstige Snacks schmecken.

Kgotla Restaurant & Coffee Shop (Broadhurst Mall; Mahlzeiten 4–6 US$; ⊗ Di–So) Das bei Expats mit Recht sehr beliebte Lokal über Woolworth ist für sein herzhaftes Frühstück, die vegetarischen Gerichte und die vielfältigen Kaffeespezialitäten bekannt.

Mittelteuer & teuer

News Cafe (☎ 319 0600; Ecke Mobuto Dr. & Maratadiba Rd.; Hauptgerichte 40–130 P) Das News Cafe im Mondior Summit Hotel mit europäischer Speisekarte und modernistischem Flair ist das trendigste, was Gabs zu bieten hat. Design und Ausstattung locken das einheimische, gut betuchte Jungvolk an, aber auch Expats, denen der Sinn nach einem Tick cooler Urbanität steht.

Bull & Bush Pub (☎ 397 5070; Hauptgerichte 45 bis 80 P) Dieser Traditionspub ist in Gaborone eine Institution und bei Expats, Touristen und Einheimischen gleichermaßen der Hit. Auf der umfangreichen Speisekarte findet sicher jeder etwas nach seinem Geschmack. Berühmt ist das Bull & Bush jedoch für seine dicken Steaks und das kühle Bier. Im Biergarten geht es jeden Abend hoch her, und immer flimmert ein sehenswertes Sportereignis über den Bildschirm der Glotze.

25° East (Riverwalk Mall; Hauptgerichte 45–120 P) Das klassisch eingerichtete Restaurant bietet asiatische Fusionsküche mit hervorragenden indischen Gerichten; die Thai-Speisen kann man allerdings getrost auslassen. Ist schon klar – wer in Gaborone Thai-Essen sieht, dem läuft schon das Wasser im Mund zusammen, aber dieses Lokal enttäuscht dann doch.

Chutneys (außerhalb der Karte S. 314–315; ☎ 319 0545; Hauptgerichte 50–90 P; West Ring Rd.) In dem tollen Restaurant kommt der beste indische Küche von ganz Botsuana auf den Tisch, eine breite Auswahl an Currys, die eine willkommene Pause vom *pap* und Fleisch und immer noch mehr *pap* bieten. Der kulinarische Schwerpunkt liegt auf Spezialitäten aus Südindien, aber es stehen noch jede Menge andere Hauptgerichte vom indischen Subkontinent auf der Speisekarte.

Terrace Restaurant (☎ 395 3631; The Mall; Hauptgerichte ab 85 P) Das Terrassenrestaurant des Cresta President Hotels bietet sich an, um die Szenerie in der Mall zu beobachten. Lecker sind die Koteletts und anderen Fleischgerichte vom Grill. Wem der Sinn nach etwas Kolonialfeeling steht, der trinkt einen gepflegten Tee und lässt einfach so das pralle Treiben auf sich wirken.

Beef Baron (außerhalb der Karte S. 314–315; ☎ 363 7777; Grand Palm Resort; Hauptgerichte ab 90 P) Wenn ein Lokal einen derart eindeutigen Namen hat, dann ist wohl klar, was hier auf den Teller kommt: alles rund ums Rind. Hier können Gäste nun also ihre Zähne in dicke, fette Steaks versenken – angeblich die besten weit und breit.

Rodizio's (Riverwalk Mall; Menü ab 130 P) Das Restaurant gehört zu einer Kette von brasilianischen 1A-Steakhäusern samt Sambaparty und hat den Dreh wirklich voll raus: Kellner laufen mit Fleischstücken herum, und die Gäste halten kleine Fähnchen hoch, um zu signalisieren, dass sie Nachschub wollen. Hin und wieder kommt es durchaus einmal zu Magenbeschwerden, wenn sich jemand überfressen hat, aber die Gäste sterben mit einem Lächeln im Gesicht und Fleischsaft auf den Lippen.

AUSGEHEN

Wenn in Botsuana jemand zu Geld kommt, dann finden die Scheine den Weg nach Gabs, und das bedeutet, dass es hier eine beachtliche Anzahl an Lokalen gibt, in denen sich gut Dampf ablassen lässt; manche verlangen am Wochenende bis zu 50 P Eintritt.

Bull & Bush Pub (☎ 397 5070) Das beliebte Restaurant ist auch Dreh- und Angelpunkt des Nachtlebens der Expats, und junge Einheimische lassen es hier übel krachen – und das heißt im Klartext, dass sich auch mal einer in der Toilette übergibt. Auf der Tanzfläche geht es heiß her, das Bier ist kühl – eine Riesensause eben.

Chatters Bar (Samora Machel Dr.; Eintritt frei) Diese stilvolle Bar befindet sich im Cresta Lodge. An fast allen Wochentagen wird hier sanfte, schön anzuhörende Livemusik geboten. Die stilvolle Bar ist gut bestückt, allerdings nicht gerade billig.

Fashion Lounge (außerhalb der Karte S. 314–315; Phakalane) Rund 15 km nördlich der Stadt (alle Taxifahrer kennen den Weg) macht diese Lounge einen auf schicke Manhattan-Martini-Bar. Die Bemühungen sind schon okay, aber irgendwie kommt man sich meilenweit von New York unter all den *Sex and the City*-Möchtegern-Leuten dann doch komisch vor.

Lizzard Lounge (The Village) Die Lounge ist bei Einheimischen beliebt – bei Leuten, die gern den mimen und auch bei echten Westentaschengangstern, wie durchaus zu hören ist. Jedenfalls kann man hier hervorragend tanzen, auch wenn es manchmal recht ruppig zugeht.

Linga Langa (Riverwalk Mall) In diesem Lokal, einer Mischung aus amerikanischer Sportsbar und englischem Pub, wird es am Wochenende brechend voll. Aber es eignet sich prima, um in eine lange Nacht zu starten.

Sportmans Bar (Botswana Rd.) Die nette Kneipe liegt günstig in der Mall und hat Leuten, die nicht bloß einige Biere kippen wollen, auch ein paar Billardtische zu bieten.

UNTERHALTUNG

Wer wissen will, was wann in Gaborone wo läuft, schnappt sich die *Arts & Culture Review*, die Beilage der Zeitung *Mmegi/Reporter* oder wirft einen Blick auf die Sparte „What's On" im *Botswana Advertiser*.

Da Gabs immer wohlhabender wird, erleben Nachtclubs einen wahren Boom. Sie präsentieren sich als eine Mischung aus gigantischen Disko-Amüsierlokalen und Shebeens, illegalen Kneipen, wie es sie auch in Südafrika zuhauf gibt. An Wochenenden werden bis zu 50 P Eintritt verlangt.

Casinos

Wer sein Glück beim Spiel probieren möchte, muss mindestens 18 Jahre alt sein. Außerdem ist legere, aber schicke Kleidung angesagt – sonst geht gar nichts.

Gaborone Sun Hotel & Casino (☎ 361 6000; Chuma Dr.)

Grand Palm Hotel Casino Resort (außerhalb der Karte S. 314–315; ☎ 363 7777; Molepolole Rd.)

Kinos

Das **Stardust Cinema** (außerhalb der Karte S. 314–315; ☎ 395 9271; Grand Palm Hotel Casino Resort, Molepolole Rd.) und das **New Capitol Cinema** (☎ 370 0111) in der Riverwalk Mall bzw. in der Game City Mall bieten täglich von 12 bis 22.30 Uhr eskapistische Hollywood-Unterhaltung; die Filme beginnen im Zwei- Stunden-Takt.

Gaborone Film Society (☎ 392 5005) Mitglieder bekommen hier alle zwei Wochen Filmklassiker (meist auf Englisch) zu sehen, aber es sind auch Nicht-Mitglieder willkommen. Informationen in Sachen Programm, Veranstaltungsort und Preise erteilt die Gesellschaft; ansonsten lohnt ein Blick aufs Schwarze Brett am Nationalmuseum.

Theater

Alliance Française de Gaborone (☎ 397 3863; Mobutu Dr.) Die *alliance* sponsert gelegentlich Shows und Ausstellungen mit einheimischen und französischen Künstlern aus den Bereichen Kunst, Musik und Film.

Maitisong Cultural Centre (☎ 397 1809; http://maitisong.org; Maruapula Way; ☷ Vorverkauf Mo–Fr 8–18 Uhr) Das Maitisong („Ort der Unterhaltung") zeigt in seinem großen Theater unglaubliche Shows – von Shakespeare-Stücken bis hin zu landestypischer Musik. Hier findet auch das alljährliche Maitisong Festival (s. Kasten S. 317) statt. Wer sich nicht nur ein paar Tage in Gabs aufhält, sollte hier unbedingt mal vorbeischauen.

Capital Players (☎ 392 4511; Molepolole Rd.) Diese Amateurtruppe gibt regelmäßig Vorstellungen im recht ehrwürdigen Memorable Order of Tin Hats (MOTH). (Wer mehr über den seltsamen Namen wissen möchte, informiert sich unter http://www.firstworldwar.com/features/moth.htm.)

No. 1 Ladies Opera House (außerhalb der Karte S. 314–315; ☎ 316 5459) Die Oper, ein paar Kilometer südlich von Gaborone, beruht auf der Zusammenarbeit von Author McCall Smith und der einheimischen Kunstszene. Aufgeführt werden Tswana-Gesänge, Theaterstücke und – hoffentlich bald – auch richtige Opern. Außerdem gibt es hier ein reizendes Café mit gutem Kaffee und Kuchen.

SHOPPEN

In Gaborone finden sich diverse Shopping Malls westlichen Stils mit Bars, Restaurants, Geschäften, Supermärkten, Fast-Food-Lokalen, Banken, Büros und Tankstellen. Am bedeutendsten sind die African Mall, die Broadhurst Mall, die Riverwalk Mall, die Game City Mall sowie die South Ring Mall.

Tagsüber werden an der Mall an zahlreichen Ständen Schnitzereien und andere Andenken verkauft – es darf gefeilscht werden. Aber billiger ist es direkt an der Quelle; wer Interesse hat, sollte einem der Ateliers in der Nähe, z. B. in Oodi (s. Kasten S. 325), Gabane (S. 324) oder Thamaga (S. 324) einen Besuch abstatten. Wem für so einen Tagesausflug die Zeit fehlt, findet in den unten aufgelisteten Geschäften qualitativ hochwertiges Kunsthandwerk zu angemessenen Preisen.

Botswanacraft (außerhalb der Karte S. 314–315; www.botswanacraft.bw) Flughafen (☎ 391 2209); Warehouse Outlet (☎ 392 2487) Das größte Geschäft mit Kunsthandwerk in Botsuana verkauft traditionelle Souvenirs aus dem ganzen Land, darunter Webarbeiten aus Oodi sowie Töpferei aus Gabane und Thamaga. Für alle, die nicht gerade Meister des Feilschens sind: Macht nichts, denn hier gelten Festpreise! Wem der Sinn nach einem Happen zu essen steht, geht ins zugehörige Restaurant. Außerdem finden hier auch regelmäßig Kulturveranstaltungen statt. In diesem Areal befindet sich auch Camphill Furniture (☎ 392 3038); erhältlich sind hier handgearbeitete Holzmöbel sowie die ganze Palette an lokalem Kunsthandwerk.

Jewel of Africa (☎ 370 0216; jewel@global.bw; Game City Mall) In dem attraktiven Geschäft ist eine edle Auswahl an Schnitzereien, Skizzen, Schals und afrikanischem Nippes zu haben. Nicht alles wurde in Botsuana gefertigt; die Preise

sind aber jedenfalls in Ordnung (und auf den Artikeln fest verzeichnet).

Craft Workshop (☎ 355 6364; 5648 Nakedi Rd., Broadhurst Industrial Estate) In dem Komplex mit mehreren kleinen Läden sind Kunsthandwerk und Andenken erhältlich. Außerdem findet hier jeweils am letzten Sonntagmorgen im Monat ein Flohmarkt statt. Der „Broadhurst Route 3"-Combi bringt Interessierte hin.

Thapong Visual Arts Centre (☎ 316 1771; The Village) Leute, die nicht nur die üblichen afrikanischen Holzmasken und Andenken mit wilden Tieren kaufen wollen, sondern Kunstgegenstände, sollten als Erstes in dieser kleinen Galerie mit modernen, zeitgenössischen Arbeiten vorbeischauen.

Kalahari Quilts (☎ 7261 6462; www.kalahariquilts.com; Broadhurst) Die tollen Quilts hier werden von einheimischen Frauen gefertigt und sind ein einzigartiges Andenken für zu Hause. Jeder hat ein anderes Muster, wobei alle in den landestypischen Primärfarben gehalten sind – ein Angriff auf die Sinne. Aber es gibt hier natürlich nicht nur Quilts, sondern auch Kissenbezüge, Babytücher und vieles andere.

AN- & WEITERREISE
Bus

Intercity-Busse und Minibusse nach Johannesburg (80 P, 7 Std.), Francistown (35 P, 6 Std.), Selebi-Phikwe (42 P, 6 Std.), Ghanzi (70 P, 11 Std.), Lobatse (10 P, 1½ Std.), Mahalapye (17 P, 3 Std.), Palapye (30 P, 4 Std.) und Serowe (32 P, 5 Std.) fahren am Hauptbusbahnhof ab. Von hier besteht auch Verbindung nach Kanye (10 P, 2 Std.), Jwaneng (28 P, 3 Std.), Manyana (6 P, 1½ Std.), Mochudi (7 P, 1 Std.), Thamaga (5 P, 1 Std.) und Molepolole (9 P, 1 Std.). Achtung: Die Minibusse setzen ihre Gäste in einer sehr unsicheren Gegend in der Nähe der Park Station ab; man sollte sich dort also *unverzüglich* um eine Weiterfahrt bemühen.

Wer nach Maun oder Kasane will, muss in Francistown umsteigen. Die Busse halten sich grob an den Fahrplan, Minibusse fahren ab, sobald sie voll sind.

Der Intercape Mainliner nach Johannesburg (25 US$, 6½ Std.) startet an der Shell-Tankstelle neben der Mall. Fahrkarten sind über das jeweilige Quartier oder im Büro von Intercape Mainliner zu buchen. Mainliner-Busse sind sehr beliebt, man sollte also etwa eine Woche im Voraus buchen. Weitere Informationen siehe S. 415.

Flugzeug

Vom Sir Seretse Khama International Airport, 14 km vom Zentrum entfernt, bietet **Air Botswana** (☎ 395 2812; Botswana Insurance Company House, The Mall) Inlandsflüge nach Francistown (682 P), Maun (1057 P) und Kasane (1057 P). Das Büro fungiert auch als Agentur für andere regionale Fluglinien.

Informationen zu internationalen Flügen von und nach Gaborone siehe rechts.

Trampen

Wer in den Norden trampen will, nimmt den Broadhurst-4-Minibus an einem der Einkaufszentren am Main City Loop (s. unten) und steigt am nördlichen Stadtrand aus, dem Treffpunkt der Tramper. Es ist gar nicht nötig, ein Auto heranzuwinken; alle Fahrer, die Platz haben, nehmen jemanden mit. Bis Francistown sind rund 40 P an Kosten einzuplanen; dort gibt es sicher weitere Mitfahrgelegenheiten, um nach Nata, Maun und Kasane zu kommen.

Nach Südafrika sollte man besser nicht trampen; die Strecke gilt als unsicher und sogar gefährlich, als dass man sie besser nicht in einem fremden Auto zurücklegt.

Weitere Hinweise auf das Trampen im Botsuana siehe S. 423.

Zug

Es fahren täglich zwei Züge nach Francistown, einer am Tag um 10 Uhr (Club/Economy-Klasse 4/8 US$, 6½ Std.), einer nachts um 21 Uhr (1. Klasse Schlafwagen/2. Klasse Schlafwagen/Economy 25/20/5 US$, 8¼ Std.). Der Nachtzug aus Francistown fährt früh am Morgen weiter nach Lobatse (1 US$, 1½ Std.); von Gaborone aus werden nur Plätze in der Economy-Klasse angeboten. Die jeweils aktuellen Informationen sind bei **Botswana Railways** (☎ 471 13 75; www.botswanarailways.co.bw) telefonisch zu erfragen.

UNTERWEGS VOR ORT
Auto

Die folgenden aufgelisteten internationalen Autoverleihfirmen unterhalten eine Dependance am Flughafen.

Aber Achtung: Nach 17 Uhr ist allerdings meistens keiner der Angestellten mehr anzutreffen.

Avis (☎ 391 3093)
Budget (☎ 390 2030)
Imperial (☎ 390 6676)

Combis

Die weißen Combis, erkennbar an ihren blauen Nummernschildern, verkehren auf festgelegten Routen und kosten 2,70 P. Sie nehmen Fahrgäste nur an Haltestellen mit, die mit „Bus/Taxi Stop" ausgeschildert sind.

Der Main City Loop durch die Stadt führt an allen größeren Einkaufszentren vorbei mit Ausnahme der Riverwalk Mall und dem Kgale Centre; die Letztgenannten liegen an der Tlokweng Route und an der Kgale Route. Combis können an den größeren Straßen oder am Combistandplatz angehalten werden.

Vom/Zum Flughafen

Am Flughafen lässt sich kaum einmal ein Taxi blicken. Wer doch eines findet, zahlt bis ins Zentrum rund 70 P. Das einzig verlässliche Transportmittel vom Flughafen in die Stadt sind die Minibusse, ein Service der Spitzenklassehotels für ihre Gäste. Wenn noch Platz ist, kann der Fahrer eventuell überredet werden, einen mitzunehmen.

Taxi

Taxis – ganz einfach an ihren blauen Nummernschildern zu erkennen – sind in Gabs erstaunlich schwer aufzutreiben. Nur wenige gondeln auf der Suche nach Fahrgästen durch die Straßen; die meisten parken entweder vor dem Bahnhof oder an der Botswana Road. Wer eines findet, bezahlt 25 P bis 40 P pro Fahrt in der Stadt – der genaue Preis wird ausgehandelt.

Taxiunternehmen:
Final Bravo Cabs (☎ 312 1785)
Speedy Cabs (☎ 390 0070)

RUND UM GABORONE

Wer sich in der Großstadt langsam einem klaustrophobischen Anfall nähert, kann einen interessanten Tagesausflug aufs Land unternehmen. So ziemlich alle Orte sind mit öffentlichen Verkehrsmitteln oder mit einem Taxi zu erreichen, aber mit dem eigenen Fahrzeug geht es natürlich viel flotter. Wer einfach zu Fuß los will, kommt nicht weit. Einige der aufgeführten Orte bieten sich auch als Verschnaufpause für Reisende an, die außerhalb der Hauptstadt einmal wieder ruhig schlummern möchten.

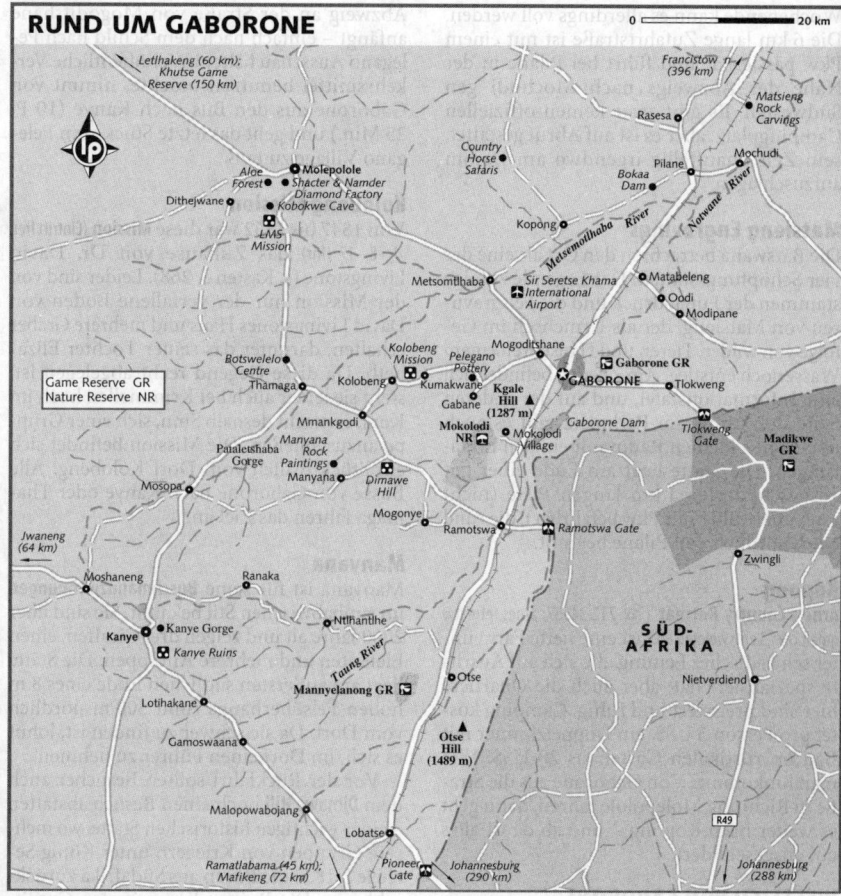

RUND UM GABORONE

0 — 20 km

Game Reserve GR
Nature Reserve NR

NÖRDLICH VON GABORONE
Mochudi

Wie die alten Mauerreste in den Bergen bezeugen, war das hübsche Dorf Mochudi bereits um 1500 von den Kwena besiedelt, eines der drei bekanntesten Geschlechter der Batswana. 1871 ließen sich dann hier die Kgatla nieder, nachdem sie von den gen Norden wandernden Buren vertrieben worden waren. Das **Phuthadikobo Museum** (☎ 577 7238; www. phuthadikobomuseum.com; Eintritt frei; ☷ Mo–Fr 8–17, Sa & So 14–17 Uhr) zeigt die Geschichte der Region mit bunten Exponaten aus dem Leben des Dorfes. Nach dem Museumsbesuch (Spende erbeten!) bietet es sich an, sich die Stadt mit ihrer traditionellen Lehmbauweise anzuschauen. Wer länger in Mochudi bleiben

möchte, übernachtet im leicht zu erkennenden **Sedibelo Motel** (☎ 572 9327; Pilane-Mochudi Rd.; DZ mit Frühstück 150 P) – es ist leuchtend pinkfarben gehalten –, das mit relativ sauberen und gemütlichen Zimmern sowie einem Restaurant mit Bar ausgestattet ist.

Busse nach Mochudi (8 P, 1 Std.) fahren in Gaborone ab, sobald sie voll besetzt sind. Mit dem Auto geht es anschließend nach Pilane und dann gen Osten. Nach 6 km biegt der Weg an der Kreuzung links ab und dann kurz vor dem Krankenhaus rechts, um ins historische Zentrum zu gelangen.

Bokaa Dam

Der Bokaa Dam ist beliebt zum Wandern und um den Sonnenuntergang zu betrachten. Am

Wochenende kann es allerdings voll werden. Die 6 km lange Zufahrtstraße ist mit einem Pkw passierbar und führt bei Pilane in der Nähe des Abzweigs nach Mochudi gen Südwesten. Es gibt zwar keinen offiziellen Campingplatz, aber es ist auf Abruf gestattet, sein Zelt unauffällig irgendwo am Damm aufzuschlagen.

Matsieng Engravings

Die Batswana betrachten den Ort als eine der vier Schöpfungsstätten. Der Legende zufolge stammen der Fußabdruck und die Felsgravuren von Matsieng, der als Urmensch im Gefolge von wilden Tieren und Haustieren einem Wasserloch entstieg. Am Zugang befindet sich eine Informationstafel, und auf der anderen Seite des Zauns am Parkplatz gibt es auch noch einen kleinen Raum mit einigen Erklärungen. Die Stätte liegt am Ende einer gut ausgeschilderten 1 km langen Piste (nicht asphaltiert, aber mit Pkw befahrbar), die rund 6 km nördlich von Pilane beginnt.

Kopong

Arne's Country Retreat (☎ 712 34567; arnes.retreat@gmail.com; Lentsweletau Rd.) ist eine nette Farm unter schwedischer Leitung, die sich auf Ausritte spezialisiert hat; aber auch die Quartiere hier sind preiswert und ruhig. Camping kostet pro Person 5 US$, ein Doppelzimmer mit Bad im rustikalen Gästehaus 20 US$. Wie man hinkommt? Von Gaborone aus die Straße in Richtung Molepolole fahren, dann geht es weiter nach Kopong – und ab da ist alles gut ausgeschildert.

WESTLICH VON GABORONE
Gabane

Die alten, oben auf dem Berg gelegenen Siedlungen rund um Gabane datieren zwischen 800 und 1200 und wurden vom Stamm der Bangologa errichtet, die einst in diesem Gebiet lebten. Eine modernere Sehenswürdigkeit ist hingegen **Pelegano Village** (☎ 394 7054; Gabane; ☉ Atelier Mo–Fr 8–16.30 Uhr, Andenkenladen Sa 7.30–13, So 14–16 Uhr); 1982 ins Leben gerufen. Der tolle Komplex mit Kunsthandwerk akquiriert ständig neue Kunstobjekte wie handgebrannte Keramik oder schöne Gläser, die aus recycelten Weinflaschen gefertigt wurden.

Das Dorf Gabane liegt 12 km südwestlich von Mogoditshane und 23 km von Gaborone entfernt. Zur Pelegano Pottery gelangt man 900 m über eine Staubstraße, die am zweiten

Abzweig an der Straße von Mogoditshane anfängt – einfach nach dem Schild nach Pelegano Ausschau halten! Wer öffentliche Verkehrsmittel benutzen möchte, nimmt von Gaborone aus den Bus nach Kanye (10 P, 25 Min.) und geht das letzte Stück zum Pelegano Village zu Fuß.

Kolobeng Mission

Von 1847 bis 1852 war diese **Mission** (Eintritt frei; ☉ 8–17 Uhr) das Zuhause von Dr. David Livingstone (s. Kasten S. 268). Leider sind von der Mission nur der verfallene Boden von David Livingstones Haus und mehrere Gräber erhalten, darunter das seiner Tochter Elizabeth. Da diese Gegend recht abgelegen ist, steht sie leider auch bei Kriminellen hoch im Kurs, es macht deshalb Sinn, sich einer Gruppe anzuschließen. Die Mission befindet sich ein Stück östlich vom Dorf Kolobeng. Alle Busse von Gaborone nach Kanye oder Thamaga fahren das Ziel an.

Manyana

Manyana ist für seine **Buschmannzeichnungen** im simbabwischen Stil bekannt. Sie sind über 2000 Jahre alt und zeigen drei Giraffen, einen Elefanten und mehrere Antilopen. Die Stätte liegt am äußersten südlichen Ende eines 8 m hohen Felsüberhangs rund 500 m nördlich vom Dorf. Da sie schwer zu finden ist, lohnt es sich, im Dorf einen Führer zu nehmen.

Vor der Rückfahrt sollten Besucher auch dem **Dimawe Hill** noch einen Besuch abstatten – einer wichtigen historischen Stätte, wo mehrere Gruppen von Kriegern unter König Sechele I. 1852 die Buren aus Südafrika zurückschlugen. Die Ruinen liegen in den Granitbergen verstreut, nicht weit von der Straße rund 5 km vor Manyana. Sie sind zwar nicht ausgeschildert, aber es macht gerade deswegen Spaß, hier ein bisschen herumzustreifen.

Der Bus (8 P, 1½ Std.) von Gaborone kommend hält an der Kreuzung am Ende der Straße im Dorf Manyana.

Thamaga

Im Dorf Thamaga ist das **Botswelelo Centre** (☎ 599 9220; Molepolole Rd.; Führungen 3 P; ☉ 8–17 Uhr) zu Hause, auch bekannt als Thamaga Pottery. Das gemeinnützige Projekt wurde in den 1970er-Jahren von Missionaren ins Leben gerufen. In der Töpferei sind alle erdenklichen Kreationen zu guten Preisen erhältlich. Führungen müssen im Voraus gebucht werden.

DIE WEBER VON OODI

Das Dorf Oodi ist vor allem für seine international renommierten **Lentswe-la-Oodi Weavers** (☎ 310 2268; ☽ Mo–Fr 8–16.30, Sa & So 10–16.30 Uhr) bekannt, eine Kooperative, die 1973 von Ulla und Peder Gowenius ins Leben gerufen wurde, zwei Schweden, die den Frauen der Dörfer Oodi, Matebeleng und Modipane eine wirtschaftliche Basis geben wollten. In dem Betrieb wird die Wolle von Hand gesponnen und dann mit Hilfe von Chemikalien über dem offenen Feuer gefärbt, wodurch über 600 Farben entstehen. Die Wolle wird anschließend von den verschiedenen Künstlern spontan zu ganz individuellen Webmustern verarbeitet. Die meisten stellen die Flora und Fauna von Afrika sowie ländliche Szenen aus Botsuana dar. Die Preise sind in Anbetracht der hohen Qualität in Ordnung. Die Frauen weben auf Wunsch auch Stücke anhand von Zeichnungen, Fotos oder Erzählungen der Kunden.

Wer mit dem Auto unterwegs ist, nimmt die Schnellstraße von Gaborone in Richtung Francistown und dann den Abzweig zum Dorf Oodi. Hier bitte der Beschilderung folgen, bis nach 7,5 km die Werkstatt erreicht ist. Jeder Bus von Gaborone in Richtung Norden hält beim Abzweig nach Oodi an. Die restlichen paar Kilometer müssen dann zu Fuß oder per Autostopp zurückgelegt werden.

Vom Hauptbusbahnhof in Gaborone (7 P, 1 Std.) aus verkehren häufig Busse.

Rund 5 km östlich von hier befindet sich in Mmankgodi die **Bahurutshe Cultural Lodge** (☎ 316 3737; www.bahurutsheculturallodge.com; Camping/ Chalets 50/350 P), ein innovatives Ethnodorf mit Chalets und Campingplätzen. Die Gäste bekommen hier leicht Zugang zu den traditionellen Elementen der Batswana-Musik, zu Tanz und Küche. Die behaglichen Chalets haben allerdings mit afrikanischen Hütten nichts mehr zu tun; sie bestehen aus kühlem Stein und Lehm und haben ein Reetdach – der würzige Duft umweht die Gäste, wenn es Abend wird.

Molepolole

Der Name dieses Bergdorfes bedeutet so viel wie „er möge ihn aufheben". Offensichtlich leitet er sich von der Äußerung eines Kgosi (Häuptling) ab und ist die Reaktion auf einen Fluch, der über dem Land lag, wo heute das Dorf steht. Es befindet sich gleich bei einem weitläufigen **Wald von Marloth-Aloen**, die im September und Oktober zauberhaft blühen. Der Legende zufolge treckten die Buren 1850 nach Molepolole, um König Sechele von den Bakwena zu bestrafen, weil er mit David Livingstone Freundschaft geschlossen hatte. Als sie sich jedoch dem Dorf näherten, hielten sie die Aloen im Dunkel der Nacht irrtümlich für Krieger und flohen.

Das **Kgosi Sechele I Museum** (☎ 592 0917; Gaborone Rd.; Eintritt 1 US$; ☽ Di–Fr 9–12 & 14–16, Sa 11–16 Uhr) befindet sich in der historischen Polizeiwache (1902 erbaut) und zeigt Exponate zur traditionellen Wohnkultur, viele Gemälde und Fotos aus der Lokalgeschichte sowie einige Erinnerungsstücke von Dr. David Livingstone.

Die alte **Old LMS Church**, eine Kirche, die von der London Missionary Society (LMS) errichtet wurde, ragt 800 m nördlich vom Hotel der Stadt auf und ist heute die Molepolole Congregational Church.

Einer Legende nach besuchte Livingstone einst die **Kobokwe Cave** (Livingstones Höhle) trotz der Warnung eines Bakwena-Schamanen, dass ihm dann ein schneller Tod gewiss sei. Da der Schotte überlebte, trat König Sechele zum Christentum über. Die Höhle befindet sich rund 5 km von Molepolole entfernt an der Straße nach Thamaga.

Etwa 1 km südlich von der Kobokwe Cave liegen die Ruinen der **LMS Mission**, die von 1866 bis 1884 Bestand hatte. Westlich vom Bach, unterhalb der Ruine, ragt ein hoher Felsen auf, von dem die Bakwena Hexen und Zauberer in den Tod stürzten.

Wer hier übernachten muss – und viele Alternativen gibt es nicht – sollte die **Kodisa Lodge** (☎ 595 6835; Zi. ab 350 P) ausprobieren, eine recht einfache Herberge am Straßenrand, die aber trotzdem gemütliche und saubere Zimmer mit einem gewissen Flair zu anständigen Preisen zu bieten hat.

Busse verkehren regelmäßig von Gaborone nach Molepolole (9 P, 1½ Std.).

Jwaneng

1978 wurde in Jwaneng das größte Diamantenvorkommen der Welt entdeckt. Heute bringt die von Debswana betriebene Mine, eine Firma, die sich zum Teil in Staatsbesitz befindet, rund zehn Millionen Karat pro Jahr hervor und verarbeitet an die 500 000 Tonnen

GABORONE

Steine pro Monat. Die Sicherheitsbestimmungen sind so streng, dass ein Fahrzeug das Minengelände nicht mehr verlassen darf, sobald es einmal hineingelassen wurde.

Jwaneng ist eine offene Stadt, und auch diejenigen, die nicht bei Debswana angestellt sind, können sich hier niederlassen und ein Geschäft eröffnen. **Grubenbesichtigungen** (pro Person 15 P) sind nach einwöchiger Voranmeldung beim **Debswana Public Relations Office** (☎ 588 4000) in Jwaneng möglich.

Von Gaborone verkehren regelmäßig Busse (35 P, 3 Std.) nach Jwaneng.

SÜDLICH VON GABORONE
Kgale Hill

Auch wenn der „schlafende Riese" (1287 m) nur ein paar hundert Meter vom Einzugsbereich Gaborone entfernt aufragt, bietet sich der Zwei-Stunden-Treck auf den Gipfel und wieder zurück an, um wieder einen klaren Kopf zu kriegen. Es führen drei Wege auf den Berg hinauf, die alle gut ausgeschildert sind. Von der Bushaltestelle aus fahren die Combis „Kgale" oder „Lobatse" zum Fuß des Berges. Es macht Sinn, mit ein oder zwei Begleitern herzukommen, denn Kriminelle nutzen den Kgale Hill als Versteck.

Gaborone Dam

Der Damm am Notwane River versorgt die Stadt nicht nur mit Frischwasser, sondern ist auch ein beliebtes Erholungsgebiet. Der Damm ist ideal, um zwischen im Wasser versunkenen Bäumen und Büschen Vögel zu beobachten, schwimmen sollte man allerdings nicht – wegen der Krokodile und Bilharziose (s. S. 426).

Am Damm ist auch der **Gaborone Yacht Club** (☎ 355 2241) zu Hause. Besucher können sich hier ein Kanu mieten und am Wochenende surfen. Am hinteren Ende haben Angler ihre Freude. Der Damm lässt sich einfach erreichen: Man muss nur der Straße von Gaborone nach Lobatse folgen.

Mokolodi Nature Reserve

Dieses 3000 ha große Privatreservat (☎ 316 1955; www.mokolodi.com; ☒ 7.30–18 Uhr) wurde 1991 geschaffen. Hier sind Giraffen, Elefanten, Zebras, Paviane, Warzenschweine, Flusspferde, Schrauben-, Schwarzfersen und Hirschantilopen sowie Klippspringer zu Hause. Im Reservat stehen auch ein paar altersschwache Geparde, Leoparden, Honigdachse, Schakale

und Hyänen unter Schutz, außerdem leben hier über 300 verschiedene Vogelarten.

Mokolodi unterhält auch eine Forschungseinrichtung, ein Zuchtstation für seltene und gefährdete Arten, ein Fortbildungszentrum sowie ein Gehege für verwaiste, verletzte oder konfiszierte Säugetiere und Vögel. Freiwillige Helfer sind natürlich gerngesehen, wobei vor der Ankunft eine Bewerbung einzureichen ist. Eine Gebühr wird je nach Länge des Programms erhoben. Weitere Informationen, s. Website.

Aber Achtung: Das gesamte Reservat ist oft während der Regenzeit (Dezember bis März) geschlossen – vor dem Besuch also telefonisch nachfragen. Besucher dürfen mit dem eigenen Wagen im Reservat herumfahren; in der Regenzeit ist das nur mit einem Auto mit Vierradantrieb möglich. Es werden aber auch eine Geländewagen-Safari oder eine Führung angeboten. Wer selbst fährt, sollte sich an der Rezeption unbedingt eine Landkarte einstecken, sonst verirrt man sich leicht.

Die Eintrittsgebühr zum Park beträgt 65 P pro Person am Tag. Für Besucher ohne eigenes Auto bietet sich eine zweistündige Safaritour bei Tag oder auch nachts an; sie kostet 120 P pro Person. Aber hier wird wirklich auch sonst noch enorm viel geboten. So können z. B. einen Geparden streicheln (290 P), Nashörner aufspüren (485 P) oder an einer Safari hoch zu Ross (145 P) teilnehmen.

In dem Reservat zu übernachten ist eine erfrischende Alternative zu einem Aufenthalt in Gaborone. Billig ist es nicht gerade, aber die **Campingplätze** (80 P pro Pers.) von Mokolodi sind beschaulich, gut ausgestattet und können mit Grillplätzen, Duschen mit Strohdach im Busch (mit heißem Wasser!) und Toiletten aufwarten. Wer ein stilvolles Safarierlebnis bevorzugt, nimmt ein **Chalet** (pro Werktag/Wochenende pro Tag 420/560 P, 6 bis 8 Schlafgelegenheiten pro Tag wochentags/Wochenende pro Tag 560/765 P) mitten im Reservat. Es ist nötig, im Voraus zu buchen. Wer keinen fahrbaren Untersatz hat, kann sich für 10 P vom Personal zum Campingplatz und zu den Chalets fahren lassen. Bei den Recherchen zu diesem Reiseführer hatte das **Alexander McCall Smith Traditional Rest Camp**, ein Sammelsurium von hübschen afrikanischen Hütten, im Reservat gerade eröffnet, aber die Preise standen noch nicht fest, und Gäste wurden auch noch keine aufgenommen.

Der Eingang zum Reservat befindet sich 12 km südlich von Gaborone. Wer mit öffentlichen Verkehrsmitteln anreist, nimmt den Bus nach Lobatse und steigt am ausgeschilderten Abzweig aus. Von hier sind es zu Fuß noch 1,5 km bis zum Eingang.

Otse

Die Stadt ist für den Otse Hill (1489 m) bekannt, die höchste Erhebung in Botsuana. Die eigentliche Hauptattraktion ist jedoch für die meisten das **Mannyelanong Game Reserve** (Eintritt frei; ⊙ Sept.–Okt. & Feb.–April bei Tageslicht). Das Reservat fungiert als Zuchtstation für die stark gefährdeten Kapgeier, die in den Klippen nisten. (Nur nebenbei: Mannyelanong bedeutet auf Tswana „wo die Geier ihr Geschmeiß von sich geben").

Das Reservat wurde 1986 gegründet, um dem alarmierenden Rückgang an Geiern in den 1960er- und 1970er-Jahren Einhalt zu gebieten. Lärm kann die Vögel erschrecken und dazu führen, dass die Jungen oder die Eier aus dem Nest fallen, deshalb bitte unbedingt die Umzäunungen beachten und nicht unnötig herumschreien.

Das Dorf Otse liegt rund 45 km südlich von Gaborone. Der Bus nach Lobatse hält auf Wunsch am Reservat (erkennbar am Zaun und den Klippen) an.

Kanye

Die Hauptstadt der Bangwaketse erstreckt sich am Fuß des Kanye Hill. Hier befindet sich auch die **Kanye Gorge**, eine Schlucht, in der sich in den 1880er-Jahren die gesamte Bevölkerung der Stadt vor einem Überfall der Ndebele versteckte. Ein leichter Spaziergang von 1,5 km Länge führt vom östlichen Ende der Schlucht zu den **Kanye Ruins**, den Überresten eines Dorfes aus dem 18. Jh., das einst mit einer Steinmauer umgeben war. Von Gaborone und Kanye verkehren regelmäßig Busse über Thamaga (10 P, 2 Std.). Die Bushaltestelle befindet sich 1,5 km westlich vom Haupteinkaufszentrum.

Der Osten

Der Osten von Botsuana weist hinsichtlich seines Charakters eine doppelte, ja fast schon widersprüchliche Identität auf. Für die Batswana ist diese relativ dicht besiedelte Region wohl das wichtigste Gebiet Botswanas, in dem sich die im afrikanischen Alltag üblichen Dramen abspielen; bei Touristen findet diese Region hingegen kaum Beachtung und wird auf dem Weg nach Maun, Kasane und die Kalahari gern einfach ausgelassen.

Und das ist eigentlich total schade – für die Touristen, versteht sich. Schließlich handelt es sich hier um das Kerngebiet von Botsuana mit Buschland und Regenperioden, die den Ackerbau begünstigen. Und so präsentiert sich die Landschaft nun mit vielen Feldern, aber auch Felsformationen. Zwischen Viehstationen und Farmen finden sich Siedlungen, die von den Batswana als kleine Zentren genutzt werden – einem Menschenschlag übrigens, der an weite offene Landschaften und den unendlichen blauen Himmel gewohnt ist. Diese landschaftlichen Eigentümlichkeiten gibt es hier natürlich auch, aber zudem diverse Orte, allen voran Francistown, die zweitgrößte Stadt des Landes. Viele Touristen, die eine Überlandverbindung brauchen, legen ganz automatisch hier einen Zwischenstopp ein.

Dennoch sollte man den Osten Botswanas mit seiner guten Infrastruktur nicht auf eine Region reduzieren, die sich bestenfalls zum Umsteigen in den nächsten Bus anbietet oder die sich bloß lohnt, weil es hier eine Werkstatt gibt, in der man seinen Geländewagen auf Vordermann bringen lassen kann. Von der Tatsache abgesehen, dass sich den Besuchern die Batswana-Kultur hier zweifellos am besten erschließt, kann diese Gegend nämlich auch mit einigen Privatfarmen und Reservaten aufwarten, die eigenwilligen Backpackern, die auf eigene Faust unterwegs sind, gute Möglichkeiten zum Campen bieten. Der Tuli-Block, eine ockerfarbene Mondlandschaft, reicht bis nach Simbabwe hinein. Hier geben sich Wild, heulende Schakale und Großkatzen, die schattenhaft durchs Gelände gleiten, ein Stelldichein. Archäologische Relikte aus fernen Zeitaltern sprenkeln das Ambiente. Und bis zum heutigen Tag streifen Nashörner hier in einem wunderbaren Naturreservat herum, das nach den Vätern der Nation benannt ist.

HIGHLIGHTS

- Einige der letzten verbliebenen Nashörner von Botsuana im **Khama Rhino Sanctuary** (S. 331) beobachten

- Die vielfältige Flora und Fauna und die Felslandschaft in den Privatreservaten des **Tuli Game Reserve** (S. 335) bestaunen

- Sich in **Serowe** (S. 330), dem Geburtsort von Sir Seretse Khama, dem ersten Präsidenten Botsuanas, mit dem Erbe des Landes auseinandersetzen

- Den urbanen Schwung von **Francistown** (S. 331), der zweitgrößten Stadt Botswanas, testen

- Die üblichen Touristenpfade verlassen, um in den wenig erforschten **Lepokole Hills** (S. 334) die Felszeichnungen der San zu bewundern

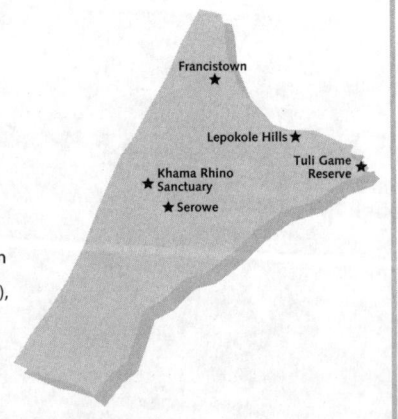

DER OSTEN

DER OSTEN

PALAPYE

Die Ortschaft Palapye hieß ursprünglich „Phalatswe", was auf Sekgalagadi „viele Impalas (Schwarzfersenantilopen)" bzw. auf Tswana „große Impala" bedeutet. Palapye ist heutzutage allerdings weniger wegen der Schwarzfersenantilopen bekannt, sondern vielmehr als Energiehochburg der Nation ein Begriff. In der Nähe von Morupule wurde im Jahr 1986 ein Kohlekraftwerk in Betrieb genommen.

Zur Bekanntheit der Region hat außerdem beigetragen, dass der ehemalige Staatspräsident Festus Mogae hier geboren wurde. Wer sich also nicht gerade brennend für Kohle interessiert, legt in Palapye lediglich eine Pau-

se ein, um die lange Fahrt von Garborone nach Francistown für einen kurzen Moment zu unterbrechen.

Rund 20 km südöstlich von Palapye befinden sich am Fuß der Tswapong Hills die Ruinen der **Old Phalatswe Church**, ein Relikt jener Zeit, als Phalatswe Hauptstadt des Bangwato-Reiches war. Nachdem sich der christliche Bangwato-König Khama III. und sein Volk hier 1889 niedergelassen hatten, verwandelte sich Phalatswe von einem Stück Wüste in eine blühende Siedlung mit 30 000 Einwohnern. Die Kirche im gotischen Stil wurde durch Spenden der Anwohner finanziert und 1892 fertiggestellt. Als die Hauptstadt der Bangwato 1902 nach Serowe verlegt wurde, schickte König Khama ein Regiment, um Phalatswe kurzerhand niederzubrennen. Die Kirche blieb jedoch auf wundersamer Weise der Nachwelt erhalten.

Wem der Sinn nach einer Klimaanlage plus Kabel-TV steht, ist im **Cresta Botsalo Hotel** (☎ 492 0245; www.cresta-hospitality.com; Hwy A1; mit Frühstück 710 P; 🕭 🏊) richtig, einem der schönsten Häuser der renommierten Cresta-Hotelkette. Im beliebten Hotelrestaurant Savuti Grille (Gerichte 34–82 P) kommt kontinentales Essen auf den Tisch. Das Hotel befindet sich dicht neben der Caltex Tankstelle und rund 50 m nördlich der Kreuzung an der Schnellstraße.

Busse von Gaborone (25 P, 4 Std.) nach Francistown (15 P, 2 Std.) kommen durch Palapye und halten am Engen Shopping Centre. Hier starten auch die Sammeltaxis und Combis nach Serowe (7 P, 30 Min.) und Orapa (50 P, 4½ Std.). Züge von Gaborone nach Francistown halten am Bahnhof in der Innenstadt von Palapye – falls sie mittlerweile wieder verkehren.

SEROWE

1902 gab König Khama III. Phalatswe als Bangwato-Hauptstadt auf, um am Fuß des Thathaganyana Hill auf den Ruinen eines Dorfes aus dem 11. Jh. Serowe zu erbauen. Unsterblichkeit erlangte der Ort durch die südafrikanische Schriftstellerin Bessie Head, die das Dorf in mehreren ihrer Werke beschrieb, darunter der Roman RegenWolkenZeit. Das Buch enthält eine Chronik der Botsuana-Brigaden, einer Bewegung, die 1965 in der Swaneng Hill Secondary School von Serowe ins Leben gerufen wurde und zahlreichen Bewohnern entlegener Gegenden eine Ausbildung ermöglichte.

Die moderne Innenstadt ist gesichtslos und für Backpacker kaum interessant, doch das **Khama III Memorial Museum** ☎ 463 0519; Eintritt frei; 🕑 Di–Fr 8–17, Sa 10–16.30 Uhr) ist einen Besuch wert. Es wurde 1985 eröffnet und gibt einen Abriss der Familiengeschichte der Khama. Das Museum dokumentiert die persönlichen Leistungen König Khama III. und seiner Nachfahren und präsentiert diverse Artefakte zur Geschichte von Serowe.

Eine Ausstellung über afrikanische Insekten und Schlangen sowie zur San-Kultur ergänzen das Angebot, außerdem diverse Kunstausstellungen. Das Museum liegt etwa 800 m von der Einkaufszone entfernt an der

Straße in Richtung Orapa. Spenden sind übrigens immer gern gesehen.

Vor dem Verlassen der Stadt ist ein Abstecher auf den Thathaganyana Hill zu unternehmen, auf dem sich der **Royal Cemetery** befindet. Auf diesem Königlichen Friedhof liegen Sir Seretse Khama, der Begründer des modernen Botsuana (S. 285), sowie Khama III. begraben.

Das Grabmal von Khama III. ist an einer kleinen bronzenen Antilope zu erkennen, das Totem der Bangwato. Wer den Friedhof besichtigen möchte, muss bei der Polizei eine Genehmigung einholen und bekommt in der Regel einen Führer zugeteilt.

Der Weg zur Polizeiwache führt die Straße gegenüber der Dennis Tankstelle entlang bis zur Kgotla (traditionelle Gemeindehalle) und den umliegenden Kasernen. Eines der Gebäude ist die Polizeiwache.

Das kleine, aber idyllische **Tshwaragano Hotel** (☎ 463 0377; EZ/DZ 180/210 P) liegt am Thathaganyana Hill und bietet einen tollen Blick auf die Stadt. Das Hotelrestaurant mit Bar ist die Szenekneipe schlechthin – zumindest nach örtlichen Maßstäben. Das Hotel befindet sich oberhalb des Einkaufsviertels an der Straße nach Orapa.

Eine gute Alternative ist das **Serowe Hotel** (☎ 463 0234; EZ/DZ 450/565 P), 2 km südöstlich der Stadt an der Straße nach Palapye. In den gemütlichen, schön möblierten Zimmern schlafen die Gäste selig, und die nette Bar im Freien bietet sich für einen Schlummertrunk an. Im beliebten Restaurant kommt überwiegend englisches Essen, aber auch vegetarische Kost auf den Tisch.

Busse verkehren nahezu stündlich von Serowe nach Gaborone (25 P, 4 Std.). Es besteht aber auch die Möglichkeit, von Gabs mit dem Bus in Richtung Francistown zu nehmen und an der Abzweigung nach Serowe, ein Stück nördlich von Palapye, auszusteigen und mit einem Sammeltaxi oder Combi nach Serowe weiterzufahren.

Combis und Sammeltaxis fahren auch nach Orapa (50 P, 4 Std.), sobald sie voll besetzt sind. Auf diesem Streckenabschnitt kommt man auch am Eingangstor zum Khama Rhino Sanctuary vorbei.

Die meisten Busse, Combis und Taxis fahren in der Nähe des Möbelgeschäfts Ellerines in der Einkaufszone ab; im gigantischen Busbahnhof, der gleich in der Nähe liegt, herrscht hingegen meist gähnende Leere.

KHAMA RHINO SANCTUARY

Im Jahr 1989 taten sich die Anwohner von Serowe zusammen, um als Reaktion auf die rückläufigen Nashornbestände das 4300 ha große **Khama Rhino Sanctuary** (☎ 463 0713; www. khamarhinosanctuary.com; Erw. 33 P, Fahrzeug unter/über 5 t 41/133 P; ☷ 8–19 Uhr; ☒) zu gründen. Heute stehen in dem Reservat die letzten Nashornpopulationen unter Schutz – 34 weiße und zwei schwarze Tiere leben derzeit in Khama – und ein weiteres schwarzes Nashornbaby müsste mittlerweile bereits ans zur Welt gekommen sein. In dem Wildpark sind heute auch Wildebeests, eine Gnu-Art, Impalas, Strauße, Hyänen, Leoparden und über 230 Vogelarten zu Hause.

Die Hauptstraße des Reservats ist in der Trockenzeit in der Regel mit einem Pkw befahrbar, während der Regenzeit geht hier allerdings ohne Allradantrieb rein gar nichts. Der Campingplatz und das Areal mit den Unterkünften sind mit einem normalen Pkw bei jedem Wetter erreichbar. Im Büro am Eingang werden nützliche Karten vom Wildpark und auch unverderbliche Grundnahrungsmittel verkauft, dazu kalte Getränke und Holz zum Feuermachen.

Kein fahrbarer Untersatz vorhanden? Macht nichts! Eine zweistündige Jeepsafari kostet tagsüber oder nachts 333 P; es können bis zu vier Personen teilnehmen. Naturkundliche Spaziergänge (133 P) und Exkursionen zu den Nashörnern (200 P) von jeweils ein bis eineinhalb Stunden werden ebenfalls organisiert. Besucher können sich für 115 P auch einen Guide mieten, der dann im eigenen Wagen mitfährt.

Schattige Zeltplätze (53 P pro Pers.) samt Braai (Grillplatz) befinden sich neben den sauberen Toiletten und dampfend heißen Duschen; Schlafsäle für bis zu sechs Personen kosten 293 P pro Person. Wer sich eine Nacht oder zwei etwas Gutes tun will, gönnt sich ein rustikales Vier-Personen-Chalet (366 P bis 399 P pro Nacht) oder eine Spitzdachhütte (512 P bis 800 P pro Nacht), jeweils mit Kochgelegenheit und eigenem Bad. Ein Restaurant, eine Bar und ein Pool sind auch noch vorhanden. Wer kein Auto hat, kann sich gegen ein geringes Entgelt zum Campingplatz und den Quartieren bringen lassen.

Der Eingang zum Wildpark befindet sich rund 26 km nordwestlich von Serowe an der Straße nach Orapa (am unbeschilderten Abzweig rund 5 km nordwestlich von Serowe

links abbiegen). Khama ist mit jedem Bus oder Combi, der nach Orapa fährt, erreichbar – und beim Trampen kriegt man zum Glück auch keine Plattfüße vom ewigen Warten.

MADIKWE GAME RESERVE

Einer der am wenigsten gewürdigten Wildparks Südafrikas liegt nur eine Stunde von Gaborone entfernt. Die Hauptstadt von Botsuana stellt somit den nächstgelegenen Standort dar, um die wunderbare Wildnis des **Madikwe Game Reserve** (☎ 27-21 424 1037; http://madikwe. safari.co.za; Erw./Kind 50/20 R) zu erkunden. Hier sind die sogenannten Big Five zu bestaunen, und zwar in einem wunderbar natürlichem Ambiente aus rotem Sand und Dornbusch mit enorm vielen Löwen.

Im Madikwe ist es nicht erlaubt, mit dem eigenen Wagen auf Safari zu gehen, und auch Tagesgäste sind nicht zugelassen. Besucher müssen sich also in einer der 18 Touristenlodges einquartieren (weitere Informationen stehen im Band Südafrika von Lonely Planet). Eine Safari im Madikwe ist allerdings nicht gerade billig, aber irgendwie stimmt hier das geflügelte Wort, „dass man bekommt, was man bezahlt hat." Da nur ausgebildete Parkranger (jede Lodge hat ihre eigenen angestellt) in den Wildpark hineinfahren dürfen, stehen die Aussichten, die Tiere in freier Wildbahn auch wirklich zu Gesicht zu bekommen, ausgesprochen gut.

Das Madikwe Game Reserve befindet sich in der Nordwestecke von Südafrika und ist nur etwa 30 km von Gaborone entfernt; die Tlokweng Road, die später dann in die Rte 47/ Rte 49 übergeht (die Straße hat zwei Kennungen, was verwirrend ist), beides Schnellstraßen mit anständigem Straßenbelag, führen hin. Ohne vorherige Reservierung öffnen sich die Tore in den Madikwe den Besuchern allerdings nicht; an einer rechtzeitigen Buchung führt somit kein Weg vorbei. Man kann sich von der reservierten Lodge am Eingang abholen lassen, aus irgendwelchen seltsamen Sicherheitsgründen ist es nicht möglich, den Weg dorthin einfach zu Fuß zurückzulegen.

FRANCISTOWN
Einw. 115 000

1867 wurde der Süden Afrikas erstmals von eine Woge des Goldrausches erfasst, als der deutsche Geologe Karl Mauch am Tati River fündig wurde. Zwei Jahre später kamen mit dem Engländer Daniel Francis einige Berg-

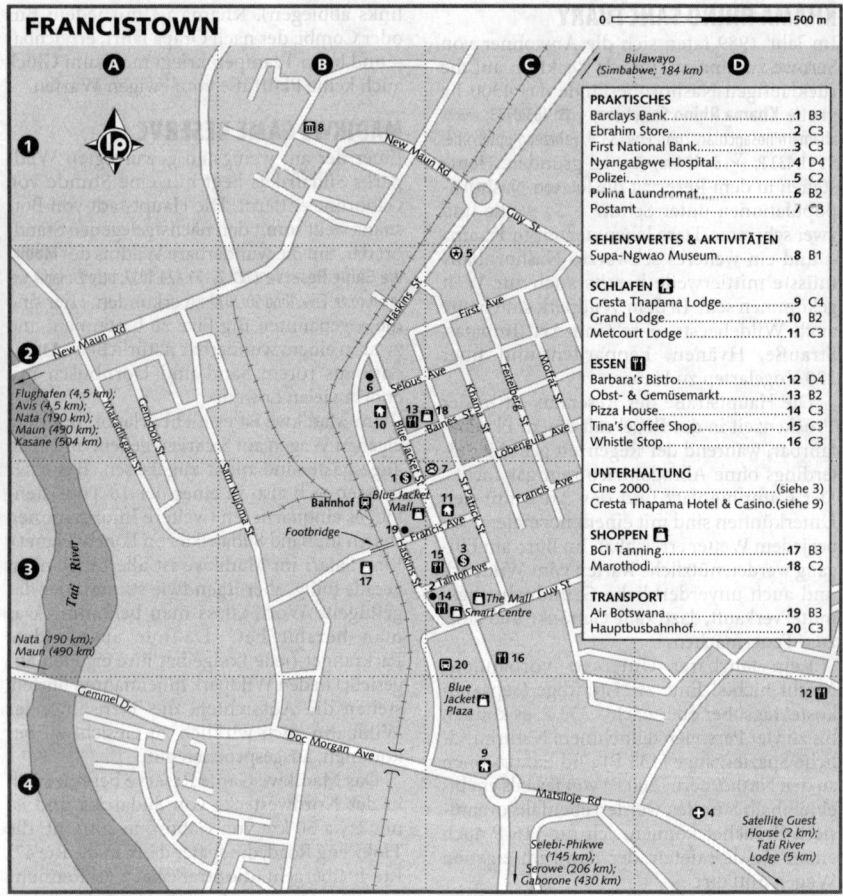

FRANCISTOWN

0 ⊏⊐ 500 m

Bulawayo
(Simbabwe; 184 km)

PRAKTISCHES	
Barclays Bank	1 B3
Ebrahim Store	2 C3
First National Bank	3 C3
Nyangabgwe Hospital	4 D4
Polizei	5 C2
Pulina Laundromat	6 B2
Postamt	7 C3

SEHENSWERTES & AKTIVITÄTEN	
Supa-Ngwao Museum	8 B1

SCHLAFEN 🏠	
Cresta Thapama Lodge	9 C4
Grand Lodge	10 B2
Metcourt Lodge	11 C3

ESSEN 🍴	
Barbara's Bistro	12 D4
Obst- & Gemüsemarkt	13 B2
Pizza House	14 C3
Tina's Coffee Shop	15 C3
Whistle Stop	16 C3

UNTERHALTUNG	
Cine 2000	(siehe 3)
Cresta Thapama Hotel & Casino	(siehe 9)

SHOPPEN 🛍	
BGI Tanning	17 B3
Marothodi	18 C2

TRANSPORT	
Air Botswana	19 B3
Hauptbusbahnhof	20 C3

Flughafen (4,5 km);
Avis (4,5 km);
Nata (190 km);
Maun (490 km);
Kasane (504 km)

Nata (190 km);
Maun (490 km)

Bahnhof
Footbridge
Blue Jacket
Mall
Smart Centre

The Mall

Blue
Jacket
Plaza

Satellite Guest
House (2 km);
Tati River
Lodge (5 km)

Selebi-Phikwe
(145 km);
Serowe (206 km);
Gaborone (430 km)

Tati River

New Maun Rd
Guy St
Haskins St
First Ave
Selous Ave
Moffat St
Tennyson St
Khama St
Lobengula Ave
Francis Ave
St Patrick St
Blue Jacket St
Baines St
Francis Ave
Haskins St
Tainton Ave
Guy St
New Maun Rd
Cranbok St
Sam Nujoma St
Gemmel Dr
Doc Morgan Ave
Matsiloje Rd
Makunduzad St

---

leute aus Australien ins Land, die ebenfalls ihr
Glück versuchen wollten.

Francis, der sich zu den 1870 entdeckten
Diamantenfeldern von Kimberley aufmachte,
kehrte zehn Jahre später zurück, um mit dem
Ndebele-König Lobengula die Schürfrechte
auszuhandeln.

Bei dieser Gelegenheit legte Daniel Francis
den Grundstein für die Stadt, die heute seinen
Namen trägt.

Mittlerweile ist die zweitgrößte Stadt Botsuanas eher als Handelszentrum und weniger
wegen seiner Minen bekannt. Für Touristen
ist sie nicht besonders interessant, bietet sich
aber als Zwischenstopp auf dem Weg von
bzw. nach Kasane, Nata, Maun oder zu den
Victoria Falls an.

Praktische Informationen

Wer sich nicht nur ganz kurz in der Stadt
aufhält, sollte sich die neueste Ausgabe
des *Northern Advertiser* (3 P) oder von
Metro (2 P) besorgen; beide erscheinen
wöchentlich.

Über die Sehenswürdigkeiten vor Ort informiert *Exploring Tati: Places of Historic and
Other Interest In and Around Francistown*
von Catrien van Waarden (35 P, im Museum
erhältlich).

Die Barclays Bank und die First National
Banks in der Blue Jacket Street wechseln Geld
und verfügen – neben anderen Banken – auch
über einen Geldautomaten.

Butnet Internet (☎ 7167 7358; Rutherford St.) Das beste
Internetcafé in Botsuana.

Ebrahim Store (☎ 241 4762; Tainton Ave.) Die richtige Adresse, für alle, die Campingausrüstung brauchen.

Nyangabgwe Hospital (☎ 211 1000, Notruf 997)

Polizei (☎ 241 2221, Notruf 999; Haskins St.)

Polina Laundromat (Blue Jacket St.) Hier wird die Wäsche gewaschen.

Post (Blue Jacket St.)

Sehenswertes

Zu dem im hundert Jahre alten Government Camp (Amtsgebäude) untergebrachten **Supa-Ngwao Museum** (☎ /Fax 240 3088; snm@info.bw; über New Maun Rd.; Eintritt frei; ⊗ Mo–Fr 8–17, Sa 9–17 Uhr) gehören auch ein Gefängnis und die Polizeikantine. Das Museum präsentiert interessante kleinere Ausstellungen zur lokalen wie regionalen Kultur und Geschichte (*supangwao* bedeutet auf Tswana ganz schlicht und ergreifend „Kultur zeigen"). In dem Museum finden auch Ausstellungen mit zeitgenössischer Kunst statt und gelegentlich Sonderveranstaltungen. Im kleinen Museumsladen sind Landkarten, Bücher und vor Ort gefertigte Andenken erhältlich; außerdem fungiert der Laden als Touristeninformation. Spenden sind natürlich gern gesehen.

Schlafen

Tati River Lodge (☎ 240 6000; www.trl.co.bw; Camping pro Pers. 40 P, EZ/DZ ab 540/629 P; ⊠ ▣) Die hübsche Lodge im mittleren Preissegment am Flussufer hat etwas von einem Motel der alten Schule auf dem Land. Sie ist bei Einheimischen außerordentlich beliebt – irgendwie ist hier der Balanceakt zwischen rustikal und praktisch recht gut gelungen.

Satellite Guest House (☎ 241 4665; EZ/DZ 200/250 P) Die von einer Mauer umgebene Anlage vermittelt die Atmosphäre eines Motels und ist ziemlich einfallslos, dafür aber billig und somit gerade recht für Leute, die jeden Pula dreimal umdrehen müssen. Leider liegt das Gästehaus recht abseits vom Schuss in der Vorstadt (3,5 km südöstlich der Innenstadt), und wenn die Gäste in da sind, wird es oft recht laut.

Grand Lodge (☎ 241 2300; Blue Jacket St.; EZ/DZ 250/300 P; ⊠) Wer direkt in der Innenstadt wohnen möchte, ist hier genau richtig. Die Standardzimmer lassen sich durch eine zusätzliche Klimaanlage, Kabel-TV, Kühlschrank und Kochplatte aufwerten.

Metcourt Lodge (☎ 241 1100; Blue Jacket St.; B 540 P; ⊠) Die Metcourt-Kette bietet zuverlässige, anständige 3-Sterne-Quartiere in ganz Botsu-

ana, und auch diese Lodge in Francistown enttäuscht nicht. Im zugehörigen Restaurant munden die Steaks und das Bier nach einem langen staubigen Tag.

Cresta Thapama Lodge (☎ 241 3872; www.cresta-hospitality.com; Ecke Blue Jacket St. & Doc Morgan Ave.; EZ/DZ inkl. Frühstück ab 750 P; ⊠ ▣) Das nobelste Hotel von Francistown rühmt sich seiner vier Sterne, obwohl der Gesamteindruck ein bisschen muffig ist. Aber wer Luxus und ein förmliches Ambiente zu schätzen weiß, kann in den Zimmern im Kolonialstil schwelgen und sich im Casino, aber auch auf den Squash- und Tennisplätzen entspannen.

Essen

Selbstversorger haben die Qual der Wahl unter mehreren gut sortierten Supermärkten, außerdem befindet sich noch ein Obst- und Gemüsemarkt an der Ecke Blue Jacket/Baines Street.

Barbara's Bistro (Francistown Sports Club; Mahlzeiten ab 30 P) Das malerische Bistro befindet sich am östlichen Stadtrand. Eine gute Adresse für alle, die preiswerte einheimische Spezialitäten wie Rindereintopf und *pap* schätzen.

Pizza House (Haskins St.; Pizza ab 28 P) Vor dem großen Abenteuer in der Wildnis sollten sich Gäste noch jeden Bissen der köstlichen Holzofenpizza munden lassen, die hier auf den Tisch kommt.

Tina's Coffee Shop (Blue Jacket St.; Mahlzeiten 25–50 P) Ob Kaffee und Kuchen oder herzhaftes Huhn mit Reis, in diesem gemütlichen und beliebten Lokal schmeckt einfach alles.

Whistle Stop (Blue Jacket St.; Hauptgerichte 25–50 P) Am besten beginnt ein neuer Tag mit einem herzhaften Frühstück im Whistle Stop. Leute, die nicht gern früh aufstehen, lassen sich hier alle möglichen Fleischspeisen vom Grill sowie Fisch, Burger und die Nachspeisen munden.

Ausgehen

Wer wissen will, was wo los ist, wirft einen Blick auf das Schwarze Brett beim Museum oder auf die Veranstaltungshinweise in der Rubrik *What's On* im *Northern Advertiser*.

Cine 2000 (Blue Jacket St.; 2 US$) Eine Dosis westliche Kultur bietet dieses kleine Kino, in dem aktuelle Filme in englischer Sprache über die Leinwand flimmern.

Cresta Thapama Hotel & Casino (Blue Jacket St.) Die Bar lockt vor allem Geschäftsleute an, wobei sich die Auswahl an harten Getränken durchaus sehenlassen kann.

DER OSTEN

DER OSTEN

Shoppen

BGI Tanning (☎ 241 9987) In der kleinen Gerberei auf der anderen Seite der Fußgängerbrücke, von der Innenstadt aus gesehen, werden verschiedene Lederartikel hergestellt, außerdem sind Shashe-Körbe im Angebot – mit guter Qualität und raffiniertem Design.

Marothodi (☎ 241 3646; Village Mall) 1978 als Kooperative für benachteiligte Frauen ins Leben gerufen, werden hier edle – und teure – Stoffe und Kleidung mit authentischen Mustern hergestellt.

An- & Weiterreise
FLUGZEUG
Air Botswana (☎ 241 2393; Francis Ave.) bietet Flüge von Francistown nach Gaborone (und zurück) für rund 682 P.

BUS & COMBI
Vom Hauptbusbahnhof – zwischen der Eisenbahnlinie und der Blue Jacket Plaza – verkehren Busse und Combis von Francistown nach Gaborone (40 P, 6 Std.), Maun (60 P, 5 Std.), Kasane (65 P, 7 Std.), Nata (25 P, 2 Std.), Serowe (23 P, 2½ Std.), Selebi-Phikwe (15 P, 2 Std.) und Bulawayo, Simbabwe (30 P, 2 Std.). Die Busse halten sich im Wesentlichen an die Fahrpläne, die Combis fahren ab, sobald sie voll sind.

TRAMPEN
Wer über Nata nach Maun möchte, nimmt ein Taxi bis zum Baum in der Nähe der Abzweigung zum Flughafen an der New Maun Road (jeder weiß, wo das ist). In Richtung Süden postiert man sich dann am Kreisverkehr Cresta Thapama oder ein Stück weiter südlich an der Schnellstraße nach Gaborone. Mehr zum Thema Trampen in Botsuana siehe S. 423.

ZUG
Die Züge nach Gaborone fahren um 21 Uhr (1./2. Klasse Schlafwagen 25/20 US$, Economy 5 US$, 8¼ Std.) und um 10 Uhr vormittags (Club/Economy 4/8 US$, 6½ Std.) ab. Der Nachtzug fährt früh am Morgen nach Lobatse (1 US$, 1½ Std.) weiter.

Unterwegs vor Ort
Neben den allgegenwärtigen Combis kreuzen auch Taxis durch die Straßen oder warten am Busbahnhof auf Fahrgäste. Ein Combi oder Sammeltaxi kostet in der Stadt rund 50 US$.

Avis (☎ 241 3901) verfügt über eine Filiale am Flughafen, der sich etwa 5,5 km westlich der Innenstadt befindet.

SELEBI-PHIKWE
70 000 Einw.

Seit der Entdeckung von Kupfer, Nickel und Kobalt im Jahr 1967 haben sich die einstmals so verschlafen Dörfer Selebi und Phikwe zur drittgrößten Stadt Botswanas entwickelt. Heute liegt die Ausbeute der Minen bei 2,5 Millionen Tonnen pro Jahr. Obwohl die Stadt eigentlich doch ganz nett ist, gibt Selebi-Phikwe (oft von den Einheimischen Phikwe genannt) aber doch kaum mehr als einen Zwischenstopp auf der Reise von Südafrika in den Nordosten von Botsuana ab.

Bosele Hotel & Casino (☎ 261 0675; Tshekedi Rd.; EZ/DZ 600/750 P; ✶ ⓢ) Das günstig an der Südostecke der Mall gelegene, aber kostspielige 3-Sterne-Hotel bietet schicke Zimmer, die sich rund um den Swimmingpool und eine Bar im Freien gruppieren. Wer weniger tief in die Tasche greifen möchte, probiert das schlichte **Travel Inn** (☎ 262 2999; travelinn@botsnet. bw; DZ 230–350 P; ✶ ⓢ) aus.

Vom zentralen Busbahnhof verkehren in regelmäßigen Abständen Busse nach Gaborone (45 P, 6 Std.). Combis fahren, sobald genügend Fahrgäste vorhanden sind, nach Francistown (15 P) und zur Grenze nach Südafrika am Martin's Drift (20 P).

LEPOKOLE HILLS
Den Indiana Jones-Hut aufgesetzt, und los geht's, um eine der spannendsten Grenzregionen in Sachen Archäologie zu erkunden. Die Lepokole Hills, Ausläufer der Matobo Hills in Simbabwe, sind ein Sammelsurium aus trockenen, ockerfarbenen Granitsäulen und *kopjes* (Steinformationen). Sie sind mit Höhlen, Schluchten und Felsüberhängen durchsetzt, an denen uralte Felszeichnungen der San zu bestaunen sind – diese haben sich hier einst vor den Wellen von Bantu und weißen Migranten zurückzogen.

Zwischen den Felszeichnungen verstreut finden sich Werkzeuge und Geräte aus der Steinzeit sowie Gebrauchs- und Ausrüstungsgegenstände, die noch kaum richtig ausgegraben wurden. Aber eines muss hier ganz klar gesagt werden: Irgendwelche archäologischen Funde mit nach Hause zu nehmen ist nicht nur mies, sondern auch absolut illegal! Die Hügel liegen 25 km nördlich von Bobonong an einer Staubstraße, die mit einem Geländewagen befahrbar ist. Die erforderliche Besichtigungsgenehmigung erteilt der *kgosi* (Häuptling) in Bobonong.

Allerdings ist es sicherlich auch keine schlechte Idee, sich einen örtlichen Führer zu nehmen.

TULI GAME RESERVE

Der Tuli-Block, der gleichsam in der rechten Seitentasche des Landes steckt, ist ein 10 bis 20 km breiter Landstrich mit Ackerland, das sich über 300 km am Nordufer des Limpopo River entlangzieht. Hauptattraktion ist das Tuli Game Reserve, eine weitläufige Mondlandschaft in schlammigen Orange- und Brauntönen, über der sich der leuchtend blaue Himmel spannt. Das Ambiente hat schon etwas vom Surrealismus eines Salvador Dalí – eine Landschaft von karger Schönheit, in der aber überraschend viele Tiere zu Hause sind: Elefanten, Flusspferde, Kudus, Gnus und Impalas, aber auch einige Löwen, Geparden und Leoparden umkreisen einander zwischen Felsen und *kopjes*, wo Artefakte aus der Steinzeit, aber auch jüngeren Datums einfach so verstreut sind. Ein gut ausgerüsteter Archäologe würde sich hier jedenfalls wie im – staubigen – Himmel vorkommen. Es wurden in diesem Reservat zudem über 350 Vogelarten gesichtet.

Das Land war früher in Besitz der British South Africa Company (BSAC) und wurde nach der Verlegung der Eisenbahnlinie in Richtung Nordwesten den weißen Siedlern übergeben. Da sich ein Großteil des Landes als unbrauchbar für die Landwirtschaft erwies, wurde die Gegend für den Tourismus erschlossen.

Praktische Informationen

Das Tuli Game Reserve erhebt keine Eintrittsgebühr. Wer möchte, kann sich auch nachts auf Pirschfahrt begeben, was in Parks unter staatlicher Aufsicht nicht erlaubt ist. Dabei lassen sich alle möglichen Nachttiere sichten wie Erdwölfe, Erdferkel und Leoparden. Besucher dürfen die Hauptstraßen allerdings nicht verlassen und ihr Nachtlager nur auf offiziellen Campingplätzen und Lodges aufschlagen. Ohne eigenes Fahrzeug ist es praktisch unmöglich, das Areal zu erkunden. Die günstigste Zeit für einen Besuch ist von Mai bis September, wenn sich die Tierherden an den Wasserlöchern versammeln.

Sehenswertes

Typisch für die Landschaft des Tuli-Blocks sind die ungewöhnlichen Felsformationen. Am berühmtesten ist **Solomon's Wall**, eine 30 m hohe Dolerit-Felswand, die das Flussbett des Motloutse auf beiden Seiten flankiert. In der Nähe liegen die **Motloutse Ruins**, ein Steindorf aus der Groß-Simbabwe-Epoche, das zum Königreich Mwene Mutapa gehörte. Beide Sehenswürdigkeiten lassen sich zu Fuß erkunden und sind von der Straße zwischen Zanzibar und Pont Drift aus zu erreichen.

Schlafen

Kwa-Tuli Game Reserve (☎ 27-15 964 3895; www.kwa tuli.co.za; Camping pro Pers. 395 R) Das aus zwei Camps, Island und Koro, bestehende Kwa-Tuli liegt ziemlich weit im Tuli-Block. Im ersten Camp finden sich diverse Luxus-Safarizelte (in mittlerer Preislage) auf einer Insel im Limpopo River. Das Koro Camp ist der Hauptsitz des nicht-profitorientierten Tuli Conservation Project und wird oft von Schulkassen besucht. Es macht deshalb Sinn, vorher anzurufen, denn dann können die eigenen Kinder vielleicht sogar an den Aktivitäten teilnehmen. In der hervorragenden Bar oder im Restaurant lässt sich unterdessen gut der Energiehaushalt aufstocken. Aber Achtung: Die Preise sind ins Rand.

Tuli Safari Lodge (☎ 264 5303; www.tulilodge.com; Camping ab 55 P, mit Zelt inkl. Vollpension & Safarifahrten pro Pers. ab 385 R, Zi. inkl. Vollpension & Safarifahrten pro Pers. Neben-/Hochsaison ab 1135/1500 P; 🏊 🍴) Diese Lodge liegt in einer Art Oase am Fluss umgeben von einer Landschaft mit roten Felsen – und hier wimmelt es nur so vor Tieren! Da das Angebot an Quartieren für jeden Geldbeutel etwas zu bieten hat, geht es hier oft lässiger und weniger förmlich zu als in anderen exklusiven Reservaten des Landes. Keinesfalls sollten sich Gäste die Gelegenheit entgehen lassen, einen Drink in der Open-Air-Bar zu schlürfen, die um einen 500 Jahre alten Nyala-Baum errichtet wurde. Es empfiehlt sich wirklich sehr, im Voraus zu buchen. Der Wildpark befindet sich in unmittelbarer Nähe zum Grenzposten Pont Drift.

Mashatu Game Reserve (☎ in Südafrika 27-11-442 2267; www.mashatu.com; Luxuszelt/Chalet mit Vollpension & Safarifahrten pro Pers. 250/375 US$; 🏊 🍴) Eines der ausgedehntesten privaten Wildreservate im Süden Afrikas ist für seine Großkatzen und die fast schon erschreckend große Elefantenpopulation bekannt – derzeit gibt es mehr als

1000 Tiere. Das Hauptcamp zählt zu den exklusivsten Resorts in Botsuana. Hier befindet sich das Gin Trap, eine Bar mit Blick über ein von Flutlicht erleuchtetes Wasserloch. Das Erlebnis ist das Geld wert. Ist die Brieftasche nicht ganz so dick, frönt man eben dem Luxus im Zeltcamp mit noblen Leinenzelten samt Bad mit Dusche. Im Reservat werden nur Gäste mit Reservierung akzeptiert. Im Preis inbegriffen ist der Transfer vom Limpopo Valley Airfield oder vom Grenzposten Pont Drift. Das Reservat liegt unmittelbar hinter dem Grenzposten Pont Drift.

An- & Weiterreise

Die Reservate Mashatu und Tuli organisieren Linienflüge vom Limpopo Valley Airport nach Johannesburg und Kasane, die in der Regel bei der Buchung der Reservate im Pauschalpreis mit inbegriffen sind. Die meisten Straßen des Tuli-Blocks lassen sich mit einem Pkw befahren. In der Regenzeit kann die Durchquerung eines Flussbetts allerdings schwierig werden. Von Sherwood verläuft eine Schotterstraße parallel zur Grenze nach Südafrika. Über diese gelangen Reisende zu den diversen Lodges, die sich auch von Westen her über eine asphaltierte Straße von Bobonong aus erreichen lassen.

Wer aus Südafrika kommt, sollte beachten, dass für die Grenzquerung bei Pont Drift in der Regel ein Wagen mit Allradantrieb notwendig ist. Der Grenzposten ist geschlossen, wenn der Fluss zu viel Hochwasser führt. Wer bereits eine Unterkunft gebucht hat, kann sein Auto am Grenzposten abstellen. Die Lodge arrangiert dann den Transfer mit dem Jeep oder per Seilbahn.

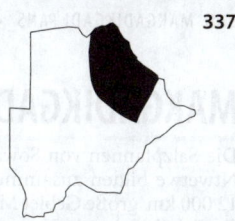

Der Nordosten

Für Touristen stellt sich Botsuana als ein Land der Gewässer, aber gleichzeitig auch als ein Land dar, in dem eklatanter Wassermangel herrscht. Nirgendwo sonst existiert eine derart widersprüchliche Ökologie auf derart engem Raum wie im Nordosten Botsuanas. Da wären einerseits der Chobe River, die Linyanti Marshes und die sumpfige Steppe, die von hohem Reetgras, unterbrochen von Weiden und Grasland geprägt sind und der tollsten Konzentration von Wildtieren im südlichen Afrika ein Zuhause bieten. Hier tanzen das Leben und das Wasser einen immerwährenden Pas de deux, und das Endergebnis ist eine reiche, samtene Landschaft mit hervorragenden Möglichkeiten, viele Tiere zu Gesicht zu bekommen.

Andererseits gibt es hier aber auch die Makgadikgadi, das größte Salzpfannensystem der Welt, ein Ort, an dem der Wassermangel einen ähnlich nachhaltigen, allerdings völlig anderen Eindruck hinterlässt. Gelbe Löwen, honigfarbene Impalas und staubige Elefanten sprenkeln Busch und Dorngestrüpp, doch sogar diese karge, spärliche Flora verschwindet schließlich in einem schimmernden Nichts – einer Fläche so groß wie die Schweiz. Die großen Salzpfannen sind lang, niedrig und weiß; sie werden von einem elektrisierend blauen Himmel überspannt und gleißen förmlich in der Sonne. Die Niederschläge schaffen es durchaus bis in diese Region, allerdings nicht übermäßig häufig, aber wenn die Schleusen sich öffnen, explodiert das Land förmlich mit Wogen von Vögeln und anderen Tieren, die durch das Wasser zum Leben erwachen.

Der Tourismus ist hier zugegebenermaßen eher auf Pauschalreisende als auf unabhängige Backpacker ausgerichtet, aber davon sollten Abenteuerlustige sich nicht abschrecken lassen. Das Angebot an Unterkünften ist breit gefächert – vom 5-Sterne-Safarischick über Lodges im mittleren Preissegment bis hin zu preiswerten Camps in der Touristenhochburg Kasane. Diese Stadt liegt am Rand des Chobe National Parks, der es selbst schon auf die Größe eines kleineren Landes bringt und mit unzähligen kleinen, unabhängigen Campingplätzen aufwarten kann. Jedenfalls gibt es hier viel Raum für Erkundungen, und wer es gern ursprünglich mag, kann das natürlich haben. Es besteht jedoch auch die Möglichkeit, bei Fusionsküche und einem Glas Rotwein einfach fünf gerade sein zu lassen – genau das Richtige für Leute, die in ihrer Brieftasche gern einen Flächenbrand entzünden wollen

DER NORDOSTEN

HIGHLIGHTS

- Mit dem Auto oder Boot an der **Chobe Riverfront** (S. 351) entlangfahren, einer der tollsten Regionen Afrikas, um Wildtiere zu beobachten

- Zuschauen, wie die Büffelherden durch den **Chobe National Park** (S. 345) donnern

- Sich von einem Elefanten im **Makgadikgadi Pans Game Reserve** (S.342) oder im angrenzenden **Nxai Pan National Park** (S. 343) ins Visier nehmen lassen

- Sich in der Abgeschiedenheit von **Kubu Island** (S. 340) bewusst machen, wie einsam es auf dieser Welt doch sein kann

- In den **Linyanti Marshes** (S. 354) inmitten der unglaublichen Wildtiere durch die Sümpfe stapfen

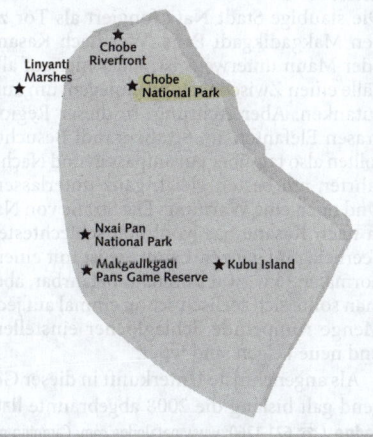

MAKGADIKGADI PANS

Die Salzpfannen von Sowa (Sua), Nxai und Ntwetwe bilden zusammengenommen das 12 000 km² große Gebiet Makgadikgadi Pans. Zwar hält Salar de Unyuni in Bolivien den Rekord als größte einzelne Salzpfanne der Welt, die Ansammlung mehrerer solcher wei ßer Salzseen in Makgadikgadi ist aber insgesamt noch größer. Die flirrende Hitze gegen Ende des Winters (im August) verleiht dieser Pfannenlandschaft etwas Unwirkliches, beinahe Trügerisches – was eine gewisse Desorientierung bewirkt. Hitzebedingte Luftspiegelungen täuschen die Sinne und suggerieren schimmernde Seen, die gleich wieder verschwinden, Vögel, die sich in die Lüfte schwingen, Steine, die sich in Berge verwandeln und vor dem Horizont schweben. Wenn dann zum Frühlingsende die Regenfälle einsetzen, werden die Pfannen zu ausgedehnten Seenlandschaften, und das Gras färbt sich üppig grün. Herdentiere kommen, um an all dem Überfluss teilzuhaben, während Scharen von Wasservögeln sich von den Algen und winzigen Krustentieren ernähren.

Spuren an den einstigen Ufersäumen zeugen davon, dass die Pfannen früher zu einem „Supersee" von über 60 000 km² gehörten, der bis an die Flüsse Okavango und Chobe weit oben im Norden heranreichte. Vor nicht einmal 10 000 Jahren trat jedoch ein Klimawandel ein, der den riesigen See verdunsten ließ, sodass schließlich nur das Salz zurückblieb.

NATA

Die staubige Stadt Nata fungiert als Tor zu den Makgadikgadi Pans. Wer nach Kasane oder Maun unterwegs ist, muss hier auf alle Fälle einen Zwischenstopp einlegen, um aufzutanken. Aber Achtung: In dieser Region grasen Elefanten am Straßenrand! Besucher sollten also tagsüber gut aufpassen und Nachtfahrten am besten gleich ganz unterlassen. Und noch eine Warnung: Die Straße von Nata nach Kasane hat wohl den schlechtesten Teerbelag im ganzen Land. Sie ist mit einem normalen Pkw zwar durchaus befahrbar, doch man sollte sich seelisch schon einmal auf jede Menge rumpelnde Schlaglöcher einstellen, und neue Felgen sind teuer.

Als angenehmste Unterkunft in dieser Gegend galt bislang die 2008 abgebrannte **Nata Lodge** (☎ 621 1260; www.natalodge.com; Camping pro

Pers. 55 P, DZ Luxuszelte 478 P, Chalets ab 572 P;). Wie die Besitzer erklären, hat sich das neue und noch bessere Hotel gleichsam aus der Asche erhoben und müsste mittlerweile auch geöffnet sein. Wie ihre Vorgängerin präsentiert sich die Lodge als gute Mischung aus Luxuschalets und preiswerten Campingplätzen inmitten einer grünen Oase aus Monkey Thorn, einem Mimosengewächs, Marula und *mokolane*-Palmen. Die Versuche, Kunstobjekte der San mit in das Ambiente einzubeziehen, sind bewundernswert gut gelungen.

Combis (Minibusse) verkehren stündlich nach Kasane (50 P, 5 Std.) und Francistown (20 P, 2 Std.) sowie nach Maun (40 P, 5 Std.) und Francistown (15 P, 2 Std.); sie kommen am North Gate Restaurant vorbei.

SOWA PAN

Die Sowa (oder auch Sua) Pan ist eine mit Salz überkrustete, ausgetrocknete Seenlandschaft. Ihr Boden besteht aus festgebackenem Schlamm. Sie erstreckt sich im nordöstlichen Botsuana. Sowa bedeutet in der Sprache der San (Buschmänner) „Salz"; diese gewannen das Salz im Tagebau und verkauften es an die Bakalanga. Heute fördert die Sua Pan Soda Ash Company das Salz und verkauft Natriumkarbonat zur industriellen Verarbeitung.

Nata Delta

Während der Regenzeit (November bis Mai) versammeln sich riesige Scharen von Wasservögeln im Nata Delta. Dieses bildet sich aus, wenn der Nata River Wasser führt und am nördlichen Ende in die Sowa Pan fließt. Zur Zeit der stärksten Regenfälle – also von Dezember bis Februar – ist die Pfanne mit einem dünnen Wasserfilm überzogen. Wenn sich der Himmel darin spiegelt, verschwimmen die Grenzen, und die Landschaft wirkt endlos weit. Vom Dorf Nata aus erreichen Besucher das Delta über eine holprige Piste, die lediglich von Fahrzeugen mit Allradantrieb (4WD) benutzbar ist.

Nata Bird Sanctuary

Das 230 km2 große **Wildschutzgebiet** (☎ 71-544342; Eintritt 25 P; ☀ 7–19 Uhr), das der Kommunalverwaltung untersteht, wurde 1988 vom Nata Conservation Committee geplant und vier Jahre später mit Hilfe von diversen einheimischen wie auch internationalen nicht-staatlichen Organisationen verwirklicht. Die Einheimischen siedelten hier freiwillig

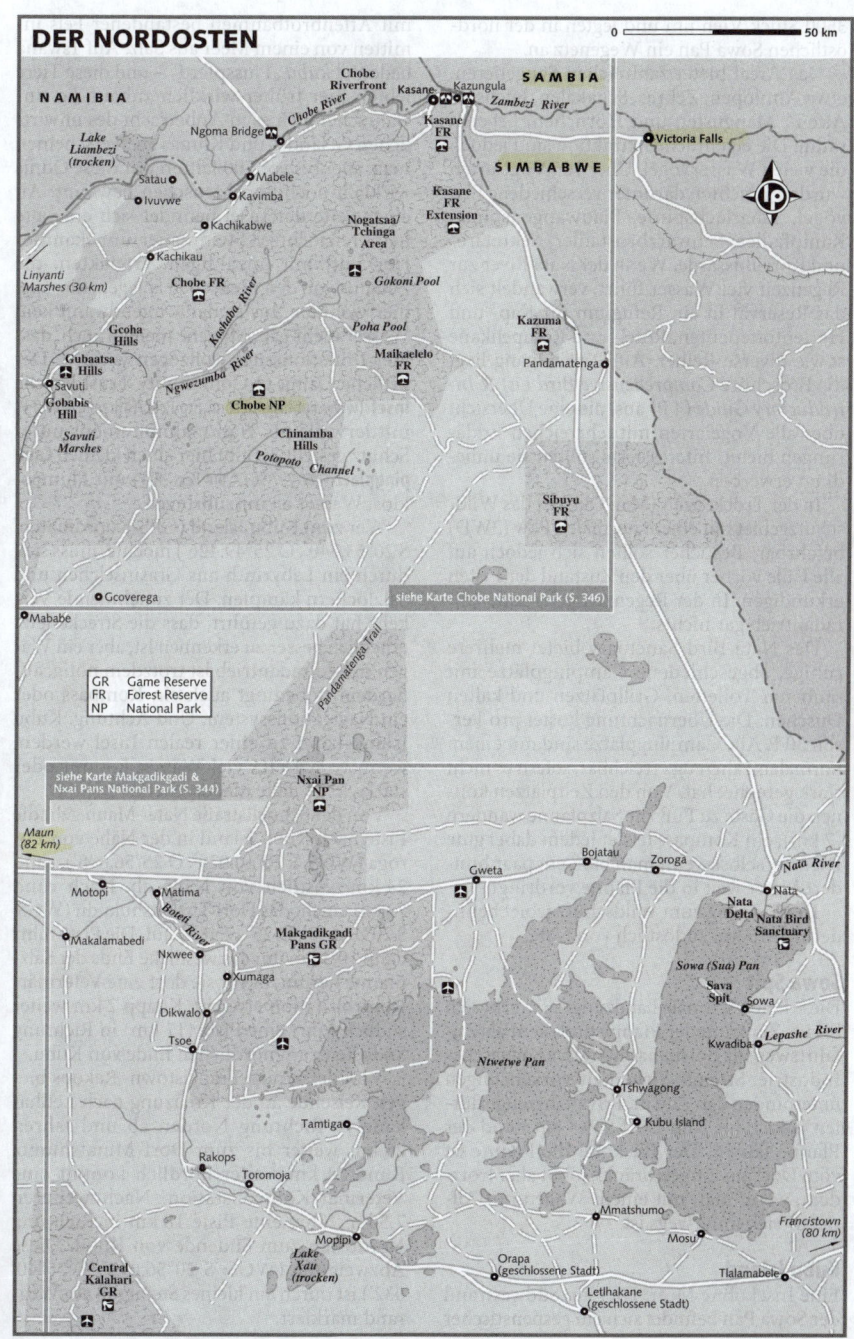

DER NORDOSTEN

0 — 50 km

NAMIBIA

Lake Liambezi (trocken)

Ngoma Bridge

Chobe Riverfront

Chobe River

Kasane · Kazungula

SAMBIA

Zambezi River

Kasane FR

SIMBABWE

Victoria Falls

Satau

Mabele

Ivuvwe · Kavimba

Kachikabwe

Kachikau

Linyanti Marshes (30 km)

Chobe FR

Kasane FR Extension

Nogatsaa/ Tchinga Area

Gokoni Pool

Kazuma FR

Pandamatenga

Gcoha Hills

Gubaatsa Hills

Savuti

Gobabis Hill

Savuti Marshes

Kashaba River

Poha Pool

Maikaelelo FR

Ngwezumba River

Chobe NP

Chinamba Hills

Potopoto Channel

Sibuyu FR

Gcoverega

Mababe

siehe Karte Chobe National Park (S. 346)

GR	Game Reserve
FR	Forest Reserve
NP	National Park

siehe Karte Makgadikgadi & Nxai Pans National Park (S. 344)

Nxai Pan NP

Maun (82 km)

Motopi

Matima

Gweta

Bojatau · Zoroga

Nata River

Nata

Makalamabedi

Boteri River

Nxwee

Makgadikgadi Pans GR

Nata Delta

Nata Bird Sanctuary

Xumaga

Sowa (Sua) Pan

Sava Spit

Sowa

Dikwalo

Tsoe

Ntwetwe Pan

Kwadiba

Lepashe River

Tamtiga

Tshwagong

Kubu Island

Rakops

Toromoja

Mmatshumo

Mosu

Francistown (80 km)

Central Kalahari GR

Mopipi

Lake Xau (trocken)

Orapa (geschlossene Stadt)

Letlhakane (geschlossene Stadt)

Tlalamabele

DER NORDOSTEN

3500 Stück Vieh um und legten in der nordöstlichen Sowa Pan ein Wegenetz an.

Das Areal bietet zahlreichen Säugetieren,
etwa Antilopen, Zebras, Schakalen, Füchsen,
Affen , Mangusten und Hörnchen, Lebensraum. Die eigentliche Attraktion sind jedoch
die vielen Wasservögel. Über 165 Vogelarten
wurden gesichtet, darunter verschiedene Eisvögel, Scharlachspinte, Blauwangenspinte,
Kampfadler, Schwarzbrustadler, Sekretäre-
und Kori-Bussarde. Wenn der Nata River zur
Regenzeit viel Wasser führt, verwandelt sich
das Reservat in ein Refugium für Kap- und
Hottentottenenten, Rötel- und Rosapelikane
sowie diverse Reiher. Am Parkeingang liegt
die Broschüre *Comprehensive Bird List & In-
troductory Guide* (4 P) aus, die eine Übersicht
über alle Vogelarten mit lehrreichen Erklärungen bietet. Interessierte sollten sie unbedingt erwerben.

In der Trockenzeit (Mai–Okt.) ist das Wildschutzgebiet mit einem normalen Pkw (2WD)
befahrbar; Besucher sollten sich jedoch auf
alle Fälle vorher über den Zustand der Pisten
erkundigen. In der Regenzeit geht es ohne Allradantrieb gar nichts.

Das Nata Bird Sanctuary bietet mehrere
ruhige, abgeschiedene Campingplätze mit
sauberen Toiletten, Grillplätzen und kalten
Duschen. Die Übernachtung kostet pro Person 30 P. Alle Campingplätze sind mit einem
normalen Fahrzeug erreichbar, sofern es nicht
stark geregnet hat. Von den Zeltplätzen können die Gäste zu Fuß zur Salzpfanne wandern
(7 km); ein Kompass leistet jedem dabei gute
Dienste, selbst wenn man bloß ein paar hundert Meter weit in die Pfanne vordringt.

Der Eingang zum Wildschutzgebiet befindet sich 15 km südöstlich von Nata.

Sowa Spit

Diese lange, schmale Landzunge erstreckt sich
bis ins Zentrum der Pfanne und dient als Zu-
fahrtsweg für Botsuanas lukrative Sodaasche-
Industrie. Strenge Sicherheitsvorkehrungen
unterbinden den Zutritt, Privatfahrzeuge dürfen jedoch bis zum Dorf Sowa am Rand der
Pfanne fahren. Der Blick auf die Pfanne ist
vom Dorf aus eingeschränkt, lohnt aber trotzdem, wenn man mit einem Wagen mit Allradantrieb unterwegs ist.

Kubu Island

Eine Insel ohne Meer: Hier am Südwestrand
der Sowa Pan befindet sich ein gespenstischer
mit Affenbrotbäumen bestandener Fels inmitten von einem Meer aus Salz. Auf Tswana
bedeutet *kubu* „Flusspferd" – und diese Tiere
lebten hier früher wirklich zuhauf. So unwahrscheinlich es in Anbetracht des unwirtlichen Geländes und Klimas auch erscheinen
mag, aber bis vor 500 Jahren war diese Ödnis
wirklich noch von Menschen bewohnt. An
einer Seite der Insel befindet sich eine alte
halbkreisförmige Steinmauer unbekannter
Herkunft mit unzähligen Artefakten als
Zeugnis von den Menschen ablegen, die einst
hier wohnten, bis es dann irgendwann kein
Wasser mehr gab. Manche meinen auch, dass
hier Initiationsriten vollzogen wurden. Der
örtliche Gaing-O-Community Trust hat die
Insel (www.kubuisland.com; pro Pers./Fahrzeug 30/40 P)
mittlerweile als Nationalmonument unter
Schutz gestellt. Es gibt hier einen kleinen **Campingplatz** (☎ 297 9612; pro Pers. 40 P) mit Plumpsklos; Wasser ist mitzubringen.

Wer zum Kubu Island (GPS-Koordinaten:
S 20°53.740', O 25°49.426') möchte, muss sich
durch ein Labyrinth aus Grasinselchen und
Salzlöchern kämpfen. Der zunehmende Verkehr hat dazu geführt, dass die Strecke jetzt
erheblich besser zu erkennen ist, aber ein Wagen mit Allradantrieb ist trotzdem nötig, außerdem unbedingt auch ein Kompass oder
ein Navigationssystem. Und Achtung: Kubu
Island kann zu einer realen Insel werden,
wenn vom Delta viel Wasser kommt oder
starke Regenfälle niedergehen.

Von der Schnellstraße Nata–Maun geht die
Piste nach Kubu Island in der Nähe von Zoroga (WGS: S 20°10.029', O 25°56.898'), rund
24 km westlich von Nata, ab. Nach rund
72 km taucht das Dorf Thabatshukudu (WGS:
S 20°42.613', O 25°47.482') auf. Die Piste führt
dann 10,3 km um das westliche Ende der Salzpfanne herum, bevor sie dort eine Veterinär-
Kontrollstation erreicht. Knapp 2 km weiter
südlich führt eine Piste (17 km) in Richtung
Südosten zum nördlichen Ende von Kubu.

Von der Straße Francistown–Rakops bie-
gen Reisende an der Kreuzung nach Letlhakane in Richtung Norden ab und fahren
25 km weiter bis zum Dorf Mmatshumo.
Rund 21 km weiter nördlich kommt eine
Veterinär-Kontrollstation. Nach weiteren
7,5 km führt eine Piste 18 km in Richtung
Nordosten zum Südende von Kubu. Diese
Abzweigung (WGS: S 20°56.012', O 25°40.
032') ist durch ein kleines Steingrab am Weg-
rand markiert.

GWETA

Wer nach Kasane oder auch Maun möchte, muss in Gweta auf alle Fälle haltmachen, um zu tanken – eine staubige Kreuzung am Rand der Salzpfannen mit Bushveld unter dem ewigen Himmel. Der Name des Dorfes leitet sich vom Gekrächze der großen Ochsenfrösche ab, die sich – es ist kaum zu glauben! – im Sand eingraben und erst nach ausreichenden Regenfällen wieder völlig verkrustet hervorkommen, um sich zu paarensowie zu laichen.

Es gibt hier zwei Hotels. Im Zentrum präsentiert sich die supernette **Gweta Lodge** (☎ 621 2220; www.gwetalodge.com; Camping pro Pers. 40 P, Luxuszelte 350 P, Rondavels 350 P, EZ/DZ ab 650/800 P; ✗ ▦) als eine gelungene Mischung aus einem südafrikanischem Außenposten im Kolonialstil (beachtenswert die Lithografien in der Küche) und einer flippigen Partyhochburg am Ende der Welt (beachtenswert die Songs von Prince, die in der Bar gespielt werden, wenn es Abend wird). Das Management ist freundlich, und das Angebot an Quartieren kann sich auch sehen lassen: billige Campingplätze, aber auch noblere Hütten, die mit Individualabstand auf dem Grundstück verstreut liegen. Neben den Standardtouren durch die Salzpfannen bietet die Lodge auch Freizeitaktivitäten wie Quadbiken, Strandsegeln, Powerdrachenfliegen – alles für etwa 850 P – sowie Paintball (350 P) an.

Rund 4 km östlich von Gweta steht ein riesiges **Aardvark aus Beton**. Nein, Halluzination ist das bestimmt keine, das Erdferkel zeigt vielmehr den Abzweig zum **Planet Baobab** (☎ 72-83 8334; www.unchartedafrica.com; Camping pro Pers. 13 US$, 2-/4-Pers.-Hütten ab 139/227 US$; ▦) an, eine der einfallsreichsten Lodges im ganzen Land. Und welch ein Glück: Endlich einmal ein afrikanisches Resort, das nicht vollgestopft ist mit Masken und Fotos von irgendwelchen Wildtieren. Hier gibt's eine tolle Bar im Freien mit jeder Menge nostalgischer Reiseposter, die Metallhocker sind mit Kuhhaut überzogen, und leere Bierflaschen wurden zu Kerzenhaltern umfunktioniert. Die Rondavels und Chalets verteilen sich auf dem Kies, und das Personal tut ein Übriges für die flippig freundliche Atmosphäre. Camper können ihr Zelt im Schatten eines Affenbrotbaums aufschlagen. Ansonsten haben die Gäste die Qual der Wahl zwischen Lehmhütten im Bakalanga-Stil und Grashütten im San-Stil – beide Alternativen sind erheblich exklusiver, als sich das anhört. Die Lodge liegt 1 km von der Schnellstraße entfernt. Vom Aardvark einfach immer der Beschilderung folgen. Das Planet Baobab organisiert auch Übernachtungen im Kalahari Surf Camp, einem einsamen Buschcamp mitten in der Ntwetwe Pan.

Combis verkehren stündlich zwischen Kasane (35 P, 4 Std.) und Francistown (30 P, 3 Std.) sowie zwischen Maun (25 P, 4 Std.) und Francistown (3 US$, 3 Std.); sie halten am Maano Restaurant.

NTWETWE PAN

Die Ntwetwe Pan wurde einst vom Boteti River gespeist, trocknete aber nach dem Bau des Mopipi Staudamms völlig aus, der die Diamantminen von Orapa (S. 345) mit Wasser versorgt. Ntwetwe ist jetzt paradoxerweise für seine außergewöhnliche Mondlandschaft berühmt, und zwar vor allem für die Felsaufwerfungen, Dünen, Inselchen, Kanäle und Sandbänke an der Westseite.

An der Piste Gweta–Orapa, 27 km südlich von Gweta, steht der **Green's Baobab** (WGS: S 20°25.543', O 25°13.859'), ein Affenbrotbaum, in dessen Stamm sich die Jäger und Händler Joseph Green und Hendrik Matthys van Zyl (s. Kasten S. 391) sowie andere böse Buben verewigt haben.

Rund 11 km weiter südlich ist die Abzweigung zum imposanteren **Chapman's Baobab** (WGS: S 20°29.392', O 25°14.979') erreicht, der einen Stammumfang von 25 m aufweist und früher zu Orientierungszwecken genutzt wurde. Vermutlich wurde er von vorbeikommenden Forschungsreisenden und Händlern auch als eine Art Poststation verwendet; sie alle hinterließen jedenfalls ihr Gekritzel in der Rinde des gigantischen Baumriesen.

Die gigantische halbkreisförmige Düne mit dem Namen **Gabatsadi Island** bietet einen herrlich weiten Blick, der schon so manche berühmte Besucher, darunter Prinz Charles anlockte. (Er wollte die unbeschreibliche Einsamkeit der Landschaft in einem Gemälde festhalten, doch die Farbe zerfloss wegen der Hitze!) Die Düne liegt ein Stück westlich von der Piste Gweta–Orapa, rund 48 km südlich von Gweta.

Wer anständig Geld unters Volk bringen möchte, dem sei das **Jack's Camp** (Zi. ab 1250 US$) oder gleich in der Nähe das **San Camp** (Zi. ab 980 US$) wärmstens empfohlen, die beiden luxuriösesten Lodges in ganz Afrika. Das im Vergleich preiswertere **Camp Kalahari** (Zi. ab 550 US$) ist, ehrlich gesagt, genauso nobel, aber eher für Familien gedacht. Sie alle werden von **Uncharted Africa** (☎ in Südafrika 27-11 447 1605; www.unchartedafrica.com), gemanagt, das gleiche Unternehmen, zu dem auch das Planet Baobab (S. 341) gehört. Die Gäste wohnen in den Camps in klassischen Leinwandzelten, wie sie in den 1940er-Jahren in Ostafrika üblich waren; sie sind mit Paraffinlaternen erleuchtet. Zudem wartet noble Leinenbettwäsche. Auf Wunsch werden Eimer mit heißem Wasser gebracht. Die Toiletten mit Spülung sind ein willkommenes Zugeständnis an den Geschmack heutiger Zeiten.

Das Zelt in der Mitte des Camps dient als Feldmuseum. Hier halten Reiseleiter und weltbekannte Wissenschaftler Vorträge zum Thema Flora und Fauna der Region – plus Diskussionsveranstaltungen. Es gibt auch noch ein Speisezelt und ein Getränkezelt sowie ein extra Teezelt, in dem die Gäste entspannt auf orientalische Läufern und Kissen drapiert ihrem Fünf-Uhr-Tee frönen.

Auf Safariexpeditionen lernen die Gäste die heimischen Meerkatzen, die seltenen Braunen Hyänen (Strandwölfe) und natürlich auch die San-Kultur kennen. Im Preis inbegriffen sind Vollpension, Autosafaris, Buschwanderungen sowie eine breite Palette an Freizeitaktivitäten. Von Maun kostet der einfache Flug pro Person 2149 Pula.

MAKGADIKGADI & NXAI PAN NATIONAL PARK

Westlich von Gweta durchquert die Straße, die von Nata nach Maun führt, das Makgadikgadi Pans Game Reserve und den Nxai Pan National Park. Beide Schutzgebiete umfassen Salzpfannen, Palmeninseln, Grasland und Savanne. Das Makgadikgadi Pans Game Reserve wie auch der Nxai Pan National Park wurden Anfang der 1970er-Jahre gegründet und Mitte der 1990er-Jahre zu einem einzigen Park zusammengeschlossen, um die Tiere nicht unnötig bei ihren Wanderungen zu behindern.

Der Makgadikgadi & Nxai Pans National Park wird vom Department of Wildlife & National Parks (DWNP) als übergeordneter verwaltet. Zelten ist übrigens nur an ausgewiesenen Campingplätzen erlaubt, die im Voraus im DWNP-Büro in Gaborone (S. 313) oder Maun (S. 358) zu buchen sind. Ohne Zeltplatzreservierung ist der Zutritt zu beiden Parks nicht gestattet, außer im Rahmen eines organisierten Ausflugs.

Informationen zu den Öffnungszeiten der Nationalparks, Eintrittsgebühren und Kosten für den Zeltplatz siehe S. 27.

Makgadikgadi Pans Game Reserve

Dieser 3900 km² große Park erstreckt sich vom Boteti River im Westen bis zur Ntwetwe Pan im Osten. Obwohl der Boteti River nur nach starken Regenfällen Wasser führt, versammeln sich zahlreiche Wildtiere auch in der Trockenzeit am Fluss, denn nur hier im gesamten Reservat gibt es das ganze Jahr über seichte Wasserlöcher. In Jahren mit durchschnittlichen Niederschlägen können Besucher von Mai bis Oktober am Boteti die beeindruckendsten Zebra- und Weißschwanzgnu-Migrationen im südlichen Afrika sehen Flussdurchquerungen sind ein Schauspiel.

Das DWNP betreibt zwei Campingplätze im Reservat. Der Khumaga Campingplatz (GPS: S 20°27.350', O 24°46.136') verfügt über eine gute Infrastruktur, nämlich Sitztoiletten mit Spülung, kalte Duschen und fließendes Wasser (nicht trinkbar). Der Njuca Hills Campingplatz (GPS: S 20°25.807', O 24°52.395') ist nicht so gut ausgestattet. Es gibt hier nur Plumpsklos, und fließendes Wasser ist auch nicht vorhanden, aber dafür bietet sich von den umliegenden Hügeln ein phantastischer Blick auf die Tierwelt.

Leroo-La-Tau (☎ 686 0300; www.africansecrets.net/llt_home.html; EZ/DZ 200/275 US$; 🐾) ist eine empfehlenswerte Safari-Lodge im ostafrikanischen Stil. Sie besteht aus mehreren Segeltuchzelten mit Privatveranda und Blick auf das Flussbett des Boteti.

Die Tierbeobachtung ist hier mitten im Reservat einfach wunderbar, und die Leser sind auch immer wieder von den makellosen Zimmern, der Supereinrichtung sowie vom professionellen Service begeistert. Im Preis sind Vollpension, Autosafaris, Trekking im Busch und vielerlei andere Freizeitaktivitäten inbegriffen. Der Transfer von Maun kostet 100 US$ pro Fahrzeug (mit sechs Fahrgästen).

Artikel des täglichen Bedarfs sind im Dorfladen von Khumaga (Xhumaga) erhältlich.

Der Haupteingang zum Wildreservat befindet sich 141 km westlich von Nata und 164 km östlich von Maun. Ein weiteres Zugangstor gibt es in Khumaga, weiter im Westen. Um im Park herumzufahren, ist ein Geländewagen mit Allradantrieb notwendig; die Campingplätze und Lodges lassen sich aber bei Durchschnittswetter mit einem normalen Pkw erreichen.

Nxai Pan National Park

Der 2578 km2 große Park liegt am alten **Pandamatenga Trail**, der einst mehrere Wasserlöcher verband und bis in die 1960er-Jahre für Viehtransporte genutzt wurde. Das weite Grasland des Parks ist während der Regenzeit interessant, denn dann ziehen große Tierherden aus dem Süden hier durch, und es stellen sich Raubtiere in der Hoffnung auf leichte Beute ein. Der Park ist jedoch auch in der Trockenzeit beeindruckend, wenn über dem Busch die Staubwolken dahinsegeln. Die Region ist dicht mit Schirmakazien bestanden und erinnert an die Serengeti in Tansania – allerdings ohne Safarijeeps.

Im Süden des Parks befinden sich die berühmten **Baines' Baobabs** (GPS: S 20°06.726', O 24°46.136'), Affenbrotbäume, denen der Maler und Abenteurer Thomas Baines 1862 Unsterblichkeit verlieh. Baines, Autodidakt in Sachen Naturkunde, Kunst und Kar-

---

DIE MAKGADIKGADI PANS ERKUNDEN

Die Makgadikgadi Pans sind über drei Pisten zu erreichen; diese verbinden die Schnellstraße von Nata nach Maun und die Straße von Francistown nach Rakops. Die erste verläuft von Nata aus östlich der Sowa Pan, die zweite kommt von Gweta und flankiert die Ntwetwe Pan im Westen, die dritte verläuft in der Nähe von Zoroga und durchquert das Gebiet zwischen den beiden Salzpfannen; diese ist auch die Zufahrtstraße nach Kubu Island.

Eine gute Straßenkarte (z. B. *Shell Tourist Map of Botswana*), ein Kompass oder besser gleich ein Navigationssystem (WGS), gesunder Menschenverstand und Erfahrung mit geländegängigen Fahrzeugen (4WD) sind unerlässlich. Außerdem müssen sämtliche Lebensmittel, Sprit, Wasser und Ersatzteile mitgeführt werden. Es empfiehlt sich, im Konvoi mit mehreren Autos zu fahren.

Besucher sollten sich über die Wirkung der Landschaft im Klaren sein: Bisweilen können die Salzpfannen eine wahre Euphorie auslösen, ein Gefühl unendlicher Freiheit. Sobald die Salzpfannen erreicht sind, scheinen sich Orientierungssinn, Vernunft und gesunder Menschenverstand regelrecht aufzulösen. Doch auch wenn man sich versucht fühlt, völlig losgelöst in die weiße Leere zu brausen, sollte man Vorsicht walten lassen und sich zügeln. Es ist wichtig, sich jederzeit im Klaren zu sein, wo genau man ist, und deshalb ständig seine Landkarte und den Kompass zu verwenden (Navigationssysteme können sich manchmal irren).

Als Faustregel gilt, immer den Spuren anderer Fahrzeuge zu folgen – diese Reifenspuren sind ein guter Hinweis, dass die Route trocken ist. Denn wer sich nicht absolut sicher ist, dass die salzige Oberfläche und der Lehm darunter auch wirklich trocken sind, sollte auf keinen Fall in die Pfannen hineinfahren. Riecht das Salz faulig, bedeutet dies, dass die Pfanne feucht und möglicherweise gefährlich ist – sie gleicht in Struktur und Beschaffenheit dann nassem Beton. Wird die untere Lehmschicht feucht, können Fahrzeuge in der verbackenen Oberfläche einbrechen und sitzen dann fest. Wer dieses Pech hat, sollte zu seiner Seilwinde greifen. Zuerst wird das Ersatzrad oder der Wagenheber fest verankert – egal was, es muss nur geeignet sein, das Seil daran zu befestigen. Dazu wird ein Loch gegraben und Ersatzrad oder Wagenheber fest in den Lehm gesteckt. Dann bleibt nur zu hoffen, dass diese Konstruktion besser hält als der Lehm das Auto.

Es muss betont werden, dass für eine Expedition in die Salzpfannen mehr Erfahrung notwendig ist, als gelegentlich einmal mit einem Jeep herumkutschiert zu sein. Immer wieder müssen allzu Wagemutige aus den Pfannen gerettet werden, und es sind im Lauf der Jahre dort auch Menschen zu Tode gekommen. Eines sollten Besucher jedenfalls nie unterschätzen: den fatalen Effekt, den die Salzpfannen auf den Orientierungssinn ausüben.

Oft ist es sicherer und möglicherweise sogar billiger, die Salzpfannen im Rahmen einer organisierten Tour mit einem kundigen Führer kennenzulernen. Die Pfannen lassen sich auf Tagesausflügen oder Touren mit Übernachtung von den in dieser Region gelisteten Lodges aus erkunden; die Lodges in Maun (S. 357) bieten ebenfalls Ausflüge mit Übernachtung an. Die Preise hängen von der Länge der Tour ab, von der Entfernung und den Aktivitäten. Es lohnt sich jedenfalls, sich ein bisschen umzusehen, Preise zu vergleichen und sich dann die Tour auszusuchen, die einem am besten zusagt. Doch ganz egal, ob die Pfannen nun mit dem Allradfahrzeug, einem Quadbike oder zu Fuß erkundet werden – ein Abenteuer sind sie allemal.

DER NORDOSTEN

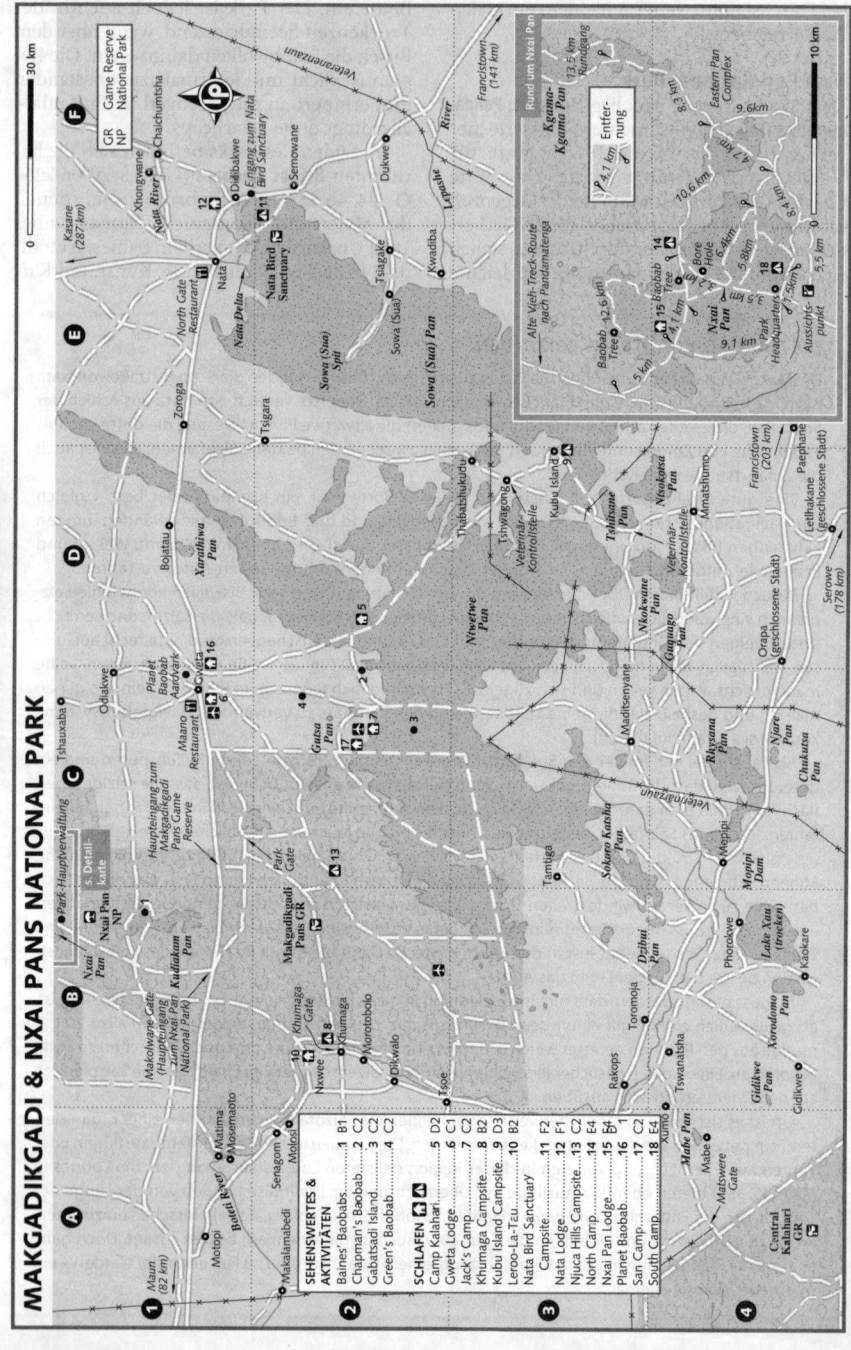

MAKGADIKGADI & NXAI PANS NATIONAL PARK

SEHENSWERTES & AKTIVITÄTEN	
Baines' Baobabs...............1	B1
Chapman's Baobab...........2	C2
Gabatsadi Island..............3	C2
Green's Baobab................4	C2

SCHLAFEN	
Camp Kalahari..................5	D2
Gweta Lodge....................6	C1
Jack's Camp......................7	C2
Khumaga Campsite...........8	B2
Kubu Island Campsite........9	D3
Leroo-La-Tau...................10	B2
Nata Bird Sanctuary Campsite...............11	F2
Nata Lodge.....................12	F1
Njuca Hills Campsite........13	C2
North Camp....................14	E4
Nxai Pan Lodge...............15	E4
Planet Baobab................16	C1
San Camp......................17	C2
South Camp...................18	E4

Rund um Nxai Pan

Entfernung

Chobe NP

tografie, war ursprünglich ein Mitglied im Expeditionsteam von David Livingstone, das den Sambesi (s. Kasten S. 268) hinaufzog. Von Livingstone fälschlich des Diebstahls bezichtigt, musste er schließlich das Team verlassen. Livingstones Bruder erkannte den Irrtum später, gab ihn allerdings nie öffentlich zu, und so war Baines in Großbritannien weiterhin Zielscheibe von Hohn und Spott. Heute zeigt ein Vergleich mit Baines' Gemälden, dass in fast 150 Jahren nur ein einziger Ast des Affenbrotbaums abgebrochen ist!

Das DWNP unterhält zwei Campingplätze im Reservat: Das South Camp (GPS: S 19°56.159', O 24°46.598') befindet sich rund 1,5 km östlich der Parkzentrale, das North Camp (GPS: S:19°52.797', O 24°47.358') liegt etwa 7 km nördlich davon. Beide verfügen über Sitztoiletten mit Spülung, fließendes, aber nicht trinkbares Wasser und Braai-Plätze zum Grillen – Holz zum Feuermachen ist allerdings Mangelware.

Wer unbedingt sein Geld loswerden will, kann sich auch in der hervorragenden **Nxai Pan Lodge** (☎ 686 1449; www.kwando.co.bw; Zi. pro Pers. 360 US$; 🍴 🏊) einmieten. Acht schicke Zimmer in modernem afrikanischem Stil gruppieren sich rund um eine Freifläche. Innen lockt weiche Bettwäsche, und die Duschen drinnen und draußen tragen zum rustikal-luxuriösen Gesamteindruck bei. Von einer großen, gepflegten Veranda aus können die Gäste die Elefanten, Zebras und Geparde beobachten, die durch das Grasland streifen – oder auch vom angenehmen Pool aus, aber das ist dann schon total dekadent.

Der Parkeingang befindet sich am Makolwane Gate, rund 140 km östlich von Maun und 60 km westlich von Gweta. Die Parkzentrale liegt 35 km weiter nördlich und ist über eine schlecht befahrbare Sandpiste zu erreichen. Ein Wagen mit Allradantrieb ist erforderlich, um überall im Nationalpark zwanglos herumzufahren.

ORAPA & LETLHAKANE

Wer die autarken Gemeinden mit den Diamantminen besuchen möchte, benötigt von **Debswana** (☎ 297 0201, 361 4200), der halbstaatlichen Betreiberfirma mit Firmensitz in Gaborone, eine Genehmigung. Auch wenn es von den Diamanten abgesehen hier sonst nicht sonderlich viel zu sehen gibt, bekommen Interessierte im Rahmen einer Führung einen gewissen Einblick in diese lukrative Industrie.

Hier einfach mal so ohne Genehmigung aufzukreuzen, kann man sich allerdings aus dem Kopf schlagen – die Sicherheitsbestimmungen werden hier überaus ernst genommen, und so müssen Besucher mindestens zwei Wochen im Voraus um die Genehmigung ersuchen.

CHOBE NATIONAL PARK

Der Chobe National Park umfasst ein Areal von rund 11 000 km^2 und ist eine der bedeutendsten Touristenattraktionen des Landes. Bereits in den 1930er-Jahren schlug Sir Charles Rey nach einem Besuch des Chobe River vor, die gesamte Region als Wildschutzgebiet auszuweisen. Erst 1968 offiziell unter Schutz gestellt, gilt Chobe dennoch allgemein als erster Nationalpark Botsuanas. Seit 1975 bestehen keine Siedlungen mehr im Gebiet.

Der Park ist in vier Bereiche unterteilt, die sich jeweils durch einen einzigartigen Lebensraum innerhalb des Ökosystems auszeichnen. Das sind hartholzwälder, Sumpfgebiete, Galeriewälder und Grassavanne Die Nordgrenze des Parks bildet der Chobe River, der das ganze Jahr über Wasser führt. Hier findet sich die dichteste Konzentration an Wildtieren im Park. Da sich diese Region am besten erreichen lässt, kommen hierher auch die meisten Touristenströme.

Die anderen drei Gebiete – Nogatsaa/Tchinga, Savuti und Linyanti – lassen sich nur im Rahmen einer Expedition mit einem Allradfahrzeug oder per Flugzeug erreichen, bieten dafür aber herrliche Einblicke in völlig unberührte Natur.

Der günstigste Zeitpunkt für einen Besuch ist die Trockenzeit (April–Okt.), wenn sich die Tiere an den Wasserstellen zur Tränke sammeln. Die Zeit von Januar bis März ist für einen Besuch nicht empfehlenswert, da die Fortbewegung im Chobe National Park wegen des Regens auf verschlammten Pisten schwierig werden kann – Flüge nach Savuti haben dann allerdings Hochsaison.

KASANE & UMGEBUNG

Kasane liegt in einer bewaldeten Flusslandschaft im Vierländereck von Botsuana, Sambia, Namibia und Simbabwe, wo auch die beiden Flüsse Chobe und Sambesi zusammenfließen. Der Ort fungiert als nördliches Tor zum Chobe National Park sowie als Sprungbrett für Exkursionen zu den Victoriafällen.

DER NORDOSTEN

DER NORDOSTEN

CHOBE NATIONAL PARK

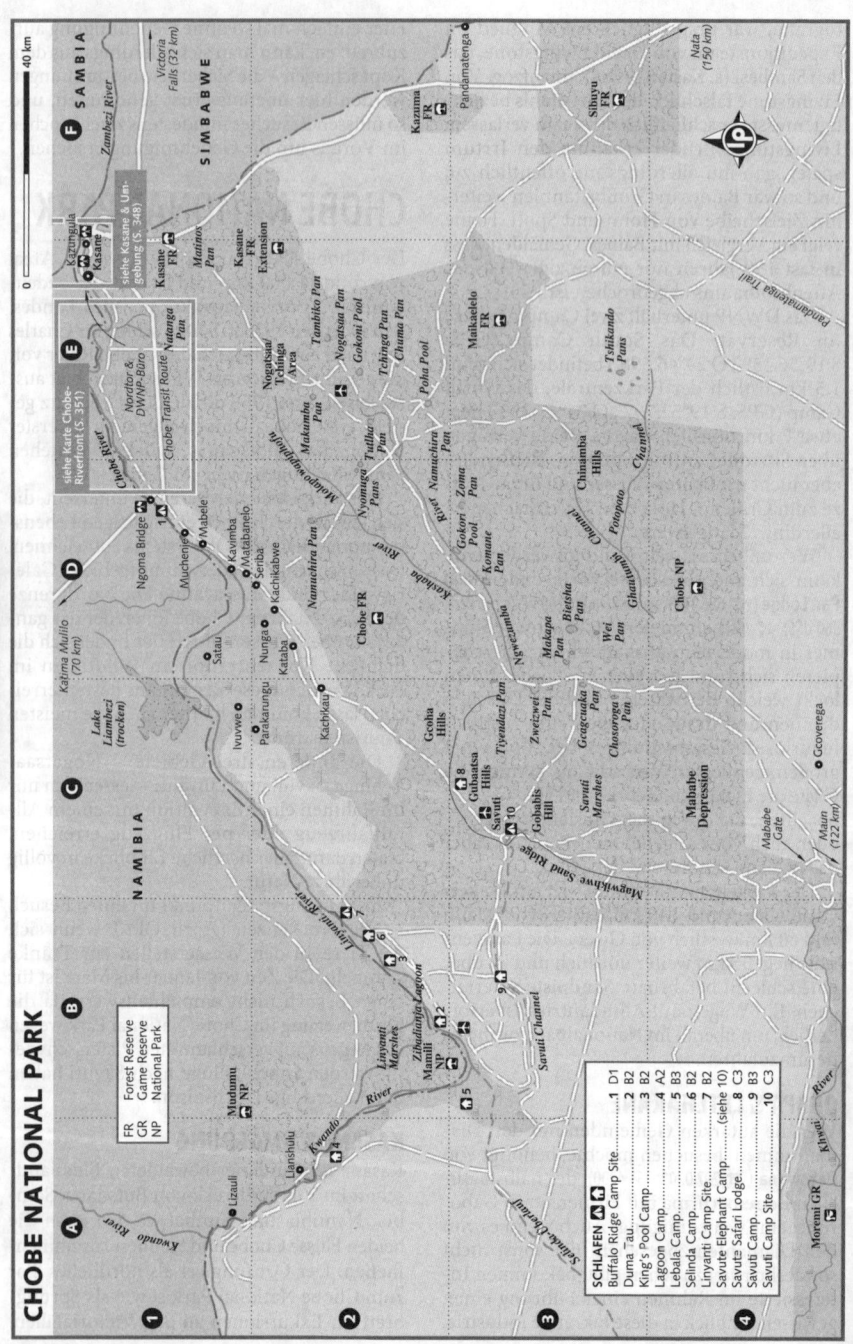

FR	Forest Reserve
GR	Game Reserve
NP	National Park

SCHLAFEN 🛏️

Buffalo Ridge Camp Site..................	1 D1
Duma Tau...	2 B2
King's Pool Camp.................................	3 B2
Lagoon Camp..	4 A2
Lebala Camp...	5 B3
Selinda Camp.......................................	6 B2
Linyanti Camp Site..............................	7 B2
Savute Elephant Camp.................(siehe 10)
Savuti Safari Lodge............................	8 C3
Savuti Camp...	9 B3
Savuti Camp Site.................................	10 C3

siehe Karte Chobe-Riverfront (S. 351)

Nordtor & DWNP-Büro

Chobe Transit Route

siehe Kasane & Umgebung (S. 348)

IM CHOBE NATIONAL PARK

Wer den Chobe National Park besucht, sollte sich eher auf eine Expedition denn auf eine gemütliche Spazierfahrt einstellen. Da der Nationalpark in der Nähe von Kasane liegt, ist auch ein Tagesausflug zur Chobe Riverfront möglich; für die Übernachtung bietet sich dann eine der guten Lodges oder einer der Campingplätze in der Stadt an. In dem Gebiet am Fluss bereitet die Orientierung meist keine Probleme. Wer auf eigene Faust mit seinem Allradfahrzeug unterwegs ist, hat hier die Möglichkeit, von Kasane aus einen kurzen, problemlosen „Expeditionstrip in die freie Wildbahn" zu unternehmen. Der günstigste Zeitpunkt für eine Safari entlang des Flusses ist der Spätnachmittag, wenn die Flusspferde ans Ufer kommen und die Elefanten sich einen kühlen Drink aus dem Rüssel genehmigen oder prustend im Wasser herumtollen.

Wer über keinen eigenen fahrbaren Untersatz verfügt, bekommt in jedem Hotel und in jeder Lodge von Kasane Hilfe bei der Organisation einer Autosafari oder Bootsfahrt am Fluss entlang. Auch wenn die Erfahrungen der Backpacker in Chobe sich in der Regel auf die besagten beiden Exkursionen beschränken, sind die meisten mit diesen Touren überaus zufrieden. Zwei- bis dreistündige Safarifahrten und Bootsausflüge kosten in der Regel um die 200 P, wobei allerdings die Parkgebühren extra zu entrichten sind. Wie immer macht es sich bezahlt, ein bisschen herumzubummeln, die Preise zu vergleichen, Notizen zu machen und sich dann die Exkursion auszusuchen, die den eigenen Vorstellungen am besten entspricht.

Wer plant, auf eigene Faust weiter in den Nationalpark hineinzufahren, muss zuerst einmal über das DWNP in Gaborone (S. 313) oder Maun (S. 358) seinen Campingplatz buchen, und zwar vor der Ankunft in Chobe. Ist es nicht möglich, sich vor den Besuch mit einem der Büros in Verbindung zu setzen, können Reservierungen auch noch im DWNP-Büro am Nordtor des Chobe National Park vorgenommen werden, allerdings besteht dann die Gefahr, dass bereits alle Campingplätze ausgebucht sind, bis man dort eintrifft. Im Gegensatz zu anderen Parks, die dem DWNP unterstehen, dürfen in den Chobe Park Gäste ohne vorherige Reservierung eines DWNP-Campingplatzes hineinfahren, da die meisten Leute im Rahmen eines Tagesausflugs von Kasane hierher kommen und nicht übernachten wollen. Über Öffnungszeiten, Eintrittsgebühren und Preise für die einzelnen Campingplätze informiert das Kapitel über die Nationalparks, S. 27.

Wer vorhat, weiter in den Park vorzustoßen, muss alles Notwendige mitnehmen, denn Benzin und Lebensmittel sind ausschließlich in Kasane und Maun erhältlich. Wasser ist im Park vorhanden, muss jedoch vor dem Trinken abgekocht und chemisch entkeimt werden. Als absolutes Minimum brauchen Besucher eine vernünftige Landkarte (z. B. *Shell Map of the Chobe National Park*) und einen Kompass (oder besser ein Navigationssystem), außerdem gesunden Menschenverstand sowie Selbstvertrauen und Erfahrung im Umgang mit einem Geländewagen. Alle Pisten im Nationalpark bestehen aus Lehm, Sand, Morast oder Felsen – oder gar alles gleichzeitig! – und sind nach starken Niederschlägen überspült. Aus diesem Grund empfiehlt es sich, möglichst mit anderen Wagen im Konvoi zu fahren.

Wer gern die wirklich abgelegenen Ecken des Chobe erkunden möchte, aber das Gefühl hat, dass ihm die Aussicht, selbst durch die Wildnis von Botsuana zu fahren, doch zu viel abverlangt, kann sich in den Hotels und Lodges in Kasane eine mehrtägige Überlandsafari durch den Chobe organisieren lassen. Je nach gewünschtem Luxus kosten solche Exkursionen 100 bis 300 US$ pro Tag, wobei die Preise sehr stark von der Saison abhängen. Als Faustregel gilt, dass es günstiger kommt, sich einer Gruppe anzuschließen. Es lohnt sich also, mit ein paar Veranstaltern zu reden, hart zu verhandeln und einer Tour erst dann zuzustimmen, wenn sie wirklich den eigenen Vorstellungen entspricht.

Auch wenn Kasane längst nicht so groß und erschlossen ist wie Maun, besteht kein Mangel an Lodges, die um die Gunst der Backpacker wetteifern.

Rund 12 km östlich von Kasane liegt am Fluss das winzige Nest **Kazungula**, der Grenzübergang nach Simbabwe. Hier legt die Kazungula-Fähre an, die Botsuana über den Sambesi mit Sambia verbindet.

Praktische Informationen

NOTFALL

Chobe Private Clinic (☎ 625 1555; President Ave.) Hier gibt's einen 24-Stunden-Notdienst.

Kasane Hospital (☎ 625 0333; President Ave.) Öffentliches und größtes Krankenhaus, das direkt an der Hauptstraße liegt.

Polizei (☎ 625 2444; President Ave.; ☽ 24 Std.) Auch sie befindet sich auf der Hauptstraße.

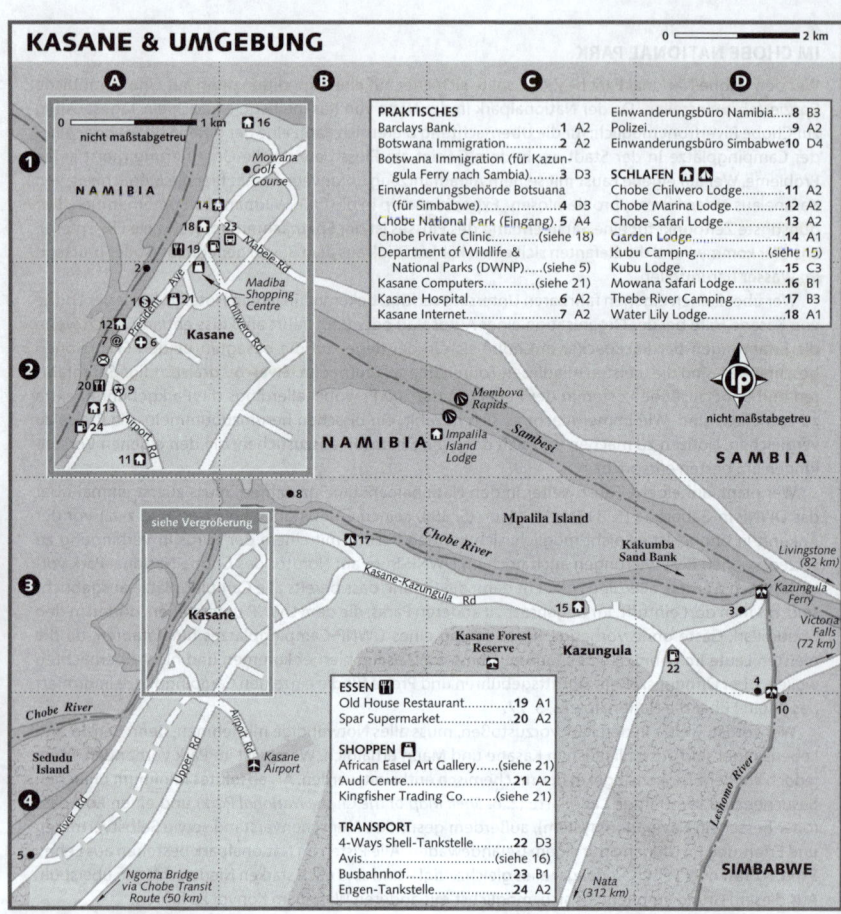

KASANE & UMGEBUNG

0 — 2 km

PRAKTISCHES
Barclays Bank..**1** A2
Botswana Immigration.....................**2** A2
Botswana Immigration (für Kazun-
  gula Ferry nach Sambia)........**3** D3
Einwanderungsbehörde Botsuana
  (für Simbabwe)............................**4** D3
Chobe National Park (Eingang).**5** A4
Chobe Private Clinic............(siehe 18)
Department of Wildlife &
  National Parks (DWNP)......(siehe 5)
Kasane Computers.................(siehe 21)
Kasane Hospital.............................**6** A2
Kasane Internet.............................**7** A2

Einwanderungsbüro Namibia.....**8** B3
Polizei...**9** A2
Einwanderungsbüro Simbabwe**10** D4

SCHLAFEN
Chobe Chilwero Lodge............**11** A2
Chobe Marina Lodge...............**12** A2
Chobe Safari Lodge..................**13** A2
Garden Lodge.............................**14** A1
Kubu Camping....................(siehe 15)
Kubu Lodge..................................**15** C3
Mowana Safari Lodge...............**16** B1
Thebe River Camping...............**17** B3
Water Lily Lodge.......................**18** A1

ESSEN
Old House Restaurant...............**19** A1
Spar Supermarket......................**20** A2

SHOPPEN
African Easel Art Gallery......(siehe 21)
Audi Centre..................................**21** A2
Kingfisher Trading Co.........(siehe 21)

TRANSPORT
4-Ways Shell-Tankstelle............**22** D3
Avis.......................................(siehe 16)
Busbahnhof...................................**23** B1
Engen-Tankstelle........................**24** A2

NAMIBIA

Mowana
Golf
Course

Mabele Rd

Chiluwero Rd

Madiba
Shopping
Centre

Kasane

President Ave

Airport Rd

nicht maßstabgetreu

NAMIBIA

Mombova
Rapids

Impalila
Island
Lodge

Sambesi

SAMBIA

nicht maßstabgetreu

siehe Vergrößerung

Kasane

Chobe River

Mpalila Island

Kakumba
Sand Bank

Livingstone
(82 km)

Kazungula
Ferry

Victoria
Falls
(72 km)

Kasane-Kazungula Rd

Kasane Forest
Reserve

Kazungula

Chobe River

Sedudu
Island

Upper Rd

Airport Rd

River Rd

Kasane
Airport

Ngoma Bridge
via Chobe Transit
Route (50 km)

Lechomp River

Nata
(312 km)

SIMBABWE

DER NORDOSTEN

INTERNETZUGANG
Kasane Computers (☎ 625 2312; pro Std. 30 P;
☽ Mo−Fr 8−17, Sa bis 13 Uhr)
Kasane Internet (☎ 625 0736; Audi Centre, President
Ave.; pro Std. 30 P; ☽ Mo−Fr 8−17, Sa bis 13 Uhr) In Kasa-
ne hat das Internet Schneckentempo, und unzuverlässig ist es
auch noch.

GELD
Barclays Bank (President Ave.) Die Wechselkurse dieser
Bank sind besser als in der Wechselstube. Wer nach Simbabwe will, sollte sich vorher am besten mit ausreichend US-Dollar eindecken.

TOURISTISCHE INFORMATION
Department of Wildlife & National Parks (DWNP;
☎ 625 0235; Northern Gate) Campingplätze im Chobe Nati-

onal Park sind in dieser offiziellen Buchungsstelle zu reservie-
ren. es besteht die Gefahr, das alles ausgebucht ist.
Letsholo Traditional Group (☎ 74093782, 74407310)
Leute, die ihre Freude an Volkstänzen haben, sollten diese
Gruppe ausfindig machen, die manchmal ihre authentischen
Tänze in der Hauptstraße einstudiert.

Schlafen & Essen
Kasane zielt vorwiegend auf ein gehobenes
Publikum ab. Es finden sich aber trotzdem
diverse erschwingliche Quartiere in dieser
Stadt. Wem allerdings der Sinn nach einem
schönen Zimmer steht, der kann hier durchaus ein bisschen im Luxus schwelgen – und
den Aufenthalt dabei zu einem unvergesslichen Erlebnis ohne ein gefährliches Abenteuer machen.

Weitere Alternativen an der Chobe River-front siehe S. 352.

Alle unten aufgeführten Hotels verfügen über ein gutes Restaurant. Gleich bei der Chobe Safari Lodge finden Selbstversorger einen anständigen Spar-Supermarkt. Während der Recherchen zu diesem Reiseführer war das einzige Restaurant von Kasane, das Old House, noch geschlossen, müsste aber inzwischen wieder geöffnet haben.

BUDGETUNTERKÜNFTE & MITTELKLASSEHOTELS

Thebe River Camping (☎ 625 0314; thebe@info.bw; Kasane-Kazungula Rd.; Camping pro Pers. 60 P; 🛋) Die am Chobe River im Grünen gelegene Backpacker-Lodge ist die preiswerteste Bleibe in Kasane. Die gepflegten Campingplätze befinden sich gleich bei den Braai-Plätzen und den modernen sanitären Einrichtungen mit dampfend heißen Duschen und Toiletten mit Spülung. Es gibt hier auch ein mit Stroh gedecktes Restaurant samt Bar, in dem preiswertes Essen und kalte Bierchen auf den Tisch kommen – wenn in Kasane am Abend was los ist, dann jedenfalls mit Sicherheit hier. Wer einen billigen Abstecher nach Chobe plant, wendet sich in der Lodge an Thebe River Safaris, ein Unternehmen, das sich auf mehrtägige Überlandfahrten durch den Nationalpark spezialisiert hat.

Kubu Camping (☎ 625 0312; www.kubulodge.net; Kasane-Kazungula Rd.; Camping pro Pers. 60 P; 🛋) Direkt neben der Kubu Lodge ist Kubu Camping für Leute, die eine lässigere, unabhängigere Szene bevorzugen, eine beliebte Alternative zum Thebe River Camping. Die Campingplätze sind zwar nicht so attraktiv wie im Thebe, dafür können die Camper aber die Einrichtungen der Lodge nutzen – z. B. den eiförmigen Pool und das Bar-Restaurant im Freien.

Water Lily Lodge (☎ 625 1775; liyaglo@botsnet.bw; Kasane-Kazungula Rd.; Zi. 550 P) Die Zimmer in diesem Gästehaus – ein Familienbetrieb – sind recht einfach, aber warm und einladend, außerdem zählt die Lodge zu den preisgünstigsten Quartieren der Stadt.

Garden Lodge (☎ 625 0051; www.thegardenlodge. com; President Ave.; Zi. inkl. Frühstück & Abendessen ab 180 US$; 🛋) Die einfache, aber reizende Lodge gruppiert sich rund um einen tropischen Garten und bietet diverse schön möblierte Zimmer mit anheimelnder Atmosphäre. Sie ist ein bisschen schrulliger als die Durchschnittslodge in dieser Gegend, aber der exzentrische

Touch hebt sie positiv von der Konkurrenz ab, und das gilt auch für das Publikum.

SPITZENKLASSEHOTELS

Alle Zimmer verfügen über Kabel-TV und Klimaanlage. Im Preis ist das Frühstück inbegriffen. Weitere Hotels des obersten Preissegments siehe im Kapitel Mpalila Island, Namibia (S. 143).

Chobe Safari Lodge (☎ 625 0336; www.chobesafari-lodge.com; President Ave.; Camping 14 US$, Zi. ab 134 US$; 🛋 🛋) Diese Lodge zählt zu den erschwinglicheren Häusern in Kasane und bietet wirklich sehr viel fürs Geld, und zwar vor allem Leuten, die mit Kindern unterwegs sind. Der Preis der dezenten, komfortablen Zimmer richtet sich nach der Größe und Lage, aber alle sind modern möbliert und haben ein attraktives Moskitonetz über dem Bett.

Kubu Lodge (☎ 625 0312; www.kubulodge.net; Kasane-Kazungula Rd.; EZ/DZ/3BZ 290/345/300 US$; 🛋 🛋) Diese Lodge, 9 km östlich von Kasane am Fluss, ist nicht so steif und förmlich wie andere Häuser dieser Preiskategorie. Die rustikalen Holzchalets sind reizend mit dicken Läufern und Rattanmöbeln ausgestattet und liegen auf einer makellosen Rasenfläche zwischen ein paar vereinzelten Feigenbäumen.

Mowana Safari Lodge (☎ 625 0300; www.cresta-hospitality.com; Kasane-Kazungula Rd.; pro Pers. inkl. Vollpension & Aktivitäten 500 US$; 🛋 🛋) Das Vorzeigeobjekt der Cresta-Luxushotelkette wurde 1993 vom Präsidenten eröffnet und ist vor allem um das Wohl von betuchten Geschäftsleuten bemüht. Die Zimmer mit traditionellen Bettüberwürfen und Rattanmöbeln haben Lokalkolorit, bieten aber auch moderne Annehmlichkeiten wie Klimaanlage und Kabel-TV. Außerdem findet sich hier ein Konferenzzentrum, in dem immer viel los ist, und es locken mehrere Bars, Restaurants, Pools sowie ein Wellnesscenter.

Chobe Marina Lodge (☎ 625 2221; www.chobemarinalodge.com; President Ave.; EZ/DZ inkl. alle Mahlzeiten, Aktivitäten, Parkgebühren & Flughafentransfers 408/544 US$; 🛋 🛋) Die schön am Fluss gelegene Lodge befindet sich im Zentrum von Kasane. Die Zimmer sind – wie in der Safari Lodge auch – ein wahrer Überschwang an afrikanischer Ästhetik und modernen Annehmlichkeiten, aber trotzdem recht hübsch.

Chobe Chilwero Lodge (☎ 625 1362; www.sanctuarylodges.com; Airport Rd.; pro Pers. Neben-/Hochsaison inkl. alle Mahlzeiten, Aktivitäten, Parkgebühren & Flughafentransfers 590/900 US$; 🛋 🛋) Chilwero bedeutet auf

Tswana „Ort mit Aussicht von oben", und wirklich rühmt sich diese exklusive Lodge ihres tollen Emporenblicks über den Chobe River. Die Gäste wohnen in einem der 15 eleganten Bungalows mit romantischen Duschen drinnen und draußen, einer privaten Gartenterrasse und Ausstattung im Kolonialstil mit edler Bettwäsche. Das zentrale Gebäude liegt in einem weitläufigen Grundstück mit einem Pool, geboten sind ein Wellnesscenter, eine Bar im Freien und ein anerkannt gutes Gourmet-Restaurant.

Shoppen

African Easel Art Gallery (☎ 625 0828; Audi Centre, President Ave.) In dieser noblen Galerie sind Werke von Künstlern aus Botsuana, Namibia, Sambia und Simbabwe ausgestellt, die auch zum Kauf angeboten werden.

Kingfisher Trading Co (Audi Centre, President Ave.) In dem einfachen Geschäft sind afrikanische Kuriositäten und Alltägliches zu – vernünftigen – Festpreisen erhältlich.

An- & Weiterreise
AUTO & MOTORRAD

Die direkte Strecke von Kasane nach Maun ist selbst in der Trockenzeit ausschließlich mit einem Wagen mit Allradantrieb befahrbar, während der Regenzeit kommt bestenfalls ein gigantischer, hochmoderner Geländewagen durch. Im Hinterkopf sollten Reisende auch behalten, dass es an der Straße Kasane–Maun nirgendwo Benzin, Nahrungsmittel oder Getränke zu kaufen gibt und natürlich auch keine Autowerkstatt vorhanden ist. Weitere Informationen siehe Kasten S. 347.

Alle anderen Strecken von Kasane nach Maun führen über Nata, aber auch diese Straße ist leider der reinste Albtraum. Sie ist mit einem normalen Pkw zu bewältigen, allerdings sollte man sich schon einmal auf fürchterlich viele Schlaglöcher einstellen.

BUS & COMBIS

Combis nach Francistown (65 P, 7 Std.), Maun (60 P, 6 Std.), Nata (55 P, 5 Std.) und Gweta (45 P, 4 Std.) fahren am Busbahnhof an der Mabele Rd. bei der Shell Tankstelle ab, sobald sie voll sind. Das Thebe River Camping, die Mowana Safari Lodge und die Chobe Safari Lodge bieten private Shuttlebusse nach Livingstone/Victoria Falls (45 US$, 2 Std.) Gebuchte Fahrgäste werden in der Regel gegen 10 Uhr im Hotel abgeholt.

FLUGZEUG

Air Botswana unterhält Verbindungen von Kasane nach Maun (682 P) und nach Gaborone (1057 P). Die Niederlassung von **Air Botswana** (☎ 625 0161) befindet sich am Flughafen von Kasane nicht weit von der Innenstadt entfernt. Es gibt nur Inlandsflüge.

GEFÜHRTE GELÄNDEWAGENSAFARIS

Außer mit dem eigenen Fahrzeug mit Allradantrieb oder einem Mietjeep ist die einzige Möglichkeit, den Chobe National Park zu durchqueren und die direkte Straße zwischen Maun und Kasane zu befahren, eine „mobile Safari" mit einem 4WD – eine tolle Methode, die Hauptattraktionen Botsuanas zu bereisen. Aber die Safaris sind teuer und in der Regenzeit – von Januar bis März – auch durchaus strapaziös. Weitere Informationen über den Verlauf der Fahrten halten die Tourenveranstalter in Maun (s. S. 360) bereit.

TRAMPEN

Es ist schwierig und nicht ungefährlich, durch den Chobe National Park zu trampen. Die Autofahrer sind auf einen möglichst geringen Spritverbrauch bedacht, haben Gepäck und wollen sich deshalb kein zusätzliches Gewicht aufladen – und eine Person mehr durchfüttern schon gar nicht. Auf jeden Fall müssen alle Fahrgäste, die den Nationalpark durchqueren, die Eintrittsgebühr bezahlen. Es kann also billiger – und vielleicht sogar schneller sein – die nach der Kilometerzahl längere Strecke über Nata zu nehmen.

Um nach Nata und Francistown zu gelangen, postieren sich Tramper am besten an der Straßenkreuzung Kasane–Kazungula und Kazungula–Nata oder an der 4-Ways Shell Tankstelle in der Nähe.

Für eine Mitfahrgelegenheit nach Ngoma Bridge (um nach Namibia zu kommen) eignet sich die Engen Tankstelle in der Nähe der Chobe Safari Lodge.

UNTERWEGS VOR ORT

Zwischen Kasane und Kazungula verkehren regelmäßig Kleinbusse (Combis). Auf Anfrage fahren sie auch zu den Einwanderungshäuschen, zuständig für Sambia und Simbabwe. Der normale Fahrpreis rund um Kasane und Kazungula beläuft sich auf P20.

Wer einen Mietwagen für einen Tag braucht, wendet sich an **Avis** (☎ 625 0144). Das Büro befindet sich in der Mowana Safari Lodge.

CHOBE RIVERFRONT

Der Besuch der Chobe Riverfront ist ein einmaliges und unvergessliches Erlebnis. Ob mit dem Motorboot auf dem Fluss unterwegs oder im Geländewagen am Ufer entlang, eine der größten Elefantenherden des Kontinents kommt garantiert in Sicht. Die Elefantenpopulation bei Chobe geht in die Tausende, und auch wenn sich die grauen Riesen mittlerweile an die mit Kameras bewaffneten Touristen gewöhnt haben, ist es eine eindrucksvolle, allerdings auch ein wenig furchteinflößende Erfahrung, sich plötzlich von einer großen Herde umringt zu sehen.

Mit Ausnahme von Nashörnern finden sich am Flussufer so ziemlich alle Säugetiere, die im südlichen Afrika heimisch sind. Im Fluss drängen sich die Flusspferde; Geparde und Löwen durchstreifen die Uferregion. In der Trockenzeit (April–Okt.) sammeln sich Antilopen, Giraffen, Zebras, Büffel und Weißschwanzgnus in großen Herden am Fluss – ein gefundenes Fressen für die Krokodile.

Das morastige Überflutungsgebiet ist das Zuhause zweier an Sümpfen angepasster Antilopenarten, nämlich der Roten Letchwe (Litschi–Wasserbock) und der immer selteneren Puku. Letztere haben einen Kopf wie eine Moorantilope, lassen sich jedoch anhand ihrer nach innen gekrümmten Hörner und der kleinen, gedrungenen Statur erkennen.

Der Fluss ist auch Lebensraum einer außergewöhnlich vielfältigen Vogelwelt. Über 440 Arten wurden verzeichnet, darunter Gabelracken, Weißstirnspinte, Sekretär- und Kori-Bussarde, Gackeltrappen und Marabus. Über den Fluss schallt der Ruf der Fischadler, wenn sie mit unglaublicher Präzision zum Sturzflug nach einem Flossenträger ansetzen.

Das ganze Jahr über bevölkern Tiere den Fluss, in der Trockenzeit ist die Menge allerdings schier überwältigend. Von September bis Oktober bieten sich hier an der Chobe Riverfront mit die besten Wildbeobachtungsmöglichkeiten in ganz Afrika.

Schlafen

Der Zeltplatz Ihaha unter der Regie des DWNP (s. S. 342) ist der nächstgelegene Zeltplatz in Kasane; er ist rund 27 km vom Northern Gate entfernt. Der Campingplatz ist gut ausgestattet und verfügt über Sitztoiletten mit Spülung, kalte Duschen und einen Grillplatz. Leider haben ihn die Diebe vom gegenüberliegenden Ufer im Visier, deshalb sollten die Gäste auf ihr Hab und Gut geflissentlich aufpassen.

Buffalo Ridge Camp Site (Karte S. 346; ☎ 625 0430; Camping pro Pers. 5,50 US$) Der einfache Campingplatz befindet sich ein Stück bergauf am Grenzposten Ngoma Bridge, in der Nähe des westlichen Endes der Transitstrecke nach Chobe. Da sich die Anlage in Privathand befindet, besteht keine Notwendigkeit, bei DWNP zu reservieren.

Chobe Game Lodge (☎ 625 0340/1761; www.chobe gamelodge.com; River Rd; Neben-/Hauptsaison pro Pers. 500/720 US$; ▣) Diese hochgelobte Safarilodge ist eine von Botsuanas absoluten Luxusher-

DER NORDOSTEN

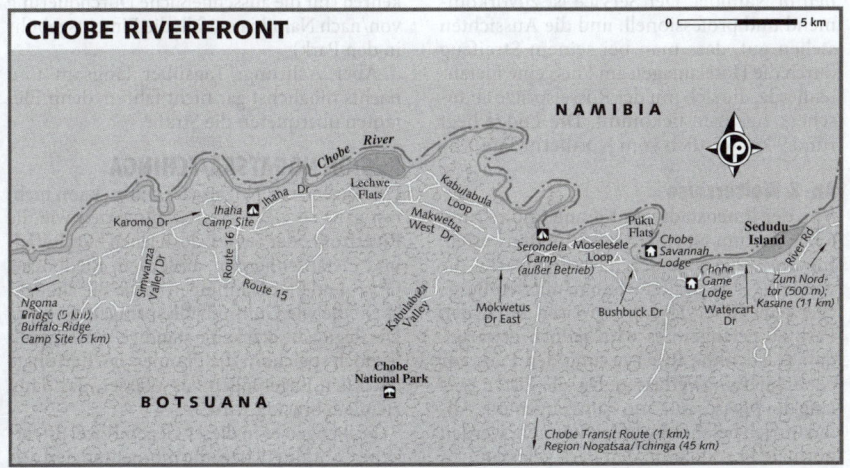

CHOBE RIVERFRONT

0 ___ 5 km

NAMIBIA

Chobe River

Karomo Dr

Ihaha Camp Site

Ihaha Dr

Lechwe Flats

Kabulabula Loop

Makwetu West Dr

Simwanza Valley Dr

Route 16

Route 15

Kabulabula Valley

Mokwetu Dr East

Serondela Camp

Moselesele Loop

Puku Flats

Chobe Savannah Lodge

Sedudu Island

Chobe Game Lodge

Watercart Dr

Bushbuck Dr

River Rd

Zum Nordtor (500 m); Kasane (11 km)

Ngoma Bridge (5 km); Buffalo Ridge Camp Site (5 km)

Chobe National Park

BOTSUANA

Chobe Transit Route (1 km); Region Nogatsaa/Tchinga (45 km)

DER NORDOSTEN

DIANE MOSWEU

Wie sind Sie Wildführerin geworden? Ich habe 2005 angefangen, nachdem ich von meinem Geburtsort Shakewe hierher umgezogen war. Wir sind in einer Region mit einer hohen Konzentration an Wildtieren aufgewachsen. Ich habe Vieh im Busch gehütet, bevor ich zur Schule kam. Als ich von dort wegzog, hatte ich eigentlich gar nicht die Absicht, als Führerin zu arbeiten – ich habe drei Jahre lang am Flughafen gearbeitet. Meine Arbeitgeber überredeten mich dann, diesen Beruf auszuüben.

Was Sie wirklich lernen mussten, war also Auto fahren. Ich fand das total schwierig. Aber dafür wusste ich aus meiner Kindheit, wie man wilde Tiere ausmacht.

Wie gefällt Ihnen Ihre Arbeit? Sie macht mir wirklich Spaß. Ich lerne gern Leute aus allen Ecken der Welt kennen und erzähle ihnen auch gern viel vom Leben in Afrika, vor allem Gästen, die nicht aus Afrika stammen.

Amüsiert es Sie, wenn wir Ausländer über die Tiere staunen? Das wundert mich nicht, denn ich weiß ja, dass Sie aus einem ganz anderen, urbaneren Umfeld kommen. Ich selbst halte mich nicht gern in Städten auf. Ich bin nach Kasane gekommen, weil es hier ruhiger ist als in Maun.

Steht Botsuana ausreichend unter Naturschutz? Sollte Land zur Bebauung freigegeben werden? Ich glaube, es ist weltweit sehr wichtig, diese Ressourcen für künftige Generationen zu bewahren. Unsere Fauna und Flora war lange Zeit gefährdet – bis uns schließlich irgendwann klar wurde, dass sie nahezu ausgelöscht war. Manche der Gäste, die ich führe, sind sehr gebildet und können zu Hause dann andere Menschen für dieses Thema sensibilisieren. Die Einheimischen unterstützen die Parks. Ich wusste aus meiner Schulzeit, dass es hier welche gibt. Wir haben in der Schule gelernt, wie wichtig es ist, diese Landstriche unter Schutz zu stellen. Und jetzt vermitteln wir unseren Eltern, welche finanziellen Vorteile diese Ressourcen uns bringen.

In welcher Hinsicht würden Sie das Parksystem verbessern? Viele Burschen, die in der Regierung sitzen, sind viel zu kurz im Amt. Es wäre besser, wenn sie länger hier wären, damit sie wissen, wo die Wildtiere sind und wo die Wilderer.

Diane Mosweu ist Wildführerin in Kasane.

---

bergen. Die Lodge ist im maurischen Stil mit Bögen, Tonnengewölben und Bodenmosaiken erbaut. Die individuell gestalteten Zimmer sind elegant und haben etwas Beruhigendes, einige bieten einen schönen Blick über den Chobe River und bis hinüber zu den Flutebenen in Namibia. Der Service ist zuvorkommend und professionell, und die Aussichten stehen gut, dass man bei seinem Streifzug durch die Hotelanlagen am Fluss eine Elefantenherde, die sich mit der Rüsselspritze abduschen, zu sehen bekommt. Die Lodge liegt rund 9 km westlich vom Northern Gate.

An- & Weiterreise

Von der Innenstadt von Kasane sind es rund 6 km bis zum Northern Gate im Südwesten. Im Gegensatz zu anderen Nationalparks, die von DWNP verwaltet werden, müssen Besucher keine Reservierung vorweisen, um in den Park zu gelangen; es wird jedoch erwartet, dass Gäste ohne Reservierung den Park vor der Schließung verlassen. Da alle Pisten entlang des Flusses nur von Fahrzeugen mit Allradantrieb befahren werden können, werden normale Pkw nicht in den Park gelassen.

Man verlässt den Park, indem man am Fluss entlang zum Sedudu Gate zurückfährt; als Alternative bietet sich das Ngoma Bridge Gate in der Nähe der Grenze zu Namibia an. Wer diesen Ausgang benutzt, kann über die Chobe Transitstrecke nach Kasane zurückkehren (für die ausschließliche Durchquerung von/nach Namibia entfällt die Eintrittsgebühr in den Park).

Aber Achtung: Tagsüber langsam und nachts möglichst gar nicht fahren, denn Elefanten überqueren die Straße.

REGION NOGATSAA/TCHINGA

Die Gegend um Nogatsaa/Tchinga kann nicht mit ganz so vielen Tieren aufwarten wie die Riverfront oder Savuti, doch leben hier Büffel- und Elefantenherden, außerdem Riedböcke, Oryx- und Pferdeantilopen sowie Bleichböckchen, die wie Gummibälle springen.

Die Region besitzt keine ständige Wasserquelle, doch speichern die Pfannen noch Monate nach den Regenfällen das Wasser, das dann ziemlich brackig schmeckt.

Früher gab es in dieser Gegend zwei öffentliche Campingplätze, die momentan den zeltenden Privatbesuchern jedoch nicht zur Verfügung stehen.

Der Lehm in dieser Gegend wird als „schwarze Baumwolle" bezeichnet und macht bisweilen selbst dem robustesten Geländewagen den Garaus. Wer die Region gründlich erkunden möchte, sollte sich vor allem in der Regenzeit von den Einheimischen entsprechende Tipps geben lassen.

SAVUTI

Die weiten Ebenen von Savuti, bekannt für ihre reiche Tierwelt, sind in die typischen Farben Afrikas getaucht. In der Gegend finden sich Sumpfgebiete als Reste eines „Supersees", der sich einst quer über Nordbotsuana erstreckte; die heutige Landschaft mutet auf aparte Weise herb und leer an. Wegen der beschwerlichen Anfahrt und des rauen Terrains ist Savuti eine Herausforderung und ein Muss für alle 4WD-Fanatiker auf dem Weg von Kasane nach Maun. Außerdem ist die Gegend eine Domäne der Reichen und Mächtigen – Savuti steht in dem zweifelhaften Ruf, eine der elitärsten Touristendestinationen in ganz Botsuana zu sein.

Savuti verfügt über keine permanenten Wasserquellen. Die reichen Niederschläge der vergangenen Jahre lockten zahlreiche Tiere in diese Gegend. Die daraufhin einsetzende Dürre macht ihnen schwer zu schaffen. Eine Großzahl der Tiere hat sich an die Chobe-, Linyanti- und Okavango River geflüchtet, doch vor allem die schwachen Tiere drängen sich an den schwindenden Wasserlöchern zusammen, wo sie schnell zur Beute von Wildjägern werden.

Die Dichte des Tierbestands ist vor allem in der Regenzeit (November bis Mai) extrem hoch. Savuti wird von Löwen und Elefanten regelrecht überrannt, und es sind zahlreiche Vorfälle bezeugt, dass Löwen hier Elefanten rissen. Die Gegend ist außerdem Heimat riesiger Herden von Büffeln, Zebras, Schwarzfersenantilopen, Weißschwanzgnus und Antilopen, die oft von Geparden, Wildhunden und Hyänen erlegt werden.

Die bekannteste Sehenswürdigkeit in der Gegend ist der **Gobabis Hill**, der mit 4000 Jahre alten Felszeichnungen der San (Buschmänner) aufwartet. Einige befinden sich am nördlichen Ende des Hügels, die schönsten bekommen Besucher jedoch auf halbem Weg zum Gipfel zu sehen (sie sind nach Osten ausgerichtet). Interessierte können ihren Allradwa-

gen einfach in der Nähe abstellen und sich dann zu Fuß zu den Malereien aufmachen.

Schlafen

CAMPING

Die Savuti Camp Site (Preise s. S. 28) bietet Sitztoiletten mit Spülung, Braai-Plätze, heiße (!) Duschen und jede Menge Schatten. Die Paviane sind allerdings eine wahre Plage. Kaum kehrt man ihnen den Rücken zu, sind auch schon sämtliche Sachen, die nichtniet- und nagelfest waren, futsch. Außerdem sollten Gäste im Hinterkopf behalten, dass die alte Savuti Camp Site gleich in der Nähe einmal von durstigen Elefanten zerstört wurde!

LODGES

Die beiden hier gelisteten Lodges müssen im Voraus gebucht werden. Im Preis sind alle Mahlzeiten, Getränke, Exkursionen und Parkgebühren enthalten.

Savute Safari Lodge (pro Pers. Neben-/Hochsaison 476/686 US\$) Neben dem ehemaligen legendären Lloyd's Camp bietet diese relativ neue, gehobene Lodge zwölf moderne Chalets mit Strohdach; sie sind einfach, aber funktional im Design. In der Hauptlodge befinden sich eine Lounge, ein elegantes Speisezimmer, eine kleine Bibliothek sowie eine Cocktailbar. Außerdem wird noch eine schier atemberaubende Aussichtsterrasse geboten, die sich perfekt als Beobachtungsposten für einen Sonnenuntergang im Busch eignet. Informationen zur Buchung erteilt Desert & Delta Safaris (☎ 686 1243; www.desertdelta.com; Maun).

Savute Elephant Camp (pro Pers. Neben-/Hochsaison 615/1205 US\$; 🐾) Das beste Camp in Savuti besteht aus zwölf wunderbar ausgestatteten Leinwandzelten im ostafrikanischen Stil mit Stilmöbeln. Im gemeinschaftlichen Hauptzelt befinden sich der Speiseraum, die Lounge und die Bar, gleich daneben der Pool, der auf ein Wasserloch hinausgeht. Wer buchen möchte, setzt sich mit Orient-Express Safaris (☎ 686 0302; www.orient-express.com; Maun) in Verbindung.

An- & Weiterreise

Charterflüge nutzen die Landepiste ein paar Kilometer nördlich der Lodges in Savuti. Der Hin- und Rückflug von Maun kostet zwischen 1023 P und 1364 P pro Person, von Kasane unwesentlich weniger.

Bei optimalen Bedingungen dauert die Autofahrt vom Sedudu Gate nach Savuti vier

DER NORDOSTEN

DER SAVUTI CHANNEL

Der Norden von Botsuana bietet eine wahre Fülle an seltsamen hydrografischen Phänomenen. So leitet beispielsweise der Selinda Spillway, eine Überlaufrinne, das Wasser zwischen dem Okavango Delta und den Linyanti Marshes vor und zurück. Nicht minder kurios ist die Tatsache, dass der Chobe River, wenn der Sambesi besonders viel Wasser führt, in die umgekehrte Richtung fließt und das Gebiet um den Lake Liambezi überflutet. Einst existierte auch ein Kanal zwischen dem Flusssystem des Khwai River und dem Okavango Delta sowie den Savuti Marshes.

Das seltsamste Phänomen ist aber wohl der Savuti Channel, der die Savuti Marshes mit den Linyanti Marshes verbindet und – über den Selinda Spillway – auch mit dem Okavango Delta. Wirklich verwirrend ist, dass der Wasserfluss des Kanals keiner Logik zu folgen scheint. Manchmal führt der Kanal jahrelang überhaupt keinen Tropfen Wasser, wie etwa von 1888 bis 1957, 1966 bis 1967 und von 1979 bis Mitte der 1990er-Jahre. Wenn aber Wasser fließt, schafft der Kanal eine wahre Oase für die durstigen Tierherden und wirkt wie ein Magnet auf Unmengen von Wasservögeln. Während der Trockenzeiten weicht das Kanalende immer weiter vom Sumpfland in Richtung Chobe River zurück. Fließt das Wasser, werden die Savuti Marshes überflutet, wodurch das Sumpfgebiet an Ausdehnung zunimmt. Außerdem scheint der Wasserfluss des Kanals in keiner Beziehung mit dem Wasserstand des Linyanti–Chobe Flusssystems zu stehen. 1925, als der Fluss eine Rekordflut verzeichnete, blieb der Savuti Channel trocken, was nicht vorauszusehen war.

Die einzig mögliche Erklärung bislang setzt das Phänomen mit tektonischen Aktivitäten in Verbindung. Die ständige Verschiebung des Zambezi River Richtung Norden und die häufigen leichten Erdbeben in der Region zeigen, dass die geologischen Verhältnisse tektonisch instabil sind. Der Wasserfluss des Savuti Channel muss somit von einer ohne technische Hilfsmittel nicht wahrnehmbaren Bewegung der Erdkruste bestimmt sein. Die minimale Bewegung, die erforderlich wäre, um den Kanal zu öffnen oder zu schließen, läge bei mindestens 9 m, und allem Anschein nach ist genau das in den letzten 100 Jahren fünfmal passiert.

Stunden. Aber Achtung: Von Januar bis März ist die Strecke oft unpassierbar. Alternativ bietet sich die Route über Maun oder über das Moremi Game Reserve (S. 371) via Mababe Gate an; die Lehmpiste ist allerdings bei Feuchtigkeit überaus schwer zu befahren. Für alle genannten Routen ist ein modernes Allradfahrzeug erforderlich, und Erfahrung mit unwegsamem Gelände sollten Autofahrer auch mitbringen.

Weitere Informationen zum Thema Autofahren in Chobe siehe Kasten S. 347.

LINYANTI MARSHES

In der Nordwestecke des Chobe National Parks breitet sich der Linyanti River in einer 900 km² großen Ebene aus, die während der Trockenzeit eine bemerkenswerte Fülle von Wildtieren anlockt. Auf der Seite des Flusses, die zu Namibia gehört, steht dieses wohl bewässerte Tierparadies in den beiden Nationalparks Mudumu (S. 183) und Mamili (S. 184) unter Naturschutz; von einem 7 km langen Landstrich am Nordwestrand des Chobe National Park einmal abgesehen sind die Linyanti Marshes jedoch allein schon durch ihre isolierte Lage geschützt.

Die Sümpfe bieten stabilen Populationen von Elefanten, Löwen, Wildhunden, Geparden und Leoparden ein Zuhause – hier ist eine der besten Stellen im gesamten südlichen Afrika, um Raubtiere zu beobachten. Doch eine der Hauptattraktionen von Linyanti ist sicher die absolute Abgeschiedenheit.

Da die Sümpfe offiziell nicht zum Chobe National Park gehören, unterliegen die Lodges nicht den strengen DWNP-Bestimmungen, und das bedeutet, dass Nachtfahrten und Spaziergänge (mit bewaffneten Führern) hier erlaubt sind.

Schlafen

CAMPING

Die Linyanti Camp Site ist ein Zeltplatz (Preise s. S. 28) unter der Regie von DWNP mit Braai-Plätzen, heißen Duschen, Sitztoiletten mit Spülung und – in der Trockenzeit – mit vielen Elefanten. Also aufgepasst!

LODGES

Die ersten vier unten aufgelisteten Camps werden von **Wilderness Safaris** (☎ in Südafrika 27-11 807 1800; www.wilderness-safaris.com) betrieben und verfügen mit Ausnahme von King's Pool über

DER NORDOSTEN

Luxuszelte mit eigenem Bad und Duschen mit heißem Wasser.

Das Lagoon Camp und das Lebala unterstehen der Organisation **Kwando Safaris** (☎ 686 1449 www.kwando.co.bw).

Alle Camps müssen im Voraus gebucht werden; im Preis sind jeweils alle Mahlzeiten, Getränke, Exkursionen und Flughafentransfers enthalten.

Selinda Camp (Neben-/Hochsaison 430/600 US$) Das Neun-Personen-Camp im ostafrikanischen Retrolook ist das einfachste und erschwinglichste der vier Camps, aber der Luxus lässt sich nicht leugnen.

Savuti Camp (Neben-/Hochsaison 550/700 US$) Dieses Camp für sechs Personen ist noch etwas exklusiver als das Selinda. Es befindet sich neben einem Wasserloch an der Rinne Savuti Channel, die in der Trockenzeit Unmengen Elefanten und Löwen anlockt.

Duma Tau (Neben-/Hochsaison 620/850 US$) Dieses Zehn-Personen-Camp ist einen Tick größer als das Savuti. Es bietet sich von einem Mangostinhain ein schöner Blick über die Zibadianja Lagoon, in der sich die Flusspferde tummeln. Die Lagune kann mit dem Boot erkundet werden, wenn der Wasserstand hoch genug ist. Oder man relaxt einfach in einem Luxuszelt unter dem Strohdach.

Lebala (Neben-/Hochsaison 670/965 US$) Der Name bedeutet „offene Ebene" – und diese Aussicht präsentiert sich den Gästen hier auch. Außerdem werden jede Menge Wildtiere, engagierte Autosafaris und hervorragende Exkursionen in den Busch geboten. Das Grasland geht hier allmählich in die Sümpfe von Linyanti über, wo Unmengen Vögel, etwa die seltsame Binsenralle zu Hause sind.

Lagoon Camp (Karte S. 346; Neben-/Hochsaison 620/875 US$) Das Camp mit mehreren Luxuszelten bietet einen schönen Blick auf – ja, worauf wohl? – eine Lagune! Sie befindet sich in einer gefluteten Ebene mit Flussläufen, wo es vor Wildhunden, Löwen und Büffeln nur so wimmelt. Es werden Ausflüge zum Angeln und abendliche Bootsfahrten angeboten.

King's Pool Camp (Neben-/Hochsaison 750/1075 US$) Das Camp für zehn Personen liegt in zauberhafter Umgebung am Linyanti River mit Blick auf eine Lagune und ist das luxuriöseste der vier hier gelisteten Anlagen. Die Gäste sind hier in Privatchalets mit Strohdach untergebracht, die Innen- und Außenduschen aufweisen. Das Camp ist fast schon stolz auf den Lärm hier – die Gäste werden hier nämlich mit ziemlicher Sicherheit von Flusspferden, Elefanten, Pavianen und Löwen geweckt.

An- & Weiterreise

Die einzig brauchbare Piste zu den Linyanti Marshes beginnt in Savuti, aber sie ist extrem versandet und ganzjährig schwer befahrbar. Die meisten Gäste lassen sich deshalb ins Camp einfliegen – Charterflüge für wohlhabende Privatpersonen werden in Maun oder Kasane angeboten. Hin und zurück kostet das Ticket von Maun pro Person 1023 bis 1364 P; von Kasane ist es etwas billiger.

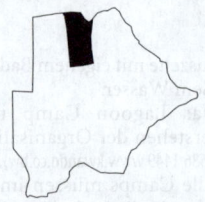

Das Okavango-Delta

Der afrikanische Busch bietet mit seinem tierischen Chor eine ganz eigentümliche Geräuschkulisse. Da gibt es z. B. das heisere Gebell der Leoparden und das verrückte Geheul einer Hyäne, die durch die Wildnis eilt. Der Soundtrack zeugt von der Härte des Lebens, und oft sind sich die Menschen gar nicht bewusst, wie wunderschön auch ganz sanfte Geräusche sein können – z. B. ein *mokoro* (Einbaum), der über Papyrus gleitet, sanft wie Seide.

Von dieser am Spektakulären orientierten Erwartungshaltung geprägt, gehen Touristen oft davon aus, dass die Wildnis von Botsuana trocken und unwirtlich ist und aus Gebirge und Busch besteht, über die sich der weite Himmel spannt. Und deshalb übersehen sie oftmals die subtile und wenig dramatische Schönheit, die jedoch nicht minder zu verzaubern vermag – z. B. den Wind, der das Riedgras zerzaust, und die kleinen Palmgruppen, die wie zufällig aus einem flachen Teppich aus Marschland und trägen Bächen hoch in den Himmel wachsen.

Im Okavango-Delta, einer 16 000 km² großen Fläche mit dem Ablauf des Okavango River, dem drittlängsten Fluss Afrikas, hat sich eine völlig andere Szenerie verwirklicht als gewöhnlich auf diesem Kontinent vorherrscht: Das helle Geplätscher des Wassers trifft auf den Dornwald, und das träge Treiben der Flutwellen begegnet der Sonne der Kalahari. Und wirklich sind die Gegensätze, die sich am Okavango auftun, im Vergleich zum übrigen Botsuana am stärksten und denkwürdigsten: Hier im Herzen dieses nach Wasser dürstenden Landes befindet sich das größte Binnenland-Flussdelta der Welt, ein schier endloses Wassersystem – tosend, stehend, überflutend, sterbend.

Und die Gewässer sterben hier ganz buchstäblich. Sie schaffen es nämlich nie bis zum Meer, sondern versickern in den Salzpfannen mitten in Botsuana. Doch vorher versorgen sie eine enorme Fülle von Wildtieren – und eine ähnlich große Tourismusindustrie. Eine bunte Mischung aus Campern, Buschpiloten, Wildführern und Teilnehmern an Luxussafaris fühlt sich zu dieser Mutter aller Gewässer hingezogen. Dabei sein ist alles – es muss ja nicht unbedingt eine Pauschalreise sein. Jedenfalls lässt sich hier ein ganz neues Afrika erleben.

HIGHLIGHTS

- In einem traditionellen **mokoro** (s. Kasten S. 361) durch das Wasserlabyrinth des Deltas gleiten
- Im **Moremi Game Reserve** (S. 371) eine Safari in der unberührtesten und exklusivsten Wildnis Afrikas unternehmen
- In einer **Luxuslodge** (s. Kasten S. 369) im Delta das sauer verdiente Geld verprassen
- Einen Flieger oder Hubschrauber chartern und von Maun aus auf einem **Rundflug** (S. 362) das Delta in voller Größe von oben betrachten
- Mit einer mobilen Safari von **Maun** (S. 357) aus eine Überlandtour durch den Chobe National Park nach Kasane unternehmen

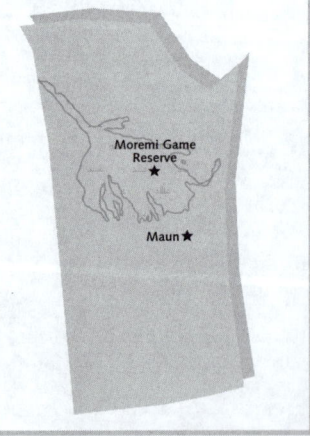

Moremi Game Reserve ★

Maun ★

Okavango-
Delta

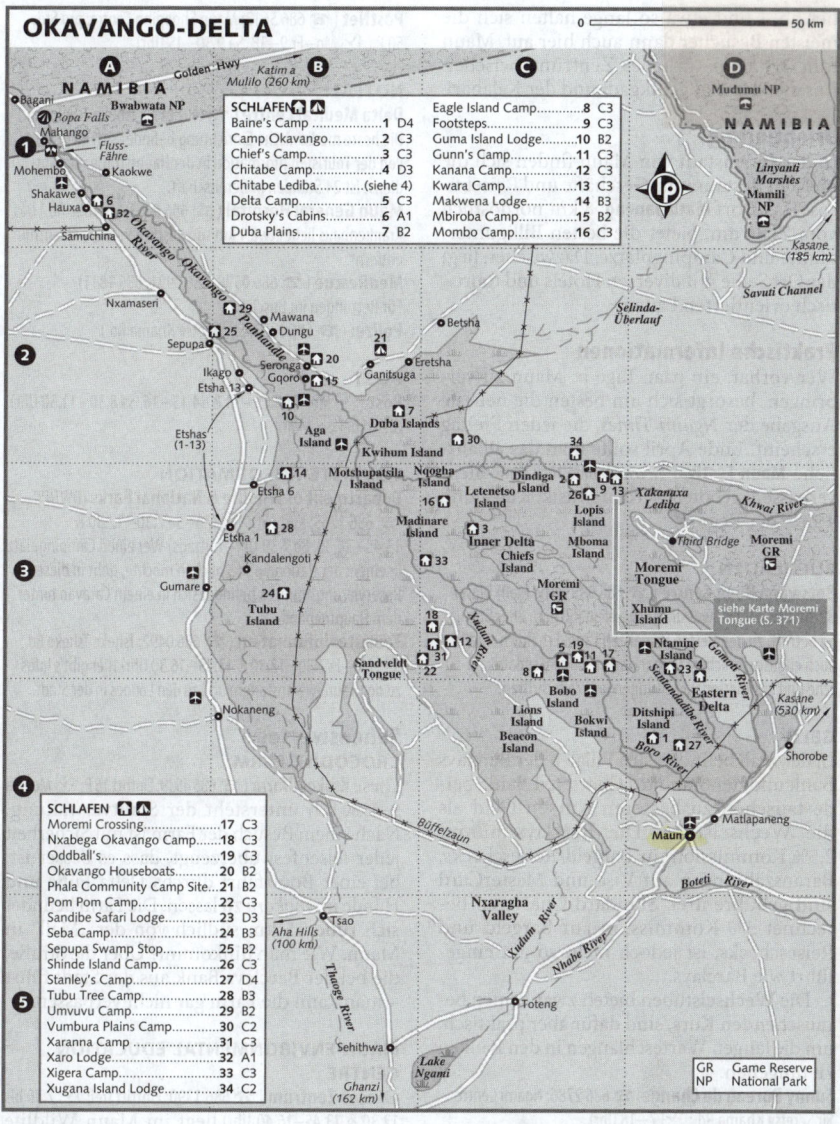

OKAVANGO-DELTA

0   50 km

| GR | Game Reserve |
| NP | National Park |

DAS OKAVANGO-DELTA

MAUN

Maun (gesprochen: ma-ún) ist Botswanas Touristenhochburg Nummer eins und hat sich selbst zum Tor des Okavango-Deltas ernannt. Obwohl der Ort bloß aus ein paar Straßenkreuzungen mit diversen Blockhäusern besteht, zählt Maun dennoch zu den interessanteren Städten Botswanas und lockt ein wirklich verrücktes Volk an – die besagten Buschpiloten, aber auch Touristen aller Couleurs – vom Backpacker bis zum Fan von Luxussafaris, dazu Leute, die hier auf freiwilliger Basis arbeiten. Jedenfalls gibt der Ort für ein oder zwei Tage ein anständiges Standquar-

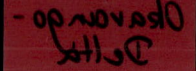

tier ab – und etwa so lange halten sich die meisten Besucher dann auch hier auf. Maun fungiert als natürliches Zentrum zwischen Kasane, der Makgadikgadi und der Kalahari.

Orientierung

In der Innenstadt von Maun finden sich die meisten Restaurants, Geschäfte und Reisebüros. Das Dorf **Matlapaneng**, 8 km nordöstlich vom Zentrum, bietet die besten Billigunterkünfte und Campingplätze. Dazwischen liegt der Ort Sedie mit diversen Hotels und touristisch orientierten Läden.

Praktische Informationen

Wer vorhat, ein paar Tage in Maun zu verbringen, besorgt sich am besten die neueste Ausgabe der *Ngami Times*, die jeden Freitag erscheint. Ende April sollte man das alljährliche **Maun Festival** (www.maunfestival.com) nicht verpassen; geboten werden Musik, Kunst und Tänze der Region.

BUCHLÄDEN

Botswana Book Centre (☎ 686 0853; The Mall) Dieser Buchladen gehört, was die Auswahl an Büchern über Botsuana betrifft, zu den besten im ganzen Land. Erhältlich sind hier auch englischsprachige Romane sowie lokale, südafrikanische und internationale Zeitungen und Zeitschriften.

GELD

In der Mall befinden sich Filialen der Barclays Bank und der Standard Chartered Bank; beide tauschen zu besseren Kursen Geld als die Wechselstube. Die Barclays nimmt 2,5% Kommission für Bargeld/Reiseschecks; Barauszahlungen auf Visa und MasterCard sind gebührenfrei. Standard Chartered berechnet 3% Kommission auf Bargeld und Reiseschecks, ist jedoch nicht so gut eingeführt wie Barclays.

Die Wechselstuben bieten zwar keinen berauschenden Kurs, sind dafür aber praktisch, um die langen Warteschlangen in den Banken zu umgehen.

Sunny Bureau de Change (☎ 686 2786; Ngami Centre, Sir Seretse Khama Rd.; ◷ 7–18 Uhr)

INTERNETZUGANG

Viele Hotels bieten inzwischen Internetzugang.

Afro-Trek I-Café (☎ 686 2574; Shorobe Rd.; pro Std. 50 P) Im Sedia Hotel.

PostNet (☎ 686 5612; Maun Shopping Centre; pro Std. 50 P; ◷ Mo–Fr 9–18, Sa 9.30–15 Uhr)

NOTFALL

Delta Medical Centre (☎ 686 1411; Tsheke Tsheko Rd.) Die beste medizinische Einrichtung befindet sich nicht weit von der Touristeninformation in der Hauptstraße; der Notdienst ist 24 Stunden in Bereitschaft.

Maun General Hospital (☎ 686 0661; Shorobe Rd.) Das Krankenhaus liegt etwa 1 km südwestlich vom Stadtzentrum entfernt.

MedRescue (☎ 680 0598, 686 0991, 686 1831) Für Rettungen im Busch.

Polizei (☎ 686 0223; Sir Seretse Khama Rd.)

POST

Post (◷ Mo–Fr 8.15–13 & 14.15–16, Sa 8.30–11.30 Uhr) Gleich bei der Mall.

TOURISTENINFORMATION

Department of Wildlife & National Parks (DWNP; ☎ 686 1265; Kudu St.; ◷ Mo–Sa 7.30–12.30 & 13.45–16.30, So 7.30 Uhr–mittags) Wer einen Campingplatz in einem der Nationalparks buchen möchte, geht in dieses Reservierungsbüro; es befindet sich in einem Caravan hinter dem Hauptgebäude.

Touristeninformation (☎ 686 0492; Tsheke Tsheko Rd.; ◷ Mo–Fr 7.30–12.30 & 13.45–16.30 Uhr) Hier gibt's Infos zu den Tourenveranstaltern und zu den Lodges in der Stadt.

Sehenswertes

CROCODILE FARM

Diese **Krokodilfarm** (☎ 686 4539; Eintritt 15 P; ◷ Mo–Sa 9–16.30 Uhr) untersteht der Stadtverwaltung. Nach einem Besuch der Farm ist mit Sicherheit jeder felsenfest überzeugt, dass es besser ist, bei einer Bootsfahrt durchs Delta Füße und Hände im *mokoro* zu lassen. Die Farm befindet sich rund 15 km südlich von der „Mall" in Maun. Wie man hinkommt? Über die Straße, die bei der Barclays Bank aus der Stadt führt – man kann die Farm gar nicht verpassen.

MAUN ENVIRONMENTAL EDUCATION CENTRE

Dieses **Zentrum** (☎ 686 1390; Eintritt frei; ◷ 7.30 bis 12.30 & 13.45–16.40 Uhr) liegt im Maun Wildlife Reserve am Ostufer des Thamalakane River und hat es sich zum Ziel gesetzt, Kindern ein Gefühl für Wert und Schönheit der Natur zu vermitteln. Wer also mit Kindern in der Stadt ist, sollte sie für ein oder zwei Stunden vorbeilotsen.

MAUN & MATLAPANENG

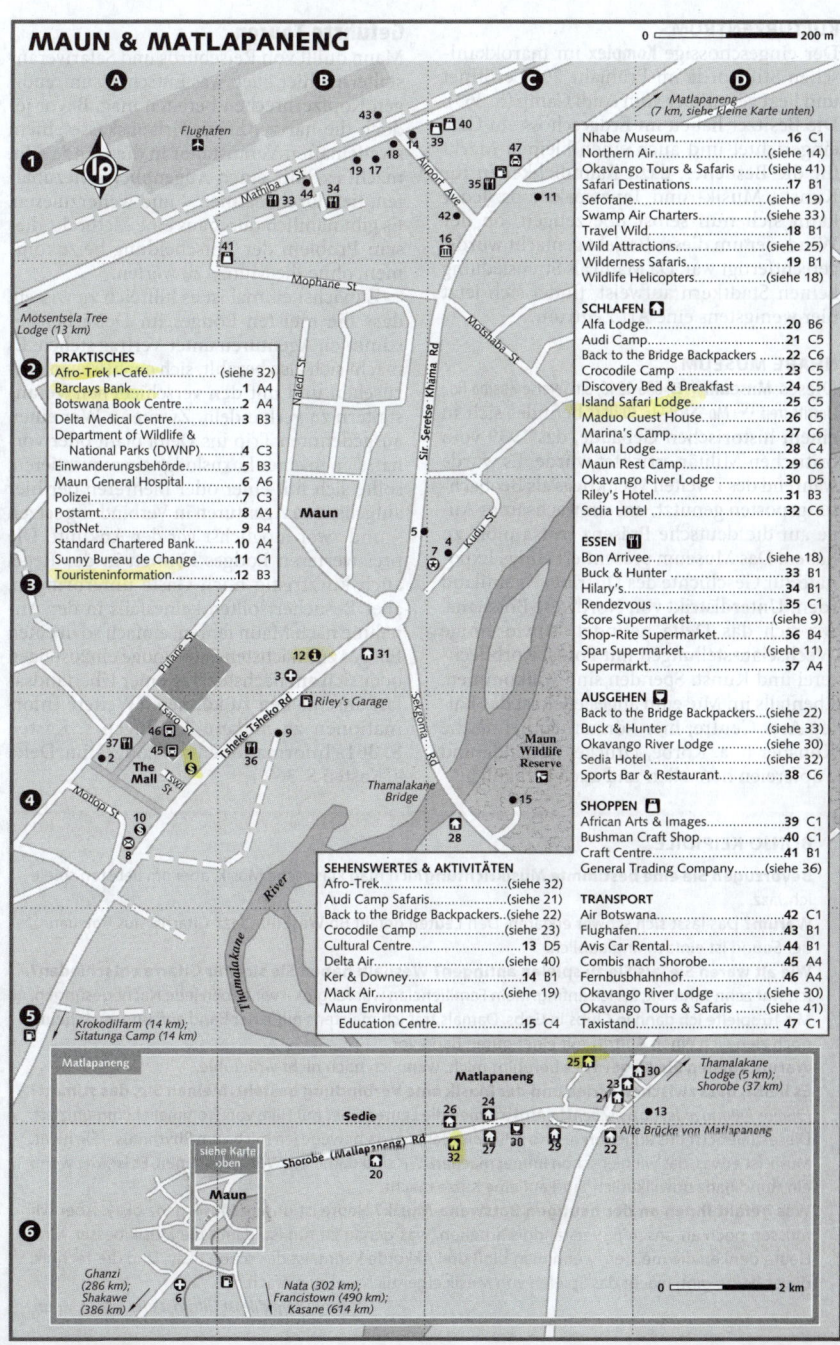

0 ——————— 200 m

Matlapaneng
(7 km, siehe kleine Karte unten)

Nhabe Museum...........................**16** C1
Northern Air..............................(siehe 14)
Okavango Tours & Safaris ....(siehe 41)
Safari Destinations......................**17** B1
Sefofane..................................(siehe 19)
Swamp Air Charters..................(siehe 33)
Travel Wild................................**18** B1
Wild Attractions.........................(siehe 25)
Wilderness Safaris.......................**19** B1
Wildlife Helicopters...................(siehe 18)

PRAKTISCHES
Afro-Trek I-Café.................. (siehe 32)
Barclays Bank.............................**1** A4
Botswana Book Centre................**2** A4
Delta Medical Centre..................**3** B3
Department of Wildlife &
    National Parks (DWNP)........**4** C3
Einwanderungsbehörde.............**5** B3
Maun General Hospital..............**6** A6
Polizei......................................**7** C3
Postamt.....................................**8** A4
PostNet.....................................**9** B4
Standard Chartered Bank.........**10** A4
Sunny Bureau de Change........**11** C1
Touristeninformation................**12** B3

SCHLAFEN
Alfa Lodge................................**20** B6
Audi Camp................................**21** C5
Back to the Bridge Backpackers **22** C6
Crocodile Camp.........................**23** C5
Discovery Bed & Breakfast........**24** C5
Island Safari Lodge....................**25** C5
Maduo Guest House..................**26** C5
Marina's Camp...........................**27** C5
Maun Lodge..............................**28** C4
Maun Rest Camp.......................**29** C6
Okavango River Lodge **30** D5
Riley's Hotel..............................**31** B3
Sedia Hotel...............................**32** C6

ESSEN
Bon Arrivee...............................(siehe 18)
Buck & Hunter **33** B1
Hilary's.....................................**34** B1
Rendezvous...............................**35** C1
Score Supermarket.....................(siehe 9)
Shop-Rite Supermarket..............**36** B4
Spar Supermarket......................(siehe 11)
Supermarkt................................**37** A4

AUSGEHEN
Back to the Bridge Backpackers...(siehe 22)
Buck & Hunter ....(siehe 33)
Okavango River Lodge ....(siehe 30)
Sedia Hotel ....(siehe 32)
Sports Bar & Restaurant.............**38** C6

SHOPPEN
African Arts & Images.................**39** C1
Bushman Craft Shop...................**40** C1
Craft Centre..............................**41** B1
General Trading Company.........(siehe 36)

TRANSPORT
Air Botswana.............................**42** C1
Flughafen..................................**43** B1
Avis Car Rental..........................**44** B1
Combis nach Shorobe................**45** A4
Fernbusbhahnhof.......................**46** A4
Okavango River Lodge ....(siehe 30)
Okavango Tours & Safaris ....(siehe 41)
Taxistand..................................**47** C1

SEHENSWERTES & AKTIVITÄTEN
Afro-Trek..................................(siehe 32)
Audi Camp Safaris....................(siehe 21)
Back to the Bridge Backpackers..(siehe 22)
Crocodile Camp.........................(siehe 23)
Cultural Centre..........................**13** D5
Delta Air...................................(siehe 40)
Ker & Downey............................**14** B1
Mack Air...................................(siehe 19)
Maun Environmental
    Education Centre....................**15** C4

Flughafen

Motsentsela Tree
Lodge (13 km)

Mathiba I St

Mophane St

Naledi St

Maun

Sir Seretse Khama Rd

Matshaba St

Mophane St

Airport Ave

Maun
Wildlife
Reserve

Thamalakane
Bridge

Pulane St

Tsau St

Tsholofelo St

Tsilo St

Tsheko Tsheko Rd

Sekgoma Rd

The
Mall

Mottopi St

Riley's Garage

Thamalakane   River

Krokodilfarm (14 km);
Sitatunga Camp (14 km)

DAS OKAVANGO-DELTA

Matlapaneng

Sedie

Matlapaneng

siehe Karte
oben

Maun

Shorobe (Mallapaneng) Rd

Thamalakane
Lodge (5 km);
Shorobe (37 km)

Alte Brücke von Matlapaneng

Ghanzi
(286 km);
Shakawe
(386 km)

Nata (302 km);
Francistown (490 km);
Kasane (614 km)

0 ——————— 2 km

KULTURZENTRUM

Der eingeschossige **Komplex** im marokkanischen Stil wurde im Frühjahr 2010 eröffnet und liegt gegenüber vom Audi Camp (S. 363). Die Besitzer haben im Erdgeschoss ein Café eingerichtet und auch einen kleinen Markt für die Besucher, dazu Räumlichkeiten für Kunst-, Musik- und Tanzworkshops. Jeder kann sich nun selbst überzeugen, ob der Wind, der um dieses Projekt gemacht wurde, gerechtfertigt war. Da Maun als Streusiedlung keinen Stadtkern aufweist, findet sich jetzt hier wenigstens eine Art Zentrum.

NHABE MUSEUM

Dieses **Museum** (☎ 686 1346; Sir Seretse Khama Rd.; Eintritt frei; ☾ Mo–Sa 9–16.30 Uhr) befindet sich in einem historischen Gebäude, das 1939 vom britischen Militär errichtet wurde. Es wurde während des Zweiten Weltkriegs als Beobachtungsposten genutzt, um ein wachsames Auge auf die deutsche Präsenz in Namibia zu haben. Das Museum präsentiert einige Exponate zur Geschichte des Distrikts Ngamiland (dem Unterdistrikt von Nordwest-Botsuana, wo sich das Delta befindet) sowie einige Wechselausstellungen mit Fotos, Korbflechterei und Kunst. Spenden sind willkommen. Ebenfalls im Museum angesiedelt ist das Bailey Arts Centre; hier können einheimische Künstler u. a. Körbe, Drucke, Gemälde und Töpfereien herstellen und auch verkaufen.

Geführte Touren

Maun quillt von Reisebüros und Safariveranstaltern schier über, was Entschlussunfreudigen Kopfzerbrechen bereiten mag. Bevor jedoch die hartverdiente Urlaubskasse einem zweifelhaften Veranstalter in die Hände fällt, macht es Sinn, einen Augenblick innezuhalten, tief durchzuatmen – und weiterzulesen. Es gibt nämlich durchaus eine Methode, diesem Problem der Entscheidung beizukommen, ohne die Münze zu werfen.

Zunächst einmal ist es hilfreich zu wissen, dass die meisten Lodges im Delta bei bestimmten Agenturen unter Vertrag stehen. Es macht sich also bezahlt, sich ein bisschen umzusehen und mit den verschiedenen Veranstaltern zu verhandeln. Zweitens: Wer einen ausgedehnten Trip ins Delta plant oder vorhat, sich in einer Luxuslodge einzuquartieren, sollte sich mit einer oder mehreren der hier aufgelisteten Agenturen in Verbindung setzen – und zwar möglichst *vor* der Ankunft. Die preiswerteren Lodges können in der Regel auch kurzfristig noch Gäste unterbringen, aber Besucher sollten keinesfalls in der Annahme nach Maun fahren, einfach so in einen Flieger zur nächsten Safarilodge einzusteigen oder sich am nächsten Tag einer Überlandsafari anschließen zu können. (Weitere Informationen zu *mokoro*-Ausflügen s. Kasten S. 361. Informationen zu Lodges im Delta s. Kasten S. 369.)

DAS OKAVANGO-DELTA

BONJO KEIPIDILE

Bevorzugen Sie eine bestimmte Musikrichtung? Ich mag klassische Musik, aber am liebsten spiele ich Jazz.

Warum? Das lässt sich schwer erklären. Den Leuten gefällt Bo West (ein Jazz-Gitarrist aus Botsuana), der Sound ist einfach unglaublich.

Wie alt waren Sie, als Sie zu spielen anfingen? Weshalb haben Sie sich für Gitarre entschieden? Ich war zehn Jahre alt, als ich anfing. Mein Familienclan war religiös – wir haben jede Nacht gesungen. Mit 16 spielte ich dann in Clubs in Gabs. Damals trat ich meistens mit einer Band auf, und auch heute noch ziehe ich einen Auftritt mit einer guten Band vor.

Warum spielen Sie so gern? Es beruhigt mich, wenn ich mich nicht wohlfühle.

Es heißt, dass zwischen Afrika und der Musik eine Verbindung besteht. Meinen Sie, das stimmt? *[Bonjos Freund redet dazwischen]* In Afrika haben die Leute früher mit Hilfe von Trommeln kommuniziert. Dieses Talent ist uns angeboren. Also z. B. beim Tanzen, da bewege ich mich zum Rhythmus – Sie nicht. Musik ist etwas, das wir hier schon immer machen. Wir sind damit zur Welt gekommen. Es ist, wie wenn ein Hund ganz unwillkürlich Jagd auf eine Katze macht.

Was gefällt Ihnen an der heutigen Batswana-Musik? Heute ist unsere Musik ganz okay. Aber wir müssen noch an unserem Verständnis arbeiten, was genau zu tun ist, damit die Musik besser wird. Heute denken die meisten, wenn man bloß drei Akkorde kennt, ist das schon okay. Und die Technik, die es heute gibt, macht das Spielen von Musik eigentlich viel zu einfach.

Bonjo Keipidile ist Gitarrist und lebt in Maun.

MOKORO-AUSFLÜGE

Eine der besten und billigsten Möglichkeiten, das Okavango-Delta kennenzulernen, ist ein Ausflug in einem *mokoro* (Plural: *mekoro*). Es handelt sich bei diesen Booten um Einbäume mit wenig Tiefgang, die traditionell aus einem Ebenholz- oder Leberwurstbaumstamm gehauen werden. Auf Betreiben diverser internationaler Umweltschutzgruppen bauen die Batswana die Kanus mittlerweile aus Fiberglas, denn Ebenholz- und Leberwurstbäume brauchen über 100 Jahre zum Wachsen, während ein *Mokoro* gerade einmal fünf Jahre lang hält.

Ein *mokoro* macht auf den ersten Blick einen recht wackeligen Eindruck, ist aber erstaunlich stabil und eignet sich ideal, um im seichten Wasser des Deltas herumzuschippern. Platz finden zwei Fahrgäste plus etwas Gepäck. Das Boot wird von einem sogenannten Poler gestakt, der mit seinem *ngashi*, einem langen Stab aus dem Holz des *mogonono*-Baums, hinten im Kanu steht.

Die meisten Poler sprechen zumindest ein bisschen Englisch, können Pflanzen, Vögel und Tiere bestimmen und auch die Kultur und Mythen der Deltabewohner näherbringen. Leider sind sie oft sehr zurückhaltend, sodass die Fahrgäste häufig nachfragen müssen, um Auskünfte zu erhalten.

Und eines muss auch noch gesagt werden: Übermäßig viele Tiere bekommt man auf so einem Ausflug nicht zu Gesicht. Vom Mokoro aus sind mit Sicherheit Flusspferde und Krokodile zu sehen, und auch Antilopen und Elefanten lassen sich häufig blicken. Der eigentliche Reiz besteht jedoch in der friedlichen Szenerie. Wer hauptsächlich an Tierbeobachtung interessiert ist, sollte lieber eine Nacht oder zwei im Moremi Game Reserve (S. 371) verbringen.

Ein Tagesausflug von Maun ins östliche Delta schließt eine Rundfahrt von zwei oder drei Stunden in einem Geländewagen, einen Trip mit dem Mokoro von zwei oder drei Stunden (bei mehrtägigen Ausflügen länger) und eine ein- bis zweistündige Wanderung ein. Interessierte sollten den Poler vor der Abfahrt fragen, was genau er auf seinem Mokoro-Trip vorhat, und sich mit ihm über die Zeitdauer absprechen, die man im Moroko, beim Wandern oder am Campingplatz verbringen möchte. Und immer bedenken, dass das Steuern eines *Mokoro* ein anstrengender Job ist.

Bei der Preisgestaltung ist das Catering ein wichtiger Aspekt. „Self-catering" bedeutet, dass die Ausflugteilnehmer ihr Essen sowie Koch-, Schlaf- und Campingsachen selbst mitbringen. Auf diese Weise lässt sich zwar einiges an Ausgaben einsparen, aber die meisten Backpacker ziehen doch Ausflüge vor, bei denen alles inbegriffen ist. Der Preis verbilligt sich, wenn man als Gruppe bucht oder eine mehrtägige Tour plant. Preisgünstiger wird es auch, wenn der Ausflug ins Delta in die Regenzeit fällt; dann muss man sich allerdings auf einen Kampf mit den Elementen einstellen – und den Mücken obendrein. Es lohnt sich jedenfalls, sich umzusehen, zu verhandeln und den Ausflug wirklich erst dann zu buchen, wenn er den eigenen Vorstellungen voll und ganz entspricht.

Leider werden manche Poler nicht mit einem angemessenen Prozentsatz vom Preis entlohnt, den die Reisebüros in Maun verlangen; und ohne Büro in der Stadt und Internetanschluss sind die Poler nicht wettbewerbsfähig. Mehrere Dörfer am Okavango Panhandle haben mittlerweile jedoch touristische Unternehmen mit Campingplätzen und Mokoro-Ausflügen unter Kommunalverwaltung eingerichtet. Hier liegen nicht nur die Preise unter den sonst üblichen, sondern – was wichtiger ist – der Profit kommt auch unmittelbar den Gemeinden zugute. Weitere Informationen siehe Kasten S. 377.

Und noch einige wichtige Hinweise:

- Bei der Buchung nachfragen, ob auch Essen für den Poler mitzubringen ist (meist ist dies nicht der Fall, wenngleich die Poler alle Reste dankbar annehmen).

- Für die Wanderungen feste Wanderschuhe und lange Hosen mitbringen, außerdem einen Hut, jede Menge Sonnenschutzmittel und reichlich Trinkwasser.

- Das Wasser im Delta ist – trotz der unguten Farbe – trinkbar, wenn es abgekocht und entkeimt wird.

- Die meisten Campingplätze liegen in der freien Natur, deshalb allen Müll mitnehmen und Toilettenpapier verbrennen.

- Von Mai bis September für die Abende etwas Warmes zum Anziehen einstecken.

- Tiere in freier Wildbahn können gefährlich sein, deshalb nirgendwo schwimmen, ohne den Poler vorher zu fragen.

DAS OKAVANGO-DELTA

Von Maun aus lassen sich problemlos Touren in andere Landesteile von Botsuana buchen, vor allem zum Chobe National Park, in die Tsodilo Hills und zum Central Kalahari Game Reserve. Diese Exkursionen bilden oft auch den Abschluss einer Tour durchs Delta. Maun ist außerdem ein günstiges Standquartier für Überlandsafaris nach Kasane via den Chobe National Park (S. 366).

Ein guter Start auf der Suche nach dem passenden Reisebüro ist **Travel Wild** (☎ 686 0822; www.travelwildbotswana.com; Mathiba I St.) gegenüber vom Flughafen. Es fungiert als zentrales Buchungs- und Informationsbüro für Lodges, Safaris und andere Abenteuer.

Safari Destinations (☎ 686 0822/3; travelwild@dynabyte.bw; Mathiba I St.) dient als gute Infoquelle in Sachen Agenturen. Es besteht auch die Möglichkeit, direkt zu buchen, aber vor allem sind hier die guten Kontakte zu sämtlichen Safarianbietern hilfreich.

Außerdem sind folgende Reisebüros empfehlenswert:

African Animal Adventures (☎ 7230 1054; www.africananimaladventures.com) Ein überaus empfehlenswerter Veranstalter, der Safaris zu Pferd ins Delta, aber auch zu den Salzpfannen im Nordwesten anbietet. Es ist möglich, telefonisch, per E-Mail oder über das Back to the Bridge Backpackers oder die Gweta Lodge (S. 341) zu buchen.

African Excursions (africanexcursions@botsnet.bw) Unabhängiger Tourenveranstalter mit guten, kulturell orientierten Exkursionen durch Maun mit Tanz, Kunsthandwerksmarkt und einer traditionellen Mahlzeit zu insgesamt 300 P.

Afro-Trek (☎ 686 2574; www.afrotrek.com; Shorobe Rd.) Dieses Unternehmen hat sich auf Safaris in der mittleren Preiskategorie spezialisiert und hat seinen Schalter im Sedia Hotel (S. 363).

Audi Camp Safaris (☎ 686 0599; www.okavangcamp.com; Shorobe Rd.) Der Veranstalter ist aus dem beliebten Audi Camp (S. 363) hervorgegangen.

Back to the Bridge Backpackers (☎ 686 2406; www.maun-backpackers.com; Shorobe Rd.) Das Budgetunternehmen wird von Back to the Bridge Backpackers gemanagt.

Crocodile Camp Safaris (☎ 686 0222; www.crocodilecamp.com; Shorobe Rd.) Dieses preiswerte Unternehmen befindet sich im Crocodile Camp.

Ker & Downey (☎ 686 0570; www.kerdowney.com; Mathiba I St.) Einer der exklusivsten Veranstalter in Botsuana überhaupt.

Okavango River Lodge (☎ 686 0298/3707; www.okavango-river-lodge.com; Shorobe Rd.) Das Unternehmen ist aus der ebenfalls Okavango River Lodge genannten Unterkunftsanlage hervorgegangen.

Okavango Tours & Safaris (☎ 686 0220; www.okavango.bw; Mophane St.) Der etablierte Power-Station-Komplex hat sich auf gehobene Touren mit Lodgeunterbringung spezialisiert.

Wild Attractions (☎ 686 0300; www.africansecrets.net/wa_home.html; Mathiba I St.) Das hervorragende Unternehmen ist als Touranbieter aus der Island Safari Lodge (S. 363) hervorgegangen.

Wild Lands Safaris (☎ 686 1008; www.wildlandsafaris.com) Ein zuverlässiger Veranstalter mit nachweislich guter Kundenbetreuung.

Wilderness Safaris (☎ in Südafrika 27-11 807 1800; www.wilderness-safaris.com; Mathiba I St.) Das Unternehmen in der Nähe des Flughafens bietet vor allem Safaris im oberen Preissegment an.

RUNDFLÜGE

Wer einen Rundflug über Okavango unternehmen möchte, kann sich mit einer der unten aufgeführten Charterfirmen in Verbindung setzen oder sich einfach an der Rezeption seiner Unterkunft erkundigen. Auf jeden Fall ist eine gewisse Vorausplanung nötig, wenn man partout fliegen will, und es ist sehr unwahrscheinlich, gleich für denselben Tag ein Flugzeug zu bekommen.

Die Büros aller Charterunternehmen in Maun befinden sich im oder beim Flughafen. Die Preise hängen von der Größe des Flugzeugs und der Anzahl der Passagiere ab, Interessierte sollten sich auf rund 100 bis 200 US$ pro Stunde gefasst machen.

Delta Air (☎ 686 0044; synergy@info.bw; Mathiba I St.) Nicht weit vom Bushman Craft Shop.

Mack Air (☎ 686 0675; www.mackair.co.bw; Mathiba I St.) Gleich um die Ecke von Wilderness Safaris.

Moremi Air Services (☎ 686 3632; www.moremiair.com) Im Flughafenterminal.

Northern Air (☎ 686 0385; http://kerdowney.bw/northern_air.html; Mathiba I St.) Gehört mit zum Büro Ker & Downey.

Sefofane (☎ 686 0778; www.sefofane.com) Gehört zu Wilderness Safaris.

Swamp Air Charters (☎ 686 0569; gunnscamp@info.bw; Mathiba I St.) Nicht weit vom Pub Buck & Hunter.

Wildlife Helicopters (☎ 686 0664; wildheli@info.bw; Mathiba I St.) Der einzige Veranstalter in Maun, der Hubschrauberflüge anbietet.

Schlafen

Alle hier aufgelisteten Campingplätze, Hotels und Lodges – mit Ausnahme vom Riley's – befinden sich entweder in Sedie oder in Matlapaneng. Ein dicker Pluspunkt von Matlapaneng ist, dass die Camps und Lodges dort in Ruhe und Abgeschiedenheit in schöner Lage am Thamalakane River liegen. Von Nachteil ist, dass die Entfernung bis zur Stadtmitte von Maun 10 km beträgt. Die meisten Unterkünfte sind jedoch mit öffentlichen Verkehrsmitteln erreichbar, außerdem übernehmen alle Quartiere täglich den Transfer nach/von Maun, in der Regel gegen ein geringes Entgelt. Sämtliche hier aufgeführten Campingplätze, Hotels und Lodges verfügen auch über ein anständiges Restaurant sowie über eine Bar.

BUDGETUNTERKÜNFTE

Campingplätze stehen auch im Sedia Hotel zur Verfügung.

Okavango River Lodge (☎ 686 3707/0298; www. okavango-river-lodge.com; Matlapaneng; Camping pro Pers. 3 US$, EZ/DZ-Chalets 35/40 US$) Die insgesamt wenig einfallsreiche Lodge gleich bei der Shorobe Road liegt hübsch am Fluss. Die Besitzer sind nett, locker und stolz, wenn sie Backpackern nützlich – und objektive – Informationen zu Trips ins Delta geben können. Im Umkreis dieser Lodge und des Bridge Backpackers spielt sich hier in Maun größtenteils das auf Touristen und Nachtschwärmer ausgerichtete Leben ab. Und dann darf natürlich auch der tolle Name, den sich die Besitzer für ihr Boot haben einfallen lassen, nicht unerwähnt bleiben: Sir Rosis of the River.

Back to the Bridge Backpackers (☎ 686 2037; hellish@info.bw; Hippo Pools, Old Matlapaneng Bridge; Camping pro Pers. 30 P, EZ/DZ-Zelte pro Pers. 120/90 P, EZ 80 P; ▢ ☎) Das „Bridge", wie diese Lodge hier kurz und bündig genannt wird, verfügt über eine irre Bar, in der man sich irgendwie wie am Ende der Welt fühlt. Buschpiloten und Backpacker kommen miteinander ins Gespräch, die Hunde spielen mit den Kindern, und die üblichen angetrunkenen Stammgäste sogen dafür, dass der Laden immer knackig voll ist. Es werden hier diverse empfehlenswerte *mokoro*-Ausflüge und dergleichen angeboten, und ganz allgemein trifft das Bridge den Nerv von Backpackern recht gut. Von der Shorobe Road aus gibt es ab der Old Matlapaneng Bridge eine Beschilderung zur Lodge.

Crocodile Camp (☎ 686 0265; www.crocodilecamp. com; Matlapaneng; Camping pro Pers. 40 P, Zelte ab 140 P, Chalets ab 300 P; ☎) Das sogenannte „Croc Camp" liegt an einem herrlichen Flecken Erde direkt am Fluss und ist eine ruhigere Alternative für Leute, die vor ihrer Safari nicht erst ein paar Sambuca brauchen – was allerdings nicht heißen soll, dass es hier keinen Sambuca gäbe. Der Campingplatz bei der Shorobe Road kann mit einer wahren Seltenheit, nämlich Gras

aufwarten. Wer gern einen Tick Safarischick hätte, ist mit einem der bereits aufgebauten Segeltuchzelte gut bedient. Außerdem gibt's noch einige strohgedeckte Chalets am Fluss – sogar mit eigenem Bad.

Audi Camp (☎ 686 0599; www.okavangocamp.com; Matlapaneng; Camping pro Pers. ab 45 P, EZ/DZ-Zelte ab 240/300 P; ▢ ☎) Dieses Camp bei der Shorobe Road ist einfach super und wird vor allem bei Familien immer beliebter. Aber auch Backpacker, die auf eigene Faust durchs Land streifen, fühlen sich hier gut aufgehoben. Das Management ist freundlich und sehr hilfsbereit, und die Palette an Safari-Aktivitäten ist breit. Im Restaurant gibt's zudem ein stinknormales Steak. Wer kein eigenes Zelt hat, findet in den bereits aufgebauten Zelten mit Ventilator eine rustikal-luxuriöse Bleibe.

Maun Rest Camp (☎ 686 2623; simonjoyce@info.bw; Shorobe Rd., Matlapaneng; Camping pro Pers. ab 45 P, Zelte ab 300 P) Dieses Camp bei der Shorobe Road hat keinerlei Schnickschnack, ist aber makellos und rühmt sich der angeblich „saubersten Sanitäranlagen in ganz Maun". Die Besitzer sind stolz, dass bei ihnen Partyvolk und Brummifahrer keinen Platz haben. Die Gäste können sich also auf einen ruhigen, ungestörten Nachtschlaf freuen.

Discovery Bed & Breakfast (☎ 680 0627; www. discoverybedandbreakfast.com; Matlapaneng; EZ/DZ ab 200/300 P; ☎) Das Discovery hat sich echt was einfallen lassen und mitten in Maun so eine Art traditionelles Dorf (für Touristen) mit afrikanischem Flair geschaffen. Die strohgedeckten traditionellen runden Häuser im Stil von Rondavels wirken von außen recht rustikal, sind innen aber so schick wie ein nettes Hotel. Ein hübscher Garten erstreckt sich zwischen den staubigen Parzellen, und dann lockt da noch eine Feuerstelle, an der sich alle treffen, um den anderen Backpackern ihre Safarigeschichten zu erzählen.

Island Safari Lodge (☎ 686 0300; www.africansecrets. net; Matlapaneng; Camping pro Pers. 40 P, EZ/DZ Chalets 350/500 P) Die Island Safari Lodge, eine der Originallodges in Maun, zählt noch immer zu den besten Adressen. Sie führt professionell diverse etablierte Safaris durch; die Rondavels im afrikanischen Stil sind reizend und gemütlich, und von der Veranda aus können Gäste an einem faulen Okawango-Nachmittag zuschauen, wie der Fluss dahinfließt. Die Campingplätze sind auch nicht so übel.

Marina's Camp (☎ 680 1231; www.marinascamp.com; Matlapaneng; EZ/DZ ab 399/572 P; ☎) Das Sammelsurium von Hütten und Häusern im afrikanischen Stil hat ein bisschen Bohème-Flair. Die Unterkünfte sind durch Pfade miteinander verbunden und gruppieren sich um eine beliebte kleine Bar. Alle Zimmer sind sauber und gemütlich, und das Management ist nett und hilfsbereit, wenn es um die Buchung von Exkursionen geht.

MITTEL- & SPITZENKLASSEHOTELS

Alle in dieser Aufstellung genannten Hotels – mit Ausnahme vom Alfa und dem Maduo – bieten Zimmer mit Kabel-TV, eigenem Bad und Klimaanlage.

Sedia Hotel (☎ 686 0177; www.sedia-hotel.com; Shorobe Rd., Sedie; Camping pro Pers. 20 P, EZ/DZ 600/675 P, Chalets ab 850 P; ✖ ▣) Wem der Sinn nach modernem Komfort steht, ist mit dem Sedia Hotel gut beraten. Diese Anlage im Stil eines Resorts bietet eine Bar im Freien, ein kontinental angehauchtes Restaurant sowie einen gigantischen Pool. Die Gäste haben die Wahl zwischen mehreren Zimmern und Chalets für Selbstversorger, können aber auch einfach ihr Zelt aufschlagen und dann sämtliche Hoteleinrichtungen nutzen.

Alfa Lodge (☎ 686 4689; Shorobe Rd., Sedie; EZ/DZ 200/337 P; ▣) Es geht das Gerücht um, dass Wissenschaftler aus Schottland das Alfa aus der DNA des Maduo Guest House (s. unten) geklont haben, denn die beiden sind sich mit Ausnahme des Preises recht ähnlich.

Maduo Guest House (☎ 686 0846; Shorobe Rd, Sedie; Zi. ab 398 P; ▣) Das Maduo bietet kaum mehr als ein paar Betonklötze mit Zimmern im Stil eines Motels; aber es ist sauber, gemütlich und ziemlich langweilig. Das Gästehaus zielt vor allem auf einheimische Urlauber ab. Nach westlichen Kriterien fehlt es an Flair, aber für Maun wird dennoch viel fürs Geld geboten. Wer gern in einem Zimmer mit TV wohnt oder eine Aversion gegen das Zelten hat, ist hier gut aufgehoben. In diesem Fall stellt sich dann allerdings die Frage, weshalb man überhaupt Botsuana als Reiseziel gewählt hat.

Riley's Hotel (☎ 686 0204; Tsheke Tsheko Rd.; EZ/DZ 675/760 P, Chalets ab 570 P; ✖ ▣) Das Riley's ist das einzige Hotel bzw. die einzige Lodge in der Innenstadt von Maun. Geboten werden komfortable Zimmer in einem angenehm ruhigen Ambiente. Seit der Umgestaltung des Grundstücks hat das Hotel auch mehr Charakter und bietet mehr für's Geld. Es ist bei einheimischen Geschäftsleuten und Politikern sehr beliebt. Wer allerdings eine Lodge samt Abenteuerwildnis sucht, sollte sich lieber woanders einquartieren.

Maun Lodge (☎ 686 3939; www.maunlodge.com; Sekgoma Rd.; Zi. ab 99 US$, Chalets ab 86 US$; ✖ ▣) Diese Lodge im oberen Preissegment liegt nur ein Stückchen südlich vom Stadtzentrum und kann mit jeglichem Luxus dienen, der bei diesem Preis allerdings auch zu erwarten ist. Auf jeden Fall ist die Lodge komfortabel, wenngleich es ihr an Charakter und Flair fehlt – vor allem, wenn sie mit einer Luxuslodge im Delta verglichen wird.

Thamalakane Lodge (☎ 686 4313, 7250 6184; thamalakanelodge@ngami.net; Shorobe Rd.; 950 P; ✖ ▣ ▣) Die Lodge liegt herrlich in einer von der Sonne durchfluteten Biegung des Thamalakane River mit Blick auf Flusspferde und wogendes Schilf, und so gewinnt das Thamalakane jeden Preis in Sachen Lage, Lage und noch einmal Lage. Aber es gibt hier auch wirklich wunderhübsche kleine Chalets, die mit vielen modernen Annehmlichkeiten ausgestattet und in erdigen Farbtönen der Savanne gestaltet sind. Aus der Küche kommt hier zweifellos das beste Essen in ganz Maun.

Motsentsela Tree Lodge (☎ 680 0757; treelodge@ netspread.co.bw; Zi. ab 220 US$; ✖ ▣ ▣) Diese Privatfarm mit Reservat, rund 13 km westlich vom Flughafen, ist eine schöne Luxusherberge, die es bereits auf eine ansehnliche Zahl von Stammgästen bringt. Und diese Leute kommen vermutlich wieder, weil sie von der hier ansässigen Giraffe, dem Kudu und dem Strauß so beeindruckt sind, aber auch von den wunderschönen Privatvillen und der unglaublichen Ruhe und Stille fernab vom Trubel Mauns (momentan noch zumindest). Wer reservieren will, setzt sich direkt mit der Lodge in Verbindung; bei der Gelegenheit lässt sich auch gleich der Transfer arrangieren, oder man bekommt zumindest eine genaue Wegbeschreibung.

Essen

Neben den unten aufgeführten Restaurants gibt es in Maun auch noch Filialen jeder erdenklichen Fast-Food-Kette im südlichen Afrika, dazu diverse gut sortierte Supermärkte, so z. B. der Score Supermarket im Maun Shopping Centre, jeweils ein Supermarket im Mokoro Shopping und im Ngami Centre sowie Shop-Rite in der Tsheke Tsheko Road.

Hilary's (☎ 686 1610; Mahlzeiten ab 40 P; ☉ Mo–Fr 8–16, Sa 8.30–12 Uhr) Das anheimelnde Lokal gleich bei der Mathiba I Street bietet bodenständige Kost wie selbst gebackenes Brot, Ofenkartoffeln, Suppen und Sandwiches. Es ist für Vegetarier ideal und für alle, die fettige Würste und schmierige Pommes nicht mehr sehen können.

Bon Arrivee (☎ 680 0330; Mathiba I St.; Mahlzeiten 35–80 P) Das Lokal, das wie ein Flughafen gestaltet ist, trägt dick auf mit Piloten- und Cockpitwitzen. Und natürlich liegt das Bon Arrivee auch direkt gegenüber vom Flughafen. Das Essen ist gut – jede Menge Pasta, Steaks und Meeresfrüchte. Aber eine Stunde vor Abflug sollten Gäste lieber nichts mehr bestellen, denn von flotter Bedienung kann keine Rede sein.

Buck & Hunter (☎ 680 1001; Mathiba I St; Gerichte 40–80 P) Früher war der nördliche Außenposten vom Bull & Bush in Gaborone einmal ein ganz schön wilder Schuppen, heute geht es hier dank strengerer Kontrolle des Alkoholkonsums ein bisschen gesetzter zu. Aber dennoch ist das Buck & Hunter bei Expats und Einheimischen weiterhin recht beliebt. Auf alle Fälle ist das Bier kalt, und die Steaks sind dick – also nichts wie hin.

Rendezvous (☎ 7287 6183; Engen Complex; Gerichte im Café 35–65 P, im Restaurant 50–100 P) Das Rendezvous ist zweigeteilt: Im Café gibt's leckere Pizza, Baguettes und anderes Essen dieser Art und – dank den Göttern der Technik – auch zuverlässiges WLAN. Im zugehörigen Restaurant kommen mit größerer Hingabe zubereitete Speisen bei Kerzenschein auf den Tisch – alles sehr lecker und etwas für Gäste, die ein bisschen Zivilisation mit weißen Leinenservietten vertragen können.

Ausgehen

Jede der oben aufgeführten Lodges hat eine eigene Bar, aber während der Recherchen zu diesem Reiseführer gab es eigentlich nur zwei Lokale mit anständiger Partystimmung: das Back to the Bridge Backpackers und die Okavango River Lodge.

Im Sedia Hotel findet sich ein englisch angehauchtes Pub am Pool, das in der Regel immer knallvoll mit Deutschen ist. Natürlich finden sich hier auch diverse Shebeen (illegale Kneipen ohne Konzession), in denen an Batswana einheimisches Sorghum-Bier ausgeschenkt wird. Das Personal der Hotels oder Lodges kennt den Weg zu diesen Spelunken ohne Ausschankgenehmigung. Das Buck & Hunter und die **Sports Bar & Restaurant** (Shorobe Rd., Sedie), in

der Nähe vom Crocodile Camp, bieten sich ebenfalls für ein bis zehn Bierchen an.

Shoppen

Craft Centre (☎ 686 3391; Mophane St) Der nette Laden im Power-Station-Komplex bietet Keramik, Gemälde und handgemachte Papierwaren (aus Elefantendung!), außerdem finden regelmäßig Volkskunst-Ausstellungen statt.

General Trading Company (☎ 686 0025; Tsheko Tsheko Rd) In dem großen malvenfarbenen Gebäude neben dem Shop-Rite-Supermarkt kann sich das Angebot an edler Safariausrüstung, Büchern, Videos und Schmuck, Keramik, Trommeln und Körben aus heimischer Produktion sehen lassen.

Bushman Craft Shop (☎ 686 0220; Mathiba I St) Das kleine Geschäft in der Nähe des Flughafenterminals ist vor allem für Reisende gedacht, die auf den letzten Drücker noch ein Andenken erstehen wollen. Aber das Angebot an Büchern, Videos und Holzschnitzereien ist auch sonst gut.

African Arts & Images (☎ 686 3584; Mathiba I St) Neben dem Bushman Craft Shop an der Straße zum Flughafenterminal bietet dieses relativ teure Geschäft eine beeindruckende Auswahl an Büchern über Botsuana, Fotoreproduktionen vom Delta und heimische Keramik.

An- & Weiterreise

AUTO & MOTORRAD

Die direkte Route von Kasane nach Maun ist in der Trockenzeit nur mit einem Geländewagen befahrbar und bei heftigen Regenfällen, wenn überhaupt, nur mit einem großen, modernen Geländewagen passierbar. Unterwegs gibt es keinerlei Möglichkeit, zu tanken, Proviant zu kaufen oder bei einer Panne das Auto reparieren zu lassen. Weitere Informationen siehe Kasten S. 347. Fahrzeuge ohne Allradantrieb müssen die Straße von Maun nach Kasane über Nata nehmen.

BUSSE & COMBIS

Das Terminal für Überlandbusse und Combis (Minibusse) befindet sich in der Tsaro Street. Es fährt von 6.30 Uhr bis 16.30 Uhr mindestens ein Bus stündlich nach Francistown (55–60 P, 5 Std.) via Gweta (35 P, 4 Std.) und Nata (45 P, 5 Std.). Combis verkehren ebenfalls nach Kasane (60 P, 6 Std.); sie fahren los, sobald sie voll sind. Wer nach Gaborone will, muss entweder in Ghanzi oder in Francistown umsteigen.

ENTDECKUNGSTOUR DURCH DAS OKAVANGO-DELTA

Das Okavango-Delta, das sich wie eine geöffnete Handfläche über den Nordwesten Botswanas erstreckt, ist ein komplexes, einzigartiges Ökosystem – und natürlich die Touristenattraktion schlechthin. Die enorme Größe dieser Region schreckt viele Reisende ab, die auf eigene Faust unterwegs sind, aber eigentlich ist es gar nicht so schwierig, eine Entdeckungstour durch dieses Gebiet zu planen, denn schließlich besteht das Delta aus vier voneinander unabhängigen Arealen.

■ Östliches Delta: Dieser Teil des Deltas lässt sich von Maun aus erheblich leichter und somit auch preiswerter erreichen als das Binnendelta oder das Moremi Game Reserve. Wer Maun als Standort wählt, kann von dort aus einen Tagesausflug mit einem *mokoro* unternehmen oder auch eine Zweitagestour mit Übernachtung in einem Buschcamp ins Auge fassen – das alles kostet viel weniger als ein Aufenthalt (samt Anfahrt) in einer Lodge im Binnendelta oder im Moremi.

■ Binnendelta: Das Gebiet westlich, nördlich und südlich des Moremi begeistert wegen seiner klassischen Deltaszenerie. Besucher können sich dort vom Zauber der Region verführen lassen. Die Unterbringung erfolgt in Lodges der Spitzenklasse, die sich allerdings fast alle nur mit teuren Charterflügen erreichen lassen.

■ Moremi Game Reserve: Zu dieser Region gehören Chiefs Island und die Moremi Tongue, also zwei Orte, die zu den beliebtesten Destinationen im Delta gehören. Das Moremi Game Reserve steht als einziges Areal im Delta unter Naturschutz und kann deshalb mit Tieren in Hülle und Fülle aufwarten. Die Eintrittsgebühr in den Park ist allerdings täglich zu entrichten. Im Moremi finden sich einige Campingplätze, die dem DWNP unterstehen, aber auch mehrere wirklich dekadente Lodges mit Preisen, dass einem schier der Mund offen stehen bleibt. Weitere Informationen zu Öffnungszeiten, Eintrittsgebühren und Camping finden sich im Kapitel Nationalparks, S. 27. Das Moremi Game Reserve ist von Maun oder Chobe aus mit einem normalen Pkw oder mit einem Charterflug zu erreichen.

Nach Ghanzi (35–40 P, 5 Std.) fahren die Busse über D'kar (28–32 P, 3½ Std.) um etwa 7.30 Uhr und 10.30 Uhr ab; den aktuellen Fahrplan gibt es in der Touristeninformation oder im Bahnhof. Nach Shakawe (70 P, 10 Std.) gehen fünf oder sechs Busse am Tag zwischen 7.30 Uhr und 15.30 Uhr; sie halten in Gunmare und Etsha 6. Combis nach Shorobe (3 P, 1 Std.) fahren, sobald sie voll sind, ein Stück oberhalb vom Busbahnhof ab.

Weitere Informationen zu öffentlichen Bussen und mehr touristenorientierte Minibus-Shuttles von Maun nach Namibia, Sambia und Simbabwe finden sich auf S. 416.

FLUGZEUG
Air Botswana (☎ 686 0391; Airport Ave.) fliegt täglich in die Hauptstadt Gaborone (1057 P) oder nach Kasane (zum Chobe; 682 P). Informationen zum Chartern von Flugzeugen in Maun siehe S. 422. Einzelheiten zu internationalen Flügen von Maun nach Johannesburg (Südafrika), zu den Victoria Falls (Simbabwe) und nach Livingstone (Sambia) s. S. 422.

GELÄNDEWAGENSAFARI
Außer mit dem eigenen Allrad-Gefährt oder einem Mietjeep bietet sich als einzige Möglichkeit, den Chobe National Park zu durchqueren und die direkte Straße zwischen Maun und Kasane zu befahren, eine „mobile Safari" mit einem Geländewagen an – eine tolle Methode, die Hauptattraktionen Botsuanas zu bereisen und jede Menge Wildtiere zu sehen. Solche Safaris sind allerdings teuer und in der Regenzeit – von Januar bis März – auch durchaus strapaziös. Weitere Informationen halten die auf S. 362 gelisteten Tourenveranstalter bereit.

TRAMPEN
Backpacker, die in Richtung Osten wollen, postieren sich am besten am Ema Reje Restaurant an der Straße nach Nata; wer nach Ghanzi möchte, probiert's vor dem Sitatunga Camp. Das Trampen kann sich zwischen Maun und Kasane, via den Chobe National Park, schwierig gestalten, denn die Autofahrer müssen ihre Benzin- und Essensvorräte im

■ **Okavango Panhandle:** Dieser sumpfige Ausläufer des Binnendeltas erstreckt sich in Richtung Nordwesten bis zur Grenze nach Namibia und weist in dieser Region die dichteste Besiedelung auf. Ein klassisches Deltaerlebnis hat diese Gegend zwar nicht zu bieten, sie erfreut sich aber dennoch zunehmender Beliebtheit, denn sie lässt sich mit öffentlichen Verkehrsmitteln oder auch mit einem normalen Pkw ohne Probleme erreichen. Da das Areal nicht der Kontrolle einer Lodge oder des DWNP untersteht, haben diverse Dörfer hier gut erreichbare Campingplätze eingerichtet und bieten auch schöne und erschwingliche *mokoro*-Ausflüge sowie Exkursionen zum Angeln an.

Wer eine Expedition mit dem Geländewagen durch den Park plant, muss völlig autark sein, denn Benzin und Proviant sind ausschließlich in Kasane und Maun erhältlich. Zum absoluten Ausrüstungsminimum gehören eine anständige Landkarte (z. B. *Shell Map of the Okavango Delta*), ein Kompass (oder besser ein Navigationssystem), jede Menge gesunder Menschenverstand, viel Selbstvertrauen und Erfahrung im Umgang mit einem Geländewagen. Die Pisten sind oft extrem morastig und die Trails bei Regen – und auch nach Niederschlägen – unterspült.

Von Januar bis März kann es vorkommen, dass das Moremi Game Reserve nicht zugänglich ist – auch mit einem modernen Geländewagen gibt es dann kein Durchkommen. In jedem Fall empfiehlt es sich, mit anderen Fahrzeugen im Konvoi zu fahren. Wem die Vorstellung, allein durch die Wildnis von Botsuana zu reisen, zu gewagt erscheint, kann sich von den Hotels und Lodges in Maun bei der Organisation einer Tour durchs Delta helfen lassen.

Die beste Zeit für einen Besuch des Deltas ist im Allgemeinen die Zeit von Juli bis September, denn dann ist der Wasserstand hoch, und es ist trocken. Reisende sollten im Hinterkopf behalten, dass die Lodges während der Regenzeit oft ganz oder vorübergehend schließen. Die geöffneten Häuser bieten jedoch ein wirklich einzigartiges Deltaerlebnis, denn die meisten Touristen streichen diese Region in diesen Monaten aus ihrem Besichtigungsprogramm.

Dass es hier vor allem in der Regenzeit (November bis März) jede Menge Mücken gibt, ist sicherlich keine besondere Überraschung. Und da in diesem Landesteil auch Malaria auftritt, sind die entsprechenden Vorsichtsmaßnahmen zu treffen – Informationen siehe im Kapitel Gesundheit, S. 428.

Auge behalten. Die für den Chobe Park fällige Gebühr ist von allen Fahrgästen zu entrichten. Somit ist es billiger – und schneller –, die Strecke über Nata zu nehmen.

Unterwegs vor Ort
AUTO- & FAHRRADVERMIETUNG
Avis Car Rental (☎ 686 0039; Mathiba I St.) bietet eine gute Auswahl an Fahrzeugen mit Zweirad- oder Allradantrieb; es empfiehlt sich vor allem in der Trockenzeit, den gewünschten Wagen rechtzeitig zu reservieren.

Ein Mountainbike ist eine tolle Möglichkeit, sich in der weitläufigen Stadt fortzubewegen, und zwar vor allem für Besucher, die in Matlapaneng wohnen. Und keine Sorge – die Straße von Maun nach Matlapaneng ist eben wie ein Brett. **Okavango Tours & Safaris** (☎ 686 0220; Mophane St.) verleiht Mountainbikes zu 4 US$ pro Tag.

COMBIS & TAXIS
Combis mit der Aufschrift „Maun Route 1" oder „Sedie Route 1" fahren tagsüber alle paar Minuten am Bahnhof in der Stadt ab und halten in der Nähe des Crocodile Camp in Matlapaneng. Der Standardfahrpreis für alle Fahrten innerhalb der Stadt liegt bei 2,70 P.

Taxis finden sich ebenfalls zuhauf in der Hauptstraße; sie sind abends die einzigen Transportmittel. Weitere warten am Standplatz in der Pulane Street in der Innenstadt. Der Fahrpreis von der Innenstadt Mauns nach Matlapaneng beträgt im Sammeltaxi/Privattaxi rund 10/30 P. Wer ein Taxi bestellen will, probiert es bei **Atol Taxi Cabs** (☎ 686 4770).

VOM/ZUM FLUGHAFEN
Da der Flughafen von Maun nicht weit von der Innenstadt entfernt ist, warten kaum Taxis am Terminal, wenn ein Flieger ankommt. Wer seine Unterkunft in einer Lodge oder in einem der Luxushotels in Maun oder im Okavango-Delta vorgebucht hat, sollte sich erkundigen, ob ein kostenloser Minibus für den Transfer zur Verfügung steht. Ansonsten können Ankommende den Minibusfahrer bitten, sie mitzunehmen (10 P), oder die rund

DAS OKAVANGO-DELTA

300 m die Airport Road bis zur Sir Seretse Khama Road hinuntergehen und dort in einen Combi einsteigen.

SHOROBE

Wer sich für traditionelle Korbflechterei interessiert, sollte der **Shorobe Baskets Cooperative** einen Besuch abstatten. In der Kooperative, einem Zusammenschluss von rund 70 Frauen unter der Schirmherrschaft von Conservation International, werden Körbe im Ngamiland-Stil mit wunderschönen, kunstvollen Mustern hergestellt. Combis ins 40 km nördlich von Maun gelegene Shorobe (5 P, 1 Std.) fahren in Maun ab, sobald sie voll sind.

DAS ÖSTLICHE DELTA

Zum östlichen Delta gehören die Feuchtgebiete zwischen der Südgrenze des Moremi Game Reserve und dem Büffelzaun, der durch die Flüsse Boro und Santandadibe River nördlich von Matlapaneng verläuft. Für Reisende mit wenig Zeit oder kleinem Geldbeutel ist dieser Teil des Okavango-Deltas gut erreichbar und zudem erschwinglich. Von Maun aus lässt sich das Areal im Rahmen eines Tagesausflugs mit dem Mokoro oder auch auf einem zwei- oder dreitägigen Mokoro-Trip samt Camping im Busch erkunden (Hinweise auf Touranbieter s. S. 362).

Schlafen

Die meisten Exkursionen ins östliche Delta sind preiswert, denn es wird im Busch gezeltet. Aber Besucher, die gern einen Hauch von Luxus hätten, finden in dieser Region auch eine Handvoll noblere Lodges. Preise und Service finden sich im Kasten S. 369.

Chitabe Camp (☎ in Südafrika 27-11 807 1800; www.wilderness-safaris.com; pro Pers. Nach-/Hochsaison 365/700 US$; ☒) Das Camp liegt am Südrand des Moremi Game Reserve nicht weit vom Santandadibe River und präsentiert sich als Oase auf einer Insel – es kann nur mit dem Boot oder Flugzeug erreicht werden. Bekannt ist es für seine Afrikanischen Wildhunde und andere eher seltene Wildtiere. Die Gäste sind in Luxuszelten mit eigenem Bad im ostafrikanischen Stil untergebracht; diese stehen auf Holzpodesten im Schatten von wild wuchernden Bäumen.

Chitabe Lediba (☎ in Südafrika 27-11 807 1800; www.wilderness-safaris.com; pro Pers. Neben-/Hochsaison 365/700 US$; ☒) Auf der anderen Seite der Insel befindet sich der kleine Bruder vom Chitabe

Camp. Mit nur fünf Zelten und natürlicherer Ästhetik besitzt das Chitabe Lediba eine herzliche, persönliche Atmosphäre.

Sandibe Safari Lodge (☎ in Südafrika 27-11 809 4300; www.andbeyondafrica.com; pro Pers. Nach-/Zwischen-/Hauptsaison 400/600/945 US$; ☒) Unauffällige Eleganz lautet die Losung in dieser abgelegenen Lodge am Fluss im Wald. Sie besteht aus drei ockerfarbengetünchten Chalets inmitten von dichtem Busch und hoch in den Himmel ragenden Bäumen. Das Abendessen nehmen die Gäste im Schein von Kerzen und Laternen im mit einer Adobemauer umgebenen Hof ein; die nächtlichen Festivitäten spielen sich rund um ein Lagerfeuer in einer malerischen Lichtung beim Wasser ab.

An- & Weiterreise

Wer von Maun aus entweder an einem *mokoro*-Tagesausflug oder an einer mehrtägigen Campingexpedition in den Busch teilnimmt, wird mit einem Geländewagen ins östliche Delta gefahren – und zurück natürlich auch wieder. Backpacker, die einen Aufenthalt in einer der oben gelisteten Lodges planen, müssen allerdings einen Charterflug nehmen. Flüge ins östliche Delta kosten in der Regel 150 bis 200 US$ hin und zurück. Ein Mokoro-Einbaumboot oder Geländewagen holt die Gäste vom Flughafen ab und bringt sie in die entsprechende Lodge.

DAS BINNENDELTA

Das Binnendelta umfasst in etwa das Areal westlich von Chiefs Island sowie den Streifen zwischen Chiefs Island und Okavango Panhandle („Pfannenstiel" wegen der langen schmalen Form). Mokoro-Ausflüge ins Binnendelta werden fast immer mit lizenzierten Stakern angeboten, die mit bestimmten Lodges zusammenarbeiten. Je nach Wasserstand finden die Touren von Juni bis Dezember statt. Um Tiere in freier Wildbahn zu erleben, ist ein Abstecher in das Moremi Game Reserve (Eintrittsgebühr) empfehlenswert. Wer auf den Palmeninseln durch den Busch streifen möchte, kann die Fahrt mit dem Mokoro nach Absprache mit dem STaker unterbrechen.

Schlafen

Informationen zu den Preisen der Lodges und zu den verschiedenen Dienstleistungen siehe Kasten S. 369.

Oddball's (☎ 686 1154; www.oddballs-camp.com; Zelte Nach-/Zwischen-/Hochsaison ab 200/275/325 US$) Die

LODGES IM DELTA

Wenn der Geldbeutel einen gewissen Umfang überschritten hat und der Kontostand kaum nennbare Zahlen angibt, ist das Delta genau der richtige Ort, beide wieder auf das passende Maß zu reduzieren und einmal nach Herzenslust über die Stränge zu schlagen.

Die Tarife für alle Lodges im östlichen Delta, im Binnendelta sowie im Moremi Game Reserve schließen Unterkunft oder Campingausrüstung, alle Mahlzeiten und diverse Aktivitäten oder Exkursionen wie *mokoro*-Trips, naturkundliche Wanderungen und Wildbeobachtungsfahrten ein. Bei den Nobelherbergen sind auch die Getränke (nur Bier oder Wein) inbegriffen, ebenso die Eintrittsgebühren ins Moremi Game Reserve. Alle Zimmer, Chalets und Zelte verfügen über ein eigenes Bad (wenn nicht anders angegeben).

Der Transfer (falls benötigt) von Maun mit dem Auto oder – in der Regel – mit dem Flugzeug ist, von Pauschalangeboten einmal abgesehen, nicht im Preis für die Unterkunft mit eingeschlossen. Die aufgeführten Flugpreise gelten pro Person für einen Hin- und Rückflug von Maun aus. Die meisten Lodges und Buchungsbüros arbeiten ausschließlich mit einer bestimmten in Maun ansässigen Charterfluglinie zusammen; die Aussicht, eine andere Chartergesellschaft mit preiswerteren Flügen zu finden, tendiert hier somit gegen null.

Die meisten Lodges haben unterschiedliche Tarife für Hauptsaison (Juli – Okt.) und Nebensaison (Nov. – Juni); ist nur ein Tarif aufgeführt, gilt er ganzjährig. Einige Lodges geben in der Zwischensaison (Anfang Mai – Mitte Juni und Mitte Okt. – Ende Nov.) Ermäßigungen, allerdings nur auf explizite Anfrage. Die aufgelisteten Tarife beziehen sich immer auf eine Person im Doppelzimmer. Es werden in der Regel Einzelzimmerzuschläge erhoben. Willigt ein Gast ein, das Zimmer mit einem anderen Alleinreisenden zu teilen, entfällt dieser Zuschlag. Die aufgeführten Tarife umfassen alle staatlichen Steuern und Bedienungszuschläge. Trinkgeld gibt man dem Personal aber immer extra.

Die in diesem Kapitel genannten Preise gelten für „Ausländer", die meisten Lodges räumen Einheimischen und Einwohnern aus den Nachbarstaaten erhebliche – aber nie offiziell ausgewiesene – Ermäßigungen ein, und zwar vor allem Reisenden aus Südafrika und Namibia. Die Preise der Lodges sind in Dollar angegeben, die Rechnung kann jedoch auch in Pula beglichen werden – zum individuellen Wechselkurs der Lodge allerdings. Wer mit Kreditkarte bezahlt, muss mit einem Aufschlag rechnen, also im Einzelfall vorher nachfragen.

Alle Lodges im östlichen Delta, im Binnendelta sowie im Moremi Game Reserve müssen vorab reserviert werden, und zwar möglichst vor der Ankunft in Maun. Natürlich hat jedes Camp seine ganz individuelle Note, aber in der Regel ähneln sich die Unterkünfte in Ausstattung und Anordnung: meist gruppieren sich einige Luxuszelte oder Chalets um das Hauptzelt, wo die Gäste essen, ihre Reiseerlebnisse austauschen oder einfach relaxen können.

Lodge liegt zwar wenig prickelnd im Wald bei einer Landepiste, dafür präsentiert sich den Gäste die klassische Deltaszenerie jedoch in Laufweite. Jahrelang war das Oddball's vor allem um das Wohl von Backpackern bemüht und die mit Abstand billigste Bleibe im Delta. Auch jetzt zählt die Lodge noch zu den günstigsten Quartieren in dieser Region, hat preislich in den letzten Jahren aber trotzdem ganz schön zugelegt. In Anbetracht der Tatsache, dass die Gäste weiterhin in billigen Kuppelzelten wohnen, sind die neuen Tarife dann doch recht hoch.

Gunn's Camp (☎ 686 0023; www.gunnscamp.com; EZ/DZ 375/470 US$) In diesem Camp ist richtig, wer die Annehmlichkeiten einer Safari der Spitzenklasse zu schätzen weiß: meisterhaft zubereitetes Essen, aufmerksamer Service und ein

herrlicher Blick von der Insel, auf der das Gunn's liegt, über das Delta – mit wunderbar ursprünglicher Szenerie. Die eleganten Räumlichkeiten in Zelten sind so komfortabel und behaglich, wie man es sich nur wünschen kann, aber dennoch haben die Gäste hier eher das Gefühl, ein Teil der Wildnis zu sein – wegen der Flusspferde, Warzenschweine und sogar Elefanten, die gelegentlich über das Grundstück streifen.

Kanana Camp (☎ 686 0375; www.kerdowneybotswana.com; Nach-/Hochsaison 425/500 US$) Das stilvolle Camp liegt in einem Wasserlabyrinth mit Inseln, die von Gras und Palmen bestanden sind. Das Kanana gibt auf jeden Fall einen hervorragenden Standort ab, um mit dem Einbaum rund um Chiefs Island Tiere in freier Wildbahn zu beobachten oder in den Wasserläufen in der Umgebung zu angeln. Die Gäste sind in acht gut ausgestatteten Leinwandzelten im Schatten der hoch aufragenden Auwälder untergebracht.

Moremi Crossing (☎ 686 0023; www.gunns-camp. com/moremi_crossing.php; EZ/DZ 425/650 US$) Mehrere reizende Chalets flankieren ein schlichtweg himmlisches (und gigantisches!) durch ein Strohdach geschütztes Areal, in dem sich ein Restaurant und eine Bar befinden. Von hier aus bietet sich ein schöner Blick über eine weite Überschwemmungsebene, durch die oft Giraffen und Elefanten streifen. Das Management ist einfach superfreundlich, und das Camp hat eine vorbildliche Pionierleistung in Sachen Wasserleitungen vollbracht, sodass größere Umweltschäden vermieden werden konnten. Die Anlage ist wirklich ein technisches Meisterwerk – einfach mal nachfragen, wie alles funktioniert. Das Moremi befindet sich ein Stück vom Gunn's Camp entfernt und lässt sich von dort mit dem Boot erreichen; es gehört zum selben Unternehmen.

Delta Camp (☎ 686 1154; pro Pers. Neben-/Hochsaison ab 486/694 US$) Das etablierte Camp liegt herrlich an einem natürlichen Kanal am südlichen Ende von Chiefs Island. Im Gegensatz zu den meisten anderen Camps, in denen die Gäste in Luxuszelten mit eigenem Bad untergebracht sind, besteht das Delta Camp aus zehn strohgedeckten Hütten mit eigenem Bad und einer privaten Veranda.

Pom Pom Camp (☎ 686 0023; www.pompomcamp. com; pro Pers. Neben-/Zwischen-/Hochsaison 405/450/680 US$) Dieses persönliche Camp zählt zu den ersten Luxusanlagen im Delta; da zahlreiche Renovierungsarbeiten durchgeführt wurden, kann es mit neueren Einrichtungen allerdings locker mithalten. Sechs Leinwandzelte liegen effektvoll an einer malerischen Lagune, die viel zur beschaulichen, beruhigenden Atmosphäre beisteuert.

Nxabega Okavango Camp (☎ in Südafrika 27-11 809 4300; www.andbeyondafrica.com; pro Pers. Neben-/Hochsaison ab 400/950 US$) In einem Hain von Ebenholzbäumen am flachen Ufer des Boro River untergebracht bietet das Camp mit seinem Superdesign einen herrlichen Blick über die Überschwemmungsebenen des Deltas. Zehn Zelte mit Privatveranda gruppieren sich um eine strohgedeckte Lodge – ein beeindruckendes, stilvolles Gebäude mit dem gewissen Etwas.

Vumbura Plains Camp (☎ 686 0086; www.wildernesssafaris.com; pro Pers. Neben-/Hochsaison 600/800 US$) Dieses luxuriöse Doppelcamp befindet sich in den Duba Plains, der Übergangszone zwischen der Savanne und den Sümpfen im Norden des Deltas. Es ist berühmt für seine gewaltigen Büffelherden. Die Gäste wohnen entweder im Vumbura Camp mit sechs Zelten oder im unwesentlich kleineren Little Vumbura mit nur fünf Zelten, das sich auf einer Insel gleich in der Nähe befindet.

Tubu Tree Camp (☎ 686 0086; www.wilderness-safaris.com; pro Pers. Neben-/Hochsaison 600/900 US$) In diesem tollen Quartier in einer hübschen Ecke des Okavango-Deltas bekommt jeder seine Dosis Khaki, Tropenhelm und Orakelfetisch. Die Veranden gehen auf das weitläufigste permanente Trockengebiet des Deltas hinaus, in dem es von den verschiedensten Wildtieren oft nur so wimmelt.

Xigera Camp (☎ 686 0086; www.wilderness-safaris. com; pro Pers. Neben-/Hochsaison ab 600/900 US$) Das Camp (gesprochen: ki-dschéra) liegt total abgeschieden im Herzen des Deltas und ist für seine zahlreichen Vögel bekannt. Rund um das Camp erstreckt sich ein permanentes Sumpfgebiet, das dem Xigera eine derart tropische Atmosphäre verleiht, die überraschte Gäste schier verzaubert, sobald sie nur das Grundstück betreten. Die Unterbringung erfolgt in acht schön möblierten Zelt-Chalets – eine einzigartige Alternative zum üblichen dünnhäutigen Leinwandzelt.

Duba Plains (☎ 686 0086; www.wilderness-safaris.com; pro Pers. Neben-/Hochsaison 770/1030 US$) Das Duba Plains nördlich vom Moremi Game Reserve zählt zu den abgelegensten Camps im ganzen Delta. Die Unterkünfte bestehen aus nicht mehr als sechs Zelten. Aufgrund der isolierten Lage bietet sich den Gästen hier wirklich ein einzigartiges Erlebnis in der Wildnis.

Seba Camp (☎ 686 0086; www.wilderness-safaris.com; pro Pers. Neben-/Hochsaison 845/900 US$) Das Seba – auf Tswana bedeutet dieses nette Wort „flüstern" – liegt ebenso nett in einem Wald am Fluss. Geboten werden hier so etwa die gleichen Annehmlichkeiten wie in anderen Safarilodges der Spitzenklasse auch, allerdings legt man hier großen Wert auf das Wohlergehen von Familien – und das ist dann doch etwas Besonderes. Im Gegensatz zu anderen Lodges sind Kinder hier nämlich herzlich willkommen. Die Lütten (und natürlich auch deren Eltern) können ihre Tage mit dem Beobachten von Elefanten verbringen, die man wieder ausgewildert hat.

Eagle Island Camp (☎ 686 0302; www.orient_express_safaris.com; pro Pers. Neben-/Zwischen-/Hochsaison

805/1000/1245 US$) Dieses Camp gilt als eines der schönsten im gesamten Delta. Es liegt in beeindruckender Lage auf einem Landstrich weit im Wasser. Die Gäste werden in seidenweichen Luxuszelten untergebracht. Hubschraubersafaris gehören mit zum Aufenthalt hier, aber es gibt natürlich auch die übliche Palette an Autosafaris und naturkundlichen Wanderungen, dazu üppige Mahlzeiten und was sonst noch alles dazugehört.

Footsteps (☎ 686 0375; www.kerdowneybotswana.com) Das relativ neue Programm wird von Ker & Downey Safaris durchgeführt. Der Schwerpunkt liegt auf Safaris mit dem *mokoro* oder auch zu Fuß in den Überschwemmungsebenen des Deltas. Hier werden also vor allem Reisende, die fit sind, glücklich. Aber jedenfalls sind die Camps beeindruckend edel. Die Erforschung des alten Afrikas wurde hier zum Thema erkoren, allerdings ist zu bezweifeln, dass Livingstone hier je seinen buschigen Bart auf die weichen Laken gelegt hat.

An- & Weiterreise
Die einzige Möglichkeit, ins Binnendelta zu gelangen – und wieder zurück –, ist in der

Regel das Flugzeug – nicht gerade ein billiger Spaß. Doch wer mit dem Flugzeug anreist, kann sich den Rundflug über das Delta sparen, und dieser ist auch nicht gerade preisgünstig. Charterflüge zu den ab S. 370 aufgelisteten Lodges kosten zwischen 150 US$ und 200 US$ (hin & zurück); weiter geht es dann mit dem Einbaum oder mit einem Fahrzeuge mit Allradantrieb, um die Gäste in ihre Lodge zu bringen.

MOREMI GAME RESERVE
Das Moremi Game Reserve (auch Moremi Wildlife Reserve genannt) ist der einzige Teil des Okavango-Deltas, der ganz offiziell unter Naturschutz steht. Das Reservat wurde 1963 abgetrennt, um den Tierbestand vor Wilderei zu schützen; es ist nach dem Batawana-König Moremi III. benannt; im Lauf der Jahre wurde das Areal mehrmals erweitert und umfasst jetzt fast 5000 km² – das sind mehr als ein Drittel der Gesamtfläche des Deltas.

Das Moremi ist durch zwei Landschaftsformen geprägt: Zwischen weiten Feuchtgebieten erstrecken sich ausgedehnte Bereiche trockenen Landes. Die bekanntesten „Inseln"

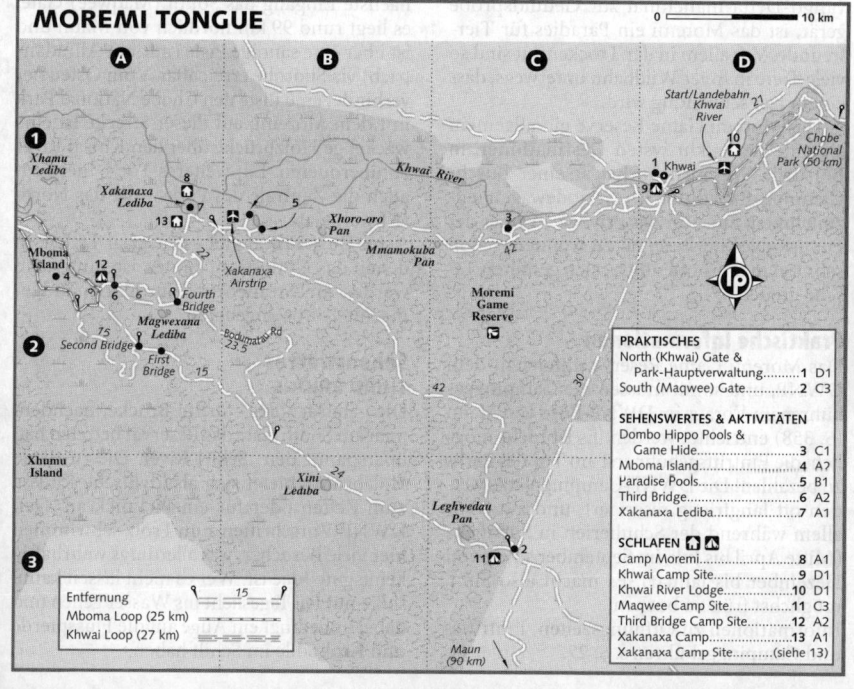

DAS OKAVANGO-DELTA

sind Chiefs Island, das sich mit dem Mokoro von den Lodges im Binnendelta erreichen lässt, und die Moremi Tongue am östlichen Ende des Reservats, die meist mit einem Allradfahrzeug angefahren wird. Mopane-Wälder wechseln sich ab mit Dorngestrüpp und Trockensavanne, bewaldeten Flussauen, Grassavannen, Grasfluren, Sumpfland und Wasserstraßen, Lagunen und zahlreichen Inseln.

Das Schutzgebiet ist eine riesige Oase mit der höchsten Konzentration einiger Wildtierarten im gesamten Land. Seit der Wiederansiedelung der Nashörner beherbergt das Moremi nun die *Big Five* (Löwe, Leopard, Kaffernbüffel, Elefant und Nashorn) sowie den größten Bestand an Litschi-Wasserböcken in ganz Afrika. Im Reservat steht auch die größte Population der letzten verbliebenen Afrikanischen Wildhunde unter Schutz, außerdem die ganze Palette an Raubkatzen (s. Kasten S. 373).

Die Vogelwelt im Delta ist hier unglaublich vielfältig, und zweifelsohne ist das Reservat inzwischen der beste Ort in ganz Afrika, um die sehr seltenen Bindenfischeulen (Peel's Fishing Owl) sichten zu können.

Auch wenn die Tierbeobachtung im Okavango-Delta manchmal zur Geduldsprobe gerät, ist das Moremi ein Paradies für Tierfreunde. Vor allem in der Trockenzeit sind so viele Tiere in freier Wildbahn unterwegs, dass einem fast schwindlig wird.

Das Moremi Game Reserve gilt allgemein als eine der exklusivsten Destinationen in Botsuana. Wer nicht vorhat, an einer Busch-Camping-Expedition im Geländewagen teilzunehmen, muss für das Privileg, in einer der Luxuslodges im Reservat zu wohnen, schon sehr tief in die, hoffentlich reich gefüllten Tasche greifen.

Praktische Informationen

Das Moremi Game Reserve untersteht dem DWNP, und somit müssen die Campinggebühren im Voraus im DWNP-Büro von Maun (S. 358) entrichtet werden. Es ist nicht möglich, die Eintrittsgebühr erst am Tor des Parks zu bezahlen! Die DWNP-Campingplätze werden oft langfristig reserviert, und zwar vor allem während der Schulferien in Südafrika (Mitte April bis Juli, im September sowie von Dezember bis Januar). Es macht also Sinn, möglichst früh zu buchen.

Informationen zu Öffnungszeiten, Eintritts- und Campinggebühren s. S. 27.

Der günstigste Zeitpunkt zur Beobachtung der Wildtiere ist gegen Ende der Trockenzeit im September und Oktober, wenn sich die Tiere an den Wasserlöchern sammeln. Diese Monate sind allerdings auch die beiden heißesten. Im Januar und Februar ist es meist sehr feucht; dann kann es schwierig werden, mit dem Auto im Reservat überhaupt vorwärtszukommen.

Wer das Reservat mit einem Allradfahrzeug erkunden möchte, muss sich mit ausreichend Benzin und Vorräten eindecken, die nur in Kasane und Maun erhältlich sind. Wasser gibt es im Reservat, es muss aber abgekocht oder entkeimt werden, bevor es trinkbar ist. Wichtig sind eine anständige Landkarte (z. B. die *Shell Map of the Moremi Game Reserve*), ein Kompass oder besser noch ein Navigationssystem (WGS) sowie handwerkliche Kenntnisse Menschenverstand, Selbstvertrauen und Erfahrung mit Geländewagen. Die Pisten im Reservat bestehen meist aus Lehm und sind in der Regenzeit häufig nicht passierbar. Besser ist es, im Konvoi zu fahren.

Besucher müssen bei einem der beiden Haupttore zelten und dort auch die Eintrittsgebühr entrichten. Von Maun aus ist der nächste Eingang das South (Maqwee) Gate; es liegt rund 99 km nördlich von Maun und ist über eine sandige Piste (nur mit Allradantrieb) via Shorobe erreichbar. Vom Osten her verbindet eine Piste den Chobe National Park mit dem Moremi; auf dieser Strecke ist eine wackelige Holzbrücke über den Khwai River zu überqueren. Ein weiteres Tor – hier liegt auch die Zentrale des Parks – ist das North (Khwai) Gate.

Im Dorf Khwai gibt es ein paar Läden, in denen das Nötigste zu kaufen ist, außerdem werden am Straßenrand im Dorf handgemachte Körbe angeboten.

Sehenswertes
THIRD BRIDGE

Die – tatsächlich – dritte Brücke, nachdem man am South Gate das Reservat betreten hat, überspannt den Sekiri River. Die rustikale Holzbrücke bietet sich als idyllische Kulisse zum Zelten oder für ein Picknick an. Den DWNP-Vorschriften zum Trotz schwimmen hier viele Besucher, was allerdings wahrhaftig keine gute Idee ist. Wer es nicht lassen kann, sollte nur bei Tageslicht ins Wasser gehen und dabei unbedingt ein Auge auf die Flusspferde und Krokodile im Schilf haben.

MBOMA ISLAND

Die Grassavanne der 100 km² großen Halbinsel – einer Verlängerung der Moremi Tongue – bildet einen reizvollen landschaftlichen Kontrast zur Umgebung. Der 25 km lange Mboma Loop, ein Rundkurs auf sandigem Untergrund, startet rund 2 km westlich der Third Bridge und ist ein netter zusätzlicher Abstecher.

XAKANAXA LEDIBA

Diese Lagune mit einer der größten Reiherkolonien in Afrika ist ein Paradies für Vogelfreunde. Gesichtet werden hier oft Reiher, Marabus, Sattelstörche und verschiedene Ibisarten wie Glattnackenrapp, Brauner Sichler und Heiliger Ibis. Auch zahleiche andere Wildtiere und Fische, Amphibien finden hier einen Lebensraum.

An der Lagune sind zahlreiche Lodges des oberen Preissegments angesiedelt, die Boots- und *mokoro*-Trips für ihre Gäste veranstalten. Nichtgäste können an diesen Ausflügen gegen eine hohe – aber auszuhandelnde – Gebühr teilnehmen.

Die Fahrt vom North Gate nach Xakanaxa Lediba führt über eine der malerischsten Pisten Botsuanas. Es lohnt ein Zwischenstopp am **Dombo Hippo Pool** (rund 14 km südwestlich des North Gate), wo sich jede Menge Flusspferde am Ufer tummeln. Ihr Treiben lässt sich relativ gefahrlos von einem höher gelegenen Aussichtspunkt aus verfolgen. Die beiden Wasserlöcher von **Paradise Pools** sind tatsächlich so paradiesisch, wie der Name andeutet, trotzdem ist der Badeanzug erwünscht.

Schlafen

CAMPING

Das DWNP betreibt alle vier Camps im Moremi Game Reserve. Zu jedem gehört ein Block mit sanitären Einrichtungen, bestehend aus kalten Duschen (wer Holz hat, um Feuer zu machen, kann den Boiler heizen), Sitztoiletten mit Spülung, fließendem Wasser (vor dem Trinken abkochen oder entkeimen) und Picknicktischen. Preise siehe S. 28.

Khwai Camp Site (Karte S. 371; North Gate) Der Campingplatz liegt im Schatten und ist gut ausgebaut. Auf der anderen Flussseite liegt das Dorf Khwai mit ein paar Läden, in denen Lebensmittel erhältlich sind.

Maqwee Camp Site (Karte S. 371; South Gate) Der Campingplatz ist ebenfalls gut ausgestattet, wobei die sanitären Einrichtungen etwas vergammelt sind. Keine Essensreste herumliegen lassen, denn die Paviane sind hier sehr angriffslustig.

Third Bridge Camp Site (Karte S. 371; Third Bridge) Das beliebteste Camp im Moremi liegt am Rand der Lagune (Vorsicht vor den Flusspferden und Krokodilen). Die Anlage kommt zwar

---

WER WEN FRISST – DIE HIERARCHIE DER RAUBTIERE

Das Moremi Game Reserve bietet vielen Raubtieren oder Beutegreifern einen Lebensraum. Daher eignet sich das Reservat hervorragend, um die Interaktion zwischen den Großraubtieren zu studieren. Da sie von den gleichen Ressourcen leben, besteht keine Duldung anderer Arten gegenüber, sondern Konkurrenzverhalten. Treffen die Tiere aufeinander, herrscht Feindschaft.

Das größte Raubtier Afrikas, der Löwe, thront weitgehend unangefochten in der Hierarchie ganz oben und kann so ziemlich alles und jeden umbringen, der ihm in die Quere kommt, einschließlich anderer Raubtiere. Ausgewachsene Löwen haben als natürlichen Feind lediglich ihre Artgenossen, wenngleich Berichten zufolge große Rudel Hyänen gelegentlich einen ausgewachsenen Löwen verletzen oder sogar töten können.

Hyänen suchen die Nähe von Raubkatzen, da sie auf eine Mahlzeit ohne Aufwand hoffen. Im Moremi lassen sich häufig Rudel von Hyänen ausmachen, die Afrikanischen Wildhunden bei der Jagd folgen. Entscheidend ist die Anzahl der Tiere: Ein paar Hyänen können ein ganzes Rudel Wildhunde in Schach halten, während eine einzelne Hyäne schnell zum Rückzug gezwungen ist. Rudel von Hyänen wie auch Wildhunden sind wiederum den Leoparden überlegen, wobei Einzeltiere ein großes Risiko eingehen, denn die kräftigen und schnellen Leoparden reißen durchaus gelegentlich eine einsame Hyäne oder einen Wildhund.

Ganz unten in der Hierarchie steht das schnellste Raubtier der Welt, der Gepard. Anstelle brutaler Kraft setzt er seine unglaubliche Schnelligkeit ein. Denn Geparde sind schlichtweg nicht in der Lage, andere Raubtiere zu überwältigen. Da sie auch keine Verletzung riskieren können, lassen sie anderen Großraubtieren immer den Vortritt, egal in welcher Anzahl sie auftreten.

langsam in die Jahre, ist aber noch immer wunderschön. Das Gebiet um die Third Bridge wird von Unmengen Pavianen bevölkert; daher sollten die Campinggäste keine Nahrungsmittel herumliegen lassen. Keinesfalls sollte man auf der Brücke zelten oder im Freien schlafen, da Wildtiere – vor allem Löwen, die nicht gern schwimmen – die Brücke nutzen, um ans andere Ufer zu gelangen.

Xakanaxa Camp Site (Karte S. 371; Xakanaxa Lediba) Dieser Campingplatz befindet sich auf einem schmalen Streifen Land, der von Sümpfen und Lagunen umgeben ist. Vorsicht vor den wilden Tieren ist geboten: Camper werden hier häufig vom Lärm der Elefanten aus dem Schlaf gerissen, und ein Junge fiel 2000 einer Hyäne zum Opfer.

LODGES
Erklärungen zu den Preisen und Dienstleistungen der Lodges siehe Kasten S. 369. Die Lodges unter der Regie von Desert & Delta kosten etwa alle dasselbe.

Camp Moremi (Karte S. 133; ☎ 686 1244; www.desertdelta.com; pro Pers. Neben-/Zwischen-/Hochsaison 396/476/686 US$) Das etablierte Camp in der Wildnis liegt zwischen gigantischen Ebenholzbäumen neben dem Xakanaxa Lediba und ist von Grasland umgeben, in dem viele Tiere leben. Bekannteste Attraktion im Moremi ist jedoch Pavarotti, ein Flusspferd im Ruhestand, das sich dieses Camp als Ruhesitz auserkoren hat. Die Gäste sind hier in schön möblierten Leinwandzelten mit viel Holz im ostafrikanischen Stil untergebracht.

Camp Okavango (Karte S. 357; ☎ 686 1243; www.desertdelta.com; pro Pers. Neben-/Zwischen-/Hauptsaison 396/476/686 US$, Suite 616/726/915 US$) Nur ein kleines Stück außerhalb vom Moremi liegt diese reizende Lodge inmitten von Leberwurst- und Jackalberry-Bäumen. Sie ist sehr elegant, und das Personal schenkt bekanntermaßen auch Kleinigkeiten enorm viel Aufmerksamkeit. Wer als Arrivierter den Okavango auf dem Silbertablett serviert bekommen möchte – samt Kerzenleuchtern und edlem Porzellan –, ist hier genau richtig.

Khwai River Lodge (Karte S. 371; ☎ 686 1244; www.desertdelta.com; pro Pers. Neben-/Zwischen-/Hauptsaison 396/476/686 US$) Diese prächtige Lodge am Nordufer des Khwai River bietet einen schönen Blick aufs Moremi Game Reserve und wird gern von Unmengen Flusspferden und Elefanten besucht. Die Gäste wohnen in 15 Luxuszelten mit eigenem Bad; sie sind größer

und extravaganter als die Zimmer in so manchem Nobelhotel.

Xugana Island Lodge (Karte S. 357; ☎ 686 1244; www.desertdelta.com; pro Pers. Neben-/Zwischen-/Hauptsaison 396/476/686 US$) Die Lodge liegt an einer unberührten Lagune ein kleines Stück nördlich vom Moremi und eignet sich bestens für Besucher, die gern ohne Anstrengung Vögel beobachten und angeln. In diese Gegend kamen früher häufig die San-Jäger, und so bedeutet Xugana auch „sich hinknien, um zu trinken"– ein Hinweis, wie willkommen nach einer langen Jagd das Wasser hier war. Die Gäste wohnen in strohgedeckten Chalets, die modern möbliert sind.

Stanley's Camp (Karte S. 357; ☎ in Südafrika 27-11 438 4650; www.sanctuarylodges.com; pro Pers. Neben-/Hauptsaison 520/790 US$) Diese Lodge nicht weit vom Boro River entfernt macht sicher nicht so viel her wie manch andere im Moremi, aber dafür geht es hier auch nicht so hochgestochen und förmlich zu wie in den meisten anderen Unterkünften in dieser Ecke von Botsuana. Die Zelte mit eigenem Bad sind einfach, aber geräumig. Die eigentliche Attraktion hier ist jedoch die ausgelassene Stimmung im Speisezelt – es wird manchmal recht laut. Alle Agenturen in Maun (s. S. 362) nehmen Buchungen vor.

Xakanaxa Camp (Karte S. 371; ☎ in Südafrika 27-11 463 3999; www.xakanaxa-camp.com; pro Pers. Neben-/Zwischen-/Hauptsaison ab 520/620/875 US$) Ein bei Einheimischen überaus beliebtes Camp. Es bietet eine angenehme Mischung aus Delta- und Savannenlandschaft und strotzt nur so vor riesigen Elefantenherden und andern Wildtieren. Wirklich legendär ist jedoch die Vogelbeobachtung, und zwar vor allem am Ufer der Xakanaxa Lediba gleich in der Nähe. Jedenfalls garantiert das Camp ein Safarierlebnis vom Feinsten.

Kwara Camp (Karte S. 357; ☎ 686 1449; www.kwando.com; pro Pers. Neben-/Hauptsaison 550/800 US$) Als Insel-Camp liegt Kware in einem Gebiet mit unterirdischen Quellen. Diese bilden Wasserbecken mit so vielen Fischen aus, dass Pelikane in Scharen herkommen – daher auch der Name, er bedeutet so viel wie „wo die Pelikane fressen". Die Wasserbecken locken jedoch auch Unmengen Wildtiere an – der Trumpf dieser Lodge! Sie ist luxuriös, ihre Atmosphäre aber dennoch lässig und entspannt.

Xaranna Camp (Karte 357; ☎ in Südafrika 27-11 809 4300; www.andbeyondafrica.com; pro Pers. Neben-/Zwischen-/Hauptsaison 550/770/1375 US$) Dieses Camp auf ei-

FLORA & FAUNA IM OKAVANGO-DELTA

Die Flora und Fauna im Okavango-Delta ist artenreich und vielfältig, und doch ist es nicht ganz einfach, Tiere in freier Wildbahn zu sehen, außer man besucht das Moremi Game Reserve (S. 371). Der Überfluss an Wasser lockt zahlreiche durstige Tiere der Kalahari an, doch bietet die Sumpflandschaft so viele Verstecke, dass die Tiere nicht leicht auszumachen sind.

Wer in einem *mokoro* durch die Wasserlandschaft gleitet, bei dem könnte schnell die Vorstellung entstehen, das Delta sei lediglich ein gewöhnlicher Sumpf, mit Unmengen von Papyrus bestanden und von zahlreichen Palmeninseln durchsetzt. Dieser Eindruck hat durchaus seine Berechtigung, doch ist die Hydrografie des Okavango-Deltas erheblich komplexer. So gibt es auch tiefere und schneller fließende Flusskanäle sowie friedvolle Lagunen (*madiba*, Plural: *lediba*), die mehr oder weniger permanent vorhanden sind und größtenteils keine Vegetation aufweisen. Schilf und Papyrus finden sich jedoch in rauen Mengen, sie wuchern entlang der Kanäle und behindern bei den Bootsausflügen die Sicht. Die langsam fließenden Kanäle und die Lagunen sind dagegen oft mit violetten Schwimmblattgewächsen und den rosa-weißen Blüten der Seerosen bedeckt. Werden die Wurzeln dieser schwimmenden Blumen geröstet, sind sie eine kulinarische Köstlichkeit.

Die Vegetation auf den Palmeninseln ist vielfältig. Neben den Mokolane-Palmen gibt es Savannengräser, Ahnenbäume, Marulas, Würgefeigen, Akaziendorn, Ebenholz- und Leberwurstbäume mit ihren typischen, langen Früchten (sie enthalten einen Stoff, der nachweislich gegen einige Arten von Hautkrebs wirkt). Wer im Januar hier ist, kann die Früchte des Afrikanischen Mangostin- sowie des Marulabaums in Augenschein nehmen.

Die am häufigsten vorkommenden Reptilien im Delta sind die Nilkrokodile, die sich faul am Ufer der Inseln räkeln oder ruhig im Wasser liegen, wobei nur Augen und Maul herausschauen. Von einem Sprung ins Wasser ist daher dringend abzuraten. Außerdem gilt es aufzupassen, wenn man Arme oder Beine vom Boot ins Wasser baumeln lässt. Ansonsten finden sich noch riesige Wasserwarane, die entweder durchs seichte Wasser schwimmen oder ebenfalls im Sand dösen.

Die Welt der Amphibien ist mit winzigen Fröschen vertreten, die im Schilf leben – und einem manchmal in den Schoß springen, wenn das der Einbaum durchs Dickicht pflügt. Ihr eindringliches Gepiepse zählt zu den unvergesslichen Geräuschen im Delta, während das Gequake der Goldlaubfrösche und das Geunke der größeren Ochsenfrösche für einen Chor am Abend sorgen.

Die Vielfalt der im Delta lebenden Vögel lässt so manches Ornithologenherz höher schlagen. Zu sehen gibt es Afrikanische Gelbstirn-Blatthühnchen (Jacanas), die in den Lilien herumstaksten, Bienenfresser, Schlangenhalsvögel, Störche, Reiher, Eisvögel und Lieste sowie Nashornvögel. Seltener sind die Pygmäengänse und die Gabelracken mit ihrer lila gefiederten Brust, leuchtend blauen Flügeln und grün-lila Unterseite. Auch sollte man nach Greifvögeln wie den Schreiseeadlern, Großen Singhabichten, Gauklern und Afrikanischen Fischadlern Ausschau halten.

Im Nordwesten des Deltas sind die seltenen Sitatungas, Sumpfantilopen, zu Hause, die sich aufgrund ihrer gespreizten Hufe mit größerer Auftrittsfläche besonders gut auf weichem, morastigem Boden und glitschiger Vegetation fortbewegen können. Wenn sie Angst haben, tauchen sie wie Flusspferde ab, sodass nur noch ihre Nüstern aus dem Wasser ragen. Die Litschi-Moorantilopen, von denen es noch rund 30 000 Exemplare gibt, lassen sich leicht an ihrem massigen Hinterteil erkennen. Auf den Palmeninseln waten in den seichten Tümpeln mit stehendem Gewässer die Riedböcke herum und laben sich an den Wasserpflanzen. Außerdem leben auf diesen Inseln große Herden von Schwarzfersenantilopen (Impalas), die sonst eher Savannenbewohner sind.

Das Säugetier, das Delta-Besucher am häufigsten zu sehen bekommen, ist das Flusspferd. Die Tiere befinden sich die meiste Zeit unter Wasser und tauchen nur am Spätnachmittag und Abend auf, um an den Flussufern zu grasen. Flusspferde lassen sich schnell erschrecken und gehen dann zum Angriff über, vor allem wenn sie Nachwuchs haben.

Im Delta ist auch eine stabile Population von Raubtieren zu Hause, darunter Löwen, Geparde, Leoparden und Hyänen, die durch das hohe Gras des Moremi Game Reserve pirschen. Außerdem beherbergt das Moremi noch 30 % der weltweit verbliebenen Afrikanischen Wildhunde.

Das Okavango-Delta ist wegen seiner unglaublich vielfältigen Flora und Fauna ein absolut einmaliges Erlebnis. Besucher sollten sich viel Zeit nehmen, um dieses einzigartige Ökosystem auch hinreichend zu würdigen – das ersehnte Tier könnte hinter jeder Flussbiegung auftauchen.

DAS OKAVANGO-DELTA

ner eigenen Insel mit 25 000 ha Land bietet Wildtieren einen weitläufigen Lebensraum. Die Gäste können sie oft sogar von den neun tollen Zelten mit eigenem Bad aus beobachten, denn diese gehen auf einen Kanal des Deltas hinaus, in dem das Wasser so träge dahinfließt wie Sirup.

Shinde Island Camp (Karte S. 357; ☎ 686 0375; www. kerdowneybotswana.com; pro Pers. Neben-/Hauptsaison 581/797 US$) Das an einer Lagune gelegene Camp ein Stück nördlich vom Moremi befindet sich zwischen der Savanne und dem Binnendelta des Flusses und zählt zu den ältesten Einrichtungen dieser Art im Okavango-Delta. Acht Leinwandzelte gruppieren sich um das zentrale Gebäude, das für Stil und elegante Förmlichkeit bekannt ist.

Baine's Camp (Karte S. 357; ☎ in Südafrika 27-11 438 4650; www.sanctuarylodges.com; pro Pers. Neben-/Hauptsaison 620/1030 US$) Fünf gehobene Suiten gehen auf eine Reihe von Bäumen hinaus, die in dieser schattigen, waldigen Region des Deltas die generell hervorragenden Möglichkeiten, Tiere zu beobachten, etwas – aber wirklich nur ein kleines bisschen! – einschränken. Das Camp hat etwas sehr Privates und Ursprüngliches; da fällt so manchem vielleicht ein gewisses nacktes Paar ein, das sich wegen eines Apfels zankt – aber solche Gedanken wären hier in dieser Landschaft auch verzeihlich.

Chief's Camp (Karte S. 357; ☎ in Südafrika 27-11 438 4650; www.sanctuarylodges.com; pro Pers. Neben-/Hauptsaison 900/1450 US$) Dieses Camp gilt als eine der besten Adressen im Delta und fügt sich so phantastisch in die Sumpflandschaft ein wie ein Jäger im Unterstand. Nur dass die Gäste hier nicht versuchen, die Wildtiere zu erschießen – sie schießen bestenfalls tolle Fotos von ihnen oder beobachten sie von den zwölf unglaublich luxuriösen „Buschpavillons" aus.

Mombo Camp (Karte S. 357; ☎ 686 0302; www.orient_express_safaris.com; pro Pers. Neben-/Hauptsaison 1630/1770 US$) Das Mombo Camp – und das Schwestercamp, das Little Mombo – befinden sich in der Nordwestecke von Chief's Island. Beide bieten zweifelsohne in ganz Botsuana die besten Voraussetzungen dafür, Tiere in freier Wildbahn zu beobachten, ohne auf die Pirsch zu gehen. Die berühmten Big Five sieht man schon, wenn man bloß einen Blick aus dem Fenster wirft – ein Privileg, das allerdings ganz schön kostspielig ist. Das Ambiente bietet, wie zu erwarten, Luxus vom Feinsten, und jedes der zwölf Leinwandzelte (neun in Mombo, drei in Little Mombo) kann locker mit einem 5-Sterne-Hotelzimmer mithalten. Die Preise allerdings ganz sicher auch.

An- & Weiterreise

Es gibt am Khwai River und an der Xakanaxa Lediba öffentliche Flugpisten, die meisten Lodges verfügen jedoch über private Landebahnen. Die entlegenen Anlagen sind nur mit dem Flugzeug erreichbar; die Flüge dorthin werden normalerweise von den Lodges oder Buchungsagenturen in Maun organisiert. Charterflüge zu den oben aufgelisteten Camps (S. 374) kosten zwischen 150 US$ und 200 US$ (hin & zurück).

Die Lodges und Campingplätze im Gebiet der Moremi Tongue sind normalerweise mit einem Fahrzeug mit Allradantrieb erreichbar. Von Maun aus nimmt man die asphaltierte Straße bis Shorobe, von dort geht es dann auf gutem Schotter weiter. Schon bald allerdings ist man mit Sand konfrontiert – und ohne Allradantrieb geht gar nichts mehr. Vom South Gate zur Third Bridge sind es rund 52 km (2 Std.) auf einer üblen Sandpiste, aber die Strecke verläuft durch eine herrliche, tierreiche Landschaft. Von der Third Bridge sind es rund 25 km (1 Std.) bis zur Lagune Xakanaxa Lediba und noch einmal 45 km (1½ Std.) bis zum North Gate (Nordtor).

Die anderen Pisten rund um das Moremi Game Reserve bestehen zum großen Teil aus Lehm, d. h. in der Regenzeit sind sie kaum befahrbar, vor allem nicht in den Mopane-Wäldern. Die Sandpisten sind in der Trockenzeit besonders rund um die Third Bridge ein Graus. Der Zustand der Pisten kann so schlecht werden, dass das Reservat zeitweise geschlossen werden muss. Besucher sollten sich deshalb unbedingt im Büro des DWNP in Gaborone oder Maun, aber auch bei anderen Fahrern nach den aktuellen Straßenverhältnissen erkundigen, bevor sie in der Regenzeit in das Moremi hineinfahren.

OKAVANGO PANHANDLE

Das Okavango Panhandle ist ein etwa 100 km langer, schmaler Streifen Sumpfland, der sich von Etsha 13 bis zur Grenze nach Namibia erstreckt. Er ist das Resultat einer 15 km breiten geologischen Verwerfung, die den mäandrierenden Fluss einengt, bis er das Hauptdelta erreicht. Im Panhandle breitet sich das Wasser auf beiden Seiten des Tals aus und bildet ein weitläufiges, von Schilf bestandenes Flussbett und mit Papyrus überwucherte La-

DER OKAVANGO POLERS TRUST

Der 1998 von der Bevölkerung des Ortes Seronga ins Leben gerufene **Okavango Polers Trust** (☎ 687 6861; www.okavangodelta.co.bw) bietet Besuchern preiswertere und besser zugängliche Mokoro-Ausflüge samt Unterkunft. Das Kollektiv liegt allein in den Händen des Dorfes, alle Einnahmen werden unter den Mitarbeitern aufgeteilt, in den Trust investiert und verwendet, um die Infrastruktur der Gemeinde zu verbessern. Der Trust hat fast hundert Angestellte, darunter Poler (Bootsstaker), Tänzer, Köche, Manager und Fahrer. Da kein Reisebüro oder Safariveranstalter involviert ist, kann es sich die Kooperative leisten, ihre Mokoro-Ausflüge zu akzeptablen Preisen anzubieten. Wer beispielsweise von Maun aus einen solchen Ausflug bucht, muss mit mindestens 200 US$ pro Tag rechnen, der Trust verlangt hingegen nur rund 500 P am Tag für *zwei* Personen. Allerdings gilt es zu bedenken, dass die Teilnehmer sich selbst verpflegen müssen, also sind Essen, Wasser und – wenn nötig – auch Camping-ausrüstung und Kochgeschirr mitzubringen.

Der Busverkehr von Mohembo nach Seronga wurde mittlerweile eingestellt. Aber es besteht fast immer die Möglichkeit, von der kostenlosen Autofähre in Mohembo über den Okavango River zu trampen; etwa 5 P sind fürs Mitfahren einzuplanen. Wassertaxis verkehren – sofern in Betrieb – zwischen dem Sepupa Swamp Stop und Seronga (30 P, 2 Std.); der Transfer vom Dock in Seronga zum 3 km entfernten Mbiroba Camp kostet 70 P. Ansonsten fahren am Sepupa Swamp Stop auch Charterboote (700 P) für bis zu 18 Passagiere ab.

gunen. Ein wahrhaft kosmopolitisches Völkergemisch (Mbukushu, Yei, Tswana, Herero, Europäer und Buschmänner, außerdem Flüchtlinge aus Angola) lebt in Gruppenverbänden in den diversen Fischerdörfern, wo die Menschen ihren Lebensunterhalt mit dem bestreiten, was die reichen Gewässer an Nahrung hergeben.

Während das übrige Delta für die Touristen immer kostspieliger wird, boomt das Okavango Panhandle, weil es den Reisenden durch die Einrichtung von Kooperativen (s. Kasten S. 377) erschwingliche Unterkünfte und preisgünstige Ausflüge mit den gestakten Einbaumbooten anbieten kann. Auch wenn man sich hier nicht im „richtigen Delta" befindet, wartet das Panhandle, die am dichtesten besiedelte Fläche im Gebiet, mit einzigartigem Charakter und vielen Besonderheiten auf – was anderen Teilen des Deltas fehlt. Da es hier ganzjährig Wasser gibt, sind Ausflüge mit einem Mokoro jederzeit möglich.

Auch wenn das Panhandle eine eher bescheidene Ausdehnung aufweist, finden sich hier doch die gleiche Flora und Fauna (s. Kasten S. 375) wie in anderen Teilen des Deltas. Die Erkundung der Wasserläufe hat natürlich auch hier ihren Preis, aber hinterher bleibt manchmal zumindest noch genug Geld, um die Fotos abziehen zu lassen.

Die Dörfer und kleinen Orte an der Straße von Maun nach Shakawe, die nicht unmittelbar zum Okavango Panhandle gehören – etwa Gumare, Etsha 6 und Shakawe – werden im Kapitel über den Nordwesten Botsuanas (S. 380) intensiv behandelt.

Aktivitäten

Der beliebteste Freizeitspaß im Panhandle ist **Fischen**. Zahlreiche Angler aus dem Süden Botsuanas und Südafrika treffen sich hier, um Tigerfische, Hechte, Barben und Brassen an den Haken zu kriegen. Tigerfischsaison ist von September bis Juni, während die Barben insbesondere von Mitte September bis Dezember anbeißen.

Die meisten Lodges und Campingplätze im Panhandle können Ausflüge zum Angeln organisieren und vermieten auch die entsprechende Ausrüstung für etwa 5 US$ pro Person und Tag.

Schlafen

Die Camps im Panhandle liegen meistens im mittleren Preissegment und waren bis vor kurzem hauptsächlich auf die Bedürfnisse der Sportfischer ausgerichtet. Seit immer mehr Reisende auf der Suche nach bezahlbaren Ausflügen ins Delta kommen, vollzieht sich jedoch ein Wandel.

CAMPING

In den meisten Lodges, besteht die Möglichkeit zu zelten.

Phala Community Camp Site (Ganitsuga; Camping pro Pers. 4 US$) Dieser rustikale Campingplatz ist freundlich, herzlich und fernab der Touristenmassen. Das Pala befindet sich in der Nä-

DAS OKAVANGO-DELTA

he des Dorfes Ganitsuga, rund 23 km östlich von Seronga, und lässt sich mit einem robusten Pkw mit Zweiradantrieb erreichen. Außerdem ist es möglich, von Seronga aus zu trampen. In einem kleinen Geschäft sind Proviant und Getränke erhältlich.

LODGES

Umvuvu Camp (☎ 7153 4340; www.okavangopanhandle. com; Camping pro Pers. 40 P, EZ/DZ Zelte 150/200 P) Das Umvuvu ist einfach gemütlich und nett. Es bietet sich an für alle, die das träge Leben am Fluss schätzen und auf die sogenannten Annehmlichkeiten des Pauschaltourismus pfeifen. Die Lodge ist herrlich gelegen und gut geführt, und so haben die Gäste es nicht weit bis in die feuchte Wildnis – aber auch nicht bis zur nächsten Exkursion.

Sepupa Swamp Stop (☎ 687 7073; www.swampstop. co.bw; Sepupa; Camping pro Pers. 40 P, Zelte ab 120 P) Dieser lässige Campingplatz am Fluss liegt abgeschieden, aber dennoch nicht weit vom Dorf Sepupa entfernt. Er ist überaus erschwinglich und zudem über die Straße Maun–Shakawe problemlos zu erreichen (3 km). Die Lodge organisiert über den Okavango Polers Trust (s. Kasten S. 377) Mokoro-Trips und Transfers nach Sepupa, aber auch Bootsausflüge zu 14/91 US$ pro Stunde/Tag.

Mbiroba Camp (☎ 687 6861; www.okavangodelta. co.bw; Camping pro Pers. 55 P, Rondavels 110 P, Chalets ab 250 P) Dieses beeindruckende Camp untersteht dem Okavango Polers Trust (s. Kasten S. 377) und fungiert als Ausgangspunkt für mokoro-Ausflüge ins Delta. Geboten werden gepflegte, schattige Campingplätze, eine Bar im Freien, ein traditionelles Restaurant und rustikale einstöckige Chalets. Das Mbiroba ist 3 km vom Dorf Seronga entfernt.

Makwena Lodge (☎ 687 4299; Backpacker ab 220 P, Camping pro Pers. 340 P) Diese Lodge befindet sich an der Qhaaxhwa Lagune (Geburtsort des Flusspferds), an der Basis des Panhandle, einer Region, die stark an das Binnendelta erinnert. Die Gäste bekommen hier oft Litschi-Wasserböcke (Red Lechwes) und Sitatungas (Wasserkudus), aber auch Wasser- und Greifvögel zu Gesicht. Es werden preiswerte Mokoro-Trips angeboten, und im zugehörigen Restaurant mit Bar kommt leckeres und billiges Essen auf den Tisch. Das Makwena wird von den Drotsky's Cabins (s. rechts) geführt. Wer keinen Wagen mit Allradantrieb hat, kann sich von Etsha 6 (70 P pro Pers.) den Transfer organisieren lassen.

Drotsky's Cabins (☎ 687 5035; drotskys@info.bw; Camping 120 P, Spitzzelte ab 400 P, 5-Pers.-Chalets 950 P) Diese reizende, einladende Lodge liegt an einem Kanal des Okavango River, rund 5 km südöstlich von Shakawe und etwa 4 km östlich der Hauptstraße. Mitten im dichten flussgleitenden Wald (Galeriewald) bieten sich in völliger Abgeschiedenheit wunderbare Möglichkeiten, Vögel zu beobachten, aber auch der Blick über Schilf und Papyrus ist herrlich. Wer Lust hat, mietet sich ein Ruderboot für 200 P pro Stunde. Im kleinen Restaurant mit Bar im Freien gibt es preiswerte Gerichte.

Xaro Lodge (EZ/DZ Chalets 350/550 P) Diese abgelegene, aber nette und wirklich sehr malerische Lodge betreibt der Sohn des Eigentümers der Drotsky's Cabins (s. oben). Sie befindet sich rund 10 km flussabwärts vom Drotsky's. Die Gäste wohnen in mehreren sauberen und ordentlichen Chalets, die sich um ein bescheidenes Restaurant mit Bar gruppieren. Hauptbeschäftigung rund um die Lodge ist Angeln. Vor allem der Tigerfisch hat es den „Wurmbadern" angetan; der las sehr kämpferisch geltende Flussfisch zieht sogenannte Sportangler aus der Republik Südafrika und aus Europa an. Aber wer einfach nur seine Ruhe will, ist hier auch richtig. Der Transfer mit dem Boot von den Drotksy's Cabins kostet pro Person 100 P. Gebucht wird über das Drotsky's.

Guma Island Lodge (☎ 687 4022; www.ngumalodge. com; Camping pro Pers. 50 P, Familienchalets 1000 P) In diesem abgeschiedenen Camp östlich von Etsha 13 am Thaoge River dreht sich alles ums Angeln. Guma Island macht aber auch als „Familienresort" für sich Werbung. Wer also mit Kindern reist, ist hier gut aufgehoben. Im Preis der Chalets sind Halbpension, Bootsausflüge, Angelgeräte und Mokoro-Ausflüge inbegriffen. Für die letzten 16 km von Etsha 13 ist ein Wagen mit Allradantrieb erforderlich. Die Lodge bietet sichere Parkplätze, übernimmt aber auch den Transfer von Etsha 13 (rund 300 P pro Strecke).

Okavango Houseboats (☎ 686 0802; www.okavan gohouseboats.com; Hausboote ab 4500 P) Mit einem Hausboot den Fluss hinunterzuschippern ist eine neue Variante der mobilen Safari, nur zur Abwechslung mal auf dem Wasser. Die Schiffe, die in Seronga abfahren, sollten ziemlich lange im Voraus gebucht werden. Jedenfalls lassen sich Vögel und Wildtiere am lichterfüllten Fluss auf diese Weise wunderbar beobachten. In den Booten können sechs bis 20 Personen logieren.

An- & Weiterreise

Die Straße von Maun nach Shakawe via Sehithwa ist asphaltiert und führt bis nach Namibia weiter. Die Straßen zu den größeren Dörfern wie Gumare, Etsha 6 und Sepupa haben ebenfalls eine Asphaltdecke; die Schotterpisten zu den Lodges und Campingplätzen lassen sich – wenn nicht anders angegeben – in der Regel mit einem normalen Pkw befahren.

Wer Sepupa erreichen möchte, nimmt von Maun den Bus in Richtung Shakawe, steigt am Abzweig zum Dorf (50 P, 6 Std.) aus und trampt oder geht die rund 3 km bis Sepupa dann zu Fuß. Wer nach Seronga möchte, hat mehrere Möglichkeiten: Man kann sich im Sepupa Swamp Stop nach einem Bootstransfer erkundigen (150 P pro Pers., mindestens sechs Pers.) oder auf das öffentliche Boot (30 P pro Pers., 2 Std.) warten, das nachmittags häufig hier ablegt. Eine Alternative ist, den Bus von Maun nach Shakawe (70 P, 7 Std.) zu nehmen und sich dann in einen Combi (5 P, 30 Min.) nach Mohembo zu setzen. Nun nimmt man die kostenlose Autofähre (45 Min., 6.30 bis 18.30 Uhr) über den Fluss und trampt dann – in der Regel problemlos – auf der guten Sandstraße nach Seronga; sie ist mit einem normalen Pkw befahrbar.

Ansonsten besteht noch die Möglichkeit, über Shakawe und Mohembo zu fahren. Oder man nimmt von Maun aus einfach einen Flieger nach Seronga – mit **Mack Air** (☎ 686 0675; www.mackair.co.bw) beispielsweise.

Wer von Seronga zur Phala Community Camp Site reisen möchte, trampt oder vereinbart mit dem Mbiroba Camp den Transfer.

DAS OKAVANGO-DELTA

Der Nordwesten

Zuerst einmal vorab: Wer diese entlegene, wenig besuchte Ecke des Landes überhaupt erreicht, kann sich schon mal auf die Schulter klopfen. Der äußerste Nordwesten von Botsuana, jenseits des Okavango-Deltas, ist eine wilde Grenzregion mit kleinen Ortschaften und Viehstationen, die durch lange, windige Landstriche mit gelbem Gras und verblichenem Dornbusch voneinander getrennt sind. Ansonsten finden sich noch sumpfige, von dichtem Riedgras bestandene Quellflüsse – das Gras wird bei der Fertigung der regionalen Handwerkskunst verwendet, die zu den schönsten des Landes gehört. Und überall verstreut liegt Gestein herum, das mit Farbpigmenten und Zeichnungen der San sowie verwandter Völker versehen ist.

Die Region wird von der Regierung zwar nicht völlig ignoriert, hat auf der nationalen Tagesordnung aber – gelinde gesagt – nicht gerade hohe Priorität. Deshalb haben Besucher, die mit dem eigenen Wagen durch diese Landschaft fahren, dann oft auch das Gefühl, irgendwie vom Weg abgekommen zu sein. Wer sichere und gut zugängliche Knotenpunkte wie Maun, Kasane, Ghanzi und die übrigen Orte im Osten hinter sich lässt, stellt sich nun wirklich dem Abenteuer Botsuana in seinen Randbereichen.

Landwirtschaft und Fischerei sind die beiden bedeutendsten Industriezweige hier, und somit ist eine touristische Infrastruktur im Grunde nicht vorhanden. Als angenehme Folge davon kann man beispielsweise den „Louvre der Wüste" in den Tsodilo Hills fast ganz allein für sich betrachten. Ein bestimmter Typ Backpacker, der ein derartiges Abenteuer geradezu bevorzugt, sollte dann auch einfach seinen Geländewagen vollpacken, die Benzinkanister auffüllen, an die Wasserreserven denken und sich – um es mit Mark Twain auszudrücken – vor allen anderen in dieses Territorium von Botsuana aufmachen.

HIGHLIGHTS

- Die alten Felszeichnungen der San bestaunen, die über die geheimnisvollen **Tsodilo Hills** (S. 384) verstreut sind
- Sich wie schon viele zuvor in der **Gcwihaba (Drotsky's) Cave** (S. 382) wie ein Höhlenforscher gebärden
- Die entwaffnende Einsamkeit der größtenteils unerforschten **Aha Hills** (S. 383) genießen
- An den vergänglichen Ufern des **Lake Ngami** (S. 382) Andenken kaufen

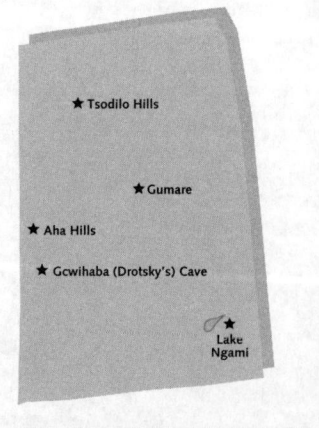

★ Tsodilo Hills

★ Gumare

★ Aha Hills

★ Gcwihaba (Drotsky's) Cave

★ Lake Ngami

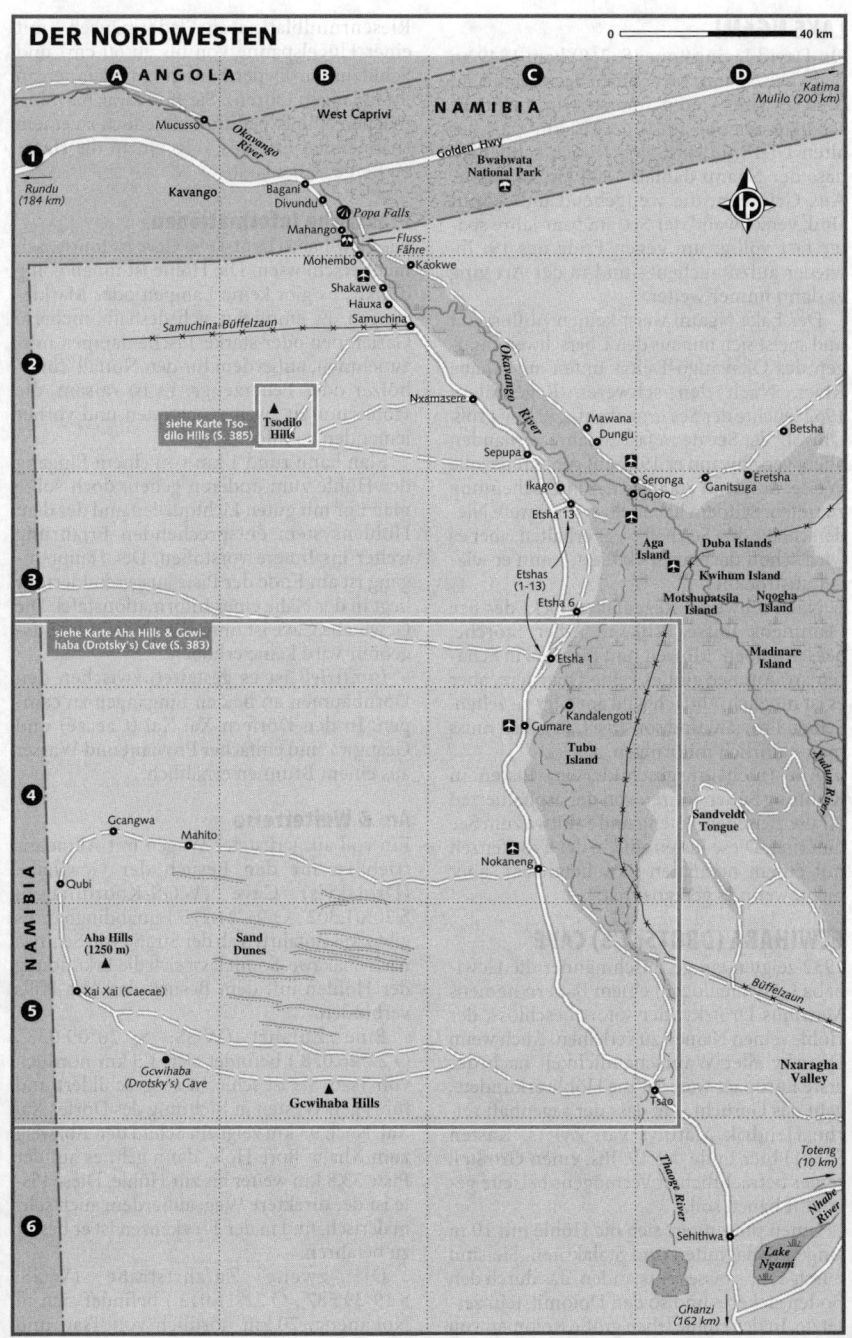

DER NORDWESTEN

0 ⊏━━━━━━ 40 km

A ANGOLA   **B** West Capriwi   **C** NAMIBIA   **D**

Katima
Mulilo (200 km)

Mucusso

Okavango River

Golden Hwy

Bwabwata
National Park

1

Rundu
(184 km)

Kavango   Bagani   Popa Falls
Divundu   Fluss-Fähre
Mahango
Mohembo   Kaokwe
Shakawe
Hauxa
Samuchina-Büffelzaun   Samuchina

2

Nxamasere

Okavango River

Mawana
Dungu   Betsha

siehe Karte Tso-
dilo Hills (S. 385)   Tsodilo
Hills

Sepupa

Ikago   Seronga   Eretsha
Gqoro   Ganitsuga
Etsha 13

Aga   Duba Islands
Island   Kwihum Island

3

Etshas
(1-13)
Etsha 6   Motshupatsila   Nqogha
Island   Island

siehe Karte Aha Hills & Gcwi-
haba (Drotsky's) Cave (S. 383)   Madinare
Island

Etsha 1

Kandalengoti
Gumare   Tubu
Island   Sandveldt
Tongue

4

Gcangwa   Mahito

Qubi   Nokaneng

NAMIBIA

Aha Hills
(1250 m)   Sand
Dunes   Büffelzaun

5

Xai Xai (Caecae)

Gcwihaba
(Drotsky's) Cave   Nxaragha
Valley

Gcwihaba Hills   Tsao

Toteng
(10 km)

6

Thaoge River   Nhabe River

Sehithwa   Lake
Ngami

Ghanzi
(162 km)

DER NORDWESTEN

LAKE NGAMI

Dr. David Livingstone (S. 268) kam 1849 an den Lake Ngami, wo er einen See vorfand, an dem es von Tieren nur so wimmelte. Er schätzte den See auf rund 810 km², aus der alten Uferlinie lässt sich jedoch schließen, dass der Ngami damals 1800 km² umfasste. Aus Gründen, die weitgehend unbekannt sind, verschwand der See ein paar Jahre später fast völlig, um gegen Ende des 19. Jh. wieder aufzutauchen – und in der Art ging es dann immer weiter.

Der Lake Ngami weist keinen Abfluss auf und speist sich nur aus den Überschwemmungen des Okavango-Deltas unten am Nhabe River. Nach den schweren Regenfällen 1962 tauchte der See erneut auf, 250 km² groß. Obwohl der See dann fast 20 Jahre vorhanden blieb, verschwand er 1982 auf geheimnisvolle Weise, um dann 2000 wieder in Erscheinung zu treten. Seitdem haben diverse schwere Niederschläge den See halbwegs erhalten, aber es wird schon darüber spekuliert, wann er wieder austrocknet.

Nach schweren Regenfällen lockt der See Flamingos, Ibisse, Pelikane, Adler, Störche, Seeschwalben, Möwen und Eisvögel in Scharen an. Am See gibt es keine Quartiere, aber es ist möglich, einfach wild am Ufer zu zelten. Seinen Proviant und sonstige Utensilien muss man natürlich mitbringen.

Alle (nicht ausgeschilderten) Pisten in Richtung Süden führen von der asphaltierten Straße zwischen Toteng und Sehitwa zum See hinunter. Diese Pisten sind in der Trockenzeit mit einem normalen Pkw befahrbar, aber nicht, wenn es geregnet hat.

GCWIHABA (DROTSKY'S) CAVE

1932 zeigten einige Buschmänner die Gcwihaba („Hyänenloch") einem Bauern namens Martinus Drotsky, der sofort beschloss, der Höhle seinen Namen zu verleihen. Auch wenn Drotsky aller Wahrscheinlichkeit nach der erste Europäer war, der die Höhle erkundete, geht das Gerücht um, dass der sagenhaft reiche Hendrik Matthys van Zyl (s. Kasten S. 391) hier Ende des 19. Jhs. einen Großteil seines beträchtlichen Vermögens beiseite geschafft haben soll.

Innen präsentiert sich die Höhle mit 10 m langen Stalagmiten und Stalaktiten. Sie sind durch Tropfwasser entstanden, das durch den Boden sickerte und so den Dolomitstein zersetzte. In der Höhle leben große Kolonien von Riesenrundblattnasen-Fledermäusen (mit einer Flügelspanne von bis zu 60 cm) und Schlitznasen-Fledermäusen (zu erkennen an ihren langen Ohren). Sie sind zwar harmlos, machen eine Expedition oft jedoch zu einem spannenden Erlebnis, dass einem die Haare zu Berge stehenlässt.

Praktische Informationen

Die Gcwihaba (Drotsky's) Cave ist touristisch nicht erschlossen. Die Höhle ist innen völlig dunkel, es gibt keine Lampen oder Markierungen. Es empfiehlt sich deshalb, mehrere Gaslampen oder starke Taschenlampen mitzunehmen, außerdem für den Notfall Zündhölzer oder Feuerzeuge. Es ist ratsam, die Höhle nur zu zweit zu betreten und vorher jemanden zu informieren.

Man kann rund 1 km von einem Eingang der Höhle zum anderen gehen, doch sollte man nur mit guten Lichtquellen und der dem Höhlensystem entsprechenden Erfahrung weiter ins Innere vorstoßen. Der Haupteingang ist am Ende der Piste ausgeschildert. Er liegt in der Nähe einer Informationstafel. Die Gcwihaba Cave ist immer geöffnet. Eintrittsgebühr wird keine erhoben.

Inoffiziell ist es gestattet, zwischen den Dornbäumen an beiden Eingängen zu campen. In den Dörfern Xai Xai (Caecae) und Gcangwa sind einfacher Proviant und Wasser aus einem Brunnen erhältlich.

An- & Weiterreise

Ein voll ausgerüsteter Wagen mit Allradantrieb ist für den Besuch der Gcwihaba (Drotsky's) Cave (WGS-Koordinaten: S 20°01.302', O 21°21.275') unabdingbar. Es gibt zwei Zufahrten ab der Straße von Sehitwa nach Shakawe. Somit lässt sich die Erkundung der Höhlen mit dem Besuch der Aha Hills verbinden.

Eine Zufahrt (WGS: S 20°09.033', O 22°26.028') befindet sich 1,5 km nördlich von Tsao. Sie ist schlecht ausgeschildert und führt am Westen in Richtung des Dorfes Xai Xai. Nach 93 km zeigt ein Schild den Abzweig zum Xhaba Bore Hole, dann geht es auf der Piste 53,8 km weiter bis zur Höhle. Diese Piste ist der direktere Weg, außerdem auch sehr malerisch, und in der Trockenzeit ist er besser zu befahren.

Die zweite Zufahrtstraße (WGS: S 19°39.587', O 22°11.013') befindet sich in Nokaneng, 70 km nördlich von Tsao und

37 km südlich von Gumare. Diese Piste führt gen Westen (121,5 km) nach Gcangwa und dann über scharfe Felsen – echte Reifenkiller – gen Süden (45 km) und über die Aha Hills – die zu beiden Seiten des Weges aufragen – nach Xai Xai. Von Xai Xai sind es noch 9,1 km auf der Piste bis zum Abzweig (WGS: S 19°54.326', O 21°09.433').

Nach einer Fahrt von insgesamt 27 km ist schließlich die Höhle erreicht. Das ist ganz eindeutig der längere Weg. Da die Piste sehr sandig ist, lässt sie sich in der Regenzeit, wenn der Sand zusammenbäckt besser fahren.

AHA HILLS

Entlang der Grenze von Botsuana und Namibia liegen die 700 Mio. Jahre alten Aha Hills (1250 m) aus Kalk- und Dolomitstein. Sie ragen 300 m aus dem flachen Buschland der Kalahari auf. Da fast kein Wasser vorhanden ist, leben hier natürlich auch kaum Tiere – es gibt keine Vögel und nur hin und wieder mal ein Insekt oder ein Skorpion.

Die Hauptattraktion der Aha Hills ist ganz klar ihre phantastische Abgeschiedenheit und die völlig isolierte Lage – wirklich ein ganz besonderes Erlebnis. Bei Einbruch der Dunkelheit fehlen die üblichen Geräusche des südlichen Afrikas: Autogehupe, laute Radios und Fernseher, Menschenstimmen. Die Stille ist überwältigend.

Da ein Großteil des Gebiets noch unerforscht ist, existieren nur einige wenige zuverlässige Landkarten. Die Aha Hills bieten somit die beste Gelegenheit, seinen Reiseführer endlich einmal aus der Hand zu legen und eine Region zu erkunden, in die nur wenige Touristen kommen.

Es gibt hier keinerlei touristische Infrastruktur, aber es ist erlaubt, bis zu 100 m von der Hauptpiste entfernt wild zu zelten. Vorräte und trinkbares Wasser aus Bohrlöchern finden sich in diesem Fall in den Dörfern Xai Xai und Gcangwa.

Die WGS-Koordinaten der Aha Hills sind S 19°47.244' und O 21°03.981'. An der Straße von Sehitwa nach Shakawe gibt es zwei Abzweige: einen in der Nähe von Tsao und einen weiteren bei Nokaneng. Die Hügel erstrecken sich rund 33 km südlich von Gcangwa und ungefähr 12 km nördlich von Xai Xai. Weitere Informationen zu Fahrten bis zur Tropf-

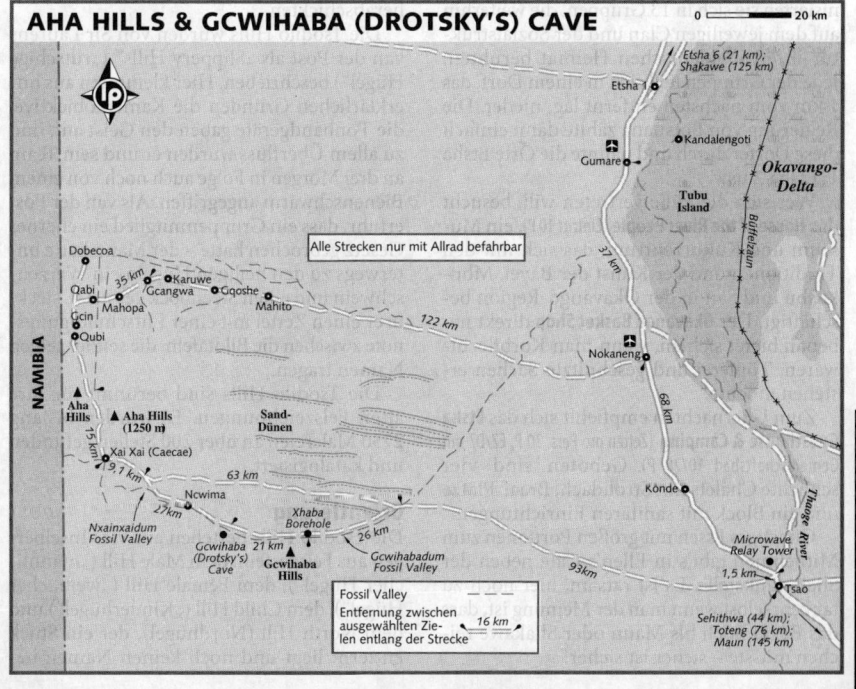

AHA HILLS & GCWIHABA (DROTSKY'S) CAVE

0 ———— 20 km

Alle Strecken nur mit Allrad befahrbar

Etsha 6 (21 km); Shakawe (125 km)

Etsha 1

Kandalengoti

Gumare

Tubu Island

Okavango-Delta

Büffelzaun

Dobecoa

35 km   Karuwe

Qabi   Gcangwa   Gigoshe

Mahopa   Mahito

Gcin

Qubi

122 km

Nokaneng

68 km

NAMIBIA

Aha Hills

Aha Hills (1250 m)

Sand-Dünen

15 km

Xai Xai (Caecae)

9,7 km

63 km

Ncwima

27km

Nxainxaidum Fossil Valley

Xhaba Borehole

Gcwihaba (Drotsky's) Cave

21 km

Gcwihaba Hills

26 km

Gcwihabadum Fossil Valley

93km

Könde

Thaoge River

Microwave Relay Tower

1,5 km

Tsao

Fossil Valley

Entfernung zwischen ausgewählten Zielen entlang der Strecke

16 km

Sehithwa (44 km); Toteng (76 km); Maun (145 km)

steinhöhle Gcwihaba (Drotsky's) Cave stehen auf der Seite den Seriten 382 und 383.

GUMARE

Im winzigen Dorf Gumare ist der **Ngwao Boswa Curio Shop** (☎ 687 4074) zu Hause. Hier werden unter dem Label Ngwao Boswa Basket Enterprises (*ngwao boswa* bedeutet auf Tswana „vererbte Tradition") Ngamiland-Körbe geflochten, verziert und zum Verkauf gestellt. Die Kooperative wird von den Frauen des Dorfes betrieben; die Waren sind zu akzeptablen Festpreisen erhältlich.

Es verkehren täglich Combis (Minibusse) von Maun nach Shakawe, die in Gumare halten. Da in der Regel erheblich mehr Fahrgäste als Sitzplätze vorhanden sind, muss man sich anstellen und notfalls seinen Platz auch verteidigen – einfach ein Gepäckstück hinlegen und sagen „besetzt" genügt nicht.

ETSHA 6

Etsha 6 ist das größte der 13 Etsha-Dörfer, die entlang der Straße von Sehitwa nach Shakawe liegen. Zu Beginn des Bürgerkriegs in Angola flohen die Mbukushu nach Süden, wo man ihnen in Botsuana Asyl gewährte. 1969 organisierten sie sich in 13 Gruppen, die weiterhin auf dem jeweiligen Clan und der Sozialstruktur ihrer angolanischen Heimat beruhten. Jede der Gruppen ließ sich in einem Dorf, das 1 km vom nächsten entfernt lag, nieder. Die Regierung von Botsuana zählte dann einfach diese Dörfer durch und nannte die Orte Etsha 1, Etsha 2 usw.

Wer sich die Füße vertreten will, besucht das **House of the River People** (Eintritt 10 P), ein Museum und Kulturzentrum, das sich mit den Traditionen und der Kunst der Bayei, Mbukushu und San in der Okavango-Region beschäftigt. Der **Okavango Basket Shop** direkt nebenan bietet sich an, wenn man Korbflechtwaren, Töpferei und geschnitzte Sachen erstehen möchte.

Zum Übernachten empfiehlt sich das **Etsha Guesthouse & Camping** (Zelten pro Pers. 30 P, EZ/DZ mit Gemeinschaftsbad 10/20 P). Geboten sind vier schlichte Chalets mit Strohdach, Braai-Plätze und ein Block mit sanitären Einrichtungen.

Günstiges Essen mit großen Portionen zum Mitnehmen gibt's in Ellen's Cafe neben der Shell-Tankstelle. Es ist ratsam, hier noch zu tanken, selbst wenn man der Meinung ist, dass das Bezin noch bis Maun oder Shakawe reichen müsste – sicher ist sicher!

Sechs Combis am Tag, die Maun und Shakawe verbinden, halten in Etsha 6, wobei die Nachfrage das Angebot übersteigt – Schlangestehen und kräftige Ellbogen sind angesagt. Etsha 6 befindet sich 3 km östlich der Hauptstraße.

TSODILO HILLS

Die Tsodilo Hills sind einsame Brocken Quarzitschiefer, die sich abrupt aus dem Wüstenmeer erheben. Diese Hügel sind von Mythen und Legenden umrankt und haben eine spirituelle Bedeutung, die auf die Buschmänner (San) zurückgeht, die ursprünglich hier lebten, aber auch auf die Mbukushu, die Neuankömmlinge hier.

Ausgrabungen – es wurde Steinwerkzeug gefunden – lassen darauf schließen, dass das Volk der Bantu schon 500 hierher kam, während Schichten von überlagerten Felsmalereien und andere archäologische Überreste nahelegen, dass Vorfahren der San bereits seit etwa 30 000 Jahren hier lebten.

Die San glauben, dass in den Tsodilo Hills die Schöpfung der Welt stattfand, die Mbukushu hingegen meinen, dass die Götter die Menschen und ihr Vieh auf den Female Hill herabschickten.

Die Tsodilo Hills wurden von Sir Laurens van der Post als „Slippery Hills" („rutschige Hügel") beschrieben. Hier klemmten aus unerklärlichen Gründen die Kameraobjektive, die Tonbandgeräte gaben den Geist auf, und zu allem Überfluss wurden er und sein Team an drei Morgen in Folge auch noch von einem Bienenschwarm angegriffen. Als van der Post erfuhr, dass ein Gruppenmitglied ein ehernes Gesetz gebrochen hatte – der Mann hatte unterwegs zu den heiligen Hügeln ein Warzenschwein und einen Steenbock getötet –, steckte er einen Zettel mit einer Entschuldigungsnote zwischen die Bildtafeln, die seither seinen Namen tragen.

Die Tsodilo Hills sind berühmt für ihre alten Felszeichnungen. Es wurden bislang 2750 Malereien an über 200 Stellen gefunden und katalogisiert.

Orientierung

Die Tsodilo Hills bestehen aus vier Inselbergen aus Felsgestein: dem Male Hill („männlicher Hügel"), dem Female Hill „weiblicher Hügel"), dem Child Hill („Kinderhügel") und dem North Hill (Nordhügel), der ein Stück entfernt liegt und noch keinen Namen be-

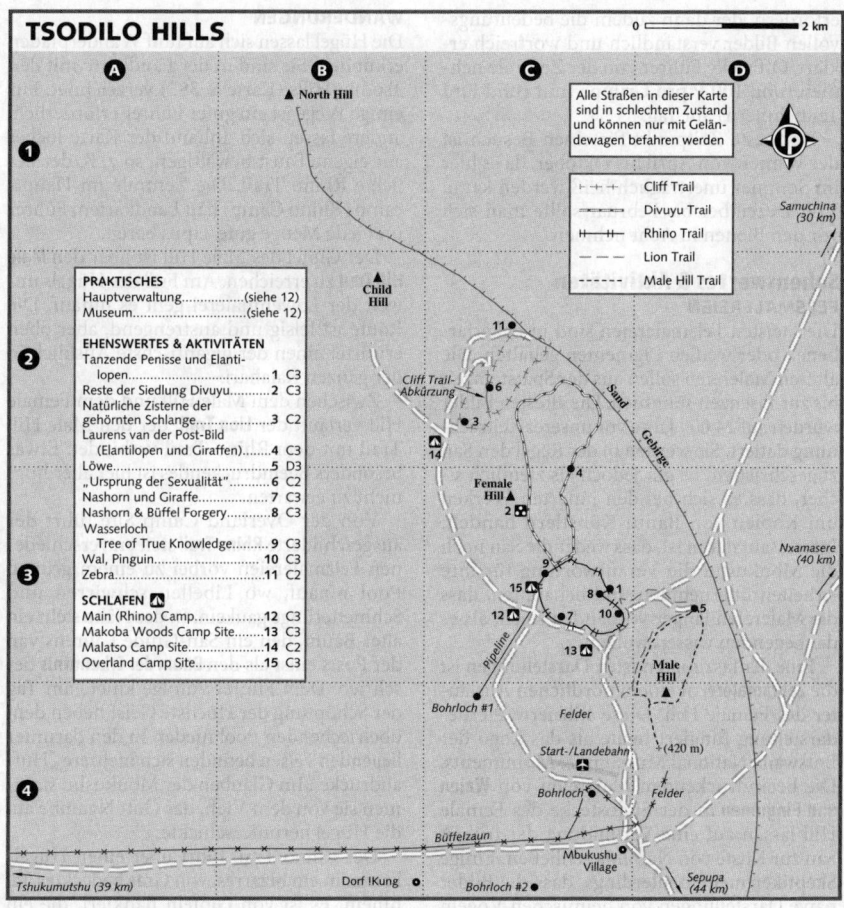

TSODILO HILLS

0 ━━━━━ 2 km

Alle Straßen in dieser Karte sind in schlechtem Zustand und können nur mit Geländewagen befahren werden

▲ North Hill

├─+─┤ Cliff Trail
────── Divuyu Trail
├─H──┤ Rhino Trail
── ── Lion Trail
------ Male Hill Trail

Samuchina (30 km)

▲ Child Hill

PRAKTISCHES
Hauptverwaltung..............(siehe 12)
Museum.........................(siehe 12)

EHENSWERTES & AKTIVITÄTEN
Tanzende Penisse und Elanti-
lopen...1 C3
Reste der Siedlung Divuyu...........2 C3
Natürliche Zisterne der
gehörnten Schlange.....................3 C2
Laurens van der Post-Bild
(Elantilopen und Giraffen).......4 C3
Löwe..5 D3
„Ursprung der Sexualität".............6 C2
Nashorn und Giraffe....................7 C3
Nashorn & Büffel Forgery.............8 C3
Wasserloch
Tree of True Knowledge..........9 C3
Wal, Pinguin............................10 C3
Zebra..11 C2

SCHLAFEN
Main (Rhino) Camp....................12 C3
Makoba Woods Camp Site........13 C3
Malatso Camp Site.....................14 C2
Overland Camp Site...................15 C3

Cliff Trail-Abkürzung

Female Hill ▲

Male Hill ▲ (420 m)

Bohrloch #1   Felder

Start-/Landebahn

Bohrloch   Felder

Büffelzaun

Tshukumutshu (39 km)   Dorf !Kung ○   Bohrloch #2 ●   Mbukushu Village   Sepupa (44 km)

Nxamasere (40 km)

---

kommen hat. Einer Legende der Buschmänner zufolge handelt es sich beim North Hill um die streitsüchtige Gattin des Male Hill, die von ihrem Mann verstoßen wurde. Der Male Hill und der Female Hill sind am besten zugänglich und lassen sich leicht an ihrer markanten Farbgebung erkennen – mauve, orange, gelb, türkis und lavendel.

Praktische Informationen

Die Tsodilo Hills wurden zum Nationalmonument erklärt und stehen unter der Schirmherrschaft des National Museum in Gaborone. Alle Besucher, die diesen Ort kennenlernen wollen, müssen sich in der Zentrale im Hauptcamp (Rhino Camp), rund 2,5 km

nördlich der Flugpiste, melden. Eintrittsgebühr wird keine erhoben.

In der Nähe vom Hauptcamp (oder: Rhino Camp) befindet sich ein kleines Museum, das die unbestreitbar spirituelle Natur der Hügel zu erklären versucht. Wer weitere Informationen zu den Hügeln wünscht, sollte in Buchhandlungen am besten nach *Contested Images* von der University of Witwatersrand, Johannesburg, Ausschau halten. Es enthält ein Kapitel über die Tsodilo Hills von Alec Campbell. Lesenswert ist auch *Conference Proceedings on Southern African Rock Paintings* von Tom Dowson.

Am besten lassen sich die Hügel zu Fuß erkunden, wobei einige Wege einen Führer erfordern, der dann zudem die bedeutungsvollen Bilder verständlich und wortreich erklärt. Offizielle Führer von der Zentrale nehmen rund 100 P pro Gruppe (mit rund fünf Teilnehmern) am Tag.

Der beste Zeitpunkt für einen Besuch ist der Winter, von April bis Oktober, da es hier im Sommer unerträglich heiß werden kann. Von Dezember bis Februar sollte man sich vor den Bienen in Acht nehmen.

Sehenswertes & Aktivitäten

FELSMALEREIEN

Die meisten Felsmalereien sind in ockerfarbenen oder weißen Pigmenten gehalten. Die älteren Malereien sollen aus der Spätsteinzeit bis zur Eisenzeit stammen. Die ältesten Bilder wurden auf 24 000 Jahre vor unserer Zeitrechnung datiert. Sie werden in der Regel den San zugeschrieben. Es gilt jedoch als ziemlich sicher, dass es sich bei den jüngsten Werken um Kopien von Bantu-Künstlern handelt. Interessant daran ist, dass weder die San noch die Mbukushu die Verantwortung für ihre Arbeiten übernehmen und behaupten, dass die Malereien länger vorhanden seien, als es die Legenden wissen wollen.

Eine der faszinierendsten Darstellungen ist die **Zebramalerei** in einem nördlichen Ausläufer des Female Hill. Diese stilisierte Pferdedarstellung fungiert heute als das Logo der Botswana National Museums & Monuments. Die beeindruckenden Malereien von **Walen und Pinguinen** in der Südostecke des Female Hill lassen auf eine Verbindung der frühen San zur Küste von Namibia schließen. Einige Skeptiker meinen allerdings, dass die Bilder naive Darstellungen von heimischen Vögeln und Fischen aus dem seichten See seien, der einst nordwestlich vom Female Hill lag.

Um die Ecke gen Westen stellt das **Nashorn- und-Giraffen-Gemälde** eine Rhinozerosfamilie dar sowie eine Giraffe, die völlig echt aussieht. In der tiefsten Mulde des Female Hill befindet sich noch eine Nashorndarstellung samt einem „gefälschten" Büffel jüngeren Datums. Direkt gegenüber von dieser Senke gibt es Darstellungen von menschlichen Gestalten zu sehen, nämlich eine Gruppe von sexuell erregten Männern beim Tanz. Alec Campbell, der Experte in Sachen Hügel und Gemälde schlechthin, verlieh ihnen den Namen „Tanzende Penisse". An der Nordflanke des Male Hill befindet sich eine Darstellung von einem vereinzelten **männlichen Löwen**.

WANDERUNGEN

Die Hügel lassen sich auf fünf Wanderpfaden erkunden. Sie sind in der Landkarte mit den Tsodilo Hills (Karte S. 385) verzeichnet. Für einige Wege ist ein guter Führer erforderlich, andere lassen sich anhand der Karte locker auf eigene Faust bewältigen, so z. B. der beliebte Rhino Trail. Die Zentrale im Hauptcamp (Rhino Camp) hält Landkarten, Führer und jede Menge gute Tipps bereit.

Der Gipfel des Male Hill ist über den **Male Hill Trail** zu erreichen. Am Fuß des Hügels unweit der Löwenmalerei geht es hinauf. Die Route ist felsig und anstrengend, aber oben erwartet einen der gigantischste Ausblick in der ganzen Kalahari.

Zwischen dem Male Hill und dem Female Hill verläuft der **Lion Trail**, der den Male Hill Trail mit dem Rhino Trail verbindet. Etwas besonders Beeindruckendes ist hier allerdings nicht zu erwarten.

Von der Overland Camp Site führt der ausgeschilderte **Rhino Trail** steil an verschiedenen Felsmalereien vorbei zu einem grünen Pool hinauf, wo Libellen schwirren und Schmetterlinge gaukeln. In der Nähe steht ein alter Baum, den ein San-Guide Laurens van der Posts einst als den **Baum der Erkenntnis** beschrieb. Dem Führer zufolge kniete am Tag der Schöpfung der Höchste Geist neben dem übelriechenden Pool nieder. In den darunter liegenden Felsen befinden sich mehrere „Hufabdrücke". Im Glauben der Mbukushu stammen sie von dem Vieh, das Gott Ngambe auf die Hügel herunterschickte.

Der Rhino Trail führt über einen Hügelkamm in ein bizarres, von Gras bedecktes Tal hinein. Es ist von Gipfeln flankiert, die ein wenig außerirdisch anmuten und angenehme Schatten werfen. Die Route verläuft an mehreren Felsverwerfungen und Felsmalereien vorbei, um dann in die Senke an der Südostseite des Female Hill hinabzuführen.

Auf dem Female Hill gelangt man nach einem kurzen, aber riskanten Klettersteig über den **Divuyu Trail** zu der Felsmalerei, die nach van der Post benannt ist. Zu sehen sind Elenantilopen und Giraffen. Über diesen Pfad lassen sich auch die Überreste des Dorfes Divuyu erreichen.

Eine andere Route, der markierte **Cliff Trail**, führt an der bescheidenen Felsmalerei mit dem Titel „Ursprung der Sexualität" vorbei und um das nördliche Ende des Female Hill herum in ein tiefes, geheimnisvolles Tal. Wer sich auf dem Pfad befindet, der passiert auch eine natürliche Zisterne (in einer Felsgrotte nahe der Nordwestecke des Female Hill), die seit Menschengedenken Wasser führt. Die San glauben, dass in diesem natürlichen Wasserreservoir eine große Schlange mit gedrehten Hörnern haust. Besucher müssen das Tier warnen, wenn sie sich nähern, indem sie einen kleinen Stein ins Wasser werfen. Diese Stätte ist ebenfalls von Felsmalereien umgeben.

Geführte Touren

Die meisten Lodges und Veranstalter in Maun bieten eintägige Touren samt Charterflug ab 5000 US$ für fünf Personen an, wobei dann bei spätem Aufbruch aber nur wenig Zeit bleibt, diese faszinierende Region wirklich gründlich kennenzulernen.

Schlafen

Wild zu campen ist überall erlaubt, aber Achtung vor den Tieren! Und natürlich sollte man den Einheimischen angemessenen Respekt entgegenbringen.

Außerdem bieten sich folgende Campingplätze an: das Hauptcamp (Rhino Camp), das Malatso Camp, das Overland Camp oder das Makoba Woods Camp zu 40 P pro Person pro Nacht. Alle liegen zum Teil im Schatten und verfügen über Plumpstoiletten. Fließendes Wasser ist nicht vorhanden. Im Hauptcamp und um den Bohrloch rund 300 m südlich der Flugpiste gibt es aber Trinkwasser. Proviant ist im Dorf Mbukushu erhältlich, es empfiehlt sich aber, sein Essen selbst mitzubringen.

An- & Weiterreise

AUTO

Drei Routen führen von der Straße von Sehitwa nach Shakawe in die Tsodilo Hills (WGS: S 18°45.677', O 21°44.833'). Alle Pisten sind sehr sandig und steinig und lassen sich somit nur mit einem Geländewagen befahren.

Die südlichste Zufahrtstraße (WGS: S 18°45.160', O 22°10.639') ist ausgeschildert und befindet sich 600 m südlich von Sepupa. Von hier sind es rund 50 km (2½ Std.) bis zur Zentrale. Diese Piste ist vermutlich die beste, was aber nicht viel zu sagen hat. Jedenfalls ist sie am leichtesten zu finden, und es kommt auch immer mal einer vorbei, der Anhalter mitnimmt.

Die nördlichste Zufahrtstraße (WGS: S 18°29.261', O 21°55.135') beginnt am Samuchina-Büffelzaun (39,2 km nordwestlich von

Sepopa und 17,2 km südöstlich von Shakawe), ist aber schlecht ausgeschildert. Man folgt dem Zaun 7,6 km Richtung Westen, biegt links (Südwesten) an dem blauen Schild mit der Aufschrift I-3 ab und nimmt dann die Piste (insgesamt sind es von der Hauptstraße 36,2 km). Die Strecke ist hitverdächtig in Sachen „die schlimmste Fahrt der Welt" – man könnte sich stattdessen auch drei oder vier Stunden auf einen bockenden Gaul hocken.

Die dritte Zufahrtstraße (WGS: S 18°35.836', O 21°59.956') beginnt 2,3 km südöstlich hinter dem Abzweig nach Nxamasere (oder 26 km nordwestlich von Sepupa und 32,7 km südöstlich von Shakawe), ist aber nicht ausgeschildert. Außerdem wird die Piste fast nie befahren, sodass keine Fußspuren zu erkennen sind. Sie schlängelt sich die meiste Zeit (37,6 km) durch tiefen Sand, kommt an verlassenen Dörfern vorbei und zwängt sich zwischen abgestorbenen Bäumen hindurch.

FLUGZEUG

Die meisten Chartergesellschaften in Maun (S. 362) bieten einen Tagesausflug in die Tsodilo Hills für 500 US$ pro Flieger mit fünf Passagieren an.

SHAKAWE

Das verschlafene Nest Shakawe dient als Grenzposten nach Botsuana sowie als Ausgangspunkt für Exkursionen in die Tsodilo Hills oder für *mokoro-* oder Angelausflüge im Okavango Panhandle, das sich nordwestlich vom Delta bis zur Grenze nach Namibia erstreckt.

Das Herz von Shakawe ist der Wright's Trading Store mit einem Supermarkt (Selbstbedienung) und einem Getränkemarkt. Hier werden auch Pula in Namibische Dollar gewechselt oder in Südafrikanische Rand. Mittlerweile gibt es hier sogar einen Geldautomaten der britisch-amerikanischen Barclay's Bank sowie einen Shoprite-Supermarkt, der ebenfalls als Wechselstube dient.

Sechs Combis pro Tag verkehren von Shakawe nach Maun (80 P, 7 Std.); sie halten in Gumare und Etsha 6. Östlich der Hauptstraße unmittelbar vor der Abzweigung zum Zentrum befindet sich eine Tankstelle (kein Schild); verlassen sollte man sich allerdings lieber nicht auf sie – manchmal ist das Benzin aus. Außerdem befindet sich hier ein kleiner Flughafen – wohl eher eine bessere Landepiste – für Charterflüge.

Die Kalahari

Die Landschaften im Nordwesetn von Botsuana haben etwas Elementares und wecken mit ihrem Gestein, ihren Dornensträuchern und Buschebenen Erinnerungen an das Leben der Menschen während der Urzeit. Doch es gibt in diesem Land sogar ein noch älteres Gebiet, das etwas zutiefst Wesentliches in den Genen anspricht, eine Rückbesinnung auf eine Art ethnische Kindheit. Diesen Eindruck vom Anbeginn der Zeit müssen die Fährtensucher erleben, wenn sie die trockene Kalahari durchqueren.

Bei den Tswana heißt diese Landschaft Kgalagadi: Durstland. Und dieses Land ist wahrhaftig trocken und verdorrt. Wenn nicht ein Land der Sanddünen, so ist die Kalahari sicher ein Land, das mit einer Palette aus Sandfarben und Eisenoxiden gemalt wurde: Rote Töne wie Blut oder rostfarbener Schlamm und verblichenes Hellgelb wie Knochen. Doch wenn der Abend anbricht, dreht sich das Rad der Farbtöne weiter zu kühleren, bisweilen weißlich-kalten Tönen: indigoblaue Nächte, die in tiefstes Schwarz übergehen, und blaue Sterne, die am langen Horizont wie Eis schimmern. Die einheimischen San behaupten in der Tat, dass man hinter der Dunkelheit „das Singen der Sterne" vernehmen könne.

Das Kalaharibecken umfasst 1,2 Mio. km² und erstreckt sich zum Teil über die Demokratische Republik Kongo, Angola, Sambia, Namibia, Botsuana, Simbabwe und Südafrika. Das Land ist unwirtlich, jedoch auch von Bäumen bestanden, und wird von ephemeren Flüssen und fossilen Wasserläufen durchzogen, die gleichsam zu Leben explodieren, sobald sie der Regen küsst.

Ob dies früher der Garten Eden war? In der Erinnerung so mancher Vorahnen vielleicht. Das Land mutet alt an – wie auch die San, die Ureinwohner hier, die sich allerdings bewundernswert der Realität des 21. Jahrhunderts angepasst haben, ohne dabei ihre Traditionen aufzugeben. Wer ihnen einen Besuch abstattet und dort in sich geht, fühlt sich mit einem Mal sehr, sehr jung.

HIGHLIGHTS

- Im **Central Kalahari Game Reserve** (S. 369) den heißen Wind auf der Haut spüren

- Im **Kgalagadi Transfrontier Park** (S. 392) beobachten, wie die Sonne untergeht und der Mond aufgeht – und umgekehrt

- Im kleinen, aber gut zugänglichen **Khutse Game Reserve** (S. 396) ein Gefühl für die Kalahari entwickeln

- In **D'kar** (S. 391) von einer der ältesten Kulturen der Menschheit lernen

- Die **Kgalagadi-Dörfer** (S. 392) erkunden, die zu den abgelegensten Siedlungszentren Botsuanas gehören

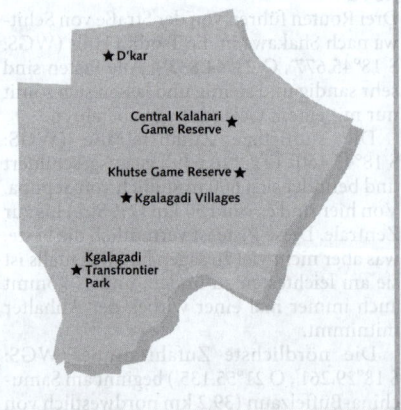

Kalahari

KALAHARI

0 ——— 100 km

- Maun (286 km)
- NAMIBIA
- D'kar
- Ghanzi
- De Graaf Grasslands Safari Lodge
- Dqãe Qare Game Farm
- Helena
- Talismanis
- Rietfontein
- Karakubis
- Tshootsha
- Molapo
- Central Kalahari GR

GR — Game Reserve
NP — National Park

- Buitepos
- Xanagas
- Mamuno
- Makurida
- Windhoek (290 km)
- Okwa River
- Xade
- Xaka
- Takatshwaane
- Bore
- Menatshe
- Bibe
- Gope
- Mothomelo
- Moriso
- Kule
- Ncojane
- Lokalane
- Palamakoloi
- Quee Pan
- Kikao
- Kukama
- Ukwi
- Südlicher Wendekreis
- Ohe
- Tsetseng
- Khutse GR
- Salajwe
- Khudumelapye
- Kang
- Dutlwe
- Takatokwane
- Letlhakeng
- Oorwinning
- Uhututu
- Hukuntsi
- Tshane
- Lokgwabe
- Morwamosu
- Motokwe
- Mboane
- Ditshegwane
- Molepolole (10 km), Gaborone (48 km)
- s. Karte Kgalagadi Transfrontier Park (S. 393)
- Tshatswa
- Kgalagadi Villages
- s. Karte Central Kalahari Game Reserve (S. 397)
- Khakea
- Sekoma
- Jwaneng
- Gasese
- Geschlossen (Kein Grenzübergang)
- Kaa
- Maokane
- Moshaneng
- Kanye
- Union's End
- Grootkolk
- Kgalagadi Transfrontier Park
- Langklass
- Kwang
- Gemsbok (Two Rivers) Section
- Mabuasehube Section
- Makopong
- Werda
- Gaborone (96 km)
- Kalahari Gemsbok NP
- Marie Se Draai
- Cheleka
- Khisa
- Phepheng
- Bray
- Moloporivier
- Pitshane
- Closed Gate (No border crossing)
- Mata Mata
- Kamqua
- Maleshe
- Tshabong
- McCarthysrus
- Voorspoed
- Vryburg
- Pulai
- Montrose
- Twee Rivieren
- Khawa
- Fly's Kop
- Dikbos
- Two Rivers
- Middlepits
- SÜDAFRIKA
- Aroab
- Bokspits
- Mmalogong
- Vanzylsrus
- Nassob River
- Molopo River

GHANZI

Die „Hauptstadt der Kalahari" ist nicht viel mehr als eine kurze Unterbrechung im Staub. Es ist schwer verständlich, wie eine Stadt in einem derart unwirklichen Gelände überhaupt zu Wohlstand gelangen konnte.

Ganz offensichtlich war es sehr hilfreich, dass Ghanzi auf einem 500 km langen Kalksteinkamm mit Unmengen an Quellwasser liegt.

Auch wenn die Stadt durchaus einen gewissen Charme hat, machen Backpacker eigentlich vor allem Halt, um aufzutanken und die Vorräte aufzustocken oder auch, um die monotone Fahrt von Windhoek (Namibia) nach Maun zu unterbrechen.

Interessant ist, dass der Name sich von dem San-Wort für ein einsaitiges Musikinstrument mit einem kürbisförmigen Klangkörper ableitet. Er stammt also nicht vom Tswana-Wort *gantsi* (Fliegen) ab, was manchmal wohl angemessener wäre.

Schlafen

Alle unten aufgeführten Quartiere lassen sich mit Fahrten in die Wildnis, Aktivitäten in Zusammenhang mit der San-Kultur und dergleichen kombinieren.

Interessante Übernachtungsmöglichkeiten für Touristen in Ghanzi sind die Dqãe Qare Game Farm (S. 392) im nahen D'kar sowie die De Graaf Grassland Safari Lodge (S. 391), 60 km östlich.

KALAHARI

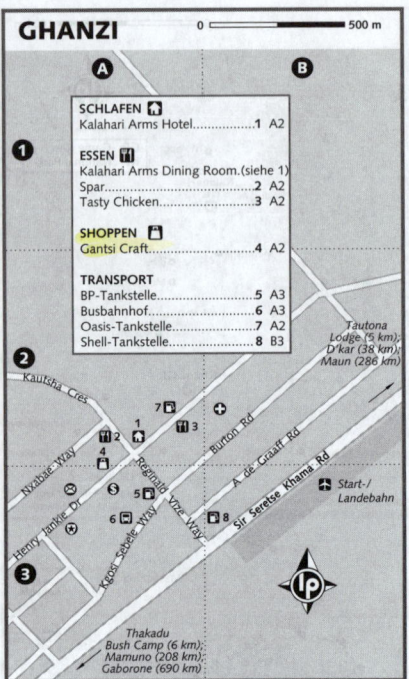

GHANZI

0 ——————— 500 m

SCHLAFEN
Kalahari Arms Hotel...............1 A2

ESSEN
Kalahari Arms Dining Room.(siehe 1)
Spar...................................2 A2
Tasty Chicken.......................3 A2

SHOPPEN
Gantsi Craft.........................4 A2

TRANSPORT
BP-Tankstelle.......................5 A3
Busbahnhof..........................6 A3
Oasis-Tankstelle....................7 A2
Shell-Tankstelle....................8 B3

Tautona Lodge (5 km); D'kar (38 km); Maun (286 km)

Kautsha Cres

Nxabae Way

Henry Jankie Dr

Kgosi Sebele Way

Reginald Vize Way

Burton Rd

A. de Graaff Rd

Sir Seretse Khama Rd

Start-/ Landebahn

Thakadu Bush Camp (6 km); Mamuno (208 km); Gaborone (690 km)

Thakadu Bush Camp (☎ 659 6959, 7212 0695; www.thakadubushcamp.com; Camping pro Pers. 30 P, EZ/DZ Chalets 200/330 P; 🛒) Dieser beliebte Campingplatz ist für eine Nacht oder drei ein Riesenspaß, denn hier werden in netter Atmosphäre gern ein paar Bierchen gekippt, während hoch über einem die Sterne aufgehen. Im Gelände befindet sich ein erfrischender Pool sowie ein Restaurant mit Bar im Stil eines Pubs. Die Zufahrtstraße ist für Pkws ohne Allradantrieb gerade so machbar – aber gut aufpassen! Der Thakadu-Campingplatz liegt 6 km südwestlich von Ghanzi.

Kalahari Arms Hotel (☎ 659 6298; www.kalahariarmshotel.com; Henry Jankie Dr; Camping pro Pers. 30 P, EZ/DZ 400/460 P; 🛒 🍴) Das Hotel ist eine Institution in Ghanzi und verfügt über moderne, gut möblierte Zimmer mit Klimaanlage und Kabel-TV. Der dazu gehörigeCampingplatz ist allerdings übervoll und dementsprechend laut. Die Zimmer in Rondavels (traditionelle Rundhütten) im Garten am Pool sind am schönsten und kosten auch nicht mehr als die anderen Quartiere.

Tautona Lodge (☎ 659 7499; www.tautonalodge.com; Camping pro Pers. 30, EZ/DZ 377/500 P; 🛒 🍴) Diese

Luxuslodge liegt 5 km nordöstlich von Ghanzi in einem weitläufigen Grundstück mit zwei Pools. In unmittelbarer Nähe gibt es ein Wasserloch, dem Antilopen gern einen Besuch abstatten.

Die geräumigen Zimmer in Gebäuden im Batswana-Stil mit Strohdach bieten Klimaanlage und Kabel-TV. Hübsch sind die traditionellen Bettüberwürfe.

Essen
Selbstversorger können sich über den **Spar-Supermarkt** (Reginald Vize Way) in der Innenstadt freuen.

Tasty Chicken (Henry Jankie Dr.; Mahlzeiten 2–4 US$) Viel mehr als Brathuhn und Pommes kommt hier kaum auf den Tisch.

Kalahari Arms Dining Room (☎ 659 6298; Mahlzeiten 35–70 P) Der Speisesaal des Kalahari Arms ist das einzige richtige Restaurant in Ghanzi und hat sich in den letzten Jahren gemausert. Auch wenn die Preise etwas überzogen sind, bietet die Speisekarte eine gute Mischung aus traditionellen und kontinentalen Gerichten.

Shoppen
Gantsi Craft (☎ 659 6241; Henry Jankie Dr.; 🕐 Mo–Fr 8–12.30 & 14–17, Sa 8–12 Uhr) Die „Hauptstadt" der Kalahari" hat sich damit von den umliegenden Farmen selbständig gemacht. Diese Kooperative wurde 1953 als Kunsthandwerksladen und Ausbildungszentrum für die San gegründet. Das Geschäft ist prima, wenn jemand traditionelle San-Kunst erstehen möchte, darunter handgefärbte Textilien, verzierte Taschen, Lederschürzen, Pfeil und Bogen, Musikinstrumente und gewebte Matten. Die Preise liegen 30 bis 50 % unter dem Niveau von Maun oder Gaborone. Die Einnahmen – und das ist sicher ein auch nicht ganz unwichtiger Aspekt – kommen komplett den hiesigen Künstlern zugute.

An- & Weiterreise
Information zu Reisen nach bzw. von Namibia siehe S. 415.

BUS & COMBIS
Ein Bus um 9 Uhr und ein weiterer um 15.30 Uhr fährt über D'kar (8 P, 45 Min.) nach Maun (40 P, 5 Std.). Bis zur Grenze nach Namibia bei Mamuno (20 P, 3 Std.) – aber nicht ins Land hinein – verkehrt ein Combi (Minibus) um etwa 10 Uhr. Nach Gaborone (80 P, 11 Std.) fährt der TJ Motlogewa's Expressbus

HENDRIK MATTHYS VAN ZYL

Seit dem 19. Jh. fungiert Ghanzi als Zwischenstopp für Reisende und Kaufleute, die die Kalahari durchqueren. Seltsame Typen haben sich schon mehr als genug in dieser Gegend Afrikas sehen lassen, aber der berüchtigtste und gewissenloseste Bursche, der je hier durchgekommen ist, war wohl Hendrik Matthys van Zyl.

Der ehemalige Politiker aus dem Transvaal in Südafrika durchquerte die Kalahari in den 1860er- und 1870er-Jahren mehrere Male – er handelte mit Waffen, machte Jagd auf Elefanten und brachte so ganz nebenbei auch noch ein paar San um. Von 1877 bis 1878 wohnte van Zyl in der Stadt Ghanzi. Er schoss über 400 Elefanten, die ihm sage und schreibe vier Tonnen Elfenbein einbrachten. Aus dem Erlös baute van Zyl ein zweigeschossiges Anwesen mit Buntglasfenstern, bestückte es mit importierten Möbeln und lebte in der von Armut gebeutelten Wildnis wie ein König.

Dann kam van Zyl jedoch 1880 plötzlich unter mysteriösen Umständen ums Leben, und um die Todesursache begannen sich zig Legenden zu ranken. Eine besagt, dass van Zyl von einem San ermordet wurde, der auf Rache sann – vielleicht sogar von einem seiner eigenen Diener. Eine andere Legende will wissen, dass er von den Khoi Khoi als Vergeltung für die ihnen angetane Ungerechtigkeit ermordet wurde. Kurz nach seinem Tod verschwanden dann seine Frau, seine Tochter und seine drei Söhne auf Nimmerwiedersehen in den Transvaal.

Vor van Zyls Tod ging das Gerücht um, dass er einen Großteil seines ganz erklecklichen Vermögens in der Gcwihaba (Drotsky's) Cave (S. 382) versteckt haben soll, doch bis zum heutigen Tag wurde in der Höhle nichts dergleichen gefunden.

an den meisten Tagen um ca. 7 Uhr, 9 Uhr und 10 Uhr ab. Fragen Sie am besten im Quartier bei ihren Herbergsleuten nach.

Alle Busse und Combis starten am Busbahnhof hinter der BP-Tankstelle am Kgosi Sebele Way.

TRAMPEN

Der meiste Verkehr in Richtung Nordosten geht nach Maun. Es ist also völlig unproblematisch, hinter dem Flughafen an der Sir Seretse Khama Road jemanden zu finden, der einen mitnimmt. Wer nach Gaborone will, sucht sich an der Oasis-Tankstelle in der Henry Jankie Drive oder an der Shell-Tankstelle in der A de Graaff Road eine Mitfahrgelegenheit.

D'KAR

Das kleine Dorf, ein kleines Stück nördlich von Ghanzi gelegen, ist die Heimat einer großen Gemeinde von Ncoakhoe-San. Diese Splittergruppe betreibt hier eine Kunstgalerie, ein Kulturzentrum und eine Ranch mit Wildpark unter der Schirmherrschaft der **Kuru Family of Organisations** (KFO; www.kuru.co.bw). Die KFO ist eine Vereinigung mehrerer nichtstaatlicher Organisationen und hat sich der Förderung der indigenen Völker im südlichen Afrika verschrieben.

Die **Contemporary San Art Gallery & Craft Shop** (☎ 659 7242; Eintritt frei; ⏰ Mo–Fr 8–12.30 & 14–17 Uhr)

bietet einheimischen Künstlern die Möglichkeit, Handwerkskunst, Gemälde und andere Kunstgegenstände zu schaffen und auch zu verkaufen. Es gibt hier außerdem einen kleinen Andenkenladen mit einem wirklich wunderbaren Sortiment, darunter Schmuck aus Straußeneischale, CDs mit San-Musik, Lederwaren, das obligate Set mit Pfeil und Bogen sowie einige Schnitzereien. Die Galerie fungiert praktisch auch als Touristeninformation. Im angrenzenden Geschäft sind Grundnahrungsmittel und Getränke erhältlich. Galerie und Geschäft befinden sich in der einzigen Straße von D'kar, nicht weit vom Abzweig zur Schnellstraße Ghanzi–Maun.

Das **Cultural Centre, Museum & Art Workshop** (☎ 659 7704; Eintritt frei; ⏰ Mo–Fr 8–12.30 & 14–17 Uhr) präsentiert mehrere Exponate zur San-Kultur; das zugehörige Atelier fördert in Zusammenarbeit mit der Kunstgalerie die Teilnahme der Einheimischen an KFO-Projekten. Der Komplex befindet sich hinter der Niederländisch Reformierten Kirche und ist von der Dorfstraße gut ausgeschildert.

Dqãe Qare Game Farm (☎ 7252 7321; www.kuru.co.bw; Eintritt 15 P, Camping pro Pers. 30 P, San-Hütten pro Pers. mit/ohne Halbpension 320/250 P) In diesem 7500 ha großen Privatreservat laden die örtlichen San-Gemeinden die Besucher zu organisierten Aktivitäten ein. Angeboten werden u. a. geführte Buschwanderungen (50 P pro Std.), bei denen sich zahlreiche Gelegenheiten bieten,

Einblicke in die traditionellen Jagd- und Sammeltechniken zu gewinnen. Die Einnahmen kommen ausschließlich den Gemeinden zu Gute. Wer nur wenig Zeit hat, kann einfach für eine Stunde oder auch zwei vorbeikommen. Wer aber entweder auf dem Campingplatz oder in einer der ansässigen Hütten übernachtet, dem bietet sich die einzigartige Gelegenheit, die San viel entspannter in ihrer Umgebung kennenzulernen. Die Farm befindet sich 15 km südöstlich von D'kar und lässt sich nur mit Allradantrieb-Fahrzeugen erreichen. Wem kein Geländewagen zur Verfügung steht, kann im Büro der Farm hinter der Kunstgalerie und dem Kunsthandwerksladen in D'kar seinen Transfer organisieren. Der Transport zur Farm kostet pro Vier-Personen-Fahrzeug 25 US$.

Die **Grassland Safari Lodge** (☎ 7210 4270; www. grasslandlodge.com; Zi. Neben-/Zwischen-/Hochaison 375/400/475 US$) hat mit der KFO nichts zu tun, wird jedoch von Lesern immer wärmstens empfohlen. Sie befindet sich abseits der Touristenrouten, 60 km von der Hauptstraße Ghanzi–Maun entfernt. Diese bewundernswerte Lodge betreibt ein Programm zum Schutz von Raubtieren; derzeit sind hier Löwen, Geparde, Leoparden und Wildhunde zu Hause. Die Farmer der Umgebung erschießen solche Raubtiere häufig, um ihr Vieh vor Angriffen zu schützen. Die Lodge führt auch Fahrten in die Wildnis und Safaris zu Pferd durch. Außerdem werden hier mit den hiesigen San Kulturveranstaltungen ausgerichtet – der Eigentümer der Lodge, Nelltjie Bowers, beherrscht sogar die markante Naro-Sprache. Transfermöglichkeiten bestehen mit dem Auto von Maun (140 US$) und Ghanzi (30 US$), zudem starten in Maun Charterflüge (300 US$) – allerdings erst ab mindestens zwei Gästen. Auskünfte, wie sich das Grassland am besten erreichen lässt, erteilt die Lodge.

KGALAGADI-DÖRFER

Hukuntsi, Tshane, Lokgwabe und Lehututu werden alle zusammen als die Kgalagadi-Dörfer bezeichnet. Sie lagen vor der Asphaltierung der Straße nach Kang in einer der abgelegensten Ecken Botsuanas. Backpacker aus aller Welt nutzen die Dörfer gern als Startplatz für ihre Ausflüge in den Kgalagadi Transfrontier Park.

Das wichtigste Geschäftszentrum der vier Dörfer, **Hukuntsi,** bietet sich an, um zu tanken und die Vorräte aufzustocken. An der Route von Hukuntsi nach Tshatswa (rund 60 km in Richtung Südwesten) liegen glitzernde weiße Salzpfannen, die sich in der Regenzeit mit Wasser füllen und große Populationen von *gemsboks* (Oryxantilopen), Straußen und Kuhantilopen versorgen.

Tshane befindet sich 12 km östlich von Hukuntsi und kann immerhin mit einer Polizeiwache im Kolonialstil aus der Zeit um 1900 aufwarten.

Lokgwabe, 11 km südlich von Hukuntsi, wurde vom Nama-Führer Simon Koper besiedelt. Er floh, nachdem er 1904 in Namibia den Nama-Aufstand angezettelt hatte, nach Bechuanaland, das unter britischem Protektorat stand. In der Folgezeit wurde er in der ganzen Kalahari von den deutschen Truppen und 800 Kamelen verfolgt. Der Müll der Häscher und ihrer Hilfskräfte aus jenen Tagen, darunter leere Corned-Beef-Dosen, liegt heute noch in der Gegend herum.

Lehututu, 10 km nordwestlich von Tshane, hat seinen Namen vom werbenden Ruf des Nashornvogels. Es war einst ein wichtiger Handelsposten, doch heute ist es bloß noch ein gesichtsloses Wüstenkaff.

Es gibt in dieser Region keine Hotels. Man muss hier also jemanden kennen, bei dem man übernachten kann, oder sein Zelt mitbringen. Camper sollten den Kgosi (Häuptling) um Erlaubnis bitten und sich in einem der Dörfer einen Campingplatz empfehlen lassen.

Von Kang sind es 114 km auf einer asphaltierten Straße bis Hukuntsi. Es besteht alternativ aber auch die Möglichkeit, von Tshabong die sandige Piste (271 km) zu nehmen, die nur mit einem Geländewagen befahrbar ist.

KGALAGADI TRANSFRONTIER PARK

Der ehemalige Mabuasehube Gemsbok National Park wurde 2000 mit dem einstigen Kalahari Gemsbok National Park in Südafrika zusammengelegt. Es entstand der neue Kgalagadi Transfrontier Park. Das Ergebnis ist ein 28 400 km² großer Park mit so einiger der größten und tollsten Wildnis auf dem ganzen Kontinent.

Es gibt dort auch Wanderdünen zu sehen, die für die Kalahari allerdings nicht so typisch sind, wie viele meinen. Immerhin ist dies eine echte Wüste: Im Sommer kann es tagsüber über 45 °C heiß werden, und nachts fallen die Temperaturen dann durchaus auf eisige –10 °C.

Im Kgalagadi leben große Herden Springböcke, Oryx- und Elenantilopen sowie Weißschwanzgnus plus die ganze Palette an Raubtieren wie Löwen, Geparde, Leoparden, Wildhunde, Schakale und Hyänen. Es finden sich ferner über 250 Vogelarten, darunter mehrere endemische Lerchen- und Bussardarten.

Praktische Informationen

Der Park gliedert sich geografisch und verwaltungstechnisch in drei Bereiche: die Gemsbok (Two Rivers) Section und die Mabuasehube Section in Botsuana. Dazu kommt der Kalahari Gemsbok National Park in Südafrika.

Die beiden Bereiche des Parks auf der Seite von Botsuana unterstehen dem Department of Wildlife & National Parks (DWNP). Deshalb ist Zelten nur auf den ausgewiesenen Campingplätzen erlaubt, die im DWNP-Büro in Gaborone (S. 313) oder in Maun (S. 358) im Voraus zu buchen sind. Ohne diesen Reservierungsnachweis gibt es auf botsuanischer Seite keinen Einlass in den Park.

Informationen zu den Öffnungszeiten, Eintritts- und Campinggebühren des Parks finden sich auf S. 27.

Die beiden Haupttore (wo die Eintrittsgenehmigung zu kaufen ist) befinden sich in Twee Rivieren (Südafrika) und Two Rivers (Botswana).

Wer in die Mabuasehube Section will, nimmt die Tore an den Pisten vom Süden, Norden und Osten her, wobei die Eintrittser-

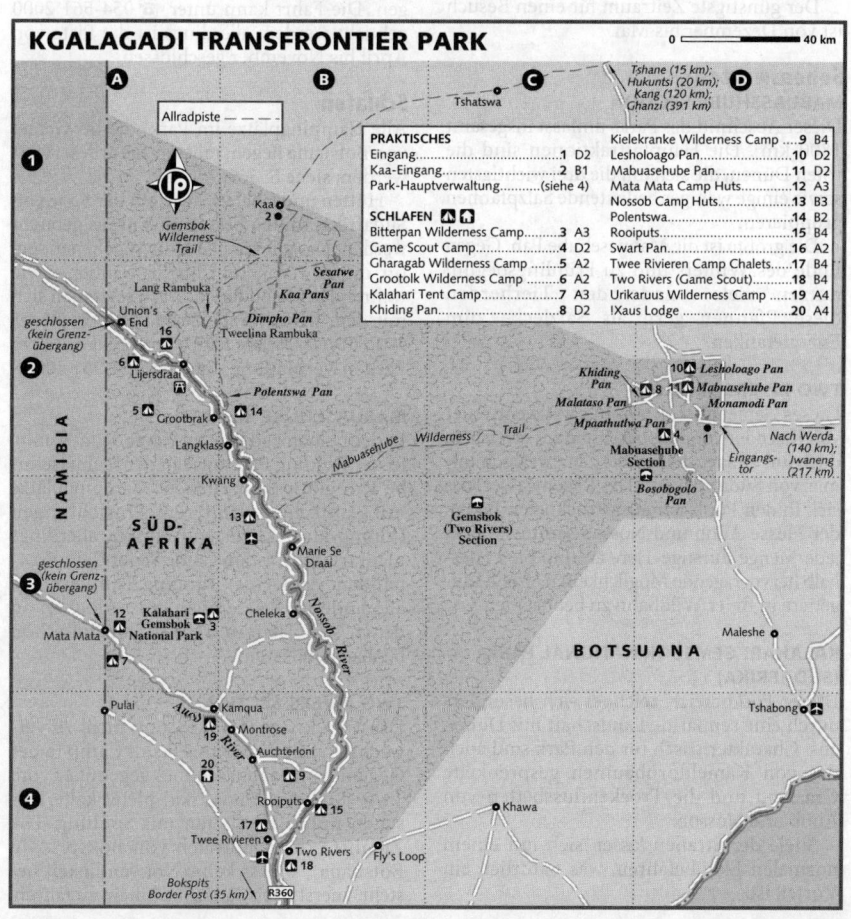

KGALAGADI TRANSFRONTIER PARK

0 ———— 40 km

Tshane (15 km);
Hukuntsi (20 km);
Kang (120 km);
Ghanzi (391 km)

Allradpiste — — —

PRAKTISCHES

Eingang	1	D2
Kaa-Eingang	2	B1
Park-Hauptverwaltung	(siehe 4)	

SCHLAFEN

Bitterpan Wilderness Camp	3	A3
Game Scout Camp	4	D2
Gharagab Wilderness Camp	5	A2
Grootolk Wilderness Camp	6	A2
Kalahari Tent Camp	7	A3
Khiding Pan	8	D2
Kielekranke Wilderness Camp	9	B4
Lesholoago Pan	10	D2
Mabuasehube Pan	11	D2
Mata Mata Camp Huts	12	A3
Nossob Camp Huts	13	B3
Polentswa	14	B2
Rooiputs	15	B4
Swart Pan	16	A2
Twee Rivieren Camp Chalets	17	B4
Two Rivers (Game Scout)	18	B4
Urikaruus Wilderness Camp	19	A4
!Xaus Lodge	20	A4

Tshatswa

Kaa 2

Gemsbok Wilderness Trail

Lang Rambuka

Sesatwe Pan

Kaa Pans

geschlossen (kein Grenzübergang)
Union's End 16

Dimpho Pan
Tweelina Rambuka

Lijersdraai 6

Polentswa Pan

Grootbrak 5   14

Langklass

Mabuasehube Wilderness Trail

Kwang

SÜD-
AFRIKA   13

Marie Se Draai

Nossob River

Cheleka

geschlossen (kein Grenzübergang)

Mata Mata   12 Kalahari Gemsbok National Park 3

7

N A M I B I A

Pulai

Kamqua

Montrose 19

Auchterloni

20   9

Rooiputs   15

17
Twee Rivieren   18   Two Rivers   Fly's Loop

Bokspits Border Post (35 km)   R360

Khiding Pan   10   Lesholoago Pan
8 11   Mabuasehube Pan
Malataso Pan   Monamodi Pan
Mpaathutlwa Pan   4
Mabuasehube Section   1   Nach Werda (140 km); Jwaneng (217 km)
Eingangstor

Bosobogolo Pan

Gemsbok (Two Rivers) Section

B O T S U A N A

Maleshe

Tshabong

Khawa

laubnis zum Game Scout Camp (Parkzentrale) in Mpaathutlwa Pan zu erwerben ist. Es gibt auch eine schwierige Piste (nur Allradfahrzeuge) von Tshatswa zum nördlichen Tor der Gemsbok (Two Rivers) Section in Kaa, demehemals selbständigen Gemsbok NP.

Diejenigen, die auf den Campingplätzen von Polentswa und Rooiputs zeltet, kann sich im Two Rivers Camp Site (Botsuana) Feuerholz mitnehmen. Benzin und Grundnahrungsmittel sind in Twee Rivieren (Südafrika) erhältlich. In Hukuntsi, Jwaneng, Kang und Tshabong lässt es sich immer zuverlässig tanken.

Nützliche Landkarten vom gesamten Park sind an den Toren in Two Rivers und Twee Rivieren zu haben.

Der günstigste Zeitraum für einen Besuch ist von Dezember bis Mai.

Sehenswertes

MABUASEHUBE SECTION

Dieser Abschnitt des Parks umfasst insgesamt 1800 km². Die Hauptattraktionen sind die roten Dünen, die sich um die drei wichtigsten sowie einige weniger bedeutende Salzpfannen gruppieren.

Die größte ist die Mabuasehube Pan. Gegen Ende des Winters und zu Frühlingsbeginn nutzen viele wandernden Tierherden diese Pfannen gern als Salzlecke zum Energietanken.

TWO RIVERS SECTION

Dieses Gebiet lässt sich mittlerweile entweder von Kaa oder von Mabuasehube aus erreichen, doch am einfachsten ist die Zufahrt noch immer von Südafrika aus. Das Regenwasser, das sich in den Pools der ausgetrockneten Betten der Flüsse Auob und Nossob sammelt, lockt jede Menge durstige Tiere an und bietet deshalb hervorragende Möglichkeiten, große Säugetiere in freier Wildbahn zu beobachten.

KALAHARI GEMSBOK NATIONAL PARK (SÜDAFRIKA)

Dieser Parkbereich zeichnet sich besonders durch eine semiaride Landschaft mit Dünen aus. Charakteristisch für den Park sind auch das von Kameldornbäumen gesprenkelte Grasland und die Trockenflussbetten von Auob und Nossob.

Viele der Straßen lassen sich mit einem normalen Pkw befahren, was natürlich ein Vorteil ist.

Aktivitäten

WILDERNESS TRAILS

In dieser abgelegenen Ecke von Botsuana gibt es mehrere Pisten durch die Wildnis. Der **Nossob Eco Trail** dauert vier Tage und Proviant ist wirklich absolut alles mitzubringen. Der Weg führt an einfachen Campingplätzen vorbei. Walkie-Talkies werden für die Expedition gestellt, zu der mindestens zwei und höchstens fünf Fahrzeuge erforderlich sind. Die Kosten liegen pro Wagen (mit maximal fünf Fahrgästen) bei 1730 R. Es wird empfohlen, beim DWNP in Gaborone (☎ 318 0774) im Voraus zu buchen. Der **Swartbas Wilderness Trail** ist ein zweitägiger Wandertreck mit einfachen Campingeinrichtungen auf dem Weg und lässt sich mit einem robusten Geländewagen bewältigen. Die Fahrt kann unter ☎ 054-561 2000 gebucht werden, allerdings ist die Piste von April bis November geschlossen.

Schlafen

Alle Campingplätze im Park, die im Gebiet von Botsuana liegen, müssen zuvor reserviert werden; siehe S. 369.

Hütten und Chalets, auch auf der Seite von Südafrika, sollten besser im Voraus gebucht werden. Das gilt vor allem für Wochenenden, für die Zeit von Juni bis September sowie während der Schulferien. Dazu setzt man sich mit dem **National Parks Board** (☎ Pretoria 012-428 9111; PO Box 787, Pretoria, 0001) oder direkt mit dem Park in Verbindung unter ☎ 054-561 2000.

MABUASEHUBE SECTION

In der Lesholoago Pan, im Game Scout Camp, in der Khiding Pan sowie in der Mabuasehube Pan gibt es nur einfache Campingplätze mit einfachen sanitären Einrichtungen (Plumpsklos). Genügend Wasser, allerdings nicht trinkbar, ist im Game Scout Camp vorhanden. Außer der Khiding Pan verfügen alle anderen Plätze über Wasserlöcher, an denen sich Tiere in freier Wildbahn schön beobachten lassen.

TWO RIVERS SECTION

Das Two Rivers (Game Scout; nicht zu verwechseln mit dem Game Scout Camp in der Gegend von Mabuasehube) gegenüber vom Twee Rivieren (Südafrika) bietet kalte Duschen und Sitztoiletten mit Spülung. Die Zufahrt erfolgt nördlich von Bokspits (in Botsuana), sodass keine Notwendigkeit besteht, zuerst nach Südafrika hinein zu fahren.

DIE KALAHARI CONSERVATION SOCIETY

Die Kalahari Conservation Society (KCS) ist eine nicht-staatliche Organisation (NGO), die 1982 vom ehemaligen Präsidenten von Botsuana, Sir Ketumile Masire, ins Leben gerufen wurde. Die KCS wurde aufgrund der Erkenntnis gegründet, dass Flora und Fauna in Botsuana starken Belastungen ausgesetzt waren. Sie hat in den letzten 20 Jahren aktiv mit den NGOs und Ministerien zusammengearbeitet, um Umwelt und Ressourcen in Botsuana zu schützen. Bislang hat sich die Organisation für mehr als 50 Schutzprojekte in der Kalahari, im Chobe National Park, im Moremi Game Reserve sowie im Okavango-Delta eingesetzt.

Ziel der KCS ist es, mit Hilfe von Erziehung und Aufklärungskampagnen das Bewusstsein der Öffentlichkeit für die reiche Flora und Fauna des Landes zu schulen, die Forschung auf diesem Gebiet zu intensivieren und zu finanzieren sowie Konzepte zum Schutz von Tieren und Umwelt zu fördern und zu unterstützen. Zur Umsetzung dieser Vorhaben ist die KCS auf Privatspenden angewiesen. Interessierte können für 50 US$ im Jahr Mitglied werden.

Weitere Informationen stehen auf der Website www.kcs.org.bw.

Drei recht einfache Campingplätze finden sich auch auf der Seite von Botsuana am Nossob River: Rooiputs mit Schatten und einfachen sanitären Anlagen, rund 30 km von Two Rivers, Polentswa mit Schatten und Plumpsklos, aber ohne fließendes Wasser sowie Swart Pan, das nur von Südafrika aus zu erreichen ist.

KALAHARI GEMSBOK NATIONAL PARK

Die Hütten und Chalets sind allesamt mit Bettzeug und Kochutensilien ausgestattet. Überall gibt es einen Laden, in dem Artikel des täglichen Bedarfs erhältlich sind wie Essen, Getränke (auch Alkohol), Beleuchtungsartikel und meist auch Benzin.

Twee Rivieren Camp Chalets (Camping 120–130 R, Chalets 520–740 R; 🌐 📶) Das am besten zugängliche und beliebte Camp liegt auf beiden Flussufern und bietet einen Pool und ein Restaurant mit Bar im Freien. Die rustikalen Chalets verfügen über moderne Annehmlichkeiten wie Klimaanlage, heiße Duschen und eine voll eingerichtete Küche.

Nossob Camp Huts (Camping 130 R, Chalets ab 460 R, 4-Bett-Gästehäuser 910 R, 6-Bett-Cottages 730 R) Das eher spartanische Camp erstreckt sich hübsch am Nossob River.

Mata Mata Camp Huts (Camping 130 R, 2 Betten mit Gemeinschaftsbad 450 R, 6-Bett-Cottages für 1–4 Pers. mit Küche & Bad 760 R) Auch dieses Camp ist recht einfach. Es liegt malerisch am Auob River unweit der Grenze nach Namibia.

Bitterpan Wilderness Camp (Zelte 690 R) Wer hierher fahren will, muss die Route über Nossob nehmen, eine einspurige Straße. Aber die Zelte auf Pfählen, die über einem schimmernden Wasserloch zu schweben scheinen, sind so romantisch, dass sich der Aufwand echt lohnt.

Gharagab Wilderness Camp (Hütten 720 R) Das Camp im Norden des Parks fügt sich perfekt in den Busch ein. Das Gharagab ist staubig, schon von irgendwie unwirklicher Schönheit und ideal, um den Sonnenuntergang über dem Wasserloch zu beobachten.

Grootolk Wilderness Camp (Hütten 760 R) Nur 20 km von der Grenze zwischen Botsuana, Namibia und Südafrika, aber Lichtjahre von der modernen Zivilisation entfernt, sind diese Hütten in der Wüste der Traum eines jeden gesellschaftsmüden Backpackers, der einen Hang zum Eskapismus hat.

Kielekranke Wilderness Camp (Hütten 760 R) Weitere tolle Zelthütten mitten in der Kalahari.

Urikaruus Wilderness Camp (Hütten 760 R) Das Camp auf Pfählen inmitten von Kameldornbäumen bietet gute Gelegenheiten, im ausgetrockneten Flussbett oder am Wasserloch Tiere in freier Wildbahn zu bestaunen.

Kalahari Tented Camp (Zelte 790–885 R) Das Camp mit 15 Zelten (darunter eines für Flitterwöchner – echt nett!) liegt am ausgetrockneten Auob River und dem beeindruckenden blutroten Durstland.

!Xaus Lodge (☎ in Südafrika 27 21-701 7860; www.xauslodge.co.za; Chalets 2200 R; 🌐 📶) Wer so richtig Lust hat, sein Geld zu verprassen, sollte sich eine Übernachtung in der einzigen Luxusherberge im Kgalagadi gönnen. Die Lodge ist in Besitz der lokalen San-Gemeinde, die sie auch betreibt. Die Innenräume sind mit Wandbehängen geschmückt, Träume in Ocker, die vom Nähkollektiv der Frauen hier gefertigt wurden (Einzelheiten zu ihrer Arbeit s. www.vezokuhle.heksie.co.za) Der Pool ist vielleicht

KALAHARI

schon fast zu dekadent, aber das San-Personal, die kulturellen Aktivitäten und die wirklich hervorragenden Fahrten in die Wildnis sind der Hit.

An- & Weiterreise

Landepisten (nur für Charterflüge) finden sich in Ghanzi, Tshabong, Twee Rivieren und beim Nossob Camp.

Die Gegend von Two Rivers ist vom Süden her über Two Rivers erreichbar, vom Norden her über Kaa. In den Kalahari Gemsbok National Park gelangt man über Twee Rivieren – beide befinden sich rund 53 km nördlich vom Grenzübergang Bokspits. Die Grenzübergänge nach Namibia in Union's End und Mata Mata sind geschlossen, weil der Verkehr die Tiere stört. In die Mabuasehube Section gelangt man vom Süden (über Tshabong), vom Noden (über Tshane) und vom Osten (über Werda).

KHUTSE GAME RESERVE

Dass 2500 km² große Reservat ist bei der Bevölkerung von Gaborone für Wochenendausflüge beliebt.

Der Name Khutse bedeutet auf Sekwena, dem einheimischen Tswana-Dialekt, „wo man sich hinkniet, um zu trinken". Und daraus ist zu schließen, dass es in dieser Gegend früher einmal Wasser gab.

Heute herrscht in diesem Reservat ständig Dürre, und somit sind Wildtiere eher selten hier anzutreffen. Dass das Reservat dennoch so beliebt ist, liegt wohl an seiner guten Zugänglichkeit und seiner Abgeschiedenheit in der Buschsavanne.

Praktische Informationen

Das Khutse wird vom DWNP verwaltet, und somit ist Zelten nur in den eigens ausgewiesenen Campingplätzen (s. S. 392) erlaubt. Ohne vorherige Reservierung werden Besucher nicht in den Park eingelassen.

Im Kapitel zu den Nationalparks, S. 27, stehen weitere Informationen zu Öffnungszeiten, Eintritts- und Campinggebühren.

Die letzte zuverlässige Tankstelle befindet sich in Molepolole; Nahrungsmittel und Getränke sind in Molepolole, Letlhakeng und Salajwe erhältlich.

Die günstigsten Zeitpunkte für einen Besuch des Khutse sind Frühling und Herbst. Wochenenden und Ferien sollte man besser meiden, denn dann wird es voll hier.

Schlafen

Das Khutse Game Reserve rühmt sich einiger Campingplätze in herrlicher Lage. Die Besucher sollten jedoch Trinkwasser und etwas zu essen mitbringen.

Das Wildlife Camp (Karte S. 397; Game Scout Camp) ist das einzige Camp mit fließendem, allerdings nicht trinkbarem Wasser, Sitztoiletten mit Spülung sowie kalten Duschen. Es nimmt dei Position nicht weit vom Eingang zum Reservat ein.

Die Khutse Camp Site (Karte S. 397) liegt zwischen Khutse I und II Pan und bietet praktisch keinen Komfort. Dafür ist sie aber leicht erreichbar und auch beliebt.

Die beiden unten aufgeführten einfachen Campingplätze befinden sich in der Nähe von Wasserquellen, die Wildtiere, darunter auch Geparde, zu schätzen wissen.

Molose Waterhole (Karte S. 397; S 23°23.023′, 0 24°11.182′)

Moreswe Pan (Karte S. 397; S 23°33.510′, 0 24°06.826′)

An- & Weiterreise

Das Eingangstor und das Parkbüro sind 55 km von Gaborone entfernt. Die Straße ist bis Letlhakeng asphaltiert, aber bis zum Khutse ist die Fahrt lang (103 km), und die Straße wird dann sandig und ist nur mit einem Fahrzeug mit Allradantrieb zu bewerkstelligen.

CENTRAL KALAHARI GAME RESERVE

Das Central Kalahari Game Reserve (CKGR) ist das trockene Herz des trockenen Südens eines trockenen Kontinents und zu jeder Zeit schlichtweg atemberaubend. Die Trekker, Wanderer und Leute auf Überlandsafari kehren von hier mit buschigerem Bart, glasigen Augen und einem benommenen Lächeln zurück. Es liegt da etwas in dieser trockenen Luft, und in der scheinbar leeren Landschaft verbirgt sich für Menschen, die sich hier herwagen, ein ganz tiefes Gefühl sinnvoller Verbundenheit.

Mit 52 000 km² – etwa die Größe von Dänemark – ist dieses Reservat das größte Naturschutzgebiet Afrikas. Es wurde 1961 eigentlich als Privatreservat für die San ins Leben gerufen, dient heute jedoch überwiegend als Wildpark. Im Süd- und Westteil des CKGR leben bis heute kleinere Gruppen der San; seit der Zwangsumsiedelung hat sich ihre Anzahl allerdings enorm verringert. (Weitere Informationen zur Geschichte der San und zu ihrer Lebenssituation s. S. 293).

CENTRAL KALAHARI GAME RESERVE

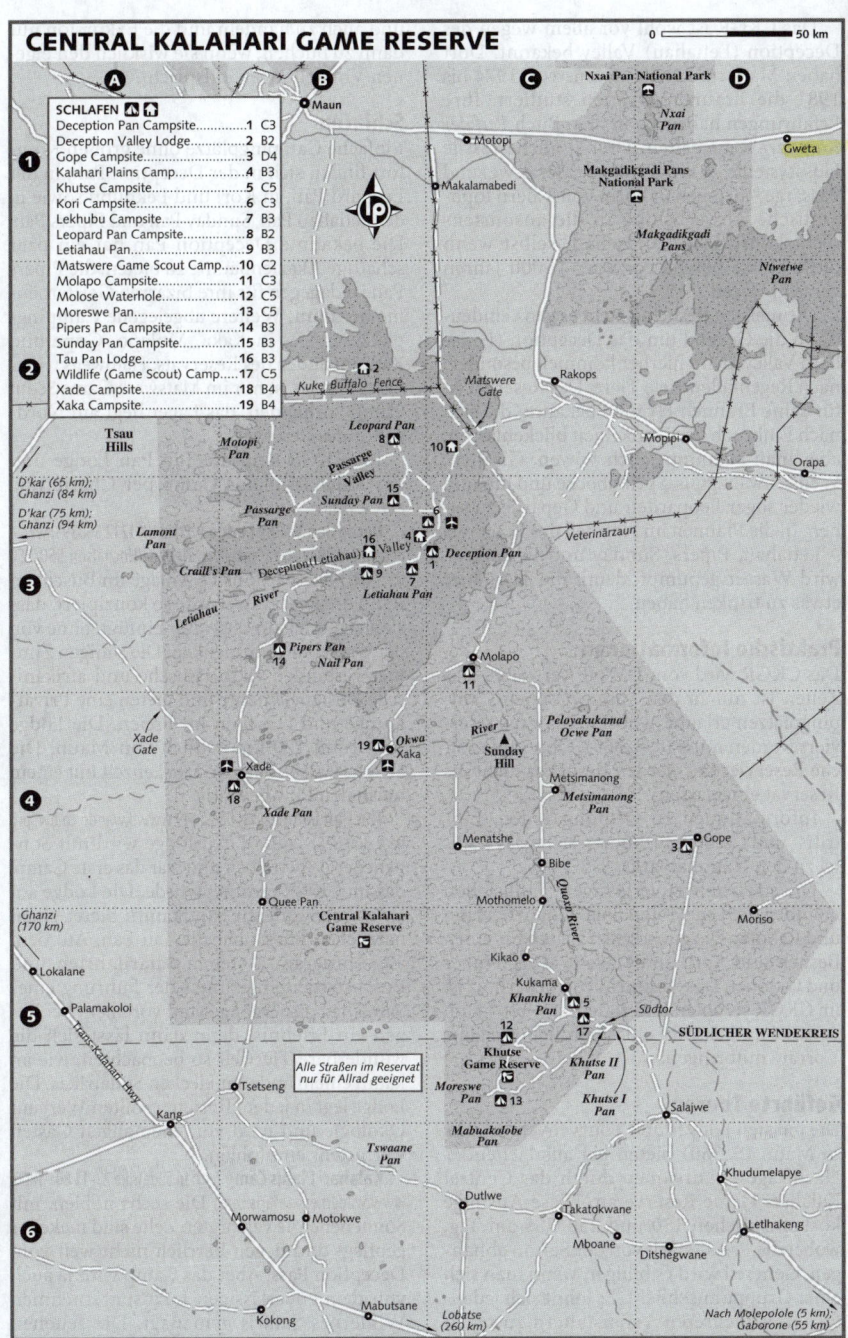

SCHLAFEN		
Deception Pan Campsite	1	C3
Deception Valley Lodge	2	B2
Gope Campsite	3	D4
Kalahari Plains Camp	4	B3
Khutse Campsite	5	C5
Kori Campsite	6	C3
Lekhubu Campsite	7	B3
Leopard Pan Campsite	8	B2
Letiahau Pan	9	B3
Matswere Game Scout Camp	10	C2
Molapo Campsite	11	C3
Molose Waterhole	12	C5
Moreswe Pan	13	C5
Pipers Pan Campsite	14	B3
Sunday Pan Campsite	15	B3
Tau Pan Lodge	16	B3
Wildlife (Game Scout) Camp	17	C5
Xade Campsite	18	B4
Xaka Campsite	19	B4

0 — 50 km

Nxai Pan National Park

Nxai Pan

Gweta

Maun

Motopi

Makalamabedi

Makgadikgadi Pans National Park

Makgadikgadi Pans

Ntwetwe Pan

Kuke Buffalo Fence

2

Matswere Gate

Rakops

Tsau Hills

Motopi Pan

Leopard Pan
8
10

Mopipi

Orapa

D'kar (65 km);
Ghanzi (84 km)

D'kar (75 km);
Ghanzi (94 km)

Passarge Valley

15
Sunday Pan

6

Passarge Pan

Lamont Pan

Craill's Pan

Deception (Letiahau) Valley

16   4
9   1
7

Deception Pan

Veterinärzaun

Letiahau River

Letiahau Pan

Pipers Pan
14
Nail Pan

Molapo
11

Xade Gate

Peloyakukama/
Ocwe Pan

19   Okwa
Xaka

River

Sunday Hill

Metsimanong

Metsimanong Pan

Xade
18

Xade Pan

Menatshe

Bibe

3   Gope

Moriso

Ghanzi (170 km)

Lokalane

Quee Pan

Central Kalahari Game Reserve

Mothomelo

Quoxo River

Palamakoloi

Kikao

Kukama
Khankhe Pan

Südtor

5
17

SÜDLICHER WENDEKREIS

12

Khutse Game Reserve

Khutse II Pan

Trans-Kalahari-Hwy.

Tsetseng

Alle Straßen im Reservat nur für Allrad geeignet

Moreswe Pan   13

Khutse I Pan

Salajwe

Khudumelapye

Kang

Tswaane Pan

Mabuakolobe Pan

Letlhakeng

Morwamosu   Motokwe

Dutlwe

Takatokwane

Mboane

Ditshegwane

Kokong

Mabutsane

Lobatse (260 km)

Nach Molepolole (5 km);
Gaborone (55 km)

KALAHARI

Das CKGR ist wohl vor allem wegen des Deception (Letiahau) Valley bekannt. Dort haben Mark und Delia Owens von 1974 bis 1981 die Braunen Hyänen studiert. Ihre Erfahrungen haben sie in dem Buch *Ruf der Kalahari* festgehalten. Drei ähnliche fossile Flusssysteme – Okwa, Quoxo (Meratswe) und Passarge – bringen in Form von Tälern topografische Abwechslung in die ansonstens recht konturlose Landschaft, selbst wenn diese Flüsse bereits vor über 16 000 Jahren versiegt waren.

Die meisten Besucher zieht es ganz eindeutig in die Gegend um das Deception (Letiahau) Valley, denn hierher kommen besonders nach Regenfällen viele Tiere. Das Reservat ist für seine Braunen Hyänen bekannt, die sich nach Einbruch der Dunkelheit blickenlassen, aber man bekommt auch Löwen, Giraffen, Weißschwanzgnus, Springböcke und hin und wieder sogar Leoparden und Geparde zu sehen. In die Pfannen im Nordteil des Reservats – Letiahau, Pipers, Sunday und Passarge – wird Wasser gepumpt, damit die Tiere hier etwas zu trinken haben.

Praktische Informationen
Das CKGR wird vom DWNP verwaltet. Das Zelten ist nur in den ausgewiesenen Campingplätzen erlaubt, wobei im Voraus reserviert werden muss (s. S. 369). Ohne eine solche Reservierung werden Besucher nicht ins Reservat eingelassen.

Informationen zu Öffnungszeiten, Eintritts- und Campinggebühren siehe das Kapitel zu den Nationalparks, S. 27.

Die nächsten zuverlässigen Tankstellen befinden sich in Molepolole, Ghanzi, Maun und Rakops. Die günstigsten Zeiten für einen Besuch sind April und Mai sowie September und Oktober. Das Sammeln von Feuerholz ist im CKGR verboten und zudem sowieso kaum von Erfolg gekrönt – deshalb lieber eigene Vorräte mitbringen.

Geführte Touren
Die meisten Lodges und Tourenveranstalter in Maun (S. 360) bieten bei ausreichender Nachfrage Exkursionen durch das Central Kalahari Game Reserve an. Diese Ausflüge kosten zwischen 150 und 250 US$ am Tag, wobei die Preise stark von der Saison abhängen. Generell wird es billiger, wenn man sich einer Gruppe anschließt. Es lohnt sich jedenfalls, mit mehreren Veranstaltern zu reden

und auch zu handeln und die Exkursion nur dann zu buchen, wenn sie wirklich den eigenen Vorstellungen entspricht.

Schlafen
Einfache Campingplätze ohne großen Komfort finden sich in der Deception Pan, in der Leopard Pan, in Kori und Lekhubu sowie in der Letiahau Pan, Sunday Pan und Pipers Pan. Die bekannte Deception Pan hat ein paar schattige Akazienbäume zu bieten, die Pipers Pan ist dagegen für ihre bizarren Geisterbäume berühmt. Weitere abgelegene Campingplätze gibt es in Xaka, Molapo, Gope und Xade im Süden des Reservats. Halbwegs trinkbares Wasser ist nur im Matswere Game Scout Camp vorhanden, das Lager liegt am Nordosttor des Reservats.

Im CKGR sind die Tau Pan Lodge und das Kalahari Plains Camp per Charterflug erreichbar; s. u..

Deception Valley Lodge (☎ in UK 1212 868393; www.deceptionvalley.co.za; pro Pers. Neben-/Hochaison 550/750 US$; ▨) Diese exklusive Anlage im Busch am Rand des Reservats wurde so konzipiert, dass sie sich perfekt in die Natur einfügt, ohne von der Umgebung abzulenken. Die ruhigen Zimmer verbinden viktorianische und afrikanische Designelemente und bieten eine Privatlounge und Duschen im Freien. Die Lodge liegt rund 120 km südlich von Maun. Die Strecke lässt sich in der Trockenzeit mit einem normalen Pkw bewältigen.

Tau Pan Lodge (☎ 686 1449 www.kwando.co.bw; pro Pers. 360 US$) Diese Luxuslodge wird mit Sonnenenergie betrieben und war das erste Camp, das im CKGR eröffnet wurde. Die Lodge auf einem zerklüfteten Sandkamm bietet einen herrlichen Blick über die Tau Pan. Auf dem Tagesprogramm stehen Safarifahrten und Buschspaziergänge unter der Führung eines San. Die Spaziergänge sind vor allem bei Regen ein Erlebnis, denn dann lässt sich die wunderbare Tierwelt so beobachten, wie an kaum einem anderen Flecken Südafrikas. Die Lodge legt in jeder Hinsicht größten Wert auf Ökologie und wird von ehemaligen Gästen wärmstens empfohlen.

Kalahari Plains Camp (☎ in Südafrika 27-11 807 1800; www.wilderness-safaris.com) Die sechs noblen, mit Sonnenenergie versorgten Zelte sind makellos gepflegt und liegen herrlich nicht weit von Deception Pass. Aber das Camp wird ja auch von dem zuverlässigen Luxusunternehmen Wilderness Safaris gemanagt. Die seltenen

Schwarzmähnenlöwen streifen hier durch die Gegend, und der exklusive Service und die absolute Abgeschiedenheit garantieren schon fast übersinnliche Reisefreuden.

An- & Weiterreise

Landepisten (nur für Charterflüge) befinden sich in der Nähe von Xade, Xaka und Deception Pan.

Wer im Reservat herumfahren will, braucht dafür unbedingt einen Geländewagen mit Allradantrieb, außerdem natürlich einen Kompass oder auch ein Navigationsgerät (WGS/GPS). Ganz wichtig sind gefüllte Benzinkanister für den Notfall. Es führen gleich mehrere Pisten ins CKGR, wobei aber insgesamt nur drei offizielle Eingangstore vorhanden sind. Der Haupteingang ist das Matswere Gate (WGS: S 21°09.047', O 24°00.445'). Man fährt zunächst ab Rakops 2,5 km auf der Piste nach Norden, biegt dann in westliche Richtung ab und folgt einfach der Beschilderung. Von Maun nimmt man den Highway Maun–Nata und biegt nach genau 54 km in Richtung Süden zum Makalamabedi ab. Von da ab muss man einfach nur noch den Schildern zum CKGR folgen.

Das Südtor (WGS: S 23°21.388', O 24°36.470') liegt an der Piste ab dem Khutse Game Reserve. Die Zufahrt zum Xade Gate (nicht weit weg vom Xade Wildlife Camp) fängt in der Nähe von D'kar an.

Allgemeine Informationen

INHALT

AKTIVITÄTEN

Botsuana steht als Reiseland für Aktivurlaub mit Fahrten im Gelände, Buschwanderungen und einer Fahrt in einem traditionellen *mokoro* (Stechkahn) auf den Wasserwegen des Okavango-Deltas.

Die astronomischen Preise der Lodges beinhalten meist verschiedene Aktivitäten, doch sind in den letzten Jahren auch viele lokale Kooperativen entstanden, die ein ähnliches Programm auch für knappere Touristenbud gets anbieten.

Mokoro-Fahrten

Eine Fahrt auf einem *mokoro*, einem Einbaum, durch die Flussarme des Okavango-Deltas sollte man auf keinen Fall versäumen. Man fühlt sich dabei fast wie in einer Gondel mit einem afrikanischen Gondoliere, der das Boot mit langen Stangen durchs flache Wasser bewegt. Aus dieser Perspektive bekommt man zwar wenig von der Welt der Säugetiere zu sehen, dafür ist man aber den Wasservögeln im Delta besonders nah. Mehr dazu in den Kästen auf S. 377 und 361.

Motorboot- & Angelausflüge

Am Okavango und am Chobe River werden auch Bootsfahrten und Angelausflüge mit Motorbooten angeboten. Die beliebteste Art der Binnenfischerei ist das Fliegenfischen nach Tigerfischen in den tiefen und schnell fließenden Gewässern des Okavango Panhandle wie beispielsweise bei Drotsky's Cabins (S. 374) und der Xaro Lodge (S.378). Die Saison dauert von August bis November. Die Fische sollten nach dem Fang wieder freigelassen werden.

Quads

Verschiedene Lodges in den Makgadikgadi Pans im Nordosten Botsuanas veranstalten Ausflüge auf vierrädrigen Quads oder ATVs (All-Terrain-Vehicle) in die ausgedehnten Salzpfannen. Quads sind sicher zu fahren, erfordern keine Erfahrung, keinen Führerschein und machen viel Spaß.

Reitausflüge

Ein Ausritt mitten durch Zebra- und Gnuherden ist ein unvergessliches Erlebnis. Man muss allerdings schon ein erfahrener Reiter sein. Anfänger werden auf Pferdesafaris in der Regel nicht mitgenommen. (Man sollte nämlich in der Lage sein, sich in kritischen Situationen eigenständig in Sicherheit zu bringen.) Eine Ausnahme bilden das privat unterhaltene Mashatu Game Reserve (S. 335) im trockenen Tuli Block und African Animal Adventures (S. 362) in Maun – dort dürfen auch Reit-Neulinge sich in die Wildnis wagen.

Rundflüge

Rundflüge über das Okavango-Delta in einem Kleinflugzeug oder in einem Helikopter (S. 362) können bei den Anbietern in Maun

---

PRAKTISCH & KONKRET

- Für Maße und Gewichte gilt das metrische System.

- Videos laufen über das PAL-System.

- Es gibt zwei Steckdosentypen: dreipolige Stecker nach südafrikanischem Standard und dreipolige Flachstecker nach britischem Standard. Die Stromspannung beträgt 220/240 V, 50 Hz.

- Die staatliche *Daily News* berichtet über Regierungsangelegenheiten und eingeschränkt auch über internationale Nachrichten. Für Besucher ist der *Botswana Advertiser,* der in Gaborone und im Osten Botsuanas erhältlich ist, von größerem Interesse. Zeitungen in Gaborone sind unter anderem der *Mirror,* die *Botswana Gazette,* der *Botswana Guardian,* die *Midweek Sun* und *Mmegi/ Reporter,* die einen Feuilletonteil hat. Regionale Wochenzeitungen wie die *Ngami Times* in Maun sind bessere Quellen für lokale Informationen.

- Mehrere Radiostationen bringen Nachrichten in Englisch und Tswana. Sie spielen einheimische und ausländische Musik. Yarona (106,6 FM) und GABZFM (96,2 FM) können rund um Gaborone empfangen werden. RB2 (103 FM) gehört zum staatlichen Sender Radio Botswana. Mit einem Kurzwellenradio können BBC World Service und internationale Programme, beispielsweise aus der Heimat, empfangen werden.

- Der staatliche Sender Botswana TV (BTV) sendet Nachrichten (in Setswana) und Sport (in Englisch und Tswana) sowie amerikanische Komödien. Gaborone Broadcasting Corporation (GBCTV) wird im Großraum Gaborone empfangen, ebenso wie südafrikanische Sender. Die meisten Hotels der Mittelklasse bieten zusätzlich M-Net, einen Pay-TV-Sender, und Hotels der Spitzenklasse bieten auch Satellitenfernsehen an.

---

oder über jede Unterkunft gebucht werden. Die Preise bewegen sich zwischen 100 und 200 US$ pro Person.

Wandern

Im Gegensatz zu Namibia gehören Wanderungen nicht zu den herausragenden Aktivitäten in Botsuana, was nicht zuletzt am Tierreichtum der dicht bewachsenen Nationalparks liegt.

Die meisten Lodges im Okavango-Delta, in der Central Kalahari Game Reserve und in den Makgadikgadi Pans verfügen über Wanderwege. Die Wanderungen von Jack's Camp in den Makgadikgadi Pans (S. 342) sind eine faszinierende Möglichkeit, die Salzpfannen mit San-Führern zu erkunden, die auf die speziell angepasste Fauna und Flora hinweisen. In den Tsodilo Hills (S. 387) im Nordwesten Botsuanas führen Pfade zu interessanten Felsmalereien in den Bergen. Weitere beliebte Wandergebiete sind der Gaborone Dam (S. 326), der Kgale Hill (S. 326), Kanye (S. 327), die Mokolodi Nature Reserve (S. 326) und Mochudi (S. 323), die alle in der Nähe von Gaborone liegen.

Die meisten Lodges organisieren geführte Wanderungen für ihre Gäste, und solche mit Führer sind oft auch Bestandteil eines *moko-*

ro-Ausflugs im Okavango-Delta. Inzwischen bieten viele Veranstalter auch mehrtägige Touren zwischen Camps an.

ALLEINREISENDE

Für Alleinreisende ist Botsuana ein schwieriges Land, vor allem für Rucksacktouristen: Man findet dort nur wenige Gleichgesinnte, und die Preise sind hoch (außer man reist mit dem Zelt). Außerhalb von Maun gibt es praktisch keine Herbergen, in denen man andere Reisende treffen könnte. Hinzu kommt ein stattlicher Zuschlag für Einzelreisende in den meisten Lodges und Camps, die ohnehin schon nicht billig sind: Oft berechnet man dort 200 US$ zusätzlich, wenn die Preise ohnehin schon rund 500 US$ betragen.

Außerdem ist es fast unmöglich, sehenswerte Orte mit öffentlichen Verkehrsmitteln zu erreichen. Wenn man sich also nicht mit anderen zusammentun kann, um ein Auto zu mieten, zahlt man regelrechte Wucherpreise. Und selbst in Maun, dem eigentlichen touristischen Zentrum des Landes, trifft man selten auf Einzelreisende: Im Unterschied zu Namibia haben es Alleinreisende hier also richtig schwer. Am günstigsten für Einzelreisende sind Audi Camp (s. S. 363), Okavango River Lodge (s. S. 362) und Back to the Bridge Backpackers (s. S. 362), alle in Maun. Hier hat man noch die besten Chancen, anderen Travellern zu begegnen und mit ihnen gemeinsam das Okavango-Delta zu erkunden.

Natürlich gibt es Menschen, die das Alleinsein und die Einsamkeit ganz besonders lieben. Für solche Menschen ist Botsuana natürlich wie geschaffen.

BOTSCHAFTEN & HOCHKOMMISSARIATE

Botschaften & Hochkommissariate von Botsuana

Botsuana hat nur wenige Vertretungen im Ausland. Visa werden für die meisten Besucher bei der Ankunft erteilt.

Namibia (☎ 264-61 221 941; Fax 236 034; 101 Nelson Mandela Ave., PO Box 20359, Windhoek)
Sambia (☎ 01-250 019/555; Fax 253 895; 5201 Pandit Nehru Rd., Diplomatic Triangle, PO Box 31910, Lusaka)
Simbabwe (☎ 04-794 645/7/8; Fax 793 030; 22 Phillips Ave., Belgravia, PO Box 563, Harare)
Südafrika Kapstadt (☎ 021-421 1045; Fax 421 1046; 3. OG, Southern Life Centre, 5 Riebeeck St., PO Box 3288, Kapstadt); Johannesburg (☎ 011-403 3748; Fax 403 1384; 33 Hoofd St, Braampark, Forum Ii, 4. Stock, PO Box 32051, Braamfontien, Johannesburg)

Botschaften & Konsulate in Botsuana

Alle unten aufgeführten diplomatischen Gesandtschaften befinden sich in Gaborone (Karte S. 314–315). Botschaften und Konsulate anderer Länder sind im Nachbarstaat Südafrika vertreten.

Angola (☎ 390 0204; Fax 397 5089; Plot 13232 Khama Cres, Nelson Mandela Dr., PO Box 111)
Deutschland (☎ 395 3143; www.gaborone.diplo.de; 2. OG, Professional House, Broadhurst Mall, Segoditshane Way)
Frankreich (☎ 397 3863; www.ambafrance-bw.org; 761 Robinson Rd., PO Box 1424; ☾ Mo–Fr 8–16 Uhr)
Großbritannien (☎ 395 2841; www.britishhighcomissi on.gov.uk/botswana; Plot 1079-1084 Main Mall, Queens Rd., PO Box 0023; Mo–Do 8–12.30 & 13.30–16.30, Fr. 8–13 Uhr)
Namibia (☎ 390 2181; Fax 390 2248; 1. OG, Debswana House, PO Box 987; Mo–Fr 7.30–13 & 14–16.30 Uhr)
Sambia (☎ 395 1951; Fax 395 3952; Plot No 1118 Queens Rd., The Mall, PO Box 362; Mo–Fr 8.30–12.30 & 14–16.30 Uhr)
Simbabwe (☎ 391 4495; Fax 390 5863; Government Enclave, Plot 8850, PO Box 1232; Mo–Fr 8–13 & 14–16.30 Uhr)
Südafrika (☎ 390 4800; sahcgabs@botsnet.bw; 29 Queens Rd., PO Box 00402, Mo–Fr 8–12.45 & 13.30 bis 16.30 Uhr)
USA (☎ 395 3982; http://gaborone.usembassy.gov/; Embassy Dr., PO Box 90; Mo–Fr 9–16 Uhr)

ERMÄSSIGUNGEN

In Botsuana gibt es keine einheitlich akzeptierte und im ganzen Land verbreitete Ermäßigungskarte. Eine Aufenthaltsbewilligung berechtigt zu Preisnachlässen in Hotels. Hostelkarten sind kaum von Nutzen, aber ein Studentenausweis berechtigt zumindest zu einer Ermäßigung von 15 % in Intercape Mainliner Bussen und teilweise auch zu Ermäßigungen in Museen.

Senioren über 60 erhalten gegen Vorlage eines Ausweises ebenfalls 15 % Ermäßigung in Intercape Mainliner Bussen und Ermäßigungen auf inländische Flugpreise der Fluglinie Air Namibia.

Der Eintritt in die nationalen Wildparks beträgt für Kinder zwischen acht und 17 Jahren die Hälfte des Normalpreises.

ESSEN

Günstige Mahlzeiten kosten weniger als 40 P. Dabei handelt es sich meist um einfache Gerichte wie gegrilltes Fleisch, Hähnchen mit Reis oder Pommes, Burger, Pizza sowie einige Snacks.

In mittelteuren Restaurants kostet ein Essen zwischen 50 und 80 P und in teuren ungefähr 120 P. In den meisten Lodges und Camps sind alle Mahlzeiten und teilweise auch Softdrinks im Zimmerpreis gleich mitenthalten. Dieser Reiseführer listet auch Geschäfte und Supermärkte auf, in denen frisches Obst, Gemüse und Campingartikel erhältlich sind.

Getränke

In einer Bar kostet eine Flasche Bier in der Regel etwa 15 P, entsprechend weniger bei einem Einkauf in einem Supermarkt oder Getränkemarkt. Bier in Flaschen ist billiger als Bier in Dosen (welches meist in Restaurants angeboten wird).

Supermärkte und Getränkemärkte führen eine große Auswahl an importierten Bieren, Weinen und Spirituosen, und die Preise sind vergleichbar mit denen im heimischen Europa. Die ausgezeichneten Rot- und Weißweine aus der Kapregion Südafrikas sind eine Kostprobe wert.

Mineralwasser ist in Supermärkten und Restaurants erhältlich. Eine 1-l-Flasche kostet ca. 7 P. Wer plant, über längere Zeiträume zelten zu gehen, sollte unbedingt Wasserentkeimungstabletten mitnehmen, um das verfügbare Wasser trinkfähig zu machen.

FEIERTAGE

Alle Banken, Behörden und Unternehmen haben an staatlichen Feiertagen geschlossen. Hotels, Restaurants, Bars, kleinere Geschäfte, Tankstellen, Museen, Nationalparks, Wildreservate und Grenzübergänge bleiben geöffnet, und öffentliche Verkehrsmittel fahren wie gewohnt. Verschiedene Behörden, Banken und einige Unternehmen haben auch am Tag nach Neujahr, dem Tag des Präsidenten, dem Unabhängigkeitstag und dem zweiten Weihnachtsfeiertag geschlossen.

Neujahr 1. Januar
Ostern März/April – Karfreitag, Ostersonntag und Ostermontag
Tag der Arbeit 1. Mai
Christi Himmelfahrt Mai/Juni, 40 Tage nach Ostersonntag
Sir Seretse Khama Day 1. Juli
Tag des Präsidenten Dritter Freitag im Juli
Botsuana/Unabhängigkeitstag 30. September
Weihnachten 25. Dezember
Boxing Day – zweiter Weihnachtsfeiertag 26. Dezember

FESTIVALS & EVENTS

Ein kulturelles Highlight im Festkalender ist das einwöchige Maitisong Festival Ende Mai/Anfang April in Gaborone – mit Tanz, Musik und Theater (s. Kasten S. 317). Ende März findet in der Haupstadt alljährlich die **Traditional Dance Competition** statt. Ein weiteres sehenswertes Fest ist das **Kuru Traditional Dance and Music Festival** im August in D'kar, wo sich alles um die Kultur der San dreht. Seit 2009 gibt es auch noch das **Maun Festival** mit viel Musik, Kunsthandwerk, Tanz und Essen – und zwar jeweils Ende April/Anfang Mai.

FOTOS & VIDEO

Viele Batswana lassen sich gern fotografieren, manche sind natürlich auch weniger begeistert, wenn sich eine Kamera nähert. Man sollte daher immer den Wunsch der betroffenen Person respektieren. Ferner sollten natürlich keine Fotos von Brücken, Dämmen, Flughäfen, militärischen Einrichtungen, Regierungsgebäuden und anderen strategisch wichtigen Einrichtungen aufgenommen werden.

Filme und Diafilme, Speicherchips, Batterien und anderes Zubehör sowie Videokassetten sind in Gaborone, Francistown und Maun erhältlich. Es empfiehlt sich jedoch, eigenes Material mitzubringen. Eine Rolle Fuji-Film 24/36 kostet ungefähr 30 P, Diafilme 40 P (ohne Entwicklung).

Es ist in allen Städten möglich, seine Fotos entwickeln zu lassen, was pro Film mit 24/36 Farbbildern etwa 70 P kostet.

Digitale Speicherkarten, CDs und Ähnliches bekommt man in Gabarone in Einkaufszentren wie Game City. Etwas schwieriger wird es in Maun und Kasane, aber auch da sind diese Dinge zu bekommen. In Maun gibt es viele Läden in Flughafennähe, da könnte man Erfolg haben; in Kasane empfiehlt sich Kasane Internet (s. S. 347).

FRAUEN UNTERWEGS

Für Frauen stellt das Reisen in Botsuana keine besondere Schwierigkeit dar. Die Männer dort sind höflich und respektvoll, insbesondere, wenn frau nicht an ihren Annäherungsversuchen interessiert ist. Frauen können einheimische Männer treffen und mit ihnen sprechen, ohne dass ihre Absichten falsch ausgelegt werden.

Allerdings sollten allein reisende Frauen in fast allen Nachtclubs oder Bars große Vorsicht walten lassen, da Schwierigkeiten und Probleme erfahrungsgemäß vor allem von Männern ausgehen, die zu viel Alkohol getrunken haben.

Die Gefahr sexueller Übergriffe ist in Botsuana zwar nicht unbedingt größer als in Europa, aber Frauen sollten selbstverständlich die nötige Vorsicht walten lassen und z. B. nicht ohne Begleitung durch Parks oder Seitenstraßen gehen, vor allem nicht nachts. Und natürlich sollten Frauen nicht unbedingt allein oder nachts trampen und sich für Reisen durch kaum bewohntes Gebiet nach Möglichkeit einer kleinen Gruppe anschließen.

Die gewählte Kleidung ist am besten dezent. Kurze Ärmel sind Ordnung, und schlabberige Shorts und weite T-Shirts sind dort akzeptabel, wo sich auch andere Touristen tummeln. In Dörfern und ländlichen Gegenden allerdings sollte man so wenig Haut wie irgend möglich zeigen.

FREIWILLIGENARBEIT

Es gibt in Botsuana nur sehr wenige Möglichkeiten für einen ehrenamtlichen Einsatz. Die infrage kommenden Projekte sind normalerweise klein und lokal angelegt und können in der Regel keine freiwilligen Mitarbeiter aufnehmen. Außerdem ist Botsuana ein gut organisiertes und relativ wohlhabendes Land, in dem der Bedarf an Hilfe nicht so groß ist, wenn man einmal von den Nichtregierungsorganisationen absieht, die sich um Aids-Kranke kümmern.

Falls jemand aber dennoch die freiwillige Mitarbeit in einem Projekt sucht, sollte er/sie unbedingt die entsprechende Organisation bereits lange Zeit vor Reiseantritt kontaktieren. Man informiert die Organisation am besten über die eigene Qualifikation und vereinbart bei positivem Bescheid alle weiteren Modalitäten.

An mehreren Stellen in diesem Buch finden sich Hinweise auf infrage kommende Projekte. Darüber hinaus kann man sich für weitere Informationen mit folgenden internationalen Organisationen in Verbindung setzen:

Australian Volunteers International (☎ 03-9279 1788; www.australianvolunteers.com; 71 Argyle St, PO Box 350, Fitzroy, VIC 3065, Australien). Diese Organisation setzt qualifizierte und erfahrene freiwillige Mitarbeiter für zwei Jahre ein.

Project Trust (☎ 01879-230444; www.projecttrust. uk; The Hebridean Centre, Isle of Coll, Argyll, Scotland, PA78 6TE, GB) Die Einrichtung organisiert einjährige Praktika für Schulabgänger, z. B. an einer Schule in der Umgebung von Maun.

UN Volunteers (UNV; ☎ 228-815 2000; www.unv.org; Postfach 260 111, Bonn, Deutschland) Es handelt sich um eine international agierende Organisation der Vereinten Nationen, die qualifizierte und bereits erfahrene Freiwillige betreut und ein Büro in Gaborone unterhält (www.unbotswana. org.bw/unv.html; UN Place, Khama Cres, Plot 22, PO Box 54, Gaborone).

Eine weitere nützliche Adresse ist **Volunteer Work Information Service** (VWIS; ☎ 0044 1935 864 458; www.workingabroad.com; The Old School House, Pendomer, Yeovil, Somerset, BA22 9PH, GB), die in über 150 Ländern tätig ist.

GEFAHREN & ÄRGERNISSE

Botsuana entspricht im Vergleich nicht den gängigen Vorstellungen eines afrikanischen Landes. Es ist modern und entwickelt, und das meiste funktioniert. In den Städten ist das Leitungswasser durchaus trinkbar. Ein Schutz gegen Cholera oder Gelbfieber ist daher nicht erforderlich.

HIV bzw. Aids ist ein ernsthaftes Problem, aber bei Einhaltung vernünftiger Sicherheitsmaßnahmen drohen keine übermäßigen Risiken. Weitaus bedeutender sind die Gefahren durch die Tierwelt und die Eigengefährdung beim Fahren im Busch. Der Kasten auf S. 51 erläutert, wie Kollisionen mit Wildtieren vermieden werden können.

Insektenstiche & -bisse

Der Süden, die südliche Mitte und der Südwesten des Landes sind malariafrei, und Malaria stellt im Winter (Mai–Juli) auch im übrigen Land nur eine geringe Gefahr dar. Für den Rest des Jahres seien Prophylaxe sowie die richtige Bekleidung, Moskitonetze und Insektenabwehrmittel empfohlen. Bilharziose wird durch Wasser übertragen und kommt vor allem in stehenden oder langsam fließenden Gewässern vor.

Schlangenbisse und Stiche durch Skorpione bilden eine weitere potenzielle Gefahrenquelle. Schlangen wie auch Skorpione lieben dunkle Schlupfwinkel. Es ist wichtig, beim Zelten oder Wandern den Schlafsack tagsüber immer wegzuräumen und Stiefel vor dem Anziehen auszuklopfen, nicht barfuß zu laufen und die Hand nicht in Felsritzen oder Löcher zu stecken. Schlangen greifen nur an, wenn sie sich bedroht fühlen.

Weitere Informationen zu diesen und anderen Gesundheitsrisiken befinden sich im Kapitel „Gesundheit" auf S. 424.

Polizei & Militär

Auch wenn Polizei und Tiersperrzäune, Bürokratie und gelangweilte Beamte lästig sein können, so sind diese doch meist harmlos. Eine genaue Überprüfung ist selten, auch wenn Fahrer ab und zu ihr Gepäck zur genaueren Inspektion an der Grenze oder einem Tiersperrzaun auspacken müssen.

Die botsuanische Armee (Botswana Defence Force) dagegen nimmt ihre Aufgaben sehr ernst. Eine Militärbasis, die gemeinsam mit der amerikanischen Regierung betrieben wird, liegt in einem abgelegenen Gebiet in der Nähe der Lobatse Road südwestlich von Gaborone und sollte unbedingt großräumig gemieden werden! Dasselbe gilt nach Einbruch der Dunkelheit für State House, die offizielle Residenz des Präsidenten in Gaborone. Sie liegt in der Nähe der Regierungsenklave, in der es abends allerdings sowieso nichts los ist, und so erscheint jeder, der dort „herumhängt", verdächtig.

Straßenverkehr

Das größte Problem für Einzelreisende ist die Sicherheit auf den Straßen, denn die Unfallrate in Botsuana ist eine der höchsten der Welt. Betrunkene und rücksichtslose Autofahrer sind an der Tagesordnung, vor allem am Monatsende, wenn die Löhne ausbezahlt werden. Hinzu kommen Kühe, Ziegen, Schafe, Esel und sogar Elefanten, die die Straße benutzen oder überqueren. Besonders gefährlich sind sie wegen der schlechten Sicht in der Morgen- und Abenddämmerung. Beim Autofahren in Botsuana muss man auf alles gefasst sein und sich unbedingt an die Geschwindigkeitsvorschriften halten.

GELD

In diesem Buch sind die Preise teils in US$, teils in der Landeswährung Pula angegeben. In allen Spitzenhotels, Lodges und und Camps kann man mit US-Dollars bezahlen. Ansonsten gilt in der Regel der Pula.

Pula bedeutet übersetzt so viel wie „Segen" oder „Regen", der in diesem weitgehend wüstenartigen Land fast so wertvoll ist wie Geld. Geldscheine gibt es für 10, 20, 50 und 100 Pula, Münzen mit 5, 10, 25 und 50 Thebe und 1, 2 und 5 Pula.

Die meisten Banken und Wechselstuben sind nicht am sambischen Kwacha und am Namibia-Dollar interessiert. Falls man diese Währungen benötigt, sollte man das Geld in Grenznähe umtauschen.

Es gibt im Land fünf Geschäftsbanken mit Filialen in allen größeren Städten und Dörfern. Abgesehen von diesen Bankfilialen kommt man nicht leicht an Geld, von den Wechselstuben an den Grenzübergängen einmal abgesehen.

Es gibt in Botsuana keinen Schwarzmarkt für Währungen. Wer auf der Straße einen Geldumtausch anbietet, handelt illegal und ist vermutlich ein Betrüger; eine Ausnahme sind vielleicht die Jungs, die in Minibussen auf dem Weg nach Südafrika Pula gegen südafrikanische Rand tauschen wollen. Dieses Angebot nutzen auch die Einheimischen, es scheint also vertrauenswürdig zu sein.

Weitere Hinweise und Wechselkurse finden sich auf der Umschlaginnenseite vorn und auf der Website www.oanda.com; siehe auch S. 16.

Bargeld

Fast alle gängigen Fremdwährungen werden gewechselt – allerdings nicht bei jeder Bankfiliale. US-Dollar, Euro und südafrikanischer Rand können überall gewechselt werden.

Ausländische Währungen, vor allem der US-Dollar, werden auch von Mittel- und Spitzenklassehotels, Lodges und Reiseveranstaltern akzeptiert.

In Minibussen und Bussen nach und von Südafrika kann auch in südafrikanischen Rand bezahlt werden, das gilt auch für das Einrichten von Kraftfahrzeugsteuern an der Grenze von Südafrika und Botsuana.

Geldanweisungen von ausländischen Banken sind in den Hauptfilialen von Barclays und Standard Chartered und durch Western Union in Gaborone möglich.

Geldautomaten

Kreditkarten können in Geldautomaten benutzt werden, und in den meisten Banken bekommt man damit auch am Schalter Bargeld ausgezahlt. Gängig sind vor allem Visa und MasterCard. Man findet die Automaten in fast allen Bankfilialen in ganz Botsuana, jedenfalls in Gaborone, Maun und Kasane. Geld aus dem Automaten zu holen ist sicherlich die einfachste und sicherste Art, sich unterwegs zu versorgen.

Kreditkarten

Kreditkarten wie Visa, MasterCard, American Express und Diners Club werden in vielen Geschäften, Restaurants und Hotels (aber nicht an Tankstellen) akzeptiert.

In großen Filialen der Barclays Bank und der Standard Chartered Bank sind auch Bargeldabhebungen am Bankschalter möglich. In jeder Stadt befindet sich mindestens eine Filiale von Barclays und/oder Standard Chartered, in der Geld gewechselt werden kann, aber nicht jede Filiale verfügt über die Berechtigung oder die Technologie für Bargeldabhebungen.

Reiseschecks

Reiseschecks können bei fast allen Banken und Wechselstuben getauscht werden. Die gängigsten sind American Express (Amex), Thomas Cook und Visa.

Es ist empfehlenswert, Reiseschecks in US-Dollar oder Euro ausstellen zu lassen. Eine Stückelung in große Beträge spart Gebühren beim Umtausch.

Beim Wechseln muss der Reisepass vorgelegt werden.

Trinkgeld

Trinkgeld ist nicht obligatorisch, auch wenn durch die offizielle Politik der Regierung, den Tourismus der gehobenen Preisklasse zu fördern, in vielen Hotels und Restaurants entsprechende Erwartungen geweckt wurden.

Teilweise ist der Servicebetrag bereits im Peis inbegriffen. Ist jedoch keiner enthalten und war man mit der Bedienung zufrieden, sind etwa 10 % Trinkgeld durchaus üblich.

Auch Aufseher, die das Auto auf öffentlichen Parkplätzen bewachen, oder Personen, die die Windschutzscheiben an Tankstellen waschen, erwarten für ihren Service ein Trinkgeld von 2 bis 5 P.

INTERNETZUGANG

Obwohl Botsuana über eines der besten Telekommunikationsnetze auf dem afrikanischen Kontinent verfügt, ist der gewünschte Internetzugang häufig erstaunlich schwierig, unzuverlässig und langsam. Die Form der Internettelefonie ist derzeit offiziell sogar gesperrt, obwohl Botsuana eine ganze Menge registrierter Skype-User besitzt.

In Städten wie Gaborone, Francistown, Kasane und Maun gibt es Internet-Cafés. Pro Stunde muss man dort mit Kosten von 20 bis 50 P rechnen. Einige Hotels und Lodges bieten ebenfalls einen Internetzugang an.

Deshalb hat es nicht viel Sinn, seinen eigenen Laptop auf der Reise mitzuschleppen, es sei denn, man hat daran wichtige Arbeiten zu erledigen. Nur wenige Hotels bieten nämlich einen Internetzugang auf dem Zimmer an (allenfalls in Gaborone hat man die Chance eines Zugangs). Zudem besteht die Gefahr, dass das eigene Modem in Botsuana überhaupt nicht funktioniert. Weitere Einzelheiten zu diesem Thema finden sich auf der Website www.teleadapt.com.

KARTEN

Die genaueste Karte des Landes für Selbstfahrer ist die *Shell Tourist Map of Botswana* (1:1.750.000), die in Buchläden in Botsuana und Südafrika erhältlich ist. Sie enthält detaillierte Informationen aller wichtigen Parks bzw. Reservate sowie des Tuli Block, der Tsodilo Hills, der Gcwihaba (Drotsky's) Cave und der Makgadikgadi Pans und zudem Dutzende hilfreiche Koordinaten des Global Positioning Systems (GPS).

Shell veröffentlicht auch Detailkarten des Chobe National Park, der Moremi Game Reserve, des Okavango-Deltas, der Linyanti Marshes und des Kgalagadi Transfrontier Park. Die Karten enthalten eine detaillierte Übersicht der Wildbeobachtungspfade sowie nützliche GPS-Koordinaten und kosten etwa 2,50 US$.

Bei GeoCentre gibt es eine allgemeine Straßenkarte im Maßstab von 1:1 650 000, bei Macmillan im Maßstab 1:1 750 000.

Karten sind an Tankstellen und in örtlichen Buchläden erhältlich.

KINDER

Eine Botsuana-Reise mit Kleinkindern ist nicht einfach zu meistern. Es gibt nämlich nur wenige Camps, in denen Kinder überhaupt willkommen sind; die meisten akzeptieren sogar nur Kinder ab 12 oder sogar 16 Jahren. Also unbedingt vorher nachfragen und ausführlich informieren! Eine Ausnahme bildet das Seba Camp (S. 372).

Die Vorbehalte sind eigentlich verständlich, denn Kleinkinder und wilde Tiere passen nun einmal schlecht zusammen. Und weil so wenige Eltern mit Kleinkindern kommen, gibt es in Restaurants auch kaum Kinderstühle oder Wickelräume und in den Hotels kaum Kinderbetten oder Babysitter-Dienste.

Praktisch & Konkret

Eltern müssen im Busch besonders wachsam sein. Keiner der privaten oder öffentlichen Campingplätze des Landes ist so eingezäunt, dass Tiere draußen und Kinder drinnen bleiben, und man sollte auch zusätzliche Gefahren wie Lagerfeuer, Stechmücken, Schlangen und beißende bzw. stechende Insekten bedenken. Viele Insektenabwehrmittel enthalten DEET und sind daher für die Verwendung bei Kleinkindern nicht geeignet.

Die Hitze und der Staub, lange und langweilige Fahrten im Bus oder Auto sind strapaziös. Daher empfiehlt es sich, viele Bücher, CDs und Spiele mitzunehmen. Die Sicherheit auf den Straßen ist ein weiterer zu bedenkender Aspekt, und wer mit Kindern reist, tut gut daran, ein Auto zu mieten. Man sollte dabei vorab klären, ob es Kindersitze gibt, und gegebenenfalls die eigenen Sitze mitbringen.

Was die Gesundheit betrifft, ist Botsuana ein relativ sicheres Land, und die vorhandenen medizinischen Einrichtungen sind gut. Die Regierung macht Reisenden mit Kindern einige Zugeständnisse. So ist beispielsweise der Eintritt für Nationalparks und Wildreservate für Kinder unter acht Jahren umsonst, und Kids zwischen acht und 17 Jahren bezahlen nur die Hälfte.

Wertvolle Hinweise für Familienreisen finden sich im Lonely Planet *Reisen mit Kindern* von Brigitte Barta.

Sehenswertes & Aktivitäten

Das Reisen im Wohnmobil und Zelten oder das Übernachten in „Luxury Tented Lodges" ist für Jung und Alt eine spannende Erfahrung, und das Beobachten der Tierwelt im Chobe Nationalpark (S. 345) oder das Quadfahren in den Makgadikgadi Pans sorgt für Unterhaltung.

Von anderen Aktivitäten wie Ausritten auf Pferden, Fahrradsafaris, Rundflügen über das Okavango-Delta und Ausflügen im *mokoro* träumt jedes Kind. Zudem kann man für weitere Aktivitäten wie Rafting, Löwenbeobachtungen, River-Boarding (Wellenreiten) und Bootsausflüge (s. S.260) nach Sambia ausweichen. Camps in Botsuana, die Kinder aufnehmen, haben oft Führer eigens für Kinder und einfallsreiche Unterhaltungsprogramme, in denen man beispielsweise lernt, wie man aus Elefantendung Papier herstellen kann.

Safaris sind eher für größere Kinder geeignet. Stundenlanges Fahren und ruhiges Beobachten von Tieren kann von Kindern als unendlich sowie langweilig empfunden werden, sodass man auf Ausflügen viele Pausen einplanen und viel Zeit am Schwimmbecken verbringen sollte.

KLIMATABELLEN

Botsuana hat ein subtropisches Wüstenklima mit Temperaturextremen zwischen Tag und Nacht, mit geringem Niederschlag und bisweilen auch einer stickigen Luftfeuchtigkeit. Die von Dezember bis Februar dauernde Regenzeit ist durch sintflutartige Regenfälle und eine hohe Luftfeuchtigkeit (50 bis 80 %) gekennzeichnet.

Die Tagestemperaturen steigen auf bis zu 40 °C an, auch wenn sie im Mittelwert zwischen 25 und 30 °C liegen. Überflutungen sind häufig und können in regenreichen Jahren, wie beispielsweise 2005, ganze Teile des Landes lahmlegen.

Von März bis Mai lassen die Regenfälle nach und die Temperaturen sinken auf 25 °C. Dies ist die beste Reisezeit. Von Ende Mai bis August regnet es nur selten.

Die Tage sind meist klar und warm, aber die Nächte können kalt werden. In der Kalahari fallen im Juni und Juli die Nachttemperaturen teilweise unter den Gefrierpunkt, und bei hoher Luftfeuchtigkeit ist auch Frost möglich.

Der September und der Oktober, wenn die Temperaturen wieder ansteigen, sind die tro-

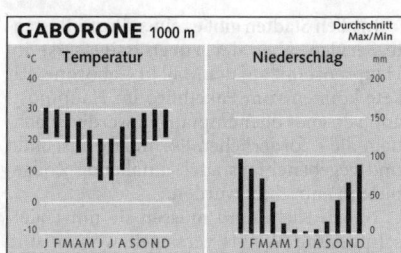

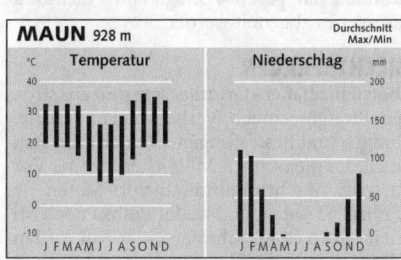

ckensten Monate des Jahres. Die Tagestemperaturen liegen bei 30 °C und die Luftfeuchtigkeit zwischen 20 und 40 %. Siehe dazu auch S. 15 für die beste Reisezeit.

ÖFFNUNGSZEITEN

Die Öffnungszeiten in Botsuana sind einheitlich, und es scheint, als habe das ganze Land am Sonntag geschlossen.

Privatunternehmen und Geschäfte sind montags bis freitags von 8 oder 9 bis 17 oder 18 Uhr geöffnet (sie schließen aber oft in der Mittagszeit zwischen 12 und 14 Uhr) und samstags von 9 bis 13 Uhr. Banken sind montags bis freitags von 8 bis 15 Uhr und samstags von 8 bis 12.30 Uhr geöffnet. Die Post ist montags bis freitags von 7.30 bis 12.30 und von 14 bis 16.30 und samstags von 7.30 bis 12.30 Uhr geöffnet. Behörden sind montags bis freitags von 7.30 bis 12.30 Uhr geöffnet, Restaurants in der Regel montags bis samstags ganztägig von 10.30 bis 23 Uhr. In diesem Reiseführer sind nur davon abweichende Öffnungszeiten erwähnt.

POST

Die Post in Botsuana (www.botspost.co.bw) ist zwar zuverlässig, aber langsam. Die Laufzeit von und nach Übersee beträgt zwei Wochen oder mehr. Postkarten und Standardbriefe (bis zu 10 g) in andere afrikanische Länder kosten 3,30P, nach Europa 4,10 P und in den Rest der Welt 4,90 P.

In allen Städten gibt es einen Poste-Restante-Service, aber der zuverlässigste ist im Hauptpostamt auf der Mall in Gaborone. Pakete können vom Paketbüro im Hauptpostamt versandt oder empfangen werden, nachdem die erforderlichen Formulare ausgefüllt und gegebenenfalls auch anfallende Zollgebühren entrichtet wurden.

Neben Klebeband müssen sie mit Paketschnur und Wachs versiegelt werden und können nur gegen Vorlage eines Lichtbildausweises abgeholt werden.

RECHTSFRAGEN

Botsuana hat ein Grundgesetz und ein strenges Strafgesetzbuch. Verhaftungen, Verurteilungen und Bestrafungen erfolgen – im Rahmen des menschlich Möglichen – ohne Vorurteile. Machtmissbrauch von Seiten der Polizei ist selten, und weder Polizei noch Militär haben es auf Schmiergelder von Ausländern abgesehen. Beamtenbestechung wird sehr ernst genommen und sollte unter keinerlei Umständen auch nur versucht werden.

Drogen sind in Botsuana verboten. Die Strafen dafür sind mindestens genauso streng wie in Europa. Die Polizei darf sich als Lockvogel (z. B. als Drogendealer) ausgeben, um Kriminelle zu fassen.

Das Mindestalter für die Einwilligung zum Geschlechtsverkehr ist für Mädchen 16 und für Jungen 14. Eltern können ihre Töchter auch schon im Alter von 14 Jahren verheiraten. Gesetze gegen Vergewaltigung in Botsuana schützen derzeit nur Frauen, allerdings wird Vergewaltigung in der Ehe nicht anerkannt (s. S. 296).

Sollte man mit der Polizei oder dem Militär in Schwierigkeiten geraten, ist man theoretisch berechtigt, die Botschaft oder das Hochkommissariat anzurufen.

REISEN MIT BEHINDERUNG

Für Menschen mit eingeschränkter Mobilität stellt das Reisen in Botsuana eine Herausforderung dar. Auch wenn im Land selbst viele Menschen mit Behinderung leben, gibt es kaum Einrichtungen für diese. Bordsteinkanten und unebene Straßenoberflächen stellen für Rollstuhlfahrer unüberwindbare Hindernisse dar, und nur wenige Hotels bzw. Lodges und Restaurants verfügen über Rampen und Geländer. Die Abgeschiedenheit vieler Lodges und Camps erschwert die Anreise und die Möglichkeiten, sich dort zu bewegen.

Wer dennoch erwägt, nach Botsuana zu reisen, sollte sich daher seine Ziele genau überlegen. Das sumpfige Okavango-Delta stellt Menschen mit besonderen Bedürfnissen vor große Herausforderungen, während die Lodges in der Kalahari (S. 388) und den Makgadikgadi Pans (S. 338) relativ gut zugänglich sind, sofern man in Begleitung reist.

Zudem sollte man bedenken, dass fast jedes gewählte Ziel in Botsuana eine lange Anreise im Geländewagen und/oder Flugzeug erfordert.

SCHWULE & LESBEN

Sowohl weibliche als auch männliche Homosexualität gilt in Botsuana als illegal und wird mit mindestens sieben Jahren Haft bestraft. Während der letzten fünf Jahre ist diese Intoleranz sogar noch angewachsen, wohl infolge schwulenfeindlicher politischer Hetzreden im benachbarten Namibia und Simbabwe.

Um dem entgegenzutreten, hat eine Gruppe von Schwulen, Lesben und Bisexuellen 1998 die Organisation **LeGaBiBo** (Lesbians, Gays and Bisexuals of Botswana; ☎ 393 2516; www.legabibo.org.bw; 5062 Medical Mews, Fairgrounds, Gaborone) gegründet. Als erste Maßnahme wurde eine Menschenrechts-Charta veröffentlicht, unterstützt von Ditshwanelo, der batswanischen Menschenrechtsorganisation. In Zusammenarbeit mit LeGaBiBo hat Ditshwanelo 2001 ein Seminar unter Teilnahme von Regierungsvertretern und UNO-Delegierten abgehalten, um auf die auftretenden Gefahren von HIV/Aids aufmerksam zu machen.

Doch kurz darauf, im Juli 2003, fällte der Oberste Gerichtshof von Botsuana ein Urteil zu ungunsten zweier schwuler Männer. In der Begründung heißt es, die Zeit sei noch nicht reif, homosexuelle Handlungen zu entkriminalisieren, auch wenn sie einvernehmlich unter Erwachsenen und in privatem Rahmen vollzogen würden. Vor diesem Hintergrund setzt Ditshwanelo seinen Kampf für die Rechte der Homosexuellen fort.

Angesichts der im Land vorherrschenden Denkweise sollte man sich als Besucher also davor hüten, die eigene Homosexualität öffentlich zur Schau zu stellen. Da es außer LeGaBiBo keine weitere Organisation gibt und deren Möglichkeiten begrenzt sind, steht leider nur die südafrikanische Website **Behind the Mask** (www.mask.org.za) für weitere Hinweise zur Verfügung.

SHOPPEN

Der Standard des Kunsthandwerks in Botsuana ist hoch, besonders die wunderschönen filigranen Korbflechtarbeiten, die in Ngamiland (im Nordwesten Botsuanas) hergestellt werden. Die Körbe können in Werkstätten in den Dörfern Etsha 6 (S. 384) und Gumare (S. 384), beide an der Straße von Sehitwa nach Shakawe im Nordwesten Botsuanas, günstig erworben werden. Körbe der gleichen Qualität werden auch in Shorobe (in der Nähe von Maun, S. 367) und Francistown (S. 334) hergestellt.

Auch San-Schmuck und -Lederarbeiten sind hervorzuheben. Zu den beliebten Souvenirs gehören Lederschürzen und Taschen, Straußeneier und Stränge aus Samen und Nüssen (die allerdings nicht in alle Länder importiert werden dürfen). Sie können in abgelegenen Dörfern im Nordwesten, wie Xai Xai (Caecae; S. 382) und Ghanzi (S. 390) sowie in der Kooperative in D'kar (S. 391) erworben werden. Lederprodukte werden auch in Pilane, in der Nähe von Gaborone und Francistown, gefertigt.

Außerdem sind wunderschöne Webarbeiten, Textilien und Stoffe erhältlich, die in Anbetracht der hohen Handwerkskunst zu Recht teuer sind. In den Kooperativen in Oodi (nahe Gaborone; s. Kasten S. 325) und Francistown (S. 334) kann man gut und günstig Waren einkaufen.

Andere Kooperativen bei Maun (S. 365) sowie Gabane (S. 324) und Thamaga (S. 324), beide nicht weit von Gaborone entfernt, produzieren und verkaufen günstige Töpferwaren (Tassen, Becher, Vasen). Eine Besichtigung des Workshops bei Thamaga ist möglich. In Gaborone bekommt man moderne, aber auch traditionelle Kunstwerke (S. 321).

Weitere hilfreiche Informationen über die Handwerkskunst in Botsuana befinden sich auf S. 298.

TELEFON

Botsuana Telecom (www.btc.bw) ist ein Anbieter von Telekommunikation, der inzwischen sogar DSL Anschlüsse für Geschäftskunden installiert.

Ortsgespräche zu Spitzenzeiten kosten 0,20 P pro Minute, Inlandsgesräche zu Spitzenzeiten (z.B. von Gaborone nach Lobatse) 0,33 P pro Minute, je nach Entfernung. Für Auslandsgespräche nach Deutschland im Festnetz werden 0,60 bis 2,10 P fällig. Eine vollständige Liste der aktuell gültigen Tarife findet man auf der Website www.btc.bw/doc/btc_rates.pdf.

Außerhalb der Stoßzeiten gibt es einen Rabatt von 33 % auf Orts- und Inlandstelefonate und 20% Ermäßigung für Auslandsgespräche, und zwar zwischen 20 und 7 Uhr (Montag bis Freitag), samstags von 13 Uhr bis Mitternacht und den ganzen Sonntag – allerdings nur, wenn man keine Vermittlung in Anspruch nimmt.

Die Website von Botswana Telecom ermöglicht einen Zugriff auf das Online-Telefonbuch – die weißen Seiten enthalten Privatnummern, die gelben Firmennummern. Auch **AC Braby** (www.brabys.com/bw) bietet ein gutes Online-Telefonbuch an.

Mobiltelefone

Botsuana verfügt über zwei Handy-Provider: **Mascom Wireless** (www.mascom.bw) und **Orange Botswana** (www.orange.co.bw). Mascom ist zwar der größte Anbieter, doch das momentan zur Verfügung stehende Netz ist lückenhaft, sein Einzugsbereich deckt nur den östlichen Korridor von Gaborone im Südosten bis Francistown im Osten des Landes ab. Außerhalb dieses Gürtels ist die Versorgung minimal, außer in Maun, Ghanzi und Mamuno. Doch das Netz wird ständig ausgebaut, weil die Nachfrage kontinuirlich steigt.

Falls man längere Zeit im Land verbringen möchte, ist es durchaus günstiger, sich ein Prepaid-Handy zu besorgen, das man für etwa 500 P kaufen kann, zum Beispiel in Mascom-Geschäften.

Die meisten Handynummern beginnen mit 071 oder 072.

Telefonkarten

Telefonzellen können für Orts-, Inlands- und Auslandsgespräche genutzt werden, und man findet sie im ganzen Land in den Büros von Botsuana Telecom (BTC), in Postämtern und in Einkaufszentren. Die blauen Häuschen (mit der Beschriftung *Coin* und madi) akzeptieren Münzen, die grünen mit dem Hinweis *Card* und karata funktionieren nur mit einer Telefonkarte.

Telefonkarten kann man in allen BTC-Büros, in den Postämtern und auch in einigen kleinen Lebensmittelläden kaufen. Orts- und Ferngespräche kann man auch von privaten Telefonläden aus führen. Sie firmieren oft als *phone shops*.

BOTSUANA ALLGEMEINE
INFORMATIONEN

Vorwahlen

Botsuana hat die Landesvorwahl ☎ 267. Es gibt keine Ortsvorwahlen, und bei Anrufen nach Botsuana wählt man die Landesvorwahl ☎ 267 und dann die Telefonnummer. Bei internationalen Gesprächen von Botsuana wählt man die 00, gefolgt von der Landesvorwahl, der Ortsvorwahl (ohne die Null) und der Telefonnummer des Gesprächspartners im Ausland.

TOURISTENINFORMATION
Örtliche Touristeninformation

Jahrelang wurde die Tourismusindustrie durch einige wenige exklusive Veranstalter kontrolliert, und Besucher aus dem Ausland wurden von der Ankunft bis zur Abreise durchs Land gefahren.

Somit bestand praktisch kein Bedarf an Informationsbüros.

In letzter Zeit steigt jedoch die Anzahl der unabhängig Reisenden, und die Regierung räumt die Notwendigkeit eines Informationsnetzwerks sowohl im Land selbst als auch im Ausland ein. Bislang gibt es jedoch nur einige wenige Informationsbüros in Botsuana.

Das wichtigste Touristenbüro in der Hauptstadt ist das **Department of Tourism** (☎ 391 3111; www.botswana tourism.co.bw; 1. Stock, Standard Chartered Bank Bldg, The Mall). Filialen davon gibt es auch in Maun, Kasane and Selebi-Phikwe.

Ebenfalls in Gaborone liegen die Büroräume des **Department of Wildlife and National Parks** (DWNP; ☎ 397 1405; dwnp@gov.bw; PO Box 131, Government Enclave, Khama Cres), wo man für die Campingplätze im Land Plätze reservieren kann. Einzelheiten dazu auf S. 27.

Tourismusagenturen im Ausland

Botsuana unterhält im Ausland keine eigenen Büros, aber mehrere Reisebüros sind für das Department of Tourism tätig.
Deutschland (☎ 030-4208 464; www.botswanatourism. de; Karl-Marx-Allee 91A, 10243 Berlin)

Hilfreich ist auch die **Regional Tourism Organisation of Southern Africa** (☎ in Südafrika 011-315 2420; www.retosa.co.za; PO Box 7381, Halfway House, Johannesburg 1685, South Africa), die das ganze südliche Afrika einschließlich Botsuana betreut.

UNTERKUNFT

In Botsuana gibt es eine ganze Reihe komfortabler Campingplätze, gehobene Mittelklassehotels und Spitzenlodges – aber nichts da-

UNTERKÜNFTE ONLINE BUCHEN

Weitere Hotelbewertungen und -empfehlungen im Online-Reservierungsservice unter www.lonelyplanet.com. Die dort enthaltenen Bewertungen sind gründlich und unabhängig. Alle Unterkünfte können online reserviert werden.

zwischen. Budgetreisende, die eigentlich nicht campen wollen, sollten deshalb sicherheitshalber trotzdem ein Zelt mitbringen.

Hotels in zentaler Lage rechnen meist in US$ statt in der Landeswährung Pula (P) ab, weshalb in diesem Buch beide Währungen angegeben werden. Im Allgemeinen liegt ein preiswertes Doppelzimmer etwas unter 350 P, in einem Mittelklassehotel kostet das Zimmer zwischen 350 und 800 P. Man sollte wissen, dass es im Okavango-Delta kaum Mittelklasse-Hotels gibt, weil dort fast nur Luxuscamps und Spitzenlodges liegen, die zwischen 500 und 1000 US$ verlangen. Kinderermäßigungen gibt es selten, obwohl einige Lodges Familienzimmer anbieten.

Die meisten Budgetunterkünfte und unteren Mittelklassehotels verlangen Standardpreise, viele Spitzenhotels allerdings passen ihre Preise der jeweiligen Saison an. Die Hauptsaison erstreckt sich von Juni bis November, die Nebensaison wegen der Regenzeit von Dezember bis März oder April. Nicht schlecht ist der Zeitraum von April bis Mai. Hotels und Hostels (aber nur manche Campingplätze) müssen eine Steuer von 10 % erheben. Sie ist in den in diesem Buch angegebenen Preisen bereits enthalten.

Camping

Fast überall an interessanten Plätzen, vor allem in den großen Nationalparks, gibt es Campingplätze. Verwaltet werden sie vom Department of Wildlife and National Parks (DWNP). Sie sind sehr einfach ausgestattet, oft nur mit kalter Dusche und schlichtem Plumpsklo, liegen aber immer in schöner Lage. Zeltplätze darauf *muss* man im Voraus buchen, weil die Plätze während der Schulferien oft überfüllt sind. Weitere Informationen dazu finden sich auf S. 29.

Bessere Bedingungen herrschen auf privat betriebenen Campinganlagen, und einige Hotels und Lodges verfügen sogar über eigene Campingplätze. Die meisten privat betriebenen oder zu Hotels gehörigen Campingplätze bieten reguläre Toiletten, (warme) Duschen, Grillplätze (*braai*) und Waschgelegenheiten. Ein großer Vorteil dabei ist, dass man die Hotelbars und -restaurants benutzen und kostenlos im Swimmingpool herumplantschen kann. Verlangt werden dafür pro Person und Nacht zwischen 30 und 60 P, manchmal 100 P. Normalerweise wird keine Vorausbuchung erwartet, manche Campingplätze akzeptieren ohnehin keine.

Außerhalb der Nationalparks und Schutzgebiete ist das wilde Zelten durchaus erlaubt. Falls man in der Nähe eines Dorfes campen möchte, braucht man allerdings die Erlaubnis vom Oberhaupt bzw. Dorfältesten oder der Polizei, um einen geeigneten Campingplatz zugewiesen zu bekommen.

Hotels

In jeder größeren Stadt gibt es mindestens ein Hotel und in Großstädten und Touristengebieten wie Gaborone und Maun mehrere Hotels unterschiedlicher Preisklassen. Allerdings finden sich keine vergleichbar günstigen Budgetunterkünfte wie in Namibia, und viele Billighotels in Botsuana dienen gleichzeitig als Bordell.

In Gaborone wird aufgrund vieler Geschäftsreisender eine Reservierung empfohlen. Andernorts sind diese aber nicht erforderlich. Das Angebot an Unterkünften in diesem Buch umfasst Rondavels, frei stehende Kabinen oder Hütten mit Bad, B&B-Zimmer – oftmals mit Gemeinschaftsbad, die man vor allem in Gaborone findet –, Unterkünfte im Motelstil mit Bad und gelegentlich Kochgelegenheit entlang der Highways im Osten Botsuanas sowie schicke Luxushotels.

Lodges

Die meisten Lodges in Botsuana (manchmal auch „Camps" genannt) befinden sich im Chobe National Park, im Tuli Block, in der Moremi Game Reserve und im Okavango-Delta. Man kann sie unmöglich auf eine Weise beschreiben, die für alle gültig ist, denn einige liegen am Highway und andere weit abgelegen in der Wildnis. Sie reichen von kleinen Einheiten mit Luxuszelten bis zu großen Anlagen mit Chalets aus Ziegelsteinen oder Schilfgras.

Die Preise sind allerdings immer hoch: 500/700 US$ pro Person pro Nacht in der Neben-/Hauptsaison sind nicht ungewöhn-

lich. Und die meisten Lodges sind nur per Transfer im Geländewagen oder aus der Luft zu erreichen, was in der Regel weitere 100 bis 200 US$ kostet.

VERSICHERUNG

Es ist äußerst ratsam, eine Reiseversicherung hinsichtlich Diebstahl, Verlust und medizinischer Behandlung abzuschließen. Einige Versicherungsgesellschaften bieten gestaffelte Policen bezüglich der medizinischen Absicherung an. In manchen Verträgen sind „gefährliche Aktivitäten" ausdrücklich ausgeschlossen. Dazu gehören Tauchen, Motorradfahren und sogar Trekking. Falls „riskante" Aktivitäten im Reiseplan enthalten sind, sollte man deshalb eine möglichst umfassende Versicherung abschließen.

Ratsam ist eine private Reisekrankenversicherung, bei der die Zahlung an Ärzte oder Krankenhäusern direkt mit der Versicherungsgesellschaft abgewickelt wird, sodass man nicht vor Ort zahlen und das Geld dann bürokratisch zurückzufordern muss. Allerdings setzt das voraus, dass die behandelnden Ärzte sich darauf auch einlassen. Unbedingt aufbewahren sollte man in jedem Fall die entsprechenden Dokumente. Einige Versicherungsgesellschaften erwarten allerdings einen Anruf im Heimatland, bevor eine Behandlung beginnt. Außerdem sollte man sicherstellen, dass im Vertrag eine notärztliche Versorgung und ein Rückflug für den Notfall enthalten sind.

Einzelheiten zu diesem Thema finden sich auf S. 424 und 420.

VISA

Besucher erhalten an den internationalen Flughäfen und Grenzen (oder der nächsten Polizeistation, falls an abgelegenen Grenzübergängen kein Beamter vor Ort ist) ein Touristenvisum. Das Visum ist für Inhaber eines europäischen Reisepasses (außer Spanien und Portugal) kostenlos und gilt für einen Zeitraum von 30 Tagen.

Touristen dürfen sich alle zwölf Monate höchstens 90 Tage im Land aufhalten, und ein 30-Tage-Visum kann zweimal verlängert werden. Die Einwanderungsbehörden in Gaborone (Karte S. 314–315), Francistown, Maun (Karte S. 359) und Kasane (Karte S. 348) verlängern das Visum kostenlos. Für die Verlängerung muss manchmal ein Flugticket oder ein Nachweis über ausreichende finanzielle Mittel vorgelegt werden.

Wer aus einem mit Gelbfieber infizierten Gebiet nach Botsuana einreist, muss einen Impfnachweis vorlegen.

ZEIT

Botsuana ist der mitteleuropäischen Zeit (jedoch ohne Berücksichtigung der Sommerzeit; die gibt es dort nämlich nicht) um eine Stunde voraus.

ZOLL

Artikel aus Ländern der Südafrikanischen Zollunion (SACU), Namibia, Südafrika, Lesotho und Swasiland können zollfrei eingeführt werden.

Waren aus anderen Ländern unterliegen den üblichen Bestimmungen.

Besucher können folgende Mengen zollfrei einführen: bis zu 400 Zigaretten, 50 Zigarren oder 250 g Tabak, 2 l Wein oder 1 l Bier oder Spirituosen und 50 ml Parfüm oder 250 ml Kölnischwasser. Tierische Produkte wie Fleisch, Milch und Eier dürfen nicht eingeführt werden.

Waffen erfordern eine vorläufige Einfuhrgenehmigung und müssen bei der Einreise deklariert werden. Der Verkauf von eingeführten Fahrzeugen unterliegt der Verzollung.

Es gibt keine Devisenbeschränkungen, allerdings müssen Pula oder Fremdwährungen bei der Einreise deklariert werden. Ausländer können Geld bis zu 10 000 P oder den Gegenwert in Fremdwährung ohne Zollerklärung ausführen.

Verkehrsmittel & -wege

INHALT

AN- & WEITERREISE

Botsuana gehört nicht gerade zu den Ländern in Afrika, die man leicht oder kostengünstig erreichen kann. Nur sehr wenige internationale Fluggesellschaften fliegen dorthin. Die meisten ziehen Johannesburg oder Kapstadt in Südafrika vor, von wo es immerhin Anschlussflüge nach Maun oder Gaborone gibt. Viele Touristen reisen im Rahmen einer längeren Safari auch auf dem Landweg von Südafrika oder Namibia nach Botsuana ein. Flüge, Touren und Zugtickets können online unter www.lonelyplanet.com/travel_services gebucht werden.

DIE DINGE ÄNDERN SICH ...

Die Informationen in diesem Kapitel unterliegen ständigen Änderungen. Man sollte sich direkt bei der Fluggesellschaft oder dem Reisebüro nach den jeweils aktuellen Sicherheitsbestimmungen für Internationale Reisen erkundigen.

Die in diesem Kapitel enthaltenen Informationen sollten als Hinweise verstanden werden und sind kein Ersatz für eigene, sorgfältige Recherchen nach dem letzten Stand der Dinge, am besten noch vor Reiseantritt.

EINREISE

Die Einreise nach Botsuana ist denkbar einfach, und Besucher sind herzlich willkommen. Fast alle Nationalitäten erhalten ein Visum bei der Einreise (s. S. 411).

Wer auf dem Landweg einreist, wird eventuell über die Dauer des Aufenthalts im Land und über das Vorhandensein ausreichender finanzieller Mittel befragt, aber er wird nicht mit Bürokratie schikaniert.

Bei der Einreise über Land müssen außerdem alle notwendigen Papiere für das Fahrzeug vorgelegt werden (s. S. 415).

Reisepass

Jeder, der nach Botsuana einreist, benötigt einen Reisepass, der noch mindestens sechs Monate gültig ist. Er sollte noch einige leere Seiten für die vielen Einreisestempel aufweisen – insbesondere, wenn man nach Simbabwe und/oder Sambia zu den Victoria Falls weiterreist.

Bürgern der EU (Spanier und Portugiesen ausgenommen), der USA, Südafrikas, Skandinaviens und vieler anderer Länder wird bei der Einreise eine Aufenthaltsdauer von 30 Tagen bewilligt. Weitere Informationen zu den Einreisebedingungen siehe S. 411.

FLUGZEUG
Flughäfen & Fluglinien

Botsuanas größter Flughafen ist **Sir Seretse Khama International Airport** (GBE; Karte S. 314–315; ☎ 391 4401), 11 km nördlich der Hauptstadt Gaborone. Aber er wird trotz regelmäßiger Verbindungen von und nach Johannesburg und Harare nur selten von Besuchern als Einreiseflughafen genutzt. Weitaus beliebter sind **Maun Airport** (MUB; Karte S. 359; ☎ 686 1559) und **Kasane Airport** (BBK; Karte S. 359; ☎ 625 0133). Für Charterflüge aus Südafrika gibt es auch eine Landebahn in der Nähe von Pont Drift (im Tuli Block).

Die nationale Fluggesellschaft Air Botswana fliegt verschiedene Ziele im Süden Afrikas an. Air Botswana unterhält Büros in Gaborone (Karte S. 314–315), Francistown (Karte S. 332), Maun (Karte S. 359), Kasane und Victoria Falls (Simbabwe). Derzeit sind Online-Reservierungen nicht möglich.

VERKEHRSMITTEL & -WEGE

KLIMAWANDEL & REISEN

Der Klimawandel stellt eine ernste Bedrohung für unsere Ökosysteme dar. Zu diesem Problem tragen Flugreisen immer stärker bei. Lonely Planet sieht im Reisen grundsätzlich einen Gewinn, ist sich aber der Tatsache bewusst, dass jeder seinen Teil dazu beitragen muss, um die globale Erwärmung zu verringern.

Fliegen & Klimawandel

Fast jede Art der motorisierten Fortbewegung erzeugt CO_2 (die Hauptursache für die globale Erwärmung), doch Flugzeuge sind mit Abstand die schlimmsten Klimakiller – nicht nur wegen der großen Entfernungen und der entsprechend großen CO_2-Mengen, sondern auch weil sie diese Treibhausgase direkt in hohen Schichten der Atmosphäre freisetzen. Die Zahlen sind erschreckend: Zwei Personen, die von Europa in die USA und wieder zurück fliegen, erhöhen den Treibhauseffekt in demselben Maße wie ein durchschnittlicher Haushalt in einem ganzen Jahr.

Emissionsausgleich

Die englische Website www.climatecare.org und die deutsche Internetseite www.atmosfair.de bieten sogenannte CO_2-Rechner. Damit kann jeder ermitteln, wie viel Treibhausgase seine Reise produziert. Das Programm errechnet den zum Ausgleich erforderlichen Betrag, mit dem der Reisende nachhaltige Projekte zur Reduzierung der globalen Erwärmung unterstützen kann, beispielsweise Projekte in Indien, Honduras, Kasachstan und Uganda.

Lonely Planet unterstützt gemeinsam mit Rough Guides und anderen Partnern aus der Reisebranche das CO_2-Ausgleichs-Programm von climatecare.org. Alle Reisen von Mitarbeitern und Autoren von Lonely Planet werden ausgeglichen.

Weitere Informationen gibt's auf www.lonelyplanet.com.

FLUGLINIEN NACH/VON BOTSUANA

Es gibt keine Direktflüge von Europa nach Botsuana. Das Land wird nur von zwei Fluglinien und Charterflügen angeflogen. Fast alle Touristen fliegen nach Johannesburg oder Kapstadt in Südafrika (die von einer Vielzahl internationaler und nationaler Fluggesellschaften angeflogen werden) und steigen dort dann auf einen Zubringerflug um.

Air Botswana (BP; ☎ 390 5500; www.airbotswana.co.bw)

South African Airways (☎ Gaborone Airport 390 5740, International 27-11 978 5313; www.flysaa.com)

Flugtickets

Alle Besucher Botsuanas benötigen unbedingt ein Rückflugticket. Der wichtigste Verkehrsknotenpunkt für Reisen nach Botsuana ist Johannesburg, was sich auch in den nachfolgenden Informationen widerspiegelt. Rückflugtickets von Johannesburg nach Gaborone oder Maun kosten zwischen 200 und 300 US$. Bei der Buchung des Anschlussflugs zusammen mit dem Langstreckenflug ist Ersterer oft günstiger (und zudem ist ein zügiger Transit sichergestellt).

Preiswerte Flugtickets sind über Reiseveranstalter und Reisebüros erhältlich.

Die fällige Flughafensteuer für internationale Flüge ist im Preis für das Flugticket bereits enthalten.

Afrika

Linienflüge nach Botsuana gibt es nur von Johannesburg und Kapstadt (Südafrika), Victoria Falls und Harare (Simbabwe), Lusaka (Sambia) und Windhoek (Namibia). Wer von anderen Ländern im südlichen Afrika nach Botsuana fliegen möchte, muss in Johannesburg oder Harare umsteigen.

AUS NAMIBIA

Air Namibia (www.airnamibia.com) fliegt dreimal wöchentlich von Windhoek nach Maun. Zudem gibt es drei Flüge nach Victoria Falls (Simbabwe) mit Transit nach Maun. Diese beliebte Strecke ist oft Monate im Voraus ausgebucht. Deshalb sollten Reisende frühzeitig Tickets reservieren.

AUS SIMBABWE & SAMBIA

Air Botswana fliegt montags, mittwochs, freitags und samstags von Gaborone nach Harare (Simbabwe). Alle Flüge (bis auf den Flug am Samstag) ermöglichen den Anschlussflug mit Air Simbabwe nach Lusaka (Sambia). Air

Botswana fliegt dienstags, mittwochs, freitags und sonntags auch von Victoria Falls (Simbabwe) nach Maun.

In Anbetracht der allgemeinen Lage im benachbarten Simbabwe erlebt Livingstone (Sambia) gegenwärtig einen Boom. So wurde gerade zum Zeitpunkt der Recherche für dieses Buch eine neue Landebahn gebaut. Es ist geplant, dass der neue Flughafen von regionalen Fluggesellschaften wie Kenya Airways, South African Airways und Namibian Airways angeflogen wird.

AUS SÜDAFRIKA

Flugtickets kauft man am besten in Johannesburg. Air Botswana fliegt etwa 40-mal wöchentlich zwischen Gaborone und Johannesburg, und zusätzlich bietet auch South African Airways entsprechende Flüge an. Air Botswana fliegt täglich von Maun nach Johannesburg und dreimal wöchentlich direkt von Johannesburg nach Kasana.

Rennies Travel (www.renniestravel.com) und **STA Travel** (www.statravel.co.za) haben mehrere Reisebüros im Süden Afrikas. Andere kostengünstige Agenturen sind **Flight Centre** (www.flightcentre.co.za) und **Africa Travel Company** (www.africatravelco.com) in Kapstadt.

Europa

Die meisten europäischen Fluggesellschaften, einschließlich **Lufthansa** (www.lufthansa.com), **Air France** (www.airfrance.com), **Alitalia** (www.alitalia.it) und **KLM** (www.klm.com), fliegen mehrmals pro Woche nach Johannesburg. Hin und Rückflug kosten je nach Saison zwischen 600 und 1000 €. Besonders wenn die Reise zur Hauptsaison (Juli–Okt.) stattfinden soll, wird eine frühzeitige Buchung empfohlen.

STA Travel (Österreich www.statravel.at; Deutschland www.statravel.de; Schweiz www.statravel.ch), der internationale Reisegigant für Studenten, hat Niederlassungen in ganz Europa und viele angegliederte Reisebüros (www.statravelgroup.com).

Weitere empfehlenswerte Agenturen sind die Folgenden:

DEUTSCHLAND

Expedia (www.expedia.de)
Lastminute (☎ 01805 284 366; www.lastminute.de)

AUF DEM LANDWEG

Die Einreise auf dem Landweg ist unkompliziert. Grenzübergänge sind von 6 bis 16 Uhr oder von 8 bis 18 Uhr geöffnet. Eine Karte auf

der Webseite der Regierung, www.botswanatourism.gov.bw/entry_req/bor der_posts.html, listet alle Grenzübergänge und deren Öffnungszeiten auf.

Wer mit einem Mietwagen nach Botsuana einreist, benötigt ein Schreiben der Autovermietung, dass der Wagen über die Grenze gebracht werden darf. Weitere Informationen über das, was beachtet werden sollte, wenn man mit dem Fahrzeug nach Botsuana einreist, befinden sich auf S. 418.

Grenzübergänge

Botsuana verfügt über ein gut ausgebautes Straßennetz mit Verbindungen in die Nachbarländer. So sind z. B. Gaborone und Johannesburg durch eine gut ausgebaute Straße miteinander verbunden – die Luftlinie zwischen beiden Städten beträgt lediglich 280 km. Wichtige Grenzübergänge nach Botsuana sind:

■ Von Südafrika – Martin's Drift (Nördlicher Transvaal), Tlokweng (von Johannesburg), Ramatlabama (von Mafikeng)
■ Von Namibia – Mamuno, Mohembo und Ngoma Bridge
■ Von Simbabwe – Kazungula, Ramokgweban/Plumtree und Pandamatenga
■ Von Sambia – Kazungula Ferry

Die Grenzübergänge sind täglich geöffnet. Es empfiehlt sich, diese früh am Tag anzufahren und mögliche Verzögerungen einzuplanen. Die Einwanderungsbehörden an kleineren Übergängen sind zwischen 12.30 und 13.45 Uhr geschlossen. An abgelegenen Grenzübergängen nach Botsuana, an denen es keine Einwanderungsstelle gibt, kann das Visum bei der nächstgelegenen Polizeistation beantragt werden.

Auto & Motorrad

Das Überqueren der Grenze mit dem eigenen Fahrzeug oder Mietwagen ist unkompliziert, sofern die erforderlichen Papiere mitgeführt werden – die Fahrzeugpapiere, wenn man mit dem eigenen Fahrzeug unterwegs ist, oder ein Schreiben der Autovermietung, dass der Fahrer berechtigt ist, den Mietwagen über die Landesrenze zu bringen, sowie die erforderlichen Versicherungsnachweise.

Fahrzeuge, die nicht in Botsuana registriert sind, dürfen sechs Monate im Land gefahren werden. Erforderlich ist außerdem eine Haftpflichtversicherung (Third-Party Insurance).

Die dazugehörige Versicherungspolice müssen Einreisende an der Grenze zu Botsuana oder in einem Land der SACU (South African Customs Union: Südafrika, Botsuana, Namibia, Lesotho und Swasiland) erwerben Die ausgestellte Police ist sechs Monate gültig. Jeder, der mit dem Fahrzeug nach Botsuana einreist, muss zudem eine Kraftfahrzeugsteuer (National Road Safety Fund Levy) in Höhe von ungefähr 100 P pro Fahrzeug zahlen. Die Steuer wird für das jeweils laufende Kalenderjahr erhoben.

Weitere Informationen siehe S. 420.

NAMIBIA

Als die bekanntesten und sichersten Grenzübergänge gelten Mamuno, zwischen Ghanzi und Windhoek, sowie Mohembo. Zudem ist es möglich bei Ngoma Bridge über den Chobe River die Grenze zu überqueren. Der Übergang Kasane/Mpalila Island ist Gästen mit Reservierung in einer der Lodges auf der Insel vorbehalten (s. S. 144).

Fahrer, die die Grenze bei Mohembo passieren, sollten sich eine Einreiseerlaubnis für die Mahango Game Reserve bei den Popa Falls sichern. Für Transitreisende ist die Genehmigung kostenfrei, ansonsten sind 80 N$ pro Person pro Tag und 40 N$ für das Fahrzeug pro Tag zu bezahlen, wenn man in das Wildreservat fahren möchte (was auch mit einem gewöhnlichen Fahrzeug möglich ist). Von Divundu geht es in nordwestlicher Richtung nach Rundu und Windhoek oder nach Osten in Richtung Katima Mulilo (Namibia), Kasane (Botsuana) und Victoria Falls (Simbabwe). Eine weitere Möglichkeit wäre, die Fähre nach Sambia zu nehmen.

SÜDAFRIKA

Fast jeder, der auf dem Landweg von Südafrika nach Botsuana reist, fährt die Grenzübergänge in Ramatlabama (zwischen Lobatse und Mafikeng), Tlokweng Gate (zwischen Gaborone und Zeerust) oder Pioneer Gate (zwischen Lobatse und Zeerust) an. Weitere Übergänge befinden sich an Nebenstraßen über den Limpopo River im Tuli Block und dem Molopo River im Süden Botsuanas.

Einige Übergänge über den Limpopo und den Molopo River sind Furten, die während der Regenzeit nicht von gewöhnlichen Fahrzeugen durchfahren werden können. Während hoher Wasserstände werden diese für den Verkehr gesperrt.

Ein Auto in Südafrika mieten

Mietautos sind in Südafrika meist günstiger anzumieten als in Botsuana. Alle internationalen Autovermietungen haben Niederlassungen in Südafrika (s. S. 418). Eine empfehlenswerte Alternative sind aber auch die kostengünstigen örtlichen Agenturen **Around About Cars** (☎ 0860 422 4022; www.aroundaboutcars. com), **Britz** (☎ 011 396 1860; www.britz.co.za) und **Buffalo Campers** (☎ 27-11 021 0385; www.buffalo.co.za), die einen Geländewagen für rund 776 SAR pro Tag anbieten (inklusive Versicherung, unbeschränkten Kilometern sowie einer Koch- und Campingausrüstung).

Für den preiswertesten Mietwagen sind meist etwa 310 SAR pro Tag (dies bei einer Mindestmietdauer von fünf Tagen) und für einen Geländewagen etwa 660 SAR pro Tag zu bezahlen.

Ein Auto in Südafrika kaufen

Reisende, die einen längeren Aufenthalt (drei Monate oder mehr) in Botsuana planen, sollten sich überlegen, in Südafrika einen Gebrauchtwagen zu kaufen, den sie am Ende der Reise wieder verkaufen.

Durch die Nähe nach Gaborone bietet sich dafür Johannesburg an. Autos, die in Kapstadt erworben wurden, sind manchmal schwieriger zu verkaufen, da sie durch die Lage der Stadt am Meer oft Rost angesetzt haben. Angebote findet man in Zeitungen in Johannesburg oder in Hostels. Auch wenn Gebrauchtwagenhändler nicht damit werben, so kaufen sie ein bei ihnen gekauftes Fahrzeug nach etwa drei Monaten meist zu 60 % des Verkaufspreises zurück, sofern das Fahrzeug in einem gutem Zustand ist.

Auf jeden Fall sollten die Fahrzeugpapiere überprüft werden. Ein Nachweis über die Straßentauglichkeit *(roadworthy certificate)* ist ebenso erforderlich wie ein Schreiben der Polizei, dass das Fahrzeug nicht gestohlen wurde (beide Dokumente sollten vom Gebrauchtwagenhändler beim Kauf vorgelegt werden). Danach muss es bei einer Motor Vehicle Registration Division registriert werden. Zudem empfiehlt es sich, vor dem Kauf eine Straßentauglichkeitsprüfung durch den Automobilclub vornehmen zu lassen (115–350 R, Mitgliedschaft nicht erforderlich).

Der Preis für ein Auto liegt in der Regel nicht unter 31 000 bis 46 500 R. Ein Landrover kostet ungefähr 62 000 R.

SIMBABWE
Die am häufigsten angefahrenen Grenzübergänge sind Ramokgwebana/Plumtree und Kazungula. Der Grenzübergang bei Pandamatenga wird dagegen weniger frequentiert.

Bus

Mit dem Bus nach Botsuana und vor allem in Botsuana zu reisen, ist nicht empfehlenswert. Die öffentlichen Verkehrsmittel dienen vor allem als Transportmittel zwischen Städten und fahren nur selten interessantere Touristenziele an.

Die Intercape Mainliner Busgesellschaft (s. unten) bietet in ihrem Programm regelmäßige Verbindungen zwischen Johannesburg und Gaborone an. Die Doppeldeckerbusse sind sehr bequem und mit TV und Klimaanlage ausgestattet.

NAMIBIA

Es gibt so gut wie keine öffentlichen Verkehrsmittel zwischen den Ländern. Eine etwas abenteuerliche Option wäre, mit dem täglich verkehrenden Combi (Minibus) von Ghanzi nach Mamuno (3 Std.) zu fahren und dann die Grenze zu Fuß zu überqueren. Auf der namibischen Seite müsste man dann versuchen nach Gobabis zu kommen (z. B. per Anhalter). Von Gobabis fahren Züge und andere Verkehrsmittel nach Windhoek. Das alles ist allerdings sehr zeitaufwendig und unzuverlässig.

SÜDAFRIKA

Intercape Mainliner (☎ in Südafrika 0861 287 287, in Botsuana 397 4294; www.intercape.co.za) fährt einmal täglich von Johannesburg nach Gaborone (ab 180 SAR, 6½ Std.). Die Visa-Formalitäten am Grenzübergang gehen normalerweise zügig voran. Absolut im Vorteil sind aber diejenigen, die das Visa schon vorab organisiert und dabei haben.

Zwischen Südafrika nach Botsuana verkehren auch Combis. Sie starten, sobald sie voll sind, vom Ende der Busstation in Gaborone zu verschiedenen Zielen in Südafrika (u. a. Johannesburg (140 P/160 SAR, 5–7 Std.).

Die Combis, die nach Johannesburg fahren, kommen in der Park Station an, einer Busstation, in der man sich besser nicht länger aufhalten sollte (Vorsicht: Gelegenheit macht Diebe). Die Minibusse fahren auch von Selebi-Phikwe zur Grenze bei Martin's Drift (20 P, 2 Std.).

Öffentliche Verkehrsmittel, die zwischen den beiden Ländern verkehren, kann man an südafrikanischen Kennzeichen und/oder Schildern mit der Aufschrift „ZA Cross Border Transport" erkennen.

SIMBABWE

Zwischen Kasane, dem Hauptausgangspunkt zu einer der größten Attraktionen Botsuanas, dem Chobe National Park und den Victoria Falls gibt es keine öffentlichen Verkehrsmittel. Abgesehen vom Trampen gibt es nur einen Touristen-Shuttle (etwa 1 Std.). Zwischen den Combi-Gesellschaften in den beiden Städten gibt es kaum oder gar keine Koordinierung. So kommt es vor, dass manche Combis von den Victoria Falls ohne Fahrgäste nach Kasane zurückkehren.

In Kasane bieten Thebe River Camping (S. 349) und Chobe Safari Lodge (S. 349) Transfers nach Livingstone/Victoria Falls an (50 US\$, 2 Std.). Passagiere werden um 10 Uhr vom Hotel abgeholt.

Die Busfahrt kann im Audi Camp, in der Chobe Safari Lodge (S. 349) in Kasane oder Backpackers Bazaar (S. 263) in Victoria Falls gebucht werden. Backpackers Bazaar hat auch Informationen über Shuttlebusse zwischen Victoria Falls und Kasane.

Verschiedene Reisebüros und Hotels in Victoria Falls bieten Transfers nach Kasane an. Aber Vorsicht: Manche Veranstalter befördern einen nur bis zur Grenze von Simbabwe.

Die Weiterfahrt nach Kasane sollten Reisende also unbedingt vor Reiseantritt organisieren. So bieten z. B. einige Hotels und Hostels in Simbabwe (S. 273) eine Abholung von der Grenze an, wenn diese im Voraus arrangiert wurde.

Zwischen Francistown und Bulawayo fahren täglich mehrere Combis (P30, 2 Std.). Andere Ziele in Simbabwe sind von Bulawayo aus erreichbar.

FLUSSÜBERQUERUNG

Botsuana und Sambia teilen sich den wahrscheinlich kürzesten internationalen Grenzverlauf: 750 m über den Zambezi River. Die Fähre von Kazungula, die von 6 bis 18 Uhr in Betrieb ist, ist die einzige Möglichkeit, den Fluss zu überqueren. Sie kostet pro Person ungefähr 0,75 US\$, für ein Motorrad 10 US\$, für ein Auto 15 US\$ und für einen Geländewagen 25 US\$.

VERKEHRSMITTEL & -WEGE

VERKEHRSMITTEL & -WEGE

Von der zambischen Grenzseite gibt es, abgesehen von einem Combi nach Dambwa, etwa 3 km westlich von Livingstone (2,50 US$, 1 Std.) keine öffentlichen Verkehrsmittel. Wer eine Mitfahrgelegenheit nach Livingstone oder Lusaka benötigt, sollte sich am Fährterminal oder auf der Fähre erkundigen.

UNTERWEGS VOR ORT

Das öffentliche Verkehrsnetz in Botsuana ist begrenzt. Inländische Flugverbindungen sind zwar regelmäßig und zuverlässig, aber Air Botswana (und Charterflüge) sind nicht günstig, und nur wenige Städte werden regelmäßig angeflogen. Züge sind preiswert und zuverlässig, aber verkehren sehr langsam. Der Zugverkehr ist auf eine Strecke im dünn besiedelten Osten Botsuanas beschränkt. Öffentliche Busse und Combis (Minibusse) sind ebenfalls günstig und fahren mehr oder weniger regelmäßig, allerdings nur auf asphaltierten Straßen zwischen den Städten. Insgesamt betrachtet ist man also am besten mit einem Mietwagen unterwegs.

AUTO & MOTORRAD

Ein Mietwagen ist die beste Möglichkeit, in Botsuana zu reisen. Mit dem eigenen Auto ist man weder auf öffentliche Verkehrsmittel noch auf organisierte Touren angewiesen. Der Nachteil sind die großen Entfernungen und die Kosten, die in Botsuana, im Vergleich zu Südafrika, sehr hoch sind (s. S. 416).

Es ist nicht möglich, in Botsuana ein Motorrad zu mieten, und im Gegensatz zu Namibia ist das Gelände auch nicht zum Motorradfahren geeignet. Zudem sind Motorräder aus Sicherheitsgründen in Nationalparks und Wildreservaten gar nicht zugelassen.

Benzin & Ersatzteile

Benzin ist mit etwa 75 P pro Liter relativ teuer, wobei der Preis an abgelegenen Tankstellen durchaus noch höher sein kann. Tankstellen in Gaborone, Francistown, Maun, Mahalapye und Palapye sind 24 Stunden geöffnet, ansonsten täglich von 7 bis 19 Uhr.

Erwerb eines Fahrzeugs

Sofern nicht geplant ist, mehrere Jahre in Botsuana zu leben, lohnt sich der Kauf eines Fahrzeugs im Land selbst nicht. Es ist besser, ein Auto in Südafrika zu kaufen (s. S. 416).

Wer ein Auto in harter Währung kauft und in Botsuana wieder verkauft, kann den Betrag problemlos auf sein Konto im Heimatland überweisen. Allerdings sollte man die Papiere aufbewahren und die Bank vorab über den Vorgang informieren.

Führerschein

Der heimische Führerschein ist in Botsuana sechs Monate lang gültig. Allerdings ist eine beglaubigte englischsprachige Übersetzung erforderlich, sofern er nicht sowieso in Englisch ausgestellt ist. Daher empfiehlt es sich für Reisende auf jeden Fall, einen internationalen Führerschein zu beantragen, der zwölf Monate lang gültig ist.

Mietwagen

Für die Anmietung eines Wagens muss man mindestens 21 Jahre alt sein (einige Firmen vermieten nur an Fahrer über 25) und seit mindestens zwei (manchmal auch fünf) Jahren im Besitz eines Führerscheins.

Die meisten internationalen Autovermietungen sind damit einverstanden, dass der Mietwagen nach Südafrika, Lesotho, Swasiland, Namibia und Simbabwe mitgenommen wird. Allerdings muss dies vorher abgeklärt werden, sodass die erforderlichen Papiere vorliegen. Mietwagen können auch in Gaborone gemietet und gegen einen Aufpreis in Johannesburg (Südafrika) oder Windhoek (Namibia) zurückgegeben werden. Autovermietungen sehen es nicht gerne, wenn man nach Sambia fahren möchte, und es ist nicht erlaubt, den Mietwagen in andere Länder als die oben aufgeführten mitzunehmen.

Vor Übernahme des Wagens sollten die Fahrzeugpapiere kontrolliert und das Fahrzeug gründlich untersucht werden. Funktioniert der Allradantrieb, und wie wird er überhaupt zugeschaltet? Zudem sollten Bremsen, Batterie etc. überprüft werden. Die Kalahari ist mit Sicherheit nicht der geeignete Ort, um herauszufinden, dass die Autovermietung (oder man selbst) doch etwas Wichtiges übersehen hat.

Ein Auto mietet man am besten bei einer der unten aufgelisteten Agenturen. Ausführliche Informationen über die Möglichkeit, ein Fahrzeug in Südafrika zu mieten und dann damit nach Botsuana zu fahren, befinden sich auf der S. 416.

Avis (www.avis.com) Niederlassungen in Gaborone, Francistown, Maun, Kasane und im südlichen Afrika.

Budget (www.budget.co.za) Niederlassungen in Gaborone sowie in Südafrika, Simbabwe und Namibia.
Europcar (www.europcar.co.za) Büros in Gaborone und in größeren Städten in Südafrika, Namibia und Sambia.
Tempest (www.tempestcarhire.co.za) Diese große südafrikanische Gesellschaft hat Niederlassungen in Gaborone sowie in Südafrika und Namibia.

Zusätzliche Gebühren fallen für nachstehende Extras an: wenn der Wagen nicht bei der Autovermietung abgeholt, sondern zum Hotel gebracht oder vom Hotel abgeholt wird, sowie für zusätzliche Fahrer.

Manchmal wird auch Folgendes erhoben: eine Touristengebühr von 1 %, eine Reinigungsgebühr, die je nach Ermessen der Autovermietung bis zu 400 P betragen kann, oder eine „Service Fee". Die Umsatzsteuer von 10 % sollte enthalten sein.

Es wird dringend empfohlen, den Mietwagen mit einer „goldenen" Kreditkarte zu bezahlen, da diese bei etwaigen Problemen einen gewissen zusätzlichen Schutz bietet und auch die durch eine mögliche Kollision entstandenen Kosten abdeckt.

Straßenzustand

Alle größeren Ortschaften sind durch gut asphaltierte Straßen verbunden. Dörfer liegen oft an Pisten aus Sand, Matsch, Schotter und Felsen, die durch einige Nationalparks führen. Außer in der Regenzeit sind diese Strecken auch mit gewöhnlichen Fahrzeugen, das heißt auch ohne Allrad, durchaus befahrbar. Die wichtige Strecke von Nata nach Kasane befand sich zum Zeitpunkt der Recherche allerdings in einem miserablen Zustand.

Andere Pisten, die kartografisch nur teilweise erfasst sind, sind weitgehend nur mit einem Geländewagen befahrbar. In der Regenzeit (Dez.–Feb.) sollte auf einigen Pisten (z. B. im Chobe National Park) eine Seilwinde mitgeführt werden. In den Salzpfannen der Kalahari und im Nordosten Botsuanas ist ein Kompass oder noch besser ein GPS-System unentbehrlich.

Verkehrsregeln

Das Mindestalter, um in Botsuana ein Auto lenken zu dürfen, ist 18 Jahre. Wie fast überall im südlichen Afrika herrscht auch hier Linksverkehr. Die Höchstgeschwindigkeit auf asphaltierten Straßen ist 120 km/h, auf Schotterstraßen 80 km/h und in Nationalparks 40 km/h. In Dörfern und Städten gilt grundsätz-

lich, wenn keine zusätzlichen Schilder vorhanden sind, eine Geschwindigkeitsbegrenzung von 60 km/h.

Die Polizei stellt Radarfallen auf und verhängt Bußgelder bei Geschwindigkeitsüberschreitungen (etwa 100 P und zusätzliche Gebühren je nach überhöhter Geschwindigkeit). Es ist verboten, auf dem Dach eines fahrenden Fahrzeugs zu sitzen. Auf den Vordersitzen (aber nicht auf den Rücksitzen) besteht Gurtzwang. Fahren unter Alkoholeinwirkung ist verboten – passiert ein Unfall, dann ist unter diesen Voraussetzungen die Versicherungspolice ungültig. Auch das Fahren ohne Führerschein ist natürlich strengstens verboten.

Ein Unfall, bei dem jemand verletzt wird, muss innerhalb von 48 Stunden bei den Behörden angezeigt werden. Wenn die Fahrzeuge nur kleinere Beschädigungen aufweisen, beim Unfall niemand verletzt wurde und alle Beteiligten sich verständigen können, dann können auch die Namen und Adressen einfach ausgetauscht werden, und der Schaden kann später durch die Versicherungsgesellschaften geregelt werden.

Eigentlich sind die Besitzer dafür verantwortlich, ihren Viehbestand von den Straßen fernzuhalten, aber meist laufen die Tiere trotzdem frei herum. Wird ein Nutztier angefahren, dann kommt zusätzlich zum Schaden am Fahrzeug der bürokratische Aufwand hinzu: Der Schaden muss behördlich gemeldet und der Tierhalter muss, nicht immer einfach, ermittelt werden.

Wildtiere, wie beispielsweise Elefanten und die geschätzten drei Millionen wilden Esel, stellen entlang der Highways eine weitere Gefahrenquelle dar. Die Strecken Maun–Nata und Nata–Kasane werden regelmäßig von Elefanten überquert und sollten vorsichtig befahren werden. Die Wahrscheinlichkeit, Wild- oder Nutztiere anzufahren, ist nachts weitaus höher, weshalb man auf Nachtfahrten lieber ganz verzichten sollte.

Weit verbreitet sind über das ganze Land auch Tiersperrzäune (offiziell *Veterinary Cordon Fences* genannt, s. S. 307), die die Ausbreitung von Krankheiten von Wildtieren auf Nutztiere verhindern sollen. Sofern man nicht mit einem Rindertransport unterwegs ist, ist es meist ausreichend, kurz abzubremsen, während das Tor geöffnet wird, und dem gelangweilten Aufseher zum Gruß freundlich zuzuwinken.

FAHRTEN DURCH DIE WILDNIS VON BOTSUANA & NAMIBIA

Nachfolgend findet sich eine Liste mit praxisbewährten Tipps, die zum Gelingen einer sicheren und erfolgreichen Exkursion mit dem Geländewagen (4WD) beitragen sollen. Weitere Informationen zu Fahrten finden sich in den Kästen auf S. 343, 347 und 366 f.

■ Eine Investition in ein gutes Navigationssystem (GPS: Global Positioning System) ist überaus ratsam. Aber Reisende sollten stets in der Lage sein, ihren Standort trotzdem auch auf einer Karte zu bestimmen – selbst wenn ein Navigationssystem genutzt wird.

■ Auch wenn man nur auf den Hauptstraßen fährt, sollte stets ausreichend Proviant für den Notfall an Bord sein. Es empfiehlt sich, an keiner Tankstelle vorbeizufahren. Wer eine längere Expedition in den Busch plant, sollte in Kanistern entsprechend Treibstoff für den Notfall mitführen und bedenken, dass auf Geländepisten rund doppelt so viel Sprit als auf einer Schnellstraße verbraucht wird. Absolutes Muss: 5 l Wasser pro Person und Tag sowie eine Notration unverderblicher kalorienreicher Lebensmittel.

■ In der Ausrüstung fürs Fahrzeug nicht fehlen dürfen: Abschleppseil, Schaufel, mindestens ein Ersatzkeilriemen und Betriebsflüssigkeiten (Öl, Kühlerflüssigkeit etc.). Ferner gehören Zündkerzen, Bindedraht, Starthilfekabel, Sicherungen und Schläuche dazu. Auch einen funktionstüchtigen Wagenheber, ein Holzbrett (als feste Unterlage in Sand und Salz), mehrere Ersatzreifen und eine Pumpe sollten dabei sein. Eine gutes Schweizer Taschenmesser oder ein Leatherman und eine Rolle Klebeband (Gaffer-Tape) können das Auto im Notfall retten.

■ Zur Basiscampingausrüstung gehören ein wasserdichtes Zelt, ein Drei-Jahreszeiten-Schlafsack (oder ein warmer Schlafsack im Winter), eine Bodenmatte, Utensilien zum Feuermachen, Feuerholz, eine Erste-Hilfe-Ausrüstung und eine Taschenlampe mit Ersatzbatterien.

■ Sandpisten lassen sich am besten am Morgen, wenn es noch kühler ist, und abends befahren (das Fahrzeug sitzt im kühleren Sand nicht so schnell fest, weil dann zwischen den Sandkörnern weniger Luft ist). Es empfiehlt sich, bei hoher Drehzahl möglichst schnell zu fahren, jedoch nicht plötzlich zu bescheunigen. Vor tiefen sandigen Streckenabschnitten ein paar Gänge herunterschalten, da das Fahrzeug sonst leicht stecken bleiben kann. In sandigen Spurrillen sollte man das Fahrzeug selbst den Weg mit dem geringsten Widerstand finden lassen. Es gilt, vorausschauend zu fahren und bei Kurven etwas früher am Lenkrad zu drehen als auf festem Untergrund. Auf diese Weise kann das Fahrzeug sanft durch die Kurven gleiten. Am Ende der Kurve dann sacht beschleunigen.

■ In der Kalahari ist oft hohes Gras zu durchqueren. Die freigesetzten Grassamen können schnell den Kühlergrill verstopfen, sodass der Motor überhitzt wird. Steigt die Temperaturanzeige in die Höhe, empfiehlt es sich unverzüglich anzuhalten und die Pflanzenpartikel aus dem Kühlergrill zu entfernen.

Versicherung

Versicherungen sind auf jeden Fall äußerst ratsam. Unabhängig davon, von welcher Agentur man ein Fahrzeug mietet, sollte klar sein, was im Preis enthalten ist (unbegrenzte Kilometer, Steuern, Vollkasko etc.) und inwieweit Selbstbehalte bestehen. Viele Versicherungspolicen decken keine Schäden an der Windschutzscheibe und den Reifen ab.

Eine Teilkaskoversicherung *(Third-party motor insurance)* ist die Mindestanforderung. Es empfiehlt sich jedoch, auch eine Vollkaskoversicherung *(Damage Waiver)* abzuschließen, die pro Tag etwa 150 P für ein gewöhn-

liches Fahrzeug und etwa 300 P für einen Geländewagen kostet. Auch eine Diebstahlversicherung ist ratsam. Bei beiden Versicherungen beträgt der Selbstbehalt für ein normales Fahrzeug etwa 4450 P und für einen Geländewagen 8900 P. Wer nur kurze Zeit unterwegs ist, sollte sich überlegen, eine Vollkaskoversicherung ohne Selbstbehalt abzuschließen. Diese hat jedoch ihren Preis.

BUS & COMBIS

Busse und Combis fahren regelmäßig alle Städte und Ortschaften an, aber in schwach besiedelten Regionen wie dem Westen Bot-

VERKEHRSMITTEL & -WEGE

- Für Fahrten auf festem Straßenbelag sollte der Reifendruck etwas verringert werden.
- Nachtfahrten meiden, denn aufgewirbelter Staub und schlecht abschätzbare Entfernungen können die Orientierung erheblich erschweren.
- Maximal 100 km/h fahren..
- Den Furchen anderer Fahrzeuge folgen.
- Bei Bodenwellen langsam die Geschwindigkeit erhöhen bis das richtige Tempo erreicht ist und das Gerüttel des Wagens aufhört.
- Bei Kurven besonders vorsichtig sein – die Geschwindigkeit bereits vorher drosseln.
- Platzt ein Reifen, keinesfalls auf die Bremsen treten, sonst gerät das Fahrzeug außer Kontrolle. Stattdessen so gut es geht geradeaus weitersteuern und das Fahrzeug bis zum Stillstand ausrollen lassen.
- Um Staubwolken zu vermeiden, wenn sich ein Fahrzeug aus der Gegenrichtung nähert, die Geschwindigkeit verringern und möglichst weit links halten.
- Bei Regen können sich Schotterstraßen in Schlammpisten verwandeln und trockene Flussbetten können sich mit Wasser füllen. Wer hinsichtlich der Wassertiefe unsicher ist, sollte aussteigen und vorsichtig die Wassertiefe prüfen. Die Stelle nur passieren, wenn sie für den jeweiligen Fahrzeugtyp sicher ist.
- Auf der Hut vor wilden Tieren sein.
- Auf einer Schotterstraße plötzliche Kurswechsel oder abruptes Bremsen vermeiden, da sonst die Kontrolle über das Fahrzeug verloren werden kann. Kommen die Hinterräder ins Schleudern, sachte in die Schleuderrichtung steuern, bis das Auto wieder unter Kontrolle ist. Geraten die Vorderräder ins Schleudern, das Lenkrad gut festhalten und in die Gegenrichtung steuern.
- Lebensmittel, Bekleidung und die Fotoausrüstung sollten in staubsicheren Plastiktüten oder in luftdicht verschließbaren Behältern verpackt werden.
- Bei schlechter Sicht, etwa durch Staub, sollte man immer die Scheinwerfer einschalten, um besser gesehen zu werden.
- Gewagte Überholmanöver können überaus gefährlich sein, da die Sicht des Fahrers durch die Staubfahnen des Autos vor einem getrübt wird. Mit der Lichthupe dem Fahrer den geplanten Überholvorgang vorher anzeigen – im Süden von Afrika ist das keine Provokation oder Frechheit. Wird die Lichthupe eines hinterherfahrenden Fahrzeugs betätigt, möglichst weit links am Straßenrand halten.

suanas und der Kalahari gibt es entsprechend weniger Verbindungen. Kleine Dörfer sind oft überhaupt nicht an den öffentlichen Verkehr angebunden – es sei denn, sie liegen an einer Hauptstrecke.

Die Frequentierung der Straßen mit Bussen und Combis hängt auch von deren Quantität und Qualität ab. Auf der direkten Route zwischen Maun und Kasane (durch den Chobe National Park) gibt es keine öffentlichen Verkehrsmittel. Zudem werden Verbindungen gestrichen, wenn die Straßen nach heftigen Regenfällen überflutet sind. Auch gibt es nur wenige Langstreckenbusse, und wer zwischen Gaborone und Kasane oder Maun unterwegs ist, muss in Francistown umsteigen. Detaillierte Informationen über Busverbindungen finden sich unter den entsprechenden Regionen in diesem Buch.

Busse sind bequem und fahren, unabhängig davon, ob sie voll sind oder nicht, zu festgelegten Zeiten ab. Da die Abfahrtszeiten der Busse nirgendwo angeschlagen sind, sollte man sich am Busbahnhof durchfragen. Combis dagegen fahren erst los, wenn sie voll sind. Tickets für Busse und Combis können nicht im Voraus gekauft werden, sondern müssen im Bus selbst gelöst werden.

VERKEHRSMITTEL & -WEGE

FAHRRAD

Botsuana ist relativ flach, aber das ist schon das einzige Zugeständnis an Fahrradfahrer. Sofern man nicht sehr erfahren und für die extremen Bedingungen ausgerüstet ist, sollte man die Idee, Botsuana mit dem Fahrrad zu bereisen, sofort wieder verwerfen. Die Entfernungen sind groß und der Horizont unendlich. Das Klima und die Landschaften sind heiß und trocken.

Selbst entlang der Hauptstraßen ist Wasser rar, und Dörfer liegen weit auseinander. Zudem ist die Sonne sehr intensiv und die UV-Strahlung gefährlich. In den Nationalparks und Wildreservaten sind Fahrräder nicht erlaubt, und auch entlang des Highways und auf anderen Straßen ist man nicht vor gefährlichen Wildtieren sicher.

FLUGZEUG

Die nationale Fluggesellschaft Air Botswana bietet mehrere Inlandsflüge zwischen Gaborone und Francistown (100 US$), Maun (155 US$) und Kasane (155 US$) an; Preisänderungen vorbehalten.

Gelegentlich werden auch Pauschalflüge zwischen Gaborone und Maun inklusive Hotelübernachtung und Ausflügen angeboten. Infos hierzu findet man z. B. in englischsprachigen Zeitungen und natürlich direkt bei der Fluggesellschaft.

Ein einfacher Flug ist oft teurer als ein Hin- und Rückflug. Tickets für Kinder unter zwei Jahren, die auf dem Schoß eines Erwachsenen sitzen, kosten 10 % des Normalpreises und Tickets für Kinder zwischen zwei und zwölf Jahren 50 % des Normalpreises. Passagiere dürfen 20 kg Gepäck mitnehmen.

Weitere Einzelheiten zu den Inlandsflügen und Büros von Air Botswana sind in diesem Reiseführer unter den Rubriken „An- und Weiterreise" der entsprechenden Regionen beschrieben.

Charterflüge

Teure Charterflüge sind oft die beste und manchmal aber auch die einzige Möglichkeit, abgelegene Lodges und isolierte Dörfer zu erreichen.

Im Durchschnitt kostet ein einfacher Flug von Maun zu einer der abgelegenen Lodges im Okavango-Delta zwischen 100 und 200 US$. Flüge sind reguliert und können nur als Teil einer Safari und mit einer Reservierung in einer der Lodges gebucht werden.

Dies ist schon deshalb unerlässlich, da man dort nicht einfach auftauchen und ein Bett für die Nacht erwarten kann, da viele Lodges sehr klein sind.

Desgleichen ist es nicht möglich, eine Übernachtung ohne entsprechenden Rückflug zu buchen. Agenturen in Maun bieten verschiedene Pauschalangebote an.

Passagiere auf Charterflügen dürfen nur 10 bis 12 kg Gepäck mitnehmen (bitte die genaue Gewichtsbeschränkung erfragen).

Wer nicht in einer der abgelegenen Lodges übernachten möchte, sollte trotzdem in Maun den interessanten Rundflug über das Delta buchen (s. S. 362).

NAHVERKEHR

Der Nahverkehr in Botsuana ist auf die Bedürfnisse der Bevölkerung ausgerichtet und beschränkt sich auf die Hauptverbindungsstraßen zwischen Städten. Auch wenn die Nahverkehrsmittel billig und zuverlässig sind, so sind sie für Reisende kaum von Nutzen, da die meisten Attraktionen abseits dieser Hauptverkehrsrouten liegen.

Combi

Combis, erkennbar an ihren blauen Kennzeichen, zirkulieren auf festgelegten Strecken rund um Städte wie Gaborone, Kasane, Ghanzi, Molepolole, Mahalapye, Palapye, Francistown, Selebi-Phikwe, Lobatse und Kanye. Sie fahren häufig, sind billig und zuverlässig. Allerdings sind sie, besonders auf längeren Strecken, nicht allzu sicher (da die Fahrer oft zu schnell fahren) und verkehren nur zwischen größeren Ortschaften. Und die sind oftmals voller Menschen und für viele Touristen eher uninteressant.

Taxi

Lizensierte Taxis sind an ihren blauen Kennzeichen erkennbar. Sie warten nur selten an den Flughäfen in Gaborone, Francistown, Kasane und Maun auf Kundschaft. Die einzige Transportmöglichkeit vom Flughafen sind Hotelbusse der Luxushotels und Lodges. Sie sind für Hotelgäste natürlich kostenlos, aber gegen Bezahlung werden auch Nichthotelgäste mitgenommen.

Selbst in Gaborone fahren keine Taxis auf der Suche nach Kundschaft durch die Straßen. Wird ein Taxi benötigt ruft man die Zentrale an oder geht zu einem Taxistand (meist in der Nähe von Busbahnhöfen und Bahnhöfen). Zu den Taxizentralen gehören unter anderem **Speedy Cabs** (☎ 395 0070) und **Final Bravo Cab** (☎ 312 1785). Die Preise sind verhandelbar und nur bei Sammeltaxis festgelegt. Wer möchte, kann auch ein Taxi (oder mehrere) für etwa 300 P bis 400 P am Tag (und pro Taxi) chartern. Der Endpreis richtet sich nach der Entfernung.

TRAMPEN

Da öffentliche Verkehrsmittel nur unregelmäßig oder gar nicht existieren, ist Trampen in Botsuana eine übliche Fortbewegungsart. Auf Hauptrouten existieren sogar schon festgelegte Preise. Tramper sollten bedenken, dass sie ein kleines, aber doch ernstzunehmendes Risiko auf sich nehmen. Es ist immer sicherer, zu zweit zu trampen und zuvor Andere darüber zu informieren, wohin man mitgenommen werden möchte.

Häufig wird der Gegenwert eines Bustickets für eine Mitfahrgelegenheit verlangt. Um peinliche Situationen am Ende der Fahrt zu vermeiden, ist es besser, bereits vor dem Einstieg den Preis zu vereinbaren.

Es empfiehlt sich keinesfalls, auf Nebenstraßen zu trampen, wie z. B. im Tuli Block oder von Maun nach Kasane durch den Chobe Nationalpark, da der Verkehr auf diesen Strecken auf wenige Fahrzeuge am Tag beschränkt ist. Es wird empfohlen, lieber in einer der Lodges eine Mitfahrgelegenheit rechtzeitig vorher zu organisieren.

ZUG

Die botsuanische Eisenbahn ist auf eine Bahnstrecke im Osten Botsuanas beschränkt. Sie erstreckt sich von Ramokgwebana an der Grenze zu Simbabwe nach Ramatlabama an der Grenze zu Südafrika und war Teil der ruhmvollen Strecke Johannesburg–Bulawayo, die leider nicht mehr besteht. Zugfahrten sind billig und die Züge sind zuverlässig, aber verkehren auch sehr langsam.

Außerdem fahren sie nur solche Ortschaften an, die für Touristen eigentlich kaum von Interesse sind.

Es gibt auch einen schnellen, teuren Tageszug und einen langsamen, billigen Nachtzug. Beide verkehren auf der Strecke zwischen Lobatse und Francistown via Pilane, Mahalapye, Palapye, Serule und anderen Dörfern. Die Züge zwischen Gaborone und Francistown fahren täglich um 10 Uhr (Club/Economy 30/60 P, 6½ Std.) und um 21 Uhr (Schlafwagen 1. Klasse/Liegewagen 2. Klasse/Economy 175/140/35 P, 8¼ Std.).

Aktuelle Fahrpläne und Tickets gibt es an allen Bahnhöfen, aber Reservierungen können nur in Gaborone, Francistown und Lobatse (für Reisen weiter als Gaborone) vorgenommen werden.

Für die 1. und 2. Klasse sind Reservierungen absolut erforderlich, Passagiere der 3. Klasse können Tickets im Voraus oder aber direkt im Zug kaufen.

VERKEHRSMITTEL & -WEGE

Gesundheit

Wenn die erforderlichen Impfungen durchgeführt wurden und grundlegende Sicherheitsvorkehrungen getroffen sind, bekommt man von den meisten der hier beschriebenen Gesundheitsrisiken vermutlich nichts mit. Obwohl Botsuana und Namibia mit einer bemerkenswerten Vielzahl von tropischen Krankheiten aufwarten können, ist es wahrscheinlicher, sich einen ordentlichen Durchfall oder eine Erkältung zu holen, als mit einer exotischen Krankheit in Berührung zu kommen. Das gilt allerdings nicht für Malaria, die vor allen Dingen in den tiefer gelegenen Regionen eine große Gefahr darstellt.

VOR DER REISE

Mit guter Vorbereitung daheim kann man sich später eine Menge Ärger ersparen. Wichtig ist, sich beim Zahnarzt und Hausarzt vorher einmal durchchecken zu lassen, um feststellen zu können, ob chronische Krankheiten (zum Beispiel Bluthochdruck oder Asthma) vorliegen. Auch Ersatzkontaktlinsen und eine zusätzliche Brille (samt einer Kopie des Rezepts vom Augenarzt) sollten mit auf die Reise gehen. Außerdem sollte man eine gut sortierte Reiseapotheke und die erforderlichen Impfungen im Vorfeld nicht vergessen.

Reisende können sich bei der **International Association for Medical Advice to Travellers** (IAMAT; www.iamat.org) anmelden, die Adressen von zertifizierten Ärzten zur Verfügung stellt. Falls ein längerer Aufenthalt in weniger entwickelten Gegenden eingeplant ist, könnte ein Erste-Hilfe-Kurs nützlich sein (Anlaufstelle ist das Rote Kreuz).

Eventuell ergibt sich auch die Möglichkeit eines Erste-Hilfe-Kurses nur mit solchen Hilfsmitteln, die in unterentwickelten Regionen zu finden sind.

Werden eigene Medikamente mit auf Reisen genommen, sollten diese nur in der Originalverpackung mit gut leserlicher Beschriftung aufbewahrt werden. Immer hilfreich ist auch eine vom Arzt unterschriebene mit Datum versehene Bescheinigung, die sämtliche Diagnosen und die erforderlichen Medikamente (möglichst mit den Fachbegriffen und Namen bestehender Ersatzprodukte) auflistet. Wenn Spritzen und Nadeln (zum Beispiel bei Diabetes) mitgenommen werden müssen, ist eine ärztliche Bescheinigung über deren medizinische Notwendigkeit unbedingt erforderlich.

VERSICHERUNG

Unbedingt vorher herausfinden, ob die eigene Krankenversicherung (oder die für die Reise abgeschlossene Auslandskrankenversicherung) eine direkte Bezahlung der Helfer vorsieht oder die Kosten, die der Patient für die Behandlung in Übersee zunächst selbst vorstreckt, später zurückerstattet. In Botsuana und Namibia erwarten die meisten Ärzte Barzahlung. Außerdem sollte geklärt sein, ob die Reiseversicherung auch Krankentransporte abdeckt, bei denen der Patient im Flugzeug befördert oder während des Transports medizinisch betreut werden muss, wenn es ins Krankenhaus, die nächste größere Stadt oder schlimmstenfalls sogar zurück nach Hause geht. Da nicht alle Versicherungen diese umfassende Leistung anbieten, sollte man den Vertrag vorher gründlich prüfen. Bei der Suche nach ärztlicher Hilfe können die Versicherungsgesellschaft, ebenso wie die meisten Hotels, helfen und Auskunft über das nächste Krankenhaus geben. In dringenden Notfällen sollte das Konsulat oder die Botschaft kontaktiert werden.

EMPFOHLENE IMPFUNGEN

Die Weltgesundheitsorganisation (**World Health Organization, WHO;** www.who.int/en/) empfiehlt allen Reisenden eine Impfung gegen Diphtherie, Tetanus, Masern, Mumps, Röteln, Polio und Hepatitis B, unabhängig vom Reiseziel. Denn diese Krankheiten können schwerwiegende Folgen nach sich ziehen und kommen durchaus vor.

Den **Centers for Disease Control & Prevention** (www.cdc.gov) zufolge werden speziell für Botsuana und Namibia folgende Impfungen empfohlen: Gegen Hepatitis A und B, Tollwut und Typhus, außerdem eine Auffrischung der Tetanus-, Diphtherie- und Masernimpfungen. Gelbfieber stellt in dieser Region keine wirkliche Gefahr dar, aber ein Impfzertifikat ist Vorraussetzung für die Einreise nach einem Aufenthalt in einer gefährdeten Region.

REISEAPOTHEKE

Es kann absolut nicht schaden, eine gut sortierte Reiseapotheke mitzunehmen, um sich im Falle einer kleineren Verletzung oder Krankheit selbst behandeln zu können. Die folgenden Dinge sollten in der Reiseapotheke nicht fehlen:

- Antibiotika (nur mit Rezept), z. B. Ciprobay/Ciproxin oder Norfloxacin
- Tabletten gegen Durchfall (z. B. Imodium)
- Paracetamol oder Aspirin
- Entzündungshemmende Mittel (z. B. Ibuprofen)
- Antihistamine (gegen Heuschnupfen und allergische Reaktionen)
- Antibakterielle Salben gegen Schnitt- und Schürfwunden (nur mit Rezept)
- Tabletten gegen Malaria (bei Aufenthalt in gefährdeten Regionen)
- Bandagen, Mullbinden
- Schere, Sicherheitsnadeln, Pinzette, Taschenmesser
- DEET-haltiges Insektenspray
- Permethrinhaltiges Insektenspray für die Kleidung, Zelte und Moskitonetze
- Puder für hitzebedingten Hautausschlag
- Sonnencreme
- Rehydrationslösung zum Trinken
- Jodtabletten (um Wasser zu desinfizieren)
- Sterile Nadeln, Spritzen und Desinfektionsflüssigkeit bei Aufenthalt in weniger sicheren und entwickelten Gebieten

INFOS IM INTERNET

Es gibt im Internet eine Fülle von hilfreichen Informationen über die richtige Gesundheitsvorsorge auf Reisen. Die Lonely Planet Website www.lonelyplanet.com bietet einen guten Einstieg. Die Weltgesundheitsorganisation (WHO) veröffentlicht jährlich den Ratgeber *International Travel and Health,* auf den kostenlos auf www.who.int/ith/ zugegriffen werden kann.

Eine gute deutsche Adresse im Internet ist www.travelmed.de, wo nützliche Informationen bereitstehen. Hilfreich sind auch die Gesundheitsempfehlungen des Auswärtigen Amtes in Berlin, die für jedes Reiseland auf der Erde abgerufen werden können (www. auswaertiges-amt.de).

NOCH MEHR LEKTÜRE

- H. Döring: *Ärztlicher Ratgeber für den Aufenthalt in den Tropen* (1998)
- H. Kretschmer, M. Kaiser: *Gesund reisen in ferne Länder* (1996)
- G. Fry: *Travel in Health* (1994)
- Brigitte Barta u.a.: *Travel with Children* (2009)

UNTERWEGS

THROMBOSE

Durch oft stundenlanges Stillsitzen kann es auf weiten Flugreisen zu Thrombose (Bildung von Blutklumpen, vor allem in den Adern der Beine) kommen. Je länger der Flug dauert, desto größer das Risiko. Die meisten Blutklümpchen lösen sich normalerweise ohne weitere Folgen von selbst wieder auf, wenn ein größerer Klumpen sich jedoch löst und durch die Blutgefässe in die Lunge wandert, kann das lebensgefährlich werden.

Die Hauptsymptome sind zunächst Schmerzen und Schwellungen am Fuß, am Knöchel oder der Wade – auf einer Seite, manchmal auch auf beiden. Wandert ein Blutklumpen in die Lunge, kommt es zu Atemnot und Schmerzen in der Brust. Bei solchen Symptomen muss unbedingt ein Arzt verständigt werden.

Das Anspannen der Beinmuskulatur im Sitzen oder ab und zu ein Gang durchs Flugzeug können helfen, eine solche Thrombose zu vermeiden. Außerdem viel Flüssigkeit (allerdings keinen Alkohol!) trinken!

GESUNDHEIT

JETLAG & REISEÜBELKEIT

Der unangenehme Jetlag – Schlaflosigkeit, Müdigkeit, Unwohlsein und Übelkeit nach einer schnellen Reise durch mehrere Zeitzonen – entfällt bei Reisen aus Mitteleuropa ins südliche Afrika.

Will man einer Reiseübelkeit mit Medikamenten vorbeugen, empfehlen sich Mittel aus der Gruppe der Antihistaminika. Man nimmt sie eine Stunde vor Reiseantritt; die Wirkung hält etwa vier Stunden an. Der Nachteil besteht darin, dass viele dieser Medikamente ein wenig schläfrig machen.

Manche Reisende berichten auch über gute Erfolge mit einem einfachen pflanzlichen Mittel: mit Ingwer (auch in Form von Keksen oder Tee).

IN NAMIBIA & BOTSUANA

MEDIZINISCHE VERSORGUNG & KOSTEN

Qualitativ gute medizinische Betreuung ist in allen größeren Städten in Namibia und Botsuana gewährleistet, und gerade die privaten Krankenhäuser haben einen medizinischem exzellenten Standard. Die öffentlichen Krankenhäuser allerdings sind häufig unterfinanziert und überfüllt. Hinzu kommt, dass in weit abgelegenen Regionen selten verlässliche medizinische Einrichtungen im Lande überhaupt zu finden sind.

In Namibia und Botsuana braucht man gewöhnlich ein Rezept, um Medikamente zu erhalten. Mittel gegen chronische Krankheiten sollten von zu Hause mitgebracht werden. Bei Bluttransfusionen besteht außerdem ein hohes Risiko, sich mit HIV zu infizieren. Es wird deshalb dringend dazu geraten, Behandlungen nur in sehr renommierten Krankenhäusern durchführen zu lassen, z.B. in dem in diesem Buch genannten. Die **BloodCare Foundation** (www.blood care.org.uk) stellt in Notfällen sicheres, getestetes Blut zur Verfügung, das innerhalb von 24 Stunden in alle Teile der Welt transportiert werden kann.

INFEKTIONEN

Nachfolgend gibt es eine Liste von Krankheiten, die in Namibia und Botsuana auftreten, die aber bei richtiger Prävention keine große Gefahr für Reisende darstellen.

Bilharziose (Schistosomiase)

Bilharziose tritt in einigen Teilen von Botsuana und Namibia auf. Die Krankheit wird durch winzige Würmer übertragen, die in stehenden oder langsam fließenden Gewässern vorkommen. Diese Würmer dringen bei Wasserkontakt (zum Beispiel beim Schwimmen) in die menschliche Haut ein und wandern von dort in die Blase oder den Darm. (Der Kreis schließt sich, wenn sie im menschlichen Urin oder Kot ausgeschieden werden und wieder ins Süßwasser gelangen.) Deswegen ist es besser, den Kontakt mit verdächtigem Wasser zu meiden. Die Symptome der Bilharziose reichen bis zu vorübergehendem Fieber und Ausschlag, manchmal bleiben sie aber auch ganz aus. In schwereren Fällen kann auch Blut im Urin oder Stuhl auftreten. Der Nachweis erfolgt über eine Blutuntersuchung, eine Therapie ist dann sofort möglich – allerdings nur durch einen Arzt durchzuführen. Falls die Krankheit nicht behandelt wird, können Störungen der Nierenfunktion oder eine chronische Schädigung der Blase die Folge sein. Eine Ansteckung von Mensch zu Mensch ist aber nicht möglich.

Cholera

Cholera wird durch Bakterien ausgelöst und verbreitet sich durch kontaminiertes Wasser. Deshalb ist es wichtig, kein Leitungswasser zu trinken und kein rohes oder ungeschältes Gemüse und Obst zu sich zu nehmen. Hauptsymptom ist ein wässriger Durchfall, der zu einer enormen Schwächung des Körpers führt, wenn die verlorene Flüssigkeit nicht schnellstens wieder zugeführt wird. Gegen Cholera ist eine Schluckimpfung möglich, die allerdings wenig effektiv ist. Die zuverlässigste Prävention ist es schlicht und einfach, extrem vorsichtig beim Trinkwasser zu sein und Essen, das infiziert sein könnte, um jeden Preis zu meiden.

Die gängige Behandlungsmethode: Viel Flüssigkeit oder durch eine Infusion Flüssigkeit zuführen; in manchen Fällen kommen auch Antibiotika hinzu. Deshalb wird dringend empfohlen, auch ärztliche Hilfe in Anspruch zu nehmen.

Dengue-Fieber

Bei dieser Krankheit, die durch Moskitostiche (bzw. –bisse) übertragen wird, kommt es zu Symptomen wie Fieber und Muskelschmerzen, die an eine starke und langanhaltende

Grippeattacke erinnern. Auch ein Hautausschlag ist nicht selten. Moskitostiche also unbedingt vermeiden.

Dengue-Fieber kann durch die Einnahme von Paracetamol und Bettruhe in der Regel auskuriert werden.

Filariose

Auch diese Erkrankung wird durch die Stiche infizierter Moskitos weitergegeben. Allerdings dringen hierbei kleine Würmer ins Lymphsystem ein. Symptome der Filariose sind Schwellungen und Juckreiz an den Beinen oder im Genitalbereich. Es gibt keine Möglichkeit der Selbstbehandlung, aber alle medizinischen Einrichtungen verfügen über die nötigen Mittel.

Hepatitis A

Hepatitis A tritt in beiden Ländern auf. Der Erreger befindet sich in Nahrungsmitteln (vor allem in Schalentieren) und in verseuchtem Wasser. Bei Ausbruch der Krankheit kommt es zur Gelbsucht. Die ist zwar meistens nicht tödlich, beeinträchtigt den Patienten aber stark, und die Heilung verläuft sehr langsam. Auch nach der Genesung sollte man bis zu sechs Monate lang auf Alkohol verzichten; Spätfolgen sind dann bei Hepatitis A normalerweise nicht zu erwarten. Die allerersten Symptome sind ein dunkler Urin und eine deutliche Gelbfärbung des Augapfels. Auch Fieber und Bauchschmerzen können manchmal schon im frühen Stadium auftreten. Eine Impfung gegen Hepatitis A ist möglich und wird als Injektion verabreicht: Zunächst eine Dosis, die bis zu einem Jahr Schutz bietet, und danach die Auffrischung, die zehn Jahre lang vorhält. Hepatitis-A- und Typhusimpfungen lassen sich auch kombinieren. Eine Behandlung und Heilung ohne ärztliche Hilfe ist allerdings nicht möglich.

Hepatitis B

Hepatitis B, die ebenfalls in beiden Ländern vorkommt, wird durch infiziertes Blut, kontaminierte Spritzen und sexuellen Kontakt übertragen. Bei der Geburt kann die Krankheit sogar von der Mutter auf das Kind übergehen. Die Folgen sind Gelbsucht und in manchen Fällen Leberversagen. Die meisten Erkrankten erholen sich zwar vollständig, aber einige tragen das Virus ihr Leben lang im Körper, wo es dann später Leberzirrhose oder -krebs verursachen kann. Wer sich für längere Zeit in hochgefährdeten Gebieten aufhält oder durch seine sozialen oder beruflichen Umstände Gefahr läuft, sich anzustecken, sollte unbedingt an einen Impfschutz denken. In Deutschland sind Hepatitis-B-Impfungen mittlerweile Routine und gehören vielfach schon zum Standardprogramm der Schutzimpfungen bei Kindern. Der Impfpass zeigt, ob diese Impfung durchgeführt wurde oder nicht. Eine mehrmalige Impfung bietet mindestens fünf Jahre Schutz.

Eine Behandlung auf eigene Faust ohne medizinische Hilfe ist nicht möglich.

HIV/Aids

HIV, das Virus, das Aids auslöst, stellt in Botsuana und Namibia ein großes Problem dar, denn es hat verheerende Auswirkungen auf das örtliche Gesundheitssystem und die Strukturen der gesamten Gesellschaft. Gerade Botsuana hat eine der höchsten Infektionsraten des gesamten afrikanischen Kontinents aufzuweisen: 40 % der Bevölkerung sind betroffen (fast so viele wie im benachbarten Swasiland). In Namibia (s. S. 296) liegt die Quote bei rund 20 %.

Das Virus wird durch infiziertes Blut oder daraus hergestellte Produkte, durch sexuellen Kontakt mit einem infizierten Partner und sogar von der infizierten Mutter auf das eigene Kind übertragen.

Ansteckungsgefahr besteht bei jedem Kontakt mit fremdem Blut: Bei medizinischen Eingriffen, wie Operationen, zahnärztlichen Behandlungen und Akupunkturen, die mit kontaminierten Instrumenten vorgenommen werden, natürlich auch bei Infusionen mit virusinfizierten Nadeln.

Zurzeit gibt es noch kein erfolgreiches Heilmittel gegen das HIV-Virus, aber immerhin Medikamente, die den Krankheitsverlauf aufschieben und abmildern. 2002 entschied die Regierung in Botsuana, allen betroffenen Mitbürgern anti-retrovirale Medikamente unentgeldlich zur Verfügung zu stellen – Botsuana war damit das erste Land, das eine kostenlose Aids-Behandlung möglich macht. Allerdings sind diese Medikamente für Menschen in weniger entwickelten Regionen immer noch schwer zugänglich, und das Problem der Stigmatisierung der Erkrankten wird immer gravierender. In Namibia steht das Medikament dem größten Teil der Bevölkerung gar nicht zur Verfügung, vor allem, weil die Behandlung zu teuer ist.

GESUNDHEIT

Wenn der Verdacht einer Ansteckung mit Aids besteht, ist ein Bluttest unerlässlich. Allerdings kann dieser erst drei Monate nach der möglichen Infektion Klarheit verschaffen, da erst nach dieser Zeitspanne Antikörper im Blut nachweisbar sind. Eine Behandlung ohne Arzt ist unmöglich.

Malaria

Abgesehen von Verkehrsunfällen ist Malaria wohl das größte Gesundheitsrisiko, dem Reisende in dieser Region ausgesetzt sind, deshalb sollten einige Vorsichtsmaßnahmen ergriffen werden. Malaria wird durch einen Parasiten hervorgerufen, der sich im Blut des Anopheles-Moskitos aufhält und durch den Einstich eines weiblichen Tiers auf andere Lebewesen übertragen wird. Es gibt verschiedene Arten der Malaria: Die Falciparum-Malaria ist die gefährlichste Ausprägung und leider auch die im südlichen Afrika vorherrschende. Das Infektionsrisiko hängt von der Jahreszeit und den klimatischen Bedingungen ab. Es gibt verschiedene Mittel, um einer Infektion vorzubeugen, und ständig kommen neue hinzu. Deshalb ist es wichtig, sich vor der Reise bei einem Facharzt zu erkundigen. Er kann entscheiden, für wen welche Mittel geeignet sind: So sollten Epileptiker Meflo-

quin meiden, Doxycyclin eignet sich nicht für Schwangere und Kinder unter zwölf Jahren. Im Frühstadium der Malaria treten als häufige Symptome vor allem Kopfschmerzen, Fieber, Gliederschmerzen und Unwohlsein auf, weswegen die Krankheit oft sogar von Ärzten mit einer Grippe verwechselt wird. Andere Symptome sind Bauchschmerzen, Durchfall und Husten. Jeder, der solche Beschwerden in einem Malariagebiet bei sich feststellt, sollte sich deshalb auf Malaria untersuchen lassen, auch wenn er Medikamente zur Vorbeugung eingenommen hat. Wird die Krankheit nicht schon im Anfangsstadium behandelt, tritt innerhalb von 24 Stunden die nächste Stufe ein, vor allem dann, wenn Falciparum der auslösende Parasit ist: Es kommt zur Gelbsucht, dann im weiteren Verlauf zu Bewusstseinsstörungen und schließlich zum Koma, das meist mit dem Tod endet.

Eine Behandlung im Krankenhaus ist lebenswichtig, da die Todesrate auch bei bester Versorgung auf der Intensivstation immer noch bei 10 % liegt.

Viele Reisende glauben, Malaria sei eigentlich nicht so schlimm und präventive Mittel gegen Malaria richteten mehr Schaden durch Nebenwirkungen an als die Krankheit selbst. Leider stimmt das nicht. Wer keine Anti-

---

MALARIA VON A BIS D

- A – Achtgeben wegen des Risikos! Kein Medikament bietet vollkommene Sicherheit, aber ein Schutz von bis zu 95 % ist mit den meisten Tabletten zu erreichen, wenn zuvor die notwendigen Sicherheitsmaßnahmen ergriffen werden.

- B – Bisse (bzw. Stiche) von Mücken um jeden Preis vermeiden! Unbedingt in abgeschirmten Räumen schlafen, am besten unter einem mit Permethrin imprägnierten Mückennetz; außerdem sollte man wirksame Moskitosprays und -spulen verwenden. Noch sicherer lässt sich die Nacht in Kleidung überstehen, die so viel Haut wie möglich bedeckt und ebenfalls mit Permethrin behandelt ist. Freiliegende Hautstellen sollten zusätzlich mit reichlich Insektenspray besprüht werden.

- C – Chemische Vorbeugung (z. B. Tabletten gegen Malaria) nicht vergessen! Dabei sollte aber immer ein Experte konsultiert werden, da die Malariaerreger gegen bestimmte Stoffe schnell resistent werden und somit ständig neue Medikamente auf den Markt kommen. Außerdem reagieren die Patienten unterschiedlich auf die verschiedenen Produkte. Mit der Einnahme der meisten Tabletten muss mindestens eine Woche vor dem möglichen Kontakt mit einem Erreger begonnen werden. Um zuverlässigen Schutz zu garantieren, sollten die Medikamente noch bis zu vier Wochen danach eingenommen werden.

- D – Diagnose richtig stellen! Bei Fieber oder einer grippeähnlichen Erkrankung, die innerhalb eines Jahres nach dem Aufenthalt in einem gefährdeten Gebiet auftritt, kann es sich durchaus um eine nichterkannte Malariainfektion handeln, und ärztliche Behandlung wird dringend notwendig. Dabei unbedingt den behandelnden Arzt über die Afrikareise und den Malariaverdacht informieren, damit er dieser Möglichkeit nachgeht.

GESUNDHEIT

Malariamittel nimmt, geht ein sehr hohes Risiko ein. Etwas Schutz bieten dann natürlich Mückennetze und Anti-Insektensprays. Wenn aber dennoch Fieber oder grippeähnliche Symptome auftreten, muss so schnell wie möglich ein Arzt konsultiert werden. Vom Versuch, Malaria nur mit homöopathischen Mitteln zu bekämpfen, ist abzuraten – auch Homöopathen raten häufig von der Verwendung bestimmter homöopathischer Malariamittel ab.

In der Schwangerschaft führt eine Ansteckung mit Malaria fast immer zu einer Fehlgeburt oder zu vorzeitigen Wehen, und dementsprechend hoch ist die Gefahr für das Leben von Mutter und Kind. Schwangere sollten daher genau überlegen, ob eine Reise in eine Malariaregion wirklich das Risiko wert ist. Erwachsene, die in der Kindheit schon einmal eine Malariaerkrankung überstanden haben, sind übrigens weitgehend immun und haben bei einer neuen Infektion nur sehr abgeschwächte Beschwerden zu befürchten. Die meisten westlichen Reisenden besitzen aber gar keine Immunität. Außerdem nimmt die Immunität schon nach eineinhalb Jahren wieder spürbar ab, sodass selbst Menschen, die in einem Risikogebiet gelebt und die Krankheit überstanden haben, nicht zwangsläufig dauerresistent sind.

Tollwut

Tollwut wird durch den Biss eines infizierten Tieres auf den Menschen übertragen, oder auch, wenn eine offene Wunde mit dem Speichel von infizierten Tieren in Berührung kommt. Im südlichen Afrika sind Erkrankungen bei Menschen eher selten, wobei das Infektionsrisiko in ländlichen Gebieten am größten ist. Tollwut nimmt immer einen tödlichen Verlauf, wenn die klinischen Symptome erst einmal aufgetreten sind. Diese können sogar noch mehrere Monate nach der Ansteckung auftreten, weswegen so schnell wie möglich nach der Infektion (etwa durch einen Biss) eine nachträgliche Impfung erfolgen sollte. Solch eine Impfung (unabhängig davon, ob schon eine vorherige Schutzimpfung verabreicht wurde oder nicht) hält das Virus davon ab, ins zentrale Nervensystem vorzudringen. Wer mit Tieren in Kontakt kommt oder in eine weniger entwickelte Region reisen möchte, sollte sich auf jeden Fall auch vorher impfen lassen. Dabei werden über einen Monat verteilt drei Injektionen gespritzt. Bei ei-

ner nachträglichen Impfung erfolgen fünf Injektionen innerhalb von 24 Stunden, und zwar möglichst unmittelbar nach dem Tierbiss. Eine Möglichkeit zur Selbstbehandlung gibt es nicht.

Tuberkulose (TB)

Tuberkulose (TB) wird durch unmittelbaren Kontakt mit der Atemluft eines Erkrankten übertragen, manchmal auch durch kontaminierte Milch oder Milchprodukte. Eine Impfung wird dringend empfohlen, vor allem, wenn man voraussichtlich mit vielen Menschen in Kontakt kommen wird. Allerdings bietet auch eine Impfung nur mäßigen Schutz. Tuberkulose kann völlig ohne Symptome verlaufen und erst später bei einer Routineuntersuchung sichtbar werden. Bei normalem Verlauf sind Husten, Gewichtsverlust oder Fieber die Folge, manchmal Monate oder sogar Jahre nach der Infektion. Eine Behandlung ohne ärztliche Hilfe ist nicht möglich.

Typhus

Typhus wird durch Nahrungsmittel oder Wasser übertragen, die mit infizierten menschlichen Fäkalien in Berührung gekommen sind. Zum Typhus gehören in der Regel Fieber oder ein roter Hautausschlag auf dem Bauch. Manchmal kommt es auch zur Sepsis (Blutvergiftung). Die Typhusimpfung bietet meist einen dreijährigen Schutz. Die Behandlung erfolgt normalerweise durch Antibiotika, und ein tödlicher Verlauf ist selten, solange keine Sepsis auftritt. Typhus sollte generell durch einen Arzt behandelt werden.

Gelbfieber

Obwohl das Gelbfieber in Botsuana und Namibia keine Gefahr darstellt, brauchen diejenigen, die aus Ländern mit Ansteckungsgefahr dorthin einreisen, ein Impfzertifikat. Eine Liste dieser Länder findet sich auf der Website der Weltgesundheitsorganisation (www.who.int/wer/) oder der **Centers for Disease Control & Prevention** (www.cdc.gov/travel/blusheet.htm).

DURCHFALLERKRANKUNGEN

Durchfallerkrankungen sind unter Reisenden weit verbreitet und treten manchmal schon aufgrund der Ernährungsumstellung auf. Die Wahrscheinlichkeit, zu erkranken, ist recht groß, vor allen Dingen bei denjenigen, die sich lange in ländlichen Gebieten aufhalten oder in eher preisgünstigen, einheimischen

Restaurants essen. Oft genügt auch schon die mit einer Reise verbundene Umstellung der Ernährung – z.B. ungewohnte Gewürze oder Öle –, um einen Durchfall auszulösen. Daher gilt vor allem: Niemals Leitungswasser trinken, es sei denn, man ist sich ganz sicher, dass es unschädlich ist (s. S. 422). Eine weitere einfache Schutzmaßnahme: nur frisches, geschältes Obst und gekochtes Gemüse essen. Vorsicht ist auch bei Molkereiprodukten geboten, da sie unpasteurisierte Milch enthalten könnten. Unbedenklich ist vor allem frisch zubereitete (also gut gekochte, noch heiße und völlig gare) Nahrung. Da aber auch Teller, Tabletts und anderes Geschirr verschmutzt sein können, ist auch hier Vorsicht angebracht, gerade was die Angebote von Straßenverkäufern angeht.

Sollte es trotzdem zu einer Durchfallerkrankung kommen, unbedingt den Flüssigkeitsverlust wieder ausgleichen, wobei Rehydrationslösungen mit viel Wasser, etwas Salz und Zucker am besten wirken. Bei leichten Durchfallerscheinungen ist noch keine Behandlung nötig. Sollte der Durchfall aber stärker werden, sind entsprechende Antibiotika oder Anti-Diarrhöe-Mittel (z. B. Imodium) ratsam. Bei Blut im Stuhl, das möglicherweise noch von Fieber, Schüttelfrost oder schlimmen Bauchschmerzen begleitet wird, muss dringend ein Arzt konsultiert werden.

Amöbenruhr

Nachdem die Einzeller, die die Ruhr auslösen, durch verunreinigte Speisen und Getränke aufgenommen wurden, verursachen sie blutigen Stuhlgang. Der Krankheitsverlauf kann relativ undramatisch sein und nur ganz allmählich fortschreiten, doch eine medizinische Behandlung, also mithilfe von Antibiotika, ist trotzdem ratsam, da die Krankheit nicht von selbst wieder verschwindet. Neben der Darmerkrankung gibt es auch eine Verlaufsform, die die Leber erheblich schädigt – der Gang zum Arzt ist also wichtig.

Giardiase

Giardiase wird ebenso wie die Ruhr durch die Aufnahme infizierter Nahrung übertragen. Sie bricht gewöhnlich etwa eine Woche nach dem Kontakt mit den Parasiten aus. Die Symptome können sich auf kurze Anfälle von Reisedurchfall beschränken, aber auch dauerhaft anhaltender, lästiger und schwächender Durchfall ist möglich.

Im Idealfall sollte bei Verdacht auf eineInfektion ein Arzt konsultiert werden, aber in Regionen ohne Zugang zu medizinischer Hilfe kann auch eine Selbstbehandlung mit Antibiotika durchgeführt werden.

GESUNDHEITSRISIKEN
Erschöpfung durch Hitze

Zu einem Erschöpfungszustand infolge von Hitze kommt es, wenn die betroffenen Personen heftig schwitzen, also viel Flüssigkeit verlieren, ohne mit Wasser und genügend Salz für einen Ausgleich zu sorgen.

Diese Gefahr besteht vor allem bei ungewohnt anstrengenden Tätigkeiten in großer Hitze. Zu den Symptomen gehören Kopfschmerzen, Schwindelanfälle und sehr große Müdigkeit.

Schon wenn sich Durst bemerkbar macht, leidet der Körper unter Wassermangel – also unbedingt immer genug trinken! Bei einem solchen Erschöpfungsanfall viel Wasser und/oder Fruchtsaft trinken und mit kaltem Wasser oder einem Ventilator für Kühlung sorgen. Um den Salzverlust auszugleichen, reicht es, salzige Flüssigkeiten, etwa in Form von Suppen, zu sich zu nehmen oder die normalen Speisen etwas stärker als sonst zu salzen.

Hitzschlag

Ein Erschöpfungszustand ist nur Vorbote des viel gefährlicheren Hitzschlags. Dabei fällt zunächst die natürliche Abkühlung durch Schweißbildung aus, es kommt zu einem enormen Anstieg der Körpertemperatur, zu irrationalem und hyperaktivem Verhalten und schließlich zur Ohnmacht oder sogar zum Tod. Wenn ein Hitzschlag auftritt, muss der Körper sofort mit kaltem Wasser begossen oder mit einem Ventilator abgekühlt werden. In den meisten Fällen ist auch eine Infusion erforderlich, um den Verlust von Flüssigkeit und Elektrolyten tatsächlich auszugleichen.

Insektenbisse & -stiche

Moskitos tragen zwar nicht immer Malaria oder Dengue-Fieber in sich, aber auch „normale" Stiche können sich entzünden. Die Schutzmaßnahmen sind jedenfalls die gleichen wie die gegen Malaria (s. S. 428). Am besten verwendet man Insektenschutzmittel auf DEET-Basis. Auch die Behandlung der Kleidung kann helfen; Moskitos, die sich dann auf der speziell imprägnierten Kleidung niederlassen, werden getötet. Bienen- und Wespenstichen hingegen sind nur für Menschen mit einer echten Allergie (Anaphylaxe) gefährlich. Für den Fall eines Stiches sollten Betroffene immer das verordnete Mittel in der Reiseapotheke mit sich führen.

Skorpione kommen in trockenen Gegenden vor. Ihr Stich ist sehr schmerzhaft und kann in manchen Fällen lebensbedrohlich werden. Ein Schmerzmittel ist also ratsam. Kommt es dann noch zu einem Zusammenbruch, muss dringend medizinische Hilfe in Anspruch genommen werden.

Außerhalb städtischer Gebiete stellen Zecken ein großes Problem dar. Hat sich eine Zecke in die Haut eingebissen, ist die beste Entfernungsmethode, die Haut herunterzudrücken, mit einer Pinzette den Kopf der Zecke zu packen und diesen mit vorsichtiger Drehung nach oben zu ziehen. Dabei ist es wichtig, nicht auf den hinteren Teil des Zeckenkörpers zu drücken – das Tier könnte platzen, und der Körperinhalt läuft dann in die Einstichstelle und kann zu Infektionen führen. Bei einer Zecke, die sich schon in der Haut festgebissen hat, helfen chemische Mittel meist nicht.

Sehr unangenehm sind auch die Bettwanzen, denen man in Hostels und preiswerten Hotels begegnen kann; wo eine Wanze zugebissen hat, bleibt ein schmerzhafter Juckreiz zurück. Man schützt sich vor diesen Plagegeistern, indem man die Matratze mit Insektenspray behandelt (vorher das Laken entfernen). Sehr unangenehm ist auch die Krätze, eine Hautkrankheit. Übertragen wird sie durch die Krätzemilbe, die ebenfalls in Billigunterkünften heimisch sein kann. Die winzigen Milben dringen in die Haut ein, oft sogar zwischen den Fingern, und hinterlassen darin ihre Eier. Ein unerträglicher Juckreiz ist die Folge. Mittel gegen die Milbe sind in der Apotheke erhältlich; Familienmitglieder müssen gleich mitbehandelt werden, auch wenn sie noch keine Symptome aufweisen.

Schlangenbisse

Grundsätzlich gilt: Bisse unbedingt vermeiden! Niemals barfuß laufen oder unvorsichtig in Löcher oder Erdspalten fassen! Gefährlich sind auch Baumschlangen, die von Ästen herabhängen können: Beim Wandern im Wald also immer äußerst aufmerksam und vorsichtig sein.

Zur Beruhigung ist aber anzumerken, dass nur die Hälfte der Menschen, die von Schlangen gebissen werden, auch wirklich mit Gift in Berührung kommen.

Wer von einer Schlange gebissen wird, sollte auf keinen Fall in Panik verfallen. Wichtig ist in so einem Fall, die gebissene Körperstelle mit einer Schiene (zum Beispiel einem Stock) zu fixieren und eine sehr fest gespannte Bandage an die verletzte Stelle zu legen, ähnlich wie bei einer Verstauchung. Schlangenexperten raten mittlerweile davon ab, die Vene abzuklemmen oder den Biss anzuschneiden oder sogar auszusaugen. Stattdessen muss auf der Stelle medizinische Hilfe herbeigeholt werden. Bei der Wahl des richtigen Gegengifts kann es nützlich sein, die Schlange zu identifizieren – man sollte sich also trotz des Vorfalls das Äußere gut einprägen.

Wasser

In Botsuana und Namibia empfiehlt es sich, nur in Flaschen abgefülltes Mineralwasser zu trinken und Wasser aus Flüssen und Seen vor dem Trinken zu desinfizieren.

TRADITIONELLE MEDIZIN

Schätzungen zufolge verlassen sich 85 % der Einwohner von Namibia und Botsuana teilweise oder gänzlich auf die traditionelle Medizin. Da westliche Medizin teuer und in ländlichen Gegenden nur schwer zugänglich ist, sind traditionelle Heiler in Krankheitsfällen oft die erste Anlaufstelle.

Der *sangoma* (traditioneller Heiler) und der *inyanga* (Kräuterspezialist) sind in vielen Gemeinden sehr angesehene Persönlichkeiten, und traditionelle Heilmittel sind auf den örtlichen Märkten weit verbreitet. Leider werden jedoch einige traditionelle Arzneien aus den Körperteilen gefährdeter Tierarten, etwa aus Geparden, Erdferkeln und Leoparden, gewonnen.

GESUNDHEIT

Sprache

WER SPRICHT WAS?
Namibia

Als Muttersprache sprechen die meisten Menschen in Namibia entweder einen Bantu-Dialekt oder eine der vielen existierenden Khoisan-Sprachen.

Zur Gruppe der Bantusprachen gehören Bantu Owambo, Kavango, Herero und die Caprivisprachen. Owambo gibt es in acht Dialektvarianten (S. 441); Kwanyama und Ndonga sind die offiziellen Owambosprachen. Was Kavango betrifft, gibt es vier verschiedene Dialekte: Kwangali, Mbunza, Sambiyu and Geiriku, wobei Kwangali am weitesten verbreitet ist. Herero (S. 439)ist eine rollende, melodiöse Sprache, reich an farbenfrohen Wörtern. Die meisten Ortsnamen in Namibia, die mit einem „O" beginnen – wie zum Beispiel Okahandja, Omaruru and Otjiwarongo – stammen aus dem Herero.

Von den Caprivisprachen ist Lozi (oder Rotsi; S. 440) die am häufigsten gesprochene und stammt ursprünglich aus dem Barotseland in Sambia.

Die Khoisandialekte sind Khoikhoi (Nama), Damara (S. 434) und Sandialekte wie !Kung San (S. 439). Sie zeichnen sich durch sogenannte Klicklaute aus, die das Lernen dieser Sprachen für Europäer sehr erschweren. Durch das vorangestellte Ausrufezeichen wird angezeigt, dass ein bestimmtes Wort aus dem Khoisan stammt, wobei diese Notation auch das Klicken wiedergibt (ein Zungenschnalzen, ähnlich dem Knallen eines Korkens, wenn eine Flasche geöffnet wird). Viele

Menschen mit Khoisan als Muttersprache beherrschen zumindest auch eine Bantu-Sprache oder eine europäische Sprache, meist Afrikaans. Die Sprache der Damara, die eigentlich ihren Ursprung auch unter den Bantu-Völkern haben, zählt ebenfalls zu den Khoisandialekten.

Die neue Verfassung, die mit der Unabhängigkeit Namibias in Kraft trat, hat Englisch zur Amtssprache erklärt, obwohl gerade einmal 2 % der Bevölkerung Englisch als Muttersprache sprechen. Grund für diese Entscheidung war aber gerade der Gedanke, dass aus diesem Grund alle Volksgruppen gleichermaßen benachteiligt seien; außerdem glaubte man, dass Englisch als internationale Verkehrssprache Touristen und Investoren nach Namibia locken würde. Seit der Unabhängigkeit besitzt Namibia einen englischsprachigen Lehrplan für sein Bildungssystem, aber die Sprache, die im Alltag am häufigsten Verwendung findet, ist sicherlich Afrikaans (S. 433), die Muttersprache von ungefähr 150 000 Menschen mit ganz verschiedenen ethnischen Wurzeln. Die meisten Farbigen und die Mischlingsfamilien der Baster sprechen Afrikaans als Muttersprache, und nur im Caprivizipfel ist Englisch im Alltag häufiger zu hören als Afrikaans.

Namibia war eine Zeitlang deutsche Kolonie, deshalb sprechen noch immer viele Einwohner Deutsch als erste oder zumindest zweite Sprache. Alltagssprache ist Deutsch vor allem in Swakopmund, aber auch in Windhoek und Lüderitz. Im äußersten Norden, um Rundu und Katima Mulilo, begegnet einem auch Portugiesisch.

Botsuana

Englisch ist die Amtssprache Botsuanas und wird in den meisten Behörden und großen Unternehmen gesprochen. In den Schulen und Universitäten fungiert Englisch von der fünften Klasse an als Unterrichtssprache, deshalb verstehen die meisten Leute mit etwas Schulbildung auf jeden Fall Englisch.

Die am weitesten verbreitete Sprache ist jedoch Tswana (S. 441), oft auch Setswana genannt. Es handelt sich dabei um eine Bantu-Sprache, die zur Sotho-Tswana-Sprachgruppe gehört, deren Sprachen 90 % der Bevölkerung verstehen und sprechen. Tswana ist die Sprache der in Botsuana vorherrschenden Bevölkerungsgruppe der Batswana, und Tswana ist die offizielle Unterrichtssprache in den Grundschulen des Landes. Die zweithäufigste Bantu-Sprache ist Sekalanga, die aus dem Shona (Sprache des Bakalangavolkes bei Francistown) abgeleitet ist.

AFRIKAANS
Aussprache

a	kurzes „a" wie in „Pappe"
e	klingt wie in „nett", wenn die Silbe betont ist; ohne Betonung wie ein offenes „e" (wie in „Tante")
i	wird eigentlich wie das „i" im Deutschen ausgesprochen (wie in „Kind"); als unbetonter Vokal klingt es wie ein schwaches „e" (wie in „Tante")
o	wird als kurzes, offenes „o" gesprochen (etwa wie in „Wort")
u	wie das „ü" im Deutschen, z. B. in „Tür"
r	wird immer als Zungen-r gesprochen, also gerollt
aai	wie das „ei" im Deutschen, z. B. in „Kleid"
ae	wie ein langes „a", z. B. in „Tal"
ee	wie ein langes „i", z. B. in „Tier"
ei	ist als Diphthong im Deutschen nicht bekannt; etwa wie das „ey" in „Hey!"
oe	wie das kurze „u", z. B. in „Kuss"
oë	ist als Halbvokal im Deutschen nicht bekannt; ausgesprochen wie ein „u", auf das kurz darauf ein „e" folgt (etwa wie das „uhe" in „Truhe")
ooi/oei	entspricht dem deutschen „eu", z. B. in „Feuer"
tj	wie das „tsch" in „Kutsche"

Essen & Trinken

Bier	bier
Brot	brood
Käse	kaas
Tasse Kaffee	koppie koffie
Getrocknetes und gesalzenes Fleisch	biltong
Bauernwurst	boerewors
Fisch	vis
Frucht	vrugte
Glas Milch	glas melk
Fleisch	vleis
Gemüse	groente
Wein	wyn

NOTFÄLLE – AFRIKAANS

Hilfe!	*Help!*
Rufen Sie einen Arzt!	*Roep 'n doktor!*
Rufen Sie die Polizei!	*Roep die polisie!*
Ich habe mich verlaufen.	*Ek is veloorer.*

Konversation & Nützliches

Hallo.	*Hallo.*
Auf Wiedersehen.	*Totsiens.*
Guten Morgen.	*Goeiemôre.*
Guten Tag.	*Goeiemiddag.*
Guten Abend.	*Goeienaand.*
Gute Nacht.	*Goeienag.*
Ja./Nein.	*Ja./Nee.*
Bitte.	*Asseblief.*
Danke.	*Dankie.*
Sprechen Sie Englisch/Afrikaans?	*Praat u Engels/Afrikaans?*
Ich verstehe nur ein wenig Afrikaans.	*Ek verstaan net 'n bietjie Afrikaans.*
Wie geht es Ihnen?	*Hoe gaan dit?*
Gut, danke.	*Goed dankie.*
Entschuldigung.	*Ekskuus.*
Wie?	*Hoe?*
Wie viel/wie viele?	*Hoeveel?*
Wann?	*Wanneer?*
Wo?	*Waar?*

Auf dem Lande

Berg	berg
Bucht	baai
Caravanpark	woonwapark/karavaanpark
Feld/Ebene	veld
Fluss	rivier
Furt	drif
Kurzer Wanderweg	wandelpad
Langer Wanderweg	staproete
See	meer
Strand	strand
Sumpf	vlei
Wildreservat	wildtuin

Shoppen & Service

Bank	bank
Stadt	stad
Stadtzentrum	middestad
Apotheke/Drogerie	apteek
Polizei	polisie
Postamt	poskantoor
Zimmer	kamers
Tourismusbüro	toeristeburo
Kleinstadt	dorp

SPRACHE

Wochentage & Uhrzeit

Wann?	*Wanneer?*
morgens/abends	*vm/nm*
gestern	*gister*
heute	*vandag*
morgen	*môre*
täglich/ wöchentlich	*daagliks/weekblad*
Montag	*Maandag (Ma)*
Dienstag	*Dinsdag (Di)*
Mittwoch	*Woensdag (Wo)*
Donnerstag	*Donderdag (Do)*
Freitag	*Vrydag (Vr)*
Samstag	*Saterdag (Sa)*
Sonntag	*Sondag (So)*

Zahlen

1	*een*
2	*twee*
3	*drie*
4	*vier*
5	*vyf*
6	*ses*
7	*sewe*
8	*ag*
9	*nege*
10	*tien*
11	*elf*
12	*twaalf*
13	*dertien*
14	*veertien*
15	*vyftien*
16	*sestien*
17	*sewentien*
18	*agtien*
19	*negentien*
20	*twintig*
21	*een en twintig*
30	*dertig*
40	*veertig*
50	*vyftig*
60	*sestig*
70	*sewentig*
80	*tagtig*
90	*negentig*
100	*honderd*
1000	*duisend*

Verkehrsmittel & -wege

Allee	*laan*
Ampel	*verkeerslig*
Auto	*kar*
Bahnhof	*stasie*
Pick-Up-Truck	*bakkie*
Schnellstraße	*snelweg*
Spur	*spoor*

Straße	*straat*
Weg	*pad, weg*
Ankunft	*aankoms*
Abfahrt	*vertrek*
Einfache Fahrkarte	*enkel kaartjie*
Rückfahrkarte	*retoer kaartjie*
nach	*na*
von	*van*
links	*links*
rechts	*regs*
an der Ecke	*op die hoek*

DAMARA/NAMA

Die relativ ähnlichen Dialekte der Damara und Nama, deren Siedlungsgebiete den größten Teil der Wüstenregionen in Namibia ausmachen, gehören zur Gruppe der Khoisansprachen.

Ebenso wie die Sandialekte (s. !Kung San, S. 439) zeichnen sie sich durch Klicklaute aus, die durch das Schnalzen der Zunge an Zähnen, Gaumen oder der Innenseite der Wange erzeugt werden. Für gewöhnlich werden sie durch ein Rufzeichen ! dargestellt, aber auch durch einzelne oder doppelte Schrägstriche, /, // und/oder eine vertikale Linie, die zwei horizontale Linien kreuzt, ‡.

Konversation & Nützliches

Hallo.	*!Gâi tses.*
Guten Morgen.	*!Gâi-//oas.*
Guten Abend.	*!Gâi-!oes.*
Auf Wiedersehen.	*!Gâise hâre.*
	(zu der Person, die bleibt)
Auf Wiedersehen .	*!Gâise !gûre.*
	(zu der Person, die geht)
Ja.	*Î.*
Nein.	*Hâ-â.*
Bitte.	*Toxoba.*
Danke.	*Aio.*
Entschuldigen Sie (am Beginn einer Frage).	
	‡Anba tere.
Entschuldigung.	*Mati.*
Wie geht es Ihnen?	*Matisa?*
Mir geht es gut.	*!Gâi a.*
Sprechen Sie Englisch?	*Engelsa !khoa idu ra?*
Wie heißen Sie?	*Mati du/onhâ?*
Ich heiße ...	*Ti/ons ge a...*
Wo ist der/ die/ das ...?	*Mapa... hâ?*
Gehen Sie geradeaus.	*‡Khanuse ire.*
Biegen Sie rechts ab.	*//Are/khab ai ire.*
Biegen Sie links ab.	*//Am/khab ai ire.*
weit	*!nu a*
nah	*/gu a*

NOTFÄLLE – DAMARA/NAMA

Hilfe!	*Huitere!*
Rufen Sie einen Arzt!	*Laedi aoba ‡gaire!*
Rufen Sie die Polizei!	*Lapa !nama ‡gaire!*
Lassen Sie mich in Ruhe!	*//Naxu te.*
Ich habe mich verlaufen.	*Ka tage hâi*

Ich hätte gern ...	*Tage ra ‡khaba...*
Wie viel?	*Mati ko?*
Markt	*‡kharugu*
Geschäft	*!khaib*
klein	*‡khariro*
groß	*kai*
Wie spät ist es?	*Mati ko/laexa i?*
heute	*nets‰*
morgen	*//ari*

Tiere

Affe	*/norab*
Elefant	*‡khoab*
Giraffe	*!naib*
Hase	*!oâs*
Hund	*arib*
Hyäne	*‡khira*
Leopard	*/garub*
Löwe	*xami*
Nashorn	*!nabas*
Pavian	*//arub*
Pferd	*hab*
Warzenschwein	*gairib*
Zebra	*!goreb*
Ziege	*piri*

Zahlen

1	*/gui*
2	*/gam*
3	*!nona*
4	*haka*
5	*kore*
6	*!nani*
7	*hû*
8	*//khaisa*
9	*khoese*
10	*disi*
50	*koro disi*
100	*/oa disi*
1000	*/gui/oa disi*

ENGLISCH

FRAGEWÖRTER

Wer?	*Who?*
Was?	*What?*
Wo?	*Where?*
Wann?	*When?*
Wie?	*How?*
Warum?	*Why?*
Welcher?	*Which?*
Wie viel?	*How much?*
Wie viele?	*How many?*

Gesundheit

Wo ist der/die/das nächste ...?
Where's the nearest ...?

Apotheke	chemist
Zahnarzt	dentist
Arzt	doctor
Krankenhaus	hospital

Ich brauche einen Arzt.
I need a doctor.

Gibt es in der Nähe eine (Nacht-)Apotheke?
Is there a (night) chemist nearby?

Ich habe mich verirrt.
I'm lost.

Wo ist die Toilette?
Where are the toilets?

Ich bin krank.
I'm sick.

Es tut hier weh.
It hurts here.

Ich habe mich übergeben.
I've been vomiting.

**Ich habe Durchfall/Fieber/
Kopfschmerzen.**
I have diarrhoea/fever/headache.

Ich bin allergisch gegen ...
I'm allergic to ...

Antibiotika	antibiotics
Aspirin	aspirin
Penizillin	penicillin

Konversation & Nützliches

Guten Tag.	*Hello.*
Hallo.	*Hi.*
Guten ...	*Good ...*
Tag	*day*
Morgen	*morning*
Tag	*afternoon*
Abend	*evening*
Auf Wiedersehen.	*Goodbye.*
Bis später.	*See you later.*
Tschüss.	*Bye.*
Wie geht es Ihnen?	
Wie geht es dir?	*How are you?*
Danke, gut.	*Fine. And you?*
Und Ihnen?	
Und dir?	*... and you?*

SPRACHE

NOTFÄLLE – ENGLISCH

Hilfe!	Help!
Es ist ein Notfall!	It's an emergency!
Rufen Sie die Polizei!	Call the police!
Rufen Sie einen Arzt!	Call a doctor!
Rufen Sie einen Krankenwagen!	
	Call an ambulance!
Lassen Sie mich in Ruhe!	Leave me alone!
Gehen Sie weg!	Go away!

Wie ist Ihr Name?	
Wie heißt du?	What's your name?
Mein Name ist .../Ich heiße ...	
	My name is ...
Ja.	Yes.
Nein.	No.
Bitte.	Please.
Danke./Vielen Dank.	Thank you (very much).
Bitte (sehr).	You're welcome.
Entschuldigung.	Excuse me, ...
Entschuldigung.	Sorry.
Name	name
Staatsangehörigkeit	nationality
Geburtsdatum	date of birth
Geburtsort	place of birth
Geschlecht	sex/gender
(Reise)Pass	passport
Visum	visa

Schilder

Polizei	Police
Polizeiwache	Police Station
Eingang	Entrance
Ausgang	Exit
Offen	Open
Geschlossen	Closed
Kein Zutritt	No Entry
Rauchen verboten	No Smoking
Verboten	Prohibited
Toiletten (WC)	Toilets
Herren	Men
Damen	Women

Papierkram

Staatsangehörigkeit	nationality
Geburtsdatum	date of birth
Geburtsort	place of birth
Geschlecht	sex/gender
(Reise)Pass	passport
Visum	visa

Shoppen & Service

Ich suche ...	I'm looking for ...

Wo ist der/die/das (nächste) ...?	
	Where's the (nearest) ...?
Wo kann ich ... kaufen?	Where can I buy ...?
Ich möchte ... kaufen.	I'd like to buy ...
Wie viel (kostet das)?	How much (is this)?
Das ist zu viel/teuer.	That's too much/expensive.
Können Sie mit dem Preis heruntergehen?	Can you lower the price?
Haben Sie etwas Billigeres?	Do you have something cheaper?
Ich schaue mich nur um.	I'm just looking.
Können Sie den Preis aufschreiben?	
	Can you write down the price?
Haben Sie noch andere?	Do you have any others?
Können Sie ihn/sie/es mir zeigen?	Can I look at it?
mehr	more
weniger	less
kleiner	smaller
größer	bigger

Nehmen Sie ...?	Do you accept ...?
Kreditkarten	credit cards
Reiseschecks	travellers cheques
Ich möchte ...	I'd like to ...
Geld umtauschen	change money (cash)
einen Scheck einlösen	cash a cheque
Reiseschecks einlösen	change some travellers cheques

ein Geldautomat	an ATM
eine Geldwechselstube	an exchange office
eine Bank	a bank
die ... Botschaft	the ... embassy
das Krankenhaus	the hospital
der Markt	the market
die Polizei	the police
das Postamt	the post office
ein öffentlichesTelefon	a public phone
eine öffentlicheToilette	a public toilet

Wann macht er/sie/es auf/zu?	
	What time does it open/close?
Ich möchte eine Telefonkarte kaufen.	
	I want to buy a phone card.
Wo ist hier ein Internet-Café?	
	Where's the local Internet cafe?

Ich möchte ...	I'd like to ...
Internetzugang haben	get Internet access
meine E-Mails checken	check my email

Straßenschilder

Gefahr	Danger
Einfahrt verboten	No Entry

Einbahnstraße	One-way
Einfahrt	Entrance
Ausfahrt	Exit
Ausfahrt freihalten	Keep Clear
Parkverbot	No Parking
Halteverbot	No Stopping
Mautstelle	Toll
Radweg	Cycle Path
Umleitung	Detour
Überholverbot	No Overtaking

Uhrzeit & Datum

Wie spät ist es?	What time is it?
Es ist (ein) Uhr.	It's (one) o'clock.
Zwanzig nach eins.	Twenty past one.
Halb zwei.	Half past one.
Viertel vor eins.	Quarter to one.
morgens/vormittags	am
nachmittags/abends	pm
jetzt	now
heute	today
heute Abend	tonight
morgen	tomorrow
gestern	yesterday
Morgen	morning
Nachmittag	afternoon
Abend	evening
Montag	Monday
Dienstag	Tuesday
Mittwoch	Wednesday
Donnerstag	Thursday
Freitag	Friday
Samstag	Saturday
Sonntag	Sunday
Januar	January
Februar	February
März	March
April	April
Mai	May
Juni	June
Juli	July
August	August
September	September
Oktober	October
November	November
Dezember	December

Unterkunft

Wo ist ...?	Where's a ...?
eine Pension	bed and breakfast, guesthouse
ein Campingplatz	camping ground
ein Hotel	hotel
ein Privatzimmer	room in a private home

eine Jugendherberge	youth hostel
Wie ist die Adresse?	What's the address?
Ich möchte bitte ein Zimmer reservieren.	
	I'd like to book a room, please.
Für (drei) Nächte/Wochen.	
	For (three) nights/weeks.
Haben Sie ein ...?	Do you have a ... room?
Einzelzimmer	single
Doppelzimmer	double
Zimmer mit Doppelbett	twin
Wie viel kostet es pro ...?	
	How much is it per ...?
Nacht	night
Person	person
Kann ich es sehen?	May I see it?
Kann ich noch ein Zimmer bekommen?	
	Can I get another room?
Es ist gut, ich nehme es.	It's fine. I'll take it.
Ich reise jetzt ab.	I'm leaving now.

VERKEHRSMITTEL & -WEGE
ÖFFENTLICHE VERKEHRSMITTEL

Wann fährt ... ab?	What time does the ... leave?
das Boot	boat
der Bus	bus
der Zug	train
Wann fährt der ... Bus?	What time's the ... bus?
erste	first
letzte	last
nächste	next
Wo ist der nächste U-Bahnhof?	
	Where's the nearest underground station?
Welcher Bus fährt ...?	Which (bus) goes to ...?
U-Bahn	underground
(U-)Bahnhof	(underground) station
Straßenbahn	tram
Straßenbahnhaltestelle	tram stop
S-Bahn	suburban (train) line
Eine Fahrkarte ... nach (Cape Town).	
	A ... ticket to (Kapstadt).
einfache Fahrkarte	one-way
Rückfahrkarte	return
Fahrkarte erster Klasse	1st-class
Fahrkarte zweiter Klasse	2nd-class
... ist gestrichen.	The ... is cancelled.
... hat Verspätung.	The ... is delayed.
Ist dieser Platz frei?	Is this seat free?
Muss ich umsteigen?	Do I need to change trains?
Sind Sie frei?	Are you free?

SPRACHE

Was kostet es bis ...?	*How much is it to ...?*
Bitte bringen Sie mich zu (dieser Adresse).	
	Please take me to (this address).

Eigene Verkehrsmittel

Wo kann ich ... mieten?	*Where can I hire a...?*
Ich möchte ... mieten.	*I'd like to hire a/an ...*
ein Fahrzeug mit Automatik	
	automatic
ein Fahrrad	*bicycle*
ein Auto	*car*
ein Allradfahrzeug	*4WD*
einen Schaltwagen	*manual*
ein Motorrad	*motorbike*

Wie viel kostet es pro ...?	*How much is it per ...?*
Tag	*day*
Woche	*week*

Benzin	*petrol*
Diesel	*diesel*
bleifreies Benzin	*unleaded*
Autogas	*LPG*

Wo ist eine Tankstelle?	*Where's a petrol station?*
Führt diese Straße nach ...?	
	Does this road go to ...?
(Wie lange) Kann ich hier parken?	
	(How long) Can I park here?
Wo muss ich bezahlen?	*Where do I pay?*
Ich brauche einen Mechaniker.	
	I need a mechanic.
Ich habe (in ...) eine Panne mit meinem Auto.	
	The car has broken down (at ...)
Ich hatte einen Unfall.	*I had an accident.*
Das Auto/Motorrad springt nicht an.	
	The car/motorbike won't start.
Ich habe eine Reifenpanne.	*I have a flat tyre.*
Ich habe kein Benzin mehr.	
	I've run out of petrol.

Verständigung

Verstehen Sie (mich)?	*Do you understand (me)?*
Ich verstehe (nicht).	*I (don't) understand.*
Könnten Sie ...?	*Could you please ...?*
bitte langsamer sprechen	
	speak more slowly
das bitte wiederholen	*repeat that*
das bitte aufschreiben	*write it down*

Wegweiser

Können Sie mir bitte helfen?	
	Could you help me, please?
Wo ist (eine Bank)?	*Where's (a bank)?*
Ich suche (den Dom).	*I'm looking for (the cathedral).*

In welcher Richtung ist eine öffentliche Toilette?	
	Which way's (a public toilet)?
Wie kann ich da hinkommen?	
	How can I get there?
Wie weit ist es?	*How far is it?*
Können Sie es mir (auf der Karte) zeigen?	
	Can you show me (on the map)?
links	*left*
rechts	*right*
nahe	*near*
weit weg	*far away*
hier	*here*
dort	*there*
an der Ecke	*on the corner*
geradeaus	*straight ahead*
gegenüber ...	*opposite ...*
neben ...	*next to ...*
hinter ...	*behind ...*
vor ...	*in front of ...*
Norden	*north*
Süden	*south*
Osten	*east*
Westen	*west*

Biegen Sie ... ab.	*Turn ...*
links/rechts	*left/right*
an der nächsten Ecke	*at the next corner*
bei der Ampel	*at the traffic lights*

Zahlen

1	one
2	two
3	three
4	four
5	five
6	six
7	seven
8	eight
9	nine
10	ten
11	eleven
12	twelve
13	thirteen
14	fourteen
15	fifteen
16	sixteen
17	seventeen
18	eighteen
19	nineteen
20	twenty
21	twenty-one
22	twenty-two
30	thirty
31	thirty-one
40	forty

SPRACHE

50	fifty
60	sixty
70	seventy
80	eighty
90	ninety
100	one hundred
1000	one thousand
2000	two thousand
eine Million	one million

HERERO/HIMBA

Die Herero- und Himbasprachen ähneln einander sehr, und wenn man sich in weniger entwickelten Regionen im Norden Zentralnamibias und vor allem im Kaokoveld aufhalten aufhalten will, sind ein paar Grundkenntnisse nicht schlecht. Alltagssprache ist dort ansonsten Afrikaans, und nur wenige Menschen beherrschen hier Englisch.

Konversation & Nützliches

Hallo.	*Tjike.*
Guten Morgen.	*Wa penduka.*
Guten Tag.	*Wa uhara.*
Guten Abend.	*Wa tokerua.*
Gute Nacht.	*Ongurova ombua.*
Ja.	*Ii.*
Nein.	*Kako.*
Bitte.	*Arikana.*
Danke.	*Okuhepa.*
Wie geht es Ihnen?	*Kora?*
Gut, danke.	*Mbiri naua, okuhepa.*
Entschuldigung.	*Makuvi.*
Wie viele?	*Vi ngapi?*
Wann?	*Rune?*
Wo?	*Pi?*

Sprechen Sie ...?	*U hungira...?*
Afrikaans	*Otjimburu*
Englisch	*Otjingirisa*
Herero	*Otjiherero*
Himba	*Otjihimba*
Owambo	*Otjiwambo*

NOTFÄLLE – HERERO/HIMBA

Hilfe!	*Vatera!*
Rufen Sie einen Arzt!	*Isana onganga!*
Rufen Sie die Polizei!	*Isana oporise!*
Ich habe mich verlaufen.	*Ami mba pandjara.*

Auf dem Lande

Berg	*ondundu*
Caravanpark	*omasuviro uo zo karavana*
Fluss (Kanal)	*omuramba*
Kurzer Wanderweg	*okaira komakaendro uo pehi (okasupi)*
Langer Wanderweg	*okaira ko makaendero uo pehi (okare)*
Punkt	*onde*
Sumpf	*eheke*
Wildreservat	*orumbo ro vipuka*

Zeit, Wochentage & Zahlen

gestern	*erero*
heute	*ndinondi*
morgen	*muhuka*
Montag	*Omandaha*
Dienstag	*Oritjaveri*
Mittwoch	*Oritjatatu*
Donnerstag	*Oritjaine*
Freitag	*Oritjatano*
Samstag	*Oroviungura*
Sonntag	*Osondaha*
1	*iimue*
2	*imbari*
3	*indatu*
4	*iine*
5	*indano*
6	*hamboumue*
7	*hambomabari*
8	*hambondatu*
9	*imuvyu*
10	*omurongo*

Verkehrsmittel & -wege

Reise	*ouyenda*
Ankunft	*omeero*
Abfahrt	*omairo*
von	*ko*
nach	*okuza*
Einfache Fahrkarte	*ourike*
Rückfahrkarte	*omakotokero*
Ticket	*okatekete*

!KUNG SAN

Die mit Klicklauten gespickten Sprachen der zahlreichen Sangruppen Namibias gehören mit Sicherheit zu den für Nicht-Muttersprachler am schwersten zu erlernenden Sprachen der Welt. Klicklaute werden durch Zungenschnalzen gebildet, wobei unterschiedliche Laute möglich sind. Vielleicht ist der Dialekt des !Kung-Volkes, das im Norden Namibias angesiedelt ist, am hilfreichsten.

Im normalen Sprachgebrauch treten vier verschiedene Klicklaute auf (lateral, palatal, dental and labial), die in Namibia durch folgende Zeichen repräsentiert werden: //, ‡, / und !. Außerdem kursieren Schreibvarianten, sodass diese Laute auch durch „nx", „ny", „c", „q", „x", „!x", „!q", „k", „zh" (um nur einige zu nennen) angezeigt werden können. Damit das Ganze nicht zu kompliziert wird, sind in der folgenden Liste von Ausdrücken alle diese Klicklaute mit dem Zeichen !k notiert (die Einwohner nehmen es Reisenden nicht übel, wenn sie die korrekte Aussprache übergehen und stattdessen ein „k" sprechen).

1992 erschien das erste Englisch-Ju/hoansi-Wörterbuch von Patrick Dickens (Ju/hoansi ist der Dialekt, der von den meisten San in Namibia gesprochen wird).

Konversation

Hallo.	*!Kao.*
Guten Morgen.	*Tuwa.*
Auf Wiedersehen, guten Weg.	*!King se !kau.*
Wie geht es Ihnen?	*!Ka tseya/tsiya?*
	(zu einer Frau/einem Mann)
(Vielen) Dank	*(!Kin)!Ka.*
Wie heißen Sie?	*!Kang ya tsedia/tsidia?*
	(zu einer Frau/einem Mann)
Ich heiße ...	*!Kang ya tse/tsi...*
	(zu einer Frau/einem Mann)

LOZI

Lozi (auch Rotsi genannt) ist der am weitesten verbreitete Caprivi-Dialekt und wird vor allem um Katima Mulilo herum gesprochen. Wie aus der folgenden Liste verschiedener Varianten bestimmter Redewendungen ersichtlich ist, spielt der soziale Status im Sprachgebrauch des Lozi eine große Rolle.

Konversation & Nützliches

Hallo.	*Eeni, sha.* (zu jedem)
	Lumela. (zu einem Bekannten/ Gleichaltrigen)
	Mu lumeleng sha. (zu mehreren Personen oder jemandem mit höherem sozialem Rang)
Auf Wiedersehen.	*Siala foo/Siala hande/Siala sinde.* (zu einem Bekannten/ Gleichaltrigen)
	Musiale foo/Musiale hande/ Musiale sinde. (zu Bekannten/ Gleichaltrigen oder Leuten mit höherem sozialem Rang)

Guten Morgen.	*U zuhile.* (zu einem Bekannten/ Gleichaltrigen)
	Mu zuhile. (zu mehr als einem Bekannten/Gleichaltrigen oder Leuten mit höherem sozialem Rang)
Guten Tag/ Abend.	*Ki manzibuana.* (zu jedem)
	U tozi. (zu einem Bekannten/ Gleichaltrigen)
	Mu tozi. (zu einer oder mehreren Personen mit höherem sozialem Rang)
Gute Nacht.	*Ki busihu.* (zu jedem)
Bitte.	*Sha.* (zu Leuten mit höherem sozialem Rang)
Danke.	*N'itumezi.*
Vielen Dank	*N'i tumezi hahulu.*
Entschuldigen Sie.	*Ni swalele.* (informell)
	Mu ni swalele. (formell/höflich)
Ja.	*Ee.* (zu einem Bekannten/ Gleichaltrigen)
	Eeni. (zu mehr als einem Bekannten/Gleichaltrigen)
	Am Ende wird *sha* angefügt, was, „mein Herr" oder „meine Dame" bedeutet
Nein.	*Awa.* (zu Bekannten/Gleichaltrigen)
	Batili. (zu Personen mit höherem sozialem Rang)
Sprechen Sie/sprecht ihr Englisch?	
	Wa bulela sikuwa?
	W'a utwa sikuwa? (zu mehr als einem Bekannten/Gleichaltrigen oder Leuten mit höherem sozialem Rang)
	Mw'a bulela sikuwa?
	Mw'a utwa sikuwa?
Ich verstehe nicht.	*Ha ni utwi.*
Wie heißen Sie/heißt du?	
	Libizo la hao ki wena mang'? (zu Bekannten/Gleichaltrigen)
	Libizo la mina ki mina bo mang'? (zu jemandem mit höherem sozialem Rang)
Was ist das hier?	*Se king'?*
Was ist das dort?	*S'ale king'?/Ki sika mang' s'ale?* (nah/fern)
Wo?	*Kai?*
Hier.	*Fa/Kafa/Kwanu*
Dort (drüben).	*F'ale/Kw'ale*
Warum?	*Ka baka lang'/Kauli?*
Wie viel?	*Ki bukai?*
Genug/zuende	*Ku felile*

Zeit & Zahlen

Wie spät ist es?	*Ki nako mang'?*
gestern	*mabani*
heute	*kachenu*
morgen	*kamuso kakusasasa (früh am Morgen des nächsten Tages) oder ka mamiso*
morgen	*kamuso (jede Tageszeit am nächsten Tag)*
1	*il'ingw'i*
2	*z'e peli or bubeli*
3	*z'e t'alu or bulalu*
4	*z'e ne or bune*
5	*z'e keta-lizoho*
6	*z'e keta-lizoho ka ka li kang'wi*
7	*supile*
10	*lishumi*
20	*mashumi a mabeli*
1000	*likiti*

OVAMBO

Ovambo (Oshivambo) – und speziell der Kwanyama-Dialekt – ist die am meisten verbreitete Muttersprache in Namibia und außerdem die offizielle Sprache der regierenden Swapo-Partei. Deswegen wird sie auch von vielen Nicht-Muttersprachlern (die meist Bantu oder Khoisan sprechen) als zweite oder dritte Sprache erlernt.

Konversation & Nützliches

Guten Morgen.	*Wa lalapo.*
Guten Abend.	*Wa tokelwapo.*
Wie geht es Ihnen?	*Owu li po ngiini?*
Mir geht es gut.	*Ondi li nawa.*
Ja.	*Eeno.*
Nein.	*Aawe.*
Bitte.	*Ombili.*
Danke.	*Tangi.*
Sprechen Sie Englisch?	*Oho popi Oshiingilisa?*
Wie teuer ist es?	*Ingapi tashi kotha?*
Entschuldigen Sie (vor einer Frage)	*Ombili manga.*
Entschuldigung.	*Onde shi panda.*
Ich habe mich verlaufen.	*Ombili, onda puka.*
Können Sie mir bitte helfen?	*Eto vuluwu pukulule ndje?*

Verkehrsmittel & -wege

Wo ist der/die/das ...?	*Openi pu na...?*
hier	*mpaka*
dort	*hwii*
nah	*popepi*
weit	*kokule*

hier entlang	*no onkondo*
dort entlang	*ondjila*
Biegen Sie rechts ab.	*Uka kohulyo.*
Biegen Sie links ab.	*Uka kolumoho.*

Zeit, Wochentage & Zahlen

heute	*nena*
gestern	*ohela*
morgen	*ongula*
Montag	*Omaandaha*
Dienstag	*Etiyali*
Mittwoch	*Etitatu*
Donnerstag	*Etine*
Freitag	*Etitano*
Samstag	*Olyomakaya*
Sonntag	*Osoondaha*
1	*yimwe*
2	*mbali*
3	*ndatu*
4	*ne*
5	*ntano*
6	*hamano*
7	*heyali*
8	*hetatu*
9	*omugoyi*
10	*omulongo*

TSWANA

Tswana, auch unter der Bezeichnung Setswana bekannt, ist die Sprache des Tswana-Volkes.

Aussprache

Tswana kann mehr oder weniger so ausgesprochen werden, wie es geschrieben wird. Einzige Ausnahmen von der Regel sind: Das **g** wird wie ein deutsches „h" bzw. wie ein sehr stark aspiriertes (gehauchtes) „g" gesprochen,. das **th** ist ein leicht aspiriertes „t".

Essen & Trinken

Was hätten Sie gern?	*O batla eng?*
Ich hätte gern ...	*Ke batla...*
Ich bin Vegetarier(in).	*Ke ja merogo fela.*
Prost!	*Pula!*
Frühstück	*sefitlholo*
Mittagessen	*dijo tsa motshegare*

NOTFÄLLE – TSWANA

Hilfe!	*Nthusa!*
Rufen Sie einen Arzt!	*Bitsa ngaka!*
Rufen Sie die Polizei!	*Bitsa mapodisi!*
Lassen Sie mich in Ruhe!	*Ntlhogela!*
Ich habe mich verlaufen.	*Ke la tlhegile.*

SPRACHE

Abendessen	selaelo
Speisen	dijo
Speisekarten	karate tsa dijo
Brot	borotho
Butter	mafura
Ei	mai
Essen	dijo
Fisch	tlhapi
Fleisch	nama
Gemüse	merogo
Hammel	nku
Hühnchen	koko
Milch	mashi
Obst	leungo
Reis	raese
Rindfleisch	nama ya kgomo
Ziege	pudi
Zucker	sukiri
Kaffee	kofi
Limonade	sene tsididi
Tee	tee
Wasser	metsi
Gekochtes Wasser	metsi a a bedileng

Gesundheit

Wo ist der/die/das ...?	E ko kae...?
Drogerie/	khemesiti
Apotheke	
Zahnarzt	ngaka ya meno
Arzt	ngaka
Krankenhaus	sepatela
Ich bin krank.	Ke a lwala.
Mein Freund ist krank.	Tsala yame e a lwala.

Ich brauche Tampons/Binden.
Ke mose tswalong/
Kekopa go itshireletsa.

Ich habe eine Pilzinfektion.
Ke na le bogwata mo bosading.

Aspirin	pilisi
Bauchschmerzen	mala a a botlhoko
Durchfall	letshololo
Kondome	dikausu
Medizin	molemo
Spritze	mokento
Übelkeit	go feroga sebete

Konversation & Nützliches

Hallo.	Dumêla mma/rra.
	(zu einem Mann/einer Frau)
Hallo.	Dumêlang.
	(zu einer Gruppe)
Hallo!	Ko ko! (bei der Ankunft an
	einem Hof oder Haus)
Auf Wiedersehen.	Tsamaya sentle.
	(zu der Person, die geht)

Auf Wiedersehen.	Sala sentle.
	(zu der Person, die bleibt)
Ja.	Ee.
Nein.	Nnyaa.
Bitte.	Tsweetswee.
Danke schön.	Kea leboga.

Entschuldigung (auch am Anfang einer Frage).
Intshwarele.

Entschuldigen Sie mich.
Ke kopa tsela. (wörtl.: „Lassen
Sie mich durch.")

Okay/kein Problem.	Go siame.
Wie geht´s denn so?	O kae?
Mir geht es gut.	(formell/höflich)
	Ke tlhotse sentle.
Mir geht es gut.	(informell) Ke teng.
Wie geht es Ihnen/dir?	A o tsogile?
	(wörtl.: „Wie bist du aufge-
	wacht?"; morgens gefragt)
Wie geht es Ihnen/dir?	O tlhotse jang? (abends gefragt)
Geht es Ihnen/dir gut?	A o sa tsogile sentle?
Ja, es geht mir gut.	Ee, ke tsogile sentle.

Kommen Sie/komm doch herein!
Tsena!

Wie heißen Sie/heißt du?
Leina la gago ke mang?

Ich heiße ...	Leina la me ke...
Wo kommen Sie/	
kommst du her?	O tswa kae?
Ich komme aus ...	Ke tswa kwa...
Wo wohnen Sie/	
wohnst du?	O nna kae?
Ich wohne in ...	Ke nna kwa...
Wo gehen Sie/	
gehst du hin?	O ya kae?

Shoppen & Service

Ich suche ...	Ke batla...
eine Bank	ntlo ya polokelo
das Stadtzentrum	toropo
den Markt	mmaraka
ein Museum	ntlo ya ditso
das Postamt	poso
die öffentliche Toilette	matlwana a boitiketso
das Tourismusbüro	ntlo ya bajanala
Wann öffenet/schließt es?	Ke nako mang bula/tswala?
Wie viel kostet es?	Ke bokae?
Es ist zu teuer.	E a dura.

Können Sie mit dem Preis heruntergehen?
Fokotsa tlhwatlhwa?

Unterkunft

Campingplatz	lefelo la go robala mo
	tenteng
Gästehaus	matlo a baeng

Jugendherberge	matlo a banana
Hotel	hotele
Wo gibt es ein ... Hotel?	Hotele e e... ko gae?
günstiges	go tlase ka di tlotlwa
gutes	siame
Könnten Sie mir die Adresse aufschreiben?	
	Nkwalele aterese?
Haben Sie ein Zimmer frei?	A go na le matlo?
Ich hätte gern ein ...	Ke batla...
Einzelzimmer	kamore e le mongwe
Doppelzimmer	kamore tse pedi
Zimmer mit Bad	kamore e e nang le ntlwana
	ya go tlhapela
im Schlafsaal übernachten	go tlhakanela kamore
Wie viel kostet es ...?	Ke bokae...?
für eine Nacht	bosigo bo le bongwe
für zwei Nächte	masego a mated
pro Person	motho a le mongwe

Verkehrsmittel & -wege

Wo ist ...?	E ko kae...?
die Bushaltestelle	maemelo a di bese
der Bahnhof	maemelo a terena
Wann kommt... an/fährt... ab?	
	E... goroga nako mung?
der Bus	bese
das Boot	sekepe
das Kanu	mokoro
der Zug	terena
Ich hätte gern ...	Ke batla...
eine einfache Fahrkarte	karata ya go
	tsamaya fela
eine Rückfahrkarte	karata ya go boa
eine Fahrkarte erster Klasse	ya ntlha
eine Fahrkarte zweiter Klasse	ya bobedi

Verständigung

Sprechen Sie (Englisch)	A o bua (Sekgoa)?
Spricht hier jemand Englisch?	
	A go na le o o bua Sekgoa?
Ich verstehe nicht.	Ga ke tlhaloganye.
Könnten Sie etwas langsamer sprechen?	
	A o ka bua ka bonya tswee-tswee?

Wegweiser

Wo geht's nach ...?	Tsela... e kae?
Wo ist der Bahnhof/das Hotel?	
	Seteseine/hotele se kae?
Können Sie mir ...	
auf der Karte zeigen?	A o mpotshe mo mepeng?
Ist es weit?	A go kgala?
Gehen Sie geradeaus.	Thlamalala.
Biegen Sie links ab.	Chikela mo molemong.
Biegen Sie rechts ab.	Chikela mo mojeng.
nah	gaufi
fern, weit	kgakala

Zeit, Wochentage & Zahlen

Wie spät ist es?	Ke nako mang?
gestern	maabane
heute	gompieno
morgen	ka moso
heute Nacht	bosigong jono
nächste Woche	beke e e tlang
Nachmittag	tshogololo
Nacht	bosigo
Montag	mosupologo
Dienstag	labobedi
Mittwoch	laboraro
Donnerstag	labone
Freitag	latlhano
Samstag	matlhatso
Sonntag	tshipi

0	lefela
1	bongwe
2	bobedi
3	borara
4	bone
5	botlhano
6	borataro
7	bosupa
8	borobabobedi
9	boroba bongwe
10	lesome
20	masome a mabedi
30	masome a mararo
40	masome a mane
50	masome a matlhano
60	masome amarataro
70	masome a supa
80	masome a a robang bobedi
90	masome a a robang bon

Glossar

ablutions block – Gebäude auf einem Campingplatz, wo sich die Toiletten, Duschen und Waschräume befinden

Afrikaans – Aus dem Niederländischen hervorgegangene Sprache, die in Südafrika gesprochen wird

ANC – African National Congress (Afrikanischer National-kongress); Regierungspartei in Südafrika

Apartheid – Wörtlich „getrennte Entwicklung der Rassen"; politisches System, in dem die Menschen nach ihrer Hautfarbe getrennt leben

ATVs – Fahrzeuge, die auf jedem Untergrund fahren können („all-terrain vehicles")

bakkie – *Afrikaans*-Wort für Pick-Up Truck

Bantu – Oberbegriff für über 400 Volksgruppen in Afrika, die die gemeinsame Sprache Bantu vereint

Barchan-Dünen – Sichelförmige Wanderdünen

Basarwa – *Batswana*-Wort für Menschen aus dem Volk der *San*; wörtlich bedeutet es „Stockmenschen" und wird abschätzig gebraucht

Batswana – *Tswana*-Wort für die Menschen aus Botsuana; Adjektiv, das sich auf alles von und aus Botsuana bezieht; außerdem (verwirrenderweise) das Volk der Batswana; Plural von *Motswana*

BDF – Botswana Defence Force; die botsuanische Armee

BDP – Botswana Democratic Party (Demokratische Partei Botsuanas)

Bechuanaland – Von der britischen Regierung geprägter Name der Kronkolonie, die 1885 gegründet wurde

Benguelastrom – Name der kalten Meeresströmung, die von der Antarktis bis Angola an der afrikanischen Westküste entlangfließt

biltong – Sammelbegriff für getrocknetes Fleisch (von Rind über Kudu bis Strauß)

biodiversity hotspot – Fachbegriff für ein Gebiet mit großer biologischer Vielfalt, das von der Zerstörung durch den Menschen bedroht ist

BNF – Botswana National Front (Nationale Fronst Botsuanas)

boerewors – Bauernwurst, vor allem bei den niederländischstämmigen Farmern

Boers – Buren; niederländisch für „Bauer", später als Bezeichnung für die gesamte afrikaanssprachige Bevölkerung

bogobe – Sorghum-Brei, als Hauptgericht (eine Art Hirsebrei)

bojalwa – Beliebtes und preiswertes Bier aus Sorghum (einer Hirseart)

bojazz – Jazz aus Botsuana

boomslang – Gefährliche Giftschlange (mit etwa 2 m Länge)

borankana – *Tswana*-Wort für traditionelle Unterhaltung

borehole – Tiefer Brunnenschacht zur Gewinnung von Wasser, Öl oder Gas

braai – *Afrikaans*-Wort für ein Grillfest mit viel Fleisch, das an einem speziellen Grill namens *braaivleis* zubereitet wird

BSAC – British South Africa Company; Britische Südafrika-kompanie im späten 19. Jahrhundert unter der Leitung von Cecil Rhodes

bushveld – Flache, mit Dornengestrüpp bewachsene Grasebene

CDM – Consolidated Diamond Mines; Vereinigung aller Diamantmienen

Chibuku – Kommerziell gebrautes *bojalwa*; ein Bier aus Simbabwe und Botsuana

chilli bites – Würziges *biltong*, abgeschmeckt mit Piri-Piri

CKGR – Central Kalahari Game Reserve; Großwildreservat

combi – Kombi

conflict diamonds – „Blutdiamanten", die in Konfliktgebieten abgebaut und anschließend illegal verkauft werden

cuca shops – Kleine Buschgeschäfte im Norden Namibias; auch Name eines angolanischen Bieres, das einmal dort verkauft wurde

dagga – Marihuana; „dakha" ausgesprochen

Debswana – De Beers Botswana Mining Company Ltd; Unternehmen, das den Diamantabbau betreibt; teilweise im Besitz der botsuanischen Regierung

difaqane – Vertreibung bzw. erzwungene Migration vieler südafrikanischer Stämme durch Gewalttaten der Zulu im 19. Jh.

dikgotla – Traditioneller *Batswana*-Rat der Dorfältesten

Ditshwanelo – Zentrum für Menschenrechte in Botsuana

donkey boiler – Wassertank, der zum Erwärmen von Flüssigkeit über ein Feuer gehängt wird

drankwinkel – Wörtlich „Trinkgeschäft", wo Alkohol verkauft wird, manchmal auch ohne Lizenz

drift – Weitgehend trockene Furt über einen Fluss

DTA – Democratic Turnhalle Alliance

dumpi – Flasche, in der 375 ml Bier abgefüllt sind

DWNP – Department of Wildlife and National Parks, das die staatlichen Nationalparks und -reservate in Botsuana unterhält

efundja – Zeitraum mit heftigen Regenfällen im Norden von Namibia

ekipa – Traditionelles Medaillon, das einst von Owambo-Frauen als Zeichen von Reichtum und Prestige getragen wurde

elenga – Dorfvorsteher

eumbo – Perfekter Owambo-Kraal, etwa ein kleines Dorf, das von einem hellen Zaun umgeben ist

euphorbia – Diverse Arten kakteenähnlicher Sukkulenten

FPK – First People of the Kalahari; wörtlich etwa „Erste Menschen in der Kalahari", ein lokaler Interessenverband, der sich für die Rechte der San einsetzt, die aus der Zentral-kalahari in die Stadt New Xade zwangsumgesiedelt wurden

game scout camp – Park oder Reservat, aber auch einfach ein Campingplatz
Gcawama – Übernatürliches Wesen in der Mythologie der San, repräsentiert das Böse
Gemütlichkeit – Ohne Bedeutungsänderung aus dem Deutschen übernommen
Gondwanaland – Superkontinent, auf dem einst fast alle Landmassen der heutigen südlichen Hemisphäre lagen
GPS – Global Positioning System
Great Zimbabwe – Große antike Stadt (im heutigen Simbabwe), einst das Zentrum des großen Monomotapa-Reiches
guano – Kot von Seevögeln oder Fledermäusen, der gesammelt und als Dünger verwendet wird

inselberg – Freistehender Gebirgszug oder Hügel, häufig in der Pro-Namib-Wüste oder in Damaraland

jarata – Kleiner Hof eines traditionellen Batswana-Hauses
jesse – Dichtes Dornengestrüpp
jol – Fest (sowohl Verb als auch Nomen)
Jugendstil – Aus Deutschland stammender Architekturstil, vor allem in Swakopmund und Teilen von Windhoek und Lüderitz

karakul – Zentralasiatische Schafe, die hochwertige Wolle liefern
karata – Telefonkarte oder auch Ticket
KCS – Kalahari Conservation Society (Gesellschaft zum Schutz der Kalahari)
KDT – Kuru Development Trust (Kuru-Entwicklungsfond) mit Sitz in D'kar bei Ghanzi
kgadi – Alkohol, der aus braunem Zucker, Beeren oder Pilzen destilliert wird
kgalagadi – *Tswana*-Wort für die Kalahari
kgosi – *Tswana*-Wort für „Häuptling"
kgotla – Traditionell gebaute Gemeindehalle der Batswana oder offener Versammlungsplatz (*s. dikgotla*)
Khoisan – Sprachgruppe, die alle einheimischen Sprachen des südlichen Afrika umfasst
kimberlite pipe – Geologischer Fachbegriff für einen Vorgang, bei dem extreme Hitze und Druck Kohlenstoff in Diamanten verwandelt
kloof – Schlucht oder kleines Tal
koeksesters – Kleine, klebrige Doughnuts der niederländischstämmigen Bevölkerung, die in Honig oder Zuckersirup getunkt werden

kokerboom – Köcherbaum; wächst vor allem in Südnamibia
konditorei – Konditorei wie in Deutschland; ist auch in größeren Städten Namibias zu finden
kopje – auch *kopie* genannt; kleiner Hügel
kraal – Afrikaansversion des portugisieschen Worts *curra'*; eine Einzäunung zur Viehhaltung

lapa – Kreisförmiger Platz mit einer Feuerstelle, an dem man sich trifft
lediba – *Tswana*-Wort für „Lagune"; Singular von *madiba*
lekgapho – Dekor im Batswana-Stil zum Verzieren von Rundhütten
lekker – Wie das deutsche „lecker" ausgesprochen; bezeichnet alles, was lecker, gut oder angenehm ist
location – Township in Südafrika und Namibia

mabele – Tswana-Wort für Sorghum-Hirse, aus der *bogobe* gemacht wird
mabelebele – Hirse
madiba – Tswana-Wort für „Lagunen", Plural von *lediba*
magapu – Melonen
mahango – Hirse; Hauptmahlzeit im Speiseplan der Owambo, aus der auch ein sehr beliebtes alkoholisches Getränk gebraut wird
maize mielies – Importiertes Nahrungsmittel, das *bogobe* und vielleicht sogar *mabele* als Hauptmahlzeit in Botsuana abgelöst hat; manchmal auch unter seinem Afrikaansnamen *mealie pap* oder *pap* zu finden
marimba – Afrikanisches Xylophon, das aus Streifen von klingendem Holz und Flaschenkürbissen in verschiedenen Größen, die als Resonanzkörper dienen, hergestellt wird
mbira – s. thumb piano
mealie pap – Afrikaansname für Maismehlbrei; Hauptgericht der meisten Namibier
MET – Namibia's Ministry of Environment & Tourism
miombo – Trockenes offenes Waldland, das vor allem Akazien und/oder Mopane oder ähnliche Bushveldvegetation einschließt
Modimo – Höchstes Wesen und Schöpfer in der frühen Stammesreligion der Batswana
mokolane – *Tswana*-Wort für die Palmenart *Hyphaene petersiana*
mokoro – Traditionelles Einbaumkanu, das im Okavango-Delta benutzt wird; Plural *mekoro*
monoko – Erdnüsse
morama – Sehr große essbare Knolle, deren Fruchtfleisch große Mengen Wasser enthält
Motswana – Eine Person vom Volk der Tswana; Singular von Batswana
Mukuru – Urahn des San-Volkes

Nacobta – Namibian Community-Based Tourism Association Group; von den Gemeinden betriebene Tourismusvereinigung, die Touristen in den einzelnen Bezirken versorgt

!nara – Melonenart, die in der Wüste Namib wächst

nartjie – Schmackhafte Mandarinenart; wird „narkie" ausgesprochen

NDF – Namibian Defence Forces; namibisches Militär

ngashi – Stab, der aus dem Holz des Mogononobaums gewonnen wird und auf einem *mokoro* verwendet wird

NGO – Nongovernmental organisation; von der Regierung unabhängige Organisation

N!odima – Übernatürliches Wesen in der Mythologie des San-Volkes, das das Gute repräsentiert

n!oresi – Traditionelle Ländereien der San; wörtlich „Land, in dem das Herz ist"

ntlo – Rundhütte in Batswana-Dörfern

NWR – Namibian Wildlife Resorts; halbprivates Aufsichtsgremium für Besucheranlagen in den namibischen Nationalparks

nxum – „Lebenskraft" in der Tradition des San-Volkes

omaeru – Gesäuerte Milch, bei den Herero ein Hauptgericht

omiramba – Uralte Flussarme im Norden und Westen Botsuanas; der Singular ist *omuramba*

omulilo gwoshilongo – „Heiliges Feuer", das als Schrein in jedem *eumbo* (s. oben) der Owambo vorhanden ist; Mopaneholz, der ständig brennt

oshana – Ausgetrocknetes Flussbett im Norden Namibias und im Nordosten Botsuanas

oshikundu – Alkoholisches Getränk, das aus *mahango* hergestellt wird und im gesamten Norden von Namibia getrunken wird

pan – Trockenes, flaches Gebiet mit Grasland oder Salzablagerungen (Salzpfanne); auch trockener See, der nur in der Regenzeit Wasser enthält

panhandle – Informeller geografischer Begriff für eine Fläche in der Form einer Halbinsel; im Falle von Namibia und Simbabwe bezieht er sich auf das Gebiet des Caprivi-Streifens

panveld – Gegend mit vielen *pans* (s. oben)

pap – s. *maize mielies*

participation safari – Preisgünstige Safari, bei der die Teilnehmer sich selbst um Zelte und Gepäck kümmern und die Kochvorrichtungen gemeinsam nutzen

peri-peri – Chilisoße aus Portugal, die oft bei Hühnchengerichten Verwendung findet (auf Deutsch „Piri-Piri")

potjie – „peu-kih" ausgesprochen; ein dreibeiniger Topf, in dem Eintopf über offenem Feuer gekocht wird; das Wort bezeichnet auch den Eintopf an sich oder sogar die gesamte Mahlzeit

pronking – Sprung, bei dem sich alle vier Beine eines Tieres in der Luft befinden (vor allem bei Antilopen und Springböcken zu beobachten)

pula – Währung in Botsuana; 100 Thebe; auch *Tswana*-Wort für „Regen"

quadbike – Vierrädriges, motorradartiges Fahrzeug; oft auch als ATV (s. oben) bezeichnet

robot – Ampel

rondavel – Rundhütte

rooibos – wörtlich „roter Busch" (Afrikaans); Kräutertee, dem positive Wirkungen auf die Gesundheit nachgesagt werden

rusks – Große Stücke keksartigen Brotes, die durch Einstippen in Tee oder Kaffee genießbar werden

SACU – Southern African Customs Union (Südafrikanische Zollunion), die Botsuana, Südafrika, Lesotho, Namibia und Swasiland umfasst

San – Volksgruppe, die seit über 30 000 Jahren in Botsuana heimisch ist

sangoma – Traditioneller Batswana-Heiler, der glaubt, von Geistern inspiriert zu sein

savannah – Grasland mit vereinzelten Bäumen

sefala huts – Traditionelle Kornspeicher der Batswana

segaba – Traditionelles Musikinstrument, das aus einem Bogen Langholz, einer Dose, einer Nylonschnur und einem Fliegenwedel besteht

seif dunes – Sehr markante linienförmige Sanddünen, wie sie recht häufig im Herzen der Wüste Namib vorkommen

Setswana – Synonym für *Batswana* oder *Tswana*

shebeen – Illegale Kneipe

shongololo – Großer Tausendfüßler

Sperrgebiet – Ohne Bedeutungsunterschied aus dem Deutschen übernommen; Diamantenregion im Südwesten Namibias

strandwolf – *Afrikaans*-Wort für die braune Hyäne, die in der Wüste Namib lebt

Swapo – South-West Africa People's Organization (Südafrikanische Volksorganisation); Befreiungsarmee und Regierungspartei Namibias

thebe – Der hundertste Teil eines *pula*; *Tswana*-Wort für „Schutzschild"

thumb piano – Daumenklavier; Musikinstrument mit einem hölzernen Klangkörper, das mit dem Daumen gespielt wird; auf *Tswana* heißt es *mbira*

toktokkie – Afrikaanswort für den Tenebrionidkäfer

township – Vorort; im Allgemeinen sehr dicht besiedeltes Wohngebiet für Schwarze

tsama – Melone, die nur in der Wüste wächst und einst das Volk der San und das von ihm gezüchtete Vieh ernährte

Tswana – „Sprache der Batswana"; die am häufigsten gesprochene Sprache in Botsuana

Unita – National Union for the Total Independence of Angola

Uri – Gefährt zur Durchquerung von Wüsten, das in Namibia hergestellt wird

veld – Offenes Grasland, häufig auf Plateaus

veldskoens – Bequeme Schuhe aus weichem Leder, die sich besonders zum Wandern im Busch eignen; manchmal auch *vellies* genannt

Veterinary Cordon Fence – Drahtzaun von 1,5 m Höhe, der wilde und domestizierte Tiere voneinander trennen soll

vetkoek – Wörtlich „fetter Kuchen"; Doughnut der niederländischstämmigen Bevölkerung

vlei – „Flay" ausgesprochen; bezeichnet normalerweise jede offene, tiefgelegene Landschaften, manchmal auch Feuchtgebiete ; die Landstriche sind in der Regenzeit häufig überschwemmt

watt – Kavango-Einbaumkanu

welwitschia – Charakteristische Pflanze der nördlichen Namib

wildlife drive – Ausflug zum Beobachten von Tieren; manchmal auch „game drive"

WIMSA – Working Group for Indigenous Minorities of Southern Africa; Dachverband ethnischer Minderheiten im südlichen Afrika

WMA – Wildlife Management Area

Die Autoren

MATTHEW D FIRESTONE
Hauptautor, Namibia

Matt ist ein ausgebildeter Bio-Anthropologe und Epidemiologe, der sich vor allem für die Gesundheit und die Ernährung der einheimischen Volksgruppen interessiert. Seine erste Reise nach Botsuana und Namibia 2001 führte ihn tief in die Kalahari, wo er eine Feldstudie über die traditionelle Ernährung der San durchführte. Die ziemlich vielversprechende akademische Karriere von Matt ist allerdings durch einen krassen Fall von Wanderlust erst einmal auf Eis gelegt worden – obwohl er bereits 50 verschiedene Länder bereist hat, ist er garantiert noch nicht geheilt. Zwar hofft er, dass dieses Buch bei ihm selbst und anderen den Reisekoller ein wenig lindern wird – aber er ahnt schon, dass in naher Zukunft bestimmt schon wieder die nächste Reiseepidemie ausbrechen könnte.

ADAM KARLIN
Botsuana

Auf dieser Reise – seiner dritten Afrika-Expedition für Lonely Planet – wurde Adam von Elefanten angegriffen, er beobachtete Flusspferde, die zur Musik der Rockband Credence Clearwater Revival tanzten, er zechte mit einem verrückten südafrikanischen Löwenjäger, verlief sich in der Wüste und fror dort beinahe zu Tode, bis ein Hund sich auf ihn legte und ihn wärmte. Schließlich war er dann auch noch mit Botsuanas einzigem Hypnosearzt unterwegs. Das wunderschöne Botsuana hat es ihm seither angetan. Er kann es kaum erwarten, dorthin zurückzukehren.

BEITRÄGE VON ...

David Lukas lebt am Rande des Yosemite-Nationalparks in den USA; dort lehrt er als Biologe und schreibt über sein Themengebiet. Mittlerweile hat er für mehr als 25 Lonely Planet Bände die Kapitel über Natur & Umwelt und über Tiere verfasst.

Nicola Simmonds war als Rucksackreisende schon in Indonesien, Indien, Sri Lanka, Europa, Japan und in Süd- und Mittelamerika unterwegs und hat in diesen Ländern auch gearbeitet. Anschließend zog sie für sieben Jahre nach Angola und Simbabwe (gemeinsam mit ihrem Mann – und schließlich drei Kindern). Sie kann daher ein Lied singen von Wasserknappheit, afrikanischer Bürokratie und den Nachteilen einer unregulierten Wirtschaft. Gerade hat sie ein Jahr in Sri Lanka hinter sich ... und nun ist sie gespannt, wohin es wohl als Nächstes gehen könnte.

DIE AUTOREN VON LONELY PLANET

Warum unsere Reiseführer die besten der Welt sind? Ganz einfach: Unsere Autoren sind unabhängige und leidenschaftliche Globetrotter. Sie recherchieren nicht einfach nur übers Internet oder Telefon, und sie lassen sich nicht mit Werbegeschenken für positive Berichterstattung schmieren. Sie reisen weit, zu touristischen Highlights und entlegenen Orten. Sie besuchen persönlich Tausende von Hotels, Restaurants, Cafés, Bars, Galerien, Schlössern, Museen und mehr – und schildern ihre Eindrücke gnadenlos ehrlich, ohne Schönfärberei. Weitere Infos gibt's auf www.lonelyplanet.com im Autorenbereich.

Hinter den Kulissen

ÜBER DIESES BUCH

Dies ist die 2. deutsche Auflage von *Namibia & Botsuana,* basierend auf der 2. englischen Auflage von *Botswana & Namibia.* Die 1. englische Auflage hatten Paula Hardy und Matthew D. Firestone verfasst, einzelne Beiträge darin hatten Dr. Caroline Evans (Gesundheit), Ian Ketcheson, Fiona Watson und Elizabeth Bovair übernommen. Diese 2. Auflage stammt von Matthew D. Firestone, Adam Karlin und Nicola Simmonds (Victoriafälle), Beiträge stammen von David Lukas und Mara Vorhees. Dieser Band wurde vom Lonely Planet Büro in Melbourne erstellt und von folgenden Mitarbeitern betreut:

Leitende Redakteure Stefanie Di Trocchio, Holly Alexander, Shawn Low
Redaktionelle Koordination Jeanette Wall
Koordination der Kartografie Birgit Jordan
Layout-Koordination Vicki Beale
Redaktion Brigitte Ellemor
Kartografie Shahara Ahmed
Layout Sally Darmody
Redaktionsassistenz Sarah Bailey, Carly Hall, Kristin Odijk
Coverdesign Naomi Parker, lonelyplanetimages.com
Bildredaktion Jane Hart, lonelyplanetimages.com
Projektleitung Chris Girdler
Sprachen Laura Crawford

Ein besonderer Dank an Imogen Bannister, Lucy Birchley, Ross Butler, Melanie Dankel, Diana Duggan, Lisa Knights, Ross Macaw, Annelies Mertens, Wayne Murphy, Adrian Persoglia, Averil Robertson, Amanda Sierp, John Taufa, Tashi Wheeler, Juan Winata

DANK DER AUTOREN
MATTHEW D. FIRESTONE

Ein herzliches Dankeschön an meine wunderbaren Eltern, die mich immer unterstützt haben – in guten wie in schlechten Zeiten. Kim und Aki danke ich dafür, dass sie diese Reise nach Namibia schließlich doch mitgemacht haben und das Land kennenlernten, das ich so sehr liebe. Meinem Redakteur Stef danke ich für die Unterstützung während des gesamten Projekts. Und schließlich danke ich auch noch Adam, der sich in die Wildnis von Botsuana begeben hat. Mit diesen Überlebenstechniken bist Du auch für weitere Abenteuer bestens gerüstet!

ADAM KARLIN

Ke a leboga an Matt und Gordon, meine beiden Kumpel aus Südafrika, außerdem an JP, Tarryn, Celia und Marylin in Gaborone, Leslee Hall in den USA, Mma George bei Botswana Tourism, Lorraine, Karen, Dani und Kay in Maun, Sally, Sean, Heloise und Adrian

DIE LONELY PLANET STORY

Am Küchentisch fing alles an – nachdem Tony und Maureen Wheeler 1972 eine lange, abenteuerliche Reise durch Europa, Asien und Australien unternommen hatten, trugen sie all ihre Informationen und Notizen zusammen. So entstand der erste Lonely Planet Reiseführer Across Asia on the Cheap.
Der Reiseführer wurde von Travellern geradezu verschlungen. Ermutigt durch ihren Erfolg, veröffentlichten die Wheelers weitere Bücher über Südostasien, Indien und andere Länder. Die Nachfrage war so ungeheuerlich groß, dass die Wheelers ihr Untenehmen erweiterten. Über die Jahre deckten sie mit ihrer Reiseliteratur den ganzen Globus ab und sie dehnten ihre Berichterstattung auf die virtuelle Welt von lonelyplanet.com und das Lonely Planet Messageboard Thorn Tree aus.
Lonely Planet wurde ein immer beliebterer Reisebuchverlag und Tony und Maureen konnten sich vor Aufträgen kaum mehr retten. Doch erst 2007 fanden sie einen verlässlichen Partner, bei dem sie sich sicher sein konnten, dass er dem Prinzip abenteuerlustiger, aber umweltbewusster Reisen treu blieb. Im Oktober dieses Jahres erwarb BBC Worldwide 75% der Anteile von Lonely Planet, mit dem Versprechen, die Grundsatze unabhängiges Reisen, vertrauenswürdige Auskünfte und redaktionelle Unabhängigkeit aufrechtzuerhalten.
Heute hat Lonely Planet Büros in Melbourne (Australien), London und Oakland (USA) mit über 500 Mitarbeitern und 300 Autoren. Tony und Maureen engagieren sich immer noch aktiv bei Lonely Planet. Sie reisen mehr als je zuvor und in ihrer Freizeit widmen sie sich wohltätigen Projekten. Das Unternehmen wird nach wie vor von der Philosophie von Across Asia on the Cheap getragen: „Wichtig ist, dass du dich entscheidest zu gehen, dann hast du den härtesten Teil geschafft. Also, los geht's!"

(meine Motswana-Gastfamilie) und an KT, KB und die übrigen hinter der Theke an der Brücke, die mit viel Erfolg meine Rechnung zusammengestellt haben. Danke auch an Matthew Firestone für seine Geduld. *Tsamaya sentle.*

NICOLA SIMMONDS

Ich möchte vier Leuten besonders danken: meinem Mann James, der sich um alles gekümmert hat, während ich unterwegs war; Justine Smith, die sich den Rucksack aufgeschnallt und mich begleitet hat; der weltbesten Reisebüro-Expertin Belinda von Experience Africa Safaris in Harare; und Richard aus Fawlty Towers, Livingstone, der sich für preiswerte Afrika-Reisen einsetzt, damit möglichst viele Menschen Afrika kennenlernen und „die Erfahrung ihres Lebens" machen können.

DANK VON LONELY PLANET
Wir möchten den Reisenden danken, die mit der letzte Ausgabe unterwegs waren und uns wertvolle Hinweise, nützliche Tipps und interessante Begebenheiten mitgeteilt haben:

Celia Alfie, Peter Birkert, Julian Blackshaw, Johannes Blaschegg, Bernhard Bouzek, Birgit Braun, Phileem Calder-Potts, Bonnie Carol, Catherine Couturier, Ray Cranston, Jeanie Davison, Niels, Ellenbroek, Frans Ewals, Birte Gernhardt, Cees Geuzebroek, Helle Goldman, Helen Gourley, Cecilia Harlitz, Melanie Henschel, Annette Hilton, Myriam Kamminga, Pauline Karelse, Aleksander Kedzior, Annelies Kolk, Klaus-Peter Kownatzki, Audun Lem, Roger Litton, Francesca Longhi, Erich Looser, Kersten Mangado, Gary Malinek, Claire Mcquillam, Krzysztof Miduch, Gretchen Miller, John Mole, Paul Nugteren, Corinne Parnell, Michael Poesen, Charlie Radclyffe, James Rodgers, Milena Sardella, Valeska Schaudy, Patrick Schmidt, Alex Schulte, Jeremy Stokes, Samantha Sutherland, Severine Thomas, Fabio Tosetti, Eddy Veraghtert, Angeline Veraghtert, Susanne Viebahn, Alan Whitworth, Virginia Winstanley.

QUELLENNACHWEIS
Für die Genehmigung zum Abdruck danken wir:

Weltkugel auf der Titelseite ©Mountain High Maps 1993 Digital Wisdom, Inc.

Die Abbildungen im Innenteil stammen von Lonely Planet Images und wurden aufgenommen von: Adrian Bailey S. 34 (Nr. 1), S. 36 (Nr. 1), S. 37 (Nr. 2), S. 39 (Nr. 2), S. 43 (Nr. 2), S. 44 (Nr. 1), S. 45 (Nr. 4); Pascale Beroujon S. 48 (Nr. 1, Nr. 2); Manfred Gottschalk S. 46 (Nr. 4); Dave Hamman S. 34 (Nr. 4), S. 35 (Nr. 3), S. 38 (Nr. 1), S. 42 (Nr. 1); Luke Hunter S. 44 (Nr. 5); Dennis Jones S. 38 (Nr. 4), S. 47 (Nr. 2), S. 48 (Nr. 3); Frans Lemmens S. 46 (Nr. 1); Andrew Parkinson S. 33, S. 35 (Nr. 2), S. 36 (Nr. 3), S. 37 (Nr. 3), S. 41 (Nr. 2, Nr. 3), S. 45 (Nr. 3); Carol Polich S. 40 (Nr. 4), S. 47 (Nr. 3); Mitch Reardon S. 40 (Nr. 1); David Wall S. 39 (Nr. 3), S. 42 (Nr. 4), S. 45 (Nr. 2); Ariadne Van Zandbergen S. 43 (Nr. 3).

Das Urheberrecht für sämtliche Fotos liegt bei den Fotografen selbst, sofern nichts anderes vermerkt ist. Für viele Bilder kann eine Abdrucklizenz bei Lonely Planet Images erworben werden: www.lonelyplanet images.com.

WIR FREUEN UNS ÜBER EIN FEEDBACK

Post von Travellern zu bekommen ist für uns ungemein hilfreich – Kritik und Anregungen halten uns auf dem Laufenden und helfen, unsere Bücher zu verbessern. Unser reiseerfahrenes Team liest alle Zuschriften genau durch, um zu erfahren, was an unseren Reiseführern gut und was schlecht ist. Wir können solche Post zwar nicht individuell beantworten, aber jedes Feedback wird garantiert schnurstracks an die jeweiligen Autoren weitergeleitet, rechtzeitig vor der nächsten Nachauflage. Wer uns schreiben will, erreicht uns über www.lonelyplanet.de/kontakt

Hinweis: Da wir Beiträge möglicherweise in Lonely Planet Produkten (Reiseführer, Websites, digitale Medien) veröffentlichen, ggf. auch in gekürzter Form, bitten wir um Mitteilung, falls ein Kommentar nicht veröffentlicht oder ein Name nicht genannt werden soll. Wer Näheres über unsere Datenschutzpolitik wissen will, erfährt das unter www.lonelyplanet.com/privacy.

Register

REGISTER

000 Verweise auf Karten
000 Verweise auf Fotos

REGISTER

000 Verweise auf Karten
000 Verweise auf Fotos

000 Verweise auf Karten
000 Verweise auf Fotos

REGISTER

REGISTER

GreenDex

Heutzutage gibt sich jeder gern „grün" und ökologisch, doch wie will man als Reisender eigentlich erkennen, ob eine Einrichtung wirklich nachhaltig wirtschaftet oder sich nur zu Werbezwecken mit diesem Etikett schmückt? Die Lonely Planet Autoren haben die hier aufgelisteten Anbieter ausgewählt, weil diese sich offenbar ernsthaft um ökologische Nachhaltigkeit bemühen. Einige engagieren sich im Naturschutz oder in der Umwelterziehung, und viele der Unternehmen gehören nicht zu großen Ketten, sondern werden von Eigentümern vor Ort betrieben, die Einnahmen dienen also letztlich auch der Bewahrung regionaler Identität und Kultur.

Lonely Planet möchte natürlich auch diese Empfehlungen immer so aktuell wie möglich halten. Wer mit der Auswahl nicht einverstanden ist oder weitere Anbieter benennen kann, die hierhergehören, sollte sich per E-Mail mit dem Verlag in Verbindung setzen: talk2us@lonelyplanet.com.au. Weitere Hinweise auf nachhaltiges Reisen stehen unter www.lonelyplanet.com/responsibletravel.

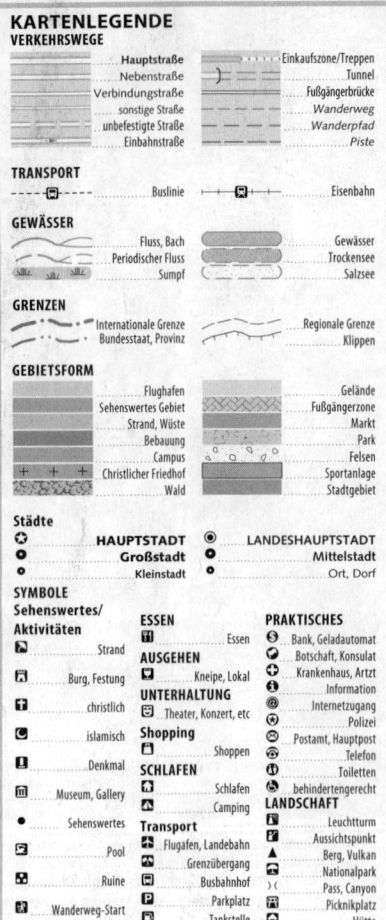

KARTENLEGENDE

VERKEHRSWEGE

Hauptstraße
Nebenstraße
Verbindungstraße
sonstige Straße
unbefestigte Straße
Einbahnstraße

Einkaufszone/Treppen
Tunnel
Fußgängerbrücke
Wanderweg
Wanderpfad
Piste

TRANSPORT

Buslinie
Eisenbahn

GEWÄSSER

Fluss, Bach
Periodischer Fluss
Sumpf

Gewässer
Trockensee
Salzsee

GRENZEN

Internationale Grenze
Bundesstaat, Provinz

Regionale Grenze
Klippen

GEBIETSFORM

Flughafen
Sehenswertes Gebiet
Strand, Wüste
Bebauung
Campus
Christlicher Friedhof
Wald

Gelände
Fußgängerzone
Markt
Park
Felsen
Sportanlage
Stadtgebiet

Städte

○ **HAUPTSTADT**
◉ **Großstadt**
○ Kleinstadt

◎ **LANDESHAUPTSTADT**
◉ **Mittelstadt**
○ Ort, Dorf

SYMBOLE

Sehenswertes/Aktivitäten

Strand
Burg, Festung
christlich
islamisch
Denkmal
Museum, Gallery
Sehenswertes
Pool
Ruine
Wanderweg-Start
Zoo, Vogelschutzgebiet

ESSEN

Essen

AUSGEHEN

Kneipe, Lokal

UNTERHALTUNG

Theater, Konzert, etc

Shopping

Shoppen

SCHLAFEN

Schlafen
Camping

Transport

Flugafen, Landebahn
Grenzübergang
Busbahnhof
Parkplatz
Tankstelle
Taxistand

PRAKTISCHES

Bank, Geldautomat
Botschaft, Konsulat
Krankenhaus, Artzt
Information
Internetzugang
Polizei
Postamt, Hauptpost
Telefon
Toiletten
behindertengerecht

LANDSCHAFT

Leuchtturm
Aussichtspunkt
Berg, Vulkan
Nationalpark
Pass, Canyon
Picknikplatz
Hütte
Wasserfall

Lonely Planet Publications,
Locked Bag 1, Footscray,
Melbourne, Victoria 3011,
Australia

Verlag der deutschen Ausgabe:
MAIRDUMONT, Marco-Polo-Str. 1, 73760 Ostfildern,
www.mairdumont.com, lonelyplanet@mairdumont.com

Chefredakteurin deutsche Ausgabe: Birgit Borowski
Übersetzung: Christiane Gsänger, Jutta König, Raphaela Moczynski,
Uli Nickel, Dr. Thomas Pago, Jutta Ressel M.A., Daniela Schetar,
Thomas Veser, Dr. Heinz Vestner, Renate Weinberger
Redaktion: CLP Carlo Lauer & Partner, Aschheim
Technischer Support: CDN Media, München

Namibia & Botsuana
2. deutsche Auflage Juli 2010, übersetzt von *Botswana & Namibia 2nd edition*, Februar 2010 Lonely Planet Publications Pty
Deutsche Ausgabe © Lonely Planet Publications Pty, Juli 2010
Fotos © wie angegeben 2010

Printed in China

Titelfoto: Zebra im Etosha National Park, Kunene, Namibia; Andrew Parkinson/Lonely Planet Images.

Die meisten Fotos in diesem Reiseführer können bei Lonely Planet Images, www.lonelyplanetimages.com, auch lizenziert werden.

Alle Rechte vorbehalten. Das Werk einschließlich all seiner Teile ist urheberrechtlich geschützt und darf weder kopiert, vervielfältigt, nachgeahmt oder in anderen Medien gespeichert werden, noch darf es in irgendeiner Form oder mit irgendwelchen Mitteln – elektronisch, mechanisch oder in irgendeiner anderen Weise – weiterverarbeitet werden. Es ist nicht gestattet, auch nur Teile dieser Publikation zu verkaufen oder zu vermitteln, ohne schriftliche Genehmigung des Herausgebers.

Lonely Planet und das Lonely Planet Logo sind eingetragene Marken von Lonely Planet und sind im US-Patentamt sowie in Markenbüros in anderen Ländern registriert.

Lonely Planet gestattet den Gebrauch seines Namens oder seines Logos durch kommerzielle Unternehmen wie Einzelhändler, Restaurants oder Hotels nicht. Bitte informieren Sie uns im Fall von Missbrauch: www.lonelyplanet.com/ip

Obwohl die Autoren und Lonely Planet alle Anstrengungen bei der Recherche und bei der Produktion dieses Reiseführers unternommen haben, können wir keine Garantie für die Richtigkeit und Vollständigkeit dieses Inhalts geben. Deswegen können wir auch keine Haftung für eventuell entstandenen Schaden übernehmen.